Marius Kraus

Ulrich von Hutten
und seine Gegner

Humanistische Invektiven
am Vorabend der Reformation

TRANSALPINES MITTELALTER

herausgegeben
von
Uwe Israel, Christian Jaser,
Romedio Schmitz-Esser

Band 1

———————

ERGON VERLAG

Marius Kraus

Ulrich von Hutten und seine Gegner

Humanistische Invektiven
am Vorabend der Reformation

———

ERGON VERLAG

Gefördert mit Mitteln der Deutschen Forschungsgemeinschaft
im Rahmen des Sonderforschungsbereiches 1285
„Invektivität. Konstellationen und Dynamiken der Herabsetzung"
an der Technischen Universität Dresden.

Zugl.: Dresden, TU, Diss., 2022
u.d.T.: „Ulrich von Hutten und seine Gegner.
Humanistische Invektiven am Vorabend der Reformation"

Umschlagabbildung:
Titelholzschnitt zu: History Von den fier ketzren Prediger..., Straßburg 1521.
Ex. Berlin, Staatsbibliothek, Yg 6285<a>
© Staatsbibliothek zu Berlin – Preußischer Kulturbesitz.
Siehe die weiterführenden Erläuterungen auf S. 295–296 dieser Arbeit.

Bibliografische Information der Deutschen Nationalbibliothek:
Die Deutsche Nationalbibliothek verzeichnet diese Publikation in der
Deutschen Nationalbibliografie; detaillierte bibliografische Daten sind im
Internet über http://dnb.d-nb.de abrufbar.

© Ergon – ein Verlag in der Nomos Verlagsgesellschaft, Baden-Baden 2022
Das Werk einschließlich aller seiner Teile ist urheberrechtlich geschützt.
Jede Verwertung außerhalb des Urheberrechtsgesetzes bedarf der Zustimmung des Verlages.
Das gilt insbesondere für Vervielfältigungen jeder Art, Übersetzungen, Mikroverfilmungen
und für Einspeicherungen in elektronische Systeme.
Gedruckt auf alterungsbeständigem Papier.
Gesamtverantwortung für Druck und Herstellung
bei der Nomos Verlagsgesellschaft mbH & Co. KG.
Umschlaggestaltung: Jan von Hugo

www.ergon-verlag.de

ISBN 978-3-95650-914-8 (Print)
ISBN 978-3-95650-915-5 (ePDF)

*Meinen Eltern, Doris und Hans-Peter Kraus,
in tiefer Dankbarkeit gewidmet.*

Vorwort

Die vorliegende Studie wurde im Sommersemester 2022 von der Philosophischen Fakultät der Technischen Universität Dresden als Dissertation angenommen. Für die Druckfassung wurde das Manuskript an wenigen Stellen überarbeitet und um die zwischenzeitlich einschlägig publizierte Literatur ergänzt. Die Arbeit ist im Rahmen des von der DFG geförderten Sonderforschungsbereichs 1285 (‚Invektivität. Konstellationen und Dynamiken der Herabsetzung') entstanden und hat dabei nicht nur von den Synergieeffekten eines breiten interdisziplinären Austausches profitiert, sondern auch von dessen großzügiger Finanzierung bei der Drucklegung. Am erfolgreichen Abschluss eines Promotionsvorhabens haben zahlreiche Personen großen Anteil, wofür ich mich an dieser Stelle herzlich bedanken möchte:

Zuallererst bei meinem Doktorvater, Prof. Dr. Uwe Israel (Dresden), der die Arbeit stets kompetent und professionell begleitet hat und mir immer mit Rat und Tat zur Seite stand. Das Feedback aus zahlreichen gemeinsamen Veranstaltungen hat nicht nur die Qualität der vorliegenden Arbeit auf fruchtbarem Boden reifen lassen, sondern ebenso meine Fertigkeiten als Mediävist. Besonders instruktiv waren außerdem die Gespräche mit Prof. Dr. Christian Jaser (Klagenfurt), der sich als SFB-Fellow und Experte zu unserem Thema freundlicherweise dazu bereit erklärt hatte, das Zweitgutachten zu übernehmen. Beiden Erstgenannten sowie Herrn Prof. Dr. Romedio-Schmitz-Esser (Heidelberg) möchte ich nicht zuletzt für die Aufnahme in die wissenschaftliche Buchreihe ‚Transalpines Mittelalter' danken.

Neben den beiden Betreuern haben weitere Prüfer zum Gelingen der Disputation beigetragen. Daher möchte ich dem Vorsitzenden der Prüfungskommission Prof. Dr. Gerd Schwerhoff, den Prüfern PD. Dr. Mirko Breitenstein und Prof. Dr. Jürgen Müller, sowie dem Protokollführer Dr. Reinhardt Butz (alle Dresden) meinen besten Dank für Ihr Mitwirken aussprechen.

Wertvollen fachlichen Austausch erhielt ich zudem in verschiedenen Kolloquia, im Rahmen derer ich Teilergebnisse meiner Arbeit vor einer fachkundigen Corona vorstellen und diskutieren durfte. Besonders bedanken möchte ich mich für Einladungen aus Berlin (Prof. Dr. Johannes Helmrath), Jena (Prof. Dr. Robert Gramsch) und Chemnitz (Prof. Dr. Martin Clauss). Ebenso dankbar bin ich für die Möglichkeit, es Hutten und seiner *peregrinatio academica* gleich zu tun, und Forschungsreisen in zahlreiche europäische Bildungseinrichtungen zu unternehmen. Ausgesprochen wohlwollend erinnere ich mich an viele instruktive Begegnungen und Gespräche zurück, von denen ich hier nur wenige hervorheben möchte: Dr. Gudrun Litz (Ulm), Markus Breitwieser (Lindau i. B.), Rainer Walter (Zürich), Dr. Klaus Rupprecht (Würzburg), Dr. Nadine Hecht (Fulda), Nicole Gualda Puertas (Basel), Prof. Dr. Magdalena Rückert (Ludwigsburg). Weitere Tagungsreisen und Forschungsaufenthalte führten mich außerdem nach Tübingen, Innsbruck, Löwen und zum DHI in Rom.

Von den vielen Freunden und Kollegen, die mir bei der Manuskripterstellung behilflich waren, können bedauerlicherweise nur wenige herausgegriffen werden. So gilt mein großer Dank für die konstruktive Zusammenarbeit Prof. Dr. Jan Hirschbiegel (Kiel), Dr. Maximilian Schuh (Berlin), Dr. Christoph Schwameis (Wien), Dr. Albrecht Dröse (Dresden), Adrian Erben (Würzburg) sowie im engeren Sinne freilich auch meinen Kollegen unseres SFB-Teilprojektes (‚Agonale Invektiven. Schmährededuelle im italienischen und deutschen Humanismus') Dr. Ludovica Sasso (Münster), Dr. Georg Imgraben, Cornelius Caspar und Ronny Steinicke (alle Dresden).

Weiterhin möchte ich mich für die Geduld und die Hilfestellungen von Holger Schumacher und Miriam Moschner vom Ergon-Verlag bedanken, die mich im Rahmen der Publikationsvorbereitungen kompetent und umfassend begleitet haben.

Einen besonderen Dank möchte ich außerdem an Nelly Richter übermitteln, die mit ihrer vielfältigen Unterstützung und Geduld den erfolgreichen Verlauf des Projektes in seiner Endphase überhaupt erst möglich gemacht hat.

Dresden, im November 2022   *Marius Kraus*

Inhaltsverzeichnis

I. Einleitung: Ulrich von Hutten und seine Gegner – Invektivität im deutschen Humanismus des 16. Jahrhunderts 17

    1 Der Dresdner Sonderforschungsbereich 1285 ‚Invektivität – Konstellationen und Dynamiken der Herabsetzung' 17

        1.1 Prolegomena: Problemaufriss und Themenstellung 17
        1.2 Das Konzept der Invektivität 20
        1.3 Dimensionen und Grenzbereiche von Invektivität: Gewalt, Humor und Kritik 24

    2 Invektivität im deutschen Humanismus des 16. Jahrhunderts 29

        2.1 Gruppenbildung durch Invektiven im Humanismus um 1500? Einige Klärungen vorab 29
        2.2 Agonalität und eruditio: invective codes humanistischer Invektiven 32
        2.3 Invektive Kommunikationsformen im deutschen Humanismus: Textualität und Paratextualität im frühen 16. Jahrhundert 34

    3 Mars und Muse: Die Invektiven Ulrichs von Hutten und die seiner Gegner 41

        3.1 Transalpine Invektivkompetenz: Das Leben des ‚Ritterhumanisten' Ulrich von Hutten im Spiegel seiner Invektiven und seiner Italienreisen 41
        3.2 Forschungsstand und Textcorpus 63
        3.3 Theorie- und Methodenreflexion, Zielsetzung und Fragestellung: Invektivität als Emotions- und Konstellationsforschung 67

II. Die Fehden des Reichsritters Ulrich von Hutten: invektive Kommunikation und Öffentlichkeit am Vorabend der Reformation 79

    1 Die literarische Fehde mit der Patrizierfamilie Lötz aus Greifswald: Huttens sog. ‚Lötze-Klagen' (1510) 79

        1.1 Poeta spoliatus omnibus bonis – Eine Odyssee von Frankfurt a. d. Oder nach Greifswald 79
        1.2 Der Konflikt mit den Greifswalder Lötz: Huttens Weg nach Rostock 83

1.3 Der Druck der zweibändigen ‚Lötze-Klage' in Frankfurt an der Oder: Sichtbarmachen des invective mode durch Anschlusskommunikation 86
1.4 Huttens ‚Querelae in Lossios': Soziale Positionierung zwischen Invektive und Elegie, zwischen Agon und Distinktion 93
1.5 Fazit: Huttens Positionierung im humanistischen Feld: Der Faktor des ‚Öffentlich-Machens' 101

2 Die Fehde gegen Herzog Ulrich von Württemberg (1515–1519) .. 104
2.1 Geschicktes Netzwerken: Huttens Stationen in Wittenberg, Wien und die erste Italienreise (1510–1515) 104
2.2 Der Mord im Böblinger Wald: Ein Vertrauensbruch als Initialzündung einer kaskadenhaften Invektivkette (1515–1519) 107
2.3 Das Medienereignis ‚Hans von Hutten' 112
2.4 Die Invektiven Ulrichs von Hutten: Konflikt, Konkurrenz und Kalkül 119
2.5 Fazit: Öffentlichkeit, Agonalität und Anschlusskommunikation – Huttens Invektiven als politisches Kampfmittel und Teil des kompetitiven Spiels der Humanisten 129

3 ‚Pfaffenfehden' (1521/22): Huttens Angriffe auf die Ordensgeistlichkeit 135
3.1 ‚Pfaffenkrieg' und Drohkulisse 135
3.2 Schlettstadt: (K)ein Streit mit den Benediktinern? 136
3.3 Straßburg I – Die Fehde gegen die Straßburger Kartäuser ... 138
3.4 Frankfurt a. M. – Die Fehde gegen den Stadtpfarrer Peter Meyer 143
3.5 Straßburg II – Die Fehde gegen die Straßburger Dominikaner 146
3.6 Fazit: Gerüchte an der Kurie: Hutten vor dem politischen Aus? 152

4 ‚In Tyrannos' (1522/23) – Huttens Fehde gegen Kurfürst Ludwig V. den ‚Friedfertigen' 162
4.1 Huttens Invektiven gegen Landesfürstentum und Reichsregiment (1521–22): Zu den Hintergründen seiner letzten großen Fehde 162
4.2 Exkurs zur handschriftlichen Überlieferung der Texte 169
4.3 Die ‚Gegenred gegen Pfalzgraf Ludwig' zwischen Fehdebrief und Invektive 171

	4.4	Fazit: Huttens Gewaltphantasien scheitern – Die Fehde ein ‚Auslaufmodell'?	177
	5	Resümee: ‚Rufmord als Ehrenrettung' – Beobachtungen zu Huttens invektiven Positionierungsstrategien	180

III. Agonale Invektiven: Huttens Parteinahme in der Reuchlin-Kontroverse (1510–1518) und sein Bruch mit Erasmus (1522/23) 193

    1 „Leicht ist es einen Streit zu beginnen, schwer ihn zu beenden" – Reuchlin, Pfefferkorn und der Streit um die jüdischen Bücher (1507–1514) 193

    2 Die humanistischen Invektiven Huttens im Namen Johannes Reuchlins (1514–1519) 201

        2.1 Die ‚Exclamatio' über Pfefferkorn (1514): Invektiven als Mittel zur publizistischen Teilhabe im Reuchlinkonflikt 201

        2.2 Die ‚Epistolae obscurorum virorum' (‚Dunkelmännerbriefe', 1515–17): Beobachtungen zur Technik der invektiven Asymmetrisierung 206

        2.3 Der ‚Triumph Reuchlins' (‚Triumphus Capnionis', 1518): Ein humanistisches Enkomion zwischen Invektive und Gewaltphantasie 234

        2.4 Huttens offener Brief über den Reuchlinstreit an Graf Hermann von Neuenahr d. Ä. (1518): Invektiven über ‚Bande' spielen 243

        2.5 Huttens letzte Intervention für Reuchlin: Die ‚Pro Capnione Intercessio' (1519) 252

        2.6 Fazit: Die logische ‚Absage an Reuchlin' (1521): Von Humor und Gewalt als invektiven ‚Kippmomenten' 254

    3 Die Auseinandersetzung zwischen Ulrich von Hutten und Erasmus von Rotterdam oder: ‚wie aus Freunden Feinde wurden' (1522–23) 258

        3.1 Streit unter Kollegen: Hintergründe zu Huttens Freundschaft mit Erasmus bis zu ihrem emotionalen Zerwürfnis (1514–1522) 258

        3.2 Huttens ‚Herausforderung an Erasmus' (1523): Rache, Hass und Emotionen als Katalysatoren von Invektivität 274

        3.3 Erasmus' ‚Schwamm gegen die Anspritzungen Huttens' (1523) und die ‚Responsio' (1524) des Otto Brunfels 282

        3.4 Fazit: ‚Eine Verschwörung von Pharisäern' – Zur Ritualhaftigkeit agonaler Konflikte im Humanistenmilieu 289

4 Resümee: Die ‚Dunkelmänner' als Vorboten der Reformation – Gruppendynamik im deutschen Humanismus 295

IV. Antirömische Invektiven: Huttens humanistische Angriffe gegen das Papsttum und die Kurie (1519–1523) 301

   1 Luther, Worms und die politischen Hintergründe der Invektiven Huttens (1519–1521) 301

   2 Die sog. ‚Augsburger Sammlung' (1519): eine ‚Invektivfibel' für den Kaiser oder Schmähkritik in Text und Bild 311

      2.1 Zur Übersicht des Sammelbandes: Hintergründe zu Huttens Romkritik (1512–1519) 311

      2.2 Versteckte Kritik: Die Invektiven gegen das Papsttum und den ‚Kriegerpapst' Julius II. 314

      2.3 Von Löwen und Fröschen: Die Invektiven gegen die Venezianer und Franzosen 320

      2.4 Zu den Holzschnitten: Text-Bild-Invektiven im Dienste von Huttens Nationendiskurs 328

      2.5 Fazit: Politische Meinungsfreiheit durch elaborierte Schmähkritik? Die ‚Augsburger Sammlung' als ‚Umschlagpunkt' für Huttens Rompolemik 338

   3 Hutten als Herausgeber von Invektiven – Paratextualisierte Invektiven oder invektive Paratexte? 341

      3.1 Die größte Fälschung der Geschichte? Huttens Editionen von Lorenzo Vallas Traktat über die ‚Konstantinische Schenkung' (1518/19) 341

      3.2 Huttens Editionen der Schriften ‚De unitate ecclesiae conservanda' und ‚De schismate extinguendo' (1520) 347

      3.3 Huttens Edition der Bulle ‚Exsurge Domine' (1520) – Ein wahres ‚Füllhorn' paratextueller Invektivität 354

      3.4 Fazit: Der Histori(ographi)sche Anspruch von Huttens Invektiven, der Wechsel in die Vernakularsprache und die Rolle der Paratexte 362

   4 Hutten als ‚Neuer Cicero des dt. Humanismus': zu den humanistischen Briefinvektiven gegen die päpstlichen Nuntien (1521) 365

      4.1 ‚Mit Huttens Worten könnte man ein ganzes Weltmeer vergiften': Hintergründe zum Druck der Schmähreden und den Gegnern 365

	4.2	Cicero-Imitatio als ‚Eintrittskarte' (Lizenz) in die Beletage des deutschen Humanismus: die humanistische oratio invectiva.	371
	4.3	Inhalt der Invektiven – Von ‚Aleanders Tyrannei sowie dessen Verrat an der Wissenschaft'; ‚Caracciolo der Prasser'	373
	4.4	Sed quousque tandem, quousque, improbi, optima indole praediti iuvenis bonitate abutemini? Bezüge zwischen Huttens Briefinvektiven und Ciceros Reden gegen Catilina und Verres	375
	4.5	Fazit: Huttenus Rhetor: Die Schmähreden Ciceros als mustergültige Formvorlage humanistischer Satisfaktionsfähigkeit im Kontext der Arena ‚Reichstag'	384
5	Resümee: Zur Emergenz von Invektivität oder: die Invektive ein ‚Massenmedium'?		386

V.	Transformations- und Stabilisierungsmomente humanistischer Invektiven des 16. Jahrhunderts am Beispiel des fränkischen Reichsritters Ulrich von Hutten: Zusammenfassung, Ergebnisse, Ausblick		393
VI.	Textanhang zu Kapitel II.: Invektivität und öffentliche Kommunikation		407
	1 ‚Lötze-Klagen'		408
		1.1 Widmungsgedicht d. Hermann Trebelius, in: Böcking III, S. 20. Satirisch-witzig wird es Henning Lötz in den Mund gelegt.	408
		1.2 Begleitgedicht d. Hermann Trebelius an den Leser, in: Böcking III, S. 20. An den Leser über die beiden Lötz.	409
		1.3 Die in den ‚Querelae' angerufenen Dichter in Elegie II, 10:	409
	2 Die Fehde gegen Herzog Ulrich von Württemberg		411
	3 ‚Pfaffenfehden'		414
		3.1 Bürgermeister und Rat der Stadt Schlettstadt an Ulrich von Hutten, 27. März 1521.	414
		3.2 Der Straßburger Drucker Hans Schott an Ulrich von Hutten, 3. September 1521.	414
		3.3 Ulrich von Hutten an Georg, den Prior der Kartäuser bei Freiburg, 24. Oktober 1521.	415
		3.4 Ulrich von Hutten an Prior und Konvent der Kartäuser zu Straßburg, 24. Oktober 1521.	416

3.5	Ulrich von Hutten an den Rat der Stadt Straßburg, 24. Oktober 1521.	418
3.6	Ulrich von Hutten an Bürgermeister und Rat der Stadt Straßburg, 13. November 1521.	419
3.7	Ulrich von Hutten an Bürgermeister und Rat der Stadt Straßburg, 20. November 1521, Wartenberg.	420
3.8	Konzept des Priors und des Konvents der Straßburger Kartäuser für eine Ehrenerklärung in Bezug auf die Huttensache, Ende November 1521.	420
3.9	Ehrenerklärung der Kartäuser zu Straßburg gegenüber Hutten, 12. Dezember 1521.	421
3.10	Fehdebrief Huttens gegen die Kurtisanen, Ebernburg, 15. März 1522.	422
3.11	Fehdebrief Huttens gegen die Dominikaner, 7. April 1522.	423
3.12	Schreiben der Straßburger Dominikaner an den Rat der Stadt mit dem Betreff ‚Ulrich von Hutten', 6. Mai 1522.	424
3.13	Ultimatum Ulrichs von Hutten an das Kapitel Jung Sankt-Peter in Straßburg, 7. Mai 1522.	425
3.14	Schreiben des Kapitels Jung Sankt-Peter in Straßburg an den Rat der Stadt betr. der Drohungen Huttens, 21. Mai 1522.	426
3.15	Hans Bock, Bürgermeister und Rat der Stadt Straßburg an Ulrich von Hutten, 21. Mai 1522.	427
3.16	Ulrich von Hutten an den Rat der Stadt Straßburg, 23. Mai 1522.	428
3.17	Ulrich von Hutten an Hans Bock, Ritter und Bürgermeister von Straßburg, 23. Mai 1522.	428
3.18	Gedrucktes Ausschreiben Ulrichs von Hutten an alle, die Steuern, Renten, Zehnten und Fron an Jung St.-Peter bzw. andere Stifte in Straßburg schulden, und sein Appell, diesen keine weiteren Abgaben zu entrichten, 13. Juni 1522.	429
3.19	Ulrich von Hutten an Jean-Jacques de Morimont, Reichsvogt des Unterelsass, 10. Juli 1522.	431
3.20	Johann Gerster, Stadtschreiber zu Basel, an das Kapitel von Jung St.-Peter in Straßburg, 17. Januar 1523.	431
4	**Die Fehde gegen Kurfürst Ludwig V. (1522/23)**	432
4.1	‚In Tyrannos'/ ‚Libellus in Tyrannos', lat. Fassung.	432
4.2	‚Ein gegenredt oder ausschreiben Vlrichs von Hutten widder pfalzgraf Ludwigen Chürfürsten', dt. Fassung.	437

| VII. | Abkürzungsverzeichnis | 447 |

| VIII. | Abbildungsverzeichnis | 449 |

IX. Bibliographie 453
    1 Quellenverzeichnis 453
        1.1 Archivalische Quellen, Handschriften und Marginalien 453
        1.2 Alte Drucke (VD 16) 455
        1.3 Gedruckte Quellen und Quelleneditionen 461
    2 Literaturverzeichnis 464
        2.1 Literatur 464
        2.2 Lexika, Übersetzungen und Hilfsmittel 539

Orts-, Personen- u. Werkregister 541

I. Einleitung: Ulrich von Hutten und seine Gegner – Invektivität im deutschen Humanismus des 16. Jahrhunderts

1 Der Dresdner Sonderforschungsbereich 1285 ‚Invektivität – Konstellationen und Dynamiken der Herabsetzung'

1.1 Prolegomena: Problemaufriss und Themenstellung

> Phänomene der Schmähung und Herabwürdigung, der Beschämung und der Bloßstellung lassen sich als epochen- und kulturübergreifende Arten von Kommunikation verstehen. Als Störungs-, Stabilisierungs- und Dynamisierungsmomente prägen sie gesellschaftliche Ordnungen und besitzen das Potential, Gemeinschaften zu bilden, zu verändern und zu zerstören.[1]

Invektiven, also einzelne herabsetzende kommunikative Akte, erscheinen in Bezug auf die Polemogenität sozialer Ordnungen durch die Historie hinweg geradezu als omnipräsentes Phänomen. Sie sind aus kommunikationshistorischer Perspektive als Fundamentalkategorien anzusehen, aktuelle und auch historische ‚Konfliktkonstellationen' in ihren jeweiligen Kontexten besser zu verstehen und einzuordnen. Der Sonderforschungsbereich 1285 der Technischen Universität Dresden hat es sich daher zur Aufgabe gemacht, auf der Basis interdisziplinärer Forschung ein heuristisches Handwerkszeug bereitzustellen, mit dessen Hilfe die unterschiedlichen Phänomene der Herabwürdigung und Schmähung kulturhistorisch rekontextualisiert werden können.

Gerade im Zeitalter der Renaissance, insbesondere in der humanistischen Bildungsbewegung des 15. und 16. Jahrhunderts, stellte ein intensiver Invektivengebrauch in seiner „Frequenz, Intensität und Typik in der europäischen Gesellschaft etwas Neues" dar.[2] Während sich die ‚vormoderne Öffentlichkeit'[3] der italienischen Humanisten des Quattrocento in größten Teilen eher dadurch

---

[1] Dagmar ELLERBROCK u. a., Invektivität – Perspektiven eines neuen Forschungsprogramms in den Kultur- und Sozialwissenschaften, in: KWZ 1 (2017), S. 2–24, hier S. 3.
[2] Vgl. Johannes HELMRATH, Streitkultur. Die ‚Invektive' bei den italienischen Humanisten, in: Marc LAUREYS u. Roswitha SIMONS (Hgg.), Die Kunst des Streitens. Inszenierung, Formen und Funktion öffentlichen Streits in historischer Perspektive (Super alta perennis. Studien zur Wirkung der Klassischen Antike 10), Göttingen 2010, S. 259–294, S. 262.
[3] Zum Verständnis verschiedener, sich überlappender und nach Funktion zu differenzierender ‚Teilöffentlichkeiten' vgl. Marius KRAUS, Invektivität und Öffentlichkeit. Die Bedeutung der humanistischen Invektiven Ulrichs von Hutten im Kontext der publizistischen Fehde gegen Herzog Ulrich von Württemberg, in: Uwe ISRAEL, Marius KRAUS u. Ludovica SASSO (Hgg.), Agonale Invektivität. Konstellationen und Dynamiken der Herabsetzung im deutschen und italienischen Humanismus (Das Mittelalter. Perspektiven mediävistischer Forschung. Beihefte 17), Heidelberg 2021, S. 243–280, hier S. 244–258.

auszeichnete, exklusivere ‚Publika' wie etwa andere Gelehrtenkreise anzusprechen,[4] wurden diese Möglichkeiten im deutschen Humanismus durch die Erfindung des Buchdruckes massiv über das bisher gekannte Ausmaß der ‚Anwesenheitsgesellschaft'[5] hinaus erweitert. Die bisher gängigen ‚rituellen Spielregeln'[6] von Kommunikation wurden nicht nur explosionsartig dynamisiert, sondern gleichermaßen transformiert.[7] „Neben den handschriftlichen Pasquille traten Flugblätter und Flugschriften als Medien der Meinungsbildung und Propaganda, in denen Invektiven in Wort und Bild blühten."[8] Gerade im zeitlichen Umfeld der Reformation wurden offenkundig mustergültige Formen der Konfliktaustragung gefunden, die dazu geeignet waren, die Gelehrtenwelt weit zu überschreiten und dadurch einen Großteil der Bevölkerung, den sog. ‚Gemeinen Mann', anzusprechen.[9] Die Invektive geriet dabei zum ‚Massenme-

---

[4] Vgl. schon zur italienischen Kunstszene in Bezug auf die Bildparodie: Giuseppe PETERLINI, Scherzi di donne ignude. Agostino Carraccis ‚Nymphe, kleiner Satyr und Kind' als invektive Bildparodie im künstlerischen Wettstreit mit den michelangiolisti, in: ISRAEL/KRAUS/SASSO (2021), S. 107–141, hier S. 111: „Die Bildparodie entspricht daher einer Nachahmungsform, einer Variation innerhalb der imitatio-Lehre. Daraus resultiert, dass sie Teil eines elitären Diskurses war, der einem qualifizierten Publikum, den Kunstkennern, vorbehalten blieb." Durch ihren starken Rückbezug auf die Antike liegt der Schluss nahe, ähnliche Dynamiken auch im Literaturmilieu des Humanismus zu vermuten.

[5] Vgl. Rudolf SCHLÖGL, Anwesende und Abwesende. Grundriss für eine Gesellschaftsgeschichte der Frühen Neuzeit, Konstanz 2014.

[6] Zu den mittelalterlichen ‚Spielregeln' der Kommunikation vgl. den prominenten Aufsatz von Gerd ALTHOFF, Demonstration und Inszenierung. Spielregeln der Kommunikation in mittelalterlicher Öffentlichkeit, in: DERS. (Hg.), Spielregeln der Politik im Mittelalter. Kommunikation in Frieden und Fehde, Darmstadt 1997, S. 229–257; zum Terminus des ‚Rituals' überblickend: Vgl. Barbara STOLLBERG-RILINGER, Rituale. Vom vormodernen Europa bis zur Gegenwart, Frankfurt a. M. 2013.

[7] Vgl. für den Einstieg: Daniel BELLINGRADT, Flugpublizistik und Öffentlichkeit um 1700. Dynamiken, Akteure und Strukturen im urbanen Raum des Alten Reiches (Beiträge zur Kommunikationsgeschichte 26), Stuttgart 2011.

[8] Vgl. Gerd SCHWERHOFF, Invektivität und Geschichtswissenschaft. Konstellationen der Herabsetzung in historischer Perspektive – ein Forschungskonzept, in: HZ 311,1 (2020), S. 1–36, Zitat S. 8.

[9] Vgl. allgemein: Robert H. LUTZ, Wer war der gemeine Mann? Der dritte Stand in der Krise des Spätmittelalters, München u. Wien 1979; Werner O. PACKULL, The Image of the ‚Common Man' in the Early Pamphlets of the Reformation (1520–1525), in: Historical Reflections / Réflexions Historiques 12,2 (1985), S. 253–277; aus medienhistorischer Perspektive: David BAGCHI, Poets, Peasants and Pamphlets. Who Wrote and Who Read Reformation Flugschriften? In: Kate COOPER u. Jeremy GREGORY (Hgg.), Elite and Popular Religion (Studies in Church History 42), Woodbridge u. Rochester 2006, S. 189–196. Zu den Literaturhinweisen vgl. Alexander KÄSTNER u. Gerd SCHWERHOFF, Der Narrheit närrisch spotten. Mediale Ausprägungen und invektive Dynamiken der Öffentlichkeit in der frühen Reformationszeit, in: Petr HRACHOVEC, Winfried MÜLLER, Martina SCHATTKOWSKY u. Gerd SCHWERHOFF (Hgg.), Reformation als Kommunikationsprozess. Die böhmischen Kronländer und Sachsen (Norm und Struktur. Studien zum sozialen Wandel in Mittelalter und Früher Neuzeit 51), Köln 2021, S. 37–74, S. 48, bes. Anm. 38.

dium' der gelehrten und nichtgelehrten Auseinandersetzungen der Reformationszeit.[10]

Neben der ‚Portalfigur' (HELMRATH) der humanistischen Ära in Italien, Francesco Petrarca,[11] galt der beinahe rituelle Austausch von sprachlich-künstlerisch gestalteten Invektiven auch bei späteren namhaften italienischen Humanisten wie Poggio Bracciolini,[12] Gian Mario Filelfo[13] oder Bartolomeo Facio[14] quasi als eine Art ‚Naturphänomen'. Die ‚Diffusion' des Humanismus – gemeint ist eine rasche Verbreitung der gelehrten Bildungsideale des Humanismus in den nordalpinen Raum – ließ dank eines erfolgreichen Kulturtransfers dieser gruppeninternen ‚Lizenzen'[15] nicht lange auf sich warten.[16] Es lassen sich daher ähnliche Beobachtungen auch für den Humanismus im Deutschland der reformatorischen Phase vermuten,[17] wo seit ca. 1500 vermehrt humanistische Zirkel,

---

[10] Vgl. Hans-Jürgen KÖHLER (Hg.), Flugschriften als Massenmedium der Reformationszeit. Beiträge zum Tübinger Symposium 1980 (Spätmittelalter und Frühe Neuzeit. Tübinger Beiträge zur Geschichtsforschung 13), Stuttgart 1981.

[11] Vgl. Karl ENENKEL, Ein erster Ansatz zur Konstituierung einer humanistischen Streitkultur: Petrarcas ‚Invective contra medicum', in: Marc LAUREYS u. Roswitha SIMONS (Hgg.), Die Kunst des Streitens. Inszenierung, Formen und Funktion öffentlichen Streits in historischer Perspektive (Super alta perennis. Studien zur Wirkung der Klassischen Antike 10), Göttingen 2010, S. 109–126.

[12] Vgl. Ludovica SASSO, Poggio Bracciolini – Lorenzo Valla – Niccolò Perotti. Ein Beispiel für invektive Dynamiken in der Humanistengemeinschaft Italiens (1452–54), in: ISRAEL/KRAUS/SASSO (2021), S. 49–79.

[13] Vgl. Klaus KIPF, Antipoggiana. Eine wenig beachtete Sammlung von Fazetien und Invektiven Gian Mario Filelfos gegen Poggio Bracciolini, in: ISRAEL/KRAUS/SASSO (2021), S. 17–31.

[14] Vgl. Giancarlo ABBAMONTE, Texte und Kontext eines kulturellen Zusammenstoßes. Die Invektiven von Bartolomeo Facio und Lorenzo Valla (Neapel, 1445–48), in: ISRAEL/KRAUS/SASSO (2021), S. 33–47.

[15] Zu der Verwendung des Begriffs ‚Lizenz' im Sinne von ‚Zugangsbedingung' vgl. ELLERBROCK u. a. (2017), S. 12–15.

[16] Johannes HELMRATH, Ulrich MUHLACK u. Gerrit WALTHER (Hgg.), Diffusion des Humanismus. Studien zur nationalen Geschichtsschreibung europäischer Humanisten, Göttingen 2002. Zu den humanistischen ‚Lizenzen' in diesem Band: Johannes HELMRATH, Einleitung, S. 9–29, hier S. 11: „Produktive Aneignung antiker Denkelemente und klassischer Sprache in neuer Form und Intensität, das heißt spezifische Kenntnisse, durch Belehrung und Lernen erworbene Fertigkeiten (klassische Latinität als Prestigesprache, Epistularstil, Oratorik, humanistische Schrift), bestimmte Kerninteressen (zunächst die fünf Humaniora) und schließlich bestimmte Grundüberzeugungen und Lebenshaltungen (*lectio tramit in mores*!) konstituierten den Humanismus."

[17] Zur vorreformatorischen Zeit vgl. Uwe ISRAEL, Defensio oder die Kunst des Invektierens im Oberrheinischen Humanismus, in: ZHF 46 (2019), S. 407–441, der reformatorischen Zeit: Christian RANACHER, Ein Streiter und sein Schwert. Die Invektiven des Zisterzienserabtes Paul Bachmann in seinem Kampf für den ‚alten' Glauben, in: ISRAEL/KRAUS/SASSO (2021), S. 307–322 u. der nachreformatorischen Zeit: Reinhardt BUTZ, Über die ältere und edlere Herkunft der Wettiner in Sachsen. Georg Spalatins Invektive von 1541 gegen Herzog Heinrich den Jüngeren von Braunschweig, in: ISRAEL/KRAUS/SASSO (2021), S. 281–306.

sog. ‚Sodalitäten', zu konstatieren sind.[18] Gerade der komparatistische Ansatz in Bezug auf die zeitliche Phasenverschiebung zwischen italienischem und deutschem Humanismus zeigt, inwieweit die Invektiven, die durch die breite Öffentlichkeit einer druckgestützten Hochphase immens befeuert wurden,[19] auch die Entwicklungen im Reich beeinflussen konnten.[20]

In diesem Dissertationsvorhaben soll daher den invektiven Kommunikationsformen im deutschen Humanismus, in dem sie einen bedeutenden Stellenwert hatten, nachgegangen werden. Dabei verfolgt es insbesondere die Fragen, welche Funktion die humanistischen Invektiven im Hinblick auf Gruppenbildungsprozesse hatten, wie sie Grenzen von Kommunikation verschoben und in welcher Weise sie auf die reformatorischen Auseinandersetzungen Einfluss nahmen. Gegenstand der Untersuchung sind die Invektiven des humanistisch gesinnten Reichsritters Ulrich von Hutten (1488–1523) und die seiner Gegner. Hutten hatte als einer der profiliertesten und produktivsten Autoren am Vorabend der Reformation nicht nur entscheidende Anregungen für seine Invektiven im Rahmen seiner Italienaufenthalte sammeln können, sein literarisches Schaffen ist editorisch zudem hervorragend aufgearbeitet.

1.2 Das Konzept der Invektivität

> Invektivität soll jene Aspekte von Kommunikation (ob verbal oder nonverbal, ob mündlich, schriftlich, gestisch oder bildlich) fokussieren, die dazu geeignet sind, herabzusetzen, zu verletzen oder auszugrenzen.[21]

Der Kunstbegriff ‚Invektivität' soll phänomenologisch ein heuristisches Begriffsinstrumentarium bereitstellen, um die maßgebliche Rolle invektiver Kommunikation hervorzuheben, die jene für die Dynamik von Vergesellschaftungsprozessen spielt.[22] Dabei soll der Terminus für „alle Formen der Beleidigung und Schmähung bis hin zu den Mikroaggressionen des Alltags stehen".[23] Einzelne herabwürdigende kommunikative Akte (‚die Invektive') haben durchaus das Potential, den sozialen Status der betroffenen Personen zu erschüttern, sie in eine benachteiligte Lage zu versetzen oder unter Umständen aus dem Grup-

---

[18] Vgl. Eckhard BERNSTEIN, From Outsiders to Insiders. Some reflections on the development of a Group Identity of the German Humanists between 1450 and 1530, in: James V. MEHL (Hg.), In Laudem Caroli: Renaissance and Reformation Studies for Charles G. Nauert (Sixteenth Century Essays and Studies 49), Kirksville MO 1998, S. 45–64, hier bes. S. 53.

[19] Vgl. Gerd SCHWERHOFF, Radicalism and ‚Invectivity'. ‚Hate Speech' in the German Reformation, in: Bridget HEAL u. Anorthe KREMERS (Hgg.), Radicalism and Dissent in the World of Protestant Reformation, Göttingen 2017, S. 36–52.

[20] Vgl. Uwe ISRAEL, Marius KRAUS u. Ludovica SASSO, Einleitung, in: ISRAEL/KRAUS/SASSO (2021), S. 1–13.

[21] ELLERBROCK u. a. (2017), S. 3.

[22] Vgl. ELLERBROCK u. a. (2017), S. 4.

[23] ISRAEL/KRAUS/SASSO (2021), S. 7.

pengefüge zu exkludieren. Die gemeinsame Modalität dieser Phänomene bzw. ihr potentieller Qualitätswert (‚das Invektive') spielt dabei eine entscheidende Rolle, denn keine Äußerung ist als solche anstößig. Ausschlaggebend sind nämlich die Umstände, unter denen eine invektive Äußerung tatsächlich zu einer solchen wird bzw. sie von einem interagierenden Publikum oder allgemein in der Anschlusskommunikation als solche eingeordnet wird.[24] Invektiven manifestieren sich zudem in einem Netzwerk von kulturellem Wissen und gesellschaftlichen Normen, sind immer in den Bezugskontext integriert und äußern sich durch Inszenierungs-, Wahrnehmungs- und Rezeptionsreaktionen. „Dabei unterliegen Erscheinungsformen und Funktionen des Invektiven [...] keinem starren Muster, sondern treten in medialer, politischer, sozialer und ästhetischer Hinsicht in komplexen, historisch variablen Konstellationen auf."[25] Invektiven sind also das Resultat eines kontingenten performativen Handelns (*performative turn*), das sich nur aus der situativen Interaktion zwischen Akteuren und Zuschauern bzw. Zuhörern ergeben kann.[26] Denn wer beleidigt oder herabsetzt, der ‚tut' etwas.[27]

Das Konzept der Invektivität soll jedoch weit über das Verständnis von illokutionärer (konventionelle Sprechhandlung) bzw. perlokutionärer (Sprechhandlung, die eine Wirkung erzielen soll) Kommunikation im Rahmen der ‚Sprechakttheorie' AUSTINS hinausgehen, indem weiterhin ‚symbolische Kommunikation' (Drohgebärden, Artefakte, Spottbilder, Rituale)[28] in die Konstellationsanalytik miteinbezogen werden soll. Stets sind das Anschlussgeschehen und die ‚soziale Umwelt' (‚Arena') entscheidend.[29] Aus interaktionstheoretischer Perspektive erscheinen die Positionen ‚Invektierende', ‚Invektierte' und ‚Publikum' als Analysekategorien als idealtypisch.[30] Auf pragmatischer Analy-

---

[24] Vgl. ISRAEL/KRAUS/SASSO (2021), S. 7–8; Judith BUTLER, Haß spricht. Zur Politik des Performativen, Frankfurt a.M. 2006.
[25] ELLERBROCK u. a. (2017), S. 3–4.
[26] Vgl. Jürgen MARTSCHUKAT u. Steffen PATZOLD (Hgg.), Geschichtswissenschaft und „performative turn". Ritual, Inszenierung und Performanz vom Mittelalter bis zur Neuzeit, Köln 2003.
[27] Vgl. John L. AUSTIN, How to do Things with Words, Oxford 1962.
[28] Vgl. Barbara STOLLBERG-RILINGER, Symbolische Kommunikation in der Vormoderne. Begriffe – Forschungsperspektiven – Thesen, in: ZHF 31 (2004), S. 489–527.
[29] Vgl. Heinrich Popitz, Soziale Normen, Frankfurt a. M. 2006; Martin JEHNE, Freud und Leid römischer Senatoren. Invektivarenen in Republik und Kaiserzeit, Göttingen 2020, S. 25–71.
[30] ELLERBROCK u. a. (2017), S. 12–15, bes. S. 13; Jürgen Stenzel, Rhetorischer Manichäismus. Vorschläge zu einer Theorie der Polemik, in: Franz J. WORSTBROCK u. Helmut KOOPMANN (Hgg.), Formen und Formgeschichte des Streitens. Der Literaturstreit, Tübingen 1986, S. 3–11. Grundlegend wird daher immer eine Raum-Zeit-Lokalisierung der Triade sein, eine Arena, in der die invektive Wechselwirkung hervortritt, die ihren Resonanzraum darstellt. Die Analyse von Invektivität in diesem Sinne umfasst eine komplexe Konstellation von Akteuren mit eigenen Raum-Zeit-Arenen, spezifischen oder üblichen Lizenzen sowie medialen und materiellen Aspekten, epochen- und kulturell differenzierten Funktionen sowie deren unterschiedlichsten Sprachausformungen.

seebene wird diese ‚invektive Triade' sprachlich aber erst durch die Verwendung von „Schimpf- und Fluchphrasen, pejorativen Ausdrücken, Generalisierungen, Verabsolutierungen, Hyperbeln, Superlativen, Vorwurfsintonationen etc." deutlich, da sie die „gemeinsame Modalität sozialer Interaktion und [invektiver] Kommunikation" sichtbar und kontextualisierbar macht.[31] Dieser interaktionstheoretische Dreiklang soll dabei helfen, die Intentionen und Funktionen von Invektiven besser einzuordnen, obwohl sie ihre Funktionen zumeist erst in der interaktiven Kommunikationssituation erwerben und dadurch Transformationsprozesse anregen.

Auch bei anderen invektiven Gattungen (‚kommunikative Gattungen')[32] neben der vermeintlich mustergültigen Invektive, der artifiziellen Schmährede vor Gericht (*oratio invectiva*), wird die invektive Qualität, bspw. bei der Satire oder der Parodie, erst in und mithilfe der Anschlusskommunikation abbildbar.[33] Auch im Kontext des deutschen Humanismus werden Konturen erkennbar, die bereits für Fallbeispiele aus der Frühen Neuzeit bestätigt worden sind. „Ob eine rustikale Bemerkung unter Soldaten (man wolle auf die Gesundheit des Gegenübers „pissen" bzw. „scheißen") als scherzhaftes *male bonding* interpretiert oder als Anlass für ein tödliches Duell skandalisiert wurde; oder ob eine Geste im Wirtshaus als Beleidigung der Ehefrau oder als völlig bedeutungslos gewertet wurde",[34] kann also mitunter ganz und gar von der Anschlusskommunikation abhängen. Denn der implizite oder explizite invektive Akt ist außerdem voller Normen und Forderungen bezüglich der Gesellschaftszugehörigkeit der beteiligten Subjekte. Dies impliziert auch einen Diskurs über die Relevanz inkarnierter Codes oder arenenspezifischer Verhaltensregeln, die einer Gesellschaftsordnung Struktur verleihen und die durch den Schmähakt stabilisiert oder transformiert werden können. Invektiven als kommunikative

---

[31] Vgl. Ellerbrock u. a. (2017), S. 6.

[32] Ruth Ayass, Kommunikative Gattungen, mediale Gattungen, in: Stephan Habscheid (Hg.), Textsorten, Handlungsmuster, Oberflächen, Berlin 2011, S. 275–295; Christa Dürscheid, Medien, Kommunikationsformen, kommunikative Gattungen, in: Linguistik online 22,1 (2005), S. 1–17, hier S. 15: „Kommunikationsformen' lassen sich u. a. danach unterscheiden, ob sie medienvermittelt oder nicht-medienvermittelt sind, dialogisch oder nicht-dialogisch sind. ‚Kommunikationsformen' stellen den Rahmen dar, in dem sich kommunikative Handlungsmuster verfestigen können. Diese werden als ‚kommunikative Gattungen' bezeichnet." Auch jüngst zum Thema Albrecht Dröse, Marina Münkler u. Antje Sablotny (Hgg.), Invektive Gattungen. Formen und Medien der Herabsetzung (Sonderheft der Kulturwissenschaftlichen Zeitschrift 6/2021).

[33] Vgl. Ellerbrock u. a. (2017), S. 7.

[34] Schwerhoff (2020), S. 13, Anm. 18 u. 43 mit den beiden nachfolgenden Literaturhinweisen: Ulrike Ludwig, Von Scherzen und Duellen. Wettkampfspiele als Typus von Ehrkonflikten im schwedisch-pommerschen Offizierskorps, in: ZHF 38 (2011), S. 371–403 sowie Barbara Krug-Richter, Von nackten Hummeln und Schandpflastern. Formen und Kontexte von Rauf- und Ehrenhändeln in der westfälischen Gerichtsherrschaft Canstein um 1700, in: Magnus Eriksson u. Barbara Krug-Richter (Hgg.), Streitkulturen. Gewalt, Konflikt und Kommunikation in der ländlichen Gesellschaft (16.–19. Jh.), Köln 2003, S. 269–307.

Akte gehen dabei oft über die Grenzen der kodifizierten Norm hinaus und bieten damit die Möglichkeit, dem bestehenden Status quo neue Regeln oder Ideologien aufzuoktroyieren.

Neben den Funktionen, die Invektiven in In- und Exklusionsprozessen einnehmen können, besitzen sie auch das Potenzial, die Polemogenität sozialer Ordnungen reflexiv werden zu lassen, indem sich Invektivität selbst zum Kommunikationsobjekt macht ('Metainvektive Reflexivität').[35] Gerade in bestimmten Normkontexten lassen sich Verhaltensmodelle identifizieren, die durch den Einsatz invektiver Sprechakte unterlaufen oder reguliert werden. Metainvektive Reflexivität birgt weiterhin selbst invektives Potential, wenn bspw. strategisch behauptet wird, beleidigt oder herabgesetzt worden zu sein, oder aber im „Kontext identitätspolitischer Debatten über soziale Lagen, Gender und ethnische Zuschreibungen".[36] Auf diese Weise lassen sich Phänomene wie der anschwellende Antijudaismus des 16. Jahrhunderts[37] möglicherweise auch als eine Form 'systemischer Invektivität' begreifen. In der Systemtheorie ist die Differenz zwischen Innen und Außen geradezu konstitutiv. „Entsprechend müssen die Bedingungen, die innerhalb der Systemgrenzen gelten, andere sein, als die draußen [...], unabhängig davon, durch welches Grenzbildungsprinzip sich das System im Einzelnen konstituiert. An der Grenze zeigt sich die Realität sozialer Systeme."[38]

Gerade im Zuge der Globalisierungstendenzen des frühen 16. Jahrhunderts, die sich durch eine „massive Brutalisierung der Diskurse und sich verschärfende Positions- und Deutungskämpfe auszuzeichnen" scheinen,[39] kann das Konzept der Invektivität eine Vergleichsheuristik anbieten, um konfliktreiche Dimensionen gesellschaftlicher Kommunikationsprozesse auch im Kontext der humanistischen Invektiven neu zu rekonzeptualisieren.

---

[35] Vgl. ELLERBROCK u. a. (2017), S. 17; Joachim SCHARLOTH, Hassrede und Invektivität als Gegenstand der Sprachwissenschaft und Sprachphilosophie. Bausteine zu einer Theorie des Metainvektiven, in: Aptum 2 (2017), S. 116–132.
[36] SCHWERHOFF (2020), S. 13–14.
[37] Vgl. David NIRENBERG, Anti-Judaismus. Eine andere Geschichte des westlichen Denkens, München ²2017.
[38] Heinz MESSMER, Der soziale Konflikt. Kommunikative Emergenz und systemische Reproduktion (Qualitative Soziologie 5), Stuttgart 2003, S. 49 m. weiterer Lit.
[39] ELLERBROCK u. a. (2017), S. 21.

1.3 Dimensionen und Grenzbereiche von Invektivität: Gewalt, Humor und Kritik

> Das Invektive stellt eine mächtige Ressource dar, um emotionale Gemeinschaften [ROSENWEIN][40] zu formen oder zu zerstören. Zorn, Wut und Hass können hegemoniale Machtansprüche zum Ausdruck bringen oder Ohnmachtsgefühle von sozial Deklassierten kanalisieren. Auf Seiten der Geschmähten mögen invektive Äußerungen ebenfalls zu Wutreaktionen führen oder aber Ohnmacht, Scham oder Angst hervorrufen. Je nach historischer und sozialer Konstellation können die Wirkungen von Invektiven sehr verschieden sein: Sie können zur Vereinzelung von Beschämten führen, im Gegenteil aber auch in Solidarisierung und Gruppenbildung, in Reflexion und Protest münden.[41]

Invektiven sind weder schwarz noch weiß. Dennoch sind es gerade die verschiedenen ‚Schattierungen' von Invektivität, die den wissenschaftlichen Umgang mit konflikthaften Ordnungen so interessant machen, da diese Dimensionen und Grenzbereiche sich gegenseitig nicht nur bedingen, sondern auch überlappen und dadurch ‚Kipppotenziale' von invektiver Kommunikation aufzeigen können.[42] Emotionen und Affekte wirken beispielsweise einerseits wie ein Motor auf die Dynamik der Invektiven und bilden wie eine Art ‚Seismograph' deren ‚Schärfegrad' ab.[43] Andererseits sind sie dazu in der Lage, Gemeinschaften zu transformieren.[44] ‚Konfliktkonstellationen'[45] liegt immer eine Imagination von Gesellschaftsordnung zugrunde, die arenen- und lizenzenspezifische Normhorizonte (bspw. Konfession, Sprach- bzw. Kulturkreis) aufweist,[46] d.h. dass Invektiven stets auf moralischen wie normativen Grundwerten fußen. Invektivkommunikation kann demnach nicht als bloße ‚Symbolhandlung' (bspw. Ehre, Status),[47] sondern zusätzlich als ‚Moralkommunikation' verstanden werden, die das Potential in sich birgt – insbesondere im Kontext von Normbrüchen (bspw. Ehebruch, Blasphemie, Mord) –, ein hohes Maß an ‚Affizierbarkeit' zu evozieren.[48]

---

[40] Vgl. Barbara ROSENWEIN, Emotional Communities in the early Middle Ages, New York 2006.
[41] SCHWERHOFF (2020), S. 16.
[42] Siehe hierzu mehr in Kap. I.3.3 dieser Studie.
[43] Vgl. ELLERBROCK u. a. (2017), S. 10–11.
[44] Vgl. Jan SLABY u. Christian VON SCHEVE (Hgg.), Affective Societies. Key Concepts, London 2019.
[45] Vgl. Kap. I.3.3 dieser Studie.
[46] Vgl. ELLERBROCK u. a. (2017), S. 9: „Es ist davon auszugehen, dass sich Invektiven immer innerhalb eines Geflechts aus kulturellem Wissen, sozialer Normierung, medialer Speicherung und situativer Ermöglichung manifestieren. Sie sind eingebunden in den multidimensionalen Verweisungszusammenhang von Inszenierung, Aufführung, Korporalität und Wahrnehmung."
[47] Vgl. STOLLBERG-RILINGER (2013).
[48] Vgl. Jörg R. BERGMANN u. Thomas LUCKMANN, Moral und Kommunikation, in: DIES. (Hgg.), Kommunikative Konstruktion von Moral, Bd. 1: Struktur und Dynamik der Formen moralischer Kommunikation, Opladen 1999, S. 13–36, bes. S. 25–27, hier S. 26: „In Bewertung einer Sache oder einer Handlung ist die moralische Bewertung nicht

Unter den Realisierungsformen von Invektivität nehmen Narrationen einen besonderen Stellenwert ein, denn Invektivkommunikation wird in der Regel erst über Erzählpraktiken aktualisiert, semantisiert und reorganisiert. Als maßgebliches epistemisches Medium und symbolische Form vermitteln Narrationen damit auch invektives Geschehen und metainvektive Reflexivität. An diese Prämisse anschließend sind Erzählungen auch als ‚Medien' von Invektivität zu verstehen und daher in der Lage, soziale Ordnungen (bspw. Konversionsnarrative) anzugreifen und zu beeinflussen.[49] Gleichzeitig stehen sie als stets aktualisierbare imaginäre Ressourcen zur Verfügung, ‚Invektivwissen' weiterzutragen.[50] Kanonisierte Narrative dienen Gruppen- und Ordnungsgefügen außerdem dazu, eine wirklichkeitsstrukturierende Funktion einzunehmen und zur Kontingenzbewältigung beizutragen.[51] Neben den Dimensionen von Invektivität, d. h. Affektivität/Emotionen, Normativität/Moral sowie Narrativität/Erzählungen treten unterschiedliche ‚Grenzbereiche' von Invektivität zu Tage, die wichtig für das Verständnis sind, inwieweit sich Invektivkommunikation oft erst in der Anschlusskommunikation erkennbar zeigt.

Zum Ersten weisen Invektiven einen besonderen Hang zur *Gewalt* auf. Dies liegt daran, dass invektive Kommunikation schon grundlegend das Potential in sich birgt, eine Person oder eine Personengruppe zu ‚verletzen'.[52] Im weiteren Sinne können Herabwürdigungen auch als Vorbereitungshandlungen

---

darauf gerichtet, dieses Objekt isoliert für sich, ohne Referenz auf die personale Identität des Urhebers zu beurteilen. Vielmehr zielt die moralische Bewertung immer auf eine Wert-Schätzung des Handelnden hinter der Handlung oder hinter dem Gegenstand ab. Die Beurteilung der Handlung oder des Objekts ist nur die Durchgangsstation zur Beurteilung des Akteurs in seiner Gesamtheit. Diese protomoralische Komponente manifestiert sich empirisch darin, dass moralische Urteile immer auf das Ansehen, das Image, die Ehre oder den Ruf des Moralisierungsobjekts ausgerichtet sind und sich nicht auf die begrenzte Beurteilung einer Leistung beschränken. Sie ist auch der Hintergrund dafür, dass moralische Kommunikation als ein nach den Kriterien ‚gut' und ‚böse' urteilendes Reden über Menschen verstanden werden kann, während Urteile nach den Kriterien ‚gut' und ‚schlecht' eher eine Handlung oder eine Sache für sich bewerten, ohne – moralisch – Verallgemeinerungen über die persönliche Identität des Urhebers vorzunehmen."

[49] Vgl. Marina MÜNKLER, Luthers Rom. Augenzeugenschaft, Invektivität und Konversion, in: Christoph MAUNTEL u. Volker LEPPIN (Hgg.), Transformationen Roms in der Vormoderne, Basel u. Stuttgart 2019, S. 213–242.

[50] Vgl. ELLERBROCK u. a. (2017), S. 9.

[51] Vgl. Ansgar NÜNNING, Wie Erzählungen Kulturen erzeugen. Prämissen, Konzepte und Perspektiven für eine kulturwissenschaftliche Narratologie, in: Alexandra STROHMAIER (Hg.), Kultur – Wissen – Narration. Perspektiven transdisziplinärer Erzählforschung für die Kulturwissenschaften, Bielefeld 2013, S. 15–53. Erzählungen wirken wie Katalysatoren. Einmal in der Welt, können sie nicht widerlegt werden. Jeder Widerlegungsversuch senkt nur die Aktivierungsenergie und erhöht die Reagibilität. Vgl. Herfried MÜNKLER u. Marina MÜNKLER, Abschied vom Abstieg, Berlin 2019.

[52] Vgl. Sybille KRÄMER, Gewalt der Sprache – Sprache der Gewalt, hg. v. der Landeskommission Berlin gegen Gewalt, Berlin 2005, S. 1–16, bes. S. 12–15: „Warum sind wir durch Worte verletzbar?"; Steffen K. HERRMANN, Sybille KRÄMER u. Hannes KUCH (Hgg.), Verletzende Worte. Die Grammatik sprachlicher Missachtung, Bielefeld 2007.

für tatsächliche physische Gewalt (,Gewaltphantasie') interpretiert werden.[53] Dass verschiedene Gewaltphänomene gleichzeitig emergieren können, zeigt das Beispiel der Ohrfeige, da sich der *invective mode* hier sowohl auf der Ebene der ,symbolischen Gewalt'[54] als auch der Ebene ,physischer Gewalt' vollzieht. Andererseits vermögen Invektiven aber auch das Gegenteil zu leisten, denn sie sind ebenso in der Lage, Gewaltausübung durch das Wiedereinhegen der Eskalation in invektive Rituale nicht nur zu entschärfen (,Blitzableiter'), sondern ebenso die Auseinandersetzung von einer körperlichen zu einer sprachlichen Ebene der ,Gewaltkommunikation'[55] zurückzuführen.[56]

Während Invektivität also durch und durch körperbezogen verstanden werden kann,[57] zeigt sich der Gehalt eines kommunikativen Gewaltaktes ebenso in Form von ,struktureller' (Rassismus, Altersdiskriminierung)[58] oder ,epistemischer Gewalt' (Postkolonialismus, Verwalten von Wissensvorsprüngen),[59] wobei sich die Phänomene freilich auch überlappen können. Eine scharfe Trennung von Gewalt und (invektiver) Sprache bzw. von „sprachlich-symbolischer und materiell-physischer"[60] ist schier unmöglich. Gewalt ist unter diesen Umständen sozusagen als Surrogat von Invektivität zu verstehen.[61] Da sowohl Gewalt, Kritik als auch Humor allesamt als soziokulturelle Praktiken zu deuten sind, ist es nicht verwunderlich, dass Invektiven für die Menschen des frühen

---

[53] Vgl. SCHWERHOFF (2020), S. 17.
[54] Vgl. Stephan MOEBIUS u. Angelika WETTERER, Symbolische Gewalt, in: Österreichische Zeitschrift für Soziologie 36 (2011), S. 1–10. Dies gilt auch für das ,akademische Feld'. Vgl. Pierre BOURDIEU, Vom Gebrauch der Wissenschaft. Für eine klinische Soziologie des wissenschaftlichen Feldes, Konstanz 1998; DERS., Homo academicus, Frankfurt a. M. 1988.
[55] Vgl. Julia DÖRING, Gewalt und Kommunikation (Essener Studien zur Semiotik und Kommunikationsforschung 29), Aachen 2009.
[56] Vgl. Sandra LINDEN, Art. Reizrede, in: Gert UEDING (Hg.), Historisches Wörterbuch der Rhetorik. Bd. 10, Berlin u. New York 2012, S. 1051–1054.
[57] Vgl. Petra GEHRING, Über Körperkraft von Sprache, in: HERRMANN/KRÄMER/KUCH (2007), S. 211–228. Neuerdings auch in Bezug zur Invektivität: Uwe ISRAEL u. Jürgen MÜLLER (Hgg.), Körper-Kränkungen. Der menschliche Leib als Medium der Herabsetzung. Frankfurt a. M. u. New York 2021.
[58] Vgl. Johan GALTUNG, Strukturelle Gewalt. Beiträge zur Friedens- und Konfliktforschung, Reinbek b. Hamburg 1975; Peter IMBUSCH, „Strukturelle Gewalt". Plädoyer für einen unterschätzten Begriff, in: Mittelweg 36. Zeitschrift des Hamburger Instituts für Sozialforschung 26, 3 (2017), S. 4–27.
[59] Vgl. Claudia BRUNNER, Das Konzept epistemische Gewalt als Element einer transdisziplinären Friedens- und Konflikttheorie, in: Werner WINTERSTEINER u. Lisa WOLF (Hgg.), Friedensfoschung in Österreich. Bilanz und Perspektiven, Klagenfurt 2016, S. 38–53; DIES., Epistemische Gewalt. Wissen und Herrschaft in der kolonialen Moderne, Bielefeld 2020.
[60] Vgl. ELLERBROCK u. a. (2017), S. 11–12, Zitat S. 12.
[61] Vgl. Elke KOCH u. Sybille KRÄMER (Hgg.), Gewalt in der Sprache. Rhetoriken verletzenden Sprechens, München 2010.

16. Jahrhunderts einerseits zu ‚Jedermanns-Ressourcen' avancierten,[62] andererseits aber auch als ‚Leitmedium'[63] der theologischen Religionsgespräche der 1520er Jahre beobachtet werden können.

Gerade in der vorreformatorischen Phase in Deutschland, als Flugschriften wie Pilze aus dem Boden schossen, zeigt sich im Besonderen die „Attraktivität der Invektiven als Quelle der Macht" (SCHWERHOFF).

> Buchstäblich jede und jeder kann Invektiven zum Einsatz bringen, gleich wie arm oder schwach sie bzw. er ist, während beim Einsatz von physischer Gewalt Faktoren wie Waffen oder körperliche Stärke entscheidend sind. Allerdings wird sich auch der Erfolg des Einsatzes von Invektivität je nach Arena und Lizenzen, nach Status, situativem Kontext und erlernten Fähigkeiten und der Reaktion von Kontrahenten stark unterscheiden.[64]

Neben der Gewalt tritt zweitens der *Humor* als interpendentes Randphänomen von Invektivität hervor. Affekte des Lachens oder somatische[65] Effekte des Verlachtwerdens[66] sind ein hochgradig sozialer Akt (‚Lachgemeinschaften'),[67] denn gerade der gemeinschaftliche und somit gemeinschaftsstiftende Spott birgt das Potential, die eigene Gruppe zu festigen, andere jedoch scharf auszugrenzen.[68] Lachen, Humor und Komik muss man als eingeübte, sozialisierte bzw. kulturelle Praxis begreifen. Gerade das invektive Spektrum gestaltet sich hier vielseitig. So kann ein vermeintlich freundlich gemeinter Scherz – je nach Kontext und Kommunikationssituation – schnell zu einem scharfen Witz werden oder zu einem Verlachen des Gegners bzw. der gegnerischen Gruppe führen.[69] Iro-

---

[62] Vgl. Trutz von TROTHA, Zur Soziologie der Gewalt, in: DERS. (Hg.), Soziologie der Gewalt, Opladen 1997, S. 9–56.
[63] Silvia S. TSCHOPP, Flugschriften als Leitmedien reformatorischer Öffentlichkeit, in: Helga SCHNABEL-SCHÜLE (Hg.), Reformation. Historisch-kulturwissenschaftliches Handbuch, Stuttgart 2017, S. 311–330.
[64] SCHWERHOFF (2020), S. 18.
[65] Hans R. VELTEN, Scurrilitas. Das Lachen, die Komik und der Körper in Literatur und Kultur des Spätmittelalters und der Frühen Neuzeit, Tübingen 2017.
[66] Stefan SEEBER u. Sebastian COXON (Hgg.), Spott und Verlachen im späten Mittelalter zwischen Spiel und Gewalt (Mitteilungen des deutschen Germanistenverbandes 1), Göttingen 2010.
[67] Werner RÖCKE u. Hans R. VELTEN (Hgg.), Lachgemeinschaften. Kulturelle Inszenierungen und soziale Wirkungen von Gelächter im Mittelalter und in der Frühen Neuzeit (Trends in Medieval Philology 4), Berlin u. New York 2005.
[68] Vgl. Christian KUHN u. Stefan BIESSENECKER (Hgg.), Valenzen des Lachens in der Vormoderne (1250–1750) (Bamberger historische Studien 8), Bamberg 2012.
[69] Vgl. SCHWERHOFF (2020), S. 9.

nie[70] und Satire[71] sind dabei zwei besonders beliebte Mittel, die im agonalen Invektivenaustausch der Humanisten eine hervorgehobene Rolle einnahmen.[72]

Für das Verständnis der subtilen Mechanismen ‚humoristischer Invektiven' ist die Kontextualisierung durch das Publikum maßgeblich. Die Leser oder Zuhörer wirken dabei als Resonanzkörper, wodurch die Faktoren *entertainment* und Agonalität sehr nahe in das analytische Licht des Invektivitätskonzeptes rücken. Diese Korrelation fördert die Dynamik des Austausches und bestätigt die immanente Prozessualität von Invektivgeschehen.[73] Weiterhin zeichnet sie sich dadurch als attraktives Gruppenmedium aus, da die angesprochene Kompetitivität die Aggregation neuer Mitglieder fördert. Neben dieser Funktion sollen Humor, Ironie und Satire aber vor allen Dingen eines: Wirkungsabsichten verschlüsseln. Dies geschieht entweder dadurch, indem man den invektiven Gehalt zu verharmlosen versucht (‚Das war doch nur ein Witz'),[74] um sich vor einem potentiellen Gegenschlag abzusichern, oder aber indem man dem Gegner in einem superiorisierenden Sinne die Satisfaktionsfähigkeit abspricht.[75] Zu welchem Zeitpunkt lässt sich also der Umschlagpunkt in einer Invektivkommunikation festmachen, oder besser gefragt: Wann hört der Spaß auf?[76]

Eine ebenso subliminale wie gelehrte Ausformung von Invektivität bildet drittens das Üben von *Kritik*.[77] Genau wie Gewalt und Humor ist Kritik eine soziale Praxis, die im Rahmen eines Kommunikationsgeschehens neben Sachfragen auch soziale Positionen und damit Machtansprüche immer wieder neu verhandeln kann.[78] Kritik kann sowohl konstruktiv, als auch verletzend wahrgenommen werden. Entscheidend ist dabei stets ihre Wahrnehmung und

---

[70] Gerd ALTHOFF u. Christel MEIER, Ironie im Mittelalter. Hermeneutik – Dichtung – Politik, Darmstadt 2011.

[71] Vgl. Barbara KÖNNEKER, Satire im 16. Jahrhundert. Epoche – Werke – Wirkung, München 1991.

[72] Vgl. zur Affinität der Ironie bzw. der Satire zur Invektive ALTHOFF/MEIER (2011), S. 153–154, am Bsp. des ‚Eckius dedolatus' des Nürnberger Humanisten Willibald Pirckheimer: S. 206–209.

[73] Vgl. ELLERBROCK u. a. (2017), S. 13.

[74] Vgl. Katja KANZLER, (Meta-)Disparagement Humour. The Poetics and Politics of Mockery in the Sitcom Two Broke Girls, in: Sara HÄGI-MEAD u. Mi-Cha FLUBACHER (Hgg.), Taboo and Transgression, Dresden 2019, S. 15–24.

[75] Bspw. in der aktuellen Sexismus-Debatte: Raúl PÉREZ u. Viveca S. GREENE, Debating Rape Jokes vs. Rape Culture. Framing and CounterFraming Misogynistic Comedy, in: Social Semiotics 26, 3 (2016), S. 265–282.

[76] Vgl. John MORREALL, Taking Laughter Seriously, New York 1983.

[77] Günter OESTERLE, Das ‚Unmanierliche' der Streitschrift. Zum Verhältnis von Polemik und Kritik in Aufklärung und Romantik, in: Franz J. WORSTBROCK u. Helmut KOOPMANN (Hgg.), Formen und Formgeschichte des Streitens. Der Literaturstreit, Tübingen 1986, S. 107–120.

[78] Vgl. Robin CELIKATES, Kritik als soziale Praxis. Gesellschaftliche Selbstverständigung und kritische Theorie, Frankfurt a. M. 2009.

Kontextualisierung in der Anschlusskommunikation.[79] „Insbesondere seit der Reformation spielt auch die vorwiegend in Flugblättern und Flugschriften verbreitete Bildsatire eine große Rolle, in der Personen, die an den reformatorischen Auseinandersetzungen teilnahmen oder im Zentrum der Kritik standen, als Esel, Katzen, Drachen, Ungeheuer, Antichristen, Teufelsfigurationen und Instrumente des Teufels etc. abgebildet wurden, wobei Bildsatiren und Karikaturen nahtlos ineinander übergingen."[80] Kritik und Parodie stellen für das Verständnis invektiver Kommunikationsformen und deren Funktionen hervorragende Analysekategorien dar, die aufzeigen, inwieweit sich die verschiedenen Invektivitätsphänomene überlappen können.[81] Auch im Textcorpus Hutten finden sich diese Strategien in der Regel nicht für sich allein, sondern immer in Interpendenz zueinander, denn es waren vor allem Invektiven, die die Profilierungskommunikation der Humanisten des 16. Jahrhunderts sowohl als Individuum als auch als Gruppe kennzeichneten.[82]

2 Invektivität im deutschen Humanismus des 16. Jahrhunderts

2.1 Gruppenbildung durch Invektiven im Humanismus um 1500? Einige Klärungen vorab

Die vorliegende Arbeit hinterfragt die Formen, Funktionen und Wirkungen von humanistischen Invektiven, deren Texte insbesondere auf antike Vorbilder rekurrierten. Auch insgesamt betrachtet maßen die Humanisten ihren elaborierten Invektiven höchste Bedeutung bei.[83] Gerade das 16. Jahrhundert bereitete durch die Erfindung der ‚Massenmedien' infolge der Gutenberg-Revolution den geeigneten technischen Nährboden für einen breiten Invektivenaustausch im Gelehrtenmilieu,[84] der sich in seiner Komplexität an ‚Öffentlichkeiten' aber

---

[79] Vgl. Thomas EDLINGER, Der wunde Punkt. Vom Unbehagen an der Kritik, Frankfurt a. M. 2015.
[80] ELLERBROCK u. a. (2017), S. 18.
[81] Vgl. PETERLINI (2021); Alfred LIEDE, Dichtung als Spiel. Studien zur Unsinnspoesie an den Grenzen der Sprache, Berlin u. New York ²1992, S. 319–322.
[82] Vgl. für den Murner-Wimpfeling-Streit in Straßburg exemplarisch ISRAEL (2019) u. Roswitha SIMONS, Der Streit zwischen Jakob Wimpfeling und Thomas Murner. Intertextualität im Dienste humanistischer Invektivdichtung, in: Karl ENENKEL u. Christian PETERS (Hgg.), Humanisten über ihre Kollegen. Eulogien, Klatsch und Rufmord (Scientia universalis I: Studien zur Wissenschaftsgeschichte der Vormoderne 3), Berlin 2018, S. 31–56.
[83] Vgl. ISRAEL/KRAUS/SASSO (2021), Einleitung, S. 4: „Auch wenn sie nicht in das moralische und pädagogische Ideal des Humanismus zu passen scheint, ist die Invektive während des 15. Jahrhunderts doch ein Markenzeichen des Humanismus in Italien und später darüber hinaus in ganz Europa."
[84] Siehe einführend Michael GIESECKE, Der Buchdruck in der frühen Neuzeit. Eine historische Fallstudie über die Durchsetzung neuer Informations- und Kommunikationstechnologien (stw 1357), Frankfurt a. M. 1991.

noch einmal deutlich von der (ebenfalls druckgestützten) Handschriftenkultur des italienischen Humanismus abheben sollte.[85] Die rhetorische Virtuosität gestattete es den Humanisten jedenfalls, sich sichtbar als eigenständige Gruppe zu konstituieren und interne Konflikte auszutragen und zu lösen, sich andererseits aber auch klar von anderen Gruppen abzugrenzen und diese scharf anzugreifen. Die ‚Humanisten' stellten freilich keine ‚Klasse' *per se* dar. Ihre Bewegung lässt sich nicht als ‚Standes- oder Berufsbezeichnung' charakterisieren, wenngleich viele von ihnen hohe Ämter bekleideten und daher in der Folge auch weitreichende Privilegien in der Gesellschaft genossen. Vielmehr waren sie eine ‚Gesinnungs-/Gefühlsgemeinschaft' (*emotional community*),[86] die sich aus bildungspolitischen Inhalten, ästhetischen und ethischen Interessen zusammensetzte und sich mit den Sprachen, Schriften und Autoren der klassischen Antike beschäftigte (*studia humanitatis* oder *studia humaniora*).[87] Aus diesem Schreibstil bzw. dieser Denklogik heraus formulierten, pflegten und wahrten die Humanisten ihren Habitus.[88]

Die tendenzielle Regelhaftigkeit des gruppeninternen Schmähungsaustausches im humanistischen Bildungsmilieu konnte die jüngere Forschung bereits herausarbeiten.[89] Sie lässt sich aber nicht allein als bestimmendes Distinktionsmerkmal begreifen,[90] sondern verweist auch auf andere kulturelle Vorbilder agonaler Arenen jener Zeit, zum Beispiel das Ehrduell, im Rahmen dessen ebenso Schmähungen, Entehrungen und Erniedrigungen der Gegner in regelmäßiger Wechselhaftigkeit ausgetauscht wurden.[91] Die gegenseitige Akzeptanz der jeweils zugebilligten Satisfaktionsfähigkeit der Streitenden untereinander konnte sowohl eine dynamische Eskalation bedeuten, andererseits unter bestimmen Voraussetzungen auch eine Befriedung des Konflikts einleiten.[92] Aus

---

[85] Zur Reflexion und Relativierung einer bloßen italienischen Handschriftenkultur vgl. die Ergebnisse von Uwe NEDDERMEYER, Von der Handschrift zum gedruckten Buch. Schriftlichkeit und Leseinteresse im Mittelalter und in der frühen Neuzeit. Quantitative und qualitative Aspekte (Buchwissenschaftliche Beiträge aus dem Deutschen Bucharchiv München), 2 Bde., hier Bd. 1: Text, Wiesbaden 1998, S. 420–422.
[86] Vgl. ROSENWEIN (2006).
[87] Vgl. HELMRATH (2010), S. 264–265.
[88] Vgl. Harald MÜLLER, Habit und Habitus. Mönche und Humanisten im Dialog (Spätmittelalter und Reformation. Neue Reihe 32), Tübingen 2006; DERS., ‚Specimen eruditionis'. Zum Habitus der Renaissance-Humanisten und seiner sozialen Bedeutung, in: Frank REXROTH (Hg.), Beiträge zur Kulturgeschichte der Gelehrten im späten Mittelalter (Vorträge und Forschungen 73), Ostfildern 2010, S. 117–151.
[89] Vgl. bereits ISRAEL (2019).
[90] Uwe ISRAEL u. Christian JASER (Hgg.), Agon und Distinktion. Soziale Räume des Zweikampfs zwischen Mittelalter und Neuzeit (Geschichte, Forschung und Wissenschaft 47), Berlin 2016.
[91] Vgl. Uwe ISRAEL u. Gherardo ORTALLI (Hgg.), Il duello fra Medioevo ed età moderna: Prospettive storico-culturali (I libri di Viella 92), Rom 2009.
[92] Vgl. Peter STROHSCHNEIDER, Dialogischer Agon, in: Klaus W. HEMPFER u. Anita TRANINGER (Hgg.), Der Dialog im Diskursfeld seiner Zeit (Text und Kontext. Romanische Literaturen und Allgemeine Literaturwissenschaft 26), Stuttgart 2010, S. 95–120.

diesem Grund wird dem Vergleich mit dem Duellmodus im Hinblick auf die agonale Praxis der humanistischen Schmährede besondere Aufmerksamkeit geschenkt. Das gewaltfreie Aushandeln von Konflikten ist in der Tat eine der soziokulturellen Praktiken, die für den Fortbestand, die Selbsterhaltung und auch die langfristige Entwicklung menschlicher Gemeinschaften unabdingbar scheinen. Insbesondere hochformale Kontexte können tendenziell attraktiv für symbolträchtige Tabuhandlungen werden. Neben der Intention, formalisierte Grenzen zu überschreiten, folgt ein ritualisierter Invektivenaustausch aber immer bestimmten Regeln und Normen, da Invektiven stets von denjenigen Normkontexten abhängen, in die sie eingebettet wurden.[93]

Wer durfte zur bildungselitären Schicht der Humanisten gezählt werden und wer nicht? Von den Zeitgenossen wurde diese Frage in der Regel mithilfe von teils ausgefeilten Invektiven geklärt. War es sozusagen gar ‚humanistisch', stets zum Mittel der Invektive im Konfliktaustrag zu greifen? Humanistische Gelehrte, die seit Mitte des 14. Jahrhunderts Rhetorik als vornehmste Methode der Tugendförderung, Wahrheitssuche und Gotteserkenntnis betrachteten, sahen jedenfalls gerade in der gegenseitigen persönlichen Herabsetzung das Mittel zur Durchsetzung ihrer Positionen und zur Profilierung der eigenen Gruppe nach außen hin gegenüber ‚Nichthumanisten'.[94] Dass die dynamische Verschränkung von In- und Exklusionsmomenten dabei – insbesondere in der Kunst- und Literaturszene – schöpferische Impulse bewirken konnte, scheint daher wenig überraschend.[95] Gerade die Invektiven der antiken Vorbilder stellten für die Humanisten ein breites sprachliches Inventar an Stilstrategien bereit, mit dem sie die Gegner vor das Problem stellen konnten, möglicherweise auf neue Formen des Konfliktaustrags ausweichen zu müssen. So prognostizierten die wesentlich unreglementierteren Religionsgespräche der 1520er Jahre später doch vor allen Dingen, dass die im universitären Schulbetrieb bis dato gängige Methode der wissenschaftlichen Debatte und Streitrede (scholastische Disputation) wohl nicht mehr als das geeignete Medium angesehen wurde, dem beschleunigten Modus einer sich verändernden (medialen) Umwelt adäquat zu beggnen. Die deutschen Humanisten des 16. Jahrhunderts trugen jedenfalls einen großen Anteil daran, dass sich die ‚Anerkennungskriege' dieser Zeit derart dynamisieren und auch artikulieren konnten. Denn gerade durch die Veröffentlichungen ihrer Briefe und Pamphlete partizipierten sie im Besonderen am politischen und literarischen Diskurs.

---

[93] Vgl. William LABOV, Rules for ritual insults, in: DERS. (Hg.), Language in the Inner City. Studies in the Black English Vernacular, Oxford 1977; Claudia GARNIER, Injurien und Satisfaktion. Zum Stellenwert rituellen Handelns in Ehrkonflikten des spätmittelalterlichen und frühneuzeitlichen Adels, in: ZHF 29 (2002), S. 525–560.

[94] Vgl. bereits KRAUS (2021) sowie zur Theorie Kap. I.2.2 dieser Arbeit.

[95] Vgl. PETERLINI (2021); Jürgen MÜLLER, Der Maler als Pasquino – Spott, Kritik und Subversion. Eine neue Deutung von Caravaggios Amor vincitore, in: ISRAEL/KRAUS/SASSO (2021), S. 143–190.

2.2 Agonalität und eruditio: invective codes humanistischer Invektiven

> Die erste und wichtigste Manifestation der humanistischen Natur ist das glühende Verlangen nach Kontroversen: die Lieblingswaffe ist die Beschimpfung, derer sie [die Humanisten] sich oft sogar als Hauptmittel bedienen, um ihre Gelehrsamkeit zu zeigen.[96]

Das Phänomen des Humanismus drang schnell in die unterschiedlichsten Strukturbereiche der Gesellschaft ein: akademisch, politisch, kirchlich. Eine Reihe von Praktiken und Ideen, die aus vorhandenem Material entwickelt wurden, strukturierten die kollektive Identität einer Elitegruppe und erzeugten gleichzeitig ein präzises Repräsentations- und Unterscheidungssystem im Milieu der Intellektuellen. Bei den Gruppenbildungen kam hierbei der Gelehrsamkeit (*eruditio*) und der Fähigkeit, exzellentes Latein zu beherrschen (*latinitas*), in den Invektiven eine distinktive Kraft zu.[97] Denn Kompetenz in klassischer Philologie und Literatur, in lateinischer Grammatik und Stil, wurden als „ontische Kernqualifikationen" und damit als Voraussetzungen für das Erreichen des Humanistenstatus angesehen.[98] „Die Invektive ermöglichte es den Humanisten, sich durch die Zurschaustellung der Gelehrsamkeit darzustellen und zu inszenieren, um Reputation für sich selbst in der eigenen Gemeinschaft zu erlangen. Deswegen war es unvermeidlich, eigene Gelehrsamkeit zu zeigen, auch wenn das Hauptziel einer Invektive vielleicht ein anderes war."[99] Diese intellektuelle Tendenz bzw. dieser kommunikative Modus wird durch den Terminus des *self-fashioning*[100] ebenso treffend beschrieben, wie der Terminus *community fashioning*[101] für die Selbststilisierung sowie die Abgrenzung der Humanisten nach außen hin als Gruppe (*Sodalitas litteraria* oder Sodalitäten) steht.[102]

---

[96] Felice VISMARA, L'invettiva, arma preferita degli umanisti nelle lotte private, nelle polemiche letterarie, politiche e religiose, Mailand 1900, S. VI: „La prima e più importante manifestazione della natura umanistica è la brama ardente di polemiche: l'arma preferita in queste è l'invettiva, della quale si servono spesso come di mezzo principale a sfoggiare la propria erudizione." Vgl. auch einführend ISRAEL/KRAUS/SASSO (2021), hier S. 9–10.

[97] Vgl. grundlegend Eckhard BERNSTEIN, Group Identity Formation in the German Renaissance Humanists. The function of Latin, in: Eckhard KESSLER u. Heinrich C. KUHN (Hgg.), Germania Latina. Latinitas teutonica. Politik, Wissenschaft, humanistische Kultur vom späten Mittelalter bis in unsere Zeit, München 2003, S. 375–86.

[98] Vgl. HELMRATH (2010), Zitat S. 275.

[99] ISRAEL/KRAUS/SASSO (2021), S. 9.

[100] Vgl. Stephen GREENBLATT, Renaissance Self-fashioning. From More to Shakespeare, Chicago u. London 1980, S. 9–10.

[101] Vgl. Bernd HÄSNER, Der Dialog. Strukturelemente einer Gattung zwischen Fiktion und Theoriebildung, in: Klaus W. HEMPFER (Hg.), Poetik des Dialogs: aktuelle Theorie und rinascimentales Selbstverständnis (Text und Kontext 21), Stuttgart 2004, S. 13–67, hier S. 48–52.

[102] Vgl. BERNSTEIN (1998), S. 53; BERNSTEIN (2003); Heinz ENTNER, Was steckt hinter dem Begriff *sodalitas litteraria*? Ein Diskussionsbeitrag zu Conrad Celtis und seinen Freundes-

Die Humanisten pflegten nicht nur gemeinsame Ideale, sondern konkurrierten auch häufig auf einem relativ engen professionellen ‚Markt'. Wie eben erläutert wurde, war die Kompetenz in der lateinischen Grammatik und im lateinischen Stil stets ein durchaus überzeugender Beweis für die Zugehörigkeit zur humanistischen Corona.[103] Dabei bildeten *eruditio* und *latinitas* gleichermaßen den Sockel des wettbewerblichen und kompetitiven Charakters humanistischer Invektiven.[104] Schon Jacob BURCKHARDT hob die Invektive der italienischen Humanisten als den Inbegriff für das ‚ausgebildete Individuum' hervor und sprach von ihrem agonalen Charakter im Kontext ihrer gelehrten Auseinandersetzungen.[105] Als konsensuale Gemeinschaft war die Gelehrtenrepublik tatsächlich aus einem System verschiedener Netzwerke aufgebaut.[106] Am sichtbarsten werden diese Netzwerke im Briefverkehr der Humanisten, den sie mit reichlichen Freundschaftsbekundungen (*amicitia*; bspw. Dedikationsepisteln, Vor- oder Nachwort) versahen und im Anschluss publizierten,[107] um den Zusammenhalt der Gruppe öffentlich zur Schau zu stellen und dadurch zu stärken.[108] Dies wirkte sich freilich auch auf die sprachliche Konventionalität humanistischer Briefkultur aus. Manche Briefe lassen sich mehr wie lateinische Stilübungen oder traktatähnliche Konversationen lesen, als wie persönliche Briefe im

---

kreisen, in: Klaus Garber u. a. (Hgg.), Europäische Sozietätsbewegung und demokratische Tradition. Die europäischen Akademien der Frühen Neuzeit zwischen Frührenaissance und Spätaufklärung (Frühe Neuzeit 27), Bd. 2, Tübingen 1996, S. 1096–1101.

[103] Vgl. Marc LAUREYS, Competence matters. Grammar and Invective in Girolamo Balbi's ‚Rhetor gloriosus', in: Uwe BAUMANN, Arnold BECKER u. Marc LAUREYS (Hgg.), Polemik im Dialog des Renaissance-Humanismus. Formen, Entwicklungen und Funktionen (Super alta perennis. Studien zur Wirkung der Klassischen Antike 19), Göttingen 2015, S. 63–86, hier S. 66.

[104] Vgl. Clémence REVEST, Naissance du cicéronianisme et émergence de l'humanisme comme culture dominante: réflexions pour une histoire de la rhétorique humaniste comme pratique sociale, in: Mélanges de l'École française de Rome 125, 1 (2013), S. 219–257.

[105] Vgl. Jacob BURCKHARDT, Die Cultur der Renaissance in Italien. Ein Versuch, hg. v. Mikkel MANGOLD, München 2018, S. 105–115; siehe auch ISRAEL/KRAUS/SASSO (2021), S. 10.

[106] Vgl. Robert GRAMSCH, ‚Seilschaften' von universitätsgebildeten Klerikern im deutschen Spätmittelalter – Beziehungsformen, Netzwerkstrukturen, Wirkungsweisen, in: Gerhard Krieger (Hg.), Verwandtschaft, Freundschaft, Bruderschaft. Soziale Lebens- und Kommunikationsformen im Mittelalter (Akten des 12. Symposiums des Mediävistenverbandes), Berlin 2009, S. 176–188.

[107] Vgl. Klaus KIPF, Humanistische Freundschaft im Brief – Zur Bedeutung von *amicus*, *amicitia* und verwandter Begriffe in Briefcorpora deutscher Humanisten 1480–1520, in: Gerhard Krieger (Hg.), Verwandtschaft, Freundschaft, Bruderschaft. Soziale Lebens- und Kommunikationsformen im Mittelalter (Akten des 12. Symposiums des Mediävistenverbandes), Berlin 2009, S. 491–509, hier S. 491–493.

[108] Franz J. WORSTBROCK, Vowort, in: Ders. (Hg.), Der Brief im Zeitalter der Renaissance (Mitteilungen der DFG-Kommission für Humanismusforschung 9), Weinheim 1983, S. 5–6, hier S. 6: „Im brieflichen Austausch konstituierten sich die Humanisten über alle räumlichen Grenzen hinweg, auch wenn sie einander nie sahen, als eigene Kommunikationsgemeinschaft, als *Respublica literaria*."

Sinne der ‚Privatheit'.¹⁰⁹ Gerade im Rahmen von ‚Schmährededuellen', d. h. in einem reglementierten kommunikativen Austausch von Invektiven, muss wohl gerade der Brief, den Franz Josef WORSTBROCK schon als „die insgesamt wichtigste humanistische Quellengattung" einordnete,¹¹⁰ eine gewichtige Rolle im Profilierungskontext der humanistischen Bewegung einnehmen.¹¹¹

2.3 Invektive Kommunikationsformen im deutschen Humanismus: Textualität und Paratextualität im frühen 16. Jahrhundert

Briefe besitzen unbestritten einen dialogischen Charakter.¹¹² Der Dialog kann unter Umständen aber auch selbst zu einer ‚invektiven Gattung' transformiert werden,¹¹³ wie Huttens an die Totengespräche Lukians angelehnter Dialog ‚Phalarismus' (1517) exemplarisch unter Beweis stellt.¹¹⁴ Im Nachfolgenden soll unter einer Invektive jedoch mehr als der bloße kommunikative Akt einer Beleidigung oder die antike literarische Gattung der *invectiva oratio* (Schmährede vor Gericht),¹¹⁵ die als beliebtes Stilmittel gerade im Zeitalter des Humanismus

---

[109] Vgl. Esther-Beate KÖRBER, Der soziale Ort des Briefs im 16. Jahrhundert, in: Horst WENZEL (Hg.), Gespräche, Boten, Briefe: Körpergedächtnis und Schriftgedächtnis im Mittelalter (Philologische Studien und Quellen 143), Berlin 1997, S. 244–258, hier S. 257.

[110] Franz J. WORSTBROCK, Rez. zu Johannes Reuchlin, Briefwechsel. Bd. 1: 1477–1505, hg. v. Matthias DALL'ASTA u. Gerald DÖRNER, Stuttgart u. Bad Cannstatt 1999, in: Zeitschrift für deutsches Altertum 130 (2001), S. 236–242, hier S. 236.

[111] Für die Briefe des Würzburger Abtes und Humanisten Johannes Trithemius konnte Klaus ARNOLD bereits neben den Schlagworten *amicitia* (Mitgliedschaft in einer gelehrten Sodalität), *dedicatio* (Widmungsepistel), *exhortatio* (Inhalt monastischer Erbauungsschriften und Paränese) auch die *controversia* (Apologese und theologische Streitfragen) als essentiellen Bestandteil humanistischer Briefkultur konstatieren. Vgl. Klaus ARNOLD, Warum schrieben und sammelten Humanisten ihre Briefe? Beobachtungen zum Briefwechsel des Benediktinerabtes Johannes Trithemius (1462–1516), in: Michael BUSCH u. Jörg HILLMANN (Hgg.), Adel – Geistlichkeit – Militär. Festschrift für Eckardt Opitz zum 60. Geburtstag, Bochum 1999, S. 19–32, hier S. 31.

[112] Leonid BATKIN, Die italienische Renaissance. Versuch einer Charakterisierung eines Kulturtyps, Dresden 1979, S. 265–323. Zur Dialogforschung: Klaus W. HEMPFER, Möglichkeiten des Dialogs. Struktur und Funktion einer literarischen Gattung zwischen Mittelalter und Renaissance in Italien (Text und Kontext 15), Stuttgart 2002; DERS., Poetik des Dialogs. Aktuelle Theorie und rinascimentales Selbstverständnis (Text und Kontext 21), Stuttgart 2004; Bodo GUTHMÜLLER u. Wolfgang G. MÜLLER (Hgg.), Dialog und Gesprächskultur in der Renaissance (Wolfenbütteler Abhandlungen zur Renaissanceforschung 21), Wiesbaden 2004.

[113] Vgl. Albrecht DRÖSE, Marina MÜNKLER u. Antje SABLOTNY (Hgg.), Invektive Gattungen. Formen und Medien der Herabsetzung (Sonderheft der Kulturwissenschaftlichen Zeitschrift 6/2021).

[114] Vgl. insbes. BECKER (2013) u. KRAUS (2021).

[115] Severin KOSTER, Invektive und Polemik in der Antike. Suche nach einer Verhältnisbestimmung, in: Oda WISCHMEYER u. Lorenzo SCORNAIENCHI (Hgg.), Polemik in der frühchristlichen Literatur. Texte und Kontexte (Beihefte zur Zeitschrift für die neutestamentliche Wissenschaft 170), Berlin u. New York 2011, S. 39–53, hier S. 40: Die Invektive leitet sich nach antikem Verständnis etymologisch vom Adjektiv *invectivus* ab und ist

wiederentdeckt wurde, verstanden werden.[116] Invektivität kann sich nämlich gerade in ihren Randbereichen und Grauzonen in zahlreichen Formen, Mustern und Gattungen realisieren.[117] „Einige rhetorische und literarische Gattungen sind einschlägig: Invektive, Polemik, Satire, Pasquill, Dialog, Witz etc. Für die Frage nach der Formenvielfalt und -geschichte der Invektiven ist jedoch zu berücksichtigen, dass auch andere Gattungen invektiv aufgeladen bzw. über bestimmte Verfahren (Parodie, Persiflage, Travestie) invektiv transformiert werden können."[118] Gerade die Invektiven Huttens werden uns hierbei Konturen aufzeigen, inwieweit sich das Spektrum an Formen und Formvorlagen in der druckgestützten Öffentlichkeit des 16. Jahrhunderts noch erweitern ließe.

Bei der humanistischen Auswahl antiker Autoren sticht vor allem die Figur und das Werk Ciceros heraus,[119] wenngleich der Verweis auf zahlreiche weitere Autoren wie etwa Lukian oder Tacitus in gewisser Weise eine identifizierende Praktik dieser elitären Gemeinschaft darstellte, kollektive Anerkennung (symbolisches Kapital) anderer Intellektueller zu gewinnen. Insbesondere die Invektive galt im Milieu des Humanismus als rhetorische Schreibpraktik, die als Sinnbild für die Textproduktion der *studia humanitatis* steht.[120] Insgesamt betrachtet fand invektive Kommunikation auch in der Epoche der Renaissance auf unterschiedlichen medialen Ebenen und in konkreten historischen Konstellationen statt. Etablierte Muster aus der antiken klassischen Literatur dienten den Humanisten als „Archiv von Formen von Degradationsmodellen, auf die bei Bedarf zurückgegriffen werden" konnte. Vor diesem Hintergrund wäre die Bezeichnung ‚kommunikative Gattung' für die Einordnung humanistischer Invektiven nicht ungeeignet, die Vielfalt dieses Spracharsenals an Beschimpfungen zu beschreiben, da sie „die Aspekte der kommunikativen Situation, des sozialen Kontexts und der sprachlichen Form zusammenführt".[121]

---

      daher als *invectiva* lediglich eine Verkürzung der Junktur *oratio invectiva* (Schmährede). „Das substantivierte Adjektiv ist im Lateinischen hingegen relativ selten und hat sich als Fremdwort auch im Deutschen nicht eingebürgert. Das heißt, dass es sowohl in der Antike wie auch heute durch andere Begriffe vertreten wird, im Deutschen vornehmlich durch das Wort Polemik, das im geläufigen Sprachgebrauch das mit abdeckt, was für die Invektive spezifisch ist, nämlich den emotionalen Angriff auf eine Person in Form von Verbalinjurien."

[116] Vgl. Israel/Kraus/Sasso (2021), S. 10–12, hier S. 10: „Tatsächlich hatte der direkte persönliche Angriff mit dem Ziel der Herabsetzung und Verächtlichmachung des Gegenübers einen festen Platz im System der antiken Rhetorik, und zwar vor allem in der Gestalt der Tadel oder Scheltrede (ψόγος / *vituperatio*), die beinahe ausschließlich als Gegenstück zur Lobrede (ἔπαινος / *laus*) gesehen wurde."

[117] Vgl. Severin Koster, Die Invektive in der griechischen und römischen Antike, Meisenheim 1980, zur Invektivrede nach dem Vorbild Ciceros lediglich S. 113–133.

[118] Israel/Kraus/Sasso (2021), S. 11.

[119] Für Hutten siehe Kap. IV.4 dieser Arbeit.

[120] Vgl. Marc Laureys, Per una storia dell'invettiva umanistica, in: Studi umanistici piceni 23 (2003), S. 9–30; Helmrath (2010).

[121] Beide Zitate bei Israel/Kraus/Sasso (2021), S. 12.

In der humanistischen Streitschriftenliteratur des beginnenden 16. Jahrhunderts beschleunigte und heterogenisierte sich allerdings nicht nur die angedeutete Realisierungsvielfalt invektiver Werk- und Textformen, sondern gleichsam auch ihre paratextuellen Bausteine von innen heraus.[122] Schon der französische Literaturtheoretiker Gérard GENETTE proklamierte die ‚Geleittexte'[123] von Büchern zum konstitutiven „Beiwerk, durch das ein Text [überhaupt erst] zum Buch wird und als solches vor die Leser und, allgemeiner, vor die Öffentlichkeit tritt. Dabei handelt es sich weniger um eine Schranke oder eine undurchlässige Grenze als um eine *Schwelle*, [...] um eine ‚unbestimmte Zone' zwischen innen und außen [...]."[124] Die hier entwickelte Formel: *Paratext = Peritext*[125] + *Epitext*[126] ist für unsere Analyse dahingehend interessant, da ebenso die Rolle der Anschlusskommunikation mitberücksichtigt wird. Richtig für die Medienlandschaft der vorreformatorischen Zeit ist sicherlich die Annahme, dass „der sogenannte ‚Paratext' oft [so eng] mit dem [eigentlichen] ‚Text' verbunden [war], dass er im Grunde keinen anderen Status besaß als der ‚Text'" selbst.[127] Gleichzeitig lässt sich allerdings die für die Frühe Neuzeit postulierte These

---

[122] Zum Begriff des Paratextes sowie seiner Problematisierung: Gérard RAULET u. Burghart SCHMIDT (Hgg.), Vom Parergon zum Labyrinth. Untersuchungen zur kritischen Theorie des Ornaments, Wien 2011, S. 101–110; Uwe WIRTH, Das Vorwort als performative, paratextuelle und parergonale Rahmung, in: Jürgen FOHRMANN (Hg.), Rhetorik, Figuration und Performanz, Stuttgart u. Weimar 2004, S. 603–628; Bernhard PABST, Text und Paratext als Sinneinheit? Lehrhafte Dichtungen des Mittelalters und ihre Glossierung, in: Wolfram-Studien 19 (2006), S. 117–145; Georg STANITZEK, Buch. Medium und Form – in paratexttheoretischer Perspektive, in: Ursula RAUTENBERG (Hg.), Buchwissenschaft in Deutschland, Berlin u. New York 2010, S. 157–202.

[123] Joachim KNAPE, Der humanistische Geleittext als Paratext – am Beispiel von Brants Beigaben zu Tennglers *Layen Spiegel*, in: Andreas DEUTSCH (Hg.), Ulrich Tenglers Laienspiegel. Ein Rechtsbuch zwischen Humanismus und Hexenwahn, Heidelberg 2011, S. 117–137.

[124] Gérard GENETTE, Paratexte. Das Buch vom Beiwerk des Buches (suhrkamp taschenbuch wissenschaft 1510), Frankfurt a. M. ^{8}2021, S. 10.

[125] Gemeint sind Paratexte, die die Gestaltung des Textes selbst betreffen bzw. materiell an diesen gebunden sind (Buchumschlag, Klappentext, Autorname, Widmung, Typographie, Kapitelüberschriften, Glossen etc.). Vgl. ebd., S. 22–40.

[126] Hier sind alle paratextuellen Elemente gemeint, die um das Buch zirkulieren oder über jenes metainvektiv reflektieren (Kolloquia, Debatten, [Selbst-]Kommentare, Lesungen, Briefe, Tagebucheintragungen des Autors, Biographien, Verlagswerbung. etc.). Vgl. ebd., S. 329–384.

[127] Karl ENENKEL, Paratexte, Autorschaft und Wissensvermittlung, in: DERS. (Hg.), Die Stiftung von Autorschaft in der neulateinischen Literatur (ca. 1350–1650). Zur autorisierenden und wissensvermittelnden Funktion von Widmungen, Vorworttexten, Autorporträts und Dedikationsbildern (Mittellateinische Studien und Texte 48), Leiden 2015, S. 1–53, hier S. 9.

einer ‚Pluralisierung des Paratextes'¹²⁸ bzw. einer ‚Epoche des Paratextes'¹²⁹ als verfrüht zurückweisen, da eine strikte Trennung von Textualität und Paratextualität, wie sie das Genettsche Paratextverständnis vorsieht, gerade mit Blick auf die Dynamik und Affordanzen¹³⁰ der humanistischen Invektivenproduktion des 16. Jahrhunderts deutlich zu kurz zu greifen scheint.¹³¹

Die Humanisten schienen jedenfalls auch in paratextueller Hinsicht Medienexperten gewesen zu sein, wohl vorwiegend deshalb, weil sie innerhalb ihrer persönlichen Netzwerke oft unmittelbar in den Druck- und Veröffentlichungsprozess ihrer Werkkompositionen miteingebunden (bspw. als *corrector*)¹³² und dadurch maßgeblich am „Boom paratextueller Formen und Funktionen" beteiligt waren.¹³³ Insbesondere der ludisch-agonale Charakter humanistischer Invektivkonstellationen wirkte sich, mit Blick auf Johan Huizingas Kulturtheorie des Spiels,¹³⁴ folgerichtig äußerst fruchtbar auf die Formen-, Funktions- und Wirkungsvielfalt frühneuzeitlicher Paratexte aus:¹³⁵

> Der Paratext kann seinen Bezugstext relativieren, ironisieren oder gar destruieren, seine poetologische Faktur offenlegen oder über so zentrale Kategorien wie Fiktionalität, Autorität und Autorschaft Auskunft geben. Nicht selten gewinnt das Beiwerk eine solche ästhetische, explikative oder poetologisch-metapoetische Eigenständigkeit, dass Genettes Hierarchisierung von Text und subsidiärem Paratext ins Wanken gerät:

---

[128] Cornelia Rémi, Die Pluralisierung des Paratextes. Formen, Funktionen und Theorie eines Phänomens frühneuzeitlicher Kommunikation, in: Mitteilungen des Sonderforschungsbereichs 573 ‚Pluralisierung und Autorität in der Frühen Neuzeit' 2 (2006), S. 48–50.

[129] Vgl. Frieder von Ammon u. Herfried Vögel, Einleitung, in: Dies. (Hgg.), Die Pluralisierung des Paratextes in der Frühen Neuzeit. Theorie, Formen, Funktionen (Pluralisierung & Autorität 15), Berlin u. Münster 2008, S. XV.

[130] Siehe Kap. II.5 dieser Arbeit.

[131] Vgl. Michael R. Ott, Die Erfindung des Paratextes. Überlegungen zur frühneuzeitlichen Textualität (2010), in: http://publikationen.ub.uni-frankfurt.de/opus4/frontdoor/deliver/index/docId/7858/file/Erfindung_des_Paratextes.pdf [letzter Zugriff: 19.07.2022].

[132] Vgl. Anthony Grafton, The Culture of Correction in Renaissance Europe, London 2011; Heinrich Grimm, Von dem Aufkommen eines eigenen Berufszweiges Korrektor und seinem Berufsbild im Buchdruck des XVI. Jahrhunderts, in: Gutenberg-Jahrbuch 39 (1964), S. 185–190.

[133] Vgl. Joachim Hamm, Zur Paratextualität und Intermedialität in Sebastian Brants *Vergilius pictus* (Straßburg 1502), in: Jörg Robert (Hg.), Intermedialität in der Frühen Neuzeit. Formen, Funktionen, Konzepte. Tagung an der Universität Eichstätt, 28.–31.3.2012 (Frühe Neuzeit 209), Berlin u. Boston 2017, S. 236–259, hier S. 236–237, betonte bereits zurecht den ‚Werkgemeinschafts-Charakter' zwischen Offizinen, Künstlerkreisen und humanistischen Zirkeln (S. 238).

[134] Johan Huizinga, Homo ludens. Vom Ursprung der Kultur im Spiel, Hamburg 1997; Stefan Matuschek, Literarische Spieltheorie. Von Petrarca bis zu den Brüdern Schlegel, Heidelberg 1998.

[135] Klaus Kipf, Auctor ludens. Der Topos des spielerischen Schreibens in poetologischen Paratexten unterhaltender Literatur im Renaissance-Humanismus und in der deutschen Literatur der frühen Neuzeit, in: Thomas Anz u. Heinrich Kaulen (Hgg.), Literatur als Spiel. Evolutionsbiologische, ästhetische und pädagogische Aspekte (Spectrum Literaturwissenschaft 22), Berlin u. New York 2009, S. 209–229.

Gerade in der paratextuellen Zone, am vermeintlichen Rand des Textes, ereignet sich doch immer wieder Entscheidendes. Dies gilt umso mehr, wenn man berücksichtigt, dass gerade im späten 15. Jahrhundert und 16. Jahrhundert das Beiwerk zum Buch nicht nur aus Paratexten, sondern auch aus Bildern bestand.[136]

Denn es waren insbesondere Bilder, die seit dem Medienumschwung um das Jahr 1500 in Deutschland vermehrt in die Textkompositionen von Autoren unterschiedlicher Couleur miteingeflochten wurden.[137] Auch Hutten band die Bildsprache konsequent in seine Invektiven mit ein. Er knüpfte an diese neuen intermedialen Arrangements insbesondere die Hoffnung, den Text weniger zu illustrieren, sondern ihn vielmehr vor einem Publikum als dynamischen Prozess zu versinnbildlichen (*evidentia*) und das Publikum so zum ‚Augenzeugen' zu machen.[138] An vielen Stellen fordert Hutten den Leser geradezu auf, das Bild als gleichwertiges paratextuelles Element neben dem Text zu betrachten, denn ohne das Bild wäre der Text gar nicht verständlich und umgekehrt.

Es scheint in der Folge nicht verwunderlich, dass derartige ‚Bildbücher' aufgrund ihres ostentativen Charakters rasch zu einem Massenphänomen des frühen 16. Jahrhunderts wurden.[139] „Dass in solchen frühneuzeitlichen ‚Bildbüchern' die Sinnvermittlung intermedial erfolgt [...], hat, wendet man sich der Überlieferungsgeschichte zu, methodische Konsequenzen."[140] Dies bedeutet nämlich nicht nur die Loslösung von GENETTES hierarchischem Paratextbegriff, sondern die Zuwendung hin zu einem dynamischeren Konzept, das mit dem breiten konstellativen Ansatz der Invektivitätsforschung in Einklang zu bringen ist. An dieser Stelle bietet sich insbesondere die historische Intermedialitätsforschung,[141] wie sie an der Universität Würzburg seit einigen Jahren interdiszi-

---

[136] HAMM (2017), S. 238–239.

[137] Karin KRAUSE u. Barbara SCHELLEWALD (Hgg.), Bild und Text im Mittelalter, Köln 2011; Martina BACKES, Eckart C. LUTZ u. Stefan MATTER (Hgg.), Lesevorgänge. Prozesse des Erkennens in mittelalterlichen Texten, Bildern und Handschriften (Medienwandel – Medienwechsel – Medienwissen 11), Zürich 2010.

[138] Vgl. Jan-Dirk MÜLLER, *Evidentia* und Medialität. Zur Ausdifferenzierung von Evidenz in der Frühen Neuzeit, in: Gabriele WIMBÖCK u. a. (Hgg.), *Evidentia*. Reichweiten visueller Wahrnehmung in der Frühen Neuzeit, Münster 2007, S. 57–81.

[139] Joachim KNAPE, Mnemonik, Bildbuch und Emblematik im Zeitalter Sebastian Brants (Brant, Schwarzenberg, Aciati), in: Werner BIES u. Hermann JUNG (Hgg.), Mnemosyne. Festschrift für Manfred Lurker, Baden-Baden 1988, S. 133–178.

[140] Joachim HAMM, Intermediale Varianz. Sebastian Brants ‚Narrenschiff' in deutschen Ausgaben des 15. Jahrhunderts, in: Dorothea KLEIN (Hg.), Überlieferungsgeschichte transdisziplinär. Neue Perspektiven auf ein germanistisches Forschungsparadigma, Wiesbaden 2016, S. 223–240, hier S. 225.

[141] Vgl. Irina O. RAJEWSKY, Intermedialität (UTB 2261), Tübingen 2002; Jörg ROBERT, Intermedialität in der Frühen Neuzeit – Genealogien und Perspektiven, in: DERS. (Hg.), Intermedialität in der Frühen Neuzeit. Formen, Funktionen, Konzepte. Tagung an der Universität Eichstätt, 28.–31.3.2012 (Frühe Neuzeit 209), Berlin u. Boston 2017, S. 3–17; Jörg ROBERT, Einführung in die Intermedialität, Darmstadt 2014. Siehe weiterhin die bibliographischen Angaben zur mediävistischen Intermedialitätsforschung bei HAMM (2016), S. 239, Anm. 8.

plinär betrieben wird,[142] synaptisch an. Gerade sie betont das Zusammenspiel von Medien nach innen und außen, die in einem individuellen Ereigniskontext wirken, sich in ständiger Experimentierfreudigkeit auch ständig verändern und sogar Gruppen formen bzw. spalten können.[143] Zweifellos sind in der Analyse neben unterschiedlichen *performative turns* eben auch *visual turns* beobachtbar,[144] denn gerade im Bild lassen sich exzellent Gruppenzugehörigkeiten und Positionierungsstrategien kommunizieren.[145] Dabei war es durch die Verwendung intermedialer Arrangements gleichzeitig möglich, sich vor den adressierten Publika und vor der eigenen *peer group* als Autor zu profilieren. So zeigen die Autorenporträts Huttens in mehreren seiner Invektiven ihn beispielsweise stets als schillernden ‚Ritterhumanisten', gekennzeichnet durch die Attribute des Reichsritters (Rüstung, Schwert) und des gelehrten Humanisten (Lorbeerkranz, Buch).[146] Doch auch Flugschriften und Flugblätter konnten dieser Tage mit kunstvollen Holzschnitten ergänzt und im Rahmen invektiver Kommunikationsstrategien genutzt werden.[147] Nicht von ungefähr dienten ‚Medienkombinationen'[148] – wie etwa die von (Fehde-)Brief[149] und Bild oder die von Bild und Wappen – Hutten sozusagen als Repertoire an rhetorischen Stilmitteln, sich in janusköpfiger Hinsicht, also im zweifachen Habit des ritterlichen Gelehrten, zu positionen.[150] Man sieht, dass intermediale Praktiken wie

---

[142] Siehe exemplarisch Joachim HAMM u. Dorothea KLEIN (Hgg.), Text – Bild – Ton. Spielarten der Intermedialität in Mittelalter und Früher Neuzeit (Publikationen aus dem Kolleg ‚Mittelalter und Frühe Neuzeit' 8), Würzburg 2021.

[143] Vgl. Sabine GRIESE, Exklusion und Inklusion. Formen der Überlieferung und des Gebrauchs von Literatur im 15. Jahrhundert, in: Felix HEINZER u. Hans-Peter SCHMIT (Hgg.), Codex und Geltung (Wolfenbütteler Mittelalter-Studien 30), Wiesbaden 2015, S. 175–190.

[144] Birgit EMICH, Bildlichkeit und Intermedialität in der Frühen Neuzeit. Eine interdisziplinäre Spurensuche, in: ZHF 35, 1 (2008), S. 31–56.

[145] Gabriele RIPPL, Intermedialität. Text/Bild-Verhältnisse, in: Claudia Benthien u. Brigitte Weingart (Hgg.), Literatur und Visuelle Kultur, Berlin 2014, S. 139–158.

[146] Vgl. Susanne SKOWRONEK, Autorenbilder. Wort und Bild in den Porträtkupferstichen von Dichtern und Schriftstellern des Barock (Würzburger Beiträge zur deutschen Philologie 22), Würzburg 2000, zu Huttens Autorenporträts S. 46–52.

[147] Vgl. Ludwigsburg, Staatsarchiv B 91a, Bü 65, 4, Detail.

[148] Vgl. RAJEWSKI (2002); reflektiert bei HAMM (2017), S. 224, Anm. 6.

[149] Jan PAPY u. a. (Hgg.), Self-Presentation and Social Identification. The Rhetoric and Pragmatics of Letter Writing in Early Modern Times (Supplementa Humanistica Lovaniensia 18), Leuven 2002.

[150] Während die Erscheinung Huttens als ‚Ritterhumanist' wohl eher die Ausnahme als die Regel für die Forschung bleibt, so scheint es doch bemerkenswert, dass auch andere bekannte Humanisten wie Johannes Reuchlin bisher gängige kommunikative Modi der Herrschaftspräsentation, wie etwa das Führen von Wappen, das vermeintlich nur dem Adel vorbehalten war, übernehmen. Zu sehen ist das Wappen in hervorragender Qualität bei Stefan RHEIN, Johannes Reuchlin (1455–1522). Ein deutscher „uomo universale", in: Paul G. SCHMIDT (Hg.), Humanismus im Deutschen Südwesten. Biographische Profile. Im Auftrag der Stiftung ‚Humanismus heute' des Landes Baden-Württemberg. Sigmaringen 1993, S. 59–75, S. 65, Abb. 1. Zu sehen ist ein Rauchaltar (*Ara Capnionis*),

bspw. das Edieren von Texten[151] von der humanistischen Corona als gelehrte Praxis[152] wahrgenommen wurden und somit in den Bereich des *self-fashioning* zu rechnen sind:

> Paratexte konstituieren literarische Texte in vielfältigen Spielarten. Ohne Paratexte – so kann man zugespitzt formulieren – gibt es keine Texte oder anders gewendet, es gibt keinen Text ohne Paratexte. Das heißt: Texte werden erst als Texteinheit wahrgenommen, wenn sie vor der Öffentlichkeit als solche kommuniziert werden; – und diese Kommunikation steuern maßgeblich die vom Autor, Herausgeber und Verleger verfassten bzw. gestalteten Paratexte. Die paratextuellen Kommunikationssignale, die also um einen Text als Bezugszentrum kreisen oder weiter gefasst die parergonalen Kommunikationssignale, die also im weiteren Sinne um ein Werk (ergon) kreisen, können als Ausdruck einer komplexen Form des kommunikativen Spiels einen psychologischen Wahrnehmungsrahmen schaffen, in dem es eine Vielfalt an kombinatorischen Kommunikations- wie auch Provokations- und Komplikationsmöglichkeiten gibt.[153]

---

der in einer Text-Bild-Symbolik freilich auf dessen gräzisierten bzw. latinisierten Namen Capnion anspielen soll, wie er sich selbst ja nur sehr ungern bezeichnete bspw. in seinen Briefen. Reuchlin erhielt, im Gegensatz zu Hutten, sein Recht auf das Führen eines Wappens in dem Jahre 1494, in dem er von Kaiser Friedrich III. feierlich das sog. Kleine Palatinat verliehen bekam. Vgl. DE BOER (2016), S. 1032; Stefan PÄTZOLD, ‚Zu seiner Zeit ein Wunderzeichen'. Johannes Reuchlin aus Pforzheim. Philologe, Jurist, Humanist und Streiter wider die Dunkelmänner, in: Concilium medii aevi 8 (2005), S. 25–52, hier S. 39–40. Zur Heraldik und zu Wappen neuerdings die spannenden Ansätze der digitalen Mediävistik: Torsten HILTMANN, Illuminierte Urkunden zwischen Diplomatik, Kunstgeschichte und Digital Humanities. Ergebnisse und Perspektiven, in: Gabriele BARTZ u. Markus GNEISS (Hgg.), Illuminierte Urkunden. Beiträge aus Diplomatik, Kunstgeschichte und Digital Humanities (Beihefte zum Archiv für Diplomatik 15), Köln 2018, S. 453–469; DERS., Legenden im Zweifel. Die Frage nach der Herkunft der Wappen und das Ende der mittelalterlichen Heraldik im 17. Jahrhundert, in: Thomas KÜHTREIBER (Hg.), Kontinuitäten – Umbrüche – Zäsuren. Die Konstruktion von Epochen in Mittelalter und früher Neuzeit in interdisziplinärer Sichtung, Heidelberg 2016, S. 301–329; DERS. u. Miguel M. DE SEIXAS (Hgg.), Heraldry in Medieval and Early Modern State Rooms (Heraldic Studies 3), Ostfildern 2020.

[151] Sabine HOLTZ u. a. (Hgg.), Humanisten edieren. Gelehrte Praxis im Südwesten in Renaissance und Gegenwart. (Veröffentlichungen der Kommission für Geschichtliche Landeskunde in Baden-Württemberg. Reihe B: Forschungen 196), Stuttgart 2014.
[152] Vgl. allgemein DE BOER/FÜSSEL/SCHÜTTE (2016).
[153] Nadja REINHARD, Paratextuelle Politik und Praxis – Einleitung, in: Martin GERSTENBRÄUN-KRUG u. Nadja REINHARD (Hgg.), Paratextuelle Politik und Praxis. Interdependenzen von Werk und Autorschaft, Wien 2018, S. 9–26, hier S. 9.

3 Mars und Muse: Die Invektiven Ulrichs von Hutten und die seiner Gegner

3.1 Transalpine Invektivkompetenz: Das Leben des ‚Ritterhumanisten' Ulrich von Hutten im Spiegel seiner Invektiven und seiner Italienreisen

Ulrich von Hutten (1488–1523) wurde am 21. April 1488 auf Burg Steckelberg, südlich von Fulda bei Schlüchtern im Spessart gelegen, als erstes Kind des gleichnamigen Reichsritters Ulrich von Hutten und der Adeligen Ottilie von Eberstein geboren.[154] Der väterliche Stamm der Familie war seit vielen Jahrhunderten im Gebiet zwischen Spessart und Rhön beheimatet, das für seine reichen Buchenwälder bekannt war. Hutten selbst wird sich später in seiner Studienzeit daher des Öfteren *Phagigena* oder *de buchen* nennen, um dieser adeligen Abstammung besonderen Ausdruck zu verleihen.[155] Denn er war immer beides: ein stolzer Ritter mit einem exzentrischen Standesbewusstsein, andererseits aber ebenso ein versierter Schriftsteller, Poet und Pamphletist, der es zu Weltruhm brachte und zu den höchsten Humanistenkreisen um Willibald Pirckheimer aus Nürnberg,[156] Johannes Reuchlin aus Pforzheim oder den niederländischen Gelehrten Erasmus von Rotterdam zählte.[157] Über die jugendliche Lebensrealität auf dem Steckelberger Familiensitz reflektierte Hutten 1518 im autobiographischen ‚Lebensbrief' an Pirckheimer zumindest wie folgt:[158]

> Die Burg selbst, mag sie auf dem Berg oder im Tal liegen, ist nicht gebaut, um schön, sondern um fest zu sein; von Wall und Graben umgeben, innen eng, da sie durch die Stallungen für Vieh und Herden versperrt wird. Daneben liegen die dunkeln

---

[154] Besonders übersichtlich sind die biographischen Einführungen von Herbert JAUMANN, Hutten, Ulrich von, in: Deutscher Humanismus 1480 – 1520. Verfasserlexikon. Bd. 1, hg. v. Franz J. WORSTBROCK (2008), Sp. 1185–1237, hier Sp. 1185–1196 und die Zeittafel bei Renate NETTNER-REINSEL, Lebenslauf Ulrichs von Hutten, in: Peter LAUB (Hg.), Ulrich von Hutten. Ritter, Humanist, Publizist. 1488–1523. Katalog zur Ausstellung des Landes Hessen anläßlich des 500. Geburtstages, Melsungen 1988, S. 405–411.

[155] Vgl. JAUMANN (2008), Sp. 1185.

[156] Vgl. Eckhard BERNSTEIN, Willibald Pirckheimer und Ulrich von Hutten: Stationen einer humanistischen Freundschaft, in: Stephan FÜSSEL (Hg.), Ulrich von Hutten 1488–1988. Akten des Internationalen Ulrich-von-Hutten-Symposions 15.–17. Juli 1988 in Schlüchtern (Pirckheimer-Jahrbuch 4), München 1989, S. 11–36; Wilhelm KÜHLMANN, Edelmann – Höfling – Humanist: zur Behandlung epochaler Rollenprobleme in Ulrich von Huttens Dialog ‚Aula' und in seinem Brief an Willibald Pirckheimer, in: August BUCK (Hg.), Höfischer Humanismus (Mitteilung der Kommission für Humanismusforschung 16), Weinheim 1989, S. 161–182.

[157] Vgl. hierzu die Ausführungen in Kap. III dieser Arbeit.

[158] Siehe auch Linus MÖLLENBRINK, ‚Inter negocia literas et cum literis negocia in usu habere'. Die Verbindung von vita activa und vita contemplativa im Pirckheimer-Brief Ulrichs von Hutten (1518), in: Gregor DOBLER u. Peter P. RIEDL (Hgg.), Muße und Gesellschaft (Otium. Studien zur Theorie und Kulturgeschichte der Muße 7), Tübingen 2017, S. 101–139.

Kammern, angefüllt mit Geschützen, Pech, Schwefel und dem übrigen Zubehör der Waffen und Kriegswerkzeuge. Überall stinkt es nach Pulver, dazu kommen die Hunde mit ihrem Dreck, eine liebliche Angelegenheit, wie sich denken läßt, und ein feiner Duft! Reiter kommen und gehen, unter ihnen sind Räuber, Diebe und Banditen. Denn fast für alle stehen unsere Häuser offen, entweder, weil wir nicht wissen können, wer ein jeder ist, oder weil wir nicht weiter danach fragen. Man hört das Blöken der Schafe, das Brüllen der Rinder, das Hundegebell, das Rufen der Arbeiter auf dem Felde, das Knarren und Rattern von Fuhrwerken und Karren; ja wahrhaftig, auch das Heulen der Wölfe wird im Haus vernehmbar, da der Wald so nahe ist.[159]

Auch über größere Distanzen blieben die Humanisten mithilfe äußerst ausführlich dokumentierter Korrespondenznetzwerke fast tagesaktuell miteinander verbunden, was den Brief in der Folge zum ‚Leitmedium' ihrer Bewegung machte. Die humanistische Elitenbildung führte südlich der Alpen bekanntlich zur Konstituierung von Akademien, nördlich der Alpen seit der Wende zum 16. Jahrhundert vermehrt zu Sodalitäten.[160] In der Vergangenheit wurde die Integrität jener Gesellschaftsgruppe vor allem aus dem eben skizzierten Freundschaftsdiskurs zu erklären versucht.[161] Der ‚Lieblingsmodus' der Humanisten, insbesondere der des Reichsritters Ulrich von Hutten, war jedoch stets der des Invektiven.

Besonders im Rahmen seiner publizistischen Fehden gelang es Hutten – häufig im Medium der humanistischen Invektive – seinen Widersacher nicht nur öffentlich zu diskreditieren, sondern sich gleichsam als Autor einer intellektuellen Riege zu präsentieren.[162] Durch die Doppelhelix aus schriftstellerischer Eleganz und tabubrechendem Angriff schaffte er es in vielen Konflikten, private Angelegenheiten öffentlich zu machen und die Grenzen zwischen Öffentlichkeit und Privatem so zu vermischen, dass die Thematik zu einem Bestandteil des zeitgenössischen Diskurses wurde.[163] Schon den ersten größeren

---

[159] Peter Ukena, Ulrich von Hutten. Deutsche Schriften (Fundgrube 50), München 1970, S. 317–340, hier S. 325.

[160] Harald Dickerhof, Der deutsche Erzhumanist Konrad Celtis und seine Sodalen, in: Klaus Garber, Heinz Wismann u. Winfried Siebers (Hgg.), Europäische Sozietätsbewegung und demokratische Tradition. Die europäischen Akademien der Frühen Neuzeit zwischen Frührenaissance und Spätaufklärung (Frühe Neuzeit 26/27), Tübingen 1996, S. 1102–1123; Heinrich Lutz, Die Sodalitäten im oberdeutschen Humanismus des späten 15. und frühen 16. Jahrhunderts, in: Wolfgang Reinhard (Hg.), Humanismus im Bildungswesen des 15. und 16. Jahrhunderts, Weinheim 1984, S. 45–60.

[161] Christine Treml, Humanistische Gemeinschaftsbildung. Sozio-kulturelle Untersuchung zur Entstehung eines neuen Gelehrtenstandes in der frühen Neuzeit (Historische Texte und Studien 12), Hildesheim 1989; Amyrose McCue Gill u. Sarah R. Prodan (Hgg.), Friendship and sociability in premodern Europe. Contexts, concepts, and expressions, Toronto 2014.

[162] Zu Huttens ‚Publikationsstrategie' ein erster Ansatz bei: Becker (2013), S. 100–104; analoge Überlegungen zu Erasmus bei: Karine Crousaz, Érasme et le pouvoir de l'imprimerie, Lausanne 2005.

[163] Vgl. Arnold Becker, Strategien polemischer Positionierung in Huttens Dialogen, in: Uwe Baumann, Arnold Becker u. Marc Laureys (Hgg.), Polemik im Dialog des Re-

‚Rechtsstreit' mit der Patrizierfamilie Lötz aus Greifswald verarbeitete Hutten im Sommer 1510 in einer zweibändigen Invektive und stellte sich mit deren Hilfe auch gleichzeitig als Akteur der humanistischen Bildungsszene vor.[164] Fünf Jahre später ging er mit Dialogen und Schmähreden publizistisch gegen Herzog Ulrich von Württemberg vor, der zuvor einen seiner Vettern ermordet hatte.[165] Huttens Invektiven, insbesondere die Reden gegen den Herzog,[166] deren Argumentation und Stilistik sehr deutlich auf die Reden Ciceros gegen Verres, Catilina und Marcus Antonius rekurrieren, waren bald sogar Schullektüre.[167] Seine eng an Lukians Totengespräche angelehnten Dialoge avancierten rasch zu Bestsellern der Reformationsliteratur.[168]

Gleichzeitig fing er damit an, mit zahlreichen Invektiven für den angesehenen Hebraisten und Humanisten Johannes Reuchlin öffentlich Partei zu ergreifen.[169] Seine Angriffe galten jedoch nicht den Gegnern Reuchlins allein, sondern ebenso der alten, überkommen geglaubten Wissensordnung.[170] Gegen diesen gemeinsamen ideologischen Feind müsse man sich als ‚Schmähgemeinschaft' vereint zusammenschließen.[171] Trotz alledem trat Hutten im Jahre 1514 auf die Vermittlung seines Vetters Frowin von Hutten hin als „eine Art Legationssekretär" in die Dienste Albrechts von Brandenburg, des Markgrafen

---

naissance-Humanismus. Formen, Entwicklungen und Funktionen (Super alta perennis. Studien zur Wirkung der Klassischen Antike 19), Göttingen 2015, S. 87–110, hier S. 106; Peter UKENA, Tagesschrifttum und Öffentlichkeit im 16. und 17. Jahrhundert in Deutschland, in: Elger BLÜHM u. Hartwig GEBHARDT (Hgg.), Presse und Geschichte. Beiträge zur historischen Kommunikationsforschung (Studien zur Publizistik. Bremer Reihe 23), München 1977, S. 35–53, hier zu Hutten S. 41–42.

[164] Vgl. Kap. II.1 dieser Arbeit.
[165] In der sogenannten ‚Steckelberger Sammlung' von 1519 herausgegeben: Hoc in volumine continentur Ulrichi Hutteni Equ. Super infectione propinqui sui Ionnis Hutteni Equ. Deploratio. Ad Ludovichum Huttenum super interemptione filii Consolatoria. In Ulrichum Wirtenpergensem orationes V. In eundem Dialogus, cui titulus Phalarismus. Apologia pro Phalarismo, et aliquot ed amicos epistolae […] (Kolophon: Hoc Ulrichi de Hutten equit. Ger. Invectivarum cum aliis quibusdam in tyrannum Wirtenbergensem opus excusum in arce Stekelberk [Mainz: Johann Schöffer] An. M.D.XIX. Mense VIIbri., [106] Bl.; vgl. hierzu Kap. II.2 dieser Studie.
[166] LAUREYS (2003), S. 15: *Queste orazioni di Ulrico da Hutten contro il duca di Württemberg sono forse le uniche invettive umanistiche.*
[167] Vgl. Walther LUDWIG, Der Ritter und der Tyrann. Die humanistischen Invektiven des Ulrich von Hutten gegen Herzog Ulrich von Württemberg, in: Neulateinisches Jahrbuch 3 (2001), S. 103–116.
[168] Vgl. BECKER (2013); WULFERT (2009).
[169] Vgl. Kap. III.1–2 dieser Arbeit.
[170] Vgl. Jan-Hendryk DE BOER, Unerwartete Absichten – Genealogie des Reuchlinkonflikts (Spätmittelalter, Humanismus, Reformation 94), Tübingen 2016.
[171] Vgl. Arnold BECKER, Die humanistische Lachgemeinschaft und ihre Grenzen. Hutten, Erasmus und ihr Streit über die ‚Epistolae obscurorum virorum', in: Christian KUHN u. Stefan BIESSENECKER (Hgg.), Valenzen des Lachens in der Vormoderne (1250–1750) (Bamberger historische Studien 8), Bamberg 2012, S. 165–186.

von Brandenburg, der seit November 1514 in Mainz residierte.[172] Im Oktober 1515 erschien dann die erste Ausgabe der legendären ‚Dunkelmännerbriefe', an denen Hutten maßgeblich beteiligt war.[173]

Am 12. Juli 1517 krönte ihn Kaiser Maximilian I. aufgrund seiner Dichtungen in Augsburg mit dem Dichterlorbeer und somit zum ‚Dichterfürsten' (*poeta laureatus*).[174] Die Reichstage von 1518 in Augsburg bzw. 1521 in Worms sollten wenig später nicht nur die Hochphase seiner politischen, nun größtenteils antirömischen Publizistik einläuten, sondern ebenso selbst zur europäischen Bühne (‚Invektivarena') der neuen ‚Massenmedien' werden. Nachdem sich Huttens frühe Annäherung an den Kaiserhof mit dem Ableben Kaiser Maximilians rasch zerschlagen hatte und auch sein Freund, der *war lord* Franz von Sickingen, in einer von Hutten angezettelten Fehde das Leben verlor, starb der Exilant am 29. August 1523 im Alter von 35 Jahren schließlich krank und auf der Flucht in der Schweiz. Mit Huttens Worten könne man ein ‚ganzes Weltmeer vergiften', urteilte einst der päpstliche Legat Hieronymus Aleander über die Wortgewalt von Huttens Invektiven. Mehrfach hatte man von kaiserlicher und päpstlicher Seite vergeblich den Versuch unternommen, Hutten von weiteren Schriften entweder durch deren Verbrennung oder deren Aufkauf abzuhalten. Sein Wahlspruch ‚Ich habs gewagt' (*iacta est alea*) wurde letztlich zu seinem Lebensmotto und zu seinem Verhängnis. Seine Talente als Ritter verblassten schnell bei den Zeitgenossen. Der Nachruhm seiner Invektiven währt dagegen bis heute, wobei allerdings die Frage bleibt, wie Hutten sich in vermeintlich so kurzer Zeit derart außerordentliche Philologie- und auch Invektivkompetenzen aneignen konnte.

---

[172] Vgl. JAUMANN (2008), Sp. 1189.
[173] Vgl. Alexander THUMFART, Ulrich von Hutten (1488–1523) und Crotus Rubianus (ca. 1480–1545). Die Verfasser der Dunkelmännerbriefe, in: Dietmar VON DER PFORDTEN (Hg.), Große Denker Erfurts und der Erfurter Universität, Göttingen 2002, S. 184–220; Reinhard HAHN, Huttens Anteil an den Epistolae obscurorum virorum, in: Stephan FÜSSEL (Hg.), Ulrich von Hutten 1488–1988. Akten des Internationalen Ulrich-von-Hutten-Symposions 15.–17. Juli 1988 in Schlüchtern (Pirckheimer-Jahrbuch 4), München 1989, S. 79–111.
[174] Vgl. Klaus ARNOLD, poeta laureatus – Die Dichterkrönung Ulrichs von Hutten, in: Peter LAUB (Hg.), Ulrich von Hutten. Ritter, Humanist, Publizist. 1488–1523. Katalog zur Ausstellung des Landes Hessen anläßlich des 500. Geburtstages, Kassel 1988, S. 237–247.

Als Hutten im Vorwort seiner Schrift ‚Nemo' (1518)[175] einst über den Protektionismus der Theologen spottete,[176] reflektierte er dabei gleichzeitig metainvektiv über die Frage nach der richtigen wissenschaftlichen Methode an den gängigen Lehrinstitutionen um 1500 sowie über seine eigene (transalpine) Invektivkompetenz: „Heutzutage nennt sich jeder Doktor (*doctor*), ohne selbst jedoch gelehrt (*doctus*) zu sein. Das zählt in der Tat nichts."[177] Insbesondere die Humanisten versuchten in ihren Texten oft *community-fashioning* zu betreiben, indem sie die *eruditio* (symbolisches Kapital)[178] der zum Feind erklärten Gruppe (‚Alte theologische Lehrmeinung der Scholastik')[179] desavouierten, um ihnen im gemeinsamen Kosmos akademischer Selbtbehauptung und Anerkennung ihre Satisfaktionsfähigkeit abzusprechen, oder besser gesagt: sie dies selbst tun zu lassen. Gerade das immer wieder beobachtete Verspotten des gegnerischen Habits/Habitus wie etwa des akademischen Grades zeugt davon,[180] dass die Übernahme inkarnierter Codes (antike Rhetorik) durchaus als Praxis begriffen werden kann, ‚Invektivkompetenz' unter Beweis zu stellen und das Prestige zu steigern.[181] Invektivkommunikation realisiert sich so vor dem Hintergrund eines invektiven Formen- und Bildgedächtnisses, das mit imaginären Reservoirs (Topoi, Typen, Narrateme etc.) und konventionalisiertem Invektivwissen (Kompetenzen des ‚richtigen Invektierens') zusammenspielt. Diese werden bisweilen unmittelbar zitiert, mitunter speisen sie das Invektivgeschehen aber auch lediglich mittelbar und weitgehend unreflektiert. Ebenso können sie den Rezipienten provozieren und angreifen. Sie fordern immer wieder die Interpretationsleistung und invektive Kompetenz des Betrachters heraus. Dies ist insbesondere dort der Fall, wo sie nicht formal kodiert eingesetzt werden, sondern Teil einer komplexen Invektivkommunikation sind, deren Deutung das

---

[175] Vlrici Hutteni Nemo. | [...]. Erfurt: Seb. Stribilita, [1510]. VD 16, H 6379; BENZING (1956), Nr. 5, weitere Drucke Nr. 6–11; BÖCKING III, S. 108–118 (synoptisch mit 'Nemo II'). Vorrede an Crotus Rubeanus: BÖCKING I, S. 175–184 u. Nachschrift an J. Pflug: S. 184–187, Übersetzung bei Wilhelm KÜHLMANN u. a. (Hgg.), Humanistische Lyrik des 16. Jahrhunderts. Lateinisch–deutsch. Ausgewählt, übersetzt, erläutert und herausgegeben (Bibliothek deutscher Klassiker 146. Bibliothek der Frühen Neuzeit 1/5), Frankfurt a. M. 1997, S. 164–175 u. S. 1042–1047.
[176] Vgl. zu ‚Nemo I' (‚Ur-Nemo', 1517/09) u. ‚Nemo II' (‚Großer Nemo', 1518) und der Verknüpfung von Ernst und Scherz: JAUMANN (2008), Sp. 1200–1201.
[177] BÖCKING I, S. 178: *Doctorem enim esse oportet nunc, doctum neque necesse est, neque omnino aliquid est.*
[178] Vgl. ISRAEL/KRAUS/SASSO (2021), S. 9–10.
[179] Jan-Hendryk DE BOER, Imaginierte Angriffe auf den Humanismus: Zur Legitimierung invektiver Praktiken um 1500, in: ISRAEL/KRAUS/SASSO (2021), S. 209–242; Frank REXROTH, Fröhliche Scholastik. Die Wissenschaftsrevolution des Mittelalters, München 2018.
[180] Siehe hierzu das Spottbild auf Luthers Gegner (1521), vgl. hierzu die Erläuterungen in Kap. III.2,3.
[181] ELLERBROCK u. a. (2017), S. 14.

Wissen um regionale und gesellschaftliche Gegebenheiten voraussetzt.[182] Daran knüpfen einige Fragen an. Wann und wo kam Hutten mit ‚Invektivwissen' und den Fertigkeiten des humanistischen ‚Invektierens' (ISRAEL) in Kontakt? Welche Rolle spielten dabei seine beiden Italienreisen, die seine zahllosen Invektiven so eindrücklich prägen? Auf welche Bücher, Texte und andere Quellen konnte Hutten diesbezüglich wo und wann zugreifen? Wer wies ihm den Weg? Wer unterstützte ihn?

Wichtig für das Verständnis humanistischer Invektivkompetenz ist das Verständnis der *studia humanitatis* selbst, deren Ursprünge sich freilich im Trivium (Grammatik, Rhetorik, Dialektik) des mittelalterlichen Universitätsunterrichts finden.[183] Die Humaniora umfassten neben Grammatik, Rhetorik, Geschichte und Moralphilosophie vor allem Wissensgebiete, die den Praktiken und dem Habitus des Gelehrten entsprachen.[184] Da die entsprechenden lateinischen und griechischen Texte nur schwer zu verstehen waren, verlangte es nicht nur eine sorgfältige Textkritik, sondern zahlreiche hilfswissenschaftliche Fähigkeiten sowie eine interdisziplinäre Herangehensweise. Dazu gehörte etwa das Verfassen selbstständiger Schriften, das Aufstöbern antiker Texte bzw. deren philologische Aufarbeitung, das Sammeln von Codices, das Edieren, Kommentieren, Übersetzen und Nachahmen von Texten.[185] Die von den norditalienischen

---

[182] Desmond MORRIS, Postures. Body Language in Art, London 2019.

[183] Thorsten BURKARD, Rhetorik im Mittelalter und im Humanismus, in: Michael ERLER u. Christian TORNAU (Hgg.), Handbuch Antike Rhetorik (Handbücher Rhetorik 19), Berlin u. a. 2019, S. 697–760, hier S. 705–707: „Im mittelalterlichen Unterricht wurde die Rhetorik viel weniger intensiv gepflegt, als die Einteilung des Triviums in Grammatik, Rhetorik und Dialektik erwarten ließe. [...] Im Hochmittelalter wurde Rhetorik im eigentlichen Sinne vor allem in Italien gelehrt, wo – anders als im Norden – die ciceronische Tradition durch das ganze Mittelalter hindurch lebendig blieb. Das Rhetorikstudium sollte auf eine Laufbahn in der Jurisprudenz und in der Verwaltung vorbereiten, weswegen in Ravenna und Pavia der Rhetorikunterricht eng mit dem Jurastudium verbunden war. [...] Das Spätmittelalter bietet dasselbe Bild: Während die Rhetorik an der Universität Paris 1366 ausgeschlossen wurde, richtete Bologna 1321 den Lehrstuhl für Rhetorik wieder ein. Aber selbst in Italien sank im 15. Jahrhundert die Bedeutung der Rhetorik im Curriculum."

[184] Jan-Hendryk DE BOER, Marian FÜSSEL u. Jana M. SCHÜTTE (Hgg.), Zwischen Konflikt und Kooperation. Praktiken der europäischen Gelehrtenkultur (12.-17. Jahrhundert) (Historische Forschungen 114), Berlin 2016.

[185] Frank-Rutger HAUSMANN, Humanismus und Renaissance in Italien und Frankreich, in: Humanismus in Europa, hg. v. der Stiftung ‚Humanismus heute' des Landes Baden-Württemberg. Mit einem Geleitwort von Helmut Engler, Heidelberg 1998, S. 89–109, hier S. 99: „Nachdem zuerst die italienischen Kloster- und Dombibliotheken durchkämmt wurden, bieten die Reformkonzilien auf deutschem Boden (Konstanz: 1414-1418; Basel: 1431, 1437–1439) die Gelegenheit, auch dort systematisch zu suchen und das Korpus der im Mittelalter bekannten Autoren um den ganzen Quintilian, acht Reden Ciceros, Lukrez, Tacitus, Ammianus Marcellinus, Valerius Flaccus u. a. zu erweitern."

Universitäten ausgehende transalpine Diffusion[186] der humanistischen Ideale in den nordalpinen Raum und deren Aneignung[187] insbesondere an den deutschen Universitäten ging rasch vonstatten, was das Thema der Invektivität in unmittelbare Nähe zur Reiseliteratur-,[188] Migrations-[189] und auch universitätsgeschichtlicher Forschung[190] im dynamischen Kontext spätmittelalterlicher Urbanisierung und Globalisierung rückt. Spannungsgeladene Antagonismen im gelehrten Feld regelten sich freilich nicht immer reibunglos:[191]

> Die Rezeption des italienischen Humanismus in Deutschland setzt in spürbarem Umfang im zweiten Drittel des 15. Jahrhunderts ein. Sie erfolgt über mehrere Quellen und Kanäle, Anregungen gehen einerseits auf in Deutschland lebende und wirkende Italiener, andererseits auf die stetig wachsende Zahl von Rechts- unn Medizinstudenten zurück, die sich im Zuge ihrer *peregrinatio academica* an ober- und mittelitalienischen Universitäten – bevorzugt sind Padua, Bologna, dann Siena und Perugia – einschreiben. Diese Bildungsemigration führt dazu, dass die *natio germanica* oder *natio Alamannorum* bald die quantitativ bedeutendste Landsmannschaft an den genannten Universitäten darstellt. Eine Initialzündung für den Frühhumanismus bedeuten die

---

[186] HELMRATH/MUHLACK/WALTHER (2002); Johannes HELMRATH, Wege des Humanismus: Studien zu Praxis und Diffusion der Antikeleidenschaft im 15. Jahrhundert; ausgewählte Aufsätze (Spätmittelalter, Humanismus, Reformation 72), Tübingen 2013.

[187] Maximilian SCHUH, Aneignungen des Humanismus. Institutionelle und individuelle Praktiken an der Universität Ingolstadt im 15. Jahrhunderts (Education and Society in the Middle Ages and Renaissance 47), Leiden u. Boston 2013.

[188] Folker REICHERT (Hg.), Quellen zur Geschichte des Reisens im Spätmittelalter (Ausgewählte Quellen zur deutschen Geschichte des Mittelalters 46), Darmstadt 2009; Friederike HASSAUER, Stabilitas – Mobilitas – Ordo spatialis. Aktivitäten des Reisens im Mittelalter und in der Neuzeit. Vorschläge zum Theoriedesign von ‚Reiseliteratur', in: Hermann H. WETZEL (Hg.), Reisen im Mittelmeerraum, Passau 1991, S. 249–282; Hermann WIEGAND, Hodoeporica. Studien zur neulateinischen Reisedichtung des deutschen Kulturraums im 16. Jahrhundert (Saecvla Spiritalia 12), Baden-Baden 1984.

[189] Uwe ISRAEL, Fremde aus dem Norden. Transalpine Zuwanderer im spätmittelalterlichen Italien (Bibliothek des Deutschen Historischen Instituts in Rom 111), Tübingen 2005; Uwe ISRAEL, ‚Gastarbeiterkolonien'? Wie fremd blieben deutsche Zuwanderer in Italien? In: Reinhard HÄRTEL (Hg.), Akkulturation im Mittelalter, Ostfildern 2014, S. 295–338.

[190] Für Italien: Paul F. GRENDLER, The Universities of the Italian Renaissance, Baltimore u. a. 2002, S. 199–248; für Deutschland: Walter RÜEGG, Geschichte der Universität in Europa, München 1993; allgemein: Robert GRAMSCH, Bildung, Schule und Universität im Mittelalter (De Gruyter Studium: Seminar Geschichte), Berlin u. Boston 2019; Ursula KUNDERT, Lehre und Schule im Mittelalter. Mittelalter in Schule und Lehre: Einleitung und Auswahlbibliographie, in: Das Mittelalter. Perspektiven mediävistischer Forschung. Zeitschrift des Mediävistenverbandes 17 (2012), S. 3–11.

[191] Vgl. DE BOER (2021), S. 211: „Immer deutlicher wurde [von der Forschung] herausgearbeitet, dass das Aufkommen des Humanismus im Reich zunächst weitgehend unproblematisch ablief. Sieht man von prominenten Ausnahmen wie dem sogenannten Wanderhumanisten Peter Luder und seinen Streitereien in Heidelberg ab, zeigt sich, dass die Integration von Elementen der humanistischen Bildungsbewegung, wie sie nordalpine Gelehrte in Italien kennengelernt hatten, an den Universitäten des Reiches vielfach konfliktfrei ablief, solange gewisse Spielregeln gewahrt blieben."

Reformkonzilien in Konstanz (1414–18) und Basel (1431–49), die Gelegenheit zu ‚deutsch-italienischem Gedankenaustausch'.[192]

Wissen ist eben doch Macht.[193] Während sich im Italien des 15. Jahrhunderts neue Bildungsinstitutionen wie Privatschulen und Internate neben die bisher gekannte Institution der mittelalterlichen Universität dazugesellten,[194] gestaltete sich die Integration der humanistischen Bildungsinhalte, insbesondere die der Rhetorik,[195] als wahrhaft neues und alternatives Gegengewicht zu den bisher gängigen Universitäts- und Unterrichtsformen. Es kam, gefördert von der philologischen Aufklärungsarbeit der humanistischen Büchersammler, zu einer Flut rhetorischer Lehrbücher (bspw. Lorenzo Vallas ‚Elegantiae') meist auf der Grundlage von Cicero oder Quintilian.[196] Vergleicht man die europäische Universitätslandschaft insgesamt, so lässt sich um das Jahr 1500 gerade aus der transalpinen deutsch-italienischen Perspektive heraus eine tiefgreifende Umwälzung konstatieren.[197] Nicht nur die Zahl der Universitäten stieg im nordal-

---

[192] Jörg ROBERT, Rhetorische und stilistische Praxis des Lateinischen in den deutschsprachigen Ländern in Humanismus, Renaissance, Reformation, in: Ulla FIX, Andreas GARDT u. Joachim KNAPE (Hgg.), Rhetorik und Stilistik/Rhetoric and Stylistics. Ein internationales Handbuch historischer und systematischer Forschung/An International Handbook of Historical and Systematic Research (Handbücher zur Sprach- und Kommunikationswissenschaft 31), 2 Bde., Berlin u. New York 2008–2009, Bd. 1 (2008), S. 370–385, hier S. 372–373.

[193] Vgl. Martin KINTZINGER, Wissen wird Macht. Bildung im Mittelalter, Ostfildern 2007, S. 160–176 (Streit um das Wissen).

[194] Vgl. ROBERT (2008), S. 371: „Vor allem kommen sie im norditalienischen Raum auf, wie etwa die des Guarino Veronese in Ferrara oder Vittorino da Feltres Casa Giocondo in Mantua, von den Humanisten jedoch meist *Gynmasien* oder *contubernia* genannt." Siehe weiterhin Notker HAMMERSTEIN, Bildung und Wissenschaft vom 15. bis zum 17. Jahrhundert (Enzyklopädie Deutscher Geschichte 64), München 2003; Arno SEIFERT, Das höhere Schulwesen. Universitäten und Gymnasien, in: Notker HAMMERSTEIN (Hg.), Handbuch der deutschen Bildungsgeschichte Bd. 1: 15.–17. Jahrhundert. Von der Renaissance und der Reformation bis zum Ende der Glaubenskämpfe, München 1996, S. 197–346.

[195] ROBERT (2008), S. 372–373: „Der Humanismus nördlich der Alpen steht gegenüber dem Mutterland der *studia* in einem diffizilen Verhältnis von *imitatio* und *aemulatio*. In Deutschland wird weniger die italienische Renaissance und ihre Kultur [...] als vielmehr der Humanismus als Bildungsbewegung rezipiert. Dennoch stellt die Periode zwischen 1480 und 1555 auch in Deutschland eine Blütezeit der Rhetorik dar. [...] Die im anschluss an cicero erhobene Forderung, Philosophie und Rhetorik zu verbinden, realisiert sich in Deutschland in der Spielart einer ‚Konkordanz von christlicher Gesinnung und literarischer Bildung'."

[196] Vgl. James J. MURPHY, Rhetoric in the middle ages, Berkeley 1974, S. 123.

[197] Vgl. Jacques VERGER, Grundlagen, in: Walter RÜEGG (Hg.), Geschichte der Universität in Europa, Bd. 1: Mittelalter, München 1993, S. 49–80; ROBERT (2008), S. 65–68; „Im Reich nördlich der Alpen gründeten die führenden Fürstengeschlechter der Luxemburger, Habsburger und Wittelsbacher mit Prag (1348), Wien (1365/84) und Heidelberg (1386) daher nun eigene Universitäten in ihren Territorien und warben dafür vor allem Universitätsgelehrte aus Paris an. Auch die Städte Köln (1388) und Erfurt (1379/92) passten ihre langen Traditionen höherer Bildung jetzt der universitären Organisationsform an, um weiterhin wettbewerbsfähig zu bleiben. Diese erste Gründungswelle mit

pinen Reichsgebiet bis um die Jahrhundertwende von sieben auf 15 Hochschulen rasant an,[198] ebenso verdreifachte sich die Zahl der dortigen Studenten von etwa 600 auf fast 3000, und das trotz der Tatsache, dass die Gesamtbevölkerung generell eher zurückging (**Abb. 1 u. 2**).[199] Universitätsangehörige genossen im 15. Jahrhundert ein gewisses Prestige in der zeitgenössischen Gesellschaft, da sie durch ihre Ausbildung oft Berufe ergreifen konnten, die sie in das unmittelbare Umfeld der Eliten, also in das Umfeld der Macht von Staat und Kirche brachten (‚Mäzenatentum').[200] „Ehre bildete für diese Gelehrten keinen bloß äußeren Zierrat, sondern zielte in einer auf die Behauptung individuellen und gruppenspezifischen Ranges bedachten Gesellschaft auf den Kern der eigenen sozialen Existenz. Das Schaugepränge der mittelalterlichen Universität, wie es beispielsweise in Universitätsversammlungen, Prozessionen, Disputationen und Promotionen inszeniert wurde, war darauf ausgerichtet, den herausgehobenen Status der weisen Gelehrten zu inszenieren und den Scholaren wie den *illiterati* vor Augen zu stellen."[201] Gegen Ende des 15. Jahrhunderts breitete sich die humanistisch-scholastische Debatte, die in ihrer frühesten Phase auch schon in der italienischen Literaturszene geführt wurde, auf die nordalpinen europäischen Universitäten aus und damit auf eine neue öffentliche Bühne, auf der *poetae* (d. h. professionelle Lehrer der *studia humanitatis*) gegen Theologen antreten

---

den Gründungen in Leipzig (1409), Rostock (1419), Würzburg (1402/10) und Löwen (1425/26) reichte bis in das 15. Jahrhundert hinein. Beginnend mit Greifswald 1456 ist dann eine zweite Gründungswelle zu beobachten; zu Beginn des 16. Jahrhunderts – den Abschluss bildete Frankfurt an der Oder 1506 […]."

[198] Vgl. Maximilian SCHUH, Praxisorientierte Ausbildung oder elitäres Wissen? Universitäre Didaktik der Rhetorik im 15. Jahrhundert, in: Ursula KUNDERT (Hg.), Lehre und Schule im Mittelalter – Mittelalter in Schule und Lehre, Berlin 2012, S. 115–125, hier S. 115–116: „Die Menge an Studenten konnte nun erst recht nicht mehr in das zunächst der Selbstergänzung dienende kooptative System der Promotionen integriert werden, da nicht ausreichend universitäre Stellen zur Verfügung standen. Zudem strebte nur ein Bruchteil der Universitätsbesucher einen Abschluss an. Die Mehrzahl versuchte, durch den Besuch einiger Lehrveranstaltungen Wissen und Fähigkeiten zu erwerben, die die Chancen auf Beschäftigung als Kleriker, Lehrer oder Schreiber erhöhten. Zudem hoffte man, durch Bekanntschaften an der Universität fördernde Netzwerke aufbauen zu können. Diese Entwicklung ließ die Artistenfakultät zum personellen Zentrum der Universität werden, da hier nun ein Großteil – teilweise fast 90 % – der Immatrikulierten für einige Zeit studierte."

[199] Abb. 1, in: VERGER (1993), S. 74, u. Abb. 2, in: ebd., S. 77. Siehe grundlegend zu diesem Bereich: Rainer C. SCHWINGES, Universitätsbesuch im Reich vom 14. zum 16. Jahrhundert. Wachstum und Konjunkturen, in: Geschichte und Gesellschaft 10 (1984), S. 5–30, hier S. 10–18; Rainer C. SCHWINGES, Deutsche Universitätsbesucher im 14. und 15. Jahrhundert. Studien zur Sozialgeschichte des Alten Reiches (Veröffentlichungen des Instituts für Europäische Geschichte Mainz 123), Stuttgart 1986, S. 23–37.

[200] Wolfgang E. J. WEBER, Geschichte der europäischen Universität (Kohlhammer Taschenbücher), Stuttgart 2002; Nonn ULRICH, Mönche, Schreiber und Gelehrte. Bildung und Wissenschaft im Mittelalter, Darmstadt 2012.

[201] Robert GRAMSCH, Nemo alteri dicat convicia turpia inhonesta seu alia. Die scholastische Streitkultur der Universitäten und die Humanisten, in: ISRAEL/KRAUS/SASSO (2021), S. 193–208, hier S. 205.

konnten. Einige der Themen, die von den italienischen Polemikern des 15. Jahrhunderts behandelt wurden, tauchten daher auch nicht von ungefähr in diesen späteren Kontroversen wieder auf. Der scholastische Stil und die scholastische Methode waren nach wie vor umstritten.[202] Sie betrafen insbesondere die Qualifikation und Kompetenz der Geisteswissenschaftler für die Beschäftigung mit der Bibel und den Vorrang und die Regelungskompetenz der Theologie gegenüber anderen Disziplinen.[203]

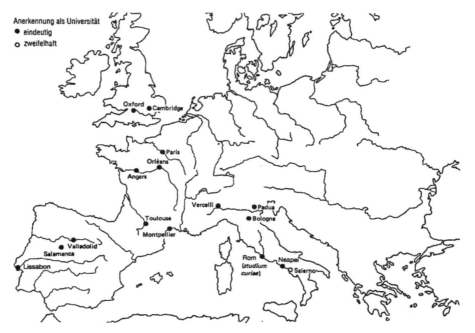

Abbildung 1: Universitäten um 1300.

---

[202] Zur Wechselbeziehung und Koexistenz unterschiedlicher Lehrmeinungen: Marion GINDHART u. Ursula KUNDERT (Hgg.), Disputatio 1200–1800. Form, Funktion und Wirkung eines Leitmediums universitärer Wissenskultur, Berlin u. New York 2010; Anita TRANINGER, Disputation, Deklamation, Dialog: Medien und Gattungen europäischer Wissensverhandlungen zwischen Scholastik und Humanismus (Text und Kontext. Romanische Literaturen und Allgemeine Literaturwissenschaft 33), Stuttgart 2012; Gaby KNOCH-MUND, Disputationsliteratur als Instrument antijüdischer Polemik: Leben und Werk des Marcus Lombardus, eines Grenzgängers zwischen Judentum und Christentum im Zeitalter des deutschen Humanismus (Bibliotheca Germanica 33), Tübingen u. a. 1997; Joseph F. FREEDMAN, Published academic disputations in the context of other information formats utilized primarily in Central Europa (c. 1550 – c. 1700), in: GINDHART/KUNDERT (2010), S. 89–128.

[203] Erika RUMMEL, Humanistic-Scholastic Debate in the Renaissance & Reformation, Cambridge u. London 1995, S. 63–95, hier S. 63.

Abbildung 2: Universitätsgründungen 1378–1500.

Es ist daher nicht verwunderlich, dass der Reformdruck um die Jahrhundertwende auf die althergebrachten Curricula massiver wurde, was oft maßgeblich von den fürstlichen Patronen der Universitäten beeinflusst wurde.[204] Als die *educational revolution*[205] der humanistischen Umbildung des Artes-Studiums 1511 in Leipzig zunächst abgewendet schien, brach sie ab 1516 dann dennoch in allen deutschen Universitäten geradezu ‚erdrutschartig' durch,[206] bis es um 1500 schließlich keine Universität mehr gab, an der man nicht in irgendeiner Weise Kurse in Rhetorik und klassischer Literatur angeboten fand.[207] Lehrstüh-

---

[204] Vgl. Johannes HELMRATH, ‚Humanismus und Scholastik' und die deutschen Universitäten um 1500. Bemerkungen zu einigen Forschungsproblemen, in: ZHF 15,2 (1988), S. 187–203, hier S. 195.

[205] James H. OVERFIELD, Humanism and Scholasticism in Late Medieval Germany, Princeton 1984, S. 298.

[206] Vgl. HELMRATH (1988), S. 196; ebd., S. 197: „Zum Teil hielten sich die alten Lehrbücher, zum Teil wurden sie gemäß den neuen Ansprüchen überarbeitet […]; in den meisten Fällen wurden sie aber ersetzt. Dabei lässt sich ungleich stärker als zuvor ein Pluralismus der Lehrbücher beobachten: an der Stelle des bisher fast überall traktierten Doctrinale traten neben Donat, Priscian, Johannes Aventinus, Niccolò Perotti, Vallas ‚Elegantiae', Melanchthon oder Johannes Despauterius aus Köln."

[207] Marion GINDHART, Hanspeter MARTI u. Robert SEIDEL, Einleitung, in: DIES. (Hgg.), Frühneuzeitliche Disputationen – Polyvalente Produktionsapparate gelehrten Wissens, Köln 2016, S. 7–25, hier S. 20 „Dabei bleibt unbestritten, dass die frühneuzeitlichen Disputationen ein wichtiges und unabdingbares Instrument zur Einübung, Weiterschrei-

le für die Humaniora wurden allerdings zuerst an den neugegründeten Universitäten eingerichtet.[208]

Huttens bemerkenswerte philologische Ausbildung begann zunächst in der Klosterschule Fulda (1499–1503),[209] deren Klosterbibliothek[210] mit ihren reichen Buchschätzen zu Beginn des 16. Jahrhunderts quasi als erste Anlaufstelle für die Adelssöhne umliegender Herrschaftsträger galt.[211] Noch am Ende

---

bung und Fixierung von tradiertem, anerkanntem und konsensfähigem, somit *stabilisierendem* Wissen darstellen. [...] Disputationen sind von einer beachtlichen Flexibilität und boten den Gelehrten die Möglichkeit, auf aktuelle Ereignisse und Fragen zu reagieren, an laufenden Debatten zu partizipieren, neues und auch prekäres Wissen einzuführen und auszuloten (und dabei nicht selten am Dissens der Öffentlichkeit zu scheitern), aber auch eigene Thesen zu revidieren und neu verhandeln zu lassen." Bezeichnend für die bisherigen Überlegungen ist der Appell Marian Füssels in diesem Band, der mit Nachdruck dafür plädiert, auch Bilder und handschriftliche Quellen in das Forschungsfeld der frühneuzeitlichen Disputationen miteinzubeziehen: Marian Füssel, Die Praxis der Disputation. Heuristische Zugänge und theoretische Deutungsangebote, S. 27–48; mit Bezug auf Invektivität: Anita Traninger, Hahnenkampf. Agon und Aggression in akademischen Disputationen der frühen Neuzeit, in: Klaus W. Hempfer (Hg.), Macht, Wissen, Wahrheit, Freiburg i. Br. u. a., 2005, S. 167–181, hier S. 170. „Ein adversatives und agonales Element ist bereits in der methodologischen Basis der Disputationen, der Dialektik, verortet. Die Dialektik wurde als Anleitung zum Zweikampf verstanden, in der Beschreibung ihres Zwecks und Endes wurde seit ihrer Begründung Kampfvokabular verwendet. Nicht umsonst definiert Aristoteles die Dialektik als die Methode einer Auseinandersetzung, bei der ‚nicht mehr als einer' siegen kann."

[208] Helmrath (1988), S. 191: in Löwen 1443, Basel 1464, Ingolstadt 1470, Freiburg 1471, Wittenberg 1502/03 und Leipzig 1503.

[209] Die maßgeblichen Darstellungen zum Hochstift Fulda in der Hutten-Zeit bleiben die von: Josef Leinweber, Das Hochstift Fulda vor der Reformation (Quellen und Abhandlungen zur Geschichte der Abtei und der Diözese Fulda 22), Fulda 1972 u. Berthold Jäger, Das geistliche Fürstentum Fulda in der Frühen Neuzeit. Landesherrschaft, Landstände und fürstliche Verwaltung. Ein Beitrag zur Verfassungs- und Verwaltungsgeschichte kleiner Territorien des Alten Reiches (Schriften des Hessischen Landesamtes für geschichtliche Landeskunde 391), Marburg 1986; zu Hutten und Fulda: Josef Leinweber, Ulrich von Hutten ein Fuldaer Mönch? Ein Beitrag zur Biographie des jungen Ulrich von Hutten und zur Geschichte des Klosters Fulda im Spätmittelalter, in: Würzburger Diözesangeschichtsblätter 37/38 (1975), S. 541–556; Gerrit Walther, Ulrich von Hutten – seine Zeit und seine Beziehungen zu Fulda, in: Jahresgabe der Freunde und Förderer der Hochschul- und Landesbibliothek Fulda e.V., hg. v. Gerrit Walther u. Freunde und Förderer der Hochschul- und Landesbibliothek Fulda, Fulda 2015, S. 1–31.

[210] Karl Christ, Die Bibliothek des Klosters Fulda im 16. Jahrhundert: die Handschriften-Verzeichnisse (Zentralblatt für Bibliothekswesen 64), Leipzig 1933; Mechthild Sandmann, Art. Fulda, I. Kloster, ‚Schule' und Bibliothek, in: Lexikon des Mittelalters 4 (1989), Sp. 1020–1022; Josef Leinweber, Thomas Martin u. Gangolf Schrimpf (Hgg.), Mittelalterliche Bücherverzeichnisse des Klosters Fulda und andere Beiträge zur Geschichte der Bibliothek des Klosters Fulda im Mittelalter (Fuldaer Studien 4), Frankfurt a. M. 1992.

[211] Marc-Aeilko Aris, Schul- und Bildungswesen, Literatur, Bibliotheken zur Geschichte der Klosterschule im Frühmittelalter, in: Wolfgang Hamberger, Thomas Heiler u. Werner Kirchhoff (Hgg.), Geschichte der Stadt Fulda (Bde. 1–2), Fulda 2008–2009, hier Bd. 1: Von den Anfängen bis zum Ende des Alten Reiches (2008), S. 681–691; Paul Lehmann, Die alte Klosterbibliothek Fulda und ihre Bedeutung, Fulda 1928.

des Mittelalters zogen ihre Besitztümer die Aufmerksamkeit der Humanisten auf sich, und es gelang dort sogar eine der aufsehenerregendsten Wiederentdeckungen antiker Texte, nämlich die des Tacitus Mediceus.[212] Viel wichtiger aber als eine hervorragende Bibliothek sind außergewöhnliche Kontakte, denn hier in Fulda wurde Hutten Schüler des Humanisten Johannes Crotus Rubeanus.[213] Das bedeutete nicht nur, dass er erstmalig mit den humanistischen Ideen in Kontakt kam und womöglich deshalb so vortreffliches Latein lernte,[214] sondern auch, dass er in das Netzwerk seines humanistisch gesinnten Mentors eingeführt wurde. Sie begaben sich 1503 zunächst nach Erfurt, von hier aus im Sommer 1505 direkt nach Mainz, wo Hutten Johannes Rhagius Aesticampianus hörte. Nach einem Semester in Köln (1505/06) ging es 1506, wieder im Gefolge des Crotus Rubeanus, an die im selben Jahr eröffnete Universität Frankfurt a. O., auf deren Rhetorik-Professur Rhagius gewechselt war.[215] Verblüffend ist, dass wir uns in dieser Phase genau in der ‚zweiten Welle' deutscher Universitätsgründungen (von Greifswald 1456 bis Frankfurt a. O. 1506) befinden, die Hutten nicht nur ‚enlangzureiten' schien, sondern die das nordalpine Reichsgebiet auch zum universitätsreichsten Gebiet Europas machte.[216] Nachdem Hutten bei Rhagius am 14. Sept. 1506 zum *baccalaureus artium* promoviert wurde, durfte er im Wintersemester 1507/08 an der Universität Leipzig die *litterae humaniores* lehren, später noch einmal im Sommersemester 1510 in Rostock.[217] Huttens frühe Studienjahre lassen ihn daher als das Paradebeispiel eines ‚wandernden Humanisten', eines fahrenden Scholaren, erscheinen, der die Vervollkommnung seiner literarischen Fertigkeiten ergo seine humanistischen Ideale dadurch zu erreichen versuchte (*uomo universale*), dass er *terrae alienae* besuchte, andere humanistische Zirkel und Zentren.[218] Nicht verwunderlich ist bei dieser Lebenspraxis sicherlich, dass sich Hutten nie,

---

[212] Ludwig PRALLE, Die Wiederentdeckung des Tacitus: ein Beitrag zur Geistesgeschichte Fuldas und zur Biographie des jungen Cusanus (Veröffentlichungen des Fuldaer Geschichtsvereins 33), Fulda 1952.

[213] Vgl. Gerlinde HUBER-REBENICH, Art. Crotus Rubeanus, in: VLHum 1 (2008), Sp. 505–510.

[214] Heinrich Grimm, Ulrichs von Hutten Lehrjahre an der Universität Frankfurt (Oder) und seine Jugenddichtungen. Ein quellenkritischer Beitrag zur Jugendgeschichte des Verfechters deutscher Freiheit, Frankfurt a. O. u. Berlin 1938.

[215] Vgl. JAUMANN (2008), Sp. 1185–1187.

[216] HELMRATH (1988), S. 189; schon zuvor: Notker HAMMERSTEIN, Humanismus und Universitäten, in: August BUCK (Hg.), Die Rezeption der Antike (Wolfenbütteler Abhandlungen zur Renaissanceforschung 1), Hamburg 1981, S. 23–39; DERS., Zur Geschichte und Bedeutung der Universitäten im Heiligen Römischen Reich Deutscher Nation, in: HZ 241 (1985), S. 287–328, hier S. 303–307.

[217] Siehe weiterhin hierzu Kap. II.1,1 dieser Arbeit.

[218] Vgl. Karin HLAVIN-SCHULZE, ‚Man reist ja nicht, um anzukommen'. Reisen als kulturelle Praxis (Campus Forschung 771), Frankfurt a. M. u. New York 1998, S. 34–35.

wie es andere Humanisten beispielsweise praktiziert hatten,[219] eine ‚Hand- bzw. Privatbibliothek' anschaffte, sondern in der Regel auf die Gegebenheiten vor Ort zugriff.[220] Dennoch lassen sich viele Exemplare von antiker (bspw. Quintilian- und Ovidausgabe)[221] oder patristischer Literatur (bspw. Ambrosius-Kommentar)[222] nachweisen, die seine weitreichenden Literaturkenntnisse anhand von Besitzvermerken oder Widmungsgedichten bezeugen. Nachdem Hutten in den frühen Jahren seiner Reisetätigkeit bereits nahezu die Gesamtheit des nordalpinen deutschen ‚Universitätshumanismus'[223] kennengelernt und ebenso einen Ruf als gelehrter Schriftsteller erlangt hatte, so galt es doch für einen wahrhaftigen Humanisten als höchste Zier, eine Bildungsreise nach Italien zu unternehmen, das Mutterland der Renaissance.

Hutten reiste gleich zweimal nach Italien, und auch hier ist es bezeichnend zu beobachten, dass es sich bei den Zielorten ausschließlich um bedeutende Universitätsstädte und zugleich humanistische Bildungszentren wie Bologna, Rom oder Pavia handelte (**Abb. 3 u. 4**).[224] Als Student an der Universität Pavia ist Hutten im Jahre 1512 auf die Vermittlung von Crotus Rubeanus aufgenommen worden, nachdem er zuvor bezeichnenderweise über die Universitätsstädte Greifswald, Wittenberg und Wien, wo er von Mai bis Spätsommer 1511 mit zwei Humanistenfreunden, Peter Eberbach und Johannes Mair, im Hause des berühmten Joachim Vadian (gest. 1551)[225] wohnte, südlich der Alpenregionen gelangt war.

---

[219] Beispielsweise zu Albrecht von Eyb: Jakob FROHMANN, Die Bibliothek des Frühhumanisten Albrecht von Eyb (1420–1475), in: Mittelalter. Interdisziplinäre Forschung und Rezeptionsgeschichte (2015), abrufbar unter https://mittelalter.hypotheses.org/5265 [letzter Zugriff: 27.07.2022]. Vgl. zu dieser Überlegung bereits den Hinweis von Klaus RUPPRECHT, Die Dichterkrönung Ulrich von Huttens. Anmerkungen zu Überlieferungsgeschichte, äußerer Gestaltung und innerem Aufbau des Krönungsdiploms Kaiser Maximilians I., in: Klaus WOLF u. Franz FROMHOLZER (Hgg.), Adelsliteratur und Dichterkrönung (Schwabenspiegel. Jahrbuch für Literatur, Sprache und Spiel 12), Augsburg 2018, S. 87–98, hier S. 92.

[220] Dies mag zunächst logisch erscheinen, da Hutten oft nicht nur mittellos, sondern auch stetig auf langen Reisen durch Europa unterwegs war. In seinem Lebensbrief von 1518 an Pirckheimer schreibt Hutten, er habe nur die wichtigsten Autoren stets zur Hand.

[221] Die beiden Exemplare, die nachgewiesen werden konnten, wurden in der bekannten Offizin des Aldus Manutius in Venedig gedruckt. Vgl. Basel, Universitätsbibliothek A N VI 40, Vorsatz mit Huttens Glossen im Haupttext; Lindau, Stadtbibliothek, P III 83, Vorsatz.

[222] Vgl. Basel, Universitätsbibliothek, AS GH 683, Titelblatt, ebenfalls mit Randglossen versehen.

[223] Peter BAUMGART, Humanistische Bildungsreform an deutschen Universitäten des 16. Jahrhunderts, in: Wolfgang REINHARD (Hg.), Humanismus im Bildungswesen des 15. und 16. Jahrhunderts (Mitteilungen der Kommission für Humanismusforschung 12), Weinheim 1984, S. 171–191.

[224] Die Graphiken sind auf der Grundlage der Karten bei VERGER (1993), S. 74 u. S. 77 erstellt worden.

[225] Vgl. Albert SCHIRRMEISTER, Art. Vadian, Joachim, in: VL 2 (2013), Sp. 1177–1237.

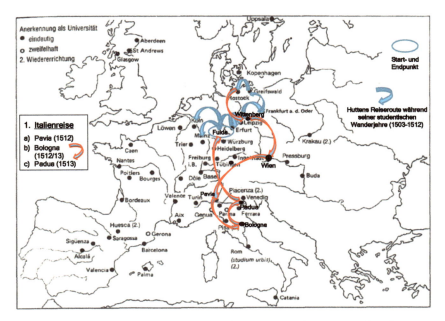

Abbildung 3: Huttens Reiseroute als ‚Wanderhumanist' bis zum Ende seiner ersten Italienreise (1503–1513).

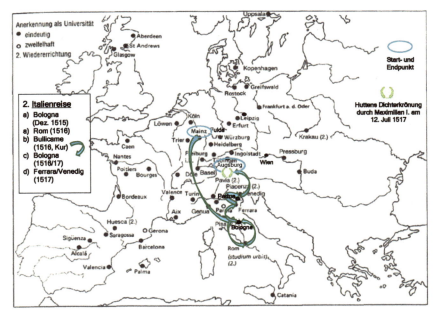

Abbildung 4: Huttens Reiseroute seiner zweiten Italienreise (1515–1517).

Auf seiner letzten Station in Wien profitierte er nicht nur von Vadians humanistischem Netzwerk vor Ort,[226] sondern gleichsam auch von der bestens mit humanistischer Literatur ausgestatteten Bibliothek.[227] Huttens erstes südalpines Etappenziel in Italien in Pavia, wo er seit März 1512 bei Giasone de Mayno Recht studierte und Griechisch lernte, prägte ihn nachdrücklich. Die Universitätsstadt Pavia war bereits im 15. Jahrhundert im Rahmen der *peregrinatio academica* zu einem bekannten Schmelztiegel des Kulturaustausches und auch des Kulturtransfers zwischen deutschem und italienischem Humanismus[228] avanciert.[229] Dasselbe gilt für Bologna,[230] wo Hutten zwischen Juli 1512 und Juni 1513 u. a. Jurisprudenz, Rhetorik, Poesie und Philosophie studierte. Gezwungenermaßen müsste man hinzufügen, da ihn der zu diesem Zeitpunkt

---

[226] Vgl. Conradin BONORAND, Aus Vadians Freundes- und Schülerkreis in Wien (Vadian Studien 8), St. Gallen 1965; Franz GRAF-STULHOFER, Vadian als Lehrer am Wiener Poetenkolleg, in: Zwingliana. Beiträge zur Geschichte Zwinglis, der Reformation und des Protestantismus in der Schweiz 26 (1999), S. 93–98.

[227] Auch die Ausstattung der Wiener Fakultät an humanistischer Literatur scheint beachtlich gewesen zu sein. Vgl. auch mit weiterführender Literatur zur Geschichte der Wiener Universität im Humanismus bei: Daniel LUGER, Italienische Humanisten an der Universität Wien im 15. Jahrhundert zwischen Förderung und Ablehnung, in: Acta Universitatis Carolinae – Historia Universitatis Carolinae Pragensis LX,1 (2020), S. 27–36, hier S. 29: „27 Bücher [...] wurden für 90 Dukaten erworben, darunter u. a. Werke von Vergil, Sallust, Cicero, Seneca, Terenz und Horaz sowie Texte von Humanisten wie Francesco Petrarca, Guarino Guarini und Gasparino Barzizza. In den folgenden Jahren wurde dieser Grundstock einer humanistischen Bibliothek etwa noch um Ausgaben von Livius, Gellius, Plutarch, Sueton und Plinius, Francesco Filelfos Pulchrum epistolare sowie einen Druck von Leonardo Brunis Epistolae familiares erweitert. Im Jahr 1474 erwarb die Fakultät überdies venezianische Drucke von Werken des Aristoteles, und zwar in alter und neuer Übersetzung [...]. Diese humanistischen Bücherkäufe boten den Wiener Universitätsangehörigen nicht nur die Möglichkeit zur Lektüre der antiken lateinischen Literatur bzw. humanistischer Werke zu Rhetorik und Grammatik, sondern stellten darüber hinaus auch die Basis für entsprechende Lehrveranstaltungen an der artistischen Fakultät dar."

[228] Agostino SOTTILI, Tunc floruit Alamannorum natio: Doktorate deutscher Studenten in Pavia in der zweiten Hälfte des 15. Jahrhunderts, in: Wolfgang REINHARD (Hg.), Humanismus im Bildungswesen des 15. und 16. Jahrhunderts (Mitteilung der Kommission für Humanismusforschung 12), Weinheim 1984, S. 25–44; Paul LEHMANN, Grundzüge des Humanismus deutscher Lande zumal im Spiegel deutscher Bibliotheken des 15. und 16. Jahrhunderts, in: DERS. (Hg.), Erforschung des Mittelalters, 5 Bde., Stuttgart 1959–1962, hier Bd. 5 (1962), S. 481–496; Agostino SOTTILI, Università e cultura. Studi sui rapporti italo-tedeschi nell'età dell'Umanesimo, Goldbach 1993.

[229] Agostino SOTTILI, Humanismus und Universitätsbesuch. Die Wirkung italienischer Universitäten auf die Studia Humanitatis nördlich der Alpen/ Renaissance humanism and university studies. Italian universities and their influence on the Studia Humanitatis in Northern Europe (Education and Society in the Middle Ages and Renaissance 26), Leiden u. Boston 2006.

[230] Leonhard WALTER, Die Universität Bologna im Mittelalter, Leipzig 1888. Luigi SIMEONI, Storia della Università di Bologna, in: L'età moderna (1500–1888), Bologna 1940; Martin KINTZINGER, Macht des Wissens. Die Universitäten Bologna und Neapel, in: Bernd SCHNEIDMÜLLER, Stefan WEINFURTER u. Alfried WIECZOREK (Hgg.), Die Staufer und Italien, Darmstadt 2010, hier Bd. 1, S. 395–402.

in Oberitalien währende Krieg zur Übersiedelung zwang. Um seine Rückreise über die Alpen zu finanzieren, begab er sich in den Dienst des kaiserlichen Söldnerheeres und nahm in diesem Kontext auch an der Belagerung Paduas[231] im August des Jahres 1513 teil.[232] Wir sehen, dass sich der fahrende Hutten nicht willkürlich auf die Reise begab, sondern nach einem festen Plan handelte.[233] Denn neben Pavia galt für deutschsprachige Studenten freilich auch die Universität Bologna als äußerst beliebter Studienort im Ausland,[234] die zu Huttens Zeit von ca. 1500–2000 Studenten jährlich frequentiert wurde.[235]. Hier an der Hochschule wurde die Anstellung für Nicht-Bologneser Gelehrte gerade in dieser Phase überhaupt erst möglich gemacht und diese Praktik dann auch im Jahre 1513 kodifiziert festgeschrieben.[236]

Nach seiner Rückkehr auf die Steckelburg 1514 plante Hutten mit seinem Freund Peter Eberbach bei einem Besuch in Mainz jedenfalls schon die nächste transalpine Reise zurück nach Norditalien, und das, obwohl er 15 Jahre am Stück nicht mehr zu Hause gewesen war. Dank der finanziellen Unterstützung

---

[231] Agostino SOTTILI, Studenti tedeschi ed umanesimo italiano nell'università di Padova durante il Quattrocento, Padua 1971.

[232] Vgl. JAUMANN (2008), Sp. 1187–1188.

[233] WALTHER (2015), S. 7: „Im Fuldaer Kloster legte er die Profeß ab und sicherte sich so für alle Fälle eine Lebensstellung. 1503 dann verließ er es, um zu studieren und zwar, wie es üblich war, zuerst die septem artes liberales und dann die Jurisprudenz. Nur äußerlich wirken seine Studienjahre wirr und planlos, so daß man sie als ‚Vagantenzeit' (P. Kalkoff) denunziert hat. Tatsächlich folgten sie einem klaren Plan. Dieser führte von Mainz nach Wien und wieder zurück nach Mainz."

[234] Hans-Bernd SPIES, Aschaffenburger und Mitglieder des Aschaffenburger Stiftskapitels als Studenten an der Universität Bologna (1295–1580), in: Mitteilungen aus dem Stadt- und Stiftsarchiv Aschaffenburg 10 (2011/13), S. 15–24; Karl-Georg PFÄNDTNER, Die Anziehungskraft der Universitäten. Quellen zu Migrationsbewegungen von Schreibern und Buchmalern in der mittelalterlichen Boom-Region Bologna, in: Christine BEIER u. Evelyn T. KUBINA (Hgg.), Wege zum illuminierten Buch. Herstellungsbedingungen für Buchmalerei in Mittelalter und früher Neuzeit, Wien 2014, S. 45–65.

[235] Die größte Universität Italiens des 15. und 16. Jahrhunderts, die Universität Bologna, stand in jenen Tagen in heftiger Konkurrenz mit der Universität Padua um neue (insbesondere ausländische) Studenten der Fächer Jurisprudenz, Medizin und Artes. Die höchste Zahl der in Bologna vertretenen *nationes* kam bezeichnenderweise aus Deutschland. Vgl. Paul F. GRENDLER, The university of Bologna, the city, and the papacy, in: Renaissance Studies 13 (1999), S. 475–485, hier S. 476–477; LEHMANN (1962), S. 258: „Wichtig für die vom Humanismus ausgehende Veränderung im Bilde der Bibliotheken unserer Gebiete war das Studium [deutschsprachiger Studenten] auf italienischen Hochschulen. Seit langem schon hatten Bologna, Pavia, Padua, Perugia, Rom, Salerno u. a. eine stärkere Anziehungskraft ausgeübt als Paris, das doch im 12. und 13. Jahrhundert das bevorzugte Zentrum der Studien gewesen war. Nicht als ob die jungen Leute in erster Linie der *studia humanitatis* wegen nach Italien gezogen waren. Nein, die Jurisprudenz, die Kanonistik, die Medizin zu studieren war vorerst das Ziel. Wer als Dr. juris, womöglich als Dr. iuris utriusque, als Dr. med. aus Italien in die Heimat zurückkehrte, konnte mit Recht hoffen, in den deutschen Städten, an den Fürstenhöfen, bei den bischöflichen Kapiteln wichtige und einträgliche Stellungen zu finden."

[236] Vgl. GRENDLER (1999), S. 478.

Albrechts von Brandenburg, für den Hutten in der Zwischenzeit tätig geworden war und der ihm wohl für einen Universitätsabschluss eine Festanstellung in Aussicht stellte, war er in der Lage, eine zweite Italienreise anzutreten, obwohl er sich zeitgleich noch intensiv an der Fehde seiner Familie gegen Herzog Ulrich von Württemberg sowie dem Reuchlin-Pfefferkorn-Streit beteiligte.[237] Im Herbst des Jahres 1515 erreichte Hutten erneut Bologna, das er von seiner ersten Reise noch gut kannte. Relativ rasch ging es weiter nach Rom, wo er dann um die Jahreswende nachweisbar ist und wohl auch als Syndikus der *natio* deutscher Studenten auftrat.[238] Gerade im kosmopolitischen Rom des frühen 16. Jahrhunderts sollte Huttens Hass auf die Korruption und den Wucher der päpstlichen Kurie, die er für das aktuelle Leid und die römische finanzielle Ausbeutung der ‚Deutschen' verantwortlich machte, neue Ausmaße annehmen. Auf die Empfehlung seines Freundes Erasmus ist Hutten sogar in den hiesigen Humanistenzirkel um Johann Goritz (Corycius) – Hutten beteiligte sich außerdem an der Gedichtanthologie ‚Coryciana' – aufgenommen worden.[239] Sicherlich war ihm bewusst, dass er zu diesem Zeitpunkt auf ein regelrechtes Gelehrtennetzwerk deutscher Akademiker in der *cittá eterna* zurückgreifen konnte.[240] Ein Fieberausbruch zwang ihn allerdings im April 1516 nach Bullicame bei Viterbo zu einem Kurzaufenthalt,[241] sodass er erst zwischen Juli 1516

---

[237] Vgl. JAUMANN (2008), Sp. 1189.

[238] Vgl. jüngst Tobias DANIELS, Ulrich von Hutten – ein laicus litteratus in Rom, in: Tobias DANIELS, Franz FUCHS u. Andreas REHBERG (Hgg.), Ulrich von Hutten und Rom. Deutsche Humanisten in der Ewigen Stadt am Vorabend der Reformation (Pirckheimer-Jahrbuch 33), Wiesbaden 2021, S. 41–61 (dazu Tobias DANIELS u. Andreas REHBERG, Appendix mit zwei Fundstücken zu Ulrich von Hutten aus den römischen Notariatsprotokollen, ebd., S. 63–67).

[239] Vgl. Michael MATHEUS, Deutschsprachige Studierende im kosmopolitischen Rom: Ulrich von Hutten und Wilhelm von Enckenvoirt, in: DERS. u. Rainer C. SCHWINGES (Hgg.), Studieren im Rom der Renaissance (RAG Forschungen 3), Zürich 2020, S. 53–96.

[240] Vgl. Michael MATHEUS, ‚Sola fides sufficit'. ‚Deutsche' Akademiker und Notare in Rom 1510/12, in: DERS., Arnold NESSELRATH u. Martin WALLRAFF (Hgg.), Martin Luther in Rom. Die ewige Stadt als kosmopolitisches Zentrum und ihre Wahrnehmung (Bibliothek des Deutschen Historischen Instituts in Rom 134), Berlin u. a. 2017, S. 379–405; zugleich DERS., ‚Sola fides sufficit'. Accademici e notai tedeschi a Roma (1510–1512), in: DERS., Arnold NESSELRATH u. Martin WALLRAFF (Hgg.), Martin Lutero a Roma (I libri di Viella 329), Roma 2019, S. 409–434.

[241] Zum (Kur-)Bad als sozialer Ort des humanistischen Treffens sowie geistigen und materiellen Austausches nach dem Vorbild der Antike: Birgit STUDT, Die Badenfahrt. Ein neues Muster der Badepraxis und Badegeselligkeit im deutschen Spätmittelalter, in: Michael MATHEUS (Hg.), Badeorte und Bäderreisen in Antike, Mittelalter und Neuzeit, Stuttgart 2001, S. 33–52; Richard PALMER, ‚In this our Lightye and Learned Tyme'. Italian Baths in the Era of the Renaissance, in: Roy PORTER (Hg.), The Medical History of Waters and Spas, London 1990, S. 14–22; Georg ZAPPERT, Über das Badewesen in mittelalterlicher und späterer Zeit, in: Archiv für Kunde österreichischer Geschichtsquellen 21 (1859), S. 3–167.

und Mai 1517 das Studium in Bologna wieder aufnehmen konnte.[242] Zunächst kam er beim Würzburger Friedrich von Fischer sowie dem Bamberger Jakob Fuchs bis ca. Herbst 1516 häuslich unter und studierte hier die Werke des Thukydides und des Aristophanes, ehe er 1516/17 die Bekanntschaft mit dem Humanisten und Theologen Johannes Cochlaeus (gest. 1522)[243] machte, der als Mentor dreier Neffen Pirckheimers in Bologna zugegen war. Auch Lorenzo Vallas Schrift gegen die ‚Konstantinische Schenkung' begegnete ihm hier im Juni 1517 erstmalig, die er sogleich von Fischer abschreiben ließ.[244] Bei Cochlaeus scheint Hutten sich sehr wahrscheinlich Kompetenzen in der gelehrten Praxis des Kommentierens[245] und dem Umgang mit Paratexten angeeignet zu haben,[246] die er einige Jahre später mit der Herausgabe antirömischer Texte gekonnt unter Beweis stellen sollte.[247] Cochlaeus stand in Bologna außerdem in Verbindung mit Johannes Eck, Johannes Fabri, Johannes Heß; im Herbst des Jahres 1517 ging er allerdings auf Weisung Pirckheimers mit dessen Neffen nach Rom.[248] Ob Hutten im April 1517 deshalb einen Wechsel an die Universität Ferrara vollzog, die gleichsam humanistisch geprägt und wo ein *studium generale* ebenso möglich war, bleibt ungewiss. Dabei stand Ferrara durchaus in Konkurenz zu den vielen umliegenden norditalienischen Universitäten.[249] Wahrscheinlicher ist jedoch, da er nur kurze Zeit später in Venedig auftauchte, dass er wohl seine Verwandten Frowin und Ludwig von Hutten verabschieden wollte, die ihrerseits von Venedig aus zu einer Pilgerreise ins Heilige Land auf-

---

[242] Vgl. JAUMANN (2008), Sp. 1189–1190.
[243] Klaus KIPF u. Gernot M. MÜLLER, Art. Cochlaeus (Cocleus; Dobeneck), Johannes, in: VLHum 1 (2008), Sp. 439–460.
[244] Vgl. JAUMANN (2008), Sp. 1190.
[245] Jan-Hendryk DE BOER, Kommentar, in: de BOER/FÜSSEL/SCHUH (2018), S. 265–318.
[246] Vgl. Kai BREMER, Der Kommentar als Steinbruch. Zum Verhältnis von ‚Commentarius', ‚Historia' und Polemik am Beispiel der Lutherkommentare des Johannes Cochlaeus, in: Frank BEZNER u. Kirsten MAHLKE (Hgg.), Zwischen Wissen und Politik. Archäologie und Genealogie frühneuzeitlicher Vergangenheitskonstruktionen (Heidelberger Akademie der Wissenschaften, Akademie der Wissenschaften des Landes Baden-Württemberg 6), Heidelberg 2011, S. 293–310.
[247] Vgl. Kap. IV.3 dieser Arbeit.
[248] Vgl. KIPF/MÜLLER (2008), Sp 440.
[249] Agostino SOTTILI, Ferrara. The Cradle of Humanism in Frisia, in: DERS. (Hg.), Humanismus und Universitätsbesuch. Die Wirkung italienischer Universitäten auf die Studia Humanitatis nördlich der Alpen/ Renaissance humanism and university studies. Italian universities and their influence on the Studia Humanitatis in Northern Europe (Education and Society in the Middle Ages and Renaissance 26), Leiden u. Boston 2006, S. 298–325, hier S. 309.

brachen,²⁵⁰ um die Ritterwürde am Heiligen Grab zu erlangen.²⁵¹ Während des mehrwöchigen Aufenthaltes in der früher von ihm verachteten und geschmähten Stadtrepublik knüpfte Hutten Kontakte zu venezianischen Adeligen und Humanisten,²⁵² er besuchte außerdem die berühmte Offizin des Aldus Manutius (gest. 1515).²⁵³ Mitte Juni 1517 tauchte er aber schon wieder in Bologna auf, von wo er wiederum erneut ohne Studienabschluß die Rückkehr nach Deutschland antrat und am 8. Juli in Augsburg landete. Auch diese Route war nicht dem Zufall geschuldet, sollte er dort ja am 12. Juli 1517 von Kaiser Maximilian I. und auf Empfehlung des bekannten Augsburger Humanisten Konrad Peutinger (gest. 1547)²⁵⁴ hin zum *poeta laureatus* ernannt werden und sich damit in eine lange Tradition hochgerühmter Autoren einreihen.²⁵⁵ Auch der Augsburger Reichstag (1518) spielte für die gewünschte Öffentlichkeitswirksamkeit von Huttens Krönung sicherlich keine untergeordnete Rolle. Aus der Perspektive der Forschung gilt daher unverändert der Apell Agostino SOTTILIS (gest. 2004), des Experten für transalpine Universitätsgeschichte im interkulturellen Austausch zwischen Deutschland und Italien des Spätmittelalters:

---

[250] Vgl. zur Praxis des mittelalterlichen Pilgerwesens: Norbert OHLER, Pilgerstab und Jakobsmuschel. Wallfahren in Mittelalter und Neuzeit, Düsseldorf u. Zürich 2000, S. 23–47; DERS., Pilgerleben im Mittelalter. Zwischen Andacht und Abenteuer, Freiburg i. Br. 1994; zu Reisen ins Heilige Land allgemein die Arbeiten HUSCHENBETTS, hier sei nur angeführt: Randall HERZ, Dietrich HUSCHENBETT u. Frank SCZESNY (Hgg.), Fünf Palästina-Pilgerberichte aus dem 15. Jahrhundert. Mit einem Beitrag von Nicky Zwijnenburg Tönnies über die Kreuzwegandacht (Wissensliteratur im Mittelalter 33), Wiesbaden 1998. Leider sind die Datenbestände, die im Rahmen des Würzburger SFB 226 angelegt wurden, nie zur Veröffentlichung gelangt.

[251] Vgl. JAUMANN (2008), Sp. 1190.

[252] Vgl. Paul F. GRENDLER, Education in the Republic of Venice, in: Eric R. DURSTELER (Hg.), A companion to Venetian history: 1400–1797 (Brill's companions to European history 4), Leiden u. a. 2013, S. 675–700.

[253] Mario INFELISE, Manuzio, Aldo, il Vecchio, in: DBI 69 (2007), S. 236–245; Verena VAN DER HEYDEN-RYNSCH, Aldo Manuzio. Vom Drucken und Verbreiten schöner Bücher, Berlin 2014; Martin LOWRY, The World of Aldus Manutius. Business and scholarship in Renaissance Venice, Oxford 1979; Susy MARCON u. Marino ZORZI (Hgg.), Aldo Manuzio e l'ambiente veneziano. 1494–1515 (Venezia, Libreria Sansoviniana, 16. Juli – 15. September 1994), Venedig 1994; Anja WOLKENHAUER, Zu schwer für Apoll. Die Antike in humanistischen Druckerzeichen des 16. Jahrhunderts (Wolfenbütteler Schriften zur Geschichte des Buchwesens 35), Wiesbaden 2002, S. 34–46 u. S. 165–185.

[254] Vgl. Franz J. WORSTBROCK, Art. Peutinger, Konrad, in: VL 3 (2015), Sp. 1–32; Rolf KIESSLING (Hg.), Konrad Peutinger. Ein Universalgelehrter zwischen Spätmittelalter und Früher Neuzeit. Bestandsaufnahme und Perspektiven (Colloquia Augustana 35), Berlin 2019.

[255] John L. FLOOD, Poets Laureate in the Holy Roman Empire. A Bio-Bibliographical Handbook. 4 Bde., Berlin u. a. 2006; Albert SCHIRRMEISTER, Triumph des Dichters. Gekrönte Intellektuelle im 16. Jahrhundert, Köln u. a. 2003; Dieter MERTENS, Zur Sozialgeschichte und Funktion des poeta laureatus im Zeitalter Maximilians I., in: Rainer C. SCHWINGES (Hg.), Gelehrte im Reich. Zur Sozial- und Wirkungsgeschichte akademischer Eliten des 14. bis 16. Jahrhunderts (Zeitschrift für historische Forschung. Beihefte 18), Berlin 1996, S. 327–348.

Die Erforschung der deutschen Studentenschaft an den italienischen Universitäten der Renaissance ist eine unabdingbare Voraussetzung, um das Phänomen der Rezeption des Humanismus in Deutschland wirklich zu verstehen und historisch zu deuten. Die Studenten sind wahrscheinlich die wichtigsten Mittler der Rezeption nördlich der Alpen gewesen. Jeder deutsche Student kam in Italien zwangsläufig mit der Kulturwelt des Humanismus in Berührung, aber nur in verhältnismäßig wenigen Fällen gelingt es zu beschreiben, wie sich der Fremde die humanistische Lebensauffassung angeeignet hat bzw. ob dies tatsächlich auch geschehen ist.[256]

Invektivkompetenz unter Beweis zu stellen geht immer mit dem Ringen um Satisfaktionsfähigkeit einher, so auch beim Streiten um die richtige universitäre Praxis. Insbesondere Ausbildung und studentische Mobilität stechen auf Huttens transalpinem Bildungsweg als wichtigste Komponenten und Motoren seiner praxisorientierten Ausbildung hervor,[257] besagte Invektivkompetenz zu erlangen. Gerade die Disputation, in deren rituellem Rahmen das studentische Streitgespräch an der mittelalterlichen Universität eingeübt wurde, bildete für die Humanisten sozusagen den Übungsschauplatz, ihre rhetorischen Fähigkeiten in einer regulierten Form des Konfliktaustrages vor einem gelehrten Publikum zu überprüfen und die Satisfaktionsfähigkeiten der Akteure zu klären.[258]

Nach dem ‚Bildungsaufbruch des 15. Jahrhunderts'[259] lässt sich aber, was den Zugriff auf die wichtigsten Humaniora in den jeweiligen Bibliotheken angeht, eine transalpine Asymmetrie zwischen dem Literaturangebot an deutschen und italienischen Universitäten feststellen.[260] Im Reich vor 1520 erschie-

---

[256] Agostino SOTTILI, Die humanistische Ausbildung deutscher Studenten an den italienischen Universitäten im 15. Jahrhundert: Johannes Löffelholz und Rudolf Agricola in Padua, Pavia und Ferrara, in: Daniela HACKE u. Bernd ROECK (Hgg.), Die Welt im Augenspiegel. Johannes Reuchlin und seine Zeit (Pforzheimer Reuchlinschriften 8), Stuttgart 2002, S. 67–132, hier S. 131.

[257] SCHUH (2012).

[258] Jan-Hendryk DE BOER, Disputation, *quaestio disputata*, in: DERS., Marian FÜSSEL u. Maximilian SCHUH (Hgg.), Universitäre Gelehrtenkultur vom 13.–16. Jahrhundert. Ein interdisziplinäres Quellen- und Methodenhandbuch, Stuttgart 2018, S. 221–254, hier S. 239: Das Potential, das die „Erforschung von Disputationen bietet, um das Selbstverständnis von Gelehrten und ihre Deutung von Wissenschaft und Universität zu verstehen, [ist enorm]. Kulturgeschichtliche Ansätze schließlich, die innerhalb der Disputationsforschung noch immer eher am Rande stehen, greifen etwa die schon lange von der Forschung vorgenommene Analogie zwischen einer Disputation und einem Turnier auf und zeigen, wie die Disputation als ritualisierter Wettkampf der Selbstpräsentation der Universitäten und ihrer Vertreter dient und wie hier die Produktion von Erkenntnis performativ ins Werk gesetzt wird."

[259] Johannes FRIED (Hg.), Schulen und Studium im sozialen Wandel des hohen und späten Mittelalters, Sigmaringen 1986.

[260] NEDDERMEYER 1, S. 294: „In einem vorläufigen Fazit wird deutlich, daß die italienischen Verhältnisse trotz augenscheinlicher Ähnlichkeiten im Kurvenverlauf große Unterschiede zu Deutschland aufweisen." Ebd. S. 444–445: „Erstaunlicherweise gab es in beiden Ländern bezüglich der jeweils verfügbaren Werke keine größeren Überschneidungen. So wurden im Reich bis 1500 nur 400 Bücher aufgelegt, die zuvor anderweitig (das heißt aber fast ausschließlich in Italien, nur in einigen Fällen in Frankreich)

nen, abgesehen von kleineren Werken oder Teilausgaben, kaum antike Werke, außer in Leipzig,[261] Straßburg, Köln, Wien und Erfurt.[262] Demgegenüber quoll das Angebot an antiken Werken in den Bibliotheken der norditalienischen Universitätshochburgen des Mittelalters, die Hutten nahezu alle besuchte, geradezu über.[263] Insbesondere rhetorische Werke zur Schulung der eigenen Invektivkompetenz standen zuhauf in den Regalen und auf dem Lehrplan.[264] Das ‚humanistische Curriculum' sah hierfür exponierte Cicero-Studien vor, dessen Rhetorik die Studenten bis ins Mark einstudieren und praktisch anwenden mussten (*imitatio*).[265] Dagegen wurde der nordalpine Buchmarkt im Reich erst allmählich und vor allem über die Knotenpunkte Nürnberg und Augsburg,[266] wo Hutten enge humanistische Kontakte knüpfte, mit neuer Ware versorgt, wobei Venedig sich hierbei als wichtigster oberitalienischer Handelspartner herauskristallisierte.[267] Insgesamt betrachtet lassen sich viele von Huttens Invek-

---

gedruck worden waren. Umgekehrt wurden in Italien sogar nur 300 Werke herausgegeben, die im Reich bereits vorlagen [...]."

[261] Jürgen LEONHARDT, Eine Leipziger Vorlesung über Ciceros De legibus aus dem Jahre 1514, in: Wolfenbütteler Renaissancemitteilungen 26 (2002), S. 26–40.

[262] Vgl. Jürgen LEONHARDT, Drucke antiker Texte in Deutschland vor der Reformation und Luthers frühe Vorlesungen, in: Walther LUDWIG (Hg.), Die Musen im Reformationszeitalter, Leipzig 2001, S. 97–129, hier S. 100–103; ebd., S. 101–102: „Denn auch von Ciceros Briefen, Ciceros Reden, von Martial, Prudenz, Catull und Apuleius gibt es bis 1520 in Deutschland keine Gesamtausgabe, jedoch jeweils mehrere Einzelausgaben, während nach 1520 nahezu ausschließlich Gesamtausgaben bekannt sind."

[263] Paul F. GRENDLER (Hg.), Books and Schools in the Italian Renaissance (Variorum collected studies series 473), Aldershot 1995.

[264] BURKARD (2009), S. 725–727: „1465 wurde De oratore zum ersten Mal in subiaco gedruckt und erlebte 133 Editionen bis 1610, ins Jahr 1469 fällt die Editio princeps des Brutus in Rom, 1470 erschienen De inventione und die Herennius-Rhetorik in Venedig und Quintilians Institutio oratoria in Rom, 1471 der Orator in Paris – in diesem Jahr wurde auch die erste Gesamtausgabe von Ciceros Reden in Rom veröffentlicht. Alle genannten Werke waren Klassiker mit weit über 100 Auflagen. Im Gegensatz zum Mittelalter kannte die Renaissance recht bald auch große Teile der griechischsprachigen rhetorischen Tradition im Original: Die Alexander-Rhetorik, Pseudo-Demetrios (‚De elocutione'), Hermogenes Aphtonios, Pseudo-Longin, Dionysios von Halikarnassos, Menander Rhetor. Zudem wurde nun Aristoteles Rhetorik als genuin rheorisches Werk studiert."

[265] Paul F. GRENDLER, Schooling in Renaissance Italy. Literacy and Learning, 1300–1600, Baltimore u. London 1989, S. 203–205 (The Advanced Humanistic Curriculum), S. 222–229 (Learning to Write like Cicero).

[266] Hans-Jörg KÜNAST, Augsburg als Knotenpunkt des deutschen und europäischen Buchhandels (1480–1550), in: Jochen BRÜNING u. Friedrich NIEWÖHNER (Hgg.), Augsburg in der Frühen Neuzeit. Beiträge zu einem Forschungsprogramm (Institut für Europäische Kulturgeschichte der Universität Augsburg. Colloquia Augustana 1), Berlin 1995, S. 240–251; NEDDERMEYER 1, S. 403–408 (Nationale und regionale Buchmärkte).

[267] Tobias DANIELS u. Franz FUCHS (Hgg.), Venedig und der oberdeutsche Buchmarkt um 1500: Akten des gemeinsam mit dem Deutschen Studienzentrum in Venedig am 26. und 27. November 2015 veranstalteten Symposions im Centro Tedesco di Studi Veneziani, Palazzo Barbarigo della Terrazza in Venedig (Pirckheimer-Jahrbuch 31), Wiesbaden 2017; NEDDERMEYER 1, S. 395–403 (Internationaler Buchmarkt).

tiven sowohl inhaltlich als auch rhetorisch-stilistisch nur aus den Erfahrungen seiner eigens gemachten Italienreisen verstehen, viele von ihnen hatte er nicht zuletzt dort verfasst. Seine transalpine Invektivkompetenz gestattete es ihm, sich ganz im Stile anderer humanistischer Italienreisender als volkommener Gelehrter auszuweisen. Seine Reisestationen lesen sich daher auch weniger als Topoi, sondern vielmehr als wohldurchdachte Stationen humanistisch geprägter Örter des Wissens, die zum Netzwerken für seine Anliegen bestens geeignet waren.

3.2 Forschungsstand und Textcorpus

Das soeben skizzierte Panorama zeigt deutliche Forschungsdesiderata in Bezug auf die humanistischen Bildungssysteme und -kontexte der transalpinen Bildungslandschaft um 1500 auf.[268] Nur vereinzelt sind ältere Arbeiten zu verzeichnen,[269] die auf die ‚Ausbildung' der Humanisten und insbesondere deren Invektivkompetenzen aufmerksam machten. Diese Denkansätze wurden erst jüngst ernsthaft wieder aufgegriffen, wobei die Fragestellungen vorwiegend auf die Renaissance des italienischen Quattrocento sowie auf dessen literarische Entwicklungen abzielten.[270] Diese Intensität ist zuletzt auch in Bezug auf den deutschen Humanismus des 16. Jahrhundert in der Forschung spürbar geworden.[271]

Ähnlich fällt der Befund für die Betrachtung der Invektiven der Humanisten selbst aus, da auch sie von der Humanismusforschung bisher eher ‚stiefmütterlich' behandelt worden sind. Das mag verwunderlich erscheinen, da die Humanisten mit deren Hilfe ja nicht nur die Frage klärten, was ‚Humanismus'

---

[268] Robert D. BLACK, Humanism and education in Medieval and Renaissance Italy. Tradition and Innovation in Latin schools from the twelfth to the fifteenth century, Cambridge 2001; James J. MURPHY, Latin rhetoric and education in the Middle Ages and Renaissance (Variorum collected studies series 828), Aldershot 2005; Ronald G. WITT, Italian Humanism and Medieval Rhetoric, Ashgate 2002.

[269] Remigio SABBADINI, Il Metodo degli Umanisti (Biblioteca del Saggiatore 3), Florenz 1922, S. 147–149; Giovanni FIORETTO, Gli umanisti: o lo studio del latino e del greco nel secolo XI in Italia, Verona 1881.

[270] Robert D. BLACK, Between Grammar and Rhetoric. Poetria nova and its Educational Context in Medieval and Renaissance Italy, in: Gian C. ALESSIO u. Domenico LOSAPPIO (Hgg.), Le poetriae del medioevo latino. Modelli, fortuna, commenti (Filologie medievali e moderne 15. Serie occidentale 12), Venedig 2018, S. 45–68; Ronald G. WITT, The Two Latin Cultures and the Foundation of Renaissance Humanism in Medieval Italy, Cambridge 2012; Anthony CRAFTON u. Lisa JARDINE, From Humanism to the Humanities. Education and the Liberal Arts in Fifteenth-Century Europe, London 1986; ISRAEL/KRAUS/SASSO (2021), S. 4.

[271] Exemplarisch: SCHUH (2013); LEONHARDT (2002); DE BOER/FÜSSEL/SCHUH (2018).

bedeutet, sondern vor allem, wer zur Gruppe der ‚Humanisten' dazugehörte.²⁷² Die Analogie besteht darin, dass sich die wissenschaftliche Reflexion zu dieser Kernfrage zunächst in der älteren Forschung auf die Protagonisten der italienischen Renaissance beschränkt hatte, ehe sie sich ihren transalpinen Ausläufern widmete.²⁷³ Wie wir im letzten Abschnitt gesehen haben, profitierte die humanistische Ausbildung aber vor allem vom transalpinen Kulturaustausch und auch -transfer zwischen Deutschland und Italien. Die zahlenmäßig am häufigsten vertretene Landsmannschaft (*natio*) der norditalienischen Universitäten um 1500 war auch nicht von ungefähr die der deutschen Studenten. Unmittelbare Kontinuitäten der humanistischen Invektive zwischen Mittelalter und Renaissance lassen sich allerdings nur schwerlich konstatieren,²⁷⁴ da sie gerade zu Beginn des 16. Jahrhunderts in ihrer „Frequenz, Intensität und Typik etwas Neues" in Deutschland darstellte.²⁷⁵ Diesen Befund bestätigen weiterhin zwei frühe Überblickswerke von Nisard und Vismara zu aus ihrer Sicht wichtigen italienischen Invektiven.²⁷⁶ Weitere systematisch angelegte ältere Darstellungen bezogen sich, auch mit Blick auf die Gattungsfrage,²⁷⁷ in der Folge primär auf den italienischen Humanismus,²⁷⁸ während der intensive Invektivenaustausch der deutschen Humanisten im Kontext ihrer Gruppenbildungsprozesse erst seit dem gesteigerten Forschungsinteresse an einer neuen Kulturgeschichte verba-

---

[272] So zumindest die Ausgangshypothese unseres Teilprojektes D: ‚Agonale Invektiven. Schmährededuelle im italienischen und deutschen Humanismus' (U. Israel) im Rahmen des bereits eingeführten Dresdner SFB 1285.

[273] Vgl. Israel/Kraus/Sasso (2021), S. 2–7.

[274] Pier G. Ricci, La Tradizione dell'invettiva tra il Medioevo e l'Umanesimo, in: Lettere italiane 26 (1974), S. 405–414; Paul G. Schmidt, Elemente der Invektive im lateinischen Mittelalter (Garnier von Rouen, Gunzo von Anselm), in: Helma Brehme (Hg.), Angewandte Sprachwissenschaft. Interdisziplinäre Beiträge zur mündlichen Kommunikation (Zeitschrift für Dialektologie und Linguistik. Beihefte 59), Stuttgart, 1988, S. 193–207; Eric Beaumatin u. Michel Garcia (Hgg.), L'invectice au Moyen Âge. France, Espagne, Italie. Actes du colloque, Paris 4–6 février 1993 (Atalaya. Revue Française d'Études Médiévales Hispaniques 5, 1994), Paris 1995; Étienne Dussol, Petite indroducion à l'invective médiéval, in: Didier Girard u. Jonathan Pollock (Hgg.), Invectives. Quand le corps reprend la parole, Perpignan 2006, S. 163–173.

[275] Helmrath (2010), S. 262.

[276] Charles Nisard, Les gladiateurs de la république des lettres aux XVe, XVIe et XVIIe siècles, Paris 1860 (ND Genf 1970); Vismara (1900).

[277] Ennio I. Rao, The Humanist Invective as a Literary Genre, in: Gregorio C. Martin (Hg.), Selected Proceedings of the Pennsylvania Foreign Language Conference, Pittsburgh 1988–90, S. 261–267.

[278] Ennio I. Rao, Curmudgeons in high dudgeon. 101 years of invectives (1352–1453), Messina 2007; Guido de Blasi u. Amadeo de Vincentiis, Un'età di invettive, in: Amadeo de Vincentiis (Hg.), Atlante della letteratura italiana, Bd. 1: Dalle origine al Rinascimento, Turin 2010, S. 356–363; Claudio Griggio, Note sulla tradizione dell'invettiva dal Petrarca al Poliziano, in: Maria G. Pensa (Hg.), Bufere e molli aurette. Polemiche letterarie dallo Stilnovo alla Voce, Mailand 1996, S. 37–51; zu den Literaturhinweisen bereits Israel/Kraus/Sasso (2021), S. 9–10.

ler Gewalt an Brisanz gewann.²⁷⁹ Mit Ausnahme der berühmten ‚Dunkelmännerbriefe'²⁸⁰ erschienen zur Invektivität im nordalpinen Humanismus bisher lediglich exemplarische Untersuchungen.²⁸¹ Neuere philologische²⁸² und historische²⁸³ Untersuchungen, die unser Thema mitangeregt haben, gehen aber bereits von der „Korrelation zwischen den Modi der gegenseitigen Schmähung und Herabsetzung und der Konsistenz des Humanismus selbst" aus.²⁸⁴ Die Frage nach der Bedeutung der Invektiven für die humanistische Gruppenbildung wird allerdings erst seit kurzem ernsthaft gestellt.²⁸⁵

Huttens Leben hingegen, das von einer intransigenten Konfliktleidenschaft geprägt war, hinterlässt uns wie eine ‚Sonde' reichlich Material, um invektive Kommunikation im humanistischen Gelehrtenmilieu des 16. Jahrhunderts zu erforschen und erklärbar zu machen.²⁸⁶ Sowohl seine breite Korrespondenz

---

[279] Vgl. Franz KIENER, Das Wort als Waffe. Zur Psychologie der verbalen Aggression, Göttingen 1983; Marie-Hélèn LAROCHELLE (Hg.), Invectives et violences verbales dans le discours littéraire, Québec 2007; Jutta EMING u. Claudia JARZEBOWSKI (Hgg.), Blutige Worte. Internationales und interdisziplinäres Kolloquium zum Verhältnis von Sprache und Gewalt in Mittelalter und Früher Neuzeit, Göttingen 2008.

[280] Vg. Weiterführend hierzu die Ausführungen und bibliographischen Angaben in Kap. III.2,2 dieser Arbeit.

[281] Siehe exemplarisch Dieter MERTENS, Struktur – Konzept – Temperament. Jakob Wimpfelings ‚Fehden', in: Marc LAUREYS u. Roswitha SIMONS (Hgg.), Die Kunst des Streitens. Inszenierung, Formen und Funktion öffentlichen Streits in historischer Perspektive, Göttingen 2010, S. 317–330; ISRAEL (2019); Roswitha SIMONS, Der Streit zwischen Jakob Wimpfeling und Thomas Murner. Intertextualität im Dienste humanistischer Invektivendichtung, in: Karl ENENKEL u. Christian PETERS (Hgg.), Humanisten über ihre Kollegen. Eulogien, Klatsch und Rufmord (Scientia universalis. Abteilung I: Studien zur Wissenschaftsgeschichte der Vormoderne 3), Münster 2018, S. 31–56.

[282] LAUREYS (2003), LAUREYS (2015); zu Hutten: BECKER (2012); Arnold BECKER, Ulrichs von Hutten polemische Dialoge im Spannungsfeld von Humanismus und Politik (Super alta perennis. Studien zur Wirkung der Klassischen Antike 15), Göttingen 2013; Arnold BECKER, Hutten's Polemical Dialogues. Literary Positioning and its Impacts, in: David A. LINES (Hg.), Forms of conflict and rivalries in Renaissance Europe (Super alta perennis. Studien zur Wirkung der Klassischen Antike 17), Göttingen 2015, S. 61–78; ENENKEL (2010).

[283] HELMRATH (2010).

[284] ISRAEL/KRAUS/SASSO (2021), S. 6.

[285] Insbesondere in den Publikationen der Bonner Forschungsgruppe ‚Traditionen okzidentaler Streitkultur. Formen, Sphären und Funktionen öffentlichen Streits' ist dieser Ansatz zu beobachten. Allerdings operiert man hier mit den Begriffen ‚Streitkultur' und ‚Polemik', vgl. BAUMANN/BECKER/LAUREYS (2015); BECKER (2013); Marc LAUREYS u. Roswitha SIMONS (Hgg.), Die Kunst des Streitens. Inszenierung, Formen und Funktion öffentlichen Streits in historischer Perspektive, Göttingen 2010; BAUMANN/BECKER/STEINER-WEBER (2008); Marc LAUREYS u. Roswitha SIMONS (Hgg.), The Art of Arguing in the World of Renaissance Humanism (Supplementa Humanistica Lovaniensia 34), Leuven 2013.

[286] ELLERBROCK u. a. (2017), S. 14. „Wer in der Frühen Neuzeit eine Frau als ‚Hure' beschimpfte, bekräftigte damit zugleich die Norm sexueller Enthaltsamkeit für unverheiratete Frauen; die pauschale Verwendung von ‚schwul' als Beleidigung unter Jugendlichen stützt eine hetero-normative Ordnungsvorstellung. Das Invektive taugt somit als Sonde zur Analyse komplexer Normenhorizonte einer Gesellschaft oder einer Epoche."

als auch nahezu die Gesamtheit seiner Werke sind im großen Editionswerk von Eduard BÖCKING aufbereitet worden.[287] Zudem gibt es von Josef BENZING[288] und Helmut SPELSBERG[289] kommentierte Übersichten seiner Drucke. Ein Großteil der zeitgenössischen Flugschriften, Werke und Inkunabeln sind im Verzeichnis der im deutschen Sprachbereich erschienenen Drucke des 16. Jahrhunderts (VD 16) online als Digitalisate einsehbar. Die Literatur zu Leben und Werk Huttens ist seit dem Jubiläumsjahr 1988 noch einmal beträchtlich angewachsen,[290] was den Zugang zur Materie freilich enorm erleichtert.[291]

Trotz der exzellenten Aufarbeitung sind weitere handschriftliche Funde gerade im Kontext dynamischer Invektivkommunikation keinesfalls auszuschließen,[292] wie einige erst kürzlich wiederentdeckte Versatzsplitter beweisen. So konnten beispielsweise das Krönungsdiplom Huttens vom 12.07.1517[293] durch Kaiser Maximilian I.[294] ebenso wie die lange verschollen geglaubte Handschrift

---

[287] Ulrich von Hutten, Opera quae reperiri potuerunt omnia: Schriften. 5 Bde. Suppl. 2 Bde., hg. v. Eduard BÖCKING, Leipzig 1859–61.

[288] Josef BENZING, Ulrich von Hutten und seine Drucker. Eine Bibliographie der Schriften Huttens im 16. Jahrhundert (Beiträge zum Buch- und Bibliothekswesen 6), Wiesbaden 1956.

[289] SPELSBERG (2015).

[290] Zu Leben und Werk Huttens vgl. die wegen ihrer Materialfülle immer noch grundlegende Monographie von David F. STRAUSS, Ulrich von Hutten, 3 Bde., Leipzig 1858–1860; Heinrich GRIMM, Ulrich von Hutten. Wille und Schicksal, Göttingen 1971; Hajo HOLBORN, Ulrich von Hutten, Göttingen 1968; Fritz WALSER, Die politische Entwicklung Ulrich von Huttens während der Entscheidungsjahre der Reformation, München u. Berlin 1928; JAUMANN (2008), Sp. 1185–1237; WULFERT (2009); Paul KALKOFF, Ulrich von Hutten und die Reformation (Quellen und Forschungen zur Reformationsgeschichte 2), Leipzig 1920; DERS., Huttens Vagantenzeit und Untergang. Der geschichtliche Ulrich von Hutten und seine Umwelt, Weimar 1925; Georg W. HANNA, Ministerialität, Macht und Mediatisierung. Die Ritteradeligen von Hutten, ihre soziale Stellung in Kirche und Staat bis zum Ende des Alten Reichs (Hanauer Geschichtsblätter 44), Hanau 2007.

[291] Vgl. bspw. Franz RUEB, Ulrich von Hutten. Ein radikaler Intellektueller im 16. Jahrhundert, Berlin 1981; Eckhard BERNSTEIN, Ulrich von Hutten, Reinbeck 1988; Ralf-Rüdiger TARGIEL, Ulrich von Hutten. Mit Feder und Schwert. Katalog zur Ausstellung anläßlich seines 500. Geburtstags 1988, Frankfurt a. d. O. 1988; Arthur BRALL, Die Hutten-Sammlung der Hessischen Landesbibliothek Fulda. Ein Bestandsverzeichnis mit einer Einleitung und 32 Porträts Ulrich von Huttens, Fulda 1988; Johannes SCHILLING u. Ernst GIESE (Hgg.), Ulrich von Hutten in seiner Zeit. Schlüchterner Vorträge zu seinem 500. Geburtstag (Monographia Hassiae. Schriftenreihe der Evangelischen Kirche von Kurhessen-Waldeck 12), Kassel 1988; FÜSSEL (1989).

[292] Für den Einstieg immer ratsam zu konsultieren: Paul O. KRISTELLER, Iter Italicum. A Finding List of Uncatalogued or Incompletely Catalogued Humanistic Manuscripts of the Renaissance in Italian and other Libraries, 6 Bde., London 1963–1993.

[293] Würzburg, Staatsarchiv, Archiv der Grafen zu Ortenburg zu Birkenfeld, Akten Nr. 2437. Ebenfalls ist ein Konzept des Diploms erhalten: Wien, Österreichisches Staatsarchiv, AVA Adel RAA 204.22. Vgl. RUPPRECHT (2018), S. 87–93.

[294] Vgl. RUPPRECHT (2018), S. 90 m. Abb.; WULFERT (2009), S. 130.

der deutschen Version[295] seiner Invektive ‚In Tyrannos' (1522/23)[296] gegen Ludwig V., den Pfalzgrafen bei Rhein, der Forschung erneut zugänglich gemacht werden. Letztere Schrift befindet sich aktuell als Dauerleihgabe in einem Tresor der Handschriftenabteilung der Hessischen Landesbibliothek Fulda.[297] Auch jüngere Hinweise in den römischen Notarsakten wecken die Hoffnung auf zahlreiche weitere handschriftliche Funde, die Bezug zu Huttens bewegter Biographie nehmen.[298] Wie man sieht, erlaubt gerade die gute Überlieferungslage zu Ulrich von Hutten eine lohnende Analyse zu den Fragen nach der Rolle der Invektiven für die weitreichenden Verästelungen der humanistischen Netzwerke.

3.3 Theorie- und Methodenreflexion, Zielsetzung und Fragestellung: Invektivität als Emotions- und Konstellationsforschung

Wörter können in der Tat verletzen und sind daher durchaus als Waffen zu begreifen.[299] Invektive Kommunikation kann jedoch nicht nur ein ungeheures Arsenal an rhetorischen Waffen liefern.[300] Im breit gefächerten Kontext des deutschen Humanismus des frühen 16. Jahrhunderts wird dies besonders deutlich. Die nicht zuletzt für das humanistische Milieu charakteristischen ritualhaften Auseinandersetzungen vollzogen sich nunmehr in einer dynamischeren und vielschichtigeren Öffentlichkeit und wuchsen nicht selten zu spektakulären Schlagabtauschen aus.[301] Gerade aufgrund der diffizilen Komplexität ereignisgeschichtlicher Zusammenhänge sowie der Heterogenität, die elaborierte Invektiven im Rahmen von Medienereignissen auf der Formebene anregen

---

[295] Vgl. Fulda, Hessische Landesbibliothek, Hutten Ms 19; mit Ausnahme weniger Zeilen abgedruckt bei: SZAMATÒLSKI (1891), S. 165–179; den hier fehlenden Abschnitt konnte bereits im Jahr 1973 lokalisieren und behandeln: Ria STAMBAUGH, Die ‚Lücke' in Ulrich von Huttens ‚Ausschreiben gegen den Kurfürsten von der Pfalz', in: Daphnis 2 (1973), S. 192–194.

[296] Vgl. Eichstätt, Universitätsbibliothek, Cod. st 695, S. 239–247; abgedruckt in: Joseph SCHLECHT, Briefe aus der Zeit von 1509–1526, in: Briefmappe, 2. Stück, enthaltend Beiträge v. Andreas Bigelmair u. a. (Reformationsgeschichtliche Studien und Texte 40), Münster 1922, S. 23–116, hier Nr. 18, S. 96–104.

[297] Es handelt sich jedoch wohl um eine zeitgenössische Abschrift, nicht um das Original; vgl. den Artikel vom 22.07.2009 aus der Frankfurter Rundschau: http://www.fr.de/rhein-main/fulda-bibliothek-praesentiert-hutten-handschrift-a-1092662 [letzter Zugriff: 20.06.2022].

[298] Vgl. DANIELS (2021b), S. 47–52; DANIELS/REHBERG (2021), S. 63–67. Weiterführend: Andreas REHBERG, Zugänge zu Ulrich von Hutten und seinen deutschen Zeitgenossen in römischen Quellen um 1500, in: DANIELS/FUCHS/REHBERG (2021), S. 9–39.

[299] KRÄMER (2005), S. 12–15; Mario MÜLLER, Verletzende Worte. Beleidigung und Verleumdung in Rechtstexten aus dem Mittelalter und aus dem 16. Jahrhundert (Hildesheimer Universitätsschriften 33), Hildesheim 2017.

[300] KIENER (1983); KOCH/KRÄMER (2010), S. 31–32.

[301] ISRAEL (2019), S. 407–441; KRAUS (2021), S. 243–280.

können, ist es für die Konzeption der Arbeit nur folgerichtig, sich insbesondere auf die oben skizzierten Grenzbereiche[302] von Invektivität zu konzentrieren, denn gerade eine auf ein Invektivgeschehen fokussierte Analyse kann durchaus präzisieren, wie und wann genau sich Gefühle im Prozess der Interaktion verändern, indem der Zusammenhang zwischen Sprache, Emotionen und Gewalt detailliert betrachtet wird.[303]

An den Umschlagpunkten (*tipping points*)[304] invektiver Kommunikation lässt sich außerdem sehr anschaulich die mäandrierende Dynamik weitreichender Auseinandersetzungen beobachten, wobei gleichzeitig Strategien des emotionalen ‚Involvierens' bzw. des ‚Involviertwerdens' (*sticky emotions*)[305] unterschiedlicher Interaktionsteilnehmer konstatiert werden können.[306] Der Zusammenhang zwischen Emotionen und Gewalt ist beispielsweise ein zweifellos fluider und wird in der Forschung heftig debattiert.[307] Um diese Kipppunkte demnach aber präzise erkennen und benennen zu können, muss man Emotionen grundlegend als soziale und kulturell eingeübte Praktik begreifen,[308] die das

---

[302] Siehe in Bezug auf den Humor: Giselinde KUIPERS, Humor Styles and Symbolic Boundaries, in: Journal of Literary Theory 3 (2009), S. 219–239; in Bezug auf die Gewalt: Wolfgang KNÖBL, Perspektiven der Gewaltforschung, in: Mittelweg 36,3 (2017), S. 4–27.

[303] Dagmar ELLERBROCK u. Silke FEHLEMANN, Beschämung, Beleidigung, Herabsetzung. Invektivität als neue Perspektive historischer Emotionsforschung, in: Anja BESAND, Bernd OVERWIEN u. Peter ZORN (Hgg.), Politische Bildung mit Gefühl, Bonn 2019, S. 90–104; Christoph KANN (Hg.), Emotionen in Mittelalter und Renaissance (Studia Humaniora. Düsseldorfer Studien zu Mittelalter und Renaissance 44), Düsseldorf 2014; C. Stephen JAEGER u. Ingrid KASTEN (Hgg.), Codierungen von Emotionen im Mittelalter / Emotions and Sensibilities in the Middle Ages (Trends in Medieval Philology 1), Berlin u. New York 2003; Ekkehard KÖNIG u. Katarina STATHI, Gewalt durch Sprache. Grundlagen und Manifestationen, in: KOCH/KRÄMER (2010), S. 45–60.

[304] Sonja FÜCKER u. Christian VON SCHEVE, Gewalt und Emotionen, in: Michaela CHRIST u. Christian GUDEHUS (Hgg.), Gewalt. Ein interdisziplinäres Handbuch, Stuttgart 2013, S. 197–202, hier S. 198.

[305] Aino-Kaisa KOISTINEN, Tuuli LÄHDESMÄKI u. Susanne C. YLÖNEN, Intercultural Dialogue in the European Education Policies. A Conceptual Approach (2020). Es handelt sich um eine Open Access-Publikation, die unter nachfolgendem Link abrufbar ist: https://link.springer.com/content/pdf/10.1007/978-3-030-41517-4.pdf [letzter Zugriff 29.06.2022]; siehe hier Chapter 5: Affective Rhetoric and ‚Sticky Concepts' in European Education Policy Documents, S. 81–91.

[306] Vgl. Sara AHMED, The Cultural Politics of Emotion, Edinburgh 2014, S. 16.

[307] Suzanne M. RETZINGER u. Thomas J. SCHEFF, Emotions and Violence. Shame and Rage in Destructive Conflicts, Lexington 1991.

[308] Rom HARRÉ (Hg.), The Social Construction of Emotions, Oxford 1989, besonders interessant in unserem Kontext sicherlich die Beiträge von Claire ARMON-JONES, The Social Functions of Emotions, in: ebd., S. 57–82, bzw. Theodore R. SARBIN, Emotion and Act. Roles and Rhetoric, in: ebd., S. 83–97; Monique SCHEER, Emotion als kulturelle Praxis, in: Hermann Kappelhof u. a. (Hgg.), Emotionen. Ein interdisziplinäres Handbuch. Stuttgart: Metzler Verlag, S. 352–362; Ute FREVERT u. Monique SCHEER, Gefühlswissen. Eine lexikalische Spurensuche in der Moderne, Frankfurt a. M. 2011; Monique SCHEER, Are Emotions a Kind of Practice (And Is That What Makes Them Have a History)? A Bourdieuian Approach to Understanding Emotion, in: History and Theory 51,2 (2012), S. 193–220.

Potential hat, Gemeinschaften zu formen und zu prägen.³⁰⁹ Wesentlich für das Verständnis von Invektivität ist es also, die soziale und historische Geformtheit von Gefühlen³¹⁰ der jeweiligen Kommunikationssituation mit in Betracht zu ziehen und jene eben durchweg körperbezogen und hochperformativ zu verstehen.³¹¹ Emotionen können ein hilfreicher Gradmesser für die hochgradige Potentialität von Invektivkommunikation sein,³¹² die von einer bloßen verbalen oder nonverbalen Beleidigung hin zu regelrechten Eskalationsspiralen reichen kann.³¹³ Gleichermaßen treten psychologische Effekte auf den Plan. So erscheinen etwa biosoziale Phänomene wie Scham,³¹⁴ Angst³¹⁵ und Zorn,³¹⁶ die für die Vormoderne zumeist nur in Form von Narrativitätsstrukturen überhaupt erst erkennbar werden,³¹⁷ als Schlüsselkategorien für die Sequenzanalyse. Zweifelsohne sind es eben die aus diesen Phänomenen resultierenden Effekte, die

---

309 Vgl. Mikko SALMELA, The Functions of Collective Emotions in Social Groups, in: Anita KONZELMANN u. Hans B. SCHMID (Hgg.), Institutions, Emotions, and Group Agents. Contributions to Social Ontology, Dordrecht 2014, S. 159–176; Peter LYMAN, The Domestication of Anger. The Use and Abuse of Anger in Politics, in: European Journal of Social Theory 7,2 (2004), S. 133–147 (‚Wutgemeinschaften'); Cora DIETL, Erasmus, Reuchlin und Ulrich von Hutten als ‚Gewaltgemeinschaft'? Ein tragedia oder Spill gehalten in dem künigklichen Sal zu Pariß, in: DIES. u. Titus KNÄPPER (Hgg.), Rules and Violence. On the cultural History of Collective Violence from Late Antiquity to the Confessional Age, Berlin 2014, S. 209–222 (‚Gewaltgemeinschaften'); Sally R. MUNT, Queer Attachments. The Cultural Politics of Shame, Hampshire 2008 (‚Schamgemeinschaften'); RÖCKE/VELTEN (2005) (‚Lachgemeinschaften').

310 Ute FREVERT, Defining Emotions. Concepts and Debates over Three Centuries, in: Christian BAILEY u. a. (Hgg.), Emotional Lexicons. Continuity and Change in the Vocabulary of Feeling 1700–2000, Oxford 2014, S. 1–31; Ute FREVERT, Vergängliche Gefühle (Historische Geisteswissenschaften. Frankfurter Vorträge 4), Göttingen 2013.

311 Giovanna COLOMBETTI, The Feeling Body. Affective Science Meets the Enactive Mind, Cambridge MA 2014; Paul MURPHY, Body Talk. Gestures of Emotion in Late Medieval England, in: Literature Compass 13/6 (2016), S. 412–422.

312 Die spannende Vielfältigkeit invektiver Valenzen kann, aufbauend auf LEVIN, mithilfe des Affordanzkonzepts greifbar gemacht werden. Vgl. Caroline LEVINE, Forms. Whole, Rhythm, Hierarchy, Network, Princeton 2015, S. 6. Insofern kann invektive Affordanz auch als Nutzungspotenzial verstanden werden, das von den formalen Parametern im Repertoire des *invective mode* strukturiert wird, dabei jeweils spezifische Publika adressiert und sich in konkreten Nutzungskonstellationen realisiert. Siehe weiterhin Anm. 983.

313 Gertrud BRÜCHER, Gewaltspiralen, Zur Theorie der Eskalation, Wiesbaden 2011; Roland ECKERT u. Helmut WILLEMS, Eskalation und Deeskalation sozialer Konflikte. Der Weg in die Gewalt, in: Wilhelm HEITMEYER u. John HAGAN (Hgg.), Internationales Handbuch der Gewaltforschung, Wiesbaden 2002, S. 1457–1480.

314 Ute FREVERT, The Politics of Humiliation. A Modern History, Oxford u. New York 2020; DIES., Shame and Humiliation, in: https://www.history-of-emotions.mpg.de/en/texte/shame-andhumiliation [letzter Zugriff 29.2022].

315 Lars KOCH, Angst. Ein interdisziplinäres Handbuch, Stuttgart 2013.

316 Johannes F. LEHMANN, Im Abgrund der Wut. Zur Kultur- und Literaturgeschichte des Zorns (Rombach Wissenschaften. Reihe Litterae 107), Freiburg i. Br., Berlin u. Wien 2012.

317 David S. MIALL, Emotions and the Structuring of Narrative Responses, in: Poetics Today 32,2 (2011), S. 323–348; Raymond A. MAR, Keith OATLEY, Maja DJIKIC u. Justin MULLIN,

mit Blick auf die Gruppenkohäsion als besonders wirksam einzustufen sind. Invektivität kann mithilfe von ritualisierter Sprache Emotionen synchronisieren, um Gemeinschaften nicht nur psychosomatisch einzuschwören (*emotional contagion*),[318] sondern ganze ‚Öffentlichkeiten' (*affective publics*)[319] emergieren zu lassen. Denn sicherlich geht es auf der einen Seite darum, den Gegner moralisierend herabzuwürdigen (*moral emotions*)[320] und somit an die Empathiefähigkeit des Publikums zu appellieren, um eben jenes auf seine Seite zu ziehen und den Gegner zu einer öffentlichen Reaktion zu zwingen.[321] Gleichzeitig soll die eigene *peer group*, in diesem Beispiel die humanistische Corona, die geteilte Betroffenheit andererseits in gemeinsame Angriffe ummünzen.[322] *Tipping points* bzw. *points of no return* komplexer (gelehrter und nichtgelehrter) Auseinandersetzungen lassen sich also nur dann möglichst präzise ermitteln,[323] wenn nonverbale invektive Akte, wie etwa Gewaltbilder,[324] Drohgebärden und

---

Emotion and narrative fiction. Interactive influences before, during, and after reading, Cognition & Emotion, 25,5 (2011), S. 818–833.

[318] Elaine HATFIELD, Megan CARPENTER u. Richard L. RAPSON, Emotional Contagion as a Precursor to Collective Emotions, in: Christian VON SCHEVE u. Mikko SALMELA (Hgg.), Collective Emotions. Perspectives from Psychology, Philosophy, and Sociology, Oxford 2014, S. 108–122.

[319] Zizi PAPACHARISSI, Affective Publics. Sentiment, Technology, and Politics, Oxford 2014.

[320] Jonathan HAIDT, The moral emotions, in: Richard J. DAVISON u. a. (Hgg.), Handbook of affective sciences, Oxford 2009, S. 852–870; Sabine ROESER, Moral emotions and intuitions, New York u. a. 2011.

[321] Erving GOFFMAN, Embarassement and Social Organzisation, in: American Journal of Sociology 62,3 (1956), S. 264–274.

[322] Monique SCHEER, Enthusiasm. Emotional Practices of Conviction in Modern Germany, Oxford 2020; Paul GILBERT u. Bernice ANDREWS (Hgg.), Shame. Interpersonal behavior, psychopathology, and culture, New York 1998. Aristoteles bestätigte schon früh in seiner berühmten Schrift ‚ΤΕΧΝΗ ΡΗΤΟΡΙΚΗ' den Zusammenhang von Emotionen und kollektiver Betroffenheit des Publikums, über dessen Reaktion hier metainvektiv reflektiert wird. Vgl. Arist. Rhet., lib. III, 1408a, 15–23: ‚O du erhabener Feigenbaum!' Pathos erzeugt, wenn Übermut vorliegt, der Stil eines erzürnten, wenn Gottloses und Schamloses vorliegt, der Stil eines entrüsteten Redners, der die Sachlage fast nicht auszusprechen wagt; Pathos erzeugt es ebenso, bei Lobenswertem voll Bewunderung, bei Mitleiderregung voll niedergeschlagener Betroffenheit zu sprechen und ähnlich in anderen Fällen. Einiges nämlich geriet ihm ähnlich, wie wenn jemand sagte: Der Sachverhalt und die ihm angepaßte Ausdrucksweise erst wirken überzeugend. Die Seele erliegt nämlich einem Trugschluss, da ja der Redner ihrer Meinung nach die Wahrheit spreche, weil sich die Leute in solchen Situationen so verhalten, dass sie glauben, die Sachlage sei so, auch wenn sie nicht der Darstellung des Redners entspricht, und der Zuhörer stets dem mit Pathos Sprechenden in seinen Emotionen folgt, auch wenn dieser nichts Wesentliches aussagt. Daher machen viele die Zuhörer nur durch lautes Gepolter betroffen." Übersetzung nach Aristoteles, Rhetorik. Übersetzt und herausgegeben von Gernot KRAPINGER (Reclams Universal-Bibliothek 18006), Stuttgart 1999, hier S. 165–166.

[323] ELLERBROCK u. a. (2017), S. 16.

[324] Doris H. LEHMANN (Hg.), Vom Streit zum Bild. Bildpolemik und andere Waffen der Künstler, Merzhausen 2017; Matthias LENTZ, Konflikt, Ehre, Ordnung. Untersuchungen zu den Schmähbriefen und Schandbildern des späten Mittelalters und der frühen Neu-

Schmähgesten konsequent mit in die Analyse miteinbezogen werden.[325] Der invektive Raum ist, so darf man resümierend feststellen, schlichtweg nicht von dem emotionalen Raum (*emotional space*) zu trennen.[326]

> Andererseits bleibt verbale Aggression aber auch bei dieser integrativen Funktion des Schmähens latent präsent, ja sie wird insofern vorausgesetzt, als gerade die Dispensierung der normalen Gewaltreflexe den befriedeten Binnenraum der Gruppe markiert. Sie kann deshalb auch zu Kippphänomenen führen. Die konstitutive Ambivalenz der Aggressivität verweist insofern auf die Unberechenbarkeit des Invektiven.[327]

Insgesamt betrachtet versucht sich die Studie den invektiven Kommunikationsformen im deutschen Humanismus zu Beginn des 16. Jahrhunderts zu nähern. Exemplarisch sollen daher die Invektiven des Reichsritters Ulrich von Hutten und die seiner Gegner analysiert werden, um deren Funktionen bei der Gruppenbildung zu beobachten. Außerdem soll gefragt werden, inwieweit Invektiven die Grenzen von Kommunikation generell verschoben. Nahmen sie messbaren Einfluss auf die reformatorischen Auseinandersetzungen?

Der Humanist und Reichsritter Ulrich von Hutten war in mehrfacher Hinsicht ein Grenzgänger.[328] Er reiste nicht nur zum Zwecke seiner Studienreisen quer durch Europa und knüpfte transnationale Verbindungen,[329] seine vornehmlich durch Invektiven geprägte Profilierungskommunikation überschritt zudem an vielen Stellen nicht nur gesellschaftlich-moralische Normhorizonte, sondern changierte in Text und Bild ebenso zwischen sprachlichen[330] wie formalen Grenzen.[331] „Viele Grenzen existieren vor allem in den Köpfen der

---

zeit ca. 1350 bis 1600. Mit einem illustrierten Katalog der Überlieferung, Hannover 2004.

[325] Gerd SCHWERHOFF, Invektive Hände. Schmähgesten im Spätmittelalter und in der Frühen Neuzeit, in: Robert JÜTTE u. Romedio SCHMITZ-ESSER (Hgg.), Handgebrauch. Geschichten von der Hand aus dem Mittelalter und der Frühen Neuzeit, Paderborn 2019, S. 211–234; Marcus MRASS, Gesten und Gebärden. Begriffsbestimmung und -verwendung im Hinblick auf kunsthistorische Untersuchungen, Regensburg 2015.

[326] Barbara ROSENWEIN, Emotional Space, in: JAEGER/KASTEN (2003), S. 287–303.

[327] ELLERBROCK u. a. (2017), S. 16.

[328] Klaus HERBERS u. Nikolas JASPERT, Grenzräume und Grenzüberschreitungen im Vergleich. Der Osten und der Westen des mittelalterlichen Lateineuropa (Europa im Mittelalter 7), Berlin 2007.

[329] Siehe für Gesandtschaftsreisende, in welcher Funktion Hutten auch diverse Male dienstlich unterwegs war: Thomas ZOTZ, Von Hof zu Hof. Grenzerfahrungen mittelalterlicher Gesandtschaften, in: Monika FLUDERNIK u. Hans-Joachim GEHRKE (Hgg.), Grenzgänger zwischen Kulturen (Identitäten und Alteritäten 1), Würzburg 1999, S. 251–263.

[330] Corinna LAUDE, ‚Sye kan ir sprache nyt verstan'. ‚Grenzsprachen' und ‚Sprachgrenzen' im Mittelalter, in: Ulrich KNEFELKAMP u. Kristian BOSSELMANN-CYRAN (Hgg.), Grenze und Grenzüberschreitung im Mittelalter. 11. Symposium des Mediävistenverbandes vom 14.–17. März 2005 in Frankfurt an der Oder, Berlin 2007, S. 331–344.

[331] Simon MEIER-VIERACKER, Beleidigungen als Gegenstand der Gesprächsrhetorik, in: Ernest HESS-LÜTTICH (Hg.), Handbuch Gesprächsrhetorik (Handbücher Rhetorik 3), Berlin u. Boston, S. 389–407, hier https://www.linguistik.tu-berlin.de/fileadmin/fg72/PDF/Gespr%C3%A4chsrhetorik_Beleidigungen_Preprint.pdf [letzter Zugriff: 30.06.2022],

Menschen. Kulturelle und normative Grenzziehungen prägen Vorstellungen, Erwartungen und Deutungen der gesellschaftlichen Realität. Sie beeinflussen unsere Wahrnehmung und leiten unser Handeln an, können aber auch in unterschiedlicher Weise gedeutet, interpretiert und benutzt werden."[332] Neben dem räumlichen Verständnis der Grenze als territoriale ‚Landmarke'[333] treten demnach weiterhin Grenzziehungspraktiken aus psychologischer[334] und aus kommunikationstheoretischer Sicht[335] auf den Plan.[336] Grenzen sind Trennungslinien und Übergänge zugleich, sie können limitieren oder den Zugang zu Neuem bieten. Grenzen sind auch identitätsstiftend und können sich begrenzend oder bereichernd auf die Subjektkonstitution auswirken.[337] Aus diesem Blickwinkel heraus lässt sich auch erklären, wie Hutten Invektiven dazu verwenden konnte, sein humanistisches Geschichtsbild respektive seinen huma-

---

S. 1–20, hier S. 7: „Nicht nur handelt es sich oftmals um kollaborativ ausgetragene Praktiken, sondern erst die geforderte Reaktion, die von Retourkutschen über Lachen bis hin zu demonstrativer Entrüstung reichen, bestätigen den Status als ‚bloß' rituelle bzw. spaßhafte Beleidigung. Dagegen sind die Grenzen des Spiels da überschritten, wo sich der Adressat durch Reaktionen wie Schmollen oder Abstreiten als persönlich beleidigt zu erkennen gibt."

[332] Ariane B. ANTAT u. Sigrid QUACK, Einleitung. Grenzen – Innovation – Identität, in: DIES. (Hgg.), Grenzüberschreitungen – Grenzziehungen. Implikationen für Innovation und Identität. Festschrift für Hedwig Rudolph, Berlin 2006, S. 13–18, hier S. 15.

[333] Nikolas JASPERT, Grenzen und Grenzräume im Mittelalter: Forschungen, Konzepte und Begriffe, in: HERBERS/JASPERT (2007), S. 43–72.

[334] Robert SIMANOWSKI, Einleitung: Zum Problem kultureller Grenzziehung, in: Horst TURK, Brigitte SCHULTE u. Roberto SIMANOWSKI (Hgg.), Kulturelle Grenzziehungen im Spiegel der Literaturen. Nationalismus, Regionalismus, Fundamentalismus (Veröffentlichungen aus dem Sonderforschungsbereich 529 ‚Internationalität nationaler Literaturen'. Serie B: Europäische Literaturen und Internationale Prozesse 1), Göttingen 1998, S. 8–60, hier S. 11: „Markierung vollzieht sich als Unterscheidung, darauf aufbauend auch als Inklusion und Exklusion: beides in einer gewissen Hinsicht oder Beziehung. Dabei beruht das eine auf dem andern, denn Inklusion wäre bedeutungslos ohne Sichtbarmachung oder Angabe dessen, was nicht dazu gehört sowie der Hinsicht, unter der sich die Relata unterscheiden […]. Grenzziehung vollzieht sich ebenso bzw. vor allem auf der Ebene der Verhaltensformen, Denkweisen und Werte; das Terrain etabliert sich wahlweise als geographisches, politisches, ethnisches, linguistisches oder kulturelles."

[335] Ebd., S. 15–16: „Aussichtsreiche Faktoren für Gemeinschaften, die über kein identitätsstiftendes naturales Band verfügen, sind ‚transportable' Signifikanten wie Sprache und Kultur. Dies gilt zunächst, wenn keine politische Einheit, die eine gemeinsame politische Geschichte und Verfassung als Identifikationskriterien anbieten kann. In diesem Fall ist von Kulturnation die Rede, in der ein gemeinsamer Kulturbereich (Sprache, Literatur, Religion) akzentuiert wird, andernfalls von der Staatsnation."

[336] Laura BECK u. Julian OSTHUES (Hgg.), Postkolonialismus und (Inter-) Medialität. Perspektiven der Grenzüberschreitung im Spannungsfeld von Literatur, Musik, Fotografie, Theater und Film, Bielefeld 2016.

[337] Siegrun WILDNER, Von Grenzen und Grenzgängern in der deutschsprachigen Südtiroler Literatur, in: Oxford German Studies 48,1 (2019) S. 54–70. Geschickt präzisiert WILDNER den Gegenstand, wenn sie ziwschen räumlich-kultureller, historisch-kultureller und ästhetischer Grenzwahrnehmung unterscheidet.

nistischen Nationenbegriff vor einer breiten Öffentlichkeit zu artikulieren bzw. zu inszenieren.[338]

Da sich symbolische und soziale Grenzen auch im Wissenschaftsbetrieb auseinanderdividieren lassen,[339] gilt diese Beobachtung freilich im besonderen Maße für das Zusammengehörigkeitsgefüge der Humanisten als Newcomer und ‚Denkkollektiv'.[340] Denn auch entkoppelt von der universitären Bürokratie, mussten die humanistischen Sodalitäten klären, was als wissenschaftliche Praxis gelten darf und was nicht.[341] Gerade in diesem Feld waren die Humanisten als Gruppengefüge daher dazu gezwungen, ihre Abgrenzungspolitik konsequent und mit aller Härte nach außen hin zu verfolgen. Dieses vormoderne Kulturmuster, das treffend als *boundary work* (GIERYN) verstanden werden kann,[342] spiegelt sich in ihrer regen Invektivenproduktion sehr deutlich wider, die im 16. Jahrhundert nicht nur andere Gelehrte, sondern insbesondere auch Laien adressieren sollte.[343] Da diese habituellen Spannungen innerhalb des Gelehrtenmilieus als symbolische Praxis verstanden werden müssen,[344] lässt sich leicht eruieren, warum viele ihrer elaboriert vorgetragenen Angriffe insbesondere auf „das Ethos des Gelehrten (‚Philologenehre'), das *decorum* seines Verhaltens" oder auf dessen soziale Herkunft abzielten.[345] Gerade hier versuchte man

---

[338] Ingo W. SCHRÖDER, Einleitung: Ethnisierung als Strategie sozialer Schließung in soziopolitischen Konflikten, in: Andrea GRUGEL u. Ingo W. SCHRÖDER (Hgg.), Grenzziehungen. Zur Konstruktion ethnischer Identitäten in der Arena sozio-politischer Konflikte (Mosaik der Kulturen 2), Frankfurt a. M. 1998, S. 1–21; Albert F. REITERER, Grenzziehungen. Zwischen nationalen Vorurteilen und sozialen Hierarchien (Minderheiten und Minderheitenpolitik in Europa 6), Frankfurt a. M. 2004.

[339] Vgl. Bettina BEER u. Matthias KOENIG, Grenzziehungen im System wissenschaftlicher Disziplinen. Der Fall der Kulturwissenschaften, in: Sociologia Internationalis. Europäische Zeitschrift für Kulturforschung 47,3 (2009), S. 3–38, hier S. 5–8.

[340] Ludwig FLECK, Entstehung und Entwicklung einer wissenschaftlichen Tatsache. Einführung in die Lehre vom Denkstil und Denkkollektiv (Suhkamp-Taschenbuch Wissenschaft 312), Frankfurt a. M. 2008.

[341] Martin MULSOW u. Frank REXROTH (Hgg.), Was als wissenschaftlich gelten darf. Praktiken der Grenzziehung in Gelehrtenmilieus der Vormoderne (Campus Historische Studien 70), Frankfurt a. M. 2014.

[342] Thomas F. GIERYN, Boundary-work and the demarcation of science from non-science. Strains and interests in professional ideologies of scientists, in: American sociological review 48 (1983), S. 781–795; DERS., Cultural boundaries of science. Credibility on the line, Chicago 1999.

[343] Vgl. Frank REXROTH, Praktiken der Grenzziehung in Gelehrtenmilieus der Vormoderne. Einige einleitende Bemerkungen, in: MULSOW/REXROTH (2014), S. 11–37, hier S. 29.

[344] Vgl. Marian FÜSSEL, Die symbolischen Grenzen der Gelehrtenrepublik. Gelehrter Habitus und moralische Ökonomie des Wissens im 18. Jahrhundert, in: MULSOW/REXROTH (2014), S. 412–437, hier S. 416–418 (Die Gelehrtenrepublik als symbolische Ordnung).

[345] Vgl. REXROTH (2014), S. 1; Marian FÜSSEL, Gelehrtenkultur als symbolische Praxis. Rang, Ritual und Konflikt an der Universität der Frühen Neuzeit (Symbolische Kommunikation in der Vormoderne), Darmstadt 2006; DERS., Rang, Ritual und Wissen. Zur Rolle symbolischer Kommunikation für die Formierung des Gelehrtenhabitus an der spätmittelalterlichen Universität, in: Frank REXROTH (Hg.), Beiträge zur Kulturge-

den Gegner emotional zu treffen und das Gesamtgeschehen zu beeinflussen. Gelehrter Kommunikation war schon immer das *scandalizare* inhärent, eine Strategie, die darauf basiert, den wissenschaftlichen Gegner auf eine Weise bloßzustellen, in der man sich selbst dabei als strahlender Sieger erhöht.[346] Wissen bedeutet schon immer, vor allem im Mittelalter, Macht.[347] Gerade symbolisch-emotional aufgeladene Deutungskonflikte bergen das Potential in sich, Positionen neu zu verhandeln, Grenzen zu verschieben und Innovation und Fortschritt emergieren zu lassen.[348] Im frühen 16. Jahrhundert wird dies wie unter einem Brennglas deutlich. Denn es ging um nichts weniger als die Frage, welche wissenschaftliche Methode nun die richtige sei,[349] was von humanistischer Seite allem Anschein nach vorwiegend durch Invektiven geklärt wurde.

Auch Huttens persönlicher Habitus war dabei mit Blick auf seine literarische Selbstpositionierung mehr als nur spannungsgeladen (,Ritterhumanist').[350] Neben feinsinnig gesponnenen und auf die Sprachgewalt der antiken Autoren rekurrierenden Angriffen kam es simultan immer wieder zu physischen Gewaltakten.[351] Dabei wurden viele der Auseinandersetzungen mithilfe unterschiedlich gearteter Invektiven nicht nur vorbereitet, befeuert und begleitet, sondern es wurden ebenso Wege aufgezeigt, wie und zu welchem Zeitpunkt sich die Dynamik der Invektivkommunikation wieder entschleunigen bzw. sogar befrieden lässt. Boten die medialen Affordanzen von Invektivität[352] im Rahmen des Buchdruckzeitalters Hutten dann nicht folgerichtig auch die Möglichkeit, seine ständisch verstandenen Konflikte (Fehde) literarisch auszu-

---

schichte der Gelehrten im späten Mittelalter (Vorträge und Forschungen, Konstanzer Arbeitskreis für Mittelalterliche Geschichte 73), Ostfildern 2010, S. 219–242.

[346] Vgl. Frank REXROTH, Kodifizieren und Auslegen. Symbolische Grenzziehungen zwischen päpstlich-gesetzgeberischer und gelehrter Praxis im späteren Mittelalter (1209/10–1317), in: Frühmittelalterliche Studien 41 (2007), S. 395–414, hier S. 411–414.

[347] Vgl. KINTZINGER (2007), S. 160–176.

[348] Dagmar ELLERBROCK u. Gerd SCHWERHOFF, Spaltung, die zusammenhält? Invektivität als produktive Kraft in der Geschichte, in: Saeculum 70,1 (2020), S. 3–22.

[349] Vgl. zur Übersicht und zeitlichen Einordnung: Olga WEIJERS, In Search of the Truth. A History of Disputation Techniques from Antiquity to Early Modern Times (Studies on the Faculty of Arts History and Influence 1), Turnhout 2013.

[350] In Abgrenzung bswp. zum Typus des ‚Klosterhumanisten' vgl. Thomas HAYE, Die Rezeption des Terenz im deutschen Klosterhumanismus. Eine Comedia De Lepore aus dem Ende des 15. Jahrhunderts, in: Philologus 149,2 (2005), S. 328–346; Franz MACHILEK, Klosterhumanismus in Nürnberg um 1500, in: Mitteilungen des Vereins für Geschichte der Stadt Nürnberg 64 (1977), S. 10–45; zur Diskussion und Reflexion des Begriffs: MÜLLER (2006), S. 17–23.

[351] Hutten berichtet in seinen Epigrammen an Kaiser Maximilian beispielsweise von einer Rauferei mit einigen Franzosen in der Nähe von Viterbo, wo Hutten 1516 eine Kur antrat. Fünf von ihnen soll er angeblich verprügelt und in die Flucht geschlagen haben (Epigramme 9–14, in: BÖCKING III, S. 280–282). Auch in einem Brief an Erasmus vom 21.07.1517 berichtet Hutten davon (BÖCKING I, S. 146); zu den Epigrammen selbst siehe Kap. IV.1 dieser Arbeit.

[352] Verstanden als Nutzungsmöglichkeiten; siehe auch Kap. II.5 dieser Arbeit.

handeln?³⁵³ Inwieweit lässt sich beispielsweise Invektivität überhaupt von der spätmittelalterlichen Fehdepraxis generell trennen? Waren die Fehden und die damit einhergehenden literarischen Formen (etwa Fehde- oder Absagebriefe) nicht eine willkommene Gelegenheit zur adeligen Statusdemonstration, gerade mit Blick auf das im frühen 16. Jahrhundert besonders prekäre Selbstverständnis des Niederadels?³⁵⁴

Schon jetzt wird verständlich, warum sich die Dynamik hochkomplexer Auseinandersetzungen zumeist nur aus der Anschlusskommunikation bzw. den Äußerungen Dritter, das heißt im Rahmen des metainvektiven Reflexionsprozesses, heraus erklären lässt. Hutten bietet sich dank der Materialfülle in Bezug auf das ‚Invektivitätskonzept' geradezu als Paradebeispiel an, sich den humanistischen Invektiven im deutschen Humanismus des 16. Jahrhunderts systematisch zu nähern und neue methodologische Anregungen zu gewinnen. Heuristisch gesehen liegt es jedoch zuallererst nahe, das riesige Quellencorpus zunächst sinn- und strukturgebend zu gliedern. Der Theorie der Invektivität folgend bietet sich die ‚Konstellationsanalytik' als methodisches Rüstzeug an.³⁵⁵ Neben der raum-zeitlichen Verortung von Invektivkommunikation fragt die Konstellationsanalytik ebenfalls nach invektiven Lizenzen und (il-)legitimen Sprecherpositionen im Kontext von Legitimationsressourcen, Wahrheitsansprüchen, Lizenzübertretungen und Tabuisierungen.³⁵⁶ Derartige Lizenzen können ihrerseits durch den strategischen Einsatz von invektivitätsaffinen Gattungen, Formen, Erzählmustern und rhetorischen Verfahren (Humor, Ironie) sowie einer Reihe weiterer Operatoren potenziert oder depotenziert werden.

Da sich die Dynamik von Invektivität zumeist in sog. Invektivketten, also im kaskadenhaften Für- und Wider (*actio* u. *reactio*) eines Invektivenaustausches realisiert,³⁵⁷ wird es hilfreich sein, den grundlegenden Aufbau der Arbeit

---

353 Vgl. Werner RÖSENER, Fehdebrief und Fehdewesen. Formen der Kommunikation beim Adel im späten Mittelalter, in: Heinz-Dieter HEIMANN u. Ivan HLAVÁCEK (Hgg.), Kommunikationspraxis und Korrespondenzwesen im Mittelalter und in der Renaissance, Paderborn 1998, S. 91–101.

354 Andreas RANFT, Einer von Adel. Zu adligem Selbstverständnis und Krisenbewußtsein im 15. Jahrhundert, in: HZ 263 (1996), S. 317–343.

355 Vgl. ELLERBROCK u. a. (2017), S. 12; Martin MULSOW u. Marcelo STAMM (Hgg.), Konstellationsforschung, Frankfurt a. M. 2005.

356 Bspw. Gott, Mohammed, den Papst betreffend. Vgl. Gerd SCHWERHOFF, Verfluchte Götter. Die Geschichte der Blasphemie, Frankfurt a. M. 2021.

357 Christoph BIEBER u. Claus LEGGEWIE (Hgg.), Interaktivität – Ein transdisziplinärer Schlüsselbegriff; Frankfurt 2004; Georgios GOGOS, Aspekte einer Logik des Widerspruchs. Studien zur griechischen Sophistik und ihrer Aktualität (Epistemata – Würzburger wissenschaftliche Schriften. Reihe Philosophie 291), Würzburg 2001, S. 97–102; Janet H. BEAVIN, Don D. JACKSON u. Paul WATZLAWICK, Menschliche Kommunikation. Formen, Störungen, Paradoxien, Bern ⁸1990, S. 103–104 u. 146.

anhand von ‚Invektiv- bzw. Konfliktkonstellationen'[358] nachvollziehbar zu machen.

> Die Konstellationsanalyse verfolgt damit letztlich eine Rekonstruktion der Dynamik invektiver Netzwerke und der darin möglichen relationalen Selbst- und Fremdpositionierungen. Eng mit der Analyse von Rollen und Positionierungen verbunden ist die Frage der raumzeitlichen Verortung invektiver Konstellationen. Denn diese sind nicht allein durch (typisierte) Akteure bestimmt, sondern weisen Bezüge zu den historisch-gesellschaftlichen Kontexten auf, die die Ordnungen des Sagbaren und performativ Darstellbaren bestimmen innerhalb derer es zu invektiven Konfrontationen kommt.[359]

Das beudetet in der Folge, dass die Einzelkapitel zwar chronologisch, also in sich konsistent, angeordnet wurden, die Gesamtkomposition der Arbeit aber insgesamt im Sinne einer systematischen Stoffgliederung in drei große, sich in ihrer Chronologie auch überlappende, Hauptkapitel gliedert, von denen sich jeweils eines phänomenologisch einem anderen Aspekt von Invektivität widmet: 1) Wirkungskontexte, 2) Funktionsbestimmungen, 3) Formensprachen.

Das erste Kapitel versucht zu Beginn verschiedene Wirkungskontexte von Invektivität herauszuarbeiten. Dabei spielen mit Blick auf das Buchdruckzeitalter sicherlich alle Fragen zu den Themenfeldern Medialität und Öffentlichkeit, die in der Forschung bereits angeklungen sind,[360] eine zentrale Rolle. Die publizistische Tragweite von Huttens Invektiven kann anhand seiner zahlreich geführten Fehden besonders plastisch nachgezeichnet werden. Während er im Kampf gegen Herzog Ulrich von Württemberg beispielsweise mustergültige Invektiven (*orationes invectivae*) bediente, um sich vor verschiedenen Publika gleichzeitig zu profilieren, so wurde seine letzte größere Schmähschrift ‚In Tyrannos' wohl aus Furcht der Drucker vor möglichen Repressalien erst gar nicht mehr gedruckt. All diese Konflikte sollen exemplarisch versinnbildlichen, inwieweit vermeintlich private Auseinandersetzungen weit über den Tod der Protagonisten hinaus eskalieren und breite Öffentlichkeiten erreichen, andererseits aber auch entschärft werden konnten. Die Anschlusskommunikation scheint dabei im jeweiligen Kontext stets über das Maß an Invektivität zu entscheiden.

Im Anschluss daran soll das zweite Kapitel sich verschiedenen Funktionsbestimmungen von Invektivität nähern.[361] Gerade im Rahmen der wettbewerblichen und agonalen Deutungskämpfe, die die Humanisten zumeist mithilfe von Invektiven untereinander austrugen, können inkarnierte Codes entschlüs-

---

[358] Martin JEHNE, Die Dickfelligkeit der Elite und die Dünnhäutigkeit des Volkes. Invektivkonstellationen in römischen Volksversammlungen, in: Saeculum 70,1 (2020), S. 23–38.
[359] ELLERBROCK u. a. (2017), S. 13.
[360] Vgl. KRAUS (2021).
[361] Vgl. Marion GYMNICH u. Ansgar NÜNNING, Funktionsgeschichtliche Ansätze. Terminologische Grundlagen und Funktionsbestimmungen von Literatur, in: DIES. (Hgg.), Funktionen von Literatur. Theoretische Grundlagen und Modellinterpretationen, Trier 2005, S. 3–27; ELLERBROCK u. a. (2017), S. 15–18.

selt werden, um die Komplexität humanistischer Gruppenbildungsprozesse besser zu verstehen. Der Invektivenaustausch innerhalb wie außerhalb der Humanistengemeinschaft konnte aufgrund von Konkurrenzsituationen (Hof, Universität) oftmals auch zu weitreichenden Konflikten führen. Besonders aufschlussreich wird sicherlich die Analyse des Reuchlin-Pfefferkorn-Streites sein, in dem Hutten früh für den bekannten Hebraisten Partei ergriff.[362] Auch am satirischen Höhepunkt dieser Kontroverse, den sog. ‚Dunkelmännerbriefen‘ (‚Epistolae obscurorum virorum‘), hatte Hutten eifrig mitgewirkt.

Sein später Streit mit Erasmus soll zum Abschluss des Kapitels zeigen, inwieweit sich Konflikte innerhalb des humanistischen Milieus emotional auf- bzw. entladen konnten. So war die einst enge Freundschaft der beiden Gelehrten in verbitterte Feindschaft umgeschlagen, was sich ebenfalls in einem produktiven Invektivenaustausch niederschlug.[363]

Das dritte Kapitel widmet sich abschließend den heterogenen Formensprachen von Invektivität. Bei Hutten hatte sich im Zuge seiner beiden Italienreisen ein Anti-Rom-Effekt (‚Antiromanitas‘) eingestellt, der eine rege Produktion von kunstvollen Invektiven zur Folge hatte.[364] Allesamt waren gegen Papsttum und Kurie gerichtet.[365] Er spannte einerseits nicht nur einen breiten Gattungsbogen (Pamphlete, Klagschriften, Dialoge, Reden) auf, sondern verfolgte andererseits auch eine über den literarischen Ehrgeiz erkennbar hinausgehende politische Agenda (‚Pfaffenkrieg‘). Dabei prangerte er besonders die korrumpierenden Praktiken des Papstes und des Klerus an, wobei er Rom daher zum gemeinsamen, identitätsstiftenden Feindbild stilisierte. Besonders ergiebig wird in diesem Abschnitt sicherlich die Untersuchung der sog. ‚Augsburger Sammlung‘

---

[362] DE BOER (2016); DERS., Die Gelehrtenwelt ordnen. Zur Genese des hegemonialen Humanismus um 1500 (Spätmittelalter, Humanismus, Reformation 101), Tübingen 2017; Wilhelm KÜHLMANN, Ulrich von Huttens Triumphus Capnionis – Der Triumph Reuchlins. Bildzeichen, Gruppenbildung und Textfunktionen im Reuchlin-Streit, in: DERS. (Hg.), Reuchlins Freunde und Gegner. Kommunikative Konstellationen eines frühneuzeitlichen Medienereignisses (Pforzheimer Reuchlinschriften 12), Ostfildern 2010, S. 89–105.

[363] Vgl. Kapitel III.3 dieser Arbeit.

[364] Albrecht DRÖSE u. Marius KRAUS, Antirömische Invektiven, in: Lea HAGEDORN, Marina MÜNKLER u. Felix PRAUTZSCH (Hgg.) (2020), Schmähung – Provokation – Stigma. Medien und Formen der Herabsetzung. Online-Katalog zur Ausstellung des Sonderforschungsbereichs 1285 „Invektivität. Konstellationen und Dynamiken der Herabsetzung" im Buchmuseum der SLUB vom 19. Februar bis 23. April 2020. https://www.slub-dr esden.de/ueber-uns/buchmuseum/ausstellungen-fuehrungen/archiv-derausstellunge n/ausstellungen-2020/schmaehung-provokation-stigma-medien-und-formen-der-her absetzung [Zugriff: 26.06.2022], Kat.-Nr. 32–38; Felix PRAUTZSCH, Die Wittenbergisch Nachtigall gegen den Löwen in Rom: Lutherstilisierung, antirömische Invektiven und Reformation bei Hans Sachs, in: Beiträge zur Geschichte der deutschen Sprache und Literatur 143, 2 (2021), S. 239–271.

[365] Vgl. WULFERT (2009); Jan-Hendryk DE BOER, Die Welt in Bewegung. Zeit und Raum in den antirömischen Schriften Ulrich von Huttens, in: DANIELS/FUCHS/REHBERG (2021), S. 70–97.

(1519), einer bildreichen Invektive, die Hutten nach dem Ableben Maximilians I. dessen Nachfolger Karl V. widmete, sein, da hier ein gewisser ‚Umschlagpunkt' in dessen antirömischen Invektiven zu konstatieren ist.[366] Weiterhin sollen Paratexte als äußerst variable Formen von Invektivität analysiert werden, da Hutten sich auch als Herausgeber von Invektiven zu profilieren verstand.[367] Zuletzt soll mithilfe der Briefinvektiven, die Hutten im Kontext des Wormser Reichstages von 1521 gegen die päpstlichen Legaten publizierte, auf philologischer Ebene geklärt werden, in welchem Maße sich Hutten tatsächlich an der antiken Stilvorlage Cicero beim Verfassen seiner Schmähreden orientierte, um seine Angriffe zu legitimieren und gleichzeitig seine Gegner lächerlich zu machen.

---

[366] Vgl. Kapitel IV.2 dieser Arbeit.
[367] Vgl. Kapitel IV.3 dieser Arbeit.

II. Die Fehden des Reichsritters Ulrich von Hutten: invektive Kommunikation und Öffentlichkeit am Vorabend der Reformation

1 Die literarische Fehde mit der Patrizierfamilie Lötz aus Greifswald: Huttens sog. ‚Lötze-Klagen' (1510)

1.1 **Poeta spoliatus omnibus bonis**– Eine Odyssee von Frankfurt a. d. Oder nach Greifswald

Nach der Absage an seinen Vater, einer geistlichen Karriere nachzugehen, schlug Ulrich von Hutten den Weg des traditionell ‚wandernden' Humanisten ein. So kehrte er nach dem Sommersemester 1505 von der Universität Mainz nicht mehr in die Stiftsschule der Benediktinerabtei Fulda zurück, sondern pilgerte zu den entstehenden humanistischen Zirkeln an den Universitäten nördlich der Alpen, um geeignete Lehrer und Mitstreiter zu finden. Seit dem Frühjahr 1506 weilte er jedenfalls an der neugegründeten Universität ‚Viadrina' in Frankfurt a. d. Oder,[1] wohin er seinem Lausitzer Lehrer Johannes Rhagius Aesticampianus (gest. 1520)[2] gefolgt war, der dort einen Ruf als Professor der Rhetorik erhielt. Hutten machte hier nicht nur wegweisende Bekanntschaften (bspw. mit Konrad Celtis), sondern auch seinen einzigen akademischen Abschluss. Bei Aesticampianus erwarb er nach intensiven Studien der Poetik, Rhetorik sowie der neulateinischen Kausalpoesie am 14. September 1506 das Bakkalaureat.[3] Auch sein Gedicht ‚Vir bonus' (gedr. 1513)[4] ist wohl an der Oder entstanden (1507).[5] Sein vorwiegendes Interesse galt der ‚Germania' des

---

[1] Matrikel: *Vlricus de hutten ex buchonia X (totum)* [*Insignis poeta*; Zusatz von späterer Hand]. Vgl. GRIMM (1938), S. 44.

[2] Erhard LACHMANN, Johann Rhagius Aesticampianus – eine erzählende Nachbetrachtung zur Lebensgeschichte des Humanisten, Leutkirch 1981; Susann EL KHOLI, Art. Rhagius, Johannes, Aesticampianus, in: VLHum 2 (2013), Sp. 639–656.

[3] Das älteste Dekanatsbuch der philosophischen Fakultät verzeichnet die ‚Baccalariandi' des 14. September 1506, *ad festum exaltationis S. Crucis*, darunter Hutten an vierter Stelle, die sich durch die Prüfungsbewertung ergibt: *Vdalricus Hutten de Buchen poeta insignis* (die letzten beiden Worte sind späterer Zusatz). Vgl. GRIMM (1938), S. 57–59.

[4] Vlrici Hutteni ex | equestri ordine Adolescentis Car|men emunctissimum mores homi|num admodum iucunde comple|ctens cui Titulus vir bonus: / [...]. Erfurt: Hans Knappe, 13. Aug. 1513. VD 16, H 6312; Ausgabe: BÖCKING III, S. 11–17.

[5] Vgl. BENZING (1956), Nr. 38; SPELSBERG (2015), S. 87.

Tacitus⁶ wie auch den ‚Totengesprächen' Lukians. Beide Autoren werden wenig später sein ganzes Œuvre und insbesondere seine Invektiven prägen.⁷

1508 finden wir Hutten schließlich in Leipzig, stetig seinem Mentor Rhagius folgend,⁸ wo er sich im März, also Ende des Wintersemesters, unter der Matrikel *Vlricus Huttenus de Buchen* an der bereits 1401 gegründeten Universität einschrieb. Hier begann der Jüngling auch damit, die *litterae humaniores* zu lehren.⁹ Hutten blieb bis zum Frühjahr 1509 in Leipzig, infizierte sich jedoch im Sommer 1508 mit der Syphilis, die unter Zeitgenossen der vermuteten Herkunft wegen als *morbus gallicus* oder ‚Franzosenkrankheit' bezeichnet wurde. Auch diese bittere Lebenserfahrung sollte sich in der Reflexion seiner späteren Werke widerspiegeln.¹⁰ Ein Begleitgedicht Huttens, das in einer Sammlung des Eisenacher Humanisten und Buchdruckers Hermann Trebelius (gest. nach

---

6 In der Ausgabe seines Lehrers selbst: Cornelij Taciti Jl= | lustrissimi hystorici de situ. mori= | bus. et populis Germanie. | Aureus libellus [...]. Leipzig: Melchior Lotter d. Ä., 31. Dez. 1509. VD 16, T 26. Titelepigramm von Rhagius. ND Leipzig: Wolfgang Stöcke 1511 (ohne Beiwerk). VD 16, T 27. Nach der Widmungsvorrede an den jungen Herzog Johann d. J. von Sachsen (Leipzig, o. D.) folgt eine Neujahrgabe für seine Schüler. Der umfangreichen Widmung geht ein Gedicht des Schülers Christoph Jahns an Rhagius voran, ihr folgen Carmina Jahns, Veit Werlers, Valerian Seyfrids und Johannes Wildenauers. Vgl. EL KHOLI (2013), Sp. 645.
7 JAUMANN (2008), Sp. 1186.
8 Matrikel: 1507, *per semestre hibernum: Dominus Johannes Esticampianus professor Rethorice artis et poeta laureatus*. Vgl. GRIMM (1938), S. 44.
9 JAUMANN (2008), Sp. 1187.
10 Vgl. Lewis JILLINGS, The Aggression of the Cured Syphilitic. Ulrich von Hutten's Projection of His Disease as Metaphor, in: The German Quarterly 68,1 (1995), S. 1–18; als Höhepunkt dieser Reflexion verfasste Hutten einen populärmedizinischen Traktat mit dem Titel ‚De Guaci medicina et morbo gallico' (1518) oder ‚Über das Guajakholz und die Franzosenkrankheit', entstanden im Herbst 1518 in Augsburg während des Reichstages. Darauf folgte eine vierzigtägige Kur: Vlrichi de Hut|ten eq. de Guaiaci medicina | et morbo gallico liber | vnus. Mainz: Joh. Schöffer, April 1519. VD 16, H 6348. BENZING (1956), Nr. 103; weitere Drucke Nr. 104–110. Murners Übers.: Straßburg: Joh. Gruninger, 1519. VD 16, H 6351. BENZING (1956), Nr. 111. Drucke der frz. Übersetzung durch Jean Chéradame (zuerst um 1520), Nr. 112–115, der engl. durch Thomas Paynel (zuerst 1533) Nr. 116–118. Ausgabe: BÖCKING V, S. 397–497 (synoptisch lat. u. Murners dt. Übs.); dt. Übs. v. Heinrich OPPENHEIMER, Ueber die Heilkraft des Guaiacum und die Franzosenseuche, Berlin 1902 (ND 2012); TREU (1991), S. 207–295. „Die Behandlung der Syphilis (*morbus Gallicus*) mit dem aus dem Holz des exotischen Guajakbaumes gewonnenen Heilmittel (*Guaiacum officinale*), das erst seit 1514 angewandt wurde, war mit einer Schwitz- und Hungertherapie verbunden, die viele Patienten in den Wahnsinn oder Tod getrieben haben soll." Vgl. JAUMANN (2008), Sp. 1211–1212, Zitat Sp. 1211. In den Dialogen zwischen 1518 und 1520 tritt in ‚Febris I' und ‚Febris II' das personifizierte Fieber sogar als Gesprächspartner zusammen mit der Figur Huttens auf. Vgl. JAUMANN (2008), Sp. 1212 u. 1216–1217.

1515)¹¹ in Frankfurt a. d. Oder 1509 publiziert und diesem gewidmet wurde,¹² zeugt in neun Distichen davon, wie misslich Huttens Lage wohl aus seiner Sicht gewesen war. Im Gegensatz zum wohl situierten Trebelius blicke er hingegen einer weit ungewisseren Zukunft entgegen, zudem werde er durch die Gefahren der unsicheren Liebe verwirrt und bedroht, während er in fremden Ländern wandere und *servilia carmina*, ‚erbötige Lieder', singe.¹³ Einen weiteren Hinweis zu seiner misslichen Lage nach Leipzig liefert uns Hutten in der achten Elegie des zweiten Buches seiner ‚Querelen', die an seinen Freund Eobanus Hessus gerichtet ist, selbst:

> Ore cibum petii peregrinas pauper ad aedes,
> Nec puduit luteas sollicitare casas;
> Ante fores somnum gelida sub nocte petivi,
> Vix raro surdas iussus inire domos;
> Rebus egens pressusque gravi, miser omnia, febri,
> Paene eadem vitae cura necisque fuit.
> More viros nostro potuissem quaerere doctos;
> Impediit coeptam pestis amara viam,
> Et quoties volui, toties magis illa fuebat,
> Ne foret hac una spe mihi certa salus.¹⁴

> Ich Armer erbettelte mir Speisen vor fremden Wohnungen,
> Ich schämte mich nicht davor, auch an die Türen von Lehmhütten zu klopfen,
> wo ich um einen Schlafplatz bat im Angesicht der eisigen Nacht,
> Und kaum einmal ließ mich jemand in ihre Häuser oder gab Antwort,
> Alles entbehrend und kläglich gedrängt vom heftigen Fieber,
> war mir fast die Sorge um Leben und Tod gleich.
> Freilich hätte ich die Gelehrten, wie es bei uns Brauch ist, suchen können,
> doch die bittere ‚Pest' machte dem eingeschlagenen Weg einen Strich durch die Rechnung,
> Und, so oft ich etwas dagegen unternehmen wollte, desto schlimmer wurde sie [die Krankheit],
> O wäre dies nicht meine einzige Hoffnung, wieder gesund zu werden. [MK]

---

[11] Michael KAUTZ, Art. Trebelius (Surwynt, Notianus), Hermann, in: VLHum 2 (2013), Sp. 1067–1082; Josef BENZING, Herman Trebelius, Dichter und Drucker zu Wittenberg und Eisenach, in: Der Bibliophile. Beilage zur Fachzeitschrift ‚Das Antiquariat' 4 (1953), Nr. 7, S. 203–204. Nach Gustav BAUCH, Art. Trebelius, Hermann, in: ADB 38 (1894), S. 549–550, hier S. 549, erhielt er den Beinamen Trebelius sogar von Hutten.
[12] Vlricus Huttenus Hermanno Trebelio Notiano Poete L‹aureato›, in: Hermanni Trebelij Notiani | [...] Epigrammaton et | carminum Li|ber Pri-|mus. [...]. Frankfurt/O.: Joh. Hanau, 1509. VD 16, T 1846. Vgl. BENZING (1956), Nr. 232; Ausgabe BÖCKING I, S. 8–9.
[13] BÖCKING I, S. 9.
[14] BÖCKING III, S. 60.

Erst zu Beginn des Sommersemesters 1509 erschien Hutten unter der Matrikel *Vlricus Huttenus poeta clericus*[15] *Herbipolensis*[16] *gratis intitulatus quia spoliatus omnibus bonis*[17] neben seinen Kommilitonen Alexander von der Osten[18] und Valentin Stojentin (gest. 1528/29)[19] erneut in Greifswald.[20] Obwohl die Hansestadt zu diesem Zeitpunkt noch nicht den geeigneten Nährboden für die Durchsetzung des Humanismus bereit hielt,[21] nutzte Hutten früh die Gelegenheit, sich als *poeta doctus* zu positionieren. Besonderes Augenmerk verdient die Bezeichnung *spoliatus*,[22] die Fragen nach den Umständen seiner Reise aufwirft.[23] Ist der Reichsritter auf seinem Weg in Richtung Ostsee ausgeraubt worden? Hat Hutten tatsächlich ‚Schiffbruch' erlitten? Zumindest stilisierte er sich selbst in seinen Texten immer wieder als neuer Odysseus,[24] so etwa in der Schrift ‚Nemo' (1510)[25] oder in der ‚Exhortatio' (1512)[26] an Kaiser Maximi-

---

[15] Mit *clerici* sind in diesem Fall Scholaren gemeint. Demnach ist hier eher der Gelehrte als der Geistliche angesprochen.

[16] Mit *Herbipolis* ist Würzburg gemeint. Spielt freilich auf seine Ausbildung in der Klosterschule Fulda an, die in der Diözese des Bistums Würzburg lag.

[17] Ältere Universitäts-Matrikeln II. Universität Greifswald, hg. v. Ernst FRIEDLÄNDER. Erster Band (1465–1645), Leipzig 1893, S. 166.

[18] Vgl. Dörthe BUCHHESTER, Art. Osten, Johann von der, in: Killy 9 (^{2}2010), S. 9.

[19] Max v. STOJENTIN, Art. Stojentin, Valentin v., in: ADB 54 (1908), S. 546–548.

[20] Vgl. Johann KOSEGARTEN, Geschichte der Universität Greifswald mit urkundlichen Beilagen. Erster Theil, Greifswald 1857, S. 165.

[21] Bogislaw X. versuchte vergeblich, den Humanismus und die Reformation in Greifswald gegenüber der Scholastik durchzusetzen. Viele Humanisten wurden vertrieben. Einzig während des Dekanats unter Faustinus Blenno (1520/25) schienen die Humaniora kurzzeitig wieder aufzublühen. Vgl. Friedrich SCHUBEL, Universität Greifswald (Mitteldeutsche Hochschulen 4), Frankfurt a. M. 1960, S. 22.

[22] Karl E. GEORGES, Ausführliches lateinisch-deutsches Handwörterbuch, Hannover ^{8}1918 (ND Darmstadt 1998), hier Bd. 2, Sp. 2769: *spoliatus, a, um*, ausgeplündert, armselig; *nihil illo spoliatius*, es gibt kein Reich, das ärger ausgeplündert wäre, vgl. Cic. ad Att. 6, 1, 4.

[23] Vgl. Hans-Gert ROLOFF, ‚Poeta vapulans' – Ulrich von Hutten und die Lötze, in: Wilhelm KÜHLMANN u. Horst LANGER (Hgg.), Pommern in der frühen Neuzeit. Literatur und Kultur in Stadt und Region (Frühe Neuzeit 19), Tübingen 1994, S. 61–76, hier S. 63, dazu schon BÖCKING I, S. 9.

[24] Lewis JILLINGS, Ulrich von Hutten's Self-Stylisation as Odysseus. The Conservative Use of Myth, in: Colloquia Germanica 26,2 (1993), S. 93–107.

[25] Vlrici Hutteni Nemo. / Erfurt: Sebastian Stribilita, 1510. VD 16, H 6379. BÖCKING III, S. 108–118 (synoptisch mit ‚Nemo II'). Vgl. BENZING (1956), Nr. 5, S. 22; weitere Drucke Nr. 6–11, S. 22–33; JAUMANN (2008), Sp. 1200; weiterhin Enrico CASTELLI-GATTINARA, Quelques considérations sur le Niemand et [...] Personne, in: Folie et déraison à la Renaissance, Brüssel 1976, S. 109–118; Rubina GIORGI, La simbologia del Niemand, in: Storia dell'Arte 5 (1970), S. 19–33.

[26] Ad divum Maximilianum Caesa. | Aug. F. P. bello in Venetos euntem, Vlricic | Hutteni Equitis, Exhortatio | [...]. Wien: Hieronymus Victor und Johann Singriener, Januar 1512. VD 16, H 6242. Ausgabe: BÖCKING III, S. 126–160, S. 331–340. Vadians Widmungsbrief: BÖCKING I, S. 22–25 u. Vadian-Briefe III, Nr. 119. Die Vadianische Briefsammlung der Stadtbibliothek St. Gallen, hg. v. Emil ARBENZ u. Hermann WARTMANN, 7 Bde. (Mitteilungen zur vaterländischen Geschichte 24/1, 25, 27/1, 28–30a, Nachtrag in 33), St. Gallen 1890–1913; Joachim Vadian, Ausgewählte Briefe, hg. v. Ernst G. RÜSCH, St. Gallen 1983.

lian. Der aufstrebende Humanist hatte das Odysseus-Motiv schon an anderer Stelle aufgegriffen, wenn er beispielsweise in seinem frühen Lehrgedicht ‚Vir bonus' Tugenden und Laster kontrastiert.[27] So sei die Tugend nur wenigen bekannt, unter anderem Ulysses (Odysseus).[28] Im Dialog ‚Aula' (1518)[29] dienen die Irrfahrten des Odysseus hingegen als Allegorien der Gefahren am Hof (Sirenen, Scylla u. Charybdis, Syrten, Lästrigonen, Harpyien u. Zyklopen).[30] Ein Widmungsbrief des Joachim Vadian an Georg Tannstetter (‚Collimitius', gest. 1535)[31] vom 12. Januar 1512 bekräftigt diese Beobachtung noch weiterhin. Auch Vadian figurierte Hutten und dessen Erlebnisse in seinem Bericht ganz nach dem Vorbild der ‚Odyssee' des Homer.[32]

1.2 Der Konflikt mit den Greifswalder Lötz: Huttens Weg nach Rostock

Der ‚fahrende' Humanist Ulrich ‚strandete' Ende des Jahres 1509 als mittelloser Student in Greifswald, wo er in Henning Lötz, Professor der Rechte und Sohn

---

Nach Huttens eigener Darstellung 1511 auf der Reise von Wittenberg nach Wien entstanden. Den Wiener Freunden gefiel es wohl so gut, dass sie Kopien anfertigten und diese Anfang des Jahres 1512 in den Druck brachten, den Vadian veranlasste. Vgl. JAUMANN (2008), Sp. 1204; BENZING (1956), Nr. 37, S. 34–35.

[27] Vgl. JAUMANN (2008), Sp. 1199.

[28] Vgl. GEORGES II, Sp. 3283–3284.

[29] Vlrichi de Hutten | equitis Germa|ni. Aula. Di|alogus. [...]. Augsburg: Sigm. Grimm u. Marx Wirsung, 17. Sept. 1518. VD 16, H 6295. BENZING (1956), Nr. 72. Weitere Drucke Nr. 73–82. Ausgabe. BÖCKING IV, S. 43–74 (‚Misaulus sive Aula'; die Widmungsvorrede an Stromer, in: BÖCKING I, S. 217–220).

[30] Vgl. JAUMANN (2008), Sp. 1209–1210. Zur Topik: Helmut SPELSBERG, Veröffentlichungen Ulrichs von Hutten, in: Peter LAUB (Hg.), Ulrich von Hutten. Ritter Humanist Publizist 1488–1523, Katalog zur Ausstellung des Landes Hessen 1988, Melsungen 1988, S. 412–441, bes. ab S. 426; Helmuth KIESEL, „Bei Hof, bei Höll". Untersuchungen zur literarischen Hofkritik von Sebastian Brant bis Friedrich Schiller (Studien zur deutschen Literatur 60), Tübingen 1979, S. 65–77; DERS., „Lange zu hofe, lang zu helle". Literarische Hofkritik der Humanisten, in: Paul M. LÜTZELER u. Peter U. HOHENDAHL (Hgg.), Legitimationskrisen des deutschen Adels 1200–1900, Stuttgart 1979, S. 61–82; KÜHLMANN (1989), S. 161–182.

[31] Franz GRAF-STUHLHOFER, Art. Tannstetter, Georg, in: VL 2 (2013), Sp. 1037–1052; DERS., Georg Tannstetter (Collimitius) und sein wissenschaftliches Umfeld im Wien des frühen 16. Jahrhunderts, Wien 1996.

[32] Vadian an Tannstetter am 12. Januar 1512: *Qui [Hutten] ea fere ratione nos et accessit, et a nobis acceptus est, qua constantiæ et fortitudinis **exemplar Ulyxes ille**, dum ‚terris iactatus et alto Vi superum' post ingentem illam Alcinoi Phæacum regis humanitatem patriam petens ad eos venit, quibuscum pristinæ quietis sibi voluptas accessit. Cum enim vel prima nocte qua lares nostros ingressus est, petentibus nobis ordine narrasset, quam peregrinatio sua experiendi gratia instituta ærumnis referta fuerit, quamque in Germanico etiam oceano quid attigit, Scyllæam rabiem expertus ad proxima littora in **Cyclopum** manus inciderit, quos primum (mirum) amicos habuisse aiebat, dein vero urgente fato cum iter alio instituisset, furore correptos præter vitam omnia sibi eripuisse, quam et ipsam petitam esse **cicatrices** quas nobis, dum iretur cubitum, ostendit satis attestantur*, in: BÖCKING I, S. 22–24, hier S. 23).

des dortigen Bürgermeisters,³³ Wedeg Lötz,³⁴ einen Förderer fand. Die Lötz, die den jungen Scholaren mit Kleidung und Geld versorgten, waren ein etabliertes Patriziergeschlecht in Greifswald, das durch seine rege Handelstätigkeit weit über Pommern hinaus bekannt war.³⁵ Bald schien sich das gute Verhältnis aber aufgrund von sozialen und habituellen Spannungen abzukühlen. Nur zu gern betonte Hutten wohl das Selbstbewusstsein eines *poeta doctus* sowie seine adlige Herkunft gegenüber den konservativen und auch in Akademikerkreisen bestens situierten Lötz:

> Ille ego, cui pater est vel eques vel divite censu,
> Cui fama est claros nobilis inter avos,
> Quique aliquid didici Musis et Apolline dignum,
> Et cuius magni tu facis ingenium.³⁶

> Ich, der einen ritterlichen und vermögenden Vater hat,
> der unter berühmten Ahnen einen edlen Ruf genießt,
> ich habe etwas gelernt, das Apoll und der Musen würdig ist,
> und für dessen Größe Du [Eobanus Hessus] das Talent bereitest. [MK]

Die freundliche Bekundung in der an Hessus gerichteten Elegie der Querelen, *tu facis ingenium* (,du begründest [mein] Talent'), hat freilich eine Tradition und dient Hutten einerseits dazu, eigene Elaboriertheit zur Schau zu stellen und andererseits sich von dem in seinen Augen ,spießigen' Scholastiker in Greifswald abzugrenzen. So finden wir das Zitat beispielsweise in den Epigrammen Martials an seinen Mäzen Terentius Priscus³⁷ oder später in den ,Carmina' des Enea Silvio Piccolomini (gest. 1464)³⁸ an Cinthia.³⁹ Es ist bezeichnend, dass wir über die Vorgänge ausschließlich von Hutten selbst informiert werden. Wie

---

33 Nach seinen Studien in Bologna und Siena, wo er sich zum *doctor iuris utriusque* promovierte, bekleidete er das Amt des Ordinarius an der Juristischen Fakultät und später sogar mehrfach das Rektorat. Vgl. ROLOFF (1994), S. 64–65. Dieses Rektorat trat er beispielsweise zusammen mit dem Artisten Petrus Rust 1508 an. Sie nahmen 31 neue Studenten auf. Vgl. KOSEGARTEN (1857), S. 164.

34 Er begegnet uns 1476 als Ratsherr und von 1485–1525 als Bürgermeister der Stadt Greifswald. Vgl. ROLOFF (1994), S. 64–65.

35 Vgl. auch Theodor PYL, Art. Lotze, Wedego, in: ADB 19 (1984), S. 290–291.

36 BÖCKING III, S. 60.

37 Mart. 12, 3 (4): *Quod Flacco Varioque fuit summoque Maroni / Maecenas, atavis regibus ortus eques, / gentibus et populis hoc te mihi, Prisce Terenti, / fama fuisse loquax chartaque dicet anus. / **tu facis ingenium**, tu, si quid posse videmur; / tu das ingenuae ius mihi pigritiae.* Vgl. auch Nina MINDT, Martials ,epigrammatischer Kanon' (Zetemata. Monographien zur klassischen Altertumswissenschaft 146), München 2013, S. 117–118; Rosario M. SOLDEVILA, Alberto M. CASTELLO u. Juan F. VALVERDE (Hgg.), A Prosopography to Martials's Epigrams, Berlin u. Boston 2019, S. 508–509 m. Lit.

38 Johannes HELMRATH, Pius II., in: NDB (2001), S. 492–494.

39 Piccolomini, Carm. 1, 1–6: *Cinthia, si qua meo debetur fama labori, / abs te suscipiam quicquid honoris erit. / Tu mihi das ipsas scribenda in carmina vires, / **tu facis ingenium**, tu facis eloquium. / Te duce concedunt dive in mea vota sorores, / te duce Castalio somnia fonte bibo.*

es also konkret zum Zerwürfnis der beiden Streitparteien kam, bleibt letzten Endes ungewiss.

Jedenfalls verlangten die Gönner nach einiger Zeit ihre Auslagen zurück, und Hutten sah sich in der Folge gezwungen, Greifswald zu verlassen und die Weiterreise schon im Dezember 1509 anzutreten. Auf dem Weg wurde er jedoch von Dienern der Lötz aufgegriffen und all seiner Habe beraubt. Kleidung und Manuskripte fielen diesem Überfall zum Opfer.[40] Die Frage, ob es sich bei diesem Vorfall um einen Akt der Selbstjustiz oder lediglich um das Pfandrecht seitens der Lötz handelte, bleibt offen.[41] Hutten gelangte im Januar 1510 schließlich trotz dieser widrigen Umstände in die Universitätsstadt Rostock, wo er bei Egbert Harlem,[42] Professor der Philosophie, Anteilnahme und Gastlichkeit fand.[43] Harlem ließ Hutten nach seiner Genesung sogar im Sommersemester 1510 noch Vorlesungen (*humanas literas professus sum*, vermutlich Dichtkunst und Metrik) halten, die wohl großen Anklang fanden.[44] Programmatisch stilisierte sich Hutten in den ‚Klagen gegen die Lötz' (1510) später auch als *vates novus* (neuer Prophet),[45] ebenso lobgeschwängert gestaltete er seinen Bericht über seine Wohltäterin, die Stadt Rostock.[46] Durch den Kontakt zu dem Kartäuser Egbert Harlem erhielt Hutten weiterhin Zugang zu humanistischen Kreisen und dessem Netzwerk in Rostock. Seinem Gönner zeigte er sich insofern dankbar, als er Egbert in seinen Texten immer wieder als Nymphe Kalypso (Odyssee), als *genitrix* oder *pater*,[47] dem er alles verdanke, hervorhob. Unter den Rostocker Kontakten sind vor allem Hinrich Böger, Freund des gelehrten Theologen Albert Krantz, der Jurist Johann ‚Montanus' Berchmann und der Mediziner Rembert Giltzheim zu nennen.[48] Nicht von ungefähr widmete Hutten seinem niederländischen ‚Gastwirt' Harlem später

---

[40] Huttens ‚Querelen' (1510) nach der Ausgabe bei BÖCKING III, S. 19–83; Widmungsvorrede an 16 Professoren d. Univ. Rostock: BÖCKING I, S. 10–15 [im Folgenden zitiert als ‚Querelae' mit der Anordnung Buch, Elegie, Vers]; hier ‚Querelae' I, 2, 17–48; ‚Querelae' I, 4, 3–5.

[41] ‚Querelae' I, 1, 52.

[42] Egbert Harlem, Rektor der Universität Rostock des Jahres 1517, ist zudem jene Kalypso, auf die Vadian in seinem Brief an Tannstetter (12. Januar 1512) anspielt: *deinde quemadmodum circum ea loca a **Calypso** quadam exceptus, fotus et curatus summa cum diligentia fuerit*. BÖCKING I, S. 23. Zur Biographie Karl E. KRAUSE, Harlem, Egbert, in: ADB 10 (1879), S. 602–603.

[43] ‚Querelae' I, 4; Vgl. Otto KRABBE, Die Universität Rostock im 15. und 16. Jahrhundert, Bd. 2, Rostock 1854, S. 269.

[44] Vgl. ROLOFF (1994), S. 70.

[45] ‚Querelae' II, 1,26. Auch Weissager, Seher oder Sibylle (Prophetin in der griechischen Mythologie). Bei Cic. Amphrysia, wohl nach Amphrȳsus (Ἀμφρυσός), ein kleiner Küstenfluss des antiken Thessalien, an dem (nach dem Mythos) Apollo die Herden des Königs Admetus neun Jahre lang weidete. Vgl. GEORGES 2, Sp. 3375–3376.

[46] ‚Querelae' II, 8, 99–101.

[47] ‚Querelae' II, 5, 5.

[48] Ulrich ANDERMANN, Albert Krantz. Wissenschaft und Historiographie um 1500, Weimar 1999, S. 42.

auch die vierte Elegie des zweiten Buches seiner ‚Querelen'.⁴⁹ Ebenso ist das elfte Tetrastichon in der Widmungsvorrede Egbert Harlem zugedacht:⁵⁰

> [11] AD ECBERTHVM HARLEM hospitem Ph[ilosophum].
> Ut queat Ecberthus castis incumbere Musis,
> Virgineum nunquam polluit ille decus.
> Huic probitas vera est, huic contulit omnia virtus,
> Nec negat Aonias pagina sacra deas.
>
> [11] An Egbert Harlem, seinen Wirt und Philosophen,
> Um sich mit den sittsamen Musen messen zu können,
> hat Egbert niemals seine jungfräuliche Zierde befleckt.
> Er besitzt wahre Moral, die allein seine Tugend mit sich brachte,
> Auch ein heiliges Stück Papier (Bibel) verscheucht die Musen nicht. [MK]

Sogar in den berühmt gewordenen ‚Epistolae obscurorum virorum' (‚Dunkelmännerbriefe')⁵¹ findet er in der 24. Epistel des zweiten Buches lobend Erwähnung, wenn er als Mittlerfigur im fiktiven Dialog zwischen Magister Philipp Mesue und Ortwinus Gratius als hochgelehrter und gerechter Mann vorgestellt wird.⁵²

Hutten begann in Rostock bereits damit, die „zweite Phase der Auseinandersetzung" gegen seine Greifswalder Widersacher einzuleiten, denn dort fand er die Mittel und das Umfeld, seinen Zorn über das ihm widerfahrene Unrecht in literarische Verse zu gießen und es zu „einem Stück Streitkultur" zu machen.⁵³

*1.3 Der Druck der zweibändigen ‚Lötze-Klage' in Frankfurt an der Oder: Sichtbarmachen des **invective mode** durch Anschlusskommunikation*

Wann Hutten Rostock genau verließ, wissen wir nicht. Im August 1510 ist der Humanist jedoch wieder an der Viadrina in Frankfurt an der Oder. Hier nutzte er wohl gleich seine neugewonnenen Kontakte und gab im Herbst des Jahres bei Johann Hanau⁵⁴ seine ‚Querelae in Lossios' (‚Querelae in Vuedegum

---

⁴⁹ ‚Querelae' II, 5.
⁵⁰ BÖCKING I, S. 12.
⁵¹ Siehe Kapitel II. in dieser Studie.
⁵² *Respondit Magister Ecbertus de Harlem, qui est vir doctus et probus, et debetis mihi credere quod non est parialis.* BÖCKING, Suppl. II, 1,24, S. 224–225, hier S. 224.
⁵³ Vgl. Arnold BECKER, Ulrichs von Hutten ‚Querelae in Lossios'. Humanistische Streitkultur zwischen Invektive und Elegie, in: Uwe BAUMANN u. a. (Hgg.), Streitkultur. Okzidentale Traditionen des Streitens in Literatur, Geschichte und Kunst (Super alta perennis. Studien zur Wirkung der Klassischen Antike 2), Göttingen 2008, S. 111–129, hier S. 114–115, Zitate S. 115.
⁵⁴ Josef BENZING, Johann Jamer, genannt Johann Hanau, Buchdrucker zu Frankfurt a. d. O. (ca. 1509–1543), in: Hanauisches Magazin 18 (1939), S. 23–26; Christoph RESKE, Die Buchdrucker des 16. und 17. Jahrhunderts im deutschen Sprachgebiet (Beiträge zum Buch- und Bibliothekswesen 51), Wiesbaden 2007, S. 268–269.

Loetz [...] et filium eius Henningum [...] Querelarum')⁵⁵ im Druck heraus;⁵⁶ sozusagen als ersten öffentlichen ‚Aufschlag', um den Kollegen die eigenen literarischen Ambitionen zu zeigen. Huttens Invektive half ihm aber nicht nur dabei, literarisch gegen seine Kombattanten vorzugehen, sondern auch juristisch. Einer der Akteure aus der Frankfurter Zeit, Huttens ehemaliger Studienfreund Valentin Stojentin, war es beispielswiese gewesen, mit dessen Hilfe der angehende Humanist später Rechtsbeschwerde beim Herzog von Pommern erwirken sollte.⁵⁷

Wie der vollständige Titel des Werkes bereits andeutet, handelt es sich bei Huttens erster Buchpublikation um eine zweibändige Invektive, die sich *ad personam*, also gegen die Lötz, richtete.⁵⁸ Beide Bücher sind in jeweils zehn Elegien unterteilt und bereits im Frühjahr und Frühsommer 1510 in Rostock entstanden. Sie richten sich im Einzelnen an humanistisch gesinnte Freunde, seine Rostocker Studenten und Wohltäter, an Herzog Bogislaw X. von Pommern und dessen Sektetär Stojentin sowie an seinen Verwandten Ludwig von Hutten (gest. 1517).⁵⁹ Der Rezipientenkreis scheint demzufolge wohl in erster Linie ein anderer gewesen zu sein als lediglich die städtische Obrigkeit in Greifswald bzw. die Lötz selbst. Dadurch, dass Hutten sich der Elegie, wie das Vorbild Ovid einst im Exil, als Gattung bedient, scheint der junge Poet primär ein anderes Publikum mit dieser Invektive adressiert zu haben. So urteilte schon ROLOFF:

> Die Struktur des Bandes lässt Huttens vorzügliche Vertrautheit mit den rhetorischen Techniken der Argumentation und der Lösung der Affekte beim Leser erkennen. Der Band enthält viele Signale und ist bis ins Einzelne durchkomponiert. Das beginnt schon beim Buchtitel, in dem Hutten sich stolz als *equestris ordinis poeta* dem *Consul* und *Doctor* gegenüberstellt und auf das ihm zuteilgewordene brandmarkende Unrecht hinweist.⁶⁰

Da schon BENZING früh darauf verwies, dass lediglich vier Exemplare des Werkes heute auf uns gekommen sind,⁶¹ ist nicht zu Unrecht der Schluss gezogen worden, die Lötz seien mit aller Härte gegen die öffentliche Verbreitung der

---

⁵⁵ Vlrici Hutteni equestris ordi|nis poetae in Vuedegum Loetz | Consulem Gripesualdensem in Pomerania/ et filium | eius Henningum Vtriusque Juris doctorem Querelarum | libri duo pro insigni quadam iniuria sibi | ab illis facta. / [...]. Frankfurt/O.: Joh. Hanau, 1510. VD 16, H 6361. Ausgabe: BÖCKING III, S. 19–83; Widmungsvorrede an 16 Professoren d. Univ. Rostock: BÖCKING I, S. 10–15; Übs. Elegie I, 2: KÜHLMANN u. a. (1997), S. 160–165.
⁵⁶ BENZING (1956), S. 25–26.
⁵⁷ Vgl. JAUMANN (2008), Sp. 1187. Stojentin wird als Sekretär des pommerschen Herzogs Bogislaw X. eingeführt: Vgl. ‚Querelae' I, 6.
⁵⁸ Vgl. BECKER (2008), S. 118–119.
⁵⁹ Vgl. Georg-Wilhelm HANNA, Die Ritteradligen von Hutten, ihre soziale Stellung in Kirche und Staat bis zum Ende des Alten Reichs, Bamberg 2006, S. 425–432.
⁶⁰ Vgl. ROLOFF (1994), S. 71–72, Zitat S. 72.
⁶¹ BENZING (1956), S. 25–26, gibt uns vier Exemplare an: Göttingen UB; Greifswald UB; London, British Museum; Mainz Stadtbibliothek (fehlt Bl. C 1 u. C4).

Invektive vorgegangen, indem sie „sich die Auflage verschafften und aus dem Verkehr zogen."[62] Nur vereinzelt lassen sich neben diesen Hinweisen bis heute Drucke nachweisen.[63] Besonders bemerkenswert erscheint die in der British Library in London befindliche Ausgabe der ‚Klagen', da sie auf der Rückseite des letzten bedruckten Blattes vier Dedikationsdistichen Huttens (Autograph) an den Humanisten Kilian Reuter (gest. 1516)[64] überliefert (**Abb. 5**):[65]

> Ad egregium virum Chilianvm Revterum v[triusque] ivris
> doctorem et mvsarum stvdiosiss[imum] V[lricus] Hvttenus.
> Pignus amicitiae tecum, Chiliane, futurae
> Mittitur a nobis Lossius iste tibi.
> Qui tibi si placuit, hostem placuisse putabo:
> Nemo magis durus quam fuit ille mihi.
> Est illud nostri studiosi, est illud amici,
> Ut, me quod contra saeviat, illud ames?
> Tu tamen hunc studiosus ama: quis credere possit,
> Quis placet Huttenus, omnibus ille placet?[66]

> Ulrich von Hutten an den auserlesenen Mann Kilian Reuter, Doktor beider Rechte und Musenkenner,
> Das Faustpfand der künftigen Freundschaft mit Dir, Kilian,
> wird Dir von uns der ‚Lötz' geschickt.
> Wenn er Dir schon so gut gefiel, wird er, so glaube ich, dem Feind noch besser gefallen.
> Niemand war je strenger zu mir als jener [Lötz].
> Mögest Du ihn: unserer Gelehrsamkeit wegen, unserer Freundschaft wegen oder nur, weil Du wütend auf mich bist.
> Doch liebe ihn dennoch, Du Gelehrter: wer könnte das glauben?
> Welcher Hutten gefällt denn, gefällt er denn nicht allen? [MK]

---

[62] Vgl. BECKER (2008), S. 116; Zitat ebd.
[63] Bspw. in der ULB Halle; vgl. Hans-Jürgen REHFELD, Verzeichnis der in den Archiven, Bibliotheken der DDR vorhandenen Hutten-Drucke (bis 1600), in: Ralf-Rüdiger TARGIEL (Hg.), Ulrich von Hutten. Mit Feder und Schwert. Katalog zur Ausstellung anläßlich seines 500. Geburtstages 1988 (Schriftenreihe des Stadtarchivs Frankfurt (Oder), Heft 1), Frankfurt a. d. O. 1988, S. 97–130, hier S. 98–99.
[64] Vgl. Klaus KIPF, Art. Reuter, Kilian, in: VLHum 2 (2013), Sp. 633–639.
[65] London, British Library, 11408. c. 24.: Ulrici Hutteni equestris ordinis poetæ in Wedegum Loetz […] et filium eius Henningum Vtr[iusque]: juris doctore Querelarum libri duo pro insigni quadam iniuria sibi ab illis facta.
[66] Schon abgedruckt bei BÖCKING I, S. 13–15.

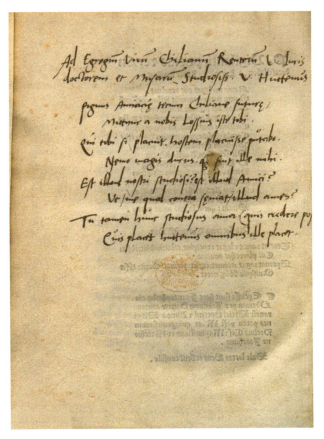

Abbildung 5: ‚Lötze-Klagen' (1510). Exemplar London, British Library, 11408. c. 24.; Widmung an Kilian Reuter (Autograph Huttens) auf einer Leerseite am Ende.

Durch den parenthetischen Einschub *quis credere possit* (‚wer hätte das glauben können'?) verweist Hutten eindeutig auf Ovids ‚Metamorphosen'[67] sowie dessen Elegiendichtung.[68] Auch die Programmatik ist offenkundig, wenn Hutten nicht nur den Unterhaltungscharakter seines Werkes betont (*placere*), sondern durch den zentral platzierten Trikolon (*nostri studiosi* […] *amici, ut me contra saeviat*) ebenso die wichtigsten Lizenzen für die Zugehörigkeit zum Milieu der Humanisten nennt. Nach Huttens eigener Einschätzung ist vor allem

---

[67] Ovid. met. 15,613; Ovid äußert an dieser Stelle den Missmut der Römer, auf einen Bürger herabzuschauen, aus dessen Stirn Hörner gewachsen sind. Ovid. met. 6,421 geht es lediglich um die Unfähigkeit der Athener, an einem panhellenischen Krieg teilzunehmen. Vgl. Joseph B. SOLODOW, The World of Ovid's Metamorphoses, Chapel Hill u. London 1988, S. 69. Aber auch in Ovid. met. 7,690.

[68] Ovid. epist. 18,123; Ovid. trist. 1,2,81. Auch Ovid. ars 1,79.

derjenige satisfaktionsfähig, der sich einerseits als Gelehrter zu profilieren (*studiosi*) vermag, andererseits aber auch das ‚Netzwerken' (*amici*) verstehe.[69] Das dritte eher herausfallende Glied (*ut me contra saeviat*) verdeutlicht den potentiell invektiven Gehalt des Werkes, verweist aber auch auf einen ganz anderen Hintergrund, der die Intention beziehungsweise die scheinbar angelegte Freundschaftsbekundung dieser handschriftlichen Widmung doch deutlich ins Gegenteil verkehrt.

Mit dem Hintergrundwissen einer früheren Fehde[70] (Balthasar Phaccus [gest. 1541][71] gegen Georg Sibutus [gest. 1528][72] und Kilian Reuter)[73] lesen sich diese Zeilen nämlich kurzerhand als böswillige Spitze, als ausgrenzende Beleidigung gegenüber dem adressierten Gelehrten Reuter, der ein Freund des Wittenberger Poeten Georg Sibutus war und über den Hutten 1509 noch positiv urteilte.[74] Nachdem Hutten 1510/11 zunächst Freundschaft mit dem von Reuter und Sibutus angegriffenen Balthasar Phaccus geschlossen hatte,[75] verballhornte er

---

[69] Diese Profilierung von Gruppen ist als typische Strategie aufzufassen. Vgl. Pierre BORDIEU, Die feinen Unterschiede. Kritik der gesellschaftlichen Urteilskraft, Frankfurt a. M. 1987, ab S. 751.

[70] Vgl. Götz-Rüdiger TEWES, Die Erfurter Nominalisten und ihre thomistischen Widersacher in Köln, Leipzig und Wittenberg. Ein Beitrag zum deutschen Humanismus am Vorabend der Reformation, in: Andreas SPEER (Hg.), Die Bibliotheca Amploniana. Ihre Bedeutung im Spannungsfeld von Aristotelismus, Nominalismus und Humanismus (Miscellanea mediaevalia 23), Berlin u. a. 1995, S. 447–488, zur ursprünglichen Fehde S. 475–477: Zur Fehde d. Balthasar Phaccus mit Georg Sibutus und Kilian Reuter: „Kurz nach seiner Ankunft in Wittenberg geriet der Humanist Kilian Reuter von Mellrichstadt (Unterfranken) in eine heftige Fehde mit dem aus der Erfurter Schule stammenden und inzwischen in Wittenberg lehrenden Poeten Balthasar Fabritius Phaccus. Ihn hatte Reuter in einem handschriftlich verbreiteten Gedicht angegriffen und gekränkt, ihn einen hochnäsig-spöttischen Poeten und böswilligen Kritiker geschimpft. Phaccus war derart erzürnt, dass er seine zumeist in Versform verfasste Gegenschrift, eine so barsche wie polemische Zurechtweisung Reuters, nur in einem Druckwerk adäquat aufgehoben glaubte. 1505 ließ er seine Invektive bei Hermann Trebelius […] drucken und mit ebenso kämpferischen *carmina* des Druckers gegen den ehemaligen Kölner schmücken. Reuter wurde postwendend von seinem Freund verteidigt, Georg Sibutus. Sibutus nahm sich mit heftigen Attacken Trebelius vor. Reuter und Sibutus werden also kaum mit freudiger Überraschung reagiert haben, als Trebelius 1506 durch Vermittlung des Mutianus Rufus, dem Fürsten des Erfurter Humanistenkreises, die Krönung zum Dichter in Wittenberg erreichte."

[71] Olaf DITZEL, Fabricius Phacchus (Vach), Balthasar, in: BBKL 2 (2005), Sp. 408–409.

[72] Sabine SEELBACH, Sibutus, Georg, in: VLHum 2 (2013), Sp. 884–896.

[73] Reuter widmete Sibutus in seiner Gedichtsammlung von 1506 sogar einen Panegyricus, in: BÖCKING I, S. 14.

[74] Martin TREU, Balthasar Fabritius Phacchus – Wittenberger Humanist und Freund Ulrichs von Hutten, in: Archiv für Reformationsgeschichte 80 (1989), S. 68–87, hier S. 82: *Est quoque Thuringius, cui fama urgente, Sibutus, Caesareae lauros imposuere manus.*

[75] Vgl. TREU (1989), S. 68–87.

später jedoch Sibutus im zweiten Teil der ‚Dunkelmännerbriefe' allerdings mit ungebremster Härte und sprach ihm sogar den Poetenstatus ab:[76]

Ioannes Helferich latine Juppiter magistro Ortvino:
Quando steti Viennae, tunc audivi lectiones in poetria, et fuit ibi quidam iuvenis poeta, qui fuit discipulus conradi Celtis et vocatur Georgius Sibutus; ipse fuit socius meus et semper fuimus una. Et dixit mihi: ‚Tu debes vocari Iuppiter, quia Iupiter Latine est idem quod Helferich Teutonice'; et sic vocant me nunc Iuppiter. Sed ille poeta nunc est Wittenbergk et ibi accepit unam antiquam vetulam, quae vixit annis septuaginta octo vel paulo plus. Ego fui semel in domo eius, quando ambulavi ex Prussia; tunc illa vetula sedit retro fornacem. Tunc dixi ei: ‚Est ista mater vestra?' Respondit: ‚Non, sed est femina et uxor mea'. Et dixi ei: ‚Quare sumpsistis ita antiquam vetulam?' Respondit, quod est adhuc bona in fornicatione. Et etiam habet multum pecuniae et scit facere bonam cerevisiam, et postea vendit eam et colligit pecuniam'. Tunc dixi: ‚Bene fecistis'. Et interrogavi: ‚Quomodo vocatur femina vestra?' Respondit: ‚Ego voco eam Carinna mea, Lesbia mea et Cynthia mea'.[77]

Johannes Helferich, lateinisch Jupiter, an Magister Ortwin:
Als ich in Wien wohnte, hörte ich sodann Vorlesungen in der Poetik. Ebendort befand sich auch ein junger Poet, ein Schüler des Konrad Celtis, der Georg Sibutus heißt. Er selbst war mein Kamerad und wir waren unzertrennlich. Und er sagte zu mir: ‚Du musst Jupiter heißen, weil Jupiter bedeutet im Lateinischen dasselbe wie Helferich im Deutschen.' Und so nennen sie mich nun Jupiter. Dieser Poet weilt aber jetzt in Wittenberg; dort hat er eine alte Vettel genommen, die 78 Jahre, oder noch ein paar mehr, alt war. Ich war einmal in seinem Haus, als ich von Preußen herwanderte; da kauerte diese Alte hinter dem Ofen. Dann fragte ich ihn: ‚Ist das Eure Mutter?' Er antwortete: ‚Nein, sondern meine Frau und Eheweib.' Darauf fragte ich ihn: ‚Warum hast Du also wirklich diese alte Schachtel an Dich genommen?' Er erwiderte, weil sie weiterhin gut ‚am Herd' sei, sogar viel Geld besitze und wisse, wie man gutes Bier braue. Das verkaufe sie dann und dadurch verdiene sie gutes Geld. Dann sagte ich: ‚Das hast Du gut gemacht'. Ich fragte weiter: ‚Wie heißt denn eigentlich Eure Frau?' Er antwortete: ‚Ich nenne sie meine Corinna,[78] meine Lesbia[79] und meine Cynthia.'[80]
[MK]

---

[76] EOV II,9 u. II,51. Vgl. TEWES (1989), S. 485. Magister Philipp Schlauraff an Ortwin Gratius, EOV II,9, in: Aloys BÖMER (Hg.), Epistolae obscurorum virorum, 2 Bde. (Stachelschriften. Ältere Reihe 1,1/2), Heidelberg 1924, hier Bd. 2, S. 105: *Praesertim in Saxonia, ubi fui studens in logica, / Quam docuit me Sibutus, qui est in medicina imbutus, / Et habet antiquam vetulam, quae vendit bonam cerevisiam.* (Zumal in Sachsen, wo ich ein Student der Logik war, / als mich Sibutus unterrichtete, der auch in der Medizin bewandert ist. / Er hat dort eine alte Vettel (unzüchtige Alte), die vortreffliches Bier verkauft.) [MK].

[77] EOV II,51, S. 175.

[78] Corinna (Κόριννα) aus Tanagra in Böotien gebürtig, eine durch Schönheit ausgezeichnete griech. Dichterin, Zeitgenossin des Pindar (vgl. GEORGES 1, Sp. 1693) oder wahrscheinlicher: der fingierte Name einer der Geliebten des Ovid. Vgl. Ov. Am. 3,1,49; Ov. Trist. 4,10,60.

[79] In den erotischen Gedichten Catulls (‚Carmina') taucht eine Frau mit dem Decknamen Lesbia auf. Vgl. Niklas HOLZBERG, Catull. Der Dichter und sein erotisches Werk, München 2002; William FITZEGERALD, Catullan Provocations. Lyric Poetry and the Drama of Position, Berkeley 1995; Christian HILD, Liebesgedichte als Wagnis. Emotionen und generationelle Prozesse in Catulls Lesbiagedichten, St. Ingbert 2013.

Phaccus, der eigentlich eher als Randfigur des Humanismus (*minor figure*) gehandelt wird,[81] wurde von Hutten der Freundschaft wegen verschont. Sibutus hingegen, situierter Humanist und *poeta laureatus*,[82] öffentlich gedemütigt. Und das offensichtlich nur, weil er sich auf die vermeintlich ‚falsche Seite' geschlagen hatte. So ist Huttens Widmung an Kilian Reuter zweifelsohne als Seitenhieb zu verstehen, gleichsam verstärkt durch die rhetorische Frage als Schlusspointe: *Quis placet Huttenus, omnibus ille placet?* Auch das Ovid-Zitat (*quis credere possit?*) könnte man nun folgendermaßen lesen: ‚Die Struktur meiner Klagen ist übrigens an Ovid angelehnt, falls Du es noch nicht erkannt haben solltest.' Es ist sehr wahrscheinlich, dass diese versteckten Attacken nicht für jeden Zeitgenossen sofort erkennbar waren, vielmehr waren sie, in diesem Beispiel, explizit an Kilian Reuter sowie eine kleine Corona gerichtet, die mit den humanistischen Spielregeln und den Umständen dieser Auseinandersetzung vertraut war.

Die Beispiele zeigen, dass Hutten mit seinen ‚Klagen' verschiedene Publika anzusprechen gedachte. Zum einen wollte er den Greifswalder Lötz öffentlich schaden und die angetastete Ehre wiederherstellen, zum anderen aber auch ein erstes Ausrufezeichen in der agonalen Welt des deutschen Humanismus setzen. Weiterhin wurde deutlich, dass diese Kämpfe wohl vorwiegend mithilfe der Invektive ausgefochten wurden, da durch diese In- und Exklusionsmechanismen in dynamischer Weise aktiviert werden konnten.[83] Es soll daher nun besonders der Frage nachgegangen werden, inwieweit sich Hutten in einer ‚humanistischen Teilöffentlichkeit' profilieren konnte,[84] indem er eine äußerst elaborierte literarische Invektive gegen eine angesehene Kaufmannsfamilie aus Pommern in den Druck gab.

---

[80] Neben Ovid und Tibull ist Properz der dritte erhaltene Dichter der augusteischen Liebeselegie. Was bei Tibull Delia ist, ist bei Ovid Corinna, bei Properz Cynthia. Vgl. Francis CAIRNS, Sextus Propertius. The Augustan Elegist, Cambridge 2006; Peter HABERMEHL, Tod und Verklärung. Cynthias letzter Auftritt in den Elegien des Properz (4,7 und 8), in: Antike und Abendland 59, Heft 1 (2013), S. 58–79.
[81] Vgl. OVERFIELD (1984), S. 213–214.
[82] Krönung am 24. Juni 1505 durch Kaiser Maximilian I. in Köln. Vgl. SEELBACH (2013), Sp. 884.
[83] Vgl. ISRAEL (2019); ISRAEL/KRAUS/SASSO (2021), S. 1–13.
[84] Vgl. schon die Überlegungen zu unterschiedlichen, sich überlappenden Teilöffentlichkeiten bei KRAUS (2021).

1.4 Huttens ‚Querelae in Lossios': Soziale Positionierung zwischen Invektive und Elegie, zwischen Agon und Distinktion

Der persönliche Angriff diente Ulrich von Hutten wie anderen Humanisten dazu, Gruppendynamiken in Gang zu setzen, d. h. In- und Exklusionsmechanismen (*in-group* u. *out-group*) zu aktivieren.[85] Der Aufbau von Huttens ‚Querelae in Lossios' zeugt von diesem humanistischen Spiel der sozialen Positionierung zwischen Agon und Distinktion, zwischen Wettkampf und Abgrenzung. Mit der Apostrophierung der ovidianischen Elegiendichtung stellt Hutten sich in die Tradition der Exildichter,[86] eine beliebte Form des *self-fashioning* in der humanistischen Weltanschauung.[87] Dies lässt außerdem vermuten, dass Hutten mit seiner Invektive nicht nur die feindlichen Lötz und die städtische Öffentlichkeit in Greifswald erreichen wollte, sondern vielmehr eine von ihm auserlesene Corona bekannter Humanisten, quasi sein persönliches soziales ‚Netzwerk', das er gekonnt öffentlich zu inszenieren wusste. Dynamisierend konnten aber auch Paratexte, wie Widmungen oder (Widmungs-)Vorreden, auf den *invective mode* wirken,[88] wie das obige Beispiel mit Kilian Reuter verdeutlichen mag.[89] Überblicken wir zunächst den Aufbau des Werkes.

Die Schreiberintention wird eigentlich schon dadurch deutlich, dass Hutten die einzelnen Elegien an verschiedene Parteigänger und Freunde der humanistischen Idee adressiert. Die Lötz hingegen stellte er als Vertreter der alten scholastischen Lehrmeinung dar und durch den Druck und die Schärfe der Invektive auch öffentlich an den Pranger.[90] Beginnend mit einem Widmungsbrief an das Kollegium der Universität Rostock (datiert: 15. Juli 1510 aus Rostock) formuliert Hutten in Bezug auf die Struktur seiner Invektive selbst:

---

[85] Vgl. Niklas LUHMANN, Inklusion und Exklusion, in: Helmut BERDING (Hg.), Nationales Bewußtsein und kollektive Identität (Studien zur Entwicklung des kollektiven Bewußtseins in der Neuzeit 2), Frankfurt a. M. 1994, S. 15–45.
[86] Vgl. BECKER (2008), S. 123: Die ‚Tristien' stellen mehr noch als die übrigen Exildichtungen Ovids den Hypotext für Huttens Elegien dar. Vgl. Gérard GENETTE, Palimpseste. Die Literatur auf zweiter Stufe, Frankfurt a. M. 1993, S. 14–21.
[87] Francesco FURLAN, Gabriel SIEMONEIT u. Hartmut WULFRAM (Hgg.), Exil und Heimatferne in der Literatur des Humanismus. L'esilio e la lontananza dalla patria nella letteratura umanistica, Tübingen 2019, 317–336.
[88] Vgl. Tobias DÄNZER, Polemica e filosofia nella prefazione al Carmide del Poliziano, in: Humanistica. An International Journal of Early Renaissance Studies 12 (2017), S. 83–92.
[89] Siehe auch Isabella WALSER-BÜRGLER, Valerio SANZOTTA u. Hartmut WULFRAM (Hgg.), La tradizione della dedica nel mondo neolatino. Die Tradition der Widmung in der neulateinischen Welt. The Tradition of Dedication in the Neo-Latin World (Humanistica. An International Journal of Early Renaissance Studies 12 [N.S. 6], Bde. 1–2, 2017), Pisa u. Rom 2018.
[90] Hierzu neuerdings Jan-Hendryk DE BOER, Wie aus Agon Antagonismus wird. Scholastisch-humanistische Grenzpolitik um 1500, in: HZ 303/3 (2016), S. 643–670, bes. S. 647: „Der scholastisch-humanistische Gegensatz, lange als konstitutiv gesehen, tritt zurück, wohingegen persönliche Rivalität, verletztes Ehrgefühl und Konkurrenz um Einfluss und Macht als entscheidend für Ausbruch und Eskalation des Konflikts gesehen werden."

Ad sedecimviros gymnasii rostochiensis Vlrici Hvtteni Epistola cum tetrastichis in singvlos.
Nihil a me scribi hac tempestate, nihil pene dici debet, viri ornatissimi sine vestri honoris praefatione. Cum enim hieme praeterita in spoliatorem Lossium incidissem, nudusque ad vos diverterem, et honorifice sum susceptus, et habitus liberaliter. Scripsi itaque iis diebus, quos apud vos humanas litteras professus sum, Elegias quasdam ad diversos de fortuna mea; quas ubi in ordinem congesseram atque edendas putavi, vobis nuncupare volui. Quid enim meo carmini amplius, quid honorificum magis accidere posset, quam tantorum virorum praescriptio? Atque eo magis solatio hoc mihi esse debet, quo ea res aemulum meum, qui perpetuo quodam odio in me iuravit, inflammabit, magisque ac magis ad invidendum excitabit. Ego mehercule nullam maioris ultionem facio quam eam qua inimicos nostros conscientia malorum suorum pungi macerarique insultantes ferimus. Accipite ergo hos Querelarum libros (sic enim inscribere visum est) atque ita accipite, ut si ingenium non omnino probetis, causam saltem meam, quae omnium vestro indicio optima iampridem censa est, defendatis. Adiunxi Tetrasticha quaedam in singulos, exiguum pro tanta vestra benevolentia munus; ut scilicet intelligeret spoliaor meus et si quis item nasutus accesserit, tam me honos laudare quam vituperare malos. Valete et Huttenum vestrum legite atque tuemini. Ex officina mea litteraria Rostochii Idibus Iulii.[91]

Brief Ulrichs von Hutten an das sechzehnköpfige Kollegium des Rostocker Gymnasiums mit einem Tetrastichon für jeden einzelnen.
Nichts dürfte in dieser Zeit von mir geschrieben, nichts beinahe gesagt werden, sehr verehrte Herren, ohne dass ich Euch vorher ehrenhaft erwähne. Als ich nämlich im letzten Winter dem Räuber Lötz in die Hände gefallen war und nackt bei Euch Zuflucht suchte, bin ich ehrenhaft aufgenommen und freigiebig behandelt worden. Ich habe daher in den Tagen, als ich bei Euch Literatur unterrichtete, einige Elegien an verschiedene Personen über mein Schicksal verfasst; als ich diese nun in die richtige Reihenfolge gebracht hatte und druckreif glaubte, wollte ich sie Euch widmen. Was nämlich könnte meinem Gedichtbuch Größeres, was Ehrenhafteres passieren, als die Widmung an so bedeutende Männer? Und das muss mir umso mehr ein Trost sein, als diese Sache meinen Rivalen, der sich in einem unvergänglichen Hass gegen mich verschworen hat, erzürnen und ihn immer weiter in den Zorn treiben wird. Ich kann bei Gott keine bedeutsamere Rache üben als die, mit der wir unsere Feinde schlagen, indem wir darüber frohlockten, dass sie sich durch das schlechte Gewissen wegen ihrer Taten heftig quälen. Nehmt also diese Bücher der ‚Querelen', so will ich sie nämlich betiteln, und nehmt sie so, dass Ihr, auch wenn Ihr die darin zum Ausdruck kommende persönliche Veranlagung nicht völlig billigen könnt, wenigstens meine Sache verteidigt, die nach Euer aller Urteil schon längst als sehr gut entschieden ist. Ich habe als kleines Geschenk für Euer so großes Wohlwollen ein Tetrastichon für jeden Einzelnen angefügt, natürlich zu dem Zweck, dass mein Schädiger, und falls ein anderer ebenso spöttisch daherkommt, erkennt, dass ich die Guten ebenso lobe, wie ich die Bösen tadele. Lebt wohl und lest und beschützt Euren Hutten. Aus meiner Dichterwerkstatt, Rostock, am 15. Juli 1510.[92]

Mit dem Antagonismus der rhetorischen Gattungen *laudatio* (für die Rostocker Professoren) und *vituperatio* (gegen die Lötze) schaltet Hutten mit Cicero

---

[91] BÖCKING I, S. 10.
[92] BECKER (2008), S. 117.

freilich ein persuasives Element ein[93] und gewinnt so, zusätzlich zum Werktitel, wieder den Bezug zur Invektive.[94] Jeder der Rostocker Professoren, die Anspruch und Würde des *poeta* erkannt hätten, erhält also zunächst eines der 16 Tetrasticha:[95]

1. Gerhard Frilden, Prof. d. Theologie, Rektor.[96]
2. Niclas Löwe, Prof. d. Rechts, Rektor.[97]
3. Jochann Berchmann, genannt ‚Montanus', Prof. d. Rechts.[98]
4. Iberus Grot, Prof. d. Rechts, Rektor (unter seinem Rektorat kam Hutten nach Rostock).[99]
5. Peter Boegen, Prof. d. Rechts, Rektor.[100]
6. Heinrich Mulert, Prof. d. Rechts.[101]
7. Berthold Moller, Prof. der Theologie.[102]
8. Heinrich Kruselmann, Prof. d. Philosophie, Rektor.[103]
9. Joachim Nigemann, Prof. d. Philosophie.[104]
10. Eberhard Dikmann, Prof. d. Philosophie, Rektor.[105]
11. **Egbert Harlem**, Prof. d. Philosophie, Rektor (Huttens Gastwirt).[106]
12. Heinrich Holzmann, Prof. d. Philosophie.[107]
13. Johann Lobering, Prof. d. Rechts (wohl Sachwalter in Huttens Angelegenheit).[108]
14. Johann von Sonnenberg („der Franke' genannt, da er aus Würzburg stammt).[109]

---

[93] Cic. de orat. 2, 35.
[94] Vgl. BECKER (2008), S. 119.
[95] BÖCKING I, S. 10–13.
[96] Zwei seiner Schriften haben sich erhalten: das ‚Responsum Theologicum' sowie das ‚Exercitium artis veteris'. Vgl. Ernst H. MÜNCH, Des teutschen Ritters Ulrich von Hutten sämmtliche Werke, 6 Bde., Berlin u. Leipzig 1821–1827, hier MÜNCH 1, S. 314; Georg F. MOHNIKE, In Wedegum Loetz et filium eius Henningum querelarum libri duo. Ulrich Hutten's Klagen gegen Wedeg Loetz und dessen Sohn Henning zwei Bücher, Greifswald 1816, S. 362–363; weiterhin: Markowski MIECZYSŁAW, Gerhard Frilden – Ein Rostocker Averroist, in: Acta Mediaevalia 8 (1995), S. 77–82.
[97] Stammt aus Stettin, Studien in Rostock sowie Promotion in Greifswald. Vgl. MÜNCH 1, S. 314; MOHNIKE (1816), S. 363–365.
[98] Vgl. MÜNCH 1, S. 314; MOHNIKE (1816), S. 365–366.
[99] Vgl. MÜNCH 1, S. 314; MOHNIKE (1816), S. 366.
[100] Vgl. MÜNCH 1, S. 314–315; MOHNIKE (1816), S. 366–367.
[101] Von Bogislaw X. zum Hofrat gemacht, starb an der Pest. Vgl. MÜNCH 1, S. 315; MOHNIKE (1816), S. 367–368.
[102] Erklärter Gegner der neuen evangelischen Lehrmeinung. Schrieb einen Kommentar über die Grammatik des Donatus. Vgl. MÜNCH 1, S. 315; MOHNIKE (1816), S. 368.
[103] Vgl. MÜNCH 1, S. 315; MOHNIKE (1816), S. 368–369.
[104] Vgl. MÜNCH 1, S. 315; MOHNIKE (1816), S. 369; zweiter lutherischer Superintendent von Stade, hatte Hutten gleich nach dessen Ankunft in Rostock unterstützt, vgl. ADB 23, S. 326–327.
[105] Vgl. MÜNCH 1, S. 315; MOHNIKE (1816), S. 369–370.
[106] Vgl. MÜNCH 1, S. 315; MOHNIKE (1816), S. 370–371.
[107] Vgl. MÜNCH 1, S. 315; MOHNIKE (1816), S. 371.
[108] Vgl. MÜNCH 1, S. 315; MOHNIKE (1816), S. 371; BÖCKING III, S. 63: ‚Querelae' II, 9.
[109] Ein guter Freund Hermanns von dem Busche, der ihm später sein ‚Specilegium 35 illustr. Philosoph.' widmete. Vgl. MÜNCH 1, S. 315; MOHNIKE (1816), S. 371–373.

15. Jodocus Stagen, Prof. d. Philosophie u. Regens der *Porta Caeli*.[110]
16. Jacob Trempen, Mag. u. Baccal. d. Theologie.[111]

Die Klagen zeigen deutlich, dass eine dritte Instanz als Publikum, vor allem in der Funktion als Schiedsrichter, auftritt, um deren Gunst es sich bei den Teilnehmern dieses exklusiven humanistischen Spiels dreht.[112] Auch das eigentliche Buch richtet sich an verschiedene Persönlichkeiten. So sind die Elegien 3–9 des ersten Buches an Akteure gerichtet, die mit den Geschehnissen in unmittelbarem Zusammenhang stehen, die des zweiten Buches hingegen vorwiegend an humanistisch gesinnte Freunde, während die Abschlusselegie an die Gesamtschau der Vertreter des deutschen Humanismus appelliert (‚Querelae' II, 10: ‚Ad poetas Germanos'):[113]

Liber unus
1. Gebet an die Götter als Zeugen.
2. Beschreibung des Tathergangs.
3. Graf Wolfgang von Eberstein-Naugard.
4. Joachim Nigemann.
5. Herzog Bogislaw X. von Pommern.
6. Valentin von Stojentin.
7. Ludwig von Hutten (Huttens Vetter).
8. Ulrich Manovius.
9. Nikolaus Marschalk.
10. Ad Lectorem.

Liber secundus
1. Klage, dass die Lötze gegen Hutten vorgehen.
2. Dietrich von Bülow, Bischof von Lübeck.
3. An Huttens ehemalige Rostocker Studenten.
4. Egbert Harlem.
5. Philopompus.
6. **Crotus Rubeanus.**
7. Jakob Bauer.
8. Eobanus Hessus.
9. Johann Lobering.
10. Ad poetas Germanos.[114]

Die erste Elegie enthält stark affektive Textsequenzen (*prooemium*), während die zweite als epischer Bericht konzipiert ist und den Tathergang beschreibt (‚Facinus Lossii', ‚Die Untat des Lötz', *narratio*).[115] Die zehnte Elegie ist bemer-

---

[110] Aus Schauenburg stammend. Vgl. MÜNCH 1, S. 315; MOHNIKE (1816), S. 373–374.
[111] Vgl. MÜNCH 1, S. 316; MOHNIKE (1816), S. 374.
[112] Vgl. BECKER (2008), S. 120–121.
[113] Die in den ‚Querelae' angerufenen Poeten sind dem Anhang in Kapitel VI.1,3 aufgelistet.
[114] BÖCKING III, S. 64–81. Die angerufenen (eindeutig identifizierbaren) deutschen Dichter siehe Anhang.
[115] Vgl. ROLOFF (1994), S. 72–73.

kenswerterweise *ad lectorem* gerichtet und bietet die Schlussrede (*peroratio*) des ersten Buches. Hier weist Hutten sein humanistisches Lebensgefühl aus, dessen scholastischer „Antipode" der Lötz sei. Der Poet lebe stattdessen trotz seiner edlen Abstammung nur in Armut und Elend.[116] Wieder wird, vor allem durch die an den Leser gerichtete Elegie, deutlich, dass Hutten ein Publikum als dritte Instanz akquirierte, um gemeinsames Leid und Betroffenheit zu inszenieren und somit die Solidarität mit der eigenen Sache zu stärken.[117]

Einen Kreis von 16 renommierten Gelehrten wusste einige Jahre später auch Huttens Freund Crotus Rubeanus (gest. nach 1537)[118] als eigene Sodalität in Erfurt zu reklamieren, das als Zentrum und Wirkungsstätte des deutschen Humanismus große Bedeutung erlangt hatte.[119] Als Crotus zum Wintersemester 1520/21 das Rektorat der Universität Erfurt bekleidete, fügte er seinem Abschlussbericht im Immatrikulationsbuch eine farbige Bildtafel bei, die ein großes Wappen im Zentrum zeigt. Dieses Herzwappen des Crotus wird wiederum von Familienzeichen 16 weiterer bekannter Humanisten, darunter Luther, Erasmus und Hutten, gerahmt (**Abb. 6**):[120]

---

[116] Vgl. ROLOFF (1994), S. 73–74, Zitat ebd.
[117] Vgl. BECKER (2008), S. 121; ROLOFF (1994), S. 75.
[118] Vgl. HUBER-REBENICH (2008), Sp. 505–510.
[119] Erfurt als Zentrum und Wirkungsstätte des Humanismus und v. a. des Crotus: Gerlinde HUBER-REBENICH u. Walther LUDWIG (Hgg.), Humanismus in Erfurt, Rudolstadt u. Jena 2002; Gustav BAUCH, Die Universität Erfurt im Zeitalter des Frühhumanismus, Breslau 1904; Paul KALKOFF, Humanismus und Reformation in Erfurt (1500–1530), Halle a. d. Saale 1926; Erich KLEINEIDAM, Spätscholastik, Humanismus und Reformation 1461–1521 (Universitas Studii Erffordensis. Überblick über die Geschichte der Universität Erfurt. Bd. 2), Leipzig ²1992; Dietmar VON DER PFORTEN (Hg.), Große Denker Erfurts und der Erfurter Reformation, Göttingen 2002, S. 118–142.
[120] Vgl. Eckhard BERNSTEIN, Der Erfurter Humanismus am Schnittpunkt von Humanismus und Reformation. Das Rektoratsblatt des Crotus Rubianus, in: Pirckheimer Jahrbuch 12 (1997), S. 137–165, Abbildung S. 138–139. Weitere Deutungen bei: Franz POSSET, Polyglot Humanism in Germany circa 1520 as Luther's Milieu and Matrix. The Evidence of the ‚Rectorate Page' of Crotus Rubeanus, in: Renaissance and Reformation 37 (2003), S. 5–33; Wolfgang BREUL, Der ideale Gelehrtenkreis des Crotus Rubeanus. Ein Bündnis von Humanismus und Reformation, in: Ders. (Hg.), Ritter! Tod! Teufel? Franz von Sickingen und die Reformation, Regensburg 2015, S. 155–156 m. Abb.; Matthias DALL'ASTA, Reuchlin im Gefüge des Renaissance-Humanismus, in: Sönke LORENZ u. Dieter MERTENS (Hgg.), Anwälte der Freiheit! Humanisten und Reformatoren im Dialog. Begleitband zur Ausstellung im Reuchlinhaus Pforzheim, 20. September bis 8. November 2015, Heidelberg 2015, S. 119–146, hier S. 124–130.

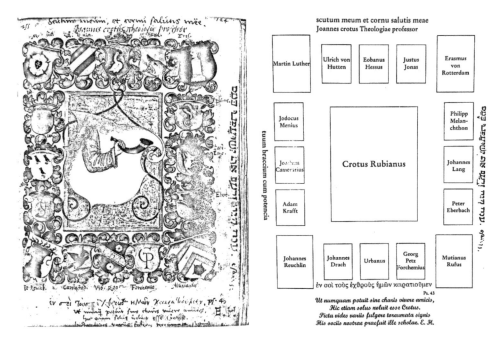

Abbildung 6: Rektoratsblatt des Crotus Rubeanus zum Wintersemester 1520/21 rechts m. Auflösung nach BERNSTEIN (1997), S. 138–139.

Die Idee der humanistischen Sodalitas wird hier aber nicht nur durch das opulente Wappenbild visualisiert, sondern ebenso durch die biblischen Zitate an den Rändern und das Gedicht, das Eobanus Hessus in seiner Ausgabe dem Bild beigab:[121]

> Ut numquam potuit sine charis vivere amicis,
> Hic etiam solus noluit esse Crotus.
> Picta vides variis fulgere toreumata signis
> His sociis nostrae praefuit ille scholae. E.H.

> Wie Crotus niemals ohne seine geliebten Freunde leben konnte,
> so wollte er auch hier nicht alleine sein.
> Gemalte Bilder siehst Du auf den verschiedenen Wappen glänzen,
> mit seinen Gefährten stand er unserer Schule vor. E.H. [MK]

Mit den vier Bibelzitaten in lateinischer, griechischer und hebräischer Sprache[122] postuliert Crotus deutlich das humanistische Ideal des *vir trilinguis*

---

[121] Vgl. Bernstein (1997), S. 151.
[122] 1. lateinisches Zitat oben: 2. Sam. 22,3: *scutum meum et ecornu salutis meae* (Der Herr ist mein Fels und meine Burg, mein Erretter. Gott ist mein Hort, auf den ich traue, mein Schild und Berg meines Heils, mein Schutz und meine Zuflucht, mein Heiland, der du mir hilfst vor Gewalt); 2. lat. Zitat: Ps. 89,11: *tuum braccium cum potencia* (Du

und formuliert somit eine wichtige Lizenz der Gruppenzugehörigkeit. Ebenso könnte man diese Form der Gruppenbildung freilich auch als Form der Herabsetzung verstehen. So grenzt Crotus durch die Hinzufügung der Zitate nämlich nicht nur diejenigen aus, die nicht sprachgewandt genug waren, um die Botschaft der versteckten Nachricht zu verstehen,[123] sondern ebenso die Vertreter der alten Lehrmeinung in Erfurt. Denn als Rektor konnte sich dies nur auf seine Universitätsbehörden beziehen, da er insbesondere Akteure in seinen Kreis aufnahm, die entweder gar nichts mit der Hochschule dort zu tun hatten oder gar zum neuen ‚radikalen' Flügel des Erfurter Humanismus zu zählen waren (Peter Eberbach, Eobanus Hessus, Ulrich von Hutten, Johannes Lang, Justus Jonas).[124] Spannend ist aber auch, dass Crotus nicht durch Worte, sondern durch die Wappen seiner Freunde auf das humanistische Umfeld hinweist. Diese Form der Standesrepräsentation stand zu Beginn des 16. Jahrhunderts noch weitestgehend dem Adel zu.[125] Die Übernahme alter Modi von

---

hast Deine Feinde zerstreut mit deinem starken Arm); griech., Ps. 43,6: „Durch Dich wollen wir unsere Feinde zu Boden stoßen, in Deinem Namen niedertreten, die sich gegen uns erheben (*in te inimicos nostros ventilabimus cornu*)"; hebr., Jes. 33,2: „Sei unser Arm alle Morgen, dazu unser Heil zur Zeit der Trübsal." Bemerkenswerterweise ist die hebräische Stelle falsch herum zitiert worden. Entweder war der Schreiber kein Kenner des Hebräischen, das erst allmählich an deutschen Universitäten in dieser Zeit aufkam, oder Crotus hatte diesen Schreibfehler beabsichtigt, um den Leser, der sich angesprochen fühlte, zu necken.

[123] Vgl. BERNSTEIN (1997), S. 155–159.
[124] Vgl. KLEINEIDAM (1992), S. 223; BERNSTEIN (1997), S. 149–150.
[125] Anfang des 16. Jahrhunderts war die Wappenfähigkeit zwar freilich auch bereits auf Vollbürger ausgedehnt, dennoch kamen einige der angezeigten Humanisten aus eher bescheidenen Verhältnissen (Eobanus Hessus oder Crotus selbst). Von den insgesamt 17 dargestellten Wappen handelt es sich lediglich bei Hutten, Peter Eberbach, Mutianus Rufus, Johannes Drach (Draco), Adam Krafft und Joachim Camerarius um tatsächliche Familienwappen. Huttens Wappen zeigt beispielsweise zwei rote Schrägbalken auf goldenem Grund. Die übrigen scheinen von den Humanisten selbst (Justus Jonas, Erasmus, Melanchthon u. a.) oder von Freunden entworfen zu sein (Crotus u. Hessus; beide hatte Mutianus Rufus entworfen oder entwerfen lassen, wie der Poet Euricius berichtet, er habe bei einem Besuch in Gotha die Wappen Spalatins, des Crotus und des Hessus gesehen, die jener dort aufgehängt habe; vgl. GILLERT 2 [1890], S. 137–138). Es sind sozusagen ‚redende' Wappen, die Eigenschaften des Gelehrten mit programmatischer Bildlichkeit symbolisieren oder auf den Namen anspielen sollen. Ein besonders schönes Beispiel ist das Wappen des Johannes Reuchlin. Dieser hatte im Jahre 1492 das sogenannte kleine Palatinat durch Kaiser Friedrich III. erhalten, das ihn dazu berechtigte, Doktoren zu promovieren und Notare zu ernennen. In der Ernennungsurkunde war das Wappen nicht nur farbig dargestellt, sondern obendrein noch ausführlich kommentiert. Es zeigt einen goldenen Rauchaltar mit glühenden Kohlen sowie der Aufschrift *ara Capnionis* (‚Räuchlein'), sein von ihm selbst nicht selten benutzter Beiname. Darüber befindet sich ein Turnierhelm, der von einem gelben Mühlrad, dem Dichterlorbeer sowie blauen und goldenen Priesterbinden umschlungen war. Das große Wappen des Crotus im Zentrum ist eine phantasievolle Anspielung auf seinen Namen. Denn eigentlich hieß er mit bürgerlichem Namen Johannes Jäger, daher das schwarze Jagdhorn auf dem Wappen. Crotus selbst ist lediglich die gräzisierte Form seines Nachnamens, die sich vom Schützen Krótos ableitet. Rubenaus ist vom lateinischen *rubus* (Brombeerstrauch)

Herrschaftsausübung, -repräsentation und -legitimation war aber schon immer ein bewährtes Mittel gewesen, sich in einer Zeit medialer und gesellschaftlicher Umbrüche zu behaupten. Dies gilt auch für die ‚humanistische Standesehre'.[126] So wie für Crotus Wappen als Ausweis der Gruppenzugehörigkeit dienten, so instrumentalisierte Hutten dagegen, als einer der wenigen Vertreter mit tatsächlichem adeligen Hintergrund, vorwiegend Invektivität, um Auseinandersetzungen, sowohl im publizistischen als auch im gelehrten Feld, zu seinen Gunsten zu beeinflussen. Die Fehde schien für Hutten, wie wir im Folgenden noch sehen werden, also nicht nur der geeignete institutionelle Rahmen für seine anfangs noch auf weltliche Obrigkeiten abzielenden Schmähungen gewesen zu sein, in dem Hutten seine Ehre als Reichsritter verteidigen konnte. Gleichfalls eignete sie sich ihm als bewährte Arena, deren ‚Spielregeln' den Standesgenossen zudem geläufig waren.[127] Der Angriff in Elegie II,7, die an seinen Verwandten Ludwig von Hutten gerichtet ist, kann daher auch nur als eine bloße Drohung an die neuen Gegner verstanden werden.

Insgesamt schließt die Veröffentlichung von Huttens ‚Querelen' keineswegs aus, dass er sich bei den beschriebenen Humanisten erst Ansehen beschaffen und anschließend seinen Ruhm als Dichter begründen wollte.[128] Generell lässt sich bei Hutten aber sowieso die Tendenz beobachten, privat erlittene Schmach öffentlich zu machen und in einen größeren Diskurs einzubringen.[129] Auf diese

---

hergeleitet und verweist auf seinen Geburtsort Dornheim in Thüringen. Vgl. HUBER-REBENICH, bes. Sp. 505; BERNSTEIN (1997), S. 152–155; DE BOER, (2016), S. 1032–1033; Hansmartin DECKER-HAUSS, Bausteine zur Reuchlin-Biographie, in: Manfred KREBS (Hg.), Johannes Reuchlin (1455–1522). Festgabe seiner Vaterstadt, Pforzheim 1955, S. 83–107, hier S. 93–94.

[126] Vgl. SASSO (2021).

[127] Siehe zur ‚Fehdepraxis' im spätmittelalterlichen Reich vor allen Dingen die Studien von Christine REINLE, Julia EULENSTEIN u. Michael ROTHMANN (Hgg.), Fehdeführung im spätmittelalterlichen Reich. Zwischen adliger Handlungslogik und territorialer Verdichtung (Studien und Texte zur Geistes- und Sozialgeschichte des Mittelalters 7), Affalterbach 2013; Christine REINLE, Fehdepraxis in der ersten Hälfte des 16. Jahrhunderts. Die Sickingen-Fehden im Vergleich mit anderen Fehden, in: Wolfgang BREUL und u. Kurt ANDERMANN (Hgg.), Ritterschaft und Reformation (Geschichtliche Landeskunde 75), Stuttgart 2019, S. 51–80; DIES., Scheltworte, Schandbilder, Absagen: Kommunikation vor, während und über Fehden, in: Joachim SCHNEIDER (Hg.), Kommunikationsnetze des Ritteradels im Reich um 1500 (Geschichtliche Landeskunde 69), Stuttgart 2012, S. 121–146; DIES., Legitimation und Delegitimierung von Fehden in juristischen und theologischen Diskursen des Spätmittelalters, in: Gisela NAEGLE (Hg.), Frieden schaffen und sich verteidigen im Spätmittelalter. Faire la paix et se défendre à la fin du Moyen Âge (Pariser Historische Studien 98), München 2012, S. 83–120; DIES., Innovation oder Transformation? Die Veränderung des Fehdewesens im Spätmittelalter, in: Christian HESSE u. Klaus OSCHEMA (Hgg.), Aufbruch im Mittelalter – Innovationen in Gesellschaften der Vormoderne. Studien zu Ehren von Rainer C. Schwinges, Ostfildern 2010, S. 197–230.

[128] BECKER (2008), S. 127: „Die Begrüßung der jeweiligen Dichter soll *pro conditione* (nach ihrem Stand) erfolgen, wozu als ausschlaggebendes Kriterium der Dichterlorbeer dient."

[129] Vgl. BECKER (2013), S. 13.

Weise war es ihm wohl erst möglich, das Positionierungsspiel überhaupt auf einer größeren Plattform zu betreiben.[130]

1.5 Fazit: Huttens Positionierung im humanistischen Feld: Der Faktor des ‚Öffentlich-Machens'

Wie Arnold BECKER schon richtig betont hatte, ist die Vermischung von Öffentlichem und Privatem bei Ulrich von Hutten kein Einzelfall. Vielmehr lässt sich eine publizistische Strategie vermuten, individuelle Angelegenheiten nicht nur öffentlich zu machen[131] und zu versachlichen, sondern auch insbesondere kleinere Konflikte durch eine persönliche Komponente aufzuladen und öffentlichkeitswirksam zuzuspitzen.[132] Gerade die Veröffentlichung und die Anprangerung entfalteten den sozialen Druck, der die Lötz dazu veranlasste, gegen Huttens Schriften vorzugehen.[133] Die Greifswalder konnten ihrerseits auch gar kein Interesse daran gehabt haben, auf Huttens Schmähung in gleicher Weise zu reagieren, daher war ihr Plan, die Verbreitung der Invektive durch Aufkauf der Texte zu verhindern.[134]

> Die Querelae sind im Ganzen durchsetzt von dem Bewusstsein, dass der *poeta doctus* in der Gesellschaft eine Funktion habe und daß ihm Macht durch seine Handhabung des Wortes zukomme. [...] Der junge Hutten hat die Vorgänge verallgemeinert und so die Rolle des *poeta doctus* in seiner Zeit konzipiert. Subjektives und rollenhaftes Bewußtsein verschmelzen, wie die Dichterschau es symbolisiert, dass der individuelle Fall zum epochalen Ereignis stilisiert wird.[135]

Dass der erhoffte Erfolg seiner Invektive ausblieb, muss wohl am geschickten Vorgehen der Lötz festzumachen sein, denn an der Konzeption lag es nicht. Die Anlehnung an Ovids Elegiendichtung, die Selbststilisierung als irrfahrender Odysseus und die Korrelation von Text und Paratext legen eine intensive philologische und redaktionelle Arbeit nahe. Das Zusammenspiel von Text und Paratext spielt in den ‚Querelen' sowieso eine Sonderrolle, denn die Invektive

---

[130] Vgl. BECKER (2015), S. 61–78; DERS., Strategien polemischer Positionierung in Huttens Dialogen, in: Uwe BAUMANN, Arnold BECKER u. Marc LAUREYS (Hgg.), Polemik im Dialog des Renaissance-Humanismus. Formen, Entwicklungen und Funktionen (Super alta perennis. Studien zur Wirkung der Klassischen Antike 19), Göttingen 2015, S. 87–110.
[131] Vgl. Bernd THUM, Öffentlich-Machen, Öffentlichkeit, Recht. Zu den Grundlagen und Verfahren der politischen Publizistik im Spätmittelalter (mit Überlegungen zur sog. „Rechtssprache"), in: Zeitschrift für Literaturwissenschaft und Linguistik 37 (1980), S. 12–69, hier S. 15.
[132] Vgl. BECKER (2008), S. 73–76.
[133] Schließlich sahen sie sich ja auch mit einer möglichen Gerichtsverhandlung mit Hutten konfrontiert (‚Querelae' I, 5). Daher mussten sie ihren Einfluss auf die Entscheidungsträger rasch ausspielen.
[134] Siehe auch Kapitel II.2 dieser Arbeit.
[135] ROLOFF (1994), S. 76.

enthält in ihrer Druckausgabe neben den epigrammatischen Vierzeilern an die Rostocker Professoren sowie den 20 Elegien der beiden Hauptbücher außerdem noch zwei kleine Briefgedichte des Humanistenfreundes Hermann Trebelius,[136] weiterhin ein Tetrastichon Huttens an den Leser[137] sowie ein recht humoristisches Hendekasyllabon (Äolischer Elfsilber) des Gregor Schmerlin (Publius Vigilantius, gest. 1512),[138] in welchem das personifizierte Buch selbst zum Leser spricht (*Liber loquitur*):[139]

> Liber loquitur. / Nemo me legat, aut revolvat, nemo, / Quem non permoveat scelus malignum, / Audax vel facinus senisque nati, / Vatem quo miserum, probante nullo / Causam, conficiunt, sed ista quisquis / Cernis, desine: non novum, vides, est / Phoebum perfidiae referre poenas, / Ulciscique suos Apollo vates, / O Lossi, solet. Ergo perfer istas / Dicas, atque cave, sacrum poetam / Posthac ne laceres, vel haec sequetur / Velox Archilochi poetae iambus, / Quo viso miseram fugit Lycambe / Vitam, quem laqueo iuvat perire.

> Das Buch spricht. Niemand soll mich lesen oder aufschlagen, den das ruchlose Verbrechen, die Frechheit des Alten und seines Sohnes denn nicht empört. Wie sie den armen Propheten, quasi ungeprüft, derart peinigen. Aber wie Du und jedermann sehen kann, ach hör auf, nicht schon wieder. Du siehst ja, es ist halt so, dass Phoebus (Apollo) Wortbrüche bestraft. Apollo pflegt es außerdem, o Lötz, seine Dichter zu rächen. Also dulde nun diese Prozesse, und hüte Dich, den geweihten Dichter künftig weiter zu quälen. Oder sonst folgt auf der Stelle der pfeilschnelle Jambus[140] des Dich-

---

[136] BÖCKING III, S. 20. Trebelius spricht erst als personifizierter Lötz (*in persona Lossii*) an den Leser, im zweiten wendet er sich unmittelbar an den Leser (*de dvobus Lossiis*). Beide Texte sind mit einem Übersetzungsvorschlag im Anhang dieser Studie zu finden (Kapitel VI.1,1 u. VI.1,2).

[137] BÖCKING III, S. 83–84: *Tractet, amet, legat, excipiat, colat, audiat, adsit / Cui placet haec novitas; / Spernat, agat, cremet, eiiciat, premat, oderit, absit / Quisquis ubique nocet.* // Der soll das Buch in die Hand nehmen, lieben, lesen, sich langfristig damit beschäftigen, es hören und mit dem Buch leben, wem diese Neuheit [das Buch] gefällt, der möge es schmähen, wegschmeißen, verbrennen, beschlafen, hassen oder einfach ohne das Buch leben, wer, wo auch immer, Unheil stiftet. [MK].

[138] Vgl. Franz J. WORSTBROCK, Art. Vigilantius, Publius, in: VLHum 2 (2013), Sp. 1245–1254.

[139] BÖCKING III, S. 83.

[140] Der Name leitet sich der Tradition zufolge von Iambe (Ἰάμβη) her, in der griechischen Mythologie eine Dienerin im Haus des Königs von Eleusis, in das die um ihre entführte Tochter Persephone trauernde Göttin Demeter einkehrt. Iambe gelingt es durch derbe Scherze, die Göttin wieder zum Lachen zu bringen. Der Jambus ist daher traditionell mit Scherz- und Spottgedichten assoziiert. Iambos bezeichnet bei den Griechen auch ein Gedicht in Jamben. Wegen der Verbindung mit den Scherzen der mythischen Iambe und der Verwendung des Jambus für Schmäh- und Spottgedichte insbesondere bei Archilochos war Iambos auch eine Bezeichnung für ‚Spottgedicht' schlechthin. Von den obszönen Spottgedichten des Iambos-Festes im Dionysos- und Demeterkult und von den Invektiven des Archilochos und seiner Nachfolger leitet sich die Gattung der Iambik her, deren Vertreter Iambiker oder Iambographen genannt werden. Vgl. Christiaan M. J. SICKING, Griechische Verslehre (Handbuch der Altertumswissenschaft II,4), München 1993, S. 88; Wilhelm PAPE, Handwörterbuch der griechischen Sprache 1: Griechisch-deutsches Handwörterbuch: Alpha – Kappa, hg. v. Maximilian Sengebusch,

ters Archilochus.¹⁴¹ Als Lycambes¹⁴² diesen (Jambus) gesehen hatte, will er diesem elenden Leben entfliehen, das er freudig mit dem Strick beendet. [MK]

Huttens Invektive gegen die Greifswalder Lötz hat zwar insgesamt nicht den satirischen Charakter wie beispielsweise die ‚Dunkelmännerbriefe'. Dennoch konnte er sie – auch durch die Interaktion von Text und Paratext – zur ‚doppelten Identitätsbildung' nutzen.¹⁴³ Einerseits stärkt er das Zusammengehörigkeitsgefühl der Humanisten nach innen und außen, indem er zur Gruppenbildung beiträgt, andererseits profiliert er sich auf dem Feld des literarischen Wettstreits der Humanisten, gefochten wird also um die Gunst eines ‚imaginierten Publikums'.¹⁴⁴ Diese Beobachtungen werden uns bei vielen von Huttens Fehden wiederbegegnen, die er sowohl mit der Feder als auch mit dem Schwert führte.

Braunschweig u. a. 1842 (³1914), S. 1233; Ewen L. BOWIE, Iambographen, in: DNP 5 (1998), Sp. 853–856.

141 Archilochus (Ἀρχίλοχος), ein bekannter griech. Dichter aus Paros, nach Cic. Tusc. 1, 3 Zeitgenosse des Romulus, nach Nep. bei Gell. 17, 21, 8 richtiger des Tullus Hostilius, als Erfinder u. Vollender des beißenden Spottgedichtes in Jamben von den Alten als ein zweiter Homer gepriesen, Cic. or. 4; Hor. ep. 1, 19, 24 u. 28; Quint. 10, 1, 60; vgl. GEORGES 1, Sp. 545.

142 Lycambes (Λυκάμβης), ein Thebaner, der, als er dem Archilochus seine schöne Tochter Neobule verweigerte, von des Dichters Spottgedichten so verfolgt wurde, dass er sich mit seiner Tochter erhängte, Hor. epod. 6, 13; vgl. ep. 1, 19, 30; vgl. GEORGES 2, Sp. 738.

143 Identitätspolitik wird sowohl von dominanten Gruppen zur Erhaltung als auch von dominierten Gruppen zur Änderung des Status quo benutzt. Identität wird über Sprache vermittelt. So entsteht sie durch die Kommunikation eines Individuums mit seinen Mitmenschen in jeder Situation neu. (Lothar KRAPPMANN, Soziologische Dimensionen von Identität, Stuttgart 1993, S. 13). Ebenso ist Identität als ein selbstreflexiver Prozess des Individuums zu verstehen (Hans-Peter FREY u. Karl HAUSSER [Hgg.], Identität, Stuttgart 1987, S. 21). Unter der ‚doppelten Identitätsbildung' soll aber vor allem die ‚personale' (vgl. Erik H. ERIKSON, Identität und Lebenszyklus. Drei Aufsätze, Stuttgart 1973) und ‚soziale Identität' entscheidend sein. Vgl. Bernadette MÜLLER, Empirische Identitätsforschung. Personale, soziale und kulturelle Dimensionen der Selbstverortung, Wiesbaden 2011, bes. S. 73–82.

144 Eig. ein Terminus der Psychologie, aber vgl. weiterhin Eden LITT u. Eszter HARGITTAI, The Imagined Audience on Social Network Sites, in: Social Media + Society 2,1 (2016), S. 1–12.

2 Die Fehde gegen Herzog Ulrich von Württemberg (1515–1519)

2.1 Geschicktes Netzwerken: Huttens Stationen in Wittenberg, Wien und die erste Italienreise (1510–1515)

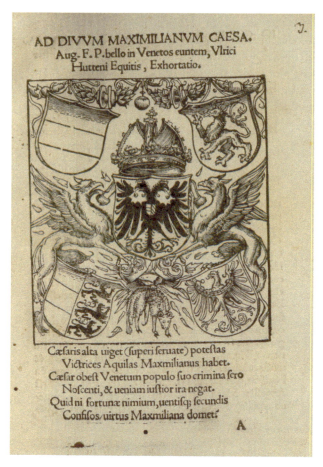

Abbildung 7: Titelholzschnitt (Doppeladler, darunter 3 Distichen) aus der ‚Exhortatio', Druck b. Hieronymus Victor u. Johann Singriener: Wien 1512.

Nach diesem ersten größeren öffentlichen Auftritt wurde es nicht weniger ruhig um den rastlosen Poeten. Von 1510 bis zum Frühjahr 1511 wohnte er bei seinem Freund Phaccus in Wittenberg. Hier vollendete er auch seine vielgelobte ‚Verslehre' (‚Ars versificatoria', gedr. 1511).¹⁴⁵ Danach ging es über

---

¹⁴⁵ Vlrici Hutteni de Arte Versificandi | Liber vnus Heroico carmine ad Io=|annem et Alexandrum Osthenios Po|meranos Equites. Leipzig: Wolfg. Stöckel, [1511]. VD 16, H 6285. BENZING (1956), Nr. 13. Titelepigramm von Philipp Engelbrecht (6 Dist.); Titelbl.:

Böhmen und Mähren weiter nach Wien (Celtis; Vadian), wo er bis Spätsommer 1511 mit den Humanistenfreunden Johannes Mair[146] und Peter Eberbach[147] bei Joachim Vadian unterkam.[148] Auf der Reise dorthin betätigte sich Hutten erstmalig auch als politischer Schriftsteller (‚Exhortatio' an Maximilian, entst. 1511, gedr. 1512 in Wien) und wetterte in populistischer Polemik gegen die Venezianer, die den Kaiser und sein Heer verspottet hätten (**Abb. 7**).[149] Hutten empfiehlt, die kriegerischen Tugenden der Deutschen gegen die aufständischen Frösche ins Feld zu führen und diese wieder in ihren Sumpf zurückzutreiben.[150] Joachim Vadian widmete die Schrift dem Wiener Mathematikprofessor Georg Tannstetter am 12. Januar 1512.[151] Er hinterließ dort ein eigenes Gedicht und sieben Distichen von Johann Abhauser.[152]

Crotus Rubeanus konnte derweil in Fulda die Zustimmung von Huttens Vater für ein Studium der Jurisprudenz in Italien erwirken, das jener im März 1512 in Pavia antrat.[153] Zu seinen Dozenten konnte Hutten den berühmten Juristen Giasone de Mayno (gest. 1519)[154] zählen, der Lehrer des Humanisten An-

---

Widmungsbrief an die Brüder Johannes und Alexander von Osten (Wittenberg, 31. Dez. 1510). Weitere Drucke, auch unter veränderten Titeln, Benzing (1956), Nr. 14–26, darunter: Vlri-|chi de Hutten | Equitis Germani. | Stichologia [...], hg. v. Christoph Hegendorff, Leipzig: Val. Schumann, 1518. Vgl. JAUMANN (2008), Sp. 1203–1204. Hutten widmete diese Schrift am 31. Dezember 1510 seinen jungen Frankfurter Freunden Alexander und Johannes von der Osten (BÖCKING I, S. 15–16), auf deren Wunsch der Abfassung dieser Verskunst zurückgeht. Im Geschmack der Zeit geschrieben, gibt sie die technischen Regeln für die Kunst, Verse zu machen. So ist es ein reines Schulbuch geworden, das oft nachgedruckt wurde; unter anderem vielfach in Leipzig, Nürnberg, Paris und sogar Lyon. Vgl. BENZING (1956), S. 26–34.

[146] Vgl. die Anm. 98 bei Ralf G. CZAPLA, Das Bibelepos in der Frühen Neuzeit. Zur deutschen Geschichte einer europäischen Gattung (Frühe Neuzeit. Studien und Dokumente zur deutschen Literatur und Kultur im europäischen Kontext 165), Berlin u. Boston 2013, S. 64.

[147] Gerald DÖRNER, Eberbach, Peter, in: VLHum 1 (2008), Sp. 569–576.

[148] Vgl. JAUMANN (2008), Sp. 1188.

[149] Das Mahnungsgedicht an Kaiser Maximilian zum Krieg gegen die Venezianer hat Hutten nach seiner Darstellung im Jahre 1511 auf dem Weg nach Wien (auf den Landstraßen Böhmens und Mährens) geschrieben. Seinen Wiener Freunden gefiel es so gut, dass sie eine Abschrift davon nahmen und es Januar 1512 im Druck herausbrachten. Der Kaiser solle den falschen Friedensbeteuerungen der Venezianer nicht nachgeben. Der ‚Exhortatio' folgen das sog. ‚Germanengedicht' (‚Heroicum quod Germania nec virtute nec Ducibus ab Primoribus degenerauerit', 146 Hex.) und das ‚Hutteni Viennam ingredientis Carmen' (14 Dist.), in dem sich Hutten vor den Wiener Freunden als Odysseus stilisiert. Den Sammeldruck der drei Stücke veranlaßte Joachim Vadian. Vgl. BENZING (1956), S. 45–55.

[150] Vgl. Heiko WULFERT, Die Kritik an Papsttum und Kurie bei Ulrich von Hutten (1488–1523) (Rostocker Theologische Studien 21), Berlin 2009, S. 52–53.

[151] BÖCKING I, S. 22–24.

[152] BÖCKING I, S. 24–26.

[153] BÖCKING I, S. 17–21.

[154] Vgl. Lav ŠUBARIĆ, Iason Maynus orator. The life and Orations of an Italian Law Professor, in: Astrid STEINER-WEBER (Hg.), Acta Conventus Neo-Latini Upsaliensis. Proceedings of the Fourteenth International Congress of Neo-Latin Studies (Uppsala 2009), Bd.

drea Alciato (gest. 1550)¹⁵⁵ war. Auch Griechisch lernte Hutten dort. Aufgrund des Krieges in Oberitalien wurde die Universität in Pavia jedoch geschlossen, und Hutten musste nach mehrmaliger Gefangennahme auf beiden Seiten weiter nach Bologna weichen, wo er von Juli 1512 bis Juni 1513 dann ein Studium des Rechts, der Rhetorik, der Poesie und der Philosophie anschloss.¹⁵⁶ Im August trat der Scholar, wohl aus Geldnot heraus, in die Dienste des kaiserlichen Söldnerheers und nahm außerdem an der Belagerung von Padua teil.¹⁵⁷ Zurück in Deutschland geriet Hutten dann in den Sog der Reuchlin-Kontroverse,¹⁵⁸ und im Jahre 1514 bekam er eine Anstellung am Hofe Markgraf Albrechts von Brandenburg (gest. 1545)¹⁵⁹ in Mainz durch die Vermittlung seines Vetters Frowin von Hutten¹⁶⁰ sowie Eitelwolfs von Stein.¹⁶¹ Der Anfang 1515 von Hutten vollendete ‚Panegyricus auf den Erzbischof Albrecht von Brandenburg'¹⁶² warb beim Adel für die humanistischen Ideen. Die Vorrede widmete er Eitelwolf aus Dankbarkeit.¹⁶³ Des Gedichtes wegen soll Erasmus, mit dem Hutten dort zusammentraf, voll des Lobes gewesen sein, von Albrecht gab es als Verdienst dazu noch 200 Goldgulden.¹⁶⁴

2, Leiden 2012, S. 1061–1066; Flavio SANTI, Art. Maino, Giasone, in: DBI 67 (2006), S. 605–607.

¹⁵⁵ Anne ROLET u. Stéphane ROLET (Hgg.), André Alciat (1492–1550): un humaniste au confluent des savoirs dans l'Europe de la Renaissance. Études Renaissantes, Turnhout 2013.

¹⁵⁶ Hutten an seinen Freund Balthasar Phacchus im Sommer aus Wien am 21.08.1512, in: BÖCKING I, S. 26–27.

¹⁵⁷ Vgl. JAUMANN (2008), Sp. 1188.

¹⁵⁸ Vgl. Heinrich GRIMM, Ulrich von Hutten und die Pfefferkorn-Drucke, in: Zeitschrift für Religions- und Geistesgeschichte 8,3 (1956), S. 241–250. Dazu weiterhin Kapitel III.1 dieser Arbeit.

¹⁵⁹ Ludwig GROTE, Kardinal Albrecht und die Renaissance in Halle, Halle a. d. S. 2006; Der Kardinal. Albrecht von Brandenburg, Renaissancefürst und Mäzen (Ausstellung Moritzburg, Dom, Residenz und Kühler Brunnen in Halle/Saale vom 9. September bis 26. November 2006). Ausstellungskatalog der Stiftung Moritzburg, Kunstmuseum des Landes Sachsen-Anhalt; hg. v. Katja SCHNEIDER, Bd. 1: Katalog, hg. v. Thomas SCHAUERTE; Bd. 2: Essays, hg. v. Andreas TACKE, Regensburg 2006.

¹⁶⁰ Vgl. HANNA (2006), S. 85–114.

¹⁶¹ Franz FALK, Der Mainzer Hofmarschall Eitel Wolf von Stein in: Historisch-politische Blätter für das katholische Deutschland 111 (1893), S. 877–894.

¹⁶² In laudem reverendissi|mi Alberthi Archiepiscopi | Moguntini Vlrichi de Hutten | Equitis Panegyricus. Tübingen: Th. Anshelm, Febr. 1515. VD 16, H 6357. Vgl. BENZING (1956), Nr. 47. Weitere Drucke: Nr. 48–49. Ausgabe: BÖCKING III, S. 353–400, die Widmung an Eitelwolf von Stein: BÖCKING I, S. 34–37.

¹⁶³ BÖCKING I, S. 34–37.

¹⁶⁴ Vgl. JAUMANN (2008), Sp. 1189 u. 1205.

2.2 Der Mord im Böblinger Wald: Ein Vertrauensbruch als Initialzündung einer kaskadenhaften Invektivkette (1515–1519)*

Seit Beginn des Jahres 1515 hielt sich Ulrich von Hutten krankheitsbedingt zur Kur in Bad Ems auf. Dort erfuhr er durch den Mainzer Domherrn Marquard von Hattstein (gest. 1522)[165] von der Nachricht vom Tod seines Vetters[166] Hans von Hutten (1477–1515),[167] die er sogleich am 13. Juni an den Bamberger Kanoniker Jakob Fuchs (gest. 1539)[168] weiterleitete.[169] Was war geschehen? Im Mai des Jahres 1515 tötete Herzog Ulrich von Württemberg (gest. 1550),[170] „Reuchlins ungeliebter Landesherr",[171] seinen langjährigen Vertrauten und Oberstallmeister Hans[172] bei einem gemeinsamen Jagdausritt im Böblinger Forst in der Nähe von Stuttgart,[173] weil dieser das Verhältnis des Herzogs mit seiner Gattin

---

* Jan HIRSCHBIEGEL (Kiel) möchte ich an dieser Stelle ganz herzlich für die Zusammenarbeit zu diesem Thema danken. Siehe auch DERS. u. Marius KRAUS, Herzog Ulrich von Württemberg und der Mord an seinem Diener Hans von Hutten, in: Christine REINLE u. Anna-Lena WENDEL (Hgg.), Das Recht in die eigene Hand nehmen? Rechtliche, soziale und theologische Diskurse über Selbstjustiz und Rache (Politiken der Sicherheit / Politics of Security 7), Baden-Baden 2021, S. 321–357. Aus diesem Aufsatz sind Teile in diesem Abschnitt wörtlich wiedergegeben.

165 Konrad WIEDEMANN, Marquard von Hattstein, in: Contemporaries of Erasmus. A Biographical Register of Renaissance and Reformation, hg. von Peter G. BIETENHOLZ u. Thomas B. DEUTSCHER, 3 Bde., Toronto u. a. 1985–1987, hier Bd. 3 (1987), S. 168.
166 BÖCKING I, S. 39–40.
167 Vgl. HANNA (2006), S. 446–454.
168 Jakob Fuchs von Wallburg war zusammen mit Ulrich von Hutten und Johannes Crotus Rubeanus nach Bologna gekommen. 1515 wurde er in Abwesenheit zum Domherrn gewählt, verzichtete aber zugunsten seines älteren Bruders Andreas. Vgl. Emil REICKE u. Helga SCHEIBLE (Hgg.), Willibald Pirckheimers Briefwechsel, 7 Bde. München 1940–2009, hier Bd. 3, S. 98 Anm. 4.
169 BÖCKING I, S. 40–45.
170 Gabriele HAUG-MORITZ, Ulrich I., Herzog von Württemberg, in: NDB 26 (2016), S. 600–601; Hermann EHMER, Art. Ulrich, Herzog von Württemberg, in: BBKL 12 (1997), Sp. 900–902; Volker PRESS, Herzog Ulrich (1498–1550), in: Robert UHLAND (Hg.), 900 Jahre Haus Württemberg. Leben und Leistung für Land und Volk, Stuttgart 1984, S. 110–135; Eugen SCHNEIDER, Art. Ulrich, Herzog von Württemberg, in: ADB 39 (1895), S. 237–243.
171 DE BOER (2016), S. 878.
172 Vgl. aus vertrauenstheoretischer bzw. geschichtlicher Perspektive: Jan HIRSCHBIEGEL, Nahbeziehungen bei Hof – Manifestationen des Vertrauens. Karrieren in reichsfürstlichen Diensten am Ende des Mittelalters (Norm und Struktur 44), Köln u. a. 2015, zur theoretischen Begründung der Figur des Vertrauten im Unterschied zu derjenigen des Günstlings als Erscheinungsform interpersonalen Vertrauens in einer hierarchisch bestimmten Beziehung, S. 48–78, hier S. 63–66.
173 Zum historischen Kontext Franz BRENDLE, Dynastie, Reich und Reformation. Die württembergischen Herzöge Ulrich und Christoph, die Habsburger und Frankreich (Veröffentlichungen der Kommission für Geschichtliche Landeskunde in Baden-Württemberg. Reihe B: Forschungen 141), Stuttgart 1998, S. 33–71. Vgl. auch HANNA, (2003), S. 48–71; HANNA (2006), S. 447–454. Zur publizistischen Offensive Ulrichs von Hutten: LUDWIG (2001) S. 103–116, hier zusammenfassend S. 105–107. Vgl. Erich ZIMMERMANN,

Ursula (verh. seit 1514),[174] Tochter des herzoglichen Erbmarschalls Konrad Thumb von Neuburg,[175] in der höfischen Öffentlichkeit[176] bekannt gemacht hatte.[177] Herzog Ulrich überwarf sich mit diesem Akt der Selbstjustiz nicht nur mit den Hutten selbst, sondern auch mit seiner Gemahlin Sabine von Bayern (gest. 1564),[178] mit der er seit 1511 verheiratet war,[179] und damit auch mit dem mächtigen bayerischen Herrscherhaus. Sabine, angeblich von Ulrich bedroht und misshandelt,[180] floh mit Hilfe des württembergischen Erbtruchsessen Diet-

---

Ulrichs von Hutten literarische Fehde gegen Herzog Ulrich von Württemberg, Diss. Greifswald 1922.

[174] Rudolf Bütterlin, Ursula Thumb von Neuburg. Versuch einer Rollendeutung für die Witwe Hans von Huttens, in: Zeitschrift für Württembergische Landesgeschichte 40 (1981), S. 327–333.

[175] Jakob R. Frank, Konrad Thumb von Neuburg und sein Sohn Hans Konrad, die beiden ersten württembergischen Erbmarschälle. Ein Beitrag zur Geschichte der Herrschaft Stettenfels, in: Historischer Verein Heilbronn 25 (1966), S. 96–107; Rudolf Krauss, Art. Thumb von Neuburg, in: ADB 38 (1894), S. 163–165. Konrad Thumb von Neuburg (gest. 1525) gilt als erster Erbmarschall von Württemberg, ernannt 1507 durch Herzog Ulrich wegen seiner Verdienste im Landshuter Erbfolgekrieg. Dem noch minderjährigen Ulrich diente er als Kammermeister. 1503 ist er von Maximilian seiner Vermundschaft wegen zum kaiserlichen Rat ernannt worden. 1514 war Konrad maßgeblich an der Entstehung des Tübinger Vertrages beteiligt. Vgl. Hirschbiegel (2015), S. 220 Anm. 315; Georg-Wilhelm Hanna, Mänade, Malefiz und Machtverlust. Herzog Ulrich von Württemberg und Hans von Hutten. Politische Folgen eines Mordfalles, Köngen 2003, S. 25–28.

[176] Verstanden als eine selektive qualifizierte Öffentlichkeit, Werner Paravicini, Zeremoniell und Raum, in: Ders. (Hg.), Zeremoniell und Raum. 4. Symposium der Residenzen-Kommission der Akademie der Wissenschaften in Göttingen, veranstaltet gemeinsam mit dem Deutschen Historischen Institut in Paris und dem Historischen Institut der Universität Potsdam. Potsdam, 25.-27. September 1994 (Residenzenforschung 6), Sigmaringen 1997, S. 11–36, hier S. 15.

[177] Vgl. Hirschbiegel (2015), S. 220–234; Hirschbiegel/Kraus (2021); Vgl. Dieter Mertens, Württemberg, in: Handbuch der Baden-Württembergischen Geschichte, im Auftrag der Kommission für geschichtliche Landeskunde in Baden-Württemberg, Bd. 2: Die Territorien im alten Reich, hg. v. Meinrad Schaab u. Hansmartin Schwarzmaier (Veröffentlichung der Kommission für geschichtliche Landeskunde in Baden-Württemberg), Stuttgart 1995, S. 1–163, hier S. 72–74.

[178] Monja Dotzauer, Die Bibliothek der Herzogin Sabine von Württemberg. Ein Spiegel spätmittelalterlicher Frömmigkeit und reformatorischer Neugier, in: Zeitschrift für Württembergische Landesgeschichte 77 (2018), S. 85–106; Marita A. Panzer, Wittelsbacherinnen. Fürstentöchter einer europäischen Dynastie, Regensburg 2012, S. 67–82.

[179] Die Hochzeit fand deswegen erst 1511 statt, weil Herzog Ulrich meinte, das Herzogtum Bayern mit Württemberg zu einem antihabsburgischen Bündnis verbinden zu können. Vgl. Mertens (1995), S. 69; Hanna (2003) S. 20–22. Zu den Problemen und Irritationen vor und während der Ehe vgl. Katrin N. Marth, „Dem löblichen Hawss Beirn zu pesserung, aufnemung vnd erweiterung …". Die dynastische Politik des Hauses Bayern an der Wende vom Spätmittelalter zur Neuzeit, Diss. Regensburg 2009, S. 26–27 u. 33–44; RI XIV,4,1, Nr. 17987, in: Regesta Imperii Online (15. Dez. 1503): das Beistands- und Kriegsbündnis zwischen Albrecht von Bayern und Herzog Ulrich mit Kommentar und Literatur.

[180] Vgl. Brendle (1998), S. 40–41; Siehe auch Christian Friderich Sattler, Geschichte des Herzogthums Würtenberg unter der Regierung der Herzogen, 13 Bde., Tübingen 1769–

rich Speth (gest. 1536)[181] und auch mit Unterstützung Maximilians zu ihren Brüdern zurück nach München.[182]

Der Herzog leugnete das Geschehen nicht, und nur wenige Tage nach der Tat soll er den Mord dem Bischof von Straßburg mitgeteilt haben, wie der ‚Zimmerischen Chronik' zu entnehmen ist.[183] Die Hutten versammelten nun ihre ritterliche Verwandtschaft, wohl weniger deshalb, damit die Tat gesühnt werde, sondern um vielmehr „die Ehre des Ermordeten als Selbstachtung und innere sittliche Würde wieder hergestellt zu wissen", so HANNA.[184] Die Tötung des Hans von Hutten durch Herzog Ulrich von Württemberg ist außerdem erwiesene Tatsache. Der Leichnam wurde von der Jagdbegleitung um Herzog Heinrich von Braunschweig-Wolfenbüttel (gest. 1568)[185] gefunden, die diesen in eine nahegelegene Kirche verbrachte.[186] Zudem habe Herzog Ulrich, nach eigenem Urteil, nach den Regeln der Feme als Richter und Vollstrecker in eigener Sache gehandelt.[187] Dies unterstrich der Herzog noch dadurch, dass er

---

1783, hier SATTLER 1, Beylagen, S. 191, Nr. 79: ‚Copiae eigenhändigen Schreibens Kayserl. May. An Herzog Ulrichen wegen der Zwistigkeiten mit seiner Gemahlin. d. d. 26. Nov. 1515'; Johann Christoph von ARETIN, Beyträge zur Geschichte und Literatur, vorzüglich aus den Schätzen der pfalzbaierischen Zentralbibliothek zu München 4 (1805), 7 Bde., München 1803–1806, hier ARETIN 4, S. 385–390: ‚Ausschreiben der Herzoginn von Wirtemberg, gebornen Prinzessinn von Baiern, über die Misshandlungen, die sie von ihrem Gemahl Herzog Ulrich erdulden müssen, und über ihre dadurch veranlasste Flucht' (24. Dez. 1515); S. 391–398: ‚Ausschreiben der Herzoge Wilhelm und Ludwig von Baiern, ebendieselbe Angelegenheit betreffend' (20. Dez. 1515).

181 Vgl. BRENDLE (1998), S. 38–39; Theodor SCHÖN, Art. Speth zu Zwiefalten, Dietrich, in: ADB 35 (1893), S. 146.
182 Vgl. BRENDLE (1998), S. 40–45; HANNA (2003), S. 90–91.
183 Zimmerische Chronik urkundlich berichtet von Graf Froben Christof von Zimmern (gest. 1567) und seinem Schreiber Johannes Müller (gest. 1600). Nach der von Karl BARACK besorgten zweiten Ausgabe neu hg. v. Paul HERRMANN 3 (1932), S. 541–542: *Bald darnach ist er zu bischof Wilhelmen von Strassburg, der ain graf von Honstain war, geritten; dem hat er mit allen umbstenden eröffnet, wie es mit dem Hutten ergangen. In der naration aber, wie er dem bischof erzellet, das er den Hutten allain uf dem jagen bedretten, hab er den zu ross angesprengt und etlich mal umb ain hurst hinum gejagt; letslich aber were ine mit dem schwert ain stich gerathen, das dem Hutten, der ime zuvor mermals lauterlich um Gottes und seiner barmherzigkait willen umb gnad gerüeft, ein groser strang bluets uiser dem leib were geloffen; damit dem bischof gesagt: „Der war bonte monte".* Ein Unrechtsbewusstsein Ulrichs lässt sich diesen Zeilen nicht entnehmen.
184 HANNA (2006), S. 450.
185 Christian LIPPELT, Heinrich der Jüngere, Herzog zu Braunschweig und Lüneburg (Wolfenbüttel), in: Horst-Rüdiger JARCK u. a. (Hgg.), Braunschweigisches Biographisches Lexikon – 8. bis 18. Jahrhundert, Braunschweig 2006, S. 322–323; Heinrich SCHMIDT, Heinrich der Jüngere, in: NDB 8 (1969), S. 351–352; Ferdinand SPEHR, Heinrich der Jüngere, Herzog von Braunschweig-Wolfenbüttel, in: ADB 11 (1880), S. 495–500.
186 Vgl. auch Rainer TÄUBRICH, Herzog Heinrich der Jüngere von Braunschweig-Wolfenbüttel. Leben und Politik bis zum Primogeniturvertrag von 1535 (Quellen und Forschungen zur braunschweigischen Geschichte 29), Braunschweig 1991, S. 32–33.
187 Der Herzog fühlte sich freilich im Recht: bspw. BÖCKING I, S. 64–75, Nr. XXX. 4.: „Gedrucktes Ausschreiben Herzog Vlrichs wegen seiner an Hannsen von Hutten begangenen Handlung" (6. Sept. 1516), hier S. 70 (*Wissender Fryschoeff nach des fryen stuls*

den Ermordeten in herabwürdigender Weise mit Degen und Gürtel an einem nahegelegenen Baum anbrachte, wie der Holzschnitt aus Huttens sog. ‚Steckelberger Sammlung' (1519) zu illustrieren versucht (**Abb. 8**).[188]

Abbildung 8: Der Mord an Hans von Hutten. Holzschnitt, sog. Petrarcameister 1517.

Der Mord war es also nicht, der allen so bitter aufstieß und die Sachlage derart eskalieren ließ, sondern vielmehr der ehrabschneidende Umgang mit dem Toten.[189] Der für den Herzog als invektiv eingestufter Akt des ‚Öffentlich-Machens' seines außerehelichen Verhältnisses durch seinen Untergebenen wurde

---

recht) und öfter. Vgl. BRENDLE (1998), S. 36; HANNA (2003), S. 48–49. Der Freischöffe ist Mitglied eines Femegerichts, siehe auch Heiner LÜCK, Art. Freischöffe, in: HRG 1 (2008), Sp. 1777–1779; DERS., Art. Feme, Femgericht, in: HRG 1 (2008), Sp. 1535–1543; Karl KROESCHELL, Art. Feme, in: LexMA 4 (1989) Sp. 347–349. Immer noch grundlegend Theoder LINDNER, Die Veme. Geschichte der „heimlichen Gerichte" Westfalens, unveränd. Nachdruck der 2. Aufl. von 1896 (mit einer neuen Einleitung von Wilhelm JANSSEN), Paderborn 1998, hier zu den Gerichtsverfahren S. 529–626. Allerdings hat der Herzog die Regeln der Feme überhaupt nicht beachtet, denn weder hatte er Hans auf „handhafter Tat" ergriffen noch waren zwei andere Schöffen zugegen. Dies berichtet die Huttenseite, die außerdem darauf hinweist, dass der *Moerder sich auf Wesstuelisch Gericht nit entschulldigen moege.* Vgl. HANNA (2003), S. 60–62; Zitat bei BÖCKING I, S. 75–87, Nr. XXX. 5.: „Derer von Hutten gedrucktes Ausschreiben wider Herzog Ulrichen zu Würtenberg" (22. Sept. 1516), hier S. 79.

[188] München, Bayerische Staatsbibliothek: Münchener DigitalisierungsZentrum. Digitale Bibliothek, Res/4 Germ.sp. 171 m: Super interfectione […] (1519), Bl. 18; BÖCKING I, S. 55–60, Nr. XXX. 1.: „Ausschreiben Ludwigs und anderer von Hutten gegen Herzog Ulrich von Wirtemberg" (10. Nov. 1515), hier S. 60.

[189] Vgl. BÖCKING I, S. 59; vgl. HANNA (2003), S. 139.

mit einer Gegeninvektive, der öffentlichen Schmähung des Leichnams, beantwortet. Die ausschweifende und vor allem invektivale Publizistik im Anschluss, die durch diese für die Akteure wohl als extrem verletzend wahrgenommenen ‚Trigger' oder ‚Affektgeneratoren'[190] in Gang gesetzt wurde,[191] trug man mit böswilliger Härte in einer neuen ‚Öffentlichkeitsvielfalt' des Buchdruckes aus. Auf inhaltlicher Ebene erwecken die Texte aber den Eindruck, dass das von beiden Seiten beschworene enttäuschte Vertrauen in der Auseinandersetzung nur instrumentalisiert wurde, um die jeweils verletzte Ehre und damit auch ihre Reputation wiederherzustellen.[192]

In ihrem Angehörigen Ulrich von Hutten fanden das Opfer und seine Familie schnell einen lautstarken Verteidiger ihrer Ehre, der ohne zu Zögern an der Familienfehde teilnahm. Neben fünf ciceronianischen Invektivreden (1515–1519, Druck lat. i. d. ‚Steckelberger Sammlung, 1519)[193] steuerte der Poet auch ein an Lukian geschultes Unterweltsgespräch, seinen Dialog ‚Phalarismus' (Druck: lat. 1517),[194] bei, in welchem er den Herzog als mustergültigen Tyrannen entlarvt.[195] Diese (literarischen) Invektiven haben zudem allesamt seit ihrer Publikation in den Jahren 1517–21 „so starke öffentliche Reaktionen hervorgerufen, dass an ihrer historischen Wirksamkeit kaum Zweifel [aufkommt]".[196] Zumindest trugen sie dazu bei, den Herzog in die Acht und am 7. April 1519 vorläufig aus dem Land zu treiben. Als sich der Exilant nämlich mit einem Angriff auf die Reichsstadt Reutlingen zurückmeldete, nahm Hutten am Feldzug des Schwäbischen Bundes gegen Herzog Ulrich neben Franz von Sickingen (gest. 1523),[197] mit dem der Humanist im Heerlager Freundschaft schloss,[198] selbst teil, um von der Feder zum Schwert zu greifen.[199]

---

[190] Vgl Andreas RECKWITZ, Praktiken und ihre Affekte, in: Mittelweg 36. Zeitschrift des Hamburger Instituts für Sozialforschung 24, Heft 1/2 (2015), S. 27–45, hier S. 41–42: „Aus einer praxeologischen Perspektive erscheint es zentral, nicht nach der Technologie an sich zu fragen, sondern immer nach dem wissensabhängigen, kulturell spezifischen Umgang mit diesen Medien, nach den ‚medialen Praktiken'."

[191] Siehe KRAUS (2021); HIRSCHBIEGEL/KRAUS (2021); BRENDLE (1998).

[192] Siehe bspw. Friedrich ZUNKEL, Art. Ehre, Reputation, in: Geschichtliche Grundbegriffe 2 (2004) S. 1–63, hier S. 6–10 zur adlig-höfischen Standesehre, S. 17–23 zum Zusammenhang von Reputation und Ehre, v.a. aber S. 52–54 die Ausführungen über Reputation im Fürstenstaat.

[193] Vgl. LUDWIG (2001), S. 107–108.

[194] In erster Ausgbe im März 1517 bei Johann Schöffer in Mainz schon mit obig genanntem Holzschnitt des Petrarcameisters (Abb. 3). Vgl. BENZING (1956), S. 42–44.

[195] BECKER (2013), S. 91–104.

[196] Vgl. BECKER (2013), S. 24.

[197] Wolfgang BREUL u. a. (Hgg.), Ritter! Tod! Teufel? Franz von Sickingen und die Reformation. Ausstellungskatalog Mainz 2015, Regensburg 2015; Rudolf ENDRES, Sickingen, Franz von, in: NDB 24 (2010), S. 313–314; Reinhard SCHOLZEN, Franz von Sickingen. Ein adeliges Leben im Spannungsfeld zwischen Städten und Territorien (Beiträge zur pfälzischen Geschichte 9), Kaiserslautern 1996; DERS., Franz von Sickingen (1481–1523). Der wirtschaftliche und politische Aufstieg und Fall eines Reichsritters in der Zeit der Reformation, in: Blätter für pfälzische Kirchengeschichte und religiöse Volkskunde 65

Die publizistische Offensive der Hutten, die auf diese Weise den erlittenen Ehrverlust ebenso rächen wollten, und die damit erreichte Einbeziehung einer breiten Öffentlichkeit, die Einlassungen des Herzogs, seine Entscheidungen und deren Umsetzung zur Aufrechterhaltung seiner Herrschaft führten allerdings zu einer tiefgehenden Polarisierung im Land und schließlich auch im Reich. Weder gelang den Beteiligten die Rückgewinnung verlorenen Vertrauens noch die Wiederherstellung der Ordnung, und es sollte Jahre dauern, bis der in die Acht gefallene Herzog nach seiner Vertreibung aus dem Land seine Herrschaft wiederaufrichten konnte.[200]

2.3 Das Medienereignis „Hans von Hutten"*

Doch nicht nur der Humanist Ulrich von Hutten attackierte den Herzog öffentlich. Auch Ludwig von Hutten (gest. 1517),[201] der Vater von Hans, setzte

---

(1998), S. 271–291; DERS., Franz von Sickingen als Faktor im Machtkampf zwischen Mainz, Hessen, Kurtrier und Kurpfalz, in: Blätter für pfälzische Kirchengeschichte und religiöse Volkskunde 68 (2001), S. 75–93; DERS., Franz von Sickingen (1481–1523): Fehde als Beruf, in: Österreichische Militärische Zeitschrift 5 (2014), S. 523–531; DERS., Franz von Sickingen (1481–1523). Fehde als Geschäftsmodell, in: Michael MATHEUS (Hg.): Reformation in der Region. Personen und Erinnerungsorte (Mainzer Vorträge 21), Stuttgart 2018, S. 53–73.

[198] Volker PRESS, Franz von Sickingen. Wortführer des Adels, Vorkämpfer der Reformation und Freund Huttens, in: Peter LAUB (Hg.), Ulrich von Hutten. Ritter, Humanist, Publizist 1488–1523. Katalog zur Ausstellung des Landes Hessen anlässlich des 500. Geburtstages, Melsungen 1988, S. 293–305; Manfred MEYER, Sickingen, Hutten und die reichsritterschaftlichen Bewegungen der deutschen frühbürgerlichen Reformation, in: Jahrbuch für Geschichte des Feudalismus 7 (1983), S. 215–245.

[199] Vgl. MERTENS (1995), S. 74–75.

[200] Vgl. HIRSCHBIEGEL/KRAUS (2021).

* Der Fall konnte im Kontext von Öffentlichkeit in verschiedenen Kolloquia erprobt werden. Besonders bedanken möchte ich mich für das Feedback bei Forschern aus Chemnitz (Martin CLAUSS, Marian NEBELIN), Berlin (Johannes HELMRATH, Barbara SCHLIEBEN) u. Jena (Achim HACK, Robert GRAMSCH). Siehe dazu: KRAUS (2021). Aus diesem Aufsatz sind Teile in diesem Abschnitt wörtlich wiedergegeben. Der Terminus ‚Medienereignis' orientiert sich an zahlreichen Darstellungen, bspw. anhand der Reformation als Kommunikations- und Medienereignis bei Johannes BURKHARDT, Das Reformationsjahrhundert. Deutsche Geschichte zwischen Medienrevolution und Institutionenbildung 1517–1617, Stuttgart 2002; Berndt HAMM, Die Reformation als Medienereignis, in: JBTh 2 (1996), S. 137–166; Falk EISERMANN, Der Ablaß als Medienereignis. Kommunikationswandel durch Einblattdrucke im 15. Jahrhundert. Mit einer Auswahlbibliographie, in: Rudolf SUNTRUP u. Jan R. VEENSTRA (Hgg.), Tradition und Innovation im Übergang zur Frühen Neuzeit – Tradition and Innovation in an Age of Change (Medieval to Early Modern Culture. Kultureller Wandel vom Mittelalter zur Frühen Neuzeit 1), Frankfurt a. M. u. Berlin 2001, S. 99–128. Auch der Reuchlin-Streit wurde jüngst als ‚Medienereignis' bezeichnet. Vgl. MÜLLER (2010).

[201] Zu Ludwig: HANNA (2003), S. 43–74; HANNA (2006), S. 425–432.

dem erklärten Gegner publizistisch zu,[202] wandte sich zunächst aber an Verbündete für den Ernstfall.[203] Der Angriff erfolgte in Form von ausführlich abgeschriebenen und in hoher Frequenz verteilten Fehdebriefen[204] oder in Form von gedruckten, den Herzog in Amt und Würden äußerst herabwürdigenden Schmähschriften. Am 16. Juni 1515 erging bereits der offene Appell an die Bundesgenossen, sich für gemeinsame Beratungen nach Windsheim zu begeben,[205] ehe Ludwig sich Ende Juni nicht nur erstmalig an die Württembergische Landschaft wandte,[206] sondern gleichzeitig damit drohte, die Ermordung seines Sohnes öffentlich machen zu wollen, Herzog Ulrich als Eidbrecher und Ächter zu brandmarken und auf die Bestrafung der Tat zu drängen. Falls die Landschaft jedoch zu keiner Kooperation bereit stehe, müsse er wider Willen gegen sie handeln.[207] In einem Schreiben vom 10. November 1515 versichter-

---

[202] Die Tat wurde unmittelbar nach dem Mordfall zunächst unter den Verwandten besprochen, bevor Ludwig damit begann, das Geschehene öffentlich zu machen. So versicherte er seinem Gegenschwager Konrad Thumb und dessen Tochter, der Witwe Ursula, nur wenige Tage nach dem Mord, dass er ihnen Beistand und Trost leiste in ihrem großen Leid, das der Herzog über sie gebracht habe, in: Ludwigsburg, Staatsarchiv, B 91a, Bü 65,1, Nr. 2; Ebenso sind Kondolenzschreiben der Anhänger überliefert: Siegmund von Thüngen (gest. 1522) an Ludwig von Hutten, 11. Mai (zu Siegmund von Thüngen knapp: HANNA [2006], S. 424–425); Dietrich Speth an Ludwig von Hutten, 23. Mai, in: Ludwigsburg, Staatsarchiv, B 91a, Bü 65, 1, Nr. 3–4.

[203] Ludwigsburg, Staatsarchiv, B 91a, Bü 65, 1, Nr. 5: Schreiben Ludwigs von Hutten an die Landgrafen von Hessen und ihre Ritter, Mai 1515.

[204] Ludwigsburg, Staatsarchiv, B 91a, Bü 65, 1, Nr. 6: Konzeptpapier an einen anonymen Fürsten, 3 Abschriften. Zum Genre der Fehdebriefe RÖSENER (1998), S. 91–101.

[205] Ludwigsburg, Staatsarchiv, B 91a, Bü 65,1, Nr. 8: Ausschreiben Ludwigs von Hutten zur Beratschlagung nach Windsheim (16. Juni 1515): *Unser freuntlich willig dinst zuvor lieber vetter oheim, swager und freundt, wir sind vngezweifelt, du hast gehort, nach dem es doch allenthalben landkundig worden ist, was der von Wirttemberg an mein Ludwigen von Hutten ritters sune und vnser der andern bruder, vetter und oheim Hansen von Hutten seligen begangen, den er on alles verschulden jemerlich entleibt. Vnd darnach schmahliche, erbarmliche handlung gegen jm geubt, vber und wider, das vnser keiner noch nie wes er mißhandelt. Dardurch er ein solchen tod und schmahliche handlung solt verschuld haben gehort oder erfarn hat mugen. Darumb unser notdorft erfordern will dise bose hanndlung mit gotes hilf vnd der warheit an den tag zubringen.* Bemerkenswert sind in diesem Flugblatt vor allem Freilassungen für passend handschriftlich einzusetzende Anredepronomina, die nicht nur an den modernen Serienbrief denken lassen, sondern zeigen, dass der Adressatenkreis wohl schon zu Beginn der Kampagne breit angelegt war. Das gedruckte Ausschreiben wurde zudem nicht nur an Ämtertüren geschlagen, sondern auch handschriftlich an einflussreiche Fürsten wie Graf Wilhelm von Henneberg verschickt, siehe Meiningen, Staatsarchiv, GHA Sektion I, Nr. 5309: *Hannsen von Hutten seligen und denen von Wirttenberg betreffend.*

[206] München, Bayerisches Hauptstaatsarchiv, k. schw. 1834, fol. 124; Stuttgart, Hauptstaatsarchiv, A 34, Bü 1c, Nr. 12, III; Ludwigsburg, Staatsarchiv, B 91a, Bü 65,1, Nr. 13. Hier fordert Ludwig 10 000 Gulden vom Herzog, die sich dieser von ihm auf ein Jahr und ohne Bürgschaft geliehen hatte und die Ludwig noch nicht zurückerhalten hatte, die Landschaft wiederum wird gebeten, Mitgefühl zu zeigen und auf die Bestrafung der Tat zu drängen.

[207] Ludwigsburg, Staatsarchiv, B 91a, Bü 65,1, Nr. 22.

113

ten die Hutten, dass dieser Fall nun schon derart öffentlich sei, dass der Herzog diese Tatsache keineswegs mehr wegleugnen könne und sie den ganzen Adel betreffe.[208]

Die Gruppendynamik lässt sich bei einem politischen Mordfall freilich nicht unmittelbar nur aus den Invektiven heraus erklären. Dennoch verschärfte sich die Lage für den Herzog, als Sabine Ende November 1515 mit schweren Vorwürfen gegen ihn zu ihren Brüdern, den bayerischen Herzögen, nach München floh. Dietrich Speth berichtet später, dass er selbst es war, der die Herzogin zu ihrem Bruder, Wilhelm von Bayern, geführt habe, ebenso, dass er aufgrund der abscheulichen Ermordung von Hans aus den Diensten des Herzogs ausgetreten sei.[209] Da Sabine ihren unliebsamen Gemahl der Misshandlung bezichtigte, musste Kaiser Maximilian, der immer weiter in den Konflikt hineingezogen wurde, als Vermittler auf den Plan treten.[210] Freunde von Ludwig berichten, sie hätten von glaubhaften Personen gehört, Peter von Aufseß, ein Würzburger Kanoniker (gest. 1522),[211] habe öffentlich geäußert, dass der Händel zwischen ihnen und Württemberg auf einem Tag zu Mergentheim beigelegt werde. Sie hätten dem widersprochen und bitten Ludwig nun, den Tag zu notieren, damit Peter von Aufseß seiner Lügen überführt werde.[212] Ludwig sah jedenfalls die Notwendigkeit, auf diese Unwahrheiten zu reagieren und wandte sich schließlich am 31. März 1516 in einem Schreiben direkt an den Kaiser.[213] Ob Unwahrheit oder nicht, am 11. Mai tagte wohl tatsächlich eine Versammlung in Mergentheim zu Pfingsten, auf dem der Streit beigelegt werden sollte, wie ein vertraglicher Entwurf beweist.[214] Ludwig schaffte es demnach, das richtige Publikum anzuvisieren und den Konflikt auf eine höhere Ebene vor ein kaiserliches Schiedsgericht zu hieven, wie die Einschaltung des Kurfürsten Ludwig V. von der Pfalz (gest. 1544),[215] des Bischofs Lorenz von Würzburg (gest. 1519)[216] und des Kurfürsten Friedrich II. von der Pfalz (gest. 1556)[217] als Unterhändler

---

[208] Bereits jetzt war der Mord so bekannt, *das der thirannisch hertzog des auß seiner aigen bekenntnus nit laugnen kan.* BÖCKING I, S. 55–60, hier S. 58.
[209] Schreiben Dietrich Speths an einen ungenannten Fürsten, 2. Februar 1516, in: Ludwigsburg, Staatsarchiv, B 91a, Bü 65,2, Nr. 6.
[210] Schreiben Maximilians an Hz. Ulrich betr. Zwist mit Sabine, 26. November 1515, in: SATTLER 1, Nr. 79, S. 191.
[211] Peter von Aufseß, Propst zu Comburg sowie Domherr zu Würzburg und Bamberg. Vgl. Ludwigsburg, Staatsarchiv, B 186, U 1979.
[212] Georg von Glauberg und Ludwig von Hutten der Jüngere dem Vater Ludwig am 1. Februar 1516, in: Ludwigsburg, Staatsarchiv, B 91a, Bü 65,2, Nr. 3.
[213] Ludwigsburg, Staatsarchiv, B 91a, Bü 65,2, Nr. 19.
[214] Ludwigsburg, Staatsarchiv, B 91a, Bü 65,2, Nr. 21.
[215] Gundolf KEIL, Ludwig V., Pfalzgraf bei Rhein, in: VL 5 (^{2}1985), Sp. 1016–1030.
[216] Alfred WENDEHORST, Das Bistum Würzburg: Teil 3. Die Bischofsreihe von 1455–1617, Berlin u. New York 1978, S. 51–72.
[217] Herbert RÄDLE (Hg.), Der Reichsfürst und sein Kaiser. Eine Lebensbeschreibung des Pfalzgrafen Friedrich II. (1482–1556), Neumarkt i. d. Oberpfalz 1998.

Maximilians in dieser Sache verdeutlicht.²¹⁸ Mit den Konditionen des Vertrages zeigte sich Ludwig offenkundig nicht einverstanden, denn am 11. Juni 1516 teilte er Bischof Lorenz mit, er könne die Vergleichsvorschläge unter keinen Umständen annehmen, da Herzog Ulrich seinen Sohn öffentlich verleumdet und böse Gerüchte über ihn ausgestreut habe.²¹⁹ Der Bischof reagierte mit Unverständnis. Ludwig solle die Angelegenheit noch einmal überdenken und sich auf einen redlichen Ausgleich einigen.²²⁰

Abbildung 9: Der Mord an Hans von Hutten. Illustrierter Einblattdruck, Papier, 13. Juli 1516; Detail: kolorierter Holzschnitt; Ludwigsburg, Staatsarchiv B 91a, Bü 65,4.

Herzog Ulrich sah sich aber erst am 6. September zu einer medienwirksamen Defensio, gerichtet an die Reichsstände, veranlasst, um weiteren öffentlichen Schaden für seinen Namen abzuwenden.²²¹ Die Invektiven der Huttenpartei scheinen also Wirkung gezeigt zu haben.²²² Wie aufwendig die Distribution dieser Rechtfertigungsschrift wohl betrieben wurde, verdeutlichen zahlreiche Exemplare aus unterschiedlichen Archiven.²²³ Die Hutten reagierten am

---

218 So hatte Kaiser Maximilian dem Fraktionsführer Ludwig schon recht früh mitgeteilt, er habe Pfalz und Würzburg damit beauftragt, mit ihm wegen der Ermordung seines Sohnes zu verhandeln, vgl. 23. Juni 1515: Schreiben Kaiser Maximilians an Ludwig von Hutten, in: Ludwigsburg, Staatsarchiv, B 91a, Bü 65,1, Nr. 11.
219 Schreiben Ludwigs von Hutten an Bf. Lorenz von Würzburg, 11./12. Juni 1516, in: Ludwigsburg, Staatsarchiv, B 91a, Bü 65,2, Nr. 24.
220 Schreiben Bf. Lorenz von Würzburg an Ludwig von Hutten, 19. Juli 1516, in: Ludwigsburg, Staatsarchiv, B 91a, Bü 65,2, Nr. 5.
221 Ausschreiben Hz. Ulrichs an die Reichsstände, 6. September 1516, in: BÖCKING I, S. 64–75; SATTLER 1, Nr. 84.
222 Zu den Inhalten der Texte weiterhin HIRSCHBIEGEL/KRAUS (2021).
223 München, Bayerisches Hauptstaatsarchiv, k. schw. 1831, 7 Exemplare; k. schw. 1833, 114–115; Stuttgart, Hauptstaatsarchiv, J 1, Nr. 36, 113; G 41, Bü 2, fol 49, 51, handschriftlich: fol. 53r–58v. Oder in einer Württemberger Schriftensammlung: Stuttgart, Hauptstaatsarchiv, J 1, Nr. 22, fol. 231–273v, hier 233r: *so hat doch der trewloß, falsch,*

22. September mit gleicher Münze.[224] Kaiser Maximilian blieb dieser öffentliche Schlagabtausch freilich nicht unverborgen.[225] Er tat alles dazu, den Herzog zum 20. September 1516 vor ein kaiserliches Gericht in Augsburg zu laden,[226] zu dem dieser jedoch nicht erschien, was wohl auch an den enormen Forderungen lag. In einem Verzeichnis vom 27. September sind die vom Kaiser ausgestellten Artikel seiner an den Herzog gerichteten Bedingungen für einen Ausgleich erhalten, die einen herzoglichen Regierungsverzicht auf sechs Jahre, die Ernennung eines Regiments durch den Kaiser und die Landschaft, die Stiftung einer Seelenmesse für den verstorbenen Hans von Hutten, eine Wallfahrt nach Rom, eine öffentliche Entschuldigung für die üble Nachrede sowie eine Entschädigung von 10.000 Gulden an die Hutten vorsahen.[227] Ludwig bezog sogleich Stellung zu den Artikeln[228] und erhöhte am 2. Oktober 1516 erneut den Druck auf seinen Gegenschwager, Konrad Thumb, doch bitte endlich aus dem herzoglichen Dienst auszuscheiden, da er seine Stellung am Württembergischen Hofe trotz der Zerwürfnisse der beiden Streitparteien und wohl aus Furcht bisher noch nicht aufgegeben hatte.[229] Maximilian misslang auch der anschließende Ausgleichsversuch zwischen Ludwig, Wilhelm von Bayern und Herzog Ulrich.[230] Der Kaiser sprach daher am 11. Oktober 1516 öffentlich[231]

---

verräterrisch flaisch böswicht Hannß von Hutten [...] bewisen, sich so undanckhbarlich, untrewlich, fälschlich, verräterrisch, schändtlich und lasterlich gegen und bey unß gehalten.

224 22. September 1516: Ausschreiben derer von Hutten an die Reichsstände wider Hz. Ulrich: Stuttgart, Hauptstaatsarchiv, J 1, Nr. 36, 125–124 (gedr.); Hamburg, Staats- und Universitätsbibliothek, Cod. hist. 302 in 40, fol. 1–33 (ms.); schon abgedruckt bei BÖCKING I, 75–87; SATTLER 1, Nr. 86.

225 Vgl. auch Jan-Dirk MÜLLER, Publizistik unter Maximilian I. Zwischen Buchdruck und mündlicher Verkündigung, in: Ute FREVERT u. Wolfgang BRAUNGART (Hgg.), Sprachen des Politischen. Medien und Medialität in der Geschichte, Göttingen 2004, S. 95–122.

226 19. September 1516: Briefe des Paul Truchseß aus Augsburg an Graf Wilhelm betr. Stellungnahme Maximilians zur Klage (Meiningen, Staatsarchiv, GHA Sektion I, Nr. 5329, 1–3); 1. Oktober 1516: Schreiben der landschaftl. Verordneten an die versammelte Landschaft zu Augsburg betr. Ungnade Hz. Ulrichs (Stuttgart, Hauptstaatsarchiv, A 34, Bü 1c, Nr. 19, 2; A 164, Bü 10, Nr. 1, F; SATTLER 1, Nr. 87); 5. Oktober 1516: Schreiben der versammelten Landschaft zu Augsburg an Bürgermeister und Rat der Stadt Stuttgart (Stuttgart, Hauptstaatsarchiv, A 164, Bü 10, Nr. 1, H); 6. Oktober 1516: Ausschreiben Maximilians betr. Händel zwischen derer von Hutten, Sabine mit Hz. Ulrich (Stuttgart, Hauptstaatsarchiv, G 41 U4; Ludwigsburg, Staatsarchiv, B 91a, Bü 65,3 Nr. 20; München, Hauptstaatsarchiv, k. schw. 1833, 234r).

227 Ludwigsburg, Staatsarchiv, B 91a, Bü 65,3, Nr. 17.

228 Ludwigsburg, Staatsarchiv, B 91a, Bü 65,2, Nr. 18.

229 Dabei hätte Thumb es ja schon lange Zeit versprochen, zu den Huttenschen zu stehen. Ludwig und seine Anhänger könnten diese Haltung unter keinen Umständen nachvollziehen, in: Ludwigsburg, Staatsarchiv, B 91a, Bü 65,2, Nr. 19.

230 Zeitgenössische Abschrift mit einem Nachtrag am Ende des Textes, wohl ein Autograph Ludwigs, 6 in: Ludwigsburg, Staatsarchiv, B 91a, Bü 65,2, Nr. 20.

231 Ausschreiben Maximilians an die Württembergische Landschaft betr. Acht über Hz. Ulrich, 11. Oktober 1516: Stuttgart, Hauptstaatsarchiv, A 34, Bü 1c, Nr. 19, 5–6; G 41, Bü 3; J 1, Nr. 36, fol. 125r-125v.

die Acht über den Delinquenten aus.[232] Noch am selben Tag publizierte Ludwig einen weiteren Fehdebrief und signalisierte derart Gewaltbereitschaft,[233] dass Kaiser Maximilian ihn und seine Brüder in einem Schreiben maßregeln musste, Kampfhandlungen bis auf Weiteres zu unterlassen, da er sich in Gesprächen mit dem Württemberger befinde.[234] Dies bestätigte sich rasch, da der Kaiser die Acht am 22. Oktober 1516 wieder aufhob,[235] als in Blaubeuren bei Ulm ein Vertrag zu Stande kam, nach dem der Herzog abdanken, die Regierung abtreten und die Familie Hutten mit 27.000 Gulden entschädigt werden sollte.[236] Die Verschreibung an die Württembergische Landschaft, sie sollen das Geld im Namen des Kaisers bei den im Vertrag genannten Fürsten eintreiben, übermittelte Maximilian Ludwig am Folgetag.[237] Herzog Ulrich missachtete allerdings nicht nur den Vertrag, sondern verging sich auch an seinen eigenen Bauern und denjenigen Adeligen, die er für den Vertrag verantwortlich machte. Drei von ihnen ließ er wegen angeblichen Hochverrats in Stuttgart widerrechtlich foltern und hinrichten.[238] Obwohl Maximilian schon in den Folgemonaten darum bemüht war, die Sache zu regeln und den Vertrag gütlich auszuhandeln,[239] sollte der Schuldbetrag auch Jahre nach dem Tod des Kaisers (gest. 12. Januar 1519) nicht vollständig ausgezahlt sein.[240]

Besonders verheerend ging der Herzog im April 1517 aber gegen die Besitzungen Dietrich Speths vor, den er für den Drahtzieher bei der Flucht Sabines

---

[232] SATTLER 1, Nr. 90, S. 231–232.

[233] Ludwigsburg, Staatsarchiv, B 91a, Bü 65,3, Nr. 21; Stuttgart, Hauptstaatsarchiv G 41, U5 (11. Oktober 1516).

[234] Ludwigsburg, Staatsarchiv, B 91a, Bü 65,3, Nr. 22 (Augsburg, 20. Oktober 1516).

[235] *De iure* schon tags zuvor die Absolution Herzog Ulrichs von der Acht durch Maximilian: Stuttgart, Hauptstaatsarchiv, G 41 U6; SATTLER 1, Nr. 91.

[236] Vertrag von Blaubeuren sowie Ausschreiben der Prälaten, Grafen und Ritter und der Landschaft betr. 27.000 fl. Huttenschen Geldes: Stuttgart, Hauptstaatsarchiv, A 34, Bü 1c, Nr. 20; G 41 U7, U7a; Ludwigsburg, Staatsarchiv, B 91a, Bü 65,3, Nr. 23; Nr. 24 mit angehängter Durchführung der Landschaft von Württemberg über die vom Kaiser versprochenen 27 000 Gulden; Vertrag abgedruckt bei BÖCKING I, S. 87–91.

[237] Maximilian an Ludwig, 23. Oktober: 3 Abschriften der kaiserlichen Kanzlei, in: Ludwigsburg, Staatsarchiv, B 91a, Bü 65,3, Nr. 25.

[238] Schon Ende des Jahres 1515 bezichtigte er den Tübinger Untervogt Konrad Breuning der Mitwisserschaft an der Flucht von Herzogin Sabine. So ließ der Herzog ihn, seinen Bruder Sebastian und den Cannstatter Vogt Konrad Vaut und andere Personen aus der landesherrlichen Verwaltung festnehmen und an „Leib und Leben" strafen. Dem ebenso angeklagten Kanzler, Dr. Gregor Lamparter, war es gelungen, noch rechtzeitig an den kaiserlichen Hof zu fliehen, vgl. Jonas D. VEIT: Repräsentation und Konsens der württembergischen Landschaft. Normative Aspekte der verfahrensmäßigen Verwirklichung von Landesherrschaft im 16. Jahrhundert (2017), S. 243–244.

[239] Noch in Augsburg übergab der Kaiser am 23. Oktober 1516 Ludwig die Verschreibung der Württembergischen Landschaft, damit er dreimal 9.000 Gulden zu den entsprechenden Fristen erhalten konnte. Ludwigsburg, Staatsarchiv, B 91a, Bü 65,3, Nr. 25.

[240] Vertrag vom 12. Januar 1523, also genau am Todestag des Kaisers, der Württembergischen Landschaft mit Ludwig von Hutten u. dessen Brüdern betr. Bezahlung noch ausstehender 9.000 Gulden. Stuttgart, Hauptstaatsarchiv, A 34, Bü 5, Nr. 1.

hielt. Speth bekam er zwar nicht in seine Gewalt, dessen Turnierwaffen ließ Herzog Ulrich jedoch öffentlich unter Pfeifen- und Trommellärm verbrennen. In der Folge schreckte auch die kaiserliche Kanzlei nicht mehr davor zurück, auf den offenen Vertragsbruch zu reagieren, und so beschuldigten sich Herzog und der Kaiser gegenseitig.[241] An alle Städte und Ämter erging am 2. April 1517 ein Schreiben des Herzogs, das vermeintliche Schmähungen Speths erwidern sollte.[242] Besonders verärgert zeigte sich Maximilian aber in einem Schreiben an die Reichsstände vom 28. Juli,[243] das Stellung zu einem öffentlichen Justifikationsschreiben des Herzogs (16. Juli) bezog, das wiederum die beim Kaiser vorgebrachten Verleumdungen auf dem Reichstag rechtfertigen sollte.[244] Während sich der Kaiser also noch viele Jahre nach dem eigentlichen Tötungsdelikt dazu gezwungen sah, das Geld einzufordern und den Blaubeurer Vertrag zu erfüllen,[245] sorgte dagegen Herzog Ulrich mit strikter Nichteinhaltung des Vertrages immer wieder für Zündstoff.[246]

Zweimal, nämlich 1516 und am 17. Juli 1518, sprach Maximilian über Herzog Ulrich die Acht aus.[247] Als der Württemberger 1519 nach Maximilians Tod die Reichsstadt Reutlingen überfiel und besetzte, schaltete sich der Schwäbische Bund, in dessen Gefolge auch Hutten war, ein und vertrieb den Herzog.[248] Das Herzogtum Württemberg wurde hingegen an den neuen Kaiser Karl V. gegen die Erstattung der Kriegskosten verkauft. Die Druckerpressen liefen in der Folge wieder auf Hochtouren, um Nachfolgeregelungen für den entmachte-

---

[241] Vgl. HANNA (2003), S. 117.
[242] 2. April 1517: Ausschreiben Hz. Ulrichs an Städte und Ämter betr. Schmähreden Dietrich Späths. Stuttgart, Hauptstaatsarchiv, G 41 Bü 5; SATTLER 1, Nr. 97.
[243] 28. Juli 1517: Ausschreiben Maximilians an alle Reichsstände betr. Justifikation auf Hz. Ulrich. Stuttgart, Hauptstaatsarchiv, G41, Bü 5, BÖCKING I, S. 90–94.
[244] 6. Juli 1517: Verantwortung Hz. Ulrichs gegen die beim Kaiser vorgebrachten Verleumdungen auf dem Reichstag. Stuttgart, Hauptstaatsarchiv, G 41 Bü 5; SATTLER 1, Nr. 98.
[245] 5. Februar 1517: Ausschreiben der Prälaten, Ritterschaft und Landschaft betr. der Bezahlung der Huttenschen 27.000 Gulden. Stuttgart, Hauptstaatsarchiv, A 34, Bü 1c, Nr. 21; J 1, Nr. 36, ab Bl. 128.; SATTLER 1, Nr. 95; 15. Mai 1517: Ausschreiben Maximilians an alle Reichsstände betr. d. Geldes. Stuttgart, Hauptstaatsarchiv, G 41 U 8; 7. Juli 1517: Schreiben Ludwig von Huttens betr. Bewilligung der Zahlung der Huttenschen 27.000 fl. durch die Prälaten, Ritterschaft und Landschaft. Stuttgart, Hauptstaatsarchiv, A 34, Bü 1c, Nr. 22.
[246] 17. Juli 1518: Mandat Maximilians an Gf. Wilhelm von Henneberg betr. Übergriffe Hz. Ulrichs von Württemberg. Meiningen, Staatsarchiv, GHA Sektion I, Nr. 1574, Bl. 96–98.
[247] Vgl. BRENDLE (1998), S. 44–57; MERTENS (1995), S. 72–74; HANNA (2003) S. 106–107.
[248] Vgl. MERTENS (1995) S. 74–75. Bei dem Zug gegen Herzog Ulrich war Franz von Sickingen maßgeblich beteiligt, vgl. Volker PRESS, Reichsritterschaft, in: Handbuch der baden-württembergischen Geschichte, im Auftrag der Kommission für geschichtliche Landeskunde in Baden-Württemberg, Bd. 2: Die Territorien im alten Reich, hg. v. Meinrad SCHAAB u. Hansmartin SCHWARZMAIER, Stuttgart 1995, S. 771–813, hier S. 785–786; SCHOLZEN (1996), S. 150–159. Sickingen wiederum lernte gelegentlich des Feldzuges Ulrich von Hutten kennen und kam dadurch in Kontakt mit Humanismus und Reformation, vgl. PRESS (1988), S. 293–305. Zur Freundschaft zwischen Hutten und Sickingen auch WULFERT (2009), S. 239–247; HANNA (2003), S. 142.

ten Herzog zu kommunizieren.[249] Das Medienklima hatte sich insgesamt also wieder zugespitzt.[250] Am 5. Juni 1521 verhängte der Nachfolger Maximilians letztlich ohne Wahl die Acht über den abtrünnigen Landesfürsten.[251] Erzherzog Ferdinand von Österreich übernahm das Territorium 1522, ohne dass die Habsburger je ihre Schulden beglichen hätten.[252] Ulrich konnte im weiteren Verlauf allerdings auf die Unterstützung Landgraf Philipps von Hessen bauen[253] und mit dessen Hilfe 1534 die Herrschaft in Württemberg zurückgewinnen.[254]

2.4 Die Invektiven Ulrichs von Hutten: Konflikt, Konkurrenz und Kalkül

Neben all diesen Ereignissen war es für den Humanisten Ulrich von Hutten daher ein Leichtes, sich die Vertragsbrüchigkeit des Herzogs für seine literarischen Invektiven zu eigen zu machen. Vor allem ist es aber seine schriftstellerische Begabung, die er in den Dienst der Familie stellte. Die Mitte Juni 1515 noch am Kurort Ems verfasste ‚Deploratio in Ioannis de Hutten interitum', ein 309 Hexameter umfassendes Trauergedicht,[255] bildete nur den Auftakt einer kräftezehrenden Kampagne gegen den Herzog. Zeitgleich setzte Huttens Vetter Ludwig dem Herzog publizistisch zu. Ende Juni 1515 verfasste Hutten jedenfalls neben der ‚Deploratio' in Mainz die ‚Consolatoria ad Ludovichum de Hutten', ein Trostschreiben an Ludwig, den Vater des Ermordeten. Es folgen verschiedene Schreiben, das satirische Totengespräch ‚Phalarismus' (Druck

---

[249] 25. Mai 1519: Instruktion an die Stände des Bundes zu Esslingen betr. Überlassung des Landes an Hz. Christoph. Stuttgart, Hauptstaatsarchiv, A 34, Bü 1c, Nr. 24; 20. Juni 1519: Instruktion der Prälaten und Landschafft betr. Bezahlung Huttisches Vertragsgeldes, Übertragung an Christoph, Vereinigung der drei Stände. Stuttgart, Hauptstaatsarchiv, A 34, Bü 1c, Nr. 16, XIV.

[250] 8. Januar 1519: Verantwortung Hz. Ulrichs gegen das wider ihm in Mainz ausgestellte kaiserliche Ausschreiben. Stuttgart, Hauptstaatsarchiv, J 1, Nr. 36, 133f; SATTLER 1, Nr. 103; 23. März 1519: Ausschreiben der Hz. Wilhelm und Ludwig von Bayern betr. Schmähschriften Hz. Ulrichs. Stuttgart, Hauptstaatsarchiv, J 1, Nr. 36, 134r–142v; ARETIN 4, S. 410–432; 7. November 1519: Ausschreiben der Württembergischen Landschaft an die Eidgenossenschaft betr. Bericht über die Untaten Hz. Ulrichs. Stuttgart, Hauptstaatsarchiv, J 1, Nr. 22, 253r–260r; SATTLER 2, Nr. 45; 27. Dezember 1519: Ausschreiben an die Eidgenossen betr. Verantwortung Hz. Ulrichs. Stuttgart, Hauptstaatsarchiv, J 1, Nr. 36, 155r–165v.; SATTLER 2, Nr. 52.

[251] 5. Juni 1521: Achtserklärung Karls über Hz. Ulrich. Stuttgart, Hauptstaatsarchiv, J 1, Nr. 22, fol. 260r–262v; SATTLER 2, Nr. 77.

[252] Vgl. BRENDLE (1998), S. 57–74; Horst CARL, Der Schwäbische Bund 1488–1534. Landfrieden und Genossenschaft im Übergang vom Spätmittelalter zur Reformation (Schriften zur südwestdeutschen Landeskunde 24), Leinfelden-Echterdingen 2000, S. 446–451.

[253] Vgl. BRENDLE (1998), S. 57–71.

[254] Vgl. BRENDLE (1998), S. 153–169; Volker PRESS, Ein Epochenjahr der württembergischen Geschichte. Restitution und Reformation 1534, in: Zeitschrift für Württembergische Landesgeschichte 47 (1988), S. 203–300; MERTENS (1995) S. 79–81.

[255] BÖCKING III, S. 403–412.

1517)²⁵⁶ und fünf mustergültige Invektivreden gegen den Herzog (1515–19),²⁵⁷ die schon von den Zeitgenossen mit den Verrinen, Catilinarien und Philippiken Ciceros verglichen wurden.²⁵⁸ Die Texte gingen zunächst in handschriftlicher Form und in lateinischer Sprache aus. Nachdem der zuvor vom Schwäbischen Bund vertriebene Herzog erneut in Württemberg eingefallen war (12. August 1519), ließ Hutten seine sämtlichen Invektiven gegen den Herzog im September 1519 in einem Sammelwerk, der sogenannten ‚Steckelberger Sammlung',²⁵⁹ drucken. Dass damit ein europäisches lateinkundiges Publikum adressiert wurde, bestätigt der Bericht des Marburger Professors Nikolaus Asclepius, gen. ‚Barbatus' (gest. 1571).²⁶⁰ Ebenso der einschlagende Erfolg des Bestsellers: „Frankreich, Spanien, Italien verschlangen die wohl gewürzte Speise; und wo kaum der Name Württemberg bekannt war, sprach man von Ulrich dem Tyrannen."²⁶¹ Da in öffentlichen Bibliotheken heute noch über 35 Exemplare nachgewiesen werden können, darunter zahlreiche mit Widmungen, darf man davon ausgehen, dass Hutten das Buch bei Adeligen und Humanisten durch viele Geschenkexemplare bekannt gemacht hat. In seinem Zentrum stehen die fünf im Kolophon als Invectivae bezeichneten Reden, die von zwei ganzseitigen Holzschnitten der ‚Mordszene' und einem Porträt Huttens eingeschlossen sind (**Abb. 10**).²⁶²

---

256 Phalarismus | Dialogus Hut|tenicus. [Mainz: Joh. Schöffer], März 1517. VD 16, H 6397; BÖCKING IV, S. 1–25 (synoptisch mit der dt. Übersetzung von ca. 1521); BENZING (1956), Nr. 52. Weitere Drucke Nr. 53–57; vgl. JAUMANN (2008), Sp. 1207.

257 BÖCKING V, S. 1–96.

258 Vgl. vor allem Cic. Catil., Phil. u. Verr. 1,2. Vgl. Leopold WELLNER, Über die Beeinflussung einiger Reden Ulrichs von Hutten durch Cicero, in: Jahresbericht des k. k. Staats-Gymnasiums in Mähr.-Neustadt 23 (1910), S. 3–23; Peter UKENA, Marginalien zur Auseinandersetzung zwischen Ulrich von Hutten und Herzog Ulrich von Württemberg, in: Paul RAABE (Hg.), Wolfenbütteler Beiträge. Aus den Schätzen der Herzog August Bibliothek, Bd. 1, Frankfurt a. M. 1972, S. 45–60, hier S. 46.

259 Hoc in volu|mine haec continentur | Vlrichi Hutteni Equ. | Super interfectione propinqui sui Ioannis Hut-|teni Equ. Deploratio [...]. | In Vlrichum Vuirtenpergensem orationes V. | [...]. Excusum in arce Stekelberk [Mainz: Joh. Schöffer], Sept. 1519. VD 16, H 6408; BÖCKING III, S. 401–412; BÖCKING V, S. 1–96; BENZING (1956), Nr. 120–121; SPELSBERG (2015), S. 102–103; JAUMANN (2008), Sp. 1214–1215.

260 Asclepius hinterließ eine ‚Oratio de expulso & restituto Ulrico duce würtembergensi' sowie zahlreiche *carmina*. Vgl. Christian G. JÖCHER, Allgemeines Gelehrten-Lexicon, Darinne die Gelehrten aller Stände sowohl männ- als weiblichen Geschlechts, welche vom Anfange der Welt bis auf die ietzige Zeit gelebt, und sich der gelehrten Welt bekannt gemacht, Nach ihrer Geburt, Leben, merckwürdigen Geschichten, Absterben und Schrifften aus den glaubwürdigsten Scribenten in alphabetischer Ordnung beschrieben werden. Bd. 1: A–C (1750), Sp. 771.

261 Vgl. UKENA (1972), S. 46.

262 Vgl. LUDWIG (2001), S. 109.

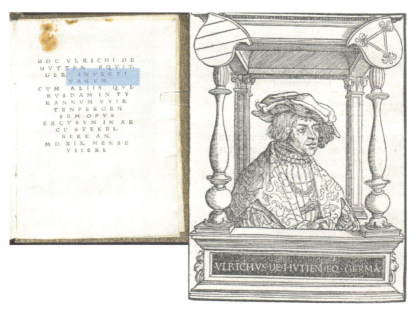

Abbildung 10: Kolophon und Brustbild Huttens im Baldachin aus der ‚Steckelberger Sammlung' (1519).

Im ‚Phalarismus' selbst treten die Figuren Charon,[263] Merkur,[264] ein Tyrannus und Phalaris, der antike ‚Muster-Tyrann' auf Sizilien,[265] auf. Die Tyrannenfigur entpuppt sich schon zu Beginn des Textes als Herzog Ulrich von Württemberg, der von Phalaris unterwiesen werden soll, ein noch wirksamerer Tyrann zu werden:

Charon:	Quid hunc potissimum?
Mecurius:	Cura est Phalaridi, ut et Germania Tyrannos habeat, quos non ita prius.
Charon:	Germanus est iste? monstrum omnium seculorum memoria dignum: in Germania Tyrannus? Et quod subit, is forte est de quo miserrime conquerentem nuper quandam umbram tranvexi, Francum equitem aiebat fuisse sese, et in huius aula versatum annos aliquod, deinde ab eo nihil tale

---

[263] Charon (Χάρων), der Fährmann der Unterwelt, Cic. de nat. deor. 3, 43. Apul. met. 6, 18. Verg. Aen. 6, 299. Vgl. GEORGES 1, Sp. 1110.
[264] Merkur, Sohn Jupiters u. der Maja, der Bote der Götter, der Gott der Rhetorik, Erfinder der Lyra, Vorsteher der Wege und Führer der abgeschiedenen Seelen in die Unterwelt. Als Götterbote bedeckt mit einem beflügelten Reisehute (petasus, πέτασος), an den Füßen mit Flügelschuhen (talaria, πέδιλα), in der Hand einen Stab u. zwar entweder einen Heroldstab (caduceus, κηρύκειον) od. (als Begleiter in die Unterwelt) einen Zauberstab (virga). Vgl. GEORGES 2, Sp. 888.
[265] Phalaris (Φάλαρις), ein seiner Grausamkeit wegen berüchtigter Tyrann zu Agrigent an der sizilianischen Südwestküste gelegen, Cic. de rep. 1, 44. Ov. art. am. 1, 653. Vgl. GEORGES 2, Sp. 1679.

	meritum crudelissime interfectum: longa fuit historia: ipse factum dolui. Venit paulopost iuvenis pater, venerandus senex, qui cum in hac cymba innocentis filii casum deploraret nobisque totam rem ut gestam dicevat ordine recenseret, omnium in se aures atque oculos convertit, omnes perculsos reddidit, denique omnium commiserationem meruit. Nihil ea tragoedia lugubrius visum est, me quidem vehementer movit.
Mercurius:	Recte, Charon, is est.
Charon:	Ubi in Germaniae regnat?
Mercurius:	In Suevis.
Charon:	Warumb hat dan Phalaris disen mer dan andere außgelesen, das er jn soliche ding lere?
Merkur:	Umb des willen, das Phalaris ein begir vnd verlangen hat, wie er moeg anrichten, das in teutzschen landen auch Tyrannen seien, als vormals nie gewesen.
Charon:	Ist dan dieser ein teutzscher? O wie wunderliche ding begeben sich nun, ein Tyrann in teutzschen landen? Das ist ein wonder ewiger gedechtniß würdigk. Vnd als mir itzo einfelt, so ist es villeicht der, von welchen ich vor etlichen monaten ein sele, als ich die vberfürt, erbaermlich klagen hoeret. Sprach, sie er ein frenckischer edelman vnd an eines Tyrannen hofe gewesen, etzlich jar langk, darnach vnschuldiglich durch den selbigen Tyrannen graussamlich ermordet. Die histori solicher geschicht waz etwas langk, jch hat auch erbaermnuß darab, vnd ein zeit langk darnach kam auch alhier des jungen vater, ein erlicher alter man, welcher in diesem schiflin seines vnschuldigen sunes elend beweinent, verzelet vns nach der lenge all gelegenheit der sachen, wie es ergangen were, darmit er aller, so das mal vberfuren, augen vnnd oren zu jm reytzet, aller hertzen erschüttelt, vnnd mit trawren erschreckt, vorwor ich hab jaemerlicher geschicht nie gehoert, der halb mich hechlich bewegt.
Merkur:	Ja Charon du hast recht geratten, es ist eben der selbig.
Charon:	An welchem ort des teutzschen landes regiret er?
Merkur:	In Schwaben.[266]

Huttens Beschäftigung mit Lukian ist wohl erst im Rahmen seiner zweiten Italienreise (1515–17) zu verorten.[267] Im ‚Phalarismus'[268] wechselt Hutten also

---

[266] Zsm. m. Huttens Übs. von 1521 bei BÖCKING IV, S. 5–6.
[267] Vgl. Reinhold GLEI, Der deutscheste aller Deutschen? Ironie in Ulrich von Huttens Arminius, in: DERS. (Hg.), Ironie. Griechische und lateinische Fallstudien (Bochumer Altertumswissenschaftliches Colloquium 80), Trier 2009, S. 265–281, hier S. 272.
[268] Vgl. Bianca HUFNAGEL, Ein Tyrann in teutzschen landen als Catilina in der Unterwelt. Fünf Reden und ein Totengespräch als verdoppeltes Kampfmittel und als Begründer des Diskurses über Tyrannei bei Ulrich von Hutten, in: Yvonne AL-TAIE, Bernd AUEROCHS u. Anna-Margaretha HORATSCHEK (Hgg.), Kollision und Devianz. Diskursivierungen von Moral in der Frühen Neuzeit (Diskursivierung von Wissen in der Frühen Neuzeit 3), Berlin, München u. Boston 2015, S. 121–144; Manuel BAUMBACH, ‚Wenn Tote Politik betreiben' – Das Totengespräch und seine Rezeption im Humanismus am Beispiel

in den Dialogmodus,²⁶⁹ während das Diskursziel allerdings dasselbe wie in den Ulrich-Reden bleibt.²⁷⁰ Die Position, die Charon und Merkur als Götter hier einnehmen, hat zur Folge, dass sie mit einigen Äußerungen Voraussagen über die Zukunft vornehmen können. So erklärt Charon gleich zu Beginn, dass der Tyrann seinem Lehrer Phalaris gleichkommen oder ihn sogar übertreffen wird (*Phalaridem magistrum aequabit aut superabit etiam*). Die Ratschläge, die der Herzog in der Unterwelt von Phalaris erhält, sind als drohende Schatten für die Zukunft zu lesen, sollte dem verbannten Herzog doch ein unverhofftes Comeback auf die politische Bühne gelingen. Der ‚Phalarismus' wird dadurch zu einem hochaktuellen politischen Manifest, das die Leser zur Wachsamkeit und Opposition gegen den Tyrannen aufrütteln soll.²⁷¹ Diesen Befund bestärken weiterhin Bibelstellen, die den beigefügten Holzschnitt der ‚Steckelberger Sammlung' umrahmen, wobei der Holzschnitt erwartungsgemäß wieder derjenige des Druckes des Jahres 1517 ist (**Abb. 11**). Denn wie in den oratorischen Invektiven gegen den Herzog sollte auch hier sowohl irdische als auch himmlische Gerechtigkeit angesprochen werden.²⁷² Das Zitat auf der rechten Seite stammt außerdem aus der ‚Aeneis' des Vergil,²⁷³ was freilich für die Adressierung an ein humanistisch gesinntes Publikum spricht.

---

von Erasmus und Hutten, in: Bodo GUTHMÜLLER u. Wolfgang G. MÜLLER (Hgg.), Dialog und Gesprächskultur in der Renaissance (Wolfenbütteler Abhandlungen zur Renaissanceforschung 22), Wiesbaden 2014, S. 261–275.

269 Vgl. Klaus W. HEMPFER, Lektüren von Dialogen, in: DERS. (Hg.), Möglichkeiten des Dialogs. Struktur und Funktion einer literarischen Gattung zwischen Mittelalter und Renaissance in Italien, Stuttgart 2002, S. 1–38.

270 Der performative Aspekt literarischer Dialoge lässt sich aber vor allem darin beschreiben, dass in diesem Genre Mündlichkeit in schriftlich inszenierter Form präsentiert wird. Vgl. BECKER (2013), S. 61 mit Verweis auf HEMPFER (2002), S. 20 und in Abgrenzung zu Michail BACHTIN, Die Ästhetik des Wortes, hg. v. Rainer GRÜBEL, Frankfurt a. M. 1979, S. 168–191.

271 Vgl. Arnold BECKER, Rhetorische Evidenz und dialogische Mimesis in Huttens literarischem Kampf gegen Herzog Ulrich von Württemberg, in: Beate HINTZEN u. Roswitha SIMONS (Hgg.), Norm und Poesie. Zur expliziten und impliziten Poetik in der lateinischen Literatur der Frühen Neuzeit, Berlin u. Boston 2013, S. 275–296.

272 Auf der linken Seite lautet der Psalm (Ps. 9): *Dixit E[ni]m in corde suo, oblitus est Deus, auertit facie[m] sua[m], ne uideat &* (Doch jener denkt in seinem Herzen: Gott ist vergesslich! Er hat sein Antlitz verhüllt, sieht es nie und nimmer); unten (Ps. 36): *vidi impium super exaltatum & eleuatum super cedros libani, transiui & ecce non erat, quaesiui eum, & non est inuentus locus eius* (Ich sah den Frevler in seiner Gewalttat sich erheben wie eine grüne Zeder. Ich kam wieder vorüber, und schon war nicht mehr, ich suchte nach ihm, und er war nicht zu finden); oben (Ps. 43): *Nonne Deus requiret ista*. Vgl. HANNA (2003), S. 141–142.

273 *EXORIARE ALIQUIS NOSTRIS EX OSSIBUS ULTOR* (Ein Rächer möge aus unseren Gebeinen erstehen; Verg. Aen. 4, 625).

Abbildung 11: Der Fall Hans von Hutten, Bildnis des Hans Weiditz, Holzschnitt des Petrarca-Meisters aus dem ‚Phalarismus' (1517); Offizin: Johann Schöffer.

Die erfolgreiche Adressierung dieser *peer group* von Ciceromanen[274] wird noch deutlicher, wenn man bedenkt, dass Huttens Dichterkrönung durch Maximilian am 12. Juli des Jahres 1517 in Augsburg[275] genau in den Kontext der Auseinandersetzung mit Herzog Ulrich fällt. Zumindest war durch die Fehde wohl nicht einmal der dort geplante Reichstag realisierbar.[276] Außerdem ist neben dem fein ausgearbeiteten Krönungsdiplom (**Abb. 12**)[277] gleichfalls ein Konzept desselben[278] aus der kaiserlichen Kanzlei auf uns gekommen.[279] Hut-

---

[274] Ciceromanie: Aus dieser Denklogik heraus bestimmten viele Humanisten ihre Position in der politischen Öffentlichkeit. Vgl. Caspar HIRSCHI, Die Erneuerungskraft des Anachronismus. Zur Bedeutung des Renaissance-Humanismus für die Geschichte politischer Öffentlichkeiten, in: Martin KINTZINGER u. Bernd SCHNEIDMÜLLER (Hgg.), Politische Öffentlichkeiten im Spätmittelalter (Vorträge und Forschungen 75), Sigmaringen 2011, S. 385–431, hier S. 402: „Die politische Bedeutung der Dichter-Krönung wurde seit Celtis noch dadurch herausgestrichen, dass sie den lorbeerbekränzten Dichter verpflichtete, der kaiserlichen Politik in seinen Schriften und Reden *hic et ubique* öffentliches Lob zu spenden."

[275] Vgl. ARNOLD (1988), S. 237–247.

[276] Vgl. KRAUS (2021), S. 277.

[277] Krönungsdiplom Huttens durch Maximilian I. am 12. Juli 1517, in: Würzburg, Staatsarchiv, Archiv der Grafen zu Ortenburg zu Birkenfeld, Akten Nr. 2437. Eine Transkription des Textes sowie ein Übersetzungsvorschlag findet sich im Anhang dieser Studie unter Kapitel VI.2.

[278] Wien, Österreichisches Staatsarchiv, AVA Adel RAA 204.22.

[279] Vgl. RUPPRECHT (2018), S. 87–98.

ten konnte mithilfe seiner literarischen Invektiven also nicht nur die humanistische Corona erreichen, sondern sich ebenfalls erfolgreich positionieren und durchsetzen.[280] Dass Maximilian in dieser Situation also gerade den Reichsritter Ulrich von Hutten ins Auge fasste, der die Fehde seiner Familie gegen den Herzog publizistisch anzuführen schien, darf auch als politische Demonstration des Herrschers wider die Politik des Württembergers verstanden werden.[281] Kaiser Maximilian betrieb aber andererseits mit dem Instrument der Dichterkrönungen eine ganz besondere Art der Klientelbildung. Denn er erwartete, dass sich die von ihm gekrönten Dichter später dafür erkenntlich zeigen würden und seine Politik propagandistisch unterstützen.[282]

Hutten konnte sich freilich nicht nur wegen seines musterhaften Rekurrierens auf Cicero und Lukian in seinen Invektiven im Vergleich zu den anderen Humanisten besser in Szene setzen, sondern auch deshalb, weil das innovative Druckgewerbe sowie die rasche Kolportage für eine komplett neue mediale Situation sorgten. Dadurch konnten die Texte auch rasch über das enggewobene Netzwerk der humanistischen Sodalen hinaus weitergetragen werden. Nicht zufällig war es letztlich auch ein guter Freund Huttens, der berühmte Konrad Peutinger, der ihn beim Kaiser für die Dichterkrone empfahl.[283] Ganz bewusst wählte Hutten das Medium der Invektive für seine publizistischen Attacken gegen den Herzog, um diesen nicht nur öffentlich herabzusetzen, sondern auch, um die übrigen Humanisten als zusätzliches Publikum zu adressieren und herauszufordern.

---

[280] Ein Dankgedicht Huttens vom Tag seiner Krönung in Augsburg zum *poeta laureatus* berichtet in acht Distichen davon, dass irdische Pracht und militärischer Ruhm wohl im Naturverfall gespiegelt seien, allein der Lorbeer aber bis ins fernste Zeitalter grüne: *Flaccescunt lentæ salices, et perdit honorem, / Gloria sylvarum, fraxinus alta, suum / Nudat hyems patulas / fagos platanosque virentes, / Rarescit tactis ulmus opaca comis, / Nec semper tiliæ virides et populus ingens, / Quam mox occulerat, tonsa renudat humum /, Hoc molles faciunt violæ, sic lilia marcent, / Nutrit odoratas et brevis hora rosas, / Se quoque, quam pulchra est, non semper amaracus effert, / Quod fuerat, perdit nardus odora, decus, / Quod gratum est, non semper habet narcissus, et aufert / Quam tibi præbuerat formam, hyacinthe, dies: / At viret extremum Phœbo sacra laurus in ævum, / Bacchica perpetua fronde virescit helix. / Sic, nisi non recte mea mens sibi conscia, Caesar, / Si tibi quid scribam, non morietur opus.* BÖCKING I, S. 145.

[281] Und das, obwohl in kurz darauf erschienenen Invektiven der ‚Augsburger Sammlung' (1519) selber kein Bezug zur Auseinandersetzung hergestellt wird. Vgl. Klaus KIPF, Huttens Dichterkrönung vor dem Hintergrund seiner publizistischen Fehde gegen Herzog Ulrich von Württemberg, in: Klaus WOLF u. Franz FROMHOLZER (Hgg.), Adelsliteratur und Dichterkrönung (Schwabenspiegel. Jahrbuch für Literatur, Sprache und Spiel 12), Augsburg 2018, S. 125–136.

[282] Zu den gekrönten Dichtern im Zeitalter Friedrichs und Maximilians vgl. Dieter MERTENS, Maximilians gekrönte Dichter über Krieg und Frieden, in: Franz J. WORSTBROCK (Hg.), Krieg und Frieden im Horizont des Renaissancehumanismus, Weinheim 1986, S. 105–123, hier S. 107; Dieter MERTENS, ‚Bebelius ... patriam Sueviam ... restituit'. Der poeta laureatus zwischen Reich und Territorium, in: Zeitschrift für Württembergische Landesgeschichte 42 (1983), S. 145–173; grundlegend SCHIRRMEISTER (2003).

[283] Vgl. ARNOLD (1988).

Abbildung 12: Krönungsdiplom Huttens zum poeta laureatus, verliehen durch Kaiser Maxmilian I. am 12. Juli 1517 in Augsburg.

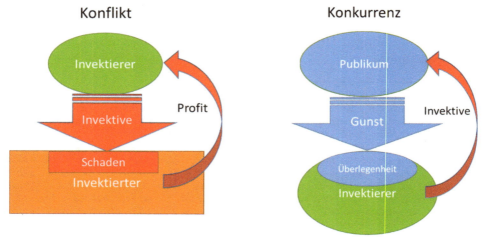

Abbildung 13: Konflikt- und Konkurrenzmodell anhand des invective mode.

Es wurde mehr als deutlich, dass Hutten mit seinen literarischen Invektiven bisher wohl zwei Stoßrichtungen verfolgte: Konflikt und Konkurrenz (**Abb. 13**).[284] Seine Reden sind beispielsweise sowohl politisches Kampfmittel, aber

---

[284] Siehe zur Unterscheidung direkter Konflikte und indirekter Konkurrenzen zuletzt: Tobias WERRON, Direkte Konflikte, indirekte Konkurrenzen. Unterscheidung und Vergleich zweier Formen des Kampfes, in: Zeitschrift für Soziologie 39,4 (2010), S. 302–318.

auch Teil des agonalen Spiels der Humanisten. Die ‚Kunst des Invektierens'[285] scheint demnach also nicht nur im Angriff und der Schmähung des Opfers bzw. im Reagieren auf persönliche Anfeindungen zu liegen, sondern freilich auch zur öffenlichen Zurschaustellung eigener *eruditio*.[286] Diese Form der Profilierung, die Hutten in der Auseinandersetzung betreibt, beschreibt zweifelsohne eine Konkurrenzsituation eines exklusiven Künstlerdiskurses, bei der man sich bemüht, die Gunst eines Dritten zu erlangen, so schon der Soziologe Georg Simmel.[287] So ist die Einzelausgabe des ‚Phalarismus' von 1517 auch das Werk, mit dem Hutten erstmals seinen zahmen humanistischen Wahlspruch *Sinceriter citra pompam* („Redlich ohne Prunk") ablegte. Es wirkt geradezu programmatisch, wenn sich Hutten ab diesem Zeitpunkt und vor allem in seinen gedruckten Invektiven der berühmten Worte Cäsars bediente (*iacta est alea*), um seine Feinde zu warnen. Denn auch er gedenke nun den Rubikon zu überschreiten, wie es einst das berühmte Vorbild getan hatte.[288]

Das Kalkül zeigt sich jedoch erst, wenn man die Kommunikationssituation in ihrer Gesamtheit überschaut. Denn Hutten machte seine Anliegen immer erst dann öffentlich, wenn politisch und/oder publizistisch gesehen ein Raumgewinn in Aussicht stand: so BECKER schon vor einigen Jahren andeutend:

> Die Erstveröffentlichung des ‚Phalarismus' im März 1517 erfolgte zu einem Zeitpunkt, als der Konflikt schon abgekühlt und ein Ausgleich zwischen Herzog Ulrich und der Familie Hutten sowie Herzogin Sabina vereinbart worden war. Der ‚Phalarismus' sollte offenbar den gefundenen Kompromiss torpedieren und die nächste Runde der Auseinandersetzung mit dem Ziel der endgültigen Absetzung des Herzogs einläuten. Da auch Herzog Ulrich Interesse an einer Revision des gefundenen Kompromisses hatte, verschärfte sich in den folgenden zwei Jahren die Lage und eskalierte nach dem Tod Maximilians bis zum Krieg des Schwäbischen Bundes, in dessen Truppen sich auch Hutten einreihte.[289]

---

[285] Vgl. ISRAEL (2019).
[286] Vgl. SASSO (2021).
[287] Siehe hierzu grundlegend die Gedanken im berühmten Aufsatz ‚Soziologie der Konkurrenz' von 1903, in: Georg SIMMEL, Gesamtausgabe in 24 Bänden. Bd. 7: Aufsätze und Abhandlungen 1901–1908. Bd. 1, hg. v. Rüdiger KRAMME, Angela RAMMSTEDT u. Otthein RAMMSTEDT, Berlin 1995, S. 221–246. Weiterhin mit einiger Abgrenzung und Beispielen aus dem römischen Senat: Isabelle KÜNZER, Kulturen der Konkurrenz. Untersuchungen zu einem senatorischen Interaktionsmodus an der Wende vom ersten zum zweiten Jahrhundert n. Chr. (Antiquitas 68), Bonn 2016, S. 47–52 (zu Konkurrenz und Status).
[288] Vgl. HANNA (2003), S. 132; BENZING (1956), S. 44–45. Von diesem Zeitpunkt an wird der Leitspruch auch von Hutten ins Deutsche übertragen und somit augenscheinlich zum Attribut seiner Vorkämpferrolle; beispielsweise in seiner ‚Clag vnd vormanung' von 1520. Vgl. BENZING (1956), Nr. 144–148, S. 85–86.
[289] BECKER (2013), S. 101–102.

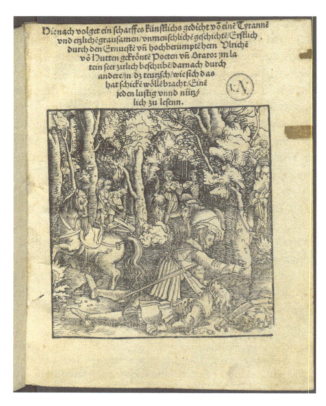

Abbildung 14: dt. ‚Phalarismus' von 1521: Titelblatt.

Als das Heer des Schwäbischen Bundes nämlich im August 1519 Stuttgart zurückeroberte, veröffentlichte Hutten ganz bewusst die ‚Steckelberger Sammlung'. Drei Jahre später, also im Jahre 1521, verwendete Hutten das Ereignis dann wieder, um die öffentliche Meinung zu beeinflussen, denn auch der nächste Versuch Herzog Ulrichs, den Anspruch auf sein Land geltend machen zu wollen, endete bekanntlich in der erneuten Acht Kaiser Karls V. am 5. Juni 1521.[290] Hutten gab in diesem Kontext den Dialog ‚Phalarismus' in einer neuen Ausgabe heraus,[291] jetzt jedoch ins Deutsche übertragen und mit einer neuen Einleitung versehen, die die mythologischen Hintergründe des an Lukian an-

---

[290] Vgl. zur Ereignisgeschichte BRENDLE (1998).
[291] Hie nach volget ein scharffes künstlichs gedicht von einem Tyrannen | vnd etzlichen grausamen/ vnmenschlichen geschichten/ Erstlich | durch den Ernuesten vnd hochberümpten hern Vlrichen | von Hutten gekroenten Poeten vnd Orator jm la|tein seer zirlich beschriben/ darnach durch | andere/ jn das teutzsch/ wie sich das hat schicken wöllen bracht/ Einem | jeden lustig vnnd nütz|lich zu lesenn. [Speyer: Jakob Schmidt, ca. 1521]. VD 16, H 6402; BÖCKING IV, S. 1–25 (synoptisch mit dem lateinischen Original von 1517); BENZING (1956), Nr. 57; JAUMANN (2008), Sp. 1229.

gelehnten Totengesprächs erläutern soll (**Abb. 14**),²⁹² um so ein wesentlich breiteres Publikum zu erreichen.²⁹³

2.5 Fazit: Öffentlichkeit, Agonalität und Anschlusskommunikation – Huttens Invektiven als politisches Kampfmittel und Teil des kompetitiven Spiels der Humanisten

Man darf davon ausgehen, dass eine Dichterkrönung, wie die des Ulrich von Hutten 1517 in Augsburg, zumeist eine öffentliche Großveranstaltung war. Schon die italienische ‚Portalfigur' (HELMRATH) für den Humanismus, Francesco Petrarca (gest. 1374), berichtet von seiner eigenen Krönung aus dem April des Jahres 1341 auf dem Kapitol in Rom als einem öffentlichen „Spektakel":²⁹⁴

> Die vornehmsten Bürger der Stadt Rom werden aufgerufen und finden sich ein; der Kapitolsplatz ist voller fröhlicher Stimmen; man könnte meinen, selbst die Mauern und antiken Gebäude freuen sich mit; Trompeten erklingen; das Volk strömt herbei und raunt in Erwartung des Spektakels. Ich sehe, wenn ich mich nicht täusche, Tränen im Herzen der Freunde, die vor Anteilnahme tief bewegt sind. Ich steige den

---

292 Vor allem Lukian., Phal. 1,2; cat.; nek.; vgl. Bianca HUFNAGEL, ‚Auß der Vrsach das du ein Tyrann bist.' Die verkehrte Welt des lukianischen Totengespräches als politisches Kampfmittel bei Ulrich von Hutten, in: Daphnis 41 (2012), S. 1–69, hier S. 6. Ebenso Sen. apocol.; vgl. BECKER (2013), S. 92. Weiterhin Olga GEWERSTOCK, Lucian und Hutten. Zur Geschichte des Dialogs im 16. Jahrhundert (Germanische Studien 31), Berlin 1924; Albert BAUER, Der Einfluss Lukians von Samosata auf Ulrich von Hutten, in: Philologus 75 (1918), S. 437–462; DERS., Der Einfluss Lukians von Samosata auf Ulrich von Hutten, in: Philologus 76 (1920), S. 192–207.

293 Vgl. UKENA (1977), S. 41. Ebenso soll er der Unterhaltung der Leser dienen. Siehe hierzu auch: BECKER (2012), S. 165–186.

294 Francesco Petrarca, Ep. Metr. II, 1 an Giovanni Barrili: *Post modo, nosti hominem, expedior; subitumque vocati / Romulei proceres adeunt. Capitolia leto / Murmure complentur; muros tectumque vetustum / Congaudere putes. Cecinerunt classica: vulgus / Agmina certatim glomerat,* **cupidumque videndi** */ Obstrepit. Ipse etiam lacrimas, nisi fallor, amicis / Compressis pietate animis in pectora vidi. / Ascendo: siluere tube murmurque resedit. / Una quidem nostri vox primum oblata Maronis / Principium dedit oranti, nec multa profatus; / Nam neque mos vatum patitur, nec iura sacrarum / Pieridum violasse leve est; de vertice Cirrhe / Avulsas paulum mediis habitare coegi / Urbibus ac populis. Post facundissimus Ursus / Subsequitur fando. Tandem hic mihi* [anstatt *michi*; MK] *Delphica serta / Imposuit, populo circumplaudente Quiritum.* Ausgabe nach Francesco Petrarca, Epistulae Metricae. Briefe in Versen, hg. v. Otto SCHÖNBERGER u. Eva SCHÖNBERGER, Würzburg 2004, S. 112 u. 114. Vgl. Agostino SOTTILI, Petrarcas Dichterkrönung als artistische Doktorpromotion, in: DERS., Humanismus und Universitätsbesuch. Die Wirkung italienischer Universitäten auf die Studia Humanitatis nördlich der Alpen = Renaissance humanism and university studies: Italian universities and their influence on the Studia Humanitatis in Northern Europe (Education and society in the Middle Ages and Renaissance 26), Leiden u. a. 2006, S. 194–210; Werner SUERBAUM, Poeta laureatus et triumphans. Die Dichterkrönung Petrarcas und sein Ennius-Bild, in: Poetica 5 (1972), S. 293–328; Marion STEINICKE, Dichterkrönung und Fiktion. Petrarcas Ritualerfindung als poetischer Selbstentwurf, in: DIES. u. Stefan WEINFURTER (Hgg.), Investitur und Krönungsrituale. Herrschaftseinsetzungen im kulturellen Vergleich, Köln 2005, S. 427–446.

Hügel empor. Die Trompeten verstummten, der Lärm legte sich. Meiner Rede stellte ich einen Vergil-Vers[295] voran, der mir gerade in den Sinn kam, doch ich sprach nicht lang, denn dies widerspräche den Gepflogenheiten der Dichter und verletzte die Rechte der Heiligen Musen, die ich vom Parnass entführt hatte, um sie für eine kurze Zeit in der Stadt, unter dem Volk, festzuhalten. Nach mir spricht Orso, ein ausgezeichneter Redner. Er setzt mir schließlich den delphischen Lorbeer aufs Haupt, während ringsum das römische Volk applaudiert.[296]

Die Dichterkrönung steht also sinnbildlich für die Symbiose von Agonalität und Öffentlichkeit, Petrarcas eigene Biographie liest sich ja geradezu deckungsgleich in Bezug auf diesen Befund.

Huttens Invektiven-Kampagne ist ähnlich angelegt, denn auch sie lebt von der Dynamik von Öffentlichmachung, Herabsetzung, Ehrverteidigung, Konkurrenz und Anschlusskommunikation. Als Rahmen oder Arena dient die Fehde, Lukian und Cicero sind Huttens Lizenz, die Flugschriften sein Medium für die Etablierung öffentlicher Diskurse. Dabei adressierte er unterschiedliche Publika, bediente durch verschiedene literarische Techniken mehrere Teilöffentlichkeiten zugleich. Das Kohäsionsmaterial war in erster Linie die Invektive, auch in ihrer satirischen Form. Doch wollen wir diese Dynamik von Invektivität noch einmal anhand einiger abschließender Beispiele erhellen.

Einerseits findet sich ein weiterer bemerkenswerter Text in der ,Steckelberger Sammlung von 1519 selbst. Hutten gab dieser Werkausgabe eine weitere Defensio seines Totengesprächs ,Phalarismus' von 1517 gegenüber dem Kleriker Peter von Aufseß aus Würzburg bei: die ,Apologia pro Phalarismo'.[297] Hier wirft er dem Kanoniker vor, dass er nicht nur den Vertrieb seines Textes unterbunden, sondern den ,Phalarismus' noch auf dem Würzburger Marktplatz angeprangert und Exemplare zerstört habe, während er nur vorgebe, Schaden vom Bistum abwenden zu wollen. Hutten hält dem entgegen, dass er seinen Dialog wie eine Waffe im Kampf gegen Herzog Ulrich verstehe, die ihm aus der Hand

---

[295] Verg. georg. 3, 291–292: *sed me Parnassi deserta per ardua dulcis Raptat amor*. Vgl. Petrarca, Ep. Metr. (2004), S. 345.

[296] Übs. angelehnt an: Petrarca, Ep. Metr. (2004), S. 113 u. 115 sowie Peter KUON, Ritual und Selbstinszenierung: Petrarcas Dichterkrönung, in: https://www.uni-salzburg.at/fileadmin/oracle_file_imports/1411175.PDF (Zugriff: 17.02.2020), S. 1–2. Wenn KUON *cupidumque videndi* mit ,in Erwartung des Spektakels' übersetzt, erkennt er zwar *cupidus* nicht als begierigen und leidenschaftlichen Wunsch (vgl. GEORGES 1, Sp. 1815–1816), den Kontext vermag er jedoch gekonnt einzufangen. Denn *videndi* beschreibt als Gerundium ohne Objekt (der gen. obiectivus wird durch das Adj. *cupidus* generiert) zunächst lediglich das visuell Wahrnehmbare (,Schauspiel'). Zum *spectaculum* (vgl. GEORGES 2, Sp. 2749–2750) wird das Beschriebene dann erst durch die durch den *populus* hergestellte Öffentlichkeit, die in Kombination mit dem Lärm und den anteilnehmenden Tränen eine affektive Komponente erhält.

[297] BÖCKING I, S. 288–299.

geschlagen werden sollte.²⁹⁸ Aufgrund der Tatsache, dass Aufseß' Aktion nicht frühzeitig gegen die Publikation vorgegangen ist, zieht Hutten zu Recht den Schluss, dass der Kanoniker die Wirkung, die der Phalarismus erzielte, wohl völlig unterschätzt habe.²⁹⁹ Wir beobachten also ein ähnliches Vorgehen wie bei den Lötz, die ebenfalls versucht hatten, den Vertrieb von Huttens Werken zu unterbinden.

Andererseits gibt es eine Schrift des Marburger Professors ‚Barbatus', die das Vorgehen gegen den Herzog als unrechtmäßig verurteilt.³⁰⁰ Ohne Hutten namentlich zu nennen, betont dieser mehrfach, dass Hutten dem Herzog tatsächlich sehr geschadet habe, weil es ihm durch seine Schriften gelang, den Herzog nachhaltig als Tyrannen zu brandmarken und die Fürsten in ihrer Entscheidungsfindung zu beeinflussen. Der Topos des Tyrannen ist in Huttens Invektiven ein beliebtes Mittel, die Attacken intertextuell miteinander zu verbinden und so einen allgemeinen Diskurs zu schaffen.³⁰¹ Eine spätere Auseinandersetzung nach Huttens Tod 1523 soll diese Beobachtung verdeutlichen.

So führte der Prediger Agricola (gest. 1566)³⁰² in seiner vielfach aufgelegten Sprichwortsammlung an mehreren Stellen in der Erstauflage des Jahres 1529³⁰³ Herzog Ulrich als das gängige Exemplum eines Tyrannen ein.³⁰⁴ Landgraf Philipp von Hessen beschwerte sich daraufhin bei Kurfürst Johann von Sachsen (‚dem Beständigen', gest. 1532),³⁰⁵ Luther und seine Anhänger hätten einige Fürsten geschmäht, Agricola habe Herzog Ulrich weiterhin mit schändlichen

---

298 BÖCKING I, S. 290: *Age autem abolendis his scriptis, quibus ego tanquam armis contra inimicum utor, citra mei offensionem dari abs te opera potest? Et me tibi non putas iratum, si gladium eripias e manibus meis* […].
299 BECKER (2013), S. 104.
300 *Oratio causas expulsi et restituti ducis Vvirtenpergensis*: Marburg 1534, abgedruckt in: BÖCKING I, S. 299–300.
301 Vgl. Klaus KIPF, Tyrann(ei). Der Weg eines politischen Diskurses in die deutsche Sprache und Literatur (14.–17. Jahrhundert), in: Heidrun KÄMPER u. Jörg KILIAN (Hgg.), Wort – Begriff – Diskurs. Deutscher Wortschatz und europäische Semantik, Bremen 2012 (Sprache – Politik – Gesellschaft 7), Bremen 2012, S. 31–48, bes. S. 39.
302 Joachim ROGGE, Johann Agricola, in: TRE 2 (1978), S. 110–118; Gustav KAWERAU, Johann Agricola von Eisleben. Ein Beitrag zur Reformationsgeschichte, Berlin 1881.
303 Drey hundert | Gemeiner Sprichwœrter/ | der wir Deudschen vns ge|brauchen/ vñ doch nicht wi|ssen woher sie kōmen/ dur=|ch D. Johañ. Agricolã von | Eysleben/ an den durchleu|chtigen/ hochgebornen Fuer|sten vñ Herren/ Herrn Jo|hañ. Friedrich/ Hertzo-gen | zu Sachsen [et]c. geschriebē | vnd klerlich ausgelegt. Zwickau: Gabriel Kantz, 1529. VD 16, A 959. Abgedruckt bei: Johannes Agricola, Die Sprichwörtersammlungen, 2 Bde., hg. v. Sander L. GILMAN, Berlin u. New York 1971. Hier geht er außerdem auf einige Justizmorde des Herzogs ein.Vgl. auch schon bei BRENDLE (1998), S. 207–211.
304 Vgl. KRAUS (2021); HIRSCHBIEGEL/KRAUS (2021).
305 Doreen VON OERTZEN BECKER, Kurfürst Johann der Beständige und die Reformation (1513–1532). Kirchenpolitik zwischen Friedrich dem Weisen und Johann Friedrich dem Großmütigen, Köln, Weimar u. Wien 2017; Uwe SCHIRMER, Die ernestinischen Kurfürsten (1485–1547), in: Frank-Lothar KROLL (Hg.), Die Herrscher Sachsens, München 2004, S. 65–70.

Worten beleidigt, die nicht der Wahrheit entsprächen.[306] Obwohl Agricola offiziell Abbitte leistete, war trotz alledem der Streit nicht beigelegt, ja die „Diskussionen des zweiten Jahrzehnts im 16. Jahrhundert erlebten [geradezu] eine Renaissance."[307] Denn Ludwig von Passavant, ein Adliger aus der Grafschaft Mömpelgard und treuer Gefolgsmann des Herzogs, verfasste im darauffolgenden Jahre sogleich eine Defensio für seinen Herren, zugleich eine stark polemisierende Anklageschrift gegen den Widersacher Agricola.[308] Diese Schrift entzündete nun wiederum eine Invektivkette auf diplomatischer Ebene, deren Sog sogar Luther und Melanchthon erfasste.[309] Umgekehrt versuchte der trotzige[310] Agricola im Anschluss daran, seinen vermeintlichen Anstoß dadurch zu beseitigen, dass er in der neuen Auflage seiner Spruchsammlung von 1534 die anrüchige Passage nicht nur überarbeitete, sondern sich zudem in einer neu beigefügten Vorrede um Klärung der Sache bemühte.[311] Nachdem der Herzog sein Fürstentum wieder zurückgefordert hatte, erfahren wir aus einem Schreiben Philipps von Hessen an Melanchthon vom 6. Mai 1536, dass Agricolas Reaktion den Landgrafen immer noch nicht saturierte, denn er forderte eine erneute öffentliche Abbitte.[312] Dieser war Agricola wohl aber bereits im vorigen Monat nachgekommen. Melanchthon schickte nämlich als Vermittler zwei Abschriften an Erhard Schnepf (gest. 1558)[313] in Stuttgart (17. April)[314] und an Landgraf Philipp selbst (19. April),[315] die diese an Herzog Ulrich weiterleiten sollten. Viele Jahre später sollte Agricola dann die stolzen Worte niederschreiben:

---

[306] Vgl. BRENDLE (1998), S. 208; KAWERAU (1881), S. 110–112.
[307] BRENDLE (1998), S. 208.
[308] Verantwortung: der | schmach vnd lesterschrifft so Jo | hannes Agricola Eyßleben genant/ im | b[ue]chlin außlegung Teütscher sprüch=|wort/ wider etlich eeren leüt/ vnd | besonders den durchleich. | hochgebornen F. vnd | Herren/ Hernn | Vlrich | Hertzog zů Wirttenberg etc. on einig | vrsach im truck außgon | lassen. | Ludwig von Passauant. Straßburg: Georg Ulricher, 1530. VD 16, P 872. Abgedruckt bei: GILMAN II, S. 275–302.
[309] Vgl. KAWERAU (1881), S. 113–114; BRENDLE (1998), S. 209.
[310] So teilte er am 06. August 1530 seinem engen Freund Johannes Lang (gest. 1548) mit: *Ludovici Passavantii ἀτασθαλίας jiam devoravi, resque eo rediit, ut vellet se hoc non fecisse quod fecit.* („Die frechen Reden Passavants habe ich nun geschluckt und die Tatsache ist jetzt soweit gediehen, dass er wünscht, er hätte lieber nicht getan, was er getan hat."). Gotha, Forschungsbibliothek, Chart. A 399, fol. 237r–v.
[311] Sybenhundert vnd | Fünfftzig Teütscher | Sprichw[oe]rter/ ver= | neüwert vnd | gebessert. | Iohan. Agricola. Hagenau: Peter Braubach, 1534. VD 16, A 962.
[312] Max LENZ, Nachlese zum Briefwechsel des Landgrafen Philipp mit Luther und Melanchthon, in: Zeitschrift für Kirchengeschichte 4 (1881), S. 141–143.
[313] Erhard Schnepf, Württembergischer Theologe und Reformator. Vgl. Hermann EHMER, Erhard Schnepf. Ein Lebensbild, in: Blätter für württembergische Kirchengeschichte 87 (1987), S. 72–126.
[314] Carl G. BRETSCHNEIDER u. Heinrich E. BINDSEIL (Hgg.), Philippi Melanthonis opera quae supersunt omnia, 28 Bde. (Corpus Reformatorum 1–28), Halle u. Braunschweig 1834–1860; hier: Corpus Reformatorum III, S. 55–57.
[315] Corpus Reformatorum III, S. 75.

> Herzog Ulrich von Würtemberg wollte mich nirgend dienen lassen wegen das, daß ich in meinen deutschen Sprichwörtern ihm den armen Kunz und den Mord des von Hutten aufgerückt hatte. Da war der Bogen hart gespannt, das Schwert zum Hauen gezückt, der Turm und das Gefängnis zugerichtet – aber Würtemberg ist verwüstet, ich stehe und gehe von Gottes Gnaden noch frei!³¹⁶

Ungebrochen scheint die Rezeption des Huttenfalles von 1515, der diverse Male abkühlte und wieder aufs Neue entflammte. Selbst die württembergische Chronistik des 16. und 17. Jahrhunderts blieb von dieser Dynamik nicht verschont.³¹⁷ Weil Hutten es gewagt hatte, derart aggressiv mit literarischen Invektiven gegen den Herzog vorzugehen, ärgerte sich ein württembergischer Chronist im 17. Jahrhundert in zahlreichen Glossen einer Wolfenbütteler Handschrift, die alle Texte der ‚Steckelberger Sammlung' beinhaltet,³¹⁸ als Kommentar zur fünften Ulrich-Rede noch darüber, dass Hutten mit dem Herzog ja umgegangen sei wie der Tyrann Phalaris einst mit seinem Erzgießer und Künstler Perilaos.³¹⁹ Dem Württemberger war es offensichtlich nicht gelungen, die öffentlichen Attacken gegen sich erfolgreich abzuwenden, Hutten andererseits jedoch, den Topos des Tyrannenherzogs publizistisch langfristig zu installieren.³²⁰ In Anbetracht der vermeintlich privaten und nur regional be-

---

³¹⁶ Kawerau (1881), S. 116–117.
³¹⁷ Vgl. Brendle (1998), S. 1–16.
³¹⁸ Wolfenbüttel, Herzog August Bibliothek, Cod. Guelf. 44. 9. Aug., fol. 402r: *Vlrichen von Hutten dem solt hertzog Vlrich gethon haben, wie Phalaris seim Perillo, dem er sein erfundenen ochsen, von ersten hatt versuchen lassen.* Vgl. Ukena (1972), S. 47 u. 58.
³¹⁹ Im 34. Buch seiner ‚Naturalis Historiae', das der Metallurgie gewidmet ist, berichtet Plinius d. Ä. die Geschichte des Bildhauers Perilaos (oder Perillus): Dieser habe dem Tyrannen von Phalarys einen metallenen Stier versprochen, aus dem man ein Brüllen vernehmen könne, wenn man Menschen darin einschließe und sie zu Tode brächte, in dem man unter dem Bildwerk ein Feuer entfache. Plin. Nat. 34, 89: *Tisicratis bigae Piston mulierem inposuit, idem fecit Martem et Mercurium, qui sunt in Concordiae templo Romae. Perillum nemo laudet saeviorem Phalaride tyranno, cui taurum fecit mugitus inclusi hominis pollicitus igni subdito et primus expertus cruciatum eum iustiore saevitia. huc a simulacris deorum hominumque devocaverat humanissimam artem. ideo tot conditores eius laboraverant, ut ex ea tormenta fierent! itaque una de causa servantur opera eius, ut quisquis illa videat, oderit manus.* Diodorus Siculus (‚Diodor von Sizilien'), Geschichtsschreiber des späten Hellenismus (ca. 1. Jh. v. Chr.), berichtet hingegen in seiner in griechischer Sprache verfassten ‚Bibliotheca historica' (Βιβλιοθήκη ἱστορική) schon früher, dass der Künstler seinem Kunstwerk wohl als Erster zum Opfer fiel. Diod. 9, 18–19, hier 18: „Der Bildhauer Perilaos machte einen unverschämten Stier für Phalaris, den Tyrannen, um sein eigenes Volk zu bestrafen, aber er selbst war der erste, den diese schreckliche Form der Bestrafung vor Gericht stellte. [...] Dieser Phalaris verbrannte Perilaos [...] im dreisten Stier. [...] Aber damit der Tod des Mannes das Bronzewerk nicht verschmutzte, nahm er ihn, als er halb tot war, heraus und schleuderte ihn die Klippen hinunter. Diese Geschichte über den Stier wird von Lucian von Syrien, von Diodorus, von Pindar und unzähligen anderen neben ihnen erzählt." (Die Übersetzung ist angelehnt an: Diodorus Siculus, Diodorus of Sicily in Twelve Volumes with an English Translation by Charles H. Oldfather, Bd. 4, Cambridge u. London 1989). Auch hier haben wir also wieder den Bezug zu Lukian (Lucian. Phal. 1,1).
³²⁰ Vgl. Kipf (2012), S. 39.

schränkten Relevanz des Konflikts mag es vielleicht verwundern, dass Huttens Schriften schon nach kurzer Zeit europaweit verbreitet waren.[321]

Doch Huttens Texte waren nicht nur der elitären Öffentlichkeit bekannt, sondern auch im gemeinen Volk, das er mit der Übersetzung ins Deutsche nun zusätzlich erreichen konnte, wie zahlreiche Lieder und Sprüche aus dieser Zeit, die den Mordfall thematisieren, deutlich zeigen.[322] So scheint es nach dieser Auseinandersetzung auch wenig verwunderlich, dass der Spruch „Ulrich der Tyrann, der Herzog und Henker von Württemberg"[323] in weiten Teilen des Reiches schnell jedermann bekannt wurde.

---

[321] Der ‚Phalarismus' beispielsweise mit zwei weiteren Dialogen 1519 in Paris. Vgl. BENZING (1956), S. 51, Nr. 76. Asclepius schildert in seiner *oratio* vor allem nämlich die Eindrücke, die er während seiner Lehrtätigkeit in Paris gewonnen hatte. Vgl. BECKER (2013), S. 102–103.

[322] Vgl. Karl STEIFF u. Gebhard MEHRING (Hgg.), Geschichtliche Lieder und Sprüche Württembergs. Im Auftrage der Württembergischen Kommission für Landesgeschichte, Stuttgart 1912, S. 111–112. Bemerkenswerterweise tritt der attackierte Herzog in den proherzoglichen Liedern zunächst in der Figur des personifizierten Hirsches auf wie bspw. in einem Einblattdruck von ca. 1516, in: STEIFF/MEHRING (1912), S. 118: *Der hirsch lauft in den hecken. er brumpt vor itel zorn, sein zen die tüt er blecken, so spitzig seind sein horn, sein hörner habend zanken. sie stechent als ein brem, hüt euch, ir stolzen franken, e er euch mache zem*. Überliefert ist auch ein Lied wohl aus dem Jahre 1525, das den Herzog zum gewaltsamen Widerstand gegen die Huttenschen Peiniger anstacheln sollte, STEIFF/MEHRING (1912), S. 119–121, hier S. 120: *Erschrick nit ab dem Hutten und hab des kain verdrieß! es tregt mancher ain butten, trieg lieber ain langen spieß und helf dir retten leib, er und güt; wir wellen bei dir beleiben, biß wir waten in unsrem plüt*. Die Gegenseite hebt jedoch vor allem die Schmach hervor, die die Hutten und der Adel nicht ungesühnt stehen lassen können, siehe den Einblattdruck von ca. 1519, in: STEIFF/MEHRING (1912), S. 142–145, hier S. 143: *Herzog Ulrich, den pund hast du verachtet, den adel auch geschmecht, den edlen fürsten auß Bairen gehaißen ein schneiderknecht er würt dir anlegen ein staines klaid, ritterlich würt er dich bezalen auf einer grünen haid. Den von Hutten hast du erstochen, schentlich umbs leben bracht; herzog Ulrich von Wirtenberg, ist dir ein große schmach! Was du dem armen Conzen hast getan, werden sie dir daran gedenken, kainer würt bei dir stan!* Auf eine größere Verbreitung des Liedes kann aus dem Umstand geschlossen werden, dass es umgedichtet und erweitert worden ist. Möglicherweise hat Martin Luther dieses Lied auch gekannt, siehe STEIFF/MEHRING (1912), S. 143. Weitere Beispiele, die vom kaskadenhaften Prinzip invektivaler Kommunikation geprägt sind, bei STEIFF/MEHRING (1912), S. 111–210.

[323] *Ich bin jung und nit alt, / gerad, hübsch und wolgestalt, / groß genüg und kein zwerg, / herzog und henker zü Wirtemberg*. Der Spruch ist uns durch die ‚historiarum sui temporis annales' des Kilian Leib (gest. 1550), Prior des regulierten Chorherrenstiftes Rebdorf bei Eichstätt, überliefert und im Kontext des Mordfalls eingeleitet mit den Worten: *Alius quispiam in eundem ludens ducem sub eius nomine in parietem eiusdam diversorii hosce rythmos scripserat*. Ob der Fremde, der diese Zeilen wohl einst als ‚Graffiti' an der Wand eines Wirtshauses festschrieb, dieselben in jenem Augenblick *manu propria* verfasste und ob die Spottverse sich daher bereits im Umlauf befanden, lässt sich nur teilweise rekonstruieren. Wie der Bericht Kilian Leibs jedoch zeigt, offenbart sich, dass derartige Lieder, Sprüche etc. bereits unter die Leute gekommen sein müssen bzw. etwas wie eine ‚öffentliche Meinung' vorgeherrscht haben muss. Vgl. STEIFF/MEHRING (1912), S. 111–112; abgedruckt bei ARETIN VII, S. 633; BÖCKING I, S. 99.

3 ‚Pfaffenfehden' (1521/22): Huttens Angriffe auf die Ordensgeistlichkeit

3.1 ‚Pfaffenkrieg' und Drohkulisse

Im Sommer 1521 kreierte Ulrich von Hutten auf der Burg Diemerstein bei Kaiserslautern ‚Ain new Lied',[324] nach der Einschätzung UKENAS wohl „eines der schönsten Gedichte in deutscher Sprache",[325] indem er ein Panorama nach dem Wormser Reichstag entwirft, das seine eigentlich prekäre Lebenssituation durchaus beschönigte.[326] Das aus sieben Strophen zu je zehn Versen gesponnene Lied, das als Einblattdruck[327] durch die Offizin des Nikolaus Küffer in Schlettstadt[328] verbreitet wurde,[329] öffnet mit dem berühmt gewordenen Wahlspruch Huttens: *ich habs gewagt mit sinnen* als Übertragung der lateinischen Sentenz *alea iacta est*. Nach den mustergültigen ‚Invektiven' gegen die päpstlichen Nuntien Aleander und Caracciolo[330] bzw. dem ‚Responsorium' an Hessus[331] schreibt der Publizist also wieder in deutscher Sprache. Nicht von ungefähr wählte er daher auch die volkstümliche Form des Liedes, das durch die Praktikabilität des Flugblattes rasch ‚von Mund zu Mund' weitergetragen werden konnte.[332] Mittlerweile ohne seinen Weggefährten Franz von Sickingen, der in diesem Sommer zum Feldzug gegen Frankreich und den Herzog von Bouillon, Robert von der Mark, aufgebrochen war,[333] und ohne Luther an seiner Seite,

---

[324] Einblattdruck. Ain new lied her Vlrichs von Hutten. | [...]. [Schlettstadt: Nikolaus Küffer], Sommer 1521; abgedruckt bei BÖCKING II, S. 92–94.

[325] Vgl. Peter UKENA, Legitimation der Tat. Ulrich von Huttens ‚Neu Lied', in: Volker MEID (Hg.), Gedichte und Interpretationen, Bd. 1, Stuttgart 1982, S. 44–52, hier S. 46.

[326] Vgl. JAUMANN (2008), Sp. 1226.

[327] Ein Exemplar befindet sich zu Berlin, Staatsbibliothek Preußischer Kulturbesitz, 23 in: 2" Yd 7803.

[328] Küffer kann nur eine dürftig eingerichtete Presse gehabt haben, denn er besaß nur eine einzige Type. Charakteristisch für ihn war das Rubrum. Vgl. Josef BENZING, Der Winkeldrucker Nikolaus Küffer zu Schlettstadt (1521), in: Stultifera navis 13 (1956), S. 63–66; RESKE (2007), S. 822; BENZING (1956), S. 90–91.

[329] Vgl. BENZING (1956), Nr. 179, S. 103.

[330] Siehe Kapitel III.4.

[331] Druck: [...] Helii Eobani Hessi, ad Hulderichum Hutte-|num, vt Christianae Veritatis caussam, | et Lutheri iniuriam, armis con-|tra Romanistas prosequa-|tur, Exhortatorium. | Hulderichi Hutteni ad Helium Eoba-|num Hessum pro eadem re | responsorium. | Elegiaco carmine. | Lege, placebunt. [Straßburg: Joh. Schott, 1521]. VD 16, E 1456. BENZING (1956), Nr. 178. In: BÖCKING II, S. 68–71 (Hessus: *exhortatorium*); S. 71–75 (Hutten: *responsorium*). Vgl. JAUMANN (2008), Sp. 1221–1222.

[332] Vgl. WULFERT (2009), S. 379.

[333] Hutten konnte an diesem Kriegszug krankheitsbedingt nicht teilnehmen und musste sich daher im Sickingischen Versteck bedeckt halten. Hutten am 04. September 1521 von Diemerstein aus an Martin Bucer, in: BÖCKING II, S. 81–83.

der nach dem Reichstag in Worms verschwunden zu sein schien,³³⁴ gab sich Hutten keineswegs kampfesmüde. So ist auch der Schlusssatz wohl nicht nur als flehender Appell, sondern vielmehr als Drohung an seine Widersacher zu verstehen: *Ich wais noch vil, / Wöln auch ins spil, / Und soltens drüber sterben: / Auff landknecht guot, / Vnd reutters muot, / Last hutten nit verderben!*³³⁵

Dass Hutten sich in diesem Sommer in Lauerstellung befand, gebeutelt, zum letzten Streich ausholend, wusste er medienwirksam in eine breitere Öffentlichkeit zu streuen. In den elitären Zirkeln zog dieses Gerücht jedenfalls rasch Kreise. So warnte der Straßburger Reformator Wolfgang Capito den päpstlichen Nuntius Aleander bereits am 21. Juni 1521, Hutten habe allen ‚Kurtisanen'³³⁶ die Fehde angesagt und seinen Komplizen gedruckte Vollmachten überreicht, Papisten und Kleriker auszuplündern. Auch Aleander sei in Gefahr, da er doch eine Rückreise aus den Niederlanden, wo er sich im Juni 1521 aufhielt, nach Deutschland plane.³³⁷ Besonderes Augenmerk liegt hier auf der Bezeichnung *literas impressas subscriptas et signatas secreto suo*, die Huttens Texten einen offiziellen, formal-rechtlichen und somit öffentlichen Charakter verleiht. Doch wie sollte er aus der Isolation heraus neue Funken des Widerstandes und des Aufruhrs gegen die ‚Klerisei' entfachen? Befand er sich in der Pfalz auf der Feste Christoph Bonns von Wachenheim (Burg Diemerstein, Okt. 1521–Mai 1522) überhaupt am richtigen Ort, um wieder publizistisch tätig zu werden? Was er vor allem aber benötigte, waren gleichgesinnte Humanisten und eine Druckerpresse. Beides fand er zunächst in den humanistischen Hochburgen des Elsass am Oberrhein, welche sich, von der Burg Diemerstein in der Pfalz aus betrachtet, zumindest in Reichweite befanden.

3.2 Schlettstadt: (K)ein Streit mit den Benediktinern?

Anlass und Bühne zur Fehde bot sich dem ‚Zänker' Hutten zunächst in Schlettstadt, wie wir aus einer unscheinbaren Notiz des von dort stammenden Johan-

---

[334] Johannes Rogerius berichtete Agrippa von Nettesheim in einem Schreiben vom 19. Juli 1521, dass Luther geflohen sei, Melanchthon und Hutten seien nun die richtigen Nachfolger, um den freigewordenen Platz auf der politischen Bühne einzunehmen. Vgl. BÖCKING II, S. 80: *Audivimus Lutherum ad Bohemos tutius profugisse, cuius vices nunc gerunt Huttenus ac Melanchton.*

[335] BÖCKING II, S. 94.

[336] Hutten verwendet den pejorativen Terminus *curtisanus* (päpstl. Gesandter, Parteigänger) allgemein für römische ‚Höflinge' (*curia*), also alle Anhänger des Papstes.

[337] Capito aus Höchst an Aleander, 21. Juni 1521, in: Walter FRIEDENSBURG, Beiträge zum Briefwechsel der katholischen Gelehrten Deutschlands im Reformationszeitalter, in: Zeitschrift für Kirchengeschichte 16 (1890), S. 470–499, hier S. 496–497, Zitat S. 496: *Ulrichus Huttenus vafro ingenio bellum indixit omnibus ponticiis et quoslibet passim assumit coadjutores, dedit etiam quibusdam literas impressas subscriptas et signatas secreto suo.*

nes Sandizellers an den berühmten Beatus Rhenanus (gest. 1547),[338] entstanden wohl zwischen Februar und April des Jahres 1521,[339] entnehmen dürfen. Am 17. Februar seien hier in Schlettstadt Bildnisse Luthers und Huttens, versehen mit deutschen Spottversen, an den Galgen genagelt worden. Der reformfreundliche Magistrat vermute die Benediktinermönche von St. Fides[340] hinter dieser öffentlichen Schmähung.[341] Den ersten Schritt machten jedoch Bürgermeister und Rat von Schlettstadt, indem sie sich am 27. März 1521 in einem Schreiben direkt an Hutten wandten, um den Sachverhalt zu klären.[342] Es ist keine Reaktion Huttens auf uns gekommen, sodass der Konflikt früh geregelt erscheint. Freilich muss man aber im Hinterkopf behalten, dass der Wormser Reichstag gerade in vollem Gange war. Man darf jedoch vermuten, dass der Rat wohl einer öffentlichen Invektive des Humanisten zuvorkommen wollte, um so eine mögliche Eskalation der sich anbahnenden Auseinandersetzung noch vor Beginn zu verhindern.[343] Wie bereits angedeutet, scheinen sowohl der humanistische Kreis, aber auch die behördlichen Instanzen im Elsass über die invektiven Schlagfertigkeiten des Humanisten alarmiert gewesen zu sein, für den zu diesem Zeitpunkt sogar noch der Faktor Sickingen sprach. So versuchte der Stadtrat zwar früh eine Schiedsrolle einzunehmen und den Poeten mittels eines persönlichen Schreibens zu besänftigen, bedauerlicherweise aber lässt die Überlieferungssituation keinen weiteren Zugriff auf die Kommunikationssituation zu. Erstaunlich ist jedoch, dass sich die höchsten Instanzen der Stadt zu einer Reaktion in Form einer Vermittlung bewogen fühlten, um einen öffentlichen Schaden abzuwenden. Nicht nur der Ruf der hochgerühmten Lateinschule stand auf dem Spiel, zu deren schillerndsten Absolventen neben Beatus Rhena-

---

[338] Adalbert HORAWITZ u. Karl HARTFELDER (Hgg.), Briefwechsel des Beatus Rhenanus, Leipzig 1886, Nr. 421, S. 562–563. Zu diesem Ulrich MUHLACK, Art. Rhenanus, Beatus, in: VLHum 2 (2013), Sp. 657–710.

[339] Vgl. Gustav KNOD, Findlinge III: Zu Ulrich von Hutten, in: Zeitschrift für Kirchengeschichte 14 (1894), S. 124–129, hier S. 124.

[340] In Schlettstadt gab es zu dieser Zeit eine Klostergemeinschaft St. Fides. Vgl. Alexandre DORLAN, Notices historiques sur l'Alsace et principalement sur la ville de Schlestadt, Bd. 1, Colmar 1843, S. 38. Vgl. auch die historische Skizze in: Joseph GÉNY, Geschichte der Stadtbibliothek zu Schlettstadt, in: DERS. u. Gustav KNOD (Hgg.), Die Stadtbibliothek zu Schlettstadt. Festschrift zur Einweihung des neuen Bibliotheksgebäudes am 6. Juni 1889, Straßburg 1889, S. 1–8 („Schlettstadt und die Probstei St. Fides').

[341] HORAWITZ/HARTFELDER (1886), S. 563: *Eo interim die (proh supreme Iupiter, tuam fidem imploro) apud nos Schlestadii figura S[ancti]. Lutheri et Hutteni in chartula depicta cruci seu (malunt ut aliqui) patibulo affixa est, cum hisce subscriptis maternae linguae rithmis, quod certe omneis maximeque totum senatum, qui schedulam reservat, male habet, adeo ut quam possint etiam diligentissime facinoris authorem investigent. Id nemo non tamen acceptum fert monachis Fidei sectae. Hoc ut non scriberem, abstinere non potuit animus.*

[342] Straßburg, Stadtarchiv, AMS II, 28,1, Bl. 5r-v: Bürgermeister und Rat der Stadt Schlettstadt an Hutten, 27. März 1521, in: KNOD (1894), S. 125–126. Ein Transkript des Schreibens befindet sich im Anhang dieser Studie unter Kapitel VI.3,1.

[343] Vgl. KNOD (1894), S. 124; WULFERT (2009), S. 383.

nus auch Jakob Wimpfeling (gest. 1528)[344] gehörte. Hutten wird in den Jahren 1521–22 noch so manche Fehde ansagen, die mit der Akteurskonstellation dieser Auseinandersetzung vergleichbar scheint, die Überlieferungssituation aber eine bessere Sicht auf die invektiven und öffentlichen Mechanismen zulässt.

3.3 Straßburg I – Die Fehde gegen die Straßburger Kartäuser

Eine günstige Gelegenheit für einen Fehdeanlass bot sich dem Humanisten schon bald im Elsass, nämlich im nur unweit von Schlettstadt entfernten Straßburg.[345] Von dort erreichte Hutten am 3. September 1521 ein Schreiben seines Freundes Hans Schott, des bekannten Druckers, der ihm berichtete, sie beide würden beschuldigt, zwei Ordensbrüder der Kartäuser in Straßburg entführt zu haben.[346] Erstaunlich ist dann aber die Reaktion Huttens auf diese Anschuldigungen vom 24. Oktober. Gleich drei Schreiben setzte er auf, die die angeblich besudelte Ehre des Dichters wiederherstellen sollten:

Zum einen ein Schreiben an Gregor Reisch, den Prior der Kartause zu Freiburg und zugleich Visitator der rheinischen Provinz des Ordens,[347] dem er schildert, *mit was freuentlichen durstigen worrten aus argem neidischem gemuth prior procurator vnd conuent des Carthuser klosters zu Strasburg* [ihn] *an* [seinem] *eren ritterlichem standt vnd herkomen guttem leymut vnd gerucht, wider gotlich naturlich vnd der menschen satzung, souil an inen zuuerletzen, zuuercleynen, beruchtigen vnd diffamieren nit allein in irem kloster, sonder auch zu Strasburg vnd allenthalben, wo sie gehort megen werden.*[348] Hutten verknüpft die persönlich angetastete Ehre wieder mit seinem öffentlichen Ruf, den er in Straßburg, das er außerordentlich gut kannte[349] und das ebenso Schauplatz für frühere Humanistenduelle

---

[344] Vgl. Dieter MERTENS, Art. Wimpfeling, Jakob, in: VLHum 2 (2013), Sp. 1289–1375; DERS., Struktur – Konzept – Temperament. Jakob Wimpfelings „Fehden", in: Marc LAUREYS u. Roswitha SIMONS (Hgg.), Die Kunst des Streitens. Inszenierung, Formen und Funktionen öffentlichen Streits in historischer Perspektive (Super alta perennis 10), Göttingen 2010, S. 317–330.

[345] Vgl. Hans ROTT, Ulrich von Huttens Streit mit den Straßburger Kartäusern, in: Neue Heidelberger Jahrbücher 12 (1903), S. 184–192; Jean ROTT, Ulrich de Hutten et les débuts de la Réforme à Strasbourg, in: L`Annuaire des amis du Vieux-Strasbourg (1974), S. 41–72; WULFERT (2009), S. 384–385.

[346] Straßburg, Stadtarchiv, AMS II, 28,1, Bl. 6r-v, in: BÖCKING II, S. 80–81; Ludwig SCHNEEGANS, Fünf Briefe Ulrichs von Hutten. Nach der Urschrift im Stadtarchiv zu Straßburg mitgeteilt, in: ZHTh 17, Heft 3 (1874), S. 336–344, hier S. 341–342. Ein Transkript des Schreibens befindet sich im Anhang dieser Studie unter Kapitel VI.3,2.

[347] Straßburg, Stadtarchiv, AMS II, 28,1, Bl. 1r-v, in: BÖCKING II, S. 83–84; SCHNEEGANS (1874), S. 336–337. Ein Transkript des Schreibens befindet sich im Anhang dieser Studie unter Kapitel VI.3,3.

[348] BÖCKING II, S. 83–84 (Zitat).

[349] Vgl. ROTT (1974), S. 42–45.

war, namentlich den prominenten Konflikt zwischen Thomas Murner und Jakob Wimpfeling,[350] aber auch darüber hinaus in Gefahr sah.

Zum anderen ein Schreiben an Prior und Konvent der Kartause in Straßburg selbst,[351] in welchem Hutten deutlich konkreter wird. Nahezu litaneihaft beklagte der Humanist seine öffentlich angetastete Ehre, aber auch die seines Geschäftspartners Hans Schott, indem er die Vorwürfe der Entführung vehement zurückweist. Ebenso führt er die eingangs erwähnten Schandbilder an, die der Prior zur Schmach des Poeten in der Kartause aufgehängt haben soll. Auch davon musste Hutten also Wind bekommen haben. Wie die Hippenbuben hätten sie ihn einen unchristlichen Ketzer gescholten. Der sprichwörtlich gewordenen Injurie, jemanden als Hippenbuben zu beschimpfen, frönten die Humanisten selbst gerne in ihren Texten. Die Hippenbuben waren in der Gesellschaft damals durchaus eine verpönte ‚Kaste', die auf dem Markt, in Wirts- und Badehäusern, ergo (teil-)öffentlichen Räumen, nicht nur ihre Backwaren feilboten, sondern sich dort ebenso mit Gästen bzw. Kunden ‚gegenseitig' heftige Neckereien und Hohn lieferten.[352] Für die Linderung seiner Pein forderte der Reichsritter Hutten jedenfalls den astronomischen Ausgleich von 10.000 Gulden. Er sei aber trotz dieser tyrannischen Tat zu weiteren Gesprächen bereit.

Zum dritten ist noch ein Schreiben an den Bürgermeister und den Rat der Stadt Straßburg überliefert, das sich zu weiten Teilen mit den Ausführungen der zuvor angeführten Fehdeandrohung deckt.[353] Allzu akribisch wiederholte Hutten hier, wie ‚öffentlich' dieser Konflikt denn eigentlich sei und dass es ihn nach Gerechtigkeit verlange. Der Prior Gregor Reisch erklärte sich letztlich am 1. November 1521 bereit, der Sache nachzugehen und die Schuldigen zu strafen.[354] Die Vertreter aus Straßburg, namentlich der Bürgermeister Philipp

---

[350] Vgl. ISRAEL (2019); SIMONS (2018).
[351] Straßburg, Stadtarchiv, AMS II, 28,1, Bl. 2r–4r, hier Bl. 4v: *An prior und gantz convent des carthusers klosters bey der stat Strassburgk gelegen*, in: BÖCKING II, S. 84–86; SCHNEEGANS (1874), S. 337–339. Ein Transkript des Schreibens befindet sich im Anhang dieser Studie unter Kapitel VI.3,4.
[352] Hippenbuben oder Hohlhipper sind die Verkäufer des unter dem Namen Hippen, Hippelein oder Hohlhippen bekannten Backwerks, die sich durch lose Streiche und gegenseitiges Schimpfen einen Ruf erworben haben müssen, da sie sprichwörtlich geworden sind. Ein Hippenbub ist eine Person, die andere schmäht; hippenbübisch = schmähsüchtig. In Luthers Schriften (Jenaer Ausgabe, Bd. 1, 163a) heißt es in Dr. Ecks Antwort auf Luthers und Karlstadts Schreiben: „Als ich jetzt auf seine vergiftige Hippenbübische Schrifft drey mal geantwortet habe"; und ebd., I, 147b sagt Eck: „Nicht ein Hippenbub, der allein die Leut vermuthet zu schmähen." Vgl. Karl F. W. WANDER (Hg.), Deutsches Sprichwörter-Lexikon, Bd. 2, Leipzig 1870, Sp. 677–678.
[353] Straßburg, Stadtarchiv, AMS II, 28,1, Bl. 7r–9r, Bl. 9v: *Denn strengen, ernuesten, fursichtigen vnd weysen meister vnd rath der stat Strasburg meynen in sonder gunstigen vnd gutten freunden vnd gonnern*, in: BÖCKING II, S. 86–87; SCHNEEGANS (1874), S. 339–341. Ein Transkript des Schreibens befindet sich im Anhang dieser Studie unter Kapitel VI.3,5.
[354] ROTT (1903), S. 187.

von Ramstein, boten kurz darauf am 4. November ihre Vermittlung an,[355] die Hutten dann im Anschluss am 13. November annahm.[356] Wie wir aus einem weiteren Schreiben Huttens vom 20. November an den Rat der Stadt Straßburg erfahren, kam es Ende November dann tatsächlich zu Verhandlungen zwischen den Betroffenen in Wartenstein, wo Hutten sich mittlerweile aufhielt.[357] Ergebnis war ein auf den 1. Dezember datierter Vertrag, der die Kartäuser zu einer Ehrenerklärung gegenüber Hutten und zu einer Zahlung von 2.000 Gulden verpflichten sollte.[358] Nach so vielen *reden und gegenreden* sollte die Auszahlung zur *erkäntnus* mit *brifen* und *sigeln* ganz und gar *offentlich* verlautbart werden, wodurch die Angelegenheit durch die formale diplomatische Richtschnur einen fehdeähnlichen und somit einen in die Öffentlichkeit getragenen Charakter erhielt. Zudem waren von beiden Seiten Zeugen geladen, zwei *ratsfründ* von Straßburger Seite sowie fünf Freunde des Humanisten, die wie er zum Landadel gehörten.[359] Die öffentlich ausgegebene Ehrenerklärung folgte rasch am 12. Dezember 1521.[360] Außerdem hat sich von diesem Ausschreiben ein von Hutten eigenhändig angefertigtes undatiertes Konzept erhalten, das er entweder nach Erhalt selbst abschrieb oder das womöglich sogar als Vorlage für die eigentliche Ehrenerklärung gedient haben könnte.[361]

Wie wurde die Fehde öffentlich auf- bzw. wahrgenommen? Viele Stimmen sind uns nicht erhalten. Nikolaus Gerbel schreibt am 20. Dezember jedenfalls aus Straßburg an Johann Schwebel, *Huttenus Carthusianos, quia imagine suo pro anitergiis usi sunt, in duobus millibus aureorum nummum multavit* (Hutten hat den Kartäusern 2000 Gulden abgestraft, weil sie sich mit seinem Bildnis anstelle von Klopapier den Hintern abwischten).[362] Über die wichtigsten Fakten der Auseinandersetzung scheint die umliegende humanistische Öffentlichkeit also außerordentlich rasch und gut informiert gewesen zu sein. Am 8. Mai 1524

---

[355] ROTT (1903), S. 187.
[356] Straßburg, Stadtarchiv, AMS II, 28,1, Bl. 10r–v, in: BÖCKING II, S. 87–88; SCHNEEGANS (1874), S. 342–343. Ein Transkript des Schreibens befindet sich im Anhang dieser Studie unter Kapitel VI.3,6.
[357] Straßburg, Stadtarchiv, AMS II, 28,1, Bl. 11r–v, in: BÖCKING II, S. 88; SCHNEEGANS (1874), S. 343. Ein Transkript des Schreibens befindet sich im Anhang dieser Studie unter Kapitel VI.3,7.
[358] ROTT (1903), S. 188–189.
[359] Wolf Marschall von Waldeck, Konrad Kolb von Wartenberg, Reinhard von Rotenberg, Siegfried Horneck von Heppenheim und Hans vom Oberstein kamen alle aus der näheren Umgebung um Wartenberg und gehörten dem niederen Adel an. Ganz im Sinne Huttens verkörperte diese Schar bereits die von Hutten ersehnte Allianz seines Standes gegen das Joch der ‚Papisten und Romanisten'.
[360] Straßburg, Stadtarchiv, AST 176, S. 493, in: ROTT (1903), S. 190–191. Ein Transkript des Schreibens befindet sich im Anhang dieser Studie unter Kapitel VI.3,9.
[361] Straßburg, Stadtarchiv, AMS II, 28,1, Bl. 12r–v, in: BÖCKING II, S. 88–89; SCHNEEGANS (1874), S. 344. Ein Transkript des Schreibens befindet sich im Anhang dieser Studie unter Kapitel VI.3,8.
[362] BÖCKING II, S. 91.

erinnerte sich Erasmus später in einem Schreiben an Martin Luther, Hutten habe sich mit dem Gold der Kartäuser noch einmal glimpflich aus der Affäre gezogen.[363] Jedenfalls konnte der Agitator diesen Fehdeauftakt in Straßburg wohl als ersten Schritt aus der völligen Isolation einordnen, kamen ihm die Strafzahlungen ja auch gerade recht. Von dieser Fehde, die wohl auch in der Öffentlichkeit als Erfolg des Humanisten wahrgenommen wurde, zeugt noch eine weitere Stimme, die Hans Breuning in seinem ‚Reiterlied' besingt:[364]

1. Frisch uff mit reychem schalle
   Ir werden reutter gut,
   darzu ir kriegsleut alle,
   und hapt eynn freyen mut,
   Ich hoff es hab nit not,
   der Hutten ist lebend worden.
   Das schafft an zweyfel got.

2. Man meynnt, es wär entschloffen,
   Ich sprach er ist nit weyt,
   hat noch die augen offen,
   und wartet seyner zeyt,
   die wir erlebet han,
   das weyss Carthuser orden,
   den hat er gegriffen an.

3. Sie wollten in verachten,
   die kugelbuben frech,
   eynn arswisch[365] aussm machen,
   seht nun was inn gebrech.
   Ich meynnt sie wären gut,
   so scheynnt in dieser sachen,
   dass treyben übermut.

4. Vil trinnken und vil essen,
   darueber müssig gan,
   macht eynen offt vergessen,
   das im stund besser an.
   Der fürbitz sollichs schafft.
   Ich muss der schalkheyt lachen,
   Er hat sie wol gestrafft.

5. Hand widerruffen müssen,
   all ire böse wort,
   man hat sie sehen büssen,
   Ir sünd an eynem ort.
   Zwey tausent gulden gut,
   hat er inn abgenommen,
   Ich lob das edel blut.

6. Nun wöln wir vorter lassen,
   Carthuser orden stan,
   und lugen uff der strassen,
   wo komm eyn Curtisan
   darzu das betel gesind,
   das sonder allen frommen
   beraubt die welt geschwind.

7. Got frist den werden Hutten,
   geb im die hilfe seyn,
   das er die bettelkutten,
   mit irem falschen scheyn,
   treyb von der cristenheyt,
   die sie bis her betrogen,
   verfüret weyt und breyt.

8. Sie wöln wir zu im setzen,
   all unser leyb und gut,
   eyn schindlin mit im netzen,
   er hat eynn frischen mut,
   und weys der sachen grundt,
   würt er drumb angezogen,
   zu reden mit dem mund.

9. Ich weys der orden eynen,
   us dieser gleysnerey,
   sol noch dorüber weynen,
   deucht er sich noch so frey,
   hab ich inn offt gesagt,
   fart schon ir falsche zungen,
   Der Hutten hats gewagt.

10. Wem dan nit ist zu raten,
    dem ist zu helfen nit,
    man solt die ketzer braten,
    umb irn vorkerten sit,
    Es muss zu boten gan.
    Hans Breuning hats gesungen,
    will selbs mit händen dran.

---

363 [...] *de extorta a Carthusiensibus pecunia* [...], in: BÖCKING II, S. 409–410, Zitat S. 409.
364 ROTT (1903), S. 191–192.
365 Als Anspielung auf den vermeintlichen Streich der Kartäuser zu verstehen (*anitergium* bedeutet Klopapier).

Abbildung 15: Fehdebrief gegen die ‚Kurtisanen', 15. März 1522.

Das ‚Reiterlied' zeigt uns eindrucksvoll, dass Huttens Wahlspruch bereits in Reimform verbreitet wurde. Erneut schaffte es der Publizist also, sich in die öffentliche Meinungsbildung einzuschalten. Der Poet wirke zwar bereits entschlafen, dennoch wache er mit offenem Auge, den ‚Kurtisanen' jederzeit und überall aufzulauern. Auch der drohende Charakter der ständig vom Reichsritter ausgehenden Fehdegefahr bzw. eine auf Eskalation hintreibende Dynamik schwingen subliminal im Text mit. Hutten wagte in der Folge, als sich nach diesem Ausgleich kein konkreter Anlass mehr zur Fehde geboten hatte, die Invektivspirale erneut anzukurbeln, indem er am 15. März 1522 einen öffentlichen Fehdebrief gegen alle ‚Kurtisanen' ausließ, um den Konflikt auf eine breitere Basis zu stellen.[366] Ein Exemplar des Straßburger Stadtarchivs enthält zudem Korrekturen von Huttens Hand (**Abb. 15**) sowie das Autograph: *Vhoedts brieff d. Vlrici Hutten contra die zuhandt lossen Curtisanen.* (quer gegenüber): *Argentinae adfigendum.*[367] In ihm drohte Hutten mit scharfen Worten jedem die

---

[366] Abgedruckt bei: KNOD (1894), S. 128–129. Fehdebrief Huttens gegen die Kurtisanen, Ebernburg, 15. März 1522; Einblattdruck: [N]ach dem sich Ulrich vom Hutten zum Stockelberg aus beweglichen not- getranckten vrsachen: auch ge= | meiner Christenheit/ [...]. Worms: Hans Werlich, 1522, in: KNOD (1894), S. 128–129; vgl. JAUMANN (2008), Sp. 1226–1227; BENZING (1956), S. 103. Ein Transkript des Schreibens befindet sich im Anhang dieser Studie unter Kapitel VI.3,10.

[367] Straßburg, Stadtarchiv, AMS IV, 105: von Hutten eigenhändig unterschrieben (*Vlrich vom Hutten s(ub)s(cripsi)t*).

‚Fehde und den Tod' an, der es wagen sollte, sich den ‚verfluchten Kurtisanen' anzuschließen.[368]

3.4 Frankfurt a. M. – Die Fehde gegen den Stadtpfarrer Peter Meyer

Die ‚Gewaltphantasien', die Hutten in seinem Fehdebrief gegen die ‚Kurtisanen' öffentlich an den Tag legte, richteten sich wohl kaum an ein näher bestimmtes Publikum. Jedenfalls bot dieser Ansatz nicht die Gelegenheit, um Huttens publizistische Pläne eines ‚Pfaffenkrieges' in die Tat umzusetzen.[369] Die Möglichkeit für einen weiteren Angriff bot sich in der Messestadt Frankfurt a. M.. Einem Schreiben Huttens aus dem hessischen Wartenberg an den Frankfurter Patrizier Philipp Fürstenberg (gest. 1540)[370] vom 31. März 1522 können wir entnehmen, dass es dort wohl zu einer Auseinandersetzung mit dem Stadtpfarrer Peter Meyer,[371] dem alten Gegner aus dem Reuchlinstreit,[372] kam.[373] Hutten forderte in diesem Brief nicht nur die Vertreibung Meyers aus der Stadt, sondern ebenso, dass Philipp ihn vor dem Frankfurter Senat vertreten soll.[374] Außerdem soll er doch den Ritter Hartmut von Cronberg dazu ermahnen, die Erhebung des ‚niederen Adels' zu bewerkstelligen.[375] Sobald Hutten zusammen mit seinem Bruder den väterlichen Besitz auf Burg Steckelberg übernommen habe, werde man in den Wäldern die Feinde des Kreuzes Christi (*inimici crucis Christi*) bekriegen.[376]

---

[368] KNOD (1894), S. 128: *Nachdem sich Ulrich vom Hutten zum Stockelberg aus beweglichen notgtranckten vrsachen: auch gemeiner Christenheit, vnd sonderlich Teütscher Nation meim Vatterland zu guot: des vnchristlichen: goltgeyrigen Rauberischen Volcks der Curtisanen: vor guotter zeyt abgesagter feyndt worden. Gegen denselbigen meynen feynden mit Vhedlicher that: nam Raub, Brandt, Todschläg, vnd ander weiß zuo händlen die zimlich, vnn offentlich zuo beschädigen an jren leiben vnn güttern.* (Kapitel VI.3,10)

[369] Vgl. zu dieser Fehde WULFERT (2009), S. 388–389.

[370] Vgl. Dieter MERTENS, Art. Fürstenberg (-berger, Furstenberg, -ius, -ensis, -erus), Philipp, in: VLHum 1 (2008), Sp. 848–854.

[371] Peter Meyer war Pfarrer am Dom St. Bartholomäus in Frankfurt a. M..

[372] Meyer übersandte Reuchlins Augenspiegel zur Überprüfung an die theologische Fakultät in Köln mit dem Hinweis, den Text als verdächtig einzustufen. Vgl. DE BOER (2016), S. 172. Siehe weiterhin Kapitel III. in dieser Arbeit.

[373] BÖCKING II, S. 114–115.

[374] BÖCKING II, S. 114: *Litteras dedi ad Senatum, ubi officium tuum fuerit singulos appelare atque id agere, ne quis sinistre accipiat scriptionem meam. Tum ad libertatem capessendam hortare [...].*

[375] Vgl. zu ihm auch Mathias MÜLLER, Hartmuth von Cronberg. Frühreformatorischer Flugschriftenautor und Bundesgenosse Sickingens, in: Wolfgang BREUL u. Kurt ANDERMANN (Hgg.), Ritterschaft und Reformation (Geschichtliche Landeskunde. Veröffentlichungen des Instituts für Geschichtliche Landeskunde an der Universität Mainz 75), Stuttgart 2019, S. 123–148.

[376] BÖCKING II, S. 115: *Si fiet hoc, quod futurum erat, ut arcem Steckelberg possidendam cum iuvenibus fratribus accipiam: nam Huttenus pater diem obiit proxime: videtur autem quibusdam non ineptus locus, unde oppugnentur inimici crucis Christi, quippe in densissimis sylvis*

Indem Hutten versuchte, seine Freunde in Frankfurt zu ‚akquirieren', präparierte er im Vorfeld gleichermaßen seine Attacke gegen Meyer. Am 1. April 1522 kündigte er ihm dann rasch die Fehde an:

> Doctor Peter wiß, das noch dem kein Vffhorens an Dir ist, mir und meinen gutten freunden vnd gündern widerwirtikeit zw erzeygen, sonder Du deines uncristlichen Haß vnd das deuffelisch gifft, so du wider vns in deinen gemut entpfangen, teglich je mer vnd mehr scherffest vnd anders nit dan wie ein leidiger scorpion stäts vnd an Vnterlaeß zum stich bereydt bist, also Du dan jezo an dem fromen christlichen vnd wolgelertten hern Othen Brunfelß vnd herr Hartman Ibach zweyen evangelischen predigern, indem Du sie verräterlich in lar vnd not bracht, scheynberlich zw erkennen host gegeben, so soltu wißen, das ich hinfür, mit allem meinem vermogen, durch mich selbs und alle, die ich zu meiner hilff bringen mag, in alle weg und gestalt mir müglich sein würdt, noch deinem leib und gut trachten will, vnd sol die mein entlich vorwarung gegen Dir sein, do host Du dich nach zw richten. Gegeben zw Warttenberck vnter meinem insigel dinstag nach letare anno xxii.
> Vlrich von Hutten
>
> Suapte manu.[377]

Hutten warf Meyer also Rufmord vor, indem er ihn als ‚leidigen Skorpion' beschimpfte, der nicht damit aufhöre, die ‚Sticheleien' in seinen Predigten zu unterlassen. Das ist sicherlich als Wink auf die früheren Schmähungen des Stadtpfarrers gegen Reuchlin zu verstehen. Und auch jetzt hetze er noch gegen Hutten und seine Anhänger, hier namentlich den Steinheimer Pfarrer Otto Brunfels (gest. 1534)[378] sowie den Prediger Hartmann Ibach (gest. 1533), der kurz zuvor zum Rektor der Frankfurter Lateinschule aufgestiegen war.[379]

Am selben Tag erließ Hutten auch ein Schreiben an den Bürgermeister und den Rat der Stadt Frankfurt a. M., in dem er ausführlicher auf die Hintergründe der Fehde einging.[380] Falls sie die Ausweisung Meyers nicht durchbrächten, drohten ihnen Unternehmungen von seinen ritterlichen Kampfgenossen. Zwei Dinge fallen hier besonders auf: zum einen Huttens Strategie, die Fehdeansage als *gegenwer*, also von einer Defensivposition heraus, zu inszenieren; zum anderen die invektive Umformung des Textes, die normalerweise nicht zwangsläufig in die Textgattung ‚Fehdebrief' eingeschrieben sein muss. Hutten beschreibt

---

et montibus nulli facile exercitui accessis. Promittes civitati meam ubique operam. Si illic habitabo, non inutilem vicinium habebitis, atque ego vicissim usurum me vestris spero. Interim nihil intermitte quod expellendo Petro Meyer deserviat.

[377] Zusatz: *Dyse Dinck hot ein geystlicher man hie in dieser statt angericht, soll in vff sein zeytt gerewen, darumb ersamen weisen hern ich bith mich zwrecht vnd kann recht erleiden bey allen leuden dan mir geschicht gewalt vnd vnrecht. / Inscriptio: / An doctor Petern Meyern pfar- / hern vnd prediger zw Sant Bartholomes / zw Franckfurdt.* In: BÖCKING II, S. 116.

[378] Vgl. Ferdinand W. E. ROTH, Otto Brunfels 1489–1534. Ein deutscher Botaniker, in: Botanische Zeitung 58 (1900), S. 191–232.

[379] Vgl. Eduard WINTZER, Hartmann Ibach von Marburg, einer der ersten Reformationsprediger Hessens, in: ZHG 44 (= NF 34, 1910), S. 115–187.

[380] Hutten an Bürgermeister und Rat von Frankfurt, 1. April 1522, in: BÖCKING II, S. 117–118.

Meyer als ‚Apostel des Teufels', als Wolf, der sich immer wieder unter die Schafe stehle und mittels seiner giftgetränkten Predigten nur Pest und Tumult in die Stadt bringe.[381]

Am 10. April 1522 wandte sich Peter Meyer dann mit einer ‚Antwort auf Ulrichs von Hutten Schrift' an den Frankfurter Rat.[382] Er kenne weder Otto Brunfels, noch wisse er etwas über die Anschuldigungen. Er werde sich aber im Notfall auch öffentlich verantworten. Der Rat reagierte am 14. April mit einem Schreiben an Hutten, das ihn beschwichtigen sollte.[383] Man könne als weltliche Instanz gar keine Priester ‚investieren', geschweige denn einen Pfarrer aus seiner Diözese vertreiben. Man bitte Hutten daher, die Stadt in Ruhe zu lassen und sich an Meyers Obrigkeiten zu wenden.[384] Hutten akzeptierte wenig später den Einwand, forderte jedoch, dass man Meyer auch nicht in Schutz nehmen dürfe von Seiten des Rates.[385] Daraufhin erklärte sich der Stadtpfarrer am 15. Mai erneut bereit, die Sache öffentlich und vor einem Schiedsmann regeln zu wollen. Auch mit Otto von Brunfels habe er sich bereits ausgesprochen und ihm beim Mainzer Vikar empfohlen, dass jener seine Pfarrei in Steinheim behalte.[386] Der Frankfurter Rat teilte Hutten schließlich am 22. Mai 1522 mit, dass er die Angelegenheit überprüfe und mit Meyer verhandelt habe.[387] Beiden Parteien sei Gewalt für die Aushandlung des Konflikts jedoch stikt untersagt.

Nicht einmal einen finanziellen Ausgleich konnte Hutten erzielen, wie es ihm noch in der Fehde gegen die Straßburger Kartäuser gelungen war. Nüchtern betrachtet waren seine Chancen auf Erfolg aber doch eher begrenzt, da seine Standesgenossen, also sowohl die Ritteradeligen, als auch die Humanisten ihn nicht weiter unterstützt hatten. „Die Fehde gegen Peter Meyer ger[ie]t [dadurch] zum erfolglosen Unternehmen, dem Hutten nicht weiter nach[ging]."[388] Er intensivierte seine agitatorischen Anstrengungen dann erneut in Straßburg, das ja neben Köln in dieser Zeit ebenso das Ziel von Sickingens Fehden war und daher durchaus eine gewisse politische Drohkulisse bot. Dass Hutten und Sickingen zu diesem Zeitpunkt eben noch so eng kollaborierten, mag für den möglichen ersten Erfolg in Straßburg sprechen.

---

[381] BÖCKING II, S. 118: *in als eynen ingelassen wolff unter die schafe, als eynheymisch gifft und vorletzliche pestilentz uß ewer stat, die laenger in seynen beywesen on schaden nit seyn mag, thun und absondern woellet, dann ir kont dencken, das mir leyd geschehen wuert von eym iden, der vorter mere mit disem des teuffels aposteln sey oder gemeyn hette.*

[382] BÖCKING II, S. 119.

[383] BÖCKING II, S. 120.

[384] Vgl. WULFERT (2009), S. 389.

[385] Hutten an Bürgermeister und Rat der Stadt Frankfurt a. M., 9. Mai 1522, Wartenberg, in: BÖCKING II, S. 120.

[386] BÖCKING II, S. 121.

[387] BÖCKING II, S. 122.

[388] WULFERT (2009), S. 389.

3.5 Straßburg II – Die Fehde gegen die Straßburger Dominikaner

Nahezu zeitgleich zur Auseinandersetzung um Peter Meyer in Frankfurt a. M. erließ Hutten am 7. April 1522 einen Fehdebrief gegen das Kapitel der Dominikaner von Jung-St. Peter in Straßburg.[389] Das Exemplar des Straßburger Stadtarchivs ist außerdem mit einem Autograph Huttens unterzeichnet (**Abb. 16**).[390] Dem Flugblatt ist weiterhin ein Schreiben eingelegt, das Prior und Konvent der Straßburger Dominikaner am 6. Mai weiter an den Stadtrat sandten, den sie um Vermittlung baten.[391] Mit diesem Fehdebrief ist, ähnlich wie im ‚Fehdebrief gegen die Kurtisanen' aus dem März, wieder ein breiter Appell verbunden, der sich nicht nur gegen die Straßburger Dominikaner im Einzelnen, sondern gegen die Ordensgemeinschaft in ihrer Gesamtheit richtet: *Ich will auch hierinn nyemants, der in gemelts Ordens kleydunng vnnd wesen ist oder funden würt, auszgenommen haben, sonnder aller Prediger münich, ausz was nation oder lannden die syndt.* Augenfällig ist wiederum erneut der scharfe Ton, der für eine ‚ritterliche' Konfliktaustragung vielleicht verwundern mag. So seien vor allem die Dominikaner ein *boeser, ergerlicher, vnchristlicher vnnd ketzerlicher stuecken gemelter Orden,* [der] *eyn lange zeit her in der gantzen christenheyt geuebt und noch taeglich mit frecher vnnd vberausz muotwilligen gedürstigkeyt braucht vnnd handelt.*[392] Anscheinend reichte Hutten zum Fehdeanlass mittlerweile die Tatsache aus, dass die Dominikaner in ihren Klöstern die Predigten gegen Hutten zuließen bzw. die ‚Kurtisanen' generell begünstigen würden.[393]

---

[389] Fehdebrief Huttens gegen die Dominikaner, 7. April 1522; Einblattdruck: *Zu wyssen sey Jederman. Nach dem ich Vlrich von Hutten zum Stockelberg […] dem ganntzen Prediger Orden abgesagt […].* Worms: Hans Werlich, 1522. Von Hutten eigenhändig unterschrieben (*Vlrich vom Hutten s(ub)s(cripsi)t).*, in: ROTT (1974), S. 66; Lit. JAUMANN (2008), Sp. 1227; SPELSBERG (1988), ab. S. 439.

[390] Straßburg, Stadtarchiv, AMS II, 60,14, Bl. 2r. Ein Transkript des Schreibens befindet sich im Anhang dieser Studie unter Kapitel VI.3,11.

[391] Straßburg, Stadtarchiv, AMS II, 60,14, Bl. 1r–v: 6. Mai 1522, Schreiben der Straßburger Dominikaner an den Rat der Stadt mit Betreff ‚Ulrich von Hutten', in: ROTT (1974), S. 67. Ein Transkript des Schreibens befindet sich im Anhang dieser Studie unter Kapitel VI.3,12.

[392] Beide Zitate bei ROTT (1974), S. 66: *Zv wissen sey jederman, nachdem ich Vlrich vom Hutten zum Stoekelberg in kurtz vorgangen tagen ausz beweglichen, billichen vnd notturfftigen vrsachen dem ganntzen Prediger Orden abgesagt vnnd veyhant worden byn, so will ich alle menschen, was stands ernst, vmb der goetlichen gerichtigkeyt, auff die ich dysse sach gegründt hab, woellen ermanet vnnd gebetten haben, mir wyder gemelten Orden, dezselbigen helffer, vorwanten vnnd anhaennger, hylff vnnd beystandt zu thun, vnnd nach dem eyns yeden vermoegen haymlich oder offentlich, in was gestalten, weysz, weg oder massen er am besten kan oder mag, gegen der Prediger münich, irer helffer, vorwanten vnnd anhaengern, leyben vnnd giettern, in vnnd vnter meynem namen vnnd von meynen wegen.*

[393] Vgl. WULFERT (2009), S. 390.

Abbildung 16: Fehdebrief gegen die Dominikaner, 7. April 1522.

Tags darauf, also am 7. Mai 1522, wandte sich Hutten im Anschluss erneut an die Mönche von Jung-St. Peter in Straßburg, indem er seine Vorwürfe wiederholte und ihnen ein Ultimatum stellte.[394] Ihn interessierte vor allem die Frage, warum die Dominikaner immer noch Pfarrer beherbergen, die gegen ihn predigen, obwohl sie von ihm doch schon ‚freundlich', so zumindest Hutten, ermahnt worden seien. Um die Stadt vor dem Unheil zu bewahren, wurde der Rat dazu angehalten, einige Personen der Stadt zu verweisen, die Hutten mit ‚reißenden Wölfen' oder ‚Mördern in der Mördergrube' verglich.[395]

---

[394] Straßburg, Stadtarchiv, AST 176, S. 485–486, in: Rott (1974), S. 68. Ein Transkript des Schreibens befindet sich im Anhang dieser Studie unter Kapitel VI.3,13.

[395] Rott (1974), S. 68: *Diewil ir nun in diszem ewern eigen nutz und frommen, so euch, wo ir das verfluchte, verdampt curtisanisch gifft von euch geladen zu stunde nicht bedacht, mein frintlich vermanung und getrewe warnung verachtlich umbgangen, so ist nochmals mein ernstlich und letst begeren an euch, ir wellet dieselbigen curtisanen und romanisten, so sich in ewerem stift anders nit dan reissende wolff in einer holen oder wütende merder in einer merdergruben erhalten, namlich Wolffgangen Bocklin, Lorentzen Hell, doctor Leib, den Bertschen, den Smidhuser, den Pawel, Volmar, Othmar, den pfarher und andere inwendig ach(t) tagen, die nesten noch uberantwortung disz briefs, von euch, ynn massen ir am besten kont, schieben und absundern. Dan wo ir solichs nit thäten, will ich euch itzo verkundiget und eins vor all entlich zugeschriben haben, das ich euch, den eweren und euch verwanten noch leiben und gutteren trachten und noch allem minem vermogen stellen will und mit hilf Gots weg suchen, dardurch ich euch dahin bringe, das ir das jhenig, so itzo an eweren schaden gescheen mochte, mit ewerem grossen, verderblichen schaden und nachteil dannocht thunn miszet.*

Der Rat der Stadt leitete das Ansinnen Huttens, der sich in *sinem adelichen herkomen hochlich verletzt* sah, dann zügig an das Kapitel weiter.[396] Niemand der Beschuldigten habe Hutten namentlich beleidigt. Bisher habe Hutten lediglich davon abgesehen, die Anfeindungen gegen die Dominikaner zu unterlassen.[397] Noch am selben Tag schrieb der Rat an Hutten.[398] Sie baten ihn darum, doch endlich eine friedliche Verhandlung zuzulassen.[399]

Wie groß Huttens Zuversicht, hier in Straßburg ähnliche Erfolge wie schon zuvor zu erzielen, tatsächlich war, zeigt seine prompte Reaktion am 23. Mai 1522. Dabei verfolgte er eine Doppelstrategie. Zum einen wandte er sich in einem Brief an den Rat von Straßburg, in dem es heißt, dass er sich keineswegs gegen die Stadt wenden wolle, sondern nur gegen die missliebigen Dominikaner:[400]

> Das sie mir aber das recht bieten, ist mir disser zitt mit in zu rechten nit gelegen, wie wol ich, wo die leuff ettwas anders stunden und yderman, wies billich und recht, zu redden, raten und erkennen zugelossen wär, liden mocht, das ein erber raht zu Straszburg darin erkante.[401]

Es ging jedoch noch ein weiteres Schreiben von diesem Tag aus, das direkt an Huttens Freund Hans Bock, den Bürgermeister von Straßburg, adressiert war.[402] Beide hätten die Abmachung getroffen, sich in der Stiftssache zu helfen. Bock solle daher den Rat davon überzeugen, von einem Schutz der Mönche

---

[396] Straßburg, Stadtarchiv, AST 176, S. 486–487: Schreiben des Kapitels Jung-St. Peter in Straßburg an den Rat der Stadt betr. der Drohungen Huttens, 21. Mai 1522, in: ROTT (1974), S. 68–69. Ein Transkript des Schreibens befindet sich im Anhang dieser Studie unter Kapitel VI.3,14.

[397] ROTT (1974), S. 69: *So haben auch die anderen benanten die antwurt geben, das sie mit vilgemelten herren Ulrich nutzit wissen anders dan liebst und guts ze thun oder schaffen haben, ime auch wedder mit worten noch wercken in einichen weg sampt und sunders fir sich selbs oder ymands anders von irentweg in nie beleidiget. Und ob aber ye gedochter von Hutten einicher anforderung und zurspruch gegen inen nit ruwig sin und stillston wolte [...].* (Kapitel VI.3,14)

[398] Straßburg, Stadtarchiv, AST 176, S. 487–488: Hans Bock, Bürgermeister und Rat der Stadt Straßburg an Ulrich von Hutten, 21. Mai 1522, in: ROTT (1974), S. 69. Ein Transkript des Schreibens befindet sich im Anhang dieser Studie unter Kapitel VI.3,15.

[399] Vgl. WULFERT (2009), S. 391.

[400] Straßburg, Stadtarchiv, AST 176, S. 488: Hutten aus Landstuhl an den Rat der Stadt Straßburg, 23. Mai 1522, in: ROTT (1974), S. 69–70, hier S. 69: *[...] ist an uch min gantz fruntlich bit, ir wollent uch nit witter annemen, aber sie by Romschen schutz und schirm, darauf sich alwegen **die curtisanen** verzogen, bliben, und mich min obenthur gegen inn sthon lossen. So hoff ich min vorgnommner gegen in handel soll uwer stadt on schaden sin.* Ein Transkript des Schreibens befindet sich im Anhang dieser Studie unter Kapitel VI.3,16.

[401] ROTT (1974), S. 69.

[402] Straßburg, Stadtarchiv, AST 176, S. 488–490: Hutten aus Landstuhl an Hans Bock, Ritter und Bürgermeister von Straßburg, 23. Mai 1522, in: ROTT (1974), S. 70. Ein Transkript des Schreibens befindet sich im Anhang dieser Studie unter Kapitel VI.3,17.

abzusehen.⁴⁰³ Am 4. Juni gingen von Hutten, um seiner Aktion mehr Gewicht zu verleihen, weitere Drohbriefe an die Kapitel von St. Thomas und Alt-St. Peter, die Vikare der Kathedrale, die Abtei von St. Stefan (St. Etienne) und die Pfründe von Toussaint aus, die er aufforderte, sich vom Stift Jung-St. Peter zu distanzieren und künftige Zahlungen einzustellen.⁴⁰⁴

Als Antwort auf diese erneute Herausforderung schickten die bedrohten Stifte einen Delegierten nach Zabern (Saverne) im Niederelsass zum Bischof, dem sie ein großzügiges Geldgeschenk machten. Dies geschah jedoch ohne Abstimmung mit den Vertretern des Kapitels von Jung-St. Peter, was darauf hindeutet, dass jeder der Akteure wohl zuvorderst daran dachte, nicht zu viele Kompromisse für den anderen einzugehen.⁴⁰⁵ Der Bischof schickte jedenfalls seinen Kanzler, um mitzuteilen, dass er im Fall Sickingen und Hutten gerne vermittele.⁴⁰⁶ Der Vorschlag, den die Juristen Dr. Werner Wölflin, Rechtsanwalt des Grand Chapitre, und Ritter Klaus Böcklin anboten, um mit Unterstützung der Stadt den Fall beizulegen, wurde von Jung-St. Peter bereits am 12. Juni 1522 angenommen.⁴⁰⁷

Wir wissen nicht, ob, und falls ja, wann Hutten von diesen Vorgängen erfuhr. Am 13. Juni 1522 ließ er jedenfalls einen weiteren Fehdebrief überall im Elsass anschlagen, der sich an alle richtete, die Zehnten oder andere Abgaben an das Stift Jung-St. Peter bzw. andere Dominikanerklausuren in Straßburg leisteten.⁴⁰⁸ Er drohte allen, die sich noch immer auf die Seite der Dominikaner

---

⁴⁰³ Rott (1974), S. 70: *ir wöllet treulich daran seyn, dasz sich ein erbar rat zu Straszburg der curtisanen und irer verwanten zum Jungen S. Peter nit anneme, üver früntlichen vertröstung nach, die ir mir zu Wartenpurg geben.*

⁴⁰⁴ Vgl. Rott (1974), S. 51.

⁴⁰⁵ Rott (1974), S. 62, Anm. 36: *Das ward deren stifft ein versamlung und verordnet meister Jacob Treger von Zabern, den bischoff rodhs zu fragen; und liessen uns geweren und unsern stifft, sich unser nit wollen beladen: habent wir für uns selbs dem bischoff mit eim leufferbotten schreiben lossen, mit ingelegten Huttens antwurt copien.* Der Dekan von St. Thomas in Straßburg, Nicolas Wursmer, versah diese Tatsache im Kirchenprotokoll an dieser Stelle mit den sarkastischen Worten: *Quantum autem valuerit hoc munus erga eum, experti sumus cum magna jactura nostra.*

⁴⁰⁶ 10. Juni 1522, in: Rott (1974), S. 62, Anm. 37: *Uff zinstag darnach erschein mins gnedigen herrn desz bischoffs cantzler umb die zwei nach mittag vor capitel und eroffnet eines gnedigen herrn rath, der was, das sin gnad hett derglichen clage von anderen stifft ouch vernomen; daruf wolt sin gnad Frantzen von Sickingen und dem von Hutten lossen schreiben, das der von Hutten gütlich oder rechtlich bewilliget, mit den stifften und siner gnaden angeherigen für sin gnad fürzukomen; und so uns und anderen das gesellig, so wolt sin gnad flysz und ernst ankeren, damit wir und andere befinden würden, das sin gnad nit ungschicks würd lossen fürgon mit schatzung oder derglichen zu geben.*

⁴⁰⁷ Ebd.: *Uff des cantzlers ratschlag und anzeigen ist nit vom capitel beslossen worden, ursach das Dr. Wernher und juncker Claus Boeckel vor capitel erschinen: liessen sich horen, wie sie gutten verstand hetten von Murner, so sie auch willens by uns fünden, uns den Murner und Hutten und Wolf zu vertragen - Demnach wir bedanck namen.*

⁴⁰⁸ Straßburg, Stadtarchiv, AST 176, S. 491–492: Gedrucktes Ausschreiben Ulrichs von Hutten an alle, die Steuern, Renten, Zehnten und Fron an Jung St.-Peter bzw. andere Stifte in Straßburg schulden, und sein Appell, diesen keine weiteren Abgaben zu entrichten,

stellten, die in jeder Hinsicht die schlimmsten Feinde der ‚Deutschen Nation' und der Christenheit seien, todbringende Fehde an:

> Allen und yden, was stands oder wesens die sindt, den diese geschrift oder der inhalt und meinung fürkompt, füg ich Vlrich von Hutten zum Steckelberg zu wissen, das ich, nochdem ich ettwas vor gutter zit der cortisanen und romanisten, als allerschedlichsten, vn(d) todlichsten beschedigern der Tütschen Nation und gantzer cristenheit abgesagter feind worden, auch solich min vorgenomen gegen inen handel by R(ömischer) M(ajestät), churfürsten, fürsten, herren, allen oberkeiten und anderen des h(eiligen) Richs stenden in solichem ansehen, dasz mir noch biszher niemans dorin getragen oder entgegen gewest, auch noch nit ist, und darusz gevolgt, das ich nest verrückter zitt canonicken und vicarien zum Jungen St. Peter zu Straszburg, als die vsz ingebung und ferfürung des bosen geists solich romisch gifft zu grossem, merglichen schaden und nochteils vnsers vatterlands, auch geringerung christlichs glauben und undertrückung des h(eiligen) glaubens evangelij, in sunderheit und mer dan alle andere stiffter by in halten und haben, auch ettlichen anderen stifften zu Straszburg.[409]

Dieses Schreckensszenario wurde Ende Juli und Anfang August 1522 freilich noch weiter dadurch aufgebauscht, dass im pfälzischen Landau über 600 Ritter, darunter auch Hutten, unter der Führung des fehdeerfahrenen Condottieres Franz von Sickingen zusammenkamen.[410] Vor dem Hintergrund dieser sog. ‚Landauer Einung' (1522),[411] die auch für die anderen politischen Akteure jener Zeit mit Sicherheit als militärische Machtdemonstration verstanden werden musste, war es nicht verwunderlich, dass sich die Straßburger Stiftsherren noch einmal an ihren Bischof wandten.[412] So konnten die Delegierten des Kapitels bereits am 6. Juli 1522 den Reichsvogt des Unterelsass, Johann Jakob von Mörsperg, in Anwesenheit des Stattverwalters Klaus Böcklin treffen. Dabei gab dieser sehr wohl zu, dass es Streitereien zwischen dem Stift Jung-St. Peter und Hutten gebe, der ganze Gemeinden, Hochschulen und Heime überfallen und sie ihrer Einkünfte berauben wolle. Der Gerichtsvollzieher leiste jedoch gute Arbeit, um die Angelegenheit zu regeln.[413] Hutten reagierte daraufhin

---

13. Juni 1522, in: ROTT (1974), S. 70–71. Ein Transkript des Schreibens befindet sich im Anhang dieser Studie unter Kapitel VI.3,18.

[409] ROTT (1974), S. 70.
[410] Johannes Botzemius an Vadian, Konstanz, 8. Juli 1522, in: BÖCKING II, S. 123.
[411] Vgl. ausführlich Joachim SCHNEIDER, Gesellschaften – Einungen – Ganerbschaften – Netzwerke, in: Wolfgang BREUL u. Kurt ANDERMANN (Hgg.), Ritterschaft und Reformation (Geschichtliche Landeskunde. Veröffentlichungen des Instituts für Geschichtliche Landeskunde an der Universität Mainz 75), Stuttgart 2019, S. 27–50, hier S. 32–36.
[412] Vgl. WULFERT (2009), S. 392.
[413] ROTT (1974), S. 62, Anm. 39: *Alsz auch der landvogt zum Schwanen zu Straßburg in der herber zuegen des zinsmeisters und juncker Claus Bocklin unser anliegen gehort, antwurt sin gnad, das er gar kein gefallens hette von Hutens handlung, das er understünd gantze comunen, stifften und derglichen zu beleidigen umb der cortisan willen und dorum ire zehend, zins und gülten hinderstellen; wo er aber ein eintzigen cortisan erwüste und mit dem handelet, als sie wol verdient hetten, so möchte er wol zusehen. Aber unserem gemeinen stifft zu willder [sic] sin, wolt sind gnad nit gestatten, und stracks ime lossen schreiben, der zuversicht, er wurd rüwig*

mit einem Schreiben vom 10. Juli an Mörsperg.⁴¹⁴ Er hätte es nicht erwartet, dass der Gerichtsvollzieher seinen Schutz so ‚weit', also bis nach Straßburg, ausdehnen würde. Für eine gütliche Vereinbarung müsse er aber noch die bischöflichen Verhandlungen abwarten, deren Ergebnisse sie ihm doch mitteilen mögen.⁴¹⁵ Ein weiterer Eintrag der Straßburger Handschrift vom 20. August (*Mittwoch nach assumptionis Marie*) bestätigt uns dann die erneute Konsultation der Dominikaner beim Landvogt.⁴¹⁶

Huttens Bitte an den Landvogt, ihm einen weiteren Aufschub in der Sache zu gewähren, zeigte deutlich, dass seine Fehde gegen die Dominikaner von Jung-St. Peter in Straßburg augenscheinlich wohl nicht zum Erfolg geführt hatte. Hutten ging es aber mittlerweile nicht mehr um finanziellen Profit, wie es der kühne Erfolg im Kartäuserstreit vielleicht andeuten könnte. Er versuchte wie in der Auseinandersetzung gegen Herzog von Württemberg vielmehr erneut, seine ritterlichen Standesgenossen für die eigene Sache zu gewinnen und gegen einen gemeinsamen Feind, sogar wenn dies in diesem Fall den bewaffneten Kampf gegen alle Anhänger des Papstes und der römischen Kurie bedeutete, einzuschwören. In Straßburg erhoffte sich der Ritter, auf einen humanistisch gesinnten Senat zu treffen, der ihn in seinem Anliegen gegen die verhassten Dominikaner, die seine erbitterten Gegner in der Reuchlinfehde

---

gegen uns ston, als er auch die stifftherren von Surburg vor ime gantz befridet hette. Der guten trostung schiden wir von sinen gnaden. Actum octava Petri et Pauli. Vgl auch ebd., S. 51.

414 Straßburg, Stadtarchiv, AST 176, S. 490: Ulrich von Hutten an Jean-Jacques de Morimont (Johann Jakob von Mörsperg, gest. 1534), Reichsvogt des Unterelsass, 10. Juli 1522, in: ROTT (1974), S. 71–72. Ein Transkript des Schreibens befindet sich im Anhang dieser Studie unter Kapitel VI.3,19.

415 ROTT (1974), S. 70–71: *Ewer gnaden schrift fur die zum Stifft zum Alten und Jungen St. Peter zu Straszburg an mich uszgangen hab ich inhalts verlesen und hette gantz nit gemeint, dasz ewer gnaden iren schirm so wit uszpreiten wurden. So kann ich so stumpflich in der sachen nit stil ston, das ich meine diener und helffer also nit beinander hab, dasz ich denen von stund an minen willen verkundigen moge. Über das, so hat min gnediger herr von Straszburg zwischen etlichen stifften zu Straszburg und mier underhandlung furgenomen, doruf ich auch vor zweyen tagen min geschickten by sinen gnaden gehabt.*

416 Straßburg, Stadtarchiv, AST 176, S. 490–491: *Hierauff die stiftsherren zum Jungen St. Peter dem Landvogt abermahl geschriben, dasz ihnen nit wissens seye einiche unterhandlung mit dem von Hutten, dann allein by seiner gnaden, deren zukunfft sie erwarten. ‚Ist abermals unser anruffen zu ewer gnaden, unterthenig begeren[d] als kayserlicher majestät lantvogti schirmverwanten, mit ime verschaffen, das er über unser gnügsam rechtserbietens gegen uns ruwig sey und von sinem mutwilligen furnemen wider die Gulden Bull und gemeinen landtfriden abstand, das wir uns gentzlich versehen, ewer gnaden werde solichs an in vermogen. Wo aber ye der von Hutten ewer gnaden nit gehorchen und in sinem unbilligen handel beharren, so ist unsers gemuet gar nit in ewiger geforlicheit und sorgen gegen ime lenger stil zu ston, und wirt die not erfordern (mit raht ewer gnaden), uns witter zu beclagen und ansuchen by dem durchluchtigsten, hochgeborn fürsten und herren herrn Ferdinando, ertzhertzogen zu Osterich etc., Datum Mittwoch noch assumptionis Mariae anno xxij'.*

waren,[417] unterstützen sollte. Seine stete Hoffnung, den Ritterstand mit den Städten zu versöhnen,[418] scheiterte kläglich.

Diesen Wunsch hatte Hutten in seinem Dialog ‚Praedones' (‚Die Räuber'), der in den nicht zufällig in Straßburg gedruckten ‚Dialogi novi' des Jahres 1521 enthalten ist, bereits angedeutet.[419] ‚Die Räuber' bildeten nicht nur das Kernstück der Werksammlung, ebenso spiegeln sie auch äußerst plastisch die angespannte Lage Huttens zu diesem Punkt seines Lebens wider. Er und Sickingen selbst treten als Figuren im Dialog auf. Dabei führen sie eine hitzige Debatte über die Lage im ständischen Deutschland. Die Zukunftsperspektive soll dabei die Verbrüderung zwischen der Ritterschaft und den finanzstarken Reichsstädten gegen die finanzielle Ausbeutung Roms und seiner Verbündeten (Fugger, Klerus, Fürsten) sein.[420] Dieselben Ideale beschrieb Hutten am 31. März 1522 bereits in seinem Schreiben aus Wartenberg an den Frankfurter Philipp Fürstenberg, den Hutten ebenso für seine Sache gegen die Kirche gewinnen wolle, da er sich vor der Rache der Kurie fürchte.[421]

3.6 Fazit: Gerüchte an der Kurie: Hutten vor dem politischen Aus?

Abschließend wird man sicherlich konstatieren dürfen, dass Huttens Pläne im Kampf gegen die Straßburger Ordensgeistlichkeit wohl nicht aufgingen, was auf vielschichtige Gründe zurückzuführen ist. Ganz im Gegensatz zur Auseinandersetzung mit dem Württemberger Herzog nämlich gelang es ihm diesmal nicht, den Ritterstand dazu zu bewegen, sich seiner Sache mit Entschlossenheit anzuschließen. Lag es etwa an der derben Sprache, den vielen Tabubrüchen, beispielsweise Ordensgeistliche derart mit Gewalt zu bedrohen, oder vielleicht doch an einer fehlenden ‚Öffentlichkeit' in den Städten? Offenkundig scheint zunächst nur die Tatsache, dass Hutten erneut die Strategie verfolgte, ‚persönliche' Schmähungen in einen größeren, öffentlichkeitswirksameren Kontext zu stellen und den Konflikt dadurch auf eine andere Ebene zu hieven. Anders als in den ersten beiden Fehden waren die Anlässe zu den ‚Pfaffenfehden' jedoch in der Regel an den Haaren herbeigezogen bzw. fußten auf Gerüchten, die Hutten teils selbst in Umlauf gebracht hatte. Dass die Wahl bei der Suche nach

---

[417] Siehe hierzu Kapitel III. dieser Arbeit.
[418] Vgl. ROTT (1974), S. 53–55; WULFERT (2009), S. 392; KALKOFF (1920), S. 434.
[419] Dialogi | Huttenici | noui, perquam |festiui. | [...]. [Straßburg: Joh. Schott], 1521. VD 16, H 6311. Vgl. BENZING (1956), Nr. 161. Der Titel des Drucks zeigt ein Ganzporträt des stehenden Hutten, darunter das Motto *Iacta est alea*. In: BÖCKING IV, S. 309–406. Die ‚Praedones' S. 363–406. Die Widmungsvorrede an Pfalzgraf Johann II. v. Simmern-Sponheim, in BÖCKING II, S. 3. Übs. bei TREU (1991), S. 126–190. Siehe weiterhin Kapitel IV. dieser Arbeit.
[420] Vgl. JAUMANN (2008), Sp. 1219.
[421] BÖCKING II, S. 114–115, hier S. 115: *Atque aliter Carthusianis scribo, qui puto poenas dabunt mihi, nisi forte negare factum poterint.*

potentiellen Gegnern in dieser Lebensphase ausgerechnet auf die Städte im Elsass und am Main fiel, entsprach nicht dem Zufall:

Zunächst benötigte Hutten eine sichere Basis, um derartige Operationen überhaupt verfolgen zu können, die ihm die Festen des bekannten Fehdeführers und Freundes Franz von Sickingen zu Beginn der Auseinandersetzungen noch boten. Diese bezeichnete Hutten bereits in der an seinen Freund gerichteten Vorrede seines ‚Gesprächsbüchleins' (31. Dez. 1520) als ‚Herbergen der Gerechtigkeit'.[422] Ein eigener Angriff musste also im Wirkungsbereich des befreundeten Condottieres erfolgen. Die Wahl fiel auch deshalb auf die Städte Straßburg und Frankfurt a. M., da Hutten dort bereits Kontakte zu den humanistischen Netzwerken vor Ort hatte. Auch die Auswahl der Gegner blieb nicht willkürlich. So waren Pater Meyer und die Dominikaner ja schon einst in der Reuchlin-Fehde Erzfeinde Huttens gewesen.

Daneben ist zu bemerken, dass in allen Fällen zunächst eine vermeintliche Invektive der Kleriker vorausgegangen sein soll. Zu Beginn war es die Anekdote um die Benediktinermönche in Schlettstadt, wo der Prior Spottbildnisse Huttens und Luthers während seiner Rundgänge im Kreuzgang bespuckt haben soll, anschließend der Vorwurf, Hutten habe zusammen mit seinem Druckerfreund Johannes Schott zwei Ordensbrüder der Kartause in Straßburg entführt. Zuletzt waren es nur noch Beleidigungen in den Predigten, die Hutten dem Stadtpfarrer Meyer bzw. den Straßburger Dominikanern unterstellte.

Abschließend ist noch anzuführen, dass Hutten freilich eine gewisse Öffentlichkeit generieren musste, um derartige Vorwürfe dann auch gerichtlich durchsetzen zu können. So fußten die vermeintlichen Invektiven der Ordensgeistlichen entweder auf Gerüchten, die dann aufgebauscht wurden, oder auf Lügen Huttens. Eine regelkonforme Fehdeerklärung war ja sowieso nicht ohne Berufung auf einen Rechtsgrund möglich, wobei eine Invektive, die als Angriff auf die Ehre angesehen wurde, als Fehdegrund allerdings schon ausreichte.[423]

---

[422] BÖCKING I, S. 448: *als bald deine haeser (die ich auß der vnd anderen vrsachen willen, herbergen der gerechtigkeit nennen mag) auffgethan*. Vgl. hierzu auch Thomas KAUFMANN, Sickingen, Hutten, der Ebernburg-Kreis und die reformatorische Bewegung, in: Ebernburghefte 49 (2015), S. 35–96; Wolf-Friedrich SCHÄUFELE, ‚Herberge der Gerechtigkeit' oder ‚Wartburg des Westens'? Die Ebernburg in Luthers Tischreden, in: Ebernburghefte 46 (2012), S. 69–76.

[423] Vgl. REINLE (2012), S. 88: „Hinsichtlich des Regelwerks ist an die Festlegung von Fehdegründen, an die Formalisierung von Fehdeankündigung und Fehdeabläufen, an die Verständigung auf legitime Schädigungsmethoden sowie an die Herausbildung der typischerweise fehdebeteiligten Gruppen zu denken. Mögliche Fehdegründe reichten von reiner Agonalität über die vom ‚deutschen' Adel selten als Fehdegründe angeführten Argumente der Blutrache und der verletzten Ehre bis zum Hinweis auf verletztes Recht. Dabei kam eine spätmittelalterliche Fehdebegründung in der Regel nicht ohne Berufung auf einen Rechtsgrund aus."

Dass eine Fehde durchaus von Invektivität gekennzeichnet sein konnte, zeigen frühere städtische Fehden im Reich.[424]

Während Hutten zügig versuchte, eine antiklerikale Publizistik herzustellen und die vermeintlichen Schmähungen gegen ihn öffentlich zu machen, reagierten die Dominikaner jedoch gegenteilig, indem sie sich mit mehreren Vertretern der Straßburger Kapitel und der Stadt berieten.[425] So ließ er seinen Fehdebrief gegen die Dominikaner von Anfang April 1522 beispielsweise auch an der Liebfrauenkirche in Frankfurt a. M. anschlagen,[426] um die beiden Austragungsorte publizistisch zu verknüpfen.

Dabei griff Huttens Agitation den eigentlichen Fehdeerklärungen voraus. 1519 hatte der Humanist seinen Freund Sickingen bereits für die Sache Luthers vereinnahmt.[427] Zeitgleich unterstützte der Condottiere den bewaffneten Kampf der Familie Hutten gegen Herzog Ulrich von Württemberg. Für die Hintergründe in Straßburg war jedoch entscheidend, dass Hutten seinen verlässlichen Partner auch in der Causa Reuchlini vereinnahmen konnte, als Reuchlin nämlich zur Zahlung der Kosten seines ‚Augenspiegel-Prozesses' in Rom verurteilt werden sollte.[428] So erklärte Sickingen unter dem Datum des 29. Juli 1519 kurzerhand die Fehde gegen den bereits eingeführten Dominikanerprovinzial Eberhard von Kleve.[429] Dabei forderte er die Einstellung der Polemik der Kölner Dominikaner, die Absetzung des Inquisitors Jakob von Hoogstraeten und die Erstattung der 111 Gulden Prozesskosten. Eberhard musste in der Folge auf der Ebernburg Sickingens erscheinen und sich unter-

---

[424] Siehe das Beispiel des Niklas von Abensberg, der bei einem Besuch in Erlach, auf dem Sitz der Familie Tandorfer, eine Goldkette seiner Gastgeberin Benigna Tandofer stahl. Vgl. REINLE (2012b), S. 121–145.

[425] ROTT (1974), S. 63, Anm. 49: *Uff Samstag nach Trium Regum worden durch den hofmeister mins gnedigen herren, junckern Jacob von Oberkirch, beschickt von St. Thoman herr Martin von Baden, vom Jungen St. Peter Martin Volmar, vom Alten St. Peter meister Jacob Brun,* **und inen in der geheim anzeigt,** *wie Ulrich von Hutten angesucht hett, das ime gegünt wird offnung uf etlichen slossen wider und gegen den stifften und cortisanen; aber solich sin bitt wer im noch zur zit abgeslagen, dwil es wider minen gnedigen herrn bischoven als oberherrn der geistlichen were; das sollten wir uns gewarnt lossen sin und behutlich halten, und uns nit usz der stat thun, Das ward zu danck angenommen und hinder sich bracht an die stifft.*

[426] Vgl. KALKOFF (1920), S. 434.

[427] Vgl. Heinrich STEITZ, Franz von Sickingen und die reformatorische Bewegung, in: Blätter für pfälzische Kirchengeschichte 36 (1969), S. 146–155; PRESS (1988), S. 300: „Hutten hatte schon 1519 Sickingen auf Luther aufmerksam gemacht."

[428] Vgl. Martin TREU, Johannes Reuchlin, Ulrich von Hutten und die Frage der politischen Gewalt, in: Stefan RHEIN (Hg.), Reuchlin und die politischen Kräfte seiner Zeit (Pforzheimer Reuchlinschriften 5), Sigmaringen 1998, S. 133–145, hier S. 142.

[429] Ervorderung vnd verkundung: des | edeln vnd vestn Francisco von Sickingen | zuo Eberbürg / an vnd wider Provincial prioren vnd Con = | venten prediger ordens Teutscher Nation vnd sunder = | lichen brueder Jacoben von der hochstraten / auch | prediger ordens / von wegen vnd namen / des hoch = | gelerten vnd weitberuemten hern Johann Reuch = | lins baider rechten doctor / seiner erlangten execu = | torial halben etc. In: BÖCKING Suppl. 1, S. 438–440.

werfen, zumindest schien der Vertrag vom 10. Mai 1520 aus Landstuhl dies zunächst anzudeuten. Gleichzeitig hatten die Dominikaner aber entgegen den Erwartungen Sickingens ihre Anstrengungen im Prozess gegen Reuchlin verstärkt und letztlich am 23. Juni 1520 ein rechtskräftiges Urteil erwirken können.[430] Reuchlin, der sich mittlerweile nach Ingolstadt zurückgezogen hatte, äußerte sich in einem Schreiben noch recht positiv über den eingeschlagenen Pfad Sickingens.[431] So empfing er sogar eine Delegation des Predigerordens, denen er Frieden anbot.[432]

In Mainz kam es hingegen im Rahmen der vom apostolischen Nuntius Hieronymus Aleander anberaumten Bücherverbrennung lutherischer Schriften am 28. November 1520 zu Unruhen, in die die örtlichen Dominikaner verwickelt waren. Aleander war schon in der Dommesse verspottet und auf seinem Marktgang hin- und hergeschubst worden. Auch seinen mit der Predigt beauftragten Lektor versuchte man einzuschüchtern, indem man die Türen der Kanzel verschloss.[433] Da der Druck immer größer wurde, gedachte man nicht nur den armen Lektor aus Schutzgründen zu entlassen,[434] auch der Henker weigerte sich wohl aus Furcht vor Repressalien aus der Bevölkerung, die Bücherverbrennung in Mainz durchzuführen.[435]

---

[430] Vgl. PRESS (1988), S. 299–300; TREU (1998), S. 143.
[431] Reuchlin an Pirckheimer, 15. Februar 1520, in: BÖCKING Suppl. 1, S. 441.
[432] TREU (1998), S. 143: „Nur wenn man in Rechnung stellt, daß Ulrich von Hutten entscheidenden Anteil an der Fehde Sickingens gegen die Kölner Dominikaner hatte, kann man dessen letzten, anklagenden Brief an Reuchlin vom 22. Februar 1521 (Böcking Suppl. 2,2, S. 803–804; Übs. bei Ludwig GEIGER, Johann Reuchlin. Sein Leben und seine Werke, Leipzig 1871 [ND 1964], S. 486–488) recht verstehen, der sich wie eine abgekürzte und abgeschwächte Form jener anderen Generalabrechnung mit einem alten Freund liest, der ‚Expostulatio cum Erasmo' von 1523."
[433] Vgl. Klaus-Bernward SPRINGER, Die deutschen Dominikaner in Widerstand und Anpassung während der Reformationszeit (Quellen und Forschungen zur Geschichte des Dominikanerordens, N.F. 8), Berlin 1999, S. 179.
[434] Pietro BALAN, Monumenta Reformationis Lutheranae ex Tabulariis Secretioribus Sanctae Sedis 1521–1525, Regensburg 1884, Nr. 120, S. 289–291 (Aleander an den Vizekanzler, 15. September 1521), hier S. 289–290: *Per aver predicato contra li Lutherani ne lo incendio di loro libri fatto a Maguntia, et de poi multo melio, et quando havevamo molto più de bisogno de tal officio, predicò similmente a Vormes in presentia die Cesar non solum è refutato da suoi proprii frati de Maguntia sotto pretexto, che se lo retenissono in casa, non solum mancarebbeno loro le elemosine, ma sarebbeno oltraggiati da li de Hutten et altri Lutherani; donde lui è stato constretto refuger alla clementia del Sanctissimo per haver qualche gratia, et maxime voler esser restituto in pristinum del colvento de Argentina dove lui è professo, et per iniuria de quello fati già alquanti anni fu constretto con grande danno de suoi studii et quiete partirsi.*
[435] Vgl. den Nachrichtenaustausch in der Humanistenkorrespondenz, der von den Vorgängen berichtet: Hutten an Bucer, 28. November 1521, in: BÖCKING I, S. 428; Hutten an Luther, 9. November 1521, in: BÖCKING I, S. 436–437; Beatus Rhenanus an Bonifacius Amerbach, 7. Januar 1521, in: BÖCKING I, S. 429.

Tags darauf datierte auch Huttens Protestschrift ‚Gegen den Lutherischen Brand zu Mentz',⁴³⁶ die Ende Nov./Anfang Dez. 1521 auf der Ebernburg entstanden ist. Hier hatte Hutten mittlerweile sein Domizil eingerichtet, nachdem er im September 1521 endgültig aus dem Dienst des Albrecht von Brandenburg ausgeschieden war.⁴³⁷ Vor seiner Abreise aus Mainz nach Worms zum Reichstag hatte Aleander aber den Dominikanerprovinzial Eberhard von Kleve bereits dazu angehalten, die Mainzer Pfarreien und Klöster gegen Luther aufzuwiegeln und gegen ihn zu predigen, um die Bücherverbrennungen zu einer ordentlichen Exekution zu bringen.⁴³⁸ Deshalb war Sickingens Fehdeerklärung auch direkt an Eberhard adressiert, obwohl er zumindest schriftlich der gesamten ‚Teutonia' die Fehde angesagt hatte.

Es mag vielleicht paradox erscheinen, dass die politische Tragweite auch dieser kleineren Konflikte Huttens gegen den Stand der Ordensgeistlichen weit über die Imagination einer rein ‚städtischen Öffentlichkeit' hinausging,⁴³⁹ da

---

⁴³⁶ Eyn Klag über | den Luterischen | Brandt zu Mentz | durch herr Vl-|rich vonn Hutten. [Worms: Hans Werlich], 1521. VD 16, H 6369. BENZING (1956), Nr. 152; weitere Drucke Nr. 153–158; in: BÖCKING III, S. 455–459. Ein besonders schönes Exemplar der Flugschrift mitsamt den Holzschnitten findet sich in: Zürich, Zentralbibliothek, Ms S 4, Nr. 126.

⁴³⁷ Vgl. Wolfgang BREUL, Ritterschaft und Reformation bei Franz von Sickingen, in: Wolfgang BREUL u. Kurt ANDERMANN (Hgg.), Ritterschaft und Reformation (Geschichtliche Landeskunde. Veröffentlichungen des Instituts für Geschichtliche Landeskunde an der Universität Mainz 75), Stuttgart 2019, S 107–122, hier S. 155.

⁴³⁸ Siehe Aleanders Bericht vom 12. Januar 1521 an den Vizekanzler, in: BALAN (1884), S. 23–27, hier S. 24: *A' dì XXX del passato partendomi da Moguntia per Wormes lasciai al Provincial de Predicatori per Germania un mandato de far predicar per utta sua provincia contra Luther et la condemnatione delli libri; item altri mandati a tutti li conventi et rectori di Parrochie die Moguntia che predicassero la Domenica seguente, et tal carga lassai al Rerᵛᵐᵒ Carᵒˡᵉ el quale (ut postea intellexi) fece mandar ad executione diligentemente.* SPRINGER (1999): „Die Franziskaner hatten den gleichen Predigtauftrag erhalten. Gegen den Mainzer Prediger Daniel wurde in dem Zusammenhang ein Drohbrief an die Kirchentüren angeschlagen. Zur Vermeidung von Volksaufständen wies Generalvikar Zobel seine Beamten an, dem Franziskaner Mäßigung zu empfehlen […]. Offensichtlich exponierten sich die Franziskaner mehr als Dominikaner in Mainz. Dem Provinzial der Minoriten, der Unterstützung für den Predigtauftrag erbat, empfahl Erzbischof Albrecht, nur das reine Evangelium zu predigen und ordensinterne Zwistigkeiten zu lassen. […] Albrecht [verbot] später den von Rom aus mit der Bekämpfung Luthers beauftragten Franziskanern die Tätigkeit in seiner Diözese. Capito schrieb am 20.12.1521 an Luther: Durch seinen Spruch hinderte er (Albrecht) die Wandermönche, die Vollmacht, gegen dich zu predigen, auszuüben, obwohl sie mit päpstlichen Bullen versehen sind. Ich werde euch, so sagte er in meiner Abwesenheit, nicht entgegen sein, wenn ihr das Evangelium rein und einfach, ohne einen andern anzugreifen lehren wolltet."

⁴³⁹ Vgl. hierzu Gerd SCHWERHOFF, Stadt und Öffentlichkeit in der Frühen Neuzeit – Perspektiven der Forschung, in: DERS. (Hg.), Stadt und Öffentlichkeit in der Frühen Neuzeit (Städteforschung. Veröffentlichungen des Instituts für vergleichende Stadtgeschichte. Reihe A: Darstellungen 83), Köln u. a. 2011, S. 1–28; Pierre MONNET, Die Stadt, ein Ort der politischen Öffentlichkeit im Spätmittelalter. In: Martin KINTZINGER (Hg.), Politische Öffentlichkeit im Spätmittelalter (Vorträge und Forschungen 75), Ostfildern 2011, S. 329–359.

die jeweiligen Akteure natürlich auch im überregionalen Austausch standen.[440] So gelangte Huttens Fehdebrief vom 7. April 1522 in das Breve, das Papst Hadrian VI. Erzherzog Ferdinand am 30. November desselben Jahres zusandte.[441] Das Schriftstück, das man dem päpstlichen Legaten Franziskus Chieregati für den Nürnberger Reichstag überreichte, forderte dazu auf, sich gegen die Angriffe Huttens zu wehren.[442] Chieregati trug am 10. Dezember 1522 in Nürnberg schließlich in der Luthersache vor.[443] Papst Hadrian VI. schickte seinem ‚Diplomaten' hierbei zahlreiche Instruktionen mit, wobei er den Auseinandersetzungen Huttens mit den Straßburger Dominikanern keinen größeren Stellenwert beimaß.[444] Dabei hieß es ursprünglich noch im wohl von Cajetan verfassten Breve, man müsse die ‚Mohammedanischen Anschläge' Huttens auf den Orden höher einstufen als ein Vordringen der Türken ins Reich selbst.[445] Dabei könne der gefürchtete Humanist ganz Deutschland spalten, während auf seinen Antrieb hin die Prediger des Evangeliums ermordet worden seien.[446] Möglicherweise ist die Kurie diesem Fall deshalb nicht weiter nachgegangen,

---

[440] Verstanden als ‚Kommunikationsnetze'; vgl. Joachim SCHNEIDER, Einführung. Kommunikationsnetze des Ritteradels im Reich um 1500, in: DERS. (Hg.), Kommunikationsnetze des Ritteradels im Reich um 1500 (Geschichtliche Landeskunde 69), Stuttgart 2012, S. 1–13.

[441] BALAN (1884), S. 297–300. Vgl. hierzu auch Paul KALKOFF, Kleine Beiträge zur Geschichte Hadrians VI., in: HJb 39 (1918/19), S. 31–72, hier S. 46–53; KALKOFF (1920), S. 441–442.

[442] BALAN (1884), S. 297: *Relatum est nobis cum summa molestia et dignorum fide testimonio egre cognovimus: ymo exemplo litterarum cuiusdam Ulrici Hunten [sic!], quas hic accludi mandavimus et in Germania publicavit, vidimus, ex quibus se simulans causam suam contemplatione divinae iustitiae fundasse, viros primum bellatores ac omnes alios secum vocat concitatque ut contra Fratres ordinis praedicatorum et eis auxiliantes quos suos hostes appellat, omnibusque viribus suis agant, bona capiant eique auxilia contra eosdem praebeant, magno detrimento fidei Christi quam labefactare, ymo tanquam leo rugiens opprimere conatur, ac maximo periculo invalescentis lutheranae haeresis incendii cum fidelibus Christi veritatem verbi Dei audire non detur.*

[443] Rede Chieregatis vor den Reichsständen über die Luthersache: Aufforderung gegen Luther einzuschreiten und das Wormser Mandat auszuführen, 10. Dezember 1522, in: RTA III, Nr. 73, S. 387–390.

[444] Instruktion des Papstes Hadrian VI. für Chieregati: was er den auf dem Reichstag zu Nürnberg versammelten Ständen über die Luthersache und ihre Bekämpfung mitteilen soll, 25. November 1522, in: RTA III, Nr. 74, S. 390–399; Breve Hadrians VI. an die in Nürnberg versammelten Stände des Reichs, worin er sie zum Einschreiten gegen Luther und seine Anhänger auffordert. Die Verlesung durch den Nuntius fand am 3. Januar 1523 statt. In: RTA III, Nr. 75, S. 399–404.

[445] Vgl. BALAN (1884), S. 298–299, hier S. 299: *Hanc curam quam tanti vides esse momenti cunctis tuis curis una cum cura contra immanissimum Turcarum tyrannum anteponendam ducas.*

[446] Vgl. BALAN (1884), S. 298: *Quod autem Ulricus Huuten* [sic] *aut alii forte iniquitatis filii Martini Lutheri haeresiarchae sequaces animos hominum ac arma contra eosdem fratres suscitent et impellant nosce potest nobilitas tua, concitationes adversus praedicatorum fratres factas, contra Petri et apostolorum ymo contra Christi nuncios et contra upsum Christum pro quo Petrus et Apostoli fuerunt et pro quo Romanus Pontifex et sancta Romana ecclesia in terris est, a quibus fratres ipsi mittuntur fieri ac fuisse factas; nec secus haec nunc ab Ulrico in*

da Hutten seit seiner Flucht aus dem Augustinerkloster in Mühlhausen im Frühjahr 1523 wohl keine ernstzunehmende Gefahr mehr darstellte.[447] Außerdem konnte er nach Sickingens kapitalem Fehlschlag vor Trier auch nicht mehr auf die militärische Unterstützung seines Freundes bauen.[448]

Auf Huttens Weg ins Exil in die Schweiz gelangte er aber zunächst nach Basel, wo Erasmus ihm demütigender Weise mitteilen ließ, dass er den Vertriebenen nicht mehr empfangen wolle.[449] In einem Brief an Luther erinnerte sich Erasmus später noch einmal an Huttens Fehden.[450] In seiner Invektive ‚Spongia' (‚Der Schwamm', 1524) gegen Hutten habe er über dessen ‚Schandtaten' (*facinora*) mit den Straßburger Kartäusern glimpflicher Weise kein böses Wort verloren. Dabei soll Hutten zwei Dominikanern die Ohren abgeschnitten, Äbte auf offener Straße überfallen und auch einen Schüler verstümmelt haben.[451] Auch in Basel ließen ihn die Querelen mit den Straßburger Dominikanern also nicht mehr los. So schrieb der Baseler Stadtschreiber Johann Gerster am 17. Januar 1523 an das Kapitel von Jung-St. Peter:[452] Hutten nutze hier seinen

---

Germania geruntur, quae contra eosdem fratres aut alios Christum et eius Evangelium in Turcas praedicare volentes omnes expulsos vel trucidatos et facta et fiere quotidie cognoscimus.

[447] Vgl. zur Flucht den Brief des Erasmus an Konrad Goclenius, 2. April 1524, in: BÖCKING II, S. 403–406, hier S. 405: *Huttenus hinc iussus est discedere: Milthusi tam erat invisus omnibus, ut ni abisset, cives minarentur se perrupturos monastium Augstinensium, in quo latitabat favore secretarii.*

[448] Nach dem erfolgreichen Zusammenschluss der ‚Landauer Einung' im August 1522 zog Franz von Sickingen mit seinem Heer gegen den Trierer Erzbischof Richard von Greiffenklau, dem er am 27. August die Fehde ansagte (Fehdebrief Sickingens an den Kurfürsten von Trier, 27. August 1522, in: Koblenz, Landeshauptarchiv, Bestand 1 C, Nr. 9198). Die Belagerung musste er jedoch Mitte September abbrechen, da Kaiser Karl V. erschwerend bereits am 10. Oktober 1522 die Acht gegen den Condottiere ausgesprochen hatte (Achtbrief Karls V. gegen Franz von Sickingen, 10. Oktober 1522, in: Koblenz, Landeshauptarchiv, Bestand 1 A, Nr. 9339). Richard veröffentlichte dieses Dokument später und bezeichnete Sickingen als ‚Landfriedensbrecher'. Ein Bündnis aus Richard, dem Kurfürsten Ludwig V. v. d. Pfalz und dem Landgrafen Philipp von Hessen schloss Sickingen letztlich auf seiner Feste Nanstein bei Landstuhl ein, wo Sickingen am 7. Mai 1523 bei der Eroberung der Burg starb. Auch Aleander betonte in seinem Schreiben das Bündnis der beiden Rittter. Durch Huttens Vermittlung, d. h. durch dessen antirömische Polemik, werde die Einigkeit unter diesen ‚armen Grafen und Junkern' neu belebt. Vgl. KALKOFF (1920), S. 43, Anm. 1.

[449] Vgl. JAUMANN (2008), Sp. 1222.

[450] Erasmus an Luther, 8. Mai 1524, in: BÖCKING II, S. 409–410.

[451] BÖCKING II, S. 409: *In Spongia modestiam desideras, cum ibi de vita Hutteni, luxu, scortis, alea perditissima, de stultissimis illius gloriis, nulli quamvis amico ac patienti tolerandis, de decoctionibus, de extorta a Carthusiensibus pecunia, de amputatis auriculis duobus praedicatoribus, de latrocinio, invasis tribus abbatibus in via publica, ob quod facinus unus e famulis illius capite truncatus est, deque aliis illius facinoribus vulgo etiam notis nullum in Spongio verbum fecerim, cum ille nec verbo provocatus a me prodita amicitia in gratiam unius nebulonis, quo nihil perditius, tantum falsorum criminum in me gesserit, quantum scurra quivis in alterum possit comminisci.*

[452] Straßburg, Stadtarchiv, AST 176, S. 493–494, in: ROTT (1974), S. 72. Ein Transkript des Schreibens befindet sich im Anhang dieser Studie unter Kapitel VI.3,20.

Passierschein aus. Er schlage daher unter der Hand vor, ihm diesen wieder zu entziehen:[453]

> So aber ewer bott üwer erwürd schrift uberantwurt, so will ich geburen doruf antwurt zu geben. Und sollen glouben, das gantz nutzet doran ist, das der Hutten by uns behempt, noch von niemants verpotten sig, sunder sich sins gleits uff dissen tag noch fry gebrucht. Deshalb mich bedunckt und für gut angesehen hatt, die sach by dem nesten lossen ze pliben, dann alle, die will im sin gleidt, nit abkünft wirt, so will mich bedüncken on not sin einich antastung fürzunemen, dan es mins bedunckens unverfenglich wer und den man wol zu grosserem widerwille reitzen mochte.[454]

In diesem Zitat wird bereits der erste Faktor für das Scheitern von Huttens politischen Plänen, die Städte mit dem Ritteradel zu verbünden, deutlich. Immer ging es den jeweiligen Akteuren um die Angst, ‚verspottet' zu werden und Ehrverlust zu erleiden. So ist das ‚Reizen' natürlich als ‚Provozieren' zu verstehen, da ja immer wieder die Gefahr bestand, in Huttens größer angelegten Plan eines ‚Pfaffenkrieges' hineingezogen zu werden.[455] Ein besonderes Merkmal von Huttens Fehdebriefen mag aber auch ihr invektiver Charakter sein, der sich in anderen Gattungstypen wie bspw. dem Lukianischen Dialog, den Hutten in dieser Zeit ‚zur Blüte brachte', besser entfaltete. Auch in der jüngeren Forschung wurden sie zuletzt mit bloßen ‚Schmähzetteln' verglichen.[456]

Hutten konnte nie wirklich Anhänger oder etwa eine Öffentlichkeit für seine Gewaltdrohungen gegen die jeweils örtlich gut vernetzten städtischen Orden im Elsass finden. Seine Ideen verwirklichten sich letztlich aufgrund der Schärfe seiner Angriffe gegen die Vertreter des Klerus und auch aufgrund seines ritterlichen Selbstverständnisses nicht. So gelang Hutten weder die Stadtoberen, namhafte Humanisten, noch die Bauern zu überzeugen, obwohl er noch im Vorfeld auf diese Akteure mit seinen deutschsprachigen Pamphleten besonders gezählt hatte.[457] Aber erst dadurch, dass die Fehdebriefe eine gewisse

---

[453] ROTT (1974), S. 72: *das sich der Hutten in geleit by uns enthalt, nit sonder gevallens gehabt, hab ich vngang desselben tags wellen erwarten etc. und darnach uch witter zuzeschriben. So aber ewer bott üwer erwürd schrift uberantwurt, so will ich geburen doruf antwurt zu geben. Und sollen glouben, das gantz nutzet doran ist, das der Hutten by uns behempt, noch von niemants verpotten sig, sunder sich sins gleits uff dissen tag noch fry gebrucht.*

[454] Ebd.

[455] Das Involviertwerden in invektive Prozesse ebenso wie körperliche oder kognitive Betroffenheit durch Invektivität entsteht durch die sozialisierte Einbettung des jeweiligen Einzelaktes in narrative Strukturen. Vgl. Wolfgang MÜLLER-FUNK u. Clemens RUTHNER (Hgg.), Narrative(s) in Conflict (Culture & Conflict 10), Berlin u. Boston 2018.

[456] Harald BOLLBUCK, Lachen für den wahren Glauben. Lutherische Pasquillen im publizistischen Diskurs der Interimszeit, in: Christian KUHN u. Stefan BIESSENECKER (Hgg.), Valenzen des Lachens in der Vormoderne (1250–1750) (Bamberger historische Studien), Bamberg 2012, S. 241–268, hier S. 245.

[457] ROTT (1974), S. 62, Anm. 42: *Inzwischen läszt der von Hutten hin und wider im Elsasz teutsche brieff anschlagen, dasz niemant den herren vom Jungen St. Peter kein zins, zehend, rendt noch gült geben, noch inbringen sollte, oder von ime warten als von eim abgesagten. Darauff die bauren ausz forcht ihre zehenden auffgesagt, die lehenung verfallen, vom Capitel begert*

Öffentlichkeit hergestellt hatten, war es den Ordensvorstehern möglich, auf ein städtisches Schiedsgericht auszuweichen und Huttens Invektiven sozusagen ‚den Wind aus den Segeln zu nehmen'. Als Hutten schrieb, dass es seine derzeitige Lage nicht mehr erlaube, sich öffentlich zu verantworten, mag dies daher als Offenbarungseid gelten.

Abschließend könnte man konstatieren, dass der rechtliche Rahmen der Fehde, zumindest nach Huttens ritterlichem Selbstverständnis, als Form der institutionalisierten und normierten Auseinandersetzung wohl nicht mehr ausreiche, einer sich neu strukturierenden medialen Umwelt adäquat zu begegnen. Hatten die Formüberschreitungen einst noch zum Erfolg geführt, so griff der in die Fehde bzw. auch in das Konzept der Invektivität eingeschriebene Dritte, wie wir im Kontext der ‚Pfaffenfehden' beobachten konnten, eher zuungunsten des ambitionierten Humanisten ein. Während Hutten seine Invektiven gegen die Greifswalder Lötz als Angriffe auf seine Ehre als Student und Gelehrter konzipierte, so gab er im Fall Württemberg nach dem Mord an seinem Vetter seine Familienehre als bedroht aus, die es zu rächen galt. Gegen die Dominikaner war es schließlich seine Ehre als Ritter, die auf dem Spiel stand und die es gegen den gemeinsamen Feind ‚Rom' zu verteidigen galt.[458] Insgesamt merkt man schnell, dass es sich für Hutten um mehr als ‚persönliche' Fehden handelte, sondern um den Teil einer größeren politischen Agenda. Weil man aber gerade im Kontext einer ‚städtischen Öffentlichkeit' wohl einen starken Reflex vermutet, sich im Falle der Auseinandersetzung vor einem Publikum rechtfertigen zu müssen, kamen sowohl Sickingen als auch Hutten mit ihren beleidigenden, zum Teil auf Lügen und Gerüchten beruhenden Fehdeerklärungen recht schnell in Erklärungsnot.[459] „Die herabsetzende Qualität der Schriften [...] bestand nicht vorrangig in ihrer beleidigenden Sprache, sondern darin, dass dem Opfer der Bruch gesellschaftlicher und rechtlicher Normen vorgeworfen wurde. Indem sich der Täter der Reziprozität als Kontrollmittel bediente, waren die Diversität und Größe des erreichten Publikums sowohl für

---

ihnen ledig zu entschlagen. Und obwohlen der bischoff, der landvogt, der stadt zinsmeister und andere sich desz stiffts angenommen und die bauren wider zu gewinnen understanden, sie zu handhaben versprochen, die zehenden einzuführen befohlen, so hat es doch bey ettlichen nicht fruchten wollen [...] Sonderlich ist dem graffen Reinharten zu Zweibrücken, herrn zu Bitsch und Lichtenberg, wegen des zehenden zu Gries, denselben einzufuhren und einzubringen seinen underthanen zu befehlen, geschriben worden, nicht sowohl von dem capitel zum Jungen St. Peter, alsz auch durch den bischoff. Solches auch der graff gethan; aber die bauren wollten nichts darauff geben: es half alles nicht gegen den bauren, ausz forcht sie möchten verbrändt werden, wo sie den zehenden ins dorff einführen.

[458] Vgl. Klaus SCHREINER u. Gerd SCHWERHOFF (Hgg.), Verletzte Ehre. Ehrkonflikte in Gesellschaften des Mittelalters und der Frühen Neuzeit (Norm und Struktur 5), Köln u. a. 1995.

[459] TREU (1998), S. 142: „Dabei geriet Sickingen selbst nach den allgemein anerkannten Grundsätzen der Fehde seiner Standesgenossen in Schwierigkeiten, da er der Öffentlichkeit glaubhaft machen mußte, inwiefern er persönlich betroffen sei. Seine Begründung [...] dürfte für seine Zeitgenossen nicht übermäßig überzeugend geklungen haben."

seine Sache, als auch für den wahrgenommenen Schaden des Opfers äußerst relevant."[460]

Das Resümee könnte daher lauten: Während die Mönche die ihnen durch die Fehde gebotene Öffentlichkeit nutzten, um Huttens Invektiven zuvorzukommen,[461] gelang es Hutten im Rahmen der Positionierung seiner Fehdebriefe nicht, weitere Verbündete zu gewinnen. Einer der wichtigsten Faktoren in Huttens Scheitern lag freilich auch am Wegfall seines Trumpfes Sickingen, der in der Trierer Fehde deutlich unterlag. Dies bedeutete für den gescholtenen Hutten gleichsam, dass auch sein Netzwerk um den berüchtigten ‚Ebernburgkreis', allen voran den im Elsass geborenen Martin Bucer,[462] der sich in der Regel für Huttens deutschsprachige Veröffentlichungen verantwortlich zeigte, wie ein Kartenhaus in sich zusammen fiel.

---

[460] Jan SIEGEMUND, *unrechtliche peinliche schmehung* oder *dem gemeinen nutz nuetzlich*? Eine Fallstudie zur Normenkonkurrenz im Schmähschriftenprozess des 16. Jahrhunderts, in: Roland SCHEEL u. Silke SCHWANDT (Hgg.), Imaginationen und Praktiken des Rechts: Literatur- und Geschichtswissenschaftliche Perspektiven (Das Mittelalter. Perspektiven mediävistischer Forschung. Zeitschrift des Mediävistenverbandes 25,1), Berlin 2020, S. 135–149, hier S. 148.

[461] In Straßburg scheinen die Ordensgemeinschaften äußerst streiterfahren gewesen zu sein. Vgl. Marc LIENHARD, Die elsässische Ritterschaft und die Reformation, in: Wolfgang BREUL u. Kurt ANDERMANN (Hgg.), Ritterschaft und Reformation (Geschichtliche Landeskunde. Veröffentlichungen des Instituts für Geschichtliche Landeskunde an der Universität Mainz 75), Stuttgart 2019, S 163–172, hier S. 165–168. Insgesamt wurden recht häufig Konvente in Fehden von außen hineingezogen, wie bspw. das Heilig-Kreuzkloster mit seinen Nonnen in Braunschweig: vgl. Eva SCHLOTHEUBER, Fehden und Festessen – das Leben der Nonnen am Rande der Stadt, in: Anne-Marie HECKER u. Susanne RÖHL (Hgg.), Monastisches Leben im urbanen Kontext (MittelalterStudien des Instituts zur Interdisziplinären Erforschung des Mittelalters und seines Nachwirkens, Paderborn 24), München 2010, S. 11–23.

[462] Vgl. auch Karlheinz SCHAUDER, Sickingen, Hutten und Bucer – Konturen einer Begegnung, in: Heimatjahrbuch des Landkreises Kaiserslautern (1999), S. 123–131; BREUL (2019), S. 116–117. Huttens Korrespondenz mit Bucer aus Diemerstein und der Ebernburg findet sich ebenfalls in Straßburg: Hutten an Bucer, 25. November 1520, Ebernburg, in: Straßburg, Stadtarchiv, AST 158, S. 299–300, in: BÖCKING I, S. 427–428; Hutten an Bucer, 28. November 1520, Ebernburg, in: Straßburg, Stadtarchiv, AST 158, S. 297–298, in: BÖCKING I, S. 428–429; Hutten an Bucer, 27. Mai 1521, Ebernburg, in: Straßburg, Stadtarchiv, AST 158, S. 301–302, in: BÖCKING II, S. 75–76; Hutten an Bucer, 4. September 1521, Diemerstein, in: Straßburg, Stadtarchiv, AST 158, S. 293–294, in: BÖCKING II, S. 81–83.

4 ‚In Tyrannos' (1522/23) – Huttens Fehde gegen Kurfürst Ludwig V. den ‚Friedfertigen'

4.1 Huttens Invektiven gegen Landesfürstentum und Reichsregiment (1521–22): Zu den Hintergründen seiner letzten großen Fehde

> Wird es denn einmal Maß und Ziel finden, das widrige Schicksal, das uns so bitter verfolgt? [...] Die Flucht hat mich zu den Schweizern geführt und ich sehe einer noch weiteren Verbannung entgegen. Denn Deutschland kann mich nicht dulden in seinem gegenwärtigen Zustande, den ich in Bälde erfreulich geändert zu sehen hoffe durch Vertreibung der Tyrannen. Ich habe mich aus dem Kriegsgetümmel zu wissenschaftlicher Muße zurückgezogen und ganz dem Schreiben gewidmet. In diesem einen Stücke hat es das Geschick gut mit mir gemeint, indem es mich aus großen und widrigen Stürmen zur stillen Ruhe der Studien zurückführte. Der dieses bringt, hat von mir **eine Schrift gegen die Tyrannen**, die er zum Druck besorgen soll. Hierin bitte ich, widme mir und ihm deine Dienste. Die Sache kann in der Stille und heimlich abgemacht werden und zwar nirgends besser als in Eurer Stadt, wo niemand so etwas vermuten wird, besonders da ich so weit entfernt bin. Aber- und abermals bitte ich, versäume nichts in einer Sache, die höchst notwendig für uns ist. Vorhanden und am Tage sei der Einspruch gegen neue, unerhörte Untat. Sehen und erkennen sollen künftige Jahrhunderte, was für Menschen diejenigen gewesen sind, welche wider Ehrbarkeit, Gesetz und Recht, Treue und Frömmigkeit mit Frevel und Verwegenheit sich gesetzt haben. Doch weiteren Zuredens bedarf es wohl nicht, um dich zur Gefälligkeit gegen einen Freund zu bewegen. Gar sehr verlangt mich zu wissen, wo Crotus ist, und wie es ihm geht. Denn ich habe lange nicht mehr in die Heimat schreiben können, da die Tyrannen alles besetzt halten und neulich zu meinem großen Schaden Briefe aufgefangen worden sind.[463]

Mit diesen Worten erinnerte sich Hutten in einem Brief vom 21. Juli 1523, also kurz vor seinem Tode (gest. 29. August 1523), an seinen Freund Eoban Hesse an die Zeit seiner Flucht aus Deutschland zurück. Nachdem er vom Tod seines ‚Geschäftspartners' Franz von Sickingen (gest. 7. Mai 1523) erfahren

---

[463] Übersetzung bei David F. STRAUSS, Ulrich von Hutten, Leipzig 1914, S. 384–463, hier S. 454–455. Lateinisch bei BÖCKING II, S. 252–253: *Aut finis est improbæ fortunæ acerbissime nos persequenti? [...] abstulit in Elvetios fuga me; inde longinquius exilium prospicio. neque [sic!] enim feret me Germania hoc ipsius statu, quem tamen spero pulcre paulo post immutatum iri, exactis tyrannis. Recepi ad literarum ocium me a bellico tumultu, et ad scribendum penitus contuli: in hoc uno bene de nobis merita Fortuna videri potest, quæ a magnis et odiosis turbis ad placidam stuiorum quietem redigat. Qui has perfert,* **habet a me libelli quiddam in tyrannos**, *quod curet typis imprimendum; ibi quæso tuam mihi atque illi accommoda operam: potest silentio transigi negocium et occulte; neque usquam rectius quam in vestra urbe, ubi nemo actum suspicabitur, præsertim sic longe cum absim ego. oro [sic] te etiam atque etiam, ne quid cesses in re valde nobis necessaria. extet [sic] et in luce sit novæ et inauditæ improbitatis protestatio; videant et cognoscant futura post nos secula quales fuerint qui honestati, legibus, iuri, fidei ac religioni scelere et audacia se opposuerint. sed [sic] iam satis credo persuasum tibi, ut amico gratificeris. Mire cupio scire Crotus ubi sit et quomodo agat: nam mihi in patriam dare literas diu iam non licuit, omnia obsidentibus tyrannis, et magno meo cum incommodo interceptis nuper epistolis.*

hatte, kam der Gescholtene schließlich beim Schweizer Reformator Huldrych Zwingli (gest. 1531)[464] unter, der ihn bei sich zu Hause in Zürich aufnahm. In diesem Sommer lässt sich außerdem ein Kuraufenthalt im Wildbad Pfäfers bei Ragaz nachweisen, was dafürspricht, dass es wohl zu einer Verschlechterung seines Krankheitszustandes kam. Durch Zwinglis Vermittlung fand Hutten auf der Insel Ufenau im Zürichsee in Pfarrer Hans Klarer, genannt ‚Schnegg',[465] schließlich seinen letzten Beschirmer und auch Krankenpfleger.[466]

Im obigen Schreiben appellierte Hutten offenbar vergeblich bei seinem humanistischen Standesgenossen, ihn bei einem weiteren Publikationsvorhaben zu unterstützen. Um eine erneute, nicht näher beschriebene, Untat zu rächen (*novae et inauditae improbitatis protestatio*), soll die Sache ‚in der Stille und heimlich' (*potest silentio transigi negocium et occulte*) besprochen werden. Mit dieser Invektive wollte Hutten jedenfalls ‚die Tyrannen vertreiben' (*exactis tyrannis*). Woran lag es aber, dass es in der Folge kein Drucker mehr wagte, die ominöse Schmähschrift zu vertreiben?[467] In den Aufzeichnungen seiner Gegner liest sich die Lage für Hutten jedenfalls weitaus weniger euphemistisch, wie es der späte Brief an Hessus vielleicht vermuten lässt. So resümierte der päpstliche Nuntius Aleander am 26. Mai 1521 an den Vizekanzler Medici doch wesentlich schärfer:[468]

> Daher haben diese Schurken, obwohl sie tagtäglich eine tolle, lutherfreundliche Schrift ausgehen lassen, ihren Kredit in dem Maße eingebüßt, dass man schon kaum mehr von ihnen spricht, ja einen Ekel davor zu empfinden scheint, sich im Gespräch mit ihnen zu befassen; [...] Dieser Schurke, der Hutten, war höchstlichst zufrieden durch Vermittlung des Kämmerers Armstorff mit dem Kaiser ein Abkommen zu treffen, wonach er gegen ein Jahrgehalt von 200 Gulden in kaiserliche Dienste treten und dagegen seine **Invektiven** einstellen sollte; und so hatte er versprochen zu schweigen, wenn er es vermöchte, was ich nicht glaube. Gleichwohl traf ich jüngst in aller Frühe vor dem Gemach des Kaisers Huttens Knecht, den ich an dem Wappen erkannte, und auf meine Nachforschungen ergab sich, dass er einen Brief an Armstorff überbracht habe, in welchem sich Hutten entschuldigte, wenn er nicht in des Kaisers Diensten

---

464 Boris HOGENMÜLLER, Art. Zwingli, Ulrich (auch Huldreych, Huldrych oder Huldreich), Zürcher Reformator, in: BBKL 33 (2012), Sp. 1585–1600; Ulrich GÄBLER, Huldrych Zwingli. Eine Einführung in sein Leben und sein Werk, München 1983 (ND Zürich ³2004); Peter OPITZ, Ulrich Zwingli. Prophet, Ketzer, Pionier des Protestantismus, Zürich 2015.

465 Vgl. Diethelm FRETZ, Johannes Klarer, genannt Schnegg, der letzte Gastgeber Huttens, in: Zwingliana. Mitteilungen zur Geschichte Zwinglis und der Reformation 4,14 (1927, 2), S. 127–165.

466 Vgl. Peter ZIEGLER, Ulrich von Hutten (1488–1523), in: DERS. u. Ulrich GUT (Hgg.), Ufnau die Klosterinsel im Zürichsee, Stäfa a. Zürichsee ⁴1983, hier S. 137–144; Fritz BÜSSER, Hutten in Zürich, in: Peter LAUB (Hg.), Ulrich von Hutten. Ritter, Humanist, Publizist. 1488–1523. Katalog zur Ausstellung des Landes Hessen anläßlich des 500. Geburtstages, Kassel 1988, S. 337–343.

467 Vgl. JAUMANN (2008), Sp. 1196.

468 Paul KALKOFF, Die Depeschen des Nuntius Aleander vom Wormser Reichstage 1521, Halle 1886, Nr. 27, S. 202–212, hier S. 207 u. 209.

stehen könne noch wolle, denn der Kaiser habe eigenhändig den Beschluss zur Verfolgung Luthers vollzogen, den er um der christlichen Wahrheit willen zu verteidigen gedenke, so dass des Kaisers und sein Wille gänzlich unvereinbar seien; er schien dem Kaiser gewissermaßen Fehde anzusagen, wie es sich denn wohl geziemt, wenn Bruder Martin als seinen Gegner und Widersacher den Papst hinstellt, den man dem großen Lichte der Sonne vergleicht, dass dann ein Spitzbube wie Hutten sich den Kaiser zum Gegenpart erwählt, der auf Erden dem Monde als dem kleineren Lichte entspricht.[469]

Mehrere Punkte muss man aus Aleanders Protokoll als besonders bemerkenswert einstufen. Es begegnet uns ja nicht nur der Hinweis, dass Hutten wohl im Rahmen von Geheimverhandlungen auf der Ebernburg[470] ein beträchtliches Jahrgeld (*stipendio*) des Kaisers von 200 Gulden ausgeschlagen hatte,[471] sondern gleichfalls die Tatsache, dass die publizistischen Angriffe, die er als Bedingung für die üppige Pension zu unterlassen habe, als ‚Invektiven' (*invective*) gekenn-

---

[469] BRIEGER (1884), Nr. 33, S. 218–230, hier S. 224 (BALAN [1884], Nr. 97, S. 248–255, hier S. 251: *Perchè ancorchè questi ribaldi ogni dì faccino qualche paccia de libri Luterani, tutta volta hanno tanto perso el credito, che già quasi non si parla di loro, immo par che venghi in fastidio a più parlarcci* […]. BRIEGER (1884), S. 226–227 (BALAN [1884], S. 252–253: *El ribaldo de Hutten per meggio de Armestorff Camerier di Cesar era accordato a **stipendio** de Cesar ec fiorini d'oro al anno, et era il più contento del mundo, cum questo che cessasse da queste sue **invective**, et sic promiserat abstinere, si potuisset, quod non credo; tutta volta l'altro giorno ben mattino trovai avanti la camera die Cesar el ragazzo de detto Hutten, et qual cognobbi da le arme che porta, et investigando trovai, che avea portato una lettera ad Armestorff, nella qual se excusava, che, poichè Cesar havea fatto de sua mano tal deliberazion de perseguitar Luther, eth che lui el voleva defender per la verità evangelica, essendo la volontà de Cesar e la sua del tutto contrarie, lui non poteva et non voleva esser a suoi stipendii; et quodammodo parea, che lo disfidasse de pari, che è ben il dever, che, se frà Luther chiama suo emulo et adversario el Papa, el qual è lumenare maius, ancor un latroncello Hutten faccia sua adversa parte Cesar, qui est luminare minus in terris.*

[470] Zusammengekommen waren Johannes (franz. Jean, gest. 1522) Glapion, Provinzial des Franziskanerordens sowie Beichtvater des Kaisers, und Paul von Armstorff, der als Kämmerer in kaiserlichen Diensten stand. Demnach waren die wichtigsten Protestgruppen des Reiches vertreten (Sickingen als Reichsritter; Hutten als lutherfreundlicher Humanist sowie Martin Bucer als lutherisch gesinnter Theologe). Vgl. Aleander an Medici, 15. April, in: RTA II, Nr. 188, S. 848.

[471] Sehr früh hatte man wohl von diplomatischer Seite her schon Versuche angestellt, Hutten zur Ruhe zu bringen. So dokumentierte Aleander am 8. März 1521, man habe sich vor einiger Zeit mit Hutten in Verbindung gesetzt, der seitdem nichts mehr von sich hören ließe. Er habe ‚aus guter Hand' (*per bona via*) erfahren, man wolle Hutten, der gar mit Franz von Sickingen verschworen sei, in kaiserliche Dienste ziehen und auf diese Weise zum Schweigen bringen. Vgl. BRIEGER (1884), Nr. 14, S. 92; BALAN (1884), Nr. 54, S. 131–132. *Item alli dì passati hanno scritto ad Hutten qualche cosa, per la quale lui dopoi sempre ha taciuto, nè si sente più di lui come prima; et tengo certissimo, che loro non gli hanno imposto simpliciter silentio, ma solum detto, che lui taccia fin a tempo, che li manderanno, perchè ho **per bona via**, che già molti dì loro havevano deliberato dar partito ad Hutten et haverlo alli loro servitii; et così fù ordinato nel Consiglio, et dicono per tale via farlo tacer, perchè non è così facile o senza gran tumulto punir un gentilhuomo in Germania, maxime che habbi grande complicità come Hutten, et qual etiam è coniurato con Francesco Sichinghen, et poi impugna la causa della Chiesa, quo nihil gratius audire est apud tenir pacificata la Germania, dal che Sua Maestà non potria partir senon disconso.*

zeichnet werden. Hutten wird zudem als ‚Schurke' (*ribaldo*) und ‚Spitzbube' (*latroncello*) verspottet.

Beide Beobachtungen fußen offenkundig auf den realpolitischen Kontexten.[472] Nachdem Hutten es nämlich auf die Liste der Anhänger Luthers in der Bannbulle Leos X. vom 3. Januar 1521 geschafft hatte,[473] verhängte Kaiser Karl V. mit dem Wormser Edikt am 26. Mai 1521,[474] also dem Tag von Aleanders Aufzeichnungen, letztlich auch die Reichsacht über Hutten.[475] Der Humanist verzichtete in der Folge seiner endgültigen Bannung durch das Wormser Edikt dann schlussendlich auch auf die kaiserliche Pension, da die darin gemachten Absprachen nichtig geworden waren.[476] Hutten musste in der Folge auch die Ebernburg verlassen und ohne publizistische Mittel weiterkämpfen, denn infolge des Ediktes war der Buchhandel der kirchlichen Zensur unterstellt worden. Kein Verleger wagte es daher mehr, größere Schriften von ihm drucken zu lassen oder auch nur zu vertreiben. Die ‚libelli in tyrannos', für deren Publikation Hutten im oben zitierten Schreiben um die Unterstützung seines Freundes Eoban Hesse warb, mussten für die Drucker in Folge der Zensur eine heikle Angelegenheit dargestellt haben.[477]

Vielleicht mag dies ein Grund sein, warum Hutten sich in der Folge auch nicht mehr der Fehde als Hilfsmittel der Konfliktaustragung bediente. So bereitete er seinen Generalangriff auf das Territorialfürstentum zunächst mit

---

[472] Von den Geheimverhandlungen erfährt man aus einem Schreiben Huttens vom 9. April, das Georg Spalatin an Kurfürst Friedrich von Sachsen sandte; in: RTA II, Nr. 78, S. 537–540. Dass Hutten weiterhin sein Jahrgeld abgelehnt hatte, können wir dem Bericht des Nürnberger Ratsschreibers Lazarus Spengler über die Ereignisse des Wormser Reichstags entnehmen. Vgl. RTA II, Nr. 210, S. 886–892, hier S. 891–892: „Die ‚Käsbettler', die schwarzen ‚Predigermönche' sind auf den Kanzeln und sonst gegen Luther aufgetreten, sie haben Pfefferkorn dazu veranlasst, aufs Neue gegen Reuchlin zu schreiben; sie haben aber bisher nichts ausgerichtet, hoffentlich werden Sickingen und Hutten sie strafen. […] Vorher schon hatte der Kaiser auf Veranlassung der Päpstlichen, aber, wie Spalatin hört, ohne Erfolg zu Hutten gesandt und ihm für die Unterlassung seiner Angriffe auf die Nuntien, Bischöfe etc. ein bedeutendes Jahrgeld anbieten lassen."

[473] Peter Fabisch u. Erwin Iserloh (Hgg.), Dokumente zur Causa Lutheri (1517–1521). 2. Teil: Vom Augsburger Reichstag 1518 bis zum Wormser Edikt 1521 (Corpus Catholicorum. Werke katholischer Schriftsteller im Zeitalter der Glaubensspaltung 42), Münster 1991, S. 457–467.

[474] Marburg, Hessisches Staatsarchiv, Best. 3, Nr. 189.

[475] Fabisch/Iserloh (1991), S. 484–545 auch mit Hintergründen zu den verschiedensprachigen Ausgaben. Ein Abdruck des Textes findet sich in den RTA II, S. 640–659, Nr. 92, vgl. dazu S. 449–454.

[476] Vgl. Aleander an Medici, 26. Mai 1521, in: RTA II, S. 948–949, Nr. 244.

[477] Florian Gassner u. Nikola Rossbach, Einführung, in: Dies. (Hgg.), Zensur vom 16. bis zum 18. Jahrhundert: Begriffe, Diskurse, Praktiken (Jahrbuch für Internationale Germanistik. Reihe A, 136), Bern 2020, S. 7–14, hier S. 7: „Zensur ist in der Frühen Neuzeit der Normalfall. […] Der Gedanke, dass Literatur ein Sicherheitsrisiko für Individuum und Gesellschaft darstellen könnte, das zu regulieren und zu unterbinden sei, ist ohne Zweifel so alt wie die Literatur selbst."

einem ‚Aufruf an die Freien Reichsstädte' (Juni 1522) vor,[478] um die Idee seiner Partnerschaft zwischen Ritteradel und den Städten in eine breitere Öffentlichkeit zu bringen,[479] ehe er sich mit einem offenen Brief, der ‚demütige[n] ermanung', an die Stadt Worms (27. Juli 1522) wandte,[480] was auf den Reichstag von 1521 zurückblickend natürlich Symbolcharakter hatte.[481] Hutten wollte den Rat von Worms aber vor allem dazu bewegen, sich der Lutherischen Lehre anzunähern. Während die allgemeine ‚Ermahnung' zunächst dem Anschein unterlag, ein ‚Bausatz' neutestamentlicher Briefliteratur zu sein, da so viele Bibelzitate wie in keinem anderen von Huttens Texten vorkommen, so verblüfft andererseits jedoch die erneute Aufforderung, nach den Regeln der Gewalt zu handeln. Die an Worms gerichtete Flugschrift sollte hierbei eine Ergänzung des ersten ‚Aufrufs' darstellen. Hutten wandte sich in einem ersten Schritt zunächst nur gegen die weltlichen Kurfürsten, wobei er im zweiten bereits die Wormser Bürger dazu aufforderte, nicht nur gegen die altkirchlichen Domprediger vorzugehen, sondern auch ihren Bischof zu verjagen.[482]

Auch diese Texte lassen sich zweifelsohne als Invektiven einordnen, die freilich dem Zwecke dienen sollten, die ‚Landauer Einung' des August 1522 sowie den darauffolgenden Zug von Sickingens Ritterschar gegen Trier mit einer agitatorischen Publizistik vorzubereiten. Sicherlich goss Hutten den ersten Aufruf auch in Reimform, um im Idealfall auch die humanistische Corona anzusprechen. Der invektive Charakter scheint bereits an wenigen exemplarischen Stellen durch. So wird in der ‚Ermahnung an die Reichsstädte' insbesondere

---

[478] Vormanung an die | freien vnd reich | Stette teuts|cher nation. [Straßburg: Joh. Knobloch, 1522]. VD 16, H 6418; vgl. BENZING (1956), Nr. 181. ND mit Zusätzen und Umstellungen: Beklagunge der Freistette deutscher nation | Der Nemo hatt das geticht gemacht | Das mancher jm regiment nit lacht | [...]. [Erfurt: Michel Buchfürer, 1522]. VD 16, H 6417; vgl. BENZING (1956), Nr. 182; in: BÖCKING III, S. 527–537 (die Eingangsverse des ‚Nemo' im Erfurter ND: ebd., S. 527; bei BÖCKING umgekehrte Reihenfolge der beiden Drucke).

[479] JAUMANN (2008), Sp. 1227: „In dem wohl Juni 1522 auf der Ebernburg oder auf der Veste Landstuhl entstandenen Aufruf an die freien Reichsstädte in 261 Reimpaarversen, seinem letzten Gedicht in dt. Sprache, verfolgt Hutten erneut das Bündnis des niederen, reichsritterlichen Adels mit den Reichsstädten gegen die Territorialfürsten als den gemeinsamen Feind. Um diese Zeit plant Sickingen mit Huttens Unterstützung die gewaltsame Annexion des geistlichen Kurfürstentums Trier, um ein, wie Hutten meint, dringend notwendiges Zeichen gegen die geistlichen Territorialfürstentümer zu setzen."

[480] Ein demütige erma=|nung an ein gemeyne statt | Wormbß von Vlrich | von Hutten zuo =|geschriben. [Speyer: Jakob Schmidt, 1522]; vgl. BENZING (1956), Nr. 183; weitere Drucke Nr. 184 u. 185; in: BÖCKING II, S. 124–130; JAUMANN (2008), Sp. 1227–1228.

[481] Vgl. hierzu: Otto KAMMER, Die Anfänge der Reformation und des Evangelischen Gottesdienstes in Worms, hg. v. Altertumsverein Worms, Worms 1983; DERS., Die Anfänge der Reformation in der Stadt Worms, in: Ebernburg-Hefte 34 (2000), S. 7–39; Sabine TODT, Kleruskritik, Frömmigkeit und Kommunikation in Worms im Mittelalter und in der Reformationszeit (Beiträge zur Wirtschafts- und Sozialgeschichte 103), Stuttgart 2005.

[482] Vgl. WULFERT (2009), S. 393–394; KALKOFF (1920), S. 450–468.

die unersättliche Habgier der Fürsten mit ihren frivolen Ausschweifungen geschildert, wobei man auch im Reichsregiment zu Nürnberg nichts als ‚Prangen, Stechen und Rennen' beobachten könne, sodass ein nach Recht strebender Ritter viel seines Wohlstandes verzehren müsse, ehe er zu Gehör komme. Die ernsthaften Geschäfte würden in diesem Rahmen jedoch lächerlich gemacht, denn ‚da pflegen sie nur die Prasserei und wohnen den Banketten bei'.[483] Die Gegner werden auf der einen Seite bildhaft durch unersättliche Tiere wie Wölfe entmenschlicht,[484] während der Grund für diese Herabwürdigungen in Huttens Augen Hohn und Spott gegenüber der ‚Deutschen Nation' seien.[485]

Hutten versuchte mit seinen ‚Ratschlägen' also ein invektives publizistisches Umfeld zu schaffen, um die Agenda, die er bereits in seinen Fehden gegen die Ordensgeistlichkeit verfolgte, auf die höchste gerichtliche Ebene im Reich zu hieven. Gerade durch die Publikation der beiden an die Städte gerichteten Invektiven war es freilich nur eine Frage der Zeit, bis auch einer der weltlichen Kurfürsten auf den Plan treten musste, um die öffentliche Ordnung wiederherzustellen. Nicht von ungefähr erging Sickingens Zug gegen den Trierer Erzbischof Richard von Greiffenklau nur einen Monat nach Huttens offenem Brief an die Stadt Worms. Die Krönung dieser Kampagne sollte letzlich Huttens Invektive ‚Libellus in tyrannos' bilden, von dem Hutten in seinem eingangs zitierten Brief an Erasmus sprach. Nach Joseph SCHLECHT soll das ‚Büchlein' wohl auch genau in dieser prekären Lebensphase, etwa im Winter 1522/23, freilich aber erst nach der Niederlage Sickingens bei Trier, entstanden sein.[486] Trotz der Tatsache, dass weder die lateinische noch die deutsche Fassung der ‚Schmähschrift' in den Druck kam, ist es wieder einmal erstaunlich, dass Huttens Vorgehen auch vom Straßburger Rat beobachtet wurde. Zumindest schließt der Bericht des Kompilateurs der Straßburger Handschrift über den Huttenfall auch kalt mit dem Tode Huttens in Zürich auf der Insel Ufenau:

> Sin gnad gab uns doneben zu versten, das der Hutten in grossen ungnaden des Curfürsten und Pfalzgrafen Ludwigen wer, usz ursachen sines tichtens cujusdam **libelli famosi contra Palatinum** et suos avos, etc.; deszhalb der hutten niennent wol sicher wer, wird sich auch on zwifel nit in diesser art lossen finden, des wir uns frolichen

---

[483] BÖCKING III, S. 523: *Zu nürenberg im regiment / itzt mancher fuerst prangt, sticht vnd rendt; / kont ich dohin, es kolt mich gnug, / uoch bhalt ich nit der sachen fugk, / ich hab dan gunst vnd brengs geschenck.*

[484] BÖCKING III, S. 535: *Sag an du wolff, wan bistu voll?* Auch in der ‚Ermahnung an die Reichsstadt Worms', siehe BÖCKING II, S. 124–125.

[485] BÖCKING III, S. 537: *Vnd helffen deutscher nation / vormeiden schaden, spot vnd hon, / die vns bey fremen aufgelegt / durch sachen, die sie billich bewegt, / das sie vns reden schmechlich nach, / das sein die fursten ein vrsach, / die massen sich gantz keiner schandt: / das wissen itzt auch fremde landt, / vndt reden billich, wie es ist. / hilff vns zum best, her Hiesu Crist, / dan du allein der helffer bist.*

[486] Vgl. Joseph SCHLECHT, Briefe aus der Zeit von 1509–1526, in: Briefmappe, 2. Stück, enthaltend Beiträge v. Andreas BIGELMAIR u. a. (Reformationsgeschichtliche Studien und Texte 40), Münster 1922, S. 23–116, hier S. 46–53.

trosten sollten [...] Zu letste ist Ulrich von Hutten elentlich gestorben by Zürich in eim dorfly anno 1523.[487]

Besonders bemerkenswert scheint hier freilich die Etikettierung der ‚libelli in tyrannos' als *libelli famosi*, eine ‚Brückenbezeichnung' also, die für die Schmähschriften des 16. Jahrhunderts gängig war.[488] Zweitens ist sie *ad personam* gerichtet, in diesem Fall an den Pfalzgrafen bei Rhein, Ludwig V. den ‚Friedfertigen' (gest. 1544).[489] Beide Sachverhalte müssen jedoch zunächst aufgeklärt werden, um die Wirkungskontexte besser verstehen und einordnen zu können.[490]

Wieso die scharfe Invektive an den Kurfürsten Ludwig gerichtet war, lässt sich zu Beginn relativ einfach auflösen. Initialzündung des Konfliktes, so schildert uns zumindest Huttens ‚Schmähbüchlein', soll die Verfolgung gewesen sein, die er von den pfalzgräflichen Behörden auf seiner Flucht in die Schweiz erfahren habe, die nicht nur den Raub seines Besitzes zur Folge hatte, sondern ebenso die Gefangennahme und Hinrichtung einer seiner Diener, obwohl es sich um eine offen angesagte und damit legitime Fehde gehandelt habe.[491] Hutten hätte nämlich zuvor Knechte ausgeschickt, um reichen Klerikern aufzulauern, was ihnen mit dem Überfall auf zwei Äbte wohl auch gelungen sei. Der eigentliche Straßenräuber aber sei Kurfürst Ludwig gewesen, der den unschuldigen Hartmut von Cronberg all seiner Besitztümer beraubt habe, wie er es auch mit ganz Deutschland vorhätte.[492]

---

[487] ROTT (1974), S. 64, Anm. 54: Der Kompilateur der Handschrift glossiert an dieser Stelle: *Es scheint, diese verba seyen von dem stifftschaffner Martin Volmar zusammen geschrieben worden.*

[488] Natalie BINCZEK u. Uwe WIRTH (Hgg.), Handbuch Literatur & Audiokultur (Handbücher zur kulturwissenschaftlichen Philologie), Berlin u. Boston 2020: „Der Brückenterminus zwischen der antiken Invektive und dem frühneuzeitlichen Pasquill stellt der *libellus famosus* dar." Albrecht DRÖSE, Invektive Affordanzen der Kommunikationsform Flugschrift, in: DRÖSE/MÜNKLER/SABLOTNY (2021), S. 37–62, hier S. 40: „Die heute sogenannten ‚Flugschriften' (ungebunden, mehrblättrig, okkasionell, Quart- oder Oktavformat) werden von ihren Verfassern mit einer gewissen Regelmäßigkeit als *libelli* bzw. ‚Büchlein' bezeichnet."

[489] Vgl. KEIL (1985), Sp. 1016–1030.

[490] Ebenso soll bspw. Erasmus von einem *libellum in comitem Palatinum* gewusst haben. Vgl. Siegfried SZAMATÓLSKI, Ulrichs von Hutten deutsche Schriften. Untersuchungen nebst einer Nachlese (Quellen und Forschungen zur Sprach- und Kulturgeschichte der germanischen Völker 67), Straßburg 1891, S. 114.

[491] Nachdem Franz von Sickingen seine Landsknechte kurz nach der Belagerung von Trier (8.–14. September) beurlaubt und entlohnt hatte, gab es die tatsächliche Erlaubnis von pfalzgräflicher Seite, Sickingens Anhänger zu berauben und zu beseitigen. Vgl. Heinrich ULMANN, Franz von Sickingen. Nach meistens ungedruckten Quellen, Leipzig 1872, S. 301–303; Otto WALTZ, Die Flersheimer Chronik. Zur Geschichte des XV. und XVI. Jahrhunderts. Zum ersten Mal nach vollständigen Handschriften, Leipzig 1874, S. 72–73.

[492] SZAMATÓLSKI (1891), S. 168–169: *Es ist aber dein beger, gut zu haben vnd vns zu vnderdrucken so gros, das du leichtlich alle danckbarkeit zu ruck setzest. Wer ist aber, den nit erbarme, auch an deinem hof vnd in der schar deines thienst volckes, das du, Hartmuot von Cronbergk,*

So fußte die ‚Gegnerschaft' also erneut auf früheren Konflikten. Während Hartmut von Cronberg sich im Frühjahr 1522 eine hitzige Auseinandersetzung mit Huttens ‚Erzfeind', Stadtpfarrer Peter Meyer, in Frankfurt a. M. lieferte,[493] so trat Ludwig in Huttens Angelegenheiten diverse Male als Vermittler auf den Plan. So schaltete er sich im Rahmen des ‚Augenspiegel-Prozesses' in den Streit Sickingens mit den Frankfurter Dominikanern ein, indem er ein Bestätigungsschreiben der Vereinbarungen des Papstes an den Provinzial Eberhard von Kleve delegierte.[494] Auch in der Fehde gegen Herzog Ulrich von Württemberg hatte Ludwig in seiner damaligen Funktion als Reichsvikar eine Schiedsrolle einzunehmen.[495] Zudem war er selbst Schwager des geschmähten Württembergers.[496] Die Pluralform ‚In Tyrannos' legte freilich auch den Schluss nahe, dass Hutten im Gegensatz zur deutschen Fassung, ‚der Gegenred gegen den Pfalzgrafen Ludwig', auch andere Landesfürsten gemeint haben könnte. So waren neben Ludwig auch der Trierer Erzbischof Richard von Greiffenklau und Landgraf Philipp von Hessen Teil des Bündnisses gegen Sickingen, der am 7. Mai 1523 bei der Belagerung der Veste Nanstein durch die Truppen eben jener Alliierten ums Leben gekommen war.[497]

4.2 Exkurs zur handschriftlichen Überlieferung der Texte

Huttens ‚Libellus In Tyrannos' ist tatsächlich nur durch einen außerordentlichen Zufall auf uns gekommen. Er befindet sich als Begleitbrief eines Schreibens des Thomas Venatorius[498] vom 8. März 1523 aus Nürnberg an den luther-

---

den vnschuldigsten vnd frömmesten in vnserm orden on alle verschuldt vnd vrsach, besitzung aller seiner hab vnd güter beraubt? Es ist zuͤ achten, die weil du den also zugericht, dastu hinfur deine rauberische hend von keiner vnschuld entziehen, sonder die allenthalben anwerffen werdest. Ja bey glauben allenthalben vnd gantz Teutsch land würstu zeichen mit fuosstepfen sollicher deyner gewaltsamer mißhandelungen.

[493] Vgl. MÜLLER (2019), S. 131–133.
[494] Vgl. DE BOER (2016), S. 890–891; TRUSEN (1998), S. 124–125.
[495] Beide hatten im Jahre 1511 je eine Tochter Herzog Albrechts IV. von Bayern geheiratet. Vgl. HIRSCHBIEGEL/KRAUS (2021).
[496] Im Jahre 1512 kam es bereits mit dem Württemberger zum Vertrag von Urach, der die Südgrenze konsolidierte. Vgl. Wolfgang EGER, Kurfürst Ludwig V. der Friedfertige (von Wittelsbach), Pfalzgraf bei Rhein, in: Fritz REUTER (Hg.), Der Reichstag zu Worms von 1521. Reichspolitik und Luthersache. Im Auftrag der Stadt Worms zum 450-Jahrgedenken, Köln u. Wien ²1981, S. 352–368, hier S. 352.
[497] Vgl. SPELSBERG (2015), S. 71.
[498] Theodor KOLDE, Thomas Venatorius. Sein Leben und seine literarische Tätigkeit, in: Beiträge zur bayerischen Kirchengeschichte 13 (1907), S. 97–121 u. S. 157–195; Eduard SCHWARZ, Venatorius, Thomas, in: Realenzyklopädie für protestantische Theologie und Kirche 16 (²1885), S. 344.

freundlichen Eichstätter Weihbischof Fabian Weickmann,[499] seinen Mäzen.[500] Obwohl für eine lange Zeit Sickingen als Urheber dieser Invektive ausgemacht wurde, wie es das Schreiben auch suggeriert,[501] so glaubte SCHLECHT jedoch mit großer Sicherheit, die gewandte Feder Huttens darin erkannt zu haben.[502] Unklar bleibt jedoch die Frage, ob es sich bei der als ‚In Tyrannos' in die Forschung eingegangenen Schrift um eine erste lateinische Fassung handelt oder ob sie nur als Fragment in eine womöglich deutlich umfangreichere Version eingeflossen ist.[503]

Stünde der ‚libellus in Tyrannos', der heutzutage noch immer in der Universitätsbibliothek Eichstätt aufbewahrt wird,[504] für sich alleine, würde er unvollständig wirken und nur schwer einzuordnen sein. Allerdings ist es dem Spürsinn Siegfried SZAMATÓLSKIS bereits 1891 gelungen, eine von Hutten vermutlich eigenhändig angefertigte deutsche Version der Invektive im Archiv zu Steinbach ausfindig zu machen: die ‚Gegenrede oder Ausschreiben widder pfaltzgraf Ludwigen Churfürsten'.[505] Die im Anschluss an diesen Fund lange verloren geglaubte Handschrift tauchte aber jüngst erst aus Privatbesitz wieder auf,[506] bevor sie nun dank einer finanzkräftigen Spende als Dauerleihgabe der Handschriftenabteilung der Hessischen Landesbibliothek Fulda überlassen wurde.[507] Bemerkenswert erscheint aus heutiger Betrachtung, dass in der Edition der deutschen Fassung einige Zeilen auf Wunsch des damaligen Besitzers, des Freiherren Fritz von Hutten zum Stolzenberg, vom Herausgeber ausgelassen wurden. In dem knappen Abschnitt geht es in erster Linie um die Schmähung des römischen Hofes und der Kurtisanen, wobei die Auslassung im Original aus einem einzigen Satz besteht und sich in den uns bekannten Gedankengängen vom Antichrist und seinen Werken gegen Glaube, Religion und Evangelium bewegt.[508] Die wieder aufgetauchte Handschrift hat wohl zuletzt

---

[499] Ein zusätzliches Zeugnis, das dafürspricht, wie eng große Teile der Anhängerschaft Luthers die Agitation Huttens mit Luthers Sache verbunden glaubten. Vgl. Paul JOACHIMSEN, Rez. Zu Paul KALKOFF, Huttens Vagantenzeit und Untergang. Der geschichtliche Ulrich von Hutten und seine Umwelt, in: HZ 136 (1927), S. 336–346, hier S. 344.
[500] SCHLECHT (1922), Nr. 18, S. 96–104.
[501] SCHLECHT (1922), S. 46: *Transmitto tibi [...] epistolam Francisci a Sikkingis*.
[502] SCHLECHT (1922), S. 47.
[503] Kritisch zu SCHLECHTS Untersuchungen und dessen Vergleich zwischen der lateinischen Vorlage und der deutschen Übersetzung bereits KALKOFF (1925), S. 342–347.
[504] Eichstätt, Universitätsbibliothek, Cod. st 695, S. 239–247.
[505] SZAMATÓLSKI (1891), S. 165–179.
[506] Es handelt sich jedoch wohl um eine zeitgenössische Abschrift, nicht um das Original; vgl. den Artikel vom 22.07.2009 aus der Frankfurter Rundschau: http://www.fr.de/rhein-main/fulda-bibliothek-praesentiert-hutten-handschrift-a-1092662 [letzter Zugriff: 09.03.2021].
[507] Fulda, Hessische Landesbibliothek, Hutten Ms 19.
[508] Vgl. SCHLECHT (1922), S. 51.

im August 1972 Ria STAMBAUGH im Steinbacher Archiv vorgelegen, die uns die ausgelassene Stelle in einer Miszelle mitgeteilt hat:[509]

> Ja sag ich keins fridens sollen sich gebrauchen deine schirmsvorwonten die Curti [hier beginnt S. 15 der Originalhandschrift] sanen, vnd dergleichen,[510] die vns den Antichristen Papst vffgeladen haben, vnd heut tags, das derselbig bey seinem Regiment bleibt, allein in vrsach sindt, die eynn einigen vnd aller schädlichsten veihend vnsers glaubens, den Römischen Hof (der alle gute bräuch vnd gewonheit, durch die gantzen Christenheyt, mit seinen Teufelischen vnd aller ärgerlichsten gesätzen abgethan, den glauben vßgeläscht, gotes forcht vortilgt, vnd aller heilsameste speiß vnserer selen, die euangelischen lär, vß oren und augen der Christglaubigen gezuckt) vffenthalten.[511]

Mit dem Klerus und der Kurie mache Ludwig aus reiner Habgier gemeinsame Sache, seine Kurstimme habe er schon bei der Kaiserwahl verkauft. Das Reichsregiment stehe auf seiner Seite. Der Bruch des Landfriedens sei ebenso Ludwigs Handeln geschuldet, und man stehe nur seinetwegen kurz vor einem schrecklichen Bürgerkrieg. Vor diesem Hintergrund sehe sich Hutten also zur Fehdeerklärung veranlasst.[512]

4.3 Die ‚Gegenred gegen Pfalzgraf Ludwig' zwischen Fehdebrief und Invektive

Ob es sich bei Huttens *libellus* streng genommen um einem Fehdebrief, also einen sogenannten ‚Absagebrief' handelte,[513] der einer ordentlichen Fehde in der Regel vorausgeht,[514] lässt sich teils in Zweifel ziehen, teils aber auch bekräftigen.[515] Wirft man einen ersten Blick in den Text, so fällt auf, dass Hutten für die Händel in der deutschen Version seiner Invektive mehrfach die Bezeichnung *vehd* verwendet. Auch der unmittelbare Fehdeanlass wird mit der Hinrichtung einer seiner Reitknechte durch den Pfalzgrafen ebenfalls angegeben:

---

[509] Vgl. STAMBAUGH (1973), S. 194.
[510] Beginn der ausgelassenen Zeilen.
[511] Das Ende der ausgelassenen Zeilen. Die Stelle lautet in der lateinischen Fassung bei SCHLECHT (1922), S. 100: *Non pace, inquam, frui decet clientes tuos curtisanos, qui Antichristum Pontificem praeferunt nobis, et quominus is regnare desinat, soli hodie in causa sunt, ac illam fovere unicam et perniciosissimam religionis hostem Romanam curiam, quae per orbem Christianum optime instituta pessimis commutaverit legibus, fidem sustulit, pietatem abolevit ac saluberimum* [sic] *illud animarum nostrarum pabulum evangelicam doctrinam piorum auribus atque oculis subduxit.*
[512] Vgl. WULFERT (2009), S. 399–400.
[513] Vgl. Ekkehard KAUFMANN, Art. Fehde, in: HRG 1 (1971), Sp. 1083–1093.
[514] Vgl. Andrea BOOCKMANN, Art. Fehde, Fehdewesen, in: LexM 4 (1989), Sp. 331–334.
[515] RÖSENER (1998), S. 100–101: „Obwohl das Fehderecht die Möglichkeit einräumte, daß die formelle Ankündigung der Feindschaft, die Absage, entweder mündlich durch einen Boten oder schriftlich durch einen Absagebrief erfolgen konnte, nahm die Verwendung von Fehdebriefen im Spätmittelalter sichtbar zu." Durch die Zunahme dieser Sichtbarkeit waren die spätmittelalterlichen Fehden dann in der Folge natürlich mehr und mehr bestimmten Rechtsvorlagen unterworfen.

> Hastu mir meine nam abgefangen, den mir in meiner offenen vorkundten vnd zugeschribnen **vehdt**, ein vngeferliche reyß, wie von alter herkömen, vnd alwegen bey der ritterschafft in brauch gewesen, gethient, ertötet, vnd sprichst du straffest die Straußrauober vnd moerder, der auch vnbarmherzigklicher vnd schaedlicher dan keiner nye, raubest vnd mördest. Aber jch fuere eynn offentlichen krieg, in de, in dem ich kein vnschuld nie vorletzt, vnd weis vmb meinen handel red vnd antwort zu geben. Dan warumb solt mir nit gezimen vnd zugelassen sein, vß billicher vrsach, wie eyn alte gewonheit, eynn krieg zufueren, welhen do ich ansagt vnd vorkundiget, vff einem gemeinem reichßtag, vnd versamlung der christlichen fürsten. [...] Die saltu erst vordammen, dan sie auch widder das reych gekriegt, ehe dann du raüber nennest, die mir in einer billichen vehde, die ich on meniglichs verbot vnd eintrag, meynen veihenden **offentlich verkundt** vnd zugeschrieben hab, thienen. Ja sag ich, ehe mustu allen **Teutschen Adel** vertilgen, dan du eynen aus den meynen, in sollicher gestalt mit recht ertoetest. Dan kam würstu jemant vom Adel, der anders harnisch fuere, finden, der nit etwa, ein wedders selbs dergleichen vehd gehapt, oder aber andern in jren vehden, gethient sey.[516]

Während sich im frühen 16. Jahrhundert einerseits Konflikte nachweisen lassen, in denen Fehdeterminologie explizit vermieden worden ist,[517] so wird der Begriff ‚Fehde' in Huttens *libellus* an vielen Stellen direkt als *vehd* kategorisiert. Den Status der Öffentlichkeit, die Fehdeerklärung sei im Namen des ‚deutschen Adels' überall verlautbart worden, betont Hutten ebenfalls.

Andererseits deuten sowohl der lateinische Titel ‚In Tyrannos' als auch der Titel der deutschen Fassung ‚Gegenredt [...] widder pfaltzgraf Ludwigen Chürfürsten' auf die *ad personam* gerichtete antike Schmährede, der *oratio invectiva*, hin. Während invektive Kommunikation in der Regel zwar auch in den Fehdebrief eingeschrieben sein konnte,[518] so stellt Huttens ‚Schmähbüchlein' dennoch aufgrund der Argumentation und Sprache eine Besonderheit dar. Hutten präsentiert zunächst die Landesfürsten generell, Ludwig im Besonderen, als habgierige Herrscher, die den Bauch nicht voll genug bekämen. Wie ein genäschiger Bär sei der Kurfürst daher der Süße des Geldes wegen und mit offenem Rachen in die Arme der ‚Kurtisanen' gelaufen.[519] Dies macht er dann im Anschluss noch an zahlreichen weiteren Exempla aus der Geschichte fest. Bemerkenswert scheint jedoch, dass Ulrich von Hutten den Kurfürsten gezielt in die Tradition der eingangs eingeführten Tyrannen stellt, um so den mittlerweile geflügelten Topos weiter in der öffentlichen Meinungsbildung zu verankern.[520] Zunächst verknüpft er ihn nicht unüberraschend mit dem bereits

---

[516] Vgl. SZAMATÓLSKI (1891), S. 175–176.
[517] Vgl. REINLE (2010), S. 225.
[518] Vgl. REINLE (2012).
[519] SZAMATÓLSKI (1891), S. 171; SCHLECHT (1922), S. 98–99: *Hanc talem tamque opulentam rapinam quis non putasset explendae istae tuae avaritiae satis fecisse? Sed diffisus es, ut tantum inde posset tibi redundare, quantum alibi effundere proposueras. Et quia inescatus, repetis iam largitionibus dulcedinem, id est eam hiantibus usque faucibus sequidecrevisti, negotium meum subito invasisti, quod ego prius ne suspicatus eram, lucro fore tibi.*
[520] Vgl. KRAUS (2021); HUFNAGEL (2012), S. 1–69; HUFNAGEL (2015), S. 121–144.

im Diskurs installierten Tyrannen Ulrich von Württemberg, auf dessen Stufe er nun auch Pfalzgraf Ludwig stellt.[521] Auf dessen schlimmen Ruhm sei Ludwig nämlich neidisch gewesen, sonst hätte er ihn nicht vertreiben lassen.[522] Nun spiele er dessen Rolle mit noch größerem Erfolg, weil er bei seiner Macht auch wesentlich weiter um sich greifen könne. Vor allem habe er die Gelegenheit wahrgenommen, sich zu bereichern, als das römische Reich ohne Kaiser, Ludwigs Kasten aber ohne Münze war.[523]

Der Vorwurf Huttens, der Pfalzgraf stehe den Kirchenoberen nahe, war in der Tat nicht ganz unbegründet. So hatte auch der päpstliche Nuntius Hieronymus Aleander zumindest schon im Dezember 1520 auf dessen Unterstützung und den Einfluss seiner Brüder bauen zu können geglaubt.[524] Ludwig hatte einem seiner Brüder sogar den Wormser Bischofsstuhl versprochen, während die übrigen schon andere Dignitäten innehatten, beispielsweise die Bistümer Speyer, Regensburg, Freising oder Naumburg.[525] Und durch die Einbußen seines Hauses im Krieg gegen Maximilian war er vor allem auf diese Pfründen angewiesen.[526] Ebenso war er als Schirmherr der Prälaturen von Speyer und

---

[521] Vgl. Kipf (2012).
[522] Zu den Hintergründen vgl. Ludwig (2001), hier bes. S. 105–107.
[523] Szamatólski (1891), S. 171: *Aber du hast es in dem vil besser dan derselbig, dan auch dem du von höherm stand vnd grösserm gewalt bist, magstu weit' vmb dich greiffen. […] Das Römisch Reich wart Keisers ler, da meyntestu dein gelt kast wär müntz ler, vnd nit vnbillich, dan er was ler, du hast jn aber alda gefüllet, vnd daruff geruhet, biß er balt darnach widderumb ler würdt;* Schlecht (1922), S. 98: *Illud quidem iam assecutus es, sed meliore quam ille conditione, quo tu sublimiore de loco et maiori vi grassari potes. […]: vacare imperium coepit, tu arcam tuam nummariam vacare putasti, neque falso; vacabat enim. Inde igitur repleta est et ita visus es consistere, donec paulo post exhausta illa (neque enim segnius profundis tu pecuniam quam avare colligis) optabas iterum vacare imperium.* Vgl. auch Gustav Bossert, Beiträge zur badisch-pfälzischen Reformationsgeschichte (Fortsetzung), in: Zeitschrift für die Geschichte des Oberrheins N. S. 17 (1902), S. 250–290, hier S. 275, Anm. 1.
[524] Balan (1884), S. 27–34, hier S. 29: *El Palatino è grande Amico del Saxone, tuttavolta ancor è del Moguntino, et spero bene di lui, si per meggio del Duca Friderico suo fratello, el qual è stato con Cesare in Hispania, et judicio omnium è il più gentil segnore et prudente et buono che sii non solum in Alemagna, ma ancor altove, et a me fa grande carezze. Giovaraci ancora el Duca Wolfgango fratello di sopradetti, el qual è stato due anni continui mio auditore a Paris et non mancaranno li suoi altri fratelli, quorum duo sunt Episcopi, unus praepositus Aquensis.* Kalkoff (1886), Nr. 2, S. 17–27, hier S. 19–20: „Der Pfalzgraf [Ludwig] ist zwar dem sächsischen Kurfürsten, aber auch dem Mainzer eng befreundet, und ich hoffe von ihm auch um seines Bruders, Herzog Friedrichs Willen das Beste. Dieser, der mit dem Kaiser in Spanien war, ist der feinste, klügste und beste Herr von der Welt und besonders mir gegenüber außerordentlich gefällig. Auch die übrigen Brüder, Herzog Wolfgang, mein mehrjähriger Zuhörer in Paris, die zwei Bischöfe und der Dompropst von Aachen werden uns unterstützen."
[525] Paul Kalkoff, Aleander gegen Luther. Studien zu ungedruckten Aktenstücken aus Aleanders Nachlass, Leipzig u. New York 1908, S. 129–131.
[526] Johann war Administrator von Regensburg (1507–1538), Philipp Bischof von Freising (1499–1541), zugleich von Naumburg seit 1514, Georg Bischof von Speyer (1513–1529), Heinrich Propst in Ellwangen, Koadjutor in Worms, Bischof in Utrecht (1524–1529), danach in Worms (1529–1552). Vgl. Bossert (1902a), S. 50, Anm. 1.

Worms in gewisser Hinsicht vertraglich gebunden, die er jedoch als Geldquelle beträchtlich auszunehmen wusste.[527] So musste er sein auf dem Wormser Reichstag der lutherischen Sache erbrachtes Entgegenkommen freilich in gewissen Grenzen halten. Jedenfalls schrieb er am 2. April 1522 aus Nürnberg an seinen Kanzler, die Prediger und Seelsorger sollen dem Volk nur das Evangelium vortragen, und zwar nur das, was zum Seelenheil notwendig sei. Lutherische und andere Meinungen wegen des Bilderdienstes und dergleichen sollen beiseitegelassen werden, da sie auf einem Konzil zur Entscheidung kommen sollen. Man sieht, dass der Kurfürst in erster Linie die politischen Folgen der kirchlichen Bewegung fürchtete,[528] und so befahl er, besonders auf Studenten

---

[527] Vgl. Paul KALKOFF, Ulrich von Hutten und die Reformation (Quellen und Forschungen zur Reformationsgeschichte 2), Leipzig 1920, ab S. 468.

[528] In Worms aber war, wie ihm sein Diener Hans Landschad 1522 vorhält, Ludwig im Ruf gestanden, ein Förderer des Evangeliums nach Luthers Lehre zu sein (Eduard KÜCK, Schriftstellernde Adlige der Reformationszeit: I. Sickingen und Landschad, in: Jahresbericht des Gymnasiums und Realgymnasiums zu Rostock [1899], Nr. 696, S. 24). Bei der katholischen Partei muss man wohl an eine gründliche Gesinnungsänderung des Kurfürsten geglaubt haben. Denn Johannes Eck versicherte dem Papst gegen Ende des Jahres 1523 noch: *Comes Palatinus elector jam rectius sapit, quam in dieta Wormaciae* (Walter FRIEDENSBURG, Johann Ecks Denkschriften zur deutschen Kirchenreformation 1523, in: Beiträge zur bayerischen Kirchengeschichte 2 [1896], S. 159–196, hier S. 182). Den Beweis dafür glaubt Eck in der Teilnahme des Kurfürsten an dem Zug gegen seinen früheren Schützling Franz von Sickingen sehen zu dürfen. Denn diesen Zug betrachtet Eck nur von seinem kirchlichen Standpunkt aus als eine Niederwerfung der Lutheraner (FRIEDENSBURG [1896], S. 186). Auch die Versöhnung der bayerischen und pfälzischen Wittelsbacher, die Leonhard von Eck gelungen war, schien dafür zu sprechen, dass Ludwig sich in seiner kirchlichen Haltung mit seinen bayerischen Vettern auf einen Boden stellte. Aber für bare Münze nahm Eck die Kirchlichkeit des Pfälzers sicherlich nicht, und das mit vollem Recht. Denn auf der anderen Seite hielt Hans Landschad den Kurfürsten für die evangelische Sache nicht verloren, sondern mahnte ihn eindringlich zur Entschiedenheit (KÜCK [1899], S. 24). Eck aber betonte dem Papst gegenüber immer wieder, der Kurfürst bedürfe der Mahnung zur Bekämpfung des Luthertums (FRIEDENSBURG [1896], S. 182 u 186). Die neue erweiterte Bannbulle, welche Eck von Papst Clemens VII. forderte, will er allerdings nicht nur an die Metropoliten, sondern auch an die drei weltlichen Kurfürsten, Ludwig voran, und sieben weitere Fürsten, darunter den Pfalzgrafen Ottheinrich und Markgraf Philipp von Baden, geschickt wissen (FRIEDENSBURG [1896], S. 240). Auch sollte mit ihm wegen einer Mustersynode in München verhandelt werden (FRIEDENSBURG [1896], S. 236). Ja, um die Zeit des zweiten Nürnberger Reichstages empfahl Eck dem Papst als besonders vertrauenswürdige, dem päpstlichen Stuhl nützliche Fürsten neben Ferdinand den Kurfürsten von Trier, den Kurfürsten Ludwig und Herzog Wilhelm von Bayern (FRIEDENSBURG [1896], S. 247). Man sieht, Eck sah sehr stark durch die Brille der Wittelsbacher Hauspolitik und täuschte sich gründlich. Denn in jener Zeit der kühleren Gefühle gegenüber der kaiserlichen Politik gestattete sich Ludwig die Freiheit, nacheinander zwei scharfe Vertreter der neuen Lehre als seine Hofprediger anzustellen, wenn er auch aus Rücksicht auf den Kaiser nichts mit dem Namen Luthers zu schaffen haben wollte. Siehe hierzu auch den Bericht des Hans von der Planitz in seinen ‚Neuen Zeitungen' an Kurfürst Friedrich zu Sachsen, die Ende Juni oder Anfang Juli 1542 aus Esslingen versandt wurden. Ebenso erhält er Neuigkeiten darüber, dass die Württemberger wohl nach ihrem alten Herrn, dem Herzog Ulrich, schreien. Wichtig ist für diesen Kontext aber die Tatsache, dass

und andere Personen, also vor allem die Schriftsteller zu achten, ob sie etwa in mutwilliger Neuerung gegen die Sakramente oder andere alte Konstitutionen und Ordnungen vorgehen möchten. Diese sollen zunächst gefangen gesetzt, die Prediger aber ihrem Bischof zu gebührender Strafe übergeben werden.[529] Die Annahme, dass Ludwig das publizistische Treiben Huttens wohl mit Argusaugen beobachtet haben musste, scheint nur allzu folgerichtig, schon aufgrund der Gefahr, die von seinen kurz zuvor veröffentlichten Fehdebriefen gegen die Straßburger Ordensgeistlichkeit ausging. So resümierte Hutten auch im ‚Libellus in Tyrannos' gar treffend, dass die kirchliche Haltung Ludwigs für viele Zeitgenossen wohl eine herbe Enttäuschung gewesen sei:

> Derhalben beginnen dich jtzo die leüt zu kennen, welhs teyls du seiest. Dan man hielt dich etwa für lutherisch, das ist für euangelisch. Vnd ich glaub auch du wärest es noch, wo das Evangelium seinen beschirmern gemelter maß gewinstlich wäre. Do du aber daselbst an verzagt, hastu dich von dannen zu den frommen Curtisanen vnd prediger munchen gewendt, vnd deinen teüfelischen schirm vil veyl geboten.[530]

Die ganze ‚deutsche Nation' rühre Ludwig mit seinem den Landfrieden[531] gefährdenden Verhalten auf.[532] Auch die Geduld des Adels, der bereits mit den Säbeln rassle, sei an ihre Grenzen gelangt.[533] Hutten breitete dann mithilfe von unzähligen Verunglimpfungen und Verleumdungen eine durchaus redetypische Argumentation aus, die auf das adressierte Publikum natürlich persuasiven Charakter ausstrahlen sollte. Grund dafür sei der gemeinsame römische Feind, auf dessen Seite sich der Kurfürst zuungunsten der ‚Deutschen' geschlagen hätte:

---

in Heidelberg das Evangelium lauter und klarer gepredigt wurde, obwohl man aber freilich nicht lutherisch sein wollte. Vgl. Karl E. FÖRSTEMANN, Neues Urkundenbuch zur Geschichte der evangelischen Kirchen-Reformation, Bd. 1, Hamburg 1842, Nr. 75, S. 197–198, hier S. 198.

[529] Vgl. DRA III, Nr. 127, S. 781.

[530] SZAMATÓLSKI (1891), S. 172; SCHLECHT (1922), S. 99: *Et nunc primum incipiunt noscere homines, qui sis tu, cum Lutheranum ante te, hoc est ab evangelio, censuerint; neque non fuisses tu, credo, si tali lucro esset propugnatoribus suis evangelium. Quod cum desperasti, ad optimos te curtisanos avertisti et venalem exhibuisti male conciliatam illam tuam propugnationem, quam cupide statim emerunt abs te, quotquot conscientia diffiderunt, ut tu sis unicum illud asylum, ad quod confugere possent.*

[531] Siehe hierzu allgemein: Hendrik BAUMBACH u. Horst CARL (Hgg.), Landfrieden – epochenübergreifend. Neue Perspektiven der Landfriedensforschung auf Verfassung, Recht, Konflikt (Zeitschrift für Historische Forschung. Vierteljahresschrift zur Erforschung des Spätmittelalters u. der Frühen Neuzeit 54), Berlin 2018.

[532] SZAMATÓLSKI (1891), S. 166: *Jn welhem billich eynn jeden des frommen keisers Caroli erbarmen sol, der in abschied dir das reych in friden zu vorwaren bevolhen. Vnd muß jetzo sehen, das du dasselbig mit vffrur vnd zwittracht beunruigst. Dan wo zu anders thient dein anfang, dan zu einer ferlichen vnd die von nöten sein mueß vffrur gantzes Teutschen lands. Deß vberblybene freyheit du zu zerstrewen vnd vßzutilgen meynst.*

[533] SZAMATÓLSKI (1891), S. 168: *Drumb wil ich sagen, das ich gedultigere leüt nie gesehen dan den Teutschen adel, wo der nit bald vnd vor allen anderen seyne freyheit mit schwerten vnd woffen gegen dir entschütet.*

> Also bistu vnser zuchtmeister, der die freyheit der geistlichen widder vns schützest, in dem du die, der erst von allen, mit einer schweren schatzung jres gelts beraubst vnd der Teutsch land von raubereien reinigest, wenn du selbst raubst vnd nimbst, den deinen erlaubung gibst, die vnschuldigen zu ermorden.[534] [...] Do du aber daselbst an verzagt, hastu dich von dannen zu den frommen Curtisanen vnd prediger munchen gewendt vnd deinen teüfelischen schirm vil veyl geboten.[535]

Die Sprache des ‚Schmähbüchleins' lässt im gesamtem Werk nicht von ihrer herabwürdigenden Schärfe ab. Die Klimax der Beleidigungen lässt sich auch sehr deutlich am Beispiel der in der Handschrift ausgelassenen Stelle mit den Invektiven gegen den römischen Hof und seine Höflinge versinnbildlichen. Freilich fehlen in der deutschen Version viele der persönlichen Klagen und Vorwürfe gegen die Kurfürsten, was eben auch auf die Überlieferung des Textes zurückzuführen ist, der ja als Teil einer Briefsequenz zunächst unter dem Namen Sickingens ausgehen sollte. Andererseits ist die deutsche Fassung an vielen Stellen wesentlich ‚wort- und gedankenreicher' als ihre vermeintliche lateinische Vorlage.[536]

Man darf abschließend also konstatieren, dass Huttens Schrift ‚In Tyrannos' sowohl Charakteristika des Fehdebriefes, als auch der klassischen Invektive mit ihrer Redestruktur aufweist. Dennoch lassen sich im gesamten Text weder biblische, noch klassische Zitate nachweisen, die auf eine potentielle Aktivierung des humanistischen Publikums hätten hindeuten können.[537] Die lateinische Invektive schließt dennoch mit einem „furiosen Finale", in dem der Dichter zu den Waffen ruft und den Text letztlich mit einem zweifachen Racheschrei beschließt, der sich an seine Standesgenossen richtet.[538] „Ludwig brandmarkt er [die gesamte Invektive hindurch] als Rechtsbrecher, Zerstörer des Landfriedens, strafwürdigen Tyrannen, Exponenten der Feindseligkeit gegen ein ideales Reichsrittertum, das Hutten zu vertreten beansprucht, obendrein als Verbündeten der Kurtisanen."[539] Die deutschsprachige ‚Gegenrede' rundete Hutten wohl zeitlich etwas später mit einem ähnlich vernichtenden Generalurteil über den Kurfürsten ab, mit dem feinen Unterschied, dass nach dem Appell, gemeinsam mit ‚Feuer und Schwert' gegen den Tyrannen Ludwig vorzugehen, ein ‚Amen'

---

[534] SZAMATÓLSKI (1891), S. 169.
[535] SZAMATÓLSKI (1891), S. 172.
[536] Vgl. SCHLECHT (1922), S. 50 mit Zitat.
[537] Man muss auch hier bedenken, dass die aufwendige Flucht Huttens in die Schweiz etwaige Überarbeitungen des Textes wenn nicht behinderte, so zumindest doch erschwerte.
[538] SCHLECHT (1922), S. 104: *Nam in praesentia pluribus non agam tecum, quippe eo properandum est mihi, ut omnium invocata opa meam contra te innocentiam defendam, tuum immite facinus, nepharium scelus, nefandum latrocinium ferro atque igne* **ulciscar. Ulciscar**! Wörtlich ist das Deponens *ulcisci*, welches schon Cicero mit Vorliebe in seine Werke einbaute, mit ‚ich werde gerächt' oder freier auch mit ‚Rache!' zu übersetzen. Vor allem ist aber die Rache wegen eines erlittenen Unrechts gemeint. Vgl. GEORGES 2, Sp. 3283.
[539] JAUMANN (2008), Sp. 1223.

folgt, was natürlich weitere Vermutungen und Fragen in Bezug auf den Adressatenkreis zulässt:

> Dan ich muß dahin eylen, das ich alle mentschen vmb hilff vnd beistand anrüffe, mein vnschuld gegen dir zu vorthedingen, dein vnmilte that, schalkhafftige handlung vnd schändliche morderey mit feur vnd eisen an dir **rechen. Amen.**[540]

4.4 Fazit: Huttens Gewaltphantasien scheitern – Die Fehde ein ‚Auslaufmodell'?

> Des sollen wir alle jngedächtig seyn vnd gut vffsehens haben, wie weyt den bösen nachzulassen sey, zu voran jtzo, so du gesellen an dich gehenckt, die von deiner brinnenden begirlicheit entzündt, villeicht nierget nit mit dir vort rucken werden, also das man nun mit krieg vorfolgen muß, die man billich mit recht zwingen sollte. Das wirt ein schädliche vffrur jm Teutschen land, dan wir werden die woffen gegen dem jngeweid vnsers vaterlands keren. Welher dinge du eyn häubt vnd anfang bist.[541]

Schnell wird klar, warum Hutten mit seiner Schmähschrift gegen Kurfürst Ludwig womöglich keine weiteren Unterstützer mehr fand, nachdem der ‚Ebernburgkreis' weggefallen war. Ein derartiges Ausmaß an Gewaltdrohungen konnte nicht einmal mehr für einen ‚Winkeldrucker' ein halbwegs lohnendes Geschäft darstellen, ohne selbst mit Repressalien rechnen zu müssen. Auch deshalb ist der Text wohl nur mühsam auf uns gekommen. Dass der pfalzgräfliche Hof in Heidelberg die Agitation Huttens verfolgte, der ihm immer wieder schriftliche Warnungen zugehen ließ, lässt sich bestätigen.[542] Huttens Vorwurf, die Wormser Domgeistlichen hätten Ludwig eine Art ‚Schutzgeld' bezahlt,[543] legt weiterhin die Vermutung nahe, dass sich die bedrohten Dompfaffen wohl mit der Bitte um Schutz an ihren Kurfürsten und Reichsvikar gewandt hatten. Zudem waren ja bereits zwei Dominikanerprälaten von Huttens Anhängern überfallen worden und Huttens Knappe daraufhin auf Befehl Ludwigs hingerichtet worden.[544]

Von seinen Kollegen wurde Hutten in Bezug auf sein ‚Libellus in Tyrannos' im Nachhinein eher belächelt. Erasmus erinnerte sich beispielsweise in einem Brief vom 1. Februar 1528 an seinen jugendlichen Vertrauten Heinrich Eppendorf aus Basel an die Zeit der Auseinandersetzung Huttens mit dem Kurfürsten zurück.[545] Er fragte ihn, wie Hutten denn überhaupt auf die Idee gekommen sei, eine ‚so bittere Schrift' (*amarulentum libellum*) gegen den Pfalzgrafen zu verfassen, die er auch veröffentlicht hätte, wenn er nur einen Buchdrucker

---

[540] SZAMATÓLSKI (1891), S. 179.
[541] SZAMATÓLSKI (1891), S. 168.
[542] Vgl. KALKOFF (1920), S. 468.
[543] SZAMATÓLSKI (1891), S. 170: *Oder handele ich die geistlichen vbel, der sie albegen, wie wol für eym veihend geacht, erlicher gehalten hab, dan du, in des schirm sie sich mit gelt gekaufft?*
[544] Vgl. KALKOFF (1920), S. 470–471.
[545] *Erasmvs Botzemo svo s. d. ante ictum foedus cum Heinrico Epphendorphio*, 1. Februar 1528, in: BÖCKING II, S. 429–434.

hätte finden können, der so wahnsinnig gewesen wäre, sie zu setzen.[546] Daraufhin habe Eppendorf geantwortet: weil Ludwig einen der treuesten und unschuldigsten Knechte Huttens habe töten lassen, nachdem sie drei Äbte ‚auf offener Straße überfallen' (*latrocinio manifesto*) hätten. Eppendorf wehrte sich im Anschluss, er habe die Hinrichtung auf bloßen Befehl des Pfalzgrafen hindurchgeführt. Erasmus erwiderte lächelnd, ob diese Ausrede dem toten Diener noch etwas nutzen würde, wenn einfach jeder, womöglich selbst dem Vorwurf des Diebstahls ausgesetzt, behaupten würde, er hätte es nur auf den Befehl seines Dienstherren getan.[547] Als Hutten davon gehört habe, dass Erasmus seine vermeintlich ritterliche Tat letztlich mit einem ‚plebejischen Diebstahl' verglichen habe, soll er getobt haben.[548]

Auch von seiner Familie konnte Hutten keine Hilfe mehr erwarten. So schreibt Hans Pflug von Rabenstein bereits am 6. März 1521 aus Petschau, dass man Hutten ob seiner ‚Fehde gegen den Papst und Kurtisanen' nicht weiter unterstützen könne, da man sonst ebenfalls die Acht erwarte.[549] Seine zunehmende antirömische Agitation half ihm beim Kampf des Adels gegen die Bedeutungslosigkeit also nicht mehr. Vielmehr schreckte sie weitere Unterstützungsaktionen der Bundesgenossen ab. Hutten sah sich immer als Teil der ‚ritterschaftlichen Bewegung', deren angestammter Reflex es war, die Schmähung ihrer Freiheitsrechte und Ehre mit dem Schwert der Fehde zu beantworten.[550]

---

[546] BÖCKING II, S. 430–431: *roganti mihi quamobrem Huttenus scripsisset amarulentum libellum in comitem Palatinum, quem etiam aediturus erat siquem typographum tam insanum nancisci potuisset.*

[547] BÖCKING II, S. 431: ‚*quoniam*' *inquit* ‚*fidelissimum illius famulum et innocentissimum qui tres abbates in ditione principis illius latrocinio manifesto adortus est?*' *tum ille* ‚*verum*' *inquit* ‚*id fecit domini ,iussu'; hic ego ridens, num isthaec accusatio liberaret famulos meos, si in manifesto deprehensi furto dicerent se quicquid fecissent meo fecisse iussu?*

[548] BÖCKING II, S. 431: *His tum quidem tantumarrisit ille, sed ita detulit ad Huttenum, ut ille miris modis fremeret, quod illud equestre facinus furto plebeio comparassem.*

[549] SZAMATÓLSKI (1891), S. 162–164, hier S. 162–163: *derwegen ewer bett an mich gedachtem her Vlrichen von Hutten enthaldt zugeben ze hab jch weithers besags vornuemen vnd were euch jn deme vnd andern so es werntlich hendel vnd nicht mit reformacion vnd dispitacion des kristlichen glaubens belanget als vill mir zuuerantwerthen hirinnen zue wilfarn ane vorzueg wol genaigkt, dan jr von Hutten mir vnd meinen bruedern mit freundtschafft vorwant. Aber, nach deme jch bericht vnd nit anderst wais, diese sache dardurch diese fedth gegen dem Babest vnd seinen kardisanen [...]. Als vil mich mein ainfelldiger vorstandt weist jn cezlichen sachen nicht vngefallen vnd zuemtayl nit genung vorstendig bin, dieweil dan dye obgemeldt hern Vlrichs widerwertikayt vnd wuer es zue fedth geraichen gegen dem Babst vnd seinen kardisanen, wue ich anderst recht daranc bin. Auch die dispitacion des glaubens mit sich bringkt vnd diese hendel jn der kran noch nit weitt erleuthert vnd ausgebrayt sindt, domit von meiner oberherschafft der koniglichen wirdt zue vngern vnd behem ze meins gnedigsten hern vnd dem regiment gemelther kran vnd sunderlich an wissen jrer koniglichen wird vnd beruerts regiments, mich dieser großmechtigen sachen jn enthaltung.*

[550] Vgl. Reinhard SEYBOTH, Ulrich von Hutten und sein Verhältnis zur ritterschaftlichen Bewegung, in: Stephan FÜSSEL (Hg.), Ulrich von Hutten 1488–1988. Akten des Internationalen Ulrich-von-Hutten-Symposions 15.–17. Juli 1988 in Schlüchtern (Pirckheimer-Jahrbuch 4), München 1989, S. 129–143, hier bes. S. 134.

Dabei dachte er, er könne sich bei seinen ‚privaten' Konflikten als Mann mit adeligem Geblüt immer auf die Rechtlichkeit der Fehde verlassen,⁵⁵¹ obwohl sie immer wieder obrigkeitlich verboten wurde.⁵⁵² „Dass [der Ritterstand] die für ihn äußerst ungünstige Konstellation zwischen der Mitte des 15. und dem ausgehenden 16. Jahrhundert beinahe problemlos überstand, spricht für seine Notwendigkeit in der feudalen Gesellschaftsordnung des Alten Reiches."⁵⁵³

Obwohl Hutten seine politischen Anliegen in der Spätphase im Rahmen des Fehderechtes nicht realisieren konnte, so schaffte er es dennoch, eine gewisse Angst- und Drohkulisse aufzubauen. Wie im Fall mit den Straßburger Dominikanern kam ihm die in der Fehde eingeschriebene Vermittlungsinstanz, in diesem Fall die kaiserliche Acht sowie die Zensur seiner Schriften seitens der Kirche, in die Quere, die ihn ja schon früh dazu bewegen wollte, seine Angriffe mittels eines üppigen Handgeldes zu unterlassen. Seine Verwandten und Kollegen wandten sich jedenfalls deshalb von ihm ab, da sie einerseits seine Angriffe gegen Papsttum und Klerus geißelten, andererseits aber auch ihre Ehre dadurch in Gefahr sahen, mit dem geächteten Humanisten in Verbindung gebracht zu werden. Hutten konnte sich in seinem *libellus* letztlich also mit Recht der vermeintlichen Tatsache rühmen, dass er angeblich nur von Ludwig verfolgt wurde, weil er sich dazu berufen fühlte, ‚die Wahrheit zu offenbaren und Laster zu schelten'. Er fürchte daher, dass viele der ungerechten Taten des Pfalzgrafen durch seine Schriften weiter bekannt werden mögen. Denn eines sei gewiss: „Dir [Ludwig] ist wohlbekannt, dass ich [Hutten] dazu geboren bin, Tyrannen zu jagen."⁵⁵⁴

---

⁵⁵¹ Im Reich war die Fehdeführung der Idee nach sowohl dem Adel als auch sonstigen Herrschaftsträgern vorbehalten. Praktisch griffen aber Akteure unterschiedlichster sozialer Stellungen trotz obrigkeitlichen Verbots auf das Mittel der Fehde zurück. Vgl. Christine REINLE, Überlegungen zu Eigenmacht und Fehde im spätmittelalterlichen Europa. Einführung in Fragestellung und Ergebnisse des Sammelbandes ‚Fehdehandeln und Fehdegruppen im spätmittelalterlichen und frühneuzeitlichen Europa', in: Matthias PRANGE (Hg.), Fehdehandeln und Fehdegruppen im spätmittelalterlichen und frühneuzeitlichen Europa, Göttingen 2014, S. 9–38, hier S. 24; DIES., Einleitung, in: DIES., Julia EULENSTEIN u. Michael ROTHMANN (Hgg.), Fehdeführung im spätmittelalterlichen Reich. Zwischen adliger Handlungslogik und territorialer Verdichtung (Studien und Texte zur Geistes- und Sozialgeschichte des Mittelalters 7), Affalterbach 2013, S. 9–24, hier bes. S. 13–15.

⁵⁵² Vgl. bspw. Eberhard ISENMANN, Weshalb wurde die Fehde im römisch-deutschen Reich seit 1467 reichsgesetzlich verboten? In: Christine REINLE, Julia EULENSTEIN u. Michael ROTHMANN (Hgg.), Fehdeführung im spätmittelalterlichen Reich. Zwischen adliger Handlungslogik und territorialer Verdichtung (Studien und Texte zur Geistes- und Sozialgeschichte des Mittelalters 7), Affalterbach 2013, S. 335–474.

⁵⁵³ Georg SCHMIDT, Ulrich von Hutten, der Adel und das Reich um 1500, in: Johannes SCHILLING u. Ernst GIESE (Hgg.), Ulrich von Hutten in seiner Zeit. Schlüchterner Vorträge zu seinem 500. Geburtstag (Monographia Hassiae. Schriftenreihe der Evangelischen Kirche von Kurhessen-Waldeck 12), Kassel 1988, S. 19–34, hier S. 32.

⁵⁵⁴ SZAMATÓLSKI (1891), S. 174: *Du kanst doch selbs nit, ob du schon gern woeltest, vorwar kanstu nit, vorhelen, das du förchtest, die weil ich der binm der warheit zu offenbaren vnd*

5 Resümee: ‚Rufmord als Ehrenrettung' – Beobachtungen zu Huttens invektiven Positionierungsstrategien

Wenn Hutten mit seinen Lötze-Klagen im Jahre 1510 zunächst also noch gegen einen ‚bürgerlichen' Tyrannen vorging, um so dem Ressentiment des niederen Adels gegen die ‚Pfeffersäcke' in den florierenden Handelsstätten Ausdruck zu verleihen,⁵⁵⁵ sich später im Medienereignis ‚Hans von Hutten' mit aufwendig betriebener Agitation gegen den Württemberger Herzog Ulrich (1515–1519/21) stellte, so nahm er diesen fehdetypischen Kampf nun in seiner späten Wirkungsphase (1522/23) erneut gegen einen seiner Ansicht nach tyrannischen Landesherren auf. Hutten argumentierte dabei in jeder Fehde, dass er aus Notwehr handele und eine persönlich hingenommene Invektive öffentlich vergelten müsse, was ihm teilweise auch gelang. Dabei musste er durch seine Texte aber immer eine gewisse ‚Öffentlichkeit' herstellen, um ein bestimmtes Zielpublikum zu erreichen.

Die Fehden Huttens konnten einerseits konturieren, dass die neuen ‚meinungsbildenden Medien' den sozialen Druck auf die Akteure nicht nur maßgeblich erhöhten, Position zu beziehen,⁵⁵⁶ sondern auch, dass sich der dadurch ergebene explosive ‚Meinungsaustausch' respektive die ‚Meinungsbildung'⁵⁵⁷ in einem heterogenen Spektrum unterschiedlichst geformter ‚Öffentlichkeiten' vollzog. Dabei spielte invektive Kommunikation aufgrund verschiedener Faktoren immer eine Rolle, wobei die Verzahnung von ‚Meinungsbildung', ‚Propaganda' und Herabsetzung der Gegner entgegen allgemeiner Vorstellung zu Beginn des 16. Jahrhunderts durchaus möglich war,⁵⁵⁸ da der *invective mode* in doppelter Hinsicht sowohl eine ungeheure Dynamik, als auch ein soziales sowie räumliches Entgrenzungspotential in sich barg:⁵⁵⁹

---

laster zu schelten pflege, das nit etwa viel ding, vnbillich von dir bescheen, durch meyne schrifft zur erkaenntnuß kommen. Vnd dir ist nit vnwissen, das ich tyrannen zu verfolgen geborn bin.

555 Gängig war vor allem der Nürnberger ‚Pfeffersack', ein Spottname für Nürnberger Kaufleute, historisch begründet vermutlich auf deren Handel mit levantinischen Spezereien.
556 Vgl. Matthias POHLIG, Die Reformation und das Problem des religiösen Entscheidens, in: Archiv für Reformationsgeschichte 100 (2018), S. 316–330.
557 Vgl. Hans-Joachim KÖHLER, Vowort, in: DERS. (Hg.), Flugschriften als Massenmedium der Reformationszeit. Beiträge zum Tübinger Symposium 1980 (Spätmittelalter und Frühe Neuzeit. Tübinger Beiträge zur Geschichtsforschung 13), Stuttgart 1981, S. IX–XII, hier S. X; UKENA (1977), S. 46.
558 Vgl. Stefan BECKERT, Alexander KÄSTNER, Gerd SCHWERHOFF, Jan SIEGEMUND u. Wiebke VOIGT, Öffentlichkeit und Invektivität im 16. Jahrhundert, in: Jahrbuch für Kommunikationsgeschichte 22 (2020), S. 36–82, hier S. 58; KÄSTNER/SCHWERHOFF (2021), S. 64.
559 Vgl. Alexander KÄSTNER u. Wiebke VOIGT, Jedermann? Überlegungen zur Potenzialität und Entgrenzung von Öffentlichkeit in der Reformation, in: Jan-Philipp KRUSE u. Sabine MÜLLER-MALL (Hgg.), Digitale Transformationen der Öffentlichkeit, Weilerswist 2020, S. 123–162.

Öffentlichkeit und Invektivität, so zeigt sich […] aus der Frühgeschichte der Reformation, stehen häufig in einem engen Wechselverhältnis. Herabsetzende Sprache generiert zuverlässig jene öffentliche Aufmerksamkeit und Anschlusskommunikation, auf die sie in der Regel auch kalkuliert. Dies geschieht nicht im Sinn einer Verständigung mit dem Gegenüber, sondern mit dem Ziel der Herabwürdigung vor den Augen und Ohren eines relevanten Publikums, dessen Zustimmung gesucht wird, die aber keineswegs gesichert ist. Dabei gehen persönliche Stigmatisierung und die Abwertung sachlicher […] Positionen nicht nur Hand in Hand, sondern sie erzeugen gerade durch ihre Verwobenheit gewissermaßen einen kommunikativen Mehrwert: Invektive Kommunikation tendiert gerade im Erfolgsfall zur weiteren Radikalisierung und erzeugt polarisierende Kampfsituationen und Feindsetzungen, die bei extremer Ausprägung jegliche Brücken der Verständigung zur Gegenseite abbrechen lassen.[560]

Abbildung 17: Titelholzschnitt der ‚Vormanung an die freien vnd reich Stette teuscher nation‘, Erfurt: Michel Buchfürer, Herbst 1522. Hutten wird in Personalunion als gekrönter poeta laureatus *und kampfestüchtiger Reichsritter verkörpert.*

All dies konnten wir in Huttens Fehden beobachten. Dabei positionierte er sich im Rahmen seiner invektiven Publikationsstrategien gleich doppelt, da zweierlei Kapitalsorten (BOURDIEU) verhandelt wurden: ökonomisch-soziales

---

[560] BECKERT u. a. (2020), S. 79.

Kapital auf der einen, symbolisches Kapital auf der anderen Seite.[561] Hutten bewegte sich also, wie die Beispiele gezeigt haben, einerseits in einem soziopolitischen, andererseits in einem gelehrten Feld, die er mithilfe seiner Invektiven stark verknüpfen konnte.[562] Hutten ließ sich in den Selbstbildnissen seiner Schmähschriften jedenfalls immer janusköpfig darstellen.[563] So zeigen ihn die Portraitdarstellungen immer als edlen Reichsritter, gleichzeitig aber auch als humanistischen Gelehrten. Der Titelholzschnitt seiner ‚Vermahnung an alle freien Reichsstädte' (1522) versinnbildlicht diese Personalunion eindrucksvoll durch den Dichterlorbeer sowie den in Rüstung stehenden bzw. die Waffe zückenden Hutten (**Abb. 17**).[564]

Der ‚Anerkennungskrieg' um ‚symbolisches Kapital' hat freilich in der Zeit des beginnenden 16. Jahrhunderts immer etwas mit ‚Ehre- und Reputationskonzepten' zu tun.[565] Auf diese Weise wird nämlich erst verständlich, wieso Hutten seine Angriffe in der Öffentlichkeit immer wieder als Präventivschläge rechtfertigte und seine Konflikte im Rahmen der Fehde austrug, da er auf

---

[561] Vgl. Pierre BOURDIEU, Ökonomisches Kapital – Kulturelles Kapital – Soziales Kapital, in: DERS., Die verborgenen Mechanismen der Macht (Schriften zu Politik & Kultur 1), hg. von Margareta STEINRÜCK, Hamburg 2015, S. 49–79; Boike REHBEIN, Die Soziologie Pierre Bourdieus, Konstanz u. München ³2016; Markus SCHWINGEL, Pierre Bourdieu zur Einführung, Hamburg 1995 (ND ³2000).

[562] Pierre BOURDIEU, Rede und Antwort, Frankfurt a. M. 1992, hier S. 140: „Das soziale Kapital ist ein Netzwerk an Beziehungen und sozialen Verpflichtungen, das in ökonomisches Kapital konvertierbar und in Form von Adelstiteln institutionalisierbar ist." Vgl. weiterhin DERS., Die verborgenen Mechanismen der Macht, Hamburg 1997; DERS., Sozialer Sinn. Kritik der theoretischen Vernunft, Frankfurt a. M. 1993.

[563] Vgl. Renate NETTNER-REINSEL, Die zeitgenössischen Bildnisse Ulrich von Huttens, in: Peter LAUB (Hg.), Ulrich von Hutten: Ritter, Humanist, Publizist 1488–1523; Katalog zur Ausstellung des Landes Hessen anlässlich des 500. Geburtstages [Ausstellung in Schlüchtern vom 3. Juli bis zum 11. September 1988], Melsungen 1988, S. 119–135.

[564] Beklagunge der Freistette deutscher natio[n] | Der Nemo hatt das geticht gemacht | Das mancher jm regiment nit lacht | Er sey Konigk Bischoff Fürst ader Graff | Den allen die vngezechtikeit leufft nach | [Erfurt: Michel Buchfürer, Herbst 1522] [Holzschnitt: Huttens großes Brustbild]. VD 16, H 6417. Weitere Exemplare nachgewiesen in Dresden LB, Frankfurt a. M. StUB, München SB, Straßburg UB, Wien NB u. Wolfenbüttel HAB. Vgl. BENZING (1956), Nr. 182, S. 105–106, nicht Nr. 181, S. 105, wie SPELSBERG vermutet hatte. Vgl. SPELSBERG (1988), Nr. 63, S. 440.

[565] Vgl. Klaus SCHREINER u. Gerd SCHWERHOFF (Hgg.), Verletzte Ehre. Ehrkonflikte in Gesellschaften des Mittelalters und der frühen Neuzeit (Norm und Struktur 5), Köln, Weimar u. Wien 1995, darin v. a. der Beitrag von Martin DINGES, Die Ehre als Thema der Historischen Anthropologie. Bemerkungen zur Wissenschaftsgeschichte und zur Konzeptualisierung, S. 29–62; Sybille BACKMANN, Hans-Jörg KÜNAST, Sabine ULLMANN u. B. Ann TLUSTY (Hgg.), Ehrkonzepte in der Frühen Neuzeit. Identitäten und Abgrenzungen, Berlin 1998; Sylvia KESPER-BIERMANN, Ulrike LUDWIG u. Alexandra ORTMANN (Hgg.), Ehre und Recht. Ehrkonzepte, Ehrverletzungen und Ehrverteidigungen vom späten Mittelalter bis zur Moderne, Leipzig 2011; Ulrike LUDWIG, Barbara KRUG-RICHTER u. Gerd SCHWERHOFF (Hgg.), Das Duell. Ehrenkämpfe vom Mittelalter zur Moderne, Konstanz 2012.

Ehrverletzungen standesgemäß reagieren musste,[566] obwohl er es ja selbst war, der viele vermeintlich private Dinge öffentlich machte.[567]

In seinen Invektiven konnte er, wie wir insgesamt beobachten konnten, diese Doppelrolle jedoch erstaunlich gut zum Ausdruck bringen. Während er die Gegner öffentlich scharf zu diskreditieren versuchte, betrieb er aber vor allem eines, nämlich die Verbesserung seiner eigenen Position als Autor und Gelehrter, während wir zu Beginn des 16. Jahrhunderts andererseits sowieso einen generellen Druck verzeichnen können, den eigenen Ruf zu wahren.[568] Möglicherweise rührten Huttens Strategien der Selbstviktimisierung[569] auch vor allem daher, da er sich seinen Habit je nach Kontext ‚zurecht legen' konnte, seinen ‚nationalen' bzw. ‚reichsritterlichen' Habitus (BOURDIEU) vermochte er dagegen nie ganz abzustreifen.[570] Während er sich mit den ‚Lötze-Klagen' also zunächst einer gelehrten Öffentlichkeit präsentierte, konnte er bspw. mit seinem lukianischen Bestseller-Dialog ‚Phalarismus' bzw. den fünf *orationes invectivae* im Kampf gegen den Herzog von Württemberg sowohl ein gelehrtes, europäisches, als auch ein ‚volkssprachiges' Publikum ansprechen und politische Erfolge zeitigen.[571] Durch diesen Fall und durch seine Veröffentlichungen im Reuchlinstreit erreichte Hutten damit eine ‚reichspolitische Öffentlichkeit', die Bühne, die er für seine nationalen Ideen dringend benötigte.[572] Dabei spielten natürlich die Reichstage in Augsburg (1518), Worms (1521) und Nürnberg (1522/23) eine große Rolle, ebenso wie die jährlichen Büchermessen in Frankfurt a. M. und Leipzig,[573] da dort die wichtigsten Akteure unterschiedlicher

---

[566] Siehe bspw. ZUNKEL (2004), S. 1–63, hier S. 6–10; zur adlig-höfischen Standesehre, S. 17–23; zum Zusammenhang von Reputation und Ehre, v.a. aber S. 52–54 die Ausführungen über Reputation im Fürstenstaat.

[567] Vgl. THUM (1980), S. 15; HIRSCHBIEGEL/KRAUS (2021), S. 350; KRAUS (2021), S. 245–246.

[568] Vgl. Hillay ZMORA, Ruf, Vertrauen, Kommunikation: Fehde und adlige Identität in Franken im Spätmittelalter, in: Joachim SCHNEIDER (Hg.), Kommunikationsnetze des Ritteradels im Reich um 1500 (Geschichtliche Landeskunde 69), Stuttgart 2012, S. 147–160, hier S. 150–151.

[569] Lars KOCH u. Torsten KÖNIG (Hgg.), Zwischen Feindsetzung und Selbstviktimisierung. Zur Gefühlspolitik und Ästhetik populistischer Kommunikation, Frankfurt a.M. u. New York 2020.

[570] MÜLLER (2006).

[571] Vgl. Robert W. SCRIBNER, Flugblatt und Analphabetentum. Wie kam der gemeine Mann zu reformatorischen Ideen? In: Hans-Joachim KÖHLER (Hg.), Flugschriften als Massenmedium der Reformationszeit. Beiträge zum Tübinger Symposium 1980 (Spätmittelalter und Frühe Neuzeit 13), Stuttgart 1981, S. 65–76.

[572] Vgl. BECKERT u. a. (2020), S. 58–69.

[573] Vgl. zur Frankfurter Buchmesse: Sabine NIEMEIER, Funktionen der Frankfurter Buchmesse im Wandel – Von den Anfängen bis heute (Buchwissenschaftliche Beiträge aus dem Deutschen Bucharchiv München 68), Wiesbaden 2001; Monika TOELLER, Die Buchmesse in Frankfurt am Main vor 1560. Ihre kommunikative Bedeutung in der Frühdruckzeit, München 1983; Peter WEIDHAAS, Zur Geschichte der Frankfurter Buchmesse (Suhrkamp Taschenbuch 3538), Frankfurt a. M. 2004; zur Leipziger Buchmesse: Thomas KEIDERLING, Aufstieg und Niedergang der Buchstadt Leipzig, Markkleeberg 2012; Hartmut ZWAHR (Hg.), Leipzigs Messen 1497–1997: Gestaltwandel – Umbrüche

Personennetze zusammenkamen.⁵⁷⁴ Während sein Rachemotiv in der Causa Württemberg durchaus Betroffenheit affizieren konnte, so stieß er in seinem Kampf gegen den Klerus auf erbitterten Widerstand der jeweiligen Obrigkeiten, die Hutten nur in Form von Zensur und Acht begegnen konnten.⁵⁷⁵ Seine geplante Fehde gegen den Kurfürsten, Pfalzgraf bei Rhein, wurde aufgrund der Folgen dieses Embargos auch gar nicht erst gedruckt.

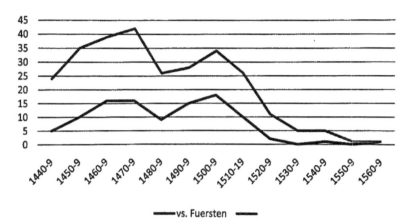

Abbildung 18: Adelsfehden gegen Fürsten im Verhältnis zur Gesamtzahl der Fehden, 1440–1570, nach: Zmora (2012), S. 149.

Deshalb mag gerade die Invektive ‚In Tyrannos' als letzter Reflex Huttens dafür gelten, noch einmal an die Erfolge der vergangenen Jahre anzuknüpfen.⁵⁷⁶

– Neubeginn, 2 Bde., Köln, Weimar u. Wien 1999; zum Buchhandel allg.: Ursula RAUTENBERG, Verbreitender Buchhandel im deutschen Sprachraum von circa 1480 bis zum Ende des 16. Jahrhunderts, in: Marco SANTORO u. Samanta SEGATORI (Hgg.), Mobilità dei mestieri del libro tra Quattrocento e Seicento. Convegno internazionale, Roma, 14–16 marzo 2012 (Biblioteca di Paratesto 8), Pisa u. a. 2013, S. 77–88; Hans-Jörg KÜNAST, ‚Getruckt zu Augspurg'. Buchdruck und Buchhandel in Augsburg zwischen 1468 und 1555, Tübingen 1997.

⁵⁷⁴ Vgl. Ingo SCHULZ-SCHAEFFER, Akteur-Netzwerk-Theorie. Zur Koevolution von Gesellschaft, Natur und Technik, in: Johannes Weyer (Hg.), Soziale Netzwerke. Konzepte und Methoden der sozialwissenschaftlichen Netzwerkforschung, München 2000, S. 187–21.

⁵⁷⁵ Siehe hierzu weiterhin zur Zensur: Dieter BREUER, Geschichte der literarischen Zensur, Heidelberg 1982; Hans J. SCHÜTZ, Verbotene Bücher. Eine Geschichte der Zensur von Homer bis Henry Miller, München 1990; Bodo PLACHTA, Zensur, Stuttgart 2006; Werner FULD, Das Buch der verbotenen Bücher. Universalgeschichte des Verfolgten und Verfemten von der Antike bis heute, Berlin 2012.

⁵⁷⁶ KÄSTNER/VOIGT (2020), S. 127: "In Nürnberg hatten die Reichsstände am 18. April 1524 eine zweideutige Formel zur Durchsetzung des Wormser Edikts zum Verbot der Lektüre, Vervielfaltigung und Verbreitung lutherischer Schriften dissimuliert (*sovil inen muglich*). Die Aufsicht über die Druckereien oblag fortan den Reichsständen; Ziel reichsweiter Zensurmaßnahmen sollte es sein, das Publizieren und Verteilen von schmaheschrift[en] und gemelts, also von herabsetzenden Schriften und zeichenhaften

Dass die Fehdetätigkeit um das Jahr 1500 stetig abnahm, lag nicht etwa daran, dass es weniger Fehdegruppen gab als zuvor.[577] Vielmehr lässt sich eine Tendenz des Wandels in Bezug auf die normierten und ritualisierten Formen der Konfliktaustragung feststellen (**Abb. 18**).[578] Dies lag vor allem daran, dass sich die ‚Anwesenheitsgesellschaft' durch die neuen kostengünstigen Druckmedien und die zunehmende Verlagerung der Schriftproduktion in die Universitäts- und Handelsstädte immer mehr aufweichte,[579] nie jedoch ganz verschwand (bspw. beim Vorlesen von Texten).[580] So bildeten gerade die Städte, in denen „unterschiedliche Beobachterperspektiven direkt und mit vollem Gewicht sozialer Identitäts- und Ehrbehauptungen" aufeinanderprallten, den ‚Brennpunkt' für eine Öffentlichkeit in der Anwesenheitsgesellschaft.[581] Die Idealvorstellung der für Invektiven typischen Praktik der *face-to-face*-Kommunikation galt zwar für Huttens Schmähschriften[582] im ‚Städtekrieg', nicht jedoch für die ausgefeilten Schmähreden oder die dialogischen Totengespräche, ebenso wenig für seine breite Publizistik bspw. gegen Rom. So war die Kommunikation unter Gelehrten mit Blick auf ihre Briefwechsel oft auch mehr als nur ein privater ‚Ferndialog', sondern vielmehr von vornherein auf eine Öffentlichkeit angelegt.[583]

Darstellungen, zu verhindern, wie sie insbesondere in Form von Schelt- und Schmähbriefen in Rechtshändeln geläufig waren, wenngleich die Regelung vom April 1524 kirchenpolitische Züge trug." Der Abschied des dritten Nürnberger Reichstages vom 18. April findet sich in RTA IV, Nr. 149, S. 590–618, hier S. 603; hierzu weiterhin Allyson Creasmann, Censorship and Civic Order in Reformation Germany 1517–1648. Printed poison & evil talk, Farnham u. a. 2012.

[577] Bspw. Fehden unter Adeligen, zwischen Adeligen und Fürsten oder zwischen Adeligen und Städten. Vgl. Hillay Zmora, The Feud in Early Modern Germany, Cambridge 2011.

[578] Vgl. Zmora (2012), S. 149–151; veranschaulicht anhand verschiedener Diagramme: Dies., *Nam und Stamm*: Adel, Fortpflanzungserfolg und Zunahme der Fehden am Ende des 15. Jahrhunderts, in: Christine Reinle, Julia Eulenstein u. Michael Rothmann (Hgg.), Fehdeführung im spätmittelalterlichen Reich. Zwischen adliger Handlungslogik und territorialer Verdichtung (Studien und Texte zur Geistes- und Sozialgeschichte des Mittelalters 7), Affalterbach 2013, S. 284–301.

[579] Vgl. Schlögl (2014); Bellingradt (2011).

[580] Gerd Schwerhoff, Rez. Rudolf Schlögl, Anwesende und Abwesende. Grundriss einer Gesellschaftsgeschichte der Frühen Neuzeit, Konstanz 2014, in: ZHF 43,3 (2016), S. 573–575, hier S. 574: „Hier blieben die Druckerzeugnisse an die Logik der Anwesenheitskommunikation gebunden, Texte wurden vorgelesen und intervenierten direkt in den Interaktionszusammenhang. Die Ausdifferenzierung einer medialen Öffentlichkeit gegenüber der städtischen Politik verlief nur langsam."

[581] Vgl. Monnet (2011), hier S. 357; Gerd Schwerhoff (Hg.), Stadt und Öffentlichkeit in der Frühen Neuzeit (Städteforschung. Veröffentlichungen des Instituts für vergleichende Stadtgeschichte. Reihe A: Darstellungen 83), Köln u. a. 2011.

[582] Siegemund (2020), S. 148: „Schmähschriften […] können [in diesem Sinne] als kommunikative Gattung betrachtet werden, deren Funktion darin bestand, ein Publikum in einen bereits bestehenden Konflikt einzubeziehen und als Druckmittel nutzbar zu machen."

[583] Vgl. Sasso (2021).

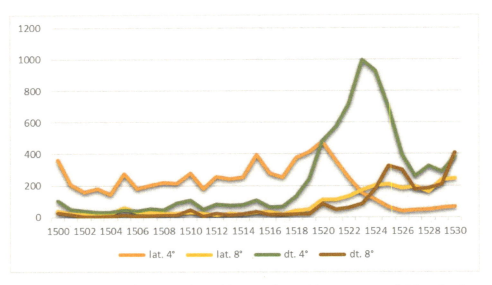

Abbildung 19: Ausgaben deutsch- und lateinischsprachiger Quart- und Oktavdrucke im Heiligen Römischen Reich deutscher Nation, 1500-1530 (nach USTC).

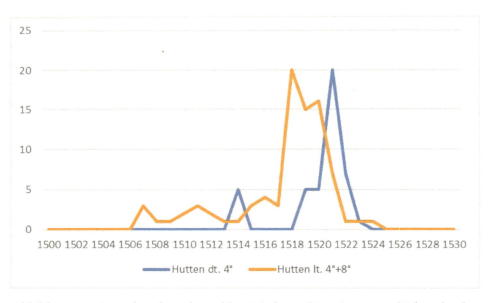

Abbildung 20: Ausgaben deutsch- und lateinischsprachiger Quart- und Oktavdrucke Huttens im Heiligen Römischen Reich deutscher Nation, 1500-1530 (nach USTC).

Durch den Eintritt in das ‚Gutenberguniversum' blieben die Kommunikationsmöglichkeiten zunächst jedoch eng mit den rituellen ‚Spielregeln'[584] der ‚Anwesenheitsgesellschaft' verbunden, während sich zu den handschriftlichen Formen wie bspw. der handschriftlichen Pasquille neue druckgestützte, sog. ‚fliegende' Formate, wie etwa Flugblätter und Flugschriften „als Medien der Meinungsbildung und Propaganda [dazugesellten], in denen Invektiven in Wort und Bild blühten."[585] Dadurch wird klar, dass die Welt der Gelehrten entschieden überschritten wurde. Die Entwicklung des Druckgeschehens lässt sich anhand der oben gezeigten Diagramme ablesen (**Abb. 19 u. 20**).[586] Der Umschlagpunkt für einen Wechsel in die Vernakularsprache lässt sich sowohl für Hutten, wie auch für die Distribution deutschsprachiger Drucke der 1520er Jahre im Reich insgesamt verorten, während die generelle Produktion lateinischer und deutscher Quartdrucke in dieser Zeit, auch aufgrund der Reichstage, ihren Höhepunkt erreichte. Die Forschung konnte bereits nicht nur die appellative bzw. persuasive Struktur der Texte jener reformatorischen Phase herauspräparieren,[587] sondern ebenfalls, dass sich die Texte vor allem durch Sprachgebrauchsmuster wie etwa antithetische bzw. dualistische Gegenüberstellungen auszeichneten.[588] Ebenso wurde deutlich, dass durch die volkssprachliche Adressierung des ‚Gemeinen Mannes',[589] der als relevanter Akteur öffentlicher Kommunikation galt,[590] eine öffentliche Entgrenzung stattfand, wodurch „auf diesem Wege die Hierarchien und Lizenzierungen bestehender elitärer und nicht zwingend allgemein zugänglicher Wissens- und Diskursordnungen infrage gestellt werden konnten."[591] Die Strategie literarischer Selbst- und Fremdpositionierung[592] machte sich Hutten vor allem im Rahmen der

---

[584] Vgl. zur Verwendung des Begriffs ALTHOFF (1997), S. 229–257; ebenfalls im selben Band: DERS., Empörung, Tränen, Zerknirschung. Emotionen in der öffentlichen Kommunikation des Mittelalters, S. 258–281.

[585] Vgl. SCHWERHOFF (2020), S. 8.

[586] URL: https://www.ustc.ac.uk/. Im Sinne einer vereinfachten Darstellung und dem Bewusstsein möglicher Fehlerquellen und Ungenauigkeiten wurden die Suchparameter wie folgt gewählt: Format (Quart- bzw. Oktavformat), Territorium (Heiliges Römisches Reich deutscher Nation), Sprache (Deutsch bzw. Latein).

[587] Vgl. Andrew PETTEGREE, The Reformation and the Culture of Persuasion, Cambridge 2005.

[588] Vgl. POHLIG (2018), S. 321–329, bes. S. 324.

[589] Siehe Kapitel I.1,1, Anm. 9.

[590] Vgl. Thomas KAUFMANN, Das Priestertum der Glaubenden. Vorläufige Beobachtungen zur Rolle der Laien in der frühreformatorischen Publizistik anhand einiger Wittenberger und Baseler Beispiele, in: Hartmut KÜHNE u. a. (Hgg.), Thomas Müntzer – Zeitgenossen – Nachwelt. Siegfried Bäumer zum 80. Geburtstag, Mühlhausen 2010, S. 73–120; DERS., Anonyme Flugschriften der frühen Reformation, in: Bernd MOELLER u. Stephen E. BUCKWALTER (Hgg.), Die frühe Reformation in Deutschland als Umbruch. Wissenschaftliches Symposion des Vereins für Reformationsgeschichte 1996, Gütersloh 1998, S. 191–267.

[591] Vgl. KÄSTNER/VOIGT (2020), S. 148–149, Zitat S. 149.

[592] Vgl. BECKER (2013), S. 74–75.

Veröffentlichung seiner Invektiven zu eigen, die insbesondere den nötigen öffentlichen Druck auf die Geschmähten generieren sollten, der nötig war, um die Gegner zu einer angemessenen Reaktion vor ein unterschiedlich geartetes Publikum zu zwingen.[593]

Inwieweit weitere öffentliche Phänomene wie etwa Gerücht und Geschwätz, Lied und Gesang, Gespräch und Diskussion im Wirtshaus oder beim Kirch- bzw. Marktgang ebenso wie die Verkündigung von Rathaus und Kanzel für die Konstellationsanalyse eine Rolle spielten, unterstrichen die exemplifizierten Huttenfehden deutlich.[594] Seine Invektiven halfen ihm nicht nur dabei, Gerüchte zu Verschwörungstheorien aufzubauschen, die bis an die römische Kurie gelangten, sondern förderten gleichzeitig auch das eigene ‚Image' bzw. die ‚Marke Hutten'.[595] „Die Besorgnis um den Ruf und der Zwang, den Ruf zu bewahren und zu kommunizieren, hatte sich nicht nur in rhetorischen Strategien niedergeschlagen. In der Tat waren sie ein ausschlaggebender Beweggrund für Fehden."[596] Besonders auffällig ist jedoch die invektive Kommunikation in Fehden generell, besonders aber bei Hutten.[597] Bei ihm spürt man vor allem den Drang, den Streit unter Anwendung von Gewalt nach eigenem Gutdünken und eigenen Regeln auszufechten.[598] Die Infragestellung der Fehde als standesgemäßer Akt reichsritterlicher Vendetta im ausgehenden Mittelalter, verstanden

---

[593] Vgl. SCHWERHOFF (2011), S. 4–5; UKENA (1977), S. 35; KRAUS (2021), S. 244.
[594] Vgl. Rainer WOHLFEIL, Reformatorische Öffentlichkeit, in: Ludger GRENZMANN u. Karl STACKMANN (Hg.), Literatur und Laienbildung im Spätmittelalter und in der Reformationszeit, Göttingen 1984, S. 41–52, hier S. 47; DERS., Einführung in die Geschichte der deutschen Reformation. München 1982, S. 123 – 132; BECKERT u. a. (2020), S. 70; Ernst SCHUBERT, *bauerngeschrey*. Zum Problem der öffentlichen Meinung im spätmittelalterlichen Franken, in: Jahrbuch für fränkische Landesforschung 34/35 (1975), S. 883–907; Heike J. MIERAU, Fama als Mittel zur Herstellung von Öffentlichkeit und Gemeinwohl in der Zeit des Konziliarismus, in: Martin KINTZINGER u. Bernd SCHNEIDMÜLLER (Hgg.), Politische Öffentlichkeit im Spätmittelalter, Ostfildern 2011, S. 237–286, bes. S. 237; KÄSTNER/VOIGT (2020), S. 137–138.
[595] Man muss sich eine solche ‚Marke' als gemeinschaftliches Kollektiv vorstellen, zu dem, im Fall Hutten, freilich Drucker wie Johann Schott oder der Übersetzer Martin Bucer gehörten. Vgl. auch zum ‚Medienstar' Luther: Thomas KAUFMANN, Von der Handschrift zum Druck. Einige Beobachtungen zum frühen Luther, in: DERS. u. Elmar MITTLER (Hgg.), Reformation und Buch. Akteure und Strategien frühreformatorischer Druckerzeugnisse / The Reformation and the Book. Protagonists and Strategies of early Reformation Printing (Bibliothek und Wissenschaft 49), Wiesbaden 2016, S. 9–36; Andrew PETTEGREE, Brand Luther. 1517, Printing, and the Making of the Reformation, New York 2015; Martin WARNKE, Cranachs Luther. Entwürfe für ein Image (Fischer Bücherei. Kunststück 3904), Frankfurt a. M. 1984; KÄSTNER/SCHWERHOFF (2021), S. 47.
[596] ZMORA (2012), S. 155.
[597] Vgl. REINLE (2012); jüngst die Tendenz einer Ausprägung einer invektiven Modalität hervorhebend: SCHWERHOFF (2017), S. 36–52 sowie MÜNKLER (2019).
[598] Vgl. ISENMANN (2013), S. 352. Ein Phänomen, das sich auf publizistischer und rhetorischer Ebene getrennt in der offenen Verurteilung von Gewalttaten widerspiegelt, die zwar deutliche Vergeltungsaspekte aufwiesen, aber meist explizit darauf verzichteten, den kulturellen und ideologischen Kontext zu betonen. Vgl. Claudio POVOLO, Faida e vendetta tra consuetudini e riti processuali nell'Europa medievale e moderna. Un

als ein reales Rechts- und Kultursystem, das die Organisation von Konflikten regelte, wenn es sich als wesentliches Instrument der sozialen Kontrolle darstellte, war ein weitreichendes Phänomen, das die meisten europäischen Länder betraf.[599] Dabei musste eine Fehde nicht unbedingt bedeuten, den Gegner zu vernichten, sondern ihn wirtschaftlich (und militärisch) zu schwächen, um ein Einlenken der Positionierung im Streit zu bewirken.[600]

Gerade der vermeintliche Rechtskontext der mittelalterlichen Fehde[601] bot Hutten als ‚Fehdeberechtigtem' also die ideale Möglichkeit, sich inveniv gegen Patrizier, Städte, Fürsten, Orden und Einzelgegner zu betätigen, diese in bestehende Konfliktfelder zu involvieren und zu einer eigenen öffentlichen Position zu zwingen.[602] Außerdem konnte er sich selbst in bestehende Konflikte

---

approccio antropologico-giuridico, in: Gordan RAVANCIC (Hg.), Our daily crime. Collection of studies, Zagreb 2014, S. 9–57, hier S. 9.

[599] Jean-Philippe JUCHS, ‚Des guerres que aucuns nobles font entre eulx'. La faide à la fin du Moyen Âge (Polen – Pouvoirs, lettres, normes 22), Paris 2021; Giampaolo FRANCESCONI u. Luca MANNORI (Hgg.), Pistoia violenta. Faide e conflitti sociali in una città italiana dall'età comunale allo Stato moderno. Atti del Convegno di Studi (Pistoia 16–17 maggio 2014) (Biblioteca storica pistoiese 21), Pistoia 2017; Marco BELLABARBA, Faide e letteratura giuridica nello spazio Trentino-Tirolese del tardo medioevo, in: Acta Histriae 25 (2017), S. 235–250; Marco BELLABARBA, Rituali, leggi, e disciplina del duello: Italia e Germania fra Cinque e Settecento, in: Marco CAVINA (Hg.), Duelli, faide e rappacificazioni: elaborazioni concettuali, esperienze storiche: atti del Seminario di studi storici e giuridici. Modena, venerdá, 14 gennaio 2000, Facoltà di giurisprudenza, Aula Magna, Mailand 2001, S. 83–118; Marco CAVINA, Gli eroici furori. Polemiche cinque-seicentesche sui processi di formalizzazione del duello cavalleresco, in: ebd., S. 119–154; Andrew VIDALI, Interrelazioni tra pena del bando, faida e aspetti costituzionali: Venezia e la Terraferma, secoli XV–XVI, in: Acta Histriae 25 (2017), S. 261–284.

[600] Vgl. Christine REINLE, Fehden und Fehdenbekämpfung am Ende des Mittelalters. Überlegungen zum Auseinandertreten von ‚Frieden' und ‚Recht' in der politischen Praxis zu Beginn des 16. Jahrhunderts am Beispiel der Absberg-Fehde, in: ZHF 30 (2003), S. 355–388, hier S. 362; DIES., Konfliktlösung durch Fehde, in: David VON MAYENBURG (Hg.), Konfliktlösung im Mittelalter (Handbuch zur Geschichte der Konfliktlösung in Europa 2), Berlin u. a. 2021, S. 25–40; Hillay ZMORA, Nemici intimi: autorità principesche, faide nobiliari e condizioni della pace nella Germania del tardo medioevo, in: Paolo BRIGGIO u. Maria P. PAOLI (Hgg.), Stringere la pace: teorie e pratiche della conciliazione nell'Europa moderna (secoli XV–XVIII) (Studi e ricerche. Università degli Studi Roma Tre, Dipartimento di Studi Storici, Geografici, Antropologici 24), Rom 2011, S. 309–332.

[601] Otto BRUNNER, Land und Herrschaft. Grundfragen einer territorialen Verfassungsgeschichte Österreichs im Mittelalter, Darmstadt [6]1984. Zu Beginn des 16. Jahrhunderts lässt sich zwar feststellen, dass es Verbote der Fehdeausführung gab (1495), dennoch bestand sie als effizienter Rechtsrahmen, der parallel zu anderen gesellschaftlichen Rechtspraktiken bestehen konnte, viele Jahrzehnte weiter. Zu Fehden Nichtadeliger in diesem Kontext: Christine REINLE, Bauerngewalt und Macht der Herren. Bauernfehden zwischen Gewohnheitsrecht und Verbot, in: Manuel BRAUN u. Cornelia HERBERICHS (Hgg.), Gewalt im Mittelalter. Realitäten – Imaginationen, München 2005, S. 105–122; DIES., Bauernfehden. Studien zur Fehdeführung Nichtadliger im spätmittelalterlichen römisch-deutschen Reich, besonders in den bayerischen Herzogtümern (Vierteljahrschrift für Sozial- und Wirtschaftsgeschichte. Beihefte 170), Stuttgart 2003.

[602] RANFT (1996); KRAUS (2021).

einschalten und seine Ehre als Ritter und Gelehrter zugleich verteidigen,[603] was ihm vor allem in der Greifswalder und Württemberger Fehde auch vortrefflich gelang. Weniger verwunderlich sind daher auch seine teilweise unterlaufenen Angriffe gegen die monastischen Institutionen in den Städten, die in noch wesentlicherem Maße von den Dynamiken der Anwesenheitsgesellschaft geprägt waren.[604] Auch die Frage nach der (politischen) Gewalt spielt in diesem Kontext freilich eine andere Rolle. So schreckte Huttens langjähriger ‚Geschäftspartner'[605] Franz von Sickingen bspw. ebenfalls in seinen Fehden[606] keineswegs davor zurück, die Gegner in aufwendigen Text-Bild-Arrangements öffentlich zu verleumden, wie ein Schandbrief[607] gegen die hessische Ritterschaft von 1520 zeigt (**Abb. 21**).[608] Während Hutten in seinen frühen Fehden noch literarisch mithilfe von Invektiven agierte, so zeigten seine zahlreichen Privatkonflikte vor allem, dass konventionelle Fehdeerklärungen wie Fehde- bzw. Ablassbrief sowie Briefdiplomatie nicht mehr ausreichten, seine politischen Ziele als Ritter durchzusetzen. Erst in seiner letzten Fehdeerklärung stellte Hutten letztlich in Ansätzen den Versuch an, Fehdebrief und Invektive zu amalgamisieren. Doch da war es bereits zu spät, den reichsritterlichen Anliegen und dem Appell an die Städte die öffentliche Breitenwirkung zu geben.

---

[603] Thomas MAISSEN, Worin gründete der Erfolg der humanistischen Historiographie? Überlegungen zur Rolle der Geschichtsschreibung im ‚Wettkampf der Nationen', in: Johannes HELMRATH, Albert SCHIRRMEISTER u. Stefan SCHLELEIN (Hgg.), Historiographie des Humanismus. Literarische Verfahren, soziale Praxis, geschichtliche Räume (Transformationen der Antike 12), Berlin u.a. 2013, S. 49–84, hier S. 54: „Die waffengewandte Wahrung von Recht und Ehre begründet die Exklusivität der Adligen, die nur ihresgleichen als satisfaktionsfähig ansehen, die Standesgrenzen also durch Ein- und Ausschluss bei Konflikten festlegen: Die Fehde und in domestizierter Form das Turnier sind exklusive Vorrechte des Adels, die sich dabei reziprok als Standesangehörige (re-)produzieren. […] Gerade deshalb forcieren ‚stolze Herren' die Fehde ‚beinahe unbelehrbar' und gegen jede ökonomische Rationalität, aber mit politischem Kalkül."

[604] Maria SELIG, Anwesenheitskommunikation und Anwesenheitsgesellschaft. Einige Anmerkungen zu einem geschichtswissenschaftlichen Konzept aus sprachwissenschaftlicher Perspektive, in: Susanne EHRICH u. Jörg OBERSTE (Hgg.), Städtische Räume im Mittelalter, Regensburg 2009, S. 17–33.

[605] SCHOLZEN (2018).

[606] Vgl. REINLE (2019); PRESS (1988), S. 300–302.

[607] LENTZ (2004).

[608] Marburg, Hessisches Staatsarchiv, Best. Slg. 7d, Nr. 330.

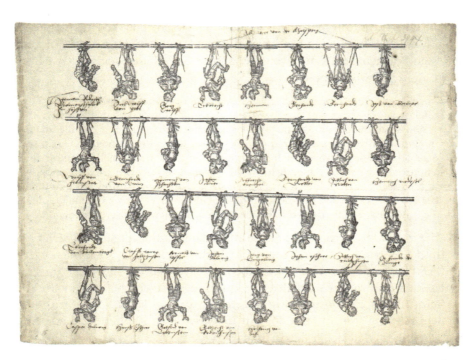

Abbildung 21: Schmähbrief Franz von Sickingens gegen die hessische Ritterschaft, 1520, Papier, Figuren 32 x 44 cm.

Wie Christine REINLE im Rahmen ihrer umfassenden Untersuchungen zur spätmittelalterlichen Fehde treffend resümierte: „Das Fehdewesen überdauerte Jahrhunderte, weil es sich permanent veränderte."[609] Aus dieser Dynamik heraus lässt sich auch das Innovationspotential von Invektiven besser verstehen,[610] die ja sowieso eine besondere Affinität vor allem zum Medium der Flugschrift besaßen,[611] da mit ihm spezifische invektive Affordanzen,[612] also Nutzungspo-

---

[609] REINLE (2010), S. 230.
[610] Vgl. zum Terminus ‚Innovation' im Mittelalter: Christian HESSE u. Klaus OSCHEMA, Aufbruch im Mittelalter – Innovationen in Gesellschaften der Vormoderne. Eine Einführung, in: DIES. (Hgg.), Aufbruch im Mittelalter – Innovationen in Gesellschaften der Vormoderne. Studien zu Ehren von Rainer C. Schwinges, Ostfildern 2010, S. 9–33.
[611] Ulrich ROSSEAUX, Die Kipper und Wipper als publizistisches Ereignis (1620–1626). Eine Studie zu den Strukturen öffentlicher Kommunikation im Zeitalter des Dreißigjährigen Krieges, Berlin 2001, S. 74.
[612] Zu Begriff und Konzept der Affordanz: LEVINE (2015); Nicole ZILLIEN, Die (Wieder-)Entdeckung der Medien. Das Affordanzkonzept in der Mediensoziologie, in: Sociologia Internationalis. Internationale Zeitschrift für Soziologie, Kommunikations- und Kulturforschung 2 (2009), S. 161–181; Nicole ZILLIEN, Affordanz, in: Kevin LIGGIERI u. Oliver MÜLLER (Hgg.), Mensch-Maschine-Interaktion. Handbuch zu Geschichte – Kultur – Ethik, Berlin 2019, S. 226–228 folgend; vgl. zuletzt DRÖSE (2021), S. 41: „Bestimmte Medien und Mediengattungen legen, ohne diese zu determinieren, bestimmte

tentiale und Handlungsoptionen, verbunden waren. Gleichzeitig prägten die neuen Medientechnologien freilich auch neue Praktiken des Invektiven, indem sie dessen Formenspektrum erweiterten. Diese Korrelation hat zuletzt Albrecht DRÖSE auf den Punkt gebracht:

> Die hier herausgestellten invektiven Affordanzen der Kommunikationsform Flugschrift lassen sich dabei mit den Begriffen Publizität, Interaktivität, Eskalation und Retorsion zusammenfassen. Die Büchlein ermöglichten nicht nur eine Beschleunigung des kommunikativen Prozesses und eine Inklusion neuer Rezipientenschichten, sondern auch neue Formen medialer Interaktion, die über die traditionelle Struktur einer Bekanntmachung hinaus ‚Öffentlichkeit' herstellen. Die Büchlein machen nicht nur etwas öffentlich, sondern bilden mediale Verstärker, die geeignet sind, soziokulturelle Barrieren zu überschreiten und den Wirkungsgrad der Invektiven zu erhöhen, indem sie die Anschluss- und Partizipationsmöglichkeiten erweitern und vervielfältigen.[613]

Aus dieser Denklogik heraus könnte man daran anknüpfend feststellen, dass die Invektive wohl als ‚Emergenzraum' von Invektivität verstanden werden kann. Das heißt, dass es wohl gerade die Invektive war, die als Projektionsfläche für das Entstehen neuer medialer Strukturen und Eigenschaften am Vorabend der Reformation als mustergültig angesehen werden kann. Diese grundsätzliche Beobachtung soll im Hinblick auf Invektivität in Kapitel IV. dieser Studie noch wesentlich deutlicher herauspräpariert werden.

Nutzungspraktiken nahe, während sie andere Nutzungsmöglichkeiten einschränken. So sind Flugschriften bspw. als Nachrichtenmedium brauchbar, jedoch nicht als Wissenskompendien [...], der Begriff der Affordanz impliziert vielmehr eine enge Korrelation von Mediennutzung und Medientechnik: ‚Mit Hilfe des [...] Affordanzkonzeptes lässt sich das wechselseitige Bedingungs- und Ermöglichungsverhältnis von technischen Gegebenheiten und sich einspielenden Nutzungspraktiken aufzeigen und analysieren'." Siehe hierzu auch den Beitrag von Katja KANZLER in diesem Band: Katja KANZLER, Invective Form in Popular Media Culture: Genre – Mode – Affordance, S. 26–36.

[613] DRÖSE (2021), S. 58.

III. Agonale Invektiven: Huttens Parteinahme in der Reuchlin-Kontroverse (1510–1518) und sein Bruch mit Erasmus (1522/23)

1 „Leicht ist es einen Streit zu beginnen, schwer ihn zu beenden" – Reuchlin, Pfefferkorn und der Streit um die jüdischen Bücher (1507–1514)

Die Auseinandersetzungen, die im ersten Kapitel unter dem Aspekt der Öffentlichkeit beleuchtet wurden, haben die verschiedenen Wirkungskontexte von Huttens Invektiven deutlich konturieren können. Im zweiten Abschnitt soll es nun jedoch um Funktionsbestimmungen von Invektivität gehen, wobei der Blick insbesondere auf die agonalen und gruppendynamischen Komponenten der Invektiven im Kontext des deutschen Humanismus gerichtet sein wird.[1] Dazu zählte sowohl der Invektivenaustausch innerhalb wie außerhalb der ‚Humanistengemeinschaft', da Konkurrenzsituationen, etwa am Hof oder an der Universität, oftmals auch zu Konflikten führten. Unter den zahllosen ‚Humanistenduellen' ist die europaweit ausgetragene Reuchlinkontroverse, in der Hutten früh für den bekannten Hebraisten Partei ergriff, als exemplarisch zu bezeichnen, da das Programm der Humanisten hier recht deutlich wurde.[2]

Katalysator der ‚eskalativen Dynamik' rund um Johannes Reuchlin (1455–1522)[3] war jedoch zunächst ein Rechtsgutachten des Jahres 1510, ein vertrauliches Mandat, das Reuchlin an Kaiser Maximilian sandte. Hier sprach er sich im Zuge einer Reihe von Gutachten verschiedener Institutionen als Einziger gegen die Zerstörung jüdischer Bücher aus. Dadurch initiierte er einen medialen Schlagabtausch an Invektiven, zu dem er in einem Brief an einen Kölner Freund einmal ironischerweise Stellung bezog: *Facile rixa oritur, sed*

---

[1] Vgl. ISRAEL/KRAUS/SASSO (2021).

[2] Siehe hierzu einführend die umfassenden Arbeiten von DE BOER (2016) u. DE BOER (2017); zur Gruppendynamik vgl. Eckhard BERNSTEIN, „Liebe die Reuchlinisten, verachte die Arnoldisten." Die Reuchlin-Kontroverse und der Humanistenkreis um Mutianus Rufus, in: Marc LAUREYS u. Roswitha SIMONS (Hgg.), Die Kunst des Streitens. Inszenierung, Formen und Funktion öffentlichen Streits in historischer Perspektive (Super alta perennis. Studien zur Wirkung der Klassischen Antike 10), Göttingen 2010, S. 295–315; zu den Schriften vgl. David PRICE, Johannes Reuchlin and the Campaign to Destroy Jewish Books, Oxford 2011; mit Hinweis auf die Schwierigkeit der historischen Interpretation dieser Auseinandersetzung: James H. OVERFIELD, A New Look at the Reuchlin Affair, in: Studies in Medieval and Reformation History 8 (1971), S. 165–207.

[3] Zu Reuchlin: Gerald DÖRNER, Reuchlin (Rochlin, Roechlin; Capnion), Johannes, in: VLHum 2 (2013), Sp. 579–633; Hermann KLING u. Stefan RHEIN (Hgg.), Johannes Reuchlin (1455–1522). Nachdruck der 1955 von Manfred Krebs herausgegebenen Festgabe (Pforzheimer Reuchlinschriften 4), Sigmaringen 1994.

difficiles habet exitus (‚Leicht ist es, einen Streit zu beginnen. Schwer ihn zu beenden.').⁴ Diese Entwicklung zeigte sich wenig später auch in den reformatorischen Kontroversen, als die anfänglich noch praktizierten Disputationen weniger reglementierten Religionsgesprächen wichen.⁵ Die gegenseitig ausgegangenen Invektiven verursachten jedenfalls deutliche Solidarisierungseffekte in der humanistischen Community und strukturierten ebenso die jeweiligen Gegeninvektiven.

Reuchlins Invektiven galten in der Frühphase der Auseinandersetzung jedenfalls explizit dem Konvertiten Johannes Pfefferkorn (1469–1521),⁶ der die Kontroverse mit einer Eingabe bei Kaiser Maximilian I. überhaupt erst in Gang gebracht hatte. Pfefferkorn zeigte sich als ehemaliger Jude in der Judenmission besonders eifrig⁷ und beteiligte sich in den Jahren 1507–1509 unter Mithilfe der Kölner Dominikaner mit vier antijüdischen Pamphleten an dieser Debatte: So wurden in schneller Abfolge sein ‚Judenspiegel' (1507),⁸ die ‚Judenbeichte'

---

⁴ RBW II, Nr. 198, S. 286.
⁵ Vgl. Anita TRANINGER Techniken des Agon. Zu Inszenierung, Funktion und Folgen der Konkurrenz von Rhetorik und Dialektik in der Frühen Neuzeit, in: Herbert JAUMANN (Hg.), Diskurse der Gelehrtenkultur in der Frühen Neuzeit. Ein Handbuch, Berlin 2011, S. 629–666.
⁶ Zur Biographie Pfefferkorns gibt es kaum Überlieferungen, vgl. allgemein zu Leben und Werk: Hans-Martin KIRN, Pfefferkorn (Pfeffer-, Pepericornus), Johannes, in: VLHum 2 (2013), Sp. 434–441.
⁷ Zwischen 1507 und 1521 verfasste Pfefferkorn eine Vielfalt von antijüdischen Streitschriften. Von den bis 1510 erschienenen Schriften existieren auch lateinische Übersetzungen. Die späteren Texte erschienen größtenteils nur auf Deutsch. Die wichtigsten Druckorte waren Köln, Augsburg und Nürnberg. Vgl. KIRN (2013), Sp. 435; zum antijüdischen Diskurs die hervorragende Studie von NIRENBERG (2017).
⁸ Der Joeden spiegel. Köln: [Joh. Landen], 1507. VD 16, P 2299; weitere Drucke: Braunschweig: [Hans Dorn], 1507. VD 16, P 2298; Nürnberg: Wolfgang Huber, 1507. VD 16, P 2300; Köln: [Martin v. Werden], 1508. VD 16, P 2301; Lateinische Fassung: Speculum adhortatio- | nis Judaice ad Christum. Köln: [Martin v. Werden], 1507. VD 16, P 2302; KÖHLER III (1996), Nr. 3714; weitere Drucke: [Speyer: Konrad Hist, 1507. VD 16, P 2303; KÖHLER (1996), Nr. 3715; Köln: [Martin v. Werden], 1508. VD 16, P 2304; KÖHLER (1996), Nr. 3716. Abgedruckt bei Hans-Martin KIRN, Das Bild vom Juden im Deutschland des frühen 16. Jahrhunderts, dargestellt an den Schriften Johannes Pfefferkorns (Texts and Studies in Medieval and Early Modern Judaism 3), Tübingen 1989, S. 205–230. Hier stellte Pfefferkorn der Obrigkeit auch im zweiten Teil bereits sein ‚Drei-Punkte-Programm' gegen die Juden vor. Hierzu zählten das Verbot der Zinsleihe (‚Wucher'), die Verordnung von Zwangspredigten und die Konfiskation des jüdischen Schrifttums, insbesondere des Talmuds. Vgl. KIRN (2013), Sp. 435–436.
⁹ Ich heyß eyn buchlijn | der iuden beicht [...]. Köln: Joh. Landen, 14. Febr. 1508. VD 16, P 2307; weitere Drucke: Köln: [Joh. Landen], 1508 (ND). VD 16, P 2309, in: Köhler (1996), Nr. 3706; Augsburg: Jörg Nadler, 1508. VD 16, P 2306, in: KÖHLER (1996), Nr. 3704; Nürnberg: Joh. Weißenburger, 1508. VD 16, P 2311, in: KÖHLER (1996), Nr. 3705; lateinische Fassung: Libellus de Judaica confessione | [...]. Köln: Joh. Landen, 1508. VD 16, P 2310; Nürnberg: Joh. Weißenburger, 1508. VD 16, P 2311, in: KÖHLER (1996), Nr. 3712; engl. Fassung bei: Erika RUMMEL, The Case against Johannes Reuchlin. Religious and Social Controversy in Sixteenth-Century Germany, Toronto u. a. 2002, S. 69–81. Pfefferkorn zieht in dieser Schrift den jüdischen Umgang mit ihren Ritualen ins Lächerliche.

(1508),⁹ das sog. ‚Osterbüchlein' (1509)¹⁰ und der ‚Judenfeind' (1509) publiziert.¹¹ Die Texte waren allesamt gegen die Juden und ihre Stellung in der Gesellschaft gerichtet, indem sie diese nicht nur scharf angriffen, sondern ebenso ihre Bräuche ins Lächerliche zogen. Alle kamen jedoch zu dem Schluss, den jüdischen Wucher, so Pfefferkorn, zu unterbinden, sie zur Mission zu zwingen und ihre Schriften zu verbrennen.¹²

Anfang des 16. Jahrhunderts hatten die Juden einen schweren Stand in Europa. Sie wurden in einer größtenteils christlichen Bevölkerung gar als die ‚Inkarnation des Bösen' gesehen.¹³ Zwischen 1420 und 1520 wurden diejenigen, die zumindest nicht konvertieren wollten, vielerorts im Reich vertrieben.¹⁴ Diese

---

Er brandmarkt ihren Bezug zu Sünde, Buße und Vergebung. Die Ironisierung und Diffamierung jüdischer Rituale und Brauchtümer verband sich mit einer gegenüber 1507 verschärften Dämonisierung der Juden als gesellschaftsschädigender Elemente. Vgl. KIRN (2013), Sp. 436–437.

10 In disem buchlein vindet | yr ein entlichen furtrag. wie | die blinden Juden yr Ostern halten […]. Köln: [Joh. Landen], 3. Jan. 1509. VD 16, P 2291, in: KÖHLER (1996), Nr. 3708; ein weiterer Druck: Augsburg: [Erh. Oeglin, 1509]. VD 16, P 2290, in: KÖHLER (1996), Nr. 3707; lat. Fassung: In hoc libello com | paratur absoluta explicatio quomodo | ceci illi iudei suum pascha seruent […]. Köln: Heinrich v. Neuß, 1509. VD 16, P 2293, in: KÖHLER (1996), Nr. 3709. Die ersten beiden Kapitel der Schrift schildern die Vorbereitung des jüdischen Pessachfestes einschließlich des Sedermahles als eine Art ‚Christenspiegel': Mittels typologisch-allegorischer Auslegung wurden die Pessachgebräuche zum Bußruf an Christen in der Passions- und Osterzeit. Einerseits wurden damit jüdische Traditionen in ihrer Zeugnisfunktion für die christliche Lebensführung gewürdigt, andererseits aber im dritten und vierten Kapitel der Schrift wieder häretisiert, da sie im Widerspruch zu den Bestimmungen des Alten Testament standen. Vgl. KIRN (2013), Sp. 437.

11 Ich bin ein buchlein Der Ju | den veindt ist mein namen […]. Köln: Joh. Landen, 3. Jan. 1509. VD 16, P 2315; weitere Drucke: Augsburg: [Erh. Oeglin, 1509]. VD 16, P 2312–2314, in: KÖHLER (1996), Nr. 3703; lateinische Version: Hostis iudeorum […]. Köln: Heinrich v. Neuß, 1509. VD 16, P 2316, in: KÖHLER (1996), Nr. 3702; engl. Übs. in: RUMMEL (2002), S. 53–67. In diesem Text verschärft Pfefferkorn seine antijüdische Polemik noch weiter, indem er die Juden als Christusmörder, ein beliebter Vorwurf gegen die Juden dieser Zeit, anklagt. Eine wichtige Rolle spielte hierbei der sogenannte Ketzersegen im Achtzehnbittengebet. Die angebliche Gemeingefährlichkeit der Juden wurde u. a. anhand der Wucherthematik verdeutlicht. Vgl. KIRN (2013), Sp. 437–438.

12 Vgl. Friedrich LOTTER, Der Rechtsstatus der Juden in den Schriften Reuchlins zum Pfefferkornstreit, in: Arno HERZIG u. Julius H. SCHOEPS (Hgg.), Reuchlin und die Juden (Pforzheimer Reuchlinschriften 3), Sigmaringen 1993, S. 65–88, hier S. 65.

13 Vgl. Rainer WOHLFEIL, Die Juden in der zeitgenössischen bildlichen Darstellung, in: Arno HERZIG u. Julius H. SCHOEPS (Hgg.), Reuchlin und die Juden (Pforzheimer Reuchlinschriften 3), Sigmaringen 1993, S. 21–35, v. a. S. 33–35; KIRN (1989), S. 83–105.

14 Aus Innerösterreich (1420), Sachsen (1432), Bayern (1442/50), Mecklenburg (1492), Württemberg (1498), Brandenburg (1510), Ansbach-Bayreuth (1515); aus den geistlichen Territorien: Trier (1418), Würzburg (1453), Mainz (1470), Bamberg (1475), Passau (1478), Salzburg (1498); bes. gravierend soll es in den folgenden Reichsstädten abgelaufen sein: Köln (1424), Augsburg (1440), Nürnberg (1498), Regensburg (1519). Es waren sozusagen nur noch größeren jüdische Gemeinden in Frankfurt a. M. u. Worms ansässig. Vgl. Markus J. WENNINGER, Man bedarf keiner Juden mehr. Ursachen und Hintergründe ihrer Vertreibung aus den deutschen Reichsstädten im 15. Jahrhundert (Beihefte zum Archiv für Kulturgeschichte 14), Wien, Köln u. Graz 1981; Arno HERZIG, Die Juden in Deutsch-

antijüdische Grundhaltung war in der Gesellschaft fest verankert, und ihr kam daher auch eine katalytische Funktion für den Invektivenaustausch zu.[15]

Pfefferkorns Einfluss auf die ‚Judenfrage' soll noch weiter anhand eines durch ihn vertriebenen Flugblattes aus dem Jahre 1508 verdeutlicht werden. Es handelt sich um ein hebräisch-lateinisches ‚Vaterunser', das ‚Ave Maria' und Credo, das mit antijüdischer Polemik schließt.[16] Dieser publizistische Eifer lässt sich sicherlich nur als Reflex auf ein prägendes Ereignis aus seinem eigenen Leben lesen. So soll der ehemalige Jude Josef Pfefferkorn im Jahre 1504 in Köln zum Christentum konvertiert sein, zusammen mit seiner Frau und seinem Sohn, und den Taufnamen Johannes erhalten haben.[17] Egal wie das Ritual auch vollzogen wurde, klar ist jedenfalls, dass man als ‚getaufter Jude' zu Beginn des 16. Jahrhunderts wohl einen besonderen Rechtfertigungsdrang verspürt haben muss, die eigene Frömmigkeit vor den neuen Glaubensbrüdern unter Beweis zu stellen. So waren jüdische Konvertiten, nach den Lehren der römischen Kirche, nämlich auch weiterhin durch Körpersymbolik (rituelle Beschneidung, Blutlinie, Kleidung) gesellschaftlich gekennzeichnet.

Pfefferkorns Bemühungen wurden dann tatsächlich belohnt, da er durch seine Pamphlete am 19. August 1509 schließlich ein kaiserliches Mandat von Maximilian I. erwirken konnte, das ihn, zusammen mit einem zweiten Mandat, zur Konfiskation und Vernichtung der jüdischen Bücher in Frankfurt am

---

land zur Zeit Reuchlins, in: DERS. u. Julius H. SCHOEPS (Hgg.), Reuchlin und die Juden (Pforzheimer Reuchlinschriften 3), Sigmaringen 1993, S. 11–20, hier S. 11; Friedrich BATTENBERG, Das europäische Zeitalter der Juden. Zur Entwicklung einer Minderheit in der nicht jüdischen Umwelt Europas, 2 Bde., Darmstadt 1990, S. 162–165; Friedhelm BURGARD, Alfred HAVERKAMP u. Gerd MENTGEN (Hgg.), Judenvertreibungen in Mittelalter und früher Neuzeit (Forschungen zur Geschichte der Juden 9), Hannover 1999; Gerd MENTGEN, Die Judenvertreibungen im mittelalterlichen Reich. Ein Forschungsbericht, in: Aschkenas 16 (2006), S. 367–403.

[15] So leitete der bekannte Humanist und Jurist Ulrich Zasius im Jahre 1508 in einer Denkschrift über die Taufe jüdischer Kinder auch in einem abstrusen Beispiel ab, dass es Fürsten fortan rechtlich gestattet sei, jüdische Kinder wie Eigentum anzusehen, diese ihren Eltern zu entreißen und im christlichen Sinne ‚umzuerziehen'. Vgl. Guido KISCH, Zasius und Reuchlin. Eine rechtsgeschichtlich-vergleichende Studie zum Toleranzproblem im 16. Jahrhundert (Pforzheimer Reuchlinschriften 1), Konstanz u. Stuttgart 1961, S. 1–14 u. S. 37–45; Wilhelm GÜDE, Die rechtliche Stellung der Juden in den Schriften deutscher Juristen des 16. und 17. Jahrhunderts, Sigmaringen 1981; LOTTER (1993), S. 65–88; RUMMEL (1995).

[16] Vgl. KIRN (2013b), S. 21, Anm. 18 u. S. 202; KIRN (2013), Sp. 437.

[17] Vgl. KIRN (2013), Sp. 434.

Main[18] und Worms,[19] wo auch die letzten größeren jüdischen Gemeinden im Reich ansässig waren, berechtigen sollte. Darin hieß es wörtlich, „daß wir glaubwürdig bericht seien, wie ihr in euren Synagogen Libereien, oder sonsten bei euren Händen haben sollt etliche ungegrünte unnütze Bücher und Schriften, die niet allein unserem heiligen christl. Glauben und desselben Folgen zu Schmach, Spott, Vertilgung und Uebel und auch wider die Bücher und Gesetz Mose und der Propheten, die doch ihr selbst zu glauben und zu halten bekennt."[20] Der Kaiser revidierte jedoch schon bald seine Entscheidung, denn in der Folge der Debatte kam es zu einem dritten Mandat (26. Juli 1510),[21] das verschiedene Institutionen dazu anhielt, die Sache zu prüfen und entsprechende Rechtsgutachten zu erstellen. An diesem Tag schrieb Maximilian I. nämlich aus Füssen an die Universitäten Köln, Mainz, Erfurt und Heidelberg, an die Gelehrten Jakob Hoogstraeten (gest. 1527),[22] päpstlicher Inquisitor im Reich, sowie an Victor von Karben (gest. 1515),[23] ein Konvertit wie Pfefferkorn und Angehöriger der Kölner theologischen Fakultät. Als Schiedsrichter wurde hingegen der Mainzer Erzbischof, Uriel von Gemmingen (gest. 1514),[24] vom Kaiser dazu auserkoren, die genannten Gutachten einzuholen. Dieser wandte sich jedoch in einem Schreiben vom 12. August 1510 an eine weitere Instanz, nämlich den Juristen und im Reich angesehenen Hebraisten Johannes Reuchlin aus Pforzheim, den er dazu veranlasste, die Frage nach den jüdischen Bü-

---

[18] Das kaiserliche Generalmandat findet sich abgedruckt bei: Reimund LEICHT, „Von allen vnd yegklichen iuden büchern vnd schrifften nichts vßgenommen" – Johannes Reuchlin und die „Bücher der Juden" am Vorabend des Bücherstreits, in: Wilhelm KÜHLMANN (Hg.), Reuchlins Freunde und Gegner. Kommunikative Konstellationen eines frühneuzeitlichen Medienereignisses (Pforzheimer Reuchlinschriften 12), Ostfildern 2010, S. 45–68, hier S. 49–50. Angelehnt an: Heinrich GRAETZ, Aktenstücke zur Confiscation der jüdischen Schriften in Frankfurt a.M. unter Kaiser Maximilian durch Pfefferkorns Angeberei, in: Monatsschrift für Geschichte und Wissenschaft des Judentums 24, N.F. (1875), S. 189–300, 337–343 u. 385–402, hier S. 295–297. Der Originaltext in der Amsterdamer Handschrift ist in deutscher und hebräischer Sprache verfasst worden, die GRAETZ dann transkribiert hat.

[19] Spezialmandat für Worms vom gleichen Tag (19. August) ist abgedruckt in: Max FREUDENTHAL, Dokumente zur Schriftenverfolgung durch Pfefferkorn, in: Zeitschrift für die Geschichte der Juden in Deutschland 3 (1931), S. 227–232, hier S. 231–231.

[20] LEICHT (2010), S. 49.

[21] Abgedruckt in der lat. ‚Defensio' Pfefferkorns von 1516, in: BÖCKING Suppl. II,1, S. 81–176; oder als dt. Text, den Reuchlin in seinem ‚Augenspiegel' (1511) mitabdrucken ließ: Widu-Wolfgang EHLERS, Hans-Gert ROLOFF u. Peter SCHÄFER (Hgg.), Johannes Reuchlin. Sämtliche Werke, Bd. IV: Schriften zum Bücherstreit. 1. Teil: Reuchlins Schriften, Stuttgart-Bad Cannstatt 1999, S. 13–168, hier S. 20.

[22] Hubert JEDIN, Art. Hoogstraeten, Jakob von, in: NDB 9 (1972), S. 605–606.

[23] Ludwig GEIGER, Art. Karben, Viktor von, in: ADB 15 (1882), S. 118.

[24] Bernd RÖCKER, Uriel von Gemmingen – Erzbischof von Mainz, Kurfürst und Reichskanzler 1508–1514, in: Kraichgau. Beiträge zur Landschafts- und Heimatforschung 20 (2007), S. 211–222; David PRICE, Johannes Reuchlin und der Judenbücherstreit, in: Sönke LORENZ u. Dieter MERTENS (Hgg.), Johannes Reuchlin und der ‚Judenbücherstreit' (Tübinger Bausteine zur Landesgeschichte 22), Ostfildern 2013, S. 55–82.

chern ebenfalls zu beurteilen.²⁵ Uriel formulierte ausdrücklich, dass man sich in einem „religiös-seelsorgerlichen beziehungsweise theologischen Rahmen" zu bewegen habe, der einzuhalten sei. Reuchlin dachte aber gar nicht erst daran, die Angelegenheit in diesem kleinen öffentlichen Rahmen zu belassen, sondern diesen vielmehr auf eine andere Ebene zu hieven, indem er den Angriff auf die jüdischen Bücher als Angriff auf die Wissenschaft selbst humanistisch umdeutete.²⁶

Johannes Reuchlin hatte schon weit vor den Invektiven Pfefferkorns in philologischen Fragen eine gewisse europäische Reputation im Bereich der Hebraistik und Gräzistik erlangen können.²⁷ So teilte er seine Position hinsichtlich der Frage nach den jüdischen Büchern im Jahre 1505, also kurz vor den antijüdischen Invektiven Pfefferkorns, in seiner ‚Tütsch missive, warumb die Juden so lang im ellend sind'²⁸ schon früh in Grundzügen mit. Der Text ist insofern wichtig für die Auseinandersetzung, da sich die Gegner Reuchlins immer wieder auf ihn beziehen sollten.²⁹ Zudem erschienen im Jahr darauf die berühmten ‚Rudimenta' (‚De rudimentis Hebraicis'),³⁰ eine Kurzgrammatik des Hebräischen, an denen Reuchlin seit ca. fünf Jahren arbeitete. Reuchlin hatte das Buch zunächst auf eigene Kosten in einer Auflage von 1500 Exemplaren drucken lassen. Wegen des schleppenden Absatzes war er jedoch gezwungen, 700 ihm zustehende Exemplare zu einem verbilligten Preis an den Basler Drucker Johannes Amerbach zu veräußern.³¹ Die Gutachten gingen dann im Laufe des Jahres 1510 beim Mainzer Erzbischof Uriel von Gemmingen ein.³² Gerade bei den Gutachten aus Köln³³ und Mainz³⁴ herrschte, unterstützend von Hoogstraetens Einschätzung,³⁵ große Einigkeit in der Judenbücherfrage. Allein

---

[25] Das Mandat ist abgedruckt in: RBW 2, Nr. 170, S. 154–155 (dt.) u. S. 155–65 (lat.).
[26] Vgl. ausführlich zur Dynamik der Abläufe: DE BOER (2016a), S. 303–363, Zitat hier S. 303.
[27] Vgl. Christian FÖRSTEL, Die griechische Grammatik im Umkreis Reuchlins: Untersuchungen zur ‚Wanderung' der griechischen Studien von Italien nach Deutschland, in: Gerald DÖRNER (Hg.), Reuchlin in Italien (Pforzheimer Reuchlinschriften 7), Stuttgart 1999, S. 45–56; DÖRNER (2013), Sp. 596–599.
[28] Doctor iohanns | Reuchlins tütsch missiue. warumb die Juden | so lang im ellend sind. Pforzheim: [Th. Anshelm], 1505. VD 16, R 1246, in: EHLERS/ROLOFF/SCHÄFER (1999), S. 3–12.
[29] Vgl. DÖRNER (2013), Sp. 616–617.
[30] Principium | Libri. | [Bl. 1v] Ioannis Revchlin [...] De Rvdimentis | Hebraicis [...]. Pforzheim: Thomas Anshelm, 1506. VD 16. R 1252.
[31] Vgl. DÖRNER (2013), Sp. 607–609.
[32] Reuchlin (6. Oktober 1510); Jacob Hoogstraeten (9. Oktober); Mainzer Universität (31. Oktober 1510); Kölner Fakultäten (9. November 1510); das Gutachten der Universität Heidelberg (6. September 1510), das erst später eingetroffene umfangreiche Gutachten der Erfurter Universität sowie das Gutachten Victor von Karbens sind nicht auf uns gekommen. Vgl. LEICHT (2010), S. 56.
[33] BÖCKING Suppl. 2,1, S. 94–95.
[34] BÖCKING Suppl. 2,1, S. 95–97.
[35] BÖCKING Suppl. 2,1, S. 99–101.

Reuchlin war es, der sich in einem ‚vertraulichen' Gutachten (‚Ratschlag',
1510) an Maximilian gegen die Vernichtung jüdischer Schriften aussprach.[36]
Damit sollte er, ob bewusst oder unbewusst, einen invektiven Schlagabtausch
lostreten, der für den deutschen Humanismus geradezu stereotypisch zu sein
scheint.[37]

Die anschließende Eskalation suchte in der Gelehrtenwelt dann ihresgleichen. Pfefferkorn reagierte zunächst mit dem ‚Handspiegel' (1511)[38] auf den
vermeintlichen ‚Rat' Reuchlins, den er vor allem deswegen als Verrat ansah,
weil Pfefferkorn noch zu Beginn der antijüdischen Kampagne geglaubt hatte,
den Experten Reuchlin für die eigene Sache zu gewinnen. Noch im selben
Jahr machte Reuchlin seinen Kontrahenten Pfefferkorn bereits mit dem ‚Augenspiegel' (1511) lächerlich,[39] wobei die beiden sich in der Folge mit zahlreichen Invektivschriften gegenseitig abwechselten (Pfefferkorn: ‚Brantspiegel'
1512, ‚Sturmglocke' 1514, ‚Beschirmung/Defensio' 1516, ‚Streitbüchlein' 1516,
‚Eine mitleidige Klage 1521; Reuchlin: ‚Ein klares Verständnis' 1512, ‚Defensio'
1513).[40] Besonders hervorzuheben ist hier an dieser Stelle zweifelsohne der
dialogische Charakter der Auseinandersetzung.[41]

Die Humanisten erklärten lokal begrenzte Streitigkeiten gerne zu ‚Grundsatzkonflikten', in denen sie sich die Rolle zuwiesen, die humanistischen Ideale gegen den bildungsideologischen Feind verteidigen zu müssen. Dies hatte
Reuchlin in seinem Gutachten als Verteidiger der Wissenschaft bereits getan.
So urteilte schon DE BOER jüngst äußerst treffend:

---

[36] Zu den Hintergründen vgl. Antonie LEINZ- V. DESSAUER (Hg.), Johannes Reuchlin. Gutachten über das jüdische Schrifttum (Pforzheimer Reuchlinschriften 2), Stuttgart 1965, S. 11–21; der Text ist synoptisch mit einer modernen dt. Übs. abgedruckt in: ebd., S. 28–107.

[37] Siehe bspw. ISRAEL (2019), SIMONS (2018) zur Fehde Wimpfeling gegen Murner in Straßburg.

[38] Handt Spiegel. | Johannis Pfefferkorn/ wider vnd gegen die Jüden/ vnd | Judischen Thalmudischen schrifftenn [...]. [Mainz: Joh. Schöffer, 1511]. VD 16, P 2294, in: KÖHLER (1996), S. 3701. Vgl. KIRN (2013), Sp. 439.

[39] Doctor Johannsen Reuchlins | [...] warhafftige entschuldigung | gegen und wider ains getaufften iuden I genant Pfefferkorn vormals ge | trucktußgangen vnwarhafftigs schmachbüchlin | Augenspiegel [...]. [Tübingen: Th. Anshelm, 1511]. VD 16, R 1306, in: EHLERS/ROLOFF/SCHÄFER (1999), S. 15–168. Vgl. weiterhin DÖRNER (2013), Sp. 617–619; Daniela HACKE u. Bernd ROECK (Hgg.), Die Welt im Augenspiegel. Johannes Reuchlin und seine Zeit (Pforzheimer Reuchlinschriften 8), Stuttgart 2002.

[40] Zu den Schriften Pfefferkorns vgl. KIRN (2013), Sp. 439–441 u. Ellen MARTIN, Die deutschen Schriften des Johannes Pfefferkorn. Zum Problem des Judenhasses und der Intoleranz in der Zeit der Vorreformation (Göppinger Arbeiten zur Germanistik 604), Göppingen 1994, S. 205–391. Zu den Schriften Reuchlins vgl. DÖRNER (2013), Sp. 619–622, abgedr. in: EHLERS/ROLOFF/SCHÄFER (1999), S. 171–443.

[41] Vgl. Johannes SCHWITALLA, Dialogisches im Reuchlin-Pfefferkorn-Streit, in: Daniela HACKE u. Bernd ROECK (Hgg.), Die Welt im Augenspiegel. Johannes Reuchlin und seine Zeit (Pforzheimer Reuchlinschriften 8), Stuttgart 2002, S. 169–186.

> Das von den Humanisten entworfene Bedrohungsszenario ermöglichte ihnen, sich als Gruppe nach innen zu solidarisieren und nach außen hin abzugrenzen. Zugleich legitimierte es die Verwendung invektiver Praktiken, die in der gelehrten Auseinandersetzung an den Universitäten unüblich waren. Indem Humanisten ihren fabrizierten Feinden Invektivität unterstellten, inszenierten sie sich als berechtigt, mit den nämlichen Mitteln zurückzuschlagen.[42]

Der Ursprung der Eskalation dieses Konfliktes kann also nicht in einem starren scholastisch-humanistischen Gegensatz gefunden werden. Vielmehr spielen persönliche Rivalität, verletztes Ehrgefühl und die Konkurrenz um Einfluss und Macht als dynamische Komponenten von Invektivität eine weitaus größere Rolle.[43] Die eigentliche Stoßrichtung der Invektiven Reuchlins und später auch die seiner Unterstützer zielte ja auf die hinter Pfefferkorn stehenden Ordensgeistlichen und Theologen der Kölner Universität ab.

Diese Agenda der ‚Reuchlinisten', durch ihre Invektiven Solidarisierungseffekte in der eigenen Community auszulösen und die alte Bildungselite aus den gelehrten Annerkennungskreisen herauszudrängen, wird im publizistischen Höhepunkt der Kontroverse, den parodistisch-satirischen ‚Dunkelmännerbriefen' besonders deutlich.[44] Hierin wurde der Kölner Dominikaner und Theologe Ortwin Gratius Hauptobjekt des Spotts. Dieser wurde öffentlich als Verräter stilisiert, weil er sich einerseits mit poetischen Texten als Humanist zu gerieren versuchte, andererseits aber die Scholastik verteidigte und sich auf die Seite der Reuchlin-Gegner geschlagen hatte.[45] Der Konflikt wurde insgesamt mit ‚harten Bandagen' ausgetragen, sowohl sprachlich als auch bildlich. Bei der Deutung dieser und der Zeugnisse Huttens sind demnach also Fragen der Abgrenzung des Invektiven von Humor, Kritik und Gewalt(phantasien) zu diskutieren.[46]

Neben den Verfahren um Reuchlins Gutachten in Erfurt, Köln und Mainz kam es weiterhin zu Prozessen in Speyer (Berufungsverfahren), Paris und Rom.[47] Da die Causa Reuchlini bis zur römischen Verdammung des ‚Augenspiegels' 1520 die Züge eines ‚Medienereignisses' angenommen hatte,[48] ist nun vor allem danach zu fragen, inwieweit Hutten von dieser eskalativen Dynamik profitieren konnte, wo die ‚Umschlagpunkte' der Auseinandersetzung lagen, auf welche Weise sich Hutten an Reuchlin annäherte und welche Funktionen dabei den Invektiven zukamen.

---

[42] DE BOER (2021), S. 210.
[43] Vgl. DE BOER (2016b), S. 645–647.
[44] Vgl. BERNSTEIN (2010).
[45] Vgl. BECKER (2012).
[46] Vgl. SCHWITALLA (2002); KÜHLMANN (2010).
[47] Vgl. Winfried TRUSEN, Johannes Reuchlin und die Fakultäten. Voraussetzungen und Hintergründe des Prozesses gegen den ‚Augenspiegel', in: Gundolf KEIL (Hg.), Der Humanismus und die oberen Fakultäten (Mitteilung der Kommission für Humanismusforschung 14), Weinheim 1987, S. 115–157.
[48] Vgl. MÜLLER (2010), S. 9–28.

2 Die humanistischen Invektiven Huttens im Namen Johannes Reuchlins (1514–1519)

2.1 Die ‚Exclamatio' über Pfefferkorn (1514): Invektiven als Mittel zur publizistischen Teilhabe im Reuchlinkonflikt

Die Affäre um Johannes Reuchlin und die jüdischen Bücher hatte Hutten schon vor dem Konvent in Bologna, also vor seiner zweiten Italienreise, beschäftigt.[49] So schrieb er am 13. Juni 1515 an den Bamberger Kanoniker Jakob Fuchs, er trauere um seinen kürzlich verstorbenen Gönner Eitelwolf vom Stein, der ein erbitterter Gegner der Kölner Theologen und Dominikaner gewesen sei.[50] Schon ein Jahr später schrieb Hutten aus Bologna an den Humanisten Richard Crocus. In einem knappen Bericht über den Prozessverlauf Reuchlins in Rom verspreche er, von dem ergebnisbringenden Urteilsspruch zu berichten. Es betreffe nicht nur Reuchlin, sondern die Sache der gemeinsamen Studien.[51] Erst durch Reuchlin höre Deutschland auf, ‚barbarisch' zu sein.[52]

In Huttens Augen fällt also Eines sicherlich zusammen: für Reuchlin zu schreiben, bedeutet auf der Seite der Humanisten zu kämpfen. Die beiden Gelehrten trafen jedenfalls im Frühjahr des Jahres 1514 das erste Mal in Mainz persönlich aufeinander, nachdem Huttens Freund Crotus Rubeanus den Kontakt zuvor erfolgreich vermittelt hatte.[53] Bei diesem Treffen legte der erst 25-jährige Hutten dem 59-jährigen und bereits renommierten Gelehrten Johannes Reuchlin auch seinen ersten Entwurf des ‚Triumphus Capnionis' vor. Da Erasmus das 1064 Verse lange Gedicht jedoch wegen seines zu scharfen Tones tadelte, ließ sich Hutten zunächst noch von einer Ad-hoc-Publikation abhalten. Der Text kam dadurch wohl erst im Jahre 1518 in den Druck.[54] Jedenfalls nutzte Hutten diese Begegnung, um ein antijüdisches Pamphlet, ein invektives Gedicht aus 119 Hexametern, zu veröffentlichen, das eine Signalwirkung für eine Parteinahme Huttens zugunsten Reuchlins ausstrahlen sollte. Dabei ging der Invektive, die als ‚Exclamatio heroica in Johannis Pepercorni vitam' wohl im Spätherbst des Jahres 1514 in den Erstdruck kam,[55] ein Ereignis voraus, das

---

[49] Vgl. allg. WULFERT (2009), S. 97–116.
[50] Hutten an Jakob Fuchs, 13. Juni 1515, Mainz, in: BÖCKING I, S. 40–45.
[51] Hutten an Richard Crocus, 9. August 1516, Bologna, in: BÖCKING I, S. 123–124, hier S. 124: *Cum primis scies, ubi, quod in dies spero, ad me venerit sententia, non iam de Capnione, sed de nostris communiter studiis lata.*
[52] Hutten an Nikolaus Gerbel, 31. Juli 1516, Bologna, in: BÖCKING I, S. 105–106.
[53] Vgl. JAUMANN (2008), Sp. 1188–1189.
[54] Vgl. TREU (1998), S. 137.
[55] Baptisati cuiusdam iudaei Ioannis Pepercorni Hallis oppido Magdburgensis diocesis: ante arcem divi Mauricii: in Coemeterio iudaeorum lento igni assati. [...] Ulrichi de Hutten super eadem re Epistolae et exclamatio heroica. [Mainz: Joh. Schöffer, 1514]. Nach BENZING (1956), Nr. 39 (kein Ex. bekannt); weitere Drucke Nr. 40–41. VD 16, H 6301–6302.

augenscheinlich zunächst nichts Engeres mit der Causa Reuchlini zu tun hatte. So ist gesichert, dass am 6. September 1514 vor der Moritzburg in Halle ein getaufter Jude namens Johannes Pfefferkorn gefoltert und verbrannt wurde, nachdem man ihm übliche Judenstereotype wie etwa Ritualmorde, Hostienschändungen oder Brunnenvergiftungen zur Last gelegt hatte.[56] Hutten befand sich zu diesem Zeitpunkt im Auftrag des Erzbischofs Albrecht von Mainz als ‚Beobachter' in Magdeburg.[57] Durch die Begegnung mit Reuchlin sah er sich wohl dazu veranlasst, das böse Gedicht zu verfassen, das den üblen Umgang mit dem Delinquenten in Halle nicht nur rechtfertigte, sondern ihn auch noch derart denunzierte, dass es die Forschung zuletzt als eines ‚der dunkelsten Zeugnisse frühneuzeitlicher Judenfeindschaft' betrachtet hatte.[58]

Freilich war Hutten klar, dass er durch die Namensgleichheit der beiden Herren mit dem Namen Pfefferkorn das bereits akquirierte Publikum der Reuchlinfehde bespielen konnte. Und tatsächlich reagierte der Kölner Johannes Pfefferkorn später mit einer ‚Defensio' (1516)[59] auf Huttens Invektive. In der deutschsprachigen Ausgabe der ‚Beschyrmung' Pfefferkorns, die noch im selben Jahr als Flugschrift erschien, versah er den Titel auch nicht von ungefähr mit dem Zusatz: *Johannes Pfefferkorn / (den man nyt verbrant hat).*[60] Wenn sich Pfefferkorn also dazu veranlasst sah, gegen die Herabwürdigungen der ‚Exclamatio' Huttens Stellung zu beziehen, so wird er auch die Drohungen bzw. Gewaltphantasien der deutschen Ausgabe nicht übergangen haben, die schon im Titelholzschnitt in Form von grausamer Verstümmelung und Hinrichtung imaginiert werden (**Abb. 22**).

Drucke der zeitgenössischen dt. Übs.: VD 16, H 6303–6307, in: Böcking III, S. 345–352, mit der dt. Übs. der ‚Historia'. Vgl. Jaumann (2008), Sp. 1204–1205.

[56] Vgl. Maria E. Dorninger, Ritualmordvorwürfe im Mittelalter. Urteile – Prozesse – Wirkungen, in: Kriminelles Mittelalter. Interdisziplinäre Ringvorlesung des Interdisziplinären Zentrums für Mittelalterstudien an der Universität Salzburg, Salzburg, Wintersemester 2004/05, 4 (2005), in: http://unissalzburg.at/fileadmin/oracle_file_imports/543250. PDF [22.06.2021].

[57] Vgl. Jaumann (2008), Sp. 1204.

[58] Treu (1998), S. 138.

[59] Erweiterte lat. Version: Defensio Joannis | Pepericorni contra famosas et crimina | les obscurorum virorum epistolas [...]. Köln: [Heinrich von Neuß, 1516]. VD 16, P 2289, in: Böcking Suppl. 1, S. 81–176.

[60] Beschyrmung Johannes Pfefferkorn | (den man nyt verbrant hat) [...]. [Köln 1516]. VD 16, P 2288. Vgl. Kirn (2013), Sp. 440; Exemplar München, Bayerische Staatsbibliothek Rar. 1658; VD 16 H 6305.

Abbildung 22: ‚Die geschicht und bekentnuß des getaufften Juden zu Halle vor sant Moritzen burgk auff den Jüdenkirchoff mit glienden zangen gerissen, darnach gepraten' [S.l.] [1514]. Titelholzschnitt.

Die kunstvolle ‚Exclamatio' Huttens vergleicht den verbrannten Hallenser Konvertiten aber auch mit den finsteren Wesen der griechischen Mythologie, wie etwa den Gorgonen (*gorgones*),[61] den Harpyien (*harpyias*)[62] oder dem ‚Erztyran-

---

[61] *Gorgo* (Γοργώ), Plur. *Gorgones*: die drei Töchter des Phorkus (Stheno, Euryale und Medusa), furchtbare, geflügelte, schlangenbehaarte und mit Schlangen gegürtete Jungfrauen, deren Anblick in Stein verwandelte, unter ihnen die furchtbarste Medusa, Mutter des Pegasus von Poseidon, der Perseus, von Polydektes entsendet, das Haupt abhieb, das Athene (Minerva) erhielt und auf ihrem Schilde oder auf ihrem Brustharnisch trug, in: Ov. met. 4, 699; Verg. Aen. 2, 616; Manil. 5, 577: *os Gorgonis*, Medusenhaupt; Cic. Verr. 4, 124; vgl. GEORGES 1 (1913), Sp. 2951.

[62] *Harpyia* (Ἅρπυια), I), Plur. *Harpyiae*: die Harpyien, gleichs. die ‚Raffinnen', unbestimmte mythische Wesen räuberischer Natur, als geflügelt gedacht, in: Verg. Aen. 3, 365 oder Verg. Aen. 3, 212–214; vgl. GEORGES 1 (1913), Sp. 3012–3013.

nen' Phalaris,⁶³ den er ja wenig später auch in einem invektiven Dialog gegen den Württembergischen Herzog verarbeiten sollte. Damit gelang ihm sicherlich auch die Aktivierung der humanistischen Corona, die gewiss sofort erkannte, welches Ziel sich hinter dem eigentlichen Anschlag verbarg. Huttens Invektive traf durch seinen antijudaistischen Ton nicht nur den Zeitgeist, sondern schuf durch die Übersetzungen sicherlich auch ein breites Publikum.⁶⁴ Denn Hutten war nicht der Einzige, der sich die Namensgleichheit der beiden Konvertiten zu eigen machte.

Viele bezogen sich auch später noch mit Schriften auf diese vermeintliche Kontroverse, wie etwa die 1521 gedruckte Schrift ‚Das ist der hoch thuren zu Babel' des Johannes Rhomanus zeigt,⁶⁵ sodass Pfefferkorn nur konsterniert feststellen konnte, dass *die Reuchlinschen mier zu smach, bucher daruon gedruckt, als ob ich der man gewest war.*⁶⁶ An den Beginn des in der Offizin des Cornelius von Zirickzee entstandenen Kölner Erstdruckes platzierte Hutten weiterhin noch einen schmähenden Vierzeiler (‚Ad lectorem') gegen Pfefferkorn, der auch in den weiteren Auflagen und Ausgaben immer wieder auftauchte:⁶⁷

> Hic diras scelerum formas funestaque narrat
> Crimina subtili commoditate liber.
> Que Pepercornus recutite gentis alumnus
> Sed baptisatus fecit et igne luit.⁶⁸

> Dieses Buch hier berichtet von schrecklichen Schandtaten
> Und von langer und ruhiger Hand geplanten Verbrechen.
> Und erzittert, ihr Völker, vor Eurem Sprössling Pfefferkorn.
> Er wurde getauft und hat dennoch im Feuer gebüßt. [MK]

Huttens Plan ging auf, indem er Pfefferkorn voll traf. Dabei war es scheinbar völlig unerheblich, welchen Pfefferkorn Hutten jetzt gemeint hatte. Durch die vielen kursierenden Versionen des Textes war es wohl durchaus möglich,

---

⁶³ Vgl. BÖCKING III, S. 346.
⁶⁴ GRIMM (1956), S. 248: „Die ‚hystoria' [‚Exclamatio'], das Leben und Sterben des in Halle hingerichteten Joh. Pfefferkorn, ist in 3 lateinischen und mindestens 5 deutschen Drucken, in diesem unter dem Titel ‚geschicht vnd bekantnuß des getauften Juden …', überliefert. Der deutsche Text, der zwei sich wenig voneinander unterscheidende Variationen zeigt, ist offensichtlich eine zusammengedrängte und stark gekürzte Übersetzung der lateinischen ‚hystoria'; um weit über ein Drittel kürzer als seine lateinische Vorlage und alle juristischen Termini ausscheidend, stellte er [Hutten] eine geschickte, für das breite Volk bestimmte Bearbeitung des Vorganges Pfefferkorn dar. Sein plastisches Deutsch wirkt für die Zeit auffallend gewandt, und es muß ein guter Übersetzer am Werke gewesen sein. Es liegt nahe, eine Übersetzung der ‚hystoria' ins Deutsche durch Hutten oder eine Textrevision durch ihn anzunehmen."
⁶⁵ Vgl. Winfried FREY, Vom Antijudaismus zum Antisemitismus. Ein antijüdisches Pasquill von 1606 und seine Quellen, in: Daphnis 18,2 (1989), S. 251–279, hier S. 269.
⁶⁶ Vgl. GRIMM (1956), S. 242.
⁶⁷ Vgl. BENZING (1956), S. 35–38.
⁶⁸ BÖCKING Suppl. 2,1, Addenda, S. 1.

psychologische Effekte, insbesondere unter dem Publikum, in Gang zu setzen. Dieses Phänomen bezeichnet die Fachwissenschaft als *Illusory Truth Effect*: „Aussagen regelmäßig zu wiederholen, führt zu einer Illusion von Glaubwürdigkeit. Dieser Effekt wirkt selbst dann, wenn es sich offenkundig um Unsinn *(fake news)* handelt."[69] So reagierte der Kölner Spitalmeister Pfefferkorn in seinen Invektiven gleich zweimal auf Huttens Vorwürfe und Schmähungen gegen ihn. Auf die ‚Praefatio' nahm Pfefferkorn beispielsweise in der lateinischen ‚Defensio' unmittelbaren Bezug: *Impressus etiam est Mogontiae libellus contra maleficum auctore Ulrico Hutteno igne excutum,* **in cuius praefatione** *et mihi et prosapiae meae immerito maledicitur* (Bl. M 3). Im späteren ‚Streitbüchlein' (1516),[70] das zur Frühjahrsmesse 1517 erschien, bezog er sich mit sarkastischem Ton dann sogar auf den *Illusory-Truth-Effect* in Bezug auf Huttens ‚Exclamatio' und ihre vielen erschienenen Auflagen: *nun hat zu dem yrsten Udalricus von Hutten zu vill unerlichen geschryben vnnd mit vyll anereden scheltworten auslassen drucken vnnd dar nach der blint anhanck obscurorum virorum felschlichen ussgeworffen, das ich sey der man vnd darnach sey es mein broder gewest* (Bl. E 4b).

Pfefferkorn warf Hutten also vor, ihm schon vor dem Erscheinen der berüchtigten ‚Dunkelmännerbriefe' Ende Oktober 1515 mit einer Vielzahl von Schmähschriften *(libelli)* öffentlich zugesetzt und dadurch erst die Agitation gegen ihn losgetreten zu haben.[71] Und er hatte Recht. Das Ausmaß an Gewaltdrohungen und Eskalation wurde durch eine Welle invektiver Kommunikation natürlich begünstigt, entscheidend war jedoch vielmehr ihre Funktion in Bezug auf die Gruppenbildung und die Gruppenzugehörigkeiten der gelehrten Elite. Das ungeheure Entgrenzungs- bzw. Distinktionspotential von Invektiven entlud sich in der Folge des Konflikts dann am deutlichsten in den humanistischen Angriffen gegen Pfefferkorns Unterstützer.

---

[69] Siehe hierzu auch aktuell in der Presse: Sebastian HERMANN, Psychologie: In den Kopf gehämmert, in SZ 1. Juli 2019: https://www.sueddeutsche.de/wissen/psychologie-in-den-kopf-gehaemmert-1.4507778 (22.06.2021); vgl. auch Christian UNKELBACH, Reversing the Truth Effect. Learning the Interpretation of Processing Fluency in Judgments of Truth, in: Journal of Experimental Psychology. Learning memory and cognition 33,1 (2007), S. 219–230; Eryn J. NEWMAN u. a., Truthiness, the illusory truth effect, and the role of need for cognition, in: Consciousness and Cognition 78 (2020); Lisa K. FAZIO u. a., Knowledge does not protect against Illusory Truth, in: Journal of Experimental Psychology 144,5 (2015), S. 993–1002; Jonas DE KEERSMAECKER u. a., Investigating the robustness of the illusory truth effect across individual differences in cognitive ability, need for cognitive closure, and cognitive style. Personality and Social Psychology Bulletin 46 (2020), S. 204–215.

[70] Streydt puechlyn | vor dy warheit vnd eyner warhafftiger historie Joan | nis Pfefferkorn Vechtende wyder den falschen Broder | Doctor Joannis Reuchlyn vnd syne jungernn [...]. [Köln: Heinrich v. Neuß], 1516. VD 16, P 2319, in: KÖHLER (1996), Nr. 3717. Vgl. KIRN (2013), Sp. 440.

[71] Vgl. GRIMM (1956), S. 249.

2.2 Die ‚Epistolae obscurorum virorum' (‚Dunkelmännerbriefe', 1515–17): Beobachtungen zur Technik der invektiven Asymmetrisierung

Die ‚Epistolae obscurorum virorum (EOV)'⁷² könnte man in der Tat als den satirischen Höhepunkt der Reuchlin-Kontroverse bezeichnen. Der Titel, selbst schon eine Invektive, soll auf eine Anthologie bekannter Humanisten des Reuchlin, die ‚Clarorum virorum epistolae' (‚Briefe berühmter Männer')⁷³ von 1514 kontrastierend anspielen.⁷⁴ Die erste Ausgabe der zweibändigen Invektive erschien im Herbst des Jahres 1515 anonym, im Frühjahr 1517 kam der zweite Teil der Sammlung dann auf den Markt. Der Kolophon weist uns mit dem Namen des venezianischen Druckers, des humanistisch gesinnten Aldus Manutius, zwar mit der berühmten Offizin einen fingierten Druckort aus, der aber eigentlich nur als bloßer Scherz verstanden werden kann, da dadurch natürlich der Eindruck erweckt werden sollte, die Humanisten würden hinter dieser Sache stecken. Dass Hutten zu den hauptverantwortlichen Autoren der ‚EOV' zählte, konnte die Forschung bereits hinreichend herausarbeiten.⁷⁵ Die ersten 41 (+7) Briefe und die 62 Briefe des zweiten Teils sind allesamt an den Kölner Ortwin Gratius (gest. 1542)⁷⁶ gerichtet, der dadurch zum Hauptobjekt des Spotts wur-

---

⁷² Teil 1: Epistolae obscurorum virorum ad venerabi|lem virum Magistrum Ortuinum Gratium Dauentriensem | Coloniae Agrippinae bonas litteras docentem: | varijs et locis et temporibus missae: | ac demum in volumen | coactae. | (Am Ende:) In Uenetia impressum in impressoria Aldi Minutij: [...]. [Hagenau: Heinrich Gran, 1515]. VD 16, E 1720; Teil 1 mit Appendix: Epistole obscurorum virorum ad Vene|rabilem virum magistrum Ortuinum Gratium Dauentriensem Co|lonie agrippine bonas litteras docentem: varijs et locis et tempo|ribus misse: ac demum in volumen coacte. | Cum multis alijs epistolis in fine | annexis que in prima impres|sura non habentur. [...] [Speyer: Jak. Schmidt, 1516]. VD 16, E 1722; Teil 2: Epistole Obscurorum virorum ad Magistrum Ortuinum | Gratium Dauentriensem Colonie latinas litteras pro|fitentem non ille quidem veteres et prius visae: sed et novae et illis prioribus | Elegantia argutijs lepore ac venustate longe superiores. | [...] (Am Ende:) Quinta luna Obscuros viros edidit. Lector | Solue nodum et ridebis amplius. | Impressum Romanae Curiae [...]. [Speyer: Jak. Schmidt, 1517]. VD 16, E 1723. Die weiteren Drucke bei BÖMER 1, S. 107–112; BENZING (1956), Nr. 239–252; VD 16, E 1720–1729, in: BÖCKING, Suppl. I u. II, 1864–1870 (ND 1966); vgl. BÖMER 1, Einführung, S. 5–105; Übs. bei: Karl RIHA (Hg.), Dunkelmännerbriefe an Magister Ortuin Gratius aus Deventer = Epistolae obscurorum virorum, Frankfurt a. M. 1991.
⁷³ Clarorvm Virorvm epistolae | latinae graecae & hebraicae uariis temporibus missae | ad Ioannem Reuchlin Phorcensem | LL. doctorem. Tübingen: Thomas Anshelm, 1514. VD 16, R 1241.
⁷⁴ Vgl. Walther LUDWIG, Der Humanist Ortwin Gratius, Heinrich Bebel und der Stil der Dunkelmännerbriefe, in: Gerlinde HUBER-REBENICH u. Walther LUDWIG (Hgg.), Humanismus in Erfurt (Acta Academiae Scientiarum 7; Humanismusstudien 1), Rudolstadt u. a. 2002, S. 131–160, hier bes. S. 153–155.
⁷⁵ Vgl. Walther BRECHT, Die Verfasser der Epistolae obscurorum virorum, Straßburg 1904, nach dem Crotus Rubeanus den ersten Teil und Ulrich von Hutten den zweiten Teil verfasst habe. HAHN (1989), S. 79–111; THUMFART (2002), S. 184–220.
⁷⁶ Zu Gratius' Person vgl. Walther LUDWIG, Der Humanist Ortwin Gratius, in: Walther LUDWIG, Miscella Neolatina. Ausgewählte Aufsätze 1989–2003, Bd. 2, hg. v. Astrid STEINER-WEBER, Hildesheim, Zürich u. New York 2004, S. 572–608.

de.⁷⁷ Gratius hatte nämlich, obwohl er auch von seinen Zeitgenossen zu den Humanisten gezählt wurde, früh für Pfefferkorn und gegen Reuchlin Partei ergriffen und einige von Pfefferkorns Schriften ins Lateinische übersetzt.⁷⁸

> [Der Kölner Poetikprofessor Gratius] wird auf diese Weise zum Haupt einer ‚obskuren' Sodalitas stilisiert, die das Feindbild der realen Autoren verkörperte. Ihre Mitglieder sind Gegner des Humanismus im Allgemeinen und Reuchlins im Besonderen, sie repräsentieren die scholastische Tradition und das kirchliche Establishment. Die Anhänger des Ortwin-Kreises erweisen sich durch den Inhalt ihrer Briefe und vor allem auch durch ihre Sprache als gänzlich ungebildet und moralisch fragwürdig, ohne sich dessen bewusst zu sein. Ihre moralischen Missstände werden in den fingierten Briefinvektiven anhand von akademischen Quisquilien, studentischen Besäufnissen und erotischen Fehltritten humoristisch karikiert.⁷⁹

Wie im Vorbild der ‚Berühmten Männer' imaginieren sie eine ‚Freundschaftskorrespondenz', wie sie die Humanisten in ihren Sodalitäten pflegten, mit dem Unterschied, dass sie die scholastisch gesinnten Adressaten, die ‚Dunkelmänner', mit ihrem verballhornten ‚Dunkelmännerlatein',⁸⁰ einem scholastischen Latein voller Solözismen, Barbarismen und Germanismen, bloßstellen sollen.⁸¹ Ziel der Satire⁸² war es aber nicht nur, den Leser zum Lachen, sondern zum gemeinsamen Lachen über jemand anderen anzuregen.⁸³ Sie sollten eine ‚Lachrespektive Schmähgemeinschaft' gegen die stilisierten Widersacher bilden.⁸⁴ Besonders dienlich bei der ‚Selbstentlarvung' der Gegner ist freilich die Technik der mimetischen Satire:⁸⁵ *Barbare ridendi barbaros*⁸⁶ könnte man diese neue Formel nach Huttens Worten bezeichnen,⁸⁷ die sich im Gattungshybrid (*doing genre*)⁸⁸ der invektiven ‚Dunkelmännerbriefe' vollzieht.

Besonders wichtig ist in diesem Kontext auch, die Rahmung der Invektiven in die Briefgattung hervorzuheben, da Briefe als Lizenz zur Gruppenzugehörig-

---

⁷⁷ Vgl. Gerlinde HUBER-REBENICH, ‚Epistolae obscurorum virorum' (EOV, ‚Dunkelmännerbriefe'), in: VL Hum 1 (2008a), Sp. 646–658, hier Sp. 647–648.
⁷⁸ Vgl. OVERFIELD (1984), S. 273–275.
⁷⁹ Vgl. HUBER-REBENICH (2008a), Sp. 651–652.
⁸⁰ Vgl. Bengt LÖFSTEDT, Zur Sprache der ‚Epistolae obscurorum virorum', in: Mittellateinisches Jahrbuch 18 (1983), S. 271–289.
⁸¹ Vgl. Fidel RÄDLE, Die ‚Epistolae obscurorum virorum', in: Hartmut BOOCKMANN (Hg.), Kirche und Gesellschaft im Heiligen Römischen Reich des 15. und 16. Jahrhunderts (Abhandlungen der Akademie der Wissenschaften in Göttingen. Philologisch-Historische Klasse. Folge 3, 206), Göttingen 1994, S. 103–115, hier S. 105.
⁸² Unter Satire wird eine literarische Schreibart verstanden, bei der der Angegriffene durch karikierende Darstellung bloßgestellt wird. Vgl. KÖNNEKER (1991), S. 105.
⁸³ Vgl. RÖCKE/VELTEN (2005); SEEBER/COXON (2010).
⁸⁴ Vgl. BECKER (2012) in Anlehnung an: Werner RÖCKE u. Hans R.VELTEN, Einleitung, in: RÖCKE/VELTEN (2005), S. IX–XXXI.
⁸⁵ Vgl. BECKER (2012), S. 167; KÖNNEKER (1991), S. 105.
⁸⁶ Vgl. BECKER (2012), S. 182.
⁸⁷ Vgl. HAHN (1989), S. 86–87, Hutten an Richard Crocus, 9. August 1516, Bologna, in: BÖCKING I, S. 123–124, hier S. 124.
⁸⁸ Mehr dazu in Kapitel IV.

keit der Humanisten wahrgenommen wurden. „Briefe auszutauschen, ist ein Initiationsritus in die Welt des Humanismus; nur wer anerkannte Humanisten zu seinen Briefpartnern zählen konnte, konnte darauf hoffen, selbst als Humanist Anerkennung zu finden."[89] Gratius selbst hat auf die Anschuldigungen bereits 1518 öffentlich mit seinen ‚Lamentationes obscurorum virorum'[90] reagiert, wo er erkennen lässt, dass er eigentlich über formidable Lateinkenntnisse verfügt.[91] Nicht von ungefähr war er beispielsweise mit Erasmus befreundet,[92] der sich über die eigene Verunglimpfung durch die ‚Dunkelmännerbriefe' aber wohl derart echauffiert zeigte, dass er mit Hutten Anfang der 1520er brach.[93]

Die Vorwürfe, die die Humanisten den Gegnern machten, lassen sich wie folgt beschreiben: Erstens schreiben und reden sie das spätmittelalterliche, unkultivierte Latein. Zweitens lesen sie die falschen Bücher, nämlich die trostlosen Schulbücher des Mittelalters. Schließlich reimen sie drittens auf lateinisch, wobei die Quantitäten der Silben in keiner Weise der klassischen Metrik entsprechen.[94] Insgesamt lässt sich jedoch festhalten, dass die ‚EOV' in ihrer politischen Wahrnehmung schnell vergessen waren. So ist eine weitere Auflage erst im Jahre 1556 in den Druck gegangen, die zumindest „vereinzelt literarisches und schulisch-antiquarisches Interesse" fand.[95] Die ‚EOV' spannen mit ihren vielen Einzelbriefen einen weiten Gattungsbogen: von der witzigen Posse über die Parodie bis hin zu Antiromkritik bzw. der scharfen persönlichen Anfeindung. Von Hutten stammt hauptsächlich der zweite Teil der Briefsammlung und wohl der Appendix von sieben Briefen, der in der dritten Auflage von 1516 beigefügt wurde.[96] Nicht von ungefähr scheint der zweite Teil der Sammlung auch wesentlich polemischer und romkritischer.[97]

Die ‚EOV' sollten jedoch freilich nicht nur symbolisch zum gemeinsamen Lachen und Schmähen anstiften, sondern auch faktisch. Die Gruppendynamik vollzieht sich auf zwei Ebenen: Zum einen wird eine strikte Grenzlinie zwischen alter (Scholastik, Disputationsliteratur etc.) und neuer Wissensordnung

---

[89] Vgl. DE BOER (2016a), S. 576–577, mit reichlich Lit.; Zitat ebd., S. 576.
[90] Vgl. die Erläuterungen in Kapitel III.2,2.
[91] Vgl. RÄDLE (1994), S. 105.
[92] Vgl. Erich MEUTHEN, Die Epistolae virorum obscurorum, in: Walter Brandmüller (Hg.), Ecclesia Militans. Studien zur Konzilien- und Reformationsgeschichte. Remigius Bäumer zum 70. Geburtstag gewidmet, Bd. 1: Konziliengeschichte, Paderborn u. a. 1988, S. 53–80, hier S. 78.
[93] Vgl. BECKER (2012); Heinz HOLECZEK, Hutten und Erasmus: ihre Freundschaft und ihr Streit, in: Peter LAUB (Hg.), Ulrich von Hutten: Ritter, Humanist, Publizist 1488–1523; Katalog zur Ausstellung d. Landes Hessen anlässlich des 500. Geburtstages [Ausstellung in Schlüchtern vom 3. Juli bis zum 11. September 1988], Melsungen 1988, S. 321–336.
[94] Vgl. RÄDLE (1994), S. 111–112.
[95] RÄDLE (1994), S. 114.
[96] Vgl. MEUTHEN (1988), S. 53.
[97] Der Druckvermerk des zweiten Teils lautet *Impressum Romane Curie*. Er sollte also suggerieren, dass die Briefe von der päpstlichen Druckerei ausgegangen seien.

(Humanismus, Rhetorik etc.) gezogen und werden damit fingierte Gegner zu identitätsstiftenden Feinden erklärt. Zum anderen wird durch die in lateinischer Sprache verfassten Briefe natürlich nur ein kleiner Kreis von Gelehrten und Klerikern angesprochen, darunter aber vor allem die humanistische Corona, die durch die invektive Rhetorik aktiviert und mobilisiert werden sollte, Partei zu ergreifen. Besonders deutlich sieht man das anhand der öffentlichen Parteinahme der Erfurter Sodalität um den berühmten Mutianus Rufus (gest. 1526)[98] für Reuchlin im Kontext der Veröffentlichung der ‚EOV'.[99] Der Name Reuchlin avancierte damit zur ‚Ehrenbezeichnung', er selbst wurde zur ‚Integrationsfigur' für einen Teil der deutschen Humanisten, was man, soziologisch gesehen, wohl als ‚Labeling'[100] verstehen kann.[101] Möglicherweise kann hier auch die Ursache für den besonderen Eifer und die Schärfe der Auseinandersetzung insgesamt gefunden werden. Um die invektiven Dynamiken der vielbeachteten ‚EOV' aber genauer beschreiben zu können, sollen zunächst nun die Textkonstellationen anhand einiger Textbeispiele herauspräpariert werden.

Beginnen wir nun mit dem Text. Zunächst fällt auf, dass eine Vorrede oder Ähnliches fehlt. Der anonyme Erstdruck des Jahres 1515 erschien nicht in Venedig, wie auf dem Kolophon im Druck angegeben, sondern in Hagenau im Unterelsass bei Heinrich Gran.[102] Doch wer aber sind diese ‚Dunkelmänner'? Bei den 41 fingierten Briefschreibern des ersten Bandes handelt es sich, mit der Ausnahme eines Briefes (EOV, I, 34), um lateinische Namensspiele.[103] Besonders humorvolle Namenbildungen wie Matthäus ‚Honiglecker' (*Mellilambius*; EOV I, 16), Nicolaus ‚Ziegenmelker' (*Caprimulgius*; EOV I, 6), Paulus ‚Daubengigelius' (,Taubstummer Simpel'; EOV I, 24)[104] oder Konrad ‚Tollkopf'

---

[98] Fidel RÄDLE, Art. Mutianus Rufus, Conradus (Konrad Muth), in: VLHum 2 (2013), Sp. 377–400; Eckhard BERNSTEIN, Mutianus Rufus und sein humanistischer Freundeskreis in Gotha (Quellen und Forschungen zu Thüringen im Zeitalter der Reformation 2), Köln 2014.

[99] Vgl. Fidel RÄDLE, Reuchlin und Mutianus Rufus, in: Wilhelm KÜHLMANN (Hg.), Reuchlins Freunde und Gegner. Kommunikative Konstellationen eines frühneuzeitlichen Medienereignisses (Pforzheimer Reuchlinschriften 12), Ostfildern 2010, S. 193–212; Christoph FASBENDER (Hg.), Conradus Mutianus Rufus und der Humanismus in Erfurt, Gotha 2009.

[100] Michael DELLWING, Das Label und die Macht. Der Etikettierungsansatz von Pragmatismus zur Gesellschaftskritik und zurück, in: Kriminologisches Journal 41 (2009), S. 162–178; Erving GOFFMAN, Stigma. Über Techniken der Bewältigung beschädigter Identität, Frankfurt a. M. 2003; Lorena SCHULZ, Kriminalsoziologische Untersuchungen. Der Labeling-Ansatz und die gegenwärtige Kriminologie der Gewalt, in: Freia ANDERS u. Ingrid GILCHER-HOLTEY (Hgg.), Herausforderungen des staatlichen Gewaltmonopols. Recht und politisch motivierte Gewalt am Ende des 20. Jahrhunderts, Frankfurt a. M. 2006, S. 161–197.

[101] Vgl. BERNSTEIN (2010), S. 309.

[102] Vgl. BENZING (1956), S. 134–141.

[103] Besonders erhellend ist hierbei der Kommentar bei BÖMER 1, ab S. 21.

[104] Vgl. LEXER (1862), Sp. 114.

(Dollenkopfius; EOV I, 28)[105] lassen sofort das Spracharsenal des eigentlich innerhumanistischen Agons erkennen, da Wortspiele mit den Namen der Kontrahenten oder die Verwendung von Tiermetaphorik zum invektiven Basisinventar der Humanisten bzw. zum Alltag der gelehrten Auseinandersetzung gehörten.[106] Diese ‚Dunkelmänner' sind zunächst vorwiegend im deutschsprachigen Raum nördlich der Alpen zu verorten. Im zweiten, maßgeblich von Hutten verfassten Band, lässt sich dann auch die zweite, antirömische Stoßrichtung der Textsammlung erkennen. Dabei treten sogar namhafte historische Gelehrte auf, die ebenfalls durch ihr philologisches Ungeschick zum (Aus-)Lachen anregen sollen. So urteilte Hutten kurz vor seinem Tode in der ‚Expostulatio' (‚Herausforderung', 1523) an Erasmus[107] noch einmal sich selbst bestätigend, dass der niederländische Gelehrte voll des Lobes in Bezug auf die Entstehung der ‚EOV' gewesen sei und sogar vor der Drucklegung noch einige Abschriften nach Frankreich und England gesandt hätte.[108] Vor allem aber durch die Per-

---

[105] Draufgänger, Hallodri.
[106] Vgl. BÖMER 1, S. 22–24 mit Beispielen.
[107] Vlrichi ab | Hutten | cum | Erasmo Roterodamo, Presbytero, Theologo, | Expostulatio. [Straßburg: Joh. Schott, 1523]. VD 16, H 6313; BENZING (1956), Nr. 186, weitere Drucke ebd., Nr. 187–189; in: BÖCKING II, S. 180–248 (synoptisch mit der dt. Übs.); engl. Übs.von Randolph J. KLAWITER, The Polemics of Erasmus of Rotterdam and Ulrich von Hutten, Notre Dame u. London 1977. Mehr zu dieser Auseinandersetzung siehe die Ausführungen in Kapitel III.3 dieser Arbeit.
[108] *Fuit autem huiusmodi: Cum natæ essent Obscurorum epistolæ, maximeomnium laudabas et applaudebas, authori prope triumphum decernebas, negabas unquam excogitatam compendiosiorem illos insectandi viam, hanc demum optimam esse initam rationem* **barbare ridendi barbaros**. *itaque gratulabaris hanc nobis felicitatem. et cum nondum excusæ essent nugæ, tua manu quasdam describebas, ut amiculis (inquiens) meis in Angliam et Gallias mittam'. Paulo post cum vehementer commotam cerneres universam theologistarum colluvionem ac furere ubique irritatos crabrones et perniciem deminari, trepidare mox coepisti et nequa in te suspitio daret se, quod vel author ipse esses vel inventum certe probares, scripsisti epistolam eodem illo candore tuo Coloniam, qua volebas prævenire famam, ac omnino præ te ferebas, quasi qui illorum dolores vicem, et cui valde displiceret res, multa interim et in ipsum negocium et in authores increpans. Hoc tum inimicis nostris telum dabas contra nos acerrimum; sed erat hæc animi tui imbecillitas, quæ constantem esse non sinebat* (Es verhielt sich aber folgendermaßen: Als die EOV entstanden waren, lobtest du sie applaudierend am meisten von allen; dem Verfasser sprachst du beinahe einen Triumph zu, stelltest fest, dass noch niemals ein geeigneterer Weg gefunden worden sei, um jene zu verhöhnen, die gewählte Methode schließlich sei die beste, die Barbaren barbarisch auszulachen. Deshalb gratuliertest du uns zu diesem glücklichen Erfolg, und als diese Kleinigkeiten noch nicht gedruckt waren, schriebst du eigenhändig einige ab mit den Worten: ‚um sie meinen Freunden nach England und Frankreich zu schicken.' Als Du wenig später jedoch merktest, dass die ganze Theologenschwemme sehr in Aufruhr war und wütete und überall mit aufgescheuchten Wespen und Verderben drohte, da hast du bald ängstlich zu wanken begonnen und hast, damit kein Verdacht auf dich fiel, dass Du selbst der Autor seist oder den Plan billigtest, in deiner ganzen Unschuld den Brief nach Köln geschrieben, womit du dem Gerücht zuvorkommen wolltest. Auch hast du dir den Anschein gegeben, als ob du jene (Theologen) bedauertest und dir die Sache sehr missfiele, wobei du inzwischen sehr über das Unterfangen selbst und die Autoren schimpftest. Damals gabst Du unseren Feinden eine äußerst scharfe Waffe gegen uns in die Hand; aber das war

siflage der scholastischen Disputationskultur[109] werden die bisher etablierten
Autoritäten wirksam ins Lächerliche gezogen. Das Lachen scheint sowieso in
den Gesamttext eingeschrieben zu sein, wie uns auch das knappe Vorwort des
zweiten Bandes (1517) gleich zu Beginn des Druckes verrät:

,AD LECTOREM'
Risum Heraclitae[110] est, vasti ridere parati
Arida mutarunt pectora Stoicidae.[111]
Da mihi tristem animum, ferales obiice luctus:
Dispeream, nisi mox omnia risus erunt
Exerce pulmonem![112]

,An den Leser'
Selbst Heraklit hat gelacht, selbst dieser Griesgram machte sich zum Lachen bereit,
sodass selbst die Stoiker ihre staubtrockene Brust wieder in Bewegung brachten.
Gib mir ein trauriges Gemüt, wirf mir Totengeläut in den Weg:
Ich möge tot umfallen, wenn nicht gleich alle sofort ins Lachen verfallen.
Übe nun das Zwerchfell! [MK]

In den ,EOV' wird Ortwin Gratius insgesamt durch kühne Fiktion mit einem
weit verästelten Freundeskreis in Verbindung gebracht, wobei unter den ,Dunkelmännern' auch Neuigkeiten und gemeinsamer Tratsch ausgetauscht werden,
also ganz genauso, wie es die humanistische Sodalität vorgibt. Hier wird jedoch eine Partei um Johannes Pfefferkorn inszeniert, dessen Pamphlete in
den Texten immer auch wieder thematisiert werden.[113] Auf der anderen Seite
formieren sich folglich die Humanisten, die *viri clari*, als ebenso unverbrüchliche Einheit um den Pforzheimer Hebraisten Reuchlin.[114] Dieser Antagonismus
konnte innerhalb der Briefkonstellationen nur durch Hass und Geringschätzung der ,Dunkelmänner' gegenüber der neuen humanistischen Bildungsrichtung gezeigt werden, was für die Humanisten im Text selbst natürlich Ehre
und Anerkennung der verschiedenen *peer groups* bedeutete. Die Imagination,
dass sich eine Fremdgruppe fundamental von der eigenen abgrenzt und als

---

die Schwäche deines Charakters, die dich nicht standhaft bleiben ließ); in: BÖCKING II, S. 198; Übs. nach BECKER (2012), S. 181–182.
[109] Marion GINDHART (2010); TRANINGER (2012); KNOCH-MUND (1997).
[110] Heraklit (Ἡράκλειτος) war ein berühmter griechischer Philosoph aus der Stadt Ephesus (ca. 500 v. Chr.), bes. bekannt durch seine trübe Ansicht vom menschlichen Leben (man sagte von ihm, er weine immer, wie von Demokrit, er lache immer). Seine Schriften, die er im Dianatempel zu Ephesus niederlegte, waren außerordentlich dunkel. In der Natur nahm er zwei Grundkräfte an, den Streit (ἔρις, sonst νεῖκος) und die Einigkeit (ἁρμονία oder φιλία), in: Cic. de div. 2, 133; de fin. 2, 15. Vgl. GEORGES 1 (1913), Sp. 3032.
[111] Stoicida, ae, m., verächtlich von wollüstigen lasterhaften Philosophen, die sich für Stoiker ausgeben, Iuven. 2, 65. Vgl. GEORGES 2 (1918), Sp. 2811.
[112] BÖMER 2, S. 120.
[113] Vgl. BÖMER 1, S. 33. Auch Jakob von Hoogstraeten und Arnold von Tongern finden freilich spöttische Erwähnung (ebd., S. 34–35).
[114] Vgl. KÖNNEKER (1991), S. 115–118.

ungleichwertig angesehen wird, führt zu einer ‚Legitimierung von Ungleichbehandlung'.[115] Es wird, soziologisch gesehen, ‚Othering' betrieben.[116] So treten die Humanistengemeinschaft auch bspw. als *facultas poetarum* (EOV I, 25),[117] die Humanisten als *poetae moderni* oder *poetae saeculares* auf.[118] Neben den *poetae* dienen den Obskuren auch die *iuristae* als ideales Feindbild (EOV I, 5). Sie seien ihnen deshalb ein Dorn im Auge, weil sie in roten Stiefeln und Schauben von Marderfell einhergingen und den Magistern nicht die gebührende Reverenz erwiesen.[119] An der Spitze der neuen Bewegung stehe kein anderer als Reuchlin, der ja selbst Jurist war, und die Liste seiner Anhänger ist lang.

Sie werden in Epistel EOV II, 9[120] von einem erdachten Magister Philipp Schlauraff ausführlich in einem aus holprigen Binnenreimen erdichteten *carmen rithmicale* beschrieben.[121] Dieser Obskurus habe von den Theologen den Auftrag erhalten, die deutschen Universitäten zu bereisen, um Propaganda gegen Reuchlin zu machen. Dabei beginnt er mit den Wittenberger Poeten Balthasar Phaccus sowie Philipp Engelbrecht (gest. 1528).[122] Danach geht es, unter Nennung zahlreicher prominenter Humanisten, weiter nach Rostock,[123]

---

[115] Andreas ZICK, Sozialpsychologische Diskriminierungsforschung, in: Albert SCHERR, Aladin EL-MAFAALANI u. Gökçen YÜKSEL (Hgg.), Handbuch Diskriminierung, Wiesbaden 2017, S. 61.

[116] Sune Q. JENSEN, Othering, identity formation and agency, in: Qualitative Studies 2, 2 (2011), S. 63–78; Julia REUTER, Ordnungen des Anderen. Zum Problem des Eigenen in der Soziologie des Fremden, Bielefeld 2002; Stephen H. RIGGINS, The Rhetoric of Othering, in: DERS. (Hg.), The Language and Politics of Exclusion – Others in Discourse, Thousand Oaks 1997, S. 1–31; Stuart HALL, The Spectacle of the ‚Other', in: DERS. u. a. (Hgg.), Representation, London 2013, S. 215–287; DERS., The Fateful Triangle. Race, Ethnicity, Nation, Cambridge MA 2017.

[117] BÖMER 2, S. 45.

[118] Vgl. BÖMER 1, S. 44.

[119] BÖMER 2, S. 14: *Sed alias sum inimicus iuristarum, quia vadunt in rubeis caligis, et in mardaris schubis, et non faciunt debitam reverentiam magistris, et magistris nostris*. Besonders witzig ist auch der Beiname, den Hoogstraeten erhält: *Hochstratus est frater casearius* (‚Käsebruder', ebd.).

[120] Vergleichbar mit der Dichterschau in Huttens Querelae II, 10 (‚Ad Poetas Germanos'). Siehe Kapitel VI.1,3 (Anhang) dieser Arbeit.

[121] Vgl. Eckhard BERNSTEIN, Creating Humanist Myths. Two poems by Ulrich von Hutten, in: Alexander DALZELL (Hg.), Acta Conventus Neo-Latini Torontonensis (Medieval and Renaissance texts and studies 86), Birmingham 1991, S. 249–260; Winfried FREY, Multum teneo de tali libro. Die Epistolae Obscurorum Virorum, in: Peter LAUB (Hg.), Ulrich von Hutten. Ritter, Humanist, Publizist 1488–1523 (Katalog zur Ausstellung des Landes Hessen anläßlich des 500. Geburtstages), Melsungen 1988, S. 197–210, hier ab S. 1; DE BOER (2016a), S. 1054–1057.

[122] Vgl. Dieter MERTENS, Art. Engelbrecht, Philipp, in: VLHum 1 (2008), Sp. 641–546.

[123] In den nachfolgenden Anmerkungen sollen kurz die Personen vorgestellt werden, welche im ‚Carmen rithmicale' genannt werden und mit denen Hutten sich zu verbrüdern gedachte: Hermann von dem Busche (*Hermannus Buschius*). In: BÖMER 2, S. 105.

Greifswald,[124] Frankfurt O.,[125] über Wien[126] nach Ingolstadt,[127] Nürnberg[128] und Leipzig,[129] dann nach Erfurt,[130] Meißen,[131] ins Erzgebirge,[132] weiter nach Franken,[133] Huttens Heimat, und nach Württemberg, Reuchlins Heimat.[134] Im

---

[124] BÖMER 2, S. 105: *Et ivi ad Gripswaldiam, quae habet modicam companiam* (Nun ging ich nach Greifswald, wo es wenig gesellig ist). Freilich soll dieser Vers auf die Auseinandersetzung zwischen Hutten und den Greifswalder Patriziern anspielen, wo sich der Humanist schon einmal in einer Dichterschau positioniert hatte.

[125] Hermann Trebellius (*Hermannus Trebellius*, aus Thüringen, Professor der Rhetorik und später der Rechte), die Gebrüder Johannes und Alexander v. d. Osten (*duo Osthenii*, Pommersche Edelleute und Freunde Huttens, beide Zitate BÖMER 2, S. 105).

[126] Georg Tannstetter (*Collimitius rector*, war 1512 Rektor in Wien); Joachim Watt (*Ioachimus Vadian*, berühmter Gelehrter aus St. Gallen, Schüler d. Conrad Celtis); Johannes Cuspinian (*Cuspinianus*, bedeutender Humanist in Wien, von Maximilian I. zum *poeta laureatus* gemacht). In: BÖMER 2, S. 105; vgl. weiterhin BINDER (1964), S. 140–141.

[127] Jakob Locher (*Philomusus*, Humanist, Dramatiker u. Übersetzer). Zu ihm Willhelm KÜHLMANN u. Rüdiger NIEHL, Art. Locher (Philomusus), Jakob, in: VLHum 2 (2013), Sp. 62–86; Franz FUCHS, Götter und Heilige. Zur Frömmigkeit des Ingolstädter Humanisten Jakob Locher Philomusus (1471–1528), in: Berndt HAMM u. Thomas KAUFMANN (Hgg.), Wie fromm waren die Humanisten? (Wolfenbütteler Abhandlungen zur Renaissanceforschung 33), Wiesbaden 2016, S. 247–260.

[128] Willibald Pirckheimer (*Pirckheymer*, BÖMER 2, S. 105).

[129] Richard Crocus, ‚Der Engländer' (*Richardus Crocus* [...] *Anglicus*, englischer Humanist, der seit 1513 v. a. in Paris und Köln studiert hatte und zwischen 1515 u. 1517 Griechisch in Leipzig lehrte); Petrus Musellanus (*Mosellanus*, Griechisch-Professor in Leipzig). In: BÖMER 2, S. 106.

[130] Peter Eberbach (*Aperbachius*, Humanist u. Professor der Medizin in Erfurt), Eoban Hesse (*Eobanus Hessus*, evangelischer Humanist und Dichter in Erfurt), Crotus Rubeanus (*Crotus Rubeanus*, Mitglied der Erfurter Sodale, Freund Huttens und Mitverfasser der ‚EOV'), Mutianus Rufus (*Mutianus Ruffus*, ‚Oberhaupt' d. Erfurter Sodale). In: BÖMER 2, S. 106.

[131] Johannes Rack (*Aesticampianus*, Theologe u. Humanist, lehrte u. a. in Basel, Mainz, Frankfurt a. O., Leipzig, Paris, Köln, Cottbus, Freiberg und Wittenberg). Zu diesem vgl. Susann EL KHOLI, Rhagius (eigentl. sorb. Ra[c]k ‚Krebs'), Johannes, aus Sommerfeld/Niederlausitz (daher auch: *Aesticampianus, Lusatius*), in: VLHum 2 (2013), Sp. 639–656; Georg Spalatin (*Spalatinus*). In: BÖMER 2, S. 106.

[132] Jodokus Sturlin ([Johannes] *Sturnus*, Humanist aus Schmalkalden, Freund d. Celtis). In: BÖMER 2, S. 106.

[133] BÖMER 2, S. 106: *Ubi est fluvius Moenus; ibi Ulrichus Huttenus* (Dort, wo der Main fließt, dort kommt Ulrich von Hutten her).

[134] Er trifft zunächst den berühmten Konrad Peutinger (*Conradus Beutinger*) in Augsburg, anschließend kommt er an Stuttgart vorbei, wo ‚Reuchlin der Ketzer' wohne (*Tunc praeterivi Studgardiam, quia habet ibi stantiam / Reuchlin, ille gaereticus, qua fuit mihi suspectus*). In Tübingen findet er die besonders ‚verächtlichen' Philipp Melanchthon (*Philippus Melanchtonius*), Heinrich Bebel (*Bebelius*, Rhetorik-Professor in Tübingen), Johannes Brassicanus (*Ioannes Brassicanus*, Leiter der Tübinger Lateinschule [1509]) u. Paul Gereander (*Paulus Vereander*, Widmungsträger von Melanchthons Terenzausgabe u. Korrektor beim Drucker Thomas Anshelm) vor. In: BÖMER 2, S. 107.

Anschluss folgen Straßburg,[135] Schlettstadt,[136] Hagenau,[137] Freiburg i. Br.,[138] Basel,[139] Mainz,[140] ehe Schlauraff endlich wieder sein geliebtes Köln erreicht, wo er sich sogleich auf einen Spaziergang am Rhein begibt. Vom Rheinufer aus sieht er dann ein Schiff, auf dem er den bekannten Franziskaner Thomas Murner (gest. 1537)[141] zu erkennen glaubt.[142] Es ist bemerkenswert, dass sich die Stationen dieser fingierten ‚Wanderjahre' sowie die Namen der getroffenen Humanisten nahezu deckungsgleich zu Huttens eigener Biographie lesen lassen.

Wen die ‚Reuchlinisten'[143] wohl aber am deutlichsten zu ihrer Partei zählen durften, wird in den ‚EOV' ebenfalls thematisiert. So entwirft der fiktive Prediger Johannes ‚Löffelholz' (‚Coclearilgneus') in einer anderen aufschlussreichen Epistel (EOV II, 59)[144] der Sammlung eine weitere Schau renommierter Humanisten: So habe jener ‚Löffelholz' von Gratius höchstpersönlich den Auftrag erhalten, die Frankfurter Buchmesse zu besuchen. Wir wechseln in diesem Beispiel in eine Arena, die nicht nur die Literatur selbstreferentiell zum Thema macht, sie war gleichermaßen auch ein wichtiger Schauplatz in der Reuchlin-Fehde.[145] Der Obskurus ‚Löffelholz' solle dort jedenfalls in Erfahrung bringen,

---

[135] Für Straßburg werden Nikolaus Gerbel (*Nicolaus Gerbellius*), Sebastian Brant (*Sebastianus Brant*) u. der Drucker Matthias Schürer (*Schurerius*) genannt. In: BÖMER 2, S. 107.

[136] In Schlettstadt treten einige der Anhänger Jakob Wimpfelings (*Wimphelingus*) auf: Jakob Spiegel (*Iacobus Spigel*), ein Neffe Wimpfelings, der Speyerer Domvikar Johannes Kierher (*Kirherus*), ein Studienfreund Michael Hummelbergs, weiterhin der Rektor der Stadtschule Johannes Sapidus (Witz), ein gewisser Storck (*Storckius*), Paul Seidensticker (*Phrygius*), Reformator aus Schlettstadt und schließlich *Beatus Rhenanus*. In: BÖMER 2, S. 107.

[137] Bezeichnenderweise wird hier in Hagenau (*Haganaw*), dem eigentlichen Druckort der ‚EOV', der Dunkelmann Schlauraff verprügelt von Johannes Setzer (*Setzerius*), damals Korrektor in der Offizin seines Schwiegervaters Thomas Anshelms, und Wolfgang Angst (*Wolffgange Angst*), Korrektor bei Heinrich Gran. In: BÖMER 2, S. 108; vgl. RESKE (2007), S. 320–323.

[138] Ulrich Zasius (*Zasius*), dessen zeitweiliger Schüler Bonifacius Amerbach (*Amorbach*). Vgl. DE BOER (2016a), S. 1057.

[139] In Basel trifft er schließlich Erasmus, dessen Verleger Froben u. Heinrich Glarean. Vgl. BÖMER 2, S. 108; DE Boer (2016a), S. 1057.

[140] „In Mainz wird er freundlich vom Domprediger Bartholomaeus Zehender [aufgenommen], stößt jedoch im Gasthaus ‚Zur Krone' als Zentrum der örtlichen Humanistengruppe mit dem Professor für Geschichte Nicolaus Fabri, dem Aesticampianusschüler Johannes Huttichius sowie dem Juristen und Zasiusschüler Konrad Weidmann und Johannes Königstein zusammen." DE BOER (2016a), S. 1057.

[141] Zu diesem vgl. Franz J. WORSTBROCK, Art. Murner, Thomas, in: VLHum 2 (2013), Sp. 299–368.

[142] Vgl. BÖMER (1924), S. 46–50.

[143] Vgl. BERNSTEIN (2010).

[144] BÖMER 2, S. 186–187.

[145] Vgl. Matthias DALL'ASTA, Paradigmen asymmetrischer Kommunikation. Disputationsliteratur im Judenbücherstreit, in: Wilhelm KÜHLMANN (Hg.), Reuchlins Freunde und Gegner. Kommunikative Konstellationen eines frühneuzeitlichen Medienereignisses (Pforzheimer Reuchlinschriften 12), Ostfildern 2010, S. 29–44, hier bes. S. 33.

wer denn die Mitverschwörer des Reuchlin gegen die Kölner Theologen seien. Nach intensiver Recherche begegnet ‚Löffelholz' dann einem Buchhändler, offenbar Johannes Froben aus Basel (gest. 1527),[146] der in der Folge ‚Dr. Murner' als Oberhaupt der Gesellschaft auszumachen weiß, der ein Werk über die Schandtaten der Dominikaner und ein zweites zur Verteidigung Reuchlins geschrieben habe.[147] Es folgen Hermann von dem Busche, Graf Hermann von Neuenahr (gest. 1530), Willibald Pirckheimer, Peter Amerbach, Richard Crocus, Vadian, Caspar Ursinus, Philipp Melanchthon, Jakob Wimpfeling, Beatus Rhenanus und Nicolaus Gerbellius, Erasmus und schließlich Ulrich von Hutten, dem sie viele Briefe schrieben und der gerade in Bologna studiere, um sich ihnen allen anzuschließen.[148] Nachdem sich die Liste, unter anderem mit Erasmus von Rotterdam und Mutianus Rufus sowie weiteren schillernden Namen, fortsetzt, so ist doch vor allem der Letztgenannte, der Erfurter Mutianus Rufus (gest. 1526) und sein Kreis zu betonen. Dieser soll nämlich, nach der Meinung eines fiktiven Erfurter Studenten, ‚der Schlimmste von allen Humanisten' (*pessimus omnium illorum*)[149] gewesen sein, da er besonders eifrig bei seinen Kollegen und Schülern in Erfurt und Gotha[150] für eine Parteinahme zugunsten Reuchlins werbe und versuche, weitere Anhänger zu mobilisieren. So schrieb Mutian beispielsweise auch an seinen Freund Petreius: *Ama Reuchliastros, contemtui habeas Arnoldistas* („Liebe die Reuchlinisten und verachte die Arnoldisten").[151] Und „nirgendwo engagierte man sich eifriger für Reuchlin

---

[146] Vgl. RESKE (2007), S. 62–63.

[147] BÖMER 2, S. 186: *Commisistis mihi, quod, quando est hic missa, tunc debeo interrogare ab omnibus kauffmannis, qui veniunt ex diversis partibus, de illa coniuratione, de qua scriptum est vobis, quia debent esse aliqui poetae et iuristae, qui fecerunt coniurationem, quod volunt Ioannem Reuchlin defender et contra theologos Colonienses et fratres Praeticatores scribere, nisi statim dimittunt praedictum Ioannem Reuchlin* (Ihr habt mir den Auftrag erteilt, wenn die hiesige Messe sei, mich bei allen Kaufleuten, welche aus verschiedenen Gegenden hierherkommen, über jene Verschwörung zu erkundigen, von der man Euch geschrieben hat. Es sollen nämlich mehrere Poeten und Juristen eine Verschwörung angezettelt haben, den Johannes Reuchlin zu verteidigen und gegen die Kölner Theologen und Dominikaner schreiben zu wollen, wenn sie nicht genannten Johannes Reuchlin auf der Stelle in Frieden ließen).

[148] *Et dixit ipse, quod scriberent litteras ad Ulrichum Huttenum, qui studet Bononiae, quod etiam debet esse unus ex eis.* In: BÖMER 2, S. 187. Vgl. Auch die Ausführungen im Kommentar bei BÖMER 1, S. 50–60.

[149] *Et quidam studens Erfordiensis, qui est mihi notus, dixit, quod non potest audire, quod aliquis nominat theologos Colonienses. Et talis studens dixit, quod vidit bene viginti epistolas illius, in quibus ipse rogat quosdam socios, quod volunt esse Reuchlinistae* (Ein Erfurter Student, den ich kenne, hat gesagt, Konrad Mutianus sei der Schlechteste unter all denen, die es mit Reuchlin halten, und ein solcher Feind der Theologen, dass er es gar nicht hören könne, wenn man die Kölner Theologen nennt. Auch sagte dieser Student, er habe wohl zwanzig Briefe von ihm gesehen, worin er gewisse Freunde bitte, Reuchlinisten zu werden. In: BÖMER (1924), S. 187; Übs. nach BERNSTEIN (2010), S. 304.

[150] Vgl. BERNSTEIN (2014).

[151] GILLERT (1890), Nr. 277.

als im Mutianischen Kreis".¹⁵² Man sah sich in Erfurt wohl alsbald selbst als ‚Speerspitze' der humanistischen Agitation gegen den Pfefferkornzirkel und die scholastischen Fakultäten. Mutian erhob man sogleich zum ‚Feldherren' (*imperator*)¹⁵³ dieser humanistischen ‚Kampftruppe' (*cohors*). Zumindest sah und inszenierte man ihn und sich auf diese Weise. Crotus Rubeanus schrieb am 25. Januar 1514 an Reuchlin und berichtete ihm von der Loyalität Mutians und seines ‚Ordens' (*Mutiani ordo*), dessen Mitglieder geeint im Lichte der gemeinsamen Sache stünden:

> Tu quoque si volueris, tibi non deerunt in respondendo auxiliatores: habes doctissimum virum Mutianum; habes totum Mutiani odrinem; sunt in eo philosophi, poetae, oratores, theologi, omnes tibi dediti, omnes pro te certare parati.
>
> Dir auch, wenn Du willst, werden bei dieser Aufgabe keine Hilfstruppen fehlen. Du hast den hochgelehrten Mutian; Du hast den ganzen Kreis des Mutian; in dem gibt es Philosophen, Dichter, Redner, Theologen, alle sind Dir ergeben, alle bereit, für Dich zu streiten.¹⁵⁴

Kehren wir nun zur Frankfurter Buchmesse in EOV II, 59 zurück, wo der Bericht ja auch nicht von ungefähr mit Mutian schließt. Eckhard BERNSTEIN hatte die Vorgehensweise an dieser Stelle der Briefsammlung schon vor einigen Jahren zutreffend mit den Methoden ‚Labeling' bzw. ‚Feindbildsetzung' etikettierend zusammengefasst und sich dabei auf die Studie von Sybil WAGENER bezogen.¹⁵⁵ Wie bereits angedeutet, waren Namensspiele unter Humanisten sehr beliebt. So nannte Mutian seine Gegner auch beispielsweise ‚Eichelfresser' (βαλανοφάγος), ‚tollwütige Hunde' (*canes rabiosi*), ‚Affengesichter' bzw. ‚Nachäffer' (*simii*), ‚Barbaren' (*barbari*) oder ‚Halb- bzw. Besserwisser' (*scioli*). Hoogstraeten verglich er mit dem römischen Tyrannen Nero, die Feinde im Allgemeinen nannte er vorwiegend ‚Arnoldisten', was sich auf Arnold von Tongern, einen der aktivsten Kölner Dominikaner in dieser Sache, beziehen soll. Die humanistischen Anhänger bezeichnete er hingegen als ‚Capnophile' bzw.

---

152 Vgl. BERNSTEIN (2010), S. 304–305, Zitat S. 305.
153 GILLERT (1890), Nr. 359: Mutian sah sich in einem Brief vom 5. April 1514 an Gregor Agricola, einen Neffen Urbans, auch schon selbst als Anführer diese Erfurter Kreises. Er bat hier zum wiederholten Male um Beistand gegen die Kölner Bettelmönche: *Ego quoque [...] minimus apostolorum contraxi satis validam manum et possum in cohorte nostra ostentare duces et principes viros et de sacris abbas et magnos Iovis epulones, ex ordine literario quasi quisdam cataphractos et antesignanos, quos agmine facto educemus [...] Nos si probaveris, te constituemus imperatorem* (Ich auch, der geringste unter den Aposteln, habe eine genügend starke Mannschaft zusammengezogen und kann in unserer Truppe Führer und bedeutende Männer, einen Abt und großartige Schmausbrüder des Jupiter [d. h. Mönche] aus unserem literarischen Kreis, gleichsam Gepanzerte und Fahnenträger vorzeigen. [...] Wenn Du einverstanden bist, werden wir Dich als Feldherrn einsetzen). Übs. nach BERNSTEIN (2010), 306.
154 Zitat und Übs. nach BERNSTEIN (2010), S. 306.
155 Sybil WAGENER, Feindbilder. Wie kollektiver Haß entsteht, Berlin 1999. Vgl. Bernstein (2010), S. 309–310.

‚Reuchlinisten', wodurch Reuchlin natürlich recht rasch zur ‚Integrationsfigur' des deutschsprachigen Humanismus dieser Zeit avancieren sollte.[156] Aus heutiger Sicht mag es sicherlich befremdlich wirken, mit welcher Intransigenz die Humanisten versuchten, ihre stilistische Eleganz zu zeigen und in öffentlichen Auseinandersetzungen zur Schau zu stellen. Doch war es für sie mehr als bloßer ‚Buchstabenkult', sondern ein sinn- und identitätsstiftendes Ritual für die eigene Gruppenzugehörigkeit. So scheint es nur folgerichtig, dass die beiden Hauptautoren Crotus Rubeanus und Ulrich von Hutten den ‚Finsterlingen' vor allem „Spracharmut, Sprachunordnung und Sprachunreinheit" unterstellten.[157]

Insgesamt lässt sich in ‚EOV I' unter den Schreibern der insgesamt 41 Texte nicht eine einzige historische Persönlichkeit nachweisen. Von den auftretenden Obskuren werden 13 als *magistri*,[158] einer als Theologieprofessor (EOV I, 23), einer als Bakkalar der Theologie (EOV I, 1), drei als Lizenziaten (EOV I, 30, 37, 38), zwei als Ordensbrüder der Dominikaner (EOV I, 28, 35) und zwei als Wilhelmiten (EOV I, 31, 36) eingeführt, während Ortwin Gratius durchgängig Briefempfänger bleibt. Bei den restlichen 13 fehlt sogar jedwede Standesbezeichnung. Die Schreiben aus den ‚EOV II' verhalten sich, mit wenigen Ausnahmen,[159] in der Folge recht ähnlich.[160] Als Kuriosum ist anzumerken, dass ein zweiter fingierter Gratius auftritt, ein angeblicher Onkel Ortwins. Natürlich fehlt auch hier die Komik nicht, wenn dieser erfundene Verwandte als Scharfrichter ausgerechnet in Halberstadt (EOV II, 62) tätig sei und somit zu einem erneuten Wortspiel einlädt.[161] Oft funktioniert der Witz respektive die Herabsetzung aber geradezu subliminal: Die Invektive, also der persönliche Angriff, findet sich tendenziell schon am Beginn der Schreiben in der Anrede, die zumeist von ‚unten herauf', also in einer asymmetrischen Kommunikati-

---

[156] Vgl. BERNSTEIN (2010), S. 309.
[157] Volker REINHARDT, Einheit und Vorrang der Kulturen. Reuchlin im Spannungsfeld von deutschem und italienischem Humanismus, in: Gerald DÖRNER (Hg.), Reuchlin und Italien (Pforzheimer Reuchlinschriften 7), Stuttgart 1990, S. 11–21, hier S. 13.
[158] Vgl. EOV I, 2, 3, 4, 7, 9 [=13, 21], 12, 14, 17, 18, 25, 29, 32, 33.
[159] Wiederholt sind bekannte Namen aus der mittelalterlichen Gelehrtengeschichte zumindest angedeutet. So weist Iohannes Holcot (EOV II, 21) auf den englischen Dominikaner Robert Holcot (gest. 1349), Philippus Mesue (EOV II, 24) auf den arabischen Arzt des 12. Jahrhunderts, Benedictus de Scocia (EOV II, 47) auf den Kölner Theologen Thomas de Scotia sowie Wilhelmus Bricot (EOV II, 54) auf den Pariser Professor Thomas Bricot hin, der u. a. Aristoteles und den Logiker Petrus Hispanus aus dem 13. Jh. kommentiert hatte.
[160] Vgl. BÖMER 1, S. 21–23.
[161] EOV II, 62: *Magister Gratius, zisaniae exstirpator, hoc est furum suspensos, proditorum quadruplicator, falsariorum et calumniatorum virgator, haereticorum combustor et multa alia, magistro Ortvino, avunculo materno, salutem dicit plurimam* (Meister Ortwin Gratius, Ausjäter des Unkrautes, das heißt Henker der Diebe, Vierteiler der Hochverräter, Auspeitscher der Fälscher und Verleumder, Verbrenner der Ketzer und vieles andere, grüßet vielmals Meister Ortwin, seinen Schwestersohn). In: BÖMER 2, S. 191; Übs. n. BINDER (1964), S. 257.

onskonstellation¹⁶² zwischen den beiden Brief- bzw. Gesprächspartnern inszeniert wird, um so bisher gängige Regeln gelehrter Streitkultur ins Lächerliche zu ziehen. Matthias DALL'ASTA hat den Disputationscharakter der gesamten Auseinandersetzung um Reuchlin und die jüdischen Bücher ja bereits konstatiert.¹⁶³ Ebenso konnten für den oberrheinischen Humanismus Phänomene der ‚Asymmetrisierung' im intellektuellen Feld beobachtet werden, die die Humanisten mittels Invektivität zu ihren Gunsten zu erreichen suchten.¹⁶⁴ In den Dunkelmännerbriefen vollzieht sich dies zweifelsohne in der Form von Herabsetzung und Humor, wenn die alten Lehrmeinungen infrage gestellt werden, die sich über viele Jahre hinweg an den Universitäten etabliert hatten.¹⁶⁵ Die *disputatio* war natürlich festen Regeln unterworfen und entfaltete sich in einem repräsentativen Rahmen,¹⁶⁶ der eines gewissen Schauwertes nicht entbehrte.¹⁶⁷ Ist das Erfolgspotential der Invektive also vor allem in seiner ‚Vielgesichtigkeit' zu erklären, wenn eine geschickt platzierte Herabsetzung, ein derber Witz die gesamte ‚logische' Argumentationsstruktur und die „gravitätische Würde des scholastischen Gelehrten zunichtemachen konnte"?¹⁶⁸ Ist es also nicht der Angriff auf die Gelehrtenehre, auf die neuerdings abgezielt werden sollte?¹⁶⁹

Am besten lässt sich diese Hypothese natürlich zeigen, wenn man einige der fingierten Schreiben durchexerziert. Da sich die Epistelstruktur insgesamt kaum verändert, erlaubt das zudem mögliche Rückschlüsse auf die Gesamtkomposition. In den ‚EOV I' meldet sich beispielsweise ein *baccalaureus*, ein gewisser Nicolaus ‚Ziegenmelker' (‚Caprimulgius', EOV I, 6), zu Wort. Dieser wendet sich in einer schmeichlerischen *salutatio* an den ehrwürdigen Magister Ortwin Gratius, den er mit ‚Eure Magistralität' und weiteren spöttelnden Titeln anspricht. Dieser Abschnitt entspricht einer *captatio benevolentiae*. Die anschließende *narratio* und die *petitio* werfen dann humoristisch die philologische Frage auf, ob es denn sinnvoll sei, die Akzente im Altgriechischen, gemeint sind Akut und Gravis, in der griechischen Grammatik anzuwenden oder sie einfach

---

[162] Vgl. DALL'ASTA (2010).
[163] Vgl. DALL'ASTA (2010), S. 32–35.
[164] Vgl. Reinhart KOSELLECK, Zur historisch-politischen Semantik asymmetrischer Gegenbegriffe, in: DERS. (Hg.), Vergangene Zukunft. Zur Semantik geschichtlicher Zeiten, Frankfurt a. M. 2006, S. 211–259.
[165] Zur Abgrenzung der Invektiven von anderen Medien und Gattungen der „Wissensverhandlung" zwischen Scholastik und Humanismus vgl. TRANINGER (2012); KUNDERT/GINDHART (2010).
[166] Vgl. Jan-Hendryk DE BOER, Disputation, quaestio disputata, in: DERS., Marian FÜSSEL u. Maximilian SCHUH (Hgg.), Universitäre Gelehrtenkultur vom 13.–16. Jahrhundert. Ein interdisziplinäres Quellen- und Methodenhandbuch, Stuttgart 2018, S. 221–254.
[167] Vgl. Martin GRABMANN, Die Geschichte der scholastischen Methode, Bd. 2, Freiburg i. Br. 1911 (ND Berlin 1988), S. 21.
[168] GRAMSCH (2021), S. 204.
[169] SCHREINER/SCHWERHOFF (1995).

wegzulassen. ‚Was soll dieser ganze Unfug?' (*Quid debent illae stultitiae?*')[170] soll Ortwin in einem Wutanfall vor sich hin gesagt haben. Er schließt mit einer *conclusio*, die Ortwins grenzenlose Weisheit preist und ihn dazu animieren soll, in seinen Gedichten eifrig für Gott und die Heilige Jungfrau zu beten.[171] Dieses Beispiel aus der ersten Ausgabe der ‚EOV' wird Crotus Rubeanus zugeschrieben. Doch auch Hutten hält sich im zweiten Teil der Sammlung an den Rahmen epistolographischer Regeln, wie EOV II, 44 zeigt,[172] wo ein nicht genauer betitelter Petrus von Worms Ortwin der Frage wegen konsultiert, was er denn von jenem Homer, dem Vater aller Poeten, und dessen ‚Ilias', der Quelle der Poetik, halte, die ihm bei seiner Bücherrecherche kürzlich in die Hände gefallen sei.[173] Von einem Notar habe er die genauen Umstände um den Fall Trojas erfahren. Der Bericht Peters an Ortwin wird jedoch an manchen Stellen deutlich ins Lächerliche gezogen, wenn es in seiner Erinnerung an das Werk heißt: „Das Geschrei habe man bis in den Himmel gehört, und einer habe einen Stein fortgeschleudert, den zwölf Männer nicht aufheben konnten, und ein Pferd habe angefangen zu sprechen und habe wahrgesagt."[174] Keinen blassen Schimmer von der Materie zu haben, unterstellt Hutten dem Obskuren hingegen nur an einer einzigen, jedoch markanten Stelle. Neben dem lateinischen soll es noch einen anderen, einen griechischen Homer gegeben haben. Der lateinische sei jedoch viel ‚besser' (*ille Latinus est melior*) gewesen. Und überhaupt, was scheren Ortwin eigentlich diese ‚griechischen Hirngespinste' (*Graecas phantasias*)?[175]

Diese Übertreibungen oder Verzerrungen sind es auch, die den komischen Gehalt der Gesamtkomposition ausmachen. Die Karikatur des *vir obscurus* als Gelehrten ist ein intelligentes satirisches, respektive inventives, Mittel, aus dem ursprünglichen Agon den notwendigen Antagonismus zu schaffen.[176] Alle im Reuchlinkonflikt entstandenen Invektiven machten ja in ihrer Gesamtheit sowieso den Anschein einer öffentlich ausgetragenen Disputation.[177] Zum ‚Schmährededuell' machten es wohl erst die scharfen Satiren, die den Humanisten vor allem dazu dienten, die eigene Gruppenzugehörigkeit zu zeigen und

---

[170] Bömer 2, S. 16.
[171] Vgl. Reinhard P. Becker, A War of Fools. The Letters of Obscure Men. A study of the Satire and the Satirized (New York University Ottendorfer Series. Neue Folge 12), Bern, Frankfurt a. M. u. Las Vegas 1981, S. 76–77.
[172] Vgl. Becker (1981), S. 77.
[173] Bömer 2, S. 164: *quod iste liber est fons poetriae, et auto eius, qui vocatur Homerus, est pater omnium poetarum*.
[174] Bömer 2, S. 164: *et clamor audiebatur in caelo, et unus proiecit unum lapidem, quem duodecim viri non possent elevare, et unus equus incepit loqui et prophetizavit*.
[175] Bömer 2, S. 164: *et dixit ‚quod est adhuc alius Homerus in Graeco'; tunc dixi: ‚Quid mihi cum Graeco? Ille Latinus est melior, quia volo eum in Almaniam mittere magistro Ortvino, qui non curat illas Graecas phantasias'*.
[176] Vgl. en détail: Becker (1981), S. 107–151.
[177] Vgl. Dall'Asta (2010).

Farbe zu bekennen.[178] So dienten die Obskuranten in den ‚EOV' also stellvertretend vor allem dazu, performativ eine humanistische Lachgemeinschaft zu kreieren.[179] Der Kommunikationsmodus scheint jedoch von einem ‚Ungleichgewicht' geprägt zu sein, das, wie oben angedeutet, vorwiegend in der ‚plumpen' Anrede des Obskuren an den in der Regel ‚ranghöheren' Gratius deutlich wird. Gratius und der Kreis der Kölner Dominikaner sind in den Augen der Humanisten demnach weder in ihren Sprach- noch in ihren Streitfertigkeiten ebenbürtig, und so sprechen die Autoren der ‚Dunkelmännerbriefe' den Obskuren stellvertretend vor allem eines ab: ihre Satisfaktionsfähigkeit.

Die angesprochene ‚Asymmetrie' unter den fingierten Gesprächsteilnehmern soll vor allem anhand der Persiflage ihres ‚Standesunterschiedes' in der Anrede versinnbildlicht werden. Dadurch, dass sich dieses Schema durch das gesamte Werk zieht, liegt es nahe, eine bewusste ‚Asymmetrisierung' von humanistischer Seite zu vermuten. Ebenfalls wird durch die ständige Wiederholung gleichsam erneut der psychologische Effekt, der *Illusory Truth Effect*, beim Publikum bedient: Eine regelmäßige Repetition von Aussagen führt zu einer Illusion von Glaubwürdigkeit. Dieser Effekt wirkt selbst dann, wenn es sich offenkundig um bewusste Falschmeldungen (*fake news*) handelt.[180] So haben wir oben in EOV I, 6 bereits gesehen, wie sich der Bakkalar ‚Ziegenmelker' durchaus frech an seinen Magister gewandt hatte. In einem anderen Brief (EOV I, 7) wird dann erneut eine Abwesenheitskommunikation inszeniert, in welcher sich die zwei Briefpartner vermeintlich auf ‚Augenhöhe' befinden. Der ‚Finsterling', hier Magister Petrus Hafenmusius, versucht in der Manier Aristotelischer Logik darzulegen, warum man grundsätzlich keine Poetik studieren solle (*furor poeticus*). Andererseits gefielen ihm die allegorischen Auslegungen in Ovids ‚Metamorphosen' recht gut. Das bewusst gesetzte Paradoxon soll, zusammen mit dem Namensspiel, natürlich zum Lachen animieren. Ebenso verhält es sich in einem weiteren Schreiben, worin sich ein nicht näher bestimmter Franz ‚Gänseprediger' (‚Genselinus', wörtl. Gänslein) an Ortwin richtet (EOV I, 8).

---

[178] DE BOER (2016b), S. 645: „Es wurde deutlich, dass viele Auseinandersetzungen und Streitigkeiten unter Gelehrten auf spezifisch lokale Konkurrenzsituationen und persönliche Antipathien zurückzuführen sind. Humanismus und scholastische Aussageweisen sind folglich nicht einfach als ausschließliche Gegensätze zu beschreiben, sondern stehen in komplexen Abhängigkeits-, Durchdringungs- und Abgrenzungsverhältnissen, die spezifisch zu untersuchen sind. Ihr Verhältnis gestaltet sich als komplexe Grenzpolitik, die zwischen Durchdringung und Ausschließung, Integration und kommunikativer Offenheit einerseits und scharfer polemischer Abgrenzung andererseits oszilliert. Das epochale Ringen von Scholastik und Humanismus wurde als Meistererzählung sichtbar, die der Selbstrepräsentation einiger grenzpolitisch sehr aktiver Humanisten aufgesessen war."

[179] Vgl. DE BOER (2016b), S. 651.

[180] Vgl. Madeline JALBERT u. a., Only Half of What I'll Tell You is True: Expecting to Encounter Falsehoods Reduces Illusory Truth, in: Journal of Applied Research in Memory and Cognition 9,4 (2020), S. 602–613.

Schauen wir uns dieses Beispiel etwas genauer an, da die Fallhöhe zwischen den beiden Korrespondenten besonders groß zu sein scheint. Außerdem hebt es besonders gut hervor, wie aktuell die fingierten Schreiben auf das tagespublizistische Geschehen in der gelehrten Auseinandersetzung um Reuchlin Bezug nahmen und Kritik an der Gegenseite übten: Jener Franziscus Genselinus himmelt Magister Ortwin jedenfalls zunächst überschwänglich an, da er doch gegen Dr. Reuchlin geschrieben habe. Die Akten des Pariser Verfahrens (‚Acta Doctorum Parrhisiensium', 1514)[181] gegen Reuchlin, das mit der Verurteilung seines ‚Augenspiegels' endete, seien veröffentlicht worden, die Heidelberger seien mit ihnen aber noch zu keiner Einigung gekommen. Hier sickert zudem deutliche Kritik an der Wissenshaltung der Kölner sowie, noch stärker, der Heidelberger Fakultäten durch,[182] denjenigen Parteien also, die ja beide unmittelbar am Rechtsstreit um das Gutachten Reuchlins beteiligt waren.

Schon der Name ‚Gänseprediger' ist eine vielschichtige, invektive Bezeichnung für den fingierten Bittsteller des Briefes. So könnte man ganz im Sinne der ‚sprechenden' Namen die Assoziation gewinnen, dass der Redner dem Publikum ‚entgegenschnattere'. Ebenso war im Mittelalter die Vorstellung verbreitet, dass die Gans symbolhaft für die Geschwätzigkeit im hohen Alter stehe. Auch eine möglicherweise intendierte Effemination kommt durch die weibliche Gans durchaus gut zum Tragen. Thomas Murner, den wir aus der bekannten Straßburger Fehde gegen Jakob Wimpfeling[183] bereits kennen, hatte

---

[181] Die Kölner Dominikaner konnten bei der Sorbonne in Paris durch ihren Legaten, den Karmeliter Theodor von Gouda, das Verbot des ‚Augenspiegels' erwirken. Die Akten der Verhandlung der Pariser Theologen, die zu dessen Verdammung führten, wurden 1514 in Köln unter dem Titel ‚Acta Doctorum Parrhisiensium de sacratissima facultate theologica [...]' gedruckt. Vgl. BINDER (1964), S. 23.

[182] BÖMER 2, S. 18: *Et misi ad Heidelbergam, ut ibi viderent. Et credo, quod, ubi viderunt, tunc paenituit Heidelbergenses, quod non etiam concluserunt cum alma audio, quod universitas Coloniensis fecit unum statutum, quod nunquam in aeternum volunt promovere unum, qui complevit pro gradu baccalaureatus vel magisterii in Heidelberga; et est bene factum; quia sic debent discere, quid est universitas Coloniensis, et alia vice debent tenere cum ea; ego vellem, quod sic facerent aliis, sed credo, quod aliae universitates non sciverunt* (ich schickte sie nach Heidelberg, damit sie dort Einsicht nähmen. Und ich glaube, die Heidelberger haben es nach genommener Einsicht bereut, dass sie mit der segensspendenden Universität Köln keinen gemeinschaftlichen Beschluss gegen Dr. Reuchlin gefasst hatten. Deswegen hat auch – wie ich höre – die Universität Köln die Bestimmung getroffen, dass sie in Ewigkeit keinen promovieren wolle, der sich in Heidelberg auf den Grad eines Bakkalaureus oder Magisters vorbereitet hat. Und das ist wohlgetan, denn so müssen sie lernen, was die Universität Köln ist, und müssen es ein andermal mit dieser halten. Ich wollte, man machte es mit den anderen ebenso; allein ich glaube, dass die anderen Universitäten keine Kenntnis davon hatten), Übs. nach BINDER (1964), S. 23. „Welcher universitäre Insider wollte da nicht aufseufzen: ‚Genau wie heute …'?" schreibt hierzu der Germanist Winfried FREY, Die ‚Epistolae obscurorum virorum' – ein antijüdisches Pamphlet? In: Norbert ALTENHOFER u. Renate HEUER (Hgg.), Probleme deutsch-jüdischer Identität (Archiv Bibliographia Judaica 1), Frankfurt a. M. u. Bad Soden 1985 [recte 1986], S. 147–172, hier S. 148.

[183] Vgl. SIMONS (2018); ISRAEL (2019).

man auch schon auf diese Weise gescholten.[184] Zudem wurde er, da er zu den erbitterten Gegnern Luthers zählte, auch in späteren Streitschriften als ‚Gänseprediger' und ‚Schönhänschen' verspottet, wie die Invektive des Matthäus Gnidius aus dem Jahre 1521 exemplarisch zeigt.[185]

Alles deutet also auf Murner hin, der ja selbst Franziskanermönch war. Auf diese Weise erklärt sich womöglich auch die Namensgebung *Franciscus*, die auf den Ordensgründer, Franz von Assisi (gest. 1226),[186] anspielen könnte. Damit will der Autor auch auf den sittlichen und moralischen Verfall des Ordensklerus und damit der gesamten Geistlichkeit hinweisen. Durch die direkte Anspielung auf einen der vier großen Bettelorden des Mittelalters, die Franziskaner, wird der Kontrast zwischen jetziger und eigentlicher, also kontemplativer, Lebensführung noch einmal verstärkt. Die Anrede wird dann in diesem ‚antirömischen' Sinne auch weitergesponnen, wo ‚Genselinus' seinen ‚ehrwürdigen' Magister Gratius so überschwänglich grüßt, dass ‚Tausend Talente *(mille talenta)* sie mit ihrem Gewicht nicht aufwiegen können.'[187] Die Kritik an der papalen Fiskalpolitik finden wir zum einen in der eher atypischen Anrede eines Mönches an einen Magister, zum anderen an der humanistischen Verwendung des numismatischen Begriffs ‚Talent', das eine gängige Bezahleinheit im antiken Griechenland war.[188] Die *salutio* richtet sich schließlich mit einem außerordentlichen Lob des Obskuren an Gratius, der vorbildlicherweise und ohne Rücksicht auf irgendwen zur Verteidigung des Glaubens *(pro defensione fidei)* gegen den Juristen Dr. Reuchlin geschrieben habe:[189]

> Sed aliqui socii, qui non habent intelligentiam, et etiam iuristae, qui non sunt illuminati in fide christiana, spernunt vos, et loquuntur multa contra vos, sed non possunt praevalere, qui facultas theologica tenet vobiscum.[190]

> Aber einige seiner Freunde, die keinen ‚Plan' haben, sowie auch die Juristen, die vom christlichen Glauben nicht erleuchtet sind, verachten und reden viel über Euch; aber sie können nicht aufbegehren, weil die theologische Fakultät es mit Euch hält. [MK]

---

[184] Vgl. James V. MEHL, Language, Class, and Mimic Satire in the Characterization of Correspondents in the Epistolae obscurorum virorum, in: The Sixteenth Century Journal 25,2 (1994), S. 289–305, hier S. 294.

[185] Matthaeus Gnidius, Dialogie Murnarus Leviathan Vulgo dictus Geltnar [...], Straßburg: Johann Schott 1521. Im Titelholzschnitt wird er zudem als katzenköpfiger Murner in der Mönchskutte dargestellt, der einen feuerspeienden Drachen mimen soll und zudem noch eine Unterhose in den Tatzen hält, um auf seine Triebhaftigkeit hinzuweisen.

[186] Siehe hierzu Gert MELVILLE, Die Welt der mittelalterlichen Klöster. Geschichte und Lebensformen, München 2012.

[187] BÖMER 2, S. 17: *Salutem, quam mille talenta non possunt aequivalere in sua gravitate.*

[188] Unter *talentum* verstand man auch in der ‚Römerzeit' eine Summe Geldes, das in den verschiedenen griechischen Staaten und zu verschiedenen Zeiten von verschiedenem Wert (bspw. das attische Talent = 60 Minen) war. Vgl. GEORGES (1918), Sp. 3013.

[189] BÖMER 2, S. 17: *Venerabilis domine magister, scitote, quod hic est magnus sermo de vobis, et theologi valde laudant vos, quod non respexistis aliquem, et scripsistis pro defensione fide contra doctorem Reuchlin.*

[190] BÖMER 2, S. 17–18.

Bisher konnte man drei unterschiedliche asymmetrische Konstellationen erkennen, in denen sich invektive Asymmetrisierung im Rahmen der ‚EOV' vollzieht.[191] So wie in den fingierten Schreiben auch nur sehr wenige ‚gleichrangige' Gesprächspartner auftreten, so wollten deren humanistische Autoren vor allen Dingen ihre Überlegenheit gegenüber den bisher etablierten Theologen ausdrücken. ‚Magister' Gratius wurde freilich auch deshalb zum Kristallisationspunkt des Spottes, da er sich in den Augen der Humanisten bloß als einer von ihnen gerierte, obwohl er selbst eigentlich ja Artisten-, genauer gesagt Poetikprofessor, und damit kein ordentliches Mitglied der theologischen Fakultät war. Man machte ihm von humanistischer Seite daher nicht unbegründet den Vorwurf, sich unerlaubt in theologische Fragen eingemischt und sich publizistisch als ‚Pseudotheologe' aufgespielt zu haben. Ein besonderes Ärgernis war außerdem, dass der erste Beistand für Pfefferkorn ja gar nicht von den Kölner Ordensbrüdern, den Dominikanern, kam, sondern von Ortwin Gratius, der ihm mit den lateinischen Übersetzungen seiner antijüdischen Pamphlete (1505–1507) half.[192] Hutten hatte ihn 1505 übrigens im Rahmen eines Besuchs in Köln bereits kennengelernt, maß ihm zunächst jedoch wohl keine größere Bedeutung bei.[193]

Der Brief war das bevorzugte Mittel der Gelehrten im 15. und 16. Jahrhundert, um sich in ihren Auseinandersetzungen zu positionieren. Wurden sie dann, wie hier, in einer Sammlung veröffentlicht, konnte man „die gebildete Welt insgesamt zu Zeugen" der eigenen intellektuellen Ansprüche und der personalen Netzwerke machen.[194] Briefinvektiven scheinen unter performativen Gesichtspunkten wohl eine recht wirksame ‚kommunikative Gattung' dafür gewesen zu sein, Personenkonstellationen zu binden und auch abzubilden.[195] So haben dies die Obskuren ‚Schlauraff' (EOV II, 9), wo Hutten sich in Bezug auf die Dichterschau an seiner Invektive gegen die Lötz (1510) orientiert hatte,[196] und ‚Löffelholz' (EOV II, 59) gezeigt. Geschlossenheit der Humanistengemeinschaft (*in-group/out-group*) zur Verteidigung Reuchlins, der sich zu diesem Zeitpunkt mehreren Prozessen entgegenstellte, sollten außerdem die

---

[191] Bakkalar – Magister; Magister – Magister; Mönch – Magister.
[192] Vgl. TRUSEN (1987), S. 120.
[193] Vgl. MEUTHEN (1988) mit Blick auf die Auseinandersetzung zwischen Gratius und Hermann von dem Busche über die Bedeutung der Donatius-Lektüre.
[194] Jan-Dirk MÜLLER, Formen literarischer Kommunikation im Übergang vom Mittelalter zur Neuzeit, in: Werner RÖCKE u. Marina MÜNKLER (Hgg.), Die Literatur im Übergang vom Mittelalter zur Neuzeit (Hanser Sozialgeschichte der deutschen Literatur 1), München 2004, S. 21–53, hier S. 25.
[195] „Gegner zu beschimpfen, bedeutet immer auch, Allianzen zu bilden; andere zu exkludieren, bedeutet auch, sich selbst eine Position innerhalb der humanistischen Gelehrtenwelt zuzuschreiben; programmatische Aussagen zu tätigen, bedeutet, sich in Konkurrenz zu anderen Programmen zu begeben und eine sichtbare Sprecherposition im gelehrten Feld zu reklamieren." DE BOER (2016a), S. 577.
[196] Vgl. Querelae II, 10 (‚Ad Poetas Germanos').

Orte suggerieren, von denen die ‚Dunkelmännerbriefe' vermeintlich ausgingen. So sind im ersten Teil der Sammlung, wie oben bereits angedeutet, vorwiegend deutsche Städte zu finden, die meisten mit unmittelbarem Bezug zur gelehrten Auseinandersetzung.[197] Der Appendix schließt beispielsweise mit Schreiben aus Heidelberg (EOV I, 42, 46), Köln (EOV I, 45), Leipzig (EOV I, 44) und Straßburg (EOV I, 47), sowie erstmalig auch aus der Ebernburg Sickingens (EOV I, 43) und aus Rom (EOV I, 48), das als Hauptgegner des zweiten Teils dann von Hutten prominent gemacht wird. Zumindest ‚stammen' 28 der insgesamt 62 Briefe von dort,[198] 12 sogar direkt aus der päpstlichen Kurie.[199] Dieser ‚weitverzweigte' Freundeskreis, mit dem Ortwin durch ‚kühne Fiktion' in Verbindung gesetzt wird,[200] soll die Fronten der beiden gelehrten Lager aufzeigen, gleichzeitig aber auch die durch Hutten installierte antirömische Stoßrichtung klarstellen. So kommen die moralischen Verwerfungen in den ‚Dunkelmännerbriefen' natürlich nicht zu kurz. Demnach plaudere man als *vir obscurus* auch nur allzu gerne über die schönen Vorzüge des Lebens, wie die Liebe und den kulinarischen Genuss. Im Sinne seiner Romkritik musste Hutten daher auch anhand der von ihm verfassten Briefe zeigen, wie genau er über die Probleme des Landes, die die Kirche in Rom verursache, und insbesondere über die Reuchlinfehde Bescheid wusste. Besonders deutlich wird die Korrelation von Kritik, Ironie und gelehrter Positionierung in EOV II, 5, wo der Obskur Johannes von Werda, ein Ordensbruder der Dominikaner, Ortwin aufgeregt berichtet:

---

[197] Von den Briefen des ersten Teils kommen acht Briefe aus Leipzig (EOV, I,1, 2, 6, 9, 13, [17], 21, [25]), fünf aus Mainz (EOV I, 5, [10], [11], 16, 22), drei aus Wittenberg ([3], 4, 38), zwei aus Frankfurt a. M. (EOV I, 15, 16), zwei aus Heidelberg (EOV I, 28, 33), zwei aus Nürnberg (EOV I, 7, 14), zwei aus Tübingen (12, [29]), zwei aus Zwolle (EOV I, 15, 26), zwei aus Köln (EOV I, 34,39). Von den beiden Kölnern ist das eine das einzige Antwortschreiben Ortwins in der Sammlung, das andere ist aus der Laurentianerburse datiert. Ein Schreiben kommt dann jeweils aus Augsburg (EOV I, 24), Basel (EOV I, 30), Erfurt (EOV I, 37), Frankfurt O. (EOV I, 41), Freiburg i. Br. (EOV I, 8), Magdeburg (EOV I, 23), Miltenberg (EOV I, 27), Münster (EOV I, 19), Straßburg (EOV I, 32), Trier (EOV I, 18) und Bonn (EOV I, 36).

[198] Vgl. EOV II, 1, 2, 4, 5, 8, [10], 12, 15, 16, 19, 20, 23, 26, 27, 28, 31, 32, 35, 36, 39, 40, 42, 44, 46, 48, 49, 51, 53.

[199] Vgl. EOV II, 1, 12, 19, 23, 32, 35, 40, 42, 48, 51, 53. Die restlichen 34 Schreiben des zweiten Teils verteilen sich auf verschiedene Orte. Während Frankfurt O. (EOV II, 25,50), Leipzig (EOV II, 58, 60), Augsburg (EOV II, 6), Basel (EOV II, 38), Erfurt (EOV II, 45), Frankfurt a. M. (EOV II, 59), Mainz (EOV II, 55), Münster (EOV II, 17), Trier (EOV II, 3) uns schon in EOV I begegnen, kommen im zweiten Teil neu dazu: Berlin (EOV II, 22), Breslau (EOV II, 14), Wien (EOV II, 30) u. Olmütz (EOV II, 11) im Osten des Reiches, im Westen Antwerpen (EOV II, 18), Bruneck in Flandern (EOV II, 9), Löwen (EOV II, 29), Koblenz (EOV II, 13), im Norden Bremen (EOV II, 57), Lübeck (EOV II, 41), Rostock (EOV II, 24) und Stralsund (EOV II, 47), im Süden Ingolstadt (EOV II, 56), Ulm (EOV II, 34), Worms (EOV II, 54) u. Würzburg (EOV II, 43), im Zentrum des Landes Halle (EOV II, 7), Naumburg (EOV II, 52), Marburg (EOV II, 21) und der Vorharz (EOV II, 61). EOV II, 37 kommt nicht von ungefähr aus Paris.

[200] Vgl. BÖMER 1, S. 23–25.

Frater Iohannes de Werdea Magistro Ortvino Gratio
Humiles et devotas orationes cum numerosa salute. Venerabilis vir, vos scribitis mihi quod audivistis quod causa vestra male stat et Iohannes Reuchlin acquisivit unam inhibitionem apostolicam.[201] Et scribitis mihi wuod timetis valde, ne habebit victoriam contra theologos et sanctissimum ordinem nostrum, et postea scandalizabitur ecclesia Dei.[202]

Bruder Johannes von Werda an Magister Ortwin Gratius
Demütige, ergebene Reden mit zahlreichem Wohlergehen! Ehrwürdiger Mann, Ihr schriebt mir, dass Ihr gehört habt, dass Eure Sache schlecht steht und Johannes Reuchlin eine apostolische Untersagung erworben hat. Und Ihr schreibt mir, dass Ihr sehr fürchtet, dass er den Sieg haben wird gegen die Theologen und unseren heiligsten Orden [die Dominikaner], und danach wird die Kirche Gottes zum Bösen verführt werden.[203]

Wirklich humorvoll wird an dieser Stelle auf die kirchlichen Verfehlungen eingegangen. So erinnert sich Frater Johannes, dass er noch wisse, wie Ortwin damals bei ihrer Begegnung in Deventer zwei ‚Grünschnäbel' (*duos beanos*),[204] die mit Messern auf ihn losgingen, derart verdroschen habe, dass sich einer von beiden aus Furcht sogar ‚eingepisst' (*perminxit se*) hätte.[205] Besonders eifrig

---

[201] Im März 1514 gab das päpstliche Appellationsgericht der Römischen Rota (*Tribunal Rotae Romanae*) einer Berufung Reuchlins gegen die vom päpstlichen Inquisitor Jakob von Hoogstraeten angeordnete Verbrennung seines ‚Augenspiegels' statt.

[202] BÖMER 2, S. 98.

[203] Übs. n. Martin KORENJAK (Hg.), Neulatein. Eine Textsammlung (Reclams Universal-Bibliothek 19610), Ditzingen 2019, S. 113.

[204] Der Terminus beanus leitet sich aus dem Französischen ab: *bec jaune* = Gelbschnabel. Der Begriff ‚Gelbschnabel' bezieht sich auf ganz junge Vögel, bei denen der Schnabel eine dünne, gelbliche Hüllhaut aufweist. Ein Gelbschnabel ist somit ein unreifes Individuum, das heute in der Umgangssprache eher als ‚Grünschnabel' (*greenhorn*) bezeichnet wird. – In der Studentensprache war ein Beanus ein junger Student bis zu seiner vollen Immatrikulation an der Universität. Dabei bürgerten sich raue Initiationsriten ein: Bevor sich der Beanus oder Bacchant einschreiben konnte, musste er sich einer gebührenpflichtigen Zeremonie, der Deposition, unterziehen. Dabei sollte der Neuankömmling seines rohen, ungebildeten Wesens beraubt und zu einem kultivierten Menschen gewandelt werden. Der Begriff ‚Deposition' (*depositio cornuum* = Ablegung der Hörner) bezieht sich darauf, dass der Bean als dummes Feldvieh (*pecus campi*) mit einem Hörnerhut, Eselsohren und Eberhauern bekleidet wurde und im Verlaufe eines langen, qualvollen Verfahrens sich die Hörner abarbeiten musste. Dazu gehörten das Eintauchen in Jauche, derbe Verspottungen, Traktieren mit überdimensionalen Holzwerkzeugen, Verabreichung einer scheußlich schmeckenden ‚Medizin' (z. B. Kuhdung) und die Ablegung einer ‚Lateinprüfung'. Der Dekan der philosophischen Fakultät beendete die Qualen des Beanus, indem er ihn mit Salz fütterte, mit Wein taufte und schließlich von seiner Viehnatur lossprach (absolvierte); dieses Absolutorium entsprach auch der späteren Reifeprüfung an den Lateinschulen. Selbstverständlich belohnte der Geläuterte seine ‚selbstlosen' Peiniger mit einem Festmahl, bevor er sich offiziell an der Universität immatrikulieren konnte. Der eigentümliche Brauch hielt sich bis ins 18. Jahrhundert.

[205] KORENJAK (2019), S. 112–113 m. Übs.: *Tamen olim, quando fui vobiscum in Daventria, non fuistis ita timax, sed habuistis magnam audaciam. Quia scio adhuc bene, quomodo semel percussistis illos duos beanos venientes ad vos cum longis cultris, et vos non habuistis unum armum seu defendiculum. Et tamen percussistis eos cum adiutorio Dei realiter cum effectu,*

weiß Johannes aber von den Prozessen gegen Reuchlin zu berichten, indem er zu dem bemerkenswerten Schluss kommt, dass der Papst den ‚Augenspiegel' mittlerweile erlaube.[206] Ortwin solle ‚seine Magister' (*magistri nostri*)[207] aus Rom, wohlgemerkt, von ihm grüßen. Hutten selbst verfasste seinen Anteil an den ‚Dunkelmännerbriefen' von August bis November 1516 in Bologna, wo er aufgrund des dortigen Konvents auch seine antipapale Ideologie entwickelte.[208]

Das Kollegium der ‚Reuchlinisten' erkannte recht rasch, dass Hutten wohl hinter den ‚Dunkelmännerbriefen' steckte. Am 22. August 1516 bestritt Hutten dies zunächst aber noch in einem Schreiben aus Bologna an seinen Freund Richard Crocus, einen Gräzisten aus England (gest. 1558), in dem er ihn bat, ihn zu verteidigen.[209] Er bestätigte außerdem den Erhalt von ‚EOV I', die Crocus jedoch erst ein Jahr nach ihrem Erscheinen in die Hände bekommen sollte.[210] Ebenso hielt Hutten es für nötig, seinen Freund vor den Machenschaften der ‚römischen Goldsauger' (*romanis aurisugis*) zu warnen.[211] Als Johannes Cochlaeus, Humanist, Theologe und erbitterter Luthergegner, dann später am 9. September Huttens Dichtung ‚Marcus' an Pirckheimer übersandte – Cochlaeus war zu diesem Zeitpunkt als Hofmeister zweier Neffen Pirckheimers in Bologna tätig –, erwähnt dieser ‚neue Briefe' (*novas epistolas*), die ziemlich witzig und daher in ganz Deutschland beliebt seien.[212] Man wird wohl in der Annahme

---

ita quod unus pre timore perminxit se (Jedoch einst, als ich mit Euch in Deventer war, wart Ihr nicht so fürchtig, sondern hattet große Kühnheit. Weil ich weiß noch gut, wie Ihr einmal jene zwei Gelbschnäbel verprügelt habt, die mit langen Messern auf Euch losgingen, und Ihr hattet nicht eine einzige Waffe oder Verteidigungszeug. Und doch habt Ihr sie mit Gottes Hilfe wirklich und effektiv verprügelt, sodass einer sich vor Angst angepisst hat).

[206] KORENJAK (2019), S. 112–113: *Et licet aliquis habet aliquando duas vel tres sententias pro se, tamen adhuc potest perdere litem. Sed potestis dicere: ‚Papa permisit quod Speculum Oculare debet vendi, legi et imprimi* (Und mag irgendeiner auch irgendeinmal zwei oder drei Urteile für sich haben, kann er dennoch noch den Prozess verlieren. Aber ihr könnt sagen: ‚Der Papst hat erlaubt, dass der ‚Augenspiegel' verkauft, gelesen und gedruckt werden muss').

[207] KORENJAK (2019), S. 116–117.

[208] Vgl. JAUMANN (2008), Sp. 1206.

[209] BÖCKING I, S. 125–126.

[210] Vgl. WULFERT (2009), S. 99.

[211] BÖCKING I, S. 126.

[212] BÖCKING I, S. 126: *Mitto ad te, observandissime mi domine Bilibalde, Marcum Hutteni nostri, qui hoc vespere nobiscum coenavit, aliquot nobis **novas** recitans **epistolas** multo cum risu, ex quibus una per totam fere Germaniam vagata est tuique facit mentionem, quod contra usuram scripseris, quam magister noster disputavit Bononiae. Negat tamen se libelli illius auctorem in haec verba ‚nullo modo, est deusmet* (Ich schicke Dir, mein verehrtester Herr Willibald, den ‚Marcus' unseres Hutten, der heute mit uns zu Abend gegessen hat, wobei er unter großem Gelächter einige neue Briefe vortrug. Von denen ist Einer fast durch ganz Deutschland gereist, und darin wirst auch Du erwähnt, dass Du gegen den Zins geschrieben hast, über den, der Theologie in Bologna disputiert hat. Dennoch leugnet er, dass er der Verfasser jenes Buches sei mit den Worten ‚Keineswegs, das ist Gott selbst'). Übs. n. BECKER (2012), S. 178.

nicht fehlgehen, diese ‚neuen Briefe' als ‚Dunkelmännerbriefe' zu identifizieren. Am 19. Oktober 1516 teilte Glarean, ein Schweizer Humanist, Zwingli aus Basel den Kauf der vermehrten Auflage der ‚EOV' mit. Gleichzeitig versicherte er seinem Freund, ihm ein Exemplar dieser ‚exquisiten Dunkelmännerbriefe' zukommen zu lassen,[213] das jener pünktlich erhielt.[214]

Hutten thematisierte die ‚EOV' in seinem eigenen Briefwechsel eher marginal. Ihn beschäftigten vielmehr die tatsächlichen Ereignisse um Reuchlin sowie die Haltung Papst Leos X., von dem er sowieso überhaupt nichts Gutes erwarte. So zeigte er diese Sorge schon am 22. August 1516 in einem Schreiben an Crocus. Schuld daran seien die Bestechungsgelder in Rom, die die Richter im Prozess gegen Reuchlin angenommen hätten.[215]

Deutlich konkreter wurde Hutten dann erst in einem Schreiben aus dem Frühjahr 1517 an Reuchlin selbst: „Schon habe ich das Feuer angeblasen, das, wie ich hoffe, zur rechten Zeit brennen wird. […] Ich habe mich mit diesen Bundesgenossen des Kampfes zusammengetan, deren Alter und Kampfesweise gleicher Art ist. In Kürze wirst Du sehen, wie die traurige Tragödie der Gegner aus dem Theater der Lachenden hinausgepfiffen wird."[216] Zwei Aspekte scheinen an diesem Zitat besonders erwähnenswert: zum einen die Metapher des ‚Auflodern' der Flamme für den gewalttätigen Kampf, zum anderen der immer wieder hervorgehobene Gemeinschaftssinn der Humanisten, die durch die ‚Dunkelmännerbriefe' in einer Schmähgemeinschaft, einer Lachgemeinschaft,[217] weiter zusammengeschweißt worden seien. Viele Jahre nach Huttens Tode weiß Erasmus aus Basel dann in einem Schreiben vom 5. September 1528 an Martin Lipsius (gest. 1555), Burgunder Augustiner und Humanist,[218] von einer witzigen Anekdote zu berichten.[219] Die ‚EOV' seien in England von den Franziskanern und Dominikanern als vermeintliche Satire auf Reuchlin aufgefasst und unter ‚donnerndem Applaus' aufgenommen

---

[213] BÖCKING I, S. 127: *Ceterum mitto tibi exquisitissimas illas Epistolas obscurorum virorum ad Portuinum Graecum, dicere volui Ortuinum Gratium* […]. Besonders gelungen ist das humanistische Namensspiel mit dem Namen Ortwin Gratius, der im Rahmen fingierter Mündlichkeit – hier ein inszenierter Versprecher (*dicere volui*) – zu einem ‚griechischen Portwein' deklassiert wird.

[214] Zwingli an Glarean, 24.10.1516, in: BÖCKING I, S. 128.

[215] BÖCKING I, S. 125–126: *Iteratis consolationibus bene sperare iubentur de Capnionis causa amici Romani. Quicquid est, metuo aurum sophisticum. Hogostratus etsi nondum contra Capnionem promovit, verum eo tamen sperare aliquid videtur, quod tot iam annos litem producit. Et Romanis aurisugis nihil voracius est, nihil, ubi munera obiiciuntur, mutabilius. Iam certum est iudices multis ac manifestis praeindiciis elevasse Hogostrati causam.*

[216] Hutten an Reuchlin, 13. Januar 1517, in: BÖCKING I, S. 129–130, hier S. 130: *iampridem incendim conflo, quod tempestive spero efflagrabit: […] eos mihi adiungo militiae socios, quorum est aetas et conditio pugnae generi par est. Brevi videbis lugubrem adversariorum tragoediam e ridentium theatro exibilari*. Übs. n. WULFERT (2009), S. 107–108.

[217] Vgl. das Konzept von BECKER (2012).

[218] Adalbert HORAWITZ, Lipsius, Martin, in: ADB 18 (1883), S. 745.

[219] BÖCKING II, S. 441–442.

worden. Weiterhin sei ein Dominikanerprior in Brabant, wo Lipsius nicht zuletzt auch als Prior eines Nonnenklosters tätig war, der Annahme, die Briefe seien zur Verherrlichung seines Ordens geschrieben. Er habe daher gleich 20 Exemplare erworben, um sie seinen Oberen zu vermachen.[220] Der Denkfehler lag offenkundig darin, dass der ehemalige Brüsseler Prior wohl tatsächlich geglaubt hat, dass es sich bei den ‚EOV' um ‚echte' Unterstützerschreiben handelten. So schrieb Thomas Morus aus London an Erasmus, dass „nur die Gebildeten über die Briefe als einen gelungenen Scherz gelacht, während die Ungebildeten sie für bare Münze genommen hätten."[221] Aus humanistischer Perspektive kann der satirische Erfolg daher eigentlich gar nicht hoch genug eingestuft werden.[222] Dennoch bedauerte Erasmus in seinem Briefwechsel, man habe durch die Publikation der ‚EOV' massiv zur Aufhebung der Fiktion beigetragen, sonst „würde man sie bis auf den heutigen Tag überall lesen, als seien sie zur Unterstützung der Dominikaner geschrieben worden, und künftige Interpreten, mit den Zeitumständen nicht mehr vertraut, wären am Aufspüren ihrer wahren Absicht gescheitert."[223] Reuchlin selbst fand die *exultatio iuvenilis levitatis* (‚Überschwang jugendlichen Leichtsinns'), wie er die ‚EOV' einmal ironischerweise bezeichnete, wohl einfach nur etwas überzogen.[224]

Wie reagierten die Gegner? Pfefferkorn, der in den fingierten Schreiben neben Ortwin Gratius besonders invektiv angegangen worden war, konnte die vielen Anspielungen auf seine Person und die damit verbundenen Herabwürdigungen sicherlich nicht so einfach übergehen.[225] So wird beispielsweise repetierend die Frage aufgeworfen, ob Pfefferkorn als Konvertit überhaupt als ‚ordentlicher' Christ angesehen werden könne.[226] Dieser Vorwurf muss den Eiferer wohl existentiell ins Mark getroffen haben, waren ihm derartige Anschuldigungen schon aus der bisherigen publizistischen Auseinandersetzung bereits

---

[220] BÖCKING II, S. 442: *Ubi primum exissent epistolae obscurorum virorum, miro monachorum applausu exceptae apud Britannos a Franciscanis et Dominicanis, qui sibi persuadebant eas in Reuchlini contumeliam et monachorum favorem serio proditas, quumque quidam egregie doctus sed nasutissimus fingeret se nonnihil offendi stilo, consolati sunt hominem: ne spectaris, inquiunt, o bone, orationis cutem, sed sententiarum vim. Nec hodie deprehendissent, ni quidam addita epistola lectorem admonuisset rem non esse seriam. Post in Brabantia prior quidam Dominicanus et Magister Noster volens mnotescere patribus coemit acervum eorum libellorum, ut dono mitteret ordinis proceribus, nihil dubitans quin in ordinis honorem fuissent scriptae. Quis fungus possit esse stupidio? At isti sunt, ut sibi videntur, Atlantes ecclesiae nutantis, ex his designantur cognitores de dogmatibus ecclesiasticis, hi pronunciant de libris Erasmi, et horum arbitrio Christiani sumus aut haeretici.*
[221] Vgl. KÖNNEKER (1991), S. 103–104, Zitat S. 103.
[222] Vgl. BECKER (2012), S. 180.
[223] KÖNNEKER (1991), S. 103–104.
[224] Vgl. BÖHMER 1, S. 102.
[225] Er und seine Frau sind oft das Objekt obszöner Anspielungen und Anekdoten (EOV I, 13, 21, 23, 34, 36, 37, 40; II, 14, 18, 37, 39).
[226] Vgl. EOV I, 10, 18, 23, 36, 47, 48; II, 3, 14, 25, 30, 37, 47, 54, 61.

bestens bekannt.[227] Auf die Verleumdungen der ‚EOV I' antwortete Pfefferkorn prompt mit der Kampfschrift ‚Beschirmung' (1516),[228] die Gratius für ihn unter dem Titel ‚Defensio [...] contra famosas et criminales Obscurorum virorum epistolas' (1516)[229] in einer erweiterten Fassung ins Lateinische brachte.[230] Der Reflex, die eigenen Invektiven aus einer Verteidigungshaltung heraus zu komponieren, begegnet uns also auch von Seite der Reuchlingegner.[231] Nachdem Pfefferkorn dann in den ‚EOV II' von Hutten erneut und noch härter angegangen worden war, kompilierte er aus allerlei Zeugnissen das ‚Streitbüchlein' (1516),[232] das als Ergänzung für die beiden vorgenannten Pamphlete konzipiert war. Pfefferkorn skizziert hier in vier Kapiteln den Verlauf der Auseinandersetzung noch einmal aus seiner Sicht, um weiterhin für die eigene Sache zu werben und um den Kampf in seinem Sinne in breitere Bevölkerungsschichten zu tragen.[233]

Sein ‚Kollege' Ortwin Gratius, der neben ihm Hauptgegner in den ‚EOV' geworden war, reagierte auf die Schmähbriefe der ‚Dunkelmänner' hingegen in Form einer Parodie, in welcher er versuchte, Gleiches mit Gleichem zu vergelten. Unter dem Titel ‚Lamentationes obscurorum virorum' (1518)[234] erschien unter seinem Namen ebenfalls eine fiktive Briefsammlung, eine zweibändige Invektive, die die Satire der ‚Dunkelmänner' noch einmal parodieren sollte. Sie wollte den Anschein erwecken, als seien die fiktiven Verfasser der ‚EOV' reale Personen, die sich nur als Kölner Gelehrte maskiert hätten, um so den Spieß, zumindest aus Sicht von Gratius und den Kölner Theologen, wieder umzudrehen. Diese ‚Kontraobskuren' brechen in der Folge der fingierten Schreiben sogleich in breites Wehklagen gegen diejenigen aus, die sie für die ‚EOV' ver-

---

[227] Vgl. FREY (2002), S. 206–207.

[228] Beschyrmung Johannes Pfefferkorn | (den man nyt verbrant hat) [...]. [Köln 1516]. VD 16, P 2288.

[229] Erweiterte lat. Version: Defensio Joannis | Pepericorni contra famosas et crimina | les obscurorum virorum epistolas indigna earundem provocatione | totam fere historiam Reuchlinianam [...]. Köln: [Heine. v. Neuß, 1516]. VD 16, P 2289, in: BÖCKING Suppl. I, S. 81–176.

[230] Die Schrift wirbt bei Albrecht von Mainz für eine Fortsetzung des Hoogstraeten-Prozesses gegen Reuchlins ‚Augenspiegel' in Rom. Pfefferkorn will sich und vor allem das Wirken der Kölner Theologen rechtfertigen. Vgl. KIRN (2013), Sp. 440.

[231] Vgl. ISRAEL (2019).

[232] Streydt puechlyn | vor dy warheit vnd eyner warhafftiger historie Joan | nis Pfefferkorn Vechtende wyder den falschen Broder | Doctor Joannis Reuchlyn vnd syne jungernn [...]. [Köln: H. v. Neuß], 1516. VD 16, P 2319. In: KÖHLER (1996), Nr. 3717.

[233] Vgl. KIRN (2013), Sp. 440.

[234] Lamentationes | Obscurorum virorum. non | prohibite per sedem Apostolicam. | Epistola D. Erasmi Roterodami: quid de ob=|scuris sentiat [...]. Nach dem datierten Kolophon der ‚Lamentationes' ([C4]v: 1518) folgt mit neu einsetzender Lagenzählung (a–b): Epistola apologetica Ortwini Gratij. ob pri|mam a paruulo educationem Dauentriensis cog-|nominati. Agrippinensis quoque academiae philo-|sophi Christique sacerdotis Ad obscuram Reuchli-|nistarum cohortem [...] missa. Köln: H. Quentell, 1518. VD 16, G 2925, in: BÖCKING Suppl. I, S. 323–395.

antwortlich machten. Sie schimpften gegen jene, die sie druckten, verbreiteten oder lasen. „Ein Darstellungsziel ist vor allem ihre ‚Erkenntnis', dass die bedingungslose Hingabe an die klassischen Musterautoren der Humanisten eine Vernachlässigung des christlichen Glaubens bewirke, die letztlich ins ewige Verderben führe."[235] Auch die sukzessive Publikation sollte persifliert werden. So erschien der erste Teil (45 Schreiben) zur Ostermesse am 15. März 1518, die zweite Ausgabe (‚Lamentationes novae obscurorum virorum'), die um 40 weitere Briefe ergänzt wurde, im August desselben Jahres.[236]

Abbildung 23: Titelholzschnitt der ersten Ausgabe von ‚EOV II' (1517), unbekannter Künstler.

Abbildung 24: Titelholzschnitt der ‚Lamentationes' (1518), 2. erw. Aufl., Köln: Heinrich Quentell.

Sogar den Titelholzschnitt versuchte man kunstvoll zu parodieren (**Abb. 23 u. 24**). Während im ursprünglich verwendeten Holzschnitt der ersten Ausgabe der ‚EOV II' noch die scholastischen ‚Dunkelmänner' karikiert worden waren, versuchte man dieses Bild auch in den Titelholzschnitt der ‚Lamentationes'

---

[235] Gerlinde HUBER-REBENICH, Gratius (de, van Graes), Ortwinus, in: VLHum 1 (2008b), Sp. 929–956, hier Sp. 935–937, Zitat Sp. 936.

[236] Zweite, vermehrte Ausg.: Lamentationes | Obscurorum virorum [...] Ortwino Gratio auctore. | Apologeticon eiusdem. cum aliquot epigrammatibus. [...] Intersunt breuia apostolica duo. | Epistola Erasmi Roterodami. [...] | Impressio secunda cum additionibus. Köln: [H. Quentell], 1518. VD 16, G 2926; spätere Drucke: Köln 1649, Leiden 1664 u. London 1689. Die Dedikationsepistel ist auf den 5. September 1518 datiert, im ‚Correctorium' dann berichtigt auf den 24. August.

ikonographisch zu übertragen. Auch hier sind ‚Dunkelmänner' abgebildet, die in diesem Fall aber für die humanistischen Widersacher, die ‚Reuchlinisten', stehen.[237] Unter ihnen befinden sich Juden, Türken und falsche Prediger, die allesamt von geflügelten Teufeln ihren Irrweg, versinnbildlicht durch die Attribute der Kerze und des Blasebalges, eingeflüstert bekommen. Eine Ausnahme bildet jedoch die Figur im Hintergrund, die wohl als päpstlicher Inquisitor zu identifizieren ist. So spricht dieser derweilen den Kirchenbann über die Feinde Roms aus, eine Drohung also, die durchaus auch als solche verstanden wurde. Im Druck der ‚Lamentationes' ist weiterhin noch eine ‚Rechtfertigungsepistel' (‚Epistola apologetica', dat. 11. März 1518) beigegeben. In der zweiten Auflage ist zudem ein ‚Apologeticon' abgedruckt,[238] in dem die Verfasser der ‚Dunkelmännerbriefe' der Gottlosigkeit beschuldigt werden, da sie in ihren Schmähreden kirchliche Institutionen und Würdenträger in den Schmutz gezogen hätten. Ortwin versucht hier auch seine Familienverhältnisse klarzustellen, um auf den immer wiederkehrenden Vorwurf zu reagieren, ein uneheliches Kind gewesen zu sein.[239] Am Ende der zweiten Ausgabe ist zudem ein Epitaph beigefügt, das er ursprünglich einmal für seinen ehemaligen Lehrer Gerhard von Zutphen verfasst hatte und das in ‚EOV I, 19'[240] völlig verballhornt worden war.[241] In diesem Punkt musste sich Ortwin wohl besonders gekränkt gefühlt haben, da er diese Rechtfertigung so prominent ans Ende der Werkkomposition gesetzt hatte. Der Holzschnitt (**Abb. 24**) will mit der ‚Brille'[242] am oberen Bildrand auch auf Reuchlins ‚Augenspiegel' anspielen,[243] dessen vermeintliche Niederlage den gesamten Text hindurch imaginiert wird.

Was bleibt also von den Briefen? Haben die ‚Dunkelmänner' ihre erhoffte Wirkung neben einer provozierten Reaktion der beiden Hauptgegner erzielt? Auf den Verlauf des weiteren Reuchlinstreits nahmen sie jedenfalls keinen maßgeblichen Einfluss. Das ist schon daran ersichtlich, dass zwischen der Veröffentlichung des zweiten Teils 1517 und dem Erstdruck aller Briefe in einem Band von 1556[244] einige Jahrzehnte vergingen. Zwischen 1556 und 1599 erschienen die ‚EOV' dann noch sechsmal mit verschiedenen humoristischen

---

[237] Vgl. Karl E. FÖRSTEMANN, Bemerkungen über den Verfasser der Lamentationes obscurorum, in: Mitteilungen aus dem Gebiet historisch-antiquarischer Forschungen 3,4 (1837), S. 1–18, explizit auf S. 4.
[238] BÖCKING Suppl. 1, S. 396–416.
[239] Vgl. EOV I 16; II, 7, 54, 61, 62, 65.
[240] BÖMER 2, S. 36–37.
[241] Vgl. HUBER-REBENICH (2008b), Sp. 936.
[242] Augenspiegel war tatsächlich die frühneuzeitliche Bezeichnung für Brille.
[243] Karl August BARACK (Hg.), Zimmerische Chronik. Zweite verb. Aufl., 4 Bde., Freiburg u. Tübingen 1881–1882, hier BARRACK, Zim. Chron. 3,136, 31 (schwäb., M. d. 16. Jahrhunderts): *as diser priester uf ain zeit sein augenspiegel [...] verloren het [...] do fand er in doch wider, dann er het ine für und für uf der nasen gehapt.*
[244] VD 16, E 1725.

sowie antikatholischen Zugaben.[245] Namhafte Romkritiker wie Luther oder Erasmus äußerten, wie oben angedeutet, ihre Bedenken wegen des verunglimpfenden Tones, den Crotus und Hutten an den Tag gelegt hatten.[246] Den Bezug zur Invektive hat RÄDLE anhand des zweiten Teils der ‚EOV' bereits herauspräparieren können.[247] Dieser Huttensche Teil ist es ja auch, der so vehement zur Gewalt, v. a. gegen die Dominikaner, aufruft.[248] Leo X. ließ das Werk dann in letzter Konsequenz durch ein ‚Verdammungsbreve' (15. März) verbieten.[249] Ein ‚Kassenschlager' konnte die ‚Dunkelmännersatire' dadurch freilich schon nicht mehr werden. Als solcher war die Sammlung aber auch gar nicht angelegt worden. Am Ende der ‚EOV II' wird der Rezipient beispielsweise noch einmal daran erinnert, dass intellektuelles Vergnügen in diesem Text nur durch das ‚Lösen von Knoten', etwa das Verständnis von Humor und Ironie, zu erlangen sei: „Leser, löse den Knoten und Du wirst noch lange lachen" (*Lector, solve nodum et ridebis amplius*).

Dass die hoch elaborierte Invektive keine breitere Kolportage erfuhr, lag also wohl auch an deren Verständlichkeit, selbst für die Gebildeten, wie das obige Beispiel des Erasmus zeigt. Im Gegensatz zu den Satiren Sebastian Brants oder Murners, die durch den Wechsel in die Vernakularsprache auf Breitenwirkung in der Bevölkerung setzten, adressierten die in der lateinischen Sphäre belassenen ‚EOV' nur wenige, exklusive Publika: zum einen die Avantgarde des deutschen und europäischen Humanismus, zum anderen alle Gegner, die in irgendeiner Form in den Konflikt verwickelt bzw. direkt angegriffen waren (Dominikaner, Universitätsgelehrte, Vertreter des römischen Stuhls). Die fingierten Briefe der Dunkelmänner waren also aus dieser Perspektive, auch da sie sich den Diskurs mit zahlreichen anderen invektiven und humoristischen Gattungstypen teilen mussten,[250] bloß ein ‚Insider-Spaß'.[251] Dennoch haben sie in gewisser Hinsicht ‚Schule gemacht'. So wurde beispielsweise der satirische

---

[245] Vgl. Walther LUDWIG, Literatur und Geschichte. Ortwin Gratius, die Dunkelmännerbriefe und ‚Das Testament des Philipp Melanchthon' von Walter Jens, in: Mittellateinisches Jahrbuch 34,2 (1999), S. 125–167, hier S. 149.

[246] Vgl. ALLEN 3, S. 44–46, Nr. 62, S. 58–59, Nr. 636; Luther-Br. 1, S. 61 u. 63–64. Vgl. HUBER-REBENICH (2008a), Sp. 655–656.

[247] Vgl. RÄDLE (1994), S. 114.

[248] Vgl. EOV II, 57; WULFERT (2009), S. 101.

[249] Von diesem Breve erfahren wir in den einschlägigen Schriften aber bemerkenswerterweise nur aus den ‚Lamentationes' des Ortwin Gratius.

[250] „Blickt man auf die ältere und zeitgenössische Literatur, so ergeben sich außer zu Schwänken und Fazetien (z. B. Bebels ‚Facetiae') auch Verbindungslinien zur Klerikersatire, die schon ein langes Vorleben im Mittelalter und z. B. bei Erasmus in den ‚colloquia familiaria' ihre Beispiele hat. Auch die neue Narrensatire (Sebastian Brant) und das Fastnachtsspiel lieferten Anregungen. Einen wichtigen Beitrag leistete die Universitätssatire der ‚Quaestiones quodlibeticae', in denen der Lehrbetrieb durch die Disputation von Scherzfragen veralbert wird (Jodocus Gallus, Jakob Hartlieb u. a.)". HUBER-REBENICH (2008a), Sp. 655.

[251] FREY (1985), S. 152.

Dialog ‚Julius exclusus e coelis' gegen Papst Julius II. auch Erasmus zugeschrieben, obwohl er die Autorschaft mehrfach zurückwies. Zudem ist die Tendenz von lateinischen anonym bzw. pseudonym verfassten Satiren, die sich ähnlicher Methoden und ähnlicher Sprache bedienen, in der vorreformatorischen Publizistik unübersehbar geworden. Pamphlete, die sich an bekannte Luthergegner richteten (Eck, Murner, Hoogstraeten),[252] zeigen, dass „zwischen den frühen Reformationssatiren ein innerer Zusammenhang auch insofern bestand, als sich der Typus der persönlichen Satire vor allem innerhalb eines bestimmten Aktionsradius entfalten kann, der durch Publikumserwartung, Autorintention und sprachliches Medium recht genau festgelegt ist".[253] Wer also als komisch angesehen oder lächerlich gemacht wurde, verlor selbst den Status, als ernstzunehmender Gesprächspartner anerkannt zu werden. Der *vir obscurus* sollte dann ab der Mitte des 16. Jahrhunderts auch in der Dramenliteratur vereinzelt Verwendung finden.[254] Das deutsche Pendant zu den *obscuri*, die ‚Dunkelmänner', taucht jedoch erst gegen Endes des 18. Jahrhunderts auf, und zwar nicht etwa in Übersetzungen des Werkes, sondern in ‚vulgäraufklärerischen' polemischen Schriften aus dem Umkreis des Berliner Hofes.[255]

Was hat Huttens Beteiligung an den ‚EOV' ihm dann genützt? In Fortsetzung zu Huttens Elegie ‚Ad poetas Germanos' (Querelae II, 10) von 1510 konnte er sich in Bezug auf die eigene Gruppenzugehörigkeit zu den Humanisten wohl erneut profilieren. So zählte er sich selbst in ‚EOV II, 9' bereits zur ‚Phalanx' des deutschen Humanismus:[256]

> Tunc ivi ad Franconiam,
> Ubi st fluvius Moenus; ibi Ulrichus Huttenus
> Iuravit levatis digitis, quod vellet me percutere virgis,
> Si vellem ibi stare. Tunc cogitavi meum salutare,
> Vadens hinc in Sueviam ad civitatem Augustam.[257]

> Dann ging ich nach Franken, wo der Main ist.
> Dort schwor Ulrich von Hutten
> mit erhobenen Fingern, dass er mich mit Ruten durchprügeln wolle,
> wenn ich dort bleiben wolle. Dann hielt ich es für gut, mich zu empfehlen,
> und ging von hier gen Schwaben nach Augsburg.[258]

---

[252] Vgl. Paul MERKER, Der Verfasser des Eccius Dedolatus und anderer Reformationsdialoge. Mit einem Beitrag zur Verfasserfrage der Epistolae Obscurorum Virorum (Sächsische Forschungsinstitute in Leipzig. Forschungsinstitut für Neuere Philologie: Neugermanistische Abteilung 2,1), Halle a. d. S. 1923, ab S. 222.
[253] Vgl. KÖNNEKER (1991), S. 108–109, Zitat S. 108.
[254] Vgl. allgemein zur Rezeption der Werke Huttens bei KREUTZ (1984).
[255] Vgl. HUBER-REBENICH (2008a), Sp. 656.
[256] BECKER (2012), S. 177.
[257] BÖMER 2, S. 108.
[258] Übs. n. BECKER (2012), S. 177.

Huttens Persona wird in vielen Schreiben der ‚EOV' angedeutet.[259] Ihm ist es zumindest gelungen, sich durch seine Autorschaft neu und dadurch vorteilhafter zu positionieren. Wie BECKER mit Verweis auf BRUMMACK (Satire als ‚ästhetisch sozialisierte Aggression')[260] bereits betont hat,[261] hängen Wirksamkeit und Erfolg der Satire in hohem Maße von einem grundsätzlichen Einverständnis zwischen Satiriker und Publikum ab.[262] Man versteht schnell, dass dies jedoch recht unterschiedlich ausfiel. Wichtig für unser modernes Verständnis von ‚Satire' ist aber, dass sich Hutten wohl eher einer ‚gattungsübergreifenden satirischen Schreibart' bedient hatte, die mit den bisher gängigen Normen und Regeln von Streitkultur brach. Ob Erfolg oder nicht, so machte Hutten die ‚Satire' ab diesem Zeitpunkt jedenfalls zu einem seiner beliebtesten invektiven Mittel, um seine Gegner öffentlich zu diskreditieren. Kein weltlicher noch geistlicher Fürst sollte sich von nun an mehr vor ihr in Sicherheit fühlen.

2.3 Der ‚Triumph Reuchlins' (‚Triumphus Capnionis', 1518): Ein humanistisches Enkomion zwischen Invektive und Gewaltphantasie

Bereits seit 1514/15 feilte Hutten am Lobgedicht für Reuchlin. Der ‚Triumphus Capnionis',[263] ein feierliches Hexameterepyllion von 1063 Versen, kam letztlich jedoch erst 1518 bei Thomas Anshelm in Hagenau in den Druck.[264] Bereits im

---

[259] Vgl. EOV I, 5, 14, 38; II, 9, 20, 51, 55, 59.
[260] Jürgen BRUMMACK, Zu Begriff und Theorie der Satire, in: Deutsche Vierteljahresschrift für Literaturwissenschaft 45 (1982), Sonderheft Forschungsreferate, S. 275–377, hier S. 282.
[261] Zusammenfassend zu den drei satirischen Dimensionen bei Hutten vgl. BECKER (2012), S. 168–169.
[262] BECKER (2012), S. 169: „Einerseits hängen Wirksamkeit und Erfolg einer Satire in hohem Maße von einem grundsätzlichen Einverständnis ab, sodass dieser Grundkonsens eine der Möglichkeitsbestimmungen für eine gelungene Satire darstellt. Andererseits hat insbesondere die mimetische Satire nicht zuletzt auch das Ziel, Prozesse der Gruppenbildung nach den Mechanismen von Inklusion und Exklusion zu verstärken. Auf die ingroup bezogen kommt der Satire also die gewissermaßen katalytische Funktion zu, einen bereits bestehenden Konsens – oft mittels bewusster Ausgrenzung durch Verlachen – weiter zu festigen."
[263] Triumphus | Doc. Reuchlini | Habes stu|diose lector, Io|annis Capnio|nis viri praestantissimi Enco|mion. Triumphanti illi ex | deuictis Obscuris viris, Id | est Theologistis Colo|nien<sibus> et Fratribus de | Ordine Praedicato|rum, ab Eleutherio | Byzeno decan|tatum. [Hagenau: Thomas Anshelm, 1518]. VD 16, H 6414. Vgl. BENZING (1956), Nr. 87; eine Variante mit verändertem Titelblatt ebd., Nr. 88, in: BÖCKING III, S. 413–447. Vgl. zuletzt KÜHLMANN (2010), zur Lit. bes. S. 91–92, Anm. 10.
[264] Hutten publizierte also bei einem Drucker und Freund Reuchlins, der schon lange in Pforzheim arbeitete. Vgl. Hildegard ALBERTS, Reuchlins Drucker Thomas Anshelm unter besonderer Berücksichtigung seiner Pforzheimer Presse, in: Hermann KLING u. Stefan RHEIN (Hgg.), Johannes Reuchlin (1455–1522). Nachdruck der 1955 von Manfred Krebs herausgegebenen Festgabe (Pforzheimer Reuchlinschriften 4), Sigmaringen 1994, S. 205–266; Wilfried LAGLER, ‚Ex officina Anshelmia'. Johannes Reuchlin und sein Buchdrucker Thomas Anshelm, in: Jörg ROBERT u. a. (Hgg.), ‚Ein Vater neuer Zeit'.

Frühjahr des Jahres 1518 hatte er mit dem Abschluss von Vor- und Nachwort begonnen, um die Publikation damit zu einem erfolgreichen Abschluss zu bringen.[265] Dabei veröffentlichte Hutten seinen Text nicht unter seinem eigenen Namen, sondern unter dem Pseudonym Eleutherius Byzenus,[266] wobei im Vorfeld des Druckes bereits einige Handexemplare im Humanistenkreis verteilt worden sind, in denen Hutten zunächst unter dem Autornamen Accius Nebius auftrat.[267] Erasmus glaubte dahinter sofort die Feder Huttens erkannt zu haben, wobei er ihm erneut von einer Veröffentlichung abriet, damit für Reuchlin kein größerer Schaden entstehe.[268] Mutian gelangte wohl schon im Juni 1514 an eine Abschrift des Textes, während der Humanistenzirkel um Willibald Pirckheimer das sehnlich erwartete Werk wohl 1517 in Händen hielt.[269]

Der ‚Triumphus' beschreibt in hochtrabenden Hexametern den triumphalen Einzug Reuchlins in seine Vaterstadt Pforzheim, wobei sich Hutten nicht nur an das Vorbild eines antiken römischen Triumphzuges anlehnt, sondern sich gleichsam auch in eine längere zeitgenössische Tradition solcher literarischer Beschreibungen einreiht.[270] Während das Vorwort, gerichtet an den Kaiser und das ‚deutsche Volk' (*ad principem ac popvlum Germanorvm*), sich auf die einstweilige Niederschlagung des Prozesses durch Bischof Georg von Speyer[271] und am Ende auf die ‚Dunkelmännerbriefe' bezieht und sich hier Hutten auch indirekt zu seiner Autorschaft bekennt,[272] so versucht er im Schlusswort die gelehrte Auseinandersetzung auf eine nationale Ebene zu heben.[273] Dabei ruft er unter Nennung seines Wahlspruchs gegen Rom (*iacta alea*) gleich zu Beginn nicht nur die Wissenschaften, sondern auch die Götter an. Aus einem langen

---

Reuchlin, die Juden und die Reformation (Tübinger Kataloge 104), Tübingen 2017, S. 44–55.

[265] Das Vorwort (*ad Principem ac populum Germanorum*) und das Nachwort in: BÖCKING I, S. 236–238. Vgl. JAUMANN (2008), Sp. 1207–1208.

[266] Vgl. BÖCKING III, S. 416 Anm. 1: Euleutherius Byzenus ist als Doppelbegriff zu verstehen. So steht er einerseits für die Freiheit der Literaten, andererseits wendet er sich gegen die Unterdrückung der Bildung durch die ‚Dunkelmänner'. Byzenus kann weiterhin auch als Symbolgestalt der Freiheit gesehen werden, wenn er Byzinus meint, einen Sohn Neptuns.

[267] Urban an Mutian, 30. Juni 1514, Gotha, in: BÖCKING I, S. 31–32; Mutian an Heinrich Urban, 8. August 1514, Gotha, in: BÖCKING I, S. 32.

[268] Vgl. RBW III, S. 149.

[269] Vgl. PBW III, Nr. 445, 476 u. 503.

[270] Vgl. KÜHLMANN (2010), S, 90–93 m. Abb. 1–2; JAUMANN (2008), Sp. 1207.

[271] Vgl. TRUSEN (1987).

[272] BÖCKING I, S. 238: *Vos igitur moneo, coniurati, adeste, incumbite, ruptus, carcer est, iacta alea, regredi non licet, obscuris viris laqueum praebui, nos vicissim herbam sumemus* (Euch aber ermahne ich, Verschworene, heran, dran und drauf, der Kerker ist aufgebrochen, es gibt kein Zurück, der Würfel ist gefallen, ich habe den Dunkelmännern den Strick gereicht [...]; Übs. nach KÜHLMANN [2010], S. 94).

[273] Vgl. WULFERT (2009), S. 112–113.

beschämenden Irrtum heraus habe Deutschland, so Hutten, nun endlich die Augen geöffnet.[274]

Das gesamte Werk hindurch wird Reuchlin als Triumphator über die Feinde in Köln und Rom verherrlicht. In einer *digressio* (V. 65–128), einem reichs- und kaisergeschichtlichen Exkurs, macht Hutten aber deutlich, dass ihm die Parteinahme im ‚Judenbücherstreit', der ihn nur marginal interessierte, nur einem Zwecke diente. Er wollte vielmehr die publizistische Dynamik des Reuchlin-Konflikts im Zuge des bevorstehenden Reichstages in Augsburg (1518) nutzen, und die Humanisten für seine nationale Sache gewinnen.[275] In diesem Sinne sind die geistigen Heldentaten Reuchlins (*divinus homo*, V. 26) auch als ‚Analogon' zu den *res gestae* Maximilians zu verstehen, dessen künftige Siege gegen die Franzosen und Venezianer Hutten damit antizipieren möchte.[276] Dass an der Verfasserschaft Huttens keinerlei Zweifel besteht, wissen wir deshalb, da einige Passagen des ‚Triumphus Capnionis' argumentativ ziemlich genau den Zeilen entsprechen, die Hutten am 21.08.1518 in einem Brief an den Meißnerischen Domkanoniker Julius von Pflug schrieb:

> Certe iucundissimum hoc omnibus spectaculum ob oculos versatur: tot Principes iuventa simul et corporis specie praestantes, tanta Comitum ac Equitum multitudo, flos scilicet Germaniae nobilitatis, ut qui hos intueatur, formidandos magnopere Turcas non putet. Quodsi hodie tantum cerebri est Germanis, quantum virium, ausim orbi terrarum minari iugum. Facit deus opt[imus] max[imus], ut sibi consulant hi, a quorum consiliis omnia pendent: quid aliud optare enim debemus, quam ut nunc maxime agnoscat se Germania?[277]

> Das gewiss angenehmste Schauspiel bietet sich hier aller Augen dar. So viele Fürsten, ausgezeichnet durch Jugend und Wohlgestalt, eine so große Menge von Grafen und Rittern, die Blüte des deutschen Adels: wer sie anschaut, dem können die Türken nicht sehr furchtbar erscheinen. Wenn heute die Deutschen so viel Hirn als Kraft haben, möchte ich der Welt mit Unterjochung drohen. Gebe Gott, dass diejenigen wohl beraten, von deren Rat alles abhängt. Denn was Anderes müssen wir wünschen, als dass jetzt eben Deutschland sich erkennen möge.[278]

---

[274] BÖCKING I, S. 236: *revocate ab interitu literae, diis gratia: ex longo ac pudendo errore oculos, recepit Germania.*
[275] Vgl. KÜHLMANN (2010), S. 94–95.
[276] Den nationalen Gedanken greift Hutten im darauffolgenden Jahr in den Epigrammen der ‚Augsburger Sammlung', die er Maximilian widmet, wieder auf. Vgl. Kapitel IV,1.
[277] Hutten an Pflug, 21. August 1518, in: BÖCKING I, S. 184–187, hier S. 185.
[278] Vgl. KÜHLMANN (2010), S. 95.

Abbildung 25: Holzschnitt, eingelegt in die erste Ausgabe von Huttens ‚Triumphus Capnionis' (1518), In Originalgröße vierfach gefaltet.

Der ersten Ausgabe des Textes war außerdem ein dreiteiliger Holzschnitt beigegeben, der Huttens Programm und die Intentionen, die er mit dieser Invektive verband, sehr deutlich konturiert (**Abb. 25**).[279] Da ihm jedoch keine weiteren legendarischen Notizen beigefügt sind, ist er ohne die erläuternden Hexameter auch gar nicht zu interpretieren.[280] Der doppelseitige, enorm aufwendig gestaltete Holzschnitt zeigt den triumphal in seine Heimatstadt Pforzheim einziehenden Reuchlin, der auf einem Triumphwagen, einem Zweispänner, sitzt und von Blumenkindern, italienischen und deutschen Humanisten, Poeten und Juristen, flankiert wird (V. 990–1046). Der Zug wird von einer Reihe von Opferbeigaben wie etwa vier Rindern sowie zahlreichen Musikanten angeführt. Während Reuchlin, bekränzt mit einem Geflecht aus Lorbeer und Efeu (V. 1011), in der linken Hand ebenfalls einen Lorbeerzweig hält, so reckt er in der rechten dagegen demonstrativ den ‚Augenspiegel' (*Oculare speculum*, V. 1013) in die Höhe, um dessen europäische Signalwirkung zu unterstreichen.[281]

In der Bildmitte werden die Gegner, die Kölner Magister, ebenfalls als Gruppe, jedoch in Ketten gelegt, gegenübergestellt (V. 382–473). Hutten beschreibt im ‚Triumphus' ausführlich, dass es sich bei der Beute, die den Theologen auf Bahren und Händen von Knechten vorangetragen wird, um ‚figürliche Darstellungen' der Gottheiten der Besiegten, bspw. um Aberglaube (*superstitio*),[282] handelt. Die hochgehaltenen Bücher und Kästen stehen, so Hutten, für die falschen Argumente der falschen Theologen.[283] Einer sticht unter den Gegnern aber besonders hervor, da sich seine Zunge, ebenfalls in Form einer Kette,

---

[279] Die Abb. befindet sich in passabler Auflösung bei: SCHWITALLA (2002), S. 183; LAUB (1988), 204–205; Ex. des Holzschnittes: Wolfenbüttel, Herzog August Bibliothek, A: 95.2 Theol. (14).
[280] Vgl. DE BOER (2016), S. 981.
[281] Vgl. KÜHLMANN (2010), S. 98; Reuchlin ist in Abb. 25 blau markiert.
[282] Vgl. BÖCKING III, S. 428–429, V. 425–431; vgl. DE BOER (2016), S. 989.
[283] Vgl. KÜHLMANN (2010), S. 99.

zusätzlich beim Sprechen wie eine Würgeschlange um dessen Hals windet.[284] Dabei handelt es sich offenbar um den Dominikaner und päpstlichen Inquisitor Jakob von Hoogstraeten, den Hutten als Rache für die Verbrennung des ‚Augenspiegels' ebenfalls den Flammen zu übergeben gedenkt.[285] So erscheint er als Anführer einer verbrecherischen Kaste von ‚Dunkelmännern' (*viri obscuri*, V. 504),[286] zu denen Hutten neben Hoogstraeten auch Arnold von Tongern, Ortwin Gratius[287] und Peter Meyer aus Frankfurt a. M. zählt.[288]

Besonders drastisch wird hingegen das Bild des Hauptgegners Pfefferkorn gezeichnet, der im Schlamm gefesselt zu Füßen seiner Folterknechte liegt. Dabei haut ihm einer der Schergen eine Sense (*uncus*) in die Waden.[289] In diesem Zuge ist ihm nicht nur seine Zunge herausgeschnitten worden,[290] sondern er erbricht sich weiterhin, sodass das Erbrochene dann im Anschluss von einem Hund in Anlehnung an einen der Petrusbriefe (2. Petr. 2,2) wieder aufgeleckt werden kann.[291] Während derartige Darstellungen von Hinrichtungsszenen und Gewaltexzessen in der vorreformatorischen Phase in Bild und Text immer mehr zum publizistischen Tagesgeschehen gehörten,[292] ist Huttens Text-Bild-Komposition dennoch derart scharf gegen Pfefferkorn gerichtet, dass sich BÖCKING, der Editor von Huttens Schriften, später zu einigen empörten Marginalien in seiner Ausgabe des Textes veranlasst sah.[293]

Mit der dritten Personengruppe sind auf der linken Bildseite zuletzt noch die Pforzheimer Bürger abgebildet, die ihren ‚Triumphator' nur allzu emphatisch willkommen heißen und die weiterhin als Publikum in das Geschehen eingeschrieben sind. Gerade hier im Bild wird aber in einer subtilen Invektive auf Huttens politisches Antirom-Programm angespielt. Diese ist am linken oberen

---

[284] Vgl. Abb. 25, rote Markierung, Bildmitte (Hintergrund).
[285] BÖCKING III, S. 431, V. 510–517: *Verum inter socios Sapientum octavus et alto / Tertius e coelo lapsus Cato nomine gaudet / Dives Hogostrattus peregrina ab origine sumpto: / Vel Cato vel Cacus dicetur, sed puto Cacum / Ore exhalantem furiales dicere flammas / Praestiterit, sanctis inimica incendia Musis, / Mandentem cruda et libros ipsosque vorantem / Librorum autores.*
[286] BÖCKING III, S. 431.
[287] Im Holzschnitt mit verbundenen Augen dargestellt. Vgl. Anselm SCHUBERT, Das Lachen der Ketzer. Zur Selbstinszenierung der frühen Reformation, in: Zeitschrift für Theologie und Kirche 108 (2011), S. 405–430, hier S. 416.
[288] Vgl. BÖCKING III, S. 432–436, V. 564–683; zu Meyer vgl. BÖCKING III, S. 439.
[289] Vgl. Abb. 25, rote Markierung, Bildmitte (Vordergrund). Vgl. zur Verwendung von *uncus* in Huttens ‚Triumphus': BÖCKING III, S. 437.
[290] Zur Tradition siehe Ralf G. BOGNER, Die Bezähmung der Zunge. Literatur und Disziplinierung der Alltagskommunikation in der frühen Neuzeit (Frühe Neuzeit 31), Tübingen 1997, hier S. 135–143.
[291] Vgl. KÜHLMANN (2010), S. 99; vgl. die ausführliche Beschreibung Huttens bei: BÖCKING III, S. 437, V. 701–752.
[292] Vgl. SCHWITALLA (2002), S. 180–185; KÜHLMANN (2010), S. 99–100.
[293] Vgl. BÖCKING III, S. 437: zu V. 705: *Pepercornus quo modo trahendus in trimpho*; zu V. 715: *Pepercornus unceo trahendus*; zu V. 730: *Pepercornus Iudas*; zu V. 745 (BÖCKING III, S. 438): *Pepercornus quomodo de Christo*.

Bildrand zu finden, indem ein Pfaffe gerade von einem Pforzheimer Rat aus dem Fenster geschmissen wird.²⁹⁴

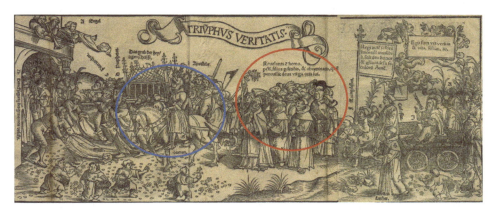

Abbildung 26: Holzschnitt aus dem ‚Triumphus veritatis' (1524).

Dasselbe Bildmotiv nahm wenige Jahre später dann der Nürnberger pseudonyme Künstler Hans Heinrich Freiermut in Zürich im Kontext der Reformdialoge im ‚Triumphus veritatis. Sick der warheyt' (1524) wieder auf (**Abb. 26**),²⁹⁵ wobei zunächst augenfällig scheint, dass sich das Werk sowohl in der Titelgebung, als auch in der Ikonographie auf den ‚Triumphus Capnionis' Huttens stützt. Auch hier werden die Besiegten als eine in Ketten gelegte Personengruppe versinnbildlicht, die in diesem Fall aber anhand von spöttelnden Tierköpfen dargestellt sind, um zu einer invektiven Lesart des Textes anzuregen. Freilich spielen die Tiergestalten hier auf die Namen der jeweiligen theologischen Gegner an.²⁹⁶ Der römische Pontifex schreitet zusammen mit einem seiner Bischö-

---

²⁹⁴ Vgl. Abb. 26, rote Markierung (linker, oberer Bildrand).
²⁹⁵ Hans Heinrich Freiermut [Pseud.], Triumphus veritatis. Sieg der Wahrheit [Speyer: Johann Eckhart, 1524]; KÖHLER (1996), S. 508–509; VD 16, ZV 6175; Text in SCHADE II, S. 196–251, Kommentar S. 352–373. Vgl. weiterhin Georg STUHLFAUTH, Die beiden Holzschnitte der Flugschrift ‚Triumphus Veritatis. Sick der wahrheyt' von Hans Heinrich Freiermut (1524), in: Zeitschrift für Bücherfreunde NF 13 (1921), S. 49–56. Ex. des Holzschnittes in: Nürnberg, Germanisches Nationalmuseum Inv.-Nr. HB 10931.
²⁹⁶ Vgl. Abb. 22, Bildmitte, rote Markierung: Die Auflösung liefert ein drei Jahre zuvor erschienenes ‚Spottbild auf Luthers Gegner' (1521) eines unbekannten Künstlers, der die Hauptkritiker des Reformators ebenfalls mit Tierköpfen zeigt, wobei hier jedoch die papsttreuen Gelehrten mit großen Schriftzügen aufgelöst werden (Nürnberg, Germanisches Nationalmuseum, HB 15079). Beginnt man von links nach rechts, so ist der Kater sicherlich mit Thomas Murner zu identifizieren, der Luther ab 1520 mit einer Mehrzahl von Schriften von Straßburg aus angegriffen hatte. Neben ihm sitzt Hieronymus Emser, der nach der Leipziger Disputation 1519 antireformatorische Texte veröffentlichte, als Ziegenbock. Die Bildmitte ziert ein Löwe im päpstlichen Habit, der als Antichrist bezeichnet wird und der auf den Namen Papst Leos X. anspielen soll. Zu seiner Rechten erhebt sich der Ingolstädter Theologieprofessor Johannes Eck als Schwein. Ihm folgt

fe, vermutlich Augustinus von Hippo, als Anführer der Gefangenen voran, während ihre Stäbe (Doppelkreuz u. Krummstab) zerbrechen und ihre Hüte (Tiara u. Mitra) vom Kopfe fallen und sie dadurch ihre symbolischen Attribute der Macht verlieren. Derjenige, der die Gescholtenen in Harnisch hinter seinem Pferd herschleift, ist kein anderer als Ulrich von Hutten, dem man hier, obwohl er im August 1523 bereits verstorben war, wohl noch nachträglich attestieren wollte, ein Mann der Tat und auch der Gewalt zu sein.[297] Wenngleich wir es im ‚Triumphus veritatis' wie im ‚Triumphus Capnionis' mit einem Triumphzug zu tun haben, bei dem der Sieger den Besiegten zur Schmach öffentlich zur Schau stellt, ist der siegreiche Einzug in der späteren Imitation natürlich kein antiker mehr, sondern biblisch zu einer Palmsonntagsprozession umgedeutet worden. So ist in der Bildikonographie Christus ‚Salvator' auf der geöffneten Bibel sitzend nicht nur als der neue Reuchlin, der von Luther und Karlstadt flankiert wird, eingeführt worden, sondern ebenso wird das ‚Grab der heiligen Schrift' anstelle der ehemals aufgebahrten Götterstatuen als Siegertrophäe bzw. Beutegut von den Patriarchen, Propheten und den Aposteln heimgeführt.[298]

Wie eng der Text und insbesondere der Holzschnitt Ulrich von Hutten auch nach seinem Tode 1523 noch in den Kontext der wichtigsten Verschwörer um den Reformator Martin Luther stellte, zeigt abschließend noch ein äußerst bezeichnendes Distichon von Huttens gutem Freund Hermann von dem Busche, das unterhalb des Holzschnittes begefügt ist:[299]

> Distychon Hermanni Bu. Pas.
> Hec vis hoc decus est non enarrabile uerbi,
> Quo premitur plus, hoc vincit ab hoste magis.

---

schließlich der Tübinger Theologieprofessor Jakob Lemp mit Hundekopf. Während Leo X. dem Ingolstädter Eck eine Münze überreicht, so erklärt die Bildbeschreibung, dass Eck wohl der Kardinalshut und eine Summe Geld versprochen wurde, wenn er dem Papst nur gegen Luther helfe. Nach Calvin A. PATER, Karlstadt as the Father of the Baptist Movements. The Emergence of Lay Protestantism, Toronto u. a. 1984, bes. das Kapitel ‚Appendix III. The Woodcut ‚Triumphus Veritatis', sei die Figur mit Hammer und Blasebalg in der Gruppe der Dominikaner Johannes Faber. Die gekrönte schwarze Ratte sei wohl Jakob von Hoogstraeten, während der Esel, der den Anführern folgt, den Franziskaner Augustin von Alveldt darstelle.

[297] Vgl. Abb. 26, Bildmitte, blaue Markierung.
[298] Vgl. Thomas KAUFMANN, Der Anfang der Reformation. Studien zur Kontextualität der Theologie, Publizistik und Inszenierung Luthers und der reformatorischen Bewegung (Spätmittelalter, Humanismus, Reformation / Studies in the Late Middle Ages, Humanism, and the Reformation 67), Tübingen 2012, S. 320–324.
[299] STUHLFAUTH (1921), S. 50.

Abbildung 27: ‚Defensio Germaniae Jacobi Wympfelingii quam frater Thomas Murner Impugnauit [...], Friburgi' [Straßburg: Johann Grüninger 1502], Titelblatt.

Die Gruppendynamik, die im zweiten Holzschnitt nahezu identisch transferiert werden konnte, war ausschlaggebend dafür, warum es in der Regel überhaupt erst zu einem weiteren Austausch von scharfen, aber auch wohlgefeilten Invektiven im Umfeld des Humanistenmilieus kam. Im ‚Triumphus veritatis' war dieses Bild letztlich unter veränderten Vorzeichen dann für den prolutherischen Kampf instrumentalisiert worden,[300] wobei wir diese gruppendynamische Komponente aber auch schon in wesentlich früher entstandenen Titelholzschnitten, wie etwa der ‚Defensio' (1502) Jakob Wimpfelings, einer Invektive, die während seiner Auseinandersetzung mit Thomas Murner in Straßburg entstand, beobachten können (**Abb. 27**).[301]

Im ‚Triumphus Capnionis' erscheinen die humanistisch gesinnten Anhänger Reuchlins wie im zweiten Teil der ‚EOV' als eingeschworene Kampftruppe. Der scheinbar philologische Anlass des Textes diente Hutten aber freilich in erster Linie dazu, seine weitaus größeren ideellen Ziele zu verfolgen und in die

---

[300] Vgl. Kühlmann (2010), S. 101–102.
[301] Ex. München, Bayerische Staatsbibliothek, 4 Inc.c.a. 1667 a#Beibd.3,3; vgl. Israel (2019), S. 424–428.

politische Debatte einzubringen, indem der Freiheitskampf Reuchlins auf die von ihm propagierte ‚deutsche Freiheit' ausgedehnt werden sollte:[302]

> Quis enim per deos immortales tam iniquus pontifex, qui nobis primum hoc iugum imponebat? Aut quis ita ignavus orbis terrae imperator, qui sic manifeste nostram nobis libertatem eripi sinebat?[303]

> Wer, bei den unsterblichen Göttern, ist denn der so ungerechte Papst, der uns als erster dieses Joch auflegte? Oder wer war der faule weltliche Herrscher, der es zuließ, dass uns unsere Freiheit so offenkundig entrissen wurde?[304]

Insgesamt darf man also mit Recht behaupten, dass Hutten mit diesem Schmähgedicht erneut versuchte, eine bereits generierte Öffentlichkeit zu bespielen, wie es ihm in der Fehde mit Herzog Ulrich von Württemberg und der publizistischen Kampagne seines Vetters bereits gelungen war. Allerdings gedachte er die Popularität Reuchlins und die Aufmerksamkeit nicht mehr nur für die eigene Profilierung zu nutzen, sondern ebenso seine nationalistischen Ideale in Form von humanistischen Invektiven für die allgemeine Anti-Rom-Debatte fruchtbar zu machen. Denn obwohl ‚Der Triumphus Capnionis' den Anschein erweckte, sich lediglich um ein für Reuchlin konzipiertes Lobgedicht zu handeln (*encomivm*),[305] was unter Humanistenkollegen nicht unüblich war, so war der Text doch vor allem gegen die Reuchlingegner und den Papst als großen Widerpart der Deutschen gerichtet. Auch mit Blick auf deren Bestrafung schreckte Hutten bisweilen also nicht mehr davor zurück, zu massiver Gewalt aufzurufen. Obwohl er bis dato ausschließlich pseudonym bzw. anonym aufgetreten war, so hatte Huttens Freund Crotus Rubeanus den ‚Triumph Reuchlins' und seine Ideen im ersten Teil der ‚EOV' durch einen fingierten Brief eines Magisters Philipp Steinmetz (‚Sculptoris', EOV I, 25) an Gratius doch bereits früh ankündigen lassen:

> [Magister Philippus Sculptoris salutem dicit magistro Ortvino]
> Tunc fui laetatus, quia iam volo citare eum ad privilegia universitatis Viennensis, ubi debet respondere mihi, quia ibi sum promotus de gratia Dei in magistrum; et si fui sufficiens toti universitati, etiam volo sufficiens esse uni poetae, quia niversitas est plus quam poeta. Et credatis mihi, ego non vellem istam iniuriam dare pro viginti florenis. Dicitur hic, quod omnes poetae volunt stare cum doctore Reuchlin contra theologos, et quod unus iam composuit unum librum, qui vocatur **Trimphus Capnionis**; et continet multa scandala etiam de vobis. Utinam omnes poetae essent ibi, ubi piper crescit, quod dimitterent nos in pace, quia timendum est, quod facultas artistica peribit propter illos poetas, quia ipsi dicunt, quod artistae peribit propter illos poetas, quia ipsi dicunt, quod artistae seducunt iuvenes, et accipiunt ab eis pecuniam et faciunt eos baccalaureos et magistros, etiam si nihil sciunt.[306]

---

[302] Vgl. WULFERT (2009), S. 112–113.
[303] BÖCKING I, S. 237.
[304] WULFERT (2009), S. 113.
[305] Vgl. BÖCKING I, S. 236.
[306] BÖMER 2, S. 46.

[Magister Philipp Steinmetz entbietet seinen Gruß dem Magister Ortwin Gratius]
Das machte mich ganz vergnügt, denn nun will ich ihn auf die Privilegien der Wiener Universität vorladen, wo er mir Rede stehen soll, weil ich dort durch die Gnade Gottes zum Magister promoviert wurde; und wenn ich einer ganzen Universität gelehrt genug war, so will ich auch einem einzigen Poeten gelehrt genug sein, denn eine Universität ist doch mehr als ein Poet. Und glaubet mir, ich möchte diese Beleidigung nicht für 20 Gulden hingeben. Es heißt hier, alle Poeten wollen sich mit Doktor Reuchlin gegen die Theologen stellen; einer habe bereits ein Buch verfasst, welches den Titel ,**Triumphus Reuchlins**' führe und viel Skandalöses auch über Euch enthalte. Wären doch alle Poeten da, wo der Pfeffer wächst, und ließen uns in Frieden, denn es ist zu befürchten, dass die artistische Fakultät wegen dieser Poeten noch zugrunde gehen wird, weil diese behaupten, die Artisten verführten die jungen Leute, nähmen Geld von ihnen und machten sie zu Bakkalaureen und Magistern, auch wenn sie nichts wüssten.[307]

2.4 Huttens offener Brief über den Reuchlinstreit an Graf Hermann von Neuenahr d. Ä. (1518): Invektiven über ,Bande' spielen

Der Forschung mitunter verborgen blieb jedoch eine weitere Briefinvektive Huttens desselben Jahres, die sich ebenfalls gegen die Reuchlingegner richtete, aber ohne einen aufwendigen Holzschnitt auskam. Die ,Epistola ad illvstrem virvm Hermannvm comitem Hvtteniana, qva contra Capnionis aemvlos confirmatvr' (1518)[308] rührte jedoch von einem anderen, mit Reuchlin verwandten, Konflikt her, der zwischen den beiden Reuchlinbefürwortern Graf Hermann von Neuenahr (gest. 1530)[309] und dem Titularerzbischof von Nazareth[310] Gior-

---

[307] BINDER (1964), S. 61–62.
[308] Epistola ad illustrem vi|rum Hermannum de Neu|uenar [!] Hutte|niana, qua contra | Capnionis aemulos | confirmatur. [Mainz: Joh. Schöffer, 1518]. VD 16, H 6329; vgl. BENZING (1956), Nr. 58, weitere Drucke Nr. 59–61, in: BÖCKING I, S. 164–168.
[309] Vgl. zur Biographie und den Werken Götz-Rüdiger TEWES, Art. Neuenahr (Nuenarius, de Nova Aquila), Hermann Graf von, d. Ä., in: VLHum 2 (2013), Sp. 408–418.
[310] Das Erzbistum von Nazareth entstand zur Zeit der Kreuzfahrerstaaten in Palästina. Nachdem die christlichen Gebiete mit der Eroberung Akkons 1291 durch die ägyptischen Mamluken nun endgültig zurückgefordert worden waren, bestand das Bistum *de facto* nicht mehr. In Italien besaß das Erzbistum jedoch die Kirche zur Hl. Maria nahe der Stadt Barletta in Apulien, die es ermöglichte, weiterhin Erzbischöfe zu berufen. Benigno wurde wohl vor dem 3. Dez. 1512, wo er auf dem V. Lateranum als Titularerzbischof nachzuweisen ist, von Papst Julius II. in diesen Rang erhoben. Nach dessen Ableben wurde Benigno weiterhin von dessen Nachfolger, Leo X., finanziell mit einigen Kirchenpfründen unterstützt. Vgl. Elisabeth ERDMANN-PANDŽIĆ u. Basilius PANDŽIĆ, Juraj Dragišić und Johannes Reuchlin. Eine Untersuchung zum Kampf für die jüdischen Bücher mit einem Nachdruck der ,Defensio praestantissimi viri Joannis Reuchlin' (1517) von Georgius Benignus (Juraj Dragišić) (Quellen und Beiträge zur kroatischen Kulturgeschichte. Vrela i prinosi za hravatsku kulturnu provijest 1), Bamberg 1989, S. 89, insb. Anm. 229.

gio Benigno Salviati (gest. 1520)[311] mit dem Kölner Inquisitor Jakob von Hoogstraeten ausgetragen wurde. Den Grund hierfür bildete Hoogstraetens Engagement in den Prozessen gegen Reuchlin.[312] Dabei war die Ausgangslage auch auf diesem ‚Nebenschauplatz' der Reuchlinkontroverse zunächst ebenso dynamisch und komplex wie der Hauptkonflikt selbst.

Die ‚Epistola' diente Hutten vorwiegend dazu, auch für Reuchlins Anhänger öffentlich Position zu beziehen und den Schulterschluss auch mit Blick auf den erweiterten humanistischen ‚Dunstkreis' zu demonstrieren. Anlass war zunächst die von Giorgio Benigno verfasste, Kaiser Maximilian gewidmete, jedoch schon 1517 von Neuenahr herausgegebene ‚Defensio praestantissimi viri Ioannis Reuchlin'.[313] Neuenahr widmete die Publikation einem weiteren Anhänger Reuchlins, Dietrich Zobel von Giebelstadt, der zu jener Zeit als Generalvikar des Mainzer Erzbischofs Albrecht von Brandenburg tätig war, für den Hutten in diesen Tagen ja ebenfalls arbeitete.[314] Da in der Widmungsepistel einige Passagen auf Griechisch verfasst wurden, lässt dies nur auf Eines schließen. Man versuchte dem Gegner von humanistischer Warte aus fehlende Sprachkenntnisse vorzuwerfen, was im Verlauf des Briefes auch in Bezug auf das Hebräische zur Sprache kommt, während andererseits aber vor allem die Anhänger Reuchlins, namentlich etwa Erasmus, Faber Stapulensis, Willibald Pirckheimer, Jakob Questenberg, Johann Potken, Stephan Rosinus, Martin Gröning oder Johann von der Wyck, als ‚Zeugen der Wahrheit' gepriesen werden. Der Frage nachgehend, ob Benigno in der Funktion als päpstlicher Legat mit einer Intervention (‚Defensio') für Reuchlin ja nicht grundsätzlich gegen seinen eigentlichen Arbeitgeber handelte, maß die jüngere Forschung zuletzt wieder eine „größere [politische] Bedeutung für den unmittelbaren Prozessverlauf der Causa Reuchlini zu als den literarisch wirkmächtigeren ‚EOV'."[315]

---

[311] Vgl. zum serbischen Franziskaner Giorgio Benigno Salviati, der aus Bosnien stammte und dessen ursprünglicher Name Juraj Dragišić war: ERDMANN-PANDŽIĆ/PANDŽIĆ (1989), S. 71–93 (Biographie), S. 94–98 (Werke).

[312] Vgl. TRUSEN (1987).

[313] Defensio Prae | stantissimi viri Ioannis Reuchlin | LL. Docto ris, a Reuerendo pa | tre Georgio Benigno Nazare= | no archiepiscopo Romae per modum | dialogi edita [...]. [Köln: Euch. Cervicornus], Sept. 1517. VD 16, B 1717; Faksimile bei ERDMANN-PANDŽIĆ/ PANDŽIĆ (1989), Anhang.

[314] TEWES (2013), Sp. 415–416: „Das Manuskript von Benignus' dialogischem, für die Bedeutung der hebräischen Literatur eintretendem und als Verteidigung Reuchlins konzipierten Traktat ‚An Iudaeorum libri, quos Thalmud appellant, sint potius supremendi, quam tenendi et conservandi' hatte der Reuchlin-Anhänger Martin Gröning nach Deutschland mitgebracht, doch nicht wie vorgesehen Kaiser Maximilian I., sondern in Köln Neuenahr übergeben, der es im September 1517 als erste wissenschaftlich-argumentative Gegenschrift zu Hoogstraetens Verurteilung von Reuchlins ‚Augenspiegel' drucken ließ."

[315] Vgl. TEWES (2013), Sp. 416 m. Zit. und dem Verweis auf die Studien von Hans PETERSE, Jacobus Hoogstraeten gegen Johannes Reuchlin. Ein Beitrag zur Geschichte des Antijudaismus im 16. Jahrhundert (Veröffentlichungen des Instituts für Europäische Geschich-

Das mag daran liegen, dass die ‚Defensio' in ihrem Kern aus einem invektiven Dialog gegen Hoogstraeten und den Dominikanerorden bestand, der die Beteiligten Reuchlin und Benigno als fiktive Gesprächspartner scheinbar selbst auf die Bühne brachte. So ergreift der humanistisch gesinnte Würdenträger Roms auch hier im Dialog Partei für den vermeintlichen Widersacher, indem er sich als gelehrte Autorität und als Mitglied der von Papst Leo X. zur Klärung des Prozesses eingesetzten Kommission zugunsten der Meinung Reuchlins stark macht.[316] Auch wenn Benigno die geübte Kritik und die persönlichen Anfeindungen geschickt mit dem Mantel der Fiktion verschleiern konnte, so verhinderte er dennoch nicht, dass es in der Folge zu einem weiteren Schlagabtausch kam.[317]

Zunächst war es der junge Philipp Melanchthon, der sich bei Benigno für die Unterstützung seines Verwandten Reuchlin bedankte, indem er ihm das Vorwort zu einer von ihm herausgegebenen Schrift des italienischen Humanisten Mariangelo Accursio (gest. 1546)[318] widmete.[319] Als dann auch der bekannte Nürnberger Willibald Pirckheimer in einer ‚Epistola Apologetica' (Okt. 1517)[320] ebenfalls Stellung für Reuchlin und die Bewahrung des Talmuds bezog, und diese dann gemeinsam mit Benignos ‚Defensio' in einer zweiten Auflage erschien,[321] zwang man Hoogstraeten schließlich zu einer Reaktion. Und so konterte jener im Februar 1518 bereits mit einer eigenen ‚Apologia'[322] gegen Benigno, die den fingierten Dialog Benignos mit herablassenden Glossierungen zu karikieren versuchte, während dieser ersten Verteidigungsschrift im

---

te Mainz. Abteilung Abendländische Religionsgeschichte 165), Mainz 1995, S. 79–80 u. S. 86–91 u. Charles G. NAUERT, Graf Hermann von Neuenahr and the Limits of Humanism in Cologne, in: DERS. u. a. (Hgg.), Humanism and Renaissance Civilization (Variorum collected studies series 995), Aldershot u. a. 2012, hier Teilband VI, S. 65–97 (fehlerhaft).

[316] Vgl. zur Interpretation des Dialogs ausführlich DE BOER (2016), S. 1110–1115.
[317] Vgl. ERDMANN-PANDŽIĆ/PANDŽIĆ (1989), S. 9.
[318] Vgl. Augusto CAMPANA, Art. Accursio (Accorso), Mariangelo, in: DBI 1 (1960), S. 126–132.
[319] Illvstri D[omi]n[i] Hermanno Comiti Novae Aqvilae, ecclessi[iae] metropolitanae Colonien[sis] & cathedralis Leodien[sis] Canonico, Archepiscopi Coloniensis Legato, Philippus Melanchthon se commendat. In: Mariangelus Accursius: Osci et Volsci dialogus Ludis Romanis Actus, hg. v. Philipp MELANCHTHON, Tübingen [1517]).
[320] Lvciani Piscator, sev | reuiuiscentes. Bilibaldo Pirck=|heymero, Caesareo Consilia=|rio, Patricio ac Senatore, | Nurenbergensi | interprete, | Eiusdem Epistola Apologetica [...] sexto Nonas | Octobris. Anno [...] M.D.XVII. [Nürnberg: Friedrich Peypus, 1517]. VD 16, L 3025.
[321] 2. Aufl.: Lvciani Piscator, sev reuiuiscentes, Bilibaldus Pirckheymero interprete, Eiusdem Epistola Apologetica. Accedit Defensio J. Reuchlini quam Georgius Benignus Nazaraenus Maximiliano Rom. imp. dicanit, [Straßburg: Matthias Schürer], 1518.
[322] Ad sanctissimu[m] dominu[m] nostru[m] Leone[m] papam decimu[m] Ac diuu[m] Maxemilianum Imperatorem semper augustu[m] Apologia. Co[n]tra dialog[u]m Georgio Benigno Archiepiscopo Nazareno, in causa Ioannis Reuchlin ascriptu[m], Köln: Heinr. Quentell 1518. VD 16, H 4807; Widmungsvorrede bei BÖCKING Suppl. I, S. 419–427; vgl. weiterhin DE BOER (2016), S. 1115–1116.

März wiederum prompt die ‚Lamentationes' des Ortwin Gratius als Replik auf die ‚EOV' folgten.

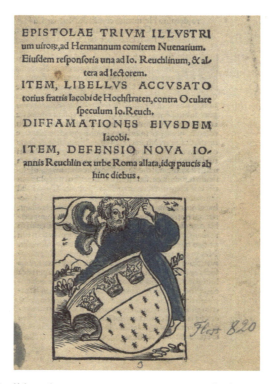

Abbildung 28: Titelblatt der von Hermann von Neuenahr hg. ‚Epistolae trium illustrium virorum' (1518).

In diesem dynamischen Kontext trat Graf Hermann von Neuenahr also mit der Bitte an Hutten heran, er möge Benigno mit einigen Briefen zur Hilfe eilen und dadurch auch ‚gegen die Feinde Reuchlins' (*contra Capnionis aemvlos*) schreiben.[323] Hutten kehrte gegen Ende März 1518 vom kurfürstlichen Hof in Halle nach Mainz zurück, wo er wohl ein entsprechendes Schreiben des Grafen zusammen mit einer Schrift Hoogstraetens vorfand.[324] In Huttens ‚Offenem Brief an Neuenahr', der auf den 3. April 1518 datiert, geht es inhaltlich daher auch vor allem um die aktuellen Vorgänge im Reuchlinstreit. Ebenso wird auf viele renommierte Bundesgenossen wie etwa Pirckheimer oder Cuspinian als das zu ‚verteidigende' Netzwerk verwiesen, genauso wie Gegner, namentlich insbesondere Peter Mayer aus Frankfurt a. M. oder Bartholomäus Coloniensis

---

[323] Böcking I, S. 164.
[324] Vgl. Benzing (1956), S. 44.

(Zehender), verunglimpft werden.³²⁵ Nachdem die Briefinvektive zunächst im April 1518 in zwei Einzelauflagen von Mainz aus veröffentlicht worden war, nahm sie Neuenahr sogleich in seine Werksammlung der ‚Epistolae trium illustrium virorum' (**Abb. 28**) auf,³²⁶ die im Mai 1518 als Antwort auf Hoogstraetens ‚Apologia' (Febr. 1518) folgte. Schon am 7. März ging Neuenahr auf Pirckheimer zu, um ihn für die Idee seines Werkes zu gewinnen. Pirckheimer formulierte jedoch derart heftig gegen den päpstlichen Legaten Hoogstraeten, dass die Drucker sich weigerten, dessen Briefvorschlag anzunehmen. Die Briefe von Buschius, Reuchlin und Hutten wurden jedoch mitabgedruckt (*viri illustres*), ebenso eine ältere, bereits 1516 anonym erschienene, ‚Defensio nova', in der Neuenahr Hoogstraetens Attacken sachlich zu verteidigen versuchte.³²⁷ Neben den bereits genannten Texten ist zudem eine Klagschrift Hoogstraetens beigefügt, die sich auf das angeblich sehr bekannte Gerücht stützte, der ‚Augenspiegel' begünstige die jüdische Treulosigkeit (*infamia*).³²⁸

Neuenahrs Briefsammlung ‚Dreier Berühmter Männer' reihte sich nahtlos in eine Reihe von Stilisierungen solcher Personen bzw. Personenkreise ein, die für die Profilierung der eigenen Gruppe als Poeten bzw. Humanisten sowie die Hinausdrängung der gegnerischen Bildungspartei aus dem Anerkennungskreis einschlägig waren. Im Rahmen von Huttens Invektiven lässt sich diese Beobachtung sowohl für seine frühen ‚Lötze-Klagen', als auch seinen Anteil an den ‚EOV' festhalten. Hoogstraetens Versuch, die in der ‚Apologia' von Benigno in Dialogform vorgebrachten Thesen gegen ihn ebenfalls als Dialog zu widerlegen, scheiterte nach Auffassung der Briefe der drei Hauptautoren, des Triumvirats Hutten, Reuchlin und Hermann von dem Busche, kläglich.³²⁹ Der päpstliche Inquisitor sah sich aber nach Veröffentlichung der ‚Epistolae trium illustrium virorum' derart gekränkt, dass er sich zu einer zweiten Verteidigungsschrift, der ‚Apologia secunda' (1519), hinreißen ließ, der sogar ein zusätzlicher Unterstützerbrief des Ortwin Gratius beigefügt war.³³⁰ In ihr wiederholte jener lediglich seine alten Vorwürfe gegen Reuchlin, während Hoogstraeten im Widmungsbrief an den päpstlichen Protonotar Johann Ingewinkel einmal mehr

---

³²⁵ Vgl. JAUMANN (2008), Sp. 1208.
³²⁶ Epistolae Trium Illustri | um uirorum, ad Hermannum comitem Nuenarium. | Eiusdem responsoria ad Io. Reuchli | num, & al- | tera ad Lectorem. | Item, Libellus Accusato I torius [!] fratris Iacobi de Hochstraten. Contra | Oculare speculum Io. Reuch. | Diffamationes Eiusdem | Iacobi. | Item; Defensio Noua Io | annis Reuchlin ex urbe Roma allata, idque paucis ab hinc | diebus. Köln: Euch. Cervicornus, Mai 1518. VD 16, N 1123 u. N 1125. Ein weiterer Druck: [Hagenau: Thomas Anshelm, 1518]. VD 16, N 1122 (entgegen der Nummerierung im VD 16 dürfte der Kölner Druck der frühere sein).
³²⁷ Vgl. TEWES (2013), Sp. 411–412.
³²⁸ Vgl. DE BOER (2016), S. 182.
³²⁹ Vgl. DE BOER (2016), S. 1115–1128 (insbes. Zu den ‚Epistolae trium illustrium virorum' als Reaktion auf die erste ‚Apologia' Hoogstraetens).
³³⁰ Ad reverendum dignissimumque patrem. D. Joannem Ingewinkel. Apologia Secunda. Köln: Heinrich Quentell 1519. VD 16, H 8604; Ex. Berlin, Staatsbibliothek, De 2547.

zu untermauern versuchte, dass er in seinen Schriften, inklusive der ‚Apologia prima', niemals irgendjemanden auch nur im Entferntesten beleidigt habe.[331] Reuchlin sei es nämlich gewesen, der aus lauter Schmerz und von ‚poetischen Furien' getrieben (*poeticis furiis actus*) derart böse gegen ihn selbst geschrieben habe, während er den Unterstützern seines Hauptgegners im gleichen Atemzug vorwirft, seine Werke überhaupt nicht gelesen zu haben.[332] Insgesamt bewegte sich Hoogstraeten jedoch auf den Pfaden scholastischer Argumentationsstruktur. So versuchte aber auch er in der ‚Apologia secunda' eine „asymmetrische Frontstellung zwischen Scholastikern und Humanisten" zu inszenieren, indem in der Widmungsvorrede Reuchlin bereits den Vorwurf der Grenzverletzung macht.[333] Dies wird insbesondere in der ‚Informatio ad lectorem' des Theologen deutlich, die seiner ‚Apologia secunda' vorangestellt wurde:

> Hoc autem cum Reuchlin (homo nimis mordax) et alii quidam eius assecle insperato animadverterent, nec rationabilibus causis, aut catholicis sententiis nostris impugnationibus resistere possent, ad convitia atque **invectivas**, iniquitate ac falsitatis plenas progressum est etc.[334]

> Reuchlin selbst (der ein sehr bissiger Mensch ist) und dessen Unterstützer haben erkannt, dass sie seinen Ausführungen nicht mit Vernunftargumenten beggenen und seinen katholischen Thesen nicht widerstehen können, weshalb sie ihr Heil in **Invektiven** und Lügen suchen.[335]

Als ‚Kronzeuge' durfte also einzig der bisher vielfach gescholtene Kölner Ortwin Gratius mit einem auf den 1. Oktober 1518 datierten Brief auftreten, der hierin bitterlich bedauerte, sich ununterbrochen mit Invektiven auseinandersetzen zu müssen.[336] So mag es nicht verwundern, dass Hoogstraeten 1519 eine dritte Schrift folgen ließ, die sog. ‚Destructio Cabale',[337] mit deren Hilfe er

---

[331] Der Widmungsbrief bei BÖCKING Suppl. I, S. 429–438.
[332] BÖCKING Suppl. I, S. 429–430: *At solus Capnion, cum vidisset e manibus suis (quam se habere putarat) clavam herculis evulsam, obrutum quoque edificium, super quod omnem collocarat enatandi spem, omnesque suos errores manifeste detetos, dolore cordis tactus intrinsecus plus nimio infremuit, et poeticis furiis actus sola preludia libri nostri, quam primam dicimus apologiam, nostram quoque personam citra quamcumque rationem solis convitiis atque maledictis responsi loco lacessivit, rem ipsam picipalem propriis destitutus viribus aggredi non presumens.*
[333] Vgl. DE BOER (2016), S. 1130–1141, Zitat S. 1131.
[334] BÖCKING Suppl. 1, S. 435.
[335] DE BOER (2016), S. 1131–1132.
[336] Vgl. HOOGSTRAETEN (1519), fol. f3v–f4r, hier fol. f3v.
[337] Destructio Cabale, seu cabalistice perfidie ab Ioanne Reuchlin Capnione iampridem in lucem edite. Köln; Heinrich Quentell 1519. VD 16, H 4812; Ex. München, Bayerische Staatsbibliothek, 4 J.can.p. 29, Beibd.3; vgl. weiterhin PETERSE (1995), S. 125–128.

Reuchlin samt einem seiner Hauptwerke, der ‚De arte cabalista', die ab 1517 in sechs weiteren Drucken erschien,[338] nun endgültig widerlegen wollte.[339]

Im Gesamtkontext der ‚Epistolae trium illustrium virorum' lässt sich Hutten als einer der Hauptinitiatoren ausmachen. So schrieb er in seiner Invektive gegen Hoogstraeten (3. April 1518) auch, dass man entschiedener gegen die Feinde Reuchlins handeln müsse und dass die Angelegenheit dringlicher sei ‚als der Kampf gegen die Türken'.[340] Erasmus sah dies jedoch ganz anders. So versuchte er in einem Schreiben ebenfalls aus dem April 1518 an Neuenahr, diesen noch von seinem Publikationsvorhaben abzubringen, weil er der Meinung war, dass diese Auseinandersetzung keineswegs mit gewaltreicher Polemik gewonnen werden könne, da die „heftigen wechselseitigen Beschimpfungen [...] nicht dem Geist Christi, sondern demjenigen der Welt entstammten".[341] Reuchlin schrieb am 5. April aus Stuttgart an Pirckheimer, dass ‚durch das Eingreifen bestimmter Vermittler' die ‚Sippschaft von Dämonen' vertrieben werde.[342] Neuenahr selbst wies in einem Schreiben nach dem 12. April 1518 an Reuchlin aus Köln dann insbesondere Hutten als Hauptantreiber bezüglich eines Vorgehens gegen Hoogstraeten aus, den er hier als ‚kläffenden Hund' oder ‚Kämpfer gegen den guten Ruf' bezeichnet.[343] Reuchlins Antwort fiel kurz

---

[338] Ioannis | Revchlin Phorcensis, LL. Doc. | De Arte Cabalistica Li-| bri tres Leoni | X. dicati. Hagenau: Th. Anshelm, 1517. VD 16, R 1235; sechs weitere Drucke bis 1587 bei Josef BENZING, Bibliographie der Schriften Johannes Reuchlins im 15. und 16. Jahrhundert (Bibliotheca bibliographica 18), Bad Bocklet 1955, Nr. 100–105; Abdruck in: Widu-Wolfgang EHLERS u. Fritz FELGENTREU (Hg.), De arte cabalistica libri tres (Sämtliche Werke 2,1), Stuttgart-Bad Cannstatt 2010. Vgl. zur Bedeutung und zum Inhalt DÖRNER (2013), Sp. 626–630.

[339] Vgl. DE BOER (2016), S. 1143–1162; RUMMEL (2002), S. 22.

[340] Vgl. BÖCKING I, S. 164–168, hier S. 166.

[341] Vgl. ALLEN 3, Nr. 636, S. 58–59; DE BOER (2016), S. 995–996, Anm. 270.

[342] RBW IV, Nr. 328, S. 60–66, hier S. 61–62: *Ut igitur id, quod superiores negligunt corrigere, corrigant inferiores, iam, inquam, denuo fit, ut non me tantun satis sit contra phas et iura per omne genus versutiarum vexasse, quin etiam incipiant viros maximos lacerare et lacessere iniuria: archepiscopum Nazarenum, comitem de Nuenar, Huttenum, Cuspinianum, Peutingerum et te ipsum cum aliis praeclarissimis viris. Tu igitur pro integra inter nos amicitia nostra teque meque liberes aut implices: Utrunque bonum est* (Damit also das, was die Oberen nicht in Ordnung bringen, von den Geringeren in Ordnung gebracht werde [...]. Es geschieht jetzt von neuem, dass es [ihnen] nicht genügt, nur mich gegen göttliches und menschliches Recht mit Ränken aller Art gequält zu haben; nein, sie beginnen sogar damit, die bedeutendsten Männer mit Beleidigungen zu misshandeln und herauszufordern: den Erzbischof von Nazareth, den Grafen von Neuenahr, Hutten, Cuspinian, Peutinger und sogar Euch, zusammen mit anderen hochberühmten Männern. Ihr also möget, ganz wie es unserer aufrichtigen Freundschaft entspricht, Euch und mich [aus dem Streit] heraushalten oder hineinverwickeln, beides ist gut, in: DALL'ASTA [2011], Nr. 328; S. 49–51, hier S. 50).

[343] Bemerkenswert erscheint ein post scriptum am Ende des Briefes, das noch einmal mit Nachdruck zum gemeinsamen Handeln anregen soll: RBW IV, Nr. 328, S. 62: *Verte! Hermannus Novae aquilae comes, canonicus Coloniensis, nuper ad me capelanum suum misit oratorem. Is certe tui est amantissimus et nunc ad hoc novum bellum se instruit cum multis commilitonibus. Discent aliquando isti pediculosi hostes se ipsos cognoscere aut in proelio*

danach sogar noch heftiger zuungunsten Hoogstraetens aus. Im Zentrum der Beleidigungen und Vorwürfe steht ein von Reuchlin aus dem ‚Stegreif entworfener Sechszeiler', so zumindest er selbst, der den päpstlichen Legaten nicht nur mit den bekanntesten Monstern der Antike vergleicht, sondern ihn erneut als ‚wütenden Hund' beschimpft.[344] Später merkte Reuchlin in einem Brief vom 1. November 1518 an den Bologneser Bischof und Kardinal Achille de' Grassi (gest. 1523),[345] der mit einem Arsenal an kriegerischen Metaphern gespickt ist, einige interessante Beobachtungen im Hinblick auf die Funktionsweisen der Invektiven und auch die Konstellationen der Auseinandersetzung an:

> Nunc iacent barbarissimorum Phrygum frementium famicidarum et honoris raptorum Calumniensium[346] iniuriis, ignominia, contumeliis et mendatiorum inanium sagitta, gladia, lancea, iaculo, permulti nobiles et clari doctores, alii quidem mortui, alii autem perussi, fracti, vulnerati, saucii: Divus Petrus Ravennas consultissimus iuris hoc hominum monstro Aschthratha (sic et C[h]aldaice diabolus nominatur I. Regum VII.)[347] interiit prae maerore, alli moleste torquentur notis: Sebastianus Brantius Argentinensis, Conradus Peutinger Augustensis, Bilibaldus Pirkaimerus Nerobergensis, nobilis Ulrichus Huttenus, generosus Hermannus comes Nuenarius et reliqui pariter omnes istorum theologistarum et fraterculorum Dominicalium cum suis complicibus notissimae temeritatis ludibria experti, lacerati, lapidati, secti, tentati, angustiati, afflicti, quibus dignus non est mundus.[348]

Nun aber liegen, von den Kränkungen, Schmähungen und Beleidigungen der barbarischen, brüllenden ‚trojanischen' Verleumder, also der Kölner Ehrabschneider, und vom Pfeil, vom Schwert, von der Lanze, vom Wurfspieß ihrer leeren Lügen [getroffen] sehr viele ansehnliche, berühmte Professoren am Boden; einige sind daran gestorben, andere durchbohrt, gebrochen, verwundet, schwer verletzt: Der verewigte

---

cadent. Vale feliciter ([P.S.] Hermann, Graf von Neuenahr, Kanonikus in Köln, hat mir neulich seinen Kaplan als Beauftragten geschickt. Der verehrt Euch ganz gewiss sehr und rüstet sich mit vielen Kampfgenossen zu diesem neuen Kampf. Irgendwann werden die lausigen Feinde lernen, sich selbst zu erkennen, oder in der Schlacht zu fallen. Alles Gute, viel Glück! In: Dall'Asta [2011], S. 51).

344 RBW IV, Nr. 330, S. 71–91, hier S. 75: *Ibis erat quondam, mox facta est ipsa cuculla, / Nunc pandit rabidus guttura rauca canis, / Monstrum terra tulit, Sphynx, Cerberus, Hydra facessant, / Posteaquam ex Ibi nata cuculla latrat. / Ibida figemus, laceranda est atra cuculla, / fuste retundendus pestifer iste canis* (Früher war er ein Ibis, dann ist er ein Kuckuck geworden, / Jetzt ein wütender Hund, öffnet den heulenden Schlund. / Cerberus, Sphinx und Hydra, hinweg! Ein Monstrum der Erde: / Denn aus dem Ibis entstand, siehe, ein Kuckuck, der bellt. / Lasst uns den Ibis durchbohren, den schwarzen Kuckuck zerfleischen, / Knüppeln wir ihn zurück, diesen verderblichen Hund! Dall'Asta [2011], Nr. 330, S. 53–67, hier S. 54 mit Erläuterungen des Übersetzers zu den Wortspielen).

345 Vgl. Stefano Tabacchi, Art. Grassi, Achille, in: DBI 58 (2002), S. 591–595.

346 Die Formulierung *barbarissimi Phryges frementes famicidae et honoris raptores Calumnienses* beruht auf einem doppelten Wortspiel. Zum einen werden die *Phryges* für *Praedicatores* sowie die *Calumnienses* für (*calumniatores*) *Colonienses* verwendet, zum anderen gehörte die kleinasiatische Provinz Phrygien zum Herrschaftsgebiet der Trojaner, die gegen die Griechen nach Homer kämpften. Vgl. Dall'Asta (2011), Nr. 344; S. 151, Anm. 24.

347 Vgl. 1. Reg, 7, 3–4; Dall'Asta (2011), Nr. 324; S. 26, Anm. 4.

348 RBW IV, Nr. 344, S. 144–152, hier S 147.

Pietro Francesco Tommai von Ravenna,³⁴⁹ der ausgezeichnete Jurist, ging an diesem menschlichen Monstrum Astarotha (so wird chaldäisch der Teufel genannt) vor Trauer zugrunde; andere werden durch Anschuldigungen schwer gequält: Sebastian Brant aus Straßburg, Konrad Peutinger aus Augsburg, Willibald Pirckheimer aus Nürnberg, **der edle Ulrich von Hutten**, der hochadlige Hermann Graf von Neuenahr, und ebenso alle übrigen, die die Verhöhnungen vonseiten dieser Theologisten und Dominikaner-Brüderchen, auch deren **Komplizen** von allbekannter Leichtfertigkeit erfahren mussten, die davon zerfleischt, gesteinigt, verwundet, angegriffen, geängstigt, angeschlagen sind, [also Menschen,] die die Welt nicht verdient hat.³⁵⁰

Neben der Reflexion über Invektivität und Ehre werden wieder die beiden Kontrahenten gegenübergestellt, während die Humanisten als unbrüchige ‚Eliteeinheit' präsentiert werden, die aus einzelnen hochgelehrten Männern besteht. Dagegen werden die Gegner herabwertend als ‚Theologisten' bzw. ‚Dominikaner-Brüderchen' zu einer Art nebulösem ‚Einheitsbrei' zusammengeworfen. Hauptgegner ist hier Hoogstraeten, der ‚kläffende Hund', ebenso gilt der Angriff aber auch seinen ‚Komplizen', die man mit Blick auf die Reuchlin-Kontroverse insgesamt als das ‚zweite Glied' in den jeweiligen ‚Kampfreihen' bezeichnen könnte. So spricht Neuenahr in seinem Brief an Reuchlin gleichsam von ‚Hilfstruppen', die ausblieben, wenn man Hoogstraeten nicht mit gemeinsamen Kräften angehen werde, wobei er diese Aussage gegen Ende des Schreibens doch noch einmal relativierte, wenn er den bei den ‚Eburonen'³⁵¹ lebenden Mönch Paschasius Berselius³⁵² konstatieren lässt, er halte gar so große Hilfstruppen im Kampf gegen einige Frösche nicht für notwendig, da sie sich vorwiegend ihrer Geschwätzigkeit schämen.³⁵³

Abschließend darf man also konstatieren: Obwohl es sich bei der Auseinandersetzung zwischen Hoogstraeten und Neuenahr eher um einen ‚Nebenschauplatz' der europaweit ausgetragenen Reuchlinkontroverse handelte, so wurde der Kampf jedoch keineswegs mit stumpferen Waffen geführt, sondern mit mindestens genauso harten Bandagen. Hutten trug gerade mit der Vorabveröffentlichung seiner Briefinvektive im Wesentlichen dazu bei, dass Neuenahr wenig später den Mut fasste, seine Sammlung an Briefinvektiven gegen den päpstlichen Nuntius herauszugeben und so die assoziative Kontinuität in der Rezeption der ‚Dunkelmännerbriefe' aufrechtzuerhalten. Gerade diese Ausein-

---

³⁴⁹ Petrus von Ravenna oder Pietro Francesco Tommai (gest. 1508) lieferte sich zu Lebzeiten ebenfalls eine Auseinandersetzung mit Hoogstraeten. Vgl. RBW II, Nr. 227, Anm. 7.
³⁵⁰ DALL'ASTA (2011), Nr. 344; S. 89–93, hier S. 91.
³⁵¹ Die Eburonen waren ein germanischer Volksstamm der Gallia Belgica, der in der Gegend um Lüttich und Aachen siedelte. Vgl. Caes., Gall 2,4 oder 5,24; GEORGES 1 (1913), Sp. 2328.
³⁵² Paschasius Berselius war ein Benediktiner der Abtei St. Lorenz in Lüttich, der in den Jahren 1518–1520 in Löwen studierte und daher in Beziehung zu Erasmus stand. Vgl. James M. ESTES (Hg.), The correspondence of Erasmus. Letters 2357–2471 (Collected works for Erasmus 17), Toronto 2016, S. 33, Anm. 8.
³⁵³ Vgl. DALL'ASTA (2011), Nr. 329 (Neuenahr an Reuchlin, Köln, nach dem 12. April 1518); S. 51–53, hier S. 52.

andersetzung konnte veranschaulichen, dass Hutten auch für die Anhänger Reuchlins im Sinne einer eigens formulierten, größeren Sache stritt, indem er versuchte, einen neuen ‚Nebenschauplatz' aufzumachen, Pfefferkorn sowie die Dominikaner breitflächig anzugreifen und sie dadurch publizistisch unter Druck zu setzen, die Invektiven sozusagen ‚über-Bande-zu-spielen'.[354] Er verfolgte also die Strategie, immer mehr Humanisten dazu zu bewegen, in einem invektiven Überbietungswettbewerb in seine elaborierten Invektiven miteinzustimmen und sich damit mit ihm als ‚Komplizen' zu einer Schmähgemeinschaft zusammenzuschließen.

2.5 Huttens letzte Intervention für Reuchlin: Die ‚Pro Capnione Intercessio' (1519)

Ein weiteres Gedicht ist im Kontext der Parteinahme Huttens für Reuchlin auf uns gekommen. Die ‚Pro Capnione Intercessio',[355] eine Laudatio aus Rom für den großen Reuchlin,[356] wurde am Ende der sogenannten ‚Augsburger Sammlung' (1519), die als Dank an Maximilian für Huttens Inauguration zum *poeta laureatus* zu verstehen ist, als letzter Text mitabgedruckt.[357] Das Gedicht ist dabei an Kardinal Hadrian von Utrecht (gest. 1523),[358] den späteren Papst Hadrian VI., in demutvoller Haltung gerichtet. Dieser war nicht nur in seiner Funktion im Kardinalskollegium in die Causa Reuchlini involviert, sondern ebenso Lehrer Karls V. und damit unmittelbar am Ohr des Kaisers, der sich in der Sache auf Anraten seines Beichtvaters Johannes Glapion (gest. 1522)[359] bisher noch gegen Reuchlin ausgesprochen hatte.[360] Als Feinde treten erneut Jakob Hoogstraeten, Ortwin Gratius, Arnold von Tongern und die Dominikaner auf.[361] Der Klerus habe nach Huttens Darstellung schon immer gewissenlo-

---

[354] Vgl. Israel (2019), S. 413.
[355] Böcking I, S. 138–141.
[356] Der Text ist wohl im Februar 1516 in Rom entstanden. Vgl. Benzing (1956), S. 6.
[357] Vgl. hierzu Kapitel IV.1 dieser Arbeit.
[358] Vgl. zu diesem Markus Graulich, Hadrian VI. Ein deutscher Papst am Vorabend der Reformation, Paderborn 2009; Eberhard J. Nikitsch, Römische Netzwerke zu Beginn des 16. Jahrhunderts. Papst Hadrian VI. (1522/23) und seine Klientel im Spiegel ihrer Grabdenkmäler, in: Quellen und Forschungen aus italienischen Archiven und Bibliotheken 91 (2011), S. 278–317; Hans Cools, Catrien Santing u. Hans de Valk (Hgg.), Adrian VI. A Dutch Pope in a Roman Context (Fragmenta. Journal of the Royal Netherlands Institute in Rome, 4/2010), Turnhout 2012.
[359] Vgl. Christian Kahl, Lehrjahre eines Kaisers – Stationen der Persönlichkeitsentwicklung Karls. V. (1500–1558). Eine Betrachtung habsburgischer Fürstenerziehung/-bildung zum Endes des Mittelalters, Diss. Trier 2008, S. 191–194.
[360] Vgl. Wulfert (2009), S. 114.
[361] Böcking I, S. 138–139, V.17 – 29: *Ardet Hogostratus liventiaque agmina ductor / Ante agit et tanto sufficit imperio; /Fert rapidam dextra taedam geminasque sinistra, / Quem petit, arsuras sub Capnione faces; / Ebrius Ortvinus furit haud procul a duce, gnarus / Depugnatores aere ciere viros; / Quem sequitur multisque praeit gaudetque videri / Tungarus, intuitu signa mincae ferens; / Quorum terga premit non enarrabile vulgus, / Turbida Felsinei phratria Dominici, /*

se Frevel verübt. So führt er das Exempel Kaiser Heinrichs VII. ein, des ersten Kaisers aus dem Hause Luxemburg, der angeblich durch die vergiftete Hostie eines Priesters ermordet worden sein soll.[362] Ein zweites Beispiel bezieht sich an einer anderen Stelle auf den italienischen Dominikaner Girolamo Savonarola (gest. 1498),[363] der grausam gefoltert und verbrannt wurde. Reuchlin sei demgegenüber frei von Schuld, ganz im Gegensatz zu Hoogstraeten, der gegen Reich und Vaterland agiere, indem er mit den Franzosen interveniere.[364] Daher solle sich Hadrian den ‚Reuchlinisten' anschließen, damit Rom wieder heilig werde. Reuchlins Triumph stehe unmittelbar bevor.[365]

Die antirömische Tendenz ist in Huttens ‚Intercessio' deutlich spürbarer, als es noch im ‚Triumphus' oder im ‚Offenen Brief' an Neuenahr der Fall war. Obwohl der capniophile Text wie wagemutige Kritik an den Kirchenoberen im Hinblick auf diese Frage wirkt, so war er keineswegs Huttens erster Nadelstich gegen das in seinen Augen römische Joch. Als er nämlich im Sommer 1517 in Bologna bei Cochlaeus zu Gast war, muss ihm dort wohl Lorenzo Vallas Schrift gegen die sog. ‚Konstantinische Schenkung' von 1440 begegnet sein, denn er gab sie zusammen mit einem äußerst kritischen Vorwort an Papst Leo X. bereits 1518 heraus.[366] Huttens Kunstgriff, durch scheinbares Lob dennoch gehörige Kritik an der Kirche zu äußern, scheint also schon länger eine beliebte

---

Attonitique sophi atque obstipa fronte magistri, / Terribilis stricto turba supercilio; / Parte omni circum insidiae, tela undique et hostes.

[362] Siehe hierzu die Ausführungen bei Roland PAULER, Der mysteriöse Tod Heinrichs VII. Nur ein Gerücht? In: Damals. Das aktuelle Magazin für Geschichte und Kultur 8 (2001), S. 61: „Der Vicentiner Ferreto dei Ferreti berichtet, unter den Deutschen im Heer sei das ‚widerwärtige und haltlose' Gerücht aufgekommen, daß ein Priester dem Kaiser eine vergiftete Hostie gereicht habe, weshalb dieser früher verschieden sei, als es seine Krankheit erfordert hätte. Die Söldner hätten daraufhin wutentbrannt die Klöster des Ordens der Prediger – aus dem der Geistliche stammte – angegriffen und ein Blutbad unter den Mönchen angerichtet. Einige zeitgenössische französische Gewährsleute, darunter der Fortsetzer der von Wilhelm von Nangis begonnenen ‚Chroniques de St. Denis', griffen das Gerücht auf und mutmaßten, König Robert oder die Florentiner hätten Heinrichs Beichtvater bestochen…". Es ist erstaunlich, wie Hutten das öffentliche Kapital ‚Gerücht' hier literarisch verarbeitet.

[363] Vgl. Oliver BERNHARDT, Gestalt und Geschichte Savonarolas in der deutschsprachigen Literatur. Von der Frühen Neuzeit bis zur Gegenwart, Würzburg 2016; Peter SEGL, Savonarola, in: Lexikon für Theologie und Kirche 9 (2006), S. 92–96; Ernst PIPER, Savonarola. Prophet der Diktatur Gottes, München 2009.

[364] BÖCKING I, S. 140, V. 60–66: *Ne contemne datas pro Capnione preces: / Quia siqua occiderit (quod abominor), occidit una / Teutonicae gentis lux patriaeque decus. / Interpone manum, serva lucemque decusque / Terrae eius quae te gaudet habere patrem. / Quid quod Hogostratus contra patriam imperiumque, / Pro facinus, Galli flagitat hostis opem?*

[365] BÖCKING I, S. 140, V. 83–86: *Per te istas oramus opes, per Caesarem amicum / Et per fortunae splendida dona tuae, / Per decus et sanctae revigentia moenia Romae, / Per si quid Roma sanctius esse potest /* [...], V. 93: [...] *Capnione triumphus.*

[366] Zu Hutten als Herausgeber der ‚De falso credita et ementita Constantini donatione declamatio' (1440) siehe Kapitel IV.3,1 dieser Arbeit. Das Vorwort an Papst Leo X., in: BÖCKING I, S. 155–161, datiert auf den 1.12.1517, Burg Steckelberg.

Strategie von ihm gewesen zu sein. Die Funktion der Invektive ist in diesem Kontext allerdings eine andere, da sich mittlerweile nicht nur die politischen Vorzeichen für Hutten dramatisch verschlechtert hatten, sondern auch sein Gesundheitszustand, sodass er die geplanten Aktivitäten auf dem Augsburger Reichstag (1518) verpasste.[367] Seine nahe Anbindung an den Kaiserhof war durch den Tod des alternden Maximilian im Frühjahr 1519 damit auch nahezu erloschen. Daher galt es für Hutten so rasch wie möglich, dieses Band zu erneuern, weshalb sich die ‚Augsburger Sammlung' bemerkenswerterweise als Werkkomposition insgesamt auch wie eine Anleitung für dessen Nachfolger, Karl V., liest. An allen Texten hatte Hutten mehrere Jahre gearbeitet. Die ‚Intercessio' sollte dabei eine Art ‚Scharnierfunktion' einnehmen, seine politischen mit den humanistischen Anliegen zu verknüpfen und damit gleichsam den Schulterschluss der eingeschworenen ‚Humanistengemeinschaft' um Reuchlin mit dem Kaiser zu signalisieren.

2.6 Fazit: Die logische ‚Absage an Reuchlin' (1521): Von Humor und Gewalt als invektiven ‚Kippmomenten'

Hutten hatte sich an der Reuchlinkontroverse also recht öffentlichkeitswirksam mit zahlreichen Invektiven beteiligt und sich auf die Seite der Gelehrten gegen die zu Barbaren stilisierten Gegner gestellt. Früh näherte sich Hutten dem bekannten und gut vernetzten Gelehrten Reuchlin an, was die Herausgabe einer gemeinsamen Werkausgabe des Jahres 1513 beweist,[368] die sowohl Reuchlins frühe Komödie ‚Henno'[369] als auch Huttens Dialog ‚Nemo' von 1510 abbildete. Leider sind aufgrund der Überlieferungssituation unzählige Briefe aus der

---

[367] Bis mindestens zum 13. Oktober befand sich Hutten wohl noch im Krankenbett in Augsburg, wobei er über die Geschehnisse auf dem Reichstag tagesaktuell unterrichtet sein wollte. Vgl. Hutten an Jakob von Bannisis, Augsburg, 13.10.1518, in: BÖCKING I, S. 192–193.

[368] Vgl. BENZING (1955), Nr. 6.

[369] Die ‚Scaenica progymnasmata' (oder kurz: ‚Henno') sind ein in regelmäßigen iambischen Trimetern verfasstes fünfaktiges Drama. Zwischen die einzelnen Teile hat Reuchlin jeweils Chorgesänge eingefügt. Die Komödie ist eigentlich für die Schulbühne bestimmt, wie ein handschriftlicher Eintrag Reuchlins verdeutlicht: Berlin, Staatsbibliothek Preußischer Kulturbesitz, lat. fol. 872; Uppsala, Universitätsbibliothek, 687, Bl. 8r–21v. Beide Handschriften stammen aus dem Jahre 1497. Drucke: Joannis Reuchlin Phor= | censis Scenica Progym= | nasmata: Hoc est: Ludicra | Preexercitamenta [...]. [Basel: Johann Bergmann von Olpe, 1498]. Titelepigramm von Sebastian Brant. Widmung von Johann Bergmann selbst an Dalberg. Auf die Komödie folgen die Didaskalie, ein Panegyricus Jakob Drachs auf Reuchlin und ein Carmen Adam Werners auf den Regisseur der Aufführung, Johannes Richartshauser. Vgl. DÖRNER (2013), Sp. 591–594; 30 weitere Drucke bei BENZING (1955), S. 12–20; Ausgaben: Johannes Reuchlin, Henno. Eine lateinische Komödie aus dem 15. Jahrhundert, hg. v. Udo FRINGS, Frankfurt a. M. 1987; Übersetzung: Johannes Reuchlin, Henno. Komödie, lat.-dt., hg. v. Harry C. SCHNUR, Stuttgart 1981.

Korrespondenz zwischen den beiden verloren gegangen, sodass lediglich zwei Schreiben Huttens erhalten geblieben sind, die Antworten Reuchlins darauf jedoch nicht.[370] Während Hutten im ersten Brief vom 13. Januar 1517 noch hoffnungsvoll von der spürbaren Einheit ‚unter den Reuchlinisten' (*inter Reuchlinistas*) berichtete und die rhetorische Frage aufwarf: „Ein Maß an Vertrauen, lieber Capnion, wenn du den Hutten nicht erkannt hast" (*modicae fidei, Capnion, quam non nosti Huttenum*),[371] so zeigte er sich im späteren Schreiben vom 22. Februar 1521 aus der Ebernburg wahrlich erbost über die in seinen Augen grundveränderte Haltung Reuchlins,[372] dass er sich sogar zu einer regelrechten Invektive gegen den renommierten Gelehrten hinreißen ließ:

> Hac tam foeda adulatione speras exorare eos, quos si vir esse velis non debeas salutare etiam amice, tot tam infandis modis pessime de te meritos. Sed exora. Et si per aetatem licet, hoc etiam fac, quod tantopere posse velles, ut Romam abiens Domini Leonis pedes osculeris, adde etiam, quod detrectas minime, ut in nos scribas. Tamen videbimus ut, vel intuito te, et cum impiis Curtisanis reclamante, excutiamus turpe iugum et a foeda seruitute (quam tu libenter seruisse semper es, quasi hoc te dignum fuerit, iactas) non vindicemus. Tibi displicet Lutheri negotium, et illud improbas, vellesque extinctum. Non venit in mentem tibi, fortis viri tui propugnatoris Francisci, non mei, qui non in postremis, pro te steti, etiam tunc cum maxime et periculosissime arderet hoc incendium. Non aliorum qui te manu et ore, cum quia tui miserererntur, tum etiam quod viderunt communem literarum causam cum tua ista coniunctam, tutati semper strenue sunt.[373]

Mit dieser so widerlichen Schmeichelei hofft Ihr die [Herren] umzustimmen, die Ihr, wenn Ihr ein Mann sein wollt, nicht einmal freundlich anreden dürftet, da sie Euch so oft und so unsäglich übel mitgespielt haben. Aber stimmt sie [ruhig] um! Und wenn Euer [hohes] Alter es zulässt, so tut auch das, was Ihr so gerne können möchtet: geht nach Rom, küsst Herrn Leo die Füße und schreibt obendrein – ja das lehnt Ihr ja keineswegs ab – gegen uns. Wir werden dennoch erleben, dass wir, auch gegen Euren Willen und gegen Euren Protest im Einklang mit den gottlosen Höflingen [des Papstes], das schändliche Joch abschütteln und uns von dem erniedrigenden Sklavendienst befreien (den Ihr, wie Ihr euch rühmt, immer gern geleistet habt, als wenn das Euer würdig wäre). Euch missfällt die Tätigkeit Luthers, Ihr verwerft sie und würdet sie gern unterbunden sehen. Ihr denkt [dabei] nicht an den tapferen Franz [von Sickingen], der für Euch gekämpft hat, nicht an mich, der ich, nicht in der letzten Reihe, für

---

[370] Vgl. Treu (1998), S. 135–136.
[371] Böcking I, S. 129–30, Zitat S. 130.
[372] RBW IV, Nr. 395, S. 374–381; Böcking Suppl. 2,2, S. 803–804, hier S. 803: *Dii immortales quid ego video? Te eo motus et imbecilitatis descendere ut non abstineas maledictis etiam adversus eos, quo te servatum semper voluerunt, aliquando etiam magno cum periculo, existimationem tuam defenderunt. Franciscus quidem sic est me interpretante illi, commotus, ut non possit magis* (Bei den unsterblichen Göttern, was sehe ich? Ihr erniedrigt Euch zu einer derart großen Sinnesänderung und Haltlosigkeit, dass Ihr Euch der Schmähworte sogar gegen die nicht enthaltet, die immer wünschen, dass euch kein Schaden treffe, die zuweilen auch unter großer Gefahr Euren guten Ruf verteidigten. Franz [von Sickingen] jedenfalls wurde, als ich ihm [Euren Brief] übersetzte, im höchsten Maße erschüttert, in: Kühlmann [2010], S. 104–105).
[373] Böcking Suppl. 2,2, S. 803.

Euch eingetreten bin, auch damals, als dieses Feuer besonders hoch und besonders gefährlich loderte. Auch nicht an andere, die Euch schriftlich und mündlich immer tapfer verteidigt haben, einmal, weil sie Mitleid mit Euch empfanden, dann aber auch, weil sie einsahen, dass ihr gemeinsamer Kampf sich mit Eurem Kampf berührte.[374]

Unterschiedliches schwingt hier mit: zunächst einmal der Vorwurf an Reuchlin, die eigenen Reihen verlassen zu haben und auf die Seite des gemeinsamen, mühsam bekämpften Gegners gewechselt zu sein. Den Hintergrund hierfür bildete der noch immerwährende Prozess rund um den ‚Augenspiegel'. Reuchlins Briefwechsel ist daher ab 1518 auch von diesem Thema bestimmt, gleichzeitig natürlich auch von den Auseinandersetzungen mit Hoogstraeten und dessen Anhängern. Dies führte dazu, dass er die zuständigen Richter mehrfach brieflich konsultierte, um sie zu einem milderen Urteil zu beschwichtigen und den Fall endlich beizulegen.[375] Um dieses Ziel zu erreichen, schwor er in einem Schreiben an den Kurialen Jakob Questenberg am 12. Februar 1519 aus Stuttgart auch beim Styx, dem Totenfluss der Unterwelt, dass er den Autor des ‚Triumphus Capnionis' nicht kenne. Dennoch betonte er, dass sich die Schmähungen der päpstlichen Widersacher nicht nur gegen seine Person, sondern auch mittlerweile gegen andere ehrbare Leute richten.[376] Den ‚Triumphus' hatte ihm Hutten nachweislich bei einem ihrer beiden Treffen des Jahres 1514 zur Lektüre mitgegeben.[377]

Am 23. Juni 1520 wurde dann das Speyerer Urteil (‚Sententia diffinitiva', 1514) letztlich doch aufgehoben und der ‚Augenspiegel' in Rom verurteilt. In einem eigenen Breve wurde der Dominikanerorden dazu angehalten, Hoogstraeten wieder in seine bisherigen Ämter und Positionen einzusetzen, während Reuchlin zusätzlich die Prozesskosten zu tragen hatte.[378] Hutten gewann zunächst, wie oben bereits angeführt wurde, seinen Freund Franz von Sickingen für Reuchlins Sache, indem er ihn zur Fehde gegen den Dominikanerprovinzial anstiftete (Fehdebrief vom 29. Juni 1519),[379] um Reuchlins Prozesskosten zurückzugewinnen.[380] Dieser Versuch führte in der Folge dann

---

[374] KÜHLMANN (2010), S. 105.
[375] Vgl. RBW IV, S. XIII–XVII.
[376] RBW IV, Nr. 356, S. 224–227, hier S. 244: *Si iusseris, Questenberge, tibi per Stygem iurabo me huius libelli, quem ad te nunc mitto, authorem ignorare.*
[377] In Mainz fand im August 1514 zusammen mit Hermann von dem Busche ein Treffen statt. Als Erasmus auf der Rückreise war, wiederholte sich diese Zusammenkunft gegen Ende März bzw. Anfang April dann in Frankfurt a. M. Vgl. Heinz HOLECZEK, Hutten und Erasmus. Ihre Freundschaft und ihr Streit, in: LAUB (1988), S. 321–335, hier S. 323; TREU (1998), S. 137.
[378] Vgl. Adolf KOBER, Urkundliche Beiträge zum Reuchlinischen Streit, in: Monatsschrift für Geschichte und Wissenschaft des Judentums 67 (1923), S. 110–122, hier S. 117–118.
[379] BÖCKING Suppl. 2,1, S. 438–440.
[380] Vgl. zum Vorgang im Spiegel der Korrespondenz Reuchlins mit seinem Vertrauten an der römischen Kurie Jakob Questenberg bei Gerald DÖRNER, Jakob Questenberg – Reuchlins Briefpartner an der Kurie, in: DERS. (Hg.), Reuchlin in Italien (Pforzheimer Reuchlinschriften 7), Stuttgart 1999, S. 149–179, hier S. 177–178.

tatsächlich zu deren Auszahlung.³⁸¹ Während also der mittlerweile betagte Reuchlin seine Anstrengungen intensivierte, die Prozesse gegen ihn zum Stillstand zu bringen, musste er sich nach außen hin von nun an auch von Luther und seinem reformatorischen Gedankengut distanzieren, was Hutten ihm letztlich zum Hauptvorwurf machte. Reuchlins Gradänderung führte unweigerlich dazu, dass er kein gesteigertes Interesse mehr daran entwickelte, eine engere Beziehung zum Aufrührer Hutten überhaupt erst zu dokumentieren, gerade wenn man bedenkt, dass Hutten bereits öffentlich den ‚Pfaffenkrieg' verkündet hatte.³⁸² Ebenso muss man sich den immensen Altersunterschied der beiden Gelehrten vor Augen führen, auf den Hutten in seinem ‚Absagebrief' auch unverblümt Andeutungen macht. Immerhin lagen beim ersten Aufeinandertreffen der beiden Gelehrten (1514) ganze 34 Jahre zwischen ihnen.³⁸³ Doch am erregtesten zeigte sich Hutten zweifelsohne darüber, dass Reuchlin nicht nur die eigene Sache, sondern ebenso den Kampf seiner Anhänger verraten habe. Schon im ersten Brief an Reuchlin hatte Hutten dessen Anhänger explizit mit dem Label ‚Reuchlinisten' versehen.³⁸⁴ Sicherlich wird sich auch Hutten ein Bild darüber gemacht haben und zu dem Schluss gekommen sein, dass Reuchlin wohl gute Gründe hatte, sich aus der Affäre zurückzuziehen.

Auch wenn Huttens Gewaltandrohungen nicht Reuchlins generelles Hauptproblem waren, so waren sie für ihn dennoch, ähnlich wie es in der Hutten-Luther-Korrespondenz kurze Zeit später zu beobachten ist, ein Ausschlusskriterium hinsichtlich einer weiteren Zusammenarbeit mit dem Reichsritter, gerade in einer Phase, in der dessen Publikationsdichte (v. a. Invektiven) vor und um den Wormser Reichstag (1521) ungeheure Ausmaße anzunehmen schien. Huttens radikaler Bruch mit Reuchlin ist demnach vor allem darauf zurückzuführen, dass sich letzterer von der Reformation und Luther distanzierte. Dass Hutten dem alternden Reuchlin schließlich aber derart scharf den schlimmsten Verrat vorwarf, wie er es in seinem Absagebrief formuliert hatte, ging selbst jedoch einigen Freunden zu weit. Im nachfolgenden Kapitel soll daher auch gezeigt werden, dass es im Zuge solcher dynamischen Auseinandersetzungen unter Umständen auch zu internen Streitigkeiten kommen konnte, wie Huttens Bruch mit Erasmus, der durchaus vergleichbar mit seiner Absage an Reuchlin zu sein scheint, später offenbart.³⁸⁵

Huttens Invektiven bzw. seine Parteinahme in der Reuchlinkontroverse haben exemplarisch konturieren können, inwieweit ‚gewaltvolle' Sprache zu

---

³⁸¹ Vgl. Kapitel II.3 dieser Arbeit sowie Kühlmann (2010), S. 102–103; RBW IV, S. XVIII–XX.
³⁸² Vgl. Treu (1998), S. 136.
³⁸³ Vgl. zu invektiven Strategien der Feindbildung im Kontext exemplarischer humanistischer Generationenkonflikte in Italien auch Sasso (2021), S. 60–65.
³⁸⁴ Selbst in Reuchlins eigener Korrespondenz taucht dieser Terminus unzählige Male auf. Vgl. RBW III, Nr. 306, S. 408, Z. 11; de Boer (2016), S. 1005.
³⁸⁵ Vgl. de Boer (2016), S. 11.

einem Triumph, andererseits aber auch zu einem Problem werden konnte. ‚Gewaltförmige Rede' zielt also nicht nur darauf ab, ein Ungleichgewicht (‚Asymmetrisierung') zwischen den interagierenden Kommunikationspartnern zu schaffen, sondern ebenso stellt Sprache mit linguistisch-symbolischen Mitteln (Ironie, Sarkasmus, Humor) ‚Instrumente' bereit, die sie zum ‚Waffenarsenal' machen kann.[386] Eines hatten alle Invektiven Huttens im Kontext der Reuchlin-Kontroverse gemein: Sie waren alle anonym bzw. pseudonym publiziert worden, obwohl in renommierten Gelehrtenkreisen doch immer recht zügig klar war, dass Hutten dahinter stecken musste. Er musste sich also ziemlich sicher darüber im Klaren gewesen sein, dass derartige Gewaltaufrufe natürlich ebenso ‚nach hinten losgehen' und für die eigene Haut gefährlich werden konnten. Gerade deshalb spielt der Faktor ‚Humor' in dieser Kategorie auch eine so gewichtige Rolle für das Verständnis von Invektivität. Wenn man also kontextuell verstehen will, wie und warum Huttens Invektiven gegen die Vertreterschaft einer in seinen Augen überkommenen ‚Bildungseinrichtung' gerichtet waren, muss man ebenso voraussetzen, dass sie sich zumeist selbst zu Beginn als Texte ausweisen, die unterhalten wollen, weshalb auch der Schluss naheliegt, dass Humor durchaus in der Lage sein könnte, die ‚Wucht' derartiger Tabubrüche zumindest soweit ‚abzudämmen', dass der eigene Leib und das Leben nicht mehr in Gefahr geraten konnten. So lassen sich eben genau diese Momente in den Invektiven Huttens als ‚Kippmomente' von Invektivität festmachen, was im anschließenden Kapitel anhand einer solchen innerhumanistischen Kontroverse zwischen Hutten und Erasmus näher untersucht werden soll. Invektive Dynamiken waren einerseits in der Lage, Konstellationen ‚aufzuweichen', andererseits waren die von den Humanisten ausgegangenen invektiven Textsorten aber auch derart feingeschliffen, dass sie den Anschein erwecken, man hätte es mit Phänomenen wie dem modernen *poetry slam* oder *battle rap* zu tun.[387]

3 Die Auseinandersetzung zwischen Ulrich von Hutten und Erasmus von Rotterdam oder: ‚wie aus Freunden Feinde wurden' (1522–23)

3.1 Streit unter Kollegen: Hintergründe zu Huttens Freundschaft mit Erasmus bis zu ihrem emotionalen Zerwürfnis (1514–1522)

Natürlich konnte es im Zuge solcher Ereignisse auch zu Meinungsverschiedenheiten und Streit in der eigenen Peer Group kommen. Insofern soll in diesem Kapitel auch nach den Funktionsbestimmungen von Invektivität in der innerhumanistischen Auseinandersetzung gefragt werden, wie Invektiven auf die Stabilität bzw. Instabilität des eigenen Anerkennungskreises wirken konnten

---

[386] Vgl. KRÄMER (2005), S. 11.
[387] Vgl. hierzu die Literatur sowie die Überlegungen in Kap. III. dieser Arbeit.

und welch katalytische Rolle ‚Emotionen' dabei spielten. Die Reuchlinfehde zeigte bereits deutlich, dass Konflikte unter Gelehrten im 16. Jahrhundert oft eine wesentlich breitere Aufmerksamkeit erreichten, als wir es möglicherweise aus heutiger Perspektive vermuten würden. Gleichfalls wurden diese Kämpfe unweit schärfer, persönlicher, enthusiastischer und umfassender ausgetragen. Dies war nicht einzig dem rauen politischen Klima alleine geschuldet, sondern vielmehr fürchtete man sich davor, die eigene Reputation, den öffentlichen Status, einzubüßen. Da ein scharfer Angriff wohl auch heute noch der medienwirksamste Weg zu sein scheint, die eigenen Ideen unter das Volk zu bringen, wird man sich kaum wundern, dass gerade in der Phase vor der Reformation „explosive polemische Auseinandersetzungen wie Pilze aus dem Boden schossen".[388] Gerade die Humanisten trugen ihren Kampf mit der Feder wie ‚Gladiatoren' (NISARD) und vorwiegend mit dem Mittel der Invektive aus.[389] Denn die Invektive gestattete es ihnen, sich virtuos und mit stilistischer Eleganz vor einem Lesepublikum zu inszenieren, um einen Überbietungswettbewerb in Gang zu setzen und Gleichgesinnte dazu anzuregen, in den *shit storm* bzw. das ‚Bashing' oder ‚Blaming' miteinzustimmen. Daher war es nicht erstaunlich, dass Invektiven gerade unter Humanisten einen schier ludischen Charakter annahmen. Die daraus resultierende Frage, inwieweit dieses ‚Wechselspiel' also rituellen Charakter annehmen konnte – die Invektiven somit plan- und erwartbar wurden –, darf in der nachfolgenden Diskussion demnach nicht unbeachtet bleiben.[390]

Ein besonders aufschlussreiches Beispiel hinsichtlich des deutschen Humanismus bildet hierbei der Streit zwischen Ulrich von Hutten und seinem Freund und Mitstreiter Erasmus von Rotterdam (gest. 1536),[391] da er besonders plastisch konturieren kann, wie langjährige emotionale Bande aufgrund von Missverständnissen dennoch reißen und in regelrechten Hass umschlagen können. Obgleich auch hier die Invektiven durchaus feingeschliffen waren, so schadete ihr Konflikt ihnen dennoch insgesamt nur selbst, und ihr beider Ruf litt gewaltig unter der eskalativen Dynamik. Sich mit diesem Fall an die Öffentlichkeit gewandt zu haben, entpuppte sich erstmalig als fataler Fehlgriff.[392] In einem langen Brief an seinen Freund und Humanistenkollegen Johannes von

---

[388] Karl ENENKEL, Einleitung, in: DERS. u. Christian PETERS (Hgg.), Humanisten über ihre Kollegen. Eulogien, Klatsch und Rufmord (Scientia universalis I: Studien zur Wissenschaftsgeschichte der Vormoderne 3), Berlin 2018, S. 1–6, hier S. 2.
[389] NISARD (1860).
[390] Vgl. zu Leben und Werk: Peter G. BIETENHOLZ, Art. Erasmus von Rotterdam (Desiderius Erasmus Roterodamus), in: VLHum 2 (2013), Sp. 658–668.
[391] Siehe zu den Abläufen Werner KAEGI, Hutten und Erasmus. Ihre Freundschaft und ihr Streit, in: HVjS 12 (1924/25), S. 200–278 u. S. 461–514; Karl BÜCHNER, Die Freundschaft zwischen Hutten und Erasmus. Brief des Erasmus an Ulrich von Hutten über Thomas Morus, München 1948, S. 5–26.
[392] Vgl. so zumindest das Urteil von Paul KALKOFF, Erasmus und Hutten in ihrem Verhältnis zu Luther, in: HZ 122 (1920), S. 260–267, hier S. 260 u. HOLECZEK (1988), S. 321.

Botzheim (gest. 1535) vom 30. Januar 1523 aus Basel erinnerte sich Erasmus an die Angelegenheit mit Hutten zurück. Erasmus selbst nennt das Schreiben ‚Catalogus omnium Erasmi Lucubrationum',[393] eine zusammenfassende Liste über seine bisher veröffentlichten Werke sowie seine weiteren Vorhaben. Dort heißt es bezüglich Hutten:

> Et iam rixandi videbatur finis, nisi subito ac praeter omnem spem exortus fuisset Vlricus Huttenus, **ex amico repente versus in hostem,** tantum valet apud leues homes mala lingua; hoc nemo scripsit in Erasmum hostilius. Et tamen non eramus responsuri, nisi graues amici iudicassent hoc ad meam existimationem interesse.[394]

> Und schon als man das Ende erkennen konnte, wenn es nicht sofort an aller Hoffnung vorbei Ulrich von Hutten gewesen wäre, der wie aus dem Nichts auftauchte **und plötzlich von einem Freund zu einem Feind wurde,** so sehr dieser ‚Klatsch' bei den weniger fein geschliffeneren Leuten auch hoch im Kurs steht; noch feindseliger schreibt niemand gegen Erasmus. Und dennoch waren wir nicht dabei, zu antworten, wenn nicht bedeutende Freunde über meinen guten Ruf urteilen und das nicht dazwischenstehen würde [MK].

Einige Jahre früher fällte Erasmus ein ganz ähnliches Urteil über seinen einstigen Freund Eduard Lee aus England (gest. 1544), mit dem er bezüglich der Auslegung des Neuen Testamentes in einen Streit geriet, an dem auch Hutten beteiligt war.[395] So schrieb er ihm am 15. Juli 1519 aus Löwen, wo Lee Griechisch studierte, in verblüffend ähnlichen Zeilen das Folgende:

> Qvod a me dissentis alicubi, non admodum aegre fero, semper hoc licuit inter eruditos incolumi amicitia. [...] Quis autem probaturus est quod **subito ex amixo factus hostis** in absentem scripseris?[396]

> Dass Du mitunter anderer Ansicht bist als ich, ärgert mich nicht sehr; das war zwischen Gebildeten stets erlaubt, unbeschadet der Freundschaft [...]. Wer aber wird es billigen, dass **Du plötzlich aus einem Freunde ein Feind wurdest** und in meiner Abwesenheit gegen mich schriebst?[397]

Zwei Dinge erscheinen hier außerordentlich bemerkenswert. Zum einen die Beobachtung, dass ein derart rauer Umgang miteinander nicht immer bedeuten musste, dass man einer Sprachverrohung unterworfen war, sondern auch, dass vermeintlich heftigste Auseinandersetzungen unter Humanisten nicht zwangsläufig zum Ende einer Freundschaft oder Partnerschaft führen mussten. Demnach gehörte der *invective mode* zum festen Ritual der humanistischen Kommunikation und hatte eine gemeinschaftsbildende Funktion. Gleichzeitig konnten auch die innigsten Freundschaften, die strengstens nach dem huma-

---

[393] ALLEN I, Nr. 1, S. 1–47, hier S. 1.
[394] ALLEN I, S. 27, V. 3–8.
[395] Siehe zu diesem weiteren ‚Nebenschauplatz' Robert COOGAN, The Pharisee against the Hellenist. Edward Lee versus Erasmus, in: Renaissance Quarterly 39 (1986), S. 476–506.
[396] ALLEN IV, Nr. 998, S. 9–12, hier S. 10, Z. 1–2 u. 7–8.
[397] KÖHLER (1947), S. 248.

nistischen Prinzip der *amicitia* geführt wurden,[398] an einem gewissen Punkt der gegenseitigen Abreibung auch kippen. Viele Humanisten identifizierten sich ja nicht nur anhand der jeweiligen Zirkel, denen sie angehörten oder in deren Verbindung sie sich sahen, sondern auch anhand ihrer ‚Brands' (Anführer, ‚Stars')[399] wie Celtis, Reuchlin oder Erasmus. So trat letzterer bezeichnenderweise nur wenige Tage später selbst mit überschwänglichem Lob über seinen Freund Thomas Morus aus England in einem Schreiben an Hutten heran.[400] Wie eine solche ‚Musterbeziehung' trotz des Einsatzes agonaler Invektiven dennoch kläglich scheitern und zu Bruch gehen konnte, offenbart der Streit zwischen Erasmus und Hutten kurz vor dem Tode des Franken. Dabei kann das Verständnis in Bezug auf die ‚Kipppunkte' der Auseinandersetzung nur im Sichtbarmachen der komplexen Beziehung der beiden Gelehrten liegen. Beginnen wir also am Anfang der wechselhaften Stationen ihrer Freundschaft, denn es war möglicherweise gerade die emotionale Seite, die erklären könnte, warum der Streit so heftig ‚entgleiste'.[401]

Im Februar des Jahres 1514 kehrte Hutten von den Studien seiner ersten Italienreise zurück, lernte auf Vermittlung seines Freundes Crotus Rubeanus den ‚großen' Reuchlin kennen. Ebenso gelangte er mithilfe seines Vetters Frowin von Hutten und Eitelwolfs von Stein in den Dienst Albrechts von Brandenburg als ‚eine Art Legationssekretär', in dessen Auftrag er in Frankfurt am Main Hermann von dem Busche und Reuchlin,[402] später im August dann in Mainz auch erstmalig Erasmus traf, der auf seiner Reise nach Basel hier

---

[398] Zum Konzept der humanistischen *amicitia*, hier nur: Walter RÜEGG, Christliche Brüderlichkeit und humanistische Freundschaft, in: DERS. (Hg.), Bedrohte Lebensordnung. Studien zur humanistischen Soziologie, München u. Zürich 1978, S. 107–124, bes. S. 111–119; DERS. Humanistische Elitenbildung in der Eidgenossenschaft zur Zeit der Renaissance, in: Georg KAUFFMANN (Hg.), Die Renaissance im Blick der Nationen, Wiesbaden 1991, S. 95–133; TREML (1989), S. 90; Matthias DALL'ASTA, Amor sive amicitia, Humanistische Konzeption der Freundschaft bei Marsilio Ficino und Johannes Reuchlin, in: Boris KÖRKEL, Tino LICHT u. Jolanta WIENDLOCHA (Hgg.), Mentis amore ligati. Lateinische Freundschaftsdichtung und Dichterfreundschaft in Mittelalter und Neuzeit. Festgabe für Reinhard Düchting zum 65. Geburtstag, Heidelberg 2001, S. 57–69; Amyrose MCCUE GILL u. Sarah R. PRODAN (Hgg.), Friendship and sociability in premodern Europe. Contexts, concepts, and expressions, Toronto 2014; zur Gelehrsamkeit als ‚Markt' der Verhältnisse unter Humanisten, hier nur LAUREYS (2015), S. 63–85.

[399] Vgl. PETTEGREE (2015).

[400] Erasmus an Hutten, 23. Juli 1519 aus Antwerpen, in: ALLEN IV, Nr. 999, S. 12–23. Vgl. zu diesem Schreiben und der Rolle des Briefes für die Freundschaft zwischen Erasmus und Hutten: Uwe BAUMANN, Die humanistischen und kontroverstheologischen ‚Streitschriften' des Thomas Morus als ‚Polemische Dialoge', in: DERS., Arnold BECKER u. Marc LAUREYS (Hgg.), Polemik im Dialog des Renaissance-Humanismus. Formen, Entwicklungen und Funktionen (Super alta perennis. Studien zur Wirkung der Klassischen Antike 19), Göttingen 2015, S. 111–153, hier S. 111–112; BÜCHNER (1948) mit Abdruck Briefes (synoptisch mit deutscher Übersetzung) vom 23. Juli 1519 auf S. 28–61.

[401] Vgl. HOLECZEK (1988), S. 321–322.

[402] Vgl. JAUMANN (2008), Sp. 1188–1189.

eine richtungsweisende Zwischenstation machen sollte.[403] In diese Episode fällt auch die Anekdote, nach der im Rahmen dieses Treffens Hutten Erasmus seinen ‚Triumphus' vorgelegt haben soll. Erasmus riet ihm jedoch zunächst entschieden von einer Veröffentlichung ab, da ihm der Zeitpunkt für einen derart scharfen Angriff wohl verfrüht schien.[404] Zumindest brachte man Erasmus umgehend dazu, einen Unterstützerbrief an Reuchlin zu schreiben, sobald er in Basel eingetroffen war.[405] Erasmus zog auf der Rückreise von Basel über die Niederlande nach England erneut am Rhein-Main-Gebiet vorbei und es kam entweder im März oder im April in Frankfurt am Main sogar zu einem zweiten Treffen zwischen Hutten und Erasmus. Im März intervenierte Erasmus dann bereits mit zwei Briefpublikationen an die Kardinäle Raffaele Riario[406] und Domenico Grimani[407] in Rom, um ein günstigeres Klima hinsichtlich des dortigen Reuchlin-Prozesses zu schaffen.[408] Das erste öffentliche Lob für die Fähigkeiten Huttens lässt sich allerdings erst in Erasmus' Preislied im ‚Novum Instrumentum' (März 1516) finden, wo es überschwänglich heißt, Hutten sei das Entzücken der Musen schon aufgrund seiner ritterlichen Herkunft sicher.[409]

Der erste Brief Huttens an Erasmus stammt vom 24. Oktober 1515 und ist aufgrund seiner lobgeschwängerten Worte durchaus vergleichbar.[410] Hier adelt er den großen Erasmus bereits als ‚Deutschen Sokrates' (*Germanum Socratem te appellabo*), indem er sich selbst als ‚Alkibiades' (*Alcybiades Socrati*),[411] also als dessen ‚Musterschüler', ins Spiel bringt.[412] So mag es keineswegs verwundern, dass Hutten seinem Lehrer ein handschriftliches Exemplar der Schrift ‚Nemo' zukommen ließ, wie er sich während der eigenen Wanderjahre ja einst erfolgreich selbst inszeniert hatte. Weiterhin bat er Erasmus um ein Empfehlungsschreiben für ein Studium in Rom, das Hutten jedoch nicht selbst abholen

---

[403] Vgl. Cornelis Augustijn, Erasmus. Der Humanist als Theologe und Kirchenreformer (Studies in Medieval and Reformation Thought 59), Leiden, New York u. Köln 1996, S. 169; RBW III, S. 92, Anm. 1: „In der ersten Augusthälfte 1514 reiste Erasmus von Löwen über Lüttich, Mainz, Straßburg und Schlettstadt nach Basel, wo er etwa am 15. August eintraf".

[404] Vgl. Holeczek (1988), S. 323.

[405] RBW III, Nr. 246, S. 90–95.

[406] Allen II, Nr. 333, S. 68–73.

[407] Allen II, Nr. 334, S. 73–79.

[408] Vgl. Manfred Krebs, Reuchlins Beziehungen zu Erasmus von Rotterdam, in: Hermann Kling u. Stefan Rhein (Hgg.), Johannes Reuchlin (1455–1522). Nachdruck der 1955 von Manfred Krebs herausgegebenen Festgabe (Pforzheimer Reuchlinschriften 4), Sigmaringen 1994, S. 139–155; Peter G. Bietenholz, Erasmus und die letzten Lebensjahre Reuchlins, in: HZ 240 (1985), S. 45–66.

[409] Vgl. Holeczek (1988), S. 323–324.

[410] Allen II, Nr. 365, S. 155–157.

[411] Alcibiades (Ἀλκιβιάδης) der Athener, Sohn des Kleinias u. der Dinomache (einer Tochter des Alkmäoniden Megakles), Neffe des Perikles, Schüler u. Liebling des Sokrates, geb. 450, gest. 404 v. Chr.; vgl. Nep. Alc. 1 sqq.; Iustin. 4,4 sq.; 5,1 sqq.; Plin. 34, 88; Gell. 1,9,9; Georges 1 (193), Sp. 293–294.

[412] Allen II, S. 156.

könne, da seine Weggefährten ihn wohl nicht Halt in Basel machen ließen und nicht verstehen würden, welch namhafter Mann hier wohne. Jetzt müsse er auf Druck seiner Familie schon wieder nach Italien reisen, um das begonnene Rechtsstudium zu einem versöhnlichen Abschluss zu bringen.[413] Damit signalisierte der aufstrebende Humanist Erasmus seine loyale Gefolgschaft, wobei diese wohl auch auf Huttens Opportunismus als Beweggrund zurückzuführen sein wird; immerhin schickte Erasmus tatsächlich derartige Schreiben zur Empfehlung des jungen Hutten nach Rom.[414] Das Verhältnis der beiden blieb in den Folgejahren ungetrübt. So schätzte Erasmus Hutten, welcher ersteren verehrte, sehr, wie einige Referenzen in seinen in dieser Zeit veröffentlichten Texten beweisen. Hutten sah sich anschließend immer mehr in der Vermittlerrolle zwischen dem Kurmainzer Hof, wo er eine Anstellung erhielt, und Erasmus, der Hutten in seinen Texten immer wieder hervorhob.[415]

Bis zum Jahre 1520 war der Briefwechsel zwischen Hutten und Erasmus von gegenseitigem Wohlwollen geprägt, wobei man aufgrund der Überlieferungssituation natürlich einschränken muss, dass lediglich sechs Hutten- bzw. fünf Erasmus-Briefe überliefert sind.[416] Nachdem Hutten dank der Empfehlungsschreiben in Rom, Ferrara und Venedig studieren konnte, berichtete er seinem ‚Mentor' kurz nach seiner Rückkehr nach Deutschland im Schreiben vom 20.07.1517 aus Bamberg, dass er fleißig dessen Schriften, wie etwa die große Sprichwortsammlung, die ‚Adagia', oder auch das ‚Lob der Torheit', herumzeige. Für den Ruhm des Erasmus habe er gepredigt.[417] Da solche überschwänglichen, oft auch antikisierten, Freundschaftsbekundungen unter Humanisten jedoch generell ein beliebtes Ritual darstellten, sich in ihren Briefpublikationen durch das Ausweisen ihrer Beziehungen zu profilieren, mag mag man vielleicht falsch liegen, ihre Freundschaft als reine Geschäftsbeziehung abzutun. Doch war sie das wirklich; eine reine humanistische ‚Geschäftsbeziehung'?[418]

---

[413] Vgl. ALLEN II, S. 156–157.
[414] Vgl. KAEGI (1925), S. 234, Nr. 2a.
[415] Vgl. HOLECZEK (1988), S. 327–328.
[416] Hutten an Erasmus: 24.10.1515 (ALLEN II, Nr. 365); 20.07.1517 (ALLEN III, Nr. 611); 06.03.1519 (ALLEN III, Nr. 923); 05.06.1519 (ALLEN III, Nr. 986); 15.08.1520 (Allen IV, Nr. 1135); 13.11.1520 (ALLEN IV, Nr. 1161); Erasmus an Hutten: 08.09.1518 (Paul O. KRISTELLER, Una lettera inedita di Erasmo a Hutten conservata a Firenze, in: Roberto CARDINI u. a. [Hgg.], Tradizione classica e letteratura umanistica. Per Alessandro Perosa, 2 Bde., Rom 1985, hier Bd. 2, S. 629–641); 23.04.1519 (ALLEN III, Nr. 951); 23.07.1519 (ALLEN IV, Nr. 999); vermutlich Dez. 1519 (ALLEN IV, Nr. 1055); 03.04.1523 (ALLEN V, Nr. 1356).
[417] ALLEN III, Nr. 611, S. 25–29, hier S. 26–27.
[418] So schon mit ähnlichen Worten aufgeworfen von Volker HONEMANN, Erasmus von Rotterdam und Ulrich von Hutten, in: Johannes SCHILLING u. Ernst GIESE (Hgg.), Ulrich von Hutten in seiner Zeit. Schlüchterner Vorträge zu seinem 500. Geburtstag (Monographia Hassiae. Schriftenreihe der Evangelischen Kirche von Kurhessen-Waldeck 12), Kassel 1988, S. 61–86, hier S. 65–68; HOLECZEK (1988), S. 325–328 („Eine fast normale humanistische Freundschaft [?]").

Sowohl den Briefen untereinander,[419] als auch denjenigen an Dritte, lassen sich zumindest aufschlussreiche Bemerkungen entnehmen, die darauf hindeuten, dass ihre Freundschaft weit emotionaler war und weit über eine pragmatische Bekanntschaft hinaus ging, als bisher angenommen. Am 22. Dezember 1517 empfahl Erasmus Hutten jedenfalls aus Löwen bei Kurfürst Albrecht von Brandenburg.[420] Später am 22. Februar 1518 schrieb er an den französischen Humanisten William Budaeus (Guillaume Budé, gest. 1540), er habe ein ‚einzigartiges Entzücken an Geist und Art dieses Menschen'.[421] Am 19. Oktober teilte er Hessus mit, er stehe ‚im Banne der Scherze Huttens'.[422] Erzbischof Albrecht von Brandenburg schrieb er am 15. August 1519, Hutten werde ‚eine große Zierde unseres Deutschlands' sein.[423] In einem bezeichnenden Schreiben schon aus dem Mai 1519 an Thomas Wolsey (gest. 1530), Kanzler des englischen Königs Heinrichs VIII., wies Erasmus ebenfalls eine Reihe von vielversprechenden Nachwuchsakademikern aus.[424] Von denjenigen herausragenden ‚Junghumanisten', die er persönlich kenne, taucht auch prominent der Name Hutten auf:

> Habet Germania iuuenes aliquot magnam et eruditionis et eloquentiae spen de se praebentes, quorum opera futurum auguror vt aliquando gloriari possit Germania, quod nunc optimo iure gloriatur Britannia. Horum nemo mihi de facie notus est, praeter Eobanum, **Huttenum** ac Beatum. Hi nullo non machinarum genere cum lingarum ac bonarum literarum, quibus omnes boni fauent, hostibus depugnant. Horum libertatem fraterer et ipse intolerabilem, nisi scirem quam atrocibus modis tum publice tum priuatim irritentur. Ipsi sibi permittunt vt in sacris concionibus in scholis, in conuiuiis odiosissime, imo seditiose, quiduis vociferentur apud imperitam multitudinem; et facinus non ferendum arbitrantur, si quis horum ausit, cum et apiculis quo laesae feriant, et musculis denticuli quibus offensi sese tueantur. Vnde nouum hoc deorum genus? Illi quos lubitum est haereticos faciunt, et coelum terrae miscent si quis eos appelet sycophantes.[425]

> Deutschland besitzt einige junge Leute, die in Bildung und Beredsamkeit viel versprechen, ich möchte prophezeien, dass dank ihrer einst Deutschland den Ruhm genießen kann, den jetzt mit bestem Rechte England genießt. Persönlich kenne ich von ihnen niemand außer Eoban Hessus, **Hutten** und Beatus [Rhenanus]. Die streiten mit allen

---

[419] Bes. ALLEN IV, Nr. 999 mit der Laudatio über Thomas Morus.
[420] Vgl. ALLEN III, Nr. 745, S. 175–178, hier S. 176–177.
[421] ALLEN III, Nr. 778, S. 220–230, hier S. 222: *Huttenum tibi probari sane gaudeo: nam ipse hominis ingenio delector vnice.*
[422] ALLEN III, Nr. 874, S. 411–412, hier S. 411: *capiebar Hutteni daeliciis.*
[423] ALLEN IV, Nr. 1009; S. 56–57, hier S. 57: *Iam vero quantum benignitati tuae et Hutteni nomine debeam; de quo sic mihi praesagit animus, hominem aliquando magnum ornamentum nostare Germaniae futurum, si modo et Dei praesidio vita suppetat et tuae celsitudinis fauore non destituatur; nam hanc ingenii lasciuiam, vt ita loquar, satis per se corriget aetatis accessio.*
[424] 18. Mai 1519, in: ALLEN III, Nr. 967, S. 587–593.
[425] sỹcophanta, m. (συκοφάντης), eig. der Feigenanzeiger, der jmd. angibt, der gegen das Verbot aus Attika Feigen ausführt; dah. I) der gewinnsüchtige-, ränkevolle Ankläger, Verleumder, Ränkeschmied, Gauner; II) übtr. auch: listiger Schmeichler, Schmarotzer. Vgl. GEORGES 2 (1918), Sp. 2988. Zitat bei: ALLEN III, S. 590–591.

Mitteln gegen die Feinde der Sprachen und Wissenschaften, die alle Guten verehren. Persönlich würde ich ihre Ungebundenheit für unerträglich erklären, wüsste ich nicht, wie frech sie öffentlich und privat gereizt werden. In Predigtgottesdiensten, Schulen, bei Gastmählern erlaubt man sich, alles Mögliche vor der unerfahrenen Menge gehässig, ja aufrührerisch zu reden; sie halten es für ein unerträgliches Verbrechen, wenn einer von jenen zu mucksen wagt, wo doch die Bienen ihren Stachel haben, sich zu wehren, und die Mäuslein ihre kleinen Zähne, sich zu schützen. Woher kommt dieses neue Göttergeschlecht? Diese Menschen, die nach Belieben Ketzer machen, setzen Himmel und Erde in Bewegung, wenn jemand sie Verleumder nennt.[426]

Hutten sei in Erasmus' Augen also nicht nur ein vielversprechender ,Newcomer' in der Gelehrtenszene, sondern auch ein wichtiger Baustein des gemeinschaftlichen Kampfes. Ebenfalls brachte er den Bezug zwischen ,öffentlichen und privaten' Invektiven und die eigene Gruppenidentität in Abgrenzung zu allen Feinden der Wissenschaften in einen Kontext. So wie ,Bienen ihren Stachel' oder ,Mäuslein ihre kleinen Zähne' tragen würden, so hätten auch die Humanisten das Recht auf Satisfaktion und Selbstverteidigung. Die weitere Entwicklung zeigt im Anschluss dann recht deutlich, dass die Grenze des Sagbaren nicht endlos ausdehnbar war. Denn wie die folgenden Beispiele zeigen werden, konnte es im Zuge größerer Auseinandersetzungen gerade unter Gelehrten zu fachlichen Meinungsverschiedenheiten bis hin zum Meinungsstreit kommen, ohne dass die Freundschaft daran zerbrechen musste.

Ihr inniges Band riss daher auch nicht ab, nachdem Erasmus mehrfach Kritik an Huttens Werkvorhaben und Publikationen geäußert hatte, von denen er sich dezidiert und öffentlich distanzierte. An den päpstlichen Legaten Lorenzo Campeggio (gest. 1539) wies er es beispielsweise als grotesk zurück, mit dem ,Spottbüchlein Nemo' oder den ,EOV' in Verbindung gebracht zu werden.[427] Besonders sauer stießen ihm aber die ,Dunkelmännerbriefe' auf, die ihm ,von Anfang [der Kampagne] an missfielen', wie Erasmus dem Kölner Johannes Cae-

---

[426] KÖHLER (1947), S. 243.
[427] ALLEN III, Nr. 961, S. 573–575, hier S. 574: *Sed vide, quaeso, peruersissimam, imo ingratissimam quorundam maliciam. Diffisi libris et argumentis quidam sycophantiis aggrediuntur. Quicquid prodit libellorum, quibus hoc tempore quidam nimium licenter ludunt, mihi impingunt. Prodierat Nemo – nam is est libelli cuiusdam ludicri titulus; meum esse calumniabantur: et persuaserant, ni autor iratus sibi suum opus vindicasset. Exierant Epistolae quaedam ridiculae; non deerant qui me adiutore scriptas dictitarent* („Sieh, bitte, die verkehrte und widerwärtige Bosheit gewisser Leute. Sie greifen, weil sie zu Schriften und Beweisgründen kein Vertrauen haben, mit Verleumdungen an. Was nur an Büchlein erscheint – und gegenwärtig verfährt man da reichlich ungeniert – hängen sie mir an. Da war der ,Niemand' erschienen – so war ein Spottbüchlein betitelt –, sie sagten verleumderisch, er stamme von mir und wären damit durchgedrungen, wenn nicht der erzürnte Verfasser sein Werk für sich in Anspruch genommen hätte. Da waren gewisse lächerliche ,Briefe' [,EOV', MK] herausgekommen; es fehlte nicht an Leuten, die behaupteten, sie seien mit meiner Hilfe geschrieben", in: KÖHLER [1947], S. 240–241).

sarius (gest. 1550)⁴²⁸ aus Antwerpen mitzuteilen wusste.⁴²⁹ Schon den Titel hielt er für unpassend, da er den Witz verrate, denn die Dominikaner würden die Texte aufgrund ihrer Unkenntnis noch heute auf dem Marktplatz vertreiben. So habe der Magister [Jakob Remigii] hier in Löwen 20 Exemplare gekauft, obwohl das Werk kurze Zeit später am 15. März 1517 ja durch die Bulle verdammt wurde.⁴³⁰ Erasmus lieferte auch gleich den Grund, wenn er einige Reflexionen in Bezug auf den Humor als Kippmoment von Invektivität beifügt. So polterte er durchaus energisch, dennoch sachlich bleibend, über das invektive Potential der Publikation der beiden Ausgaben der ‚Dunkelmännerbriefe':

> Delectare potuisset facecia nisi nimium offendisset exemplum. Mihi placent lusus, sed citra cuiusquam contumeliam. Sed molestius fuit quod in posteriore editione mei quoque nominis mentionem admiscuerint: quasi parum fuisset ineptire, nisi nos quoque vocassent in inuidiam, et magnam partem fructus tot studiorum laboribus expetiti corrupissent. Ne id quidem satis est visum; en alter libellus priori adsimilis, in quibus crebra mentio fit eorum quibus scio lusus huiusmodu nequaquam probari. Quam male consulunt isti, non solum in seipsos, verum etiam in omnes quibus bone litere chare sunt.⁴³¹

Ich habe Gefallen an Scherzen, aber es darf niemand dadurch beleidigt werden. Es war mir aber unangenehm, dass man in der dritten Ausgabe zwischendurch auch meinen Namen erwähnt hat, als wenn es nicht genug wäre, den Narren zu spielen, ohne auch mich dem Hass auszusetzen und die viele darauf verwandte Mühe um einen großen Teil des gewünschten Erfolges zu bringen. Und nicht einmal das genügt anscheinend: ein zweites Büchlein,⁴³² ähnlich dem ersten, taucht auf, in dem häufig Personen erwähnt werden, die, wie ich weiß, an solchen Scherzen durchaus keinen Gefallen haben. Wie schlecht überlegt doch diese Schriftsteller, sie denken weder an sich selbst noch an alle, denen die Wissenschaft teuer ist.⁴³³

Die ‚EOV' sind für Erasmus demnach also ein Werk, über das man eigentlich nicht mehr lachen kann, da seiner Meinung nach selbst vermeintlich ‚ludische' Invektiven viel zu weit gingen, wenn man die versteckten Witze gar nicht mehr verstehe. So habe der Titel ‚Dunkelmännerbriefe' der Menschheit nur Schlechtes bereitet. Hätte der Titel den Scherz verraten, würde man noch heute diese Briefe zugunsten der Dominikaner lesen.⁴³⁴

Dass man sich in der Sache uneinig sein konnte, ohne die gemeinsamen Ideale zu verraten und es zum Streit kommen zu lassen, beweisen derartige

---

⁴²⁸ Caesarius stammte aus Jülich, war später Schüler des Faber Stapulensis in Paris und ist seit 1510 als Privatlehrer in Köln nachgewiesen.
⁴²⁹ 16. August 1517, in: ALLEN III, Nr. 622, S. 44–46, hier S. 44: *Magnopere mihi displicebant Epistole Obscurorum Virorum, iam tum ab initio.*
⁴³⁰ Vgl. ALLEN III, Nr. 808, S. 262–262, hier S. 262.
⁴³¹ ALLEN III, S. 44–45.
⁴³² Die zweite Ausgabe der ‚EOV'.
⁴³³ KÖHLER (1947), S. 175.
⁴³⁴ ALLEN III, S. 262: *Pessime consuluit rebus humanis qui titulum indidit Obscurorum Virorum. Quod ni titulus prodidisset lusum et hodie passim legerentur illae Epistolae tanquam in gratiam Praedicatorum scriptae.*

metainvektive Reflexionen Dritter. Auch wenn es inhaltlich und sprachlich perfide zugehen konnte, an der Partnerschaft, geschweige denn an der Freundschaft, sollte dies jedoch keineswegs rütteln, da die ausgetauschte Kritik als Teil des konventionellen Meinungsaustausches unter Gelehrten wahrgenommen wurde und eben nicht als Invektive. So lobte Erasmus Hutten noch in einem Brief vom 23. April 1519 aus Löwen für seine Tapferkeit und ermunterte ihn weiterhin, nicht vom Kampfe abzulassen, weder mit Schreibrohr (*calamus*) und Zunge (*lingua*) noch mit dem Schwerte (*armis*).[435] Er müsse in voller Rüstung in Reih und Glied der Seinen weiterstreiten, wie er es im Kampf gegen fünf Franzosen bei Viterbo schon bewiesen habe.[436] Obwohl Erasmus Gewalt hier nicht grundsätzlich ablehnte, so platzierte er am Ende des Briefes allerdings noch einen versteckten Hinweis für Hutten, er solle doch mit Blick auf sein Gewaltpotential nicht ‚über die Stränge schlagen' und ‚lieber bei den Musen bleiben':

> Laudem fortem animum, sed tamen si me audies, seruabis Huttenum Musis. Nam vnde nobis tale ingenium, si quid accidat? Quod auertant superi! Nosti Martem ἀλλοπρόσαλλον nec satis propitium bonis ingeniis, vtpote deorum omnium stolidissimum. Bene sit; sed tamen si quid accidit, ipse tibi tuis scriptis extruxisti monumentum aere perhennius.[437]

> Ich lobe das tapfere Herz, doch, wenn du auf mich hörst, so erhalte Hutten den Musen. Denn wenn Dir etwas zustieße, wer gäbe uns wieder ein solches Genie? Die Himmlischen mögen es verhüten! Du kennst die Laune des Mars, er ist den guten Geistern nicht gerade gewogen, denn er ist der törichtste unter allen Göttern. Sei's drum; doch wenn Dir etwas zustößt, so hast Du Dir durch Deine Schriften ein Denkmal errichtet, dauernder als Erz.[438]

Trotz der inhaltlichen Meinungsverschiedenheiten – immerhin riet Erasmus Hutten mehrfach von der Veröffentlichung seiner Invektiven ab – erhielt ihre freundschaftliche Beziehung keine Brüche. Deutlich wird dies weiterhin in einem recht aggressiven und ellenlangen Schreiben vom 11. August 1519 des

---

[435] Wörtl.: Kriegswaffen.
[436] ALLEN 3; Nr. 951, S. 553–554, hier S. 554: *Sed quid ego audio? Huttenus totus ferrens in acie dimicabit? Plane video te bello natum, qui non calamo tantum et lingua sed et Mauortiis armis pugnes. Quanquam quid magni si nunc ausis inter tam multos aduersus vnum pugnare, cum olim Bononiae vnus tam multos profligaris* (Doch was höre ich? Hutten will vom Kopf bis zu den Füßen gepanzert in Reih und Glied kämpfen. Ich sehe klar, Du bist für den Krieg geboren, nicht nur mit [Schreibrohr/Federkiel; MK] und Zunge, sondern auch mit Kriegswaffen zu kämpfen. Freilich, was ist es Besonderes, wenn Du es jetzt wagst, unter so vielen gegen einen zu kämpfen, wo Du einst in Bologna ganz allein so viele niederwarfst, in: KÖHLER [1947], S. 237). Dabei bezieht Erasmus sich auf einen angeblichen Kampf, von dem Hutten in seinen Epigrammen an Maximilian berichtet. In der Nähe von Viterbo soll jener fünf angreifende Franzosen in die Flucht geschlagen haben (Epigramme 9–14, in: BÖCKING III, S. 280–282). Auch in seinem Brief an Erasmus vom 21.07.1517 berichtet er davon (BÖCKING I, S. 146).
[437] ALLEN III, S. 554.
[438] KÖHLER (1947), S 237–238.

Erasmus an Jakob von Hoogstraeten, in dem er einerseits Reuchlin wegen der beleidigenden Sprache seiner Invektiven tadelt, andererseits aber mit Pfefferkorn, Ortwin Gratius und Arnold von Tongern auch die, in seinen Augen, Hauptschuldigen der Schmährededuelle benennt. Insbesondere im Fall Benigno, an dem Hutten, wie oben beschrieben, teilgenommen hatte, fällt das Urteil gnadenlos zuungunsten der Reuchlingegner und vor allem zuungunsten des ‚Judenfeindes' Hoogstraeten aus, wenn Erasmus vor allem die ‚Milde und Mäßigung vermisse, die sich für einen Christen, einen Theologen oder einen Priester' gezieme.[439] Bis in den Spätsommer 1519 hielt ihre Partnerschaft und auch ihre Freundschaft etlichen ‚Berufsquerelen' stand. Die Ursache für die spätere Eskalation muss also im Zwischenmenschlichen verortet werden. Sicherlich muss das erhebliche Ausmaß der Eskalation, die kurze Zeit darauf folgte, auf ihre emotionale Verbundenheit zurückzuführen sein, deren Integrität wohl durch einen immensen Vertrauensbruch erheblich in Schieflage gebracht worden war.[440] Dennoch darf man den zu behandelnden Invektiven vorwegnehmen, die die maßgebenden Quellen zur Bearbeitung des Falles darstellen, dass selbst diese ‚kleineren' Ränke später trotz alledem in der Reflexion der kurz darauf gegenseitig ausgetauschten Invektiven weiterhin eine wichtige Rolle spielten und immer wieder auf sie Bezug genommen wurde. So wertete Hutten die Distanzierung des Erasmus von Reuchlin und der ‚Lachgemeinschaft' der ‚Dunkelmänner' auch retrospektiv wörtlich als nicht hinnehmbare ‚Täuschung' (*fraus*), die wohl auf die verletzte ‚Gelehrtenehre' abzielte.[441]

In der Tat kam es in der Folge dann zu einer Reihe an ‚Missverständnissen'. Hutten hatte sich in seiner Funktion als ‚Arbeitnehmer' Albrechts von Brandenburg mittlerweile als ‚erste Vermittlungsinstanz' zwischen ihn und

---

[439] Vgl. ALLEN IV, Nr. 1006, S. 42–51, hier S. 44: *Aliquanto post euenit vt et acta legerem totius causae, et tuus libellus exiret in manus hominum, quo Benigni dialogum refellis; quem ipsum tamen non nisi carptim legi. Vis dicam quomodo me affecerit? Eloquar inuitus sed verissime. Melius senseram de R. P. T. priusquam te tibi patrocinantem legissem. Quoties illud mecum inter legendum mussitabam, Vtinam [sic] hic se meis oculis cerneret* (Nach einiger Zeit konnte ich die Akten des ganzen Falles lesen, und Dein Buch, in dem du den Dialog des Benignus widerlegst [‚Apologia prima' aus dem Febr. 1518, MK], kam unter Leute, ich selbst las es freilich nur stückweise. Soll ich Dir meinen Eindruck sagen? Ich tue es nicht gern, aber ich will die Wahrheit sagen. Ich hatte eine bessere Meinung von Euch gehabt, ehe ich Dich als Deinen eigenen Schutzpatron im Buche kennenlernte. Wie oft murmelte ich bei der Lektüre vor mich hin: sähe er sich doch mit meinen Augen, in: KÖHLER [1947], S. 259); Zitat ebd., S. 44: *Certe plurimis in locis animi lenitatem moderationemque desyderabam, dignam homine Christiano, dignam theologo, dignam Praedicatore.*

[440] Zu Vertrauen und dem Verhältnis von Vertrauensbrüchen und Invektivität zuletzt: HIRSCHBIEGEL/KRAUS (2021); Vertrauen nach dem Verständnis von HIRSCHBIEGEL (2015).

[441] Vgl. Georg SIMMEL, Die Selbsterhaltung der sozialen Gruppe, in: DERS., Soziologie. Untersuchungen über die Form der Vergesellschaftung, hg. v. Ottheim RAMMSTEDT, Frankfurt a. M. 1992, S. 556–686, hier S. 599–603; BECKER (2012), S. 181–186, hier S. 185.

Erasmus geschoben.⁴⁴² So sollte er im Herbst 1519 ein Schreiben des Erasmus an Albrecht weiterleiten, das unterschiedliche Gutachten (‚Judicia') enthielt, die der Niederländer zum Lutherfall verfasst hatte und die Hutten aus Eigennutz niemals an seinen Dienstherren zustellen sollte. Dabei bat man den ehrgeizigen Humanisten zunächst inständig darum, Albrecht den Brief entweder ‚zu Händen' zu überreichen, ihn andernfalls jedoch ‚durch Feuer oder Wasser' zu vernichten, um ihn nicht in die falschen Hände geraten zu lassen. Hutten dachte aber keineswegs daran, die Gutachten einfach nur weiterzuleiten, sondern selbst Profit daraus zu schlagen. So verteilte er zahlreiche Abschriften und veröffentliche sie dreisterweise sowohl in einer lateinischen als auch in einer deutschen Ausgabe.⁴⁴³ Doch nicht nur das: während unzählige Abschriften herumgingen und der eigentlich vertrauliche Text schon früh bei Huttens Drucker in Mainz vorlag, der auch die beiden Ausgaben vertrieb, erreichte Albrecht das verschmutzte Original womöglich erst viele Monate später, als Hutten letztlich aufgrund wiederholten Insistierens seitens der Geschädigten nachgab.

Sein Ziel erreichte er allerdings dennoch, und so wurde aus „diesem handschriftlich und gedruckt verbreiteten, lateinisch und deutsch publizierten Erasmus-Gutachten [...] im Laufe des Jahres 1520 die bedeutendste publizistische Unterstützungsaktion für Luther durch Erasmus – vermittelt durch Hutten",⁴⁴⁴ wie Erasmus in einem Brief an Albrecht vom 19. Oktober 1519 darlegte.⁴⁴⁵ Persönlich angegriffen fühlte er sich dadurch allerdings nicht.⁴⁴⁶ Dass Erasmus diese Indiskretion allerdings nicht als Affront auffassen konnte, bleibt möglicherweise dem unerwarteten Erfolg geschuldet, den Huttens eigenmächtiges Handeln hervorgerufen hatte. Als jener ihm zusätzlich noch von seinem Eintritt in den Krieg gegen Herzog Ulrich von Württemberg berichtete,⁴⁴⁷ sah sich Erasmus letztlich nur dazu veranlasst, eine Wiederholung seiner bereits getätigten eindrücklichen Mahnung zur Zügelung der Gewalt aus den letzten Briefen auszusprechen: *Laudo fortem animum, sed tamen si me audies, seruabis Huttenum Musis*.⁴⁴⁸ Wie glimpflich die Angelegenheit für Hutten tatsächlich ausging, darüber reflektierte Luther am 26. Januar 1520 später in einem Brief an den Humanisten und Theologen Johannes Lang (gest. 1548) äußerst sarkastisch, wenn er folgendes Fazit zu dieser Sache zieht: „Der herrliche Brief des

---

[442] Vgl. HOLECZEK (1988), S. 326–327.
[443] HOLECZEK (1988), S. 328 vermutet, „dass Hutten nicht für die deutsche Version verantwortlich zu machen ist, da sie bei Grimm und Wirsung in Augsburg über Vermittlung von Pirckheimer und Adelmann gedruckt worden ist."
[444] Vgl. HOLECZEK (1988), S. 328, Zitat ebd.
[445] Vgl. ALLEN IV, Nr. 1032, S. 96–99.
[446] Vgl. AUGUSTIJN (1996), S. 170.
[447] Vgl. den Brief Huttens an Erasmus vom 6. März 1519 noch aus Mainz, in: ALLEN III, Nr. 923, S. 501–502, hier S. 501: *At ego expeditioni, quae nobis paratur ingens, equestri pariter ac pedestri exercitu, interero ipse: tantum abest vt metuam latronem illum.*
[448] Vgl. den Brief des Erasmus an Hutten vom 23. April 1519, in: ALLEN III, Nr. 951, S. 553–554, Zitat auf S. 554.

Erasmus über mich ist in vieler Hände [gelangt], womit er mich so beschützt, als täte er es gar nicht."[449]

Das eigentliche Zerwürfnis der beiden ereignete sich jedoch schon kurz darauf, als Hutten in die Niederlande reiste, um in den Dienst Erzherzogs Ferdinand von Österreich (gest. 1564) zu treten. Als militärischen Partner gewann er jedoch kurz zuvor, nachdem er aus der Anstellung des Erzbischofs im August 1519 ausgeschieden war,[450] im Rahmen des Feldzuges gegen Ulrich von Württemberg den Condottiere Franz von Sickingen, mit dessen Hilfe Hutten von nun an seine Ideen zu verbreiten gedachte.[451] Sickingen wurde in diesen Tagen in Verhandlungen am Habsburger Hof in Brüssel verwickelt, wobei er Hutten wohl große Hoffnungen auf eine neue Anstellung hier am Hofe Karls V. gemacht hatte.[452] Auf dem Weg dahin machte Hutten Halt in Löwen, wo er sich am 20./21. Juni das zweite Mal mit Erasmus traf, um ihn um weitere Empfehlungsschreiben zu bitten.[453] Auch dieser Bitte kam jener nach. An Melanchthon schrieb Erasmus nur lapidar: „Hutten ist hier und will demnächst an den Hof Karls V., aber an jedem Hofe sind Bettelmönchtyrannen."[454] Im Rahmen dieses Besuches weihte Hutten Erasmus jedenfalls auch in die Pläne seines ‚Pfaffenkrieges' ein, wobei letzterer diese in der Rückschau seiner ‚Spongia' später eher als schlechten Scherz abtat.[455] Hutten erhielt in Brüssel auch nicht einmal eine Audienz und kehrte daher verbittert und enttäuscht nach Deutschland zurück.[456] In einem Verdammungsbreve vom 12. Juli 1520 geriet Hutten, der immer mehr in den Sog um die Causa Lutheri hineingezogen

---

[449] Vgl. Lutherbr. 1, Nr. 242.
[450] Hutten durfte sich trotz seiner Entlassung weiterhin mit der Bildungspolitik in Mainz beschäftigen, wofür er außerdem auch Gehalt bezog. Vgl. JAUMANN (2008), Sp. 1191.
[451] Siehe oben Kapitel II dieser Arbeit.
[452] Vgl. HONEMANN (1988), S. 73; HOLECZEK (1988), S. 328.
[453] Vgl. die Erasmus-Briefe vom 21. Juni 1520 aus Löwen an Aloisius Marlianus (Luigi de Marliano war Leibarzt der Herzöge in Mailand wie auch Karls V., dessen Rat er ebenso war wie derjenige Phillips des Schönen und Margaretes von Österreich; vgl. Kaspar GUBLER, Universitas Dolana. Juristen- und Transituniversität im Land der Legisten [1498-1601], in: DERS. u. Rainer C. SCHWINGES [Hgg.], Gelehrte Lebenswelten im 15. und 16. Jahrhundert. Repertorium Academicum Germanicum [RAG] – Forschungen: Bd. 2, Zürich 2018, S. 107–128, hier S. 119, Anm. 75; der Brief ist abgedruckt in: ALLEN IV, Nr. 1114, S. 288–289, hier S. 288: *Qui has perfert, est Huttenus ille facundissimus eques et orator bellacissimus iuuenis candidissimi pectoris et tuo dignus amore, nisi plane fallor*) u. Georg Halewin, einen wichtigen belgischen Adeligen, der in jenen Tagen am kaiserlichen Hofe weilte (ALLEN IV, Nr. 1115, S. 289–290, hier S. 290: *Ades isthic Vlrichus Huttenus, linguae Romanae delicium iuuenis nobilis, eruditus et humanus, eum eo melius hanc questionem tractabis. Ipse adero post biduum, si vires sinent: nam a morbo vic adhuc satis firmus sum*).
[454] Erasmus an Melanchthon, 21. Juni 1520, Löwen, in: ALLEN IV, Nr. 1113, S. 286–288, hier S. 287–288: *Huttenus hic adest, mox aulam Caroli petiturus: sed nulla est aula quam non occuparint isti πτωχοτύραννοι*; KÖHLER (1947), S. 272.
[455] So in seiner Invektive ‚Spongia' gegen Hutten, in: BÖCKING II, S. 265–423, hier § 373.
[456] Vgl. JAUMANN (2008), Sp. 1192.

wurde, zudem auf den Plan der päpstlichen Inquisition.[457] Da er von da an auch nicht mehr zurück nach Mainz reisen konnte, da Albrecht dazu angehalten war, seinen Günstling zu einer Verurteilung zu bringen, flüchtete Hutten im September 1520 auf die Ebernburg Sickingens. Hier in der ‚Herberge der Gerechtigkeit' (KAUFMANN) vertrieb er dann anschließend einen Großteil seiner romfeindlichen Schriften, die zumeist auch in deutscher Sprache ausgingen.[458]

In der Forschung ist man sich über den Befund, dass der Entfremdungsprozess der beiden einst eng befreundeten Humanisten genau in dieser Phase einsetzte, relativ einig.[459] Freilich trugen auch die politischen Umstände und Huttens Annäherung an den verurteilten Luther mit dazu bei, dass sich ihr Dissens vergrößerte, gerade mit Blick auf die militärische Abhängigkeit, in die Hutten sich mit dem Bündnis mit Sickingen gebracht hatte, die ja Erasmus seinerseits mit jeder Faser seines Seins ablehnte.[460] Die neue Distanz lässt sich aber auch an ihrem Briefwechsel festmachen, der nun fast endgültig abbrach. Lediglich Hutten versuchte zweimal von der Ebernburg aus, seinen ehemaligen Freund brieflich zu konsultieren. Im ersten Schreiben vom 15. August 1520 rügte er Erasmus vorwurfsvoll, da er sich nicht nur von der Reuchlinangelegenheit abgewandt habe, sondern sich eben auch von Luther distanziere. Wenn er schon nicht helfen könne, so solle er doch wenigstens Stillschweigen und Zurückhaltung in der Sache bewahren.[461] Da es sich bei diesem Text um eine *epistola exhortatoria*, eine in Humanistenkreisen gepflegte Form der Ermahnung handelt, darf Huttens Kritik hier natürlich nicht überbewertet werden.[462] Der zweite Brief vom 13. November ist vom selben Tenor getragen wie der erste, wobei Hutten Erasmus anflehte, das reformfeindliche Löwen aufgrund seiner gefährdeten Lage zu verlassen und nach Basel, wie jener sowieso schon längst plante, überzusiedeln.[463] Ob Erasmus auf Huttens Brief reagierte oder nicht, können wir heute nicht mehr nachvollziehen. Jedenfalls ist in beiden Annäherungsversuchen ein gewisser von freundschaftlichem Wohlwollen getragener Duktus nicht zu leugnen, sodass auch das ‚Nicht-Reagieren' seines Vertrauten wohl noch nicht als Invektive wahrgenommen wurde. Erasmus hingegen schien Huttens ‚Gewaltpläne' andererseits aber derart als Affront aufzufassen, sodass der Briefwechsel im Anschluss zunächst vollends zum Erliegen kam.

Nur aus Schreiben an Dritte können wir also heute rekonstruieren, was in der Folge passierte und wie Erasmus mit dieser Situation umging. So entschuldigte er sich am 8. Oktober 1520 zunächst überschwänglich bei Kurfürst

---

[457] Dies berichtet Erasmus in einem Brief an Spalatin vom 6. Juli, in: BÖCKING I, S. 362–363.
[458] Siehe hierzu Kapitel IV dieser Arbeit.
[459] Vgl. HONEMANN (1988), S. 76; AUGUSTIJN (1996), S. 171.
[460] Vgl. HOLECZEK (1988), S. 329–330.
[461] ALLEN IV, Nr. 1135, S. 328–329.
[462] Vgl. HONEMANN (1988), S. 76.
[463] ALLEN IV, Nr. 1161, S. 380–383.

Albrecht, dass die Gutachten zur Lutherfrage verloren gingen, die er Hutten in einem ‚versiegelten Brief' (*obsignatis litteris*) mitgegeben habe.[464] Eramus zeigt sich dabei in einer bezeichnenden Bemerkung hin- und hergerissen, ob ihn Huttens Verhalten in Bezug auf die Indiskretion mit den Gutachten beleidigt habe oder nicht: *Si hic casus fuit, fuit infelicissimus; sin perfidia, plusquam Punica fuit* (War das Zufall, so war es ein sehr unglücklicher; war es aber Perfidie, so war sie schlimmer als die der Punier).[465] Das Zitat zeigt außerordentlich plastisch, inwieweit Erasmus Hutten das eigene Fehlverhalten tatsächlich übelnahm oder nicht, und gleichzeitig, wie schmal der Grat zwischen Streit und Eskalation bzw. Freundschaft und Feindschaft sein konnte. Immerhin musste Erasmus in Folge der Publikationen zahlreiche Anfeindungen über sich ergehen lassen. So sah er sich dazu gezwungen, sich in einem langen apologetischen Schreiben aus dem Juni 1521 vor den Löwener Theologen zu rechtfertigen, er habe sich weder in den Reuchlin- noch in den Lutherhandel je eingemischt und er wolle die Ehre der hiesigen Universität nie und nimmer beschädigen.[466]

Nachdem Hutten Ende Mai oder Anfang Juni 1521 die Ebernburg verlassen hatte, ersann er, den ‚Pfaffenkrieg' auf eigene Faust und vorwiegend mit dem Mittel der Fehde durchzusetzen, was ihm auch deshalb misslang, da Sickingen im September 1522 vor Trier unterlag. Sowohl die Belagerung als auch den Wormser Reichstag, den Hutten zuvor noch energisch mit vielerlei Streitschrif-

---

[464] ALLEN IV, Nr. 1152, S. 361: *Epistolam quam tuae celsitudini de Luthero scripseram, aeditam doleo. Ego certe bono animoscripseram, sed non in hoc scripseram vt aederetur. Neque cuiquam a me fuit exemplaris copia. Incluseram eam litteris ad Huttenum obsignatis, admonens vt, si videretur expedire, redderet in tempore; sin minus, premeret aut aboleret. Quo magis admiror quo consilio factum sit vt aederetur per typographos nec tibi redderetur* (Dass der Brief, den ich an Ehrwürdige Erlauchtheit über Luther geschrieben hatte, gedruckt worden ist, bedaure ich. Ich hatte ihn gewiss in guter Absicht geschrieben, aber nicht für den Druck bestimmt. Niemand hatte von mir ein Exemplar bekommen. Ich hatte ihn einem versiegelten Briefe an Hutten beigelegt und gebeten, ihn, wenn es ginge, bei Gelegenheit zu übergeben; im anderen Falle ihn zu unterdrücken oder zu vernichten. Umso mehr wundere ich mich, wie es kam, dass er durch die Drucker herausgegeben und Dir nicht eingehändigt wurde, in: KÖHLER [1947], S. 278).

[465] ALLEN IV, S. 361.

[466] ALLEN IV, Nr. 1217, S. 536–540, hier S. 536: *quid Louanii sim passus a quorundam petulantissimis linguis, nulli potest obsurum esse. Nunc autio rusus instaurari traoediam per quosdam, ducibus et autoribus Vincentio et Latomo: quorum alterum male habet epistola ad Cardinalem Mogontinensem, in qua videor illi perstingere ordinem Dominicalium; alterum offendit Consilium quoddam nullo autore vulgatum, de componenda tragoedia Lutherans, quod a me profectum esse quidam male supsicaces dietitant* (Was ich in Löwen von den frechen Zungen gewisser Menschen habe leiden müssen, darf niemand verborgen bleiben. Jetzt wird, wie ich höre, wieder ein Skandal ins Werk gesetzt durch gewisse Leute, unter Führung und auf Veranlassung von Vincenz Theoderici und Latomu; der eine hat mir den Brief an den Kardinal von Mainz verübelt, er glaubt, dass ich darin den Dominikanerorden durchhechele; den anderen hat der anonym veröffentlichte Ratschlag über die Beilegung der Affäre Luther geärgert, der nach beständiger Behauptung gewisser Schnüffler von mir stammen soll, in: KÖHLER [1947], S. 289–290).

ten unter Druck gesetzt hatte,[467] verpasste er krankheitsbedingt. Der Gescholtene floh daher über Schlettstadt, wo er Beatus Rhenanus sprach, nach Basel, wo er um den 25. November 1522 eintraf. Ebendort hielt sich auch der große Erasmus auf, der wegen der Bekämpfung des Lutheranertums in den Niederlanden Zuflucht in der Schweiz suchte.[468] In seiner misslichen Lage musste es Hutten wohl ein großes Anliegen gewesen sein, sich mit seinem einstigen Freund persönlich auszutauschen und die alten Querelen beizulegen. In der Herberge ‚Zur Blume' bezog er zunächst Quartier, ehe Erasmus ihm über den jungen Heinrich von Eppendorf[469] mitteilen ließ, dass Hutten von einem Besuch bei ihm absehen solle, weil er seinen Humanismus nicht mit ‚bösem Aufruhr' in Verbindung gebracht sehen wollte.[470] Obwohl Erasmus später in seiner Invektive, der ‚Spongia', etliche Erklärungsversuche für die Abweisung des todkranken Huttens lieferte, scheint allerdings dennoch evident, dass der Zurückgewiesene diese Demütigung als niederschmetternde Kränkung wahrgenommen haben muss, vor allem da Erasmus in Huttens Augen nur den kläglichen Versuch unternahm, die eigene Haut aus den Klauen der Inquisition zu retten.

Als nach seinen Fehdebriefen, v. a. gegen Kurfürst Ludwig, auch die letzte Unterstützung in Basel für Hutten wegbrach, siedelte er Mitte Januar 1523 auf Druck des Stadtrates ins nahegelegene Mühlhausen im Elsass über, wo er im Kloster der Augustinereremiten eine Zufluchtsstätte fand. Eppendorf begleitete ihn dabei zu den Eidgenossen und hielt die Verbindung zu Erasmus aufrecht. Letzterer spürte und realisierte nun allmählich das tatsächliche Ausmaß von Huttens Groll, denn er versuchte ihn in einem Brief, den er Eppendorf mitgab, zu beschwichtigen und ihn von einem gewaltsamen Vorgehen gegen ihn abzuhalten, indem er sich darum bemühte, sein abtrünniges Verhalten gegenüber Hutten zu rechtfertigen.[471] Doch Erasmus geriet vom Regen in die Traufe, denn Hutten gelangte an die Abschrift eines anderen Erasmus-Briefes an den Löwener Theologen Markus Laurinus,[472] die seine Wut nur weiter schürte und die weitere Annäherungsversuche damit unmöglich machte.[473] Insbesondere Erasmus' Erklärung, er habe Hutten nicht besucht, da er ‚die Hitze in seiner Wohnung nicht ertragen könne',[474] musste den leidergprobten Franken wohl derart rasend gemacht haben, dass er den Entschluss zu einer ‚literarischen Vendetta' fasste. „Hutten, der jetzt ganz in der fast gespenstischen, wirklich-

---

467 Siehe unten Kapitel IV. dieser Arbeit.
468 Vgl. AUGUSTIJN (1996), S. 172.
469 Vgl. zu ihm biographisch zusammenfassend AUGUSTIJN (1996), S. 174, Anm. 32.
470 Vgl. JAUMANN (2008), Sp. 1195.
471 ALLEN V, Nr. 1356, S. 272–274.
472 Laurinus war Dekan des Kollegs von St. Donatian in Brügge. Vgl. BENZING (1956), S. 107.
473 ALLEN V, Nr. 1342, S. 203–227. Der Brief datiert auf den 1. Februar 1523 aus Basel. Der Druck kam erst im Mai 1523 heraus. Vgl. HOLECZEK (1988), S. 331.
474 Vgl. ALLEN V, S. 220.

keitsfernen Welt seines Kampfes gegen Rom und die Tyrannen [lebte], wird es wie Schuppen von den Augen gefallen sein, als er den Brief las. Erasmus schien ihm die gemeinsame Sache verraten zu haben und zum Gegner übergelaufen zu sein."[475] Der Bogen war damit wohl derart überspannt, dass Hutten noch in Mühlhausen augenblicklich damit anfing, seine humanistische Invektive gegen Erasmus vorzubereiten.

3.2 Huttens ‚Herausforderung an Erasmus' (1523): Rache, Hass und Emotionen als Katalysatoren von Invektivität

In Mühlhausen entstand also Huttens Racheschrift gegen Erasmus, eine spitzfindige Invektive, die er ‚Cvm Erasmo Roterodamo, Presbytero, Theologo, Expostvlatio' (‚Herausforderung an Erasmus') nannte.[476] In ihr rechnete er mit dem einstigen Weggefährten ab, indem er geradezu philologisch die drei Hauptgründe abarbeitete, die in seinen Augen zum Bruch der innigen Beziehung geführt hatten. Während das erste Drittel des Textes durch die Kränkung bestimmt ist, die er während seines zweimonatigen Baselaufenthaltes bzw. durch die Abweisung seines Freundes in Basel erlitt, so erscheint der ellenlange Brief, den Erasmus an Laurinus geschrieben hatte,[477] als Initialzündung für Huttens Rachegedanken. Schließlich führt Hutten aus, der große Erasmus verurteile öffentlich seinen ‚Pfaffenkrieg', er distanziere sich von der Luthersache und schlage sich auf die Seite der erbittertsten Feinde Deutschlands.

---

[475] HONEMANN (1988), S. 79.
[476] Vlrichi ab | Hutten | cum | Erasmo Roterodamo, Presbytero, Theologo, | Expostulatio. [Straßburg: Joh. Schott, 1523]. VD 16, H 6313; vgl. BENZING (1956), Nr. 186, weitere Drucke Nr. 187–189, in: BÖCKING II, S. 180–248 (synoptisch mit der dt. Übs.); engl. Übs. von KLAWITER (1977); dt. Übs. von Johann J. STOLZ, Ulrich von Hutten gegen Desiderius Erasmus, und Desiderius Erasmus gegen Ulrich von Hutten. Zwey Streitschriften aus dem sechszehnten Jahrhundert. Aus dem Lateinischen übersetzt, mit den nöthigen historischen Notizen versehen und beurtheilt, Aarau 1813, S. 63–146, wobei sich die Seitenangaben nach der Paginierung der Reprint-Ausgabe richten.
[477] BÖCKING II, S. 186: *Quae mihi res suspicionem movit statim nonnihil esse quod prius monuissent aliqui. Et tamen continui me, cum nudiustertius arbitror affertur huc illa prius a me commemorata ad Laurinum epistola, pleua odiosae insectationis et ex professo testis commutati in diversissimum tui animi, vel si is constet, susceptae simulationis, ut gratifiveris iis qui te, nisi inimicus nobis sis, ferre amicum non possint* (darauß ich baldt abgenommen, das es nicht gantz vergebens sey gewest, damit mich furhyn etzliche meyner freunde gewarnet, hab mich aber enthalten, so den dritten tag davor (ist mir recht) der sendbrieff zum Laurino, den ich fur anzogen, alhierher ist bracht worden voller gyfftiger stychel vnd verfolgunge, vnd ein offentlicher zeug deynes gantz umbgekarten, auff das aller vngeschickte gemuettes, oder so das nicht, deyner angenommen heuchlern, das du den jenigen heuchlest vnd zugefallen bist, die du on meine feyndschafft, yn freunden nicht kanst behalten).

Wie bereits angedeutet, versuchte Erasmus, als er von Huttens Vorhaben erfuhr, diesen brieflich zu einem Einlenken zu bewegen.[478] In der knappen Reflexion seines apologetischen Schreibens vom 3. April 1523 kam er jedoch zu dem Schluss, dass die Grenze des Tolerablen für den vermeintlich Geschmähten und für ihre Freundschaft schon erreicht sei und Huttens Ruf auch dadurch sehr leide, wenn jener sich nicht mit seinen Äußerungen in Acht nehme.[479] Bezeichnend ist etwa der provokative Appell am Endes des Schreibens: Erasmus warte bereits auf Huttens Invektive.[480] Weiterhin vermisse er bei Hutten das Fingerspitzengefühl, wenn jener, ohne durch ein zugefügtes Unrecht gereizt zu sein, das in todbringendes Gift getauchte Schwert (*ferrum letali veneno tinctum*) gegen einen Freund zücke.[481] Dieses Schreiben ist nicht nur für das Verständnis ihres Verhältnisses wichtig, sondern gleichfalls für den weiteren Verlauf der Ereignisse, da Hutten sich mit wissenschaftlicher Akribie in seiner ‚Expostulatio' auf sie bezog, wie auch auf alle anderen Texte, die im Kontext dieser Auseinandersetzung ausgegangen sind. Dass Erasmus insbesondere in seinem Brief an Laurinus, der gerade bei Froben in Basel mit dem ‚Catalogus lucubrationum'[482] sowie dem Brief an die Löwener Theologen für den Druck beschäftigt war,[483] ganz unverblümt auf seine Abkehr von Luther zu sprechen kam,[484] stieß Hutten wohl besonders sauer auf.[485] Zumindest reagierte er in einem Antwortschreiben, ebenso von Heinrich Eppendorf übermittelt, mit zunehmender Schärfe, indem er mit der provokativen Wendung schloss, er werde Erasmus seinen Text innerhalb der nächsten drei Tage zurückschicken.[486] Auch

---

[478] Erasmus an Hutten, entgegen der Datierung bei BÖCKING nicht der 23. März 1523, sondern der 3. April 1523, in: BÖCKING II, S. 178–179.

[479] BÖCKING II, S. 179: *Iam si te ab instituto revocare non potest nec veteris amicitiae religio, nec studiorum communium ratio, nec hostium roluptas, cogita hoc non mediocriter ad tuam quoque existimationem pertinere* (Kann dich von Deinem Vorhaben, gegen mich zu schreiben, weder die Ehrfurcht vor unserer alten Freundschaft, noch die Rücksicht auf die gemeinsamen Studien, noch die Schadenfreude der Feinde zurückhalten, so bedenke, dass die Sache in nicht geringem Maße auch Deinen Ruf angeht, in: KÖHLER [1947], S. 318).

[480] BÖCKING II, S 179: *Expecto tuam expostulationem.*

[481] BÖCKING II, S. 179: *quis enim non desideraturus est humanitatem et genere et literis dignam in Hutteno, si nulla lacessitus iniuria ferrum letali veneno tinctum stringat in amicum* (Denn wer wird nicht die Menschlichkeit, wie sie sich für Dein Geschlecht und die Wissenschaft ziemt, bei Hutten vermissen, wenn er, ohne durch ein zugefügtes Unrecht gereizt zu sein, das in todbringendes Gift getauchte Schwert gegen den Freund zückt, in: KÖHLER [1947], S. 318–319).

[482] BÖCKING II, S. 395–400.

[483] AUGUSTIJN (1996), S. 177: „Sie stellen einen Teil des Versuches dar, den Erasmus in dieser Zeit unternahm, die beiden Parteien miteinander zu versöhnen."

[484] Zu dieser und den ausgetauschten Schriften vgl. Cornelis AUGUSTIJN, Erasmus en de Reformatie. Een onderzoek naar de houding die Erasmus ten opzichte van de Reformatie heeft aangenomen, Amsterdam 1962, S. 93–114.

[485] Vgl. BÖCKING II, S. 236.

[486] Dieser Brief ist nicht überliefert. Vgl. AUGUSTIJN (1996), S. 177, Anm. 52.

die Reaktion des Erasmus kam zu spät und konnte Hutten daher nicht mehr von seinen Plänen abbringen.[487] Erasmus' ‚Spongia' lässt sich aber rückblickend entnehmen, dass Hutten im Mai wohl einen weiteren Brief an Erasmus verfasst hatte, in dem er ihm offerierte, dass im Falle des Verzichts einer Gegeninvektive auch die Rehabilitation ihrer Freundschaft wieder möglich sei.[488] Jedoch waren bereits handschriftliche Exemplare nach Basel und Zürich ausgegangen, wie Erasmus an Zwingli berichtete.[489] Erst im Anschluss daran musste Erasmus dieses Textes also habhaft geworden sein. Seine Anhänger versuchten bisweilen sogar, den Druck von Huttens Invektive mit Geldgeschenken zu unterbinden.[490] All dies gelang jedoch nicht, und auch Erasmus sah ein, dass es in dieser Angelegenheit wohl kein Zurück mehr gab, während Hutten seinen Text auf die Vermittlung Eppendorfs Anfang Juni 1523 bei seinem Partner Johannes Schott in Straßburg herausgab.[491] Wenden wir uns nun also der Invektive selbst zu.

Beginnend mit der Reflexion in der ‚Expostulatio' über die flapsigen Worte des Erasmus, mit welchen jener den Kranken damals abgewiesen hatte, steigerte sich Huttens Wut im Verlauf seiner Invektive stetig, denn den Freunden des Papstes hätte der Renegat den Einlass in seine Stube ja auch nicht verwehrt.[492] Gerade wegen dieser unseriösen Kontakte wirft der junge Hutten dem wesentlich älteren Gelehrten auch mit ziemlich ungenierter Sprache vor, ein ehrloser Opportunist und habgierig zu sein. Der Antagonismus, den Hutten durch die diametrale Gegenüberstellung zwischen Feindsetzung (Romfeinde wie Aleander, Hadrian, Glapion, Prierias, Leo X., Eck, Ber u. Gebweiler) auf der einen und dem eigenen Netzwerk (Freunde wie Reuchlin, Faber Stapulensis oder Luther) auf der anderen Seite installiert,[493] zeichnet hier erneut die gruppendynamische Komponente der humanistischen Invektive aus. Die feinsäuberliche Argumentation ist dabei mit einer Vielzahl an Einzelinvektiven *ad personam* gespickt, um auch dem ungebildetsten Leser deutlich zu machen, dass Erasmus eine ‚Fahne im Wind' (*falsum colorem*)[494] sei und nur seine ‚eigenen Wahrheiten' erdichte. Dadurch stellt Hutten den Versuch an, dem Gegner die Glaubwürdigkeit zu entziehen. Die Stelle in Bezug auf Huttens Abweisung in Basel liest sich beispielsweise so:

> Sic enim scribis: „Fuit hic Huttenus paucorum dierum hospes; interim nec ille me adiit, nec ego illum; et tamen si me convenisset, non repulissem hominem a colloquio, veterem amicum" etc. et post ea „Sed quoniamnec ille ob adversam valetudinem

---

[487] Dieser Brief ist nicht überliefert. Vgl. AUGUSTIJN (1996), S. 178, Anm. 53.
[488] Vgl. AUGUSTIJN (1996), S. 178, Anm. 55.
[489] Vgl. AUGUSTIJN (1996), S. 178, Anm. 54.
[490] Vgl. die Briefe bei ALLEN V, Nr. 1356; Nr. 1383; Nr. 1384; Nr. 1397; vllt. Nr. 1437.
[491] Vgl. BENZING (1956), S. 12 u. 107–109.
[492] Vgl. HONEMANN (1988), S. 79.
[493] Vgl. HOLECZEK (1988), S. 332–333.
[494] Vgl. BÖCKING II, S. 181.

poterat ab hypocaustis abesse, nec ego ferre, factum est, ut neuter alterum viderit". Quid hoc quaeso commenti est? Quae **fabula**? Hoc fuit in caussa, quo minus coiremus? Nec tu precatus es a me statim urbem ingresso, ne te inviserem, quod hoc fieri non posset citra invidiam, qua me non deceret gravare amicum? Quaeso sive leviuscula res est, ut quidem videri potest alicui, quid editis monumentis amoliri eius abs te invidiam dignum ducis?[495]

Du schreibst nämlich so: „Hutten hielt sich hier wenige Tage auf. Weder er hat mich, noch ich habe ihn besucht. Ich würde inzwischen ihn nicht abgewiesen haben, wenn er zu mir gekommen wäre, da er ein alter Freund von mir ist." Und weiterhin: „Weil er aber wegen seiner Gesundheitsumstände die geheizten Zimmer nicht entbehren, ich sie aber nicht vertragen konnte, so hat keiner den anderen gesehen." Lieber, welch Märchen! Also das war der Grund, warum wir einander nicht sahen? Und Du hast Dir also nicht, sobald ich in die Stadt gekommen war, meinen Besuch aus dem Grunde verbeten, weil er nicht stattfinden könnte, ohne dass es Dir üble Nachrede zuzöge, womit ich ohne Zweifel einen Freund gern verschonen würde? Warum hälst Du es der Mühe wert, in einer gedruckten Schrift die nachteilige Auslegung Deines Betragens von Dir abzulehnen?[496]

Dabei fallen gleich mehrere Stellen ins Auge: Erstens die Inszenierung von fingierter Mündlichkeit in Form von Worten, die Hutten Erasmus nicht nur in den Mund zu legen scheint, ebenso wirkt es so, als würde er ihn ‚nachäffen', um ihn einerseits selbst zu entlarven, andererseits aber auch eine gewisse Nähe zum Publikum herzustellen. All diese Beobachtungen lassen sich mit dem Unterschied der Textlänge teilweise sogar mit heutigen agonal-ästhetisierten Arenen wie etwa dem *poetry slam* vergleichen.[497] In Huttens Fall müsste

---

[495] BÖCKING II, S. 180–181.
[496] Ebd. die Übs. Huttens: [Du] *schreibest also. Hutten ist etzliche kurtze tage alhie gewesen, ist aber nye zu mir kommen, ich widderumb nicht zu yhm, wo er mich aber besucht het, wolt ich ihm mein wort vergunt haben, seitemal er my mein alter freunt vnnd forder. Aber derhalben, das er vmb seyner kranckheit nicht lange auß der stuben bleiben kann, vnd ich yr nicht gewonet, hat sichs begeben das keiner den andern auff dyßmall gesehen hatt. Mein lieber Erasme, waz ist mit daz vor ein* **schwangk**? *Yst daz die vrsache gewesen, darumb wir nicht haben kundt zusammen komen? Hastu aber nicht von mir gebeten, so ich zum ersten ny die stat bin kommen, das ich dich nicht solt besuchen, darumb, das es on dein haß vnd nachteil nicht geschehen kunde mit welchem mir nit zymet daz ich dich beschweret? Ich frage dich mein Erasme, die sach sey nu also geringe als sye von etlichen geacht mocht werden, warumb hastu dann sollichen haß oder beschwernys, mit offnen schrifften, von dir wollen schriben?*
[497] So schon Eva FAUNER, Wenn die Schrift gehört gehört. Fingierte Mündlichkeit und inszenierte Schriftlichkeit am Beispiel des Textgenres Slam Poetry, in: David-Christopher ASSMANN u. Nicola MENZEL (Hgg.), Textgerede. Interferenzen von Mündlichkeit und Schriftlichkeit in der Gegenwartsliteratur, München 2018, S. 161–177, hier S. 161: Es „entstehen hybride Textgenres, die zwischen Stimme und Schrift changieren, auf Redetexten basieren und Textreden evozieren. Ein solch hybrides literarisches Genre zwischen Prosa, Lyrik und Dramatik ist jenes der Slam Poetry. Bei Slam Poetry handelt es sich um Kurztexte, die schriftlich verfasst und mündlich vermittelt werden. Slam Poetry wird bei Poetry Slams vorgetragen, die nach Prinzipien der Eventkultur funktionieren und sich mittlerweile als ein konstitutiver Bereich der Literaturszene etabliert haben. Poetry Slams rekurrieren auf die Idee des mittelalterlichen Dichterwettstreits und erleben seit den 1980er Jahren ausgehend von den USA eine Konjunktur auch

man seinen reichsritterlichen Idealen folgend hier jedoch eher von einem ‚Duellcharakter' ganz im Stile eines mittelalterlichen Zweikampfes – nur eben unter Gelehrten – ausgehen,[498] dessen Marker immer wieder in der Invektive gegen Erasmus zum Vorschein kommen.[499] Am eindrucksvollsten suggeriert der Titelholzschnitt der Straßburger Ausgabe von 1523 allerdings Huttens Duell-Verständnis (**Abb. 29**). Hier werden beide Kontrahenten anhand von Portraitmedaillons gegenübergestellt: Ulrich von Hutten einerseits im Harnisch und mit dem Dichterlorbeer bekränzt, Erasmus hingegen im üblichen Habit des Gelehrten. Daneben soll die dritte, etwas kleinere und porträtlose Medaille Melanchthon bzw. Luther darstellen, die Hutten in dieser Angelegenheit wohl als Schiedsrichter ansieht.[500]

Abbildung 29:   Titelholzschnitt der ‚Expostulatio' Huttens von 1523 gegen Erasmus von Rotterdam.

---

im deutschsprachigen literarischen Feld. Mittlerweile stellt die deutschsprachige Poetry-Slam-Szene nach der englischsprachigen die zweitgrößte dar und hat sich von einer selbstorganisierten Randerscheinung zu einem institutionalisierten Format innerhalb des Literaturbetriebs entwickelt, das die Grenzen zwischen so genannter high und low-culture verschwimmen lässt". Vgl. zuletzt auch DIES., Schriften, die gehört gehören. Historische Prätexte, theoretische Konzepte und analytische Modelle zu Akustischer Literatur der Gegenwart, Heidelberg 2020.

[498] Nach dem Verständnis von Uwe ISRAEL/ORTALLI (2009).
[499] Vgl. die Beispiele der beiden Folgekapitel.
[500] Gerade wenn man vom Konzept der Invektivität ausgeht, könnte man kein adäquateres Bildbeispiel dafür finden, um die invektive Triade anhand einer zeitgenössischen Quelle des 16. Jahrhunderts einschlägiger zu zeigen. Zudem begegnen sich beide auf ‚Augenhöhe'. Die Schwärzung der über dem Duell schwebenden Medaille (Melanchthon, Luther) vermag ich nicht zu deuten.

„Lieber, welch [ein] Märchen!" Gerade in diesem Ausruf wird Huttens erlittene Kränkung mehr als deutlich, wenn er seinem einstigen Förderer, Kollegen und Weggefährten den Vorwurf macht, der Ruf sei ihm wichtiger als die Freundschaft mit ihm. Wenn wir diese Stelle hingegen in Huttens deutschsprachiger Ausgabe betrachten, begegnet uns hier der Terminus *schwangk* für die lateinische *fabula*. Auch den ‚gemeinen' Leser sollte der Text nach Huttens Einschätzung mit humoristischer Note einladen,[501] den untreu gewordenen Erasmus gemeinschaftlich ‚auszulachen'. In diesem Sinne ist es nicht verwunderlich, wenn Hutten in unzähligen Passagen der ‚Expostulatio' versuchte, wohlplatzierte ‚Trigger'[502] in seine Argumentation miteinzuflechten, um Erasmus zu einer ebenso emotionalen Reaktion zu provozieren, was letztlich auch gelang. So formuliert Hutten schon an früher Stelle der Invektive, dass ihn nichts mehr beleidige, als wenn er sehe, dass man nicht ehrlich, nicht von Herzen (*ex animo*) mit ihm umgehe.[503] Gar als ‚Herzenskränkung' (*animi morsus*) titulierte er das Betragen des Erasmus in Basel.[504] Als er jedoch die Frevelei des Laurinus-Briefes in die Hände bekam, habe er sich ‚geknirscht und wehmütig' gefühlt, gar ‚wie versteinert vor lauter Erstaunen'.[505] Andererseits appellierte Hutten ebenfalls an seinen Gegner, den Affekten in so wichtigen Angelegenheiten nicht so offensichtlich nachzugeben, sonst verliere er all seine Freunde.[506] „Höre auf,

---

[501] Hermann BAUSINGER, Schwank und Witz, in: Rolf W. BREDNICH (Hg.), Enzyklopädie des Märchens, Bd. 12,1, Berlin u. New York 2005, Sp. 318–332; DERS., Schwank und Witz, in: Studium Generale 11 (1958), S. 699–710; Albrecht CLASSEN, Deutsche Schwankliteratur des 16. Jahrhunderts. Studien zu Martin Montanus, Hans W. Kirchhof u. Michael Lindener (Koblenz-Landauer Studien zu Geistes-, Kultur- und Bildungswissenschaften 4), Trier 2009, S. 13: „Das fast immer von den Schwankerzählern angestrebte Lachen über obszöne und auch skatologische Witze, über menschliches Verhalten unterschiedlichster Art, also über eine Form der Komik, die wohl intensiver und zugleich öffentlicher geworden war als noch hundert Jahre zuvor, besitzt eine Vielzahl an Intentionen, aber überwiegend kommt doch einheitlich zum Ausdruck, wie sehr damit die Bloßstellung von Torheiten, Dummheiten, Unrechtmäßigkeiten und besonders von sozialem Fehlverhalten angestrebt wird, das sich oft durch die plötzliche Realisierung von Inkongruenzen zu erkennen gibt."

[502] Vgl. Nurul LUBIS, Sakriani SAKTI, Koichiro YOSHINO u. Satoshi NAKAMURA, Emotional Triggers and Responses in Spontaneous Affective Interaction. Recognition, Prediction, and Analysis, in: Transactions of the Japanese Society for Artificial Intelligence 33,1 (2018), S. 1–10; Nurul LUBIS u. a., Emotion and its triggers in human spoken dialogue: Recognition and analysis, in: Alexander RUDNICKY, Antoine RAUX, Ian LANE u. Teruhisa MISU (Hgg.), Situated Dialogue in Speech-Based Human-Computer Interaction, Cham 2016, S. 103–110.

[503] BÖCKING II S. 181.

[504] BÖCKING II, S. 185; wörtl. eigentlich ‚Geistesbiss'.

[505] BÖCKING II, S. 186: *Defixit me ibi admiratio quaedam ad stuporem usque coepique fremens moerensque agitare mecum, quid tandem esse possit* […].

[506] BÖCKING II, S. 191: […] *ob insignes alioqui virtutes tolerandum duxerunt, hi cum videbund in tanto nunc negotio affectibus cedere te, quam non indignationem capient*. Wenige Zeilen später taucht bereits das Substantiv *affectio* im Sinne von Zuneigung auf (*certe vellem, etsi egnorem an mea ibi affectio grata tibi accidat*, in: ebd. S. 191–192).

Dich zu verstellen, und werde schamrot, wenn Du dich noch schämen kannst! Du, der Du jetzt diesen Buben lobest, nanntest ihn sonst eine Pestilenz, die der Himmel in seinem Zorn über die Erde verhängt habe, um die Wissenschaften zu vertilgen und die guten Köpfe aufzureiben", lautet es bezeichnenderweise im Abschnitt über Hoogstraeten.[507] Man muss davon ausgehen, dass Hutten freilich den Versuch anstellte, die emotionale Kränkung literarisch zu verarbeiten, und so ist es kein Wunder, dass sich die eben genannten Beispiele im gesamten Werk nachweisen lassen. So sind vorwiegend die lateinischen Termini *animus* oder *ira* prägend für Huttens Invektive, ebenso wie *schmertz* oder *scham* in der deutschsprachigen Fassung. „Darum habe ich Mitleid mit Dir, und bedauere Dein Schicksal von ganzem Herzen. Denn Du bist nun in der Tat ein jämmerlicher Mensch."[508] Im Schlusssatz bestätigt Hutten in seiner Reflexion letztlich den Verdacht, ‚Emotionalisierungsstrategien' verfolgt zu haben:

> Quid faciendum igitur? Decertandum omnino et cominus congrediendum, ut intelligant omnes quam iniquam rem, quam violata ac prorsus **constuprata conscientia** sis aggressus. Haec profecto via est, hoc optimum consilium, quando nec pietatis ratio, nec nostra amanter tentata commonitio locum apud te habent. Vale.[509]

> Was ist denn zu tun? Es wird allerdings gestritten werden, wir werden handgemein miteinander werden müssen, damit die Welt innewerde, was für eine ungerechte Sache Du mit verletztem, ja **geschändetem Gewissen** unternommen hast. Das ist wahrhaftig das Beste, was sich tun lässt, wenn weder die Rücksicht auf die Sache der Religion, noch unsere freundschaftlich versuchten Vorstellungen etwas über Dich vermögen. Lebe Wohl![510]

Neben der Prophezeiung, dass dieser Streit in große Händel ausarten wird, tritt prominent der Appell zur Gewalt. Dass Sprache und Emotionen in enger Korrelation stehen, konnte bereits hinreichend dargelegt werden.[511] Dabei sind unterschiedliche Strategien beobachtbar:

Erstens wird der Kampf gegen Erasmus auch deshalb auf eine emotionale Ebene angehoben, um durch die Statusinkonsistenz ‚Scham' eine spürbare physische Dimension aufzumachen, was wiederum zu einem ‚Wir-Gefühl' beitra-

---

[507] BÖCKING II, S. 194: *Muta frontem ac ruborem indue, si pudoris capax es. Tu solebas qui hoc laudas scelus nunc, exclamare hanc esse ab iratis superis immissam terris pestem, quae literas ac ingenia conficiat.*

[508] BÖCKING II, S. 243: *Tui me igitur miseret tuamque ex animo vicem doleo: iam enim vere miserabilis es.*

[509] BÖCKING II, S. 248.

[510] In der dt. Ausgabe heißt ebenso drastisch BÖCKING II, S. 248: *Wor an feylet es dann? Darann, das wir dysen kempff anfangenn, vnnd vnns mit ein ander versuechen, das alle leuthe muegen, wie mit verruecktem,* **huerischen gewyssenn**, *du eynn solche vnrechte sache zuuerfechten, hast angenommen. Dys wirt freilich der eynige weg seynn, daß der beste rath, keyn gotselikeit, kein freuntliche ermanunge meer bey dir angesehen, oder stadt hat.*

[511] Siehe hierzu Kapitel I. (Einleitung) dieser Arbeit.

gen kann. So trägt das Phänomen *shame and humiliation*[512] eben auch dazu bei, Gruppen zu mobilisieren und sogenannte *emotional communities* (ROSENWEIN) zu formen.[513] Wenn man nun die Aufmerksamkeit eben genau auf diese Textstellen richtet, wird man von Parolen wie etwa *inimicis nostris*[514] oder ‚unser aller Herzen' in Huttens ‚Expostulatio' regelrecht überhäuft.

Zweitens trägt moralisierende Kommunikation (*moral emotions*)[515] auch dazu bei, andere ins Unrecht zu setzen, da gerade die Gefühle Angst und Furcht hier performativ erreicht werden können. Insbesondere Hutten unterstellt Erasmus in seiner Invektive geradezu litaneihaft ‚Unmenschlichkeit' (*inhumanitas*)[516] und ein schlechtes Gewissen, das nur von niederen Beweggründen wie Habgier oder Ruhmsucht herstammen könne. So witzelt er nicht nur, die ‚so bitteren Schmähreden seien nicht auf einen ganz Schuldlosen geschleudert worden', sondern viele seien auch schon von Herzen gram, Erasmus habe ein ‚wankelmütiges Herz' (*conversus animo*) und ‚hänge seinen Mantel nur nach dem Wind'.[517]

Drittens wäre noch das sogenannte *emotional reasoning* zu nennen, womit ein emotionales Schlussfolgern als kognitive Verzerrung gemeint ist, ein ‚Sich-Hinein-Steigern' in (vermeintliche) Fakten.[518] Hutten zieht diese Strategie nicht nur von Anfang des Textes bis zu seinem Ende durch, sondern er überzieht ihn, wie wir in den zahlreichen Textbeispielen gesehen haben, vor allem mit Humor (*Humour Bias*). Dabei sind es gerade Übertreibungen und Anspielungen, die eine Transferleistung beim Rezipienten anregen sollen. Abgerundet wird dies schließlich noch dadurch, dass durch die vielen Parenthesen fingierter Mündlichkeit eine gewisse ‚Anschaulichkeit' (*evidentia*) für den Leser gegeben ist.[519]

In welcher Weise Hutten den ‚Markt' also emotional ‚bewirtschaftete', wie es heute in der Werbebranche heißt, zeigen die zeitgenössischen Reaktionen auf seine Schrift. Als der scheidende Reichsritter nach dem Verlust Sickingens im Mai 1523 weiter nach Zürich fliehen musste, nahm ihn zunächst der Schweizer

---

[512] Vgl. Ute FREVERT, Die Politik der Demütigung. Schauplätze von Macht und Ohnmacht, Frankfurt a. M. 2017.
[513] Vgl. ROSENWEIN (2006).
[514] Vgl. BÖCKING II, S. 198.
[515] Vgl. Martha C. NUSSBAUM, Upheavals of Thought. The Intelligence of Emotions, Cambridge 2001; Sabine DÖRING, Seeing what to do. Affective Perception and Rational Motivation, in: Dialectica 61 (2007), S. 363–394.
[516] Auch Erasmus reagiert in seiner Gegenschrift mit ebendiesem Vorwurf: Vgl. BÖCKING II, S. 268.
[517] Vgl. BÖCKING II, S. 186.
[518] Vgl. Isabelle BLANCHETTE u. Serge CAPAROS, When emotions improve reasoning. The possible roles of relevance and utility, in: May Thinking and Reasoning 19 (2013), S. 399–413.
[519] Vgl. Ansgar KEMMANN, Art. Evidentia, Evidenz, in: Historisches Wörterbuch der Rhetorik 3 (1996), Sp. 33–47.

Reformator Zwingli bei sich auf.⁵²⁰ Bei letzterem beschwerte sich Erasmus sofort über die Beherbergung des Flüchtenden und auch dafür, dass er die Verbreitung der ‚Expostulatio' nicht unterbunden habe.⁵²¹ Zwingli lehnte wohl ab, und Erasmus konsultierte am 10. August daher, immer noch von Basel aus, den Züricher Rat, um Hutten in die Schranken zu weisen.⁵²² Womöglich wollte der sichtlich getroffene Erasmus eine zweite Ausgabe der Invektive verhindern.⁵²³ Auf Anraten seiner Freunde entstand in der Folge nun also eine Gegenschrift, die er nach eigenen Angaben in sechs Tagen fertiggestellt haben soll, diese kam jedoch erst Mitte August in die Druckerpresse. Anfang September, also kurz nach Huttens Tod, erschien letztlich Erasmus' ‚Schwamm', mit dem er trotz des Ablebens seines Kontrahenten eine weitere Invektivkette lostreten sollte.

3.3 Erasmus' ‚Schwamm gegen die Anspritzungen Huttens' (1523) und die ‚Responsio' (1524) des Otto Brunfels

Erasmus zeigte sich in Basel zunächst geschockt von diesem Schlage Huttens, wie er Pirckheimer am 19. Juli 1523 berichtete.⁵²⁴ Im Anschluss schrieb er seinem Nürnberger Briefpartner, er sei fest davon ausgegangen, Hutten und Eppendorf trachten in seinen Augen lediglich nach einem ‚Erpressergeld'.⁵²⁵ Dennoch erkannte Erasmus schnell, dass er auf die Vorwürfe der ‚Expostulatio' in irgendeiner Form zu reagieren hatte, ob er das nun wollte oder nicht. So stellte er relativ zeitnah den Versuch an, weitere Ausgaben von Huttens Invektive zu unterbinden.⁵²⁶ Er richtete im August 1523 außerdem ein längeres Schreiben an Zwingli, der Hutten kurz zuvor bei sich in Zürich aufgenommen hatte, in dem er ihn bat, den Franken fallen zu lassen.⁵²⁷ Ebenso konsultierte er

---

⁵²⁰ Vgl. JAUMANN (2008), Sp. 1196.
⁵²¹ Weder dieser Brief noch die Antwort Zwinglis sind erhalten. Vgl. AUGUSTIJN (1996), S. 183, Anm. 81.
⁵²² ALLEN V, Nr. 1379, S. 311.
⁵²³ Vgl. AUGUSTIJN (1996), S. 184, Anm. 88.
⁵²⁴ ALLEN V, Nr. 1376, S. 307–308, hier S. 308: *Emoriar, mi Billibalde, si erudituras eram in vniuersis Germanisesse tantum inhumanitatis, impudentiae, vanitatis, virulentiae, quantum habet vnus libellis Hutteni. […] Nihil minus expectabam quam hunc assultum ab Hutteno. Multis coniecturis adducor vt credam Henricum Epphendorpium huius fabulae artificem; adeo ille subito factus est Huttenianus.*
⁵²⁵ Vgl. Erasmus an Pirckheimer, 29. August 1523, Basel, in: ALLEN V, Nr. 1383, S. 325–326, hier bes. S. 325.
⁵²⁶ Vgl. AUGUSTIJN (1996), S. 184, Anm. 88.
⁵²⁷ Vgl. Erasmus an Zwingli, 31. August 1523, Basel, in: ALLEN V, Nr. 1384, S. 326–330, hier S. 329: *Expostulatio Hutteni est reddita, nisi posteaquam iam esset vulgata multis exemplaribus, et ambiret typographos. Ego illi non inuideo tuorum ciuium fauorem. Miror tamen quo nomine faueant* (Huttens ‚Expostulatio' habe ich erst bekommen, nachdem sie schon in vielen Exemplaren veröffentlicht war und bei den Druckern umlief. Ich neide ihm die Gunst Deiner Mitbürger nicht, nur wundere ich mich, was sie denn eigentlich an ihm begünstigen, in: KÖHLER [1947], S. 321).

kurz zuvor in einem Schreiben in deutscher Sprache den Züricher Rat, Hutten im Zaum zu halten, da jener seinen ‚guten Ruf' gefährde:

> Vil heils, grossmechtigen mine Herren. Ich acht wol ir wüssind wie ich bisshar nitt allein von des gemeinen nutzes vnd gûtter künsten, sounder ouch der Euangelischen ler wegen flissig gearbeitet hab, mit yedermans nutz vnd niemas schaden. Vnd ist gechlichen herfür gewünscht Vlrich von Hutten dem ich allwegen gûts gethan, vnd inn nie, weder mit worten noch wercken verletzt hab, der selbig hatt ein büchlin wider mich lassen vssgan, nit offenlicher lügen vnd bübscher schelckungen, darnebent ouch ander gûtt meuner, dieser schmechung vnwirdig, begriffende, darinn er ouch weder dess Papsts noch Keisers schonet.[528]

Erasmus brachte seine Gegeninvektive tatsächlich in kurzer Zeit in einen publikationswürdigen Zustand. Dass Hutten allerdings am 29. August 1523 im Züricher Krankenbett starb,[529] fuhr dem ehrgeizigen Erasmus unerwartet in die Parade, da sein Text nach einigem Hin und Her erst Anfang September erschien.[530] Viele Zeitgenossen legten ihm diesen Umstand daher äußerst negativ aus, gegen einen Verstorbenen derart zügellos ins Gericht zu gehen.[531] Schon der Titel offenbart einen schier ludischen Charakter. So nannte Erasmus seine Invektive gegen Hutten witzelnd ‚Spongia adversvs aspergines Hvtteni' („Schwamm gegen die Anspritzungen Huttens").[532] Wie er in der Vorrede zur zweiten Ausgabe betont, wolle er wie mit einem Schwamm lediglich den ‚Geifer' Huttens wegwischen.[533] Der Invektive ist außerdem ein Widmungsbrief an Zwingli beigefügt, der die ‚Spongia' nicht nur zum ‚Gegengift' (*antidotus*) gegen Huttens Anfeindungen avancieren lässt, sondern gleichsam an alle ‚Gutgläubigen' appelliert, die vielen Lügen nicht für bare Münze zu nehmen.[534] Weiterhin enthält die Werkkomposition eine ‚Praefatio' an den Leser, die bereits in den Anfangszeilen unverblümt über Ursache und Wirkung von Huttens Invektive reflektiert:

---

[528] Erasmus an den Rat von Zürich, 10. August 1523, Basel, in: ALLEN V, Nr. 1379, S. 311.
[529] Vgl. JAUMANN (2008), Sp. 1196.
[530] Vgl. AUGUSTIJN (1996), S. 184.
[531] Vgl. bspw. ALLEN V, Nr. 1378.
[532] Der Text ist abgedruckt bei BÖCKING II, S. 265–324.
[533] Vgl. AUGUSTIJN (1996), S. 185, Anm. 93.
[534] BÖCKING II, S. 262–263, hier S. 262: *Quoniam isthuc primum hinc allatum est venenum, Zwingli doctissime visum est convenire, ut eodem primum iret antidotus, non quod metuam me apud te aut ullos cordatos viros laederet existimationem meam Huttenica criminatio, sed ut his quoque mederer qui vel mihi parum sunt aequi, vel naturae vitio libentius ea eredunt quae laedunt famam hominis quam quae commendant* (Weil jenes Gift, vortrefflicher Zwingli, zuerst nach Zürich gebracht worden ist, so fand ich es schicklich, auch das Gegengift zuerst dahin zu senden; nicht als ob ich fürchtete, dass Huttens Angriff mir bei dir oder irgendeinem braven Manne etwas geschadet hätte, sondern um auch denjenigen zu Hilfe zu kommen, die mir teils nicht sehr gewogen sind, teils den Naturfehler haben, leichter zu glauben, was dem guten Namen ihres Nebenmenschen nachteilig ist, als was denselben empfiehlt, in: STOLZ [1813], S. 145).

> Nunc vicissim audi, si vacat, rhetorem Laconicum Asiano respondentem, non breviter modo, verum etiam civiliter: tantum enim spongia detersurus sum quae ille in me aspersit, nihil autem criminum aut conviciorum in adversarium regeram. Dabitur hoc vel amicitae pristinae vel meae perpetuae consuetudini. Scio non fert contemptum Hutteni generosus animus. Proinde cum multors lacessierit antehac acidis libellis, nec ullus illum hactenus responso dignatus sit, et hoc honorisferet a vetere amico. Precor autem, optime lector, ut hic te mihi praebeas attentum: neque enim te cupio testem modo huius conflictationis, verum etiam cognitorem ac iudicem.[535]

> Nun höre, mein Leser, wenn du Muße hast, auch die nicht nur kurze, sondern auch gesittete Antwort des griechischen Rhetors an den römischen Ritter; denn ich will nur mit dem Schwamme abwischen, was er mir angespritzt hat; der Beschuldigungen, der Schmähreden des Gegners will ich keine erwidern; dies räume ich, wenn man will, der alten Freundschaft oder meiner beständigen Gewohnheit ein. Ich weiß, Huttens edles Gemüte erträgt die Verachtung nicht, und da er früher schon viele durch beißende Schriften herausgefordert hat, ohne dass er auch nur von Einem bis dahin einer Antwort gewürdigt worden wäre, so will ihm sein alter Freund diese Ehre erweisen. Hier bitte ich Dich aber, bester Leser, mir Deine Aufmerksamkeit zu gönnen; denn ich wünsche, dass du nicht bloß Zeuge, sondern auch Beurteiler und Richter des Kampfes seiest.[536]

Der ‚griechische Rhetor' gegen den ‚römischen Ritter' lautet also die Schlagzeile, der ‚Alte gegen den Jungen', mit der sich Erasmus an den Leser, den er gemäß der invektiven Triade zum ‚Richter' dieses Zweikampfes bzw. Ehrenduelles erklärt, wendet. Satisfaktionsfähigkeit billigt er Hutten nur ihrer alten Freundschaft wegen zu, die jenem ja sowieso sonst niemand der anderen Gelehrten gewähre. Insgesamt handelt es sich bei der ‚Spongia' ohne Zweifel um eine ‚Defensio',[537] da Erasmus ausschließlich den Plan verfolgt, Huttens Argumente der Reihe nach zu entkräften, was einen Abriss des Textes durchaus beschleunigt. Während sich der erste Teil zunächst verschiedenen befreundeten Kollegen des Erasmus widmet, so geht es im zweiten Abschnitt quasi nur noch um die Luther- bzw. die Romfrage.[538]

Während die Invektive gewohnt von ‚polemischer Verachtung' strotzt,[539] ist die Beobachtung nicht von der Hand zu weisen, dass auch Erasmus Emotionalisierungsstrategien bediente, um Huttens rührselige und auf Mitleid und Mitgefühl setzende Schmährede in ‚Schulmanier' zu entkräften. So beteuert er, dass er den Hutten damals gewissermaßen als Einziger ins Herz geschlossen habe,[540] und dass er wegen der Querelen deshalb jetzt nicht gleich Todesangst

---

[535] BÖCKING II, S. 265–266.
[536] Vgl. STOLZ (1813), S. 147.
[537] Vgl. KAEGI (1925), S. 497; ISRAEL (2019).
[538] Vgl. AUGUSTIJN (1996), S. 185–186.
[539] JAUMANN (2008), Sp. 1222.
[540] BÖCKING II, S. 266: *certe id temporis Hutteno ex animo bene cupiebam ut si quis alius* (denn gewiss war ich damals eben so sehr als irgendein Anderer dem Hutten von Herzen gut, in: STOLZ [1813], S. 148).

verspüre.⁵⁴¹ Hutten, der sich mittlerweile anmaße, den ‚neuen Cato'⁵⁴² bzw. ‚den Zensor' zu mimen, sei ein Ritter, der nicht zum Reiten, sondern zum Verleumden geboren sei.⁵⁴³ Jener hätte sich daher doch ein ‚dickeres Fell' zulegen sollen, denn wenn Erasmus auch nur Eines falsch gemacht habe, dann sei es, vergleichbar mit dem Parmeno⁵⁴⁴ bei Terenz, bei Mahlzeiten und freundschaftlichen Unterredungen zu scherzen, wie es ihm gerade spontan einfalle, zuweilen sogar freier, als es eben manchmal zuträglich sei.⁵⁴⁵

Diese Strategie ging jedenfalls gehörig nach hinten los, sodass überhaupt nicht die Rede davon sein kann, dieser Ehrstreit habe sich ausschließlich in einem rein agonalen oder gar ludischen Rahmen bewegt, wie es der Titel der ‚Spongia' mit der (auch sexuell gemeinten) Anspielung anfänglich noch suggeriert haben mag. Und obwohl sich der Seitenumfang der ‚Spongia' in Relation zur ‚Expostulatio' quasi verdoppelt hatte, so liest sie sich dennoch nur wie eine schwache Replik auf Huttens Argumente. Dass der renommierte vermeintlich reifere Autor Erasmus sich zu einer derart heftigen Reaktion gegen einen kürzlich verstorbenen Exilanten hinreißen ließ, der zudem weitaus jünger war als er, stieß vielen Akteuren bitter auf. Während sich Luther und Melanchthon schon über Huttens *friendly fire* in dessen ‚Expostulatio' echauffiert hatten, so ging Luther in seinem Urteil über die ‚Spongia' einen Schritt weiter, indem er sie weitaus schärfer verurteilte.⁵⁴⁶

---

⁵⁴¹ Vgl. BÖCKING II, S. 297.
⁵⁴² Damit ist der römische Staatsmann Cato d. Ä. (234–149 v. Chr.) gemeint, der auch ‚Cato der Zensor' genannt wurde und dem man folgendes Zitat zuschreibt, das er im Senat so gesagt haben soll: *Ceterum censeo Carthaginem esse delendam* (Im Übrigen bin ich der Meinung, dass Karthago zerstört werden muss).
⁵⁴³ BÖCKING II, S. 270: *dicas equitem esse natum non ad equitandum, sed ad calumniandum* [...] *unde repente ex Hutteno factus est Cato censorius?*
⁵⁴⁴ Parmeno ist die Figur eines Sklaven in einer Komödie (‚Eunuchus') des Terenz (Publius Terentius Afer).
⁵⁴⁵ BÖCKING II, S. 276, *Talia sunt mea consilia quum res agitur serio; nunquam non hortatus sum ad moderatiora. In Conviviis aut confabulationibus amicorum nugor quicquid in buccam venit, saepe liberius quam expedit: ‚et hoc mihi vitium est maximum', ut ait Terentianus ille Parmeno* (So rate ich, wenn im Ernst von der Sache gesprochen wird. Immer habe ich Mäßigung empfohlen. Bei Mahlzeiten und bei freundschaftlichen Unterredungen scherze ich, so wie es mir gerade einfällt, zuweilen freier, als eben zuträglich ist. Und das ist leider, wie Parmeno bei Terenz sagt, mein größter Fehler, in: STOLZ [1813], S. 171).
⁵⁴⁶ Vgl. ALLEN V, Nr. 1397; 1408; 1415; 1416; 1429; 1437; 1443; 1445; AUGUSTIJN (1996), S. 186–187, hier S. 187 Anm. 113.

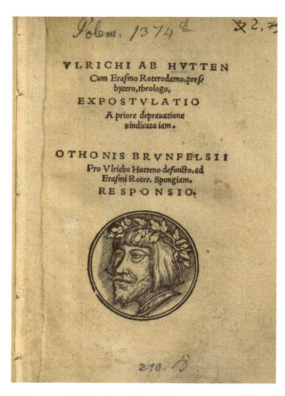

Abbildung 30: Die ‚Responsio' des Otto Brunfels gegen Erasmus, Titelblatt.

Bereits im Vorfeld der Veröffentlichung seiner Invektive schrieb Erasmus an Pirckheimer, einige Freunde Huttens, wie etwa Hermann von dem Busche oder Otto Brunfels, seien dabei, Attacken gegen ihn vorzubereiten, mit denen er aber sehr wohl rechne.[547] Während der Erstgenannte letztlich doch von seinem Angriff abließ, da Melanchthon ihn zur Contenance mahnte,[548] blieb Brunfels bei seiner Entscheidung hinsichtlich eines Vorgehens gegen Erasmus, nachdem ihm mitgeteilt worden war, dass jener seine Schrift wohl bereits erwarte.[549] So erschien Anfang des Jahres 1524 die ‚Pro Vlricho Hvtteno defvncto ad Erasmi Roterodami Spongiam Responsio' des Otto Brunfels bei Huttens Drucker Jo-

---

[547] ALLEN V, Nr. 1383, S. 325–326, hier S. 325–326: *Spongiam meam qua Hutteno, iam pene excudit Frobenius, itaque sero mones; quanquam respondeo contemptim.* [...] *Amicis veteribus acreuitet amor et numerus. Donarunt famulo supra triginta florenos. Buschius Huttenos furiosior, semper a me laudatus et humaniter acceptus Basileae, certe nullo verbo a me laesus, excudit nescio quid in me; quod fortassis exibit hisce nundinis.*
[548] Vgl. ALLEN V, Nr. 1437, hier S. 436.
[549] Sowohl Brunfels als auch von dem Busche zögerten zunächst; vgl. den Brief des Otto Brunfels an Erasmus, Dezember 1523, in: ALLEN V, Nr. 1406, S. 369–375.

hannes Schott in Straßburg (**Abb. 30**).⁵⁵⁰ Im Vorwort heißt es bereits eindringlich, er schreibe im Namen seines Freundes, da jener dies selbst nicht mehr tun könne.⁵⁵¹ Den Abschluss der ebenfalls voluminösen, jedoch eintönigen Invektive bildet erneut ein Brief Brunfels' an Erasmus, wo die Anklage noch viel deutlicher wird. Jener habe sich nämlich nicht nur von der Luthersache abgewandt, sondern vielmehr vom Evangelium. Erasmus vertraue auf Rom, Brunfels und seine eigenen Mitkämpfer aber auf Gott. Die Wahrheit liege offen auf der Hand.⁵⁵² Insgesamt ist die ‚Responsio' mehr von Empörung geprägt als von Angriffslust. Sie liest sich eher als wissenschaftlicher Kommentar. Nach der Meinung von Brunfels solle Erasmus sich schämen, die ‚unerträglich dumme Spongia' (*tua stultissima Spongia*) gegen einen Verstorbenen und ehemaligen Freund zu richten.⁵⁵³ So zeigt das Titelblatt der antierasmianischen Invektive prominent das Porträt Huttens aus dessen ‚Expostulatio', während die Bildsprache in der ‚Spongia' bloßes Desiderat bleibt.⁵⁵⁴

Auch auf die Invektive von Brunfels reagierte Erasmus äußerst gekränkt. So wandte er sich am 13. März 1524 mit einem Appell an den Stadtrat von Straßburg, dass, wenn er nichts gegen die Huttenschen Schriften unternehme, sich die Dinge verselbstständigen und am Ende das ganze Staatswesen und auch das Evangelium bedroht seien:⁵⁵⁵

> Est apud vos quidam Scottus typographus, qui praeter alia nuper euulgauit **libellum Hutteni**⁵⁵⁶ in me tam insulsum, vt summopere displicuerit etiam ipsi Luthero et Melanchtoni. Nec hoc satis fuit; rursum clam excudit eundem libellum cum **inuectiua** cuiusdam parum sobrii,⁵⁵⁷ sed talem vt et bonis literis et Euangelico negocio plurimum sit offecturus. Ego, quod ad me pertinet, manm non verterim; et scio hanc rem vobis visum iri minorem vestra cognitione.⁵⁵⁸

> Ein gewisser Johann Schott, Buchdrucker bei Euch, hat unter anderem neulich ein Buch Huttens gegen mich veröffentlicht, das so abgeschmackt ist, dass es sogar Luther und Melanchthon höchlichst missfiel. Damit nicht genug: er hat dasselbe Buch abermals heimlich gedruckt, mit einer Schmähung von irgendeinem wenig verständigen Menschen gegen mich, derart, dass er der Wissenschaft und der Sache des Evangeliums

---

⁵⁵⁰ Abgedruckt in BÖCKING II, S. 325–351.
⁵⁵¹ BÖCKING II, S. 325: *non aequum fuit nos amici caussam deserere, qui vindicare scipsum non potest*.
⁵⁵² BÖCKING II, S. 351: *et collapsam rem Romae instaurantem, triumphantem in curribus et in equis. Nos vero in nomine domini dei [sic!] nostri invocabimus dabimusque operam, ut quam maxime vera et dicamus et scribamus (nam vera et simplex est veritatis oratio*.
⁵⁵³ BÖCKING II, S. 346: *accrescit indies dolor, et coepit me non tam male habere optimi amici mors quam tua stultissima Spongia, quod videbam futurum ut mentireris iam citra pudorem in hominem quicquid velles*.
⁵⁵⁴ Ex. München, Staatsbibliothek, Polem. 1374 d, Titelblatt; VD 16 H 6314; siehe Abb. 26.
⁵⁵⁵ ALLEN V, Nr. 1429, S. 416–417.
⁵⁵⁶ Die ‚Expostulatio'.
⁵⁵⁷ Die ‚Responsio'.
⁵⁵⁸ ALLEN V, S. 416.

sehr schaden wird. Was mich anbetrifft, so hätte ich die Hand nicht gerührt, und ich weiß, dass Euch diese Sache kaum einer gerichtlichen Untersuchung wert sein wird.[559]

Dass die beiden großen Reformatoren, insbesondere Luther, neben der ‚Expostulatio' auch die ‚Spongia' in noch größerem Maße missbilligen, hüllte Erasmus in seiner Anfrage bewusst in den Mantel des Schweigens. Die Stilisierung einer existentiellen Bedrohung für Religion und Wissenschaft wirkt hingegen plump und abgekupfert.

Der große Humanist geriet in der Folge regelrecht in Rage über den ‚Shit Storm',[560] der sich allmählich über ihm ausbreitete. So war Erasmus bei seiner Anfrage an den Straßburger Stadtrat wohl allen gegenüber derart misstrauisch eingestellt, dass er den Brief an den Reformtheologen Kaspar Hedio (gest. 1552)[561] sandte mit der Bitte, ihn zügig zuzustellen, andernfalls ihn zu verbrennen.[562] Im Anschluss initiierte er eine regelrechte Briefkampagne, um seinen Ruf wiederherzustellen. Dabei stilisierte er sich, sogar noch viele Jahre später, zunehmend als das Opfer der ganzen Angelegenheit (,Selbstviktimisierung').[563] Im Sommer 1524 erschien zudem noch das ‚Ivdicium de Spongia Erasmi Roterodami' des Theologen Erasmus Alber (gest. 1553),[564] das zwar nicht wirklich schmähend war,[565] Erasmus jedoch dazu bewegte, erneut die Fassung zu verlieren.[566] Dessen Versuch, sich im September 1524 in einer neuen Ausgabe seines ‚Catalogus lucubrationum' in einer längeren Passage um Klärung der Sache zu

---

[559] KÖHLER (1947) S. 325.
[560] Judith MIGGELBRINK, Shitstorm, flaming, public shaming. Wenn Wissenschaft und Wissenschaftler/innen Wellen der Empörung auslösen, in: DIES., Frank MEYER u. Kristine BEURSKENS (Hgg.), Ins Feld und zurück – Praktische Probleme qualitativer Forschung in der Sozialgeographie (2018), S. 177–185.
[561] Zur Biographie: Reinhard BODENMANN, Caspar Hedio aus Ettlingen. Vorstufe zu einer ausführlichen Biographie, in: Ettlinger Hefte, Sonderband 2 (1989), S. 81–97; DERS., Caspar aus Ettlingen (Ca. 1494–1552). Historiographie und Probleme der Forschung, in: Ettlinger Hefte 29 (1995), S. 47–62; zu seinem Bezug zur Reformationsgeschichte Hartwig KEUTE, Reformation und Geschichte. Kaspar Hedio als Historiograph, Göttingen 1980; Hermann EHMER, Reformatorische Geschichtsschreibung am Oberrhein: Franciscus Irenicus, Kaspar Hedio, Johannes Sleidanus, in: Kurt ANDERMANN (Hg.), Historiographie am Oberrhein im späten Mittelalter und in der Frühen Neuzeit, Sigmaringen 1988, S. 227–245.
[562] Vgl. AUGUSTIJN (1996), S. 188, Anm. 132: „Hedio unterdrückte den Brief, hielt aber den Inhalt nicht geheim. Erasmus nahm ihm diese Handlungsweise übel und warf ihm vor, daß er dem Drucker Schott geholfen hatte, einer Bestrafung zu entgehen".
[563] Vgl. ALLEN 5, Nr. 1429, 1437, 1459, 1485, 1496, 1530; ALLEN 6, Nr. 1700; ALLEN 7, Nr. 1804, 1902, 1991, 1992; ALLEN 8, Nr. 2294; vgl. AUGUSTIJN (1996), S. 188–189, Anm. 134–135.
[564] Heiko HESSE, Erasmus Alber – Reformator, Weggefährte Luthers und Pfarrer der St. Katharinenkirche, in: Historischer Verein Brandenburg an der Havel, 16. Jahresbericht (2006–2007), S. 53–72.
[565] VD 16, A 1496–1498; abgedruckt in BÖCKING II, S. 373–378.
[566] Vgl. ALLEN 5, Nr. 1466 u. 1496.

bemühen, scheiterte kläglich.⁵⁶⁷ So blieb ihm derweilen nichts weiter übrig, als das aufziehende Gewitter schlicht und einfach auszusitzen.

3.4 Fazit: ‚Eine Verschwörung von Pharisäern' – Zur Ritualhaftigkeit agonaler Konflikte im Humanistenmilieu

Die Frage, die am Ende bleibt: War der Streit zwischen Ulrich von Hutten und Erasmus von Rotterdam tatsächlich so emotional grundiert, wie die Untersuchungsergebnisse des Streitverlaufs möglicherweise angedeutet haben? Wie verhält sich dieser Befund mit Blick auf die Briefwechsel anderer gut vernetzter Humanisten?

Die ‚Humanistenfreundschaft' ist als soziokulturelle Erscheinung an sich schon äußerst spannend, da sie überhaupt nicht „mit unserem modernen Verständnis von Freundschaft als einer hochindividualisierten, unformalisierten und unreglementierten Beziehung in Einklang zu bringen ist. So fällt beim humanistischen Freundschaftstyp auf, in welch starken Ritualisierungen er sich ausdrückt. Soll die Freundschaft eines Gelehrten gewonnen werden, so kann das nicht individuell verschieden geschehen, sondern dies macht eine regelrechte ‚Bewerbung' nötig."⁵⁶⁸ Dies hatte zur Folge, dass die Freundschaftsbekundung zu namhaften Gelehrten in der humanistischen Öffentlichkeit bald enorm an Prestigewert gewann (soziales Kapital),⁵⁶⁹ ebenso der Verweis auf prominente Vertreter im eigenen Gelehrtennetzwerk (*sodalitas*).⁵⁷⁰ Dieses Netzwerk wurde, wie die Arbeit bereits angedeutet hatte, durch den Brief als ‚multifunktionales Organisationsmedium' und als ‚Konsolidierungselement einer spezifisch humanistischen Freundschaft' zusammengehalten.⁵⁷¹ Im Medium des Briefes multiplizierte sich dabei häufig die Bekräftigung der humanistischen ‚Freundschaft' eben durch den Austausch und Veröffentlichung derselben, um es den antiken und italienischen Vorbildern (Cicero, Petrarca) gleichzutun.⁵⁷² Obwohl die Publikation der Gelehrtenkorrespondenzen mustergültig

---

⁵⁶⁷ Vgl. ALLEN 1, S. 27; AUGUSTIJN (1996), S. 189, Anm. 139.
⁵⁶⁸ TREML (1989), S. 82.
⁵⁶⁹ Vgl. TREML (1989), S. 86.
⁵⁷⁰ Hubert CANCIK, Freundschaft, in: Horst GROSCHOPP u. Frieder O. WOLF (Hgg.), Humanismus: Grundbegriffe, Berlin u. Boston 2016, S. 169–175, hier S. 171: „So gibt es etwa eine ‚Liste der Freunde'; wer in dieses album amicorum aufgenommen werden will, muss sich bewerben, Empfehlungsbriefe anderer Freunde vorlegen, den umworbenen Freund öffentlich durch Widmung von Büchern, durch Briefe und Preisgedichte loben. […] Die Gesellschaften, das Netz der Korrespondenten, die hohe Mobilität der Humanisten und das Konsolidierungselement der Freundschaft schaffen eine ‚humanistische Öffentlichkeit'."
⁵⁷¹ Vgl. TREML (1989), S. 97.
⁵⁷² Vgl. GRAMSCH (2009), S. 493; CANCIK (2016), S. 170: „Marcus Tullius Cicero sammelt die Lehren der Philosophenschulen in dem Gespräch ‚Über Freundschaft' (‚De amicitia'). Cicero wirkt mit dieser sehr erfolgreichen Schrift, mit seiner umfangreichen Briefstel-

dem Habitus der Humanisten entsprach, erlangten nur wenige mit deren Hilfe weitreichende Bekanntheit.[573] Eine öffentliche Bühne erhielten die Sodalitäten erst durch das Geleitwerk ihrer Texte, insbesondere in den Invektiven.[574] Schwarmangriffe in Briefform, wie etwa die ‚Dunkelmännerbriefe', eigneten sich daher besonders gut, das eigene Gruppenprofil zu schärfen und den Gegner zum identitätsstiftenden Feindbild zu degradieren.[575]

Der Grad von *commitment* und Emotionalität kann von loser Brieffreundschaft bis hin zur Blutsbrüderschaft reichen, von nüchterner Zweckgemeinschaft zu einer starken emotionalen Bindung. Freunde können sich zu einer Vereinigung bzw. zu einem Verbund zusammenschließen, der das Potential besitzt, effizientere Organisation, Ritualisierung und äußere Symbolik zu entwickeln.[576] Gleichzeitig musste ein Ausbleiben eines Briefes nicht zwangsläufig eine Invektive bedeuten, wobei hier die Anschlusskommunikation ausschlaggebend war.[577] Italienische und deutsche Humanisten inszenierten ihre Brieffreundschaften jedenfalls in besonderem Maße und reflektierten dabei freilich auch über Begriff und Status ihrer *amicitia*.[578] Nicht verwunderlich scheint es daher, dass auch in den Briefen und Invektiven, die Hutten und Erasmus untereinander austauschten, der Freundschaftsbegriff intensiv verhandelt wurde.[579] Jedenfalls bekundete Hutten seine Freundschaft auch mit Innbrunst für andere Humanisten. Am 11. November 1518 schrieb er beispielsweise aus Augsburg an Pirckheimer: *Habes, mi Bilibalde, perpetuum, nisi omnis nos quam in litteris reposuimus spes fallat, testimonium de te meum aut testimonium potius amicitiae nostrae, quam rogo studiosissime colas.*[580] Auch andersherum lässt sich diese Praxis beobachten, wofür ein Brief des Crotus Rubeanus an Hutten vom 3. Februar 1511 exemplarisch stehen soll: *amari te antea; iam vero auxi amicitiam charitate,*

---

lerei, mit seinen mythhistorischen Freundeskreisen (‚Scipionenkreis') und Gesprächsinszenierungen stark auf die nachantike Freundschaftskultur."

[573] Antonia LANDOIS, Briefe, Gelehrtenkorrespondenz, in: DE BOER/FÜSSEL/SCHUH (2018), S. 51–66, hier S. 56. „[So] gaben Gelehrte wie Johannes Trithemius oder Konrad Celtis an sie gerichtete Briefe in Sammlungen heraus oder bereiteten ihren Druck vor. Besonders einflussreich wirkten die zahlreichen Sammlungen, in denen Erasmus von Rotterdam seine Korrespondenz veröffentlichte und sich als Mittelpunkt eines europäischen Gelehrtennetzwerks präsentierte. Der Rückschluss, dass der Sammlung gelehrter Briefwechsel generell eine publizistische Intention zugrunde lag, führt dennoch in die Irre."

[574] Vgl. GRAMSCH (2009), S. 495.

[575] BERNSTEIN (2003): „While there were many factors contributing to the formation of a sense of collective identity (sodalitates, letter writing, friendship, travelling)."

[576] Richard FABER u. Christine HOLSTE (Hgg.), Kreise, Gruppen, Bünde. Zur Soziologie moderner Intellektuellenassoziation, Würzburg 2000.

[577] Vgl. BERNSTEIN (2014), S. 15.

[578] Vgl. GRAMSCH (2009).

[579] Bspw. Hutten an Erasmus, 15. August 1520, in: BÖCKING I, S. 367–369, hier S. 368: *Atque hic audi. Quid amicitia fretus nostra moneam. Negocium Capnionis cum arderet, videbaris imbecillius, quam te dignum esset, metuere istos.*

[580] BÖCKING I, S. 221–222, hier S. 221.

veneratione religioneque sincereae mentis, et Huttenum meum sane habeo inter fidos amicos loco primo aut certo proximo.[581] Und zuletzt lässt sie sich auch für die ‚Humanistenfreunde' Huttens untereinander beobachten, wie etwa ein Schreiben Reuchlins an Pirckheimer aus Stuttgart vom 5. April 1518 verdeutlicht: *Tu igitur pro integra inter nos amicitia nostra teque meque liberes aut implices, utcunque bonum est.*[582] Bemerkenswert erscheint aus funktionaler Perspektive weiterhin, dass Hutten mithilfe von ausschweifenden Freundschaftsbekundungen ebenfalls versuchte, Kapital aus den sozialen Positionen seiner Netzwerkpartner zu ziehen. Ein besonders erhellendes Beispiel ist ein Schreiben Huttens an den Augsburger Konrad Peutinger, denn hier ist die Wirkungsabsicht evident mit der Freundschaftsbekundung verknüpft: Dankbarkeit für den Abschluss eines erfolgreichen Geschäfts, denn Peutinger war es, der Hutten beim Kaiser für die Dichterkrone empfahl: *videri enim poteram oblitus tuae in me benevolentiae seguius quam pro dignitate amicitiam nostram colere.*[583]

Nach diesem knappen Streifzug wird rasch deutlich, dass sich die Beweggründe humanistischer Freundschaftsbekundungen als äußerst heterogen beschreiben lassen, was auch der Vergleich mit anderen Gelehrtenkorrespondenzen,[584] beispielsweise Poggio Bracciolini u. Niccolò Niccoli, Konrad Leontorius u. Johann Amerbach, Christoph Scheurl und Otto Beckmann oder Jacobus Montanus Spirensis u. Willibald Pirckheimer, unterstreicht:[585]

> Nicht immer, wenn in Briefen italienischer und deutscher Humanisten um 1500 von *amicitia* die Rede ist, ist eine personale Nahbeziehung erkennbar, die den kritisch fragenden Historiker berechtigt, von Freundschaft im heutigen Verständnis (gleichsam ohne Anführungszeichen) zu sprechen. *Amicitia* kann im Humanismus um 1500 auch die Zugehörigkeit zu einem Kreis von Bekannten aufgrund gleichgerichteter literarischer Interessen bedeuten. Auch scheint die Häufigkeit der Verwendung der Vokabel *amicus* und der Beteuerungen der Freundschaft in einem Briefwechsel durchaus eine Frage des personalen Briefstils der Korrespondenten zu sein.[586]

Alles deutet darauf hin, dass die Hypothese einer überaus emotionalen Grundierung der Freundschaft zwischen Erasmus und Hutten, von der alle Handlungsmöglichkeiten und -strategien der beiden ausgegangen seien, ein wenig relativiert werden muss. Fakt ist, dass Emotionen oder Affekte gerade im regelbasierten Konfliktkontext der humanistischen Gruppenbildungsprozesse nur

---

[581] BÖCKING I, S. 17–21, hier S. 17.
[582] BÖCKING I, S. 169.
[583] BÖCKING I, S. 173–175, hier S. 173.
[584] Vgl. Eckhard BERNSTEIN, ‚Gedancken sein zolfrei': Der Humanist Mutianus Rufus als Korrespondent, in: Sabine HOLTZ, Albert SCHIRRMEISTER u. Stefan SCHLELEIN (Hgg.), Humanisten edieren. Gelehrte Praxis im Südwesten in Renaissance und Gegenwart (Veröffentlichungen der Kommission für Geschichtliche Landeskunde in Baden-Württemberg. Reihe B: Forschungen 196), Stuttgart 201, S. 33–60.
[585] Zu diesem Schluss kommt Robert GRAMSCH in einem Aufsatz zu ebendiesen Beispielen: GRAMSCH (2009), S. 507–509.
[586] GRAMSCH (2009), S. 507.

sehr diffizil auszumachen sind. Gerade die jüngere Emotionengeschichte hat allerdings auf die Historizität von prozessualen ‚Gefühlsregimen' hingewiesen, die sich durch die Epochengrenzen hinweg in ihrer Regelhaftigkeit nachweisen lassen (bspw. Scham).[587] Der Fall Hutten vs. Erasmus hat in Bezug auf diese Beobachtungen Eines gezeigt: Mithilfe des Invektivitätskonzeptes, das die Anschlusskommunikation in den Vordergrund der Beobachtung rückt, lassen sich ebensolche Grauzonen und Unschärfen emotionengeleiteter Schmähkommunikation besser ermitteln, benennen und verstehen.

Hätte Erasmus das Ausmaß des Konflikts bzw. die Kontroverse demnach entschärfen oder gar verhindern können? Hatte er die Dynamik der Invektiven unterschätzt? Nur an wenigen Stellen reflektiert er in seinem Briefwechsel über das Thema. Dort wird allerdings schnell klar, dass Erasmus seine unternommenen Schritte eher bereute, da er insbesondere um seinen guten Ruf fürchtete. So schrieb er am 26. März 1524 an Gérard de la Roche (Gérard de Plaines, gest. 1524), der Botschafter von Margarete von Österreich beim englischen König Heinrich VIII. war, er wage es nicht, auf die ‚Responsio' des Brunfels zu antworten, denn er wisse, dass sonst viele andere in den Schmähgesang der *Affective Community* miteinstimmen werden.[588] Nach Erscheinen des ‚Iudicium' schrieb er an Pirckheimer, er sei weniger denn je bereit, überhaupt noch zu erwidern.[589]

Den Hauptverantwortlichen hatte Erasmus mit Heinrich Eppendorf hingegen schon früh ausgemacht. So stellte er in einem längeren Schreiben vom 2. April 1524 an Konrad Goclenius (gest. 1539)[590] auch den Versuch an, sich Schritt für Schritt noch einmal für seine möglichen Fehler, die er an Hutten begangen haben soll, zu rechtfertigen, indem er diese auf die Angst vor angeblichen Gelderpressungen zurückführt, denen man trotz des ‚ansteckenden Buches' (*libellum virulentiorem*)[591] von Hutten nicht nachgeben dürfe:[592]

> Henricus Epphendorpius, quem nosti, nebulo natus ad omnem fuum ac maliciam, excitat nobis hic miras tragoedias; antehac admissus in intimam familiaritatem, quam fatetur sibi fuisse frugiferam. [...] Interim venit Huttenus. Hunc multi quidem Lutherani instigauerunt vt scriberet contra me, sed Epphendorpius instruxit aliquot

---

[587] Vgl. Frevert (2013), S. 9–16.
[588] Allen V, Nr. 1432, S. 419–422, hier S. 421: *Tandem Huttenus huc appulit, qui iustigatus ab insanis aliquot strinxit in me mucronem calami sui, congerens quicquid criminum poterat in quemquam confingi. Huic respondimus Spongia; ille periit. Pst hunc exortus est alius illo tum indoctior tum rabiosior, cui nondum respondimu; et consultius arbitror negligere, quandoquidem audio non paucos alios accinctos ad huiusmodi vipereos libellos in me iaciendos.*
[589] Erasmus an Pirckheimer, 21, Juli 1524, Basel, in: Allen V, Nr. 1466, S. 483–496, hier S. 495: *Gaude laedere, et vult me scire; sed sic vt apud alios possit inficiari. Posthac non est animus talibus naeniis respondere.*
[590] Vgl. Friedrich Meuser, Conrad Goclenius aus Mengeringhausen (1489–1539), in: Geschichtsblätter für Waldeck 60 (1968), S. 10–23.
[591] Allen V, S. 433.
[592] Allen V, Nr. 1437, S. 431–438.

sycophantiis, et subito Hutteno mei reuerentiam excussit: nam semper Huttenus me fuerat reueritus.⁵⁹³

Heinrich Eppendorf, den Du kennst, ein Windbeutel, zu jedem Schwindel und jeder Bosheit aufgelegt, führt uns hier eine seltsame Tragödie auf; ehedem hatte ich ihn in den engsten Freundeskreis aufgenommen, und er bekennt, es sei ihm nutzbringend gewesen. […] Inzwischen kam Hutten. Den stachelten viele Lutheraner an, gegen mich zu schreiben, aber Eppendorf instruierte ihn mit einer Reihe von Verleumdungen, und plötzlich war es bei Hutten mit der Verehrung für mich aus – Hutten hatte mich bisher stets verehrt.⁵⁹⁴

An mehreren ‚Umschlagpunkten' der Auseinandersetzung hatte sich Erasmus also durchaus die Möglichkeiten geboten, dem agonalen Druck, den Huttens ‚Expostulatio' entfacht hatte, zu widerstehen. Von einer Publikation seiner ‚Spongia' sah der dadurch offen in Verruf geratene Erasmus dennoch nicht ab, obwohl sie von vielen Zeitgenossen als derber ‚Schlag unter die Gürtellinie' wahrgenommen wurde. Dass die erste Ausgabe schon einen Monat nach ihrer Veröffentlichung vergriffen war und der Text zwischen 1523 und 1525 großen Absatz fand, wird ihn dabei sicherlich nicht gestört haben.⁵⁹⁵

Schon früh deutete Erasmus ebenso den ‚Duellcharakter' (*Expecto tua expostulationem*, Holzschnitt) der Auseinandersetzung an, der ja zu Beginn zunächst noch lediglich ein Sachstreit über die Schärfe von Huttens Invektiven im Reuchlinstreit war. ‚Den Gelehrten im Scherz, den Ungelehrten im Ernst' witzelte er anfänglich noch darüber, dass man sich vorsehen solle, diese Texte nicht ‚in den falschen Hals' zu bekommen.⁵⁹⁶ Dennoch war die Eskalationsdynamik nicht aufzuhalten. Aus diesem Grund wird man freilich konstatieren dürfen, dass der emotionalen Komponente des Streits wohl eine übergeordnete Rolle zuzugestehen ist. Denn nur sie war wohl in der Lage, in relativ kurzer Zeit, eiserne Fronten zwischen zwei einstigen Kollegen und Freunden zu schaffen, dass als einziger Ausweg aus der Sache nur das ‚humanistische Ehrduell' bzw. das ‚Schmährededuell' blieb. Diese Invektiven setzten wiederum Gruppendynamik auch innerhalb der sonst so eingeschworenen Humanistengemeinschaft in Gang, die ebenfalls dem Bereich des Agons zuzuschreiben ist. Erasmus zeigte sich in einem Schreiben an seinen englischen Freund Thomas Morus vom 30. März 1527 in der nachgehenden Reflexion später deutlich konsterniert darüber, dass er viele Freunde dieses Streits wegen verloren hatte und die Eskalation nicht verhindern konnte. Noch vier Jahre nach Huttens Tod musste er sich also erneut für diese Angelegenheit rechtfertigen. Zumindest dachte er das. Seine Haltung brachte ihm letztlich sogar weitaus größere Gegner ein, sodass

---

⁵⁹³ ALLEN V, S. 431–432.
⁵⁹⁴ KÖHLER (1947), S. 327–328.
⁵⁹⁵ Vgl. AUGUSTIJN (1996), S. 186.
⁵⁹⁶ ALLEN 7, Nr. 1804, S. 5–14.

er schlicht resümierte, er habe es hier mit einer ‚Verschwörung von Pharisäern' (*conspiratione gentium Pharisaicarum*) zu tun.[597]

Da Schimpfworte und Scheltgesten durchaus stereotypisierend wirken können, liegt es nicht fern, einen ‚rituellen' Charakter der duellhaften Auseinandersetzung zwischen Erasmus und Hutten anzunehmen, was ebenso für die anschließenden Reaktionen wie Erwiderungs- oder Überbietungshandlungen gilt.[598] Die Akteure sind stets darum bemüht, ihr Gesicht (*face*) zu wahren und nach einer ehrabschneidenden Herabwürdigung dieses wiederherzustellen.[599] „Das geschieht in der Regel im Rahmen und auf der Grundlage bestimmter Konventionen durch Interaktions- und Kommunikationsrituale [Invektive, MK]. Dieses Modell impliziert, dass durch den gemeinschaftlichen Vollzug die im Ritual konventionalisierten Normen und Intentionen (etwa der Höflichkeit) von den Interagierenden und Kommunizierenden aufgenommen werden."[600] Dass sich Erasmus dazu veranlasst sah, den Publikationsvorgang seiner ‚Spongia' nicht zu unterbrechen, lässt sich nicht allein aus der kurzen Zeitspanne heraus erklären, die zwischen dem keineswegs unerwarteten Tod Huttens und dem Druck seiner Invektive lag. Wichtiger war, dass er die ‚Expostulatio' als Teil des humanistischen Agons, als Teil des Rituals, realisiert hatte und Hutten die nötige Satisfaktionsfähigkeit zubilligte; ganz im Gegensatz also zu Otto Brunfels und dessen ‚Responsio'. ‚Symbolische Kommunikation'[601], wie etwa der rituell anmutende Invektivenaustausch unter Humanisten, evoziert zudem eine gewisse Emotionalität der Auseinandersetzung, wie wir es im Streit der beiden ehemaligen Freunde beobachten konnten.[602]

---

[597] ALLEN 7, S. 10. Gemeint sind hier mittlerweile auch die katholischen Gegner in Spanien, Polen, den Niederlanden, Frankreich und Rom.
[598] Vgl. STOLLBERG-RILINGER (2013).
[599] Vgl. Erving GOFFMAN, Interaction Ritual. Essays in Face-to-Face Behaviour, New York 2005.
[600] SCHWERHOFF (2020), S. 15.
[601] Vgl. STOLLBERG-RILINGER (2004), S. 489–527.
[602] Vgl. SCHWERHOFF (2020), S. 16.

4 Resümee: Die ‚Dunkelmänner' als Vorboten der Reformation – Gruppendynamik im deutschen Humanismus

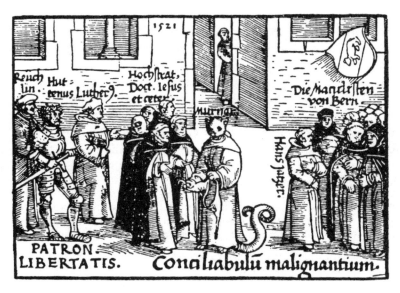

Abbildung 31: ‚Von den fier ketzren prediger ordens', 1521. Reuchlin, Hutten und Luther werden als ‚Patrone der Freiheit' vorgestellt. Exemplar Berlin, Staatsbibliothek Preußischer Kulturbesitz, Yg 6285<a>, Titelholzschnitt.

Schon einige Jahre vor dem Bruch Huttens mit Erasmus und der Eskalation in Basel kam von protestantischer Seite im Jahre 1521 ein Neudruck eines älteren großen Reimpaargedichtes des Thomas Murner (1509)[603] in 104 Versen heraus,[604] das in seiner neuen Deutung nun das Mönchswesen sowie den polemischen Anhang um Jakob Hoogstraeten anprangern sollte. Der eindrucksvolle Holzschnitt verortet den Reichsritter Ulrich von Hutten schon deutlich näher

---

[603] Von den fier ketzeren Prediger | ordens der obseruantz zü Bern | im Schweytzer land uerbrantl in dem jar noch | Christi gehurt: MCCCCC.ix. uff den nechsten I donderstag noch Pfingsten. | Mit uil schönen figürlin und lieblichen reymsprüchen neüwlich geteütscht [Straßburg: Joh. Knobloch d. A., 1509]. VD 16, M 7058. 21 Holzschnitte (mit 6 Wiederholungen) von Urs Graf. Zu den lateinischen Fassungen, die noch 4557 Reimpaarverse umfasste, vgl. WORSTBROCK (2013), Sp. 325–327.

[604] History Von den fier ketzren Prediger | ordens der obseruantz zu Bern jm Schweytzer land | uerbrant [...] Ein kurtzer begriff unbilliger freuel hand | lung Hoctrats| Murnars| Doctor | Jhesus und irer anhenger| wider den | Christlichen Doctor Martin | Luther/ uon aale Liebhaber | Euangelischer lere [Straßburg: Joh. Prüß, 1521]; Beschreibung des Druckes mit allen Lesarten bei Eduard FUCHS (Hg.), Thomas Murners Deutsche Schriften mit den Holzschnitten der Erstdrucke, hier Bd. 1,1: Von den fier ketzeren, Berlin 1929, S. CVI–CXXJI.

in das Umfeld Luthers, nicht in das des Erasmus (**Abb. 31**).[605] Die Ikonographie ist einerseits äußerst vielschichtig, dennoch scheint die suggerierte Gruppendynamik als Grundkonstante invektiver Kommunikation im deutschen Humanismus unbestreitbar. So stehen die ‚Patrone der Freiheit' (*patroni libertatis*: Reuchlin, Hutten und Luther) im Bild den Protagonisten des sog. ‚Jetzerhandels' von 1509, also den Berner Magistern,[606] aber auch dem Gefolge Hoogstraetens und einigen anderen Ordenstheologen als ‚Versammlung der Übelwollenden' (*Conciliabulum malignantium*) diametral gegenüber. Murner selbst tritt prominent mit Katzenkopf und Drachenschwanz auf.[607] Erasmus hingegen, der mit einem längeren Brief an den Kölner Dominikaner und Inquisitor Jakob Hoogstraeten erst am 11. August 1519 öffentlichkeitswirksam in den Reuchlinstreit eingegriffen hatte,[608] hob in der Löwener Ausgabe seiner ‚Colloquia 1519' gleichzeitig vehement hervor, kein Reuchlinist zu sein.[609] Er taucht hier im Holzschnitt bezeichnenderweise gar nicht erst auf.

> Ego nec Reuchlinista sum nec vllius humanae factionis. Ista dissidii nomina detestor. Christianus sum et Christianos agnosco; Erasmistas non feram, Reuchlinistas non noui. Cum Reuchlino praeter couilem amicitiam nihil intercedit.[610]

> Ich bin weder ein Reuchlinist noch Teil irgendeiner menschlichen Partei. Ich verabscheue diesen Namen der Zwietracht. Ein Christ bin ich und Christen erkenne ich an; Erasmianer ertrage ich nicht, Reuchlinisten kenne ich nicht. Mit Reuchlin verbindet mich außer einer höflichen Freundschaft nichts.[611]

Während sich die Stoßrichtung der Invektiven Huttens seit seinen beiden Italienreisen mit Blick auf den Wormser Reichstag von 1521 sowieso immer deutlicher gegen Rom zu wenden schien, haftete man Erasmus genau denjenigen Verdacht an, den er mit aller Macht hatte abwenden wollen: nämlich den des Gewalttäters an der Seite des jungen fränkischen Aufrührers. Besonders

---

[605] VD 16, M 7063; Ex. Berlin, Staatsbibliothek, Yg 6285<a>.
[606] Vgl. Nikolaus Paulus, Ein Justizmord, an vier Dominikanern begangen. Aktenmäßige Revision des Berner Jetzerprozesses vom Jahre 1509, in: Frankfurter zeitgemäße Broschüren, N. F. 18 (1897), S. 65–109; Rudolf Steck, Akten des Jetzerprozesses nebst dem Defensorium (Quellen zur Schweizer Geschichte 22), Basel 1904; knapp abreißend de Boer (2016), S. 231–232.
[607] Kathrin M. E. Henseleit, „Ich Thomas Murner bekenn mich und thu kund". Thomas Murner als Autor und Kontroverstheologe in Straßburg und Luzern, Diss. Münster 2021, S. 106 u. 108: „In einer sehr früh gegen Murner gerichteten Publikation, dem ‚Murnarus Leviathan' des pseudonymen Raphael Musaeus, wird Murner nicht als Katze, sondern als Drache dargestellt. […] Die im ‚Murnarus Leviathan' aufgegriffene Drachenmotivik war für die folgende gegen Murner gerichtete Publizistik nur in geringem Maße stilbildend."
[608] Vgl. Allen 4, Nr. 1006, S. 42–51. 1515 hatte er lediglich mit Publikationen an verschiedene Kardinäle ein günstiges Klima für den ‚Augenspiegel'-Prozess in Rom zu schaffen versucht.
[609] Vgl. de Boer (2016), S. 11.
[610] Allen 4, Nr. 1041, S. 121.
[611] De Boer (2016), S. 12.

deutlich wird dies in einem Reformationsdialog des Haßfurters Ulrich Boßler aus demselben Jahr: der sog. ‚Dialogus oder gesprech des apostolicums Angelica und anderer specerei der apoteken antreffen doctor M. Lutters Ler und sein anhank'.[612] Hier treten Luther, Reuchlin, Giovanni Pico della Mirandola, Johann von Wesel, Andreas Karlstadt von Bodenstein sowie auch Hutten und Erasmus als fromme Gelehrte auf, „die von missgünstigen Theologen bedrängt würden".[613] Auch ihm ist ein komplexer Titelholzschnitt vorangestellt, der die Szenerie der dialogischen Gesprächssituation in einer wohl zeitgenössischen Apotheke zeigt (**Abb. 32**), um auch das Verständnis der Metapher für den Leser zu erleichtern. So handelt das Gespräch vom buchstäblich ‚wörtlichen Krieg' zwischen der Salbe ‚Apostolikum' und der Wurzel ‚Angelica' und zielt im übertragenen Sinne natürlich auf die Debatten des Wormser Reichstages und die Ursachen der Reformation ab. Die Gegner Luthers könnten nur durch Vernunft und die Heilige Schrift überzeugt werden. An der Rückwand sind drei Regalreihen zu sehen, die mit Aufschriften versehen sind. Sie lauten Vngenn. (Salben), Herbe. (Kräuter) und Radices. (Wurzeln) und stellen nicht nur die ‚im Dialog streitenden Parteien' dar, wie Susanne SCHUSTER richtig bemerkte,[614] sondern beziehen sich ebenso auf die Ursachen (‚Wurzeln') und die Heilmittel (‚Salben') der reformatorischen Debatte.

Vor diesem Ambiente ragt ein Postzusteller mit Mainzer Botenbüchse und Posthorn am vorderen Bildrand in die Höhe, wobei der Apotheker selbst die Streitenden aus einem Fenster von unten belauscht. Weiterhin liefern uns die Wappen, die an den Kruken in den Regalen befestigt sind, Hinweise auf die zeitgenössischen Akteure, die hier als wichtig erachtet werden. Ein Wappen in der oberen Reihe scheint dem Wappen Huttens mehr als nur zu ähneln, dessen Kruke wohl auch nicht zufällig in der Rubrik ‚Wurzeln' steht.[615] Während der Apotheker, der sich mit den Mixturen und Kräutern eigentlich am besten auskennen sollte, nur die Rolle des ‚Voyeurs' einnimmt und somit das Lesepublikum verkörpert, soll der Kolporteur (Postbote) vor allem auf den Erfolg des Werkes anspielen und einen Kaufanreiz schaffen.[616]

---

[612] Dialogus oder gesprech des Appostolicums Angelica vnd anderer Specerey der Appotecken Antreffen Doctor M. Lutterers ler vnd sein anhanck [et]c. [Speyer: Eckhart, 1521]. VD 16, B 6782, weiterer Druck VD 16 B 6783, abgedruckt in: SCHADE 3 (1863), S. 36–58.
[613] Vgl. DE BOER (2016), S. 67.
[614] Vgl. Susanne SCHUSTER, Dialogschriften der frühen Reformationszeit: literarische Fortführung der Disputation und Resonanzräume reformatorischen Denkens (Forschungen zur Kirchen- und Dogmengeschichte 118), Göttingen 2019, S. 68–69, Zitat S. 69.
[615] Siehe Abb. 32, rote Markierung.
[616] Vgl. SCHUSTER (2019), S. 69.

Abbildung 32: Ulrich Boßler, ‚Dialog des Apostolikums, Angelika und anderer Spezereien' (1521), Titelholzschnitt.

Noch ein weiteres Beispiel weist Hutten als einen der Hauptverantwortlichen der konfessionellen Querelen aus, mit dem großen Unterschied, dass der Keim der Reformation in diesem Fall mit der starken Metapher des Feuers widergegeben wird. Im Jahre 1524 entstand ohne Verfasserangabe ein Theaterstück, das jedoch nie zur Aufführung kam, aber in mehreren Ausgaben vertrieben wurde: die ‚Tragedia oder Spill gehalten in dem künigklichen Sal zu Pariß', auch bekannt als ‚Eyn Comedia welche ynn dem konigklichem Sall tzů Paryeß / nach vormelter gestaldt/ vñ ordenunge gespielt worden'.⁶¹⁷ Der Kurztitel des Werkes lautete dagegen wesentlich prägnanter und schnörkelloser: ‚Pariser

---

617 Ain Tragedia oder Spill/ gehalten in dem Künigklichē Sal zů Pariß. Augsburg: Philipp Ulhart d. Ä., 1524; Ex. der BSB München, Res/4 Polem. 2457; VD 16, T 1818; ÖNB Wien; Lutherhalle Wittenberg; HAB Wolfenbüttel bzw. Ein Tragedia oder Spill: gehalten in dem künigklichen Sal zu Pariß. Nürnberg: Hans Hergot 1524; [Nachgewiesene Ex.: UB Basel; StB Berlin Preußischer Kulturbesitz; SLUB Dresden; UB Gent (digitalisiert); ULB Halle (digitalisiert); Evangelisches Predigerseminar Wittenberg; HAB Wolfenbüttel; ZB Zürich]; zu den Nachweisen vgl. Dietl (2014), S. 210–211, Anm. 2–5. Abgedruckt in lateinisch-deutscher Synopse bei Böcking II, S. 386–392.

Reformationsspiel'.[618] Die Handlung ist rasch erzählt. So sitzen Reuchlin, Erasmus und Hutten um ein loderndes Feuer, in das sie nacheinander Holzscheite hineinwerfen, um die Glut weiter anzufachen, die sicherlich für den Reformationsstreit steht. Als zuletzt Luther ein Stück Holz in die Flammen befördert, geraten die Übrigen aufgrund der zunehmenden Hitze in hektisches Treiben. Vor allem der Papst beauftragt aus Furcht die ‚Bettelmönche', also die Dominikaner, jenes mit Wasser zu löschen. Als Preis winkt ihnen ein hohes Entgelt. Da sich das Feuer aber nicht löschen lässt und sich das Wasser in Branntwein verwandelt, fliehen die päpstlichen Getreuen. Der Pontifex selbst scheitert letztlich kläglich mit seinem Versuch, die Flammen zu exkommunizieren und dadurch zu verbannen. Danach ‚platzt' er geradezu vor Zorn und stirbt,[619] was in diesem ganz speziellen Kontext freilich zum Lachen anregen soll. „Selbst der die Flammen mit einem Blasebalg anfachende Hutten wird ihr Opfer, da ihn umgehend sein Zorn niederwirft, so dass er zum Schrecken der Zuschauer stirbt. Reuchlin nimmt in diesem fiktiven Stück die Rolle des Beginners einer den Papst schließlich hinwegfegenden Eskalation ein, die dem schon länger schwelenden Feuer mit voller Absicht eine Kraft gibt, der sich niemand mehr entziehen kann."[620]

Die drei Texte konturieren mit deutlicher Schärfe den Paradigmenwechsel in der öffentlichen Wahrnehmung vorreformatorischer Publizistik, an der Hutten wohl großen Anteil hatte. Erasmus gehörte mittlerweile zur ‚Gewaltgemeinschaft' (DIETL) um ihn, zumindest hatte es den Anschein. Das gesamte Bild hatte sich schleichend von der Causa Reuchlini hin zur Causa Lutheri verlagert. Ebenso wurde deutlich, inwieweit Hutten auch noch über den Tod hinaus mit den gelehrten Größen seiner Zeit in Verbindung gebracht und quasi als eigenständiger Topos instrumentalisiert wurde. Dass die scholastische Disputationskultur genau in dieser Phase mehr und mehr durch Rhetorik und Dialogizität abgelöst wurde, hat die Forschung bereits angedeutet.[621] Im Medium der Invektive konnten die beiden eben erwähnten Formensprachen von Invektivität eine Scharnierfigur finden, wie im nachfolgenden Kapitel noch aufgezeigt werden soll. So gelang es Hutten durch seinen emsigen Invektivenaustausch im Rahmen des humanistischen Agons nicht nur, Konflikte zu in- oder zu ex-

---

[618] Vgl. Hans-Gert ROLOFF, Die Funktion der szenischen Bildlichkeit im deutschen Drama des 16. Jahrhunderts, in: Chloe 35 (2003), S. 99–118, hier S. 103–105; Regina TOEPFER, Kritische Erasmus-Rezeption. Heinrich von Eppendorfs deutsche Übersetzung der Apophtegmata und das Pariser Reformationsspiel von 1524, in: Christoph GALLE u. Tobias SARX (Hgg.), Erasmus-Rezeption im 16. Jahrhundert (Kulturgeschichtliche Beiträge zu Mittelalter und früher Neuzeit), Frankfurt a. M. 2012, S. 109–132.
[619] Vgl. DIETL (2014), S. 218–220.
[620] DE BOER (2016), S. 68; ebd. auch eine knappe Inhaltszusammenfassung des Stücks nach DIETL (2014).
[621] SCHWITALLA (2002); SCHUSTER (2019).

ternalisieren, sondern dadurch auch die Gruppenwahrnehmung (*group identity*, BERNSTEIN) in einer breiten Öffentlichkeit zu verschieben.

Der Kampf für Reuchlin zeigte Hutten hingegen, dass er durchaus bereit war, für seine Ideale in Worms bis zu seinem eigenen Untergang zu streiten. Die Verwendung der Invektive als Mittel der Positionierung hatte Hutten hingegen gezeigt, dass durch die neuen Medienformate ein enormes Spektrum an Gattungs- und Formenvielfalt möglich war. So diente sie ihm nicht nur als Mittel der öffentlichen Ehrverteidigung, sondern gleichfalls auch als Mittel, die gegnerischen Bräuche bloßzustellen und zu persiflieren, wie Hutten es im ‚Triumphus Capnionis' (1518) beispielsweise anhand eines klassischen römischen Triumphzuges angedeutet hatte.[622] Die Funktionsbestimmungen von Invektivität sind vielfältig, da Invektiven nur in ihrem jeweiligen individuellen Kontext verständlich sind. So spielen Emotionen und Affekte im freundschaftlichen Duell zwischen den alten Freunden Hutten und Erasmus eine weitaus größere Rolle, als sie es möglicherweise in Huttens kalkulierter Parteinahme im ‚Judenbücherstreit' getan haben. Freilich war er auch nicht davor gefeit, Partner und Freunde, die er viele Jahre hingebungsvoll unterstützt hatte, einfach fallen zu lassen, wenn dies im Sinne der humanistischen und ‚deutschen' Sache lag. Alle Invektiven partizipieren an den ‚Spielregeln' und der Ritualhaftigkeit des Agons, da für die Humanisten wohl nichts mehr zählte, als sich mit ihren Texten vor der eigenen *peer group* zu profilieren. So hallt der Nachruhm von Huttens Œuvre bis heute nach, und das trotz seiner nur 35 Lebensjahre.[623] Dabei halfen ihm letztlich vor allem Invektiven in unterschiedlichster Ausformung, denen nun anschließend nachgegangen werden soll.

---

[622] Vgl. DE BOER (2016), S. 980 u. 989.
[623] Vgl. KREUTZ (1984).

IV. Antirömische Invektiven: Huttens humanistische Angriffe gegen das Papsttum und die Kurie (1519–1523)

1 Luther, Worms und die politischen Hintergründe der Invektiven Huttens (1519–1521)

Die Verurteilung Martin Luthers (1483–1546)[1] vollzog sich bekanntermaßen in drei Schritten.[2] Zunächst verurteilte Papst Leo X. mit der Bulle ‚Exsurge Domine' vom 15. Juni 1520[3] 41 Lehrsätze aus Luthers Schriften als ketzerisch, befahl die öffentliche Verbrennung seiner Bücher und setzte ihm eine Frist von 60 Tagen zum Widerruf (‚Bannandrohungsbulle'). Während Georg Spalatin die deutsche Übersetzung der Bulle bereitete, ließ Hutten eine Persiflage derselben publizieren, die mehrfach aufgelegt wurde.[4] Nachdem die Frist also nach einigem Hin- und Her dann abgelaufen war, sprach Leo X. letztlich konsequent den Kirchenbann über den Reformator und seine Anhänger, darunter auch Hutten, aus. Die Exkommunikation vollzog er mit der Bulle ‚Decet Romanum Pontificem' vom 3. Januar 1521.[5] Da ein geistliches Urteil gegen einen Ketzer jedoch von der weltlichen Obrigkeit ausgeführt werden musste, verhängte Kaiser Karl V. mit dem Wormser Edikt am 26. Mai 1521[6] später die Reichsacht.[7]

Treibende Kraft auf dem Weg dorthin war der apostolische Nuntius Aleander, den Papst Leo in der Luthersache ins Reich entsandt hatte.[8] Am 28. Februar 1520 erhielt er die Zusicherung des jungen Kaisers Karl V., für die Durch-

---

[1] SCHILLING (2014).
[2] Eine hilfreiche chronologische Tafel der wichtigsten Quellen zur *causa Lutheri* findet sich bei FABISCH/ISERLOH (1991), S. 1–16.
[3] HStA Dresden, 10001, Nr. 10277. Ein Druck der Bulle für die Universität Wittenberg mit einem Schreiben von Johannes Eck findet sich im Thüringischen HStA Weimar (Signatur: EGA, Reg. N 13); Bulla | Decimi Leonis, contra errores Martini | Lutheri, et sequacium. [Straßburg: Joh. Schott, vor Nov. 1520]. VD 16, K 277; abgedr. in: FABISCH/ISERLOH (1991), S. 364–411 (andere Textgrundlage: Druck, Rom; mit Übs. von Georg Spalatin); Manfred KOBUCH u. Ernst MÜLLER (Hgg.), Die Reformation in Dokumenten: aus den Staatsarchiven Dresden und Weimar und aus dem Historischen Staatsarchiv Oranienbaum, Weimar 1967, Nr. 6, S. 20–23, 85–87 (Teiledition m. Übs.).
[4] BÖCKING V, S. 301–333.
[5] FABISCH/ISERLOH (1991), S. 457–467.
[6] StA Marburg, Best. 3, Nr. 189.
[7] FABISCH/ISERLOH (1991), S. 484–545 auch mit Hintergründen zu den verschiedensprachigen Ausgaben. Ein Abdruck des Textes findet sich in den RTA II, S. 640–659, Nr. 92, dazu S. 449–454.
[8] Es sind seine größtenteils noch erhaltenen Briefwechsel und Depeschen, die uns einen tiefen Einblick in das Geschehen ermöglichen: FABISCH/ISERLOH (1991); BRIEGER (1884); BALAN (1884); KALKOFF (1886).

setzung der Bulle zu sorgen. Auf das weitere Verfahren nahm Aleander dann sogar unmittelbaren Einfluss, da er zwei Entwürfe für das zu erlassende Mandat selbst vorlegte.[9] Zusätzlich zur Bulle ‚Exsurge Domine' gegen Luther und seine Anhänger gab es dann seit Ende 1520 auch eine päpstliche Inquisitionsvollmacht gegen Hutten, die dessen Inhaftierung und Aburteilung als Ketzer vorsah.[10] Nachdem die ‚Bannandrohungsbulle' vergleichsweise schleppend öffentliche Verbreitung in Deutschland gefunden hatte,[11] gedachte Hutten wohl von dieser günstigen Gelegenheit zu profitieren. In Straßburg ließ er bei seinem Druckerfreund Johannes Schott im Herbst desselben Jahres mindestens zwei weitere Ausgaben der Bulle drucken,[12] die er mit äußerst herabwürdigenden Randglossierungen gegen die ‚Kurtisanen', wie Hutten selbst die Parteigänger des Papstes bezeichnete, versah.[13] In der Vorrede unterstellte Hutten dem Papst mit der Verdammung Luthers einen Angriff auf die ‚Deutsche Nation'.[14] Als Nachwort fügte er hingegen einen Brief an Leo X. bei, in dem er sich in einer breiten Anklage über die verkommenen Zustände der Kurie hermacht und leicht ironisch mit dem Psalm (Ps 2,3) schließt: *Dirvmpamvs vincula eorum et proiiciamus a nobis iugum ipsorum* (Lasset uns zerreißen ihre Bande und von uns werfen ihr Joch)![15] Kurz zuvor, im September 1520, war eine Sammlung von ‚Klagschriften' Huttens gegen die römischen Praktiken ausgegangen,[16] die aber

---

[9] Von Pergamentoriginalen mit Bleisiegel (*bulla plumbata*) sind uns ursprünglich vier Exemplare bekannt, von denen heute nur noch drei erhalten sind: die beiden von Aleander bei seiner Nuntiatur in Deutschland 1520/21 mitgeführten Texte, die heute im HStA Stuttgart und im HStA Dresden liegen; sowie ein drittes Exemplar, das 1881 bei einer Revision des Archivs wiederaufgetaucht war und sich heute im HHStA Wien befindet. Vgl. FABISCH/ISERLOH (1991), S. 324.

[10] JAUMANN (2008), Sp. 1193.

[11] Einige Bischöfe lamentierten darüber, dass dieses wichtige Dokument nicht direkt aus Rom, sondern erst über Zwischenstationen bei ihnen einlief und dazu noch nicht einmal im Original bzw. in der Urschrift. Vgl. SCHOTTENLOHER (1918), S. 202: bspw. die Beschwerde des Pfalzgrafen Philipp, Bf. v. Freising u. Naumburg-Zeitz: *Dieweil uns in solcher trefflichen sachen das berürt schreiben durch kainen aigen poten oder notari, wie es sich dann het wol gepürt, sunder vergebenlich und durch der sachen unwissenhaft person und erst von der vierdten handt geantwurt und gedachter doctor Eck uns seiner facultet, auch bäbstlicher bullen kainen glaubwürdigen schein, wie billich und recht gewesen, angezeigt: so sind wir in der sache ganz irrig, wissen nit, wie wir uns darin schicken sollen.* Luther erreichte die Nachricht von der Veröffentlichung der Bulle wsl. erst Anfang Oktober 1520.

[12] Vgl. JAUMANN (2008), Sp. 1218; BENZING (1956), Nr. 222, weitere Drucke Nr. 223–224.

[13] BÖCKING V, S. 301–333, Zu den Drucken Huttens: BENZING (1956), S. 123–124. Ich verwende die übersichtlichere Darstellung von FABISCH/ISERLOH (1991), S. 413–434.

[14] Vgl. auch Caspar HIRSCHI, Wettkampf der Nationen. Konstruktionen einer deutschen Ehrgemeinschaft an der Wende vom Mittelalter zur Neuzeit, Göttingen 2005.

[15] FABISCH/ISERLOH (1991), S. 434.

[16] Die ‚Conquestio' beinhaltet offene Klagebriefe an fünf verschiedene Adressaten. Das Schreiben an Friedrich von Sachsen ist datiert auf den 11. September, das an Kardinal Albrecht und an Sebastian von Rotenhan auf den 13. September und dasjenige an alle Stände deutscher Nation auf den 28. September 1520. Hier legt er den ganzen Umfang vermeintlich päpstlicher Anmaßungen und Erpressungen dar und ersucht um Hilfe und

zumeist im Singular bloß als ‚Conquestio'[17] bezeichnet wurde. Zeitgleich wurde eine deutschsprachige Volksausgabe mit dem Titel ‚Klag und Vermahnung' gedruckt,[18] beide mit dem Wahlspruch Huttens: *iacta alea est* oder *Ich habs gewagt, das ist mein reim*.[19] Darauf folgte im Dezember 1520 ein Protestgedicht gegen die öffentliche Verbrennung lutherischer Schriften in Köln (12. November),[20] die Huttens Zorn auch deshalb erregte, da sie auf Geheiß Aleanders veranlasst worden war.[21]

Doch obwohl Hutten seine Invektiven zunächst nur in der Familie und unter Vertrauten bekannt gemacht hatte,[22] so war es doch zumindest wahrscheinlich, dass er mit solch einer publizistischen Salve wohl eine gewisse öffentliche Wirkung erzielen wollte. So avancierte der Humanist in dieser Phase auch zum beliebten Gesprächsthema für Freund und Feind. Am 11. November konnte der Nürnberger Ratsschreiber Lazarus Spengler (gest. 1534)[23] bereits an Pirckheimer berichten, Hutten habe sich bei einigen Fürsten gegen alle Päpstlichen und Kurtisanen hoch beworben, und überdies soll er sich auch mit einem Freund Pirckheimers verständigt haben, der nun heimlich

---

Beistand für sich und sein deutsches Anliegen. Das Werk ging jedoch wohl schon nach dem 28. September 1520 bei Johann Schott in Straßburg in den Druck. Vgl. BENZING (1956), S. 80–86; zu den Einzelausgaben Nr. 139–143; Vgl. JAUMANN (2008), Sp. 1185–1237, hier Sp. 1217–1218; SPELSBERG (2015), S. 134–137 meint auf S. 134 wohl „nach dem [2]8. September".

[17] […] | Vlrichi | De Hutten, Equitis Germani, ad | Carolum Imperatorem, aduer|sus intentatam sibi a Ro|manistis vim et in|iuriam, | Conquestio […]. / Iacta est alea. Straßburg: Joh. Schott, 1520. VD 16, H 6236, in: BÖCKING I, S. 371–419; BENZING (1956), Nr. 132. Weitere Drucke mit den dt. Übs. und Teilübs. der Klagschriften ebd., Nr. 133–143.

[18] Clag und vormanung gegen | dem übermassigen vnchristlichen gewalt des Bapsts | zů Rom/ vnd der vngeistlichen geistlichen/ […]. Straßburg: Johann Schott, 1520. VD 16, H 6373; BÖCKING III, S. 473–526; Karl SIMON (Hg.), Deutsche Flugschriften zur Reformation (1520–1525), Stuttgart 1980, S. 35–92; BENZING (1956), Nr. 144; weitere Drucke Nr. 145–148. Die deutsche Ausgabe folgte in den Monaten Oktober/November 1520, eine deutsche Übersetzung, die bis auf die Klagschrift an die deutsche Nation (Hutten übertrug sie selbst Ende September) wohl zum größten Teil von Martin Bucer stammt. Ebenso wurden verdeutschte Einzelklagen als Sonderausgaben publiziert. Vgl. JAUMANN (2008), Sp. 1224.

[19] Vgl. KRAUS (2021).

[20] In incendium Lutherianum | exclamatio Vlrichi | Hutteni | Equi|tis. […]. [Wittenberg: Joh. Rhau Grunenberg], 1521. VD 16, H 6356. Vgl. BENZING (1956), Nr. 149, weitere Drucke Nr. 150–151; BÖCKING III, S. 451–455.

[21] Das Protestgedicht in 64 Hexametern gegen die vom päpstlichen Legaten Aleander angeordnete öffentliche Verbrennung von Schriften Luthers am 12. Nov. 1520 in Köln, entstanden auf der Ebernburg Ende November, als Flugschrift gedruckt. Ein ‚Aufschrei' an Gott, in dem er die Untat der Bücherverbrennung klagt; Luthers Schriften hätten das göttliche Wort, die Wahrheit enthalten; den Legaten Aleander und Papst Leo solle die göttliche Rache treffen. Gegen Ende das Motto *Iacta est alea*. Vgl. JAUMANN (2008), Sp. 1218–1219.

[22] SZAMATÒLSKI (1891), S. 125–179. Vgl. WULFERT (2009), S. 323–324.

[23] HAMM (2004).

umherreite, dieselben Romanisten auszuspähen.[24] Anfang Dezember schien die Flut an ‚Huttenbüchern' in Nürnberg kaum zu enden: *Huttens puchlein durfft Jr mir nit mer schicken, dann ich hab ein anders vberkommen.*[25] Der Humanist Wolfgang Capito (gest. 1541)[26] wandte sich zeitgleich an Luther, Hutten habe vor seinen Ohren ein Kriegslied angestimmt und werde nun bald das Glück der Waffen versuchen (*mox armis periclitaturus*).[27] Insbesondere Aleander reagierte in seinen Äußerungen mit Unverständnis und auch mit der Sorge über Huttens antikuriale Pamphlete.[28] Nachdem es in Mainz wohl erneut zu Komplikationen bei einer von Aleander anberaumten Bücherverbrennung (29. November)[29] gekommen war,[30] begann Hutten, der dies ebenfalls mitbekommen hatte,[31] sogleich mit der Arbeit an seiner ‚Klage an den Lutherischen Brand zu Mentz',[32]

---

[24] Freilich als Anspielung auf die Klagschriften zu verstehen, vgl. den Brief von Spengler an Pirckheimer vom 26. November 1520: *Mir sind zwai puchlein zu kommen, gedruckt latein vnd teutsch, so Vlrich von Hutten gemacht vnd den Titel gegeben hat: Vlrici Hutteni ad Carolum Imperatorem aduers us intentatam sibi a Romanistis uim et iniuriam conquestio. Eiusdem ad principes et uiros Germanie de eadem re conquestio. Darinn keert er dem Bapst vnd gaistlichen, zuuor im te utschen, also grob ab, das Luther noch ain heilig clabey ist.* SZAMATÒLSKI (1891), S. 149–150, Zitat S. 149.

[25] Spengler an Pirckheimer am 5. Dezember 1520; SZAMATÒLSKI (1891), S. 150.

[26] Marc LIENHARD, Capito, Wolfgang, in: TRE 7 (1981), S. 636–640.

[27] Vgl. KALKOFF (1920), S. 262.

[28] BRIEGER (1884), Nr. 1, S. 17–22, hier S. 17; BALAN (1884), Nr. 11, S. 23–27, hier S. 23; KALKOFF (1886), Nr. 1, S. 10–16.

[29] So berichtet Aleander in einer Depesche von Mitte Dezember 1520 etwa von der ungenügenden Ausführung der Bulle, die von der feindseligen Haltung der Mainzer Bürger herrühre, die er zunächst aber nur als ‚böswilligen Scherz' (*brutto scherzo*) abtat. Er berichtet, der Henker habe sich sogar regelrecht geweigert, Luthers Bücher zu verbrennen. Dieser soll sich vom Scheiterhaufen herab beim schaulustigen Volk nach der Rechtmäßigkeit der Bücherverbrennung erkundigt haben. Als dies verneint wurde, stieg er herab und sagte, er verbrenne nur, was nach den Gesetzen verdammt sei. Im Aufruhr, der sich in der Folge bildete, sei Aleander fast gesteinigt worden. Dennoch veranlasste er weitere Verbrennungen, woraufhin im Schutz der Nacht wohl böse Schmähgedichte an seiner Wohnung und andernorts, vielfach in Mainz, angebracht worden seien. Vgl. BRIEGER (1884), Nr. 1, S. 17–22, hier S. 17; BALAN (1884), Nr. 11, S. 23–27, hier S. 23; KALKOFF (1886), Nr. 1, S. 10–16.

[30] Aleander veranlasste eine ganze Reihe von Verbrennungen lutherischer Bücher, bspw. in Lüttich (17. Oktober), Löwen (28. Oktober), Köln (12. November) und später in Mainz (29. November). Vgl. Aleander an Leo X., 23. Oktober, in: RTA II, S. 454–457, Nr. 59A für Löwen und Lüttich; vgl. auch das Schreiben des Kurf. Friedrichs von Sachsen an Karl, 20. Dezember 1520, in: RTA II, S. 470–478, Nr. 63, hier S. 473, Anm. 1 (Köln u. Mainz); RTA II, S. 498, Anm. 2 (Köln u. Löwen).

[31] Hutten an Bucer, 28. November 1520, in: BÖCKING I, S. 428–429; Hutten an Luther, 9. Dezember 1520, in: ebd., S. 435–437.

[32] Eyn Klag über | den Luterischen | Brandt zu Mentz | durch herr Vl-|rich vonn Hutten. [Worms: Hans Werlich], 1521. VD 16, H 6369; BENZING (1956), Nr. 152, weitere Drucke Nr. 153–158; BÖCKING III, S. 455–459. Huttens Gedicht in 131 Reimpaarversen ist Ende November oder Anfang Dezember 1521 auf der Ebernburg entstanden, es steht dem Anlass und Thema gemäß der kurz zuvor gedruckten lat. ‚Exclamatio' nahe, ist aber keine Übs. derselben. Die letzte Zeile schließt mit dem Motto *Ich habs gewagt*. Vgl. JAUMANN (2008), Sp. 1224–1225.

ebengleich an seinen ‚Briefinvektiven', zwei scharfen Schmähreden gegen die apostolischen Nuntien.

Aufgrund des Todes Maximilians am 12. Januar 1519 erlosch, wie bereits angedeutet, Huttens enge Anbindung an den Kaiserhof. Immerhin hatte jener Hutten am 12. Juli 1517 in Augsburg zum *poeta laureatus*, zum ‚Dichterfürsten',[33] ernannt und ihn so publizistisch an sich gebunden.[34] Die *Causa Lutheri* forderte jedoch die volle Aufmerksamkeit des Herrschers, während die Vertreter des Heiligen Stuhls, der reguläre Nuntius Caracciolo sowie der päpstliche Sondergesandte Aleander, bereits seit den Krönungsfeierlichkeiten in Aachen (Krönung 23. Oktober 1520) versuchten, Karl V. durch eine Einladung zur baldigen Kaiserkrönung in die *urbs aeterna* zu bewegen, um jenen so früh wie möglich auf die päpstliche Seite zu ziehen. Durch die Bannbulle ‚Decet Romanum Pontificem' vom 3. Januar 1521 verschärfte sich die Lage dann aber zunehmend für den Kaiser in Bezug auf seine Positionierung. Da er sich aber zudem dazu verpflichtet hatte, alle inneren und äußeren Feinde der Kirche zu strafen, schien ihm die Kooperation mit dem Papst zunächst nur folgerichtig.[35]

Auch die Berichte Aleanders an Leo X. aus dem Herbst 1520 aus Aachen untermauern diese kuriale Strategie. Neben den kaiserlichen Edikten zur Vernichtung von Luthers Büchern nutzte der Nuntius gleichfalls die Gelegenheit, um sich über die Aktivitäten Huttens zu informieren. Aleanders Aufzeichnungen berichten von einer Audienz der päpstlichen Legaten bei Albrecht von Mainz, dessen Kongregation Hutten bei der Kaiserwahl in Frankfurt a. M. (28. Juni 1520) noch begleitet hatte.[36] Hutten war zunächst im Juni 1520 mit Gehalt beurlaubt worden, wobei ihn der Erzbischof seit seiner Abreise von Mainz nach Brüssel wohl nicht mehr wiedersah,[37] was er dem Papst in einem Antwortschreiben selbst versicherte.[38] Hier war jedoch nur von einem Verbot des Kaufens und Verkaufens die Rede, nicht von einem Verbrennen der Schriften Luthers. In einem weiteren Schreiben an den Papst vom 6. November berichtet Aleander dann bereits über die allgemeine Feindschaft gegen Rom, Hutten und den Kaiser, die Anhänger des Papstes sowie die Verhandlungen mit Kurfürst

---

[33] RUPPRECHT (2018); KIPF (2018); KRAUS (2021); ARNOLD (1988).
[34] MERTENS (1986); SCHIRRMEISTER (2003); HIRSCHI (2011), S. 402: „Die politische Bedeutung der Dichter-Krönung wurde seit Celtis noch dadurch herausgestrichen, dass sie den lorbeerbekränzten Dichter verpflichtete, der kaiserlichen Politik in seinen Schriften und Reden *hic et ubique* öffentliches Lob zu spenden."
[35] Vgl. SCHILLING (2020), S. 124–125. Im Februar 1521 erreichte den Kaiser ein persönliches Schreiben Luthers, das er wohl ungelesen vor allen zerriss. Vgl. RTA II, S. 476, Anm. 3.
[36] Vgl. JAUMANN (2008), Sp. 1191.
[37] Aleander an Leo X., 25. Oktober, in: RTA II, S. 459–460, Nr. 59B.
[38] BÖCKING I, S. 363–365.

Friedrich von Sachsen.³⁹ Hutten prahle inmitten eines Haufens verschuldeter Edelleute, er habe dem Papst und allen Päpstlichen den Krieg erklärt.⁴⁰

Neben Aleander waren also auch Dritte relativ zügig über die Vorgänge in Mainz⁴¹ und die Gerüchte über mögliche Gewaltakte Huttens informiert worden.⁴² Weshalb sollten sich die beiden von höchster Stelle autorisierten Legaten die Dynamik des ‚Klatsches' (*gossip*)⁴³ demnach also nicht ebenfalls zu eigen machen, um sich, wie Hutten im Rahmen von dessen Händel, ebenso in der öffentlichen Meinungsbildung zu verankern?⁴⁴ Dass die *fama*, die sich aus der Kommunikation „zwischen Geheimhaltung und öffentlichem Diskurs"⁴⁵ ergibt, ein beliebtes Mittel zur Herstellung von Öffentlichkeit gerade im Zeitalter des Konziliarismus war, scheint evident und konnte in dieser Studie bereits gezeigt werden. Und tatsächlich wurde dann als Reaktion darauf auch das Gerücht über Hutten verbreitet, dieser habe in der Nähe von Mainz mit einer Reiterhorde von 40 Mann den Römlingen aufgelauert und die wehrlosen Gesandten auf der Weiterreise attackiert,⁴⁶ wobei er sogar einen der beiden

---

39 Aleander mittlerweile in Köln an Leo X, 6. November 1520, in: RTA II, S. 460–461, Nr. 59D.
40 KALKOFF (1920), S. 263.
41 Beatus Rhenanus kann uns dagegen die ungemütliche Lage Aleanders in einem Brief an den berühmten Schweizer Gelehrten Bonifacius Amerbach (gest. 1562) aus Basel bestätigen. Auch er berichtet von der Anekdote mit dem Henker und dem Aufruhr in der Stadt (Rhenanus an B. Amerbach, 7. Januar 1521, in: ABK 2, S. 274–275: *Franciscus à Sickingen et Vlrichus Huttenus, imo nobiles vniuersi, huius causae patrocinium susceperunt. Aleander Mogontiae Lutheri libellos exussit. Priori die nihil fuit actum. Nam cum carnifex in suggestu stans quaesisset, num legitime damnatus esset is, cuius isti libri forent exurendi, respondit vniuersa populi multitudo nondum damnatum esse. Ad hanc vocem carnifex desiliit praefatus, se nihil e medio tollere nisi secundum leges riteque damnatum. Res tota versa fuit in risum et conuicia, quibus sic proscissus est Aleander, vt optarit istam se prouinciam nunquam suscepisse. Parum abfuit, quin lapidibus obrueretur; vocabant eum Iudaeum, proditorem, nebulonem et quid non. Postero die, cum omnia querelis impleret iniuriamque diceret Ro. pontifici factam, cuius edicta contemnerentur, effecit suis minis apud card. Mogontinum et canonicos, vt aliquot libelli in foro per vespillonem seu cadauerarium (nam carnifex hoc facere detrectabat) incenderentur, nemine spectante praeter pauculas mulierculas olera atque hoc genus nugas vendentes. Aeditum est in illum carmen amarulentum, quod aedibus, in quas diuerfcit, multis iam locis affixum noctu ferunt.* Vgl. BÖCKING I, S. 429; KALKOFF (1886), S. 10–11.
42 Die Beobachtungen, die Erasmus wohl Ende November in einem Brief sammelte, wirken dagegen recht übertrieben: Hutten belagere mit vierzig Begleitern die Straßen, um die Romanisten abzufangen, denen er Fehde angesagt habe. Vgl. ALLEN IV, Nr. 1166, S. 396–400; KALKOFF (1920), S. 262–263.
43 Jörg R. BERGMANN, Klatsch. Zur Sozialform der diskreten Indiskretion, Berlin u. a. 1987; DERS., Art. Klatsch, in: Historisches Wörterbuch der Rhetorik 10: Nachträge A–Z (2012), Sp. 447–458; Edmund LAUF, Gerücht und Klatsch. Die Diffusion der „abgerissenen Hand" (Hochschul-Skripten – Medien 31), Berlin 1990; Patsy DUNBAR, Grooming, Gossip and the Evolution of Language, Harvard 1996 bzw. in deutscher Sprache; DIES., Klatsch und Tratsch. Wie der Mensch zur Sprache fand, München 1998.
44 Vgl. ENENKEL/PETERS (2018).
45 Vgl. MIERAU (2011), S. 237.
46 Die Anzahl 40 deckt sich mit dem Bericht des Erasmus. Vgl. ALLEN IV, Nr. 1166, S. 396–400.

erstochen haben soll.[47] Casulano habe Aleander deshalb gewarnt, der mit eigenen Ohren gehört haben will, Hutten wolle Aleander einen üblen Empfang bereiten[48] – und das mit einer ganzen ‚Legion' an Rittern.[49] Auch von neuen Schriften Huttens soll er gehört haben.[50] In den Berichten des Nuntius nahm die Kampagne sogar das Ausmaß einer Verschwörungstheorie an. Noch im Dezember 1520 erklärte er aus Worms, dass er sich weniger vor der Abneigung der Bürger scheue als vor dem Komplott Huttens und seiner Freunde. Kürzlich hätten ihn auch die Bischöfe von Lüttich und Trier gewarnt, wenn er nicht auf der Hut sei, werde er Deutschland nicht glimpflich verlassen, da man eine Äußerung Huttens vernommen habe, der ihm wohl einen bösen Streich spielen wolle.[51] Aleander, der stets über die neuesten Publikationen seiner Gegner rasch und präzise unterrichtet war, machte keinen Hehl aus seiner Kampagne:

> Ferner hat der Schurke (*ribaldo*) Schriften gegen die Bannbulle und anderes ungereimtes Zeug veröffentlicht; das gedenke ich indessen bald alles den Flammen zu übergeben. Auch dieser Satyr, der Hutten, hat einen giftgetränkten Kommentar zur Bulle gegen den Papst geschrieben. Vier oder sechs Briefe hat er an den Kaiser und andere gerichtet, in denen er mich, doch ohne mich beim Namen zu nennen, vielfach angreift aus Anlass des ‚Breve', welches an den Erzbischof v. Mainz gerichtet wurde und von dem er sich ohne Vorwissen desselben durch jene verkappten lutherischen Räte eine

---

[47] Flugschrift in DRA II, S. 537–540 bzw. WALTZ (ZKG II [1878]), S. 117–188. Vgl. BÖCKING II, S. 89; KALKOFF (1920), S. 264–265.

[48] Aleander an den Vizekanzler Medici, etwa 14. oder 15. Dezember: *Dopoi giunto a Wormes sei o sette giorni, ritornó mes. Antonio Casulano el qual io havea mandato a Treveri con lettere del Rev^mo. elettore, et portó authentico documento della buona executione fatta in quella università, come a Colonia, con buona observantia de tutti; et perchè il detto Treverense ha li suoi Suffraganei nel paese di Lorena, io li donai aequivalente copie della bulla, quale lui promesse mandare omnino et curare reliqua. Ben mi consiliò che guardasse come io andasse per camino, perchè auribus suis havea udito da Hutteno che cercava farmi gran despiacere, dal che sforzerome guardare con lo adiuto di Dio* (Schon am fünften oder sechsten Tag nach meiner Ankunft in Worms kehrte Antonio Casulano, den ich nach Trier geschickt hatte, zurück mit Briefen vom Erzbischof [Richard v. Greifenklau v. Vollrath, 1511–1531] und notariellen Protokollen über die in Trier und Köln unter allgemeinem löblichem Gehorsam vorgenommenen Exekutionen. Ich hatte auch dem Erzbischof für seine Suffraganbischöfe auf lotharingischem Gebiet Kopien der Bulle zugehen lassen, die er wie das übrige zu befördern versprach. Er riet mir nun zu großer Vorsicht auf meiner Reise, da er mit eigenen Ohren eine Äußerung Huttens vernommen habe, der mir einen üblen Empfang bereiten wolle. Mit Gottes Hilfe gedenke ich mich davor zu bewahren). Vgl. BRIEGER (1884), Nr. 1, S. 17–22, hier S. 19; BALAN (1884), Nr. 11, S. 23–27, hier S. 25; KALKOFF (1886), Nr. 1, S. 10–16, hier S. 12.

[49] *Contro di noi sono una legione di nobili, conti di Alemagna poveri, duce Hutteno coniurati, qui sitiunt sanguinem cleri et non cercano altro si non irruere in nos* (Gegen uns erhebt sich eine Legion armer deutscher Edelleute, die nach dem Blut des Klerus dürstend und unter Huttens Führung am liebsten gleich über uns herfielen). Vgl. BRIEGER (1884), Nr. 2, S. 22–32, hier S. 27–28; BALAN (1884), Nr. 12, S. 27–34, hier S. 31; KALKOFF (1886), Nr. 2, S. 17–27, hier S. 19.

[50] Vgl. RTA II: Aleander an Medici, 14. Dezember aus Worms, in: RTA II, S. 768–769, Nr. 113.

[51] Vgl. KALKOFF (1886), S. 26.

Kopie verschafft hat. Dann hat er noch deutsche Schriften in Versen und in Prosa herausgegeben, denen der huttensche Ursprung auf der Stirn geschrieben steht. Jetzt sitzt er kaum eine Tagesreise von hier auf der Ebernburg, einem Schloss Franz von Sickingens, entfernt und lauert von dieser Warte aus darauf, welchen Weg ich wohl von Worms aus einschlagen werde. Diese Deutschen haben gewaltige Scheu davor, einen ihrer Ritter in Gewahrsam zu legen; auch ist der Kaiser ihm gar nicht grün. Wir werden auf dem Reichstag in jeder Hinsicht das Äußerste versuchen.[52]

Auch das Gefolge des Kurfürsten Friedrich von Sachsen brachte das Gerücht in den Umlauf.[53] Luther empfing die Nachricht hingegen erst aus den Spottschriften über die ‚Verdammungsbulle'[54] von Georg Spalatin[55] und reagierte in der Folge darauf sogar humorvoll mit dem Wunsch, dass Hutten doch den Aleander oder den Caracciolo möchte abgefangen (*intercepisset*) haben.[56] Johann von Weißenbach, ein herzoglicher Beamter, bemerkte ebenfalls, dass die Nuntien von Hutten ‚angerannt', etliche sagen sogar, erstochen worden seien.[57] Erst in einer späteren Überarbeitung dieser Flugschrift ist das Gerücht noch weiter aufgebauscht worden: einer der Gesandten sei bei Mainz von Hutten erdolcht worden, sein Geselle aber schwerlich davon gekommen. „Wenn Martinus solcher Gesellen viele hätte, würden die Romanisten wohl daheimbleiben und ihn in Deutschland zufriedenlassen".[58] So hatte diese Auseinandersetzung bereits viel Staub aufgewirbelt und Aleander den ‚Spieß' sozusagen ‚umgedreht'.

Im Anschluss an Aleanders Kampagne musste Hutten dann einen *shitstorm*[59] aus den eigenen Reihen ertragen. Er wäre ja bisher nichts als nur hin- und hergeritten mit einigen wenigen Getreuen und hätte ‚große Töne gespuckt'. So ärgerte sich beispielsweise Capito sichtlich über Huttens Passivität in Bezug auf dessen Drohungen, denn Hutten reagierte in einem Antwortschreiben, dass ihn

---

[52] *Altre opere in Alemana ha mandato fuora el predetto ribaldo contra la Bulla et non so che altre pattie, quali spero de brevi mandar a fuoco et fiamma, quanto più ne potrò haver. Hutteno Satyro ha fatto un commento sopra la Bulla pieno di verulentia contra Nostro Signore. Item quatro o sei Epistole ad Cesarem et alios, in quibus de me loquitur multis in locis suppresso tamen nomine, sumpta occasione dal Breve scritto al Maguntino, del qual hanno havuto copia inscio Cardinali per meggio, ut puto, delli oculti Lutherani, che servono a detto Segnor, del che non potrò far che non ne dica più de una parola. Ha dato fuora il detto Hutteno certi liri in rima et in prosa Alemanica, quales statim judices ex Hutteni officina prodiisse; lui è quì appresso ad meno di una giornata in un Castello di Francesco Sichinghen, in specula die quello si tratta quì, et per observar, che via io farò al parti die questa Dieta.* BRIEGER (1884), Nr. 2, S. 22–32, hier S. 31; BALAN (1884), Nr. 12, S. 27–34, hier S. 33–34; KALKOFF (1886), Nr. 2, S. 17–27, hier S. 19.
[53] Vgl. KALKOFF (1920), S. 264.
[54] ‚Dialogus Bulla' d. Johannes Caesarius, in: BÖCKING IV, S. 332–336.
[55] Luther an Spalatin, 15. November 1521, in: BÖCKING I, S. 426.
[56] LutherBr. 2, Nr. 352, S. 213, 8–9: *Gaudeo Huttenum prodiisse, atque vtinam Marinum aut Aleandrum intercepisset.* Vgl. SCHILLING (1988), S. 95.
[57] Vgl. KALKOFF (1920), S. 264.
[58] Vgl. WALTZ, in: ZFK 2 (1878), S. 126, Anm. 2. Der Brief Weißenbachs ist bei BÖCKING fälschlicherweise in das Jahr 1521 geraten: BÖCKING II, S. 89–90.
[59] STEGBAUER (2017).

diese häufig wiederholten Erwartungen der Freunde in dieser Sache peinigen werden. Er hätte es doch von Beginn an gewagt, nach seinem Vorsatz zu handeln, denn diese Ratgeber fingen an, ihm immer weniger zu gefallen.[60] Auch Hermann von dem Busche, ein guter Freund Huttens, berichtete ihm, dass er für nichts mehr brenne, als dass Hutten einen Handstreich gegen die Nuntien ausführen möchte (*si bellum faciendum est Curtisanis, his maxime faciendum est*), jedoch machten sich diese bereits über ihn lustig, da man erkannt habe, Hutten könne sehr wohl bellen, aber nicht beißen.[61] Jetzt lag das Momentum also wieder beim Reichsritter, die ‚Schlagzahl' zu erhöhen.

In einem Brief an Luther vom 9. Dezember 1520 übersandte Hutten ihm die ‚schnell hingeworfenen Glossen' zur Verdammungsbulle und kündigte gleichzeitig den Dialog ‚Die Bulle oder der Bullentöter' (‚Bulla vel Bullicida', erster Text der ‚Dialogi', Januar 1521) an.[62] Er schreibt:

> Vielleicht wärest du betrübt, wenn du meine Kämpfe hier sehen könntest; so wankelmütig ist die Treue der Menschen. Während ich neue Hilfstruppen zusammenziehe, ziehen sich die alten zurück.[63]

Ganz entgegen ihrem eigentlich eher kalkulierten, eher distanzierten Verhältnis[64] wurden Hutten und Luther dennoch in gemeinsamen Portraitdarstellungen als Paar inszeniert,[65] was nicht nur bei den Reformationsgegnern insgesamt, sondern auch bei Aleander gehörigen Eindruck schindete, wie dieser am 8. Februar des Jahres 1521 mitzuteilen wusste:

> Gestern sah ich auf ein und demselben Bild Luther mit einem Buch und Hutten mit der Hand am Schwert abgebildet sowie der schön verzierten Widmung: *Christianae libertatis propugnatoribus*. Jeder war zudem noch in einem Vierzeiler auf schönste Weise verherrlicht: den Hutten aber lässt er mit dem Schwerte drohen. Ein Adeliger zeigte mir dieses Bild, weitere Exemplare haben sich davon nicht gefunden. So weit ist es mit der Welt gekommen, dass diese Deutschen sich in blinder Verehrung um diese beiden Schurken drängen und sie zu Lebzeiten derart anbeten, diejenigen, die schamlos genug waren, eine solche Kirchenspaltung hervorzurufen, deren Worte der

---

60 Hutten an Capito, Spätsommer 1520, in: BÖCKING I, S. 365–366.
61 Hutten an von dem Busche, 5. Mai 1521, in: BÖCKING II, S. 63–65, Zitat S. 64.
62 Vgl. KALKOFF (1920), S. 266.
63 Hutten an Luther, 9. Dezember 1520: *Misertus profecto fueris, so videas conflictationes hic meas: ita est lubrica hominum fides. Dum nova contraho, deciscunt vetera.* BÖCKING I, S. 435–437, hier S. 435.
64 SCHILLING (1988), S. 87: „Betrachtet man das Thema unter dem Gesichtspunkt der Lebensläufe der beiden, so ist es freilich keineswegs ein Höhepunkt, sondern eine Randerscheinung." MEYER (1988), S. 258: „Die Ähnlichkeit der Angriffe und Reformandrohungen, die Luther in der Schrift ‚An den christlichen Adel deutscher Nation' (1520) im zuvor erschienenen Dialog ‚Vadiscus' erhob, hat die Frage aufgeworfen, inwieweit der Wittenberger Professor hier von dem humanistisch gebildeten Ritter beeinflusst worden ist. Gesehen haben sie sich nie."
65 Vgl. SCHILLING (1988), S. 101.

Nächstenliebe und dem Gebot des Evangeliums ins Gesicht schlagen und die den nahtlosen Rock Christi zerreißen. Und solchen Leuten bin ich in die Hände gefallen!⁶⁶

Luther dachte aber gar nicht erst daran, seine ‚christliche Freiheit' gegen eine ‚deutsche Freiheit' Huttens einzutauschen, und so brach der Briefwechsel der beiden ‚Vorkämpfer' (*propugnatores*) bereits im April 1521 ab.⁶⁷

Sehr früh hatte man von diplomatischer Seite schon Versuche angestellt, Hutten zur Ruhe zu bringen. So dokumentiert Aleander am 8. März 1521, man habe sich vor einiger Zeit mit Hutten in Verbindung gesetzt, der seitdem nichts mehr von sich hören ließe. Er habe ‚aus guter Hand' (*per bona via*) erfahren, man wolle Hutten, der gar mit Franz von Sickingen verschworen sei, in kaiserliche Dienste ziehen und auf diese Weise zum Schweigen bringen.⁶⁸ Als dann aber Karls Edikt gegen die lutherischen Bücher bekannt wurde, richtete Hutten am 27. März ein scharfes Abmahnungsschreiben und eine Warnung vor den Römlingen an den Kaiser.⁶⁹ Gleichzeitig erließ er je eine Invektive an die beiden Nuntien Aleander und Caracciolo und an die auf dem Reichstag versammelten Prälaten und schon am 25. März ein freundlicheres kurzes Schreiben an den Kardinal von Mainz, in dem er bedauerte, dem Erzbischof trotz seiner Verehrung entgegentreten zu müssen.⁷⁰ In einem Brief vom 8. April entschuldigte sich Hutten übrigens bei Kaiser Karl wegen des zu scharfen Tones des Sendschreibens vom 27. März.⁷¹ Dass Hutten zeitgleich auf der Ebernburg mit

---

⁶⁶ Aleander an Medici, 8. Februar 1521 aus Worms: *Hieri in un medesimo foglio viddi la imagine di Luther con un libro in mano et la imagine di Huten armato con la mano alla spada, et de sopra era in belle lettere ‚Chrᵉ. Libertatis propugnatoribus: M. Luthero, Ulrico ab Huten', desotto un Tetrastico a ciascheduno di bella sorte, ma quello di hutten minacciava della sua spada. Un gentilhuomo me mostrò tal immagine, ne se ne hanno più trovate altre. Vediamo a che è venuto il mundo, che questi Germani feruntur precipites ad adorare questi doi ribaldi in vita, et che vita! Come superba! Come causa die tanto schisma! Che non scriveno parola, qual non sii contra la carità del proximo et la legge evangelica per scinder la tunica inconsutile di Nostro signore Jesu Christo; in le mani di tali genti son condotto io!* Brieger (1884), Nr. 6, S. 46–57, hier S. 54; Balan (1884), Nr. 4, S. 97–105, hier S. 103–104; Kalkoff (1886), Nr. 6, S. 42–53, hier S. 51–52.

⁶⁷ Insgesamt sind fünf Briefe von Hutten überliefert. Vgl. Jaumann (2008), Sp. 1193.

⁶⁸ *Item alli dì passati hanno scritto ad Hutten qualche cosa, per la quale lui dopoi sempre ha taciuto, nè si sente più di lui come prima; et tengo certissimo, che loro non gli hanno imposto simpliciter silentio, ma solum detto, che lui taccia fin a tempo, che li manderanno, perchè ho **per bona via**, che già molti dì loro havevano deliberato dar partito ad Hutten et haverlo alli loro servitii; et così fu ordinato nel Consiglio, et dicono per tale via farlo tacer, perchè non è così facile o senza gran tumulto punir un gentilhuomo in Germania, maxime che habbi grande complicità come Hutten, et qual etiam è coniurato con Francesco Sichinghen, et poi impugna la causa della Chiesa, quo nihil gratius audire est apud tenir pacificata la Germania, dal che Sua Maestà non potria partir senon disconso.* Brieger (1884), Nr. 14, S. 92; Balan (1884), Nr. 54, S. 131–132.

⁶⁹ Böcking II, S. 38–46.

⁷⁰ Böcking II, S. 37–38.

⁷¹ Böcking II, S. 47–50.

kaiserlichen und päpstlichen Diplomaten⁷² verhandelte, wissen wir nur durch ein Schreiben Huttens vom 9. April, das Georg Spalatin an Kurfürst Friedrich von Sachsen sandte.⁷³ Lazarus Spengler bestätigte dies in einem kurzen Bericht indes aus Nürnberg, in welchem er eine Skizze der Reichstagsverhandlungen entwirft.⁷⁴ Der Humanist verzichtete nach seiner endgültigen Bannung durch das Wormser Edikt dann schlussendlich auch auf die kaiserliche Pension, da die darin gemachten Absprachen nichtig geworden waren.⁷⁵ Hutten musste in der Folge auch die Ebernburg verlassen und ohne publizistische Mittel weiterkämpfen, denn infolge des Ediktes war der Buchhandel der kirchlichen Zensur unterstellt worden. Kein Verleger wagte es daher mehr, Schriften von ihm drucken zu lassen oder auch nur zu vertreiben. Insgesamt fand der mit Waffengewalt ausgerufene ‚Pfaffenkrieg' (*bellum sacerdotale*) Huttens aber kaum breite Unterstützung.⁷⁶

2 Die sog. ‚Augsburger Sammlung' (1519): eine ‚Invektivfibel' für den Kaiser oder Schmähkritik in Text und Bild

2.1 Zur Übersicht des Sammelbandes: Hintergründe zu Huttens Romkritik (1512–1519)

Kurz vor dem Druck der ‚Steckelberger Sammlung' (Sept. 1519) gegen den Württembergischen Herzog erschien zu Beginn desselben Jahres schon einmal eine Invektivensammlung, die ebenfalls nach ihrem Druckort betitelt wurde: Die sog. ‚Augsburger Sammlung'.⁷⁷ Beide Publikationsorte werden funktional

---

72 Es waren Johannes (franz. Jean, gest. 1522) Glapion, Provinzial des Franziskanerordens sowie Beichtvater des Kaisers, und Paul von Armstorff, der als Kämmerer in kaiserlichen Diensten stand. Demnach waren die wichtigsten Protestgruppen des Reiches vertreten (Sickingen als Reichsritter; Hutten als lutherfreundlicher Humanist sowie Martin Bucer als lutherisch gesinnter Theologe). Vgl. Aleander an Medici, 15. April, in: RTA II, S. 848, Nr. 188. Von einer Einladung Luthers wusste Aleander jedoch nichts.
73 RTA II, S. 537–540, Nr. 78, nur Huttens Brief, in: ZfKG 2 (1878), S. 126–128 bzw. HZ 31 (1874), S. 189–191.
74 RTA II, S. 886–892; Nr. 210: „Die ‚Käsbettler, die schwarzen Predigermönche', sind auf den Kanzeln und sonst gegen Luther aufgetreten, sie haben Pfefferkorn dazu veranlasst, aufs Neue gegen Reuchlin zu schreiben; sie haben aber bisher nichts ausgerichtet, hoffentlich werden Sickingen und Hutten sie strafen. [...] Vorher schon hatte der Kaiser auf Veranlassung der Päpstlichen, aber, wie Spalatin hört, ohne Erfolg zu Hutten gesandt und ihm für die Unterlassung seiner Angriffe auf die Nuntien, Bischöfe etc. ein bedeutendes Jahrgeld anbieten lassen."
75 Aleander an Medici, 26. Mai 1521, in: RTA II, S. 948–949, Nr. 244.
76 Vgl. JAUMANN (2008), Sp. 1194.
77 Hoc in volumine haec continentur. |Vlr. de Hut|ten Eq. Ad Caesarem Maximil<ianum> vt bellum in Venetos | coeptum prosequatur. Exhortatorium. | Eiusdem ad Caes. Maximil. Epigram<matum> liber I. | [...]. Augsburg: Joh. Miller, 2. Jan. 1519. VD 16, H 6243; BÖCKING III, S. 205–270, Intervention für Reuchlin: BÖCKING I, S. 138–141, Auswahl mit

eingesetzt. Doch während der erste lediglich einen Druckort fingiert, so handelt es sich beim zweiten Beispiel um ein Werk aus einer damals realexistenten Offizin. Hutten konnte den bekannten Augsburger Buchdrucker Johannes Miller für sich und sein Vorhaben gewinnen. Augsburg deshalb, da die Gedichtsammlung Kaiser Maximilian I. als Dank für seine dortige Dichterkrönung vom 12. Juli 1517 gewidmet war, nach der Angabe in der Titeleinfassung wohl aber schon 1518 abgeschlossen wurde.

Die ‚Augsburger Sammlung' umfasst jedenfalls eine ganze Reihe verschiedenartiger Invektiven, die Huttens Erlebnisse während des ersten (1512–13) und zweiten (1515–16) Italienaufenthaltes thematisieren und manche davon auch schon Jahre zuvor als Einzeldrucke erschienen sind. So bildet beispielsweise seine ‚Exhortatio' (224 eleg. Distichen) von 1511 an Maximilian, ein frühes Gedicht, das nach eigenen Aussagen wohl auf der Reise von Wittenberg nach Wien entstanden sein soll und im Januar 1512 in den Druck kam,[78] in völlig überarbeiteter und erweiterter Fassung den Auftakt der Sammlung. Auch das ‚Germanengedicht' (‚Heroicum quod Germania nec virtute nec Ducibus ab Primoribus degenerauit', 1511/12, 146 Hex.) oder das Briefgedicht der ‚Italia' (1516, 128 Dist.), in dem die bedrängte Italia den Kaiser um militärische Unterstützung bittet,[79] tauchen hier in abgewandelter Form wieder auf. Vor allem die Beobachtungen zu seiner zweiten Italienreise verarbeitete Hutten zu zahlreichen Epigrammen, die auch deshalb später Berühmtheit erlangten, da sie der Gedichtanthologie ‚Coryciana' (1516) beigegeben wurden.[80] Weitere Epigramme handeln über den Zustand Roms (*ex vrbe missa*) oder eine angebliche Rauferei mit einigen Franzosen bei seiner Kur in Viterbo:

Übs. b. KÜHLMANN (1997), S. 174–191. Vgl. JAUMANN (2008), Sp. 1212–1214; BENZING (1956), Nr. 89–90.

[78] Ad divum Maximilianum Caesa. | Aug. F. P. bello in Venetos euntem, Vlrici | Hutteni Equitis, Exhortatio. | [...]. Wien: Hieronymus Victor u. Joh. Singriener, Jan. 1512. VD 16, H 6242; BÖCKING III, S. 126–160 u. S. 331–340. Vadians Widmungsbrief: BÖCKING I, S. 22–25 bzw. Vadian-Br. III, Nr. 119. Vgl. JAUMANN (2008), Sp. 1204; BENZING (1956), Nr. 37.

[79] Epi|stola ad | Maximili=|anum Caesarem | Italie fictitia. | Hulde=|richo | de Hutten equ. Authore. [Straßburg: Matth. Schürer, 1516]. VD 16, H 6258; BÖCKING I, S. 105–113. Vgl. JAUMANN (2008), Sp. 1206–1207; BENZING (1956), Nr. 50–51.

[80] Vgl. Francesca PELLEGRINO, Elaborazioni di alcuni principali ‚topoi' artistici nei ‚Coryciana', in: Ulrich PFISTERER u. Max SEIDEL (Hgg.), Visuelle Topoi. Erfindung und tradiertes Wissen in den Künsten der italienischen Renaissance (Italienische Forschungen des Kunsthistorischen Instituts in Florenz, Max-Planck-Institut 4,3), München u. a. 2003, S. 217–262.

Abbildung 33: ‚Augsburger Sammlung' (1519): Titelblatt; sog. Petrarca-Meister.

‚Exhortatio' an Maximilian *(jetzt 389 Distichen)*
‚Epigrammatum liber unus' *(151 gesammelte Epigramme über 1. Italienreise)*
‚De piscatura Venetorum heroicum' *(138 Hex.)*
‚Marcus heroicum' *(134 Hex.)*
‚Germanengedicht' *(jetzt 183 Hex.)*
‚Epistola Italiae' an Maximilian *(jetzt 128 Hex.)*
‚Responsoria ad Italiam Maximiliani Caesaris avtore Helio Eobano Hesso Germano' (fingiertes Antwortschreiben d. Hessus, 170 Dist.)
‚Pro Ara Corytiana quae est Romae Epigrammata' *(Epigramme des Jahres 1516 aus Rom)*
‚Ad cardinalen Hadrianum virum doctiss. et Germanorum in urbe patronum pro Capnione intercessio' (Intervention für Reuchlin, 50 Dist.)

Mit Hilfe der Inhaltsübersicht auf dem Titelblatt lassen sich relativ einfach die älteren Texte bestimmen, die in überarbeiteter Fassung mitaufgenommen wurden (**Abb. 33**, *kursiv*). Sie zeigen, dass man bei Hutten in Bezug auf seine Rompolemik wohl schon früher ansetzen muss. Bemerkenswert ist nur, dass Texte reaktiviert worden sind, die Huttens zweischneidiges Programm gegen die Romanisten einem breiten Publikum verdeutlichen sollten. Während das ‚Germanengedicht' Huttens ‚deutschen Nationalismus' über Tacitus und dessen

‚Germania' herzuleiten versuchte, so handelt es sich bei den restlichen Stücken um scharfe Invektiven gegen den päpstlichen Stuhl, wie auch insgesamt sich der Sammelband aus verschiedenartigen Invektiven gegen die Venezianer, Franzosen und Römer speist, auf die noch einzugehen ist. Freilich konnte Heiko WULFERT daher auch über diese früheren Texte Huttens die ersten antirömischen Tendenzen Huttens festmachen. Sie seien wohl vor allem als literarische Reaktion auf seine persönlichen Erlebnisse in Italien zu verstehen, dem zweifelsohne beizupflichten ist.[81] Papstkritische Äußerungen finden sich vor allem in der ‚Epistola Italia'[82], in den Epigrammen an Maximilian,[83] in ‚Ad Crotum romanum',[84] in der Satire ‚In tempora Iulii'[85] und in Huttens Epitaph für Julius II.[86] WULFERTS Überlegung ist daher insofern richtig, als sich die Texte auch mit der Biographie des Humanisten und den Informationen aus den beiden Widmungsbriefen decken, greift aber dahingehend zu kurz, als die Texte aufgrund der erneuten Publikation wohl nur als Teil einer größeren Kampagne zu verstehen sind, die ihre Dynamik jederzeit ändern konnte. Freilich kleidete Hutten die Werksammlung in einen paränetischen Mantel. Sie sollte dem Kaiser als Lesebuch dienen, anhand dessen der Herrscher anhand von Negativbeispielen lernen soll. Gleichzeitig wollte er sich der eigenen humanistischen *peer group* beweisen. Die Invektive schien also auch hier der geeignete Kitt zu sein, diese Dynamik zu gewährleisten.

2.2 Versteckte Kritik: Die Invektiven gegen das Papsttum und den ‚Kriegerpapst' Julius II.

Ulrich von Hutten erreichte im Frühjahr des Jahres 1512 das erste Mal Italien. Zu diesem Zeitpunkt residierte zwar Papst Julius II. noch in der ‚Ewigen Stadt', dieser starb aber bereits am 21. Februar 1513. Gegen dessen Nachfolger, Leo X. (1513–1521), waren aber weder in der ‚Augsburger Sammlung' noch in früheren Texten namentlich adressierte Invektiven gerichtet, sondern ausschließlich gegen den verstorbenen Julius. Durch die Strategie des verdeckten Angriffes entging Hutten wohl nicht nur der direkten Zensur seiner Werke, sondern schaffte es ebenso, seine grundlegende Kritik an den römischen Praktiken an ein gelehrtes, europaweites Zielpublikum zu formulieren. Für diese Kritik schien der kriegerische Julius II. sowieso als exzellentes Negativbeispiel für die Invektiven zu dienen.

---

[81] WULFERT (2009), S. 64–70.
[82] BÖCKING I, S. 106–113.
[83] BÖCKING III, S. 204–268.
[84] BÖCKING III, S. 278–283.
[85] BÖCKING III, S. 269–270.
[86] BÖCKING III, S. 270.

Auch Huttens Kollegen machten aus dem ‚Kriegerpapst' Julius oftmals die Projektionsfläche ihrer Papstkritik. So fand Hutten beispielsweise in der ‚Laus stultitiae' des Erasmus sein persönliches literarisches Vorbild für das Sinnbild des Kriegerpapstes. Erasmus selbst formulierte seine schärfste Polemik gegen den bereits verstorbenen Pontifex aber schon weitaus früher, etwa im Dialog ‚Julius exclusus e coelis' bzw. im Epigramm ‚In Iulium II'. Hutten fand wohl für beide Texte Verwendung, da sich Grundzüge nachweisen lassen.[87]

Die Epigramme sind zwischen 1516 und 1518 als Reflexion seiner Italienaufenthalte und späterer Erlebnisse entstanden und Maximilian zugedacht. Die ersten zehn Epigramme dienen als Einleitung der Sammlung.[88] Die nachfolgenden sind dann den jeweiligen Gegnern des Kaisers gewidmet. So wenden sich Nr. 11–64 gegen Venedig,[89] Nr. 78–118 gegen Frankreich[90] und Nr. 134–150 gegen Julius II. selbst.[91] Auch wenn es sich bei letzteren „um persönliche Invektiven handelt, wandeln einige Epigramme bereits ansatzweise die humanistische Rom-Idee ab."[92]

Den Auftakt macht das Epigramm mit dem Titel ‚De Iulio II pontifice maximo orbem christianum in arma concitante' (134: ‚Über den größten Papst Julius II., der die ganze Christenwelt in Harnisch bringt'),[93] das in Symbiose mit dem aufwendigen Holzschnitt und den nachfolgenden Texteinheiten vor allem eines deutlich machen soll: Der Papst sei ein Feind Deutschlands, der entgegen aller Amtswürde zu den Waffen greife und weltliche Heere befehle. Hutten nennt die Völker Europas: Italiener, Spanier, Deutsche, Franzosen, Venezianer, Engländer und Schotten, die sich gegenseitig auslöschen, anstatt den gemeinsamen türkischen Feind zu bekämpfen. Diesen Gedanken führen die beiden folgenden Epigramme (135: ‚De gladio Iulii'; 136: ‚De eodem')[94] dann aus, indem sie Papst Julius II. in direkte Relation zu Petrus, dem vermeintlichen ‚Vorzeigepapst', setzen.

‚De Gladio Ivlii.' (135)
Ille sui longo successor in ordine Petri
More novo tantas res agit et studio:
Nam neque pro populis orat pacique relictus,
Quod faceret Petrus, sacra fidemque docet:
Vetrum bella movet, gerit arma et sanguine gaudet.

---

[87] Vgl. WULFERT (2009), S. 88–90.
[88] Vgl. BÖCKING III, S. 207–211.
[89] Vgl. BÖCKING III, S. 212–231.
[90] Vgl. BÖCKING III, S. 231–252.
[91] Vgl. BÖCKING III, S. 260–267; WULFERT (2009), S. 85–86.
[92] Achim AURNHAMMER, Vom Humanisten zum »Trotzromanisten«. Huttens poetische Rom-Polemik, in: Martin DISSELKAMP, Peter IHRING u. Friedrich WOLFZETTEL (Hgg.), Das alte Rom und die neue Zeit. Varianten des Rom-Mythos zwischen Petrarca und dem Barock, Tübingen 2006, 153–169, hier S. 156.
[93] BÖCKING III, S. 260–261.
[94] BÖCKING III, S. 261–262.

Nimirum Paulum praetulit ille Petro:
Paulus habet gladium, sed non ferit, occidit illo;
At malus hic multis intulit exitium.

‚Vom Schwert des Julius.' (135)
Jener, der Petrus in so langer Reihe gefolgt ist,
geht mit Eifer so viele Dinge ganz anders an:
Denn weder betet der ‚Friedensapostel' für die Völker,
noch lehrt er den Glauben und die heiligen Riten, wie es Petrus täte:
Er begeistert Euch für Kriege, er führt selbst die Waffen und erfreut sich am Blut.
Er hat lieber den Paulus dem berühmten Petrus vorgezogen:
Paulus hat das Schwert, doch führt er es nicht, um damit zu töten.
Aber dieser Schurke hier hat schon vielen damit den Untergang gebracht. [MK]

Statt der priesterlichen Schlüsselgewalt gebrauche Julius, so Hutten, die Gewalt des Schwertes. Eigentlich gehöre das Schwert als Attribut doch dem Apostel Paulus, dessen Martyrium ja bekanntlich durch solches vollzogen wurde. Den Anforderungen an den heiligen Petrus werde Julius aber in keinster Weise gerecht, da er seinen Anspruch und seinen Namen, ähnlich wie in Erasmus' ‚Iulius exclusus e coelis',[95] von Julius Cäsar ableitete:

‚De Ivlii perfidia.' (137)
Iulius, a Phrygio qui legit nomen Iulo,
et cui nunc rerum contigit esse caput,
discite quos tanto dederit cum nomine mores,
quo iure assaricis adnumeretur avis.
In dubios casus avidum cum Caesare Gallum,
Abstulit, ablatos deseruitque cito.
Non servasse fidem destructae infamia Troiae est,
A Troja in nostros hoc trahit ille dies.
Neptuno Phoeboque Phryges[96] promissa negarunt,
Exemplo geminos fallit et ille duces.
Perfida bis veteris ceciderunt Pergama Troiae,
At quando, aut quoties perfidus ille cadet?
Una luit, decimum dum bellum ducit in annum,
Laomedonteam[97] Graecia classe fidem.
At feret hunc Gallus, feret hunc Germania pugnax,
Callida dispositio pacta ferire dolo?[98]

---

[95] Vgl. WULFERT (2009), S. 91.
[96] Phryges (Φρύγες), die Phrygier, die Bewohner der Landschaft Phrygien, berühmt als geschickte Goldsticker, aber wegen ihrer Trägheit u. Dummheit verachtet. Vgl. Cic. de div. 1, 92; de legg. 2, 33; Plin. 8, 195; GEORGES 2 ([8]1918), Sp. 1695–1696.
[97] Laomedon (Λαομέδων), König in Troja, Vater des Priamus. Vgl. Ov. met. 11, 196 sqq.; Hor. carm. 3, 3, 22. Hyg. fab. 89 u. 250. Daher bedeutet *laomedonteus* auch laomedonteisch bzw. daher abstammend. In der Poetik kann es auch sinnbildlich für die Trojaner stehen. Vgl. GEORGES 2 ([8]1918), Sp. 558.
[98] BÖCKING III, S. 263.

‚Von der Treulosigkeit des Julius.' (137)
Julius, der den Namen vom phrygischen Julus[99] annahm,
und nun die Spitze der Welt berührt hat,
lernt ihr nun, welche Lebensart er sich mit diesem Namen gab,
und so in die Ahnen der Assaraker[100] einreihte.
Im Zweifelsfall schafft er zusammen mit dem Kaiser den gierigen Franzosen fort.
Doch auch diese hat er schnell im Stich gelassen.
Mit der Schande des zerstörten Troja hat er den Glauben nicht gerettet,
an jenem Tag hat er diese (Schande) aber von Troja aus unter uns gebracht.
Schon die Phrygier haben die Versprechen an Neptun und Apoll verweigert,
Gemäß diesem Beispiel betrog er die beiden Anführer zugleich.
Zweimal ist die treulose Burg Trojas in den vergangenen Zeiten gefallen,
wann und wie oft wird aber dann dieser Treulose hier fallen?
Mit der Flotte allein hat Griechenland, während es zehn Jahre Krieg in dieser Sache geführt hat,
die ‚trojanische Treue' (den Verrat) fortgespült (gerächt).
Aber was wird der Franzose noch erdulden, was der kampfeslustige
Deutsche,
dass dieser die Abmachungen mit solcher List verletze? [MK]

Dieses Epigramm liest sich zusammen mit dem Appell des nachfolgenden Gedichtes, das ‚an alle christlichen Fürsten' gerichtet ist (‚Ad principes christianos, 138),[101] wie eine ernste Mahnung an den Kaiser. Der Kaiser halte niemandem die Treue und schließe Bündnisse nach reiner Willkür. Ebenso wirft Hutten den Fürsten vor, dass es derart beschämend für sie sei, sich von einem solchen Kriegstreiber, dem Papst, gegeneinander aufwiegeln zu lassen, anstatt sich gemeinsam dem eigentlichen Feind, dem Türken, zu stellen. Gleichzeitig bedient sich Huttens Polemik hier einer mythologischen *interpretatio nominis*, indem er Julius auf den ‚phrygischen Iulus', den Sohn des Äneas, zurückführt. Abweichend von der Originalerzählung deutet Hutten jedoch die übliche Interpretation des Mythos um. Er diskreditiert die römische Indienstnahme Trojas vor allem dann, wenn er den Parteien einen Treuebruch vorwirft. Julius handele wie einst der Trojaner, der Neptun und Apoll nicht den angemessenen Tribut zollte, als er Deutsche und Franzosen gleichermaßen hinters Licht führte. Nach dem Vorbild der Zerstörung Trojas durch die Griechen sollen nun die beiden Verratenen die Hinterlist des ‚neuen Troja' rächen.[102] An dieser Stelle suggeriert Hutten zwar bereits Gewaltbereitschaft, expliziert diese aber schon einige Epi-

---

[99] Iulus ist der Sohn des Äneas, sonst wird er auch Ascanius genannt. Vgl. Verg. Aen. 1, 267 u. 288.
[100] Assaracus (Ἀσσάρακος), Sohn des Tros, Vater des Kapys, Großvater des Anchises u. Bruder v. Ganymedes u. Ilus. Vgl. Ulrich HOEFER, Assarakos 1. In: RE II,2 (1896), Sp. 1741–1742.
[101] BÖCKING III, S. 263–264.
[102] Vgl. AURNHAMMER (2006), S. 156.

gramme später in einer Metainvektive über einen angeblich allgemein bekannten Witz über den Papst, der sich wie ein Kaiser gebärde:

‚De Iulio Allusio' (141)
Iulius est Romae, quis abest? Date, numina, Brutum!
Nam quoties Romae est Iulius, illa perit.[103]

‚Von einem Julius-Witz' (141)
Wer fehlt, wenn Julius in Rom herrscht? O gebt mir, oh Götter, einen Brutus!
Denn immer wenn ein Julius in Rom an der Macht ist, geht die Stadt zugrunde. [MK]

Die Epigramme 147–149 (‚In Iulium', ‚De Iulio' u. ‚Ad Iulium')[104] erinnern nicht nur wegen ihrer Titel an die eigentliche Invektivrede *ad personam*, sondern auch an den starken Kontrast zwischen Anspruch und Lebensführung des vermeintlichen Oberhirten. „Dieser Papst könne den Himmel nicht öffnen, nachdem er am Tod so vieler Menschen schuldig geworden ist. Ja, die Welt muss sich vielmehr, erschüttert von seinen vielen Verbrechen, von ihm abwenden. Eigentlich müsste ein Papst allein durch sein Gebet und sein Wort die Welt unterweisen und lenken. Doch Julius setzte sein Vertrauen auf Soldaten und Kanonen."[105]

Der weiter hinten in der Sammlung stehende Gedichtzyklus ‚De statu Romano' (‚Über den [sittlichen] Zustand Roms') bietet uns weiterhin 15 lateinische Epigramme, die Hutten 1516 direkt aus Rom an seinen Erfurter Kollegen Crotus Rubeanus gesandt hatte.[106] Ihm ist auch die Pointe gewidmet, wenn Hutten ihn von einem Rombesuch abzubringen versucht. Rom ist hier freilich als Topos zu verstehen, der für den sittlichen und moralischen Verfall der päpstlichen Kurie stehen kann. Die Stadt Rom ist zerfallen, sowohl bezogen auf die einst mächtigen Mauern, als auch moralisch gedeutet auf ihre Lebensführung.[107] Während das ruinöse Rom des Altertums nur als das Kontrastbild für den Luxus und die Prahlerei des Pontifex dienen soll, so ist gerade in diesen Epigrammen der Rückbezug zur Antike an vielen Stellen mehr als deutlich. Hutten bereitet seine Epigramm-Invektiven gegen Julius II., also die hoch poetisierte Kritik an den säkularen Praktiken der Päpste, wieder neu in dieser Textsammlung auf und ergänzt sie mit weiteren, nachdem er beide Zyklen bereits während seiner Aufenthalte in Italien und auch in Rom (1516) viele Jahre zuvor formuliert hatte. Freilich wollte er durch den starken Bezug zum Altertum und das Bedienen verschiedener Textsorten auch der humanistischen *peer group* zeigen, wie variabel sein Schreibstil mittlerweile geworden war und dass sein guter Ruf in der Poetik nicht von ungefähr kam. Durch die Einbet-

---

[103] BÖCKING III, S. 265.
[104] BÖCKING III, S. 266–267.
[105] WULFERT (2009), S. 92–93.
[106] BÖCKING III, S. 278–283.
[107] Vgl. AURNHAMMER (2006), S. 157–160.

tung der Texte in einen invektiven Kontext und die Zueignung an Maximilian lesen sich die besprochenen Gedichte aber vor allem als scharfe Mahnung an die politischen Kräfte. Bei derart ausgefeilter Sprachkunst muss man jedoch insgesamt einräumen, dass die adressierte Corona allerdings recht überschaubar geblieben sein musste. Immerhin galt es, die Kritik der Gedichte erst einmal zu verstehen.

Huttens ‚Satyra' auf die Zeiten Julius II. sowie das für denselben verfasste Epitaph beschließen das erste Buch. Beide Texte sind von derselben romfeindlichen Kritik getragen wie die Epigramme, richten sich aber an ein breiteres Publikum. Vor allem der Witz soll hier deutlich werden, weniger Huttens Eloquenz. So richtet er sich gegen Ende seiner Satire beispielsweise direkt an die Bürger des Reiches, indem er nun auch von ihnen fordert, die Unwürdigkeit des Papstes anzuerkennen.[108] Das ‚Amt der Schlüssel', das Patrimonium Petri, sei nutzlos und liege in der Hand eines verbrecherischen Vertreters. Huttens Folgerung lautet demnach nicht nur, den (amtierenden) Papst abzulehnen und einen ‚Schwätzer' (*bulla*, wörtl. leere Blase, auch: päpstliches Diplom) zu schelten, sondern vielmehr das Papsttum mit seinem geistlichen und weltlichen Anspruch anzugreifen. Den Wortwitz mit der *bulla* formulierte Hutten zum Abschluss der Anthologie dann noch einmal sinnbildlich mit einer fingierten Grabinschrift auf den verstorbenen Papst Julius II. um:

> ‚Ivlii II. ligvris pontificis maximi epitaphivm Hvtteno avtore'
> Hoc tegitur tumudo pastor lupus, ille, solebat
> Vendere qui bullas, ipseque bulla fuit.[109]
>
> ‚Epitaph Julius' II., des größten ligurischen Papstes, von Hutten verfasst.'
> ‚Pastor Wolf' wurde auf dem Hügel hier begraben, jener, der es pflegte,
> Bullen zu verkaufen, obwohl er selbst nur eine leere Blase war. [MK]

Die Invektiven auf den verstorbenen Papst dienen, wie besprochen, der verdeckten Kritik an den, so zumindest Hutten, moralisch verwerflichen Praktiken des Papsttums und seiner Anführer. In der ‚Epistola Italia',[110] einem fingierten poetischen Brief an Maximilian, klagt hingegen die personifizierte Italia selbst über den Kaiser, der seine Rechte als ‚römischer Kaiser' versäumt habe und diese doch endlich wahrnehmen solle. Sie sieht sich umzingelt von Franzosen

---

[108] BÖCKING III, S. 270: *Quin animum capimus, cives, ad nosque redimus, / et rete atque pie viventes summa putamus / regna deum nobis cessura, ipsosque beatos / et sanctos fieri, quos non sanctissimus ille, / verum opera ipsa beant; eademque superna recludunt, / haud claves, nullum quas hic veterator in usum / ostendit iactatque in simplici turba* (Leben wir nun nach dem Geist, ihr Bürger, und kehren zurück zu uns selbst, glauben wir auch, dass Gott das höchste Reich denen wird öffnen, die da gerecht und fromm ihr Leben geführt, ja dass selig und heilig wir werden, die nicht von jenem ‚Superheiligen', sondern durch Werke beseligt; nur sie erschließen den Himmel, nicht die Schlüssel, die nutzlos hier der alte Betrüger vorzeigt dem Volk und sich damit vor einfältigem Pöbel rühmt).

[109] BÖCKING III, S. 270.

[110] BÖCKING I, S. 106–113.

und vor allem Venezianern.[111] Die Kritik richtet sich in diesem Briefgedicht aber schon deutlicher an Julius' Amtsnachfolger Leo X. Hutten schreibt, Rom selbst solle unter dem Joch des ‚wucherischen Florentiners' am meisten gelitten haben.[112]

2.3 Von Löwen und Fröschen: Die Invektiven gegen die Venezianer und Franzosen

Schon in der Ausgabe der ‚Exhortatio' von 1511 trat Hutten „erstmals als politischer Schriftsteller [hervor]. Der Kaiser solle den falschen Friedensbeteuerungen der Venezianer nicht nachgeben."[113] Hutten mahnte den Kaiser also schon acht Jahre zuvor zum Krieg gegen die Inselrepublik, wobei seine Sache schon früh ein größeres nationales Anliegen hatte.[114] Die Invektiven der ‚Augsburger Sammlung' (1519) sollten diesen Zweck später weiter veranschaulichen, jedoch mit weitaus schärferen Invektiven. Erneut machte Hutten von der Strategie Gebrauch, private Erlebnisse und Schmähungen zum nationalen Pathos zu erhöhen, wie wir es schon von den ‚Lötze-Klagen' bzw. der Auseinandersetzung mit Herzog Ulrich von Württemberg kennen. Hier sind sie aber vor allem als Reflexion seiner zweiten Italienreise (1515/16) zu verstehen. Werfen wir also zunächst einen biographischen Blick zurück zu den Erfahrungen Huttens in Rom und den Epigrammbeispielen.

Seit Januar 1516 weilte Hutten nachweisbar in Rom.[115] Durch die Empfehlung des Erasmus gelangte Hutten dann auch recht rasch in den römischen Humanistenzirkel um Johann Goritz (Corycius). Der fränkische Ritteradlige amtierte dann wohl sogar als Syndikus der deutschstudentischen ‚Natio', bevor ihn eine schwere Fiebererkrankung zur Kur ins nahe gelegene Bullicame bei Viterbo zwang.[116] Dort soll er nach den eigenen Angaben seiner Epigramme in eine Kneipenschlägerei mit fünf Franzosen verwickelt worden sein. Einen habe er eigenhändig niedergestochen, er selbst aber nur einen Kratzer an der Wange davongetragen.[117] Aus dieser kleinen, vielleicht fingierten, Anekdote strickte Hutten erneut eine Angelegenheit von nationaler Tragweite.[118] Von Juli 1516 bis Mai 1517 ging es für den rastlosen Humanisten weiter nach Bologna, das er

---

[111] Vgl. Fidel RÄDLE, Ulrichs von Hutten lateinischer Kampf gegen Rom, in: Nikolaus STAUBACH (Hg.), Rom und das Reich vor der Reformation (Tradition – Reform – Innovation 7), Frankfurt a. M. u. a. 2004, S. 289–302, hier S. 297–299.

[112] BÖCKING I, S. 108: *Thuscus honoratam tenet usurarius urbem / Tota Fluentino est prodita Roma dolo.*

[113] JAUMANN (2008), Sp. 1204.

[114] Vgl. Lewis JILLINGS, The Eagle and the Frog. Hutten's Polemic against Venice, in: Renaissance Studies 2 (1988), S. 14–26, hier S. 15.

[115] Vgl. MATHEUS 2020, S. 73–85; DANIELS/REHBERG (2021).

[116] Vgl. JAUMANN (2008), Sp. 1189–1190.

[117] Vgl. BÖCKING III, S. 280–282.

[118] Vgl. JILLINGS (1988), S. 16.

gut kannte. Dort studierte er eifrig die griechischen Klassiker wie Thukydides oder Aristophanes. Die neugewonnenen philologischen Erkenntnisse flossen sogleich in die Invektiven gegen die ‚Händlerrepublik' Venedig ein.

Die Texte der ‚Augsburger Sammlung' und vor allem die Epigramme lassen sich also nur im Spiegel der Erfahrungen, die Hutten in Italien gemacht hatte, interpretieren. Vordergründig sollte Kritik an den großen politischen Mächten seiner Zeit, auch am Kaiser, geübt werden. Die Angriffe sind erneut geschickt in Gedichten und Fabeln verpackt. Die größte Auffälligkeit besteht jedoch darin, dass die politischen Akteure, die kämpfenden Mächte des 16. Jahrhunderts, metaphorisch als Tierfiguren gekennzeichnet werden. Zudem sind der Sammlung zahlreiche Holzschnitte beigegeben, die die ‚Nationenfabel' Huttens visuell unterstützen sollen, um so auch das Verständnis der Texte zu erleichtern. Denn die vielen (invektiven) Textsorten dieser klugen Textanthologie lassen sich durch die Lektüre alleine auch gar nicht verstehen. Sie interagieren vielmehr mit den Bildformeln der Holzschnitte. Auch der *invective mode* wird erst durch die Verknüpfung des Bildes mit dem Epigramm deutlich. Doch der Reihe nach:

Abbildung 34: Der Kaiser als imperialer Adler (Hutten, Augsburger Sammlung (=AS), fol. E 2v).

Der Kaiser wird ‚standesgemäß' als imperialer Adler vorgestellt (**Abb. 34**), der Hahn symbolisiert Frankreich, der Wolf steht für den Papst, während Venedig sowohl durch den Löwen als auch durch den Frosch figuriert wird. Es handelt sich zum einen um heraldische (Adler, Markuslöwe), zum anderen aber auch um mythologische (Wolf) Motivhintergründe. Das traditionelle Sprachspiel, Frankreich etymologisch vom gallischen Hahn (*gallus*) her abzuleiten, war zu

Beginn des 16. Jahrhunderts noch weitaus gängiger als heute. Die Idee mit den Fröschen hingegen stammt möglicherweise aus dem dritten Buch der Epigramme Martials[119] oder aus der pseudohomerischen ‚Batrachomyomachia' (‚Der Froschmäusekrieg').[120]

Wie besprochen, richten sich die Epigramme mit den Nummern 11–64 gegen Venedig, 78–118 hingegen gegen Frankreich. Doch schon vorher wird der Leser zu Beginn der Anthologie in die Tiermetaphorik eingeführt. Die Gedichte ‚De Aqvila.' (‚Über den Adler', 3 u. 6) und ‚De eadem.' (‚Über denselben', 7) stellen den Kaiser, auch mithilfe des kunstvollen Holzschnittes, als fliegenden Adler vor, der durch das lange Treiben in der Luft das Geschehen am Boden, so zumindest Hutten, schon lange aus den Augen verloren habe. Subliminal schwingt des Humanisten Kritik auch an der kaiserlichen Politik mit, wobei die Hauptschuldigen vordergründig doch eher mit Frankreich und Venedig zu identifizieren seien:

> ‚Ad aqvilam de motv caesaris' (8)
> [...]
> Quaesiit ex Aquila,
> Rettulit illa viro: causam illinc Gallia pugnax
> Praebuit, hinc Veneti;
> Saepe quidem Venetis, quanquam exagitata, peperci,
> cum peterent veniam;
> at Gallos etiam meritis et viribus auxi:
> non retulere vicem.
> Vix ea commemorans totas consurgit in alas,
> nunquam ita terribilis;
> cui se tot populi iuxta passimque sequuti
> applicuere duces:
> hen male consultum Venetis Galloque ruenti,
> Quos necat iste furor![121]

> ‚An den Adler über die Beweggründe des Kaisers' (8)
> [...]
> Das wollte er [der Kaiser] vom Adler wissen:
> Dieser erwiderte ihm: „Grund gab mir zum einen das kriegerische Frankreich,
> zum anderen die Venezianer;
> Oft schon habe ich die Venezianer verschont, obwohl sie mich reizten,
> immer dann, wenn sie um Gnade ersuchten.
> Sogar die Franzosen habe ich auch mit reichlich Verdiensten und Männern ausgestattet,

---

[119] Vgl. Mart. III, 93; X, 37; X, 79.
[120] Vgl. JILLINGS (1988), S. 17–18.
[121] BÖCKING III, S. 209–210.

obwohl sie keine Gegenleistung erbracht haben."
Kaum als er [der Adler] fertig berichtet hatte, so erhebt er sich mit ausgebreiteten Flügeln,
so etwas Ungeheuerliches gab es noch nie.
Dem beinahe alle Völker weit und breit zu folgen begannen,
auch die Fürsten haben sich angeschlossen.
Hach, wie schlecht wären die Franzosen und Venezianer beraten, jetzt davonzueilen.
Dieser unbändige Zorn wird diesen den Untergang bringen. [MK]

Abbildung 35: Der Frosch (Venedig) und der Adler (Kaiser) im Disput. (AS, fol. F 3r).

Dem kaiserlichen Emblem des Adlers wird in den Folgeinvektiven der ‚adriatische' Frosch Venedigs gegenübergestellt (**Abb. 35**).[122] Vor allem in den Gedichten ‚De Venetorvm petvlantia.' (‚Von der Frechheit der Venezianer', 22)[123], ‚De odioso Venetorvm imperio.' (‚Von der verhassten Herrschaft der Venezianer', 24),[124] ‚In Venetos' (‚Gegen die Venezianer', 27)[125] oder ‚De Perfidia Venetorum' (‚Von der Treulosigkeit der Venezianer', 31)[126] kommen Huttens Abneigungen

---

[122] BÖCKING III, S. 217: ‚De bello Veneto' (‚Vom Venezianischen Krieg', 23): *Fractaque in Adriaca Rana latebit aqua* (Und die Frösche werden wieder in die Adria zurückkriechen) oder BÖCKING III, S. 221: ‚De pvgna Mediolanensi in Venetos.' (‚Vom Mailändischen Krieg gegen die Venezianer', 35): *Gaudet et in patria rana triumphat aqua. [...] Perpetuum non est hoc tibi, rana, bonum* (Der Frosch freut sich jubelnd am heimischen Gewässer. [...] Aber nicht immer wird es dir, lieber Frosch, so gut gehen).
[123] BÖCKING III, S. 217.
[124] BÖCKING III, S. 217–218.
[125] BÖCKING III, S. 219.
[126] BÖCKING III, S. 220.

gegen die Inselrepublik deutlich zur Sprache. Auch das vermeintliche Kräfteverhältnis soll eindrucksvoll durch den Holzschnitt untermauert werden.

Abbildung 36 : Der Adler (Kaiser) ‚rupft' den ‚Gallischen' Hahn (Frankreich). (AS, fol. I 4v).

In ähnlich scharfem Ton geht es dann bis zu den Invektiven gegen die Franzosen kontinuierlich weiter, die durch den Hahn figurativ in Erscheinung treten (**Abb. 36**). Im Epigrammbuch folgen nun bis zu den antijulianischen Invektiven zahllose spöttische Kleingedichte gegen die französische Außenpolitik in Italien, wie die Epigramme ‚Galli iactatio' (‚Der Wankelmut/Die Prahlerei des Hahns', 86),[127] ‚De gallo svperbiente.' (‚Vom stolzen Hahn', 92)[128] oder ‚De gallo fvgiente.' (‚Vom flüchtenden Hahn', 114)[129] exemplarisch zeigen. Durch die Gesamtposition zieht sich insgesamt ein roter Faden, der sich oft an konkreten historischen Ereignissen, wie beispielsweise der Schlacht von Ravenna vom 11. April 1512 oder Maximilians Heerlager in Trient (März 1516),[130] festmachen lässt. Dennoch merkt man anhand dieses Gesichtspunktes deutlich, dass es sich bei der ‚Augsburger Sammlung' ja insgesamt um eine Kompilation von Texten handelt, die erst über jahrelange Eindrücke und Erfahrungen gewachsen sein muss, um sie nun für einen öffentlichkeitswirksameren Kontext erneut zu verwenden.

---

[127] BÖCKING III, S. 239.
[128] BÖCKING III, S. 241–242.
[129] BÖCKING III, S. 250.
[130] Vgl. WULFERT (2009), S. 66 u. S. 71.

Abbildung 37: ‚Über den Fischfang der Venezianer' (‚De Piscatura Venetorum') (AS, fol. N 2v).

Nicht unerwähnt sollten daher zuletzt noch die beiden von Hohn und Spott getragenen Gedichte ‚De piscatura Venetorum' (‚Vom Fischfang der Venezianer')[131] und ‚Marcus Heroicum'[132] bleiben. Beide Stücke sind bereits 1516 in Bologna entstanden und wenden sich gegen das kaiserfeindliche Venedig. Die erste Invektive ‚Vom Fischfang der Venezianer' (138 Hex.) deutet den Gründungsmythos Venedigs allegorisch um und verkehrt ihn ins Negative. Hinzu kommt, dass der ikonographisch äußerst komplexe Holzschnitt auch nahezu alle Ebenen des Textes einzufangen vermag. Der religiöse Mythos über die Gründung Venedigs hängt ja bekanntlich mit den Gebeinen des Heiligen Markus zusammen, ohne den der rasante Aufstieg der Stadt vielleicht gar nicht möglich gewesen wäre. Der eigentliche Gründungsmythos aus dem Jahr 828 n. Chr. besagt nämlich, dass venezianische Kaufleute die sterblichen Überreste des Heiligen Markus aus dem belagerten Alexandria in die Lagune geschmuggelt haben sollen. Um die Reliquien vor den arabischen Invasoren zu retten, vertauschten sie die Knochen angeblich noch in Alexandria mit denen der Heiligen Claudia. Anschließend sollen sie auf ihrem Schiff die geretteten Überreste in Fässern mit Schweinefleisch getarnt haben, um sie wohl leichter durch mögliche muslimische Kontrollen zu schleusen. Das Attribut von Markus, der Löwe, wurde alsbald zum Inbegriff der Stadt und sorgte für großes religiöses Prestige im damals sich christlich bekehrenden Abendland. Hutten erzählt die Episode dann aber ganz anders, indem er auch sie in zwei Teile gliedert. Er beginnt bei den frühen Venezianern, einfachen Fischersleuten, deren Wohl-

---

[131] BÖCKING III, S. 289–294.
[132] BÖCKING III, S. 295–300.

stand von Handel, Schifffahrt und natürlich der günstigen geostrategischen Lage in der Lagune herrühre.[133] Eine Stadt nach der anderen hätten sich die Venezianer durch diese günstigen Faktoren nach und nach einverleibt, indem sie ihre Netze nicht nur über Italien, sondern über die ganze Adriatische Küste, Griechenland und die Mittelmeerinseln auswarfen (**Abb. 37**).[134] Wie in den Epigrammen sieht Hutten den Ursprung für solch denkwürdige Erfolge freilich nicht in der venezianischen Tüchtigkeit, sondern vielmehr in ihrem grausamen Raubinstinkt (*praedones*) und im unberechenbaren Treiben der Göttin Fortuna. So werden im zweiten Abschnitt vor allem die Überheblichkeit und die ungeheure ‚Prasserei' der Venezianer karikiert, die sich, laut Hutten, in alle Lebensbereiche ausgedehnt habe. Dieser Entwicklung könne nur der Kaiser Einhalt gebieten, denn eine neue Friedensordnung sei nur möglich, wenn die Venezianer wieder zu den Fischern gemacht würden, die sie einst waren.[135] Bemerkenswert ist jedoch, dass Hutten diese Erkenntnisse in den Mund des Kaisers legt, indem er eine Kampfesrede des Adlers vor seinen Kriegern fingiert:

> [...] post, qui fictis piscatibus orbis
> Regna affectarunt et se penes omne subacti
> Quique mihi bello et contractis viribus ausi
> Et terra et certare mari, quod origine constant,
> in piscatores redigam. Priscasque per artes,
> scrutari vada et erumnoso viuere quaestu
> exutos rapto cogam. Lageraque carina
> nautica sulcato cantare celeumata ponto.[136]

> [...] Dann will ich diejenigen, die unter dem Vorwand des Fischfangs nach einem Weltreich griffen, für sich die Führung und gänzliche Herrschaft über die unterworfene Welt erhofften und es wagten, gegen mich mit gesammelten Streitkräften im Krieg zu Wasser und zu Lande zu kämpfen, wieder zu dem machen, was sie ihrem Ursprung nach sind, zu Fischern. Ich werde sie zwingen, nach ihrer früheren Art und Weise die Untiefen zu durchsuchen, ihrer Beute beraubt von mühseligem Erwerb zu leben und auf ihren schadhaften Schiffen Seemannslieder anzustimmen, wenn sie das Meer befahren.[137]

Im zweiten Heldengedicht ‚Marcus' werden die Venezianer dann erneut als ein Volk von Landräubern und Verbrechern dargestellt (**Abb. 38**). Wieder figuriert der Frosch den Inselstaat. Doch diesmal ist jener Frosch als geflügelter Löwe verkleidet und spielt sich sogleich als Beschützer ganz Italiens auf, wie es auch der Holzschnitt mit Witz zu zeigen weiß (bspw. an den Flossen des ‚Löwen'). Auch ein Auge auf die antike Größe Roms soll der arglistige Frosch schon geworfen haben. Wir wissen jedoch mit großer Sicherheit, dass Hutten den

---

[133] Vgl. JILLINGS (1988), S. 22.
[134] Vgl. BÖCKING III, S. 290–291, V. 38–58.
[135] Vgl. KÜHLMANN (1997), S. 1057–1058.
[136] BÖCKING III, S. 294.
[137] KÜHLMANN (1997), S. 198–199.

Kaiser in der Verantwortung für diese Aufgabe als Nachfolger der antiken Cäsaren sah. Des Kaisers eigener Anspruch auf die römische Kaiserwürde (*translatio imperii*) dürfe nämlich keinesfalls durch so einen unbedeutenden italienischen Stadtstaat Schaden nehmen. Nach Huttens bisheriger Argumentation kann dieses ruchlose Verhalten aber nicht von ungefähr kommen.[138]

Abbildung 38: ‚Marcus', ein Heldengedicht. Der Frosch betritt als Löwe verkleidet die politische Bühne (*AS, fol. O 1r*).

Beide ‚Heroica' beeindrucken durch ihre sprachliche Eleganz und ihren Tiefgang, sogleich aber auch durch ihre scharfe Kritik. Wieder sind beide Invektiven nur in gegenseitiger Abhängigkeit und als Teil der Gesamtkomposition zu verstehen. Denn beide richten sich deutlich gegen einen klaren politischen Feind, beide jedoch mit unterschiedlichem ‚Lerneffekt'. Denn die binäre Stoßrichtung, die Venezianer seien einerseits durch Raub, andererseits durch List zur Macht gekommen, suggeriert gleichfalls auch die inhärente Moraldidaxe, die einerseits auf das Lesepublikum, andererseits auf den Kaiser und die kaiserliche Politik wie ein Fürstenspiegel wirken soll. Beide Texte sind zudem als Antwort auf die etwa zwanzig Jahre früher erschienenen Panegyrici ‚Genethliacon' und ‚Oraculum' des venezianischen Geschichtsschreibers Marcantonio Sabellico (gest. 1506)[139] zu verstehen, der den Aufstieg der ‚Serenissima' einst

---

[138] Vgl. WULFERT (2009), S. 132–133, obgleich WULFERT Hutten hier unterstellt, die sämtliche Kritik ziele auf den Papst als ‚Strippenzieher' im Hintergrund ab.

[139] Vgl. Ruth CHAVASSE, The studia humanitatis and the making of a humanist career: Marcantonio Sabellico's exploitation of humanist literary genres, in: Renaissance studies 17 (2003), S. 27–38.

besungen hatte,¹⁴⁰ und auch durch zahlreiche weitere Anspielungen auf antike Autoritäten wie Vergil,¹⁴¹ Ovid¹⁴² oder die bekannte ‚Batrachomyomachie' erhalten sie durchaus einen profilierenden Charakter. Der ironische Verweis auf das Markusevangelium (Mk 1,17 bzw. Mt 4,19) in ‚De piscatura' soll in diesem Kontext wegen des Namensspiels wohl eher zum Lachen anregen.¹⁴³ Wie wir gesehen haben, beinhalten beide Gedichte das Potential, den Leser zu affizieren, außerdem die *peer group* auf das gemeinsame Thema einzuschwören.¹⁴⁴ Auch Huttens humanistischen Kollegen dürfte die unterschwellige Kritik nämlich nicht verborgen geblieben sein. Dies gelang ihm wohl auch deshalb, da er vermeintliche Tabubrüche in viele kleinere Witze einzubauen wusste und diese dadurch gekonnt verschleierte. Auch die erneut humanistisch abgeleitete Idee einer ‚deutschen Nation' wird hier bereits in Ansätzen vorbereitet.

2.4 Zu den Holzschnitten: Text-Bild-Invektiven im Dienste von Huttens Nationendiskurs

Wie eng Bild und Text bei Hutten im Verhältnis stehen, deuten einige Dichtungen seiner akademischen Jugend wie sein frühes Lehrgedicht ‚Vir bonus' (entst. 1507 in Frankfurt/O., erschienen im August 1513)¹⁴⁵ oder das humanistische Witzgedicht ‚Nemo' (zw. 1507 u. 1509 entst.),¹⁴⁶ in welchem Hutten sich schon früh als ‚deutscher Odysseus' inszeniert hatte,¹⁴⁷ bereits an. Zumindest Huttens ‚Nemo' wurde mehrfach aufgelegt und übersetzt,¹⁴⁸ beiden Werken ist aber gemein, dass sie sich nur durch die Interaktion von Text- und Bildkomponenten verstehen lassen,¹⁴⁹ die sich gegenseitig bedingen, aber auch erklären. Sie lassen sich also nach modernem Verständnis ähnlich einem Comic lesen.

---

140 Vgl. KÜHLMANN (1997), S. 1057.
141 Vgl. KÜHLMANN (1997), S. 1064. Zu den Vergil-Zitaten im Gedicht ‚Marcus' vgl. auch die Kommentare im Apparat bei BÖCKING III, S. 296–297.
142 Vgl. KÜHLMANN u. a. (1997), S. 1060.
143 καὶ εἶπεν αὐτοῖς ὁ Ἰησοῦς, Δεῦτε ὀπίσω μού καὶ ποιήσω ὑμᾶς γενέσθαι ἁλιεῖς ἀνθρώπων. *Venite post me et faciam vos fieri piscatores hominum.* Da sagte er zu ihnen: Kommt her, folgt mir nach! Ich werde euch zu Menschenfischern machen. Bei Hutten: *Humanas piscantur opes* (BÖCKING III, S. 290). Vgl. KÜHLMANN (1997), S. 1058.
144 Vgl. JILLINGS (1988), S. 23.
145 BÖCKING III, S. 11–17. Das Gedicht besteht immerhin aus 73 eleg. Distichen.
146 Vgl. BÖCKING III, S. 108–118 (synoptisch mit ‚Nemo II': ΟΥΤΙΣ. Nemo. Augsburg: Joh. Miller, [1518]. VD 16, H 6384; BÖCKING III, S. 108–118; BÖCKING I, S. 175–184 (Vorrede an Crotus Rubeanus), u. S. 184–187 (Nachschrift a J. Pflug); KÜHLMANN (1997), S. 164–175 u. komm. S. 1042–1047. Der ‚Nemo II' wurde 1518 später in Augsburg gedruckt.
147 Vgl. JILLINGS (1993), S. 93–107.
148 Vgl. BENZING (1956), S. 22–25 u. S. 45–49.
149 Vgl. Gerta CALMAN, The Picture of Nobody. An iconographical study, in: Journal of the Warburg and Courtauld Institutes 13 (1960), S. 60–104; Michael CURSCHMANN, Facies peccatorum – Vir bonus: Bild-Text-Formeln zwischen Hochmittelalter und früher

Abbildung 39: Huttens ‚Vir Bonus'. Holzschnitt zum Druck von 1513 (Erfurt: Hans Knappe); Ex. Würzburg, Universitätsbibliothek, koloriert.

Eine besonders schöne Überlieferung des ‚Vir-bonus'-Textes samt Holzschnitt von 1513 in kolorierter und auch interlinearglossierter Fassung befindet sich heute in der Handschriftensammlung der Universitätsbibliothek Würzburg (**Abb. 39**).[150] Der ganzseitige Holzschnitt führt ein Mischwesen ein, das wohlhabend gekleidet ist und dessen tierische Körperteile zusammen mit den verschiedenen Sachattributen den Idealtypus des tugendhaften und vorbildhaften Mannes verbildlichen sollen. Der nachfolgende Gedichttext dient dann der Erläuterung dieser Allegorie und lenkt den Leser schon zu Beginn des ersten Verses wieder zurück auf das Bild: *Cerne novos vultus, rerum studiose novarum* (Seht die vielen neuen Gesichter, die wissbegierig nach neuen Dingen sind)![151] Dieser zunächst noch allegorisch durch den Holzschnitt dargestellte ‚Biedermann' solle den fehlgeleiteten Menschen anhand eines Tugendkatalogs (v.a. die ‚Sie-

---

Neuzeit, in: Stephan FÜSSEL u. Joachim KNAPE (Hgg.), Poesis et Pictura. Festschrift für Dieter Wuttke, Baden-Baden 1989, S. 157–189.
[150] Vgl. Würzburg, Universitätsbibliothek, 35A 20.28.
[151] BÖCKING III, S. 13.

ben Todsünden') belehren und auf den rechten Weg führen. Der Holzschnitt beansprucht in der Folge auch die volle Aufmerksamkeit des Lesers. Der Text liefert dazu noch die nötigen Verbalexegesen, um die einzelnen Attribute besser einzuordnen, lässt jedoch einigen Spielraum für Interpretation. Die Augen seien beispielsweise die eines Luchses, die Ohren die eines Schweines, die Brust die eines Löwen, der rechte Fuß der eines Bären. Spielraum lässt Hutten dann ironischerweise nur beim Hals, wenn er den Leser im Text selbst fragt: Ist das nun ein Schwanenhals oder doch der einer Schlange (*quale vel est cygni collum, vel quale colubri*)?[152] Die ‚Dingsymbole' bzw. die ‚symbolischen Gesten' sind dagegen eher eindeutig zu verstehen. Zum einen der geschlossene Geldbeutel, der in der zupackenden Hand Besitz und dessen Bewahrung zeigt, zum anderen die spendende, offene Hand, die für Großzügigkeit und Nächstenliebe steht.[153]

Abbildung 40: Der Markuslöwe, der Hahn und der Adler (AS, fol. L 1r).

---

[152] BÖCKING III, S. 16.
[153] Vgl. CURSCHMANN (1989), S. 157–159.

Abbildung 41: Hutten klärt als Ratgeber des Kaisers (Adler) über den französischen König auf (AS, fol. I 1v).

Beenden wir an dieser Stelle den kurzen Exkurs, der vor allem eines verdeutlichen sollte: Huttens Technik, Text- und Bildformeln eng zu verknüpfen. Denn auch in der ‚Augsburger Sammlung' sehen wir die Strategie, wie er versucht, anhand der oben eingeführten Bildfabel und den dazugehörigen Invektiven seine Nationenidee bzw. sein Verständnis einer ‚deutschen Freiheit' aufzuspannen und zu erläutern. Schon zu Beginn der Sammlung wird der Leser unmittelbar nach der Vorrede an Maximilian I. miteinbezogen (‚Ad Lectorem') und der dazugehörige, halbseitige Holzschnitt mit vielen erläuternden Versen umrahmt (**Abb. 40**). Für die politischen Akteure der Zeit treten der Adler, der Hahn und der Löwe auf, die um die Vorherrschaft in Italien ringen. Hutten selbst führt sich hingegen als treuer Ratgeber des Kaisers und Welterklärer (‚De mundi gubernatione', 77)[154] in die Erzählung ein (**Abb. 41**). Beim dargestellten gekrönten Wappen handelt es sich einerseits um die drei Lilien des französischen Königtums, andererseits um das Wappen des Herzogtums Mailand (die Kinder verschlingende Schlange der Visconti: *Biscione*), an dessen Stelle normalweise der deutsche Reichsadler zu sehen ist.[155] „Allegorisch wird ein politisches Ereignis des Jahres 1515 dargestellt: Seit 1508 führte Kaiser Maximilian I. Krieg in Oberitalien. 1515 wurde der französische König Franz I. durch den Sieg bei Marignano über die mit Maximilian verbündeten Eidgenossen Herrscher über fast ganz Oberitalien. Hutten ermahnt in Bild und Wort Maximilian, seinen

---

[154] BÖCKING III, S. 236.
[155] Vgl. Paolo ZANINETTA, Il potere raffigurato. Simbolo, mito e propaganda nell'ascesa della signoria viscontea, Mailand 2013, für den Propaganda fester Bestandteil der heraldischen Botschaft ist.

Gebietsanspruch [auf das Herzogtum Mailand] nicht zu vernachlässigen."[156] Die ikonographische Botschaft, erneut im Medium der heraldischen Bildsprache, scheint demnach eindeutig. Er wünscht sich ein nach kulturellen Kriterien (Sprache, Gebräuche) ‚geeintes Deutschland' unter der Herrschaft des einen, wohlgemerkt, ‚römischen Kaisers'. Einzig und allein der Argwohn der Franzosen und der Venezianer stünde dieser ‚deutschen Nation' noch im Wege.

Abbildung 42: Papst Julius II. in der Gestalt des ‚Kriegerpapstes' (AS, fol. M 1v).

Hutten konstruiert ein isoliertes, von Feinden umzingeltes ‚Deutschland', das sich zu einer ‚Nation' vereinigen müsse, um sich vom Joch, das nach Hutten vom Papst in Rom ausgehe, zu befreien. Die antirömische Stoßrichtung der ‚Augsburger Sammlung' kommt aber nicht von ungefähr. Die Epigramme mit den vielen Witzen über Papst Julius II. deuten ja schon darauf hin. Die Holzschnitte bieten auch hier die für das Verständnis des invektiven Gehaltes notwendige zusätzliche Interpretationsebene (**Abb. 42**). Zu sehen sind hier die sich in Norditalien streitenden Mächte, inmitten deren der Papst, einfach an seiner Papstkrone, der Tiara, zu erkennen, aufragt. Der zudem als Krieger in Rüstung auftretende Oberhirte wirkt kampfeslustig und ließ sicherlich wohl auf den ersten Blick an Julius II. denken. Der stolze Löwe jedoch, der am unteren rechten Bildrand zu sehen ist, scheint andererseits seinen Heiligenschein eingebüßt zu haben und hier nicht vordergründig Venedig zu meinen. In den dazugehörigen Epigrammen (123–125) wird dann klar, dass der Löwe, der Alliierte der Franzosen, auch ohne Attribut einfach nur ‚Leo' genannt wird. Es scheint sich wohl um eine geplante Doppeldeutigkeit zu handeln. Viel wahr-

---

[156] SKOWRONEK (2000), S. 47.

scheinlicher ist daher, dass der Löwe hier auf den neuen Papst Leo X. anspielen soll; ein ‚sprechendes' Wortspiel also mit dessen Namen.[157] Bei all dem Witz, der nur durch die Kombination aus Bild und Text überhaupt erst verständlich ist, war die Kritik doch insgesamt recht kryptisch und nur für einen gewissen Gelehrtenkreis verständlich. Dennoch ist Huttens von nun an andauernde Kritik am Papsttum in Rom, also auch am Nachfolger des missliebigen Pontifex Julius II., Leo X., nicht von der Hand zu weisen.

Auslöser für die Invektiv-Ergänzungen und die damit verbundene antirömische Ausrichtung der ‚Augsburger Sammlung' sind sicherlich anhand der eigenen Erfahrungen, die Hutten in der ‚Fuggerstadt' machte, zu begründen. So nahm er im Gefolge des Mainzer Erzbischofs selbst als Beobachter am großen Reichstag 1518 teil.[158] Auf dieser Fürstenversammlung soll der päpstliche Legat Cajetan[159] die Erhebung einer Steuer zur Finanzierung eines Türkenkrieges gefordert haben. Zentrales Anliegen der deutschen Fürsten war es daher, diese Steuer von den sogenannten ‚Gravamina', einem Beschwerdekatalog, den die deutschen Reichsstände schon seit Längerem gegen die ökonomischen Praktiken und auch die Machtpolitik der römischen Kurie vorgebracht hatten,[160] abhängig zu machen. „Selten gab es einen romfeindlicheren Reichstag als den des Jahres 1518", so zumindest die Einschätzung des Huttenbiographen Hajo HOLBORN.[161] Aus diesem Anlass hatte Hutten auch im selben Jahr, also noch kurz vor der Veröffentlichung der ‚Augsburger Sammlung', eine eigene ‚Türkenrede' (1518) formuliert.[162] Die Rede war bereits im Rahmen seiner Aufenthalte in Halle und Mainz im April/Mai des Jahres 1518 entstanden, wurde aber aufgrund von Huttens Krankheitszustand nie vor Publikum gehalten.[163] In ihr hatte sich der Redner „diese Klagen und Beschwerden in vollem Umfang zu

---

[157] Vgl. WULFERT (2009), S. 75–76.

[158] Vgl. JAUMANN (2008), Sp. 1191.

[159] Harm KLUETING, Art. Thomas de Vio Cajetan (1469–1534), in: Thomistenlexikon (2006), S. 71–78.

[160] Annelies GRUNDMANN u. Rosemarie AULINGER, Die Beschwerden der deutschen Nation auf den Reichstagen der Reformationszeit (1521–1530) (RTA, Jüngere Reihe 21), Berlin u. a. 2015. Antirömische Tendenzen waren insgesamt ein beliebtes Mittel im nordalpinen Humanismus, einen deutschen Nationalismus zu definieren und voranzutreiben, wie HIRSCHI (2011) im Kapitel 4.3. ‚Antiromanitas' (ab S. 320) treffend beschreibt.

[161] HOLBORN (1968), S. 94.

[162] Druck der gereinigten Fassung: Vlrichi | de Hutten equitis Germani | ad Principes Germaniae, vt bellum Tur|cis inuehant. Exhortatoria. | [...]. Augsburg: Sigm. Grimm u. Marx Wirsung, 1518. VD 16, H 6267. BENZING (1956), Nr. 85; BÖCKING V, S. 97–134; Widmungsvorrede an Peutinger in: BÖCKING I, S. 173–174. Druck der vollständigen Fassung: Vlrichi | Hutteni ad princi=|pes Germanos vt | bellum Turcis | inferant | exhortatoria. | Insunt quae priori editione ex=|empta erant, uide et adficieris. Mainz: [Joh. Schöffer, 1519]. VD 16, H 6268. BENZING (1956), Nr. 86; Vorrede: BÖCKING I, S. 230–242. Vgl. zu beiden Fassungen Carl GÖLLNER, Turcica. Die europäischen Türkendrucke des XVI. Jahrhunderts, Bd. 1: 1501–1550, Berlin 1961, Nr. 100 u. 125.

[163] Vgl. JAUMANN (2008), Sp. 1208–1209.

eigen gemacht, hatte sich aber trotzdem für die Bewilligung der Steuer unter der Voraussetzung ausgesprochen, dass der Kaiser die Verfügungsgewalt über die Gelder und den Oberbefehl über das aufzustellende Heer erhalte."[164] Neben Huttens standesbezogener Idee einer ‚deutschen Nation' ist freilich davon auszugehen, dass er diese ebengleich auch auf humanistischem Felde formulieren musste, was er in der Folge der Ereignisse auch tat. So gab er eine Reihe lateinischer Dialoge im Frühjahr 1520 heraus,[165] die gegen den Papst und die römische Kirche gerichtet waren, und die im Jahr darauf auch im ‚Gesprächsbüchlein' (1521) in dt. Sprache bei Johannes Schott in Straßburg veröffentlich wurden. Im darin enthaltenen Dialog ‚Inspicientes' (‚Die Anschauenden') lassen sich die Anfänge deutschen Nationalbewusstseins in der Publizistik Huttens gut nachzeichnen. In ihm werden nämlich die Vorgänge auf dem Augsburger Reichstag anhand einer Adaption der ‚Götter- bzw. Totengespräche' Lukians, wie wir es bereits in der Auseinandersetzung mit Herzog Ulrich von Württemberg gesehen haben (‚Phalarismus', 1517), persifliert. Es treten erneut Charon, der Fährmann der Unterwelt, und Hermes, der ‚Götterbote', auf, während der Sonnengott Sol und dessen Sohn Phaeton das irdische Geschehen vom Himmelswagen aus kommentieren. Auch sie seien bestürzt über die Ergebnisse des Reichstages. In der Folge des Gesprächs mit Kardinal Cajetan werden sie nach papstkritischen Äußerungen letztlich ironischerweise exkommuniziert.[166] Aber anstatt von Rom und der Kirchensteuer zu reden, diskutieren die beiden Götter, vom Himmel herab, lieber über die Vorzüge der ‚Deutschen', die ja so zahlreich aus allen Teilen des Reiches zum Tag in Augsburg zusammengekommen seien.

Woher Hutten die Idee seiner deutschen Nation humanistisch herleiten konnte, ist indes relativ einfach zu bestimmen, wie sein erst postum (1529) im Druck erschienener Dialog ‚Arminius'[167] verrät. Das Gespräch entstand bereits seit 1517 in Bologna, ehe es im Herbst 1519 dann auf der Steckelburg zu einem Abschluss gebracht wurde. Der Dialog liest sich zudem als Fortsetzung des 12. Totengesprächs Lukians. Minos, der Richter in der Unterwelt, bestimmt hier in diesem Fall aber nicht die legendären Feldherren Hannibal und Scipio Africanus zum Ersten aller ‚Vaterlandsbefreier', freilich aber den weniger bekann-

---

[164] KÖNNEKER (1988), S. 279.
[165] Vgl. insbesondere BECKER (2013).
[166] Vgl. JAUMANN (2008), Sp. 1216. In Huttens ‚Fieberdialogen' (‚Febris I u. II') wünscht er dem päpstlichen Legaten dann sogar buchstäblich das personifizierte Fieber an den Hals. Febris. | Dialogus | Hutte|ni|cus. [Mainz: Joh. Schöffer], Febr. 1519. VD 16, H 6334; BENZING (1956), Nr. 91; weitere Drucke Nr. 92–102 (mit d. dt. Übs.en); BÖCKING IV, S. 27–41. Vgl. JAUMANN (2008), Sp. 1212.
[167] Arminius | Dialogus Huttenicus, Quo | homo patriae aman-|tissimus, Germa|norum laudem | celebrauit. Hagenau: Joh. Setzer, 1529. VD 16, H 6280; BENZING (1956), Nr. 206; weitere Drucke Nr. 207–211; BÖCKING IV, S. 407–418. Dt. Übs.en v. TREU (1991), S. 191–206 u. v. ROLOFF (1995), S. 223–238.

ten Arminius, nachdem dieser sich zuvor auf seine tugendreichen Taten und seinen Gewährsmann Tacitus berufen hatte.[168] Dass sich Huttens ideologische Skizze vom ‚Deutschen' im ‚Arminius' und daher auch in der ‚Augsburger Sammlung' vom römischen Geschichtsschreibers Tacitus ableitet,[169] scheint wenig verwunderlich, entstammt die Idee doch einer langen humanistischen Tradition.[170] Diese stellte vor allem dessen ‚Germania' in den Fokus, die im 15. Jahrhundert in der Klosterbibliothek Hersfeld wiederentdeckt und um 1500 von Konrad Celtis erstmals in den Druck gebracht wurde.[171] Hutten hatte aber auch schon in Rom durch die 1515 von Filippo Beroaldo d. J. herausgegebene ‚Editio princeps' der ersten sechs (nach damaliger Einteilung fünf) Bücher der taciteischen ‚Annalen' vom cheruskischen Heerführer und ‚Römerbezwinger' Arminius erfahren.[172]

Hutten musste dabei freilich seinen Argumentationsduktus auch in Bezug auf die Barbarenfrage anpassen, denn eigentlich konnten die *barbaries* der topischen Tradition nach ja gar nicht aus Rom stammen. Für den reichsritterlichen Poeten seien die germanischen Vorfahren keine wilden und kulturlosen Barbaren gewesen, sondern freiheitsliebende und starke Krieger. Die eigentlichen Barbaren säßen heutzutage in Rom. Wenn man nun den Worten, die Hutten seiner literarischen Figur hier in den Mund legt, einige Selbstaussagen zur Seite stellt, so erscheint das Geschöpf Arminius fast schon als Alter Ego seines Au-

---

[168] Vgl. JAUMANN (2008), Sp. 1215–1216, hier Sp. 1215: „Der Dialog setzt das 12. Totengespräch Lukians (in der um die Figur und Rede des Scipio Africanus erweiterten Fassung Giovanni Aurispas) fort, in dem Alexander d. Gr. den Rang des größten Feldherrn vor Scipio und Hannibal erhielt. Minos, der Richter im Hades, gesteht, an sein früheres Urteil über Alexander, Scipio und Hannibal gebunden, Arminius den ersten Rang unter den Vaterlandsbefreiern zu, nachdem der Germane, den Gewährsmann Tacitus an seiner Seite, von seinen Großtaten und seiner Tugend Zeugnis abgelegt hat."

[169] Vgl. Hans KLOFT, Die Idee einer deutschen Nation zu Beginn der frühen Neuzeit. Überlegungen zur Germania des Tacitus und zum Arminius Ulrichs von Hutten in: Rainer WIEGELS u. Winfried WOESLER (Hgg.), Arminius und die Varusschlacht: Geschichte, Mythos, Literatur, Paderborn u. a. ³2003, S. 197–210; Hans-Gert ROLOFF, Der ‚Arminius' des Ulrich von Hutten, in: ebd., S. 211–238.

[170] Vgl. Dieter MERTENS, Die Instrumentalisierung der „Germania" des Tacitus durch die deutschen Humanisten, in: Heinrich BECK (Hg.), Zur Geschichte der Gleichung „germanisch – deutsch". Sprache und Namen, Geschichte und Institutionen. Berlin u. New York 2004, S. 37–101, oder in DERS., Humanismus und Landesgeschichte. Ausgewählte Aufsätze. Teil I, hg. v. Dieter SPECK, Birgit STUDT u. Thomas ZOTZ (Veröffentlichungen der Kommission für geschichtliche Landeskunde in Baden-Württemberg. Reihe B: Forschungen 218), Stuttgart 2018, S. 131–187; Alexander SCHMID, Vaterlandsliebe und Religionskonflikt. Politische Diskurse im Alten Reich (1555–1648) (Studies in Medieval and Reformation Traditions. History, Culture, Religion, Ideas 126), Leiden u. Boston 2007, v. a. ab S. 166.

[171] Vgl. KÖNNEKER (1988), S. 282; Hans KLOFT, Die Germania des Tacitus und das Problem des deutschen Nationalbewußtseins; in: Archiv für Kulturgeschichte 72 (1990), S. 93–114.

[172] Vgl. JAUMANN (2008), Sp. 1215.

tors.[173] Huttens „persönlicher Totaleinsatz" galt *vnsers vatter lands Teütscher Nation freiheit*, wobei der ‚Vaterlandsdienst' der Humanisten, zumeist in ihrer (inszenierten Rolle) als Berater oder Propagandisten (hier: des Kaisers) auftretend, ohnehin ein doppelter war: „Ihre Schriften sicherten dem kollektiven Gedächtnis die vergangene gloria der deutschen Ahnen, und ihre stilistische Virtuosität brachte die Barbarenvorwürfe aus dem Ausland zum Verstummen."[174] Hutten brauchte also unbedingt diese Polemik gegen das römische Papsttum und seine Organe, um seine Forderungen nach ‚deutscher' Identität,[175] freilich auch an die ‚Gravamina- und Tacitustradition' anknüpfend, zu formulieren und sich eindeutig inmitten der Akteure zu positionieren. Nicht nur die Sittenstrenge der Deutschen bei Tacitus, auch die Einfachheit der Urkirche wurden zu Leitlinien des weiteren Diskurses, und an die Stelle des Lobes von Gelehrsamkeit, vor allem in der Rhetorik und in den *artes liberales*, trat die Opposition von Tugend und Laster als ‚Ariadnefaden' vorgestellter Gemeinschaft und normative Vorgabe ‚kollektiver Identität'.[176]

Ein weiterer Text, in dem Hutten die Geschichte ebenfalls zu seinen Gunsten invektiv umdeutet, erscheint kurze Zeit darauf in deutscher Sprache: Die ‚Anzöig'[177] der päpstlichen Schandtaten gegen den Kaiser.[178] Auch in diesem Druck wird Huttens Idee durch den Titelholzschnitt versinnbildlicht (**Abb. 43**). Es sind, ikonographisch gesprochen, ‚wilde Männer' abgebildet,[179] welche

---

[173] Nach den zahlreichen Beispielen aus der Jugendzeit Huttens vgl. jüngst auch Tilman G. MORITZ, Autobiographik als ritterschaftliche Selbstverständigung. Ulrich von Hutten, Götz von Berlichingen, Sigmund von Herberstein (Formen der Erinnerung 70), Göttingen 2019, S. 31–89.

[174] Vgl. HIRSCHI (2005), S. 119; Zitate ebd.

[175] Helmut BERDING (Hg.), Nationales Bewußtsein und kollektive Identität. Studien zur Entwicklung des kollektiven Bewußtseins in der Neuzeit, Bd. 2, Frankfurt a. M. 1994.

[176] Vgl. MÜNKLER (1998), S. 233.

[177] Herr Wlrichs | von Hutten | anzeoig | Wie allwegen sich die Reom|ischen Bischeoff/ oder Beapst | gegen den teütschen Kayß=|eren gehalten haben/ vff das | kürtzst vß Chronicken vnd | Historien gezogen/ K. ma=|iesteat fürzuo -bringen. | Ich habs gewogt. [Straßburg: Joh. Schott, 1521]. VD 16, H 6271; BENZING (1956), Nr. 162. Weitere Drucke Nr. 163–167; Kurtzer außzug/ wie b e os=|lich die Bepste gegen den Deudsch=|en Keysern jemals gehandelt/ das billich/ auch nur | vmb der gewonheit willen/ kein Keyser eini=|gem Bapst mehr vertrawen solt/ | Er w e olle denn gern betrogen sein. | [...]. [Wittenberg: Jos. Klug, um 1535]. VD 16, H 6274. BENZING (1956), Nr. 168. Weitere Drucke des ‚Kurzen Auszugs' Nr. 170–172, eine Bearb. von Jakob Cammerlander Nr. 169; in: BÖCKING V, S. 363–384; Faksimile d. ‚Kurzen Auszugs' (Nürnberg 1545), Wien 1969.

[178] Die zwischen Dez. 1520 und März 1521, d. h. vor dem Wormser Reichstag, auf der Ebernburg entstandene ‚Anzeige' gibt einen historischen Abriss der Auseinandersetzungen zwischen Kaiser und Papst seit dem Mittelalter, die als eine Urfeindschaft dargestellt werden. Adressat ist der Nachfolger Maximilians, Karl V., den Hutten dem Einfluss der römischen Kurie und ihrer Verbündeten in Deutschland entziehen und im Sinne der ‚nationalen' und kirchlichen Reformbewegung umstimmen möchte. Vgl. JAUMANN (2008), Sp. 1225.

[179] Das Motiv der ‚wilden Männer' tritt in den verschiedensten Kontexten des Mittelalters und der Frühen Neuzeit, vor allem im slawischen und deutschen Sprachraum, auf.

im Astwerk stehen und von den überliegenden ‚Putti' (nackten Knaben- oder Engelsfiguren) drangsaliert werden. Unter dem Titel befindet sich das Motto Huttens (*Ich habs gewogt*), während der doppelköpfige Reichsadler mit Heiligenschein am unteren Rand heraldisch umrahmt ist.[180] Nach Hutten sind die ‚wilden Männer' sicherlich als ‚freiheitsliebende Deutsche' zu verstehen, die vom römischen Joch unterdrückt werden.

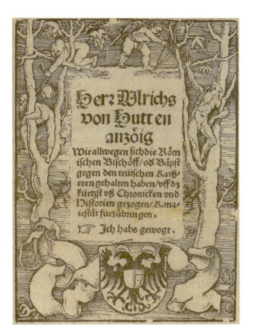

Abbildung 43: Titelblatt aus Huttens ‚Anzöig' (1521).

Es lässt sich zum Abschluss des Kapitels also festhalten, dass Huttens Verständnis von ‚Deutschland' einerseits auf der taciteisch-humanistischen Tradition fußt, sich andererseits aber deutlicher radikalisiert hatte als bei anderen Humanisten. Ebenso sieht man, dass sich diese Ideen mithilfe von Druck und Bild verstärken und dann mit der Übertragung ins Deutsche auch einfach weitertragen lassen. Germanenideologie und deutsches Nationalbewusstsein sind also bei Hutten eng miteinander verwoben, da er beide Komponenten in Abwehrstellung gegen die Römische Kirche artikuliert und sie so zum gemeinsamen, identitätsstiftenden Feindbild machte. Sowohl lutherische als auch katholische Pamphletisten sollten die Leitmotive dieses ‚humanistischen Nationalismus'

Vgl. Ulrich GROSSMANN, Wilde Leute im Wandel der Zeiten, in: Peggy GROSSE, Ulrich GROSSMANN u. Johannes MERANZ (Hgg.), Monster. Fantastische Bildwelten zwischen Grauen und Komik, Nürnberg 2015, S. 204–220, hier S. 204–208.

[180] VD 16, H 6271, Res/4 Opp. III,3.

später übernehmen.¹⁸¹ „Das vorreformatorische Nationskonzept der Humanisten erfuhr in der religiösen Propaganda nach 1520 eine Popularisierung, aber auch eine Heteronomisierung."¹⁸² Hutten trug nicht minder zu dieser Entwicklung bei. Auch der Einsatz von Text-Bild-Invektiven sollte sich ab diesem Zeitpunkt in seiner Publizistik zunehmend verschärfen. Seine Invektiven regten zahlreiche bedeutende Akteure seiner Zeit dazu an, ihn nachzuahmen. Huttens große Reputation als antirömischer Propagandist wurde dabei durch weitere anonym verfasste Flugschriften, die ihm nachträglich zugeschrieben wurden, noch weiter gesteigert. Als möglicherweise bekanntestes Beispiel mag die postume Darstellung Huttens im ‚Triumphus veritatis. Sik der warheyt' aus dem Jahre 1524 dienen, die wir bereits kennengelernt haben.¹⁸³ Dieser erschien zwar unter einem Pseudonym (Hans Heinrich Freyermut), zeigt den reichsritterlichen Pamphletisten in der reformatorischen Rezeption aber schon früh nach seinem Tode als *miles christianus* gegen den eigentlichen Feind ‚Rom' und damit auch als Vorkämpfer ‚deutscher Freiheit'.

2.5 Fazit: Politische Meinungsfreiheit durch elaborierte Schmähkritik? Die ‚Augsburger Sammlung' als ‚Umschlagpunkt' für Huttens Rompolemik

Mit der ‚Türkenrede' (1518), u. a. zum Thema der finanziellen Ausbeutung Deutschlands durch die Kurie (in der Beilage: ‚Brief an alle freien Deutschen'), begann der politische Durchbruch Huttens, und es zeichneten sich „die beiden Hauptstoßrichtungen ab: der Kampf gegen das Papsttum als weltliche Macht und die Bekämpfung des deutschen Territorialfürstentums".¹⁸⁴ Luthers Auseinandersetzungen trugen ihr Übriges zu dieser Entwicklung bei, wobei er der Übertragung der von den Humanisten nationalistisch umgewendeten Translationslehre teilweise entgegentrat. Seine Argumentation beruhte auf dem von Lorenzo Valla vorgelegten Fälschungsbeweis der ‚Konstantinischen Schenkung', die Hutten kurz zuvor (1520) herausgegeben hatte.¹⁸⁵ Denn nach dieser habe der Papst den Deutschen eigentlich gar nichts wegnehmen können, was ihnen dem Recht nach nie gehört habe. Dabei sei das ‚vierte Reich' nach der biblischen Traumerzählung des Daniel zum Zeitpunkt der Translation schon längst zerstört gewesen.¹⁸⁶

Die ‚Augsburger Sammlung' von 1519 ist hingegen sicherlich, wie auch die Widmung verrät, als Dank an Maximilian zu verstehen, der ihn zum *poeta laureatus* machte (1517 in Augsburg) und so eng an den kaiserlichen Hof band.

---

[181] Vgl. HIRSCHI (2005), S. 413–440.
[182] HIRSCHI (2006), S. 389.
[183] Siehe hierzu Kapitel III.2,3 dieser Arbeit.
[184] GRIMM (1971), S. 78.
[185] Vgl. JAUMANN (2008), Sp. 1229–1230.
[186] Vgl. HIRSCHI (2008), S. 53–54.

Der Kaiser verstarb jedoch am 12. Januar 1519 auf der Reise von Innsbruck nach Linz auf der Burg Wels in Oberösterreich. Sein Enkel und Nachfolger Karl V., zu diesem Zeitpunkt gerade 18 Jahre alt, schien sich bei der Ausschau nach geeigneten Partnern zunächst aber eher nach Rom zu wenden, zudem sprach er hauptsächlich Französisch. Diesen ungewollten Bruch mit dem Kaiserhof galt es für Hutten zunächst daher rasch zu kompensieren, was ebenso auch die hinzugefügten und wesentlich romfeindlicheren Passagen sowie die Angriffe auf den aktuellen Pontifex Leo X. in der gedruckten Ausgabe vom Januar 1519 erklären könnte. Denn während die Anthologie von der Konzeption her zwar vor allem durch die Reflexion seiner Italienerlebnisse bestimmt ist, so lesen sich die überarbeiteten und ergänzten Stellen dagegen wesentlich radikaler und direkter. Wenn man bedenkt, dass Hutten zuvor noch alle papstkritischen Stellen aus seiner ‚Türkenrede' (1518) heraustilgen musste, so ist der ‚Umschlagpunkt' in der antirömischen Programmatik und Publizistik Huttens doch gerade in der ‚Augsburger Sammlung' sehr deutlich festzumachen. Das ursprünglich für den Kaiser angedachte Lehrwerk wurde aufgrund der aktuellen politischen Lage und auch wegen seines Gesundheitszustandes wohl relativ spontan zu einem nationalistischen Pamphlet gegen das Papsttum und die Kurie umgeformt. Seine kritische und didaktische Grundhaltung ging dadurch aber keineswegs verloren. Die vielen verschieden gearteten Invektiven werden in ihrer ‚Sprengkraft' hingegen durch die enge Interaktion von Text und Bild weiter verstärkt. Diese Technik hilft Hutten letztlich, seine Nationenidee anhand einer einfachen Fabel anzudeuten, letztlich aber erst im ‚Arminius' schriftlich abzurunden (1519),[187] wo er seine reichspatriotischen Ideen auf den „schärfsten humanistischen Begriff"[188] brachte.[189]

Die Nationalismen von Petrarca bis Hutten waren in ihrer Gesamtheit alles andere als friedlich gesinnt, denn sie fußten auf der eigenen Identität und der Feindschaft gegen andere Nationen (*othering*),[190] also Entgegensetzung und Abgrenzung. Petrarca skizzierte die italienische Nation beispielsweise als Antipode zu den vorwiegend ‚deutschen', aber auch französischen, Barbaren.[191] Die deutschen Humanisten versuchten in Anknüpfung daran, ihren Nationenbegriff von den Italienern und Franzosen abzuheben, indem auch sie wiederum

---

[187] Vgl. Hans-Gert ROLOFF, Der Arminius des Ulrich von Hutten, in: Rainer WIEGELS u. Winfried WOESLER (Hgg.), Arminius und die Varusschlacht. Geschichte – Mythos – Literatur, Paderborn ²1999, S. 211–238.
[188] MUHLACK (2002), S. 27.
[189] Vgl. AURNHAMMER (2006), S. 160–162.
[190] Vgl. ZICK (2017), S. 61; Andre GINGRICH, Othering, in: DERS., Fernand KREFF u. Eva-Maria KNOLL (Hgg.), Lexikon der Globalisierung, Bielefeld 2011, S. 323–324, hier S. 323; JENSEN (2011), S. 63–78.
[191] Dessen ‚Invectiva contra eum qui maledixit Italie' (‚Streitschrift gegen einen Verleumder Italiens'), ein 1373 entstandenes Pamphlet, spart nicht an Herabsetzungen gegen die ‚unausrottbare Knechtgesinnung' der Gallier (Franzosen) seit den Tagen der Druiden.

Gegensätze schufen. Durch das gemeinsame ‚Miteinstimmen' in einen Kanon von Narrativen, die auf das Altertum rekurrierten, bewirkten die Humanisten in ganz Europa freilich auch eine Stärkung des Zusammenhaltes ihres eigenen Milieus. Was die jeweiligen Nationalgedanken betrifft, so hatten diese in ihrem Ursprung zwar sicherlich nichts mit Völkerverständigung zu tun, schufen jedoch eine „geradezu unverbrüchliche Einheit" unter den Humanisten.[192]

Die ‚Augsburger Sammlung' bildet in ihrer Gesamtheit jedenfalls ein treffendes Beispiel, wie schmal der Grat zwischen sachlicher Kritik an Normverstößen und dem Umschlagen in eine invektive Adressierung sein kann.[193] Inwieweit Huttens Invektiven von seinen Gegnern aber tatsächlich als Kritik bzw. seine Witze als Humor oder eben als Beleidigungen eingeordnet wurden, lässt sich heutzutage nicht mit absoluter Sicherheit sagen. In der Folge erschienen jedenfalls zahllose antirömische Drucke Huttens, sodass er zumindest einmal auf den Plan der apostolischen Nuntien trat. Seine Kritik bediente sich nicht von ungefähr einer antagonistischen Formensprache. Dadurch erhielt sie weiterhin das Potential, den Dissens, die Konfrontation und auch die Polarisierung zu intensivieren, obwohl Hutten mit der Ressource Humor und der Gesamtkonzeption der Texte vorzugeben versuchte, auf Konsensfindung und rationale Argumentation abonniert gewesen zu sein. Ähnlich wie in der Reuchlin-Kontroverse ist das gemeinsame Lachen sowie das gemeinsame ‚Über-Jemanden-Lachen' ein zutiefst gemeinschaftsstiftender Akt (‚Lachgemeinschaft').

Und Hutten sah dies wohl genauso, als er dem Epigrammbuch der Sammlung (Erfurter Ausgabe der ‚Epistola Italiae', Erstdruck 1516) zwei metainvektive Gedichte beifügte. Sie tragen den Titel ‚Pro Pasquillo Romae' (18a) und ‚Pasquillus' (18b), bzw. das erläuternde Epigramm ‚De quodam in Italia conventu' (19).[194] Die ersten beiden skizzieren die Unruhe der vom Kaiser verlassenen Italia. Der Konvent habe dem Kaiser Latium entzogen und den Franzosen und Venetianern geschenkt. Hintergrund dieser Gelegenheitsgedichte war sicherlich der römische Brauch ‚Pasquill' aus dem Jahre 1501. In Rom wurde in jenen Tagen nämlich ein antiker Torso vor Kardinal Oliviero Carafa (gest. 1511), dem Erzbischof von Neapel, aufgestellt, an den man fortan immer am 25. April kleine Schmäh- und Spottschriften, sogenannte Pasquinaden, anzuheften pflegte.[195] Meist handelte es sich dabei um Epigramme, die die höchsten kurialen Amtsträger der Kirche in Rom in äußerst scharfen Angriffen verspotteten. Hutten nahm wohl als erster Vertreter des deutschen Humanismus auf

---

[192] MUHLACK (2002), S. 28.
[193] Vgl. LUHMANN (1990).
[194] BÖCKING III, S. 214–215; vgl. WULFERT (2009), S. 72–73.
[195] Vgl. zum Brauch: Caterina GIANNOTTU, La voix de Pasquin. Écriture affichée, satire politique et mémoire dans la Rome contemporaine, in: Caroline M. D'ANNOVILLE u. Yann RIVIÈRE (Hgg.), Faire parler et faire taire les statues. De l'invention de l'écriture à l'usage de l'explosif (Collection de l'École française de Rome 520), Rom 2016, S. 29–44; Claudio RENDINA, Pasquino, statua parlante. Quattro secoli di pasquinate, Rom ⁴1996.

diesen Brauch Bezug, dem er möglicherweise bei seinem dortigen Aufenthalt selbst beigewohnt haben könnte.[196] Auch hier zeichnete Hutten also ein starkes Bild, das Antike und eigene Gegenwart verbindet, obwohl er sicherlich genau wusste, dass derartige Pasquinaden obrigkeitlich strengstens verboten waren und dementsprechend anonym erschienen.[197] Gerade wenn man sich selbst als Schaulustiger die ‚sprechende' Statue, die sich noch heute an der Nordseite der Piazza San Pantaleo, des südwestlichen Nebenplatzes der Piazza Navona in Rom, befindet, vor Augen führt, erleichtert dies ungemein das Verständnis der Metapher. Nicht von ungefähr diente der Topos um den berühmt gewordenen Schneider Pasquino, Spottexperte und Namensgeber des Kultes, der römischen Stadtbevölkerung viele Jahre zuvor bereits als Ventil, um ihre Unzufriedenheit an der päpstlichen Herrschaft auszudrücken: und das in Zeiten, in denen Meinungsfreiheit grundsätzlich vehement unterdrückt wurde.

3 Hutten als Herausgeber von Invektiven – Paratextualisierte Invektiven oder invektive Paratexte?

3.1 Die größte Fälschung der Geschichte? Huttens Editionen von Lorenzo Vallas Traktat über die ‚Konstantinische Schenkung' (1518/19)

Als Hutten im Sommer 1517 aus Italien zurückkehrte, erwies sich ein Besuch bei seinem Freund Johannes Cochlaeus in Bologna als folgenschwer. Denn mit Blick auf seine Ambitionen als antirömischer Publizist fand er in dessen Bibliothek die Handschrift eines Werkes von Lorenzo Valla über die ‚Konstantinische Schenkung' (‚Constitutum Constantini'),[198] die er vom Würzburger Friedrich

---

[196] Vgl. LICHT (2010), S. 147.
[197] Günter SCHMIDT, Libelli Famosi. Zur Bedeutung der Schmähbriefe, Schandgemälde und Pasquille in der deutschen Rechtsgeschichte, Köln 1985.
[198] Bei der sog. ‚Konstantinischen Schenkung' handelt es sich um ein angebliches Dekret Kaiser Konstantins d. Gr. an Papst Silvester I. in Rom nach seinem Sieg an der Milvischen Brücke (312). Zwischen der Mitte des 8. und 9. Jahrhunderts tauchte dann eine Schrift auf, die der Art und Weise einer Schenkungsurkunde entsprach und die die ‚Dankesschuld' Konstantins gegenüber dem Pontifex in Rom in Form von geographischen Gebietsansprüchen festlegte, weil ihn jener vermeintlich von der Lepra befreit hatte. Da der ursprüngliche Text auch Silvesters Nachfolger auf der *Cathedra Petri* miteinschloss, berief man sich von römischer Seite lange auf diesen vermeintlichen ‚Vertrag'. Vgl. Jürgen MIETHKE, Die ‚Konstantinische Schenkung' in der mittelalterlichen Diskussion. Ausgewählte Kapitel einer verschlungenen Rezeptionsgeschichte, in: Andreas GOLTZ u. Heinrich SCHLANGE-SCHÖNINGEN (Hgg.), Konstantin der Große, Köln 2008, S. 35–108; Johannes FRIED, Die Konstantinische Schenkung, in: DERS. u. Olaf RADER (Hgg.), Die Welt des Mittelalters, Erinnerungsorte eines Jahrtausends, München 2011, S. 295–311; DERS., Donation of Constantine and Constitutum Constantini. The Misinterpretation of a Fiction and its Original Meaning. With a Contribution by Wolfram Brandes: The Satraps of Constantine (Millenium-Studien zur Kultur und Geschichte des ersten Jahrtausends n. Chr. Millenium Studies in the Culture and History of the

von Fischer abschreiben ließ und die ihre Wirkung nicht verfehlen sollte. Über Ferrara ging es für Hutten alsdann weiter nach Venedig, wo er seine Verwandten Frowin und Ludwig von Hutten traf, ehe sie sich von dort aus weiter zur Pilgerreise ins ‚Heilige Land' und zur dortigen Erlangung der Ritterwürde am ‚Heiligen Grab' aufmachten.[199] Obwohl Hutten den Text Vallas nach eigenen Aussagen wohl schon weitaus früher als Druckvorlage in den Händen hielt,[200] machte er sich dennoch erst nach Erhalt dieser neuen Abschrift ans Werk, den für seine Anliegen so ausschlaggebenden historischen Text gegen den römischen Stuhl herauszugeben.[201]

Schon im Jahre 1440 wurde Vallas Traktat ‚De falso credita et ementita Constantini donatione declamatio' gedruckt,[202] in welchem jener die sogenannte ‚Konstantinische Schenkung' anhand einer Gerichtsrede und in historisch-kritischer Manier als Fälschung entlarvt hatte.[203] Erst 1506 kam die ‚Editio princeps' des Textes des Anonymus de Aloysio in Straßburg in den Druck,[204] wobei sie zu Beginn des 16. Jahrhunderts – abgesehen von einer tschechischen Übersetzung (1513) des Humanisten Gregor Hruby (gen. Gelenius) – keine breitere Rezeption erfuhr.[205] Dieser Druck diente Hutten letztlich aber in weiten Teilen als wichtigste Vorlage für seine eigene Edition, deren erste Auflage

---

First Millenium C.E. 3), Berlin 2007; Ders., Art. Konstantinische Schenkung, in: HRG 2, Tl. 3 (2014), Sp. 130–137; Wolf-Friedrich Schäufele, Defecit Ecclesia. Studien zur Verfallsidee in der Kirchengeschichtsanschauung des Mittelalters, Mainz 2006; Horst Fuhrmann, Das frühmittelalterliche Papsttum und die konstantinische Schenkung. Meditationen über ein unausgeführtes Thema, in: I problemi dell'Occidente nel secolo VIII. 6–12 aprile 1971, Spoleto 1973, S. 257–292; Fuhrmann gab ebenfalls die maßgebliche Edition des ‚Constitutum Constantini' heraus: Horst Fuhrmann (Hg.), Constitutum Constantini (MGH Font. iur. Germ. 10), Hannover 1968.

[199] Vgl. Jaumann (2008), Sp. 1190.
[200] Vgl. den Brief des Cochlaeus an Pirckheimer, 5. Juli 1517, Bologna, in: Böcking I, Nr. 56, S. 142.
[201] Hutten dachte wohl erst gar nicht daran, den ihm bereits in einer ordentlichen Fassung vorliegenden Text eher herauszugeben. Vgl. Wolfram Setz, Lorenzo Vallas Schrift gegen die Konstantinische Schenkung. De falso credita et ementita Constantini donatione. Zur Interpretation und Wirkungsgeschichte (Bibliothek des Deutschen Historischen Instituts in Rom 44), Tübingen 1975, S. 95–97 u. S. 151–166, hier S. 151–152.
[202] Ausgabe: Wolfram Setz (Hg.), Lorenzo Valla. De falso credita et ementita Constantini donatione (Monumenta Germaniae Historica. Quellen zur Geistesgeschichte des Mittelalters 10), Weimar 1976.
[203] Vgl. Becker (2013), S. 174–179; Wulfert (2009), S. 117–129 mit den nachstehenden Literaturhinweisen: Salvatore I. Camporeale, Lorenzo Valla e il ‚De falso credita donatione'. Retorica, libertà ed ecclesiologia nel '400, in: Memorie Domenicane 19 (1988), S. 191–293; Ders., Lorenzo Valla's on the Pseudo-Donation of Constantine. Dissent and Innovation in Early Renaissance Humanism, in: Journal of the History of Ideas 57 (1996), S. 9–26; Riccardo Fubini, Humanism and Truth. Valla Writes against the Donation of Constantine, in: Journal of the History of Ideas 57 (1996), S. 79–85.
[204] Ex. Wien, Österreichische Nationalbibliothek, Sign. 43.X.55.
[205] Vgl. Setz (1975), S. 90–93, zur tsch. Übs. S. 177–179.

1518 bei Johann Schöffer in Mainz erschien.[206] Gegen Ende des Jahres 1519 kam es dann zu einer zweiten Auflage mit einigen wenigen Änderungen, um die unersättliche Nachfrage nach dem Werk zu bedienen, welches wohl schon nach kurzer Zeit vergriffen war. Diese zweite Edition lässt sich wiederum in der Baseler Offizin des Andreas Cratander verorten, der ab September 1518 dort eine Druckerei besaß.[207]

Erst jetzt setzte eine europäische Dynamik ein, die im reformatorischen Diskurs auf fruchtbaren Boden stieß.[208] Neben einer raschen französischen Übersetzung von 1520 aus Lyon, die große Teile der ‚Editio princeps' mitabdruckte, erschienen in der Folge weiterhin eine deutsche, eine englische und eine italienische Version von Vallas Fälschungsbeweis.[209] Die deutschsprachige Ausgabe, hinter der SETZ den Drucker Hans Schleichershöver vermutet, basierte zudem auf der Vorlage Huttens.[210] Auch Luther erfuhr wohl nur dank der Editionen Huttens von Vallas Schrift aus dem 15. Jahrhundert. So echauffierte er sich am 23. Februar 1520 in einem Schreiben an Spalatin überaus heftig über den Papst, der der ‚Antichrist' (*Antichristum*) sei. Luther habe nicht nur endlich den Text, den er aus der Offizin des Dominik Schleupner beziehe, sondern ebenso die ungeheure Fälschung wahrgenommen.[211] Etliche weitere Drucke nahmen später zumindest auf eine der beiden Huttenschen Ausgaben Bezug. Viele Herausgeber integrierten sie in ihre Werksammlungen. So erschien 1535 beispielsweise der ‚Fasciculus rerum expetendarum ac fugiendarum' bei Peter Quentell in Köln, wobei einer von Huttens erbittertsten Gegnern, Ortwin Gratius, als Herausgeber genannt wird.[212] 1540 wurden die Schriften Vallas dann in einer großen Werkausgabe bei Heinrich Petri in Basel gedruckt, wo uns im Rahmen der Kritik über die ‚Konstantinische Schenkung' auch der Abdruck der zweiten Auflage Huttens begegnet.[213] Von nun an wurde bei der

---

[206] Ulrich von Hutten (Hg.), Lorenzo Valla, De donatione Constan= |tini quid veri habeat, eruditorum quo= | rundam iudicium [...]. [Mainz: Joh. Schöffer, 1518]; VD 16, ZV 4645; vgl. JAUMANN (2008), Sp. 1229–1230; BENZING (1956), Nr. 212, S. 118–119 mit falscher Datierung; korrekt bei SETZ (1975), S. 159–166.

[207] Zweite Aufl.: Vgl. BENZING (1956), Nr. 213; weitere Drucke nur der Widmungsvorrede Nr. 214–217. Vgl. SETZ (1975), S. 166; SETZ (1976), S. 39.

[208] Vgl. BECKER (2013), S. 175.

[209] Zu den Übersetzungen vgl. SETZ (1975), S. 179–183; SETZ (1976), S. 42–45.

[210] Vgl. SETZ (1975), S. 180–181.

[211] BÖCKING I, S. 324: *Habeo in manibus officio Dominici Schleupner donationem Constantini a Laurentio Vallensi confutatam, per Huttenum editam; Deus bone, quantae seu tenebrae seu nequitiae Romanensium: et, quod in Dei iudicio mireris, per tot saecula non modo durasse, sed etiam praevaluisse, ac inter decretales relatas esse, tam impura, tam crassa, tam impudentia mendacia, inque fidei articulorum (nequid monstrosissimi monstri desit) vicem successisse. Ego sic angor, ut prope non dubitem Papam esse proprie Antichristum illum, quem vulgata opinione expectat mundus: adeo conveniunt omnia quae vivit, facit, loquitur, statuit.*

[212] Vgl. BENZING (1956), S. 119, Nr. 214.

[213] Vgl. RESKE (2007), S. 70–71.

Verwendung des Valla-Textes in der weiteren Rezeption auf Huttens Vorlage im ‚Fasciculus' zurückgegriffen.[214]

Hutten gelang es durch sein editorisches Vorgehen eine Welle der Empörung auszulösen, die der ‚Editio princeps' von 1506 noch verwehrt geblieben war.[215] Unter den Humanisten wurde die Schrift jedenfalls rasch bekannt gemacht. Am 19. März 1519 berichtete Beatus Rhenanus an Zwingli von neuen Werken Huttens. Neben Huttens Dialogen ‚Febris' und dem ‚Phalarismus' wies er unter anderem auch auf dessen Edition gegen Papst Leo X. hin.[216] Ende August erhielt Rhenanus ein Schreiben seines Famulus Albert Burer, der ihn daran erinnerte, ihm den Text zuzuschicken, sobald er ihn bekommen habe. Dabei verweist Albert unzweifelhaft auf den Drucker Andreas Cratander und die zweite Ausgabe Huttens.[217] Noch bevor diese also Ende des Jahres 1519 in den Druck kam, wussten viele über die Editionen Bescheid, wie Burer später an seinen Meister erneut zu berichten wusste. Man erwarte geradezu das ‚schöne Konvolut' (*pulchre convolutum*) an Huttentexten.[218] Im Dezember 1519 schenkte weiterhin der Schweizer Bonifacius Amerbach dem Juristen Ulrich Zasius ein Exemplar von Vallas Text.[219] Am 28. April 1520 schrieb Bernhard von Adelmann von Adelmannsfelden, kaiserlicher Sekretär, an Pirckheimer, er erwarte eine Büchersendung von Jakob Spiegel; darunter das ‚Donationis Constantini privilegium interprete Bartholomaeo Pincerno, Laurentii Vallae contra ipsum privilegium declamationem cum Hutteni nostri praefatione mere Huttena'.[220] Doch woher kam diese neue Brisanz des ursprünglichen Fälschungsbeweises Vallas in Europa aus kommunikationshistorischer Perspektive? Woran lässt sich Huttens Anteil an der Dynamik dieses Rezeptionsaufschwunges festmachen? Welcher Befund erklärt diesen Text überhaupt zur Invektive?

Wenngleich Vallas Ursprungstext sowohl durch seine ‚deklamatorische Stilistik', als auch den ‚verbissenen' Ton, wie er selbst im Nachwort betont hatte, bestach,[221] konnte Hutten die Gerichtsrede aber gerade durch die Erweiterung von Paratexten invektiv umformen. So fügte er seiner Edition eine *praefatio*

---

[214] Vgl. Peter BIETENHOLZ, Der italienische Humanismus und die Blütezeit des Buchdrucks in Basel. Die Basler Drucke italienischer Autoren von 1530 bis zum Ende des 16. Jahrhunderts (Basler Beiträge zur Geschichtswissenschaft 73), Basel u. Stuttgart 1959, S. 62; SETZ (1976), S. 39–40; BÖCKING I, Index, Nr. 54, S. 94*.

[215] Vgl. SETZ (1975), S. 164–166.

[216] Vgl. HORAWITZ/HARTFELDER (1886), Nr. 97, S. 144.

[217] Albert Burer an Beatus Rhenanus, 31. August 1519, in: HORAWITZ/HARTFELDER (1886), Nr. 124, S. 172: *Andream super Constantini donationibus admonui*.

[218] Albert Burer an Beatus Rhenanus, 12. November 1519, in: HORAWITZ/HARTFELDER (1886), Nr. 133, S. 189: *mitto Quantum de donatione impressum est, pulchre convolutum*.

[219] Vgl. ABK II, Nr. 708, S. 219.

[220] Vgl. BÖCKING I, S. 336–337.

[221] Vgl. Anita TRANINGER, Fiktion, Fakt und Fälschung. Lorenzo Valla, Ulrich von Hutten und die Ambiguität der *declamatio* in der Renaissance, in: DIES. u. Ulrike SCHNEIDER (Hgg.), Fiktionen des Faktischen, Stuttgart 2010, S. 165–189.

bei, die Leo X. zugeeignet war und ihn dazu anhalten sollte, sich als Oberhirte von allem weltlichen Machtanspruch zu lösen.[222] „Vallas Anliegen wird aber in seiner Gesamtheit als ernsthaft eingestuft, und Huttens politische Instrumentalisierung der Rede in seinem Anrennen gegen den Papst und die ‚Romanisten' scheint mit dieser vermeintlichen Rückstufung in den Bereich pädagogischer oder artistischer Einhegung erst recht nicht zusammenzugehen."[223] Betrachtet man nun Huttens Vorrede etwas genauer, so wird, obwohl sie auf den 1. Dezember 1517 vordatiert wurde,[224] recht zügig deutlich, dass der Humanist sein Anliegen in Bezug auf die Person Leos und dessen Selbststilisierung als *restaurator pacis*[225] zu ironisieren versuchte.[226] Die Vorlage für diese Einleitung bildete wohl die Einleitung des Erasmus, die jener in seiner Hieronymusausgabe ebenfalls Papst Leo X. widmete.[227]

Die Vorrede selbst stellt einen Balanceakt zwischen vermeintlichem Lob des Papstes und heftiger Kritik an der Reformmüdigkeit der römischen Kurie dar. Der neue ‚Friedensbringer' Leo X. soll erkannt haben, sich von seinen kriegerischen Amtsvorgängern (insbes. Julius II.) mit neuer Amtsführung deutlich abzugrenzen.[228] Die letzten Päpste, die ihr Amt auf dem Stuhle des heiligen Petrus, zumindest Huttens Ansicht nach, missbraucht und Deutschland sehr geschadet haben, werden Leo dagegen als Tyrannen, Strauchdiebe oder Straßenräuber diametral gegenübergestellt.[229] Mit der starken Bildmetapher der ‚reißenden Wölfe' und der ‚falschen Hirten', die ihrer Sache nicht gerecht werden, da sie ihre Schafe nicht beschützen, sondern verschlingen, will Hutten eindringlich an den Papst appellieren, von säkularen Geschäften bestenfalls

---

[222] BÖCKING I, S. 155–161.
[223] TRANINGER (2010), S. 169.
[224] Vgl. zur Datierungsfrage SETZ (1975); SETZ (1976); WULFERT (2009), S. 118–119; TRANINGER (2010), S. 168, Anm. 16.
[225] BÖCKING I, S. 156; vgl. auch die handschriftliche Fassung, in der das eben Zitierte durch Majuskelschrift hervorgehoben wird: Trier, Stadtbibliothek, Hs 1201–500 8°, fol. 9r–14r, hier fol. 9r.
[226] Vgl. BECKER (2013), S. 178 u. WULFERT (2009), S. 122–123 folgend, plädiert auch diese Studie für eine ironische Lesart; ganz im Gegensatz also zum Vorschlag von JAUMANN (2008), Sp. 1230, der sich dagegen ausspricht; TRANINGER (2010), S. 169, Anm. 18 ist sich uneins in diesem Punkt; SETZ (1975), S. 160, Anm. 45 warf hingegen schon früh die Frage auf, ob es sich bei der Vorrede um „eine wirkliche Hoffnung Huttens oder lediglich eine ironische Fiktion" gehandelt haben soll.
[227] Vgl. ALLEN II, S. 79–90; WULFERT (2009), S. 121.
[228] Im vermeintlichen Ton der Lobrede: BÖCKING I, S. 156: *Postquam tu semel enim conticescente iam bellica Iulii secundi tuba veluti pacis percusso cymbato orbem Christianum ad spem libertatis erexisti, omnia omnes quae licere sciunt, usurpanda sibi putant.*
[229] BÖCKING I, S. 156: *Itaque huic gratulor aetati, quae te auspicatissimo pacis suborto sydere ex diuturna tyrannidis caligine ad novam libertatis lucem respicit; te vere pontificem autem, qui pacem adfers, quam qui non habuerunt antecessores tui, pontifices non fuerunt.*

ganz abzulassen und sich wieder auf sein Ursprungsgeschäft, die Fischerei, zu konzentrieren.[230] In Huttens Worten lautet das wie folgt:

> In illos vere detestandi sceleris commentores pontifices omnia acerbissima dicta omniaque ferocissima facta conveniunt. [...] Qui in peccatorum remissio precium statuerunt, et in poenis inferorum invenerunt sibi lucrum; qui sacerdotia hic, elemosynam parentum nostrorum; passi sunt ab se mercari; qui Germanis persuaserunt episcopos non esse qui ab se pallia[231] non emerint multis aureorum millibus.[232]

> Gegen jene Päpste, die diese offenkundigen Lügen [der ‚Konstantinischen Schenkung'] ersonnen haben, muss man nicht nur das Allerbitterste sagen, sondern auch das Allermutigste tun. [...] Für die Vergebung der Sünden haben sie einen Preis festgesetzt, und in den Höllenqualen haben sie einen erträglichen Gewinn gefunden; sie haben die priesterlichen Pfründen, das Almosen unserer Väter, von sich abkaufen lassen; sie haben den Deutschen eingeredet, Bischöfe seien nur die, die von ihnen für viele tausend Goldstücke Pallien kaufen.[233]

Hutten argumentiert also mit einer gewissen Dreistigkeit ganz im Sinne der ‚Gravamina', der Reichstagsbeschwerden der Deutschen in Bezug auf die ‚Wirtschaftspolitik' des Papstes in Deutschland. Im Schlussabschnitt der Vorrede setzt Hutten sich nicht nur prominent in Analogie zu Valla, sondern ebenso Leo X. unter Druck, sich zu positionieren. Dabei solle nach BECKER „die Widmung seiner Valla-Ausgabe an den Papst [...] als Zeugnis der unter Leo X. neu erlangten Rede- und Pressefreiheit dienen".[234] Mit der ‚Donatio Constantini' wollte Hutten, wie in seinen Epigrammen ebenfalls deutlich wurde, dem Papsttum die ‚historische Begründung' und die ‚rechtliche Grundlage' entziehen.[235] Viel wichtiger war jedoch die Tatsache, dass Hutten mit der Veröffentlichung des Werkes eine invektiv-publizistische Dynamik anregte, die den Text insbesondere durch seine zahlreichen Übersetzungen in einen europäisch reformatorischen Kontext beförderte und ihn dort auch zirkulieren ließ. „Die Herstellung von Öffentlichkeit durch die Publikation von Vallas Schrift und damit die Wiederbelebung der christlichen Wahrheit wird erst durch die Leo X.

---

[230] BÖCKING I, S. 157: *Tum pastores esse bonos vicarios suos iussit Christus, non voraces lupos: sic Petreo dixit enim ‚Petre, amas me, pasce oves nieas'; et in apostolatum vocans ‚Faciam vos' inquit ‚piscatores hominum', hoc est, faciam ut praedicando et bona exempla edendo alliciatis ad veritatem errantes a fide. Quod quia tu sequeris, ad officium rediisse hunc ordinem, te id efficiente, te pacem, te libertatem, te iustitiam et veritatem revocante, gaudemus et exultamus.*

[231] Das Pallium bezeichnet ursprünglich einen mantelartigen Überwurf aus dem römischen Reich (Kleiderordnung unter Kaiser Theodosius von 382). Später übernahm der Papst den Brauch des Palliums als Rangabzeichen für hervorragende Bischöfe seines Patriarchats. So wurde ab dem 9. Jahrhundert das Pallium eine Insignie der Metropoliten (Erzbischöfe). Die heutige Form des Palliums ist eine ringförmige um die Schulter und über dem Messgewand getragene schmale Stola (ein weißes Wollband, vorn und rückwärts ein kurzes Endstück, mit sechs schwarzen Seidenkreuzen bestickt).

[232] BÖCKING I, S. 160.

[233] WULFERT (2009), S. 124.

[234] BECKER (2013), S. 178.

[235] Vgl. WULFERT (2009), S. 119 m. Zitaten.

zugeschriebene Positionierung ermöglicht. Huttens Metaphorik zielt dabei auf den Aspekt der Unverborgenheit ab: Durch die Herstellung von Öffentlichkeit tritt die Wahrheit unmittelbar zu Tage, sie wird zur Evidenz."[236]

3.2 Huttens Editionen der Schriften ‚De unitate ecclesiae conservanda' und ‚De schismate extinguendo' (1520)

Nach dem Ausscheiden aus dem Dienste Albrechts von Brandenburg rührte Hutten ab der zweiten Hälfte des Jahres 1519 in der Mainzer Umgebung weiter kräftig die ‚Werbetrommel' für seine politischen Anliegen. Seine Publizistik wurde dabei von weiteren Herausgaben mittelalterlicher Schriften flankiert, mit deren Hilfe er die historiographische Argumentation zuungunsten der römischen Kurie umzudeuten gedachte, um den Druck mit Blick auf den Wormser Reichstag von 1521 für die Gegner weiterhin zu verschärfen.[237] In diesem Kontext machte der polemisierende Humanist im Herbst des Jahres 1519 in der Klosterbibliothek Fulda eine bemerkenswerte Entdeckung. Er fand die in der Zeit des Investiturstreites entstandene Schrift eines kaisertreuen, jedoch anonym gebliebenen Hersfelder Mönches mit dem Titel ‚De unitate ecclesiae conservanda'.[238] Die ‚sprachlich anregende' Handschrift (*libellum elegantem*), die Hutten nach eigenen Aussagen dort ‚im Staub vergraben und von Moder und Unrat ganz umgeben' vorgefunden habe, beinhalte ein Konvolut aus Texten, das gegen Papst Gregor VII., den man auch Hildebrand nenne, und dessen Anhänger gerichtet ist.[239]

Da es sich bei der anonymen Invektive vor allem um eine Apologie des Salierkaisers Heinrichs IV. handelte, in der behauptet wird, dass die Päpste durch ihre Übergriffe auf das Kaisertum im Investiturstreit die Ordnung des christlichen Abendlandes regelrecht zerstört hätten, passte sie als ‚historisches Zeugnis' freilich hervorragend in Huttens antirömisches Konzept.[240] Er gab die Schrift daher wenig später zusammen mit einem Vorwort an Erzherzog Ferdinand von

---

[236] BECKER (2013), S. 177.
[237] Vgl. JAUMAN (2008), Sp. 1192.
[238] Wilhelm SCHWENKENBECHER (Hg.), De Unitate ecclesiae conservanda (MGH Ldl, 2), Hannover 1892, S. 173–284, Abdruck des Textes ab S. 184. Vgl. Tilman STRUVE, Art. Liber de unitate ecclesiae conservanda, in: LexM 5 (1991), Sp. 1948–1949.
[239] Hutten an Hessus, 26. Oktober 1519, Steckelburg, in: BÖCKING I, S. 313–314, hier S. 313: *Inveni **nuper** dum bibliothecam Fuldensem pulveribus pene deperditam et carie situque debellatam excutio, libellum insigniter elegantem, adversus Gregorium Pontificem, qui et Hildebrant, eiusque sectatores conscriptum.*
[240] Vgl. Beatrix SCHÜTTE, Studien zum *Liber de unitate ecclesiae conservanda* (Historische Studien 305), Berlin 1937; Karl PELLENS, Herrschaft und Heil. Kirchliche und politische Momente in regnum und sacerdotium nach dem sog. Liber de unitate ecclesiae conservanda, in: Wilhelm BAUM (Hg.), Kirche und Staat in Idee und Geschichte des Abendlands: Festschrift zum 70. Geburtstag von Ferdinand Maass, Wien u. a. 1973, S. 97–112; Paul G. SCHMIDT, Das Mittelalterbild hessischer Humanisten, in: August BUCK (Hg.),

Österreich, den Bruder Kaiser Karls V., im März 1520 bei Johannes Schöffer in Mainz heraus.[241] Während er aber in seiner Vorrede an Leo X. noch ‚Nachsicht' hinsichtlich der Schärfe seiner Forderungen walten ließ, nahm er spätestens hier kein Blatt mehr vor den Mund. Schon zu Beginn lautet der Appell: „Dies nehme ich für mich selbst in Anspruch, mit äußerster Beharrlichkeit dazu zu ermahnen, es dürfe nicht länger ertragen werden, dass diese [deutsche] Nation der schändlichen Tyrannei des römischen Papstes willfährig sei."[242] Mit Blick auf die ‚Augsburger Sammlung' dachte Hutten also erneut an eine Annäherung an die Habsburger und den Kaiserhof in Form einer Paränese, denn diese Sache, so Hutten, sei weitaus dringlicher als der Kampf gegen die Türken.[243] Kaiser Karl V. müsse sich an Heinrichs IV. ‚Bußgang nach Canossa' ein Vorbild nehmen,[244] um die Schande der deutschen Kaiser wegzuwaschen, die sie im Kampf gegen die päpstliche Tyrannei selbst verursacht haben sollen, als sie sich aus Rom zurückzogen, um sich den päpstlichen Gesetzen unterzuordnen. Hutten hatte dies bereits in der Edition von Vallas ‚Konstantinischer Schenkung' betont. Den Päpstlichen solle jedweder weltliche Einfluss genommen werden, den sie nicht nur fälschlicherweise erworben haben, sondern ebenso durch finanziellen Profit missbrauchen. Wer könne dieser allzu ‚ehrgeizigen Roma' überhaupt noch trauen?[245]

Humanismus und Historiographie, Weinheim 1991, S. 137–143; JAUMANN (2008), Sp. 1230.

[241] Ulrich von Hutten (Hg.), De vnitate ec|clesiae conservanda, et schi|smate, quod fuit inter Henricum IIII. Imp<eratorem> et Gre-|gorium VII. Pont. Max. cuiusdameius tem/|poris theologi liber, in uetustiss<ima> Ful/|densi bibliotheca ab Hutte/|no inuentus nuper. Mainz: Joh. Schöffer, März 1520. VD 16, U 173; vgl. BENZING (1956), Nr. 219; Huttens undatierte Widmungsvorrede bei BÖCKING I, S. 325–334.

[242] BÖCKING I, S. 326: *Quod cum aliis in rebus facere alios videam, ipse hoc mihi desumpsi, obnixissime ut moneam ne patiatur diutius contumeliose Romani pontificis tyrannidi obnoxiam esse hanc nationem.* Übs. n. WULFERT (2009), S. 225.

[243] BÖCKING I, S. 326: *Quid enim prius aliquis existimat Turcas, esse debellandos, quo et longius absunt et eo genere nobis adversantur quo potuimus ipsi semper plurimum, armorum contentione? An prius hostis est quaerendus, quem hauddudum sensimus, quam huic resistendum qui in cervicibus iam nostris magno cum dominationis fastu grassatur?*

[244] BÖCKING I, S. 328: *Quorum sicut pudere nos debet, ita ex Heinrichi IIII., fortissimi ac bellicosissimi omnium qui in Germania imperaverunt regis, virtute multum ad communem nationis huius accessisse gloriam arbitrabimur, ad cuius imitationem, siquid iustigare Carolum potest, hic poterit liber.*

[245] BÖCKING I, S. 327–328: *Quae esse potest enim pretiosior opar, quam siquis vos servire non permiserit? Servierunt enim Romanis pontificibus, servierunt, pro pudor, quotquot ex Germanis imperatoribus aut urbe Roma illis cesserunt, aut scelerate ementitam Constantini donationem ratam habuerunt, aut iusiurandum inito principatu reddendum illis dignum duxerunt, aut ab eorum pedibus acceperunt imperatorium diadema, aut sententiam in se dicere passi sunt, aut sua edicta suasque leges ab illorum constitutionibus supprimi tulerunt, aut Germaniam quotannis compilandam illis permiserunt, aut ad palliorum espiscopalium Romae mercatum, veniarum hic, dispensationum, gratiarum et omnis generis bullarum nundinationes comiverunt. Quid dicam de his enim qui petenda Romae omnia putaverunt?*

Hutten liefert erneut einen umfangreichen Katalog an finanziellen Einnahmequellen, mithilfe deren die Päpste ihr ‚Geld gemolken' (*pecuniam emulgendo*) haben sollen. Jene schrecken bei ihrem Vorgehen der Gewinnmaximierung weder vor Dispensationen, Gnadenerlassen, Relaxationen, Kondonationen, Absolutionen, Palliengeldern, Papstmonaten und weiteren Steuern noch vor Gewaltausübung zurück.[246] Auch das Fälschen und Vernichten von Beweisen wirft Hutten hier der päpstlichen Kurie vor. So unterstellt er beispielsweise Aeneas Silvius Piccolomini (Pius II.), dass jener im Rahmen von dessen Fuldabesuch die Klosterbibliothek verwüstet und ebenso papstkritische Stellen aus den fünf Büchern der ‚Vita Heinrici IV.' entfernt haben soll. Viel wahrscheinlicher ist jedoch, dass Hutten lediglich eigene kleinere Bücherdiebstahle zu kaschieren versuchte.[247] Bisher konnte tatsächlich auch kein einziger Fuldabesuch Piccolominis nachgewiesen werden. Der Fokus sollte demnach also ganz und gar auf dem Vorwurf der päpstlichen Intransparenz und der Assoziation mit der Produktion von Urkundenfälschungen an der Kurie liegen, was die wiederverwendete Wendung des *nuper*-Satzes mit Verweis auf die frühere Valla-Edition beweist.[248]

In der ‚Donatione Constantini' attestierte Hutten Leo X. noch eine weitaus positivere Positionierung als den Päpsten im Beispiel der Ausgabe ‚De unitate ecclesiae conservanda'. Der junge Herrscher Karl V. solle nach Huttens Vorstellung wie in einem mittelalterlichen Fürstenspiegel anhand der Taten des tüchtigen Kaisers Heinrich IV. lernen und dementsprechend auch sein künftiges Handeln auslegen. Neu in Huttens Schreibstil war jedoch das Äußern von Papstkritik in Form einer theologischen Argumentation, die er an zahlreiche Bibelzitate knüpfte.[249] Ebenso prägend für die Vorrede waren andererseits aber auch Huttens Forderungen in Bezug auf die patriotische Idee eines freien Deutschlands, das sich von den Ketten des römischen Jochs lossagen müsse: „Ich bitte Euch, sorgt dafür, dass den römischen Goldsaugern nicht länger gestattet werde, ihren Spott mit der [deutschen] Nation zu treiben, die die Königin der Welt sein sollte."[250] Das Schlusswort des Widmungsschreibens an Ferdinand bezieht schließlich auch den Leser als weitere essentielle Instanz in

---

[246] BÖCKING I, S. 329–330: *nam praeter id quod sub religionis fuco per fraudem abstulerunt, pro gratiis, pro dispensationibus, pro relaxationibus, pro condonationibus, pro absolutionibus et id genus nugis pecuniam emulgendo,* **nuper** *vi etiam et violentia coeperunt contendere pecuniam sibi deberi pro palliis episcopalibus, eamque statuerunt suo arbitrio immodicam, et quae ad ecclesias nostras contulerunt maiores hic nostri, dimidia plus parte ad se pertinere; et magno suo cum lucro diviserunt annum in menses papales, et ordinarios [...].*

[247] Vgl. KALKOFF (1925), S. 108–110.

[248] Vgl. den eingangs zitierten Brief Huttens an Hessus, in: BÖCKING I, hier S. 313, u. die Ausführungen von Huttens *praefatio*, in: BÖCKING I, S. 329.

[249] Vgl. WULFERT (2009), S. 226–227; BECKER (2013), S. 181.

[250] BÖCKING I, S. 328: *Quod facite, oro, nec diutius sinite Romanenses aurisugas illudere nationi orbis reginae.* Übs. nach WULFERT (2009), S. 227–228.

die Werkkomposition mit ein: „Da nimm es, lieber Leser, wohlwollend auf und steh uns in der Verteidigung der Wahrheit tapfer bei."[251]

Bevor Hutten nach Brüssel weiterreiste, um die Gewährung einer Audienz bei Erzherzog Ferdinand zu erbitten und seine politischen Forderungen zusätzlich noch persönlich vorzutragen, gab er Ende Mai 1520 eine weitere romkritische Schrift unter dem Titel ‚De schismate extinguendo' heraus,[252] die er wohl auf einer Rheinreise vom Bopparder Zollbeamten Christoph Eschenfelder geschenkt bekam.[253] Bei diesem Werk handelt es sich um eine Textsammlung, die diverse Sendschreiben bezüglich des sog. ‚Großen Abendländischen Schismas' des späten 14. Jahrhunderts beinhaltet und die daraus resultierende Spaltung der ‚katholischen Mutterkirche' in römisches und avignonesisches Papsttum bespricht. Die einzelnen Schreiben sind an die Oxforder, Prager und Pariser Universität, ein anderes Schreiben der genannten Hochschulen an Papst Urban VI. und König Wenzel, schließlich ein weiteres Schreiben Wenzels an die ‚Christliche Nation' gerichtet. Alle fingierten Sendschreiben stammen wohl von „ein und demselben Verfasser".[254] Hutten gefiel hier vor allem der ‚Konziliarismus', wie er in den meist recht einseitigen Schreiben in seinen Augen wohl gut zur Geltung kam, und brachte den Text im Anschluss erneut bei Schöffer in Mainz heraus.[255]

Beide Editionen Huttens, die ab dem Sommer 1520 von Mainz aus vertrieben wurden, besitzen als Gemeinsamkeit das Hinzufügen einer Vorrede, eines invektiven Paratextes. Erst dieser machte aus dem mittelalterlichen Traktat ein Pamphlet des reformatorischen Anti-Rom-Diskurses. Die Ausnahme bildet jedoch die Zueignung, da der Adressat hier nicht der Kaiser ist, sondern die Schrift vielmehr an ‚alle freien Deutschen' (‚Liberis in Germania omnibvs') gerichtet ist.[256] Zunächst führt die Vorrede den Leser an den Rhein nach ‚Boppard im Triergau', wo Eschenfelder Hutten die Schrift ‚De schismate extinguendo' nach eigenen Aussagen zum ‚Gastgeschenk' machte, wie es im antiken Griechenland noch Sitte war. Dabei möchte Hutten in die Fußstapfen Homers treten, was er anhand des Zitates aus der ‚Odyssee'[257] zusätzlich zu bekräftigen versuchte. Auch Erasmus habe er im Rahmen von dessen Besuch

---

[251] BÖCKING I, S. 334: *Ubi tu, bone lector, boni consule, nobisque in veritatis patrocinio fortitet adsiste.* Übs. n. WULFERT (2009), S. 228.
[252] De schismate | extinguendo, et vere eccle|siastica libertate adse|renda epistolae ali|quot mirum in mo|dum liberae, et | veritatis | studio |stre|nuae | [...]. Huttenus in lucem edit. [Mainz: Joh. Schöffer, 1520]. VD 16, H 6407. BENZING (1956), Nr. 220–221. Druck aus demselben Jahr in Hagenau bei Th. Anshelm. Vgl. BENZING (1956), Nr. 221.
[253] Vgl. BENZING (1956), S. 122.
[254] JAUMANN (2008), Sp. 1231.
[255] Ex. München, Bayerische Staatsbibliothek, Res/4 Opp. 90, I,13.
[256] Vorrede bei BÖCKING I, S. 349–352.
[257] Hinsichtlich des griechischen Zitats vgl. auch den kritischen Apparat bei BÖCKING I, S. 350.

in Boppard bedauerlicherweise nur knapp verpasst.[258] Die in der ersten Person Plural getragene ‚Kampfansage' Huttens an die Klerisei hebt gleich zu Beginn des Schreibens hervor, dass es grundsätzlich darum gehe, die ‚gefesselte und fast erwürgte Freiheit der deutschen Nation' zu restituieren. Er fordert die übrigen Gelehrten daher dazu auf, nach weiteren Quellen der Vergangenheit zu forschen, die ‚unserem Zwecke' dienlich sein könnten.[259] Dabei wirkt Hutten in seinem Aufruf an die Deutschen ganz im Gegensatz noch zur Valla-Edition wesentlich pointierter, bissiger und daher auch, mit Blick auf die Seitenanzahl, wesentlich kürzer. Nicht von ungefähr sollte dieser manifeste Stil den Leser auch mitreißen mit dem festen Appell, die römischen Päpste und ihre Kurtisanen, die ‚Simonisten (*Simoniacos*) und Ablasskrämer' (*indulgentiarum venditores*) nicht weiter zu begünstigen.[260] Nach Huttens eigener Einschätzung sei der Text jedoch sprachlich nicht so fein geschliffen gewesen, wie dies bei seinem Sensationsfund in Fulda der Fall gewesen sei. Dennoch eigne er sich zur emsigen Nachahmung:

> Nam ego sermonis inconcinnitatem saeculi illius infoelicitati condono, materiam vero quae inibi tractatur, vel ob id credo utilem fore, quod inde perdiscent nostrates academiae quid quo consilio iudicare conveniat, ubi habebunt quae imitentur maiorum suorum exempla et quod orbis cognoscet quam non coeperit nuper contra intolerabilem pontificum avaritiam ac minime ferendum impositum sibi a Romanis istis iugum reclamare haec natio.[261]

> Denn ich sehe die Ungereimtheit der Sprache dem Unglück jenes Jahrhunderts nach, glaube aber, dass der Gegenstand, der darin behandelt wird, auch deshalb nützlich sein wird, da unsere Akademien daraus genau lernen werden, was und mit welchem Plan zu urteilen passend ist. Dort sie Beispiele ihrer Vorfahren zur Nachahmung finden und (was die Welt erkennen wird) wie nicht erst neulich diese Nation begonnen hat, sich

---

[258] Böcking I, S. 349–350: *Quo studio cum secundo proxime Rheno navigans ad Treverense municipium Bopardam adplicuissem, convenissemque Christophorum Eschenfelder, qui telonen istic agit, atque is, qua benevolentia honos et literatos omnes prosequitur, domum me suam adduxisset, hospitium exhibens, ut paulo ante Erasmo fecerat, eximie liberaliter, deinde libros suos et suppellectilem ordine ut fit ostenderet, alia quidem vidi satis lauta omnia, sed inter libros inveni vetulum quendam epistolas aliquot continentem, quem dum insipicio primum, deinde lego etiam, rem cognosco oblatam mihi minime contemnendam, itaque perlegere adgressus sum. Quod ille conspicatus admodum cupide agere me, volens credo imitari Homericum illum Nestorem, πὰρ ξείνια θῆκεν, et libellum dono dedit.*

[259] Böcking I, S. 349: *Adhuc nihil cessatum nobis est ab eo die, quo semel constrictam diu iam et pene suffocatam nationis huius libertatem quantum in nobis esset, solvere et restaurare adgressi sumus, dum vel quaerimus et investigamus quid ubique abstrusum habeatur antiquitatis, quod huic nostro commodare possit instituto, vel scribimus ipsi et in lucem edimus quae mens conscia veri occulta diutius esse non sustinet.*

[260] Vgl. Böcking I, S. 351 m. Zitaten.

[261] Böcking I, S. 350.

gegen die unerträgliche Habgier der Päpste und das keineswegs auszuhaltende Joch zu widersetzen, das ihnen von den Römern auferlegt worden ist.[262]

Sowohl die Verbündeten als auch die Gegner werden mittlerweile klar benannt, die Botschaft solle bis an die fernen italienischen Akademien (*academiae*) hallen, um die Deutschen der Knechtschaft zu entreißen. Hutten stellt diesen Topos nicht nur in eine ‚Traditionslinie', die seine Aussagen zu legitimieren scheint, ebenso macht er deutlich, dass er eine europaweite Verbreitung seiner Schrift im Sinn hatte.[263] Zwei Aspekte schienen ihm dabei am ursprünglichen Text besonders gefallen zu haben: zum einen die Vorwürfe, die gegen die Sittenlosigkeit und den Nepotismus des päpstlichen Hofes erhoben werden; zum anderen die in seinen Augen feststehende Tatsache, das Papsttum sei nur durch das Unrecht am Kaisertum zu weltlicher Macht und weltlichen Besitztümern gelangt.[264] Die Vorrede endet mit Huttens berühmtem Wahlspruch *iacta est alea*, der den Text zu einem für jeden ersichtlichen Kampfaufruf avancieren lässt.[265] Die deutlichste Aufforderung zur Gewaltbereitschaft gegen die Feinde Christi findet jedoch mithilfe eines Bibelzitats aus dem Matthäus-Evangelium (Mt 3,10) statt: „Denn gelegt ist schon, gelegt, oh Christus, die Axt an die Wurzel der Bäume und jeder Baum, der nicht gute Frucht bringt, wird umgehauen werden."[266]

Die Intensität seiner Agitation hatte also vor Abreise nach Brüssel weitere Schärfe angenommen. An Petrus Mosellanus, einen Humanisten und Fürsprecher in der Luthersache, schrieb Hutten am 6. Juni 1520 noch geradezu hasserfüllt in Bezug auf sein Vorhaben sowie seine Anliegen in Brüssel:

> Praeterea susceptum contra pontificalem Tyrannidem negocium, nulla cessatione intermittetur mihi. […] Ad quod ceptum, utinam fidem facere passim bonis omnibus, quam sim animo expeditus, et quam fere satis, qui hoc excitem vobis incendium. Adurentur enim improbi, adurentur, etiamsi conflagrare me simul porteat. Vos, confidite, et omni postergata imbecillitate, spem sumite vobis plenam, et aliquando ardete nonnihil et ipsi.[267]

---

[262] BECKER (2013), S. 172, Anm. 559, dessen Übs. sich wohl an die LINDNERS anlehnt. Vgl. Theodor LINDNER, Ueber Huttens Schrift: De schismate extinguendo, in: Theologische Studien und Kritiken 46 (1873), S. 151–161, hier S. 152.

[263] BECKER (2013), S. 172: „Das Wirkungspotential der Veröffentlichung ist jedoch insoweit nicht auf Deutschland beschränkt, da Hutten die aufgezeigte Traditionslinie im Kampf der deutschen Nation gegen Rom über Deutschland hinaus verbreiten und ihr eine Außenwirkung verschaffen will (*orbis cognoscet*). Die Erfüllung des Anspruchs, dass seine Schrift auch von der gegnerischen Seite in Rom zur Kenntnis genommen wird, wird durch die Erwähnung im Kontext der Bulle Exsurge Domine bestätigt."

[264] Vgl. KIRCHNER (1873), S. 152, S. 152–159 mit Kommentaren zu den einzelnen Sendschreiben.

[265] BÖCKING I, S. 352.

[266] Vgl. WULFERT (2009), S. 228–230, Übs. des Zitats auf S. 229.

[267] Gustav BAUCH, Analekten zu Luthers Briefwechsel, in: ZKG 18 (1889), S. 391–412, S. 403–404, Zitat S. 403.

> Außerdem habe ich die Sache gegen die päpstliche Tyrannei aufgenommen, keine
> Verzögerung ist mir gestattet. [...] Dazu habe ich es begonnen, dass ich für alle Guten
> Frieden schaffen kann, so wie ich erfahrenen Geistes bin und wie ich wohl genug bin,
> der Euch diesen Brand angezündet hat. Denn die Schurken sollen brennen, sie sollen
> brennen und wenn ich mit ihnen brennen müsste. Ihr, vertraut, lasst alle Schwächlich-
> keit hinter Euch, schöpft volle Hoffnung und wagt auch selbst einmal was.[268]

Zeitgleich berichtete Hutten Selbiges an Philipp von Fürstenberg.[269] Schon vorher hatte er sich große Hoffnungen auf eine Anhörung bei Erzherzog Ferdinand gemacht. Crotus Rubeanus schrieb beispielsweise an Luther, Hutten werde durch seine baldige neue Stellung dem großen Reformator und seinen Studien gut nützen.[270] Heinrich Stromer wähnte Hutten aus Versehen gar viel zu früh in den Diensten am Hofe Ferdinands.[271] Auch seinem Vetter Bernhard von Hutten teilte er die verzwickte Lage mit. Die Brautwerbung müsse er aufgrund seiner Krankheit nun wohl endgültig *ad acta* legen. Bei Ferdinand habe er aber dank einer Empfehlung des Bischofs von Lüttich gute Aussichten auf eine Dienstanstellung.[272] Am 12. Juni 1520 berichtete Cochlaeus schließlich an Pirckheimer, Hutten habe sich bereits auf den Weg gemacht und werde binnen acht Tagen in Brüssel sein. Der Mainzer Erzbischof habe ihn hierfür mit 1000 Gulden ausgestattet.[273] Auch bei Agrippa von Nettesheim soll sich Huttens Reisegesellschaft auf dem Weg dorthin eingefunden haben, denn jener berichtete, dass Hutten eine deutsche ‚Nationalkirche' plane. Agrippa müsse aber erst die Reaktion des Kaisers abwarten, bevor er in irgendeiner Weise in Aktion trete.[274]

Das ganze Werben bei befreundeten Humanisten und auch Verwandten half Hutten am Ende nichts, denn er musste Brüssel verlassen, obwohl er womöglich nicht einmal zu einer Audienz bei Ferdinand vorgelassen wurde. Einerseits scheiterte dieses Anliegen kläglich, andererseits mussten jedoch seine Editionen eine beträchtliche öffentliche Wirkung erzielt haben. In einer Instruktion Papst Leos X. an den Nuntius Aleander werden beispielsweise Huttens Dialog ‚Vadiscus sive Trias Romana' sowie seine Ausgabe ‚De schismate extinguendo' genannt.[275] In einer weiteren Instruktion an Aleander und Eck vom 16. Juli

---

[268] WULFERT (2009), S. 229–230.
[269] Vgl. Hutten an Philipp von Fürstenberg, Juni 1520, Mainz, in: BÖCKING I, S. 354–355.
[270] Vgl. Crotus an Luther, 28. April 1520, Bamberg, in: BÖCKING I, S. 337–341, hier S. 341.
[271] Vgl. Stromer an Nikolaus Demudt, Anfang Mai 1520, Leipzig, in: BÖCKING I, S. 343–344, hier S. 344.
[272] Vgl. Hutten an seinen Vetter Bernhard, 12. April 1520, Birkenfeld, in: SZAMATÓLSKI (1891), S. 126–127, hier S. 126.
[273] Vgl. Cochlaeus an Pirckheimer, 12. Juni 1520, Frankfurt, in: BÖCKING I, S. 359.
[274] Vgl. Agrippa von Nettesheim an Johannes Rogerius Brennonius, 16. Juni 1520, Köln, in: BÖCKING I, S. 359–360.
[275] FABISCH/ISERLOH (1991), S. 442–445, hier S. 445: *Item, cum didicerimus per chalcographos libros seminari famosos et injuriosos ac haereseos plenos, ideo locorum ordinariis bullam constitutionis Lateranensis Concilii super hoc insinuetis, eis ex commissione vobis facta a sede*

forderte Leo X. die beiden Legaten letztlich mit einer Sondervollmacht dazu auf, gegen die Schriften der Anhänger Luthers, auch Huttens, vorzugehen.[276] Kurz zuvor hatte sich der Papst sogar an Erzbischof Albrecht gewandt, um ein statuiertes Exempel an den Schriften Huttens einzufordern.[277] Zusammen mit der ‚Bannandrohungsbulle' vom 24. Juli 1520, deren Entwurf Hutten im November desselben Jahres allerdings noch nicht vorlag,[278] war ihm in der Folge dieser neuen Weisungen aus Rom von nun an damit auch eine Rückkehr nach Mainz verwehrt worden. Auch von der Inhaftierung seines Partners in Mainz, des Buchdruckers Johannes Schöffer, erfuhr Hutten im Anschluss. Er floh daher noch Anfang September auf die Ebernburg Sickingens: die ‚Herberge der Gerechtigkeit'.[279]

3.3 Huttens Edition der Bulle ‚Exsurge Domine' (1520) – Ein wahres ‚Füllhorn' paratextueller Invektivität

Am 15. Juni 1520 wurden die Pergamentoriginale der sog. ‚Bannandrohungsbulle' ‚Exsurge Domine' an den Pforten der Petersbasilika und auch am Campo de' Fiori in Rom angeschlagen. Die Nuntien Aleander und Eck sorgten direkt im Anschluss daran für deren Verbreitung in Deutschland.[280] Auch Hutten drohte man als einem der Anhänger Luthers die Exkommunikation an, wenn er nicht binnen 60 Tagen die lutherischen Lehren widerrufen würde. Während die Papsttreuen die Verurteilung unterstützten, regte sich auf der Gegenseite breiter Widerstand. So ließ Luther die Bulle nicht nur öffentlich verbrennen, sondern inszenierte diese weiterhin mit feurigen Flugschriften. Ebenso schlossen sich viele Studenten den Protesten an, indem sie die Bulle auf öffentlichen Plätzen mit Kot beschmierten, zerrissen oder in die Flüsse warfen, wie etwa in Leipzig in die Pleiße. Hutten besaß dagegen seine ganz eigene Art des Tabubruchs, auf die Anschuldigungen der Bulle gegen ihn zu reagieren. Im Herbst 1520 gab er die Verdammungsurkunde nämlich erneut bei Johannes Schott in Straßburg in einer Edition heraus,[281] die den Machtanspruch des Papstes durch das Hinzufügen weiterer Paratexte nun endgültig deautorisieren und auch ins

---

apostolica injungentes, ut eam exequantur et vobis auxilio sint libros Hussiticos impressos comburendi et alios scriptos contra fidei veritatem ac sedis apostolicae dignitatem, sicut est Hutteni epistola prefixa libro cuiusdam scismatici, Trias et similia.

[276] Vgl. FABISCH/ISERLOH (1991), S. 438–442, hier S. 441.
[277] Vgl. Leo X. an Albrecht von Mainz, 12. Juli 1520, Rom, in: BÖCKING I, S. 362–363.
[278] Vgl. Hutten an Capito, Anfang November 1520, Ebernburg, in: BÖCKING I, S. 365–366.
[279] Vgl. WULFERT (2009), S. 236–237.
[280] Vgl. FABISCH/ISERLOH (1991), S. 334–338.
[281] Ulrich von Hutten (Hg.), Bulla | Decimi Leonis, contra errores Martini | Lutheri, et sequacium. [Straßburg: Joh. Schott, vor Nov. 1520]. VD 16, K 277. BENZING (1956), Nr. 222, weitere Drucke Nr. 223–224; in: BÖCKING V, S. 301–333.

Lächerliche ziehen sollte.²⁸² Dabei stellte Huttens Veröffentlichung seiner romfeindlichen Ausgabe schon einen Affront gegen die päpstliche Autorität an sich dar. Doch auch inhaltlich lautete sein ‚Mantra', die „allerorten verbreitete Bulle [...] Schritt für Schritt mit permanent destruierenden Kommentaren und Glossen zu versehen und als widerchristlichen Akt zu brandmarken."²⁸³

Abbildung 44: Titelblatt der ‚Bannandrohungsbulle' ‚Exsurge Domine' Papst Leos X.

Abbildung 45: Titelblatt von Huttens Edition der Bulle ‚Exsurge Domine'.

Schon beim Titelblatt ließ Hutten in seiner Ausgabe zahlreiche Änderungen vornehmen (**Abb. 44 u. 45**).²⁸⁴ Bis auf die Grundstruktur, die aus Titel und Papstwappen besteht, wurden alle übrigen Elemente jedoch durch invektive Momente erweitert. Schon auf der Ebene der Typographie lässt sich eine Hervorhebung des Wortes ‚Bvlla' konstatieren, mit dessen Semantik Hutten ja auch

---

282 Vgl. den exzellenten Aufsatz zu Huttens Persiflage der Bulle ‚Exsurge Domine' von Frieder VON AMMON, „Bevor wir Dich hören, Heiligster." Die Paratextualisierung der päpstlichen Autorität in Ulrich von Huttens Edition der Bulle *Exsurge Domine*, in: Sonderforschungsbereich 573: Pluralisierung und Autorität in der Frühen Neuzeit (15.–17. Jahrhundert). Mitteilungen 1 (2006), S. 31–38, hier S. 31, dem hier in Bezug auf die Interpretation der Paratexte kaum widersprochen werden kann.
283 JAUMANN (2008), Sp. 1218.
284 Abb. 40: Ex. Berlin, Staatsbibliothek Preußischer Kulturbesitz, Dg 340; Abb. 41: Ex. München, Bayerische Staatsbibliothek, Res/4 H.ref. 800,31. Vgl. zur Interpretation VON AMMON (2006), S. 32.

an anderer Stelle seines Œuvres spielt.[285] Besonders auffällig erscheint ebenso die neue Umrahmung des Wappens durch Glossen, die deiktische Leser-Anrede an Papst Leo X. Der normalerweise positiv anpreisende Charakter solcher Anreden wird hier jedoch ins Gegenteil verkehrt, denn während sie in der Regel eher eine Schmuck- bzw. Werbe-Funktion einnehmen, soll der Kommentar hier dagegen lediglich Hohn und Sarkasmus transportieren. „Huttens Polemik zielt also nicht allein auf die Institution des Papsttums und deren Methoden der Machtausübung, sondern durchaus auch *ad personam*: Auch Papst Leo X. wird mithin an den Pranger des Paratextes gestellt."[286] Indem Hutten beispielsweise in seinen Psalmangaben der Glossen[287] *regina* durch *bulla* und dadurch Gott durch den Papst ersetzt,[288] erscheint die ‚Blase' sogleich als promiskuitive Geliebte des Pontifex. Es handelt sich hierbei also um eine Invektive auf der Basis der rhetorisch-stilistischen Figur der Anthropomorphisierung mit Blick auf die christliche Todsünde der *luxuria* im Sinne der sexuellen Ausschweifung.[289]

Huttens Paratexte lassen sich bereits im Titelblatt als multifunktional beschreiben. Zum einen deuten sie den Ursprungstext invektiv um, zum anderen wird die Komposition alleine durch ihre vielen Tabubrüche selbst zur Invektive. Immerhin muss man bedenken, dass eine Bulle grundsätzlich als ein hierarchisch abgeschlossenes Kommunikationssystem zu beschreiben ist und unzähligen Formalia unterworfen war. Eine weitere Leseradressierung unterhalb des Papstwappens (*Cognosces qualis pastor, sit Leo*) soll zudem das Rekontextualisieren des ironisch-sarkastischen Untertons für den Rezipienten erleichtern, denn mit dem Bild der ‚leichtbekleideten Bulla' (*in vestitu deaurato*) will Hutten insbesondere die Rolle der Paratexte und das Spiel mit ihnen hervorheben. Wie ein Gewand sollten sie, was der griechische Ursprung des Präfixes παρά (unter, neben, über etc.) bereits impliziert,[290] den Text sozusagen ‚neu einkleiden'. Die Formulierung *circumamicta varietatibus* soll eben diesen Gedanken dann im Anschluss mit der Gattung der Satire verbinden.[291]

---

[285] So in seinem Dialog ‚Bulla vel bullicida' aus den ‚Dialogi novi' (1521), wo Hutten die Blase (*bulla*) sogar buchstäblich zum Platzen bringt.

[286] VON AMMON (2006), S. 32.

[287] In der Originalfassung bezieht sich die Arenga der Urkunde auf Ps. 7,7; Ps. 74,22; Ps. 89,51–52. Vgl. FABISCH/ISERLOH (1991), S. 364 Anm. 2.

[288] Anstatt *adstitit regina a dextris tuis in vestitu deaurato circumdata varietate* (Ps. 44,10) steht bei Hutten nun *Astitit Bulla a dextris eius, in vestitut deaurato, circumamicta varietatibus*. Da im Nachfolgenden komparatistisch bei der Analyse vorgegangen wird, stammen die Zitate der Übersichtlichkeit wegen aus der sprachlich synoptisch gehaltenen Ausgabe (lat./dt. Ausgabe Spalatins/Huttens glossierte lat. Ausgabe) von FABISCH/ISERLOH (1991), S. 413–434.

[289] Vgl. VON AMMON (2006), S. 33.

[290] Zu den zahllosen Verwendungsmöglichkeiten von παρά, bspw. adversativ ‚über [...] hinaus', ‚daneben', ‚vorbei' oder präpositional ‚bei' bzw. ‚neben' uvm. vgl. GEMOLL (1991), S. 606–607.

[291] Vgl. VON AMMON (2006), S. 34.

Doch nicht nur die invektive Umdeutung des Ursprungstextes lässt sich bei Huttens Vorgehensweise beobachten, sondern ebenso das Hinzufügen etwaiger weiterer, für die Regularien einer Bulle völlig ungewöhnlicher Paratexte, auf die nun der Reihe nach eingegangen werden soll. So ist Huttens Edition zunächst eine Vorrede beigegeben, die fingierte Mündlichkeit – eine Technik, die sich Hutten vor allem in seinen Dialogen meisterhaft zu eigen machen sollte – spielerisch vorgaukeln sollte. Da Hutten sich in dieser Passage als Autor und Herausgeber des Textes selbst dazu ermächtigt, dem Papst das Wort zu erteilen oder zu verbieten, erscheint dieser Befund als der eigentliche Affront der Vorrede gegenüber dem Oberhirten der römischen Kirche. Hutten versucht seine hier ebenfalls *ad personam* gerichtete Invektive anhand eines Bibelzitates, genauer gesagt anhand einer Parole des zweiten Thessalonikerbriefes (2 Thess 2,3–4), festzumachen (*Prius quam te audiamus, Sanctissime, huius memineris Apostolici quod ad Philippenses scribitur*). Es tat nicht einmal etwas zur Sache, dass Hutten an dieser Stelle ein fataler Zitierfehler unterlief.[292] Ob Huttens Irrtum mit dem Philipperbrief als philologisch-kritischer ‚Flüchtigkeitsfehler' oder aber als wohlplatzierter Witz wahrgenommen wurde, muss dahingestellt bleiben. Die unmissverständliche Botschaft des Textes lag jedoch klar auf der Hand. Der Papst sei hier der eigentliche Antichrist, der sich zwar in den Tempel Gottes setze, jedoch dort nur vorgebe, Gott zu sein. Spätestens jetzt durfte jedem bibelkundigen Leser klargeworden sein, dass ein öffentlicher blasphemischer Angriff gegen seine Heiligkeit, den Bischof von Rom, eindeutig vorlag. Hutten spinnt nun die fingierte Kommunikationssituation weiter, denn erst mit der zu Beginn des Vorwortes stehenden Formel *Incipe bullam* erteilt er Leo das Wort. „Dies war in der Tat ein gewaltiger Affront, denn damit wurde ja nichts weniger als eine jahrhundertelang gültige Redeordnung aufgekündigt. Insofern ist die Brisanz [der Stelle] „Bevor wir Dich hören, Heiligster" (*Prius quam te audiamus, Sanctissime*) kaum zu überschätzen."[293]

Allerspätestens jetzt wird Huttens Ausgabe zu einem Sonderfall intertextueller Sublimität und Paratextualität. Denn zu alledem ist der Ausgabe noch vor der eigentlichen Vorrede eine weitere Widmungsvorrede ‚An alle Deutschen' (‚Germanis omnibus salutem') vorangestellt.[294] Eine Widmung, die ‚über

---

[292] Hutten meint hier irrtümlicherweise den Philipperbrief zu zitieren. Die Stelle lautet bei Hutten bei FABISCH/ISERLOH (1991), S. 414 weiter: *Ne quis vos seducat ullo modo. Quoniam non adveniet Dominus, nisi venerit defectio prius, et revelatus fuerit homo ille scelerosus, filius perditus, qui est adversarius; et effertur adversus omnem, qui dicitur Deus, aut numen adeo, ut in templo Deo sedeat, ostentans se quasi Deum* (Lasst Euch von niemandem verführen, in keinerlei Weise; denn zuvor muss der Abfall kommen und der Mensch des Frevels offenbart werden, der Sohn des Verderbens. Er ist der Widersacher, der sich erhebt über alles, was Gott oder Heiligtum heißt, sodass er sich in den Tempel Gottes setzt und vorgibt, er sei Gott).

[293] Vgl VON AMMON (2006), S. 35–36, Zitat S. 36.

[294] FABISCH/ISERLOH (1991), S. 413.

die Köpfe' der eigentlich Angesprochenen ‚hinwegkommuniziert', scheint mit Blick auf deren ursprüngliche Definition ja sowieso als klarer Bruch bzw. als klares Überschreiten vermeintlich fest etablierter Gattungsgrenzen. Schon die Eröffnungssentenz *Ecce vobis Leonis Decimi Bullam, viri Germani* lässt vor dem inneren Auge das Bild eines deiktischen ‚Vor-die-Füße-Werfens' ganz plastisch werden. Da in dieser besonderen Widmung letztlich sogar der Leser für das Zaudern getadelt wird, lässt sich freilich auch hier mit VON AMMON übereingehen: „Der Paratext wird also [erneut] nicht zugunsten von Autor und Text eingesetzt, sondern zu deren Ungunsten – ein durchaus ungewöhnlicher Fall."[295]

In der Tat gibt es weiterhin eine ‚Widmungsnachrede' (VON AMMON), also eine Widmung, die ganz an das Ende der Werkkomposition gesetzt wurde und die an den eigentlichen ‚Todfeind', Papst Leo X. (‚Ad Leonem') gerichtet ist.[296] Hutten bricht auch an dieser Stelle gleich mit mehreren Konventionen gattungsspezifischer Paratextualität. Erstens setzt man eine Widmung nicht an das Ende des Textes, um den Widmungsakt nicht zu entwerten. Zweitens müsste eine Dedikation der Logik nach dysfunktional werden, wenn eine weitere hinzukommt. Drittens ist es aber vor allem ausgesprochen unüblich, dem Verfasser des herausgegebenen Textes, den man zudem noch mit forscher Kritik angeht, den eigenen Text zu widmen. Auch dem Inhalt nach scheint es sich nicht um eine Widmung zu handeln, sondern vielmehr um ein ‚Abstract' seiner Vorwürfe gegen die Kurie.[297] Die Bulle wird in ihrer Funktion als anerkannte Gattungsform als frech oder schadenfroh herabgewürdigt (*et petulantes huius generis Bullas*). Leo solle seine Herde auf der Weide nähren und sich nicht mithilfe von Bullen an ihr bereichern. Diese würden den Leuten mittlerweile schon ‚zum Halse heraus hängen' (*iam pertaesum est harum enim*), ebenso wie Leos ‚Pseudokirche' (*pseudecclesiam*).[298]

Hutten rundet das Framing des Werkes schlussendlich mit einer weiteren formalen Unüblichkeit, einem Motto, ab. Hierfür wurde eigens am Buchrücken eine separate Seite konzipiert, um auch diese kurze, daher vermeintlich unwichtige, Sequenz in Majuskelschrift eindeutig als separaten und eigenständigen Paratext zu markieren: *Dirvmpamvs vincvla eorvm, et proiiciamvs a nobis ivgvm ipsorvm* (Ps 2,3).[299] „Lasset uns zerreißen ihre Bande und von uns werfen ihr Joch!" Man muss lediglich einräumen, dass Hutten hier „nicht mit einer Konvention des Paratextes [spielt], sondern eine Innovation [zu präsentieren versucht], an der sich zeigt, wie bewusst er die paratextuelle ‚Umhüllung' der Bulle betrieben hat."[300]

---

[295] Vgl. VON AMMON (2006), S. 35, Zitat ebd.
[296] FABISCH/ISERLOH (1991), S. 432–434.
[297] Vgl. VON AMMON (2006), S. 35.
[298] Die Zitate bei FABISCH/ISERLOH (1991), S. 432.
[299] FABISCH/ISERLOH (1991), S. 434.
[300] VON AMMON (2006), S. 34.

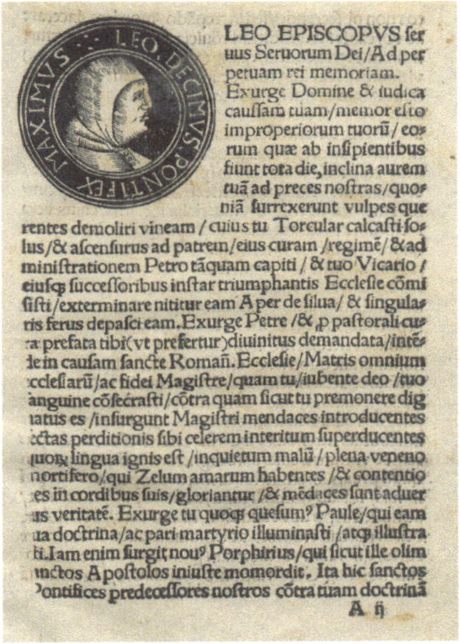

Abbildung 46: Leo X., Bulle ‚Exsurge Domine', Bl. a 2r.

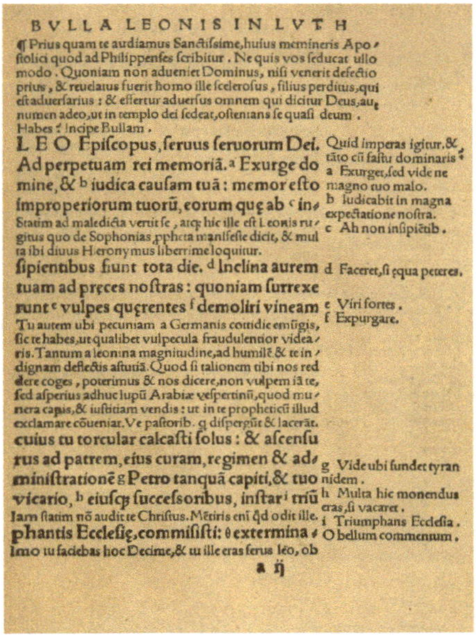

Abbildung 47: Huttens Edition der Bulle ‚Exsurge Domine' mitsamt dem ‚kritischen' Apparat, Bl. a 2r.

Wenden wir uns nun dem Glanzstück der Edition Huttens zu: den Glossen (**Abb. 47**). Dabei verwendete er neben der Marginalglosse (Seitenrand) auch die Interlinear- bzw. Kontextglosse (im Text), womit er sich gängiger zeitgenössischer paratextueller Mittel bediente, ein Werk zu kommentieren (*glossa ordinaria*). „Auch in diesem Fall aber wird die Gattung umfunktionalisiert, denn Hutten nutzt die Glosse nicht zur Erläuterung und Deutung des Textes, sondern im Gegenteil zu dessen Dekonstruktion und Diskreditierung."[301] Erneut nutzte er die Mittel des Dialogs, um eine Gesprächssituation zu inszenieren. Denn die Glosse, die einen Text normalerweise kommentieren soll, kontert hier geradezu auf die Äußerungen des Papstes in der Bulle. Anhand der Typographie und des optischen Vergleichs der beiden Ausgaben lässt sich das Wechselspiel bereits sehr gut nachvollziehen (**Abb. 46 u. 47**). Während die Bulle in ihrer Urform belassen wird, typographisch durch die fettgedruckte Schriftart hervorgehoben, sind die etwas kleiner gehaltenen Antworten als Marginalglossen im Geiste eines ‚kritischen' Apparates um den Ursprungstext herum zu verstehen. Betrachten wir nun einige Beispiele der ersten Seite, die auch deshalb bemerkenswert scheint, da Hutten hier zudem das päpstliche Medaillon durch seine Vorrede

---

[301] Vgl. von Ammon (2006), S. 36, Zitat ebd.

substituiert hatte. Auf der linken Seite sieht man den Ursprungstext der Bulle, zur Rechten Huttens Glossierung:³⁰²

Exsurge^a Domine, et iudica^b causam tuam, memor esto improperiorum tuorum, eorum quae ab insipientibus^c fiunt tota die: inclina^d aurem tuam ad preces nostras quoniam surrexerunt vulpes^e querentes demoliri^f vineam cuius tu Torcular calcasti solus, et ascensurus ad Patrem eius curam, regimen, et administrationem Petro tanquam capiti^g, et tuo Vicario, eiusque successoribus^h instar triumphantis Ecclesie commisistiⁱ.
(Erhebe dich, Herr, und richte deine Sache! Gedenke deiner Schmähungen, die den ganzen Tag von den Unweisen ausgehen. Neige dein Ohr zu unserer Bitte, denn Füchse haben sich erhoben, die danach trachten, den Weinberg zu vernichten, dessen Kelter du allein getreten hast; und als du zum Vater im Himmel auffahren wolltest, hast du die Sorge, die Leitung und die Verwaltung deines Weinberges dem Petrus gleichsam als Haupt und deinem Stellvertreter und seinen Nachfolgern als triumphierende Kirche anvertraut: [Ein Wildschwein trachtet danach, ihn zu zerwühlen, und ein wildes Tier frisst ihn ab]).

a) Hutten [=H]: Exsurget, sed vide, ne magno tuo malo.³⁰³
b) H: Iudicabit in magna expectatione nostra.³⁰⁴
c) H: Ah, non insipientibus! – Statim ad maledicta vertit se, atque hic ille est Leonis rugitus, quo de Sophonias propheta manifeste dicit,³⁰⁵ et multa ibi divus Hieronymus liberrime loquitur.³⁰⁶
d) H: Faceret, si aequa peteres.³⁰⁷
e) H: Viri fortes.³⁰⁸
f) H: Expurgare – Tu autem, ubi pecuniam a Germanis cottidie emungis, sic te habes ut qualibet vulpecula fraudulentior videaris. Tantum a leonina magnitutine ad humilem et te indignam deflectis astutiam. Quod si talionem tibi nos reddere coges, poterimus et nos dicere non vulpem iam te, sed asperius adhuc lupum Arabiae vespertinum, quod capis et iustitiam vendis: ut in propheticum illud exclamare conveniat: *Ve pastoribus, qui dispergunt et lacerant!*³⁰⁹
g) H: Vide, ubi fundet tyrannidem.³¹⁰
h) H: Multa hic monendus eras, si vacaret.³¹¹
i) H: Triumphans Ecclesia! O bellum commentum! – Iam statim non audit te Christus. Mentiris enim, quod odit ille.³¹²

---

³⁰² FABISCH/ISERLOH (1991), S. 414.
³⁰³ Er wird sich erheben, aber schau, ganz sicher nicht mit Deiner großen Schlechtheit [MK].
³⁰⁴ Ja, er wird in unser aller großer Erwartung richten [MK].
³⁰⁵ Hutten bezieht sich hier auf Zefanja, einen sog. ‚kleinen' Propheten des Alten Testaments. Die Septuaginta gibt den Namen Σοφωνιας an, die Vulgata den Namen *Sofonias*. Die betreffende Stelle lautet dort (Zef 3,3): *principes eius in medio eius quasi leones rugientes iudices eius lupi vespere non relinquebant in mane / prophetae eius vesani viri infideles sacerdotes eius polluerunt sanctum iniuste egerunt contra legem* (Ihre Fürsten sind brüllende Löwen. Ihre Richter sind wie Wölfe der Steppe, die bis zum Morgen keinen Knochen mehr übriglassen. / Ihre Propheten sind freche Betrüger. Ihre Priester entweihen das Heilige und tun Gewalt dem Gesetz an).
³⁰⁶ Ah, eben nicht von den Unweisen! Sofort wendet man sich den Schmähungen zu, und auch hier ist das Brüllen dieses berühmten Löwen [Leo X.], wie schon der Prophet Sophonias glaubhaft sagt. Auch der göttliche Hieronymus spricht dort sehr frei [MK].
³⁰⁷ Er täte es, wenn Du nicht unsere Gleichheitsrechte angriffest [MK].
³⁰⁸ Helden [MK].
³⁰⁹ Und sie tuen Recht daran! Du aber, wo Du Dir tagtäglich das Geld von den Deutschen ergaunerst, sodass Du überall vom Füchslein in Deiner sehr betrügerischen Art gesehen werdest. So sehr kommst du von der Erhabenheit eines Löwen ab, zu Dir, einem durch Verschlagenheit kleinen und unwürdigen Menschen. Wenn Du uns deshalb zwingen wirst, Dir Vergeltung zurückzuzahlen, werden wir uns sagen können, dass nicht der Fuchs schon bei Dir ist, sondern der rauere, abendliche Wolf Arabiens, weil Du fängst die Gerechtigkeit ein und verkaufst sie dann: um dies in Deinen prophetischen Worten zusammenzufassen: ‚Wehe den Hirten, die die Schafe meiner Weide zugrunde richten und zerstreuen' [MK]. Der letzte Ausspruch ist ein Bibelzitat (Jer 32,1).
³¹⁰ Schau, von wo die Tyrannei sich ausgießen wird [MK].

Huttens Vorgehensweise ist nicht nur scharf und witzig, sondern gleichermaßen innovativ. Frieder von Ammon hat dies jüngst als Technik der ‚subversiven Philologisierung' zusammengefasst.[313] Als Leser kann man sich nicht nur hervorragend in die Gesprächssimulation hineinversetzen, sondern ebenso ‚hineinfühlen'. So sind die diversen fingierten Ausrufe lediglich einer von vielen Indikatoren, die den Text in Form von fingierter Mündlichkeit bereichern. Auch die empfindliche und nahezu unhöfliche Störung der Redeordnung durch Hutten hat in diesem Kontext freilich die Funktion, Papst Leo X. bzw. die Bulle als dessen Sprachrohr unglaubwürdig und lächerlich zu machen.

Später griff Hutten schließlich in seinem Dialog ‚Bulla vel Bullicida' (1521) noch einmal auf die Modi der Theatralik und der Evidenz zurück, um die ‚päpstliche Blase' in Folge der Konversation letztlich endgültig zum ‚Platzen' zu bringen.[314] In dieser Posse treten die ‚deutsche Freiheit', die ‚Bulle' selbst, Hutten, Franz von Sickingen und ‚einige Deutsche' als Figuren bzw. Gesprächsteilnehmer auf.[315] Die deutsche *libertas* wird dabei von der Bulla und seinem Gefolge gepeinigt, während Hutten als ‚Bullicida' (‚Bullentöter') zum Retter und Held des Streites aufsteigt.[316] Der Dialog schließt mit einem fingierten Epitaph auf die ‚Bulla Leonis':

Hic iacet Hetrusci temeraria Bulla Leonis,	Hier ruht die unbedachte Bulle des Hetruskischen Löwen [Leo X.],
Quae, cum alios vellet, se dedit ipsa neci.	die, zusammen mit anderen, Suizid begehen wollte. [MK]

Selbst im Jahre 1531 reagierte Erasmus nur mit Wut, als er auf die Wirkungsgeschichte von Huttens Edition der Bulle zurückblickte.[317] Am 6. März teilte er Sebastian Franck aus Donauwörth in einem Schreiben mit, er empfinde ‚süße Rache'. Seine Zeilen lesen sich wie eine Klimax ascendens:

> Itane vero visum est tibi bellum facinus quod Huttenus in Leonis Bullam aedidit postillas, vt ad illius imitationem inuitares Vulturium? Quin eadem opera ad omnium stratagematum quae terra marique gessit Huttenus aemulationem inuitas? Quid autem confectum est illis scurrilibus scholiis? An hinc melius habet Euangelium? Aliquanto deterius, opinor. Magistratus Argentoratensis typographum coniecit in carcerem, satis

---

311 Vieles hier wirst Du zu schimpfen haben, wenn Du nicht immer fern Deines Postens wärest [MK].
312 Triumphierende Kirche! Welch ausgesonnener Einfall! – Schon lange hört Dir nicht einmal mehr Christus zu. Du lügst nämlich, weil jener das hasst [MK].
313 Vgl. von Ammon (2006), S. 36.
314 Böcking IV, S. 311–331.
315 Vgl. Böcking IV, S. 311.
316 Vgl. Jaumann (2008), Sp. 1219.
317 Erasmus an ‚Eleutherius', 6. März 1531, Freiburg, in: Allen IX, Nr. 2441, S. 153–156.

declarans quantopere probaret Vulturii operam. Sed dulcis est vindicta. Etiamne dispendio vestrae causae empta?[318]

> Dünkt Dich aber die Tat Huttens, Leos X. Bulle mit Randglossen herauszugeben, so trefflich zu sein, um einen Geldenhauer aufzufordern, ihn nachzuahmen? Warum forderst Du nicht mit gleichem Eifer zur Nachahmung aller der Listen auf, die Hutten in aller Welt angestellt hat? Was ist durch jene läppischen Randglossen erreicht worden? Steht es etwa besser um das Evangelium? Ich dächte, etwas schlechter. Der Straßburger Rat hat den Drucker in den Kerker geworfen und zeigt dadurch genug, wie sehr er das Treiben Geldenhauers billigt. Aber Rache ist süß. Ist sie etwa auch mit Verlust Eurer Sache erkauft worden?[319]

Nicht nur Hutten hatte reichlich dafür Sorge getragen, dass die reformatorische Kritik an der Bulle in den Umlauf kommt. Insbesondere lag es aber an der Übersetzung des lateinischen Originaltextes durch Georg Spalatin, die jener bereits 1520 herausbrachte.[320] Jenem gelang es außerdem durch die rasche Publikation seiner deutschen Fassung der Bulle, das Verständnis von Huttens Invektive für viele, wohl auch für die Gebildeten, überhaupt erst möglich zu machen bzw. zumindest zu erleichtern. „Der Text ohne Paratexte wird in diesem Fall zu einem Signum der Autorität, der paratextualisierte Text dagegen zu einem Signum der Pluralisierung."[321]

3.4 Fazit: Der Histori(ographi)sche Anspruch von Huttens Invektiven, der Wechsel in die Vernakularsprache und die Rolle der Paratexte

Die Herausgebertätigkeit Huttens stand in engem Zusammenhang einer „europäischen Kulturkonkurrenz humanistischer Autoren" zu Beginn des 16. Jahrhunderts, die die Geschichte nicht nur ‚antik zu überprägen' (bspw. Livius, Tacitus) versuchten, sondern diese gleichsam auch in die neuen nationalen bzw. regionalen Kontexte überführten.[322] Hutten ging mit der Herausgabe von Quellen, die gut in sein politisches Konzept passten, zwar ähnlich vor, gestaltete jedoch die ursprüngliche Form mithilfe verschieden gearteter Paratexte radikal um. Dabei ging es ihm nicht darum, die Geschichte zu seinen eigenen Gunsten ‚umzudeuten', sondern gemäß den jeweils zugeteilten Lizenzen in den neuen Diskurs einzupflegen. Paratextualität, die der Buchdruck nun um zahlreiche Varianten bereichert hatte, half ihm hierbei, die mittelalterlichen

---

[318] ALLEN IX, S. 154.
[319] KÖHLER (1947), S. 508.
[320] Vgl. FABISCH/ISERLOH (1991), S. 325–326, Abdruck des Titelblattes auf S. 363: 2. Fassung: Wittenberg.
[321] VON AMMON (2006), S. 37.
[322] Vgl. Johannes HELMRATH, Albert SCHIRRMEISTER, Stefan SCHLELEIN, Einleitung, in: DIES. (Hgg.), Historiographie des Humanismus. Literarische Verfahren, soziale Praxis, geschichtliche Räume (Transformationen der Antike 12), Berlin u. Boston 2013, S. 1–7, Zitat S. 2. Siehe weiterhin auch die Beiträge in diesem Band.

Texte nicht nur inventiv umzuformen und gegen seine aktuellen Gegner zu richten, sondern auch in eine lange ‚Traditionslinie' zu stellen und dadurch auf einen legitimatorischen Sockel zu heben.[323] Huttens Editionen fanden nicht nur einen breiten Absatz, sondern avancierten sogar zu den einschlägigen Ausgaben für die Gelehrten in ganz Europa. Dies zeugt eben von dieser neu zugedachten Aktualität, die neben dem facettenreichen Spiel mit (Para-)Text und Gegner auf reges Interesse stieß. Dass Hutten dabei vorwiegend den Modus der ‚Grenzüberschreitung' wählte, konnte dieser Entwicklung nur förderlich sein.[324] Dabei ebnete ihm Georg Spalatin mit dessen deutscher Version der Bulle ‚Exsurge Domine' eine rasche Aufnahme in den reformatorischen Diskurs.

Diese Vorgehensweise ging im Kontext von Huttens publizistischen Vorbereitungen für den Wormser Reichstag von 1521 sogar noch einen Schritt weiter. Seine ‚Anzeige der päpstlichen Schandtaten gegen den Kaiser', die zwischen Dezember 1520 und März 1521 entstand, gibt beispielsweise einen ‚historischen Abriss' der mittelalterlichen Auseinandersetzungen zwischen Kaiser und Papst wieder,[325] die Hutten auch in diesem Fall mit antirömischen Randglossen versah.[326] Nicht von ungefähr war auch diese Invektive Kaiser Karl V. dediziert worden. In einer weiteren Schrift, die Hutten als Edition zusammen mit einem an ‚Alle Liebhaber christlicher Freiheit' gerichteten Vorwort herausgab,[327] nutzte er ebenfalls die deutsche Übersetzung eines Anonymus, um einen bereits 1442 entstandenen Text neu zu verhandeln. Bei seiner Edition des Werkes, die er ‚Concilia wie man die halten sol' nannte,[328] handelt es sich grundlegend um die deutsche Übersetzung einer konziliaren Schrift, die wohl vom Magdeburger Domherren Heinrich Toke aufgesetzt wurde und die das Konzil als wichtigstes Instrumentarium ansieht, die römische Kirche zu reformieren.[329] Gerade weil der Rezipientenkreis durch die Transformation des Diskurses in die Vernakularsprache und im Kontext des aufziehenden Reichstagsgeschehens eine massive Heterogenisierung erfuhr, waren selbst die letzten Funde als

---

[323] Vgl. BECKER (2013), S. 247.
[324] Vgl. Dietmar OSTHUS, Zur Metaphorik der Grenzüberschreitung in der Konzeptionalisierung des Begriffsfelds ‚Streit' (anhand spanischer, französischer und deutscher Beispiele), in: Uwe BAUMANN, Arnold BECKER u. Astrid STEINER-WEBER (Hgg.), Streitkultur. Okzidentale Traditionen des Streitens in Literatur, Geschichte und Kunst (Super alta perennis. Studien zur Wirkung der Klassischen Antike 2), Göttingen 2008, S. 177–191.
[325] Vgl. JAUMANN (2008), Sp. 1225.
[326] Siehe Kapitel II.2.4.
[327] Vorwort (14. Juni [?] 1521) sowie Vorrede Konrad Zärtlins (20. Februar 1521), in: BÖCKING II, S. 78–79.
[328] Concilia wie man die halten | sol. Vnd von verleyhung geystlicher lehenpfründ|en. Antzoeig damit/ der Bae apst/ Cardin e alen/ vnd aller | Curtisanen list/ vrsprung vnd handel bitz vff diß zeit. | Ermanung das ein yeder bey | dem rechten alten Christlichen glauben bleiben/ | vnnd sich zu keiner newerung bewegen lassen sol/ | durch herr Cuonrat zärtlin in.76. articlel veruasßt. [Straßburg: Joh. Schott, 1521]. VD 16, K 2098. BENZING (1956), Nr. 225.
[329] Vgl. JAUMANN (2008), Sp. 1231.

Handschriftenjäger auf der Ebernburg für Hutten – publizistisch gesehen – auch noch derart ertragreich. Beide Texte wurden ebenso durch Paratexte wie Glossen oder Vorreden invektiv aufgeladen, um die römische Kurie lächerlich zu machen. Und wirklich jeder sollte davon erfahren. „Wie also auch immer: Das Prestige des Editors ist ambivalent, zwischen Schöpfer und Knecht, aber auch zwischen Konstrukteur und Fälscher."[330]

Dass Humanisten gerne als Editoren auftraten, scheint aufgrund des hohen Maßes an Reflexivität gelehrter Praxis nur ein folgerichtiger Befund.[331] Gerade aber die Komplexität des Einsatzes von Paratexten in unterschiedlichster Ausformung scheint für die vorreformatorische Zeit nicht nur ungewöhnlich, sondern vielmehr innovativ. Die ‚Pluralisierung',[332] die Huttens Paratexte evozierten,[333] gestaltete sich vielseitig. Einerseits konnten mittelalterliche Texte rekontextualisiert werden, andererseits konnten sie in ihrer Stoßrichtung auch eine gewisse Umsemantisierung erfahren. Den ‚paratextualisierten Editionen' Huttens gelang es nachweislich, die aus ihrem Zusammenhang gerissene Historiographie des Mittelalters neu zu konzeptualisieren, um ihr invektives Potential zu nutzen. In diesem Kontext lassen sich neben den schon an sich invektiven Paratexten auch paratextualisierte Invektiven beobachten, also Invektiven, die erst durch die Verknüpfung mit dem Paratext als solche erkennbar werden.

---

[330] Johannes HELMRATH, (Humanisten) Edieren in den Deutschen Reichstagsakten, in: Sabine HOLTZ, Albert SCHIRRMEISTER u. Stefan SCHLELEIN (Hgg.), Humanisten edieren. Gelehrte Praxis im Südwesten in Renaissance und Gegenwart (Veröffentlichungen der Kommission für Geschichtliche Landeskunde in Baden-Württemberg. Reihe B: Forschungen 196), Stuttgart 2014, S. 209–244, hier S. 214.

[331] Vgl. Albert SCHIRRMEISTER, Edieren – Über die Reflexivität gelehrter Praxis, in: Sabine HOLTZ, Albert SCHIRRMEISTER u. Stefan SCHLELEIN (Hgg.), Humanisten edieren. Gelehrte Praxis im Südwesten in Renaissance und Gegenwart (Veröffentlichungen der Kommission für Geschichtliche Landeskunde in Baden-Württemberg. Reihe B: Forschungen 196), Stuttgart 2014, S. 1–16.

[332] Vgl. VON AMMON (2006), S. 31.

[333] Vgl. Frieder VON AMMON, Plurale Perspektivierungen des Wissens. Zu Formen und Funktionen von Paratexten in enzyklopädischer Literatur und literarischer Enzyklopädik, in: Martin SCHIERBAUM (Hg.), Enzyklopädistik 1550–1650. Typen und Transformationen von Wissensspeichern und Medialisierungen des Wissens (Pluralisierung & Autorität 18), Münster 2009, S. 457–481.

4 Hutten als ‚Neuer Cicero des dt. Humanismus': zu den humanistischen Briefinvektiven gegen die päpstlichen Nuntien (1521)

4.1 ‚Mit Huttens Worten könnte man ein ganzes Weltmeer vergiften': Hintergründe zum Druck der Schmähreden und den Gegnern

Die vielen Invektiven, die Hutten seit der ‚Augsburger Sammlung' im Frühjahr 1519 gegen Rom öffentlich formulierte, waren sicherlich von Anfang an auf dem Schirm der päpstlichen Kurie. Besondere Aufmerksamkeit verdienen aber vor allem die Briefinvektiven, feingeschliffene Schmähreden gegen die für Deutschland zuständigen päpstlichen Legaten (Aleander, Caracciolo), die Hutten bewusst im Kontext des Reichstages von Worms 1521 im Druck publiziert hatte. Von diesen Briefinvektiven berichtete Aleander schon ausführlich am 5. April des Jahres 1521:

> So stehen jetzt die Dinge: dieser Schurke von Hutten hatte von unseren Verhandlungen mit den Räten und den Ständen über das kaiserliche Edikt genaue Kunde, doch enthielt er sich aller schriftlichen Kundgebung, da er immer noch hoffte, dass unser Unternehmen an dem Einfluss des sächsischen Kurfürsten und seiner Nachtreter scheitern würde, doch fuhr er immerhin fort seine giftigen Geschosse[334] zu schmieden und kaum ist das Edikt erschienen, so versendet er sie nach allen Richtungen: so hat er einen wütenden Brief an den Kaiser gerichtet, von dem ich mir indessen eine Abschrift noch nicht verschaffen konnte; so viel ich vor der Hand erfahren kann, spricht er seine Verwunderung aus, dass der Kaiser sich durch zwei unbedeutende päpstliche Sendlinge zur Verfolgung eines so gewaltigen Mannes wie Luther und zur Unterdrückung seiner heilsamen Lehre habe verleiten lassen; doch möge seiner Majestät sich nicht beikommen lassen zu wähnen, dass ein kaiserliches Edikt etwas gegen die göttliche Wahrheit ausrichten könne; und in dem Ton geht es weiter. In einem Brief an den Mainzer Erzbischof drückt er sich etwas milder aus und will ihn, indem er ihn freundlich belobt, immer für seinen hohen Gönner gehalten haben; doch sehe er ihn mit Betrübnis sich solchen spitzbübischen Pfaffen zugesellen gegen Luther und die Verfechter christlicher Freiheit. […] Das dritte Schreiben ist gerichtet an alle auf dem Reichstag versammelten Kardinäle, Bischöfe, Prälaten und Priester, die Martin und seine heilige Sache bekämpfen möchten: auf sechs Blättern zählt er da alle nur erdenklichen Gräuel und Laster auf, die er den genannten Würdenträgern zuschreibt: <u>ein Weltmeer könnte man mit seinen Worten vergiften</u>. Den ganzen Winter über hat er an den Briefen mit großem Fleiß gearbeitet, doch ist das nicht alles auf seinem Acker gewachsen. Mehrere Gelehrte in seiner Umgebung und besonders der Dominikaner Butzer, über den ich mich noch äußern werde, haben Beiträge geliefert.

---

[334] Gemeint sind die beiden oratorischen Briefinvektiven, deren Veröffentlichung wohl aufgrund Aleanders Aschermittwochspredigt veranlasst worden war. Vgl. KALKOFF (1886), S. 113, Anm. 1.

In jenem redseligen Schreiben aber erklärt er dem gesamten Klerus Krieg auf Leben und Tod.[335]

Bei den scheinbar ‚mustergültigen Invektiven' selbst handelt sich um drei Angriffsreden,[336] die im Februar oder März 1521 auf der Ebernburg Franz von Sickingens entstanden sind,[337] also inmitten der Wormser Ereignisse. Die erste Invektive richtet sich gegen den päpstlichen Legaten Hieronymus Aleander, der Karl V. zu einer Verurteilung Luthers als Ketzer ohne Anhörung bewegen wollte. Die zweite wirft einem weiteren Gesandten des Papstes, Marino Caracciolo, vor, mit Ablässen und Dispensationen zu handeln, indem er auf die formellen Beschwerden (‚Gravamina')[338] der deutschen Nation gegen die Kurie anspielt, während die dritte allgemein gegen die Verbrechen des Klerus, wie etwa Bücherverbrennungen, Exkommunikationen oder die Behinderung der Wissenschaft, zielt. Hutten droht hier nicht nur den Nuntien, handgreiflich zu werden, auch die Kirchenfürsten fordert er auf, das Land zu verlassen.[339]

Die Texte wurden wohl zügig nach der Fertigstellung bei Pierre Vidoué für Konrad Resch[340] in Paris in den Druck gebracht, da schon am 8. April 1521

---

[335] Aleander an Medici, 5. April aus Worms: *Hor la cosa così passa: questo ribaldo di Hutten, advisato di quello, che noi procuravamo lo editto Imperiale con tante consulte et Diete, si ha contenuto di mandar fuora alcuna cosa, perchè lui sempre sperava, che per la grande autorità del Duca Saxone et suoi complici non se potesse ottener, ma non lassava però de parechiar li suoi tossichi, li quali poi l'editto publicato ha sparso per tutto, et hat scritto una lettera bestiale a Cesare, della quale non si ha possuto haver ancora copia; ma, quanto si puol poi intendere di fuor via, lui scrive maravigliarsi, che Cesar si ha lassato sedurre da doi oratorculi del Papa, utitur enim his verbis, a voler opprimer questo santo uomo di Luther et destugger sue bone doctrine, ma che non se pensa S. Maestà, che sii editto alcuno de Imperatore, che più posse che la divina verità, et altre cose de simil farina; una altra lettera ha scritto più piacevole a Maguntino, lodandolo di bontà, et che lui l'ha sempre tenuto per suo padron, ma ben li dole, che voleno deffender la libertà Christiana; [...] Terza lettera è a tutti Cardinali, Episcopi, Prelati et preti in Vormatia al presente congregati, li quali voglino contrastar a Martino et a questa loro santa impresa; questa è longa di forsi sei folii di Papyro, et quì tutte le enormità et vitii che se possono excogitar al mundo, la racconta esser in detti Cardinali et altri soprascritti con tanto veleno,* **che sarebbe per intoxicar el mondo**; *et ha fatto dette lettere con gran studio tutta questa invernata; nè si solo farina di Hutten, ma di molti, li quali, sono seco, et presertim de un frate dell'Ordine di Santo Dominico, del qual dirò di sotto. In quella lettera verbosissima diffida tutti li soprascritti a guerra mortale.* BRIEGER (1884), Nr. 19, S. 119–130, hier S. 122–123; BALAN (1884), Nr. 61, S. 152–158, hier S. 152–153; KALKOFF (1886), Nr. 16, S. 113–122, hier S. 113–114.
[336] BÖCKING II, S. 12–34 u. 38–46; vgl. BENZING (1956), S. 98–101, Nr. 173–175.
[337] Vgl. WULFERT (2009), S. 341.
[338] Vgl. SPELSBERG (2015), S. 144.
[339] Vgl. JAUMANN (2008), Sp. 1220–1221.
[340] Resch hat verschiedene Verlagswerke bei Vidoué drucken lassen und sicherlich auch die vorliegende Ausgabe der ‚Invectivae'. Dass Pierre Vidoué ihr Drucker war, ergibt sich eindeutig aus den Typen und Initialen des folgenden Druckes: DICTIONARIV || GRAECVM INNVMERIS LOGIS A VCTVM, AC || locupletatum. [...] Luteci. An. M. D. XXI. Ad Calen. Iulias. || Sub Scuto Basiliense in Via ad diuum Iacobum. || [Titeleinfassung von Urs Graf] (Am Ende:) LVTETIAE APVD PETRVM | VIDOVAEVM MENSE IV= | LIO ANNO A PAR=IITV VIR.GINEO || M. D. XXI. ||; Druckermarke.

ein Exemplar des fertiggestellten Druckes in Köln auftauchte.³⁴¹ Dieser Druck enthält weiterhin einen offenen Brief (*exhortatio*) an den Kaiser, während die zweite erweiterte Straßburger Ausgabe darüber hinaus ein zweites Schreiben an den Kaiser,³⁴² einen Brief an seinen ehemaligen Auftraggeber Albrecht, Erzbischof von Mainz,³⁴³ sowie ein Schreiben an Pirckheimer³⁴⁴ umfasst.³⁴⁵ Von den Übersetzungen des Dominikaners Martin Bucer (gest. 1551)³⁴⁶ sind lediglich die verdeutschte Fassung des Entschuldigungsschreibens an den Kaiser (8. April)³⁴⁷ sowie die Übersetzung des Briefes an Pirckheimer vom 1. Mai 1521³⁴⁸ auf uns gekommen. Die Übertragung ins Deutsche geht in beiden genannten Fällen wohl auf Hutten selbst zurück.³⁴⁹ Die übrigen, von Bucer herrührenden Arbeiten kamen nicht mehr in den Druck, da sie, nach dessen eigener Aussage, nur in einem Exemplar vorhanden und überdies noch nicht von Hutten nachgeprüft seien, der sie für den Druck vorbereite. Er sei eben noch damit beschäftigt, die Invektive an die Priester zu übermitteln.³⁵⁰ Für die beiden Ausgaben wurden in den Offizinen in Straßburg (Johann Schott) und Paris sogar unterschiedliche Holzschnitte verwendet,³⁵¹ was weiterhin dafür spricht, dass Hutten hoffte, mit diesen Texten eine breite Öffentlichkeit für seine Schmähkampagne gegen die Romanisten einzubeziehen.

Anders noch als im Falle der Schmähreden Huttens gegen Herzog Ulrich von Württemberg scheinen die Widersacher in dieser Angelegenheit allerdings intellektuell ebenbürtig mit Hutten zu sein, ja geradezu satisfaktionsfähig im humanistischen Sinn.³⁵² Gleich bleibt allerdings die Tatsache, dass Hutten sich durch den Rekurs auf Cicero erneut zur gleichen Zeit in zwei verschiedenen Arenen bewegt, wie wir es vor allem im Reuchlin-Streit und auch der ‚Steckel-

---

(Nach dem Vorwort des Herausgebers N. Beraldus ist Konrad Resch der Verleger [*aere uero ac impendio*].) Vgl. BENZING (1956), S. 99; KALKOFF (1920), S. 354.

³⁴¹ Vgl. BÖCKING II, S. 50: Der Arzt Georg Sturz schreibt Joachim Camerarius am 8. April aus Köln, Hutten habe nebst den Invektiven gegen Aleander auch ein Mahnschreiben an den Kaiser herausgegeben. Nun schreien die Leute, die ganze Welt werde durch Luther in Verwirrung gebracht (*Ulricus Huttenus edidit invectivas in Aleandrum, exhortationem item ad Carolum imperatorem* [...]. *Clamant quidem totum mundum conturbari a Luthero*).

³⁴² BÖCKING II, S. 47–50.
³⁴³ BÖCKING II, S. 37–38.
³⁴⁴ HOLZBERG (1981); FUCHS (2014).
³⁴⁵ BÖCKING II, S. 59–60.
³⁴⁶ Friedrich W. BAUTZ, Bucer (Butzer), Martin, in: BBKL 1 (²1990), Sp. 782–785.
³⁴⁷ BÖCKING II, S. 47–50.
³⁴⁸ BÖCKING II, S. 59–62.
³⁴⁹ Vgl. BENZING (1956), S. 100–101.
³⁵⁰ Bucer an Capito, 8. April 1521: **Traductas illas epistolas**, *quum unicae sunt et non dum revisae ab Hutteno, qui excusioni eas parat, in manu mea non est mittere. Verto nunc illam ad sacerdotes* (ZFK 2 [1878], S. 124). Vgl. KALKOFF (1920), S. 355–356.
³⁵¹ Vgl. BENZING (1956), S. 98–100.
³⁵² Wir sprechen in unserem Forschungszusammenhang von ‚Arenen' und ‚Lizenzen'. Vgl. ISRAEL/KRAUS/SASSO (2021); ELLERBROCK u. a. (2017).

berger Sammlung' (1519) gesehen haben. Denn auch hier ist die Opportunitätsstruktur klar erkennbar: Zum einen nutzte Hutten gezielt den Wormser Reichstag, um die nötige ‚Aufmerksamkeitsökonomie' für seine Texte zu betreiben, zum anderen versuchte er in diesen Texten sprachlich noch einmal alles, um die vielleicht letzte große Bühne seines Lebens zu nutzen, die ihm wohl als humanistischer Gelehrter und politischer Publizist noch blieb, um sich vor der *sodalitas litteraria* ein letztes Mal profilieren zu können. Man muss erneut betonen, dass Hutten immer noch schwerkrank und zudem geächtet war. Die Flucht des einstigen Odysseus war nun schon beinahe zu Ende gegangen. Da dienten ihm die altgedienten Invektiven seines ‚Bekannten' Cicero wohl recht gut, seine Ideen oratorisch zu rahmen. Wie meisterlich sein Umgang mit der Gattung ‚Rede' mittlerweile war, wird vortrefflich an den Schmähreden gegen die päpstlichen Legaten Hieronymus Aleander sowie Marino Caracciolo deutlich. Doch überblicken wir zunächst einmal rasch die Viten der beiden angegriffenen Legaten, um Aufschluss darüber zu erlangen, von welcher ‚Liga' oder von welchem Niveau wir hier tatsächlich sprechen. Immerhin wurde das Schmährededuell aufgrund verschiedener Ursachen – vorwiegend lag es aber insbesondere an Huttens schlechtem Gesundheitszustand – gar nicht erst auf dem Reichstag ausgetragen. Aleander und Caracciolo stammten beide jedenfalls nachweislich aus vermögenden Familien.[353] Und so war doch die ‚richtige' oder ‚falsche' Bildung schon in den Reden Ciceros ein durchaus beliebter Vorwurf, den man seinem Gegenüber machte. Dieser Topos wurde später freilich in das facettenreiche Arsenal humanistischer Invektiven mitaufgenommen. Beginnen wir mit Huttens ‚Erzfeind' Aleander:

Hieronymus Aleander wurde als adeliger Ärztesohn in der kleinen Römerstadt Motta di Livenza bei Treviso (Republik Venedig) geboren. Für Huttens Unterstellung (s. u.), er sei jüdischer Herkunft gewesen, gibt es, soweit man bisher weiß, keine Grundlage. Er begann sein Studium im Jahre 1493 zunächst in seiner Heimatstadt, ging dann nach Pordenone, Padua und Venedig. Früh konnte er eine außerordentliche Leichtigkeit und Vielseitigkeit beim Erlernen der klassischen und orientalischen Sprachen an den Tag legen, wobei er nicht nur Latein, sondern auch Griechisch, Hebräisch, später auch Syrisch lernte. In Pordenone studierte er 1495–1496 beim gelehrten Minoriten Paolo Amalteo (gest. 1517).[354] In Venedig stand er ab 1503 sogar in direktem Kontakt mit Aldus Manutius, dem bekannten ‚Humanistendrucker', und trat zudem der gleichnamigen Akademie bei. Die französische Periode seines Studiums und Lehrens dauerte vom 4. Juni 1508 bis zum 4. Dezember 1513. Er begann seinen

---

[353] Der knappe biographische Abriss folgt weitestgehend den Darstellungen von Giuseppe ALBERIGO, Aleandro, Girolamo, in: DBI 2 (1960), S. 128–135 u. Gaspare DE CARO, Caracciolo, Marino Ascanio, in: DBI 19 (1976), S. 414–425.

[354] Gian G. LIRUTI, Notizie delle vite ed opere scritte da' letterati del Friulo, Bd. 2, Venedig1762, S. 1–10.

Pariser Unterricht meist privat, hielt aber anschließend auch öffentliche Kurse, die wohl großen Zuspruch fanden. Dies machte ihn zu einem Pionier der ‚Geisteswissenschaften', vor allem der Gräzistik, in Frankreich. 1511 promovierte er, gab bekannte Schriften heraus und stand ebenso im Dienst zahlreicher namhafter Fürsten.[355] Tatsächlich trat er dann am 2. Dezember 1517 mit Hilfe von Alberto Pio de Carpi (gest. 1531)[356] als Sekretär in den Dienst des Kardinals Giulio de Medici (gest. 1534),[357] des späteren Papstes Clemens VII., der ebenso ein Verwandter Papst Leos. X. war, ein. Am 27. Juli 1519 wurde Aleander zudem Leiter der Vatikanischen Bibliothek. Nach der Bulle ‚Exsurge Domine' vom 15. Juni 1520 wurde Aleander im September im Rang eines apostolischen Nuntius nach Deutschland geschickt, wo er nicht nur seine berühmte Rede vom 13. Februar 1521[358] auf dem Wormser Reichstag hielt, sondern außerdem noch das Konzept dessen formulierte, was wir heute als das ‚Wormser Edikt' (Ausstelldatum: 26. Mai) bezeichnen.

Marino Caracciolo wurde andererseits im Jahre 1469 in Neapel als Sohn von Domizio geboren, dem Herrn von Ruodi, der verschiedene wichtige Positionen in der aragonesischen Verwaltung innehatte, einschließlich der des Gouverneurs von Kalabrien. 1482 trat er in den Dienst des apostolischen Protonotars Ascanio Sforza, der zwei Jahre später schon zum Kardinal aufsteigen sollte. Am römischen Hof unterstützte Caracciolo seinen Schirmherrn dann als Sekretär und profitierte sogleich von dessen raschem politischen Aufstieg, der ihn zu einer der Hauptfiguren der Pontifikate von Innozenz VIII. und Alexander VI. machen sollte. Es scheint außerdem wahrscheinlich, dass Caracciolo während des Pontifikats von Julius II., den Hutten in seinen Invektiven ebenfalls literarisch angegriffen hatte,[359] später bereits an der römischen Kurie lebte und ein bescheidenes kuriales Amt ausübte. Die Wahl von Leo X. am 11. März 1513 veränderte jedoch erneut die Art der diplomatischen Aktivitäten Caracciolos. Seit dem März 1518 ist er dann im Gefolge des Lorenzo Campeggi als Nuntius des Kaisers Maximilian wiederzufinden. Seine Hauptaufgabe, die er von

---

[355] Auf Aleanders Reden weist Hutten in den Briefinvektiven ausdrücklich hin.
[356] Vgl. Alberto SABATTINI, Alberto III. politica, diplomazia e guerra del conte di Carpi. Corrispondenza con la corte di Mantova, 1506–1511, Carpi 1994; Elena SVALDUZ, Da castello a città. Carpi e Alberto Pio, Rom 2001.
[357] Adriano PROSPERI, Clemente VII, in: Massimo BRAY (Hg.), Enciclopedia dei Papi, Rom 2000.
[358] Aleander an den Vizekanzler Medici, 12. Februar 1521 aus Worms: Am 10. Februar 1521 traf die Bannbulle aus Rom bei Aleander ein. Er berichtet, wie der Kaiser ihn persönlich beauftragt habe, die päpstliche Verurteilung vor allen Ständen des Reiches zu verkünden. Vgl. BRIEGER (1884), Nr. 7; BALAN (1884), Nr. 21; KALKOFF (1886), Nr. 7. Am 14. Februar schreibt er weiter, der Kaiser und Guillaume Chièvres, sein niederländischer Kanzler, hätten ihm geraten, ohne Scheu alles zu sagen in seiner Rede, was ihm geeignet erscheine. Vgl. BRIEGER (1884), Nr. 8; BALAN (1884), Nr. 22, S. 23–27, hier S. 23; KALKOFF (1886), Nr. 8. Hutten nimmt in seinen Briefinvektiven ausdrücklich Bezug auf diese dreistündige lateinische Rede Aleanders auf dem Wormser Reichstag.
[359] Bspw. in der ‚Augsburger Sammlung' (1518/19). Vgl. JAUMANN (2008), Sp. 1212–1214.

Campeggi übernommen hatte, war es, den Kaiser zu einer neuen militärischen Initiative gegen die Türken zu bewegen. Neben Caracciolo wurde zu Beginn des Jahres 1520 auch Kardinal Tommaso de Vio (gest. 1534, gen. Cajetan)[360] zum Nuntius der Wahlfürsten ernannt und ebenso ins Reich entsendet. Als solcher war er für die Abwicklung allgemeiner politischer Angelegenheiten verantwortlich und wurde erneut von einem anderen Nuntius mit besonderen Aufgaben unterstützt, diesmal war es Hieronymus Aleander, der sich für die Veröffentlichung der Bulle ‚Exsurge Domine' in Deutschland verantwortlich zeichnete. Tatsächlich war die Vereinbarung zwischen den beiden Nuntien vorbildlich: Aleander hielt an den Anweisungen von Leo fest, wonach Caracciolo umfassend über die Initiativen und Ergebnisse des anderen informiert werden musste. Anlässlich der Krönung Karls V. in Aachen im Oktober 1520 führten beide Gespräche mit den Wahlbischöfen von Mainz, Köln und Trier, die dem Papst in der Sache Luthers ihre volle Hingabe erklärten. Eine indirekte Bestätigung der Haltung, die jeglichen Kompromiss mit dem Dissidenten ausschloss, ergab sich aus den Anschuldigungen und Beschimpfungen, die die lutherischen Vertreter gegen die beiden Gesandten Roms erhoben hatten. Ulrich von Hutten war nicht der Einzige, der den ‚Romanisten' den Vorwurf machte, am Ablasshandel und an allen Abgaben und Zugeständnissen, die unter die Zuständigkeit der Nuntiatur fielen, teilgenommen und sich inkorrekt verhalten zu haben.[361] Vor allem aber beschuldigte er Caracciolo, einen korrumpierenden Einfluss auf Karl V. auszuüben.[362] Am 31. Mai 1521, also nach der Veröffentlichung des kaiserlichen Edikts gegen Luther und der öffentlichen Verbrennung seiner Schriften, verließ Caracciolo im kaiserlichen Gefolge schließlich Worms und folgte ihm nach Flandern. Vom neuen Papst Hadrian VI. wurde er später dann in seinem Amt als apostolischer Nuntius bestätigt.

---

[360] Vgl. KLUETING (2006), S. 71–78. Auch Cajetan nahm sich Hutten in diversen Texten zur Brust. Im lukianischen Dialog ‚Inspicientes' (‚Die Anschauenden') aus den ‚Dialogi' von 1520 treten Charon und Hermes auf. Der Sonnengott Sol und sein Sohn Phaeton kommentieren das irdische Geschehen während ihrer Fahrt auf dem Himmelswagen. Als sie sich im Gespräch mit Cajetan kritisch über den Papst äußern, werden sie vom Legaten mit dem Kirchenbann belegt. Im Dialog ‚Febris I' wünscht Hutten Cajetan gar das personifizierte Fieber auf den Leib. Vgl. JAUMANN (2008), Sp. 1216.

[361] Vgl. GRUNDMANN/AULINGER, (2015). Antirömische Tendenzen waren insgesamt ein beliebtes Mittel im nordalpinen Humanismus, einen deutschen Nationalismus zu definieren und voranzutreiben, wie HIRSCHI (2011) im Kapitel 4.3. ‚Antiromanitas' (ab S. 320) treffend beschreibt.

[362] Siehe hierzu die Ausführungen zu den beiden Briefinvektiven in Kapitel IV.4,3 dieser Studie.

4.2 Cicero-Imitatio als ‚Eintrittskarte' (Lizenz) in die Beletage des deutschen Humanismus: die humanistische oratio invectiva.

Wir sehen also, dass Hutten es mit Gegnern auf Augenhöhe zu tun hatte, die einerseits durch ihre Gelehrsamkeit, andererseits aber auch mittels des Buchdruckes und der kurialen Finanzmittel durchaus in der Lage waren, mit ‚gleicher Härte' zurückzuschlagen. So spielen die Invektive als Gattung selbst, aber auch die Verwendung der Reden Ciceros in dieser Strategie eine besondere, eine lizenzierende Rolle, wie die Ciceromanie in ihrer Gesamtheit ja selbst konstitutiver Bestandteil humanistischen Standesbewusstseins war. Cicero bedeutete in diesem Kontext mehr als nur die elaborierte Schmährede. Cicero bedeutete ‚symbolisches Kapital' (BOURDIEU),[363] ebenso suggeriert das römische Vorbild, das Idealbild des antiken Rhetors, hier Satisfaktionsfähigkeit, hielt sich der römische Politiker doch zu Lebzeiten selbst schon für das Maß aller Dinge.[364] Hutten verwendete die Reden, insb. gegen Catilina und Verres, freilich nicht zum ersten Mal, um einen widerrechtlichen ‚Tyrannen' zu brandmarken und zu vertreiben. In den fünf Invektivreden gegen Herzog Ulrich von Württemberg ist uns Huttens Hang zur Cicero-Imitatio bereits begegnet.

Wenn man aber nun darangeht, die Cicerorezeption in den beiden Invektiven eingehender zu untersuchen, so stellt sich zuallererst die Frage nach ihrem Hintergrund? Mit anderen Worten: Was wissen wir über Huttens Verhältnis zu Ciceros Schriften, das uns zu einer derartigen Untersuchung berechtigt? Zu Beginn des 15. Jahrhunderts gab es jedenfalls eine ganze Reihe von Wiederentdeckungen antiker Texte (*scoperte*), unter ihnen neben Plautus auch einige Reden Ciceros (darunter ‚In Pisonem') mit dem Kommentar des Asconius Pedianus, „die einen neuen Schub von Imitatio und Aemulatio der Antike auf invektivalem Feld plausibel machen würden".[365] Im 16. Jahrhundert wurden viele dieser Texte durch Übersetzungen ins Deutsche dann auch einer breiteren Öffentlichkeit zugänglich gemacht.[366] Hutten setzte sich wie viele seiner Kollegen mit

---

[363] Symbolisches Kapital gründet auf Bekanntheit und Anerkennung: Ansehen, guter Ruf, Ehre, Ruhm, Prestige, Reputation, Renommee. Individuen mit viel symbolischem Kapital wird tendenziell ein Vorschussvertrauen, Individuen mit wenig kulturellem Kapital tendenziell ein Vorschussmisstrauen entgegengebracht. Es ist insbesondere in vormodernen Gesellschaften von größter Relevanz. Vgl. in diesem Zusammenhang die wichtige Studie von LENTZ (2004).

[364] Vgl. Tobias BOLL, Ciceros Rede ‚cum senatui gratias egit'. Ein Kommentar (Göttinger Forum für Altertumswissenschaft. Beihefte N.F. 10), Berlin u. Boston 2019; Alexander ARWEILER, Cicero rhetor. Die partitiones oratoriae und das Konzept des gelehrten Politikers (Untersuchungen zur antiken Literatur und Geschichte 68), Berlin u. New York 2003, S. 294.

[365] HELMRATH (2010), S. 262.

[366] Vgl. Regina TOEPFER, Klaus KIPF u. Jörg ROBERT (Hgg.), Humanistische Antikenübersetzung und frühneuzeitliche Poetik in Deutschland (1450–1620) (Frühe Neuzeit 211), Berlin u. Boston 2017.

Cicero auseinander. 1517 war er an der deutschen Übersetzung von Ciceros Cato-Dialog beteiligt,[367] den Johann Schwarzenberg (gest. 1528),[368] Hofmeister des Fürstbischofs von Bamberg, unter dem Titel ‚Des hochberühmten Marci Tulli Ciceronis büchlein von dem Alter' publizierte.[369] Ferner befasste er sich in seiner Sallust-Ausgabe auch mit der pseudosallustianischen Invektive gegen Cicero.[370] Außerdem ist die Cicerorezeption bei Hutten in der Forschung schon lange unumstritten. Bereits 1908 stellte ZIELINSKI in seiner Untersuchung ‚Cicero im Wandel der Jahrhunderte' in Huttens Invektiven gegen Ulrich von Württemberg Anschlüsse an die Verrinen „auf Schritt und Tritt"[371] fest, und Leopold WELLNER untersuchte 1910 in einem kurzen Artikel wörtliche Übereinstimmungen dieser Reden mit Ciceros Invektiven.[372] Dementsprechend sehen JAUMANN (2008) und SPELSBERG (2015) auch in Huttens Briefinvektiven gegen die päpstlichen Legaten einen ciceronianischen Einfluss. Dieser scheint indes bei den ersten beiden Briefinvektiven noch nicht ausführlich untersucht worden zu sein, was hier erstmals in größerem Umfang geschieht. Im Folgenden sollen nun nach einer kurzen Zusammenfassung des Inhalts Huttens Briefinvektiven sowie deren Bezüge zu ihren Prätexten komparatistisch analysiert werden, denn sobald man die ‚Affektgeneratoren' herausgearbeitet hat, fällt es umso leichter, auch das ‚Wirkungspotential'[373] der Texte genauer zu beschrei-

---

[367] SPELSBERG (2015), S. 144.

[368] Vgl. Joachim HAMM, Antikenübersetzung, frühneuzeitliche Poetik und deutscher Prosastil. Zur Bamberger Übertragung von Ciceros *Cato maior de senectute* (1522), in: Regina TOEPFER, Klaus KIPF u. Jörg ROBERT (Hgg.), Humanistische Antikenübersetzung und frühneuzeitliche Poetik in Deutschland (1450–1620) (Frühe Neuzeit 211), Berlin u. Boston 2017, S. 332–352, bes. S. 336–337; DERS., ‚Der Teütsch Cicero'. Medialität und Autorschaft bei Johann von Schwarzenberg, in: Peter H. ANDERSEN-VINILANDICUS und Barbara LAFOND-KETTLITZ (Hgg.), Die Bedeutung der Rezeptionsliteratur für Bildung und Kultur der Frühen Neuzeit (1400–1750). Beiträge zur dritten Arbeitstagung in Wissembourg / Weißenburg (März 2014), Bern u. a. 2015, S. 251–273.

[369] Die im Juli/August 1517 entstandene Übersetzung von Ciceros ‚Cato de senectute' stammt vom Schwarzenberger Hofkaplan Johann Neuber. Laut Vorrede korrigierte Hutten sie, bevor der Auftraggeber und Herausgeber Johann von Schwarzenberg sie auf seine Weise abschließend überarbeitete. Vgl. JAUMANN (2008), Sp. 1229. Siehe weiterhin Gustav RADBRUCH, Verdeutschter Cicero. Zu Johann von Schwarzenbergs Officien-Übersetzung, in: Archiv für Rechts- und Sozialphilosophie 35 (1942), S. 143–154.

[370] Der Text und die Paragraphen beider Invektiven werden zitiert nach BÖCKING II, S. 12–21. Die Reden werden mit Al. und Car. abgekürzt.

[371] Vgl. Thaddäus ZIELINSKI, Cicero im Wandel der Jahrhunderte, Darmstadt ³1967, S. 364–365: „Mehr ist über Hutten zu sagen, dessen Türkenrede ein Nachklang der Pompejana ist (cf. bes. § 12), während seine fünf Invektiven gegen Ulrich von Württemberg sich eng an die Verrinen anschließen […] ähnliches auf Schritt und Tritt".

[372] Vgl. WELLNER (1910). Bereits er konzentriert sich in seiner Gegenüberstellung paralleler Stellen (neben den Philippica) insbesondere auf die Verrinen und die Catilinarien und findet Dutzende Übereinstimmungen, sodass die andauernde Vorbildwirkung dieser invektiven Texte für Hutten unbestreitbar ist. Anders als WELLNER beschränkt sich die folgende Analyse nicht auf wörtliche Übereinstimmungen, sondern widmet sich vor allem der Übernahme von Motiven und Argumentationsweisen.

[373] BECKER (2013), S. 30–34.

ben. Außerdem galt es, sich in der ‚Paradedisziplin' der Rede, im Aufzeigen rhetorischen Geschicks, ja im Besonderen vor der humanistischen Corona zu profilieren. Denn Huttens Plan war es, sein Wissen um die Oratorik Ciceros auch vor der Reichstagsversammlung in Worms in einer Rede zu demonstrieren. Da es jedoch nie zu dieser Rede kam, ist es sicherlich nur in begrenztem Umfang möglich, die Wirkung der Rede vor dem Auditorium zu beurteilen. Eine intensive Textarbeit kann daher insofern Konturen der Briefinvektiven Huttens darlegen, inwieweit hier der Rückbezug auf Cicero Teil des Spiels war, die Schmähreden als Teil des Agons aufgefasst wurden und inwieweit Hutten die beiden Hauptgegner letztlich überhaupt mit seiner Vorgehensweise affiziert hätte.

4.3 Inhalt der Invektiven – Von ‚Aleanders Tyrannei sowie dessen Verrat an der Wissenschaft'; ‚Caracciolo der Prasser'

Hutten beginnt seine Invektive gegen Aleander mit einer Begründung: Aleander führe den päpstlichen Auftrag so aus, dass er schuldiger als der Papst selbst sei (§ 1). In der folgenden Einleitung skizziert er die wichtigsten Themen (§§ 2–10): Aleander habe den jungen Kaiser durch seine Winkelzüge zu einem Edikt gebracht, das die Freiheit der Deutschen bedrohe. Diese beobachteten aber Aleanders Tätigkeit genau und ließen sich keineswegs einschüchtern. Sein Verbrechen werde nicht ungesühnt bleiben, denn Deutschland werde sich nur noch wütender rächen. Aleanders ungeschicktes und tölpelhaftes Verhalten sei freilich nicht überraschend; dass sich sein vorsichtiger Kollege Caracciolo darauf einlasse, sei aber erstaunlich. Gott habe beide offenbar so verblendet, um sie ins Verderben zu reißen. Im folgenden Abschnitt betont Hutten nochmals, wie genau er trotz seiner Entfernung gemeinsam mit seinen Landsleuten über Aleanders Pläne, seine Worte und Taten informiert sei (§§ 11–13). Daraufhin kommt er auf das kaiserliche Edikt zurück, das die Deutschen nicht sonderlich bewege (§§ 14–16): Erstens sei jenes gegenüber Gottes Unterstützung schwach. Zweitens sei die Haltung der Herrschenden ohnehin schwankend. Wenn der Kaiser erfahrener sei und bessere Ratgeber habe, werde er anders entscheiden. Aleander aber missbrauche einen gutherzigen Jüngling.

Daraufhin befasst sich Hutten mit einer Äußerung Aleanders (§§ 17–19): Diese zeige nur, dass jener die Meinung der Deutschen über ihn selbst und seine Handlungen nicht verstehe. Als er sich nämlich vor kurzem für seine jüdische Herkunft gerechtfertigt habe, habe er nicht verstanden, dass es keineswegs auf seine niedrige Abstammung ankomme, sondern dass man über seinen Charakter empört sei. Dementsprechend sinnlos sei diese Rede gewesen, deren Lügen alle Zuhörer sofort durchschaut haben. Damit kommt Hutten zu einer weiteren Kritik (§§ 20–22): Dass sich Aleander an der päpstlichen Gesandtschaft beteilige, sei ein Verrat an der Wissenschaft. Er sei so geldgierig, dass er die Wissenschaft, ohne die er selbst nichts habe, vernichten wolle. Auf diese Weise bedanke er sich bei ihr, die ihn vor Armut und Hungertod bewahrt habe. An dieser Stelle gibt Hutten nochmals zu erkennen, wie gut informiert er ist, und zitiert wörtlich aus einer zweiten Rede Aleanders (§§ 2–28). In dieser habe Aleander behauptet, dass die Deutschen bei ihrem Versuch scheitern werden, das Joch des Papstes abzuschütteln, und sich damit nur selbst zugrunde richten werden. Hutten deutet diese Rede als Geständnis für die Tyrannei des Papstes;[374] der törichte Aleander entfremde sich damit von seinem Auftraggeber, schade seinem Auftrag und bringe sich selbst in Gefahr. Mit dieser bedrohlichen Note kommt Hutten zum Schluss (§§ 29–32). Bischöfe und Kardinäle werden sich von Aleander abwenden. Außerdem werde sich unter den Deutschen ein Rächer finden; Hutten selbst werde eifrig auf Aleanders Tod hinarbeiten.

Kommen wir nun zur zweiten Invektive gegen Caracciolo. Der Ausgangspunkt dieses Briefs ist Caracciolos früherer guter Ruf als integrer päpstlicher Bote. Auch, wenn Hutten selbst immer daran gezweifelt habe, sei er nun überrascht über dessen tatsächliche Verdorbenheit: Gerade nun, zum Zeitpunkt des Reichstages, da die Deutschen versuchten, das päpstliche Joch abzuschütteln und Freiheit zu erlangen, bereichere sich jener schamlos und im Vertrauen auf den Schutz der Bischöfe an deutschem Vermögen (Car. §§ 1–7). Nach dieser Einleitung zählt Hutten einige Vorfälle auf, bei denen der Gesandte sich Gewinn verschafft habe (§§ 8–10): So habe Caracciolo unmäßige Summen für Eheschließungen oder die Teilnahme an seinen Gastmählern verlangt und die erstaunten Gläubigen herablassend behandelt. In weiterer Folge empört sich Hutten erneut über die besondere Dreistigkeit Caracciolos: Gerade während des Reichstages, mit dem den päpstlichen Raubzügen und Betrügereien ein Ende gesetzt werden sollte, habe er Deutsche ausgeplündert (§§ 11–15). Dagegen werden sich jene zur Wehr setzen, denn Hutten sei nicht der Einzige, der so denke. Der nächste Abschnitt ist wieder dem Edikt gewidmet, das die päpstlichen Legaten beim Kaiser erwirkten (§§ 16–19): Auch hier beklagt Hutten die Täuschung des unerfahrenen Herrschers, der sein Ohr nicht Deutschen wie Luther, sondern Papisten leihe. Jener werde aber den Betrug bald erkennen.

Damit kommt Hutten zum Hauptanliegen seiner Rede (§§ 20–24): Caracciolo solle den Kaiser von nun an in Ruhe lassen und aus Deutschland verschwinden, denn die Zeit für päpstliche Plünderungen und Winkelzüge sei hier endgültig zu Ende. Tue er dies nicht, werden sich die Deutschen an ihm schneller rächen, als er sich dagegen wappnen könne. Ihre Abneigung gegenüber Caracciolo sei nur allzu offensichtlich. Caracciolos angebliche Zweifel an der Berechtigung dieser Warnung bilden die Basis für den emotionalen

---

[374] Die Installierung des Tyrannen-Topos gehört zu einer der beliebteren Strategien Huttens, privat erlittene Schmach öffentlich zu machen. Vgl. KRAUS (2020); KIPF (2012), S. 31–48, bes. S. 39.

Abschluss der Rede (§§ 25–30). Hutten gibt hier vor, sich vor Wut nicht mehr länger halten zu können. Er werde den Deutschen befehlen, zu den Waffen zu greifen, ja seine eigenen Hände verwenden, wenn Caracciolo nicht sofort weiche. Im Übrigen werde er bald zu Kaiser Karls Ohren durchdringen und ihn über Caracciolos Infamie aufklären. Dagegen werde der Gesandte nichts mehr vorbringen können. Der Brief endet mit einer weiteren bedrohlichen Aufforderung zum Abzug.

4.4 *Sed quousque tandem, quousque, improbi, optima indole praediti iuvenis bonitate abutemini?* Bezüge zwischen Huttens Briefinvektiven und Ciceros Reden gegen Catilina und Verres[*]

Dass Hutten in beiden Briefinvektiven nicht nur auf Ciceros Anklagereden zurückgriff, sondern diese Rezeption auch deutlich machen wollte, zeigen zunächst ein bekanntes, wörtliches Zitat und eine explizite Anspielung. Mitten im Brief gegen Aleander (Al. § 16) beklagt Hutten den fortdauernden Einfluss der päpstlichen Legaten auf den Kaiser mit den Worten: „Aber wie lange noch, wie lange, ihr Bösartigen, werdet ihr die Gutmütigkeit des Jünglings mit besten Anlagen missbrauchen?" (*Sed quousque tandem, quousque, improbi, optima indole praediti iuvenis bonitate abutemini?*) Dies ist ein offensichtliches Zitat des wohl berühmtesten Redeanfangs der römischen Literatur (Cat. 1,1): *Quo usque tandem abutere, Catilina, patientia nostra?*[375] Nichtsdestoweniger vermeidet Hutten offenbar eine allzu plakative Bezugnahme und stellt es eben nicht an den Anfang seiner Rede. Zusätzlich zeigt er seinen kreativen Umgang mit dem Prätext, indem er diesen adaptiert: So verdoppelt er das Fragepronomen und richtet sich an mehrere, zudem bezieht er den mit Ungeduld beobachteten Missbrauch der Angegriffenen auf die Nachgiebigkeit des Kaisers und stellt zusätzlich einen Gegensatz zwischen der kaiserlichen Moral und der Verdorbenheit der Legaten her. Nicht nur ein wörtliches Zitat, sondern auch ein klarer Vergleich mit Ciceros Gegnern findet sich hingegen am Ende des Briefs gegen Caracciolo (Car. § 25). Hier droht Hutten dem Gesandten u. a. damit, dass er seine Landsleute zu den Waffen rufen werde, wenn er nicht aufhöre, „wie ein zweiter Verres Geld hier zu raffen" (*nisi desinis alter Verres pecuniam verrere hinc*). Abgesehen

---

[*] Der Beitrag ist im Rahmen des Workshops: ‚Invektivität bei Cicero und den deutschen und italienischen Humanisten' der Teilprojekte B (Prof. Dennis Pausch) u. D (Prof. Uwe Israel) des Dresdner SFB 1285 ‚Invektivität' in Zusammenarbeit mit Dr. Christoph SCHWAMEIS (Wien) entstanden, von dem auch die deutschen Übersetzungen der lateinischen Zitate in Kap. IV.4,3 u. IV.4,4 stammen. Ihm sei an dieser Stelle herzlicher Dank für seine Mühen und die konstruktive Zusammenarbeit ausgesprochen.

[375] Dieser Redebeginn wurde bereits in der Antike mehrfach imitiert, etwa in Sallusts ‚Bellum Catilinae' (20,9) und in Apuleius' ‚Metamorphosen' (3,27), siehe Andrew R. DYCK (Hg.), Cicero. Catilinarians. Cambridge Greek and Latin Classics, Cambridge 2008, S. 63. Zur Rezeption von Ciceros ‚Catilinarien' generell ebd., S. 13–16.

von dem Vergleich zitiert Hutten hier die Verrinen gleich zweifach, erstens mit der Phrase „zweiter Verres", die sich mehrfach für Verres' Spießgesellen findet (Verr. 2,3,31,84,161 über Apronius und Verres' Sohn; Verr. 2,5,87 über Cleomenes),[376] zweitens aber mit dem unübersetzbaren Wortspiel mit Verres' Namen und dem Verb *verrere*, das etwa „fegen" bedeutet und von Cicero selbst ähnlich als *everrere* verwendet wurde (Verr. 2,2,19,52).[377]

Diese deutlichen Verweise auf die erste Catilinarie und die Verrinen zeigen, dass Hutten seine Briefinvektiven vor den Hintergrund dieser Prätexte stellen wollte. Sie sind aber nur der Gipfel des Eisberges an subtilen Anspielungen, ähnlichen Motiven und Argumentationsmustern, die Huttens Briefe mit Ciceros Reden verbinden. Im Folgenden möchte ich mich auf vier von ihnen beschränken und diese exemplarisch behandeln. Hutten betont vor allem gegenüber Aleander mehrmals, dass er diesen stets genau beobachtet und daraus genaue Kenntnisse über dessen verbrecherische Pläne und Taten gewonnen habe. Nachdem er dies bereits zu Beginn seines Briefs kurz angesprochen hat (Al. § 2), führt er diesen Gesichtspunkt knapp vor der Mitte der Rede noch weiter aus (Al. §§ 11–13). Hierbei wirft er seinem Gegner eine hochmütige Selbsttäuschung vor. Aleander habe Hutten und seine Landsleute – er verwendet hier stets die 1. Pers. Pl. – offenbar für blind und stumpfsinnig gehalten. Das Gegenteil sei aber der Fall; trotz der örtlichen Trennung wisse er genau Bescheid über Aleanders Umtriebe. Hierbei nimmt Hutten erstmals Bezug auf seinen Aufenthaltsort Ebernburg. Wenn er diesen als Wachposten (*vigilia*, Al. § 12) und später als Aussichtswarte (*specula*, Al. §§ 23, 26) stilisiert, deutet er diesen Nachteil zum Vorteil um: Er sei aufgrund seines Standpunktes nicht etwa schlechter im Bilde, sondern habe sogar einen besseren Überblick. In diesem Zusammenhang bringt Hutten auch mit einer Rede Aleanders, über die er sofort informiert worden sei, ein erstes konkretes Beispiel für seine gute Informationslage. Dabei sagt er seinen Gegnern auf ironische Weise nach, seinen Informationsstand unberechtigterweise zu unterschätzen (Al. § 13):

> Quid est enim hoc, quod cum tu illam praeclaram habuisses orationem paucos ante dies, ego quid pridie dixisses nona statim hora postridie hic intellexi? Sic desidemus, Aleander, satagentibus vobis, sic dormimus.

> Was zeigt dies deutlicher, als dass ich hier sofort zur neunten Stunde am nächsten Tag Kenntnis über deine Worte gewann, nachdem du jene bekannte Rede vor wenigen Tagen gehalten hattest? So „faulenzen" wir, Aleander, während ihr eifrig am Werk seid, so „schlafen" wir.

Während Hutten hier jedoch noch nichts über den Inhalt von Aleanders Ansprache preisgibt, geht er in weiterer Folge an zwei weiteren Stellen ausgiebig

---

[376] Vgl. Christoph SCHWAMEIS, Cicero, „De Praetura Siciliensi" (Verr. 2, 2). Einleitung und Kommentar (Texte und Kommentare 60), Berlin 2019.

[377] Zu diesen Wortspielen vgl. SCHWAMEIS (2019), S. 92–95 u. 175–176.

auf dessen Reden ein. Zuerst fasst er deren Inhalt zusammen und beschreibt die Reaktion des Publikums (Al. §§ 17–19), dann zitiert er wörtlich aus einer weiteren Rede (Al. §§ 23–26). Die Betonung des eigenen guten Informationsstandes findet ihr Gegenstück in Aleanders beschränkter Wahrnehmung; Aleander scheint entweder nicht in der Lage, die offensichtlich negative Meinung seiner Zuhörer zu erkennen, oder er unterschätzt ihre Fähigkeit, seine Lügen zu durchschauen (Al. § 18). Analog zu dem Bild des Wachpostens unterstreicht Hutten auf diese Weise seine Überlegenheit gegenüber dem Gegner, der nicht fähig scheint, seine unmittelbare Umgebung zu verstehen, während Hutten von ferne über ein klares Bild verfügt. Das Vorbild für diese invektivische Methode, den Gegner in eine Position der Unterlegenheit zu bringen, indem man ihn zum Objekt ständiger und von ihm selbst nicht wahrgenommener Beobachtung macht, könnte die erste Catilinarie sein. Bereits in den berühmten ersten Sätzen dieser Rede fragt Cicero Catilina nämlich, ob er nicht erkenne, dass seine Verschwörung für jedermann offensichtlich sei. Jeder wisse, so fährt Cicero fort, was Catilina in der letzten Nacht mit wem getan habe (Cic. Cat. 1,1). Damit bezieht sich Cicero zuerst sehr ungenau auf ein Treffen der Verschwörer, bei dem ein Mordanschlag auf Cicero geplant worden sei.[378] Erst im weiteren Verlauf gibt Cicero preis, wie genau er über diese Zusammenkunft, Catilinas Plan und Worte informiert sei, da er gleich danach darüber unterrichtet worden sei (Cic. Cat. 1,8–10). Hier beachte man die genaue Entsprechung zu Huttens Vorgehensweise: Auch er deutet seine Kenntnis über Aleanders Reden erst nur an und konkretisiert dann später ihren Inhalt. Von Cicero übernimmt Hutten nicht nur den Aspekt des eigenen guten Informationsstandes und der regen Wachsamkeit (Cic. Cat. 1,8), sondern auch die Behauptung, dass alle anderen sich an der Beobachtung beteiligten (Cic. Cat. 1,6). Catilina scheint damit genauso vereinzelt wie Aleander und genauso wenig dieser isolierenden, allseitigen Betrachtung bewusst (Cic. Cat. 1,6). Selbst das Bild vom Wache- und Ausschauhalten übernimmt Hutten von Cicero und konkretisiert es an seinem Aufenthaltsort (Cic. Cat. 1,8 *meis ... vigiliis*, 1,6 *multorum te etiam oculi ... speculabuntur atque custodient*). Ein Unterschied besteht aber freilich darin, dass Hutten Aleanders Reden und Taten letztlich als töricht und wirkungslos hinstellt, während Cicero Catilina als echte Gefahr für sein eigenes Leben und das Roms beschreibt, wodurch die genaue Beobachtung in der Catilinarie anders begründet scheint als in Huttens Briefinvektive. Ist der Blick Ciceros und seiner Landsleute feindselig-besorgt, ist derjenige Huttens eher abschätzig-verachtend. Das Ziel von Ciceros erster Catilinarie bestand bekanntlich darin, Catilina zum

---

[378] Zu den historischen Hintergründen siehe etwa Dyck (2018), S. 1–10, zur rhetorischen Technik etwa Wilfried Stroh, Ciceros erste Rede gegen Catilina, in: Jürgen Leonhard u. Georg Ott (Hgg.), Apocrypha. Entlegene Schriften, Stuttgart 2000, S. 64–78, und Adolf Primmer, Historisches und Oratorisches zur ersten Catilinaria, in: Gymnasium 84 (1977), S. 18–38.

Aufbruch aus der Stadt zu bewegen und ihn so dazu zu bringen, sich offen als Aufständischer erkennen zu geben. Diesen Aspekt variierte Cicero in vielfacher Art und Weise in den letzten zwei Dritteln seiner Rede; u. a. ließ er die Heimat in einer Prosopopöie in diesem Sinne sprechen (Cic. Cat. 1,18). Angesichts der Prominenz dieses Aspekts im Prätext wirkt es auf den ersten Blick einigermaßen überraschend, dass Hutten ihn in keiner Weise beachtet, sondern ihn vielmehr am Ende seiner Briefinvektive gegen Caracciolo einsetzt (Car. §§ 20–30). Bei genauerer Betrachtung wirkt dies jedoch nur folgerichtig. Hutten zeichnet Caracciolo nämlich als weitaus gefährlicheren Gegner. Dessen Kameradschaft mit dem tölpelhaften Aleander hält er für merkwürdig (Al. § 6). Während er in dem Brief an Aleander mehrfach beide als Duo anspricht, erwähnt er Aleander im Brief an Caracciolo mit keinem Wort. Somit lag es nahe, den ernstzunehmenden Gegner Caracciolo zum Verlassen aufzufordern und nicht den als relativ harmlos gezeichneten Aleander. Zudem könnte Hutten mit der Aufteilung intertextueller Bezüge auf die beiden Invektiven implizieren, dass diese letztlich als ein Werk zu betrachten seien, und ihnen so eine größere Geschlossenheit verleihen.

Betrachtet man nun die Art und Weise, wie Hutten Ciceros Aufforderung an den Gegner, sich ins Exil und in die Isolation zu begeben, aufgreift, so zeigen sich zwei wesentliche Unterschiede zum Prätext. Erstens personalisiert und sublimiert Hutten die vom Gegner ausgehende Bedrohung. Cicero greift Catilina nämlich an, indem er dessen sehr reale Gefahr für Leib und Leben der römischen Bürger, für die Existenz der Stadt Rom drastisch darstellt, ihn als Mörder und Brandschatzer zeichnet. Demgegenüber stellt Hutten den Legaten Caracciolo als Gefahr für die Freiheit und den Glauben der Deutschen im Allgemeinen und für den Kaiser im Speziellen an den Pranger. Er wirkt als teuflischer Verführer, der den ihm wehrlos ausgelieferten ‚jugendlichen' Kaiser korrumpiert und die Moral aller Deutschen bedroht (Car. §§ 20 u. 24). So fordert Hutten Caracciolo zuallererst auf: „Hör damit auf, den Sinn des wackeren Jünglings zu verderben, hör damit auf, dein Spiel mit dem Oberhaupt des deutschen Fürstentums und Volks zu treiben" (Car. § 20: *Desine probissimi iuvenis mentem depravare, desine principum ac populi Germaniae capiti illudere*). Dementsprechend führt Hutten am Ende seines Briefes die Hoffnung aus, den Kaiser aus den Klauen der päpstlichen Gesandten zu befreien und ihn über deren Untaten zu informieren. Bei Cicero ging es hingegen um die Befreiung des Staates von der physischen Gewalt der Verschwörer um Catilina.

Zweitens aber ist die Verbindung zwischen der Aufforderung, die Stadt zu verlassen, und der Drohung vor der ansonsten bevorstehenden Gewalt zwar bei beiden Autoren gegeben, jedoch bei Hutten weitaus enger und zugleich offener. Cicero achtet sorgsam darauf, diese Verbindung möglichst zu verhehlen.[379]

---

[379] Vgl. STROH (2000), S. 71.

Dies zeigt sich daran, dass er Morddrohungen (fast) ausschließlich im ersten Drittel seiner Rede äußert, in dem es noch nicht um das Heraustreiben Catilinas geht. Selbst hier aber sind diese Einschüchterungsversuche verklausuliert. Cicero verwendet hier Formen, die wir konjunktivisch übersetzen würden, und spricht unpersönlich, wie gleich zu Beginn (Cic. Cat. 1,2): „Man hätte dich schon längst auf Befehl des Konsuls hinrichten lassen müssen". Dabei war Cicero selbst bekanntlich zu dieser Zeit Konsul. Oder er setzt den Konditional ein (Cic. Cat. 1,5): „Wenn ich schon den Befehl zu deiner Festnahme und Hinrichtung gebe, Catilina, dann werde ich befürchten müssen, dass [...] jemand diese Tat allzu grausam nennt". Cicero musste, wie man hier sieht, vorsichtig vorgehen, stand doch nicht nur sein Ruf auf dem Spiel, sondern war er als Konsul nach Roms Gesetz gar nicht berechtigt, einen römischen Bürger hinrichten zu lassen. Erst, wenn sich Catilina als Staatsfeind deklarierte, konnte ihm bedenkenlos der Krieg erklärt werden.[380] Diese Bedenken und Beschränkungen kannte Hutten natürlich nicht; daher droht er beiden Gesandten (auch Al. §§ 4,8, 30–31), besonders aber Caracciolo dann mit Gewalt, wenn er dessen Aufbruch fordert. Zunächst warnt er nur allgemein vor dem Aufruhr und der Rache der Deutschen (Car. § 20 *qui ulciscantur cum tumultu*); später aber wird er weitaus expliziter, gibt sich so entrüstet, dass er „seine Hände nicht länger unter Kontrolle haben kann" (Car. § 27 *manibus temperare non potero*), und droht damit, er werde den Befehl geben, „die Schwerter zu zücken und die Waffen zu ergreifen" (Car. § 25 *iubebo gladios expediri adversum et arma sumi iubebo*). Die zwar illegale, aber doch mögliche Befehlsgewalt Ciceros scheint hier zur rhetorischen Posse geworden, welche den Einfluss, den Hutten auf seine Landsleute hatte, grotesk übersteigert. Es scheint zudem sehr plausibel, dass sich aus solchen Drohungen in den Invektiven die Gerüchte über Mordpläne ergaben, die zuvor dargestellt worden sind.

Gegen Ende beider Briefinvektiven verwendet Hutten in diesem Zusammenhang ein ganz ähnliches Bild: Hier ruft Hutten Aleander bereits dazu auf, nicht mehr auf die Griffel der deutschen Gelehrten zu warten, sondern auf die Schwerter der Tapferen (Al. § 31). So mag es auch nicht als Zufall erscheinen, dass Hutten seine Invektive gegen Caracciolo mit folgendem Satz enden ließ (Car. § 30): „Lerne aber, dem Griffel zu gehorchen, damit du nicht gezwungen wirst, dem Schwert zu weichen." Damit scheint Hutten eine andere Invektive zu zitieren, nämlich die bekannte zweite Philippica. In dieser gegen Mark Anton, Caesars engsten Vertrauten, gerichteten Flugschrift bedauert Cicero, dass die Verschwörer Mark Anton verschont hatten. Wäre er an der Verschwörung beteiligt gewesen, wäre es anders gewesen (Phil. 2,34): „Wenn ich es gewesen wäre, hätte ich nicht nur den Tyrannen, sondern auch die Tyrannei aus dem Staat entfernt, und wenn es mein Griffel gewesen wäre, wie es heißt, dann

---

[380] Vgl. STROH (2000).

hätte ich, glaub mir, nicht nur einen Akt, sondern das ganze Stück beendet."³⁸¹ Nicht nur die mit dem Wort „Griffel" (*stilus*) verbundene Vorstellung von Gewalt ist identisch, sondern auch die Meinung, dass der Gelehrte hinter dem Attentat steckte. Was aber bei Cicero noch eine Metapher gewesen ist, ist bei Hutten eine ganz offen geäußerte Gegenüberstellung von Stift und Schwert, von Invektive und physischer Gewalt. Was Cicero abstreitet, bekräftigt Hutten und gibt somit seine Erwartung und Hoffnung zu erkennen, was seine Angriffe auslösen sollen.

Beenden wir an dieser Stelle den Gewaltdiskurs und kommen zu einer anderen von Hutten aufgegriffenen Invektive, nämlich der gegen Verres. Wie bereits gesagt, hat Hutten diese Bezugnahme explizit, indem er Caracciolo am Ende des Briefs als „zweiten Verres" bezeichnet hat. Aber schon zuvor gibt es in der Invektive gegen diesen eine höchst ähnliche Gestaltung. Dies lag insofern nahe, als der päpstliche Legat wie Verres in ein fremdes Land kam und sich wie dieser am fremden Vermögen bereicherte. Was bei Verres etwa die Erpressung von Bestechungszahlungen und die Bereicherung am Vermögen unzulässig Verurteilter war, war bei Caracciolo offenbar der Handel mit Ablässen und päpstlichen Dispensen. Hutten übernimmt hier aus Ciceros Invektive einige markante Gesichtspunkte, wie zum Beispiel die besonders empörende Offensichtlichkeit der Verbrechen für die gesamte Öffentlichkeit,³⁸² die Veranstaltung dekadenter Bankette³⁸³ oder die Unterstützung durch ähnlich verbrecherische Kirchenmänner (Car. §§ 4,13), die dem Beistand entspricht, der Verres durch einen elitären Freundeskreis wie die Metellus-Brüder und seinen Anwalt Hortensius zuteilwurde (Verr. 1).³⁸⁴ In beiden Fällen führt diese Unterstützung zu einer besonderen Selbstsicherheit bzw. Dreistigkeit des Verbrechers. Wie sehr Hutten bei seiner Briefinvektive gegen Caracciolo von den Verrinen beeinflusst war, zeigt sich aber vor allem darin, dass er sich nicht nur auf generelle Vorwürfe gegen die Gier des Gesandten beschränkt, sondern auch konkrete Einzelfälle für diese Verbrechen darstellt. Damit gewinnt die Invektive ein narratives Element, das gerade für die Repetundenreden, zu denen Ciceros Reden gegen Verres gehörten, typisch war, in denen eine Vielzahl von Vorfällen erzählt und bewiesen wurde. Sehen wir uns eine dieser Episoden bei Hutten an (Car. § 8f.):

> Quare iam pridem aegre adduci potui ut crederem cum nunciatum mihi esset, a quodam qui uxorem petebat eam cui compater erat, petiisse te trecentos aureos, cumque ille et quia te propter sordes contemnebat, et quia videbat negociationem tuam esse longe iniquissimam contraque fas omne, omnem honestatem et Christi leges institu-

---

³⁸¹ John T. Ramsey, Cicero: Philippics I–II. Cambridge Greek and Latin Classics, Cambridge 2003.
³⁸² Vgl. Schwameis (2019), S. 326: Zu Car. § 1–2,8, vgl. etwa Cic. Verr. 2,1,100; 2,2,71; 2,3,64; Verr. 2,5,1.
³⁸³ Zu Car. § 10 vgl. Cic. Verr. 2,3,23,160; Verr. 2,5,28.
³⁸⁴ Schwameis (2019), S. 43–45.

tam, octo obiiceret, respondisse te pro octo aureis non solere verbum mittere, nedum signa et litteras velle perdere.

Daher konnte ich schon lange kaum dazu gebracht werden, es zu glauben, als man mir erzählte, du habest von einem, der ein Mädchen heiraten wollte, dessen Taufpate er war, dreihundert Gulden verlangt, und als jener acht anbot, weil er dich wegen deiner schmutzigen Gesinnung verachtete und weil er sah, dass deine Schacherei völlig ungerecht und gegen jedes Recht war, da habest du geantwortet, für acht Gulden sprächest du nicht einmal ein Wort, geschweige denn, dass du dafür Siegel und Pergament vergeuden wollest.

Schon die Einkleidung ist ciceronianisch: Auch Cicero verweist häufig darauf, dass Verres' Untaten so verbrecherisch waren, dass er selbst sie kaum glauben könne. Dies ist natürlich ein geschicktes Mittel, eine mögliche Skepsis beim Publikum vorwegzunehmen und ihr so entgegenzutreten. Außerdem lassen sich, auch wenn die Szene weitaus kürzer ist als vergleichbare Episoden in den Verrinen, einige übereinstimmende Merkmale erkennen. Deutlich ist einmal die Vielzahl (hier indirekt) wiedergegebener Reden, welche die Erzählung authentisch und lebendig werden lassen. Dann die Charakterisierung eines als sympathisch oder bemitleidenswert gezeichneten Opfers, mit dem sich die Leser identifizieren und dessen Beurteilung sie übernehmen sollen einerseits, des gierig und überheblich wirkenden Täters andererseits.[385] Ferner ein Streben nach erstaunlichen Vorfällen, die zwar erschreckende, jedoch auch unterhaltsame Pointen bieten. Sogar Ciceros Technik der Verzerrung scheint sich Hutten bemerkenswerterweise anzueignen versucht haben: Wie Cicero ignoriert er (zumindest noch an dieser Stelle, später äußert er sich allgemein dazu, Car. § 10) die ebenfalls gegebene Schuld des angeblichen Opfers und macht den Gegner zum alleinigen Profiteur und Täter.[386] Hierbei gelingt ihm nicht ganz die Imitation des Vorbilds, ist der Brautwerber hier doch trotz aller Entstellung offenbar derjenige, der mit dem Gesuch herantritt und durchaus bereit ist, wie am Basar um eine moralisch bedenkliche Ehe mit dem eigenen Patenkind zu handeln. Zudem ist am Ende anscheinend gar kein Geld geflossen. Hingegen gehen bei Cicero Bestechungsversuche stets von Verres aus, und sie sind natürlich erfolgreich. Trotzdem könnte es Hutten durch die Orientierung an dem Prätext erreicht haben, den Eindruck eines Verbrechens nach Art des Verres zu suggerieren.

Trotz alledem beschränken sich die Bezüge zu den Verrinen aber nicht allein auf die Darstellung von Caracciolos Bereicherung. Genauso wie Hutten sich in beiden Briefinvektiven auf die erste Catilinarie bezogen hat, so scheint er auch in beiden Texten in unterschiedlicher Weise auf die Verrinen Bezug genommen zu haben. Bei Aleander griff er wohl auf einen anderen weniger prominenten Aspekt der Verrinen zurück, nämlich auf die vornehme Abstammung

---

[385] SCHWAMEIS (2019), S. 27–29, S. 45–48.
[386] SCHWAMEIS (2019), S. 36–37, S. 49–51.

und die Bildung des Gegners hinzuweisen.[387] Verres gehörte offenbar einer gut vernetzten senatorischen Familie an, worauf er noch in seiner Verteidigung gepocht hatte.[388] Cicero reagierte darauf, indem er dies bestritt und ihn zum Sohn eines Wahlspendenverteilers stilisierte, der in einem einfachen Umfeld aufgewachsen sei.[389] Auch Hutten befasst sich mit dem adeligen Hintergrund Aleanders, auf den jener in einer Rede verwiesen habe, und weist diese Behauptungen zurück: Aleander sei keineswegs adelig gewesen, sondern vielmehr ein armer Jude (Al. §§ 17–20). Diese Analogie wäre an sich noch wenig bedeutsam, ist es doch ein Topos der Invektive, auf die niedrige Abstammung des Gegners hinzuweisen. Eine Verbindung zwischen beiden Invektiven scheint jedoch aufgrund eines weiteren, übereinstimmenden Elements wahrscheinlich, nämlich der Zurückweisung des kulturellen Anspruchs. Bekanntlich bereicherte sich Verres nicht nur durch Erpressungen am Vermögen der Sizilier, sondern war auch an deren Kunstwerken interessiert. Mit seiner Leidenschaft für griechische Kunstwerke demonstrierte Verres seine Zugehörigkeit zu einer kulturellen Elite, die sich von Nichtkennern abgrenzte.[390] Cicero reagierte darauf etwa dadurch, dass er Verres jede Kunstexpertise absprach: Verres sei angewiesen auf wirkliche Experten, die ihm beratend zur Seite stehen sollen (Verr. 2,4,30). Doch nicht nur in dieser Hinsicht, sondern auch in vielen anderen Bereichen zeichnete Cicero Verres als tumben, tölpelhaften Gewaltmenschen, der von seinen Gefährten und Mitarbeitern völlig abhängig sei.[391] Auch Aleander konnte als ehemaliger Rektor der Pariser Universität und Autor einer geschätzten griechischen Grammatik in der humanistischen Gemeinschaft einen hohen Rang für sich beanspruchen. Umso bemerkenswerter ist es daher, dass Hutten gerade gegen ihn den Vorwurf der Dummheit und Unüberlegtheit vorbrachte. So zeigt sich Hutten gleich zu Beginn des Briefes überrascht über Aleanders einfältige Versuche, die Freiheit Deutschlands zu untergraben, und fährt dann fort (Al. § 6):

> Quod de te quidem praeter opinionem non est: neque enim unquam prudenter aliquid fecisse audio: illum miror socium tuum Caracciolum, aliquando si non bonum, circumspectum tamen et cautum hic putatum, tanta cum inconsyderantia tantaque stupiditate conari ista tecum.

> Dies kommt bei dir freilich nicht unerwartet, denn ich habe noch nie eine kluge Handlung von dir vernommen. Aber ich wundere mich, dass dein Kollege Caracciolo,

---

[387] Man sehe dazu jetzt Dennis Pausch, Zu wenig, zu viel oder die falsche: Bildung als Vorwurf in Ciceros Reden, in: Peter Kuhlmann u. Valeria Marchetti (Hgg.), Cicero im Rahmen der Römischen Bildungskultur, Tübingen 2020, S. 64–66, S. 76–82 mit weiterer Literatur.
[388] Vgl. Cic. Verr. 2,5,136.
[389] Vgl. Cic. Verr. 1,23,47; 2,3,161.
[390] Vgl. Cic. Verr. 2,3,8; 2,4,3,33–34.
[391] Vgl. Schwameis (2019), S. 40–41, hier Cic. Verr. 2,1,141; 2,2,134; 2,3,155; 2,5,103.

den man doch einmal, wenn nicht für integer, so doch für überlegt und vorsichtig hielt, mit solcher Unbesonnenheit und solcher Idiotie dies mit dir versucht.

Hutten degradiert seinen Gegner hier nicht nur, indem er ihm einen schon länger bestehenden schlechten Ruf zuschreibt, sondern auch, indem er ihn seinem Kollegen zur Seite stellt, den er als überlegen kennzeichnet. Diese Methode ist nun schon bei Cicero gegeben, wenn er sich etwa wundert, dass Hortensius, Verres' Verteidiger, gemeinsame Sache mit seinem Klienten mache,[392] oder sich über die törichten Versuche von Verres' Nachfolger und Unterstützer Metellus mokiert, dessen Schuld zu verbergen.[393] Ein weiteres übereinstimmendes Merkmal zwischen Verres' und Aleanders Torheit besteht in der Form, in der sich diese äußert: Unbeabsichtigt „gestehen" beide ihre Verbrechen und schaden so ihrer eigenen Sache. In dieser Weise deutet Hutten Aleanders Rede als Eingeständnis der päpstlichen Tyrannei, das seinem Auftrag, aber auch seiner Stellung beim Papst schaden werde (Al. §§ 26–28):

> Stupidissime omnium qui hoc ante te munus obierunt, non vides quantum possint haec morari te, quantum impedire caussam tuam, tibi odium concitare, magnam rationibus tuis disturbationem inducere?

> Siehst du nicht, du Dümmster von allen, die diese Aufgabe vor dir übernommen haben, wie sehr dies dich aufhalten, wie sehr es deine Sache hindern, große Abneigung gegen dich hervorrufen, deine Pläne durcheinanderbringen kann?

In ähnlicher Weise bewertet Cicero Verres' Versuche, Beweise zu fälschen (Verr. 2,1,102; 2,2,104–106) oder Zeugen einzuschüchtern (Verr. 2,5,101–103), als vergeblich und dumm, zeigt auf, dass sie seiner eigenen Sache schaden würden, und wundert sich darüber, dass Verres als Einziger nicht erkenne, wie deutlich er von Beweismitteln überführt werde (Verr. 2,3,126). Wenn Hutten Aleanders persönliche Dummheit, dessen Verblendung und geringen Realitätssinn darstellt, scheint er sich also auf Ciceros Charakterisierung des Verres zu beziehen. Hingegen geht Hutten in einer von Cicero unbeeinflussten Weise mit Aleanders wissenschaftlichen Leistungen und sprachlichen Kompetenzen um. Anders als Cicero dies bei Verres tat, leugnet Hutten nicht Aleanders humanistische Bildung. Aber er versucht ihre Bedeutung zu schmälern, indem er sie dem verkommenen Charakter des Gesandten entgegenstellt. So kritisiert er zuerst dessen negative Haltung gegenüber dem Bildungsgut der deutschen Reformation und deren Schriften und wertet diese als Undankbarkeit (Al. §§ 20–22): Da Aleander der Wissenschaft alles verdanke, habe er sich anders um sie bemühen müssen. Am Ende der Rede beklagt Hutten schließlich die personifizierte Wissenschaft, die auf einen so verdorbenen Menschen wie Aleander getroffen sei. Dass ein solcher Verbrecher gebildet und polyglott sei, sei bedauerlich, und es sei eine Schande, dass man Aleander um etwas beneiden

---

[392] Vgl. Cic. Verr. 2,2,192; 2,3,7f.; 2,5,174–179.
[393] Vgl. Cic. Verr. 2,2,162–164.

könne. Mit diesem grollenden Eingeständnis des wissenschaftlichen Ranges seines Gegners Aleander endet eine Invektive, die wie ihre an Caracciolo gerichtete ‚Schwesterinvektive' selbst einen praktischen Beweis für humanistische Bildung darstellt. Indem Hutten die beiden Gesandten als Wiedergänger eines Catilina und eines Verres porträtiert, scheint er nicht nur seine Kenntnis der Reden zu demonstrieren, sondern könnte sich gleichsam als neuer integrer wie vehement auftretender Cicero des deutschen Humanismus präsentieren.

4.5 Fazit: Huttenus Rhetor: Die Schmähreden Ciceros als mustergültige Formvorlage humanistischer Satisfaktionsfähigkeit im Kontext der Arena ‚Reichstag'

Die Transformation der europäischsprachigen Gelehrtenkultur – einschließlich ihrer parlamentarischen Varianten (Konzile, Reichstage)[394] – durch den Humanismus und ihre textliche und performative Neuinszenierung klassischer und klassisch geprägter Reden (Cicero) ist unbestritten.[395] Die humanistische ‚Fachrede' erfuhr in unserem Kontext aber erst im Rahmen des Augsburger Reichstages von 1518 eine besondere Intensität medialer Aufmerksamkeit.[396] Nicht von ungefähr sind hiernach auch später Huttens Schmähreden gegen Herzog Ulrich von Württemberg im Druck der ‚Steckelberger Sammlung' erschienen, die ebenfalls nach dem Vorbild Ciceros gestaltet waren wie die Invektiven gegen die apostolischen Nuntien. Der Rückbezug auf den römischen Politiker und Redner und dessen *orationes invectivae* diente Hutten in mehrfacher Hinsicht, denn er konnte dadurch *self-/community-fashioning* in zweifacher Ausformung betreiben: Einerseits in Form des Gelehrtenbriefes als Ausweis der humanistischen Gruppenzugehörigkeit, andererseits durch die Adaption der ciceronianischen Schmährede als Idealtypus der Invektive, um gleichzeitig den propagierten Bildungsfeind im theatralen Spiel der Herabsetzung zu düpieren. Dabei gereichte ihm Cicero als ‚Traditionslinie' auch deshalb zur erfolgreichen

---

[394] Vgl. zur Terminologie und Ausdifferenzierung der Begrifflichkeiten: Johannes HELMRATH, ‚Geistlich und werntlich'. Zur Beziehung von Konzilien und Reichsversammlungen im 15. Jahrhundert, in: Peter MORAW (Hg.), Deutscher Königshof, Hoftag und Reichstag im späten Mittelalter (Vorträge und Forschungen 48), Stuttgart 2002, S. 477–517, bes. der Ausblick S. 516–517.

[395] Vgl. Jörg FEUCHTER u. Johannes HELMRATH, Oratory and representation: the rhetorical culture of politic assemblies, 1300–1600, in: Parliaments Estates & Representation 29 (2009), S. 53–66, hier S. 61; allgemein zu Reichstag, Humanismus und Oratorik am Beispiel Piccolominis (Pius II.): Johannes HELMRATH, Studien zu Reichstag und Rhetorik. Die Reichstagsreden des Enea Silvio Piccolomini 1454/55, 2 Bde., Köln 1994.

[396] Vgl. Lucas RÜGER, Der Augsburger Reichstag von 1518 – ein Höhepunkt politischer Oratorik? In: Jörg FEUCHTER u. Johannes HELMRATH (Hgg.), Politische Redekultur in der Vormoderne: die Oratorik europäischer Parlamente in Spätmittelalter und Früher Neuzeit (Eigene und fremde Welten 9. Studies presented to the International Commission for the History of Representative and Parliamentary Institutions 86), Frankfurt a. M. u. a. 2008, S. 65–84.

Hilfestellung, da es in der Rhetorik ja durchaus Momente gibt, in denen sich die Einreihung in eine Tradition gerade deshalb verbietet, weil die Berufung auf die Tradition manchmal eine Art Zwang auf den gegenwärtigen oder zukünftigen Schriftsteller implizieren kann.[397] Diese Problematik wird aber schon allein dadurch aufgelöst, da die Gattung der Rede bzw. Schmährede dem Redner in der Regel erlaubt, die Argumentationsmuster und Techniken frei zu wählen, die am effektivsten sind, um ein bestimmtes Publikum zu überzeugen (persuasive Kommunikation) und die eigene humanistisch geprägte ‚Redekultur' in der ‚konziliaren Öffentlichkeit' zu festigen.[398] Dabei bot die Bühne des Wormser Reichstages von 1521 Hutten wohl ein letztes Mal die große Öffentlichkeit, sich vor einem großen Publikum in Szene setzen zu können. Gerade dieser emotional durch die Streitigkeiten um Luther aufgeladene Reichstag sollte ihm den geeigneten Nährboden eines heroischen Gelehrtenkampfes mit den Waffen der Oratorik bereiten und gleichzeitig seine ärgsten Widersacher vor den Augen der gelehrten Welt diskreditieren. Sicherlich wird ihn die Erfahrung gelehrt haben, dass ‚Rangstreite' auf Konzilien oder Reichstagen keine Ungewöhnlichkeit darstellten.[399] Zu Huttens Unglück lief für ihn nichts wie geplant, und er kam weder dazu, seinen Vortrag in Worms zu realisieren, noch die Wormser Reichsversammlung als ‚Invektivarena' (JEHNE) zu nutzen.[400]

Hyperbolische Wirkungen, die Hutten mittels einer an die antike Rhetorik angelegten Sprache im Sinne der *evidentia* erzielen wollte, sind in die Briefinvektiven gegen Aleander und Caraccioli eingeschrieben, wobei diese Tendenz aber auch dadurch zu erklären ist, dass übertriebene Redewendungen außerdem dazu dienen konnten, „den grundlegenden Mangel einer nicht-performativen Invektivität zu verschleiern."[401] Die vielen sprachlichen Aggressi-

---

[397] Vgl. Peter MACK, Rhetoric and Tradition, in: Christian JASER, Harald MÜLLER u. Thomas WOELKI (Hgg.), Eleganz und Performanz. Von Rednern, Humanisten und Konzilsvätern. Johannes Helmrath zum 65. Geburtstag, Köln 2018, S. 341–352, hier S. 350–351.

[398] Vgl. Jörg FEUCHTER, Deliberation, rituelle Persuasion und symbolische Repräsentation. Zugänge zur Redekultur auf vormodernen französischen Generalständen, in: Jörg PELTZER, Gerald SCHWEDLER u. Paul TÖBELMANN (Hgg.), Politische Versammlungen und ihre Rituale. Repräsentationsformen und Entscheidungsprozesse des Reichs und der Kirche im späten Mittelalter, Ostfildern 2009, S. 207–217; DERS., Redekultur als Verfassungskultur. Oratorische Kommunikation und Konfliktaustragung in vormodernen europäischen Parlamenten, in: Werner DAUM u. a. (Hgg.), Kommunikation und Konfliktaustragung. Verfassungskultur als Faktor politischer und gesellschaftlicher Machtverhältnisse, Berlin 2010, S. 183–200.

[399] Vgl. Johannes HELMRATH, Rangstreite auf Generalkonzilien des 15. Jahrhunderts als Verfahren, in: Barbara STOLLBERG-RILINGER (Hg.), Vormoderne politische Verfahren (ZHF. Beihefte 25), Berlin 2001, S. 139–173.

[400] Vgl. Martin JEHNE, Freud und Leid römischer Senatoren. Invektivarenen in Republik und Kaiserzeit, Göttingen 2020, S. 25–71.

[401] Vgl. Alessio PATANÉ, Lorenzo Valla gegen Poggio Bracciolini. Die Rezeption des ‚Antidotum in Pogium' im 16. Jahrhundert, in: ISRAEL/KRAUS/SASSO (2021), S. 95–106, hier S. 106.

onsmomente, gerade in der Invektive gegen Aleander, zeigen neben Huttens akribischer philologischer Bezugnahme auf dessen Aschermittwochsrede ebenso deutlich den ritualisierten und dialogischen Duellcharakter der Auseinandersetzung, wobei sowohl in die humanistische Schmährede als auch die universitäre Disputation ein richtendes Publikum eingeschrieben ist, das es zu überzeugen gilt, indem man das Gegenüber zu desavouieren versucht. Dabei waren die direkten, zumindest für die klassisch gebildeten Leser erkennbaren, Attacken Huttens möglicherweise vor allem ein Ausdruck dafür, die bisher für die scholastische Methode üblichen ‚überspitzten Allegorisierungen' als nutzlos und veraltet zurückzuweisen.[402] Obwohl die dialogische Disputation noch von Luther, bspw. in Heidelberg (1518) oder Leipzig (1519), der gängige Rahmen für die konfessionellen Streitigkeiten zu sein schien, eine breite Masse zu erreichen, wich die bisher praktizierte Form der scholastischen Disputation zunehmend weniger reglementierten Religionsgesprächen um die neue christliche Konfession.[403] Gerade hier liegt die Vermutung nahe, die Invektive als Scharnierfigur in der Kommunikationsgeschichte anzusehen, die sich eben genau diesem formalen Korsett zu entziehen vermag. Auch in den Reaktionen der Kurie lässt sich bis auf wenige politische Kampfmittel, wie etwa das Aussprechen des Kirchenbannes oder die Bücherzensur, keine literarische Handhabe ablesen, dieser vielen Tabubrüche, für die sich Hutten durch seine zahlreichen Invektiven verantwortlich zeigte, Herr zu werden.

5 Resümee: Zur Emergenz von Invektivität oder: die Invektive ein ‚Massenmedium'?

In diesem Kapitel haben wir uns zum Ziel gesetzt, die Formensprachen von Invektivität zu ergründen. Dabei ist, obwohl lediglich ein Ausschnitt aus dem Spektrum von Huttens antipapistischer Publizistik exemplifiziert werden konnte,[404] ein genereller Paradigmenwechsel in der vorreformatorischen Kommunikation festzustellen,[405] der durch das ‚Medium' der Invektive scheinbar immer mehr und mehr beschleunigt wurde. Die neue Formenvielfalt durch den Buchdruck spielte, wie wir gesehen haben, eine entscheidende Rolle für

---

[402] Vgl. Martin KINTZINGER, Disputation und Duell. Akademische Streitkultur im ausgehenden Mittelalter, in: Thomas MAISEL u. a. (Hgg.), Artes – Artisten – Wissenschaft. Die Universität Wien im Spätmittelalter und Humanismus (Singularia Vindobonensia 4), Wien 2015, S. 19–49, hier S. 26.

[403] Vgl. TRANINGER (2011).

[404] Beispielsweise werden die Dialoge Huttens, die bereits hinreichend untersucht worden sind, in dieser Arbeit nur marginal berührt. Zu diesen vgl. ausführlich WULFERT (2009); inbes. BECKER (2013). Siehe zur Wahl des Texcorpus auch Kapitel I.3,2 (Einleitung) dieser Studie.

[405] Hier ist bspw. die paradigmatische Verschiebung in der Rhetorik von der dialektischen Disputation hin zur rhetorischen *argumentatio* zu nennen. Vgl. TRANINGER (2011).

den *invective mode* der (insbesondere) gelehrten aber auch nichtgelehrten Auseinandersetzungen der Reformationszeit. „Tatsächlich lässt sich sogar sagen, dass die Differenz von ‚Medium' und ‚Form' – bzw. auch hier: ‚Form des Mediums' – schließlich die Grundunterscheidung von ‚System und Umwelt' rekonzeptualisiert."[406] Das bedeutet, dass neue Formate, die das Potential des Desinteresses des Rezipienten, respektive des Lesepublikums, in sich bargen, relativ kurze Testläufe hatten und dann aus dem Vertrieb genommen wurden. „Stattdessen regieren die Themenkaskaden des immer Gleichen, die uns den Schein des unerhört Neuen nur vorgaukeln".[407]

Man mag sich Huttens Invektiveneinsatz und sein Spiel mit der ‚Form' wie einen Kampf gegen die sagenumwobene Hydra[408] vorstellen, der für jeden Kopf, den Herkules abschlug, je zwei neue Häupter nachwuchsen. Den Gegner politisch in die Enge zu treiben, ist freilich auf dessen Strategie einer inhaltlich-kohärenten Schmähkampagne (‚Antiromanitas'), gepaart mit ideologischen Zielen, zurückzuführen. Der Gegner sollte demnach also nicht zur Ruhe kommen und immer wieder zu einer öffentlichen Reaktion gezwungen werden. Weder brach der Facettenreichtum seiner Invektiven ab noch die stoische Bezugnahme auf antike Autoritäten, wichtige Persönlichkeiten oder historische Ereignisse. So funktionierte die doppelbödige ‚Augsburger Sammlung' (1519) auch nicht ohne die vielen aufwendigen Holzschnitte, genauso wenig, wie der Text auch nur ohne jene als Invektive verstanden werden konnte. Man hat ebenfalls gesehen, dass Hutten Paratexte so nutzte, dass sie selbst völlig aus dem Zusammenhang gerissene Pamphlete aus dem Mittelalter als Invektive zu rekonzeptualisieren und in den reformatorischen Diskurs einzubetten vermochten. Außerdem entpuppten sich viele vermeintliche Widmungen gar selbst als invektive Paratexte. Da ein Text aber erst durch sein gesamtes Beiwerk (Para-/ bzw. Epitext) zum Buch wird,[409] liegt ebenfalls der Schluss nahe, Paratexte als eine wichtige Form der Positionierung des Autors wahrzunehmen. Ebenso konnte ein serielles Motto (*iacta est alea*) öffentlichkeitswirksame Gegenreaktionen von ganzen Gruppierungen auslösen, um die eigenen Streitfragen in einen

---

[406] Dieter MERSCH, Medientheorien zur Einführung, Hamburg 2006, S. 209.
[407] Klaus NEUGEBAUER, Medialität der Medien. Zur Metontologie von Sprache, Technik, Öffentlichkeit, Emergenz (Neuere Phänomenologie 1), Berlin 2018, S. 328.
[408] *hydra*, -ae, f. (ὕδρα), I); eine Wasserschlange, als Ungeheuer der Mythe, wie die mit 50 Rachen in der Unterwelt bei Verg. Aen. 6,576 – bes. aber *hydra Lernaea*, die vielköpfige Schlange im See Lerna. Statt jedes abgeschlagenen Kopfes wuchsen ihr zwei andere Schlangenhäupter nach, worauf sie der Held nur dadurch zur Strecke bringen konnte, dass er mit Hilfe seines Wagenlenkers Jolaus die Stellen, wo die Schlangenköpfe sich erneuerten, mit Holzbränden ausbrannte. Vgl. GEORGES: 1 (1913), Sp. 3098.
[409] Vgl. Gérard GENETTE, Introduction to the Paratext, in: New Literary History 22,2 (1991), S. 261–272, hier S. 261 u. S. 265; die Reflexion über die Ausnahmen dieses Befundes S. 262.

allgemeingültigen diskursiven Kontext zu stellen.⁴¹⁰ Paratexte konnten außerdem in Form von Parerga (Textergänzungen, Marginalien) auftreten,⁴¹¹ denn oft zeigte sich nur auf der Metaebene, was die (performativen, parergonalen, paratextuellen) Rahmenbedingungen für das Werden von Literatur waren.⁴¹² Gerade bei Hutten ist jedoch zu beobachten, dass der Modus seiner Invektiven sowie der jeweilig gestalteten Paratexte stets der des ‚Rahmenbruches' war,⁴¹³ der im Dienste seiner Invektivkaskaden freilich Aufmerksamkeit generieren (Performativität) und die Texte in eine fingierte ‚Traditionslinie' stellen sollte.

Insbesondere für den Bereich der Rhetorik konnte anhand der Briefinvektiven Huttens anschaulich verdeutlicht werden, dass „in dem Maße, wie man der Kommunikation formal identische Struktureigenschaften unterstellt, [...] man prinzipiell auch zu der Annahme berechtigt [sein darf], dass sich der Konflikt ebenfalls formidentisch ausdifferenziert".⁴¹⁴ Dies zeigt sich schon allein an der Tatsache, mit welch intensiven Mitteln bspw. die Inszenierung von fingierter Mündlichkeit bzw. exzentrischer Theatralität in den Schmähreden Huttens betrieben worden ist, um dem Publikum das ‚Streitduell' unmittelbar *ad oculos* vorzuführen. Diese Transferleistung, den Reichstag durch das Medium der verschriftlichten Invektive vor ein ‚Leserauditorium', das mit großer Sicherheit weitaus größer als das eines räumlich-situierten Publikums in den Hallen einer Reichsversammlung war, zu bringen, war zweifelsohne auch in anderer Form möglich. Huttens Dialoge stellen hier nur ein weiteres Fragment des großen Mosaiks invektiver Kommunikation und Form dar. Denn auch hier bediente er sich zunächst der systemimmanenten Eigenart dieser Gattung, ein fingiertes ‚Live-Gespräch' vor einem abwesenden Publikum zu inszenieren.⁴¹⁵ So lässt

---

410 Vgl. VON AMMON/VÖGEL (2008). Dabei folgt in Bezug auf den Terminus ‚Paratext' die Argumentation dieser Untersuchung den Überlegungen des SFB 573 (LMU München), insbesondere des TP B03 zum Thema: ‚Paratexte als Formen der Selbstinszenierung und Selbstschließung eines Buches im Spektrum kommunikativer Bedingungen von Autorität und Pluralisierung (1530–1700)'.
411 Vgl. WIRTH (2004), S. 603–628.
412 Vgl. Uwe WIRTH, Was zeigt sich, wenn man Literatur zeigt? In: Anne BOHNENKAMP u. Sonja VANDENRATH (Hgg.), Worträume. Zeichen-Wechsel. Augenpoesie. Zur Theorie und Praxis von Literaturausstellungen, Göttingen 2011, S. 53–64, hier S. 64.
413 Vgl. Uwe WIRTH u. Julia PAGANINI (Hgg.), Rahmenbrüche, Rahmenwechsel (Wege der Kulturforschung 4), Berlin 2013, bes. die Beiträge: Uwe WIRTH, Rahmenbrüche, Rahmenwechsel. Nachwort des Herausgebers, *welches aus Versehen des Druckers zu einem Vorwort gemacht wurde*, S. 15–57, hier S. 35–46 (Performativität); S. 46–52 (Paratexte).
414 Vgl. MESSMER (2003), S. 84. Messmer postuliert hierbei vier Formen des Konflikts: a) Konfliktepisoden, b) Sachkonflikte, c) Beziehungskonflikte, d) Machtkonflikte (S. 109–274), wobei von der Annahme ausgegangen wird, Konflikte als kommunikatives System und in ihrer Prozesshaftigkeit zu deuten (S. 83–91).
415 BECKER (2013), S. 58–59: „Hutten nutzt dazu intensiv eine der Funktionen, die der Dialog im Zusammenspiel von textinterner (die verschiedenen Ebenen der Darstellung und mündlichen Kommunikation betreffender) und textexterner (das Verhältnis zwischen Text und Leser betreffender) Pragmatik einnehmen kann, indem er den Dialog zur Formierung individueller und kollektiver Identitäten (*self-* und *community-fashioning*)

sich „der performative Aspekt literarischer Dialoge [...] in einer ersten Annäherung dadurch beschreiben, dass in diesem literarischen Genus Mündlichkeit in schriftlich inszenierter Form präsentiert wird."[416] Dabei scheint wenig verblüffend, dass auch die Dialoge den Hang zum Invektiven aufwiesen, da sie die soziale Positionierung (Lukian) mit dem persönlichen Angriff (*ad personam*) verbanden. Das, was wir also oben noch als ‚inhaltlich-kohärente Schmähkampagne' bezeichnet haben, lässt sich mit Blick auf Huttens Invektivenproduktion daher als spezifische ‚Kommunikationsstrategie' in einer kontextabhängigen ‚Kommunikationsgemeinschaft' begreifen, die sich auf zwei Ebenen bewegte: einer übergeordneten (Strategie erster Ordnung) und einer untergeordneten (Strategie zweiter Ordnung):

> Zusätzlich wird an dieser Stelle deutlich, dass sich auch der Begriff der Kommunikationsstrategie auf zwei unterschiedlichen Ebenen abspielen kann. Einerseits gibt es die übergeordnete Kommunikationsstrategie (Strategie erster Ordnung), die – abgeleitet von der Business-Strategie – den ganz groben Rahmen der Kommunikation vorgibt. Andererseits können jedoch auch einzelne Projekte innerhalb des Kommunikationsmanagements eigene Kommunikationsstrategien (Strategien zweiter Ordnung) haben, die jedoch im Sinne der Matrjoschka (ineinander schachtelbare russische Puppen) nur in Abhängigkeit mit der übergeordneten Kommunikationsstrategie gebildet werden können. Bei der Entwicklung der Kommunikationsstrategien zweiter Ordnung spielen **emergente** Praktiken eine entscheidende Rolle, um beispielsweise die Aufmachung eines neuen Online-Tools und damit die konkret anzusprechenden Bezugsgruppen festzulegen.[417]

Auch wenn sich dieses Zitat bereits auf die Kommunikation des digitalen Zeitalters bezieht, scheint doch gerade der Blick auf die zweite (Meta-)Ebene eine vielversprechende Perspektive für das Verständnis invektiver Formensprachen zu liefern. So ist es in der Nachbetrachtung auch nicht verwunderlich, dass Hutten in jeder Konfliktkonstellation, an der er beteiligt war, es nie bei einer einzigen Form, Gattung oder nur einem Medium beließ. Der Modus der Herabsetzung und des persönlichen Angriffes diente Hutten lediglich dazu, die ‚Kommunikationssituation' zu stören.[418] Neben satirische Dialoge, heftige Schmäh- und Anklagereden vor Gericht, feingesponnene humanistische Lyrik

---

    einsetzt. Der Autor kann, ‚indem er Personen oder Elemente der eigenen Lebenswelt [...] in den Text hineinholt, diese sich zurichten, sich mit Attributen ausstatten und Regeln unterwerfen, die in der textexternen Realität keine Geltung (oder noch keine oder keine mehr) besitzen'. Der Dialog als fiktionaler Text hat also auch durch die Ausgestaltung der Darstellungsebene ein hohes performatives Potenzial zur Beeinflussung aktueller Diskurse."

[416] BECKER (2013), S. 61.
[417] Janne STAHL, Führung in der strategischen Kommunikation, in: Stefan WEHMEIER u. Dennis SCHOENEBORN (Hgg.), Strategische Kommunikation im Spannungsfeld zwischen Intention und Emergenz, Wiesbaden 2018, S. 85–99, hier S. 95.
[418] Vgl. Uwe BAUMANN, Arnold BECKER u. Marc LAUREYS, Einleitung. Polemik im Dialog des Renaissance-Humanismus. Formen, Entwicklungen und Funktionen, in: DIES. (Hgg.), Polemik im Dialog des Renaissance-Humanismus. Formen, Entwicklungen und

(v. a. Epigramme, Fabeln, Epitaphe) und die Verwendung ausgefeilter Paratexte (Widmungen oder Glossen) traten wütende Brand- bzw. Mahnschriften (Pamphlete), Fehdebriefe sowie Pasquillen (anonym). Der Köcher seiner literarischen Angriffe war, so kann man formtechnisch gesehen sagen, zeit seiner schriftstellerischen Tätigkeit also nicht nur immer voll, sondern vor allem breit gefächert. Das weite Feld antiker Rhetorik, Lyrik und Invektivkultur musste Hutten wohl wie eine ‚Spielwiese' vorgekommen sein, sein Spracharsenal intensiv zu erweitern. Seine neu erlangten Fertigkeiten wollte er nach den beiden Reisen nach Italien alsdann freilich unbedingt unter Beweis und dann auch zur Schau stellen. Denn „Ziel der Polemik [war] nicht ein Sinneswandel des Gegners, sondern die Erregung von Aversionen gegen ihn beim Publikum."[419]

Die Selbstinszenierung als Polyhistor, die Hutten viele Jahre lang in seiner Publizistik betrieben hatte, zeugt von einem ungeheuren ‚Innovationspotential', das sich im Medium der Invektive wie im Brennglas zeigt und sich im Terminus der ‚Emergenz'[420] wohl am treffendsten sprachlich realisieren lässt:

> Emergenz bezeichnet das plötzliche Auftreten einer neuen Qualität, die jeweils nicht erklärt werden kann durch die Eigenschaften oder Relationen der beteiligten Elemente, sondern durch eine jeweils besondere ‚selbstorganisierende Prozessdynamik'.[421]

Funktionen (Super alta perennis. Studien zur Wirkung der Klassischen Antike 19), Göttingen 2015, S. 7–16, hier S. 13.

[419] Ebd., S. 13.

[420] Der Anglist und Theoretiker Wolfang ISER, der das Emergenz-Konzept für die literaturwissenschaftliche Forschung fruchtbar machte, verstarb nach 10-jähriger Forschung in diesem Gebiet leider noch vor der finalen Theoriefassung. Seine Schriften sind im Nachlass herausgegeben worden von Alexander SCHMITZ: Wolfgang ISER, Emergenz. Nachgelassene und verstreut publizierte Essays, hg. von Alexander SCHMITZ, Konstanz 2013; siehe weiterhin zur beinahe unüberschaubaren Forschungslandschaft der verschiedenen Disziplinen zu diesem Themenkomplex: Achim STEPHAN, Emergenz: Von der Unvorhersagbarkeit zur Selbstorganisation, Dresden 1999 (ND Paderborn 2005); Tilmann SUTTER, Emergenz sozialer Systeme und die Frage des Neuen, in: Hannelore BUBLITZ u. a. (Hgg.), Automatismen, München 2010, S. 79–98; Bettina HEINTZ, Emergenz und Reduktion. Neue Perspektiven auf das Mikro-Makro-Problem, in: Kölner Zeitschrift für Soziologe und Sozialpsychologie 56,1 (2004), S. 1–31; John H. HOLLAND, Emergence. From Chaos to Order, Oxford u. New York 1998; Jens GREVE u. Annette SCHNABEL (Hgg.), Emergenz. Zur Analyse und Erklärung komplexer Strukturen, Frankfurt a. M. 2011; Helge SKIRL, Emergenz als Phänomen der Semantik am Beispiel des Metaphernverstehens. Emergente konzeptuelle Merkmale an der Schnittstelle von Semantik und Pragmatik (Tübinger Beiträge zur Linguistik 515), Tübingen 2009; Manfred STÖCKLER, Emergenz. Bausteine für eine Begriffsexplikation, in: Conceptus 24 (1990), S. 7–24; Achim STEPHAN u. Ansgar BECKERMANN, Emergenz, in: Information Philosophie 22/3 (1994), S. 46–51.

[421] Wolfgang KROHN u. Günter KÜPPERS, Selbstorganisation. Zum Stand einer Theorie in den Wissenschaften, in: DIES. (Hgg.), Emergenz. Die Entstehung von Ordnung, Organisation und Bedeutung (stw 984), Frankfurt a. M. 1992, S. 7–26, hier S. 7–8; ebd., S. 389: „Im ‚klassischen' Sinne bedeutet Emergenz die Entstehung neuer Seinsschichten (Leben gegenüber unbelebter Natur oder Geist gegenüber Leben), die in keiner Weise aus den Eigenschaften einer darunterliegenden Ebene ableitbar, erklärbar oder voraussagbar sind. Daher werden sie als ‚unerwartet', ‚überraschend' usw. empfunden. In einer

Auch die ‚Kommunikationsgesellschaft' entsteht erst im dialektischen Prozess des immerwährenden ‚Abarbeitens' von Kontroversen und Widersprüchen.[422] Durchaus lassen sich also Parallelen zu den beobachteten Konfliktkonstellationen des 16. Jahrhunderts ziehen, in der die ‚Mediengesellschaft'[423] von neu aufkommenden ‚Massenmedien'[424] geprägt war.[425]

Bei der Evolution von massenmedialer Kommunikation unterschied der Medienwissenschaftler Martin LÖFFELHOLZ hierbei die dominanten Dimensionen von ‚Massenmedien': ‚Mechanismen' (Ökonomische Selektion, Nutzerspezifische Stabilisierung), ‚Systemdynamik' (Organisationen, Funktionssysteme) und dominante Muster (Integration des Neuen, Komplementarität).[426] Gerade der letzte Befund zeugt vom Emergenzpotential invektiver Kommunikationsformen, wie insbesondere die Invektiven Huttens in ihrer Vielgesichtigkeit plastisch veranschaulicht haben. Zu jedem Zeitpunkt der vielen Konflikte versuchte Hutten, auf den ‚Zahn der Zeit' zu fühlen und aktuelle politische Ereignisse auf seine ganz eigene Weise zu kommentieren, seine Gegner dabei öffentlich in Misskredit zu bringen und sich gleichzeitig noch als humanistischer Autor zu profilieren. So bezogen sich bspw. die ‚Fieber-Dialoge' und die ‚Anschauenden' (‚Inspicientes') ohne Zweifel auf den Augsburger Reichstag von 1518. Die Dialoge ‚Hutten der Bullentöter' (‚Bulla vel Bullicida') und ‚Vadiscus' bildeten letztlich den Kulminationspunkt seiner Kirchenkritik. Der ‚Warner 1 u. 2' sowie ‚Die Räuber' (‚Praedones') sollten letztlich Huttens zum Scheitern verurteilten ‚Pfaffenkrieg' legitimieren und publizistisch unterstützen. Insgesamt lässt sich daher konstatieren, dass Invektivität gerade im deutschen Humanismus und speziell bei Hutten also durchaus in der Lage war, Form und Gattung

---

modernen Version spricht man von Emergenz, wenn durch mikroskopische Wechselwirkung auf einer makroskopischen Ebene eine neue Qualität entsteht, die nicht aus den Eigenschaften der Komponenten herleitbar (kausal erklärbar, formal ableitbar) ist, die aber dennoch allein in der Wechselwirkung der Komponenten besteht." Zur Einordnung der Zitate vgl. STEPHAN (1999).

[422] Vgl. Martin LÖFFELHOLZ, Von ‚neuen Medien' zu ‚dynamischen Systemen'. Eine Bestandsaufnahme zentraler Metaphern zur Beschreibung der Emergenz öffentlicher Kommunikation, in: Klaus-Dieter ALTMEPPEN u. Matthias KARMASIN (Hgg.), Medien und Ökonomie, Bd. 1,1: Grundlagen der Medienökonomie, Kommunikations- und Medienwissenschaft, Wirtschaftswissenschaft, Wiesbaden 2003, Der Aufsatz ist abrufbar unter https://www.db-thueringen.de/receive/dbt_mods_00010378 [letzter Zugriff: 21.07.2021]. Nach der dortigen Paginierung wird hier zitiert.

[423] Vgl. Siegfried J. SCHMIDT, Kalte Faszination. Medien, Kultur, Wissenschaft in der Mediengesellschaft, Weilerswist 2000, S. 176.

[424] Vgl. SCHWERHOFF (2020), S. 31.

[425] Siehe bspw. KÖHLER (1981).

[426] Vgl. LÖFFELHOLZ (2003), S. 24, Tabelle 3. „In Anlehnung an differenzierungstheoretische Überlegungen können drei Dimensionen zur Beschreibung der Evolution von Medienkommunikation unterschieden werden: dominante Mechanismen, dominante Systemdynamiken und dominante Muster."

neu zu definieren, zumindest aber eine Komplementärfunktion im Sinne der Emergenz einzunehmen.

V. Transformations- und Stabilisierungsmomente humanistischer Invektiven des 16. Jahrhunderts am Beispiel des fränkischen Reichsritters Ulrich von Hutten: Zusammenfassung, Ergebnisse, Ausblick

Nach Angaben seines Freundes Beatus Rhenanus starb Ulrich von Hutten am 29. August 1523 im Alter von 35 Jahren und 4 Monaten wohl letztlich aufgrund der Folgen einer Schluckpneumonie und hartnäckiger Knocheneiterungen.[1] Zwingli versuchte sogleich, nachdem er vom Tode Huttens erfahren hatte, sich um dessen Habseligkeiten zu kümmern.[2] Der Schweizer Reformator, der hier in Zürich für Hutten gebürgt hatte, berichtete außerdem, dass der beinahe ‚mittellose' Hutten lediglich ein paar beschriebene Blätter und eine Schreibfeder hinterlassen habe. Die Familie aus dem Geschlecht der sog. ‚Steckelberger Hutten' starb im Jahre 1577 bereits früh aus. Das Begräbnis des bis heute in seiner Einordnung umstrittenen fränkischen Humanisten fand auf dem alten Friedhof St. Peter und Paul auf der Insel Ufenau im Zürichsee statt. Obgleich das Grab bereits gegen Ende des 16. Jahrhunderts nicht mehr zweifelsfrei Hutten zuzuordnen war, setzten ihm spätere Bewunderer an der vermuteten Stelle ein zweites Denkmal.[3] Auch wenn der Grabstein schon lange verschwand, ist uns dennoch die Inschrift des Epitaphs überliefert:

> Hic eques auratus iacet, oratorque disertus,
> Huttenus vates, carmine et ense potens.[4]

> Hier ruht der mit Lorbeer gekrönte Ritter, der eloquente Redner,
> Hutten, der Prophet, fähig sowohl durch das Lied, als auch durch das Langschwert.
> [MK]

An der Bewertung der Person Huttens schieden sich die Geister der unmittelbar nach seinem Tode einsetzenden Rezeptionsgeschichte. Neben den bereits erwähnten Darstellungen der Figur Huttens der in Zürich entstandenen Flug-

---

[1] Vgl. JAUMANN (2008), Sp. 1196.
[2] Zwingli an Bonifacius Wolfhart, 11. Oktober 1523, Zürich, in: BÖCKING II, S. 382–382: *sed scito Huttenum nonnihil aeris alieni et apud nostros contraxisse, nec omnia sua solvendo esse: ita nihil reliquit quod ullius sit pretii, libros nullos habuit, supellectilem nullam praeter calamum. Ex rebus eius nihil vidi post mortem nisi quam epistolas aliquot, quas hinc inde ab amicis accepit ac ad eos misit inque unum consarcinavit* (Er hat eben nichts hinterlassen, was irgendeinen Wert hätte. Bücher besaß er keine, an Hausrat ebenfalls nichts als seine Schreibfeder. Von seinen Sachen habe ich nach seinem Tode nichts gesehen als einige Briefe, von seinen Freunden und an sie, in ein Bündel zusammengeschnürt).
[3] Vgl. ZIEGLER, (1983), S. 140–141.
[4] BÖCKING II, S. 353.

schrift ‚Triumphus veritatis' sowie des ‚Pariser Reformationsspiels' (beide 1524) beschränkte sich die ‚redaktionelle' Beschäftigung der Zeitgenossen, insbesondere der Gegner, vor allem auf seine Invektiven der Jahre 1518–21, in denen Hutten auch insgesamt betrachtet am produktivsten war. Einige Jahre wurde Hutten dann erneut zum Streitobjekt erklärt, wobei nur die engsten Freunde tatsächlich für ihn Partei ergriffen.[5]

Einige antireformatorische Pamphletisten machten sich in den Folgejahren nämlich mit Schmähgedichten in unmoralischer Weise über den Toten lustig. Als exemplarisch ist hier das ‚Carmen' des Andreas Delicianus zu nennen, das 1530 im berühmten ‚Lvdus Lvdentem Lvderum Lvdens' bei Johannes Hasenbergius in Leipzig mitabgedruckt wurde.[6] Petrus Risinius ging in einem anderen Gedicht, das er spöttischerweise ‚Ad Famam de Hvtteno' (‚Auf Huttens Ruf') betitelte, noch weiter, indem er sich äußerst gehässig über Huttens Syphiliserkrankung lustig machte:

> AD FAMAM DE HVTTENO
> morbo pediculari extineto
> Petrus Risinius.
> Cum nuper Slygias veheretur Hutenus ad umbras.
> Eius et audiret scripta nefanda Charon,
> Intereaque pedum sese ris proderet ingens.
> Et quereretur Huten, mortis id esse genus:
> Stulte, Charon dixit, caput orbis in orbe putabas
> Perdere nunc faedo es perditus ipse pede.[7]

Beide Invektiven weisen Hutten und Luther als untrennbare Einheit aus. „Für die katholischen Gegner blieben [sie] verbunden, gerade auch weil so die moralischen ‚Schwächen' des Ritters auf Luther übertragen werden konnten."[8] Anders verhielt es sich bei einem anderen artifiziellen Schmähgedicht, einem fingierten Epitaph des ehemaligen Freundes Luscinius, der eigentlich Othmar Nachtigall hieß, da dieses eine gemeinsame literarische Aktion einiger Humanisten zur Folge hatte (sog. ‚Luscinius-Streit'):[9]

> ‚Udalrici ab Hutten epitaphium'
> Dicax, sacrilegus, dein temulentus eram.

---

[5] Vgl. KREUTZ (1984), S. 22 u. S. 27. Huttens ‚Pfaffenkrieg' und sein kläglicher Streit mit Erasmus hatten wohl maßgeblichen Einfluss auf die publizistische Zurückhaltung seiner Anhänger.

[6] BÖCKING II, S. 360: *Huttenum extorrem vix terra inimica reccepit, / Sub vepribus misere dum queat ipse mori. / Ignea sacrilegium rapuerunt tela Sicanum, / Fulmine contemptos sensit adesse deos. / [...] Quartus adhuc liber locus est, patulum undique caelum, / Hunc capiet vester duxque caputque Luther.*

[7] BÖCKING II, S. 360.

[8] KREUTZ (1984), S. 27.

[9] Vgl. zur Auseinandersetzung die handschriftlichen Notizen von Gottlieb MOHNIKE, Über Othmar Nachtigall und Ulrich von Hutten, Stralsund [29.4.1830], in: Freiburg i. Br., Universitätsbibliothek, Hs. 754; KREUTZ (1984), S. 27–30.

Jamque silens factusque pedes furo denique Gallus,
Fatum, pauperiem, hinc ulcera tetra ferens.
At male cum dixi, non strenuus, integer et non
Cum fuerim, frustra hec nomina pulchra gero.¹⁰

,Epitaph Ulrichs von Hutten'
Ich war schon immer ein Naseweis, ein Tempelräuber und ein Trunkenbold.
Es macht mich rasend, wenn sogar der Hahn zum Schweigen gebracht zu Füßen liegt,
das Schicksal, die Armut, und dadurch vier Geschwüre ertragend.
Aber wenn ich in diesem schlechten Zustand sagte, ich sei weder entschlossen, noch integer
gewesen, so trage ich all diese schönen Titel und Namen vergebens. [MK]

Die Trias aus *rhetor*, *eques* und *Germanus*, mit der sich Hutten in seinen Texten immer wieder schmückte, wird hier im zweiten Vers ,moralisch abgewertet' (*dicax*, *sacrilegus*, *temulentus*) und im dritten Vers letztlich in ihr polemisches Gegenteil verkehrt (*silens*, *pedes*, *Gallus*).¹¹ Luscinius, der Hutten noch im Jahre 1521 mit einem lobgeschwängerten ,Carmen' gehuldigt hatte,¹² schien sich gänzlich von seinem ehemaligen Freund abgewandt zu haben. Auch er bezog sich mit dem Terminus *Gallus* ohne Zweifel in moralisch herabwürdigender Weise auf Huttens Krankheitsbild der Syphilis.

Womit Luscinius, der sich sehr wohl selbst als Humanist verstand,¹³ dagegen nicht rechnete, war die Tatsache, dass Philipp Melanchthon und Joachim Camerarius literarische Gegeninvektiven in Umlauf brachten, als sie im April 1524 in Fulda bei Crotus Rubeanus und Adam Kraft nicht nur vom Tode des berühmten Humanisten Ulrich von Hutten erfahren hatten, sondern ebenso vom Schmähgedicht des Luscinius gegen denselben.¹⁴ Melanchthon bereitete seinerseits ein Epigramm (,In Otmarum Nachtigall epigramma') gegen Luscinius vor, das jenem vorwirft, sich eher wie ein ,Geier' zu verhalten als wie eine ,Nachtigall' zu singen (*Philomela*):

Quum laceres miseros crudeli carmine Manes,
Nomen erit VVLTVR, non PHILOMELA tibi.¹⁵

---

¹⁰ Otto CLEMEN, Hutteniana (Miscellen zur Reformationsgeschichte II), in: Theologische Studien und Kritiken. Beiträge zur Theologie und Religionswissenschaft 34 (1901), S. 127–130, hier S. 130; Peter P. ALBERT, Otmar Nachtigalls Grabschrift für Ulrich von Hutten (1523–24), in: Zeitschrift der Gesellschaft für Beförderung der Geschichts-, Altertums- und Volkskunde von Freiburg, dem Breisgau und den angrenzenden Landschaften 33 (1917), S. 187–188.
¹¹ Vgl. KREUTZ (1984), S. 28.
¹² Othmar Luscinius, Ottomari Lvscinii Argentini ivris consvlti de Avli Gellii lavdibus ad Vdalricvm Hvttenvm Eqvitem [...] Carmen, in: BÖCKING II, S. 6–8.
¹³ Vgl. MOHNIKE (1830), S. 6–7, hier S. 7: „Nachtigall war vielmehr ein ausgezeichneter Humanist jener Zeit." Er sei sehr gewandt im Lateinischen und auch im Hebräischen gewesen.
¹⁴ Vgl. BÖCKING, S. 361.
¹⁵ BÖCKING II, S. 365.

Camerarius steuerte zur postumen ‚Defensio' Huttens weiterhin ein Epigramm bei, das nicht nur wesentlich länger war als das eben zitierte des Melanchthon, sondern vor allen Dingen den Versuch darstellte, das ‚Spottepitaph'[16] des Luscinius argumentativ zu entkräften und Hutten wieder ins ‚rechte Licht' zu rücken:

> HVLDERICHO HVTTENO EQV[ES] GERM[ANUS]
> Nobilibus, si qua est ea laus, natalibus ortus,
> Huttenae insigni stemmate gentis eques,
> Parvus et aeger eram, sed mens ingentibus ausis
> Pensavit vires corporis exiguas.
> Quae sua de phagis Francos media inter et Hessos
> Nomina habet, nobis patria terra fuit:
> Quantun ea ab Helvetii disiuncta est littore Rheni,
> Rupit ubi vitae stamina Parca meae,
> Nunc iaceo aetatis decurso tempore primae,
> Hic ubi congesta saxa levantur humo.
> Artibus et studiis Musarum excultus honestis
> Miretur Latium quae quoque scripta dedi.[17]

Huttens guten Ruf (*nomen*) sieht Camerarius nicht nur im ritterlichen Stand begründet, sondern insbesondere in seiner literarischen Tätigkeit mit dem Fokus auf den *studia humanitates*. Sein Nachruhm werde im Reich, bei den Helvetiern und auch in Rom vernommen werden.

Im Anschluss daran stimmten weitere Humanisten in den Schmähgesang gegen Luscinius mit ein. Dass es sich um eine ‚Schmähgemeinschaft' handelte, bestätigte Melanchthon auch in einem weiteren Epigramm, in welchem er prominente Gegner Huttens, darunter Luscinius, namentlich auflistet (Hoogstraeten, Ortwin Gratius, Luscinius).[18] Thomas Venatorius, ein humanistischer Akteur aus dem Umfeld Pirckheimers in Nürnberg, schlug mit zwei weiteren ‚Epitaphia' ebenfalls in die Kerbe der moralischen Aufwertung Huttens.[19] Weitere Dichtungen erhoben im Namen humanistischer Ideale für Hutten das Wort.[20] Dabei hoben sie nahezu alle den von den Musen geküssten Gelehrten hervor,

---

[16] Vgl. Tino Licht, Flete mali, gaudete boni. Spottepitaphien als Form literarischer Invektive im Reuchlinstreit, in: Wilhelm Kühlmann (Hg.), Reuchlins Freunde und Gegner. Kommunikative Konstellationen eines frühneuzeitlichen Medienereignisses (Pforzheimer Reuchlinschriften 12), Ostfildern 2010, S. 144–153.

[17] Böcking II, S. 362.

[18] Böcking II, S. 364: *In barathro poenas pro culpa et crimine pendit / Hochstratus, Ortvinus, Luscius, Alsiacus. / Ille gerit meritos caelo dignatus honores, / Hutteni simileis lacteus orbis habet.*

[19] Böcking II, S. 364 (‚Eiusdem Epitaphion per Thomam Venatorivm'); Böcking II, S. 364–365 (‚Idem de eodem').

[20] Beispielsweise das ‚Epitaphium Vlrici Hvtteni poetae et eqvitis' des Johannes Stigelius (Böcking II, S. 366), das des Johann Lauterbach (Böcking II, S. 366–367), des Georg Fabricius (Böcking II, S. 367), des Sabinus-Schülers Johannes Bocer (Böcking II, S. 367), zahlreiche weitere Böcking II, S. 367–372.

wenige hingegen den Reformer oder den Reichsritter.[21] Georg Sabinus, ein Schwiegersohn Melanchthons, fasste dieses Narrativ in einem an den ‚Widersacher Huttens' (*obtrectator Hutteni*) gerichteten Epigramm letztlich stringent zusammen:

‚IN OBTRECTATOREM VLRICI HVTTENI EPIGRAMMA'
Frigida tune vocas Hutteni carmina vatis,
Cuius in ingenio vivida flamma fuit?
Quin tua Musa gelu torpet: te si quis ad illum
Contulerit, glacie frigidiora canis.[22]

‚Epigramm gegen den Widersacher Ulrichs von Hutten'
Ja gerade Du singst die Lieder des Propheten Hutten,
dessen Lebensfeuer in seinem Scharfsinn lag?
Wie soll Deine Muse nicht auf der Stelle zu Eis gefrieren: Wer sich mit Dir zusammenschließen sollte,
der ist wohl kälter als ‚eine Hundeschnauze'. [MK]

Die Verteidigung der ‚Gelehrtenehre' Huttens wirkte demnach sogar bis in die regional verzweigten Verästelungen der humanistischen Kreise, d. h. auch in die Schülerkreise, hinein.[23] Eoban Hesse rührte indes mit zahlreichen weiteren Texten wohl am sichtbarsten die Werbetrommel für seinen langjährigen Weggefährten, wodurch er auch aufgrund seiner weitreichenden Kontakte gar zu einem ‚Multiplikator' für die frühe Huttenrezeption avancierte.[24]

Bricht man den Exkurs über die reflexive Verarbeitung von Huttens Tod und den anschließenden Invektivenaustausch im Rahmen des ‚Luscinius-Streites' an dieser Stelle ab, so scheint für die Nachbetrachtung vor allem wichtig, dass Hutten, obwohl er nach seinem Tode selbst nicht mehr aktiv in den Konflikt eingreifen konnte, dennoch als Topos instrumentalisiert und im Kontext der Reformationsstreitigkeiten neu verhandelt wurde. Die invektiven Dynamiken blieben dabei dieselben wie zuvor. So wurde das ‚Spottepitaph' des Luscinius gegen Hutten zunächst deshalb zum Streitpunkt, da es als Angriff auf das humanistische Gruppengefüge eingestuft wurde. Nichtsdestoweniger erscheint auch dieser Invektivenaustausch äußerst dynamisch, da der Reflex der Humanisten, sich den öffentlichen Anschuldigungen gegen Hutten gemeinschaftlich entgegenzustellen, wohl nur aus einem inneren Selbsterhaltungstrieb der Gruppe zu erklären ist. Das zu verteidigende Individuum Hutten hatte es zwar geschafft, ‚Mars und Muse'[25] über die Jahre hinweg in Personalunion zu vereinigen und eine gewisse internationale Reputation zu erlangen, sein realpoli-

---

[21] Vgl. KREUTZ (1984), S. 33–35.
[22] BÖCKING II, S. 365–366.
[23] Vgl. KREUTZ (1984), S. 35–37.
[24] Vgl. KREUTZ (1984), S. 30–31.
[25] In Anlehnung an die von KREUTZ (1984), ab S. 31 herausgearbeiteten Elemente der protestantischen Huttenrezeption im 16. und 17. Jahrhundert.

tischer Einfluss war dagegen mehr als verblasst. Warum schlug man sich als renommierter Autor einer Bildungsbewegung mit ‚hegemonialem Anspruch'[26] denn überhaupt mit aller Wortgewalt und in aller Öffentlichkeit mit poetischen Invektiven auf die Seite eines Verstorbenen, der kurz zuvor Abtrünniger der katholischen Ökumene und später auch des Reiches geworden war?

Das Beispiel des ‚Liscinius-Streites' über die Einordnung Huttens macht zunächst einmal klar, dass das Konzept der Invektivität durchaus griffige Theoreme bereitstellt, die die hohe Produktivität von Invektiven gerade in der Zeit des 16. Jahrhunderts, das von umgreifenden Paradigmenwechseln (Kommunikation), Systemtransformationen (Gesellschaft) und Epochenumbrüchen (Politik) geprägt war, besser erklärbar machen. Grundlegend müssen Ordnungen ständig reproduziert bzw. aktualisiert werden, um sich selbst zu erhalten.[27] Ohne Zweifel lohnt es sich daher, eben diese Momente bei der Zusammenfassung der Ergebnisse im Auge zu behalten, da Invektiven in der Tat dynamisierend, blockierend oder auch stabilisierend auf soziale Ordnungen einwirken konnten.[28]

Für die Invektiven Huttens konnte in dieser Arbeit plastisch veranschaulicht werden, inwieweit einem als gelehrtem Schriftsteller mit einem gewissen Netzwerk Möglichkeiten der Publizistik offenstanden, neue Konflikte zu evozieren, bestehende Konflikte eskalieren zu lassen, latente Konflikte zu explizieren (‚Antiromanitas') oder offenbare Konflikte (‚Reuchlin-Streit') in einen agonalen Kontext einzuhegen. Insbesondere mit Blick auf die ‚Grenzbereiche' von Invektivität (Kritik, Humor und Gewalt) konnten subversive Momente in Huttens Auseinandersetzungen herausgearbeitet werden, in denen er formale und moralische Grenzen zu überschreiten gedachte und dadurch auch teilweise die Enttabuisierung des Diskurses beschleunigte. Für Hutten und wohl auch die Humanisten insgesamt galt die Invektive als Krisen- wie auch als Autoritätsmittel. Während Huttens humanistische Invektiven offenkundig zur Destabilisierung, Erosion und Inversion sozialer Ordnungen und somit zu einer Anomie beitrugen, waren sie auch dazu in der Lage, Solidarisierungsprozesse anzuregen und bestehende Gruppenmuster weiter zu konfirmieren. In Huttens Invektiven lassen sich beide Ebenen sowohl in enger Korrelation als auch in dichter Aufeinanderfolge beobachten. Dieselben Texte, die beispielsweise zunächst eine subvertierende Funktion hatten, dienten später zur Durchsetzung und Stabilisierung einer neuen Wissensordnung, indem sie das Ziel verfolgten, den Gegner aus dem Anerkennungskreis herauszudrängen. Wenn man diese Vorüberlegungen auf das methodische Vorhaben dieser Studie (Wirkungskontexte,

---

[26] Vgl. DE BOER (2017).
[27] Vgl. Pierre BOURDIEU u. Jean-Claude PASSERON, Die Illusion der Chancengleichheit. Untersuchungen zur Soziologie des Bildungswesens am Beispiel Frankreichs, Stuttgart 1971; Margareta STEINRÜCKE, Habitus und soziale Reproduktion in der Theorie Pierre Bourdieus, in: Mark HILLEBRAND u. a. (Hgg.), Willkürliche Grenzen. Das Werk Pierre Bourdieus in interdisziplinärer Anwendung, Bielefeld 2015, S. 61–72.
[28] Vgl. ELLERBROCK u. a. (2017), S. 4; SCHWERHOFF (2020), S. 19.

Funktionsbestimmungen, Formensprachen des Invektiven) anwendet, lassen sich grundlegend die nachfolgenden Ergebnisse zusammenfassen:

Zuvorderst lässt sich für die Bewertung der Wirkungskontexte der Invektiven Huttens zweifelsohne konstatieren, dass sich Invektivität und öffentliche Kommunikation zu Beginn des 16. Jahrhunderts gerade durch die Neuerungen des Buchdrucks symbiotisch verschränkten, wobei dem Publikum bzw. dem Schiedsrichter, die in unseren Beispielen oft als Vermittler auf den Plan traten, jeweils eine Sonderrolle zukam. Die soziale Positionierung findet dabei, vergleichbar mit der Kunstszene der italienischen Renaissance (Patronage),[29] auf mehreren Ebenen statt:[30] Neben dem Positionierungsziel (Stabilisierung und/oder Transformation von Ordnungen) und der Positionierungsrichtung (Fremd- und Selbstpositionierung) ist die invektive Triade in der Regel stets von gewissen Rahmenbedingungen (Verfügung über soziale Kapitalien, Normhorizonte) abhängig.

Dieses Instrumentarium lässt sich wie eine Schablone auf das Fallbeispiel Hutten übertragen, dessen gleichzeitige Positionierung sowohl als humanistischer Poet als auch als Reichsritter und reformatorischer Publizist im Rahmen seiner Fehden mehr als offenkundig wurde. Dass er seinem Stand nach vorwiegend die Institution der Fehde für seine ‚privaten' Streitigkeiten wählte, scheint mit Blick auf das Prinzip der Selbstpositionierung nur wenig verwunderlich. Schon Huttens ‚Lötze-Klagen' (1510) hatten früh angedeutet, dass es es wohl gerade das Medium der Invektive war, das im Rahmen von seinen Positionierungszielen einerseits stabilisierend in Bezug auf die Bestätigung bestehender Autoritäten, Topoi und Normen, andererseits transformierend in Bezug auf Kommunikation und Gesellschaft wirken konnte. Die Fehde gegen Herzog Ulrich von Württemberg bildete im Anschluss ein besonders plastisches Beispiel dafür, wie sich die öffentlichen Mechanismen, die der Buchdruck für den *invective mode* der vorreformatorischen Phase bereitstellte, zueinander verhalten konnten. Um ein möglichst breites Publikum zu erreichen, nutzte Hutten oft die Strategie der Selbstviktimisierung, d. h. eine privat erlittene Schmach ‚öffentlich zu machen' und sich durch die Mechanismen des gemeinsamen ‚Empört-Seins' in einen möglichst breiten Diskurs einzuschalten. Das Beispiel der ‚Pfaffenfehden' verdeutlichte außerdem, dass die Positionierungsstrategie der Invektiven nicht zwangsläufig gegen Individuen allein, sondern ebenso gegen größere Gruppen gerichtet sein konnte. Die Fremdpositionierung des Gegners als identitätsstiftender ‚Feind' gelang Hutten dabei sowohl auf einer

---

[29] Vgl. PETERLINI (2021).
[30] Die Konzeptgruppe ‚Invektivität und soziale Positionierung' des SFB 1285 hat zu diesen Überlegungen hinreichendes Gedankenmaterial geliefert und die verschiedenen Dimensionen sozialer Positionierung heuristisch zusammengefasst. Die zahlreichen Diskussionen konnten aus interdisziplinärer Perspektive der verschiedenen Teilprojekte Konturen aufdecken, die die Produktivität invektiver Kommunikation im Hinblick auf die Beeinflussung sozialer Ordnungsmuster komparatistisch veranschaulichten.

agonal-intellektuellen Ebene (Humanismus) als auch auf der Ebene seiner antirömischen Agenda (Politik).

Neben Alltagskonflikten (‚Ad-hoc-Konflikte') wie den ‚privaten Fehden' traten im zweiten Abschnitt auch solche in den Fokus der Analyse, die man als ‚antropomorphe Grundkonflikte' des Humanismus bezeichnen könnte. Was Huttens humanistische Invektiven im Kampf gegen Herzog Ulrich von Württemberg durch das Rekurrieren auf antike Autoren wie Lukian oder Cicero bereits angedeutet hatten, war der immerwährende Agon, der für die Dynamik von Konflikten, an denen Humanisten beteiligt waren, wohl stereotypisch zu sein scheint. Dabei unternahm Hutten große Anstrengungen, die humanistische Corona nicht nur zu aktivieren, sondern jene gleichsam in einem Überbietungswettbewerb dazu anzuspornen, in seine eigenen kunstvollen Invektiven miteinzustimmen. Der breite Invektivenaustausch im Rahmen der Reuchlin-Kontroverse, an der Hutten lebhaft teilnahm, konnte sich für die Einnahme dieser Perspektive als ein ergiebiges Untersuchungsfeld erweisen, um zu zeigen, inwieweit sich Funktionsbestimmungen von Invektivität vornehmen lassen. Invektiven nutzte Hutten einerseits dazu, an bereits währenden Konfliktkonstellationen zu partizipieren (‚Exclamatio', 1514), andererseits sich aber auch wieder von diesen zu distanzieren. Gerade als Gruppe („Schmähgemeinschaft') anzugreifen war daher besonders effektiv, um den Gegner wirksam zu treffen und öffentlich zu diskreditieren. Ebenso war es möglich, weitere ‚Nebenschauplätze' (‚Offener Brief an Neuenahr', 1518) zu eröffnen, die jeweils weitere Invektivkaskaden bedingten. Der agonale Charakter der Invektiven Huttens hatte nicht nur den Wettbewerb befördert, sondern – unter funktionaler Perspektive – ebenso maßgeblich auf das Gesamtgruppengefüge der Beletage des deutschen Humanismus im 16. Jahrhundert gewirkt. Es ist bemerkenswert, inwieweit private Ehrstreitigkeiten unter Humanisten stets vor einem großen, europäischen Publikum ausgetragen wurden. Hebt man speziell den erbitterten Streit zwischen Hutten und Erasmus hervor, fällt weiterhin auf, dass Affekte und Emotionen untrennbar mit Invektivität verwoben zu sein scheinen, da sie einerseits wie ein Motor auf die Dynamik der Invektiven wirken, auf der anderen Seite aber auch wie eine Art ‚Seismograph' deren ‚Schärfegrad' abbilden können. Emotionale Angriffe nutzte Hutten immer dann, wenn er provozieren wollte.[31] Insgesamt fällt auf, dass die Schmähreden Ciceros selbst im deutschen Humanismus der 1520er Jahre keineswegs ausgedient hatten, um öffentliche Gegner rhetorisch anzugreifen.

Während Invektiven also stabilisierend auf das Ordnungsgefüge der eigenen Partei wirken konnten, waren sie gleichzeitig dazu in der Lage, die gegnerische Allianz zu destabilisieren. Ebenso bestand nun die Möglichkeit ihres raschen

---

[31] Vgl. exemplarisch den Vorwurf der angeblich jüdischen Abstammung Aleanders durch Hutten in den ‚Briefinvektiven' (1521).

und kostengünstigen Vertriebes. Es scheint daher wenig verwunderlich, dass insbesondere unterhaltsame Textformen größere Öffentlichkeiten generierten. Huttens ‚antirömische Invektiven' (Kap. IV.) zeigten abschließend, dass er gerade mittels seiner Invektiven neben der reichsritterlichen Fehde oder dem agonalen, ritualisierten ‚Ehrduell' weiterhin eine politische Agenda verfolgte, die über den literarischen Ehrgeiz hinausging. Huttens Anliegen war es, beide ‚Stände' (niederer Landadel u. Humanist), die er in Personalunion vertrat, unter dem ‚Banner der deutschen Nation' zu vereinen, indem er nach den Lehren taciteischer Historiographie (Arminius vs. Varus) ‚Rom' und seine Anhänger zum gemeinsamen, identitätsstiftenden Feindbild erklären wollte. Auch mit dieser Strategie versuchte er, gängige Macht- und Ordnungsstrukturen zu destabilisieren, zumindest aber zu dynamisieren. Auf der anderen Seite sollte nationales Pathos für eine Mobilisierung der ‚Deutschen' sorgen, die sich ja schon einst im Teutoburger Wald so tapfer gegen die Römer gewehrt hätten. Obwohl Hutten seiner beliebten Strategie nachging, kleinere persönliche Händel zu Angelegenheiten europäischer Tragweite zu stilisieren, schlugen diese politischen Versuche eines ‚Pfaffenkrieges' trotz des bestehenden Diskurses (‚Gravamina') fehl.

Insgesamt betrachtet lassen sich sowohl stabilisierende als auch transformierende Momente des Invektiven ausmachen. Ebenso konnte anhand der Überlegungen zur Emergenz (‚From Chaos to order')[32] auch das Innovationspotential ‚invektiver Formen und Gattungen'[33] angedeutet werden, das schier unerschöpflich scheint. Der invektive Modus bleibt jedoch stets derselbe. Mithilfe invektiver Kommunikationsakte waren es vor allem die Humanisten, die mit dem Impetus eines schier endlosen Fundus antiken Materials ausgestattet, besonders geschickt dazu in der Lage waren, neue Formen der Auseinandersetzung zu erschließen. Dabei reichte der Ambitus humanistischer Invektiven weit über das Spektrum einer bloßen ‚Schulbuch-Rhetorik' hinaus, obwohl sie teilweise sogar selbst Schullektüre wurden (‚Invectivae' 1515 u. 1521). Auch im Kontext der universitären Ausbildung musste wohl eine Transformation, eine Phasenverschiebung, ein Paradigmenwechsel stattgefunden haben. Denn nicht von ungefähr sollte die scholastische Disputation den immer weniger reglementierten Religionsgesprächen der 1520er Jahren nach und nach weichen. Ein Grund hierfür mag möglicherweise die Überforderung der Invektierten gewesen sein, dieser beschleunigten ‚Formen-Hydra' des Invektiven mittels starrer aristotelischer Logik adäquat zu begegnen und sich gegenüber der neuen Bildungsbewegung als ausreichend resilient zu erweisen. Dies lag primär nicht nur am Faktor ihrer Satisfaktionsfähigkeit, sondern auch am neuen Sprachentransfer durch die vielen aufkommenden Übersetzungen und Werkausgaben

---

[32] Vgl. HOLLAND (1998).
[33] Vgl. DRÖSE/MÜNKLER/SABLOTNY (2021).

antik-profaner Klassikerliteratur um 1500. Die Eskalationsdynamiken gerieten gerade in der Phase des Umbruches und der Erneuerung innerhalb weniger Jahre außer Kontrolle (*affective societies*), sodass auch die jeweiligen Schiedsinstanzen, die von einfachen Legaten bis hin zum Kaiser selbst reichten, oft nicht mehr regulierend eingreifen konnten. Besonders effektiv gestaltete sich insbesondere das ‚Ausweichen' aus der Konfrontation, eine Strategie, bei der die ‚autoritativen Entscheider' (bspw. Gerichte, Inquisition) eher dadurch zum Erfolg kamen, das Duell zu vermeiden bzw. gar nicht erst zu entscheiden (bspw. ‚Pfaffenfehden').

Wer waren in der Rückschau also die Gegner Ulrichs von Hutten? Grundlegend wandte sich sein breiter Invektiveneinsatz auf der einen Seite gegen (abtrünnige) ‚Humanisten', andererseits aber auch mit nicht minderer Härte gegen ‚Nichthumanisten'. Hutten ging im Laufe seines Lebens gegen immer mächtigere Widersacher vor, denn er wandte sich nicht nur gegen Patrizier, Landes-, Reichs- und Kurfürsten, sondern ebenso gegen Universitäten, Städte, Klöster (‚Klosterhumanismus')[34] und die Institutionen der päpstlichen Kurie. Insgesamt betrachtet scheint demnach kein statischer ‚Antagonismus' zwischen zwei starren Fronten vorzuliegen,[35] sondern vielmehr eine Überlappung bzw. eine Verschränkung unterschiedlicher Konstellationen und ‚Grenzregime', die erst nach ihrem jeweiligen Kontext verschiedene Schattierungen von Invektivität sichtbar machen. So richtete man als ‚Schmäh- bzw. Hassgemeinschaft' seine Attacken aber vor allem intensiv gegen diejenigen Akteure, die bspw. von der eigenen in die gegnerische Gruppierung übergewechselt waren (bspw. Kilian Reuter oder Othmar Nachtigall),[36] oder diejenigen, die man erst ‚nachträglich' zu Gegnern machte, um sie aus dem gelehrten Anerkennungskreis hinauszudrängen.[37]

Herabsetzende Kommunikationsprozesse hat es schon immer gegeben, und immer haben sie Gesellschaften geprägt. Schon im Zeitalter der italienischen Renaissance stellten humanistische Invektiven ein ‚Panoptikum'[38] ihrer Zeit dar. Ebenso gehörten sie zum Habitus[39] der deutschen Humanisten, denn gerade beim ‚Invektieren'[40] konnte man wie auf einem Schauplatz vor aller Welt zeigen, wer man war und für welche Gruppe man stand, um deren Attraktivität für potentielle neue Mitglieder immer weiter zu steigern. Invektive Sprache war hierbei ihr Distinktionsmittel, mit dessen Hilfe sie sich nach innen und auch nach außen abgrenzen konnten. Gerade die agonalen Invektiven blieben in der

---

[34] Vgl. MACHILEK (1977), S. 10–45.
[35] Vgl. DE BOER (2016b).
[36] Vgl. Kapitel II.1,2 u. IV dieser Arbeit.
[37] Vgl. DE BOER (2016a); DE BOER (2017); DE BOER (2021).
[38] DANIELS (2021a), S. 81.
[39] Vgl. MÜLLER (2006).
[40] Vgl. ISRAEL (2019).

Regel an ein elitäres Publikum gerichtet. Folglich ist es nicht verwunderlich, dass die Humanisten, so auch Hutten, sich auf ein allgemeingültiges invektives Spracharsenal geeinigt hatten, das die Spielregeln für jeden ‚Spielteilnehmer' abstecken sollte. Die ‚humanistische Invektive' lässt sich daher nicht nur als literarische Kunstform eines persönlichen ‚Ehrduells' begreifen, sondern ebenso als Autoritäts-, Krisen- und auch Befriedungsmittel.

Huttens deutsche Schriften gerieten gegen Ende des 16. Jahrhunderts in relativ kurzer Zeit in Vergessenheit. Seine lateinischen Schriften wie etwa der Dialog ‚Arminius' wurden dagegen breit von den Zeitgenossen rezipiert. Die ‚Ars versificatoria', Huttens lateinische Grammatik, seine Sallust-Sprichwortsammlungen (‚Flores' oder ‚Floscoli')[41] wie auch seine Schmähreden (‚Invectivae') fanden reüssierend Eingang in den Kanon humanistischer Schulliteratur sowohl in Frankreich als auch in Deutschland.[42] Während man den invektierenden Humanisten und Reichsritter zu Beginn des 19. Jahrhunderts in der Rolle des politisch-reformatorischen und insbesondere nationalen Pamphletisten zunehmend verklärt hatte,[43] scheint die Vereinnahmung des Topos Hutten durch die Propaganda des NS-Regimes nur naheliegend.[44] Der zuständige Minister in dieser Angelegenheit, Dr. Joseph Goebbels, zitierte in seiner Rede im Kontext der Bücherverbrennung vom 10. Mai 1933 auf dem Opernplatz in Berlin sogar wörtlich aus dem ‚Lebensbrief' an Willibald Pirckheimer, den Hutten im Herbst des Jahres 1518 veröffentlicht hatte:[45]

> **Goebbels:** Und ich glaube: Niemals war eine junge studentische Jugend so berechtigt wie diese, stolz auf das Leben, stolz auf die Aufgabe und stolz auf die Pflicht zu sein.

---

[41] Phraseologische Sammlungen aus Sallust und Curtius Rufus, entstanden 1515 und im Winter 1516/17: C. Salustii | et Q. Curtii Flores, | selecti per Hulderichum Huttenum | equitem, ejusdemque scholijs | non indoctis illustrati. Straßburg: [Johannes Herwagen], 1528. VD 16, ZV 13685; BENZING (1956), Nr. 191; weitere Drucke Nr. 192–198. BÖCKING V, S. 501–504. Die Widmungsvorrede Herwagens: BÖCKING II, S. 440–441. Wortlisten aus Sallust: Drucke. C. Crispi | Salustii historici | clarissimi | L. Sergij Catilinae coniuratio, | Bellum Iugurthinum, | In M. T. Ciceronem inuectica. | [...] Cum alphabetico flosculorum Salu=|stianorum ab Hulderico Hut=|teno selectorum indice. Paris: Simon Colines, 1530. Vgl. BENZING (1956), Nr. 199, weitere Drucke Nr. 200–205. Musterseite bei BÖCKING V, S. 505. Vgl. zu den Hintergründen JAUMANN (2008), Sp. 1232.
[42] Vgl. KREUTZ (1984), S. 32–33.
[43] Vgl. KREUTZ (1984), S. 50–206.
[44] Vgl. KREUTZ (1984), S. 229–233.
[45] Vlrichi | de Hutten equitis ad Bili=|baldum Pirckheymer Patricium No|rimbergensem Epistola vitae | suae rationem ex=|ponens [...]. Augsburg: Sigm. Grimm u. Marx Wirsung, 6. Nov. 1518. VD 16, H 6231. BENZING (1956), Nr. 83, ein weiterer Druck Nr. 84, in: BÖCKING I, S. 195–217; dt. Übers. v. Annemarie HOLBORN, in: Ukena (1970), S. 317–340; TRILLITZSCH (1981), S. 450–480. Pirckheimer urteilte zunächst kritisch über Huttens Dialog ‚Aula', indem er argumentiert, Hutten habe selbst nie Erfahrungen am Hofleben sammeln können. Letzterer versicherte in einem Antwortbrief, diese Versäumnisse baldmöglich nachzuholen (BÖCKING I, S. 193–194). Vgl. JAUMANN (2008), Sp. 1210–1211.

> Und niemals hatten junge Männer so wie jetzt das Recht, mit Ulrich von Hutten auszurufen: O Jahrhundert! O Wissenschaften! Es ist eine Lust zu leben![46]
> **Hutten**: O seculum! O literae! Iuvat vivere, etsi quiescere nondum iuvat, Billibalde. Vigent studia, florent ingenia.[47]

Auch Hitler bezog sich einmal unmittelbar auf Hutten. So erklärte der Diktator in seiner Rede vom 30. Januar 1937 im Rahmen des vierten Jahrestages der ‚Machtergreifung' seine tiefste Demut gegenüber dem verstorbenen Humanisten, den er zum neuen ‚Arminius' für die Deutschen erklären wollte. Dabei machte er ihn letztlich aber nur zur ‚propagandistischen Hohlformel' (KREUTZ):

> **Hitler**: Und ich empfinde in tiefster Inbrunst die Bedeutung des einfachen Wortes, das Ulrich von Hutten schrieb, als er zum letzten Male die Feder ergriff: ‚Deutschland'![48]

Auch heute noch sind Huttens Invektiven ein Thema, das die Medien befeuert. Nicht die sog. ‚Hitler-Tagebücher' wurden 2010 in der Süddeutschen Zeitung zur ‚größten Fälschung aller Zeiten' erklärt, sondern die Urkunde der ‚Konstantinischen Schenkung' und die damit verbundene Neuherausgabe Huttens von Lorenzo Vallas Fälschungsbeweis:

> Aber erst in der Reformationszeit, als die deutschen Landesfürsten sich den Machtansprüchen des Papstes entgegenstellten, wurden die Zweifel und die Kritik an der Urkunde laut. So gab der Reichsritter und Papstgegner Ulrich von Hutten 1521[49] die Erklärung Vallas neu heraus.[50]

Ähnlich zäsurierend ordnete ein Artikel der ‚Welt' Huttens Herausgebertätigkeit ein, der Vallas Schrift ‚diesseits der Alpen bekannt' gemacht habe, nachdem erst die Humanisten die ‚gigantische Fälschung' entlarvt hätten.[51] Auch die Frankfurter Rundschau machte Hutten als wichtigsten ‚Resonanzknotenpunkt' in der Rezeptionsgeschichte von Vallas ursprünglicher Arbeit aus dem 15. Jahrhundert fest, indem sie sie zu einer „der ganz großen Fake-Geschichten der Luther-Zeit" erklärte:

> Im Februar 1520[52] publiziert der Humanist Ulrich von Hutten eine Ausgabe der Abhandlung über die „Konstantinische Schenkung". Hutten verschafft der Entlarvung, die 1440 bereits der Italiener Lorenzo Valla vornahm, eine noch größere Resonanz.

---

[46] Zitiert nach Vorwort, in: Stephan FÜSSEL (Hg.), Ulrich von Hutten 1488–1988. Akten des Internationalen Ulrich-von-Hutten-Symposions 15.–17. Juli 1988 in Schlüchtern (Pirckheimer-Jahrbuch 4), München 1989, S. 7.
[47] BÖCKING I, S. 217.
[48] KREUTZ (1984), S. 230.
[49] Zu den Hintergründen der Datierung siehe oben Kapitel IV.3,1 dieser Arbeit.
[50] Vgl. Markus C. SCHULTE VON DRACH, Was war die größte Fälschung aller Zeiten? In: SZ, 19. Mai 2010 [https://www.sueddeutsche.de/wissen/konstantin-schenkung-papst-vatikan-1.888156; letzter Zugriff: 09.08.2021].
[51] Vgl. Berthold SEEWALD, Silvester – Kronzeuge einer gigantischen Fälschung, in: Welt, 31.12.2012 [https://www.welt.de/geschichte/article112273295/Silvester-Kronzeuge-einer-gigantischen-Faelschung.html, letzter Zugriff: 09.08.2021].
[52] Zu den Hintergründen der Datierung siehe oben Kapitel IV.3,1 dieser Arbeit.

Dem einen oder anderen kritischen Zeitgenossen muss man von dem Tag an nicht mehr sagen, dass Herrschaftsrechte und Territorium, die der römische Imperator Konstantin angeblich dem Bischof von Rom vermachte, auf einer Fälschung beruhten.[53]

Es ist bemerkenswert, dass der Reichsritter und Humanist Ulrich von Hutten noch im heutigen politischen Diskurs nahezu ausschließlich in Korrelation mit seinem radikalen Charakter und invektiven Œuvre gelesen und verstanden wird, obwohl die politischen Zäsuren der deutschen Geschichte des zwanzigsten Jahrhunderts einen beschleunigten Phasenwechsel seiner eigenen Rezeptionsgeschichte bewirkt hatten. Am 16. Dezember 1948 tagte beispielsweise der 31. Sitzungsausschuss für Grundsatzfragen, dessen Kurzprotokoll neben Hermann Hans von Mangoldt (CDU) u. Ludwig Bergsträßer (SPD) auch den späteren Bundespräsidenten Theodor Heuss (FDP) – allesamt Hochschullehrer – als Sitzungsteilnehmer nennt. Dem stenographischen Wortprotokoll dieses illustren Arbeitskreises können wir zudem ein Zitat entnehmen, das den bisherigen Ausblick zur Invektivität bei Hutten recht ‚kompakt' zusammenfasst. An diesem 16. Dezember wurden in dieser Kommission jedenfalls auch Eingaben aus der Bevölkerung behandelt, darunter eine pseudonyme Postkarte. Erst durch das Pseudonym konnte die Postkarte von den Politikern als Invektive aufgefasst werden, denn sie war sozusagen mit Ulrich von Hutten ‚gelabelt' worden.

> Es ist noch eine sehr häßliche Postkarte angekommen, die die Unterschrift Ulrich von Hutten trägt.
>
> Sie ist unverschämt.[54]

---

[53] Vgl. Christian THOMAS, Die Schenkung, in: Frankfurter Rundschau, 06.03.2017 [https://www.fr.de/kultur/timesmager/schenkung-11659997.html, letzter Zugriff: 09.08.2021].

[54] Deutscher Bundestag/Deutsches Bundesarchiv (Hg.), Der Parlamentarische Rat 1948–1949. Akten und Protokolle; Bd. 5/II: Ausschuß und Grundsatzfragen, bearb. v. Eberhard PIKART u. Wolfram WERNER, Boppard a. Rhein 1993, S. 909. Für den Hinweis zu dieser Quelle bedanke ich mich ganz herzlich bei Philipp BUCHALLIK (Rechts- und Verfassungstheorie, TU Dresden).

VI. Textanhang zu Kapitel II.: Invektivität und öffentliche Kommunikation

Der nachstehende Textanhang orientiert sich an den Editionsvorschlägen von Matthias THUMSER für frühneuhochdeutsche sowie mittelniederdeutsche Texte.[1] Diesem folgend wurde eine möglichst buchstabengetreue Wiedergabe der Texte angestrebt, die der besseren Lesbar- und Verständlichkeit wegen an manchen Stellen zusätzlich normalisiert wurde. Zitate aus Quellen erscheinen im Text und in den Anmerkungen stets in Kursivschrift. Es werden ausschließlich Satzanfänge und Eigennamen großgeschrieben. Die Zusammen- und Getrenntschreibung des Originals wird zwar berücksichtigt, wie auch die Interpunktion wird sie allerdings dem heutigen Verständnis näherungsweise angepasst. Konsonantendopplungen werden ebenso erhalten wie die vokalisch verwendeten Grapheme *i*, *j*, *u*, *v* und *w*. Die unterschiedliche Setzung von *s*, *ss* oder *ß* wird aus der Vorlage übernommen. Allographe, Ligaturen und Kürzel werden aufgelöst, es sei denn, *a*, *o* und *u* werden als Umlautzeichen interpretiert: dann wird *ae*, *oe* und *ue* geschrieben; *o* über *u* wird also *uo*. Punkte oder Striche über Vokalen und *y* werden weggelassen. Eine Unterscheidung zwischen rundem und langem *s* wird nicht vorgenommen.

In lateinischen Texten werden *c*, *t* und *y* normalisiert. Akzente sind grundsätzlich nicht verzeichnet. Apostrophe sind ergänzt bzw. aufgelöst. Ergänzungen werden durch eckige Klammern, Auslassungen durch drei Punkte darin angedeutet. Abkürzungen und Ligaturen werden aufgelöst. Währungs- und Datumsangaben sind in standatisierter Form angegeben. Römische Ziffern bzw. arabische Zahlen werden vorlagengetreu übernommen. Das Lateinische bzw. Übersetzungen aus dem Lateinischen ins Deutsche gehen prinzipiell von der Grammatik Hans RUBENBAUERS u. Johann HOFMANNS aus.[2] Lexik und Semantik fußen auf dem umfangreichen Kosmos der Wörterbücher von Karl E. GEORGES.[3]

---

[1] Matthias THUMSER, Zehn Thesen zur Edition deutschsprachiger Geschichtsquellen (14.–16. Jahrhundert), in: Janusz TANDECKI u. Matthias THUMSER (Hgg.), Editionswissenschaftliche Kolloquien 2005/2007. Methodik – Amtsbücher, digitale Edition – Projekte (Publikationen des Deutsch-Polnischen Gesprächskreises für Quellenedition 4), Toruń 2008, S. 13–19, hier S. 13.
[2] Hans RUBENBAUER u. Johann B. HOFMANN, Lateinische Grammatik, neubearbeitet von Rolf HEINE, Bamberg u. München ^{12}1995.
[3] GEORGES 1–2.

1 ‚Lötze-Klagen'

1.1 Widmungsgedicht d. Hermann Trebelius, in: Böcking III, S. 20. Satirisch-witzig wird es Henning Lötz in den Mund gelegt.

> HERMANNVS TREBELIVS NOTIANUS
> POETA LAVREATVS
> *In persona Lossii.*
> *Numen Pieriis[4] inest poctis,*
> *libertas, animus celebritasque,*
> *Maiestas quoque, regia et potestas,*
> *et sunt cura deum sacri poetae,*
> *Chari[5] principibusque regibusque;*
> *Immo (vera loquar, nec ore ficto):*
> *Res est maxima maximus poeta.*
> *Sed cur Lossius ista nesciebam?*
> *Eheu! Numina ferreaeque Parcae[6]*
> *Debebant, modo quem fero, poetam.*

> Hermann Trebelius Notianus, Dichterfürst,
> in der Person des Lötz:
> Göttliches Walten schlägt in der Brust der Dichter,
> Freiheit, Mut und Beliebtheit,
> Auch königliche Gewalt und Herrschaft,
> gottgeweiht sind die Poeten,
> Fürsten- und Königslieblinge,
> Freilich (und ich spreche die Wahrheit und lüge nicht):
> Es gibt nichts Größeres als einen großen Poeten.
> Aber warum wusste ich, Lötz, das nicht?
> Ach herrje! Und gerade diesem Dichter, wie ich zeigen werde,
> gaben die eisernen Parzen nahezu göttliche Macht. [MK]

---

[4] Eig. die Musen.
[5] Wohl *cari*.
[6] Parze, die uns unser Los zuteilende Göttin, Schicksalsgöttin, Hor. carm. 2, 16, 39. Ov. am. 2, 6, 46. Plur. Parcae, die drei Parzen (Μοῖραι, einzeln Κλωθώ, Clotho, Λάχεσις, Lachesis, Ἄτροπος, Atropos), von denen der Menschen Schicksal und Tod abhing (Klotho, sagt man, hielt den Rocken, Lachesis spann, Atropos schnitt den Lebensfaden ab) Cic. de nat. deor. 3, 44. Lact. 2, 10, 20. Verg. ecl. 4, 47. Vgl. GEORGES 2, Sp. 1473.

1.2 Begleitgedicht d. Hermann Trebelius an den Leser, in: Böcking III, S. 20. An den Leser über die beiden Lötz.

HER[MANNVS] TREBELIVS
LECTORI
DE DVOBUS LOSSIIS.
Hic canitur, lector, tibi Lossius unus et alter,
et pater et natus, fraude doloque pares:
Res tamen haec potius nati est, quia perfidus ille
Insidiis vatem deprimit innocuum;
At genitor, quia fert spolium; describitur una
Lossius hic natus, Lossius atque pater.

Hier wird Dir, lieber Leser, der eine und andere Lötz besungen,
Vater und Sohn, beide gleichermaßen listig und betrügerisch:
Aber die Tat des Sohnes ist weitaus schlimmer, weil sie so perfide ist,
den unschuldigen Dichter mit Hinterhältigkeiten zu kränken;
Und da der Vater den Raub auch noch behält, werden hier beide
Lötz beschrieben:
Sowohl der Vater als auch der Sohn. [MK]

1.3 Die in den ‚Querelae' angerufenen Dichter in Elegie II, 10:

1. Nikolaus Marschalk
2. Christoph Suchten
3. Eberhard Ferber
4. **Gregor Schmerlin (Publius Vigilantius)**
5. **Hermann Trebelius**
6. Johann u. Alexander von der Osten
7. Lorenz Rabe (Laurentius Corvinus)
8. Sigismund Buchwald (Sigismundus Fagilucus)
9. Bohuslav Lobkowicz von Hassenstein
10. Johannes Staar (Sturnus)
11. Eitelwolf vom Stein
12. Balthasar Phaccus
13. Georg Spalatin
14. Georg Sibutus
15. Richard Sbrulius
16. **Rhagius Aesticampianus (Joh. Rack)**
17. Hieronymus Emser
18. Kaspar Steinberg
19. **Crotus Rubeanus (Joh. Jäger)**

20. Eobanus Hessus (Eoban Koch)
21. Johannes Temonius.
22. **Mutianus Rufus (Konrad Muth)**
23. Johannes Trithemius
24. Johannes Kapella u. Johannes Hopf
25. Hartmann von Kirchberg
26. Hrabanus Maurus
27. Franz und Georg Morlin
28. Peter Schmerleib (Petrus Axungia)
29. Johannes Rivius
30. Rudolf von Langen
31. Hermann von dem Busche
32. Johannes Murmellius
33. Jacob Montanus
34. Jacobus Magdalius von Gouda
35. Ulrich Windemacher (Ulricus Fabricius)
36. Dietrich Gresemund
37. Johannes Sturm (Johannes Sturmius)
38. Philipp von Fürstenberg
39. Wolf Angst (Wolphus Angustus)
40. Sebastian Brant
41. Jakob Locher (Jacob Philomusus)
42. Heinrich Bebel (Henricus Bebelius)
43. **Johannes Reuchlin**

2 Die Fehde gegen Herzog Ulrich von Württemberg

Dichterdiplom Kaiser Maximilians I. an Ulrich von Hutten, 12. Juli 1517.

Würzburg, Staatsarchiv, Archiv der Grafen zu Ortenburg zu Birkenfeld, Akten Nr. 2437. Lit.: BÖCKING I, S. 143–144; ARNOLD (1988); RUPPRECHT (2018). D=Dichterdiplom; B=Böcking (stützt sich jedoch auf ein Apograph); K=Konzept (Wien, Österreichisches Staatsarchiv, AVA Adel RAA 204.22).

Privilegiu[m] p[ro] Hutteno[7]

[MAXIMILIANI IMPERATORIS LITTERAE TESTIMONIALES DE HVTTENO LAVREA CORONA ANNVLOQVE AVREO DECORATO][8]

MAXIMILIANVS[9] *divina favente clementia electus Romanorum Imperator semper Augustus, ac Germanie, Hungarie, Dalmatie, Croatie etc. rex, archidux Austrie, dux Burgundie, Brabantie etc., Comes Palatinus etc. honorabili*[10] *nostro et sacri imperii fideli nobis dilecto Uldarico de Hutten poete et oratori gratiam nostram Cesaream et omne bonum. Consonum Cesaree clementie maxime rati honoribus augere eos, quorum virtutis aliqua apud bonos viros testificatio sit, quod hoc veluti stimulo ad optima studia capessenda plurimi incitentur. Deinde sic putantes ad nostram quoque gloriam pertinere, si optimi cuiusque vita nostro imprimis testimonio probetur. Unde te Udalricum prefatum ex nobili equitum familia commendatum nobis a probatis hominibus iuvenem scientes, quod amore literarum exul factus, magna Europe perlustrata parte, multa dura et acerba tuleris, etiam vite pericula inieris, idque assecutus sis, ut iam tua scripta in manibus haberentur, te doctissimus quisque per Italiam pariter et Germaniam ob ingenium ac politiorem*[11] *eruditionem familiarissime complecteretur, ac interim clarissimorum hominum publice edita extarent, testimonia, quibus inter raros te collocarent. Et quia tu ad generis claritudinem optimis studiis*[12] *quaesitam nobilitatem adiecisti, dignum putavimus,*[13] *qui nostro quoque calculo probaberis. Te igitur Udalricum coram nostra Maiestate et illustri aulicorum nostrorum cetu constitutum motu proprio, ex certa scientia et auctoritate nostra Cesarea laurea corona donavimus,*[14] *exornavimus,*[15] *aureoque insuper annulo iureque et usu aurei annuli*

---

7 K: *privilegiū p Hutteno*.
8 Nur bei B.
9 D: *MAXIMILIANVS*; B: *MAXIMILIANVS*; K: *Max.*
10 K: nach *Max.* keine Nennung der Herrschaftstitel; der Text fährt unmittelbar fort mit hon^li für *honorabili*. Generell wird in K ununterbrochen mit Kürzeln gearbeitet, die hier nicht alle erläutert werden können.
11 D: *pollitiorem*; B: *politiorem*.
12 D: *studijs*; B: *studiis*.
13 D: *putauimus*; B: *putarimus*.
14 D: *donauimus*; B: *donarimus*.
15 D: *exornauimus*; B: *exornarimus*.

ob facundiam et eloquentiam tuam decoravimus,[16] *laureatumque et poetam et vatem et oratorem disertum pronuntiavimus,*[17] *prout tenore presentium te laurea corona per sacras manus nostras decoratum, exornatum annuloque aureo decoratum poetam et vatem et oratorem facundum diximus et pronuntiamus.*[18] *Dantes et concedentes tibi et hoc Cesareo nostro statuentes edicto, quod de cetero in quibusunque studiis et generalibus precipue tam in arte poetica quam in oratoria legere, docere, profiteri et interpretari, ac in super omnibus privilegiis, immunitatibus, indultis, honoribus, preeminentiis, gratiis, et libertatibus libere uti, frui, et gaudere debeas et possis, quibus ceteri poete a nobis laureati ac oratores freti*[19] *sunt et usi fuere seu quomodolibet gaudent consuetudine vel de iure. Et amplius ut uberiori gratia nostra te prosecutum sentias, te eundem Udalricum cum omnibus bonis, rebus, actionibus, et iuribus tuis tam presentibus quam futuris in nostram et sacri imperii protectionem, tuitionem et salvaguardiam assumpsimus, et accepimus, prout tenore presentium expresse assumimus et accipimus, concedentes tibi et elargientes ut apud nullum alium iudicem quam apud nos, et successores nostros Romanorum reges et Cesares, et consilium nostrum et eorum in ius vocari et iuri stare possis et debeas. Mandantes iccirco universis et singulis Sacri Ro*[mani] *Imperii principibus tam ecclesiasticis quam secularibus, communitatibus, universitatibus, collegiis et subditis quorumcunque locorum per universum nostrum Romanum Imperium sitorum, cuiuscunque sint conditionis, gradus, ordinis et status, ut te hac nostra, quam tibi largiti sumus dignitate, ac omnibus prerogativis*[20] *et insignibus eius qualiacunque de iure et consuetudine serventur, uti, frui, gaudere et potiri permittant, necnon*[21] *te contra predictam nostram protectionem impulsare aut molestare ullatenus presumant directe vel indirecte, sub poena indignationis nostre gravissime ac quindecim marcharum auri puri, quas contrafacientes totiens quotiens contrafactum fuerit ipso facto incurrisse declaramus per presentes. Quarum quidem medietatem erario nostro Cesareo, reliquam vero partem tui Udalrici passi iniuriam usibus decernimus applicandam. Harum testimonio literarum sigilli nostri*[22] *appensione munitarum. Dat*[um] *in civitate nostra imperiali Augusta die duodecima mensis Iulii anno domini millesimo quingentesimo decimo septimo, regnorum nostrorum Romani tricesimo secundo, Hungarie vero vicesimo octavo.*
Per regem per se.[23]
Ad mandatum Caesarae maest[atis] *proprium.*[24]

---

[16] D: *decorauimus*; B: *decorarimus*.
[17] D: *pronuntiauimus*; B: *pronunciavimus*.
[18] D: *pronuntiamus*; B: *pronunciamus*.
[19] D: *freti*; B: *fructi*.
[20] D: *prerogatiuis*; B: *praerogativis*.
[21] D: *necno*[n]; B: *nec non*.
[22] Rupprecht (2018), S. 93: „Bei dem wohl analog zur Vadian-Urkunde verwendeten, mit *nostri sigilli* angekündigten, Siegel wird es sich um das in dieser Zeit verwendete kaiserliche Prunksiegel mit dem Reichsadler in der Mitte gehandelt haben; ein Rotwachssiegel im Durchmesser 11,5 cm."
[23] Handzeichen Kaiser Maximilians I. (hier aufgelöst); bei B: *Maximilianus*.

Wir, Maximilian, von Gottes Gnaden Kaiser des Römischen Reichs, König von Deutschland, Ungarn, Dalmatien, Croatien, Erzherzog von Österreich, Herzog von Burgund, Brabant u.s.w., verleihen unserem verehrten Ulrich von Hutten, dem Heiligen Römischen Reiche treuergebenen Poeten und Rednern, unsere kaiserliche Gunst und alles Gute. Wir verpflichten uns, denjenigen die gebührende Ehre zu erzeigen, die sich als tüchtige, vaterlandsliebende Männer erweisen, und durch deren Tun und Handeln mehrere zu gleichem Bestreben angespornt werden. Da wir nun von dem bereits erwähnten Ulrich erfahren haben und wissen, dass er ein jugendlicher Ritter aus vornehmer Familie ist, der wegen seiner Liebe zu den Wissenschaften verbannt wurde, einen nicht geringen Teil Europas durchirrte und viele Schicksalsschläge erduldete und es dahin gebracht hat, dass seine Schriften schon weithin bekannt geworden sind, dass ihn die gelehrtesten Männer Deutschlands und Italiens bewundern. Da also Ulrich von Hutten mit dem Adel seines Geschlechts einen unbestreitbaren Ruhm auf dem Gebiet der Wissenschaft und der Dichtkunst verbindet, so können wir nicht umhingehen, ihm unsere Anerkennung zu Teil werden zu lassen. Wir haben daher in Gegenwart der hohen Versammlung unserer Hofleute unberührt von äußeren Aufforderungen den Beschluss gefasst: Dich, Ulrich von Hutten, gemäß Unserer kaiserlichen Würde mit dem Lorbeerkranz zu krönen und Dir außerdem noch wegen Deiner Gelehrsamkeit einen goldenen Ring zu verleihen. Wir beschließen solches durch unser kaiserliches Edikt und mit dem Zusatz, dass Du alle Privilegien, Freiheiten, Ehren etc., genießen magst, welche auch die übrigen von uns gekrönten Dichter und Redner genießen. Ebenso wollen Wir Dich mit aller Deiner Habe und Deinen jetzigen und zukünftigen Rechten in unsern und des Heiligen Römischen Reiches Schutz nehmen und geben Dir damit die Versicherung, dass Du von keinem anderen Richter als von Uns, bezüglich unseren Nachfolgern, den Königen und Kaisern des Römischen Reichs oder von Unserem Rate notfalls gerichtet werden sollst. Den geistlichen und weltlichen Fürsten des Heiligen Römischen Reichs haben Wir diesen Unseren Beschluss mitgeteilt, damit sie Dich die vorerwähnten Privilegien und Freiheiten genießen lassen. Gegeben unter Beidruck unseres Siegels zu Augsburg am 12. Juli 1517. [MK]

---

24 D: auf der Plica rechts oben; B: *Ad mandatum Caesarae maest. proprium.* RUPPRECHT (2018), S. 93: „Der Zusatz *proprium* – im Gegensatz zu *in consilio* – gibt uns den Hinweis, dass der Ausfertigungsbefehl vom Kaiser selbst und nicht vom Hofrat kam." Der Kanzler am Hof, der für die Urkunde Huttens zuständig war. lässt sich mit der Person Zyprian von Serntein, der aus Südtirol stammte, exakt identifizieren. Jener soll zudem an zahlreichen Dichterdiplomen beteiligt gewesen sein. Vgl. Hans MOSER, Die Kanzlei Maximilians I.. Graphematik eines Schreibusus, Teil 1: Untersuchungen, Innsbruck 1977; Karl SCHOTTENLOHER, Kaiserliche Dichterkrönungen im heiligen römischen Reich Deutscher deutscher Nation, in: Albrecht BRACKMANN (Hg.), Papsttum und Kaisertum im Mittelalter. Paul Kehr zum 65. Geburtstag, München 1926, S. 645–673.

3 ‚Pfaffenfehden'

3.1 Bürgermeister und Rat der Stadt Schlettstadt an Ulrich von Hutten, 27. März 1521.

Straßburg, Stadtarchiv, AMS II, 28,1, Bl. 5r–v. Lit.: KNOD (1894), S. 125–126.

Dem edlen ernuesten vnd hochgelerten Herrn Vlrichen von Hutten vnserm besunderlichen gutten frund.
Unser fruntlich dinst vnnd was wir fruntschaft vnnd guts vermögen allezit zuuor. Edler, ernuester vnd hochgelerter lieber herr vnd besundrer frund: mit beschwertem gemuet geben wir gar getrewen meinung zu erkhennen, das dem erwirdigen hochgelehrten herrn Martin Luthern zu Wittenberg euch vnnd vns zur schmach vnd nachteil vff suntag inuocauit jungst uerricht vnder den heiligen ämptern hierin gelegten reumen euer beider getrugt brustbildung geschriben an vnsres galgens seulen einer angekleipt funden worden, darob wir hoch beschwerd vnd mißfallen empfangen. Vnd wie wol wir vff etlich by vns, so genannten doctor Martin vnd euch widerwertig, arckwon tragen, so haben wir doch khein grundtlich wissen, aber nichts destoweniger dem thäter heimlich erfarung gestelt vnd wollen nach erkhundung der warheit vns darunder halten, dass menglich inne werden sol, ob wir cristen oder beheim seient, euwer lieb fruntlich bittend vns solich verkhunden zu keiner freuelkheit sunder freuntlicher vnd getreuwer meinung anzunemen, sich mit vns der vnwarheit mit warheit haben vnd wissen zu entschuldigen vns auch in gunstigem befelhung zu haben. Datum die 27 Marcii.
B(urgermeister) u. R(at) z(u) S(chlettstadt).

3.2 Der Straßburger Drucker Hans Schott an Ulrich von Hutten, 3. September 1521.

Straßburg, Stadtarchiv, AMS II, 28,1 Bl. 6r–v. Lit.: BÖCKING II, S. 80–81; SCHNEEGANS (1874), S. 341–342.

Dem gestrengen hochgelerten hern Vlrichen von Hutten poeten laureaten meynem gunstigen lieben hern etc.
Strenger, hochgelerter, gunstiger, lieber her. Ewer ernuest vnd gunst seien mein vnuerdrosszen ganntz willige dienste vngesparts fleisz zuuor an. Nachdem vnd euer streng, ernuest vnd gunst mich bisher mit bucher zutrucken vor eim andern beschucht behuldet und gunstlich begabt, des ich nit wenig nutzbarkeit vnd wolthat befunden, auch mit hoher danckbarkheit meins vermegens sampt empszigem fleisz alltzeit zuuerdienen geneigt bin. Vmb welcher freuntschafft wyllen, gunst und wolmeynung ewer ernuest gegen mir, ich villeycht mehr verdacht, dwyl negtuerruckter zeit zwehn munch aus dem Charthuser kloster bey Strasburg zu rosz (als gemeyne sag ist) hinweg gefurt ewer ernuest vnd ich dasselbig zuwegen bracht sollten haben durch den prior, schaffner vnd etlich burger weiter getragen worden der meynung, als solt ich euch

in meynem hausz vffgehalten vnd soolchs gegen den munchen durch mein beyhilff zuwegen bracht. Welche schmach und iniurij, wo nit furkhomen, mir als einem armen so mit vnertzogenen kleynen kyndren vnd geschafftigem burger zu Strasburg zymlichs erbers herkomens (bezeug mich gotts) vnd wandels vnuerschuldt zu vnuberwindtlichem schaden vnd verletzung meins guttenn lumbdens zuruck reichen wurde. Dweil dan ewer ernuest vnd gunst wol wissennd, das ich in sollicher verhandlung mit euch weder mit worten thatt, vnderweyszung oder beyhilff gethan hab, ist an ewer ernuest als mein besondern gunstigen hern mein gar dienstlich vnd fleissig bitt mich solchs vermeinten, vnuerschulten bezygs iniurij vnd schmach mir durch bemelte prior vnd schaffner sampt iren verwandten neben der warheyt zugemessen mit ewer ernuest furschrifft gegen einem ersamen Rath mein gn. Hern der stat Strasburg freuntlicher weysz purgieren vnd entschuldigen die gedachten munch zu vnderweyszen vnd berichten, solchs bezygs vnd weyterung hinfurt gegen mir zu vermeyden vnd mussig zu stehn. Als ich mich zu ewer ernuest vnd gunst des gentzlich versich nit vnderlasszen werde, will ich vmb e. e. vngesparts fleysz gern vnd gutwillig alltzeit verdienen. Datum zu Strasburg am dritten tag septembris anno etc. xxj°.
E. E.
williger Joannes Schott.

3.3 Ulrich von Hutten an Georg, den Prior der Kartäuser bei Freiburg, 24. Oktober 1521.

Straßburg, Stadtarchiv, AMS II, 28,1, Bl. 1r–v. Lit.: BÖCKING II, S. 83–84, SCHNEEGANS (1874), S. 336–337.

Dem Erwirdigen vnd andechtigen Hern Jorgen prior der Carthusen bey Freyburg vnd Visitator der prouintz des Reinsz.
Wirdiger andechtiger lieber her vnd freund euch zuuor mein willig dinst. Welcher massen vnd mit was freuentlichen durstigen worrten aus argem neidischem gemuth prior procurator vnd conuent des Carthuser klosters zu Strasburg mich an meynen eren ritterlichem standt vnd herkomen guttem leymut vnd gerucht wider gotlich naturlich vnd der menschen satzung souil an inen zuuerletzen zuuercleynen beruchtigen vnd diffamieren nit allein in irem kloster, sonder auch zu Strasburg vnd allenthalben, wo sie gehort megen werden, sonder alle verursachen vnderstanden, habt ir aus eingeschloszener copey inen zugeschickter vnd vberantwurter missiue leichtlich zuerlernen. Dweil nun meyner eren notturfft nach, angeregte schmeh iniurj vnd meiner eren verletzung vngeant zulassen mir keins wegs gepuren will vnd aber ir der gedachten Carthuser oberher vnd visitator, hab ich euch ir vnbillich vnbesynd handlung vnd mein notgedrangkt vornemen gegen inen vnuerhalten nit wollen lassen gutlich bittend ir als der hochuerstendig (dem onzweyffel dis hessige sampt allen erbern misfellige handlunge leid) dermassen einsehens haben wollt, damit nit euch vnd gemeiner prouintz oder deren besonder gelider vnd verwantten ichts widerwertigs

oder nachtheiligs begegne, das mir dan treulich leidt mich doch hiemit gegen euch entschuldigt haben, hab ich euch hern visitator ewern person zu besonderm gefallen nit wollen verhalten darnach zurichten. Datum zu Durmstein vff dornstag nach der heilgen Eylffthausent Jungfrawen tag im jahr nach Christi vnsers hern gepurt thausent funnfhundert vnd inn xxj°.
Vlrich von Hutten zum Steckelberg der Junger.

3.4 *Ulrich von Hutten an Prior und Konvent der Kartäuser zu Straßburg, 24. Oktober 1521.*

Straßburg, Stadtarchiv, AMS II, 28,1, Bl. 2r–4r. Lit.: BÖCKING II, S. 84–86; SCHNEEGANS (1874), S. 337–339.

An prior vnd gantz conuent des carthusers klosters bey der stat Straszburgkh gelegen.
Euch dem prior vnd conuent des cartheusers klosters bey Straßszburg gelegen thu ich Vlrich von Hutten etc. zu eyssen, das wiewol vor langer weyl mich vilfeltiglich durch glaubhafftig hoch vnd niders standts personen angelangt auch meglich zu Strasburg vnd allenthalben vnuerborgen, welcher mass wider gotlich, naturlich vnd der menschen gesatz besonder ir der prior vnd procurator mich an meynen eren gutten leymut gantz vnuerursacht vnd an verschulden aus einem drutzigem furnemen, geschwindem, hessigem, freuenlichem gemut, so vill an euch antzutastenn, zuuerletzen, züüerkleynen, diffamieren vnd nach art der hippenbuben ewer selbst profession vnd angemaster religion zuwider mich ein ketzer von der christlichen kirchen abgeszunderten vnd dergleichen auszzuschreyen gelusten lassen. Auch ir, der prior, zu antzeig ewers vnchristlichen, vnmenschlichen, gifftigen neid vnd hasz, szo ir an mich gantz vnuerursacht gelegt an etlich meyner biltnusz contrafedt, die ausserhalb meins beuelchs vff papier gedruckt mir zuueracht schmach vnd hon zu seüberung vnreyniger ewers leibs orten gebrucht zu haben, sonder alle scham helung vnd schwew offentlich berumpt. So hab ich doch solich ewer freüenlich, vnbillich iniurien vnd schmehen in ansehung meyner vnschuldt auch, das ich mich all mein tag nie anderst dann eim fromen erlichen christlichen ritterman wolgezympt gehalten bey aller erberkeit (one rume zureden) nie anderst erkant zueyffern vnd zuanden aus miltem dugenthafftem gemut bisher verechtlich vmbgangen der züüersicht ewer furgenomen arglistig, hessig, naterisch, ja unkristlichs gemuth vnd vornemen mit gedult vnd sennftmutigkeit zuuberwinden. Das aber bey euch nit stat haben wollen, noch an obertzelten iniurien vnd schmehen settigen lassen, sonder noch zu merer antzeig ewers hefftigen, argen vnd bosen gemuts gegen mir, euch bey erbern leütten beider geistlich vnd weltlichen standts vnuerholen offentlich, sonder zweyfel aus anreitzen des bosen geists, der solcher lugenhafftiger, meidischer menschen hertzen vnd gemuth regieren vnd besitzen. Vnd alszo ewer furgenomen schme gegen mir zuhauffen horen lassen, wie durch mein zuthun zwen munich ewer profession, die ich doch vor der zeit weder mit augen gesehen, noch durch schrifft oder inander wege erkant aus ewrm kloster mit zwolff

reysigen pferden eigens gewalts genomen vnd entfurt soll haben. Auch damit souil an euch mich zubelestigen, zubenachtheylen vnd vnruhig zumachen, nichts vnderlassen werde, habt ir prior vnd ein burger zu Strasburg Hans Schot genant, den ich nie anders dan eber, fromme vnd redlich erkant, gegen mir zu bewegen furgenomen, in dem ir lugenhafftig von ime auszzugeben. Er, Schot, mit verretterey zu erst angezeigter, erdichten handlung beholffig gewest. Kein scham getragen vnd alszo dem fromen bider man allein mir zutrotz zu einem boszwicht zumachen von seim weib vnd vnertzogen kynden auch heuszlichen eren zuuertreyben. Das ir von geistlichen leutten, wie ir vor andern berumpt sein wolt, so doch diese handlung derselben eweren angenomen religion gantz wider erbermlich zuhoren, vnderstanden. Dweil nun solch ewer eigenwillig, trutzig, freuentlich, vnchristlich furnemen dermassen durch euch vnauffhorlich auszgebreyt, das meyner eren notturfft nach die also stilschweygennd hinzuschleyffen vnereyffert zulassen keins wegs gepuren will, noch gemeint, so sag ich Vlrich von Hutten obgenant zu rettung meyner eren, as ir prior, procurator vnd conuent obgezeigt vnwarhafftigs auszscheyen vnd dargeben den naturlichen vnd der kirchen gesatzen auch aller billicheit zuwider vff mich erdacht, erlogen, mir vnrecht gethan habt vnd dweil ich vill lieber meyner eigen gutter vnd narung, wo ich an dem vermogen zehen tausent gulden verlieren wolt, dan solich vnbillich zugefugt schmehen vnd iniurien weitter zudulden, so ist mein ernstlich entlich beger vnd gesynnen zu abtrag vnd kleiner erstattung angeregter zugefugter smehe vnd iniurj mir in monats frist nach dato ditz briffs dieselben zehen thausent gulden an orte ich euch antzeigen wurde an guttem Reinischem golde liffern. Auch hinfur euch sollicher vntzymlicher schmehung vnd ereverletzung gegen mir vnd andern von meynent wegen, wie euch als got ergebnen leutten zuthun gepurt, enthalten vnd massen wolt. Auch des alles dermasz zugeschehen bey disem meynem geschwornen botten zuschreyben, dan wo solchs durch euch wie obgemelt nit gescheh verechtlich vmbgangen, noch zu geschriben wurde, solt ir alsdan wissen, das ich sampt andern mein hern freunden gundern vnd gutten gesellen, die solcher ewer eigen mutwilligen erthichten vnd falschen handlung auch hochlichen misfallens tragen wieder euch nach allem meynem vermogen trachten furnemen vnd handeln will, damit ich hinfur solcher ewer eigenwilliger tyrannischer handlung durchechtung vnd verkleynigung vertragen auch dadurch vermeckt werde, das vilen hohen adelichen vnd andern trefflichen weltlichen stenden sollich ewer eigentwillige, vnnotturfttige, sonder vrsachen geubt handlung von hertzen vnd gemuth leidt gewest vnd noch sey, das hab ich euch darnach entlich zurichten eins vor alles. Dan mir hynfur vnd weitter mit euch zudisputiern vnd in schrifft zubegeben nit gemeint, vnüerhalten nit wollen lassen. Datum zu Dyrenstein vff dornstag nach den heilgen eilfftausent jungfrawen tag anno domini etc. ein vnd zwentzig.

3.5 Ulrich von Hutten an den Rat der Stadt Straßburg, 24. Oktober 1521.

Straßburg, Stadtarchiv, AMS II, 28,1, Bl. 7r–9r. Lit.: BÖCKING II, S. 86–87; SCHNEEGANS (1874), S. 339–341.

Denn strengen, ernuesten, fursichtigen vnd weysen meister und rath der stat Strasburg meynen in sonder gunstigen vnd gutten freunden vnd gonnern.
Strengen, ernuesten, fursichtigen vnd weysen, besondern gunstigen gutten freunde vnd gunder euch zuuor mein freuntlich dinst mit besonderm willen bereidt. Aus vnuermeydlicher meyner notturfft werde ich euch mit diser schrifft antzulauffen genotträngt, die ich euch freuntlichen zuuernemen bitte. Das wiewol von zeit ich meyne manliche kleyder angelegt, nie anders dan einem fromen erhlichen ritterman wolgezympt gehalten, one das jemant were, der auch war, mit bestandt mich ein ketzer oder einicher vnerlichen handlung dorffen schelten oder zeyhen, wiewol ich auch mit prior vnd conuent des Carthusers klosters bey ewer stat Straßburg gelegen mein leben lang nie nichts zuthun sie weder mit wortten noch wercken, je beleydiget, dadurch ich inen zu einichem vnwillen oder entborung gegen mir je vrsach gegeben hab, so langt mich doch durch glaubhafftige hoch vnd niders standts personen in schrifften vnd szunst warhafftig an, wie das des gedachten Carthuser klosters prior schaffner vnd andere aus freuelichem, durstigem, eigenwilligem gemut, arger neydischer vnd gifftiger meynung, so sie vnuerursacht gegen mir tragen, mich an meynen eren ritterlichem herkomen, guttem leymuth vnd geruchte wider gotliche, naturlich vnd der menschen satzung souill an inen zuuerletzigen, verkleynen, beruchtigen vnd diffamiern in irem kloster ewer stat Strasburg vnd allenthaleben, wo sie gehort mogen werden, vnderstanden, mich ein ketzer von der christlichen kirchen abgesonderten menschen offentlich auszgeschrien. Es hat auch der prior, damit er seinen vnchristlichen hasz gegen mir weitter zuerkennen gebe, etzliche meyner biltnusz contrafactt, die dan auszerhalb meins beuelchs vnnd verwillichung vff papier gedruckt, mir zuuerachtung schmach vnd hon zu seuberung vnreyniger seins leibs orten (wie das dan klarlicher zuschreyben scham tregt) gebraucht sich des auch alszo von ime beschehen, sonder alle scham, helung vnd schwe bey seinen munichen vnd andern berumpt, an dem allein nit gesettiget, sonder haben er, sein schaffner vnd andere aus sonderlicher begir vnd luszt mich weitter antzuthasten vnbenotigt vnd on vrsach sich bey erbarn fromen leutten vnuerholen offentlich horen lassen, wie durch mein zuthun zwehn munich irer profession, die ich vor derselben zeit weder mit augen gesehen noch durch schrifft oder ander weg je erkant, aus demselbigen irem kloster mit zwolff reysigen knechten eigens gewalts vnd freuenlich genomen vnd entfurt soll haben. Mir hat auch negst einer ewer mitburger, ein buchdrucker Hans Schott genant (den ich anders nit dan ein erbarn fromen redlichen man erkannt auch derhalben in sondere kuntschaft genomen vnd in meynen gescheften die druckerey betreffend gebraucht, daryn vffrichtig, getrew vnd meins gefallens funden vnd gespurt) in einer klagschrifft, der ich euch ein copey hierin verschlossen zuschicke, zuerkennen geben, wie er von gemeltem prior, schaffner etc. offentlich gezyhen werde, als sollte er mir durch verreterey zu genentert hat

die zwehn munch zuerledigen geholffen haben mit bit ine des orts mit antzeigung der warheyt gegen euch als seinen herren zuentschuldigen. Wan nun sollichs alles mich nit wenig, in ansehung meiner vnd des gedachten Hans Schotten vnschuldt, behertziget vnd dermassen das mir angeregte vnuerschuldt erdichten, häfftig vnd atroces schmach vnd iniurien vnereyffert vnd gerechtuertigt, noch gemelten Hans Schotten des orts vnuerantwurt zulassen keins wegs geburen will noch gemeint, sonder all mein vermogen durch hilff und rath meiner herren vnd freund daran wenden, damit die gedachten Carthuser auch meniglich vns vnrecht geschehen vermecken vnd durch hilff des almechtigen sie dahin bringen, das sie vmb solch hefftig, eigenwillig, erdicht schmach vnd iniurien meyner eren notturfft nach bekerung erstattung vnd satisfaction, wie ir dan billich errachten thun sollent. Aber inen Hans Schotten betreffend will ich ine souill an mir solcher beschuldigter handlung gegen euch vnd meniglich entschuldigt haben mit erbittung solchs, wo von notten glaublicher dan mit diesen schlechten schrifften dartzuthun. Dweil nun vilgedacht Carthuser kloster an ewer stat gelegen euch alszo etzwas angehorig vnd verwandt sein mocht, so ich dan euch zu allen eren vnd freuntschafft geneigt vngern on grosse verursachung beleydigen wolt. So ist mein freuntliche bitt, wo ich aus angezeigten merglichen, ehafften vnd gedrankten vrsachen zu rettung meyner eren gegen denselbigen Carthusern iren zugewandten vnd vnderthanen handlen, wurde das keins wegs zuuerargen noch euch dieselbigen Carthuser gegen mir oder meynen helffern bewegen zulassen, wie ich mich des vnabschlaglich vnd alles guts zu euch vertroste. Das bin ich vmb euch sampt vnd besonnder zuuerdienen vnd zuuerschulden von hertzen willig. Datum zu Durmstat vff donderstag nach der heilgen Eyllffthausent Jungfrawen tag im jar nach Christi vnsers hern geburt thausent funffhundert vnd im einvnndzwentzigstenn.
Vlrich von Hutten zum Steckelberg der Junger.

3.6 Ulrich von Hutten an Bürgermeister und Rat der Stadt Straßburg, 13. November 1521.

Straßburg, Stadtarchiv, AMS II, 28,1, Bl. 10r–v. Lit.: BÖCKING II, S. 87–88; SCHNEEGANS (1874), S. 342–343.

Denn strenngen, ernuestenn, ersamenn, weisenn meister unnd rat der statt Strasburg mein besonndern gunstigen, lieben guten freund unnd gunnern.
Strenngen, ernuesten, ersamen unnd wisenn, in sonnder gunstig lieben freund unnd gunder. Vch zuuor mein freuntlich dinst mit besonnderm willen bereit. Ewer schrifftlich annttwurt vff mein vch zugeschigt uerschreiben die carheiser betreffen, in der ich vch einen gutlichen vnderhandelung zuuerfolgen, auch deshalb tag vnnd malstatt ernennen vnnd zu bestimen angesünd, weitters innhalts ich vernomen. Vnnd wie wol ich nit willens gewest mit gedachtenn Carheusern, dieweil ir vnuerursacht verhandelung gegen mir vnlauckbar am tag, in einig gutlich vnnderhandelung oder gesprech zubegeben. So ich aber vch vor allen anndern des heiligenn reichs stetten zu

freuntlicher wilfarung begirig, will ich vch in dieser vnpillichen gegen mir geupten hanndelung die angesinten vnnderhandlung allein vch zu eren vnnd gefallen nit abschlahen. Deszhalb mit eigner bottschafft, inhalt euwers schreibens benennen hab ich vff euwer beger nit wellen verhalten. Dann euch zu freuntlicher dienstbarkeit ich ganntz geneigt. Datum Drinnstein vff mitwoch.

3.7 Ulrich von Hutten an Bürgermeister und Rat der Stadt Straßburg, 20. November 1521, Wartenberg.

Straßburg, Stadtarchiv, AMS II, 28,1, Bl. 11r–v. Lit.: BÖCKING II, S. 88; SCHNEEGANS (1874), S. 343.

Dem strengen, ernvesten, fürsichtigen vnnd weysen meyster und rat der stat Strasburg, meynen besondern gunstigen, lieben herren vnnd frunden.
Strengen, ernesten, ersamen vnnd weysen besondern gunstigen guten frund vnnd gunder, vff ewer schrifftlich angesinnen vnnd beger der Carhuser sach halb, das ich euch dainn eyner gutlichen vnderhandlung verfolgen wöll, hab ich euch kurtz hie vor, wie wol nit meyner gelegenheyt nach, sonder euch zu eren vnnd gefallen, fruntliche wilfarung vnd guten willen zu leysten, mich ergeben. Als ir aber von mir euch tag und malstat, wan und wo ich mich ewere geschickten wöll finden lassen, an zu zeigen begert, füge ich euch zu wissen, das ich wird ab got will von heut bisz vber acht tage allhie zu Wartenberg verharren. Wo euch nun gelegen, jemants an mich zu schicken, will ich desz alhie warten, da er mich gnante zeyt ausz finden wurt. Hab ich euch vff ewer ansuchen und beger, guter meynung nit wöllen verhalte. Euch lieb thienst vnd fruntschafft zu erzeygen bin ich von hertzen willig und geneygt. Datum Wartenberg, Donnerstag nach Elizabeth im jar etc. xxj. Meyn handt.
Vlrich vom Hutten zum Steckelberg der Junger.

3.8 Konzept des Priors und des Konvents der Straßburger Kartäuser für eine Ehrenerklärung in Bezug auf die Huttensache, Ende November 1521.

Straßburg, Stadtarchiv, AMS II, 28,1, Bl. 12r–v. [entst. wohl kurz nach den beiden Schreiben Huttens an den Rat der Stadt Straßburg vom November 1521]. Lit.: BÖCKING II, S. 88–89; SCHNEEGANS (1874), S. 344.

Wir N. prior, N. Schaffener vnnd das gantz conuent der Carthusen bey Strasburgk gelegen bekennen öffentlich vnd für jderman, nach dem der ern vest vnnd hoch gelärt her Vlrich vom Hutten zum Steckelberg der Junger unsz bey eym ersamen rat zu Strasburg beklagt, das wir der Prior, schaffener vnd ettliche andere, in an seinen eren, ritterlichem herkommen vnd gutem geurcht angetast, gescholten vnd zu schmähen vnterstanden, nämlichen eynen ketzer vnd der gleychen nennend, in auch zu schmäh vnd behönung seine biltnusz vnd contrafact vngeburlicher weysz vnd mit vnzuchten schmählich gehandelt. Noch mer in gezihen, als sölt er vns zwen munich ausz vnserm kloster mit freuelichem gewalt vnd gewopeneter hand entfurt haben, so haben wir in bedenckung seyner her Vlrichs vnschult in fur sollicke im durch vnsz angelegte schmäh iniurien vnd was wir der gleychen wider in je geredt oder gehandelt hetten, vnterthänigklich vmb gotes willen, yns das alles nach zu lassen vnd zu verzeyhen gebetten, das der gnant vom Hutten vff die selbig vnser ansuchen vnd bit aus miltem vnd barmhertzigem gemut gethan vnd vnsz gutlichen vnd milticklichen gewert. Dar umb wir obgemelte Carthuser zu ewiger erkantnusz seyner her Vlrichs vnschuldt offentlich sagen vnd bekennen, das wir von im anders nit, dan eynen frommen adlichen vnd christlichen ritterman wissen, auch nie erkannd haben, das er anders dan eym cristlichen vom adel wolgeburt vnd geziempt, gehandlet oder gewandlet sölt haben. Wir haben auch eygentliche kuntschafft vnd gewisse erfarnusz, das er in dem die zwen munich von vnsz kommen, gantz keyn wissens gehapt. Vnd ist die warheyt, das die selbigen zwen munich an eynige seyn des Huttens zuthun, hilf, rat oder anregen sich ausz vnserm kloster gethan. Der halben wir in auch sollicher that frey ledig sagen, vnd wöllen in also mit disem ynserm offen brief bey iderman entschultigtt haben. Desz auch zu weyterm gezeugnusz vnd vrkund haben wir den erwurdigen vnd geistlichen hern Gregorium, prior der Carthusen bey Friburg vnd visitator der prouintz Carthuser ordens am Reynstrom gebeten, seyn vnd seyns conuents ingesigel neben vnser ingesigel vnten an disse schrifft zu trucken, desz ich itzgenanter Gregorius prior von bit wegen also gethan. Vnd ist disse schrifft gegeben in der Carthusz bey Strasburg vff etc.

3.9 Ehrenerklärung der Kartäuser zu Straßburg gegenüber Hutten, 12. Dezember 1521.

Straßburg, Stadtarchiv, AST 176, S. 493. Lit.: ROTT (1903), S. 190–191.

Vorschreybung der Carthuser, so sie her Ulrichen über sich haben gegeben.
Wir Martinus prior, Burchardus Schaffener unnd das gantz convent der Carthusen bey Strasburg gelegen bekennen öffentlich und für idermann. Nachdem der ernvest und hochgelärt her Ulrich vom Hutten zum Steckelberg der Jünger uns bey eym ersamen rat zu Strasburg beklagt, das wir der prior Schaffener und etzliche andere in an seynen eren, ritterlichem herkommen und gutem gerücht angetast, gescholten und zu scmhähen unterstanden, nämlich eynn ketzer und der gleychen nennendt, im auch zu schmach und behönung seyne biltnus und contra fact ungebürlicher weys und mit unzüchtigen schmälichen gehandlet, noch mer in gezigen, als sollte er uns zwey münich us unserm kloster mit frevelichem gewalt und gewoppeter handt entfurt haben, so haben wir in bedenckung seyner her Ulrichs unschult in für solche im durch uns angelegte schmach, iniurien und was wir der gleychen wider in je geredt oder gehandlet hetten, unterthäniglichen umb gots willen, uns das alles nach zu lassen und zu vorzeyhen gebeten. Das der genannt vom Hutten uf das selbig unser ansuchen und bit, us miltem und barmhertzigem gemut, gethan und uns gutlichen und milticklich gewert, darumb wir obgemelten Carthuser zu ewiger erkantnus seyner her Ulrichs

unschult offentlich sagen und bekennen, das wir von im anders nit dan eym frommen redlichen und cristlichen ritterman wissen, auch nie erkannt haben, das er anders den eym christlichen vom adel wolgepürt und gezimpt, gehandelt oder gewandelt solt haben. Wir haben auch eygentliche Kuntschaft und gewisse erfarnus, das er in dem die zwen münich von uns kommen, gantz keyn wissens gehopt, und ist die waheyt, das die selbigen zwen münich an eynich seyn des vom Huttens zuthun, hilf, ret oder anregen, sich us unserm kloster gethan, derhalben wir in auch solcher that frey ledig sagen und wöllen, in also mit disem unserm offen brief bey iderman entschultigt haben. Begeben und vorzeyhen uns auch hirmit in kraft dis briefs, aller zuspruch und anforderung, so wir sampt oder sonder, solcher und aller anderer handlung halb, wie die durch in her Ulrichen, bis uf datum des briefs, zwischen im und uns sich begeben und geübt sindt, die selbig gegen im her Ulrichen und allen andern, so in disem handel vorwannt seyn, möchten nymmer zu ewigen tagen, in oder ausserhalp rechtes, zu eyfern und anzutasten, weder durch uns selbs oder durch andere von unser wegen schaffen gethan zu werden, es sey heymlich oder öffentlich, sonder wöllen uns der selbigen gantz renuntiiert haben und ruwig stehen, alles getreulich und ungeverlich, und des auch zu weytterm gezeugnus und urkund, haben wir den erwirdigen und geystlichen hern Gregorium, prior der Carthuser bey Friburg und visitator der provitnz Carthuser ordens am Reynstrom, gebeten, seyn und seyns convents insigel neben unser insigel unten an diese schrift zu trücken, das ich itzgenanter Gregorius prior von bit wegen also gethan und ist diese schrift gegeben in der Carthusen bey Strasburg gelegen uf Donderstag nach conceptionem Marie, in dem jar nach der gepurt Christi unsers herrn tausent funfhundert eyns und zwantzig.

3.10 Fehdebrief Huttens gegen die Kurtisanen, Ebernburg, 15. März 1522.

Einblattdruck: [N]Ach dem sich Ulrich vom Hutten zum Stockelberg aus beweglichen not- getranckten vrsachen: auch ge= | meiner Christenheit/ [...]. Worms: Hans Werlich, 1522. Straßburg, Stadtarchiv, AMS IV, 105. Lit.: KNOD (1894), S. 128–129; JAUMANN (2008), Sp. 1226–1227; BENZING (1956), S. 103.

Nachdem sich Ulrich vom Hutten zum Stockelberg aus beweglichen notgetranckten vrsachen: auch gemeiner Christenheit, vnd sonderlich Teütscher Nation meim Vatterland zu guot: des vnchristlichen: goltgeyrigen Rauberischen Volcks der Curtisanen: vor guotter zeyt abgesagter feyndt worden. Gegen denselbigen meynen feynden mit Vhedlicher that: nam Raub, Brandt, Todschläg, vnd ander weiß zuo händlen die zimlich, vnn offentlich zuo beschädigen an jren leiben vnn güttern: zuo veruolgen fürgenomen vnn aber vndern wölt: dz durch dyß mein billich vnn vilfaltiglich Vorursacht Vornemen, Jemandt anders: wer der auch wer: geystlichs oder weltlichs stands: auosserhalp der vorfluochten Cuortisanen Sect Teütscher Nation schödlichsten vnn groesten räuberey: in einigem beschediget oder benachteilt sölt werden, so hab ich meniglich, sich derselbigen Curtisanen zuo entschlagen, von ynen ab zu sönndern: Ob yemants mit inn teyl oder gemeyn: das Jhenig ym zuostendig: zuo seynen hennden nehmen: guotter trewer meynung hiemit vngewarnet nit woellen lassen, sich in dem allem der massen haben zuo richten, vnnd zuo halten: damit Geystlichen vnnd weltlich von der erberkeyt: des erlosen, schanthafftigen, verdampten hauffens der Curtisanen, nit entgelten, das mir dann, wo sollichs durch mich oder meyne helffer vnd vorwanten jmer bescheben sölt: trewlichen vnd von hertzen leydt wäre: will mich doch hiemit vorwart vnnd entschuldigt haben, dan hynfür soll nyemandt vnnuerborgen seyn, das ich genante meyne feyndt mit Feür vnnd Eysin besuchen wurde, vnnd mich die vnn ire gütter zuo beschädigen: sy seyn, wo sy wöllen gesessen, oder gelegen: alles behelffs brauochen, wo nuo yemant vber disse meyn trawe warnung sich genanter Curtisanen nit entschlagen, oder weytter mit Inn gemeyn haben. Wuorde, kann er ermessen, das ich deß keyn gefallen von ym tragen moechte, sonnder wo er in dem also vorharrete, yn anders nit, den oben angetzeygte meine feyndt halten müste, das will ich hiemit guotter freüntlicher meynung, da mit das nyemannts vnwissens trag, zuo erkennen geben haben:

Datum vnter meynem angebornen Insigel auff Freytag vor Judica. Im Jar nach Christi vnsers säligmachers geburt. Tausent Fünffhundert vnnd dem. xxij.

Vlrich von hutten scrips[it]

In dorso: Vhoedts brieff d. Vlrici Hutten contra die zuhandt lossen Curtisanen.[25]

3.11 Fehdebrief Huttens gegen die Dominikaner, 7. April 1522.

Einblattdruck: Zu wyssen sey Jederman. Nach dem ich Vlrich von Hutten zum Stockelberg [...] dem ganntzen Prediger Orden abgesagt [...]. Worms: Hans Werlich, 1522. Straßburg, Stadtarchiv, AMS II, 60,14, Bl. 2. Lit.: ROTT (1974), S. 66; JAUMANN (2008), Sp. 1227; SPELSBERG (1988), ab. S. 439.

Zv wissen sey jederman, nachdem ich Vlrich vom Hutten zum Stoekelberg in kurtz vorgangen tagen ausz beweglichen, billichen vnd notturfftigen vrsachen dem ganntzen Prediger Orden abgesagt vnnd veyhant worden byn, so will ich alle menschen, was stands ernst, vmb der goetlichen gerichtigkeyt, auff die ich dysse sach gegründt hab, woellen ermanet vnnd gebetten haben, mir wyder gemelten Orden, dezselbigen helffer, vorwanten vnnd anhaennger, hylff vnnd beystandt zu thun, vnnd nach dem eyns yeden vermoegen haymlich oder offentlich, in was gestalten, weysz, weg oder massen er am besten kan oder mag, gegen der Prediger münich, irer helffer, vorwanten vnnd anhaengern, leyben vnnd giettern, in vnnd vnter meynem namen vnnd von meynen wegen (wie ich ym dann vnnd allen anndern hiemit zue thun macht vnd gewalt gegeben vill [sic] haben) mit der that zuo handlen, bysz so lang sy sich vmb die forderungm so ich zo yn hab, vortragen, angesehen was stoltzes vnnd vbermuots,

---

[25] Quer gegenüber: *Argentinae adfigendum*.

auch boeser, ergerlicher, vnchristlicher vnnd ketzerlicher stuecken gemelter Orden eyn lange zeit her in der gantzen christenheyt geuebt und noch taeglich mit frecher vnnd vberausz muotwilligen gedürstigkeyt braucht vnnd handelt. Was dann also wyder genannte münich geschicht, das will ich inn krafft disz offen brieffs angenommen haben vnnd als von mir selbs geschehen bekant seyn. Vnnd mag ynn jemant etzwas abnemen oder schetzen, das soll er vor sich behalten vnnd mir keyn teyl davon zuo geben schuoldig seyn. Ich will auch hierinn nyemants, der in gemelts Ordens kleydunng vnnd wesen ist oder funden würt, auszgenommen haben, sonnder aller Prediger münich, ausz was nation oder lannden die syndt, gemeynt haben, es waer dann sach, das etliche meyn brieff vnnd sigel oder sunst genugsame bekaentnusz, das sy sich mit mir vortragen, ynnd ich sy geueliget vnnd gesicher haette, von mir weysen wurden: dieselbigen soellen hierinn auszgeschlossen seyn, vnnd soll nyemant sy in meynem namen oder von meynen wegen anzuogreyffen von mir macht oder gewalt haben. Wer mir dann in angetzeygter sachen thienen wurt, der soll sich herwyder aller danckbarkeyt zuo mir vorsehen, vnnd wo ich ym mit eeren wyderumb thienen kann, würt er mich ganntz willig vnnd bereyt finden. Das[26] *alles zuo vrkundt hab ich meyn eygen angeborn insigel vnten an disse schrifft getrueckt, die geben ist auf Montag nach Judica anno Domini M.D. xxij.*
Vlrich vom Hutten s(ub)s(cripsi)t. [Autograph]

3.12 Schreiben der Straßburger Dominikaner an den Rat der Stadt mit dem Betreff ‚Ulrich von Hutten', 6. Mai 1522.

Straßburg, Stadtarchiv, AMS II, 60,14, Bl. 1r–v. Lit.: Rott (1974), S. 67.

Strengen, edlen, erenvesten, ersamen, fürsichtigenn, wyszen, gunstigen liebenn herren. Euwer strengkeit vnnd ersammen wyszheit sig zuo vor willi demuetig gebett vnnd was wir guots vermoegenn. Günstige, liebe herren. Wiewol wir (on ruom zuo meldenn) vnns biszher inn euwer statt als inwonere so erlich vnnd christlich by vch gehalten haben vnnd ferrer ze thuond begeren, das vnnserthalbenn wir vnnd der conuent nye keyner vnchristenlichen oder kaetzerischenn misztbat bezyggenn oder ye hilff noch bystandt von vnns zuo ergernusz der christennheit gespurt oder vsfynndig wordenn ist (vnnd obglich wol vergangner zyt sich ettwas spennigs durch die Obseruantzer erhebt vnnd verloffen), mag noch kann noch ermesigung aller billicheit vnns, den vnschultigenn, die inn solichenn irrungen noch inn andren zwitrachten, so fillicht verschiner zyt ergangen mochtenn sin, keins wegs deszhalbenn angemaszet werdenn, sonnder habennt vns zuo yeder zyt solicher hänndel gemitten vnnd des friddenns bevlissen, solicher mosz, das wir keynem moenschen ye vrsach haben gebenn, vns zuo beleydigenn. Dann vngezwyfelt, wo wir vnns wider christennlich eer kaetzerisch gehalltenn, euwer streng ersame wiszheit (die noch biszhar in irem hochloblichenn

---

[26] *Das* durchgestrichen. Darüber *des*.

regiment harkommen vnnd mitt der worheit gepryszet ist), würd vnns inn anzoigtenn stueckenn nitt verhengknuesz zuogelassenn, sonnder mitt recht deszhalbenn (wie billichenn) ersuechet habenn. Aber vber vnnd wider solichs, so ist vnns nehstverschynnen sonntags Quasimodo geniti, vnangesehen, das wir für vnns vnnd vnser conuent mit strengenn vnnd hochgelerthenn herren Volrichenn von Huttenn zo Stöckelberg, ritter etc., nichts annders dann liebs vnnd guots zuo schickenn habenn wissen, ein vehdbrieff hiebygelegtenn innhalts an die kirchthur vnsers gotshusz offentlichenn angeheffet wortenn, darinnen gnante herren Volrichs nammen anfangs gemeldet vnnd ine vnssers gantzen ordens abgesagter vyand sin angezoigt wurt. Deszhalbenn wir inn ansehung imme noch denn synen einicher widerdryesz vonn vnss widerfarenn sin wissenns tragen, sonnder sindt siner adelichenn vnnd hochgelerthenn person ye vnnd ye als tugentlichem rytter inn christlicher lieb geneigt, also das wir ab solicher vehdlicher schrifft nitt cleyn befrömbdens tragen, anrufflicher bitt begerende e(uwer) streng e(rsame) w(yszheit) woelle vnns by recht, das wir imm vmb sin zuosprüch (so er ye einche an vnns zuo habenn vermeynth) vor euwer ersammen wyszheit des rechtenn vnuerzogenlichen gewertig zuo syn hiemitt erbotenn haben wöllen, daby handhabenn vnnd schützenn vnnd by gnantem herren Volrichen bewerbenn, das er in ansehung vnnser vnschuld vnnd recht erbiettens, vns vnns vnsren conuent vsz sorgenn vnnd fürgenommener beuehdung vszgesundert blybenn vnnd daruff ein gnedig antwort gedyhenn lasse. Wollen wir vmb (euwer) strenng ersamm wyszheit vnnd ouch offtgnantem herrenn Volrichen gegenn Gott dem almechtigenn mitt vnserem demuettigem gebett willigelich habenn zu verdienen.
Euwer strengy vnnd e(rsam) wyszheit demuetige inwonere prior vnnd conuent prediger ordens zu Straszburg.

3.13 *Ultimatum Ulrichs von Hutten an das Kapitel Jung Sankt-Peter in Straßburg, 7. Mai 1522.*

Straßburg, Stadtarchiv, AST 176, S. 485–486. Lit.: Rott (1974), S. 68.

Dem erwudigen und wurdigen herren probst, canonicken, vicarien und dem gantzen stifft zum Jungen St. Peter zu Strasbourg.
Wisset, probst, capitel, vicarien und alle des stifts zum Jungen St. Peter zu Straszburg verwandten, das, wiewol, nachdem ich lang hievor ausz billichen, erlichen und cristlichen auszgegangen, feyhent worden, nechste verschiner zitt ein vermanungschrift unter minem ingesigel allenthalben angeslagen, darinnen ich yderman sich hinfur derselbigen curtisanen und romanisten zu entslahen, wedder teil noch gemein mit in zu haben gewarnet, und weszs die jhenen, so solichs nit thun werden, von mir zu gewarten, genugsamlich angezeigt, so hore und sehen ich doch, das noch wie vor ewer stifft vor allen anderen zu Straszburg und im gantzen bistumb mit solchem unzifer, teufelischen gespenst und totlichem gift wonderlich und uber aller mosz verunreinet, beladen, verlipt und andersz nit gestalt ist, dan wie ein stinckender pful, darin alle

unreinigkeit der gantzen stadt STraszburg abgeleidet und geflos werde. Dan ir ouch einen pfarrer, der mich in sinen offenlihen sermonen zum often malen gescholten und als ein neidischer, eitterbissiger hundt an minen manlichen eren und adelichem herkomen zu reissen und ertotten understanden, an alles einreden, auch mit guttem gefallen zu erarchten, bey euch duldet. Diewil ir nun in diszem ewern eigen nutz und frommen, so euch, wo ir das verfluchte, verdampt curtisanisch gifft von euch geladen zu stunde nicht bedacht, mein frintlich vermanung und getrewe warnung verachtlich umbgangen, so ist nochmals mein ernstlich und letst begeren an euch, ir wellet dieselbigen curtisanen und romanisten, so sich in ewerem stift anders nit dan reissende wolff in einer holen oder wütende merder in einer merdergruben erhalten, namlich Wolffgangen Bocklin, Lorentzen Hell, doctor Leib, den Bertschen, den Smidhuser, den Pawel, Volmar, Othmar, den pfarher und andere inwendig ach(t) tagen, die nesten noch uberantwortung disz briefs, von euch, ynn massen ir am besten kont, schieben und absunderen. Dan wo ir solichs nit thäten, will ich euch itzo verkundiget und eins vor all entlich zugeschriben haben, das ich euch, den eweren und euch verwanten noch leiben und gutteren trachten und noch allem minem vermogen stellen will und mit hilf Gots weg suchen, dardurch ich euch dahin bringe, das ir das jhenig, so itzo an eweren schaden gescheen mochte, mit ewerem grossen, verderblichen schaden und nachteil dannocht thunn miszet. Und sol dis min verwarung vor mich, meine helffer und helffershelffer an uch sein. Darnach habt euch zu richten, und beger das ewere beschribne antwort by dissem botten zu vernemen, wes ir euch hierin halten wellen. Datum mitwochen nach misericordia Domini anno Domini 1522.
Ulrich von Hutten zum Steckelberg.

3.14 Schreiben des Kapitels Jung Sankt-Peter in Straßburg an den Rat der Stadt betr. der Drohungen Huttens, 21. Mai 1522.

Straßburg, Stadtarchiv, AST 176, S. 486–487. Lit.: ROTT (1974), S. 68–69.

Strengen, erenvesten etc. Uch syent gegen Gott allzitt bevor unser flissig gebett von willig dinst gunstigen lieben herren. Der hochgelert, edel und vest her Ulrich von Hutten zum Steckelberg hat probst, canoniken, vicarien und dem gantzen stifft hy by uch zum Jungen St. Peter jungst verruckten tagen ein brieff zugeschickt, den wir uch hiemit auch behendigen, sins inhalts, das der pfarer gemelts unsers stiffts in siner bredig ine, her Ulrichen, an sinem adelichen herkomen hochlich verletzt soll haben, witter auch das ettlich stifftspersonen, so der in seiner schrifft benempt, uszscheiden und von uns absunderen sullen, mit mererem inhalt. Haruf haben wir obestimpten personen fur uns capitels wisz besandt und inen solich gschrift furgehalten und verlesen lassen, die uns nachfolgender wiszs mit antwort beggennet sind. Nemlich der pfarrer, das er in allen sinen sermonen und predigen obgemelten her Ulrichen von Hutten mit einichem wort nie bedacht, relation oder äffrung von im gethon habe, repetirt und bezugt sich solichs uff alle pfarpersonen, zugehorigen und menklichen. So haben auch die anderen benanten die antwurt geben, das sie mit vilgemelten herren Ulrich nutzit wissen anders dan liebst und guts ze thun oder schaffen haben, ime auch wedder mit worten noch wercken in einichen weg sampt und sunders fir sich selbs oder ymands anders von irentweg in nie beleidiget. Und ob aber ye gedochter von Hutten einicher anforderung und zurspruch gegen inen nit ruwig sin und stillston wolte, erbieten sie sich sampt und sunders entlichs rechten fur und an allergnedigsten herren keyserlichen majestät eigne person, seiner majestät statthaltern und regiment ytzundt zu Nürenberg, vor den durchluchtigen, hochgebornen fursten etc. pfalzgraff Ludwigen kurfursten, markgraf Philips zu Baden etc.; item vor den hochwurdigen fursten etc. herrn Wilhelm bischoff zu Straszburg, unsern gnedigsten und gnedigen herren und zu allem uberfluss vor euch, ein loblich stadt Straszburg. Und uff solichs ir rechterbietung haben sie uns erfordert, sie doby lossen zu bliben und der billicheit noch nit witter zu trengen. Dwil nun unser macht nit statt, uns auch nit gezimpt, einichen unseren der rechts gewertig sin will, ferner zu besweren oder tringen, so ist an ewer e. w. als unser stifft schirmherren, unser demittig dienstlich bitt, by vilgedochten von Hutten gunstigs und fruntlichs willens zu vermogen, das er sich obgehorten rechts gebotten settigen loss und unserem stifft, auch uns furthyn nit witter beunruwigen welle, als nit zwifelt selbs ermessen moge zu bescheen billich syn. Solichs umb u. e. w. vermogen zu verdienen sindt wir willig. Actum Mittwoch nach cantate anno xxij.

3.15 Hans Bock, Bürgermeister und Rat der Stadt Straßburg an Ulrich von Hutten, 21. Mai 1522.

Straßburg, Stadtarchiv, AST 176, S. 487–488. Lit.: Rott (1974), S. 69.

Wir Hans Bock ritter, de rmeister und der rath zu Straszburg embietten dem erenvesten und hochgelerten Ulrichen von Hutten zum Steckelberg war wir guts vermogen. Uns haben die wurdigen und ersamen herren canonicken und vicarien gemeiner stifft zum Jungen St. Peter by uns ein geschrifft von euch an sie uszgangen furbracht und daruff lutt ingelegter supplication copy by und fliszlich ansuchen gethon. Dwil wir dan ir verantwurten zimlich achten so ist an uch unser gutlich und fruntlich beger, ir wolt [fol. 236v] solch ir entschuldigen fur gnugsam annemen; wo aber das selb euch nitt gemeindt, doch irer furgeslagenen rechts bott eins, welichs uch geliebt gefallen lossen, als wir dann zu uch als eim eren, hochverstendigen edelman zubescheen der billicheitt noch uns verstrosten, und hinwidder mit geneigtem willen gegen uch zu beschulden beflyssen sin willen. Und wil wol wir uns abschlags harinn nit versehen, begeren wir doch nit destminder des ewer schrifftlich antwurtung disem unserm botten, ernante herren eins solchen haben zu berichten. Datum Mittwoch post cantate anno 1522.

3.16 Ulrich von Hutten an den Rat der Stadt Straßburg, 23. Mai 1522.

Straßburg, Stadtarchiv, AST 176, S. 488. Lit.: ROTT (1974), S. 69.

Strengen, erenvesten, ersamen, wissen, fursichtigen lieben herren und frund. Ewer schrifften an mich die stifftherren zum Jungen St. Peter betreffend hab ich alles inhalts verlesen und mocht liden uch und ewer stadt zu nutz und gut, das solich stifft witt von Straszburg gelegen. Dwil aber das nit sin kan und doch canonicken und vicarien doselbs irer curtisanen nit missig gen mogen, ich aber an irer entschuldigung kein genugen hab, ist an uch min gantz fruntlich bit, ir wollent uch der ouch nit witter annemen, aber sie by Romschen schutz und schirm, daruf sich alwegen die curtisanen verzogen, bliben, und mich min obenthur gegen inn sthon lossen. So hoff ich min vorgnommner gegen in handel soll uwer stadt on schaden sin. Das sie mir aber das recht bietten, ist mir disser zitt mit in zu rechten nit gelegen, wie wol ich, wo die leuff ettwas anders stunden und yderman, wies billich und recht, zu redden, raten und erkennen zugelossen wär, liden mocht, das ein erber raht zu Straszburg darin erkante. Das hab ich uch uf ewer schreiben in antwurt gutter meinung nit verhalten wollen. Euch lieb, fruntschaft und dienst zu erzeigen bin ich von hertzen willig. Datum Landstal, fritag nach cantate anno xxij.
Ulrich von Hutten zum Steckelberg.

3.17 Ulrich von Hutten an Hans Bock, Ritter und Bürgermeister von Straßburg, 23. Mai 1522.

Straßburg, Stadtarchiv, AST 176, S. 488–490. Lit.: ROTT (1974), S. 69–70.

Mein früntlichen und gantz willigen dienst zuvor, besonder lieben herren und fründt. Ich bin nechst zu Straszburg gewesen und wo ich euch alda funden, wollten wir allerley miteinander gredt haben. Dieweyl ir aber nit anheym, muste ich, dieweyl mir suns niemant, dem ich hette vertrawen dörfen, bekannt, ungeandt meynes vorsatzes wider abreysen etc. Lieber herr und fründt, es ist an euch mein gantz früntlich bitt, ir wöllet treulich daran seyn, dasz sich ein erbar rat zu Straszburg der curtisanen und irer verwanten zum Jungen S. Peter nit anneme, üwer früntlichen vertröstung nach, die ir mir zu Wartenpurg geben, ich würde in der curtisanen sach die stat Straszburg zu allem meinem gefallen haben. Das will ich mit allem möglichen fleysz wider umb euch zu beschulden willig funden werden, dann euch lib und dienst zu erzeigen bin ich gantz und von hertzen gewillt. Himit Gott bevolhen. Datum Landstall, mein handt, freytag nach cantate anno 1522.
Dem strengen und ernvesten herrn Hansen Bock, Ritter und stättmeister zu Straszburg, meinem besondern lieben herrn und fründt.

3.18 Gedrucktes Ausschreiben Ulrichs von Hutten an alle, die Steuern, Renten, Zehnten und Fron an Jung St.-Peter bzw. andere Stifte in Straßburg schulden, und sein Appell, diesen keine weiteren Abgaben zu entrichten, 13. Juni 1522.

Straßburg, Stadtarchiv, AST 176, S. 491–492. Lit.: ROTT (1974), S. 70–71.

Allen und yden, was stands oder wesens die sindt, den diese geschrift oder der inhalt und meinung fürkompt, füg ich Vlrich von Hutten zum Steckelberg zu wissen, das ich, nochdem ich ettwas vor gutter zit der cortisanen und romanisten, als allerschedlichsten, vn(d) todlichsten beschedigern der Tütschen Nation und gantzer cristenheit abgesagter feind worden, auch solich min vorgenomen gegen inen handel by R(ömischer) M(ajestät), churfürsten, fürsten, herren, allen oberkeiten und anderen des h(eiligen) Richs stenden in solichem ansehen, dasz mir noch biszher niemans dorin getragen oder entgegen gewest, auch noch nit ist, und darusz gevolgt, das ich nest verrückter zitt canonicken und vicarien zum Jungen St. Peter zu Straszburg, als die vsz ingebung und ferfürung des bosen geists solich romisch gifft zu grossem, merglichen schaden und nochteils vnsers vatterlands, auch geringerung christlichs glauben und undertrückung des h(eiligen) glaubens evangelij, in sunderheit und mer dan alle andere stiffter by in halten und haben, auch ettlichen anderen stifften zu Straszburg, namlich zum Alten St. Peter, zu St. Thoman, zu St. Steffan, zu Allenhelgen, den vicarien im Mynster und der aller zugehorigen und verwanten, vmb das sie min getruwe, in überschickte warnung verachtlich übergangen, ein sonderliche veht zugeschriben und verkündt hab und doch gern schaden denjhenigen, so villicht disser sachen noch nit gruntlich bericht und darusz warnung empfangen hetten, vorkomen wollte, so will ich hiemit yderman uff das flisigst und in allem ernst getrulichen ermant und gewarnt haben, wo yemant genanten stiften, den yren und verwanten mit zins, gülten, renthen, zehenden, frondiensten oder andern zu übereichen verpflicht oder verwant wer, er wol sich von stunden, uf die besten weg oder form er mag, ausz solichen pflichten vnd verwantnisz ziehen und obangezeigten minen finden gantz nützig wie zuvor, es sig was es wol, behendigen, zustellen, überantwurten noch volgen lossen, sunder das by in bisz zu witterer miner forderung, die dan alzit billicher weisz bescheen sol, behalten; und nochdem ytzo die ern und der herbst sich nehern, in daselbst mit keinem dienst zu thun in alle weg behilflich noch berotten sin, ouch kein zehenden oder anders vmb sie besteen oder kauffen, noch ire knecht oder diener, die sie solichs inzufordern oder inzubringen schicken würden, nit husen noch beherbergen, sonder ir gentzlich missig gon, sie myden und fliehen. Dann ob ymant, des ich mich nit versihe, harwider thon wurd, sol dem hiemit verkündiget und zu wissen thon sin, entlich und eins vor alle, das ich in glicher mossen als inen den houptsechern mit allem minem vermogen hilf, rot, trost, fürschup und bistandt miner herren fründ und guten günner auch aller so ich mir zu hillf und in zu schaden reytzen, füren oder wissen mag, noch lyb und gut trachten will, bis so lang sich obgemelte hauptgegner vmb min forderung mit mir vertragen. Und sol hierin niemans witter warnung von mir warten, dan ich will die hiermit als ufs userst geton und niemans dan allein

*die loblich stat Straszburg, der geminen nutz ich alzit zu bedencken geneigt, harin vszgenomen haben. Do mag ein yder erwegen, ob er vmb der vncristlichen, boszhafftigen, vermaledigten cortisanen und romanisten willen totslags, brants, gefengnisz oder einiger beleidigung von mir warten, den minen und helfferen on alle sin oder ymans ere und nutz lieber gewarten will, dan das er zu heil und wolfart nit allein sin, sunder des Tutschen Lands, ja auch aller cristenheit min frintliche, brüderliche und trüwe warnung, die er zu miden nimer vrsach haben mag, anneme. Ob dann ich miner person halb gegen alle curtisanen und iren verwanten nit so grosse, notürftige und beweglich vrsach, wie gutter mossen wissentlich, hett, so solt doch billich ein ydes christlich hertz usz iniglicher betrachtung cnsers Gots und schopfers, sins gesatz und gemeiner der selen seligkeit, den überschwencklichen, vnmenschlichen miszbruch, auch grausame vnd erschrockliche ergernisz, so von solchen vermeinten geistlichen, die doch nit gestminder für und für den schweisz und blut frumer christenleuten in schand und laster verzeren, entstanden und noch deglichs flyst, mit gantzem ernst hassen und abzutilcken geflissen sin, wiewol si, die curtisanen und romanisten dermossen gegen mir zu handlen understanden, das ich niemant, der ausz briederlicher lieb sins nechsten schand oder nachtheil behertzigen mag, sin acht, den ich nit mit verzelung vnbillicher, vnformlichen, tiranischen und witerischen an mir begangne handlung zu seuftzen oder auch zu weinen bewegen mocht. Derhalben ich hiemit yderman, wie vormals auch gantz ernstlich und gütlich gebetten will haben, er wol mir wider solich cortisanen vnd romanisten vnd in sonderheit angezeigter stiften helfen, berathen vnd fürderlich sin. Und ob in ymans etwas abnemen oder schotzen mocht, mit dem will ich es halten noch inhalt miner vrloszbrief, so ich bishar uber mine feindt gegeben. Würd aber einer oder mer solcher gemelter stifftverwanten oder die, so über min warnung etwas zustelten, volgen lieszen, oder in, es gesche wie es wolt, dienten, an sinem lib oder gut, mit totslag, brant oder ander verletzung, angriffen, beschediget, den will ich meim armen vermogen noch, wie er mir sin that anzeigen wirt, vnbegobt nit lossen und im hinfür in derglichen sachen zu dienen krafft dis briefs verpflicht sin. Das hab ich also yderman zu vnderrichtung, ouch fürkomen schadens vnd nochteils, so unschuldigen harusz volgen mocht, verkundigen wollen und des zu witterem vrkundt min eigen angeboren insigel unden an disse schrift getruckt, die geben fritags noch dem h(eiligen) pfingstag im jar noch Christi unsers herren geburt 1522.
Hienach volgt der getruckt brief mit des von Hutten sigel offentlich versigelt, ufgeslagen allenthalben im land, sunderlich zu Griess und Schefelsheim, wo wir den zehend haben, wie dan oben gemelt ist zu mer malen.*

3.19 Ulrich von Hutten an Jean-Jacques de Morimont, Reichsvogt des Unterelsass, 10. Juli 1522.

Straßburg, Stadtarchiv, AST 176, S. 490. Lit.: Rott (1974), S. 71–72.

Edler, wolgeborner, gnediger herr. Eweren gnaden syen min vnderthenige, gantz willige dienst alzit zuvor bereit. Ewer gnaden schrift fur die zum Stifft zum Alten und Jungen St. Peter zu Straszburg an mich uszgangen hab ich inhalts verlesen und hette gantz nit gemeint, dasz ewer gnaden iren schirm so wit uszpreiten wurden. So kann ich so stumpflich in der sachen nit stil ston, das ich meine diener und helffer also nit beinander hab, dasz ich denen von stund an minen willen verkundigen moge. Über das, so hat min gnediger herr von Straszburg zwischen etlichen stifften zu Straszburg und mier underhandlung furgenomen, doruf ich auch vor zweyen tagen min geschickten by sinen gnaden gehabt. Ist derhalben an ewer gnaden min dienstliche byt, sie wellen mich und die minen, kurtz der zitt halben, in dem nit faren, sonder mit mir wesz min gnediger herr von Straszburg in dieser sachen endt, und bysz ich min geschickten zu ewern gnaden verordnet hette, mit bevelch hierin zu handeln gnediglichen erwarten. Das will zu ewern gnaden ich mich gentzlich vertrosten und das zu verdienen unterteniglich geflissen sind. Datum Dornstags nach Kiliani anno xxij.
E. g. gantz williger Vlrich von Hutten.

3.20 Johann Gerster, Stadtschreiber zu Basel, an das Kapitel von Jung St.-Peter in Straßburg, 17. Januar 1523.

Straßburg, Stadtarchiv, AST 176, S. 493–494. Lit.: Rott (1974), S. 72.

Erwürdigen, hoch und wolgelerten, insbesonders günstigen und lieben herren. Vwer würd syen min gantz gutwillig dinst und was ich eren und guts vermag alle zit zuvor bereit dargebotten. Ich hab üwer erwürde schreiben mir by dissem botten zugeschickt mit ingelipter beger gelesen und verstanden, und ist nit on, herr Frantz, min sun, hat mir solich meinung zum teyl vor auch geschriben. Doruff ich wol des willens gewesen, üwer erwürd gestaltsamy derselben sach und min gutbedüncken anzuzeigen. So aber ein tag von gemeinen eidtgenossen disz vergangen tag zu Baden gehalten, die dan vormals von deswegen, das sich der Hutten in geleit by uns enthalt, nit sonder gevallens gehabt, hab ich vngang desselben tags wellen erwarten etc. und darnach uch witter zuzeschriben. So aber ewer bott üwer erwürd schrift uberantwurt, so will ich geburen doruf antwurt zu geben. Und sollen glouben, das gantz nutzet doran ist, das der Hutten by uns behempt, noch von niemants verpotten sig, sunder sich sins gleits uff dissen tag noch fry gebrucht. Deshalb mich bedunckt und für gut angesehen hatt, die sach by dem nesten lossen ze pliben, dann alle, die will im sin gleidt, nit abkündt wirt, so will mich bedüncken on not sin einich antastung fürzunemen, dan es mins bedunckens unverfenglich wer und den man wol zu grosserem widerwille reitzen mochte. *Ich will aber, günstigen lieben herren, fürterlich und mit ernst handlen, domit dem onmechtigen man das geleitt sol abkündt werden. Und so das geschicht, wollte er dann witter by uns verharren, so wolt ich mich dann in den handel schicken, das ir uwer beger zimlicher gestalt ersettigung bescheen solt und daran min vermogen setzen. Das mag mir ewer erwürd trostlich getruwen, dann iro all moglich dienstbarkeit iren nutz zu furdern und schaden abzukeren bin ich nit allein lustig, sunders auch pflichtig und schuldig. Datum Samstag St. Anthonien tag anno xxiij.*

Vwer erwird gantz gutwilliger Johann Gerster, statschriber zu Basel.

4 Die Fehde gegen Kurfürst Ludwig V. (1522/23)

4.1 ‚In Tyrannos'/ ‚Libellus in Tyrannos', lat. Fassung.

Eichstätt, Universitätsbibliothek, Cod. st 695, Bl. 239–247. Lit.: SCHLECHT (1922), S. 96–104; Lit.: JAUMANN (2008), Sp. 1222–1224; SPELSBERG (2015), Nr. 66, S. 152; Beschr. d. Ms.: Karl H. KELLER, Die Mittelalterlichen Handschriften der Universitätsbibliothek Eichstätt III: Aus Cod. st 471 – Cod. st 699 (Kataloge der Universitätsbibliothek Eichstätt I, 3), Wiesbaden 2004, S. 452–477, hier S. 476.

Nürnberg, 3. März 1523
Thomas Venatorius an den Eichstätter Weihbischof Dr. Fabian Weickmann
[Begleitschreiben zu einem angeblichen Brief Franz v. Sickingens, den dieser an den Pfalzgrafen gerichtet haben soll. Ganz Deutschland wende sich dem Lichte des Evangeliums zu und von den sophistischen Studien ab]

Reverendo patri et domino Fabiano episcopo Philadelphiae patrono suo Thomas Venatorius sese commendat. Transmitto Tibi, dignissime pater, epistolam Francisci a Sickingis, viri in re militari obeunda consultissimi, quam Palatino Rheni adscriptam ferunt. Praeterea apud nos nihil est, quod te scire magnopere iuvet, nisi quod totus Germanicus orbis ad evangelicum jubar aspirare videtur coepitque iam paulominus tribui sophisticis // studiis quam olim. Faxit Christus servator noster, ut omnibus ex aequo arrideant divinae literae, sine quibus tenebrescunt quaecunque alta ducit mortalis caecitas. Valet paternitas tua reverenda. Ex Norimberga 3ª Martii anno etc. XXIII. Sequitur epistola:

Tandem meorum sanguine rubuit tuus ille nunquam in acie visus, nunquam contra virum adversarium exertus gladius. Tandem, bone vir, tandem! Et tale tuum tam atrox, tam violentum, tam tyrannicum facinus poenam vocare audes? Sic sceleri tuo iustitiae praetextum induis. Dii immortales! Quis ubique iniustus et iniquus est, si tu, eum[27] tam nulla de causa occidis, iustitiam dispensare dici merearis? Ulli vero usquam homines, quibus tu quidem notus es, latrocinia punire credent te, qui

---

[27] *cum,* vgl. SCHLECHT (1922), S. 97.

omnes, qui²⁸ te contingunt nationes, raptu latrociniisque infestare solebas? Et haec quidem publica et vetus de te querela est, illa autem nova et te digna adversum me²⁹ instituta calumnia. Ego turbo imperium, quod inaudita omnibus retro saeculis perfidia nuper vendidisti? Et publicam pacem infesto, quam tu multo constituere deberes³⁰, quottidie pecunia abs te redimi sustines? Aut ego Germania eiiciendus sum, qui semper aequi verique monstrator fui, tu retinendus, qui eam tot suis partibus opprimis et laceras? Audi enim miseras coram te voces, audi insolitum Germaniae ploratum, tuas amarissimas manus, tuam insatiabilem rapinam eiulantis! Et hoc ad commiserationem quidem movet exteros, tu vero modum non statuis novis exactionibus. Et quanto iniquius³¹ omnibus tuis³² videtur imperium, tanto semper avidius rapis et compilas. Oh te bellum igitur caesaris vicarium! Egregium iustitiae propugnatorem, pacis restauratorem! At me infelicem, in quo te primum // aequitatis tuae exemplum edere contigit! Sed iam perge et coeptum prosequere ac in aliis ostende integritatem tuam; sic incipiunt, qui perire debent. Neque enim tam patientes Deo aures esse arbitror, ut te talem tyrannum mitius punitum velit, quam sororium illum tuum, quem eiici passus non esses, nisi in locum eius te successurum aliquando sperasses. Illud quidem iam assecutus es, sed meliore quam ille conditione, quo tu sublimiore de loco et maiori vi grassari potes. Quis illum nobis igitur restituet, si tu diutius es ferendus? Quamobrem non bene prospexit tunc Germania sibi, quae cum tyrannos exigeret, de tyrannorum successoribus non cogitavit? At securus ibi speculator, qui exedebas, tempus operiens, quo aliena calamitas tuae felicitati locum faceret. Cum³³ novis subinde accessionibus superfudit se tibi fortuna: vacare imperium coepit, tu arcam tuam nummariam vacare putasti, neque falso; vacabat enim. Inde igitur repleta est et ita visus es consistere, donec paulo post exhausta illa (neque enim segnius profundis tu pecuniam quam avare colligis) optabat³⁴ iterum vacare imperium. Neque puto morem ferre potuisses, nisi statim novam offam hianti in os coniecisset fortuna, ut de aureis illis a decimo Leone benedictionibus Wormatiam contra nos transmissis mlti affirmant, et novum illud portorium a caesare (ut ferunt) tibi concessum pro mercede suffragii graviter collati. Hanc talem tamque opulentam rapinam quis non putasset explendae istae tuae avaritiae satis fecisse? Sed diffisus es, ut tantum inde posset tibi redundare, quantum alibi effundere proposueras. Et quia inescatus, repetis iam largitionibus dulcedinem, id est eam hiantibus usque faucibus sequi decrevisti, // negotium meum subito invasisti, quod ego prius ne suspicatus eram, lucro fore tibi. Atque sagacem te fecit avaritia. Nam ubi ego laborem spectavi et periculum, tu solatium odoratus es et lucrum. Et nunc primum incipiunt noscere

---

[28] *quae*, vgl. Schlecht (1922), S. 97.
[29] Am linken Rand nachgetragen.
[30] Schlecht (1922), S. 97 vermutet, dass hier wohl eine Textstelle ausfiel.
[31] Fehlt in der Ms.; von Schlecht, 98 hinzugefügt.
[32] *tuum*, vgl. Schlecht (1922), S. 98.
[33] *Tum*, vgl. Schlecht (1922), S. 98.
[34] *optabas*, vgl. Schlecht (1922), S. 98.

homines, qui sis tu, cum Lutheranum ante te,[35] hoc est ab evangelio, censuerint; neque non fuisses tu, credo, si tali lucro esset propugnatoribus suis evangelium. Quod cum desperasti, ad optimos te curtisanos avertisti et venalem exhibuisti male concilia tam illam tuam propugnationem, quam cupide statim emerunt abs te, quotquot conscientia diffiderunt, ut tu sis unicum illud asylum, ad quod confugere possent. Si qui anteactae vitae rationem reddere nequeunt, hiis gradibus ad tyrannidis tuae arcem conscendisti.[36] Hoc ita sine publicae pacis defensione occupasti et conservator iustitiae es factus. Quod cum iactatum abs te audiunt homines, quid in comitatu tui, nempe pacem defendentis, faciant probi homines? Sed qui maxime omnem tranquillum aliquando statum imperii perturbarunt, neque mirari desinent, donec docueris latronibus opus ei, latrones qui aboleri velit. Hii quid censent modo, cum vident non latrones insectari iam, sed contra honestos homines et veritatis adsertores uti latronibus tuis? Usque adeo pro pacis defensore habebunt? Quamquam ego ut id habeant, magnopere sollicitus non sum, meam vero causam tuebor adversum te ad extremum usque spiritum daboque operam, ut sciat mundus, non latrones puniisse te, cum meos interficeres, sed in gratiam eorum, qui te pecunia sibi devinxerat, innocentemque[37] sanguinem fudisse idque nos, quominus faceres, nec pretio nec precibus impetrare potuisse, etiam vehementem illam procellam // improviso et nil tali[38] opinanti nullius conscio mihi contra te offensae, praeterea litteris amicae appelato paulo ante abs te iniectam. Nam certum est nihil umquam texum mihi fuisse negotii; at esse volebas, quo te ostentares, ut si qui reliqui essent ex ordine illo, qui nondum viam in asylum istud tuum aperuissent, hoc facto intelligerent, posse te inimicis meis gratum facere atque igitur gravibus quamprimum loculis concernerent emptam pacem sibi, quam habere non debent, neque pace frui eos, qui turbarum et dissidiorum[39] authores[40] fuerunt semper, qui imperium nostrum prodiderunt exteris, pecuniam hinc[41] semper adverterunt,[42] invicem pessimos reportarunt mores.[43] Non pace, inquam, frui decet clientes tuos curtisanos, qui Antichristum pontificem praeferunt nobis et, quominus is regnare desinat, soli hodie in causa sunt, ac illam fovere unicam et perniciosissimam religionis hostem Romanam curiam, quae per orbem christianum optime instituta pessimis commutavit legibus, fidem sustulit, pietatem abolevit ac saluberrimum illud animarum nostrarum pabulum evangelicam doctrinam piorum auribus atque oculis subduxit.[44] At tu defensos esse vis, non quia mereantur, neque enim pensi habes tu, quid quisque mereatur, sed quia pecuniam habent et propugnationem abs te emunt.

---

[35] Fehlt in der Ms.; von SCHLECHT (1922), S. hinzugefügt.
[36] *conscenderunt*, vgl. SCHLECHT (1922), S. 99.
[37] *te*, vgl. SCHLECHT (1922), S. 100.
[38] *tale*, vgl. SCHLECHT (1922), S. 100.
[39] *dissidiarum*, vgl. SCHLECHT (1922), S. 100.
[40] *auctores*, vgl. SCHLECHT (1922), S. 100.
[41] *huc*, vgl. SCHLECHT (1922), S. 100.
[42] *advexerunt*, vgl. SCHLECHT (1922), S. 100.
[43] Anfang der ausgelassenenen Passage in der deutschen Handschrift.
[44] Ende der ausgelassenen Stelle in der deutschen Handschrift.

Quorum inventus quispiam est, qui egenti ibi; proxime septem milia aureorum mutuo dedit et vetustissimum imperii oppidum[45] *in pignus accepit, quo tempore nemo dubitavit, si ea pecunia potuissem iuvare tuam indigentiam, quin te conniventem mihi adversus curtisanos haberem. At ingemuerunt tunc nobiles, ingemuit plebs; Germani omnes, quibus imperium curae est patriamque qui*[46] *amant, doluerunt licere tibi antiquam imperatoriam urbem turpissime subiicere possessori. Verum maiora adhuc multo, nisi fallant omnia, audentem // videbunt, postquam semel factus es obnoxius iis, qui honestum nihil postulare solent, et quia tu vel amicorum inops adeo es, ut ad pessimorum amicitiam confugere necesse habeas, vel bonorum nemo est, qui, si amicus esse vellet, inexplicabilem tuam habendi cupiditatem explere posset. Invenisti aptam tibi societatem, soli quippe infinita possident, qui sceleste quaerere non verentur. Vides, quam nihil me fugiat eorum, quae tu occulta esse optas, et ut sunt,*[47] *extinctum me vis? Atque igitur multo antequam abbates itenera*[48] *mea explorarent et euntem redeuntemque observarent, si quo nostra intercipere possent. Est hoc publicam pacem defendere? Improbe, est hoc imperium salvum esse velle? Insidiari iis, quos aperte scias tibi, quia causam non habes, aggredi non licere? Nam etsi impudenter mentiri soleas, non fingis tamen hoc ante factum publicam pacem violasse me, et tamen insidiatum te negare non posses. Quam reddidisses igitur rationem facti tui, si tunc in grassatores tuos incidissem, quam mihi culpam imputasses? Certe si reo causam dicere licuisset, punire non poteras; quapropter clam necare proponebas, ut in mortuum aliquid effingeres. Igitur obtusa adeo usque ingenia esse audes sperare, ut, cur me perditum velis, manifeste non intelligant? Nescis ipse dissimulare, si maxime velis, profecto nescis, hac induere te, quia is ego sum, qui veritatem assueverim praedicare et scelera coarguere, ne quando multa non recte facta meis innotescant litteris, et me insectandis tyrannis natum haud ignores. Quanti emeres igitur, ut me nunc,*[49] *cum insimulante infensione te non cavebam, oppressisses? Iam multa tua tractarentur,*[50] *tu secure //malus esses. Sed quia non processit hoc et tibi necesse fuit. Si pecuniam habere velles, inimicis meis, utut posses, inservire, eripis praedam mihi, eos, quorum utor opera, interficis et latrones punire te dicis. Imo tu latro es, omnium maxime; nam et rapis et occidis, ubi non debes, per insidias. Ego bellum aperte gero et a sanguine tibi tempero factique mei rationem reddere scio. Aut non licet mihi iusta de causa veterum more bellum gerere? Quod cum indicerem publice, in principum Christianorum conventu repertus non fuit, qui ut iniuria factum prohiberet. Inimicissime latronum qui ubique sunt omnium, tu me latrocinii audes insimulare, qui a latrociniorum insania magis semper abhorrui quam tu ullum unquam scelus tractare dubitasti? Quo decretum est,*

---

[45] Womöglich Oppenheim, jedoch ohne Beleg. Vgl. KALKOFF (1920), S. 479.
[46] Fehlt in der Ms., von SCHLECHT (1922), S. 101 hinzugefügt.
[47] *sint*, vgl. SCHLECHT (1922), S. 101.
[48] *itinera*, vgl. SCHLECHT (1922), S. 101.
[49] *tunc*, vgl. SCHLECHT (1922), S. 102.
[50] Wahrscheinlicher *tacerentur*, vgl. die dt. Fassung bei SZAMATÒLSKI (1891), S. 174; SCHLECHT (1922), S. 102.

si pervincas etiam hodie, abolendum hunc in Germania morem, quin liceat optimo iure omnia, quae possides, abs te repetere. Nam tuus pater cum sic bellum gereret et a caesare et imperii proceribus gravissimo proposito edicto non possessione tantum bonorum omnium mulctaretur, sed honore privaretur et vehementi edicta praescriptione in sanguinem et vitam eius decerneretur [...].[51] *Quos damnare prius debes, quia contra imperium bellum gesserunt, quam eos qui me iuvare*[52] *honesto in bello, quod nemine vetante indixi et denuntiavi. Imo prius oportet Germaniae nobilitatem exhaurire te quam ex meis quemquam interficies. Nam vix est quispiam nobilis, qui quidem arma ferat, quin aut bellum sic congresserit aut gerentes aliquando iuverit, ut unicum sit hoc doloris mihi huius solatium, quod hoc iudicio praeiudicasti omnibus in Germania nobilibus, quorum si nemo esset, qui contra tuam iniuriam defensum me vellet, tamen quia huiusmodi est hoc negotium, ut omnem*[53] *universum existimatio agat [...].*[54] *Iam hos*[55] *autem cuius momenti est ut armis prosequar, qui in publica fuere bonorum omnium infensione et quos nemo negat extinctos oportere, si salvum esse imperium, salva fides et religio, // salvum evangelium esse debeat? Sic bellum gerentes cum interficis, contra latrones iudicium te exercere dicis? Aut igitur mortuos meos redde mihi, aut prius aulam tuam evacua! Nam tales habet et ipsa latrones, deinde nobilem in Germania virum neminem reperies. Omnes enim putant licre sibi aestimationem suam armis defendere, innocentes contra potentum iniuriam tueri, oppressos et vim passos ope et auxilio levare. Hic vetus est et inculpatus Germaniae mos, quem tu cum abolebis, qualem, bone Christe, qualem hic tyrannidem instituis? Sed instituis, nisi hoc fiat statim, quod facturum speramus omnes, ut tu in medio isto scelerum tuorum cursu impediaris. Iam omnes intelligunt, quid proponas et alibi et hanc curtisanorum contra me propugnationem quanta mercede susceperis, quid et illi mereantur et pax debeatur tali hominum generi. Quomodo, dic mihi, rectius tu vendis pacem bonis quam ego prosequor malos? Aut quae iura permittunt tibi istiusmodi tractare merces? Praeterea ut talis ego sim, in quem omnia omnibus liceant, quomodo excusabis imperatoris designatione vocem et pacta mercede collatum suffragium? Et foedus illud tuum quale est, quod cum abbate Weyssenburgensi nuper iniisti implicate, ut homines intelligunt, fraude et ut honestam civitatem misere prius abs te afflictam nunc demum intollerabili imposito portorio perditum eas utque illius monasterii ditionem paulatim tuae subiicias potestati? Vel quam reddes rationem et quo merito illud ipsum portorium a caesare acceperis, quo iure passim nunc exerces? Quid respondebis perquirentibus abs te, cur abbatis et imperatoris vicem geras, cum*

---

[51] Die dt. Fassung legt den Schluss nahe, dass hier ein Nachsatz ausgelassen wurde. Vgl. SCHLECHT (1922), S. 102; SZAMATÒLSKI, 175: *Do dein vater kriegte, ward er von keiser und allen des reichsständen durch offentliche verkundigung der schweren acht nit allein seiner güter, sonder auch eren und wirden stands entsetzt und sein leib und leben ward jederman erlaubt. Und wiewol dem also, fand der dannoch leut, die ihn wider dieselbigen macht behielten.*

[52] Besser *iuvaverunt*, vgl. SCHLECHT (1922), S. 103.

[53] Wohl verschrieben für *omne* oder *omnium*, vgl. SCHLECHT (1922), S. 103.

[54] Vgl. SZAMATÒLSKI (1891), S. 176.

[55] Am Rand dazu getragen: *hos id est curtisanos.*

componere pacem ac tranquillum servare imperii statum debeas, nemo tamen per te defensus sit, nemo securus ambulet, nisi qui mercedem ante solverit? Ecce qui in raptores animadvertit, latrocinia punit, tutos viatores reddit, securitatem publice dat, iustitiae propugnator, pacis defensor, // imperatoris vicarius. Sed quem homines noscere incipiunt: seditionum auctorem, iniquitatis formitem, scelerum conservatorem, miseram plebem amarissime exspoliantem, publicum curtisanorum propugnatorem, talibus coloribus te pingere licet, ut perspicua tua mundo sit vita, quam tu hic honestatis praetexto velo, aliam atque erat, inspicientibus ostendebas. Nam in praesentia pluribus non agam tecum, quippe eo properandum est mihi, ut omnium invocata opa meam contra te innocentiam defendam, tuum immite facinus, nepharium scelus, nefandum latrocinium ferro atque igne ulciscar. Ulciscar! J.[56]

4.2 ,Ein gegenredt oder ausschreiben Vlrichs von Hutten widder pfaltzgraf Ludwigen Chürfürsten', dt. Fassung.

Fulda, Hessische Landesbibliothek, Hutten Ms 19. Lit.: SZAMATÒLSKI (1891), S. 165–179; JAUMANN (2008), Sp. 1228; SPELSBERG (2015), Nr. 65, S. 152.

Christus hat mich erhört, vnd als mein eynige bit gewesen, das allen mentschen kundt werde, wie du mich so gar on alle vrsach mit eynem so grimmigem gewaltsam beleydiget, hat er mich der gantz miltiklichen gewert, dan du selbst mit deynen vberhaufften vbelthaten machst mir zu letzt glauben, bey denen, die nehst meyneten, ich thät im zu vil, in allem dem, so ich von dir klagte, als ob ich vß schmertzen des entpfangenen leyds, die sach villeicht grösser, dan die an jr selbs, machte. Aber jetzo sehen sie, wie glaublich sey, das du mir solliche bitterkeyt angelegt, jn dem du jtzo widderumb gegen mir, darnach auch gegen vielen anderen, mit demselbigen deinem grausamen mordsgrimm, wütest. Vnd erkennen zum letzten, das ich nit vnbillichen bewegt, das auch war sey die redt, die ich alwegen von mir vßgegeben, es sey mir niemant veind, er sey dan auch vnsers vaterlands vnd aller frommen veind, so wöll ich auch keinem nyemer veind werden. Ich erkenne jn dan, der gantzen gemeyn schädlich. Dan als ich noch nit gnugsamlich verschmirtzt hatte, den todt deß, den du, vmb das er mir eynn billichen thienst widder meyne veinde die Curtisanen gethan, vnwirdigklichen ertoetet, hastu dir schnellicklichen, jnn sin genomen, den gewalt, so du mit mir angefangen, offentlich vnd in gemeyn vorzuwenden. [Hast daruff ein grosse schatzung vff alle geistlichen, die in deim gepiet sindt, gelegt, damit ein kriegsvolck vffbracht],[57] *vnd bist daruff*[58] *also in die landsknecht, die von Frantzen beurlaubt, vß dem Trierischen land zogen, gefallen, allen den deinen erlaubt, wen sie von den selbigen willen, zu berauben vnd ermörden. Wie ich nun in dem meyne kleider vnd bücher, etzlichen wagenleüten, sonder alle helung vnd in gutem vertrawen, durch*

---

[56] In der dt. Fassung folgt nach dem Wort *rechen* ein *amen*.
[57] In der Ms. mit roter Farbe durchgestrichen.
[58] Mit roter Farbe nachgetragen.

dein landt zu füren, beuolhen, hastu mir dieselbigen auch mitsambt den wagenleüten vffgefangen vnd entraubt. Villeicht vß der vrsach, das du zweyfeltest, die weil ich noch kein rach gegen dir furnäme, ob du mir mit der ersten that leydlich genug zugesätzt hättest. Vnd darumb woltestu meyner gedult eyn newe wunden schlagen vnd mir also den ersten schmertzen ernewern. Hast das nit on vrsach in dem raub zu forderst vnderstanden, dan dir was wol wissen, das du mit keinem anderem ding meyn bestendige gedult mer erreitzen möchtest, dan wo du mich meyner bücher, die ich vor den werdesten schatz halte, beraubtest. O ein vnmilte vnbarmhertzige that! Wer hat solichs vor dir je vnderstanden? Oder wer ist je so grob vnd vihisch gewesen, der ab eynem so ersamen raub seine hend nit enthalten? Sindt auch die liberien nit sicher vor dir? Oder wie magstu mich, den du vormals so jämerlichen betrübt, jtzo widderumb beleydigen vnd mein vorigs we mit eyner newen peyn erwecken? Wie ein grosses vbel möcht mir dan zu handen stan, daran du ersätigt? Oder was woltestu wol gegen eynen veind üben, so du mich, der mich noch frundschafft vnd gnaden zu dir vorsehen, so härtigklichen anfechtest? Aber vnder allen thut mir am leydesten, das du, als meynen thiener toetest, vßgegeben hast, du straffest eynen straßräuber, als sey meyn krieg ein straßräuberey. Hast es auch offentlich also lassen vsschreyen, vff das du mich zu dem angelegten schmertzen noch auch mit schmach vbergüssest. Also müß ich bekennen, das du meyn gedult vberwunden vnd von dissem tag an muß nit mer schuldt in mir sein gegen deyner grossen ärge vnd boßheit. Dir sol auch hinfür kain sölliche that durch mich niemer verschwigen bleyben. Dan ich werde dich zu bekäntnuß foderen, bey einer gantzen gemeyn zu reden setzen vnd Teutscher nation anzeigen, disses die elendesten zeit sein, do dir eynem sollichem die öberkeyt des regiments bevolhen. Jn welhem billich eynn jeden des frommen keisers Caroli erbarmen sol, der in abschied dir das reych in friden zu vorwaren bevolhen. Vnd muß jetzo sehen, das du dasselbig mit vffrur vnd zwittracht beunruigst. Dan wo zu anders thient dein anfang, dan zu einer ferlichen vnd die von nöten sein mueß vffrur gantzes Teutschen lands. Deß vberblybene freyheit du zu zerstrewen vnd vßzutilgen meynst? Derhalben auch jtzo stets versamlung gehalten werden vnd bundtnuß gemacht, zuuoran vnder dem gemeynen adel, den du dir zuvorgenommen hast, aller seyner freyheit bloß zu machen. Zu welhem vorsatz, als du dir zugesellt, die du dir gemeynt eben sein werden, bistu mit einem her, das du dan von der schaetzung deyner priesterschafft vnd geistlichen schirmsverwanten vnderhültest, vber deyne nachpauren gezogen, vnd, in dem du die selbigen mit rauben vnd nehmen verwüestest, sprichstu du stillest die straßräuber. Wer sindt aber sollliche straßräuber, o biderman? Wer? Vorwar alle, die, darzu sie recht haben, verthedingen wöllen, oder deren gemüter zur freyheit gericht, oder deren gewalt vnd macht dir verdächtlich. Jn welher zal du hältest den bischoff von Meyntz, dem du mit zukerung desselbigen deines fridschaffenden heres fünf vnd zweintzig tausent gulden abgetreet hast, vnangesehen, das er sich vor den keiser in eigener person vnd das regiment auch zu allem rechten vnd vnd billikeit erboten hat. Heist sollichs des keisers stat vorwesen? Den landfriden beschirmen vnd das reych in ein ru setzen? Du sagst[59] *ja, aber alle mentschen mercken vnd sehen, wie zu eynem grossen vnd schaedlichen zu kunfftigen krieg du samen strewest vnd wie mit eyner vnheilsamen wunden du Teutsche nation vorsteest, welhe du auch ein zeither wol versucht hast, was sie leyden muge. Darumb soltu*[60] *nit zweyfelen, sie hat niemer verstandt, wes jr gegen dir zu trachen von nöten sey. Ja sie hat verstandt, würt eigentlich etzwas gegen deyner vnsinnikeit vnderstehen vnd will sie meyns rats in dem pflegen, so sol sie nit allein deiner tyranney weren, sonder gentzlich deyne macht zerbrechen. Dan wie mag frid jm landt sein vnd eym jeden das seyn bleyben, so lang du ein sollich macht hast vnd dieselbigen nit zu verfechtung der billikeit, sonder zu vnderdruckung der vnschultigen brauchest? Vorwar würt diß eyn erbärmlicher stand seyn. Derhalben muß man dir entgegen trachten vnd ob jrgent jemant nachlässig vnd traeg worden wär, sol man jn ermüntern vnd uffwecken. Dan wir sehen alle, das recht vnd gesaetz vorgwaltigt werden, boßheit oben schweben, die siten sich verkeren, geistlich vnd weltlich in gleicher achtung sein vnd alle ding sich ergern. Drumb wil ich sagen, das ich gedultigere leüt nie gesehen dan den Teutschen adel, wo der nit bald vnd vor allen anderen seyne freyheit mit schwerten vnd woffen gegen dir entschütet. Jch wil auch fragen, ob je eyner in vnsern landen gewest, den höher von nöten vnd der gemeyn nutzlicher wär, vßgeiagt vnd zerbrochen werden, welher du alwegen zu viel begerest? Vnd hast doch an keinem gewin noch zufal genügen. Dein geitz ist so groß, das ich glaub, der gantzen welt gold möcht dich nit ersaettigen. Des sollen wir alle jngedächtig seyn vnd gut uffsehens haben, wie weyt den bösen nachzulassen sey, zu voran jtzo, so du gesellen an dich gehenckt, die von deiner brinnenden begirlicheit entzündt, villeicht nierget nit mit dir vort rucken werden, also das man nun mit krieg vorfolgen muß, die man billich mit recht zwingen sollte. Das wirt ein schädliche uffrur jm Teutschen land, dan wir werden die woffen gegen dem jngeweid*[61] *vnsers vaterlands keren. Welher dinge du eyn häubt vnd anfang bist. Du hätest dich aber sollichs nie vnderstanden, wenn dir nit zu dem schweren kosten, den du weyter dan deyne zynß vnd einkommen, auch schätzung deiner armen leüt reichen, fürest, gelts gebrochen hette. Meynst dich also mit vnserem raub zufüllen vnd hast dir das so gar trötzlich vorgenommen, das du auch die, so etwa all jr gut, auch jr leib vnd leben vor dich gesetzt, jtzo mit allem gewalt vnd vnrecht vberfellst. Vnder welhen dir am aller mynsten geziempt, Frantzen von Sickingen zu vberziehen. Dan er hat dir etwa sonderlich vnd vor anderen lieb vnd thienst gethan, vber das alwegen dasselbig geschlecht deinen vorfaren getreulichen gethient hat. Das dir dan nit vnwissen. Es ist aber dein beger, gut zu haben vnd vns zu vnderdrucken so gros, das du leichtlich alle danckbarkeit zu ruck setzest. Wer ist aber, den nit erbarme, auch an deinem hof vnd in der schar deines thienst volckes, das du, Hartmuot von Cronbergk, den vnschuldigsten vnd frömmesten in vnserm orden on alle verschuldt vnd vrsach, besitzung aller*

---

[59] *Da entbrist nichts* (ansonsten leere Seite).
[60] In der Ms. *saltu*.
[61] Am Rand von anderer Hand nachgetragen: *Jnngewaid, deß vatterlandts*; vgl. SZAMATÒLSKI (1891), S. 168.

seiner hab vnd güter beraubt? Es ist zu achten, die weil du den also zugericht, dastu hinfur deine rauberische hend von keiner vnschuld entzihen, sonder die allenthalben anwerffen werdest. Ja bey glauben allenthalben vnd ganzt Teutsch land würstu zeichen mit fuosstepfen sollicher deyner gewaltsamer mißhandelungen. Dan bey den bisher beschehnen dingen kan man abnemen, was du dir zu kunfftig vorgesätzt vnd waruff täglich dein gemüt eylet. Wiewol ich achte, du habst der gleichen lang hieuor zu beginnen gedacht, aber uß gebrechen der geschicklicheit nit mögen vollenden, vnd dir sey etwa an gelegenheyt der zeit abgangen, aber an willen vbel zuthun, hab dir nie gemangelt. Also bistu vnser zuchtmeister, der die freyheit der geistlichen widder vns schützest, in dem du die, der erst von allen, mit einer schweren schatzung jres gelts beraubst vnd der Teutsch land von raubereien reinigest, wenn du selbst raubst vnd nimbst, den deinen erlaubung gibst, die vnschuldigen zu ermorden vnd welher von den schuldigen und bösen beschirmt sein wil, der hat macht zu dir zu fliehen, den man etwa fur schlaffericht vnd melancholisch hilt, der aber jtzo, die weyl sich gelegenheit begeben, frisch vnd wacker worden bist. Wer hat dein träge natur, so balt mit newer geschicklicheit erminteret? Sag mir aber ein anders, wie vil meynstu wol aus denen, deren bey zweyhundert vff dein geheyß ertötet, wol tausent beraubt sein, haben dich mit augen ye gesehen, jch geschweig, das sie dich je erzörnt oder geletzt haben solten? Doch wil ich von anderer vnschuldt, andere mit dir reden lassen. Was hastu mit mir je zu schaffen gehapt? Oder wo hab ich dir je vrsach gegeben, das du mir so freuelich das meyn abnemest? Oder welhe so grosse vrsach mich zu veruolgen hab ich dir gegeben, das du mögst eynem, der mir mit eren gethient, das leben nemen? Aber du thüst es vnd darffst ein so gewaltsame, grimmige, vnbarmhertzige vnd tyrannische that ein straff nennen vnd deine mißhandelung mit eim vmbhang der gerechtikeit beschönen. O seligmacher Christe, wie gar nichtes schämen sich die gotlosen. Beschirmestu den landtfriden? Ja wer hat je freuelicher, mit erweckung eyns grössern tumults vnd grausamer beschädigung güter leüt den friden betrübt vnd verkert? Übestu gerechtikeit? Ja ist auch jrget ein kleins weniglin billikeit oder gerechtikeit in dir? Oder wer ist jrget vnbillich oder vngerecht, wo du, der so gar on vrsach raubest vnd mordest für einen, der gerechtikeit vorsorge solt, gehalten werden? Beschirmestu dan die geistlichen, die du heimische vnd frembde mit gewalt vnd vnrecht schätzest vnd plonderst? Welhe leüt aber, den du nur bekant bist, werden glauben, das du rauberey straffest, der allen deynen anstössern mit nemen vnd rauben beschwerlich bist? Das dan in eim gemeynen vnd landrüchtigen gespräch jdermans, auch von vilen mit augen gesehen, mag nit glaubens mangelen. Des du aber mir schuldt gibst, müß mit bezeugung redlicherer leüt als falsch vnd erdicht widdersprochen werden. Dan mache jch vffrur im reych, das du nehst vngehörter weys, vnd dergleichen zu keiner zeit nie erkännt, verkaufft hast? Oder briche ich den landtfriden, den du mit so freuelicher vorgwaltung, als nie keiner vor dir, gantz hinweg gethan, mit erbarmlicher beschädigung der gemeyn vnd totschlag viler mentschen, abdringest vnd vsschleüst? Oder handele ich die geistlichen vbel, der sie albegen, wie wol für eym veihend geacht, erlicher gehalten hab, dan du, in des schirm sie sich mit gelt gekaufft? Oder sol man mich vß Teutschem land, *dem ich alwegen ein anzeiger der warheyt vnd gerechtikeit gewest bin, vortreiben vnd dich darjnn halten, der es an so vil seinen orten beschwerest vnd verderbest? Dan mir zweyfelt nit, du hörest vmb dich das erbarmlich geschrey vnd vngewönliche klag Teutsches lands, das täglich vber dein raubgirige händ vnd vnersätlichen geitz weinet und heület, das dan auch ußländer erbarmet. Aber du nimbst dir kein maß für, stets auf newe weiß zu schinden vnd schätzen. Vnd je vnbilicher deine thaten von iederman geacht werden, je hefftiger vnd trötzigklicher du noch jemer wütest. Hirumb, o wie ein schöner vicarius des Reichs, verfechter der gerechtikeit, beschirmer des landfridens bist du, aber ich müß vnglückhafft sein, das du eben vber mir die erste anzeigung deiner redlicheit solt geben. Nun hin, far vort, volfür deinen anhäb vnd laß nit ab von sollichen siten. Also fahen an, die zergehen söllen. Dan ich meyne je nit gotes oren, so gedultig sein, das Er dich einn sölhen tyrannen milticklicher straffen werde dan deinen schwager, das glück dir freilich beschert sein sol vnd du niemer hettest vortreiben lassen, wenn du nit etwa an seine stat zu treten verhofft. Das du dan erlangt. Aber du hast es in dem vil besser dan derselbig, dan, nach dem du von höherm stand vnd grösserm gewalt bist, magstu weiter vmb dich greiffen. Derhalben wär zu wunschen, das wir den widderumb hätten, wo du lenger solt geliten werden. Es hat sich acuh zur selbigen zeit Teutsch nation nit wol vorgesehen, do sie eynn tyrannen vßtrieb, das sie nit vffdencken hätte, wer etwa an desselbigen stat treten möchte. Aber du hiltest dich domals still vnd glimpflich, wartend vff ein zeit, da einß andern verdörbnuß deinem glück stat gäbe. Darnach hat sich das glück mit newen vnd vilfeltigen zufellen vber dich ergossen. Das Roemisch reich wart keisers ler, da meyntestu, dein gelt kast wär müntz ler, vnd nit vnbilich, dan er was ler, du hast jn aber alda gefüllet vnd daruff geruhet biß er balt darnach widderumb ler würdt. Dan du bist nit weniger gelt zuvorthun geüdisch, dan das zu samlen geitzig. Darumb möchtestu wünschen, das das reich widderumb ler würde vnd ich glaub, du hettest die harr nit leyden mögen, wenn das glück dir nit bald eynn newen bissen jn deynn geinenden mund geworffen hette. Dan es meynen viel, etzliche hallten es auch fürwar, das auch du mit den guldenen gebendeiungen, die bapst Leo widder vns gen Worms schickte, besprengt seiest. Laß das aber schon ein jrrige meynung sein, so hastu aber balt nach demselbigen reichstag deinen hinderhalt, der bißdahin verborgen gelegen. Ich meyne den newen guldenen zol, den dir der keiser zu lon, das du dein churstimm so wol angelegt, hatt gegeben, herfürbracht. Denselbigen so feisten raub, hette jderman gemeynt, deynen geitz zu erfüllen genug sein. Die weil du aber nit getrauwen dörffen, also viel von dem zol gefallen mögen, als du dir zu vorgeüden vorgesätzt vnd auch die weyl du durch so viel gaben vnd geschenck vernaescht gemacht, dich bedacht hattest, sollicher süssikeit mit offenem rachen nach zulauffen, bistu von stund an vff meyne sach gefallen, die ich doch nye gemeynt, dir oder jemants gewinstlich sein mögen. Aber der geitz hat dich nachsuechend gemacht. Dan, in dem ich mich nichtes dan not vnd arbeit vorsehen, hastu lust vnd gewin errochen. Derhalben beginnen dich jtzo die leüt zuͤ kennen, welhs teyls du seiest. Dan man hielt dich etwa für lutherisch, das ist für euangelisch. Vnd ich glaub auch du wärest es noch, wo das Evangelium seinen beschirmern gemelter maß gewinstlich wäre. Do du aber daselbst an verzagt, hastu dich von dannen zu den frommen Curtisanen vnd prediger munchen gewendt, vnd deinen teüfelischen schirm vil veyl geboten. Welhen dan so bald nit fromm geistlichen priester, dan dieselbigen sind alwegen frey vnd sicher vor mir gewesen, vnd noch, sonder alle, die eyns bösen gewissens sindt, von dir erkaufft haben. Also bistu ein eynige zuflucht worden, allen den jhenen, die vber jr herbracht leben nit rechenschafft geben mögen. Jn dissen staffelen bistu zu der vesty*[62] *deiner tyranney uffgestigen vnd disses ist der zugang, in dem du bist ein fridbeschirmer vnd handhäber der gerechtikeit worden. Welhe berümung, wenn die leüt von dir hören, so wondert sie, was dan an deinem deß fridbeschirmers hof machen etzliceh redlich gesellen, die etwa mer dan jemant ander, ru vnd friden jm reich vertrübten, werden auch sollichs zu wondern nit uffhören, biß du sie vnderweisest, einem, der die rauber vertilgen wöll, von nöten sein, das er rauber daruff bey jm halte. Was werden nun sollich leüt jtzo dencken, wenn sie sehen, das du nit rauber veruolgest, sonnder deine rauber widder erbare leüt vnd bezeüger der warheit brauchest? Werden sie dich auch noch für eynn fridbeschirmer halten? Wiewol mir nit vil zu schaffen gibt, wofür sie dich halten. Aber meyne er wil ich gegen dir biß uff den letzten adem verthedingen. Wil mich vnderstehen, alle welt zu berichten, das du meinen thiener tötend, nit rauber gestrafft, sonder denen, die dich jnen mit jrem gelt vorpflicht gemacht, zu gefallen, das vnschultig blut vergossen has, vnd das ich vnd andere, das du sollichs nit thätest, wedder mit bit noch gabe, vmb dich erwerben haben mögen. Das du auch denselbigen schlagregen, vngewarnter sach, als ich mich sollichs gantz nit zu dir vorsach, auch aller schuld vnd vorhandelung, gegen dir frey wüste, als du dich dan kurtz da vor keiner vngenaden, in deinen mir vberschickten briefen, hatst mercken lassen, vff mich geworffen. Dan es ist je wissenlich, das ich mein lebenlang mit dir in vngutem nichts zu thun gehapt. Aber du süchtest vrsach, dich zu beweisen, vff das, ob etzliche wären, die sich noch nit in deinen schirm gekaufft hetten, in disser that erkenneten, das du kuntest meinen veinden widder mich dienen vnd derhalben bald mit schweren seckelen zu dir lieffen, frid zu kauffen, den sie doch nit haben söllen. Dan sich gepürt nit in friden zu leben, denen, die alwegen aller uffrur vnd zwittracht vrsach gewesen sindt, die alle sachen deß reichs ußländern verraten, gelt von vns gefürt vnd her widder ergerliche böse siten bracht haben. Ja sag ich! Keins fridens sollen sich gebrauchen deine schirmsverwonten die Curtisanen vnd dergleichen, die vns den antchristischen bapst uffgeladen haben. Vnd noch heut tags, das derselbig bey seinem regiment bleibt, allein in vrsach sindt, die eynn einigen vnd aller schädlichsten veihend vnsers glaubens, den Römischen hof (der alle gute bräuch vnd und gewonheit durch die gantzen christenheyt mit seinen teufelischen vnd aller ärgerlichsten gesätzen abgethan, den glauben ußgelescht, gotes forcht vortilgt vnd aller heilsameste speiß vnserer selen, die euangelischen lär, uß oren und augen der christglaubigen gezuckt) uffenthalten.*[63] *Aber du wilt sie schirmen, nit*

---

[62] Bei SZAMATÒLSKI (1891), S. 172: *vestg*.
[63] Auf Wunsch des Besitzers der Handschrift wurde dieser letzte Abschnitt nicht von SZAMATÒLSKI (1891), S. 173 gedruckt. Wiedergegeben bei: STAMBAUGH (1973), S. 192–194.

das sie des werd (dan du sihst nit an, was ein jeder werd sey), sonder darumb, das sie gelt haben vnd künnen schirm von dir kauffen. Vnder denen, einer dir nehst, als du gelt bedörfftest, siben tausent gulden gelihen vnd die alten reichsstat Oppenheim zu pfandt von dir eingenommen. Zu welher zeit niemant zweifelte, wenn ich mit solhem gelt deiner notdurfft zu hilf kommen vermöcht, du hettest mir gegen den Curtisanen durch die finger gesehen. Aber der adel vnd gemein ersüfftzten kläglich darüber vnd alle, die es gern gut jm reich sähen vnd jr vaterland liebhaben, trugen deß schmertzen, das dir zugelassen werde, ein so alte keiserliche stat, einem schandthafftigen besitzer zu vndergeben vnd alda ist erst scheinbarlich erkännt worden, in was jamer wir gefallen, seither du zu sollichen dingen erhaben. Nun werden sie mich betriegen, dan alle meyn gedancken sehen, das du noch vil vnbillichere ding würst fürnemen, nach dem du ein mal vorpflicht worden bist, denen, die nichts erbars oder billichs begeren, an denen du auch (wenn dich jtzo einer zu eröffnung deines gemüds zwüngt) nichts zů loben weist, dan das sie gelt haben, damit sie gern zu bösen dingen helfen. Dieweil du nun so gar on frund bist, das du von nöten zu frundschafft der aller bößsten flihen muest vnd keiner von den frommen ist, wenn er dir schon hold sein wölte, der dein vnersätliche begirlicheit gut zů haben, erfüllen möchte, so hastu dir ein ebene vnd deinen siten gemesse geselschaft funden. Dan allein sind an massen reich, die sich nit schämen gut durch schalckeit zu erwerben. Sihstu, das mir nichtes verborgen deren dingen, die du heimlich halten wilt vnd, vff das sie nit offenbar werden, meynen tod begerest? Derhalben du auch lang davor, ehe meyne thiener die zwen epte angegriffen (welchs du jtzo zu vrsach deiner vorgenommenen widder mich vervolgung nimbst), deinen reittern beuolhen hattest, vff mich zu streuffen vnd meynes vß vnd ein reitens, ob sie mich jrget vorzucken möchten, acht zu nemen. Heist das den landfriden schirmen? Vnd des reychs frommen schaffen? Denen heimlich nachtrachten, die du offentlich zu erfordern nit vrsach hast? Was wöltestu nun vor vrsach deiner that angezeigt haben, wenn ich zur selben zeit, vff deine streuffende reüter gestossen wäre? Wes wöltestu mir schuld gegeben haben? Vorwar hettestu mich je, wo ich zu verantwortung kommen, nit verurteylen mögen. Darumb hättestu dir villeicht, mich heimlich vmb zubringen, damit du vff den töten etzwas erdichtest, vorgesätzt. Hofftestu aber auch jrget an einem ort so grobe verstäntnuß sein, da man nit scheinbarlich mercke, warumb du mich tot wöllest haben? Du kanst doch selbs nit, ob du schon gern wöltest, vorwar kanstu nit vorhelen, das du förchtest, die weil ich der bin, der warheit zu offenbaren vnd laster zu schelten pflege, das nit etwa viel ding, vnbillich von dir beschehen, durch meyne schrifft zů erkänntnuß kommen. Vnd dir ist nit vnwissen, das ich tyrannen zu verfolgen geborn bin. Hirumb wie teuer wöltestu es wol kauffen, das ich hette mögen zu der zeit, do du dich noch keins vnwillens gegen mir annamest vnd ich mich gar nichtes arges zu dir versah, von dir verdempft werden? Dan jtzo blib vil von dir verschwigen vnd du möchtest on sorgen deiner bößheit pflegen. Wan das nun nit vorgang gehapt vnd dir doch von nöten gewest, meinen veinden, wöltestu du anderst gelt von jn haben widder mich, in was gestalt du möchtest, zu thienen. Hastu mir meine nam abgefangen, den, der mir in meiner offenen

443

vorkundten vnd zugeschribnen vehdt, ein vngeferliche reyß, wie von alter herkommen vnd alwegen bey der ritterschafft in brauch gewesen, gethient, ertötet. Vnd sprichst, du straffest die straßräuber vnd mörder, der auch vnbarmherzigklicher vnd schädlicher dan keiner nye, raubest vnd mördest. Aber jch füre eynn offentlichen krieg, in dem ich kein vnschuld nie vorletzt vnd weis vmb meinen handel red vnd antwort zu geben. Dan warumb solt mir nit gezimen vnd zugelassen sein, vß billicher vrsach, wie eyn alte gewonheit, eynn krieg zu füren, welhen do ich ansagt vnd vorkundiget, vff einem gemeynen reichßtag vnd versamlung der christlichen fürsten, hat sich niemant funden, der mir darein spräche, oder den, als vnbillicher weiß fürgenommen, verböte? Du vnmiltister aller rauber und mörder, die jrget sindt, darffstu mich eynn rauber schelten, der altwegen meher abschewung von vorloumung der rauberey getragen, dan du je eynig laster zu beginnen gezweifelt hast? An dem auch gewieß ist, ob du heut vermöchtest, dissen alt her kommenden Teutscher nation gebrauch, krieg zu füren abzuthun, das man mit gutem recht, alles das du hast, von dir fordern möchte. Dan do dein vater nach sollicher gewonheit kriegte, wart er von keiser vnd allen deß reichß ständen durch offentliche verkundigung der schweren acht nit alleyn aller seiner güter, sonder auch eren vnd wirden stands entsetzt vnd sein leib vnd leben wart jederman erlaubt. Vnd wiewol dem also fandt er dannoch leüt, die jn widder dieselbigen macht behilten. Die saltu erst vordammen, dan sie auch widder das reych gekriegt, ehe dann du räuber nennest, die mir in eyner billichen vehdt, die ich on menigklichs verbot vnd eintrag, meynen veyhenden offentlich verkundt vnd zugeschriben hab, thienen. Ja sag ich, ehe mustu allen Teutschen adel vertilgen, dan du eynen aus den meynen in sollicher gestalt mit recht ertötest. Dan kaum würstu jemant vom adel, der anders harnisch füre, finden, der nit etwa ein wedders selbs dergleichen vehd gehapt oder aber andern in jren vehden gethient sey. Wiewol du noch nit vil anders thuest. Dan ich sich dich niemant verschonen, sonder mit gleicher vngestümikeit freund vnd veyhend vberfallen vnd auch die jhenen, die dir gut gethan, vbel handelen. Das ich glaub, du habst dir strenglichen vorgesetzt, sollich wütterey, so weit dir das glück vorhengen wöll, zu volfüren, daruff zu wachen vnd dich befleissigen, wie du den adel von grund an vßreüttest. Darumb ich auch in dissem meynem schmertzen eynn einigen vnd sondern trost hab, das vff meinen schaden fluchs gevolgt haben, schaden vnd nachteyl viller redlicher leüt, vnd das sollich dein gegen denn meynen ußgegangen vrteyl ist vber alle edelleut eyn für vrteyl ist vber alle edelleüt Teutscher nation. Ob nun keyner vom adel wäre, der mir widder deinen gewalt hilff oder beistandt thun wölte, so ist doch disse sach nun mer[64] also gestalt, das eim jeden vor sich selbs, sein eigen stand, wesen, wolfarn, heyl, er vnd glimpf hierjinn zu bedencken. Was ansehens mag dan haben, das ich in meinem krieg veruolge[65] die jhenen, die von allen frommen offentlich verhasset vnd die niemand jn abreden ist, wo anders das Römisch reych, vnser glaub vnd das heilig euangelium im wesen bleiben söll, vertilget

---

[64] Bei SZAMATÒLSKI (1891), S. 176: *nur.*
[65] Bei SZAMATÒLSKI (1891), S. 172: *veruolgt.*

vnd außgereüttet werden müssen. Magstu nun, wenn du, die sollicher gestalt vehd haben, tötest, sprechen, du habst vber straßräuber gericht gesessen? Oder ob du das mit warheit sprechen möchtest, sihstu dan nit, o du, den der geitz vorblendt vnd vorsteckt hat, das man billich sechßhundertfelticklichen billich sollich gericht vber dich sitzen solte? Vnd ob man einem vbel reden möchte, der sich gegen gewalt der pfaffen entbüre, wie viel desto mer dan du vor gotloß sölst geacht werden, der auch den vnschultigen vnd deiner eygenen priesterschafft vnd geistlicheit das jr mit gewalt entnimest. Vnd man solt es von rechts wegen thun vnd ein streng vrteyl vber dich gehen lassen. Dan du pflegst warlich rauberey, vnd vff das aller vnbillichst vnd grimmigest raubest vnd mördest du vnd hast daselbst keyn vnderschid vnder bösen vnd guten. Wir aber in vnseren vehden thun nit widder gewonheyt, recht, vnd gute siten, dan wir vorthedingen vnser gut mit woffen, beschirmen die vnschultigen gegen gewalt der mechtigen, erheben die vorgwaltigten vnd vnderdruckten mit hilf vnd beistand, versagen keynem frommen vnser wer vnd vermögen widder die bösen. Disses ist ein alte vnd vnsträffliche der Teutschen gewonheyt, welhe wo du abthun, ach got wie ein tyranney würstu dann vffrichten. Vnd du würst eigentlich etzwas anrichten, wo nit balt geshiht, das wir alle hoffen seyn, das du in mittelem lauff deiner vbel thaten, vffgehalten vnd verruckt werdest. Dan nun mer begindt man zu verstan, was du sonst willen vnd umb was belonung du die Curtisanen in deinen schirm gegen mir genomen. Welhes ob schon vß verthienst geschäh vnd die Curtisanen mit jresgleichen sollich leüt wären, das man sie bey gemeinem friden solt handhaben, so hette ich dich doch zu fragen, wo her du billicher den frommen fried zuuerkauffen, dan ich die bösen mit woffen zu vervolgen hette? Oder vß was rechten dir gepüre sollich kauffmanschatz zu treiben? Ob dan ich ein sollicher wäre, das jderman zugelassen, wie er wölt gegen vnd widder mich zuhandelen, so wölte ich dich aber fragen, wie du andere deinen thaten verantworten wöltest. Vnd zuuoran sag mir, wie wiltu dich entschuldigen, das du mit eynem schändlichen geding dein stimm in der keiserlichen chur verkaufft vnd vber den geschwornen eyd, dastu nit vmb gunst noch gab, welen wölst, vff ein compact vmb lon gewelet hast? Wie dann das bundnuß, so du mit dem abt von Weissenburgk nehst ein gegangen bist? Darjnnen du, als jederman vermerckhen kan, zwifaltigen betrug suchtest, erstlich, wo du deinen vnträglichen zol gein Wissenburg[66] legtest, das du dieselbigen erlichen stat, die vormals auch jämerlich durch dich beschwerdt, gantz inn grundt verderbtest, darnach auch, das du mit der zeit die ebtey vnder deinen gewalt rissest. Was würstu vns dan vor vrsach anzeigen, warumb dir der keiser den selbigen zol gegeben vnd mit was recht oder billikeit du den vffhebest? Noch sag mir ein anders, in was gestalt wiltu mir nit zu lassen, vß den geistlichen, die mir vrsach gegeben, mit krieg vorzunemen, so doch du vmb deines eygnen nutzes willen des gantzen geistlichen stands freyheit vor nichts achtest vnd, die auch vmb jr gelt schirm von dir erkaufft haben, zwingst, dir schatzung zu geben? Jtem mer ist es auch billich, mir von eyn vbelthat zu zuschreiben, das ich gegen mynders

---

[66] Bei SZAMATÒLSKI (1891), S. 177: *Weissenburgk*.

stands geistlichen kriege, so du einen ertzbischoff vnd chürfürsten on vrsach widder all recht vnd billikeit, dir gelt zu geben, das er dir nie schuldig wart, zu zwingen? Was wiltu dan antworten, ob dich einer fragte, so du in abwesen des keisers seine stat als ein vicarius vertreten, das reych vor vffrur vnd jnwendigem krieg bewaren soltste, warumb dannoch niemants durch dich beschirmet, in sicherheit durch dein land wandere, er keuff dan zu voran sonderlich vmb sein geld geleit von dir? Wer kann dan jrget so wol reden, das er dich disses deines freuelichen herzogs mit eren entschultigen möge, da du so viel redlicher leüt beschädiget, den landfriden, der dir zu handhaben vnd zu schützen beuolhen, widder dein eyd vnd pflicht geschwäht vnd zerbrochen, vber wen du magst mit raub vnd totschlag, in erbarmnuß vnd mitleiden aller gemein, weit vnd breit, wütest vnd tobest? Oder nach was beispil fürestu fridsbeschirmer eynn krieg, den keine gsätz der alten zugelassen, kein newe statut vorhengt, sonder den du on geheyß vnd erleubnuß des keisers vnd öbersten regiments, vß keinem guten vorsatz, sonder mit begir des raubs vnd plonders durch grausame vnderdruckung vieler vnschultigen vmbfürest vnd übest? Nembt war, disses ist der fridbeschirmer, der die rauber strafft, rauberey abtilget, die wegfertigen sichert vnd strassen rein helt, ein handhäber der gerechtikeit, beschirmer des friden, schützherr der geistlichen vnd vicarius deß keisers. Aber die leüt beginnen jn anders zu kennen, eynn vrsacher viller vffrur, enthalter der vnbillikeit, handhäber der laster vnd diplichen bücherrauber, der das arm volk vnbarmhertzigklichen schätzt vnd schindt, gemeyne freyheit vnderdruckt vnd die summ dauon zu reden, eynn schirmherren der Curtisanen. Mit sollichen farben gepürt mir dich zu malen, vff das dein leben, das du mit eim schein der erbarkeit zu verdecken, vnd anders, dan es was vßzugeben pflegst, der gantzen welt durchsichtig werde. Magstu nun, so der weyse her gegen, tugent vnd wolthaten, mit den du sollich laster vorgleichest. Jch will vff diß mal nit mehr wort mit dir haben. Dan ich muß dahin eylen, das ich alle mentschen vmb hilff vnd beistand anrüffe, mein vnschuld gegen dir zu vorthedingen, dein vnmilte that, schalkhafftige handlung vnd schändliche morderey mit feur vnd eisen an dir rechen. Amen.
Ausschreiben herrn Vlrichs von Hutten wieder Pfaltzgraf Ludwigen Churfürsten.[67]

---

[67] Von anderer Hand seitwärts geschrieben.

VII. Abkürzungsverzeichnis

ADB	Allgemeine Deutsche Biographie
BBKL	Biographisch-Bibliographisches Kirchenlexikon
DBI	Dizionario Biografico degli Italiani
DFG	Deutsche Forschungsgemeinschaft
DHI	Deutsches Historisches Institut
DNP	Der Neue Pauly
HJb	Historisches Jahrbuch
HRG	Handwörterbuch zur deutschen Rechtsgeschichte
HVjS	Historische Vierteljahresschrift
HZ	Historische Zeitschrift
JBTh	Jahrbuch für Biblische Theologie
Killy	Killy Literaturlexikon
KWZ	Kulturwissenschaftliche Zeitschrift
LexM	Lexikon des Mittelalters
MGH	Monumenta Germaniae Historica
NDB	Neue Deutsche Biographie
RI	Regesta Imperii
RTA	Reichstagsakten
TRE	Theologische Realenzyklopädie
VLHum	Deutscher Humanismus 1480–1520. Verfasserlexikon
ZHF	Zeitschrift für Historische Forschung
VL	Die deutsche Literatur des Mittelalters. Verfasserlexikon
ZHTh	Zeitschrift für die historische Theologie
ZHG	Zeitschrift des Vereins für hessische Geschichte und Landeskunde
SZ	Süddeutsche Zeitung

VIII. Abbildungsverzeichnis

1) **Universitäten um 1300.** VERGER *(1993), S. 74.*
2) **Universitätsgründungen 1378–1506.** VERGER *(1993), S. 77.*
3) **Huttens Reiseroute als ‚Wanderhumanist' bis zum Ende seiner ersten Italienreise (1503–1513).** Basierend auf der Karte von VERGER *(1993), S. 77.*
4) **Huttens Reiseroute seiner zweiten Italienreise (1515–1517).** Basierend auf der Karte bei VERGER *(1993), S. 77.*
5) **Vlrici Hutteni equestris ordi|nis poetae in Vuedegum Loetz | Consulem Gripesualdensem in Pomerania/ et filium | eius Henningum Vtriusque Juris doctorem Querelarum | libri duo pro insigni quadam iniuria sibi | ab illis facta. | [...].** *Exemplar London, British Library Board, 11408. c. 24., Leerseite am Ende.*
6) **Rektoratsblatt des Crotus Rubeanus m. Auflösung.** BERNSTEIN *(1997), S. 138–139.*
7) **Ad divum Maximilianum Caesa. | Aug. F. P. bello in Venetos euntem, Vlrici | Hutteni Equitis, Exhortatio. | [...]. Wien: Hieronymus Victor u. Joh. Singriener, Jan. 1512.** *Exemplar München, Bayerische Staatsbibliothek, Res/4 Epist. 9#Beibd.3, Titelblatt.*
8) **Der Mord an Hans von Hutten, Holzschnitt.** *Exemplar München, Bayerische Staatsbibliothek, Res/4 Germ.sp. 171 m, Bl. 18.*
9) **Der Mord an Hans von Hutten. Illustrierter Einblattdruck.** *Exemplar Ludwigsburg, Staatsarchiv B 91a, Bü 65,4.*
10) **Hoc in volu|mine haec continentur | Vlrichi Hutteni Equ. | Super interfectione propinqui sui Ioannis Hut-|teni Equ. Deploratio [...]. | In Vlrichum Vuirtenpergensem orationes V. | [...]. Excusum in arce Stekelberk [Mainz: Joh. Schöffer], Sept. 1519.** *Exemplar München, Bayerische Staatsbibliothek, Res/4 Germ.sp. 171 m, Bl. 84 u. 106.*
11) **Phalarismus | Dialogus Hut|tenicus. [Mainz: Joh. Schöffer], März 1517.** *Exemplar München, Bayerische Staatsbibliothek, P.o.lat. 1672 l, Titelholzschnitt.*
12) **Krönungsdiplom Huttens zum *poeta laureatus* durch Maximilian I. am 12. Juli 1517.** *Exemplar Würzburg, Staatsarchiv, Archiv der Grafen zu Ortenburg zu Birkenfeld, Akten Nr. 2437.*
13) **Konflikt- und Konkurrenzmodell anhand des *invective mode*.** ©MK.
14) **Hie nach volget ein scharffes künstlichs gedicht von einem Tyrannen | vnd etzlichen grausamen/ vnmenschlichen geschichten/ Erstlich | durch den Ernuesten vnd hochberümpten hern Vlrichen | von Hutten gekroenten Poeten vnd Orator jm la|tein seer zirlich beschriben/ darnach durch | andere/ jn das teutzsch/ wie sich das hat schicken wöllen bracht/ Einem | jeden lustig vnnd nütz|lich zu lesenn. [Speyer: Jakob Schmidt, ca. 1521],** *Exemplar Wien, Österreichische Nationalbibliothek, 1284-B, Titelblatt.*
15) **Fehdebrief gegen die ‚Kurtisanen', 15. März 1522.** *Exemplar Straßburg, Stadtarchiv, AMS IV, 105.*
16) **Fehdebrief gegen die Dominikaner, 7. April 1522.** *Exemplar Straßburg, Stadtarchiv, AMS II, 60,14, Bl. 2r.*
17) **Beklagunge der Freistette deutscher natio[n] | Der Nemo hatt das geticht gemacht | Das mancher jm regiment nit lacht | Er sey Konigk Bischoff Fürst ader Graff |**

Den allen die vngezechtikeit leufft nach | [Erfurt: Michel Buchfürer, Herbst 1522]. *Exemplar München, Bayerische Staatsbibliothek, Res/4 P.o.germ. 225,29, Titelblatt.*

18) Adelsfehden gegen Fürsten im Verhältnis zur Gesamtzahl der Fehden, 1440–1570. ZMORA *(2012), S. 149.*

19) Ausgaben deutsch- und lateinischsprachiger Quart- und Oktavdrucke Huttens im Heiligen Römischen Reich deutscher Nation, 1500–1530 (nach USTC). ©MK.

20) Ausgaben deutsch- und lateinischsprachiger Quart- und Oktavdrucke im Heiligen Römischen Reich deutscher Nation, 1500–1530 (nach USTC). ©MK.

21) Schmähbrief Franz von Sickingens gegen die hessische Ritterschaft, Einblattdruck 1520. *Exemplar Marburg, Hessisches Staatsarchiv, Best. Slg. 7d, Nr. 330.*

22) Baptisati cuiusdam iudaei Ioannis Pepercorni Hallis oppido Magdburgensis diocesis: ante arcem divi Mauricii: in Coemeterio iudaeorum lento igni assati. [...] Ulrichi de Hutten super eadem re Epistolae et exclamatio heroica. [Mainz: Joh. Schöffer, 1514], Titelholzschnitt. *Exemplar München, Bayerische Staatsbibliothek, Rar. 1658, Titelblatt.*

23) Epistolae obscurorum virorum ad venerabi|lem virum Magistrum Ortuinum Gratium Dauentriensem | Coloniae Agrippinae bonas litteras docentem: | varijs et locis et temporibus missae: | ac demum in volumen | coactae [...]. [Hagenau: Heinrich Gran, 1515]. *Exemplar Wolfenbüttel, Herzog August Bibliothek, 144 Quod. (9), Titelblatt*

24) Lamentationes | Obscurorum virorum [...] Ortwino Gratio auctore. | Apologeticon eiusdem. cum aliquot epigrammatibus. [...] Intersunt breuia apostolica duo. | Epistola Erasmi Roterodami. [...] | Impressio secunda cum additionibus. Köln: [H. Quentell], 1518. *Exemplar München, Bayerische Staatsbibliothek, 4 Epist. 103 c, Titelblatt.*

25) Holzschnitt, eingelegt in die erste Ausgabe von Huttens ‚Triumphus Capnionis' (**1518**). *Exemplar Wolfenbüttel, Herzog August Bibliothek, A: 95.2 Theol. (14).*

26) Hans Heinrich Freiermut [Pseud.], Triumphus veritatis. Sieg der Wahrheit [Speyer: Johann Eckhart, 1524], gefalteter Einblattdruck. *Exemplar München, Bayerische Staatsbibliothek, Res/4 P.o.germ. 231,41.*

27) Defensio Germaniae Jacobi Wympfelingii quam frater Thomas Murner Impugnauit [...], Friburgi [Straßburg: Johann Grüninger 1502], Titelholzschnitt. *Exemplar München, Bayerische Staatsbibliothek, 4 Inc.c.a. 1667 a#Beibd.3, Titelholzschnitt.*

28) Epistolae Trium lllustri | um uirorum, ad Hermannum comitem Nuenarium. | Eiusdem responsoria ad lo. Reuchli | num, & al- | tera ad Lectorem. | Item, Libellus Accusato I torius [!] fratris Iacobi de Hochstraten. Contra | Oculare speculum lo. Reuch. | Diffamationes Eiusdem | Iacobi. | Item; Defensio Noua Io | annis Reuchlin ex urbe Roma allata, idque paucis ab hinc | diebus. Köln: Euch. Cervicornus, Mai 1518. *Exemplar Berlin, Staatsbibliothek Preußischer Kulturbesitz, De 2537<a>, Titelblatt.*

29) Vlrichi ab | Hutten | cum | Erasmo Roterodamo, Presbytero, Theologo, | Expostulatio. [Straßburg: Joh. Schott, 1523]. *Exemplar München, Bayerische Staatsbibliothek, Res/Polem. 3128 v, Titelblatt.*

30) Die ‚Responsio' des Otto Brunfels gegen Erasmus. *Exemplar München, Bayerische Staatsbibliothek, Polem. 1374 d, Titelblatt.*

31) ‚Von den fier ketzren prediger ordens', 1521. Reuchlin, Hutten und Luther werden als ‚Patrone der Freiheit' vorgestellt. *Exemplar Berlin, Staatsbibliothek Preußischer Kulturbesitz, Yg 6285<a>, Titelholzschnitt.*

32) **Dialogus oder gesprech des Appostolicums Angelica vnd anderer Specerey der Appotecken Antreffen Doctor M. Lutterers ler vnd sein anhanck [et]c. [Speyer: Eckhart, 1521].** *Exemplar Wien, Österreichische Nationalbibliothek, 74.G.23.(14), Titelholzschnitt.*

33) **Hoc in volumine haec continentur. |Vlr. de Hut|ten Eq. Ad Caesarem Maximil<ianum> vt bellum in Venetos | coeptum prosequatur. Exhortatorium. | Eiusdem ad Caes. Maximil. Epigram<matum> liber I. | [...]. Augsburg: Joh. Miller, 2. Jan. 1519.** *Exemplar Heidelberg, Universitätsbibliothek,* https://digi.ub.uni-heidelberg.de/diglit/hutten1519, *Titelholzschnitt.*

34) *Ebd., Bl. E 2v.*

35) *Ebd., Bl. F 3r.*

36) *Ebd., Bl. I 4v.*

37) *Ebd., Bl. N 2v.*

38) *Ebd., Bl. O 1r.*

39) **Vlrici Hutteni ex | equestri ordine Adolescentis Car|men emunctissimum mores homi|num admodum iucunde comple|ctens cui Titulus vir bonus: / [...]. Erfurt: Hans Knappe, 13. Aug. 1513.** *Exemplar Würzburg, Universitätsbibliothek, 35A 20.28.*

40) **‚Augsburger Sammlung',** *Bl. L 1r.* (wie Abb. 33).

41) *Ebd., Bl. I 1v.*

42) *Ebd., Bl. M 1v.*

43) **Herr Wlrichs | von Hutten | anzeoig | Wie allwegen sich die Reom|ischen Bischeoff/ oder Beapst | gegen den teütschen Kayß=|eren gehalten haben/ vff das | kürtzst vß Chronicken vnd | Historien gezogen/ K. ma=|iesteat fürzuo -bringen. | Ich habs gewogt. [Straßburg: Joh. Schott, 1521].** *Exemplar München, Bayerische Staatsbibliothek, Res/4 Opp. 90,111,3, Titelblatt.*

44) **Bulla | Decimi Leonis, contra errores Martini | Lutheri, et sequacium.** *Exemplar Berlin, Staatsbibliothek Preußischer Kulturbesitz, Dg 340, Titelblatt.*

45) **Ulrich von Hutten (Hg.), Bulla | Decimi Leonis, contra errores Martini | Lutheri, et sequacium. [Straßburg: Joh. Schott, vor Nov. 1520].** *Exemplar München, Bayerische Staatsbibliothek, Res/4 H.ref. 800,31, Titelblatt.*

46) *Exemplar Berlin, Staatsbibliothek Preußischer Kulturbesitz, Dg 340, Bl. a 2r* (wie Abb. 44).

47) *Exemplar München, Bayerische Staatsbibliothek, Res/4 H.ref. 800,31, Bl. a 2r* (wie Abb. 45).

IX. Bibliographie

1 Quellenverzeichnis

1.1 Archivalische Quellen, Handschriften und Marginalien

Basel	**Universitätsbibliothek** A N VI 40 AS GH 683
Berlin	**Geheimes Staatsarchiv Preußischer Kulturbesitz** Staatsarchiv Königsberg Ordensbriefarchiv, Nr. 20945, Nr. 20949 **Staatsbibliothek Preußischer Kulturbesitz** 23 in: 2" Yd 7803. De 2547 Dg 340 Yg 6285<a>
Dresden	**Hauptstaatsarchiv** Nr. 10001, Nr. 10277
Eichstätt	**Universitätsbibliothek** Cod. st 695
Freiburg i. Br.	**Universitätsbibliothek** Hs. 754
Fulda	**Hessische Landesbibliothek** Hutten Ms 19
Gotha	**Universitäts- und Forschungsbibliothek** Chart. A 399
Greifswald	**Universitätsbibliothek** 555 Ms 745 4°
Hamburg	**Staats- und Universitätsbibliothek** Cod. hist. 302 in 40, fol. 1–33
Koblenz	**Landeshauptarchiv** Bestand 1 C, Nr. 9198, Nr. 9339
Lindau i. B.	**Stadtbibliothek** P III 83
London	**British Library** 11408. c. 24.
Ludwigsburg	**Staatsarchiv** B 91a, Bü 65,1 B 91a, Bü 65,2 B 91a, Bü 65,3

	B 91a, Bü 65,4
	B 91a, Bü 65,5
	B 186, U 1979
Marburg	**Staatsarchiv**
	Best. 3, Nr. 85 u. 189
	Best. Slg. 7d, Nr. 330
Meiningen	**Staatsarchiv**
	GHA Gemeinschaftliches Hennebergisches Archiv
	Sektion I, Nr. 1574; Nr. 5309, Nr. 5329
München	**Bayerische Staatsbibliothek**
	4 Inc.c.a. 1667 a#Beibd.3
	4 J.can.p. 29, Beibd.3
	Polem. 1374 d
	Rar. 1658
	Res/4 H.ref. 800,31
	Res/4 Opp. 90, I,13
	Res/4 Polem. 2457
	Bayerisches Hauptstaatsarchiv
	k. schw. 1831
	k. schw. 1832
	k. schw. 1833
	k. schw. 1834
Nürnberg	**Germanisches Nationalmuseum**
	Inv.-Nr. HB 10931, 15079
Straßburg	**Stadtarchiv**
	AMS II, 28,1
	AMS II, 60,14
	AMS IV, 105
	AST 158
	AST 176
Stuttgart	**Hauptstaatsarchiv**
	A 34, Bü 1c, Nr. 12, 16, 19–21, 22, 24
	A 34, Bü 5, Nr. 1
	A 164, Bü 10, Nr. 1, H
	G 41, Bü 2
	G 41, Bü 3
	G 41, Bü 5
	G 41, U4, U5, U6, U7, U7a, U 8
	J 1, Nr. 22, 36
Trier	**Stadtbibliothek**
	Hs 1201–500 8°
Weimar	**Thüringisches Hauptstaatsarchiv**
	EGA Ernestinisches Gesamtarchiv
	Reg. N 13

Wien	**Österreichische Nationalbibliothek**
	Sign. 43.X.55.
	Österreichisches Staatsarchiv
	AVA Adel RAA 204.22.
Wolfenbüttel	**Herzog August Bibliothek**
	Cod. Guelf. 44. 9. Aug.
	A: 95.2 Theol. (14)
Würzburg	**Staatsarchiv**
	Archiv der Grafen zu Ortenburg zu Birkenfeld
	Akten Nr. 2437
	Universitätsbibliothek
	35A 20.28
Zürich	**Zentralbibliothek**
	Ms S 4

1.2 Alte Drucke (VD 16)

[…] | Vlrichi | De Hutten, Equitis Germani, ad | Carolum Imperatorem, aduer|sus intentatam sibi a Ro|manistis vim et in|iuriam, | Conquestio […]. / Iacta est alea. Straßburg: Joh. Schott, 1520. VD 16, H 6236.

Ad divum Maximilianum Caesa. | Aug. F. P. bello in Venetos euntem, Vlrici | Hutteni Equitis, Exhortatio. | […]. Wien: Hieronymus Victor u. Joh. Singriener, Jan. 1512. VD 16, H 6242.

Ad reverendum dignissimumque patrem. D. Joannem Ingewinkel. Apologia Secunda. Köln: Heinrich Quentell 1519. VD 16, H 8604.

Ad sanctissimu[m] dominu[m] nostru[m] Leone[m] papam decimu[m] Ac diuu[m] Maxemilianum Imperatorem semper augustu[m] Apologia. Co[n]tra dialog[u]m Georgio Benigno Archiepiscopo Nazareno, in causa Ioannis Reuchlin ascriptu[m], Köln: Heinr. Quentell 1518. VD 16, H 4807.

Ain Tragedia oder Spill/ gehalten in dem Künigklichē Sal zů Pariß. Augsburg: Philipp Ulhart d. Ä., 1524. VD 16, T 1818.

Arminius | Dialogus Huttenicus, Quo | homo patriae aman/|tissimus, Germa|norum laudem | celebrauit. Hagenau: Joh. Setzer, 1529. VD 16, H 6280.

Baptisati cuiusdam iudaei Ioannis Pepercorni Hallis oppido Magdburgensis diocesis: ante arcem divi Mauricii: in Coemeterio iudaeorum lento igni assati. […] Ulrichi de Hutten super eadem re Epistolae et exclamatio heroica. [Mainz: Joh. Schöffer, 1514]. VD 16, H 6301–6307.

Beklagunge der Freistette deutscher natio[n] | Der Nemo hatt das geticht gemacht | Das mancher jm regiment nit lacht | Er sey Konigk Bischoff Fürst ader Graff | Den allen die vngerechtikeit leufft nach || [Erfurt: Michel Buchfürer, Herbst 1522]. VD 16, H 6417.

Beschyrmung Johannes Pfefferkorn | (den man nyt verbrant hat) [...]. [Köln 1516]. VD 16, P 2288.

C. Salustii | et Q. Curtii Flores, | selecti per Hulderichum Huttenum | equitem, ejusdemque scholijs | non indoctis illustrati. Straßburg: [Johannes Herwagen], 1528. VD 16, ZV 13685.

Clag vnd vormanung gegen | dem übermassigen vnchristlichen gewalt des Bapsts | zů Rom/ vnd der vngeistlichen geistlichen/ [...]. Straßburg: Johann Schott, 1520. VD 16, H 6373.

Clarorvm Virorvm epistolae | latinae graecae & hebraicae uariis temporibus missae | ad Ioannem Reuchlin Phorcensem | LL. doctorem. Tübingen: Thomas Anshelm, 1514. VD 16, R 1241.

Concilia wie man die halten | sol. Vnd von verleyhung geystlicher lehenpfründ|en. Antzoeig damit/ der Bae apst/ Cardin e alen/ vnd aller | Curtisanen list/ ursprung vnd handel bitz vff diß zeit. | Ermanung das ein yeder bey | dem rechten alten Christlichen glauben bleiben/ | vnnd sich zu keiner newerung bewegen lassen sol/ | durch herr Cuonrat zärtlin in.76. artickel veruasßt. [Straßburg: Joh. Schott, 1521]. VD 16, K 2098.

Cornelij Taciti Jl= | lustrissimi hystorici de situ. mori= | bus. et populis Germanie. | Aureus libellus [...]. Leipzig: Melchior Lotter d. Ä., 31. Dez. 1509. VD 16, T 26.

De schismate | extinguendo, et vere eccle|siastica libertate adse|renda epistolae ali|quot mirum in mo|dum liberae, et | veritatis | studio |stre|nuae | [...]. Huttenus in lucem edit. [Mainz: Joh. Schöffer, 1520]. VD 16, H 6407.

Defensio Joannis | Pepericorni contra famosas et crimina | les obscurorum virorum epistolas indigna earundem provocatione | totam fere historiam Reuchlinianam [...]. Köln: [Heine. v. Neuß, 1516]. VD 16, P 2289.

Defensio Prae | stantissimi viri Ioannis Reuchlin | LL. Doctoris, a Reuerendo pa | tre Georgio Benigno Nazare= | no archiepiscopo Romae per modum | dialogi edita [...]. [Köln: Euch. Cervicornus], Sept. 1517. VD 16, B 1717.

Der Joeden spiegel. Köln: [Joh. Landen], 1507. VD 16, P 2299; weitere Drucke: Braunschweig: [Hans Dorn], 1507. VD 16, P 2298; Nürnberg: Wolfgang Huber, 1507. VD 16, P 2300; Köln: [Martin v. Werden], 1508. VD 16, P 2301; Lateinische Fassung: Speculum adhortatio- | nis Judaice ad Christum. Köln: [Martin v. Werden], 1507. VD 16, P 2302; weitere Drucke: [Speyer: Konrad Hist, 1507. VD 16, P 2303; Köln: [Martin v. Werden], 1508. VD 16, P 2304.

Destructio Cabale, seu cabalistice perfidie ab Ioanne Reuchlin Capnione iampridem in lucem edite. Köln; Heinrich Quentell 1519. VD 16, H 4812.

Dialogi | Huttenici | noui, perquam |festiui. | [...]. [Straßburg: Joh. Schott], 1521. VD 16, H 6311.

Dialogus oder gesprech des Appostolicums Angelica vnd anderer Specerey der Appotecken Antreffen Doctor M. Lutterers ler vnd sein anhanck [et]c. [Speyer: Eckhart, 1521]. VD 16, B 6782.

Doctor iohanns | Reuchlins tütsch missiue. warumb die Juden | so lang im eilend sind. Pforzheim: [Th. Anshelm], 1505. VD 16, R 1246.

Doctor Johannsen Reuchlins | [...] warhafftige entschuldigung | gegen und wider ains getaufften iuden I genant Pfefferkorn vormals ge | truckt ußgangen unwarhafftigs schmachbüchlin | Augenspiegel [...]. [Tübingen: Th. Anshelm, 1511]. VD 16, R 1306.

Drey hundert | Gemeiner Sprichwœrter/ | der wir Deudschen vns ge|brauchen/ vñ doch nicht wi|ssen woher sie kõmen/ dur=|ch D. Johañ. Agricolã von | Eysleben/ an den durchleu|chtigen/ hochgebornen Fuer|sten vñ Herren/ Herrn Jo|hañ. Friedrich/ Hertzogen | zu Sachssen [et]c. geschriebẽ | vnd klerlich ausgelegt. Zwickau: Gabriel Kantz, 1529. VD 16, A 959.

Ein demütige erma=|nung an ein gemeyne statt | Wormbß von Vlrich | von Hutten zuo =|geschrieben. [Speyer: Jakob Schmidt, 1522], VD 16 H 6319.

Epi|stola ad | Maximili=|anum Caesarem | Italie fictitia. | Hulde=|richo | de Hutten equ. Authore. [Straßburg: Matth. Schürer, 1516]. VD 16, H 6258.

Epistola ad illustrem vi|rum Hermannum de Neu|uenar (!) Hutte|niana, qua contra | Capnionis aemulos | confirmatur. [Mainz: Joh. Schöffer, 1518]. VD 16, H 6329.

Epistolae obscurorum virorum ad venerabi|lem virum Magistrum Ortuinum Gratium Dauentriensem | Coloniae Agrippinae bonas litteras docentem: | varijs et locis et temporibus missae: | ac demum in volumen | coactae. | (Am Ende:) In Uenetia impressum in impressoria Aldi Minutij: [...]. [Hagenau: Heinrich Gran, 1515]. VD 16, E 1720; Teil 1 mit Appendix: Epistole obscurorum virorum ad Vene|rabilem virum magistrum Ortuinum Gratium Dauentriensem Co|lonie agrippine bonas litteras docentem: varijs et locis et tempo|ribus misse: ac demum in volumen coacte. | Cum multis alijs epistolis in fine | annexis que in prima impres|sura non habentur. [...] [Speyer: Jak. Schmidt, 1516]. VD 16, E 1722; Teil 2: Epistole Obscurorum virorum ad Magistrum Ortuinum | Gratium Dauentriensem Colonie latinas litteras pro|fitentem non ille quidem veteres et prius visae: sed et novae et illis prioribus | Elegantia argutijs lepore ac venustate longe superiores. | [...] (Am Ende:) Quinta luna Obscuros viros edidit. Lector | Solue nodum et ridebis amplius. | Impressum Romanae Curiae [...]. [Speyer: Jak. Schmidt, 1517]. VD 16, E 1723; weitere Drucke VD 16, E 1720–1729.

Epistolae Trium lllustri | um uirorum, ad Hermannum comitem Nuenarium. | Eiusdem responsoria ad Io. Reuchli | num, & al- | tera ad Lectorem. | Item, Libellus Accusato I torius [!] fratris Iacobi de Hochstraten. Contra | Oculare speculum Io. Reuch. | Diffamationes Eiusdem | Iacobi. | ltem; Defensio Noua Io | annis Reuchlin ex urbe Roma allata, idque paucis ab hinc | diebus. Köln: Euch. Cervicornus, Mai 1518. VD 16, N 1123 u. 1125.

Eyn Klag über | den Luterischen | Brandt zu Mentz | durch herr Vl-|rich vonn Hutten. [Worms: Hans Werlich], 1521. VD 16, H 6369.

Febris. | Dialogus | Hutte|ni/|cus. [Mainz: Joh. Schöffer], Febr. 1519. VD 16, H 6334.

Handt Spiegel. | Johannis Pfefferkorn/ wider vnd gegen die Jüden/ vnd | Judischen Thalmudischen schrifftenn [...]. [Mainz: Joh. Schöffer, 1511]. VD 16, P 2294.

Hans Heinrich Freiermut [Pseud.], Triumphus veritatis. Sieg der Wahrheit [Speyer: Johann Eckhart, 1524]. VD 16, ZV 6175.

Helii Eobani Hessi, ad Hulderichum Hutte-|num, vt Christianae Veritatis caussam, | et Lutheri iniuriam, armis con-|tra Romanistas prosequa-|tur, Exhortatorium. | Hulderichi Hutteni ad Helium Eoba-|num Hessum pro eadem re | responsorium. | Elegiaco carmine. | Lege, placebunt. [Straßburg: Joh. Schott, 1521]. VD 16, E 1456.

Herr Wlrichs | von Hutten | anzeoig | Wie allwegen sich die Reom|ischen Bischeoff/ oder Beapst | gegen den teütschen Kayß=|eren gehalten haben/ vff das | kürtzst vß Chronicken vnd | Historien gezogen/ K. ma=|iesteat fürzuo-bringen. | Ich habs gewogt. [Straßburg: Joh. Schott, 1521]. VD 16, H 6271.

History Von den fier ketzren Prediger | ordens der obseruantz zu Bern jm Schweytzer land | uerbrant [...] Ein kurtzer begriff unbillicher freuel hand | lung Hoctrats| Murnars| Doctor | Jhesus und irer anhenger| wider den | Christlichen Doctor Martin | Luther/ uon aale Liebhaber | Euangelischer lere [Straßburg: Joh. Prüß, 1521]. VD 16, M 7063.

Hoc in volu|mine haec continentur | Vlrichi Hutteni Equ. | Super interfectione propinqui sui Ioannis Hut-|teni Equ. Deploratio [...]. | In Vlrichum Vuirtenpergensem orationes V. | [...]. Excusum in arce Stekelberk [Mainz: Joh. Schöffer], Sept. 1519. VD 16, H 6408.

Hoc in volumine haec continentur. |Vlr. de Hut|ten Eq. Ad Caesarem Maximil<ianum> vt bellum in Venetos | coeptum prosequatur. Exhortatorium. | Eiusdem ad Caes. Maximil. Epigram<matum> liber I. | [...]. Augsburg: Joh. Miller, 2. Jan. 1519. VD 16, H 6243.

Hostis iudeorum [...]. Köln: Heinrich v. Neuß, 1509. VD 16, P 2316, in: Köhler (1996), Nr. 3702.

Ich bin ein buchlein Der Ju | den veindt ist mein namen [...]. Köln: Joh. Landen, 3. Jan. 1509. VD 16, P 2315.

Ich heyß eyn buchlijn | der iuden beicht [...]. Köln: Joh. Landen, 14. Febr. 1508. VD 16, P 2307.

In disem buchlein vindet | yr ein entlichen furtrag. wie | die blinden Juden yr Ostern halten [...]. Köln: [Joh. Landen], 3. Jan. 1509. VD 16, P 2291; Augsburg: [Erh. Oeglin, 1509]. VD 16, P 2290.

In hoc libello com | paratur absoluta explicatio quomodo | ceci illi iudei suum pascha seruent [...]. Köln: Heinrich v. Neuß, 1509. VD 16, P 2293.

In incendium Lutherianum | exclamatio Vlrichi | Hutteni | Equi/|tis. [...]. [Wittenberg: Joh. Rhau Grunenberg], 1521. VD 16, H 6356.

In laudem reverendissi|mi Alberthi Archiepiscopi | Moguntini Vlrichi de Hutten | Equitis Panegyricus. Tübingen: Th. Anshelm, Febr. 1515. VD 16, H 6357.

Ioannis | Revchlin Phorcensis, LL. Doc. | De Arte Cabalistica Li-| bri tres Leoni | X. dicati. Hagenau: Th. Anshelm, 1517. VD 16, R 1235.

Kurtzer außzug/ wie b e os=|lich die Bepste gegen den Deudsch=|en Keysern jemals gehandelt/ das billich/ auch nur | vmb der gewonheit willen/ kein Keyser eini=|gem Bapst mehr vertrawen solt/ | Er w e olle denn gern betrogen sein. | [...]. [Wittenberg: Jos. Klug, um 1535]. VD 16, H 6274.

Lamentationes | Obscurorum virorum [...] Ortwino Gratio auctore. | Apologeticon eiusdem. cum aliquot epigrammatibus. [...] Intersunt breuia apostolica duo. | Epistola Erasmi Roterodami. [...] | Impressio secunda cum additionibus. Köln: [H. Quentell], 1518. VD 16, G 2926.

Lamentationes | Obscurorum virorum. non | prohibite per sedem Apostolicam. | Epistola D. Erasmi Roterodami: quid de ob=|scuris sentiat [...]. Köln: H. Quentell, 1518. VD 16, G 2925.

Libellus de Judaica confessione | [...]. Köln: Joh. Landen, 1508. VD 16, P 2310; Nürnberg: Joh. Weißenburger, 1508. VD 16, P 2311.

Lvciani Piscator, sev | reuiuiscentes. Bilibaldo Pirck=|heymero, Caesareo Consilia=|rio, Patricio ac Senatore, | Nurenbergensi | interprete, | Eiusdem Epistola Apologetica [...] sexto Nonas | Octobris. Anno [...] M.D.XVII. [Nürnberg: Friedrich Peypus, 1517]. VD 16, L 3025.

ΟΥΤΙΣ. Nemo. Augsburg: Joh. Miller, [1518]. VD 16, H 6384.

Phalarismus | Dialogus Hut|tenicus. [Mainz: Joh. Schöffer], März 1517. VD 16, H 6397.

Principium | Libri. | [Bl. 1v] Ioannis Revchlin [...] De Rvdimentis | Hebraicis [...]. Pforzheim: Thomas Anshelm, 1506. VD 16, R 1252.

Streydt puechlyn | vor dy warheit vnd eyner warhafftiger historie Joan | nis Pfefferkorn Vechtende wyder den falschen Broder | Doctor Joannis Reuchlyn vnd syne jungernn [...]. [Köln: Heinrich v. Neuß], 1516. VD 16, P 2319.

Sybenhundert vnd |Fünfftzig Teütscher |Sprichw[oe]rter/ ver=|neüwert vnd | gebessert. | Iohan. Agricola. Hagenau: Peter Braubach, 1534. VD 16, A 962.

Triumphus | Doc. Reuchlini | Habes stu|diose lector, Io|annis Capnio|nis viri praestantissimi Enco|mion. Triumphanti illi ex | deuictis Obscuris viris, Id | est Theologistis Colo| nien<sibus> et Fratribus de | Ordine Praedicato|rum, ab Eleutherio | Byzeno decan|tatum. [Hagenau: Thomas Anshelm, 1518]. VD 16, H 6414.

Ulrich von Hutten (Hg.), Bulla | Decimi Leonis, contra errores Martini | Lutheri, et sequacium. [Straßburg: Joh. Schott, vor Nov. 1520]. VD 16, K 277.

Ulrich von Hutten (Hg.), De vnitate ec|clesiae conservanda, et schi|smate, quod fuit inter Henricum IIII. Imp<eratorem> et Gre-|gorium VII. Pont. Max. cuiusdameius tem/|poris theologi liber, in uetustiss<ima> Ful/|densi bibliotheca ab Hutte/|no inuentus nuper. Mainz: Joh. Schöffer, März 1520. VD 16, U 173.

Ulrich von Hutten (Hg.), Lorenzo Valla, De donatione Constan= |tini quid veri habeat, eruditorum quo= | rundam iudicium [...]. [Mainz: Joh. Schöffer, 1518]; VD 16, ZV 4645.

Verantwortung: der |schmach vnd lesterschrifft so Jo | hannes Agricola Eyßleben genant/ im | b[ue]chlin außlegung Teütscher sprüch=|wort/ wider etlich eeren leüt/ vnd | besonders den durchleich. | hochgebornen F. vnd | Herren/ Hernn | Vlrich | Hertzog zů Wirttenberg etc. on einig | vrsach im truck außgon | lassen. | Ludwig von Passauant. Straßburg: Georg Ulricher, 1530. VD 16, P 872.

Vlrichi | de Hutten equitis ad Bili=|baldum Pirckheymer Patricium No|rimbergensem Epistola vitae | suae rationem ex=|ponens [...]. Augsburg: Sigm. Grimm u. Marx Wirsung, 6. Nov. 1518. VD 16, H 6231.

Vlrichi | de Hutten equitis Germani | ad Principes Germaniae, vt bellum Tur|cis inuehant. Exhortatoria. | [...]. Augsburg: Sigm. Grimm u. Marx Wirsung, 1518. VD 16, H 6267

Vlrichi | Hutteni ad princi=|pes Germanos vt | bellum Turcis | inferant | exhortatoria. | Insunt quae priori editione ex=|empta erant, uide et adficieris. Mainz: [Joh. Schöffer, 1519]. VD 16, H 6268.

Vlrichi ab | Hutten | cum | Erasmo Roterodamo, Presbytero, Theologo, | Expostulatio. [Straßburg: Joh. Schott, 1523]. VD 16, H 6313.

Vlrichi de Hut|ten eq. de Guaiaci medicina | et morbo gallico liber | vnus. Mainz: Joh. Schöffer, April 1519. VD 16, H 6348.

Vlrichi de Hutten | equitis Germa|ni. Aula. Di|alogus. [...]. Augsburg: Sigm. Grimm u. Marx Wirsung, 17. Sept. 1518. VD 16, H 6295.

Vlrici Hutteni de Arte Versificandi | Liber vnus Heroico carmine ad Io=|annem et Alexandrum Osthenios Po|meranos Equites. Leipzig: Wolfg. Stöckel, [1511]. VD 16, H 6285.

Vlrici Hutteni equestris ordi|nis poetae in Vuedegum Loetz | Consulem Gripesualdensem in Pomerania/ et filium | eius Henningum Vtriusque Juris doctorem Querelarum | libri duo pro insigni quadam iniuria sibi | ab illis facta. / [...]. Frankfurt/O.: Joh. Hanau, 1510. VD 16, H 6361.

Vlrici Hutteni ex | equestri ordine Adolescentis Car|men emunctissimum mores homi|num admodum iucunde comple|ctens cui Titulus vir bonus: / [...]. Erfurt: Hans Knappe, 13. Aug. 1513. VD 16, H 6312.

Vlrici Hutteni Nemo. | [...]. Erfurt: Seb. Stribilita, [1510]. VD 16, H 6379.

Vlricus Huttenus Hermanno Trebelio Notiano Poete L‹aureato›, in: Hermanni Trebelij Notiani | [...] Epigrammaton et | carminum Li|ber Pri-|mus. [...]. Frankfurt/O.: Joh. Hanau, 1509. VD 16, T 1846.

Von den fier ketzeren Prediger | ordens der obseruantz zü Bern | im Schweytzer land uerbrantl in dem jar noch | Christi gehurt: MCCCCC.ix. uff den nechsten I donderstag noch Pfingsten. | Mit uil schönen figürlin und lieblichen reymsprüchen neüwlich geteütscht [Straßburg: Joh. Knobloch d. A., 1509]. VD 16, M 7058.

Vormanung an die | freien vnd reich | Stette teuts|cher nation. [Straßburg: Joh. Knobloch, 1522]. VD 16, H 6418.

1.3 Gedruckte Quellen und Quelleneditionen

ABK I–Xi	Die Amerbachkorrespondenz, bearbeitet und herausgegeben im Auftrag der Kommission für die Öffentliche Bibliothek der Universität Basel von Alfred Hartmann, [ab Bd. 6] auf Grund des von Alfred Hartmann gesammelten Materials bearbeitet und herausgegeben von Beat Rudolf Jenny u. a., 11 Bde., Basel 1942–2010.
ALLEN I–XI	Opus epistolarum Des. Erasmi Roterodami, hg. v. Percy S. Allen u. a., 11 Bde., Oxford 1906–1958.
ARBENZ/WARTMANN 1–7	Die Vadianische Briefsammlung der Stadtbibliothek St. Gallen, hg. v. Emil Arbenz u. Hermann Wartmann, 7 Bde. (Mitteilungen zur vaterländischen Geschichte 24/1, 25, 27/1, 28–30a, Nachtrag in 33), St. Gallen 1890–1913.
ARETIN 1–7	Aretin, Johann Christoph von, Beyträge zur Geschichte und Literatur, vorzüglich aus den Schätzen der pfalzbaierischen Zentralbibliothek zu München, 7 Bde., München 1803–1806.
BALAN (1884)	Balan, Pietro, Monumenta Reformationis Lutheranae ex Tabulariis Secretioribus Sanctae Sedis 1521–1525, Regensburg 1884.
BARRACK 1–4	Barack, Karl A. (Hg.), Zimmerische Chronik. Zweite verb. Aufl., 4 Bde., Freiburg u. Tübingen 1881–1882.
BAUCH (1889)	Bauch, Gustav, Analekten zu Luthers Briefwechsel, in: ZKG 18 (1889), S. 391–412.
BÖCKING I–VII	Ulrich von Hutten, Opera quae reperiri potuerunt omnia: Schriften. 5 Bde. Suppl. 2 Bde., hg. v. Eduard Böcking, Leipzig 1859–69.
BÖMER 1–2	Bömer, Aloys (Hg.), Epistolae obscurorum virorum, 2 Bde. (Stachelschriften. Ältere Reihe 1,1/2), Heidelberg 1924.
BOSSERT (1902)	Bossert, Gustav, Beiträge zur badisch-pfälzischen Reformationsgeschichte (Fortsetzung), in: Zeitschrift für die Geschichte des Oberrheins N. S. 17 (1902), S. 250–290.
BRIEGER (1884)	Brieger, Theodor, Aleander und Luther 1521. Die vervollständigten Aleander-Depeschen nebst Untersuchungen über den

	Wormser Reichstag (Quellen und Forschungen zur Geschichte der Reformation 1), Gotha 1884.
Corpus Reformatorum 1–28	Bretschneider, Carl G. u. Bindseil, Heinrich E. (Hgg.), Philippi Melanthonis opera quae supersunt omnia, 28 Bde., Halle u. Braunschweig 1834–1860.
EHLERS/FELGENTREU (2010)	Ehlers, Widu-Wolfgang u. Felgentreu, Fritz (Hg.), De arte cabalistica libri tres (Sämtliche Werke 2,1), Stuttgart-Bad Cannstatt 2010.
EHLERS/ROLOFF/SCHÄFER (1999)	Ehlers, Widu-Wolfgang, Roloff, Hans-Gert u. Schäfer, Peter (Hgg.), Johannes Reuchlin. Sämtliche Werke, Bd. IV: Schriften zum Bücherstreit. 1. Teil: Reuchlins Schriften, Stuttgart-Bad Cannstatt 1999.
ESTES (2016)	Estes, James M. (Hg.), The correspondence of Erasmus. Letters 2357–2471 (Collected works for Erasmus 17), Toronto 2016.
FABISCH/ISERLOH (1991)	Fabisch, Peter u. Iserloh, Erwin (Hgg.), Dokumente zur causa Lutheri (1517–1521). 2. Teil: Vom Augsburger Reichstag 1518 bis zum Wormser Edikt 1521 (Corpus Catholicorum 42), Münster 1991.
FÖRSTEMANN (1842)	Förstemann, Karl E., Neues Urkundenbuch zur Geschichte der evangelischen Kirchen-Reformation, Bd. 1, Hamburg 1842, Nr. 75, S. 197–198.
FREUDENTHAL (1931)	Freudenthal, Max, Dokumente zur Schriftenverfolgung durch Pfefferkorn, in: Zeitschrift für die Geschichte der Juden in Deutschland 3 (1931), S. 227–232.
FRIEDENSBURG (1890)	Friedensburg, Walter, Beiträge zum Briefwechsel der katholischen Gelehrten Deutschlands im Reformationszeitalter, in: Zeitschrift für Kirchengeschichte 16 (1890), S. 470–499.
FRIEDENSBURG (1896)	Friedensburg, Walter, Johann Ecks Denkschriften zur deutschen Kirchenreformation 1523, in: Beiträge zur bayerischen Kirchengeschichte 2 (1896), S. 159–196.
FRIEDLÄNDER (1893)	Ältere Universitäts-Matrikeln II. Universität Greifswald, hg. v. Ernst Friedländer. Erster Band (1465–1645), Leipzig 1893.
FRINGS (1987)	Frings, Udo (Hg.), Johannes Reuchlin, Henno. Eine lateinische Komödie aus dem 15. Jahrhundert, Frankfurt a. M. 1987.
FUHRMANN (1986)	Fuhrmann, Horst (Hg.), Constitutum Constantini (MGH Font. iur. Germ. 10), Hannover 1968.
GILMAN 1–2	Agricola, Johannes, Die Sprichwörtersammlungen, 2 Bde., hg. v. Sander L. Gilman, Berlin u. New York 1971.
GÖLLNER (1961)	Göllner, Carl, Turcica. Die europäischen Türkendrucke des XVI. Jahrhunderts, Bd. 1: 1501–1550, Berlin 1961.
GRAETZ (1875)	Graetz, Heinrich, Aktenstücke zur Confiscation der jüdischen Schriften in Frankfurt a. M. unter Kaiser Maximilian durch Pfefferkorns Angeberei, in: Monatsschrift für Geschichte und Wissenschaft des Judentums 24, N.F. (1875), S. 189–300, 337–343 u. 385–402.

Herrmann (1932)	Zimmerische Chronik urkundlich berichtet von Graf Froben Christof von Zimmern (gest. 1567) und seinem Schreiber Johannes Müller (gest. 1600). Nach der von Karl Barack besorgten zweiten Ausgabe neu hg. v. Paul Herrmann 3 (1932), S. 541–542.
Horawitz/Hartfelder (1886)	Horawitz, Adalbert u. Hartfelder, Karl (Hgg.), Briefwechsel des Beatus Rhenanus, Leipzig 1886.
Kalkoff (1886)	Kalkoff, Paul, Die Depeschen des Nuntius Aleander vom Wormser Reichstage 1521, Halle 1886.
Kalkoff (1908)	Kalkoff, Paul, Aleander gegen Luther. Studien zu ungedruckten Aktenstücken aus Aleanders Nachlass, Leipzig u. New York 1908, S. 129–131.
Kalkoff (1918/19)	Kalkoff, Paul, Kleine Beiträge zur Geschichte Hadrians VI., in: HJb Jahrbuch 39 (1918/19), S. 31–72.
Knod (1894)	Knod, Gustav, Findlinge III: Zu Ulrich von Hutten, in: Zeitschrift für Kirchengeschichte 14 (1894), S. 124–129.
Kobuch/Müller (1967)	Kobuch, Manfred u. Müller, Ernst (Hgg.), Die Reformation in Dokumenten: aus den Staatsarchiven Dresden und Weimar und aus dem Historischen Staatsarchiv Oranienbaum, Weimar 1967.
Kück (1899)	Kück, Eduard, Schriftstellernde Adlige der Reformationszeit: I. Sickingen und Landschad, in: Jahresbericht des Gymnasiums und Realgymnasiums zu Rostock (1899), Nr. 696, S. 24.
Liruti (1762)	Liruti, Gian G., Notizie delle vite ed opere scritte da' letterati del Friulo, Bd. 2, Venedig 1762, S. 1–10.
RBW I–IV	Dall'Asta, Matthias, u. Dörner, Gerald (Hgg.), Johannes Reuchlin: Briefwechsel. 4 Bände. Hg. von der Heidelberger Akademie der Wissenschaften, Stuttgart-Bad Cannstatt 1999–2013.
Reicke/Scheible 1–7	Reicke, Emil u. Scheible, Helga (Hgg.), Willibald Pirckheimers Briefwechsel, 7 Bde. München 1940–2009.
RI XIV,4,1, Nr. 17987	Regesta Imperii Online (15. Dez. 1503): das Beistands- und Kriegsbündnis zwischen Albrecht von Bayern und Herzog Ulrich.
Rott (1903)	Rott, Hans Ulrich von Huttens Streit mit den Straßburger Kartäusern, in: Neue Heidelberger Jahrbücher 12 (1903), S. 184–192.
Rott (1974)	Rott, Jean, Ulrich de Hutten et les débuts de la Réforme à Strasbourg, in: L`Annuaire des amis du Vieux-Strasbourg (1974), S. 41–72.
RTA I–IV	Deutsche Reichstagsakten. Jüngere Reihe: Deutsche Reichstagsakten unter Karl V., hg. v. Adolf Wrede, Bd. 1: 1519, Gotha 1893; Bd. 2: Der Reichstag zu Worms 1521, Gotha 1896; Bd. 3: Gotha 1901.
Rüsch (1983)	Joachim Vadian, Ausgewählte Briefe, hg. v. Ernst G. Rüsch, St. Gallen 1983.

SATTLER 1–13	Sattler, Christian Friderich, Geschichte des Herzogthums Würtenberg unter der Regierung der Herzogen, 13 Bde., Tübingen 1769–1783.
SCHADE 1–2	Schade, Oksar (Hg.), Satiren und Pasquille aus der Reformationszeit, 2 Bde., Hannover 1856–1858.
SCHLECHT (1922)	Schlecht, Joseph, Briefe aus der Zeit von 1509–1526, in: Briefmappe, 2. Stück, enthaltend Beiträge v. Andreas Bigelmair u. a. (Reformationsgeschichtliche Studien und Texte 40), Münster 1922, S. 23–116.
SCHNEEGANS (1974)	Schneegans, Ludwig, Fünf Briefe Ulrichs von Hutten. Nach der Urschrift im Stadtarchiv zu Straßburg mitgetheilt, in: ZHTh 17, Heft 3 (1874), S. 336–344.
SCHÖNBERGER/ SCHÖNBERGER (2004)	Francesco Petrarca, Epistulae Metricae. Briefe in Versen, hg. v. Otto Schönberger u. Eva Schönberger, Würzburg 2004.
SCHWENKENBECHER (1892)	Wilhelm Schwenkenbecher (Hg.), De Unitate ecclesiae conservanda (MGH Ldl, 2), Hannover 1892, S. 173–284.
SETZ (1975)	Setz, Wolfram, (Hg.), Lorenzo Valla. De falso credita et ementita Constantini donatione (Monumenta Germaniae Historica. Quellen zur Geistesgeschichte des Mittelalters 10), Weimar 1976.
SIMON (1980)	Simon, Karl (Hg.), Deutsche Flugschriften zur Reformation (1520–1525), Stuttgart 1980.
STEIFF/MEHRING (1912)	Steiff, Karl u. Mehring, Gebhard (Hgg.), Geschichtliche Lieder und Sprüche Württembergs. Im Auftrage der Württembergischen Kommission für Landesgeschichte, Stuttgart 1912.
SZAMATÓLSKI (1891)	Szamatólski, Siegfried, Ulrichs von Hutten deutsche Schriften. Untersuchungen nebst einer Nachlese (Quellen und Forschungen zur Sprach- und Kulturgeschichte der germanischen Völker 67), Straßburg 1891.
UKENA (1978)	Ukena, Peter, Ulrichvon Hutten. Deutsche Schriften, München 1978.
WALTZ (1874)	Waltz, Otto, Die Flersheimer Chronik. Zur Geschichte des XV. und XVI. Jahrhunderts. Zum ersten Mal nach vollständigen Handschriften, Leipzig 1874.

2 Literaturverzeichnis

2.1 Literatur

ABBAMONTE (2021) Abbamonte, Giancarlo, Texte und Kontext eines kulturellen Zusammenstoßes. Die Invektiven von Bartolomeo Facio und Lorenzo Valla (Neapel, 1445–48), in: Israel/Kraus/Sasso (2021), S. 33–47.

AHMED (2014) Ahmed, Sara, The Cultural Politics of Emotion, Edinburgh 2014. Suzanne M. Retzinger u. Thomas J. Scheff, Emotions and Violence. Shame and Rage in Destructive Conflicts, Lexington 1991.

ALBERIGO (1960) Alberigo, Giuseppe, Art. Aleandro, Girolamo in: Dizionario Biografico degli Italiani 2 (1960), S. 128–135.

ALBERT (1917) Albert, Peter P., Otmar Nachtigalls Grabschrift für Ulrich von Hutten (1523–24), in: Zeitschrift der Gesellschaft für Beförderung der Geschichts-, Altertums- und Volkskunde von Freiburg, dem Breisgau und den angrenzenden Landschaften 33 (1917), S. 187–188.

ALBERTS (1994) Alberts, Hildegard, Reuchlins Drucker Thomas Anshelm unter besonderer Berücksichtigung seiner Pforzheimer Presse, in: Hermann Kling u. Stefan Rhein (Hgg.), Johannes Reuchlin (1455–1522). Nachdruck der 1955 von Manfred Krebs herausgegebenen Festgabe (Pforzheimer Reuchlinschriften 4), Sigmaringen 1994, S. 205–266.

ALMÁSI (2006) Almási, Gadi, Humanisten bei Hof. Öffentliche Selbstdarstellung und Karrieremuster, in: Thomas Maissen u. Gerrit Walther (Hgg.), Funktionen des Humanismus. Studien zum Nutzen des Neuen in der humanistischen Kultur, Göttingen 2006, S. 155–165.

ALTHOFF (1997) Althoff, Gerd (Hg.), Spielregeln der Politik im Mittelalter. Kommunikation in Frieden und Fehde, Darmstadt 1997.

ALTHOFF/MEIER (2011) Althoff, Gerd u. Meier, Christel, Ironie im Mittelalter. Hermeneutik – Dichtung – Politik, Darmstadt 2011.

ANDERMANN (1999) Andermann, Ulrich, Albert Krantz. Wissenschaft und Historiographie um 1500, Weimar 1999.

ANDREWS/GILBERT (1998) Andrews, Bernice u. Gilbert, Paul (Hgg.), Shame. Interpersonal behavior, psychopathology, and culture, New York 1998.

ANTAT/QUACK (2006) Antat, Ariane B. u. Quack, Sigrid, Einleitung. Grenzen – Innovation – Identität, in: Dies. (Hgg.), Grenzüberschreitungen – Grenzziehungen. Implikationen für Innovation und Identität. Festschrift für Hedwig Rudolph, Berlin 2006, S. 13–18.

ARIS (2008) Aris, Marc-Aeilko, Schul- und Bildungswesen, Literatur, Bibliotheken zur Geschichte der Klosterschule im Frühmittelalter, in: Wolfgang Hamberger, Thomas Heiler u. Werner Kirchhoff (Hgg.), Geschichte der Stadt Fulda (Bde. 1–2), Fulda 2008–2009, hier Bd. 1: Von den Anfängen bis zum Ende des Alten Reiches (2008), S. 681–691.

ARMON-JONES (1989) Armon-Jones, Claire, The Social Functions of Emotions, in: Harré (1989), S. 57–82.

ARNOLD (1988) Arnold, Klaus, poeta laureatus – Die Dichterkrönung Ulrichs von Hutten, in: Peter Laub (Hg.), Ulrich von Hutten. Ritter, Humanist, Publizist. 1488–1523. Katalog zur Ausstellung des Landes Hessen anläßlich des 500. Geburtstages, Kassel 1988, S. 237–247.

ARNOLD (1999) Arnold, Klaus, Warum schrieben und sammelten Humanisten ihre Briefe? Beobachtungen zum Briefwechsel des Benediktinerabtes Johannes Trithemius (1462–1516), in: Michael Busch u. Jörg Hillmann (Hgg.), Adel – Geistlichkeit – Militär. Festschrift für Eckardt Opitz zum 60. Geburtstag, Bochum 1999, S. 19–32.

ARWEILER (2003) Arweiler, Alexander, Cicero rhetor. Die partitiones oratoriae und das Konzept des gelehrten Politikers (Untersuchungen zur antiken Literatur und Geschichte 68), Berlin u. New York 2003.

ASM 1–2 Der Kardinal. Albrecht von Brandenburg, Renaissancefürst und Mäzen (Ausstellung Moritzburg, Dom, Residenz und Kühler Brunnen in Halle/Saale vom 9. September bis 26. November 2006). Ausstellungskatalog der Stiftung Moritzburg, Kunstmuseum des Landes Sachsen-Anhalt; hg. v. Katja Schneider, Bd. 1: Katalog, hg. v. Thomas Schauerte; Bd. 2: Essays, hg. v. Andreas Tacke, Regensburg 2006.

AUGUSTIJN (1962) Augustijn, Cornelis, Erasmus en de Reformatie. Een onderzoek naar de houding die Erasmus ten opzichte van de Reformatie heeft aangenomen, Amsterdam 1962, S. 93–114.

AUGUSTIJN (1996) Augustijn, Cornelis, Erasmus. Der Humanist als Theologe und Kirchenreformer (Studies in Medieval and Reformation Thought 59), Leiden, New York u. Köln 1996.

AURNHAMMER (2006) Aurnhammer, Achim, Vom Humanisten zum »Trotzromanisten«. Huttens poetische Rom-Polemik, in: Martin Disselkamp, Peter Ihring u. Friedrich Wolfzettel (Hgg.), Das alte Rom und die neue Zeit. Varianten des Rom-Mythos zwischen Petrarca und dem Barock, Tübingen 2006, 153–169.

AUSTIN (1962) Austin, John L., How to do Things with Words, Oxford 1962.

AYASS (2011) Ayaß, Ruth, Kommunikative Gattungen, mediale Gattungen, in: Stephan Habscheid (Hg.), Textsorten, Handlungsmuster, Oberflächen, Berlin 2011, S. 275–295.

BACHTIN (1979) Bachtin, Michail, Die Ästhetik des Wortes, hg. v. Rainer Grübel, Frankfurt a. M. 1979.

BACKES/LUTZ/MATTER (2010) Backes, Martina, Lutz, Eckart C. u. Matter, Stefan (Hgg.), Lesevorgänge. Prozesse des Erkennens in mittelalterlichen Texten, Bildern und Handschriften (Medienwandel – Medienwechsel – Medienwissen 11), Zürich 2010.

BACKMANN u. a. (1998) Backmann, Sybille, Künast, Hans-Jörg, Ullmann, Sabine u. Tlusty, B. Ann (Hgg.), Ehrkonzepte in der Frühen Neuzeit. Identitäten und Abgrenzungen, Berlin 1998.

BAGCHI (2006) Bagchi, David, Poets, Peasants and Pamphlets. Who Wrote and Who Read Reformation Flugschriften? In: Kate Cooper u. Jeremy Gregory (Hgg.), Elite and Popular Religion (Studies in Church History 42), Woodbridge u. Rochester 2006, S. 189–196.

BATKIN (1979) Batkin, Leonid, Die italienische Renaissance. Versuch einer Charakterisierung eines Kulturtyps, Dresden 1979.

BATTENBERG (1990) Battenberg, Friedrich, Das europäische Zeitalter der Juden. Zur Entwicklung einer Minderheit in der nicht jüdischen Umwelt Europas, 2 Bde., Darmstadt 1990.

BAUCH (1894) Bauch, Gustav, Art. Trebelius, Hermann, in: ADB 38 (1894), S. 549–550.

BAUCH (1904) Bauch, Gustav, Die Universität Erfurt im Zeitalter des Frühhumanismus, Breslau 1904.

BAUER (1918) Bauer, Albert, Der Einfluss Lukians von Samosata auf Ulrich von Hutten, in: Philologus 75 (1918), S. 437–462, erneut abgedruckt in: Philologus 76 (1920), S. 192–207.

BAUMANN (2015) Baumann, Uwe, Die humanistischen und kontroverstheologischen ‚Streitschriften' des Thomas Morus als ‚Polemische Dialoge', in: Ders., Arnold Becker u. Marc Laureys (Hgg.), Polemik im Dialog des Renaissance-Humanismus. Formen, Entwicklungen und Funktionen (Super alta perennis. Studien zur Wirkung der Klassischen Antike 19), Göttingen 2015, S. 111–153.

BAUMANN/BECKER/LAUREYS (2015) Baumann, Uwe, Becker, Arnold u. Laureys, Marc, Einleitung. Polemik im Dialog des Renaissance-Humanismus. Formen, Entwicklungen und Funktionen, in: Dies. (Hgg.), Polemik im Dialog des Renaissance-Humanismus. Formen, Entwicklungen und Funktionen (Super alta perennis. Studien zur Wirkung der Klassischen Antike 19), Göttingen 2015, S. 7–16.

BAUMBACH (2014) Baumbach, Manuel, ‚Wenn Tote Politik betreiben' – Das Totengespräch und seine Rezeption im Humanismus am Beispiel von Erasmus und Hutten, in: Bodo Guthmüller u. Wolfgang G. Müller (Hgg.), Dialog und Gesprächskultur in der Renaissance (Wolfenbütteler Abhandlungen zur Renaissanceforschung 22), Wiesbaden 2014, S. 261–275.

BAUMBACH/CARL (2018) Baumbach, Hendrik u. Carl, Horst (Hgg.), Landfrieden – epochenübergreifend. Neue Perspektiven der Landfriedensforschung auf Verfassung, Recht, Konflikt (Zeitschrift für Historische Forschung. Vierteljahresschrift zur Erforschung des Spätmittelalters u. der Frühen Neuzeit 54), Berlin 2018.

BAUMGART (1984) Baumgart, Peter, Humanistische Bildungsreform an deutschen Universitäten des 16. Jahrhunderts, in: Wolfganng Reinhard (Hg.), Humanismus im Bildungswesen des 15. und 16. Jahrhunderts (Mitteilungen der Kommission für Humanismusforschung 12), Weinheim 1984, S. 171–191.

BAUSINGER (1958) Bausinger, Hermann, Schwank und Witz, in: Studium Generale 11 (1958), S. 699–710.

BAUSINGER (2005) Bausinger, Hermann, Schwank und Witz, in: Rolf W. Brednich (Hg.), Enzyklopädie des Märchens, Bd. 12,1, Berlin u. New York 2005, Sp. 318–332.

BAUTZ (1990) Bautz, Friedrich W., Bucer (Butzer), Martin, in: BBKL 1 (^{2}1990), Sp. 782–785.

BEAUMATIN/GARCIA (1995) Beaumatin, Eric, u. Garcia, Michel (Hgg.), L'invectice au Moyen Âge. France, Espagne, Italie. Actes du colloque, Paris 4–6 février 1993 (Atalaya. Revue Française d'Etudes Médiévales Hispaniques 5, 1994), Paris 1995.

BEAVIN/JACKSON/WATZLAWICK (1990) Beavin, Janet H., Jackson, Don D. u. Watzlawick, Paul, Menschliche Kommunikation. Formen, Störungen, Parodoxien, Bern ^{8}1990.

BECK/OSTHUES (2016) Beck, Laura u. Osthues, Julian (Hgg.), Postkolonialismus und (Inter-) Medialität. Perspektiven der Grenzüberschreitung im Spannungsfeld von Literatur, Musik, Fotografie, Theater und Film, Bielefeld 2016.

BECKER (1981) Becker, Reinhard P., A War of Fools. The Letters of Obscure Men. A study of the Satire and the Satirized (New York University Ottendorfer Series. Neue Folge 12), Bern, Frankfurt a. M. u. Las Vegas 1981, S. 76–77.

BECKER (2008) Becker, Arnold, Ulrichs von Hutten ‚Querelae in Lossios'. Humanistische Streitkultur zwischen Invektive und Elegie, in: Uwe Baumann u. a. (Hgg.), Streitkultur. Okzidentale Traditionen des Streitens in Literatur, Geschichte und Kunst (Super alta perennis. Studien zur Wirkung der Klassischen Antike 2), Göttingen 2008, S. 111–129.

BECKER (2012) Becker, Arnold, Die humanistische Lachgemeinschaft und ihre Grenzen. Hutten, Erasmus und ihr Streit über die ‚Epistolae obscurorum virorum', in: Christian Kuhn u. Stefan Bießenecker (Hgg.), Valenzen des Lachens in der Vormoderne (1250–1750) (Bamberger historische Studien 8), Bamberg 2012, S. 165–186.

BECKER (2013) Becker, Arnold, Rhetorische Evidenz und dialogische Mimesis in Huttens literarischem Kampf gegen Herzog Ulrich von Württemberg, in: Beate Hintzen u. Roswitha Simons (Hgg.), Norm und Poesie. Zur expliziten und impliziten Poetik in der lateinischen Literatur der Frühen Neuzeit, Berlin u. Boston 2013, S. 275–296.

BECKER (2013) Becker, Arnold, Ulrichs von Hutten polemische Dialoge im Spannungsfeld von Humanismus und Politik (Super alta perennis. Studien zur Wirkung der Klassischen Antike 15), Göttingen 2013.

BECKER (2015) Becker, Arnold, Hutten's Polemical Dialogues. Literary Positioning and its Impacts, in: David A. Lines (Hg.), Forms of conflict and rivalries in Renaissance Europe (Super alta perennis. Studien zur Wirkung der Klassischen Antike 17), Göttingen 2015, S. 61–78.

BECKER (2015) Becker, Arnold, Strategien polemischer Positionierung in Huttens Dialogen, in: Uwe Baumann, Arnold Becker u. Marc Laureys (Hgg.), Polemik im Dialog des Renaissance-Humanismus. Formen, Entwicklungen und Funktionen (Super alta perennis. Studien zur Wirkung der Klassischen Antike 19), Göttingen 2015, S. 87–110.

BECKERT u. a. (2020) Beckert, Stefan, Kästner, Alexander, Schwerhoff, Gerd, Siegemund, Jan u. Voigt, Wiebke, Öffentlichkeit und Invektivität im 16. Jahrhundert, in: Jahrbuch für Kommunikationsgeschichte 22 (2020), S. 36–82.

BEER/KOENIG (2009) Beer, Bettina u. Koenig, Matthias, Grenzziehungen im System wissenschaftlicher Disziplinen. Der Fall der Kulturwissenschaften, in: Sociologia Internationalis. Europäische Zeitschrift für Kulturforschung 47,3 (2009), S. 3–38.

BELLABARBA (2001) Bellabarba, Marco, Rituali, leggi, e disciplina del duello: Italia e Germania fra Cinque e Settecento, in: Marco Cavina (Hg.), Duelli, faide e rappacificazioni: elaborazioni concettuali, esperienze storiche: atti del Seminario di studi storici e giuridici. Modena, venerdá, 14 gennaio 2000, Facoltà di giurisprudenza, Aula Magna, Mailand 2001, S. 83–118.

BELLABARBA (2017) Bellabarba, Marco, Faide e letteratura giuridica nello spazio Trentino-Tirolese del tardo medioevo, in: Acta Histriae 25 (2017), S. 235–250.

BELLINGRADT (2011) Bellingradt, Daniel, Flugpublizistik und Öffentlichkeit um 1700. Dynamiken, Akteure und Strukturen im urbanen Raum des Alten Reiches (Beiträge zur Kommunikationsgeschichte 26), Stuttgart 2011.

BENZING (1939) Benzing, Josef, Johann Jamer, genannt Johann Hanau, Buchdrucker zu Frankfurt a. d. O. (ca. 1509–1543), in: Hanauisches Magazin 18 (1939), S. 23–26.

BENZING (1953) Benzing, Josef, Herman Trebelius, Dichter und Drucker zu Wittenberg und Eisenach, in: Der Bibliophile. Beilage zur Fachzeitschrift ‚Das Antiquariat' 4 (1953), Nr. 7, S. 203–204.

BENZING (1955) Benzing, Josef, Bibliographie der Schriften Johannes Reuchlins im 15. und 16. Jahrhundert (Bibliotheca bibliographica 18), Bad Bocklet 1955.

BENZING (1956) Benzing, Josef, Der Winkeldrucker Nikolaus Küffer zu Schlettstadt (1521), in: Stultifera navis 13 (1956), S. 63–66.

BENZING (1956) Benzing, Josef, Ulrich von Hutten und seine Drucker. Eine Bibliographie der Schriften Huttens im 16. Jahrhundert (Beiträge zum Buch- und Bibliothekswesen 6), Wiesbaden 1956.

BERDING (1994) Berding, Helmut (Hg.), Nationales Bewußtsein und kollektive Identität. Studien zur Entwicklung des kollektiven Bewußtseins in der Neuzeit, Bd. 2, Frankfurt a. M. 1994.

BERGMANN (1987) Bergmann, Jörg R., Klatsch. Zur Sozialform der diskreten Indiskretion, Berlin u. a. 1987.

BERGMANN (2012) Bergmann, Jörg R., Art. Klatsch, in: Historisches Wörterbuch der Rhetorik 10: Nachträge A–Z (2012), Sp. 447–458.

BERGMANN/LUCKMANN (1999) Bergmann, Jörg R. u. Luckmann, Thomas, Moral und Kommunikation, in: Dies. (Hgg.), Kommunikative Konstruktion von Moral. Bd. 1: Struktur und Dynamik der Formen moralischer Kommunikation, Opladen 1999, S. 13–36.

BERNHARDT (2016) Bernhardt, Oliver, Gestalt und Geschichte Savonarolas in der deutschsprachigen Literatur. Von der Frühen Neuzeit bis zur Gegenwart, Würzburg 2016.

BERNSTEIN (1988) Bernstein, Eckhard, Ulrich von Hutten, Reinbeck 1988.

BERNSTEIN (1989) Bernstein, Eckhard, Willibald Pirckheimer und Ulrich von Hutten: Stationen einer humanistischen Freundschaft, in: Stephan Füssel (Hg.), Ulrich von Hutten 1488–1988. Akten des Internationalen Ulrich-von-Hutten-Symposions 15.-17. Juli 1988 in Schlüchtern (Pirckheimer-Jahrbuch 4), München 1989, S. 11–36.

BERNSTEIN (1991) Bernstein, Eckhard, Creating Humanist Myths. Two poems by Ulrich von Hutten, in: Alexander Dalzell (Hg.), Acta Conventus Neo-Latini Torontonensis (Medieval and Renaissance texts and studies 86), Birmingham 1991, S. 249–260.

BERNSTEIN (1997) Bernstein, Eckhard, Der Erfurter Humanismus am Schnittpunkt von Humanismus und Reformation. Das Rektoratsblatt des Crotus Rubianus, in: Pirckheimer Jahrbuch 12 (1997), S. 137–165.

BERNSTEIN (1998) Bernstein, Eckhard, From Outsiders to Insiders. Some reflections on the development of a Group Identity of the German Humanists between 1450 and 1530, in: James V. Mehl (Hg.), In Laudem Caroli: Renaissance and Reformation Studies for Charles G. Nauert (Sixteenth Century Essays and Studies 49), Kirksville MO 1998, S. 45–64.

BERNSTEIN (2003) Bernstein, Eckhard, Group Identity Formation in the German Renaissance Humanists. The function of Latin, in: Eckhard Kessler u. Heinrich C. Kuhn (Hgg.), Germania Latina. Latinitas teutonica. Politik, Wissenschaft, humanistische Kultur vom späten Mittelalter bis in unsere Zeit, München 2003, S. 375–86.

BERNSTEIN (2010) Bernstein, Eckhard, „Liebe die Reuchlinisten, verachte die Arnoldisten." Die Reuchlin-Kontroverse und der Humanistenkreis um Mutianus Rufus, in: Marc Laureys u. Roswitha Simons (Hgg.), Die Kunst des Streitens. Inszenierung, Formen und Funktion öffentlichen Streits in historischer Perspektive (Super alta perennis. Studien zur Wirkung der Klassischen Antike 10), Göttingen 2010, S. 295–315.

BERNSTEIN (2014a) Bernstein, Eckhard, ‚Gedancken sein zolfrei': Der Humanist Mutianus Rufus als Korrespondent, in: Sabine Holtz, Albert Schirrmeister u. Stefan Schlelein (Hgg.), Humanisten edieren. Gelehrte Praxis im Südwesten in Renaissance und Gegenwart (Veröffentlichungen der Kommission für Geschichtliche Landeskunde in Baden-Württemberg. Reihe B: Forschungen 196), Stuttgart 2014 S. 33–60.

BERNSTEIN (2014b) Bernstein, Eckhard, Mutianus Rufus und sein humanistischer Freundeskreis in Gotha (Quellen und Forschungen zu Thüringen im Zeitalter der Reformation 2), Köln 2014.

BIEBER/LEGGEWIE (2004) Bieber, Christoph u. Leggewie, Claus (Hgg.), Interaktivität – Ein transdisziplinärer Schlüsselbegriff, Frankfurt 2004.

BIETENHOLZ (1959) Bietenholz, Peter, Der italienische Humanismus und die Blütezeit des Buchdrucks in Basel. Die Basler Drucke italienischer Autoren von 1530 bis zum Ende des 16. Jahrhunderts (Basler Beiträge zur Geschichtswissenschaft 73), Basel u. Stuttgart 1959.

BIETENHOLZ (1985) Bietenholz, Peter G., Erasmus und die letzten Lebensjahre Reuchlins, in: HZ 240 (1985), S. 45–66.

BIETENHOLZ (2013) Bietenholz, Peter G., Art. Erasmus von Rotterdam (Desiderius Erasmus Roterodamus), in: VLHum 2 (2013), Sp. 658–668.

BINCZEK/WIRTH (2020) Binczek, Natalie u. Wirth, Uwe (Hgg.), Handbuch Literatur & Audiokultur (Handbücher zur kulturwissenschaftlichen Philologie), Berlin u. Boston 2020.

BLACK (2001) Black, Robert D., Humanism and education in Medieval and Renaissance Italy. Tradition and Innovation in Latin schools from the twelfth to the fifteenth century, Cambridge 2001.

BLACK (2018) Black, Robert D., Between Grammar and Rhetoric. Poetria nova and its Educational Context in Medieval and Renaissance Italy, in: Gian C. Alessio u. Domenico Losappio (Hgg.), Le poetriae del medioevo latino. Modelli, fortuna, commenti (Filologie medievali e moderne 15/ Filologia medievali e moderne. Serie occidentale 12), Venedig 2018, S. 45–68.

BLANCHETTE/CAPAROS (2013) Blanchette, Isabelle u. Caparos, Serge, When emotions improve reasoning. The possible roles of relevance and utility, in: May Thinking and Reasoning 19 (2013), S. 399–413.

BODENMANN (1989) Bodenmann, Reinhard, Caspar Hedio aus Ettlingen. Vorstufe zu einer ausführlichen Biographie, in: Ettlinger Hefte, Sonderband 2 (1989), S. 81–97.

BODENMANN (1995) Bodenmann, Reinhard, Caspar aus Ettlingen (Ca. 1494–1552). Historiographie und Probleme der Forschung, in: Ettlinger Hefte 29 (1995), S. 47–62.

BOGNER (1997) Bogner, Ralf G., Die Bezähmung der Zunge. Literatur und Disziplinierung der Alltagskommunikation in der frühen Neuzeit (Frühe Neuzeit 31), Tübingen 1997.

BOLL (2019) Boll, Tobias, Ciceros Rede ‚cum senatui gratias egit'. Ein Kommentar (Göttinger Forum für Altertumswissenschaft. Beihefte N.F. 10), Berlin u. Boston 2019.

BOLLBUCK (2012) Bollbuck, Harald, Lachen für den wahren Glauben. Lutherische Pasquillen im publizistischen Diskurs der Interimszeit, in: Christian Kuhn u. Stefan Bießenecker (Hgg.), Valenzen des Lachens in der Vormoderne (1250–1750) (Bamberger historische Studien), Bamberg 2012, S. 241–268.

BONORAND (1965) Bonorand, Conradin, Aus Vadians Freundes- und Schülerkreis in Wien (Vadian Studien 8), St. Gallen 1965.

BOOCKMANN (1989) Boockmann, Andrea, Art. Fehde, Fehdewesen, in: LexM 4 (1989), Sp. 331–334.

BOURDIEU (1987) Bordieu, Pierre, Die feinen Unterschiede. Kritik der gesellschaftlichen Urteilskraft, Frankfurt a. M. 1987.

BOURDIEU (1988) Bourdieu, Pierre, Homo academicus, Frankfurt a. M. 1988.

BOURDIEU (1992) Bourdieu, Pierre, Rede und Antwort, Frankfurt a. M. 1992.

BOURDIEU (1993) Bourdieu, Pierre, Sozialer Sinn. Kritik der theoretischen Vernunft, Frankfurt a. M. 1993.

BOURDIEU (1997) Bourdieu, Pierre, Die verborgenen Mechanismen der Macht, Hamburg 1997.

BOURDIEU (1998) Bourdieu, Pierre, Vom Gebrauch der Wissenschaft. Für eine klinische Soziologie des wissenschaftlichen Feldes, Konstanz 1998.

BOURDIEU (2015) Bourdieu, Pierre, Ökonomisches Kapital – Kulturelles Kapital – Soziales Kapital", in: Ders., Die verborgenen Mechanismen der Macht (Schriften zu Politik & Kultur 1), hg. von Margareta Steinrück, Hamburg 2015, S. 49–79.

BOURDIEU/PASSERON (1971) Bourdieu, Pierre u. Passeron, Jean-Claude, Die Illusion der Chancengleichheit. Untersuchungen zur Soziologie des Bildungswesens am Beispiel Frankreichs, Stuttgart 1971.

BOWIE (1998) Bowie, Ewen L., Iambographen, in: DNP 5 (1998), Sp. 853–856.

BRALL (1988) Brall, Arthur, Die Hutten-Sammlung der Hessischen Landesbibliothek Fulda. Ein Bestandsverzeichnis mit einer Einleitung und 32 Porträts Ulrich von Huttens, Fulda 1988.

BRECHT (1904) Brecht, Walther, Die Verfasser der Epistolae obscurorum virorum, Straßburg 1904.

BREMER (2011) Bremer, Kai, Der Kommentar als Steinbruch. Zum Verhältnis von ‚Commentarius', ‚Historia' und Polemik am Beispiel der Lutherkommentare des Johannes Cochlaeus, in: Frank Bezner u. Kirsten Mahlke (Hgg.), Zwischen Wissen und Politik. Archäologie und Genealogie frühneuzeitlicher Vergangenheitskonstruktionen (Heidelberger Akademie der Wissenschaften, Akademie der Wissenschaften des Landes Baden-Württemberg 6), Heidelberg 2011, S. 293–310.

BRENDLE (1998) Brendle, Franz, Dynastie, Reich und Reformation. Die württembergischen Herzöge Ulrich und Christoph, die Habsburger und Frankreich (Veröffentlichungen der Kommission für Geschichtliche Landeskunde in Baden-Württemberg. Reihe B: Forschungen 141), Stuttgart 1998.

BREUER (1982) Breuer, Dieter, Geschichte der literarischen Zensur, Heidelberg 1982.

BREUL (2015) Breul, Wolfgang (Hg.), Ritter! Tod! Teufel? Franz von Sickingen und die Reformation. Ausstellungskatalog Mainz 2015, Regensburg 2015.

BREUL (2015) Breul, Wolfgang, Der ideale Gelehrtenkreis des Crotus Rubeanus. Ein Bündnis von Humanismus und Reformation, in: Ders. (Hg.), Ritter! Tod! Teufel? Franz von Sickingen und die Reformation, Regensburg 2015, S. 155–156.

BREUL (2019) Breul, Wolfgang, Ritterschaft und Reformation bei Franz von Sickingen, in: Wolfgang Breul u. Kurt Andermann (Hgg.), Ritterschaft und Reformation (Geschichtliche Landeskunde. Veröffentlichungen des Instituts für Geschichtliche Landeskunde an der Universität Mainz 75), Stuttgart 2019, S 107–122.

BRÜCHER (2011) Brücher, Gertrud, Gewaltspiralen. Zur Theorie der Eskalation, Wiesbaden 2011.

BRUMMACK (1982) Brummack, Jürgen, Zu Begriff und Theorie der Satire, in: Deutsche Vierteljahresschrift für Literaturwissenschaft 45 (1982), Sonderheft Forschungsreferate, S. 275–377.

BRUNNER (2016) Brunner, Claudia, Das Konzept epistemische Gewalt als Element einer transdisziplinären Friedens- und Konflikttheorie, in: Werner Wintersteiner u. Lisa Wolf (Hgg.), Friedensfoschung in Österreich. Bilanz und Perspektiven Klagenfurt 2016, S. 38–53.

BRUNNER (2020) Brunner, Claudia, Epistemische Gewalt. Wissen und Herrschaft in der kolonialen Moderne, Bielefeld 2020.

BRUNNER (1984) Brunner, Otto, Land und Herrschaft. Grundfragen einer territorialen Verfassungsgeschichte Österreichs im Mittelalter, Darmstadt 1984.

BUCHHESTER (2010) Buchhester, Dörthe, Art. Osten, Johann von der, in: Killy 9 (^{2}2010), S. 9.

BÜCHNER (1948) Büchner, Karl, Die Freundschaft zwischen Hutten und Erasmus. Brief des Erasmus an Ulrich von Hutten über Thomas Morus, München 1948.

BUCKHARDT (2002) Burkhardt, Johannes, Das Reformationsjahrhundert. Deutsche Geschichte zwischen Medienrevolution und Institutionenbildung 1517–1617, Stuttgart 2002.

BURCKHARDT (2018) Burckhardt, Jacob, Die Cultur der Renaissance in Italien. Ein Versuch, hg. v. Mikkel Mangold, München 2018.

Burgard/Haverkamp/Mentgen (1999) Burgard, Friedhelm, Haverkamp, Alfred u. Mentgen, Gerd (Hgg.), Judenvertreibungen in Mittelalter und früher Neuzeit (Forschungen zur Geschichte der Juden 9), Hannover 1999.

Burkard (2019) Burkard, Thorsten, Rhetorik im Mittelalter und im Humanismus, in: Michael Erler u. Christian Tornau (Hgg.), Handbuch Antike Rhetorik (Handbücher Rhetorik 19), Berlin u. a. 2019, S. 697–760.

Büsser (1988) Büsser, Fritz, Hutten in Zürich, in: Peter Laub (Hg.), Ulrich von Hutten. Ritter, Humanist, Publizist. 1488–1523. Katalog zur Ausstellung des Landes Hessen anläßlich des 500. Geburtstages, Kassel 1988, S. 337–343.

Butler (2006) Butler, Judith, Haß spricht. Zur Politik des Performativen, Frankfurt a.M. 2006.

Bütterlin (1981) Bütterlin, Rudolf, Ursula Thumb von Neuburg. Versuch einer Rollendeutung für die Witwe Hans von Huttens, in: Zeitschrift für Württembergische Landesgeschichte 40 (1981), S. 327–333.

Butz (2021) Butz, Reinhardt, Über die ältere und edlere Herkunft der Wettiner in Sachsen. Georg Spalatins Invektive von 1541 gegen Herzog Heinrich den Jüngeren von Braunschweig, in: Israel/Kraus/Sasso (2021), S. 281–306.

Cairns (2006) Cairns, Francis, Sextus Propertius. The Augustan Elegist, Cambridge 2006.

Calman (1960) Calman, Gerta, The Picture of Nobody. An iconographical study, in: Journal of the Warburg and Courtauld Institutes 13 (1960), S. 60–104.

Campana (1960) Campana, Augusto, Art. Accursio (Accorso), Mariangelo, in: DBI 1 (1960), S. 126–132.

Camporeale (1988) Camporeale, Salvatore I., Lorenzo Valla e il ‚De falso credita donatione'. Retorica, libertà ed ecclesiologia nel '400, in: Memorie Domenicane 19 (1988), S. 191–293.

Camporeale (1996) Camporeale, Salvatore I., Lorenzo Valla's on the Pseudo-Donation of Constantine. Dissent and Innovation in Early Renaissance Humanism, in: Journal of the History of Ideas 57 (1996), S. 9–26.

Cancik (2016) Cancik, Hubert, Freundschaft, in: Horst Groschopp u. Frieder O. Wolf (Hgg.), Humanismus: Grundbegriffe, Berlin u. Boston 2016, S. 169–175.

Carl (2000) Carl, Horst, Der Schwäbische Bund 1488–1534. Landfrieden und Genossenschaft im Übergang vom Spätmittelalter zur Reformation (Schriften zur südwestdeutschen Landeskunde 24), Leinfelden-Echterdingen 2000, S. 446–451.

Castelli-Gattinara (1976) Castelli-Gattinara, Enrico, Quelques considérations sur le Niemand et [...] Personne, in: Folie et déraison à la Renaissance, Brüssel 1976, S. 109–118.

CAVINA (2001) Marco Cavina, Gli eroici furori. Polemiche cinque-seicentesche sui processi di formalizzazione del duello cavalleresco, in: Marco Cavina (Hg.), Duelli, faide e rappacificazioni: elaborazioni concettuali, esperienze storiche: atti del Seminario di studi storici e giuridici. Modena, venerdá, 14 gennaio 2000, Facoltà di giurisprudenza, Aula Magna, Mailand 2001, S. 119–154.

CELIKATES (2009) Celikates, Robin, Kritik als soziale Praxis. Gesellschaftliche Selbstverständigung und kritische Theorie, Frankfurt a. M. 2009.

CHAVASSE (2003) Chavasse, Ruth, The studia humanitatis and the making of a humanist career: Marcantonio Sabellico's exploitation of humanist literary genres, in: Renaissance studies 17 (2003), S. 27–38.

CHRIST (1933) Christ, Karl, Die Bibliothek des Klosters Fulda im 16. Jahrhundert: die Handschriften-Verzeichnisse (Zentralblatt für Bibliothekswesen 64), Leipzig 1933.

CLASSEN (2009) Classen, Albrecht, Deutsche Schwankliteratur des 16. Jahrhunderts. Studien zu Martin Montanus, Hans W. Kirchhof u. Michael Lindener (Koblenz-Landauer Studien zu Geistes-, Kultur- und Bildungswissenschaften 4), Trier 2009.

CLEMEN (1901) Clemen, Otto, Hutteniana (Miscellen zur Reformationsgeschichte II), in: Theologische Studien und Kritiken. Beiträge zur Theologie und Religionswissenschaft 34 (1901), S. 127–130.

COLOMBETTI (2014) Colombetti, Giovanna, The Feeling Body. Affective Science Meets the Enactive Mind, Cambridge MA 2014.

COOGAN (1986) Coogan, Robert, The Pharisee against the Hellenist. Edward Lee versus Erasmus, in: Renaissance Quarterly 39 (1986), S. 476–506.

COOLS/SANTING/DE VALK (2012) Cools, Hans, Santing, Catrien u. de Valk, Hans (Hgg.), Adrian VI. A Dutch Pope in a Roman Context (Fragmenta. Journal of the Royal Netherlands Institute in Rome, 4/2010), Turnhout 2012.

CRAFTON/JARDINE (1986) Crafton, Anthony u. Jardine, Lisa, From Humanism to the Humanities. Education and the Liberal Arts in Fifteenth-Century Europe, London 1986.

CREASMANN (2012) Creasmann, Allyson, Censorship and Civic Order in Reformation Germany 1517–1648. Printed poison & evil talk, Farnham u. a. 2012.

CROUSAZ (2005) Crousaz, Karine, Érasme et le pouvoir de l'imprimerie, Lausanne 2005.

CURSCHMANN (1989) Curschmann, Michael, Facies peccatorum – Vir bonus: Bild-Text-Formeln zwischen Hochmittelalter und früher Neuzeit, in: Stephan Füssel u. Joachim Knape (Hgg.), Poesis et Pictura. Festschrift für Dieter Wuttke, Baden-Baden 1989, S. 157–189.

CZAPLA (2013) Czapla, Ralf G., Das Bibelepos in der Frühen Neuzeit. Zur deutschen Geschichte einer europäischen Gattung (Frühe Neuzeit. Studien und Dokumente zur deutschen Literatur und Kultur im europäischen Kontext 165), Berlin u. Boston 2013.

DALL'ASTA (2001) Dall'Asta, Matthias, Amor sive amicitia, Humanistische Konzeption der Freundschaft bei Marsilio Ficino und Johannes Reuchlin, in: Boris Körkel, Tino Licht u. Jolanta Wiendlocha (Hgg.), Mentis amore ligati. Lateinische Freundschaftsdichtung und Dichterfreundschaft in Mittelalter und Neuzeit. Festgabe für Reinhard Düchting zum 65. Geburtstag, Heidelberg 2001, S. 57–69.

DALL'ASTA (2010) Dall'Asta, Matthias, Paradigmen asymmetrischer Kommunikation. Disputationsliteratur im Judenbücherstreit, in: Wilhelm Kühlmann (Hg.), Reuchlins Freunde und Gegner. Kommunikative Konstellationen eines frühneuzeitlichen Medienereignisses (Pforzheimer Reuchlinschriften 12), Ostfildern 2010, S. 29–44.

DALL'ASTA (2015) Dall'Asta, Matthias, Reuchlin im Gefüge des Renaissance-Humanismus, in: Sönke Lorenz u. Dieter Mertens (Hgg.), Anwälte der Freiheit! Humanisten und Reformatoren im Dialog. Begleitband zur Ausstellung im Reuchlinhaus Pforzheim, 20. September bis 8. November 2015, Heidelberg 2015, S. 119–146.

DANIELS (2021a) Daniels, Tobias, Dynamiken der Herabsetzung in humanistischen Kontroversschriften während der Pazzi-Verschwörung, in: Israel/Kraus/Sasso (2021), S. 81–94.

DANIELS (2021b) Daniels, Tobias, Ulrich von Hutten – ein laicus litteratus in Rom, in: Tobias Daniels, Franz Fuchs u. Andreas Rehberg (Hgg.), Ulrich von Hutten und Rom. Deutsche Humanisten in der Ewigen Stadt am Vorabend der Reformation (Pirckheimer-Jahrbuch 33), Wiesbaden 2021, S. 41–61.

DANIELS/FUCHS (2017) Daniels, Tobias u. Fuchs, Franz (Hgg.), Venedig und der oberdeutsche Buchmarkt um 1500: Akten des gemeinsam mit dem Deutschen Studienzentrum in Venedig am 26. und 27. November 2015 veranstalteten Symposions im Centro Tedesco di Studi Veneziani, Palazzo Barbarigo della Terrazza in Venedig (Pirckheimer-Jahrbuch 31), Wiesbaden 2017.

DANIELS/REHBERG (2021) Daniels, Tobias u. Rehberg, Andreas, Appendix mit zwei Fundstücken zu Ulrich von Hutten aus den römischen Notariatsprotokollen, in: Tobias Daniels, Franz Fuchs u. Andreas Rehberg (Hgg.), Ulrich von Hutten und Rom. Deutsche Humanisten in der Ewigen Stadt am Vorabend der Reformation (Pirckheimer-Jahrbuch 33), Wiesbaden 2021, S. 63–67.

DÄNZER (2017) Dänzer, Tobias, Polemica e filosofia nella prefazione al Carmide del Poliziano, in: Humanistica. An International Journal of Early Renaissance Studies 12 (2017), S. 83–92.

DE BLASI/DE VINCENTIIS (2010) de Blasi, Guido u. de Vincentiis, Amadeo, Un'età di invettive, in: Amadeo de Vincentiis (Hg.), Atlante della letteratura italiana, Bd. 1: Dalle origine al Rinascimento, Turin 2010, S. 356–363.

DE BOER (2016a) de Boer, Jan-Hendryk, Unerwartete Absichten – Zur Genealogie des Reuchlinkonfliktes (Spätmittelalter, Humanismus, Reformation 94), Tübingen 2016.

DE BOER (2016b) de Boer, Jan-Hendryk, Wie aus Agon Antagonismus wird. Scholastisch-humanistische Grenzpolitik um 1500, in: HZ 303/3 (2016), S. 643–670.

DE BOER (2017) de Boer, Jan-Hendryk, Die Gelehrtenwelt ordnen. Zur Genese des hegemonialen Humanismus um 1500 (Spätmittelalter, Humanismus, Reformation 101), Tübingen 2017.

DE BOER (2018) de Boer, Jan-Hendryk, Disputation, quaestio disputata, in: Ders., Marian Füssel u. Maximilian Schuh (Hgg.), Universitäre Gelehrtenkultur vom 13.–16. Jahrhundert. Ein interdisziplinäres Quellen- und Methodenhandbuch, Stuttgart 2018, S. 221–254.

DE BOER (2018) de Boer, Jan-Hendryk, Kommentar, in: de Boer/Füssel/Schuh (2018), S. 265–318.

DE BOER (2021) de Boer, Jan-Hendryk, Die Welt in Bewegung. Zeit und Raum in den antirömischen Schriften Ulrich von Huttens, in: Daniels/Fuchs/Rehberg (2021), S. 70–97.

DE BOER (2021) de Boer, Jan-Hendryk, Imaginierte Angriffe auf den Humanismus: Zur Legitimierung invektiver Praktiken um 1500, in: Israel/Kraus/Sasso (2021), S. 209–242.

DE BOER/FÜSSEL/SCHÜTTE (2016) de Boer, Jan-Hendryk, Füssel, Marian u. Schütte, Jana M. (Hgg.), Zwischen Konflikt und Kooperation. Praktiken der europäischen Gelehrtenkultur (12.-17. Jahrhundert) (Historische Forschungen 114), Berlin 2016.

DE CARO (1976) De Caro, Gaspare, Caracciolo, Marino Ascanio, in: DBI 19 (1976), S. 414–425.

DE KEERSMAECKER u. a. (2020) De Keersmaecker, Jonas u. a., Investigating the robustness of the illusory truth effect across individual differences in cognitive ability, need for cognitive closure, and cognitive style. Personality and Social Psychology Bulletin 46 (2020), S. 204–215.

DECKER-HAUSS (1955) Decker-Hauss, Hansmartin, Bausteine zur Reuchlin-Biographie, in: Manfred Krebs (Hg.), Johannes Reuchlin (1455–1522). Festgabe seiner Vaterstadt, Pforzheim 1955, S. 83–107.

DELLWING (2009) Dellwing, Michael, Das Label und die Macht. Der Etikettierungsansatz von Pragmatismus zur Gesellschaftskritik und zurück, in: Kriminologisches Journal 41 (2009), S. 162–178.

DESSAUER (1965) Leinz- v. Dessauer, Antonie (Hg.), Johannes Reuchlin. Gutachten über das jüdische Schrifttum (Pforzheimer Reuchlinschriften 2), Stuttgart 1965.

DICKERHOF (1996) Dickerhof, Harald, Der deutsche Erzhumanist Konrad Celtis und seine Sodalen, in: Klaus Garber, Heinz Wismann u. Winfried Siebers (Hgg.), Europäische Sozietätsbewegung und demokratische Tradition. Die europäischen Akademien der Frühen Neuzeit zwischen Frührenaissance und Spätaufklärung (Frühe Neuzeit 26/27), Tübingen 1996, S. 1102–1123.

DIETL (2014) Dietl, Cora, Erasmus, Reuchlin und Ulrich von Hutten als ‚Gewaltgemeinschaft'? Ein tragedia oder Spill gehalten in dem künigklichen Sal zu Pariß, in: Dies. u. Titus Knäpper (Hgg.), Rules and Violence. On the cultural History of Collective Violence from Late Antiquity to the Confessional Age, Berlin 2014, S. 209–222.

DINGES (1995) Dinges, Martin, Die Ehre als Thema der Historischen Anthropologie. Bemerkungen zur Wissenschaftsgeschichte und zur Konzeptualisierung, in: Klaus Schreiner u. Gerd Schwerhoff (Hgg.), Verletzte Ehre. Ehrkonflikte in Gesellschaften des Mittelalters und der frühen Neuzeit (Norm und Struktur 5), Köln, Weimar u. Wien 1995, S. 29–62.

DITZEL (2005) Ditzel, Olaf, Fabricius Phacchus (Vach), Balthasar, in: BBKL 2 (2005), Sp. 408–409.

DÖRING (2007) Döring, Sabine, Seeing what to do. Affective Perception and Rational Motivation, in: Dialectica 61 (2007), S. 363–394.

DÖRING (2009) Döring, Julia, Gewalt und Kommunikation (Essener Studien zur Semiotik und Kommunikationsforschung 29), Aachen 2009.

DORLAN (1843) Dorlan, Alexandre, Notices historiques sur l'Alsace et principalement sur la ville de Schlestadt, Bd. 1, Colmar 1843.

DÖRNER (1999) Dörner, Gerald, Jakob Questenberg – Reuchlins Briefpartner an der Kurie, in: Ders. (Hg.), Reuchlin in Italien (Pforzheimer Reuchlinschriften 7), Stuttgart 1999, S. 149–179.

DÖRNER (2008) Dörner, Gerald, Eberbach, Peter, in: VLHum 1 (2008), Sp. 569–576.

DÖRNER (2013) Dörner, Gerald, Reuchlin (Rochlin, Roechlin; Capnion), Johannes, in: VLHum 2 (2013), Sp. 579–633.

DORNINGER (2005) Dorninger, Maria E., Ritualmordvorwürfe im Mittelalter. Urteile – Prozesse – Wirkungen, in: Kriminelles Mittelalter. Interdisziplinäre Ringvorlesung des Interdisziplinären Zentrums für Mittelalterstudien an der Universität Salzburg, Salzburg, Wintersemester 2004/05, 4 (2005), in: http://unissalzburg.at/fileadmin/oracle_file_imports/543250.PDF [22.06.2021].

DOTZAUER (2018) Dotzauer, Monja, Die Bibliothek der Herzogin Sabine von Württemberg. Ein Spiegel spätmittelalterlicher Frömmigkeit und reformatorischer Neugier, in: Zeitschrift für Württembergische Landesgeschichte 77 (2018), S. 85–106.

DRÖSE (2021) Dröse, Albrecht, Invektive Affordanzen der Kommunikationsform Flugschrift, in: Dröse/Münkler/Sablotny (2021), S. 37–62.

DRÖSE/KRAUS (2020) Dröse, Albrecht u. Kraus, Marius, Antirömische Invektiven, in: Lea Hagedorn, Marina Münkler u. Felix Prautzsch (Hgg.) (2020), Schmähung – Provokation – Stigma. Medien und Formen der Herabsetzung. Online-Katalog zur Ausstellung des Sonderforschungsbereichs 1285 „Invektivität. Konstellationen und Dynamiken der Herabsetzung" im Buchmuseum der SLUB vom 19. Februar bis 23. April 2020. https://www.slub-dresden.de/ueber-uns/buchmuseum/ausstellungen-fuehrungen/archiv-derausstellungen/ausstellungen-2020/schmaehung-provokation-stigma-medien-und-formen-der-herabsetzung [Zugriff: 26.06.2022], Kat.-Nr. 32–38.

DRÖSE/MÜNKLER/SABLOTNY (2021) Dröse, Albrecht, Münkler Marina, u. Sablotny, Antje (Hgg.), Invektive Gattungen. Formen und Medien der Herabsetzung (Sonderheft der Kulturwissenschaftlichen Zeitschrift 6/2021).

DUNBAR (1996) Dunbar, Patsy, Grooming, Gossip and the Evolution of Language, Cambridge MA 1996.

DUNBAR (1998) Dunbar, Patsy, Klatsch und Tratsch. Wie der Mensch zur Sprache fand, München 1998.

DUSSOL (2006) Dussol, Étienne, Petite indroducion à l'invective médiévale, in: Didier Girard u. Jonathan Pollock (Hgg.), Invectives. Quand le corps reprend la parole, Perpignan 2006, S. 163–173.

DYCK (2008) Dyck, Andrew R., Cicero. Catilinarians. Cambridge Greek and Latin Classics, Cambridge 2008.

ECKERT/WILLEMS (2002) Eckert, Roland u. Willems, Helmut, Eskalation und Deeskalation sozialer Konflikte. Der Weg in die Gewalt, in: Wilhelm Heitmeyer u. John Hagan (Hgg.), Internationales Handbuch der Gewaltforschung, Wiesbaden 2002, S. 1457–1480.

EDLINGER (2015) Edlinger, Thomas, Der wunde Punkt. Vom Unbehagen an der Kritik, Frankfurt a. M. 2015.

EGER (1981) Eger, Wolfgang, Kurfürst Ludwig V. der Friedfertige (von Wittelsbach), Pfalzgraf bei Rhein, in: Fritz Reuter (Hg.), Der Reichstag zu Worms von 1521. Reichspolitik und Luthersache. Im Auftrag der Stadt Worms zum 450-Jahrgedenken, Köln u. Wien ²1981, S. 352–368.

EHMER (1987) Ehmer, Hermann, Erhard Schnepf. Ein Lebensbild, in: Blätter für württembergische Kirchengeschichte 87 (1987), S. 72–126.

EHMER (1988) Ehmer, Hermann, Reformatorische Geschichtsschreibung am Oberrhein: Franciscus Irenicus, Kaspar Hedio, Johannes Sleidanus, in: Kurt Andermann (Hg.), Historiographie am Oberrhein im späten Mittelalter und in der Frühen Neuzeit, Sigmaringen 1988, S. 227–245.

EHMER (1997) Ehmer, Hermann, Art. Ulrich, Herzog von Württemberg, in: BBKL 12 (1997), Sp. 900–902.

EISERMANN (2001) Eisermann, Falk, Der Ablaß als Medienereignis. Kommunikationswandel durch Einblattdrucke im 15. Jahrhundert. Mit einer Auswahlbibliographie, in: Rudolf Suntrup u. Jan R. Veenstra (Hgg.), Tradition und Innovation im Übergang zur Frühen Neuzeit – Tradition and Innovation in an Age of Change (Medieval to Early Modern Culture. Kultureller Wandel vom Mittelalter zur Frühen Neuzeit 1), Frankfurt a. M. u. Berlin 2001, S. 99–128.

EL KOHLI (2013) El Kholi, Susann, Rhagius (eigentl. sorb. Ra[c]k ‚Krebs'), Johannes, aus Sommerfeld/Niederlausitz (daher auch: *Aesticampianus, Lusatius*), in: VLHum 2 (2013), Sp. 639–656.

ELLERBROCK u. a. (2017) Ellerbrock, Dagmar u. a., Invektivität – Perspektiven eines neuen Forschungsprogramms in den Kultur- und Sozialwissenschaften, in: KWZ 1 (2017), S. 2–24.

ELLERBROCK/FEHLEMANN (2019) Ellerbrock, Dagmar u. Fehlemann, Silke, Beschämung, Beleidigung, Herabsetzung. Invektivität als neue Perspektive historischer Emotionsforschung, in: Anja Besand, Bernd Overwien u. Peter Zorn (Hgg.), Politische Bildung mit Gefühl, Bonn 2019, S. 90–104.

ELLERBROCK/SCHWERHOFF (2020) Ellerbrock Dagmar, u. Schwerhoff, Gerd, Spaltung, die zusammenhält? Invektivität als produktive Kraft in der Geschichte, in: Saeculum 70,1 (2020), S. 3–22.

EMICH (2008) Emich, Birgit, Bildlichkeit und Intermedialität in der Frühen Neuzeit. Eine interdisziplinäre Spurensuche, in: ZHF 35, 1 (2008), S. 31–56.

EMING/JARZEBOWSKI (2008) Eming, Jutta u. Jarzebowski, Claudia (Hgg.), Blutige Worte. Internationales und interdisziplinäres Kolloquium zum Verhältnis von Sprache und Gewalt in Mittelalter und Früher Neuzeit, Göttingen 2008.

ENDRES (2010) Endres, Rudolf, Sickingen, Franz von, in: NDB 24 (2010), S. 313–314.

ENENKEL (2010) Enenkel, Karl, Ein erster Ansatz zur Konstituierung einer humanistischen Streitkultur: Petrarcas ‚Invective contra medicum', in: Marc Laureys u. Roswitha Simons (Hgg.), Die Kunst des Streitens. Inszenierung, Formen und Funktion öffentlichen Streits in historischer Perspektive (Super alta perennis. Studien zur Wirkung der Klassischen Antike 10), Göttingen 2010, S. 109–126.

ENENKEL (2015) Enenkel, Karl, Paratexte, Autorschaft und Wissensvermittlung, in: Ders. (Hg.), Die Stiftung von Autorschaft in der neulateinischen Literatur (ca. 1350–1650). Zur autorisierenden und wissensvermittelnden Funktion von Widmungen, Vorworttexten, Autorporträts und Dedikationsbildern (Mittellateinische Studien und Texte 48), Leiden 2015, S. 1–53.

ENENKEL (2018) Enenkel, Karl, Einleitung, in: Ders. u. Christian Peters (Hgg.), Humanisten über ihre Kollegen. Eulogien, Klatsch und Rufmord (Scientia universalis I: Studien zur Wissenschaftsgeschichte der Vormoderne 3), Berlin 2018, S. 1–6.

ENTNER (1996) Entner, Heinz, Was steckt hinter dem Begriff *sodalitas litteraria*? Ein Diskussionsbeitrag zu Conrad Celtis und seinen Freundeskreisen, in: Klaus Garber u. a. (Hgg.), Europäische Sozietätsbewegung und demokratische Tradition. Die europäischen Akademien der Frühen Neuzeit zwischen Frührenaissance und Spätaufklärung (Frühe Neuzeit 27), Bd. 2, Tübingen 1996, S. 1096–1101.

ERDMANN-PANDŽIĆ/PANDŽIĆ (1989) Erdmann-Pandžić, Elisabeth von u. Pandžić, Basilius, Juraj Dragišić und Johannes Reuchlin. Eine Untersuchung zum Kampf für die jüdischen Bücher mit einem Nachdruck der ‚Defensio praestantissimi viri Joannis Reuchlin' (1517) von Georgius Benignus (Juraj Dragišić) (Quellen und Beiträge zur kroatischen Kulturgeschichte. Vrela i prinosi za hrvatsku kulturnu provijest 1), Bamberg 1989.

ERIKSON (1973) Erikson, Erik H., Identität und Lebenszyklus. Drei Aufsätze, Stuttgart 1973.

FABER/HOLSTE (2000) Faber, Richard u. Holste, Christine (Hgg.), Kreise, Gruppen, Bünde. Zur Soziologie moderner Intellektuellenassoziation, Würzburg 2000.

FALK (1893) Falk, Franz, Der Mainzer Hofmarschall Eitel Wolf von Stein in: Historisch-politische Blätter für das katholische Deutschland 111 (1893), S. 877–894.

FASBENDER (2009) Fasbender, Christoph (Hg.), Conradus Mutianus Rufus und der Humanismus in Erfurt, Gotha 2009.

FAUNER (2018) Fauner, Eva, Wenn die Schrift gehört gehört. Fingierte Mündlichkeit und inszenierte Schriftlichkeit am Beispiel des Textgenres Slam Poetry, in: David-Christopher Assmann u. Nicola Menzel (Hgg.), Textgerede. Interferenzen von Mündlichkeit und Schriftlichkeit in der Gegenwartsliteratur, München 2018, S. 161–177.

FAUNER (2020) Fauner, Eva, Schriften, die gehört gehören. Historische Prätexte, theoretische Konzepte und analytische Modelle zu Akustischer Literatur der Gegenwart, Heidelberg 2020.

FAZIO u. a. (2015) Fazio, Lisa K. u. a., Knowledge does not protect against Illusory Truth, in: Journal of Experimental Psychology 144,5 (2015), S. 993–1002.

FEUCHTER (2009) Feuchter, Jörg, Deliberation, rituelle Persuasion und symbolische Repräsentation. Zugänge zur Redekultur auf vormodernen französischen Generalständen, in: Jörg Peltzer, Gerald Schwedler u. Paul Töbelmann (Hgg.), Politische Versammlungen und ihre Rituale. Repräsentationsformen und Entscheidungsprozesse des Reichs und der Kirche im späten Mittelalter, Ostfildern 2009, S. 207–217.

FEUCHTER (2010) Feuchter, Jörg, Redekultur als Verfassungskultur. Oratorische Kommunikation und Konfliktaustragung in vormodernen europäischen Parlamenten, in: Werner Daum u. a. (Hgg.), Kommunikation und Konfliktaustragung. Verfassungskultur als Faktor politischer und gesellschaftlicher Machtverhältnisse, Berlin 2010, S. 183–200.

FEUCHTER/HELMRATH (2009) Feuchter, Jörg u. Helmrath, Johannes, Oratory and representation. the rhetorical culture of politic assemblies, 1300–1600, in: Parliaments Estates & Representation 29 (2009), S. 53–66.

FIORETTO (1881) Fioretto, Giovanni, Gli umanisti: o lo studio del latino e del greco nel secolo XI in Italia, Verona 1881.

FITZGERALD (1995) Fitzgerald, William, Catullan Provocations. Lyric Poetry and the Drama of Position, Berkeley 1995.

FLECK (2008) Fleck, Ludwig, Entstehung und Entwicklung einer wissenschaftlichen Tatsache. Einführung in die Lehre vom Denkstil und Denkkollektiv (Suhkamp-Taschenbuch Wissenschaft 312), Frankfurt a. M. 2008.

FLOOD (2006) Flood, John L., Poets Laureate in the Holy Roman Empire. A Bio-Bibliographical Handbook. 4 Bde., Berlin u. a. 2006.

FÖRSTEL (2013) Förstel, Christian, Die griechische Grammatik im Umkreis Reuchlins: Untersuchungen zur ‚Wanderung' der griechischen Studien von Italien nach Deutschland, in: Gerald Dörner (Hg.), Reuchlin in Italien (Pforzheimer Reuchlinschriften 7), Stuttgart 1999, S. 45–56.

FÖRSTEMANN (1837) Förstemann, Karl E., Bemerkungen über den Verfasser der Lamentationes obscurorum, in: Mitteilungen aus dem Gebiet historisch-antiquarischer Forschungen 3,4 (1837), S. 1–18.

FRANCESCONI/MANNORI (2017) Francesconi, Giampaolo u. Mannori, Luca (Hgg.), Pistoia violenta. Faide e conflitti sociali in una città italiana dall'età comunale allo Stato moderno. Atti del Convegno di Studi (Pistoia 16–17 maggio 2014) (Biblioteca storica pistoiese 21), Pistoia 2017.

FRANCK (2007) Franck, Georg, Ökonomie der Aufmerksamkeit. Ein Entwurf, München 2007.

FRANK (1966) Frank, Jakob R., Konrad Thumb von Neuburg und sein Sohn Hans Konrad, die beiden ersten württembergischen Erbmarschälle. Ein Beitrag zur Geschichte der Herrschaft Stettenfels, in: Historischer Verein Heilbronn 25 (1966), S. 96–107.

FREEDMAN (2010) Freedman, Joseph F., Published academic disputations in the context of other information formats utilized primarily in Central Europa (c. 1550 – c. 1700), in: Gindhart/Kundert (2010), S. 89–128.

FRETZ (1927) Fretz, Diethelm, Johannes Klarer, genannt Schnegg, der letzte Gastgeber Huttens, in: Zwingliana. Mitteilungen zur Geschichte Zwinglis und der Reformation 4,14 (1927,2), S. 127–165.

FREVERT (2013) Frevert, Ute, Vergängliche Gefühle (Historische Geisteswissenschaften. Frankfurter Vorträge 4), Göttingen 2013.

FREVERT (2014) Frevert, Ute, Defining Emotions. Concepts and Debates over Three Centuries, in: Christian Bailey u. a. (Hgg.), Emotional Lexicons. Continuity and Change in the Vocabulary of Feeling 1700–2000, Oxford 2014, S. 1–31.

FREVERT (2015) Frevert, Ute, Shame and Humiliation, in: https://www.history-of-emotions.mpg.de/en/texte/shame-andhumiliation [letzter Zugriff 29.2022].

FREVERT (2017) Frevert, Ute, Die Politik der Demütigung. Schauplätze von Macht und Ohnmacht, Frankfurt a. M. 2017.

FREVERT (2020) Frevert, Ute, The Politics of Humiliation. A Modern History, Oxford u. New York 2020.

FREVERT/SCHEER (2011) Frevert, Ute u. Scheer, Monique, Gefühlswissen. Eine lexikalische Spurensuche in der Moderne, Frankfurt a. M. 2011.

FREY (1985) Frey, Winfried, Die ‚Epistolae obscurorum virorum' – ein antijüdisches Pamphlet? In: Norbert Altenhofer u. Renate Heuer (Hgg.), Probleme deutsch-jüdischer Identität (Archiv Bibliographia Judaica 1), Frankfurt a. M. u. Bad Soden 1985 [recte 1986], S. 147–172.

FREY (1988) Frey, Winfried, Multum teneo de tali libro. Die Epistolae Obscurorum Virorum, in: Peter Laub (Hg.), Ulrich von Hutten. Ritter, Humanist, Publizist 1488–1523 (Katalog zur Ausstellung des Landes Hessen anläßlich des 500. Geburtstages), Melsungen 1988, S. 197–210.

FREY (1989) Frey, Winfried, Vom Antijudaismus zum Antisemitismus. Ein antijüdisches Pasquill von 1606 und seine Quellen, in: Daphnis 18,2 (1989), S. 251–279.

FREY/HAUSSER (1987) Frey, Hans-Peter u. Haußer, Karl (Hgg.), Identität, Stuttgart 1987.

FRIED (1986) Fried, Johannes (Hg.), Schulen und Studium im sozialen Wandel des hohen und späten Mittelalters, Sigmaringen 1986.

FRIED (2007) Fried, Johannes, Donation of Constantine and Constitutum Constantini. The Misinterpretation of a Fiction and its Original Meaning. With a Contribution by Wolfram Brandes: The Satraps of Constantine (Millennium-Studien zur Kultur und Geschichte des ersten Jahrtausends n. Chr. Millenium Studies in the Culture and History of the First Millenium C.E. 3), Berlin 2007.

FRIED (2011) Fried, Johannes, Die Konstantinische Schenkung, in: Ders. u. Olaf Rader (Hgg.), Die Welt des Mittelalters, Erinnerungsorte eines Jahrtausends, München 2011, S. 295–311.

FRIED (2014) Fried, Johannes, Art. Konstantinische Schenkung, in: HRG (2) Tl. 3 (2014), Sp. 130–137.

FROHMANN (2015) Frohmann, Jakob, Die Bibliothek des Frühhumanisten Albrecht von Eyb (1420–1475), in: Mittelalter. Interdisziplinäre Forschung und Rezeptionsgeschichte (2015), abrufbar unter https://mittelalter.hypotheses.org/5265 [letzter Zugriff: 27.07.2022].

Fubini (1996) Fubini, Riccardo, Humanism and Truth. Valla Writes against the Donation of Constantine, in: Journal of the History of Ideas 57 (1996), S. 79–85.

Fuchs (2016) Fuchs, Franz, Götter und Heilige. Zur Frömmigkeit des Ingolstädter Humanisten Jakob Locher Philomusus (1471–1528), in: Berndt Hamm u. Thomas Kaufmann (Hgg.), Wie fromm waren die Humanisten? (Wolfenbütteler Abhandlungen zur Renaissanceforschung 33), Wiesbaden 2016, S. 247–260.

Fücker/von Scheve (2013) Fücker, Sonja u. von Scheve, Christian, Gewalt und Emotionen, in: Michaela Christ u. Christian Gudehus (Hgg.), Gewalt. Ein interdisziplinäres Handbuch, Stuttgart 2013, S. 197–202.

Fuhrmann (1973) Fuhrmann, Horst, Das frühmittelalterliche Papsttum und die konstantinische Schenkung. Meditationen über ein unausgeführtes Thema, in: I problemi dell'Occidente nel secolo VIII. 6–12 aprile 1971, Spoleto 1973, S. 257–292.

Fuld (2012) Fuld, Werner, Das Buch der verbotenen Bücher. Universalgeschichte des Verfolgten und Verfemten von der Antike bis heute, Berlin 2012.

Furlan/Simoneit/Wulfram (2019) Furlan, Francesco, Siemoneit, Gabriel u. Wulfram, Hartmut (Hgg.), Exil und Heimatferne in der Literatur des Humanismus. L'esilio e la lontananza dalla patria nella letteratura umanistica, Tübingen 2019.

Füssel (1989) Füssel, Stephan (Hg.), Ulrich von Hutten 1488–1988. Akten des Internationalen Ulrich-von-Hutten-Symposions 15.-17. Juli 1988 in Schlüchtern (Pirckheimer-Jahrbuch 4), München 1989.

Füssel (2006) Füssel, Marian, Gelehrtenkultur als symbolische Praxis. Rang, Ritual und Konflikt an der Universität der Frühen Neuzeit (Symbolische Kommunikation in der Vormoderne), Darmstadt 2006.

Füssel (2010) Füssel, Marian, Rang, Ritual und Wissen. Zur Rolle symbolischer Kommunikation für die Formierung des Gelehrtenhabitus an der spätmittelalterlichen Universität, in: Frank Rexroth (Hg.), Beiträge zur Kulturgeschichte der Gelehrten im späten Mittelalter (Vorträge und Forschungen, Konstanzer Arbeitskreis für Mittelalterliche Geschichte 73), Ostfildern 2010, S. 219–242.

Füssel (2014) Füssel, Marian, Die symbolischen Grenzen der Gelehrtenrepublik. Gelehrter Habitus und moralische Ökonomie des Wissens im 18. Jahrhundert, in: Mulsow/Rexroth (2014), S. 412–437.

Gäbler (1983) Gäbler, Ulrich, Huldrych Zwingli. Eine Einführung in sein Leben und sein Werk, München 1983 (ND Zürich ³2004).

Galtung (1975) Galtung, Johan, Strukturelle Gewalt. Beiträge zur Friedens- und Konfliktforschung, Reinbek b. Hamburg 1975.

GARNIER (2002) Garnier, Claudia, Injurien und Satisfaktion. Zum Stellenwert rituellen Handelns in Ehrkonflikten des spätmittelalterlichen und frühneuzeitlichen Adels, in: ZHF 29 (2002), S. 525–560.

GASSNER/ROSSBACH (2020) Gassner, Florian u. Roßbach, Nikola, Einführung, in: Dies. (Hgg.), Zensur vom 16. bis zum 18. Jahrhundert: Begriffe, Diskurse, Praktiken (Jahrbuch für Internationale Germanistik. Reihe A, 136), Bern 2020, S. 7–14.

GEHRING (2007) Gehring, Petra, Über Körperkraft von Sprache, in: Herrmann/Krämer/Kuch (2007), S. 211–228.

GEIGER (1871) Geiger, Ludwig, Johann Reuchlin. Sein Leben und seine Werke, Leipzig 1871 (ND 1964).

GEIGER (1882) Geiger, Ludwig, Art. Karben, Viktor von, in: ADB 15 (1882), S. 118.

GENETTE (1991) Genette, Gérard, Introduction to the Paratext, in: New Literary History 22,2 (1991), S. 261–272.

GENETTE (1993) Genette, Gérard, Palimpseste. Die Literatur auf zweiter Stufe, Frankfurt a. M. 1993.

GENETTE (2021) Genette, Gérard Paratexte. Das Buch vom Beiwerk des Buches (suhrkamp taschenbuch wissenschaft 1510), Frankfurt a. M. ^{8}2021.

GÉNY (1889) Gény, Joseph, Geschichte der Stadtbibliothek zu Schlettstadt, in: Ders. u. Gustav Knod (Hgg.), Die Stadtbibliothek zu Schlettstadt. Festschrift zur Einweihung des neuen Bibliotheksgebäudes am 6. Juni 1889, Straßburg 1889, S. 1–8.

GEWERSTOCK (1924) Gewerstock, Olga, Lucian und Hutten. Zur Geschichte des Dialogs im 16. Jahrhundert (Germanische Studien 31), Berlin 1924.

GIANNOTTU (2016) Giannottu, Caterina, La voix de Pasquin. Écriture affichée, satire politique et mémoire dans la Rome contemporaine, in: Caroline M. D'ANNOVILLE u. Yann Rivière (Hgg.), Faire parler et faire taire les statues. De l'nvention de l'écriture à l'usage de l'explosif (Collection de l'École française de Rome 520), Rom 2016, S. 29–44.

GIERYN (1983) Gieryn, Thomas F., Boundary-work and the demarcation of science from non-science. Strains and interests in professional ideologies of scientists, in: American sociological review 48 (1983), S. 781–795.

GIERYN (1999) Gieryn, Thomas F., Cultural boundaries of science. Credibility on the line, Chicago 1999.

GIESECKE (1991) Giesecke, Michael, Der Buchdruck in der frühen Neuzeit. Eine historische Fallstudie über die Durchsetzung neuer Informations- und Kommunikationstechnologien (stw 1357), Frankfurt a. M. 1991.

GINDHART (2010) Gindhart, Marion (Hg.), Disputatio 1200–1800. Form, Funktion und Wirkung eines Leitmediums universitärer Wissenskultur, Berlin u. a. 2010.

GINDHART/MARTI/SEIDEL (2016) Gindhart, Marion, Marti, Hanspeter u. Seidel, Robert, Einleitung, in: Dies. (Hgg.), Frühneuzeitliche Disputationen – Polyvalente Produktionsapparate gelehrten Wissens, Köln 2016, S. 7–25.

GINGRICH (2011) Gingrich, Andre, Othering, in: Ders., Fernand Kreff u. Eva-Maria Knoll (Hgg.), Lexikon der Globalisierung, Bielefeld 2011, S. 323–324.

GIORGI (1970) Giorgi, Rubina, La simbologia del Niemand, in: Storia dell'Arte 5 (1970), S. 19–33.

GLEI (2009) Glei, Reinhold, Der deutscheste aller Deutschen? Ironie in Ulrich von Huttens Arminius, in: Ders. (Hg.), Ironie. Griechische und lateinische Fallstudien (Bochumer Altertumswissenschaftliches Colloquium 80), Trier 2009, S. 265–281.

GOFFMAN (1956) Goffman, Erving, Embarassement and Social Organzisation, in: American Journal of Sociology 62,3 (1956), S. 264–274.

GOFFMAN (2003) Goffman, Erving, Stigma. Über Techniken der Bewältigung beschädigter Identität, Frankfurt a. M. 2003.

GOFFMAN (2005) Goffman, Erving, Interaction Ritual. Essays in Face-to-Face Behaviour, New York 2005.

GOGOS (2001) Gogos, Georgios, Aspekte einer Logik des Widerspruchs. Studien zur griechischen Sophistik und ihrer Aktualität (Epistemata – Würzburger wissenschaftliche Schriften. Reihe Philosophie 291), Würzburg 2001.

GRABMANN (1911) Grabmann, Martin, Die Geschichte der scholastischen Methode, Bd. 2, Freiburg i. Br. 1911 (ND Berlin 1988).

GRAF-STULHOFER (1996) Graf-Stuhlhofer, Franz, Georg Tannstetter (Collimitius) und sein wissenschaftliches Umfeld im Wien des frühen 16. Jahrhunderts, Wien 1996.

GRAF-STULHOFER (1999) Graf-Stuhlhofer, Franz, Vadian als Lehrer am Wiener Poetenkolleg, in: Zwingliana. Beiträge zur Geschichte Zwinglis, der Reformation und des Protestantismus in der Schweiz 26 (1999), S. 93–98.

GRAF-STULHOFER (2013) Graf-Stuhlhofer, Franz, Art. Tannstetter, Georg, in: VLHum 2 (2013), Sp. 1037–1052.

GRAFTON (2011) Anthony Grafton, The Culture of Correction in Renaissance Europe, London 2011.

GRAMSCH (2009) Gramsch, Robert, ‚Seilschaften' von universitätsgebildeten Klerikern im deutschen Spätmittelalter – Beziehungsformen, Netzwerkstrukturen, Wirkungsweisen, in: Gerhard Krieger (Hg.), Verwandtschaft, Freundschaft, Bruderschaft. Soziale Lebens- und Kommunikationsformen im Mittelalter (Akten des 12. Symposiums des Mediävistenverbandes), Berlin 2009, S. 176–188.

GRAMSCH (2019) Gramsch, Robert, Bildung, Schule und Universität im Mittelalter (De Gruyter Studium: Seminar Geschichte), Berlin u. Boston 2019.

Gramsch (2021) Gramsch, Robert, Nemo alteri dicat convicia turpia inhonesta seu alia. Die scholastische Streitkultur der Universitäten und die Humanisten, in: Israel/Kraus/Sasso (2021), S. 193–208.

Graulich (2009) Graulich, Markus, Hadrian VI. Ein deutscher Papst am Vorabend der Reformation, Paderborn 2009.

Greenblatt (1980) Greenblatt, Stephen, Renaissance Self-fashioning. From More to Shakespeare, Chicago u. London 1980.

Grendler (1989) Grendler, Paul F., Schooling in Renaissance Italy. Literacy and Learning, 1300–1600, Baltimore u. London 1989.

Grendler (1995) Grendler, Paul F. (Hg.), Books and Schools in the Italian Renaissance (Variorum collected studies series 473), Aldershot 1995.

Grendler (1999) Grendler, Paul F., The university of Bologna, the city, and the papacy, in: Renaissance Studies 13 (1999), S. 475–485.

Grendler (2002) Grendler, Paul F., The Universities of the Italian Renaissance, Baltimore u. a. 2002.

Grendler (2013) Grendler, Paul F., Education in the Republic of Venice, in: Eric R. Dursteler (Hg.), A companion to Venetian history: 1400–1797 (Brill's companions to European history 4), Leiden u. a. 2013, S. 675–700.

Greve/Schnabel (2011) Greve, Jens u. Schnabel, Annette (Hgg.), Emergenz. Zur Analyse und Erklärung komplexer Strukturen, Frankfurt a. M. 2011.

Griggio (1996) Griggio, Claudio, Note sulla tradizione dell'invettiva dal Petrarca al Poliziano, in: Maria G. Pensa (Hg.), Bufere e molli aurette. Polemiche letterarie dallo Stilnovo alla Voce, Mailand 1996, S. 37–51.

Grimm (1938) Grimm, Heinrich, Ulrichs von Hutten Lehrjahre an der Universität Frankfurt (Oder) und seine Jugenddichtungen. Ein quellenkritischer Beitrag zur Jugendgeschichte des Verfechters deutscher Freiheit, Frankfurt a. d. Oder u. Berlin 1938.

Grimm (1956) Heinrich Grimm, Ulrich von Hutten und die Pfefferkorn-Drucke, in: Zeitschrift für Religions- und Geistesgeschichte 8,3 (1956), S. 241–250.

Grimm (1964) Grimm, Heinrich, Von dem Aufkommen eines eigenen Berufszweiges Korrektor und seinem Berufsbild im Buchdruck des XVI. Jahrhunderts, in: Gutenberg-Jahrbuch 39 (1964), S. 185–190.

Grimm (1971) Heinrich Grimm, Ulrich von Hutten. Wille und Schicksal, Göttingen 1971.

Grossmann (2015) Großmann, Ulrich, Wilde Leute im Wandel der Zeiten, in: Peggy Große, Ulrich Großmann u. Johannes Meranz (Hgg.), Monster. Fantastische Bildwelten zwischen Grauen und Komik, Nürnberg 2015, S. 204–220.

Grote (2006) Grote, Ludwig, Kardinal Albrecht und die Renaissance in Halle, Halle a. d. S. 2006.

GRUNDMANN/AULINGER (2015) Grundmann, Annelies u. Aulinger, Rosemarie, Die Beschwerden der deutschen Nation auf den Reichstagen der Reformationszeit (1521–1530). (RTA, Jüngere Reihe 21), Berlin u. a. 2015.

GUBLER (2018) Gubler, Kaspar, Universitas Dolana. Juristen- und Transituniversität im Land der Legisten (1498–1601), in: Ders. u. Rainer C. Schwinges (Hgg.), Gelehrte Lebenswelten im 15. und 16. Jahrhundert. Repertorium Academicum Germanicum [RAG] – Forschungen: Bd. 2, Zürich 2018, S. 107–128.

GÜDE (1981) Güde, Wilhelm, Die rechtliche Stellung der Juden in den Schriften deutscher Juristen des 16. und 17. Jahrhunderts, Sigmaringen 1981.

GUTHMÜLLER/MÜLLER (2004) Guthmüller, Bodo u. Müller, Wolfgang G. (Hgg.), Dialog und Gesprächskultur in der Renaissance (Wolfenbütteler Abhandlungen zur Renaissanceforschung 21), Wiesbaden 2004.

GYMNICH/NÜNNING (2005) Gymnich, Marion u. Nünning, Ansgar, Funktionsgeschichtliche Ansätze. Terminologische Grundlagen und Funktionsbestimmungen von Literatur, in: Dies. (Hgg.), Funktionen von Literatur. Theoretische Grundlagen und Modellinterpretationen, Trier 2005, S. 3–27.

HABERMEHL (2013) Habermehl, Peter, Tod und Verklärung. Cynthias letzter Auftritt in den Elegien des Properz (4,7 und 8), in: Antike und Abendland 59, Heft 1 (2013), S. 58–79.

HACKE/ROECK (2002) Hacke, Daniela u. Roeck, Bernd (Hgg.), Die Welt im Augenspiegel. Johannes Reuchlin und seine Zeit (Pforzheimer Reuchlinschriften 8), Stuttgart 2002.

HAHN (1989) Hahn, Reinhard, Huttens Anteil an den Epistolae obscurorum virorum, in: Stephan Füssel (Hg.), Ulrich von Hutten 1488–1988. Akten des Internationalen Ulrich-von-Hutten-Symposions 15.-17. Juli 1988 in Schlüchtern (Pirckheimer-Jahrbuch 4), München 1988, S. 79–111.

HAIDT (2009) Haidt, Jonathan, The moral emotions, in: Richard J. Davison u. a. (Hgg.), Handbook of affective sciences, Oxford 2009, S. 852–870.

HALL (2013) Hall, Stuart, The Spectacle of the ‚Other‘, in: Ders. u. a. (Hgg.), Representation, London 2013, S. 215–287.

HALL (2017) Hall, Stuart, The Fateful Triangle. Race, Ethnicity, Nation, Cambridge MA 2017.

HAMM (1996) Hamm, Berndt, Die Reformation als Medienereignis, in: JBTh 2 (1996), S. 137–166.

HAMM (2015) Hamm, Joachim, ‚Der Teütsch Cicero'. Medialität und Autorschaft bei Johann von Schwarzenberg, in: Peter H. Andersen-Vinilandicus und Barbara Lafond-Kettlitz (Hgg.), Die Bedeutung der Rezeptionsliteratur für Bildung und Kultur der Frühen Neuzeit (1400–1750). Beiträge zur dritten Arbeitstagung in Wissembourg / Weißenburg (März 2014), Bern u. a. 2015, S. 251–273.

HAMM (2016) Hamm, Joachim, Intermediale Varianz. Sebastian Brants ‚Narrenschiff' in deutschen Ausgaben des 15. Jahrhunderts, in: Dorothea Klein (Hg.), Überlieferungsgeschichte transdisziplinär. Neue Perspektiven auf ein germanistisches Forschungsparadigma, Wiesbaden 2016, S. 223–240.

HAMM (2017a) Hamm, Joachim, Antikenübersetzung, frühneuzeitliche Poetik und deutscher Prosastil. Zur Bamberger Übertragung von Ciceros *Cato maior de senectute* (1522), in: Regina Toepfer, Klaus Kipf u. Jörg Robert (Hgg.), Humanistische Antikenübersetzung und frühneuzeitliche Poetik in Deutschland (1450–1620) (Frühe Neuzeit 211), Berlin u. Boston 2017, S. 332–352.

HAMM (2017b) Hamm, Joachim, Zur Paratextualität und Intermedialität in Sebastian Brants *Vergilius pictus* (Straßburg 1502), in: Jörg Robert (Hg.), Intermedialität in der Frühen Neuzeit. Formen, Funktionen, Konzepte. Tagung an der Universität Eichstätt, 28.–31.3.2012 (Frühe Neuzeit 209), Berlin u. Boston 2017, S. 236–259.

HAMM/KLEIN (2021) Hamm, Joachim u. Klein, Dorothea (Hgg.), Text – Bild – Ton. Spielarten der Intermedialität in Mittelalter und Früher Neuzeit (Publikationen aus dem Kolleg ‚Mittelalter und Frühe Neuzeit' 8), Würzburg 2021.

HAMMERSTEIN (1981) Hammerstein, Notker, Humanismus und Universitäten, in: August Buck (Hg.), Die Rezeption der Antike (Wolfenbütteler Abhandlungen zur Renaissanceforschung 1), Hamburg 1981, S. 23–39.

HAMMERSTEIN (1985) Hammerstein, Notker, Zur Geschichte und Bedeutung der Universitäten im Heiligen Römischen Reich Deutscher Nation, in: HZ 241 (1985), S. 287–328.

HAMMERSTEIN (2003) Hammerstein, Notker, Bildung und Wissenschaft vom 15. bis zum 17. Jahrhundert (Enzyklopädie Deutscher Geschichte 64), München 2003.

HANNA (2003) Hanna, Georg-Wilhelm, Mänade, Malefiz und Machtverlust. Herzog Ulrich von Württemberg und Hans von Hutten. Politische Folgen eines Mordfalles, Köngen 2003.

HANNA (2006) Hanna, Georg-Wilhelm, Die Ritteradligen von Hutten, ihre soziale Stellung in Kirche und Staat bis zum Ende des Alten Reichs, Bamberg 2006.

HANNA (2007) Hanna, Georg-Wilhelm, Ministerialität, Macht und Mediatisierung. Die Ritteradeligen von Hutten, ihre soziale Stellung in Kirche und Staat bis zum Ende des Alten Reichs (Hanauer Geschichtsblätter 44), Hanau 2007.

HARRÉ (1989) Harré, Rom (Hg.), The Social Construction of Emotions, Oxford 1989.

HÄSNER (2004) Häsner, Bernd, Der Dialog. Strukturelemente einer Gattung zwischen Fiktion und Theoriebildung, in: Klaus W. Hempfer (Hg.), Poetik des Dialogs: aktuelle Theorie und rinascimentales Selbstverständnis (Text und Kontext 21), Stuttgart 2004, S. 13–67.

HASSAUER (1991) Hassauer, Friederike, Stabilitas – Mobilitas – Ordo spatialis. Aktivitäten des Reisens im Mittelalter und in der Neuzeit. Vorschläge zum Theoriedesign von ‚Reiseliteratur', in: Hermann H. Wetzel (Hg.), Reisen im Mittelmeerraum, Passau 1991, S. 249–282.

HATFIELD/CARPENTER/RAPSON (2014) Hatfield, Elaine, Carpenter, Megan u. Rapson, Richard L., Emotional Contagion as a Precursor to Collective Emotions, in: Christian von Scheve u. Mikko Salmela (Hgg.), Collective Emotions. Perspectives from Psychology, Philosophy, and Sociology, Oxford 2014, S. 108–122.

HAUG-MORITZ (2016) Haug-Moritz, Gabriele, Ulrich I., Herzog von Württemberg, in: NDB 26 (2016), S. 600–601.

HAUSMANN (1998) Hausmann, Frank-Rutger, Humanismus und Renaissance in Italien und Frankreich, in: Humanismus in Europa, hg. v. der Stiftung ‚Humanismus heute' des Landes Baden-Württemberg. Mit einem Geleitwort von Helmut Engler, Heidelberg 1998, S. 89–109.

HAYE (2005) Haye, Thomas, Die Rezeption des Terenz im deutschen Klosterhumanismus. Eine Comedia De Lepore aus dem Ende des 15.Jahrhunderts, in: Philologus 149,2 (2005), S. 328–346.

HEINTZ (2004) Heintz, Bettina, Emergenz und Reduktion. Neue Perspektiven auf das Mikro-Makro-Problem, in: Kölner Zeitschrift für Soziologe und Sozialpsychologie 56,1 (2004), S. 1–31.

HELMRATH (1988) Helmrath, Johannes, ‚Humanismus und Scholastik' und die deutschen Universitäten um 1500. Bemerkungen zu einigen Forschungsproblemen, in: ZHF 15,2 (1988), S. 187–203.

HELMRATH (1994) Helmrath, Johannes, Studien zu Reichstag und Rhetorik. Die Reichstagsreden des Enea Silvio Piccolomini 1454/55, 2 Bde., Köln 1994.

HELMRATH (2001) Helmrath, Johannes, Pius II., in: NDB (2001), S. 492–494.

HELMRATH (2001) Helmrath, Johannes, Rangstreite auf Generalkonzilien des 15. Jahrhunderts als Verfahren, in: Barbara Stollberg-Rilinger (Hg.), Vormoderne politische Verfahren (ZHF. Beihefte 25), Berlin 2001, S. 139–173.

HELMRATH (2002) Helmrath, Johannes, ‚Geistlich und werntlich'. Zur Beziehung von Konzilien und Reichsversammlungen im 15. Jahrhundert, in: Peter Moraw (Hg.), Deutscher Königshof, Hoftag und Reichstag im späten Mittelalter (Vorträge und Forschungen 48), Stuttgart 2002, S. 477–517.

HELMRATH (2010) Helmrath, Johannes, Streitkultur. Die ‚Invektive' bei den italienischen Humanisten, in: Marc Laureys u. Roswitha Simons (Hgg.), Die Kunst des Streitens. Inszenierung, Formen und Funktion öffentlichen Streits in historischer Perspektive (Super alta perennis. Studien zur Wirkung der Klassischen Antike 10), Göttingen 2010, S. 259–294.

HELMRATH (2013) Helmrath, Johannes, Wege des Humanismus: Studien zu Praxis und Diffusion der Antikeleidenschaft im 15. Jahrhundert; ausgewählte Aufsätze (Spätmittelalter, Humanismus, Reformation 72), Tübingen 2013.

HELMRATH (2014) Helmrath, Johannes, (Humanisten) Edieren in den Deutschen Reichstagsakten, in: Sabine Holtz, Albert Schirrmeister u. Stefan Schlelein (Hgg.), Humanisten edieren. Gelehrte Praxis im Südwesten in Renaissance und Gegenwart (Veröffentlichungen der Kommission für Geschichtliche Landeskunde in Baden-Württemberg. Reihe B: Forschungen 196), Stuttgart 2014, S. 209–244.

HELMRATH/MUHLACK/WALTHER (2002) Helmrath, Johannes, Muhlack, Ulrich u. Walther, Gerrit (Hgg.), Diffusion des Humanismus. Studien zur nationalen Geschichtsschreibung europäischer Humanisten, Göttingen 2002.

HELMRATH/SCHIRRMEISTER/SCHLELEIN (2013) Helmrath, Johannes, Schirrmeister, Albert u. Schlelein, Stefan, Einleitung, in: Dies. (Hgg.), Historiographie des Humanismus. Literarische Verfahren, soziale Praxis, geschichtliche Räume (Transformationen der Antike 12), Berlin u. Boston 2013, S. 1–7.

HEMPFER (2002) Hempfer, Klaus W., Möglichkeiten des Dialogs. Struktur und Funktion einer literarischen Gattung zwischen Mittelalter und Renaissance in Italien (Text und Kontext 15), Stuttgart 2002.

HEMPFER (2004) Hempfer, Klaus W., Poetik des Dialogs. Aktuelle Theorie und rinascimentales Selbstverständnis (Text und Kontext 21), Stuttgart 2004.

HENSELEIT (2021) Henseleit, Kathrin M. E., „Ich Thomas Murner bekenn mich und thu kund". Thomas Murner als Autor und Kontroverstheologe in Straßburg und Luzern, Diss. Münster 2021,

HERBERS/JASPERT (2007) Herbers, Klaus u. Jaspert, Nikolas, Grenzräume und Grenzüberschreitungen im Vergleich. Der Osten und der Westen des mittelalterlichen Lateineuropa (Europa im Mittelalter 7), Berlin 2007.

HERMANN (2002) Hermann, Sebastian, Psychologie: In den Kopf gehämmert, in SZ 1. Juli 2019: https://www.sueddeutsche.de/wissen/psychologie-in-den-kopf-gehaemmert-1.4507778 (Zugriff: 31.08.2021).

HERMANN/KRÄMER/KUCH (2007) Herrmann, Steffen K., Krämer, Sybille u. Kuch, Hannes (Hgg.), Verletzende Worte. Die Grammatik sprachlicher Missachtung, Bielefeld 2007.

HERZ/HUSCHENBETT/SCZESNY (1998) Herz, Randall, Huschenbett, Dietrich u. Sczesny, Frank (Hgg.), Fünf Palästina-Pilgerberichte aus dem 15. Jahrhundert. Mit einem Beitrag von Nicky Zwijnenburg Tönnies über die Kreuzwegandacht (Wissensliteratur im Mittelalter 33), Wiesbaden 1998.

HERZIG (1993) Herzig, Arno, Die Juden in Deutschland zur Zeit Reuchlins, in: Ders. u. Julius H. Schoeps (Hgg.), Reuchlin und die Juden (Pforzheimer Reuchlinschriften 3), Sigmaringen 1993, S. 11–20.

HESSE (2006) Hesse, Heiko, Erasmus Alber – Reformator, Weggefährte Luthers und Pfarrer der St. Katharinenkirche, in: Historischer Verein Brandenburg an der Havel, 16. Jahresbericht (2006–2007), S. 53–72.

HESSE/OSCHEMA (2010) Hesse, Christian u. Oschema, Klaus, Aufbruch im Mittelalter – Innovationen in Gesellschaften der Vormoderne. Eine Einführung, in: Dies. (Hgg.), Aufbruch im Mittelalter – Innovationen in Gesellschaften der Vormoderne. Studien zu Ehren von Rainer C. Schwinges, Ostfildern 2010, S. 9–33.

HEYDEN-RYNSCH (2014) Heyden-Rynsch, Verena van der, Aldo Manuzio. Vom Drucken und Verbreiten schöner Bücher, Berlin 2014.

HILD (2013) Hild, Christian, Liebesgedichte als Wagnis. Emotionen und generationelle Prozesse in Catulls Lesbiagedichten, St. Ingbert 2013.

HILTMANN (2016) Hiltmann, Torsten, Legenden im Zweifel. Die Frage nach der Herkunft der Wappen und das Ende der mittelalterlichen Heraldik im 17. Jahrhundert, in: Thomas Kühtreiber (Hg.), Kontinuitäten – Umbrüche – Zäsuren. Die Konstruktion von Epochen in Mittelalter und früher Neuzeit in interdisziplinärer Sichtung, Heidelberg 2016, S. 301–329.

HILTMANN (2018) Hiltmann, Torsten, Illuminierte Urkunden zwischen Diplomatik, Kunstgeschichte und Digital Humanities. Ergebnisse und Perspektiven, in: Gabriele Bartz, Markus Gneiß (Hgg.), Illuminierte Urkunden. Beiträge aus Diplomatik, Kunstgeschichte und Digital Humanities (Beihefte zum Archiv für Diplomatik 15), Köln 2018, S. 453–469.

HILTMANN/DE SEIXAS (2020) Hiltmann, Torsten u. de Seixas, Miguel M. (Hgg.), Heraldry in Medieval and Early Modern State Rooms (Heraldic Studies 3), Ostfildern 2020.

HIRSCHBIEGEL (2015) Hirschbiegel, Jan, Nahbeziehungen bei Hof – Manifestationen des Vertrauens. Karrieren in reichsfürstlichen Diensten am Ende des Mittelalters (Norm und Struktur 44), Köln u. a. 2015.

HIRSCHBIEGEL/KRAUS (2021) Hirschbiegel, Jan u. Kraus, Marius, Herzog Ulrich von Württemberg und der Mord an seinem Diener Hans von Hutten, in: Christine Reinle u. Anna-Lena Wendel (Hgg.), Das Recht in die eigene Hand nehmen? Rechtliche, soziale und theologische Diskurse über Selbstjustiz und Rache (Politiken der Sicherheit/ Politics of Security 7), Baden-Baden 2021, S. 321–357.

HIRSCHI (2005) Hirschi, Caspar, Wettkampf der Nationen. Konstruktionen einer deutschen Ehrgemeinschaft an der Wende vom Mittelalter zur Neuzeit, Göttingen 2005.

HIRSCHI (2011) Hirschi, Caspar, Die Erneuerungskraft des Anachronismus. Zur Bedeutung des Renaissance-Humanismus für die Geschichte politischer Öffentlichkeiten, in: Martin Kintzinger u. Bernd Schneidmüller (Hgg.), Politische Öffentlichkeiten im Spätmittelalter (Vorträge und Forschungen 75), Sigmaringen 2011, S. 385–431.

HLAVIN-SCHULZE (1998) Hlavin-Schulze, Karin, ‚Man reist ja nicht, um anzukommen'. Reisen als kulturelle Praxis (Campus Forschung 771), Frankfurt a. M. u. New York 1998.

HOEFER (1896) Hoefer, Ulrich, Assarakos 1. In: RE II,2 (1896), Sp. 1741–1742.

HOGENMÜLLER (2012) Hogenmüller, Boris, Art. Zwingli, Ulrich (auch Huldreych, Huldrych oder Huldreich), Zürcher Reformator, in: BBKL 33 (2012), Sp. 1585–1600.

HOLBORN (1968) Holborn, Hajo, Ulrich von Hutten, Göttingen 1968.

HOLECZEK (1988) Holeczek, Heinz, Hutten und Erasmus: ihre Freundschaft und ihr Streit, in: Peter Laub (Hg.), Ulrich von Hutten: Ritter, Humanist, Publizist 1488 – 1523; Katalog zur Ausstellung d. Landes Hessen anläßlich des 500. Geburtstages; [Ausstellung in Schlüchtern vom 3. Juli bis zum 11. September 1988], Melsungen 1988, S. 321–336.

HOLLAND (2011) Holland, John H., Emergence. From Chaos to Order, Oxford u. New York 1998.

HOLTZ u. a. (2014) Holtz, Sabine u. a. (Hgg.), Humanisten edieren. Gelehrte Praxis im Südwesten in Renaissance und Gegenwart. (Veröffentlichungen der Kommission für Geschichtliche Landeskunde in Baden-Württemberg. Reihe B: Forschungen 196), Stuttgart 2014.

HOLZBERG (2002) Holzberg, Niklas, Catull. Der Dichter und sein erotisches Werk, München 2002.

HONEMANN (1988) Honemann, Volker, Erasmus von Rotterdam und Ulrich von Hutten, in: Johannes Schilling u. Ernst Giese (Hgg.), Ulrich von Hutten in seiner Zeit. Schlüchterner Vorträge zu seinem 500. Geburtstag (Monographia Hassiae. Schriftenreihe der Evangelischen Kirche von Kurhessen-Waldeck 12), Kassel 1988, S. 61–86.

HONNETH (1994) Honneth, Axel, Die soziale Dynamik von Mißachtung: Zur Ortsbestimmung einer kritischen Gesellschaftstheorie, in: Leviathan 22,1 (1994), S. 78–93.

HORAWITZ (1883) Horawitz, Adalbert, Lipsius, Martin, in: ADB 18 (1883), S. 745.

HUBER-REBENICH (2008a) Huber-Rebenich, Gerlinde, Crotus Rubeanus, in: VLHum 1 (2008), Sp. 505–510.

HUBER-REBENICH (2008b) Huber-Rebenich, Gerlinde, ‚Epistolae obscurorum virorum‘ (EOV, ‚Dunkelmännerbriefe‘), in: VL Hum 1 (2008), Sp. 646–658.

HUBER-REBENICH (2008c) Huber-Rebenich, Gerlinde, Gratius (de, van Graes), Ortwinus, in: VLHum 1 (2008), Sp. 929–956.

HUBER-REBENICH/LUDWIG (2002) Huber-Rebenich Gerlinde, u. Ludwig, Walther (Hgg.), Humanismus in Erfurt, Rudolstadt u. Jena 2002.

HUFNAGEL (2012) Hufnagel, Bianca, ‚Auß der Vrsach das du ein Tyrann bist.‘ Die verkehrte Welt des lukianischen Totengespräches als politisches Kampfmittel bei Ulrich von Hutten, in: Daphnis 41 (2012), S. 1–69.

HUFNAGEL (2015) Hufnagel, Bianca, Ein Tyrann in teutzschen landen als Catilina in der Unterwelt. Fünf Reden und ein Totengespräch als verdoppeltes Kampfmittel und als Begründer des Diskurses über Tyrannei bei Ulrich von Hutten, in: Yvonne Al-Taie, Bernd Auerochs u. Anna-Margaretha Horatschek (Hgg.), Kollision und Devianz. Diskursivierungen von Moral in der Frühen Neuzeit (Diskursivierung von Wissen in der Frühen Neuzeit 3), Berlin, München u. Boston 2015, S. 121–144.

HUIZINGA (1998) Huizinga, Johan, Homo ludens. Vom Ursprung der Kultur im Spiel, Hamburg 1997.

IMBUSCH (2017) Imbusch, Peter, „Strukturelle Gewalt". Plädoyer für einen unterschätzten Begriff, in: Mittelweg 36. Zeitschrift des Hamburger Instituts für Sozialforschung 26, 3 (2017), S. 4–27.

INFELISE (2007) Infelise, Mario, Manuzio, Aldo, il Vecchio, in: DBI 69 (2007), S. 236–245.

ISENMANN (2013) Isenmann, Eberhard, Weshalb wurde die Fehde im römisch-deutschen Reich seit 1467 reichsgesetzlich verboten? In: Christine Reinle, Julia Eulenstein u. Michael Rothmann (Hgg.), Fehdeführung im spätmittelalterlichen Reich. Zwischen adliger Handlungslogik und territorialer Verdichtung (Studien und Texte zur Geistes- und Sozialgeschichte des Mittelalters 7), Affalterbach 2013, S. 335–474.

ISER (2013) Iser, Wolfgang, Emergenz. Nachgelassene und verstreut publizierte Essays, hg. von Alexander Schmitz, Konstanz 2013.

ISRAEL (2005) Israel, Uwe, Fremde aus dem Norden. Transalpine Zuwanderer im spätmittelalterlichen Italien (Bibliothek des Deutschen Historischen Instituts in Rom 111), Tübingen 2005.

ISRAEL (2014) Israel, Uwe, ‚Gastarbeiterkolonien'? Wie fremd blieben deutsche Zuwanderer in Italien? In: Reinhard Härtel (Hg.), Akkulturation im Mittelalter, Ostfildern 2014, S. 295–338.

ISRAEL (2019) Israel, Uwe, „Defensio" oder Die Kunst des Invektierens im oberrheinischen Humanismus, in: ZHF 46,3 (2019), 407–441.

ISRAEL/JASER (2016) Israel, Uwe u. Jaser, Christian (Hgg.), Agon und Distinktion. Soziale Räume des Zweikampfs zwischen Mittelalter und Neuzeit (Geschichte, Forschung und Wissenschaft 47), Berlin 2016.

ISRAEL/KRAUS/SASSO (2021) Israel, Uwe, Kraus, Marius u. Sasso, Ludovica (Hgg.), Agonale Invektivität. Konstellationen und Dynamiken der Herabsetzung im deutschen und italienischen Humanismus (Das Mittelalter. Perspektiven mediävistischer Forschung. Beihefte 17), Heidelberg 2021.

ISRAEL/MÜLLER (2021) Israel, Uwe u. Müller, Jürgen (Hgg.), Körper-Kränkungen. Der menschliche Leib als Medium der Herabsetzung. Frankfurt a. M. u. New York 2021.

ISRAEL/ORTALLI (2009) Israel, Uwe u. Ortalli, Gherardo (Hgg.), Il duello fra Medioevo ed età moderna: Prospettive storicoculturali (I libri di Viella 92), Rom 2009.

JAEGER/KASTEN (2003) Jaeger, C. Stephen u. Kasten, Ingrid (Hgg.), Codierungen von Emotionen im Mittelalter/ Emotions and Sensibilities in the Middle Ages (Trends in Medieval Philology 1), Berlin u. New York 2003.

JÄGER (1986) Jäger, Berthold, Das geistliche Fürstentum Fulda in der Frühen Neuzeit. Landesherrschaft, Landstände und fürstliche Verwaltung. Ein Beitrag zur Verfassungs- und Verwaltungsgeschichte kleiner Territorien des Alten Reiches (Schriften des Hessischen Landesamtes für geschichtliche Landeskunde 391), Marburg 1986.

JALBERT u. a. (2020) Jalbert, Madeline u. a., Only Half of What I'll Tell You is True: Expecting to Encounter Falsehoods Reduces Illusory Truth, in: Journal of Applied Research in Memory and Cognition 9,4 (2020), S. 602–613.

JASPERT (2007) Jaspert, Nikolas, Grenzen und Grenzräume im Mittelalter: Forschungen, Konzepte und Begriffe, in: Herbers/Jaspert (2007), S. 43–72.

JAUMANN (2008) Jaumann, Herbert, Hutten, Ulrich von, in: Deutscher Humanismus 1480 – 1520. Verfasserlexikon. Bd. 1, hg. v. Franz J. Worstbrock (2008), Sp. 1185–1237.

JEDIN (1972) Jedin, Hubert, Art. Hoogstraeten, Jakob von, in: NDB 9 (1972), S. 605–606.

JEHNE (2020) Jehne, Martin, Die Dickfelligkeit der Elite und die Dünnhäutigkeit des Volkes. Invektivkonstellationen in römischen Volksversammlungen, in: Saeculum 70,1 (2020), S. 23–38.

JEHNE (2020) Jehne, Martin, Freud und Leid römischer Senatoren. Invektivarenen in Republik und Kaiserzeit, Göttingen 2020, S. 25–71.

JENSEN (2011) Jensen, Sune Q., Othering, identity formation and agency, in: Qualitative Studies 2, 2 (2011), S. 63–78.

JILLINGS (1988) Jillings, Lewis, The Eagle and the Frog. Hutten's Polemic against Venice, in: Renaissance Studies 2 (1988), S. 14–26.

JILLINGS (1993) Jillings, Lewis, Ulrich von Hutten's Self-Stylisation as Odysseus. The Conservative Use of Myth, in: Colloquia Germanica 26,2 (1993), S. 93–107.

JILLINGS (1995) Jillings, Lewis, The Aggression of the Cured Syphilitic. Ulrich von Hutten's Projection of His Disease as Metaphor, in: The German Quarterly 68,1 (1995), S. 1–18.

JOACHIMSEN (1927) Joachimsen, Paul, Rez. zu Paul Kalkoff, Huttens Vagantenzeit und Untergang. Der geschichtliche Ulrich von Hutten und seine Umwelt, in: HZ 136 (1927), S. 336–346.

Jöcher (1750) Jöcher, Christian G., Allgemeines Gelehrten-Lexicon, Darinne die Gelehrten aller Stände sowohl männ- als weiblichen Geschlechts, welche vom Anfange der Welt bis auf die ietzige Zeit gelebt, und sich der gelehrten Welt bekannt gemacht, Nach ihrer Geburt, Leben, merckwürdigen Geschichten, Absterben und Schrifften aus den glaubwürdigsten Scribenten in alphabetischer Ordnung beschrieben werden. Bd. 1: A–C (1750), Sp. 771.

Juchs (2021) Juchs, Jean-Philippe, ‚Des guerres que aucuns nobles font entre eulx'. La faide à la fin du Moyen Âge (Polen – Pouvoirs, lettres, normes 22), Paris 2021.

Kaegi (1925) Kaegi, Werner, Hutten und Erasmus. Ihre Freundschaft und ihr Streit, in: HVjS 12 (1924/25), S. 200–278 u. S. 461–514.

Kahl (2008) Kahl, Christian, Lehrjahre eines Kaisers – Stationen der Persönlichkeitsentwicklung Karls V. (1500–1558). Eine Betrachtung habsburgischer Fürstenerziehung/-bildung zum Ende des Mittelalters, Diss. Trier 2008.

Kalkoff (1918) Kalkoff, Paul, Kleine Beiträge zur Geschichte Hadrians VI., in: HJb 39 (1918/19), S. 31–72.

Kalkoff (1920a) Kalkoff, Paul, Erasmus und Hutten in ihrem Verhältnis zu Luther, in: HZ 122 (1920), S. 260–267.

Kalkoff (1920b) Kalkoff, Paul, Ulrich von Hutten und die Reformation (Quellen und Forschungen zur Reformationsgeschichte 2), Leipzig 1920.

Kalkoff (1925) Kalkoff, Paul, Huttens Vagantenzeit und Untergang. Der geschichtliche Ulrich von Hutten und seine Umwelt, Weimar 1925.

Kalkoff (1926) Kalkoff, Paul, Humanismus und Reformation in Erfurt (1500–1530), Halle a. d. Saale 1926.

Kammer (1983) Kammer, Otto, Die Anfänge der Reformation und des Evangelischen Gottestdienstes in Worms, hg. v. Altertumsverein Worms, Worms 1983.

Kammer (2000) Kammer, Otto, Die Anfänge der Reformation in der Stadt Worms, in: Ebernburg-Hefte 34 (2000), S. 7–39.

Kann (2014) Kann, Christoph (Hg.), Emotionen in Mittelalter und Renaissance (Studia Humaniora. Düsseldorfer Studien zu Mittelalter und Renaissance 44), Düsseldorf 2014.

Kanzler (2019) Kanzler, Katja, (Meta-)Disparagement Humour. The Poetics and Politics of Mockery in the Sitcom Two Broke Girls, in: Sara Hägi-Mead u. Mi-Cha Flubacher (Hgg.), Taboo and Transgression, Dresden 2019, S. 15–24.

KÄSTNER/SCHWERHOFF (2021) Kästner, Alexander u. Schwerhoff, Gerd, Der Narrheit närrisch spotten. Mediale Ausprägungen und invektive Dynamiken der Öffentlichkeit in der frühen Reformationszeit, in: Petr Hrachovec, Winfried Müller, Martina Schattkowsky u. Gerd Schwerhoff (Hgg.), Reformation als Kommunikationsprozess. Die böhmischen Kronländer und Sachsen (Norm und Struktur. Studien zum sozialen Wandel in Mittelalter und Früher Neuzeit 51), Köln 2021, S. 37–74.

KÄSTNER/VOIGT (2020) Kästner, Alexander u. Wiebke Voigt, Jedermann? Überlegungen zur Potenzialität und Entgrenzung von Öffentlichkeit in der Reformation, in: Jan-Philipp Kruse u. Sabine Müller-Mall (Hgg.), Digitale Transformationen der Öffentlichkeit, Weilerswist 2020, S. 123–162.

KAUFMANN (1971) Kaufmann, Ekkehard, Art. Fehde, in: HRG 1 (1971), Sp. 1083–1093.

KAUFMANN (1998) Kaufmann, Thomas, Anonyme Flugschriften der frühen Reformation, in: Bernd Moeller u. Stephen E. Buckwalter (Hgg.), Die frühe Reformation in Deutschland als Umbruch. Wissenschaftliches Symposion des Vereins für Reformationsgeschichte 1996, Gütersloh 1998, S. 191–267.

KAUFMANN (2010) Kaufmann, Thomas, Das Priestertum der Glaubenden. Vorläufige Beobachtungen zur Rolle der Laien in der frühreformatorischen Publizistik anhand einiger Wittenberger und Baseler Beispiele, in: Hartmut Kühne u. a. (Hgg.), Thomas Müntzer – Zeitgenossen – Nachwelt. Siegfried Bäumer zum 80. Geburtstag, Mühlhausen 2010, S. 73–120.

KAUFMANN (2012) Kaufmann, Thomas, Der Anfang der Reformation. Studien zur Kontextualität der Theologie, Publizistik und Inszenierung Luthers und der reformatorischen Bewegung (Spätmittelalter, Humanismus, Reformation / Studies in the Late Middle Ages, Humanism, and the Reformation 67), Tübingen 2012.

KAUFMANN (2015) Kaufmann, Thomas, Sickingen, Hutten, der Ebernburg-Kreis und die reformatorische Bewegung, in: Ebernburghefte 49 (2015), S. 35–96.

KAUFMANN (2016) Kaufmann, Thomas, Von der Handschrift zum Druck. Einige Beobachtungen zum frühen Luther, in: Ders. u. Elmar Mittler (Hgg.), Reformation und Buch. Akteure und Strategien frühreformatorischer Druckerzeugnisse / The Reformation and the Book. Protagonists and Strategies of early Reformation Printing (Bibliothek und Wissenschaft 49), Wiesbaden 2016, S. 9–36.

KAUTZ (2013) Kautz, Michael, Art. Trebelius (Surwynt, Notianus), Hermann, in: VLHum 2 (2013), Sp. 1067–1082.

KAWERAU (1881) Kawerau, Gustav, Johann Agricola von Eisleben. Ein Beitrag zur Reformationsgeschichte, Berlin 1881.

KEIDERLING (2012) Keiderling, Thomas, Aufstieg und Niedergang der Buchstadt Leipzig, Markkleeberg 2012.

KEIL (1985) Keil, Gundolf, Ludwig V., Pfalzgraf bei Rhein, in: VL 5 (^{2}1985), Sp. 1016–1030.

KEMMANN (1996) Kemmann, Ansgar, Art. Evidentia, Evidenz, in: Historisches Wörterbuch der Rhetorik 3 (1996), Sp. 33–47.

KESPER-BIERMANN/LUDWIG/ORTMANN (2011) Kesper-Biermann, Sylvia, Ludwig, Ulrike u. Ortmann, Alexandra (Hgg.), Ehre und Recht. Ehrkonzepte, Ehrverletzungen und Ehrverteidigungen vom späten Mittelalter bis zur Moderne, Leipzig 2011.

KEUTE (1980) Keute, Hartwig, Reformation und Geschichte. Kaspar Hedio als Historiograph, Göttingen 1980.

KIENER (1983) Kiener, Franz, Das Wort als Waffe. Zur Psychologie der verbalen Aggression, Göttingen 1983.

KIESEL (1979a) Kiesel, Helmuth, „Bei Hof, bei Höll". Untersuchungen zur literarischen Hofkritik von Sebastian Brant bis Friedrich Schiller (Studien zur deutschen Literatur 60), Tübingen 1979, S. 65–77.

KIESEL (1979b) Kiesel, Helmuth, „Lange zu hofe, lang zu helle". Literarische Hofkritik der Humanisten, in: Paul M. Lützeler u. Peter U. Hohendahl (Hgg.), Legitimationskrisen des deutschen Adels 1200–1900, Stuttgart 1979, S. 61–82.

KIESSLING (2019) Kießling Rolf, (Hg.), Konrad Peutinger. Ein Universalgelehrter zwischen Spätmittelalter und Früher Neuzeit. Bestandsaufnahme und Perspektiven (Colloquia Augustana 35), Berlin 2019.

KINTZINGER (2007) Kintzinger, Martin, Wissen wird Macht. Bildung im Mittelalter, Ostfildern 2007.

KINTZINGER (2010) Kintzinger, Martin, Macht des Wissens. Die Universitäten Bologna und Neapel, in: Bernd Schneidmüller, Stefan Weinfurter u. Alfried Wieczorek (Hgg.), Die Staufer und Italien, Darmstadt 2010, hier Bd. 1, S. 395–402.

KINTZINGER (2015) Kintzinger, Martin, Disputation und Duell. Akademische Streitkultur im ausgehenden Mittelalter, in: Thomas Maisel u. a. (Hgg.), Artes – Artisten – Wissenschaft. Die Universität Wien im Spätmittelalter und Humanismus (Singularia Vindobonensia 4), Wien 2015, S. 19–49.

KIPF (2009a) Kipf, Klaus, Auctor ludens. Der Topos des spielerischen Schreibens in poetologischen Paratexten unterhaltender Literatur im Renaissance-Humanismus und in der deutschen Literatur der frühen Neuzeit, in: Thomas Anz u. Heinrich Kaulen (Hgg.), Literatur als Spiel. Evolutionsbiologische, ästhetische und pädagogische Aspekte (Spectrum Literaturwissenschaft 22), Berlin u. New York 2009, S. 209–229.

KIPF (2009b) Kipf, Klaus, Humanistische Freundschaft im Brief – Zur Bedeutung von *amicus*, *amicitia* und verwandter Begriffe in Briefcorpora deutscher Humanisten 1480–1520, in: Gerhard Krieger (Hg.), Verwandtschaft, Freundschaft, Bruderschaft. Soziale Lebens- und Kommunikationsformen im Mittelalter (Akten des 12. Symposiums des Mediävistenverbandes), Berlin 2009, S. 491–509.

KIPF (2012) Kipf, Klaus, Tyrann(ei). Der Weg eines politischen Diskurses in die deutsche Sprache und Literatur (14.–17. Jahrhundert), in: Heidrun Kämper u. Jörg Kilian (Hgg.), Wort – Begriff – Diskurs. Deutscher Wortschatz und europäische Semantik, Bremen 2012 (Sprache – Politik – Gesellschaft 7), Bremen 2012, S. 31–48.

KIPF (2013) Kipf, Klaus, Art. Reuter, Kilian, in: VLHum 2 (2013), Sp. 633–639.

KIPF (2018) Kipf, Klaus, Huttens Dichterkrönung vor dem Hintergrund seiner publizistischen Fehde gegen Herzog Ulrich von Württemberg, in: Klaus Wolf u. Franz Fromholzer (Hgg.), Adelsliteratur und Dichterkrönung (Schwabenspiegel. Jahrbuch für Literatur, Sprache und Spiel 12), Augsburg 2018, S. 125–136.

KIPF (2021) Kipf, Klaus, Antipoggiana. Eine wenig beachtete Sammlung von Fazetien und Invektiven Gian Mario Filelfos gegen Poggio Bracciolini, in: Israel/Kraus/Sasso (2021), S. 17–31.

KIPF/MÜLLER (2008) Kipf Klaus u. Müller, Gernot M., Art. Cochlaeus (Cocleus; Dobeneck), Johannes, in: VLHum 1 (2008), Sp. 439–460.

KIRN (1989) Kirn, Hans-Martin, Das Bild vom Juden im Deutschland des frühen 16. Jahrhunderts, dargestellt an den Schriften Johannes Pfefferkorns (Texts and Studies in Medieval and Early Modern Judaism 3), Tübingen 1989.

KIRN (2013) Kirn, Hans-Martin, Pfefferkorn (Pfeffer-, Pepericornus), Johannes, in: VLHum 2 (2013), Sp. 434–441.

KISCH (1961) Kisch, Guido, Zasius und Reuchlin. Eine rechtsgeschichtlich-vergleichende Studie zum Toleranzproblem im 16. Jahrhundert (Pforzheimer Reuchlinschriften 1), Konstanz u. Stuttgart 1961.

KLAWITER (1977) Klawiter, Randolph J., The Polemics of Erasmus of Rotterdam and Ulrich von Hutten, Notre Dame u. London 1977.

KLING/RHEIN (1994) Kling, Hermann u. Rhein, Stefan (Hgg.), Johannes Reuchlin (1455–1522). Nachdruck der 1955 von Manfred Krebs herausgegebenen Festgabe (Pforzheimer Reuchlinschriften 4), Sigmaringen 1994.

KLEINEIDAM (1992) Kleineidam, Erich, Spätscholastik, Humanismus und Reformation 1461–1521 (Universitas Studii Erffordensis. Überblick über die Geschichte der Universität Erfurt. Bd. 2), Leipzig ²1992.

KLOFT (1990) Kloft, Hans, Die Germania des Tacitus und das Problem des deutschen Nationalbewußtseins; in: Archiv für Kulturgeschichte 72 (1990), S. 93–114.

KLOFT (2003) Kloft, Hans, Die Idee einer deutschen Nation zu Beginn der frühen Neuzeit. Überlegungen zur Germania des Tacitus und zum Arminius Ulrichs von Hutten in: Rainer Wiegels u. Winfried Woesler (Hgg.), Arminius und die Varusschlacht: Geschichte, Mythos, Literatur, Paderborn u. a. ³2003, S. 197–210.

KLUETING (2006) Klueting, Harm, Art. Thomas de Vio Cajetan (1469–1534), in: Thomistenlexikon (2006), S. 71–78.

KNAPE (1988) Knape, Joachim, Mnemonik, Bildbuch und Emblematik im Zeitalter Sebastian Brants (Brant, Schwarzenberg, Aciati), in: Werner Bies u. Hermann Jung (Hgg.), Mnemosyne. Festschrift für Manfred Lurker, Baden-Baden 1988, S. 133–178.

KNAPE (2011) Knape, Joachim, Der humanistische Geleittext als Paratext – am Beispiel von Brants Beigaben zu Tennglers *Layen Spiegel*, in: Andreas Deutsch (Hg.), Ulrich Tenglers Laienspiegel. Ein Rechtsbuch zwischen Humanismus und Hexenwahn, Heidelberg 2011, S. 117–137.

KNÖBL (2017) Knöbl, Wolfgang, Perspektiven der Gewaltforschung, in: Mittelweg 36,3 (2017), S. 4–27.

KNOCH-MUND (1997) Knoch-Mund, Gaby, Disputationsliteratur als Instrument antijüdischer Polemik: Leben und Werk des Marcus Lombardus, eines Grenzgängers zwischen Judentum und Christentum im Zeitalter des deutschen Humanismus (Bibliotheca Germanica 33), Tübingen u. a. 1997.

KOBER (1923) Kober, Adolf, Urkundliche Beiträge zum Reuchlinischen Streit, in: Monatsschrift für Geschichte und Wissenschaft des Judentums 67 (1923), S. 110–122.

KOCH (2013) Koch, Lars, Angst. Ein interdisziplinäres Handbuch, Stuttgart 2013.

KOCH/KÖNIG (2020) Koch, Lars, u. König, Torsten (Hgg.), Zwischen Feindsetzung und Selbstviktimisierung. Zur Gefühlspolitik und Ästhetik populistischer Kommunikation, Frankfurt a.M. u. New York 2020.

KOCH/KRÄMER (2010) Koch, Elke u. Krämer, Sybille (Hgg.), Gewalt in der Sprache. Rhetoriken verletzenden Sprechens, München 2010.

KÖHLER (1981) Köhler, Hans-Jürgen (Hg.), Flugschriften als Massenmedium der Reformationszeit. Beiträge zum Tübinger Symposium 1980 (Spätmittelalter und Frühe Neuzeit. Tübinger Beiträge zur Geschichtsforschung 13), Stuttgart 1981.

KOISTINEN/LÄHDESMÄKI/YLÖNEN (2020) Koistinen, Aino-Kaisa, Lähdesmäki, Tuuli u. Ylönen, Susanne C., Intercultural Dialogue in the European Education Policies. A Conceptual Approach (2020), in: https://link.springer.com/content/pdf/10.1007/978-3-030-41517-4.pdf [letzter Zugriff 29.07.2022].

KOLDE (1907) Kolde, Theodor, Thomas Venatorius. Sein Leben und seine literarische Tätigkeit, in: Beiträge zur bayerischen Kirchengeschichte 13 (1907), S. 97–121 u. S. 157–195.

KÖNIG/STATHI (2010) König, Ekkehard u. Stathi, Katarina, Gewalt durch Sprache. Grundlagen und Manifestationen, in: Koch/Krämer (2010), S. 45–60.

KÖNNEKER (1991) Könneker, Barbara, Satire im 16. Jahrhundert. Epoche – Werke – Wirkung, München 1991.

KÖRBER (1997) Körber, Esther-Beate, Der soziale Ort des Briefs im 16. Jahrhundert, in: Horst Wenzel (Hg.), Gespräche, Boten, Briefe: Körpergedächtnis und Schriftgedächtnis im Mittelalter (Philologische Studien und Quellen 143), Berlin 1997, S. 244–258.

KOSEGARTEN (1857) Kosegarten, Johann, Geschichte der Universität Greifswald mit urkundlichen Beilagen. Erster Theil, Greifswald 1857.

KOSELLECK (2006) Koselleck, Reinhart, Zur historisch-politischen Semantik asymmetrischer Gegenbegriffe, in: Ders. (Hg.), Vergangene Zukunft. Zur Semantik geschichtlicher Zeiten, Frankfurt a. M. 2006, S. 211–259.

KOSTER (1980) Koster, Severin, Die Invektive in der griechischen und römischen Antike, Meisenheim 1980.

KOSTER (2011) Koster, Severin, Invektive und Polemik in der Antike. Suche nach einer Verhältnisbestimmung, in: Oda Wischmeyer u. Lorenzo Scornaienchi (Hgg.), Polemik in der frühchristlichen Literatur. Texte und Kontexte (Beihefte zur Zeitschrift für die neutestamentliche Wissenschaft 170), Berlin u. New York 2011, S. 39–53.

KRABBE (1854) Krabbe, Otto, Die Universität Rostock im 15. und 16. Jahrhundert, Bd. 2, Rostock 1854.

KRÄMER (2005) Krämer, Sybille, Gewalt der Sprache – Sprache der Gewalt, hg. v. der Landeskommission Berlin gegen Gewalt, Berlin 2005, S. 1–16.

KRAPPMANN (1993) Krappmann, Lothar, Soziologische Dimensionen von Identität, Stuttgart 1993.

KRAUS (2021) Kraus, Marius, Invektivität und Öffentlichkeit. Die Bedeutung der humanistischen Invektiven Ulrichs von Hutten im Kontext der publizistischen Fehde gegen Herzog Ulrich von Württemberg, in: Israel/Kraus/Sasso (2021), S. 243–280.

KRAUSE (1879) Krause, Karl E., Harlem, Egbert, in: ADB 10 (1879), S. 602–603.

KRAUSE/SCHELLEWALD (2011) Krause, Karin u. Schellewald, Barbara (Hgg.), Bild und Text im Mittelalter, Köln 2011.

KRAUSS (1894) Krauss, Rudolf, Art. Thumb von Neuburg, in: ADB 38 (1894), S. 163–165.

KREBS (1994) Krebs, Manfred, Reuchlins Beziehungen zu Erasmus von Rotterdam, in: Hermann Kling u. Stefan Rhein (Hgg.), Johannes Reuchlin (1455–1522). Nachdruck der 1955 von Manfred Krebs herausgegebenen Festgabe (Pforzheimer Reuchlinschriften 4), Sigmaringen 1994, S. 139–155.

KRISTELLER (1985) Kristeller, Paul O., Una lettera inedita di Erasmo a Hutten conservata a Firenze, in: Roberto Cardini u. a. (Hgg.), Tradizione classica e letteratura umanistica. Per Alessandro Perosa, 2 Bde., Rom 1985, hier Bd. 2, S. 629–641.

KROESCHELL (1989) Kroeschell, Karl, Art. Feme, in: LexMA 4 (1989) Sp. 347–349.

KROHN/KÜPPERS (1992) Krohn, Wolfgang u. Küppers, Günter, Selbstorganisation. Zum Stand einer Theorie in den Wissenschaften, in: Dies. (Hgg.), Emergenz. Die Entstehung von Ordnung, Organisation und Bedeutung (stw 984), Frankfurt a. M. 1992, S. 7–26.

KRUG-RICHTER (2003) Krug-Richter, Barbara, Von nackten Hummeln und Schandpflastern. Formen und Kontexte von Rauf- und Ehrenhändeln in der westfälischen Gerichtsherrschaft Canstein um 1700, in: Magnus Eriksson u. Barbara Krug-Richter (Hgg.), Streitkulturen. Gewalt, Konflikt und Kommunikation in der ländlichen Gesellschaft (16.–19. Jh.), Köln 2003, S. 269–307.

KÜHLMANN (1989) Kühlmann, Wilhelm, Edelmann – Höfling – Humanist. Zur Behandlung epochaler Rollenprobleme in Ulrich von Huttens Dialog ‚Aula' und in seinem Brief an Willibald Pirckheimer, in: August Buck (Hg.), Höfischer Humanismus (Mitteilung der Kommission für Humanismusforschung 16), Weinheim 1989, S. 161–182.

KÜHLMANN (2010) Kühlmann, Wilhelm (Hg.), Reuchlins Freunde und Gegner. Kommunikative Konstellationen eines frühneuzeitlichen Medienereignisses (Pforzheimer Reuchlinschriften 12), Ostfildern 2010.

KÜHLMANN (2010) Kühlmann, Wilhelm, Ulrich von Huttens Triumphus Capnionis – Der Triumph Reuchlins. Bildzeichen, Gruppenbildung und Textfunktionen im Reuchlin-Streit, in: Ders. (Hg.), Reuchlins Freunde und Gegner. Kommunikative Konstellationen eines frühneuzeitlichen Medienereignisses (Pforzheimer Reuchlinschriften 12), Ostfildern 2010, S. 89–105.

KUHLMANN/MARCHETTI (2020) Kuhlmann, Peter u. Marchetti, Valeria (Hgg.), Cicero im Rahmen der Römischen Bildungskultur, Tübingen 2020.

KÜHLMANN/NIEHL (2013) Kühlmann, Willhelm u. Niehl, Rüdiger, Art. Locher (Philomusus), Jakob, in: VLHum 2 (2013), Sp. 62–86.

KUHN/BIESSENECKER (2012) Kuhn, Christian u. Bießenecker, Stefan (Hgg.), Valenzen des Lachens in der Vormoderne (1250–1750) (Bamberger historische Studien 8), Bamberg 2012.

KUIPERS (2009) Kuipers, Giselinde, Humor Styles and Symbolic Boundaries, in: Journal of Literary Theory 3 (2009), S. 219–239.

KÜNAST (1995) Künast, Hans-Jörg, Augsburg als Knotenpunkt des deutschen und europäischen Buchhandels (1480–1550), in: Jochen Brüning u. Friedrich Niewöhner (Hgg.), Augsburg in der Frühen Neuzeit. Beiträge zu einem Forschungsprogramm (Institut für Europäische Kulturgeschichte der Universität Augsburg. Colloquia Augustana 1), Berlin 1995, S. 240–251.

Künast (1997) Künast, Hans-Jörg, ‚Getruckt zu Augspurg'. Buchdruck und Buchhandel in Augsburg zwischen 1468 und 1555, Tübingen 1997.

Kundert (2012) Kundert, Ursula, Lehre und Schule im Mittelalter. Mittelalter in Schule und Lehre: Einleitung und Auswahlbibliographie, in: Das Mittelalter. Perspektiven mediävistischer Forschung. Zeitschrift des Mediävistenverbandes 17 (2012), S. 3–11.

Kuon (2020) Kuon. Peter, Ritual und Selbstinszenierung: Petrarcas Dichterkrönung, in: https://www.uni-salzburg.at/fileadmin/oracle_file_imports/1411175.PDF (Zugriff: 17.02.2020).

Labov (1977) Labov, William, Rules for ritual insults, in: Ders. (Hg.), Language in the Inner City. Studies in the Black English Vernacular, Oxford 1977.

Lachmann (2013) Lachmann, Erhard, Johann Rhagius Aesticampianus – eine erzählende Nachbetrachtung zur Lebensgeschichte des Humanisten, Leutkirch 1981.

Lagler (2017) Lagler, Wilfried, ‚Ex officina Anshelmia'. Johannes Reuchlin und sein Buchdrucker Thomas Anshelm, in: Jörg Robert u. a. (Hgg.), ‚Ein Vater neuer Zeit'. Reuchlin, die Juden und die Reformation (Tübinger Kataloge 104), Tübingen 2017, S. 44–55.

Landois (2018) Landois, Antonia, Briefe, Gelehrtenkorrespondenz, in: de Boer/Füssel/Schuh (2018), S. 51–66.

Larochelle (2007) Larochelle, Marie-Hélèn (Hg.), Invectives et violences verbales dans le discours littéraire, Québec 2007.

Laude (2007) Laude, Corinna, ‚Sye kan ir sprache nyt verstan'. ‚Grenzsprachen' und ‚Sprachgrenzen' im Mittelalter, in: Ulrich Knefelkamp u. Kristian Bosselmann-Cyran (Hgg.), Grenze und Grenzüberschreitung im Mittelalter. 11. Symposium des Mediävistenverbandes vom 14.-17. März 2005 in Frankfurt an der Oder, Berlin 2007, S. 331–344.

Lauf (1990) Lauf, Edmund, Gerücht und Klatsch. Die Diffusion der „abgerissenen Hand" (Hochschul-Skripten – Medien 31), Berlin 1990.

Laureys (2003) Laureys, Marc, Per una storia dell'invettiva umanistica, in: Studi umanistici piceni 23 (2003), S. 9–30.

Laureys (2015) Laureys, Marc, Competence matters. Grammar and Invective in Girolamo Balbi's ‚Rhetor gloriosus', in: Uwe Baumann, Arnold Becker u. Marc Laureys (Hgg.), Polemik im Dialog des Renaissance-Humanismus. Formen, Entwicklungen und Funktionen (Super alta perennis. Studien zur Wirkung der Klassischen Antike 19), Göttingen 2015, S. 63–86.

Laureys/Simons (2010) Laureys, Marc u. Simons, Roswitha (Hgg.), Die Kunst des Streitens. Inszenierung, Formen und Funktion öffentlichen Streits in historischer Perspektive, Göttingen 2010.

Laureys/Simons (2013) Laureys, Marc u. Simons, Roswitha (Hgg.), The Art of Arguing in the World of Renaissance Humanism (Supplementa Humanistica Lovaniensia 34), Leuven 2013.

LEHMANN (1962) Lehmann, Paul, Grundzüge des Humanismus deutscher Lande zumal im Spiegel deutscher Bibliotheken des 15. und 16. Jahrhunderts, in: Ders. (Hg.), Erforschung des Mittelalters, 5 Bde., Stuttgart 1959–1962, hier Bd. 5 (1962), S. 481–496.

LEHMANN (1928) Lehmann, Paul, Die alte Klosterbibliothek Fulda und ihre Bedeutung, Fulda 1928.

LEHMANN (2012) Lehmann, Johannes F., Im Abgrund der Wut. Zur Kultur- und Literaturgeschichte des Zorns (Rombach Wissenschaften. Reihe Litterae 107), Freiburg i. Br., Berlin u. Wien 2012.

LEHMANN (2017) Lehmann, Doris H. (Hg.), Vom Streit zum Bild. Bildpolemik und andere Waffen der Künstler, Merzhausen 2017.

LEICHT (2010) Leicht, Reimund, „Von allen vnd yegklichen iuden büchern vnd schrifften nichts vßgenommen" – Johannes Reuchlin und die „Bücher der Juden" am Vorabend des Bücherstreits, in: Wilhelm Kühlmann (Hg.), Reuchlins Freunde und Gegner. Kommunikative Konstellationen eines frühneuzeitlichen Medienereignisses (Pforzheimer Reuchlinschriften 12), Ostfildern 2010, S. 45–68.

LEINWEBER (1972) Leinweber, Josef, Das Hochstift Fulda vor der Reformation (Quellen und Abhandlungen zur Geschichte der Abtei und der Diözese Fulda 22), Fulda 1972.

LEINWEBER (1975) Leinweber, Josef, Ulrich von Hutten ein Fuldaer Mönch? Ein Beitrag zur Biographie des jungen Ulrich von Hutten und zur Geschichte des Klosters Fulda im Spätmittelalter, in: Würzburger Diözesangeschichtsblätter 37/38 (1975), S. 541–556.

LEINWEBER (1988) Leinweber, Josef, Ulrich von Hutten und das Kloster Fulda, in: Peter Laub (Hg.), Ulrich von Hutten. Ritter, Humanist, Publizist. 1488–1523. Katalog zur Ausstellung des Landes Hessen anläßlich des 500. Geburtstages, Kassel 1988, S. 79–86.

LEINWEBER (1992) Leinweber, Josef, Martin, Thomas u. Schrimpf, Gangolf (Hgg.), Mittelalterliche Bücherverzeichnisse des Klosters Fulda und andere Beiträge zur Geschichte der Bibliothek des Klosters Fulda im Mittelalter (Fuldaer Studien 4), Frankfurt a. M. 1992.

LENTZ (2004) Lentz, Matthias, Konflikt, Ehre, Ordnung. Untersuchungen zu den Schmähbriefen und Schandbildern des späten Mittelalters und der frühen Neuzeit ca. 1350 bis 1600. Mit einem illustrierten Katalog der Überlieferung, Hannover 2004.

LENZ (1881) Lenz, Max, Nachlese zum Briefwechsel des Landgrafen Philipp mit Luther und Melanchthon, in: Zeitschrift für Kirchengeschichte 4 (1881), S. 141–143.

LEONHARDT (2001) Leonhardt, Jürgen, Drucke antiker Texte in Deutschland vor der Reformation und Luthers frühe Vorlesungen, in: Walther Ludwig (Hg.), Die Musen im Reformationszeitalter, Leipzig 2001, S. 97–129.

LEONHARDT (2002) Leonhardt, Jürgen, Eine Leipziger Vorlesung über Ciceros De legibus aus dem Jahre 1514, in: Wolfenbütteler Renaissancemitteilungen 26 (2002), S. 26–40.

LEVINE (2015) Levine, Caroline, Forms: Whole, Rhythm, Hierarchy, Network, Princeton 2015.

LICHT (2010) Licht, Tino, Flete mali, gaudete boni. Spottepitaphien als Form literarischer Invektive im Reuchlinstreit, in: Wilhelm Kühlmann (Hg.), Reuchlins Freunde und Gegner. Kommunikative Konstellationen eines frühneuzeitlichen Medienereignisses (Pforzheimer Reuchlinschriften 12), Ostfildern 2010, S. 144–153.

LIEDE (1992) Liede, Alfred, Dichtung als Spiel. Studien zur Unsinnspoesie an den Grenzen der Sprache, Berlin u. New York ²1992, S. 319–322.

LIENHARD (1981) Lienhard, Marc, Capito, Wolfgang, in: TRE 7 (1981), S. 636–640.

LIENHARD (2019) Lienhard, Marc, Die elsässische Ritterschaft und die Reformation, in: Wolfgang Breul u. Kurt Andermann (Hgg.), Ritterschaft und Reformation (Geschichtliche Landeskunde. Veröffentlichungen des Instituts für Geschichtliche Landeskunde an der Universität Mainz 75), Stuttgart 2019, S 163–172.

LINDEN (2012) Linden, Sandra, Art. Reizrede, in: Gert Ueding, (Hg.), Historisches Wörterbuch der Rhetorik. Bd. 10, Berlin u. New York 2012, S. 1051–1054.

LINDNER (1873) Lindner, Theodor, Ueber Huttens Schrift: De schismate extinguendo, in: Theologische Studien und Kritiken 46 (1873), S. 151–161.

LINDNER (1998) Lindner, Theoder, Die Veme. Geschichte der „heimlichen Gerichte" Westfalens, unveränd. Nachdruck der 2. Aufl. von 1896 (mit einer neuen Einleitung von Wilhelm Janssen), Paderborn 1998.

LIPPELT (2006) Lippelt, Christian, Heinrich der Jüngere, Herzog zu Braunschweig und Lüneburg (Wolfenbüttel), in: Horst-Rüdiger Jarck u. a. (Hgg.), Braunschweigisches Biographisches Lexikon – 8. bis 18. Jahrhundert, Braunschweig 2006, S. 322–323.

LITT/HARGITTAI (2016) Litt, Eden u. Hargittai, Eszter, The Imagined Audience on Social Network Sites, in: Social Media + Society 2,1 (2016), S. 1–12.

LÖFFELHOLZ (2002) Löffelholz, Martin, Von ‚neuen Medien' zu ‚dynamischen Systemen'. Eine Bestandsaufnahme zentraler Metaphern zur Beschreibung der Emergenz öffentlicher Kommunikation, in: Klaus-Dieter Altmeppen u. Matthias Karmasin (Hgg.), Medien und Ökonomie, Bd. 1,1: Grundlagen der Medienökonomie, Kommunikations- und Medienwissenschaft, Wirtschaftswissenschaft, Wiesbaden 2003, in: https://www.db-thueringen.de/receive/dbt_mods_00010378 [letzter Zugriff: 21.07.2021].

LÖFSTEDT (1983) Löfstedt, Bengt, Zur Sprache der ‚Epistolae obscurorum virorum', in: Mittellateinisches Jahrbuch 18 (1983), S. 271–289.

LOTTER (1993) Lotter, Friedrich, Der Rechtsstatus der Juden in den Schriften Reuchlins zum Pfefferkornstreit, in: Arno Herzig u. Julius H. Schoeps (Hgg.), Reuchlin und die Juden (Pforzheimer Reuchlinschriften 3), Sigmaringen 1993, S. 65–88.

LOWRY (1979) Lowry, Martin, The World of Aldus Manutius. Business and scholarship in Renaissance Venice, Oxford 1979.

LUBIS u. a. (2016) Lubis, Nurul u. a., Emotion and its triggers in human spoken dialogue: Recognition and analysis, in: Alexander Rudnicky, Antoine Raux, Ian Lane u. Teruhisa Misu (Hgg.), Situated Dialogue in Speech-Based Human-Computer Interaction, Cham 2016, S. 103–110.

LUBIS u. a. (2018) Lubis, Nurul u. a., Emotional Triggers and Responses in Spontaneous Affective Interaction. Recognition, Prediction, and Analysis, in: Transactions of the Japanese Society for Artificial Intelligence 33,1 (2018), S. 1–10.

LÜCK (2008a) Lück, Heiner, Art. Feme, Femgericht, in: HRG 1 (2008), Sp. 1535–1543.

LÜCK (2008b) Lück, Heiner, Art. Freischöffe, in: HRG 1 (2008), Sp. 1777–1779.

LUDWIG (1999) Ludwig, Walther, Literatur und Geschichte. Ortwin Gratius, die Dunkelmännerbriefe und ‚Das Testament des Philipp Melanchthon' von Walter Jens, in: Mittellateinisches Jahrbuch 34,2 (1999), S. 125–167.

LUDWIG (2001) Ludwig, Walther, Der Ritter und der Tyrann. Die humanistischen Invektiven des Ulrich von Hutten gegen Herzog Ulrich von Württemberg, in: Neulateinisches Jahrbuch 3 (2001) S. 103–116.

LUDWIG (2002) Ludwig, Walther, Der Humanist Ortwin Gratius, Heinrich Bebel und der Stil der Dunkelmännerbriefe, in: Gerlinde Huber-Rebenich u. Walther Ludwig (Hgg.), Humanismus in Erfurt (Acta Academiae Scientiarum 7; Humanismusstudien 1), Rudolstadt u. a. 2002, S. 131–160.

LUDWIG (2004) Ludwig, Walther, Der Humanist Ortwin Gratius, in: Walther Ludwig, Miscella Neolatina. Ausgewählte Aufsätze 1989–2003, Bd. 2, hg. v. Astrid Steiner-Weber, Hildesheim, Zürich u. New York 2004, S. 572–608.

LUDWIG (2011) Ludwig, Ulrike, Von Scherzen und Duellen. Wettkampfspiele als Typus von Ehrkonflikten im schwedisch-pommerschen Offizierskorps, in: ZHF 38 (2011), S. 371–403.

LUDWIG/KRUG-RICHTER/SCHWERHOFF (2012) Ludwig, Ulrike, Krug-Richter, Barbara u. Schwerhoff, Gerd (Hgg.), Das Duell. Ehrenkämpfe vom Mittelalter zur Moderne, Konstanz 2012.

LUGER (2020) Luger, Daniel, Italienische Humanisten an der Universität Wien im 15. Jahrhundert zwischen Förderung und Ablehnung, in: Acta Universitatis Carolinae – Historia Universitatis Carolinae Pragensis LX,1 (2020), S. 27–36.

LUHMANN (1994) Luhmann, Niklas, Inklusion und Exklusion, in: Helmut Berding (Hg.), Nationales Bewußtsein und kollektive Identität (Studien zur Entwicklung des kollektiven Bewußtseins in der Neuzeit 2), Frankfurt a. M. 1994, S. 15–45.

LUTZ (1979) Lutz, Robert H., Wer war der gemeine Mann? Der dritte Stand in der Krise des Spätmittelalters, München u. Wien 1979.

LUTZ (1984) Lutz, Heinrich, Die Sodalitäten im oberdeutschen Humanismus des späten 15. und frühen 16. Jahrhunderts, in: Wolfgang Reinhard (Hg.), Humanismus im Bildungswesen des 15. und 16. Jahrhunderts, Weinheim 1984, S. 45–60.

LYMAN (2004) Lyman, Peter, The Domestication of Anger. The Use and Abuse of Anger in Politics, in: European Journal of Social Theory 7,2 (2004), S. 133–147.

MACHILEK (1977) Machilek, Franz, Klosterhumanismus in Nürnberg um 1500, in: Mitteilungen des Vereins für Geschichte der Stadt Nürnberg 64 (1977), S. 10–45.

MACK (2018) Mack, Peter, Rhetoric and Tradition, in: Christian Jaser, Harald Müller u. Thomas Woelki (Hgg.), Eleganz und Performanz. Von Rednern, Humanisten und Konzilsvätern. Johannes Helmrath zum 65. Geburtstag, Köln 2018, S. 341–352.

MAISSEN (2013) Maissen, Thomas, Worin gründete der Erfolg der humanistischen Historiographie? Überlegungen zur Rolle der Geschichtsschreibung im ‚Wettkampf der Nationen', in: Johannes Helmrath, Albert Schirrmeister u. Stefan Schlelein (Hgg.), Historiographie des Humanismus. Literarische Verfahren, soziale Praxis, geschichtliche Räume (Transformationen der Antike 12), Berlin u.a. 2013, S. 49–84.

MAR u. a. (2011) Mar, Raymond A., Oatley, Keith, Djikic, Maja u. Mullin, Justin, Emotion and narrative fiction. Interactive influences before, during, and after reading, Cognition & Emotion, 25,5 (2011), S. 818–833.

MARCON/ZORZI (1994) Marcon, Susy u. Zorzi, Marino (Hgg.), Aldo Manuzio e l'ambiente veneziano. 1494–1515 (Venezia, Libreria Sansoviniana, 16. Juli – 15. September 1994), Venedig 1994.

MARTH (2009) Marth, Katrin N., „Dem löblichen Hawss Beirn zu pesserung, aufnemung vnd erweiterung …". Die dynastische Politik des Hauses Bayern an der Wende vom Spätmittelalter zur Neuzeit, Diss. Regensburg 2009.

MARTIN (1994) Martin, Ellen, Die deutschen Schriften des Johannes Pfefferkorn. Zum Problem des Judenhasses und der Intoleranz in der Zeit der Vorreformation (Göppinger Arbeiten zur Germanistik 604), Göppingen 1994, S. 205–391.

MARTSCHUKAT/PATZOLD (2003) Martschukat, Jürgen u. Patzold, Steffen (Hgg.), Geschichtswissenschaft und „performative turn". Ritual, Inszenierung und Performanz vom Mittelalter bis zur Neuzeit, Köln 2003.

Matheus (2017) Matheus, Michael, ‚Sola fides sufficit'. ‚Deutsche' Akademiker und Notare in Rom 1510/12, in: Ders., Arnold Nesselrath u. Martin Wallraff (Hgg.), Martin Luther in Rom. Die ewige Stadt als kosmopolitisches Zentrum und ihre Wahrnehmung (Bibliothek des Deutschen Historischen Instituts in Rom 134), Berlin u. a. 2017, S. 379–405.

Matheus (2019) Matheus, Michael, ‚Sola fides sufficit'. Accademici e notai tedeschi a Roma (1510–1512), in: Ders., Arnold Nesselrath u. Martin Wallraff (Hgg.), Martin Lutero a Roma (I libri di Viella 329), Roma 2019, S. 409–434.

Matheus (2020) Matheus, Michael, Deutschsprachige Studierende im kosmopolitischen Rom: Ulrich von Hutten und Wilhelm von Enckenvoirt, in: Ders. u. Rainer C. Schwinges (Hgg.), Studieren im Rom der Renaissance (RAG Forschungen 3), Zürich 2020, S. 53–96.

Matuschek (1998) Matuschek, Stefan, Literarische Spieltheorie. Von Petrarca bis zu den Brüdern Schlegel, Heidelberg 1998.

Mccue Gill/Prodan (2014) Mccue Gill, Amyrose u. Prodan, Sarah R. (Hgg.), Friendship and sociability in premodern Europe. Contexts, concepts, and expressions, Toronto 2014.

Mehl (1994) Mehl, James V., Language, Class, and Mimic Satire in the Characterization of Correspondents in the Epistolae obscurorum virorum, in: The Sixteenth Century Journal 25,2 (1994), S. 289–305.

Meier-Vieracker (2020) Meier-Vieracker, Simon, Beleidigungen als Gegenstand der Gesprächsrhetorik, in: Ernest Hess-Lüttich (Hg.), Handbuch Gesprächsrhetorik (Handbücher Rhetorik 3), Berlin u. Boston 2020, S. 389–407.

Melville (2012) Melville, Gert, Die Welt der mittelalterlichen Klöster. Geschichte und Lebensformen, München 2012.

Mentgen (2006) Mentgen, Gerd, Die Judenvertreibungen im mittelalterlichen Reich. Ein Forschungsbericht, in: Aschkenas 16 (2006), S. 367–403.

Merker (1923) Merker, Paul, Der Verfasser des Eccius Dedolatus und anderer Reformationsdialoge. Mit einem Beitrag zur Verfasserfrage der Epistolae Obscurorum Virorum (Sächsische Forschungsinstitute in Leipzig. Forschungsinstitut für Neuere Philologie: Neugermanistische Abteilung 2,1), Halle a. d. S. 1923.

Mersch (2006) Mersch, Dieter, Medientheorien zur Einführung, Hamburg 2006.

Mertens (1983) Mertens, Dieter, ‚Bebelius … patriam Sueviam … restituit'. Der poeta laureatus zwischen Reich und Territorium, in: Zeitschrift für Württembergische Landesgeschichte 42 (1983), S. 145–173.

Mertens (1986) Mertens, Dieter, Maximilians gekrönte Dichter über Krieg und Frieden, in: Franz J. Worstbrock (Hg.), Krieg und Frieden im Horizont des Renaissancehumanismus, Weinheim 1986, S. 105–123.

Mertens (1995) Mertens, Dieter, Württemberg, in: Handbuch der Baden-Württembergischen Geschichte, im Auftrag der Kommission für geschichtliche Landeskunde in Baden-Württemberg, Bd. 2: Die Territorien im alten Reich, hg. v. Meinrad Schaab u. Hansmartin Schwarzmaier (Veröffentlichung der Kommission für geschichtliche Landeskunde in Baden-Württemberg), Stuttgart 1995, S. 1–163.

Mertens (1996) Mertens, Dieter, Zur Sozialgeschichte und Funktion des poeta laureatus im Zeitalter Maximilians I., in: Rainer C. Schwinges (Hg.), Gelehrte im Reich. Zur Sozial- und Wirkungsgeschichte akademischer Eliten des 14. bis 16. Jahrhunderts (Zeitschrift für historische Forschung. Beihefte 18), Berlin 1996, S. 327–348.

Mertens (2004) Mertens, Dieter, Die Instrumentalisierung der „Germania" des Tacitus durch die deutschen Humanisten, in: Heinrich Beck (Hg.), Zur Geschichte der Gleichung „germanisch – deutsch". Sprache und Namen, Geschichte und Institutionen. Berlin u. New York 2004, S. 37–101.

Mertens (2008a) Mertens, Dieter, Art. Engelbrecht, Philipp, in: VLHum 1 (2008), Sp. 641–546.

Mertens (2008b) Mertens, Dieter, Art. Fürstenberg (-berger, Furstenberg, -ius, -ensis, -erus), Philipp, in: VLHum 1 (2008), Sp. 848–854.

Mertens (2010) Mertens, Dieter, Struktur – Konzept – Temperament. Jakob Wimpfelings „Fehden", in: Marc Laureys u. Roswitha Simons (Hgg.), Die Kunst des Streitens. Inszenierung, Formen und Funktionen öffentlichen Streits in historischer Perspektive (Super alta perennis 10), Göttingen 2010, S. 317–330.

Mertens (2013) Mertens, Dieter, Art. Wimpfeling, Jakob, in: VLHum 2 (2013), Sp. 1289–1375.

Mertens (2018) Mertens, Dieter, Humanismus und Landesgeschichte. Ausgewählte Aufsätze. Teil I, hg. v. Dieter Speck, Birgit Studt u. Thomas Zotz (Veröffentlichungen der Kommission für geschichtliche Landeskunde in Baden-Württemberg. Reihe B: Forschungen 218), Stuttgart 2018, S. 131–187.

Messmer (2003) Messmer, Heinz, Der soziale Konflikt. Kommunikative Emergenz und systemische Reproduktion (Qualitative Soziologie 5), Stuttgart 2003.

Meuser (1968) Meuser, Friedrich, Conrad Goclenius aus Mengeringhausen (1489–1539), in: Geschichtsblätter für Waldeck 60 (1968), S. 10–23.

Meuthen (1988) Meuthen, Erich, Die Epistolae virorum obscurorum, in: Walter Brandmüller (Hg.), Ecclesia Militans. Studien zur Konzilien- und Reformationsgeschichte. Remigius Bäumer zum 70. Geburtstag gewidmet, Bd. 1: Konziliengeschichte, Paderborn u. a. 1988, S. 53–80.

Meyer (1983) Meyer, Manfred, Sickingen, Hutten und die reichsritterschaftlichen Bewegungen der deutschen frühbürgerlichen Reformation, in: Jahrbuch für Geschichte des Feudalismus 7 (1983), S. 215–245.

MIALL (2011) Miall, David S., Emotions and the Structuring of Narrative Responses, in: Poetics Today 32,2 (2011), S. 323–348.

MIECZYSŁAW (1995) Mieczysław, Markowski, Gerhard Frilden – Ein Rostocker Averroist, in: Acta Mediaevalia 8 (1995), S. 77–82.

MIERAU (2011) Mierau, Heike J., Fama als Mittel zur Herstellung von Öffentlichkeit und Gemeinwohl in der Zeit des Konziliarismus, in: Martin Kintzinger u. Bernd Schneidmüller (Hgg.), Politische Öffentlichkeit im Spätmittelalter, Ostfildern 2011, S. 237–286.

MIETHKE (2008) Miethke, Jürgen, Die ‚Konstantinische Schenkung' in der mittelalterlichen Diskussion. Ausgewählte Kapitel einer verschlungenen Rezeptionsgeschichte, in: Andreas Goltz u. Heinrich Schlange-Schöningen (Hgg.), Konstantin der Große, Köln 2008, S. 35–108.

MIGGELBRINK (2018) Miggelbrink, Judith, Shitstorm, flaming, public shaming. Wenn Wissenschaft und Wissenschaftler/innen Wellen der Empörung auslösen, in: Dies., Frank Meyer u. Kristine Beurskens (Hgg.), Ins Feld und zurück – Praktische Probleme qualitativer Forschung in der Sozialgeographie (2018), S. 177–185.

MINDT (2013) Mindt, Nina, Martials ‚epigrammatischer Kanon' (Zetemata. Monographien zur klassischen Altertumswissenschaft 146), München 2013.

MOEBIUS/WETTERER (2011) Moebius Stephan u. Wetterer Angelika, Symbolische Gewalt, in: Österreichische Zeitschrift für Soziologie 36 (2011), S. 1–10.

MOHNIKE (1830) Mohnike, Gottlieb, Über Othmar Nachtigall und Ulrich von Hutten, Stralsund [29.4.1830], in: Freiburg i. Br., Universitätsbibliothek, Hs. 754.

MÖLLENBRINK (2017) Möllenbrink, Linus, ‚Inter negocia literas et cum literis negocia in usu habere'. Die Verbindung von vita activa und vita contemplativa im Pirckheimer-Brief Ulrichs von Hutten (1518), in: Gregor Dobler u. Peter P. Riedl (Hgg.), Muße und Gesellschaft (Otium. Studien zur Theorie und Kulturgeschichte der Muße 7), Tübingen 2017, S. 101–139.

MONNET (2011) Monnet, Pierre, Die Stadt, ein Ort der politischen Öffentlichkeit im Spätmittelalter? Ein Thesenpapier, in: Martin Kintzinger (Hg.), Politische Öffentlichkeit im Spätmittelalter (Vorträge und Forschungen 75), Ostfildern 2011, S. 329–359.

MORITZ (2019) Moritz, Tilman G., Autobiographik als ritterschaftliche Selbstverständigung. Ulrich von Hutten, Götz von Berlichingen, Sigmund von Herberstein (Formen der Erinnerung 70), Göttingen 2019.

MORREALL (1983) Morreall, John, Taking Laughter Seriously, New York 1983.

MORRIS (2019) Morris, Desmond, Postures. Body Language in Art, London 2019.

MOSER (1977) Moser, Hans, Die Kanzlei Maximilians I.. Graphematik eines Schreibusus, Teil 1: Untersuchungen, Innsbruck 1977.

MRASS (2015) Mrass, Marcus, Gesten und Gebärden. Begriffsbestimmung und -verwendung im Hinblick auf kunsthistorische Untersuchungen, Regensburg 2015.

MUHLACK (2013) Muhlack, Ulrich, Art. Rhenanus, Beatus, in: VLHum 2 (2013), Sp. 657–710.

MÜLLER (2011) Müller, Bernadette, Empirische Identitätsforschung. Personale, soziale und kulturelle Dimensionen der Selbstverortung, Wiesbaden 2011.

MÜLLER (2006) Müller, Harald, Habit und Habitus. Mönche und Humanisten im Dialog (Spätmittelalter und Reformation. Neue Reihe 32), Tübingen 2006.

MÜLLER (2010) Müller, Harald, ‚Specimen eruditionis'. Zum Habitus der Renaissance-Humanisten und seiner sozialen Bedeutung, in: Frank Rexroth (Hg.), Beiträge zur Kulturgeschichte der Gelehrten im späten Mittelalter (Vorträge und Forschungen 73), Ostfildern 2010, S. 117–151.

MÜLLER (2004a) Müller, Jan-Dirk, Formen literarischer Kommunikation im Übergang vom Mittelalter zur Neuzeit, in: Werner Röcke u. Marina Münkler (Hgg.), Die Literatur im Übergang vom Mittelalter zur Neuzeit (Hanser Sozialgeschichte der deutschen Literatur 1), München 2004, S. 21–53.

MÜLLER (2004b) Müller, Jan-Dirk, Publizistik unter Maximilian I. Zwischen Buchdruck und mündlicher Verkündigung, in: Ute Frevert u. Wolfgang Braungart (Hgg.), Sprachen des Politischen. Medien und Medialität in der Geschichte, Göttingen 2004, S. 95–122.

MÜLLER (2007) Müller, Jan-Dirk, *Evidentia* und Medialität. Zur Ausdifferenzierung von Evidenz in der Frühen Neuzeit, in: Gabriele Wimböck u. a. (Hgg.), *Evidentia*. Reichweiten visueller Wahrnehmung in der Frühen Neuzeit, Münster 2007, S. 57–81.

MÜLLER (2010) Müller, Jan-Dirk, Anfänge eines Medienereignisses. Der Reuchlinstreit und der Wandel von Öffentlichkeit im Frühdruckzeitalter, in: Wilhelm Kühlmann (Hg.), Reuchlins Freunde und Gegner. Kommunikative Konstellationen eines frühneuzeitlichen Medienereignisses (Pforzheimer Reuchlinschriften 12), Ostfildern 2010, S. 9–28.

MÜLLER (2021) Müller, Jürgen, Der Maler als Pasquino – Spott, Kritik und Subversion. Eine neue Deutung von Caravaggios Amor vincitore, in: Israel/Kraus/Sasso (2021), S. 143–190.

MÜLLER (2017) Müller, Mario, Verletzende Worte. Beleidigung und Verleumdung in Rechtstexten aus dem Mittelalter und aus dem 16. Jahrhundert (Hildesheimer Universitätsschriften 33), Hildesheim 2017.

MÜLLER (2019) Müller, Mathias, Hartmuth von Cronberg. Frühreformatorischer Flugschriftenautor und Bundesgenosse Sickingens, in: Wolfgang Breul u. Kurt Andermann (Hgg.), Ritterschaft und Reformation (Geschichtliche Landeskunde. Veröffentlichungen des Instituts für Geschichtliche Landeskunde an der Universität Mainz 75), Stuttgart 2019, S. 123–148.

MÜLLER-FUNK/RUTHNER (2018) Müller-Funk, Wolfgang u. Ruthner, Clemens (Hgg.), Narrative(s) in Conflict (Culture & Conflict 10), Berlin u. Boston 2018.

MULSOW/REXROTH (2014) Mulsow, Martin, Rexroth, Frank (Hgg.), Was als wissenschaftlich gelten darf. Praktiken der Grenzziehung in Gelehrtenmilieus der Vormoderne (Campus Historische Studien 70), Frankfurt a. M. 2014.

MULSOW/STAMM (2005) Mulsow, Martin u. Stamm, Marcelo (Hgg.), Konstellationsforschung, Frankfurt a. M. 2005.

MÜNKLER (2019) Münkler, Marina, Luthers Rom. Augenzeugenschaft, Invektivität und Konversion, in: Christoph Mauntel u. Volker Leppin (Hgg.), Transformationen Roms in der Vormoderne, Basel u. Stuttgart 2019, S. 213–242.

MÜNKLER/MÜNKLER (2019) Münkler, Herfried u. Münkler, Marina, Abschied vom Abstieg, Berlin 2019.

MUNT (2008) Munt, Sally R., Queer Attachments. The Cultural Politics of Shame, Hampshire 2008.

MURPHY (1974) Murphy, James J., Rhetoric in the middle ages, Berkeley 1974.

MURPHY (2005) Murphy, James J., Latin rhetoric and education in the Middle Ages and Renaissance (Variorum collected studies series 828), Aldershot 2005.

MURPHY (2016) Murphy, Paul, Body Talk. Gestures of Emotion in Late Medieval England, in: Literature Compass 13/6 (2016), S. 412–422.

NAUERT (2012) Nauert, Charles G., Graf Hermann von Neuenahr and the Limits of Humanism in Cologne, in: Ders. u. a. (Hgg.), Humanism and Renaissance Civilization (Variorum collected studies series 995), Aldershot u. a. 2012.

NETTNER-REINSEL (1988) Nettner-Reinsel, Renate, Die zeitgenössischen Bildnisse Ulrich von Huttens, in: Peter Laub (Hg.), Ulrich von Hutten: Ritter, Humanist, Publizist 1488 – 1523; Katalog zur Ausstellung des Landes Hessen anläßlich des 500. Geburtstages [Ausstellung in Schlüchtern vom 3. Juli bis zum 11. September 1988], Melsungen 1988, S. 119–135.

NETTNER-REINSEL (1988) Nettner-Reinsel, Renate, Lebenslauf Ulrichs von Hutten, in: Peter Laub (Hg.), Ulrich von Hutten. Ritter, Humanist, Publizist. 1488–1523. Katalog zur Ausstellung des Landes Hessen anläßlich des 500. Geburtstages [Ausstellung in Schlüchtern vom 3. Juli bis zum 11. September 1988], Melsungen 1988, S. 405–411.

NEUGEBAUER (2018) Klaus Neugebauer, Medialität der Medien. Zur Metontologie von Sprache, Technik, Öffentlichkeit, Emergenz (Neuere Phänomenologie 1), Berlin 2018.

NEWMAN u. a. (2020) Newman, Eryn J. u. a., Truthiness, the illusory truth effect, and the role of need for cognition, in: Consciousness and Cognition 78 (2020).

NIEMEIER (2001) Niemeier, Sabine, Funktionen der Frankfurter Buchmesse im Wandel – Von den Anfängen bis heute (Buchwissenschaftliche Beiträge aus dem Deutschen Bucharchiv München 68), Wiesbaden 2001.

NIKITSCH (2011) Nikitsch, Eberhard J., Römische Netzwerke zu Beginn des 16. Jahrhunderts. Papst Hadrian VI. (1522/23) und seine Klientel im Spiegel ihrer Grabdenkmäler, in: Quellen und Forschungen aus italienischen Archiven und Bibliotheken 91 (2011), S. 278–317.

NIRENBERG (2017) Nirenberg, David, Anti-Judaismus. Eine andere Geschichte des westlichen Denkens, München ²2017.

NISARD (1860) Nisard, Charles, Les gladiateurs de la république des lettres aux XVe, XVIe et XVIIe siècles, Paris 1860 (ND Genf 1970).

NONN (2012) Ulrich, Nonn, Mönche, Schreiber und Gelehrte. Bildung und Wissenschaft im Mittelalter, Darmstadt 2012.

NÜNNING (2013) Nünning, Ansgar, Wie Erzählungen Kulturen erzeugen. Prämissen, Konzepte und Perspektiven für eine kulturwissenschaftliche Narratologie, in: Alexandra Strohmaier (Hg.), Kultur – Wissen – Narration. Perspektiven transdisziplinärer Erzählforschung für die Kulturwissenschaften, Bielefeld 2013, S. 15–53.

NUSSBAUM (2001) Nussbaum, Martha C., Upheavals of Thought. The Intelligence of Emotions, Cambridge 2001.

OESTERLE (1986) Oesterle, Günter, Das ‚Unmanierliche' der Streitschrift. Zum Verhältnis von Polemik und Kritik in Aufklärung und Romantik, in: Franz J. Worstbrock u. Helmut Koopmann (Hgg.), Formen und Formgeschichte des Streitens. Der Literaturstreit, Tübingen 1986, S. 107–120.

OHLER (1994) Ohler, Norbert, Pilgerleben im Mittelalter. Zwischen Andacht und Abenteuer, Freiburg i. Br. 1994.

OHLER (2000) Ohler, Norbert, Pilgerstab und Jakobsmuschel. Wallfahren in Mittelalter und Neuzeit, Düsseldorf u. Zürich 2000.

OPITZ (2015) Opitz, Peter, Ulrich Zwingli. Prophet, Ketzer, Pionier des Protestantismus, Zürich 2015.

OPPENHEIMER (1902) Oppenheimer, Heinrich, Ueber die Heilkraft des Guaiacum und die Franzosenseuche, Berlin 1902 (ND 2012).

OSTHUS (2008) Osthus, Dietmar, Zur Metaphorik der Grenzüberschreitung in der Konzeptionalisierung des Begriffsfelds ‚Streit' (anhand spanischer, französischer und deutscher Beispiele), in: Uwe Baumann, Arnold Becker u. Astrid Steiner-Weber (Hgg.), Streitkultur. Okzidentale Traditionen des Streitens in Literatur, Geschichte und Kunst (Super alta perennis. Studien zur Wirkung der Klassischen Antike 2), Göttingen 2008, S. 177–191.

OTT (2010) Ott, Michael R., Die Erfindung des Paratextes. Überlegungen zur frühneuzeitlichen Textualität (2010), in: http://publikationen.ub.uni-frankfurt.de/opus4/frontdoor/deliver/index/docId/7858/file/Erfindung_des_Paratextes.pdf [letzter Zugriff: 19.07.2022],

OVERFIELD (1971) Overfield, James H., A New Look at the Reuchlin Affair, in: Studies in Medieval and Reformation History 8 (1971), S. 165–207.

OVERFIELD (1984) Overfield, James H., Humanism and Scholasticism in Late Medieval Germany, Princeton 1984.

PABST (2006) Pabst, Bernhard, Text und Paratext als Sinneinheit? Lehrhafte Dichtungen des Mittelalters und ihre Glossierung, in: Wolfram-Studien 19 (2006), S. 117–145.

PACKULL (1985) Packull, Werner O., The Image of the ‚Common Man' in the Early Pamphlets of the Reformation (1520–1525), in: Historical Reflections / Réflexions Historiques 12,2 (1985), S. 253–277.

PALMER (1990) Palmer, Richard, ‚In this our Lightye and Learned Tyme'. Italian Baths in the Era of the Renaissance, in: Roy Porter (Hg.), The Medical History of Waters and Spas, London 1990, S. 14–22.

PANZER (2012) Panzer, Marita A., Wittelsbacherinnen. Fürstentöchter einer europäischen Dynastie, Regensburg 2012, S. 67–82.

PAPACHARISSI (2014) Papacharissi, Zizi, Affective Publics. Sentiment, Technology, and Politics, Oxford 2014.

PAPE (1914) Pape, Wilhelm, Handwörterbuch der griechischen Sprache 1: Griechisch-deutsches Handwörterbuch: Alpha – Kappa, hg. v. Maximilian Sengebusch, Braunschweig u. a. 1842 (^{3}1914).

PAPY u. a. (2002) Papy, Jan u. a. (Hgg.), Self-Presentation and Social Identification. The Rhetoric and Pragmatics of Letter Writing in Early Modern Times (Supplementa Humanistica Lovaniensia 18), Leuven 2002.

PARAVICINI (1997) Paravicini, Werner, Zeremoniell und Raum, in: Ders. (Hg.), Zeremoniell und Raum. 4. Symposium der Residenzen-Kommission der Akademie der Wissenschaften in Göttingen, veranstaltet gemeinsam mit dem Deutschen Historischen Institut in Paris und dem Historischen Institut der Universität Potsdam. Potsdam, 25.-27. September 1994 (Residenzenforschung 6), Sigmaringen 1997, S. 11–36.

PATANÉ (2021) Patané, Alessio, Lorenzo Valla gegen Poggio Bracciolini. Die Rezeption des ‚Antidotum in Pogium' im 16. Jahrhundert, in: Israel/Kraus/Sasso (2021), S. 95–106.

PÄTZOLD (2005) Pätzold, Stefan, ‚Zu seiner Zeit ein Wunderzeichen'. Johannes Reuchlin aus Pforzheim. Philologe, Jurist, Humanist und Streiter wider die Dunkelmänner, in: Concilium medii aevi 8 (2005), S. 25–52.

PAULER (2001) Pauler, Roland, Der mysteriöse Tod Heinrichs VII. Nur ein Gerücht? In: Damals. Das aktuelle Magazin für Geschichte und Kultur 8 (2001), S. 61.

PAULUS (1897) Paulus, Nikolaus, Ein Justizmord, an vier Dominikanern begangen. Aktenmäßige Revision des Berner Jetzerprozesses vom Jahre 1509, in: Frankfurter zeitgemäße Broschüren, N. F. 18 (1897), S. 65–109.

PAUSCH (2020) Pausch, Dennis, Zu wenig, zu viel oder die falsche: Bildung als Vorwurf in Ciceros Reden, in: Peter Kuhlmann u. Valeria Marchetti (Hg.): Cicero im Rahmen der Römischen Bildungskultur, Tübingen 2020.

PELLEGRINO (2003) Pellegrino, Francesca, Elaborazioni di alcuni principali ‚topoi' artistici nei ‚Coryciana', in: Ulrich Pfisterer u. Max Seidel (Hgg.), Visuelle Topoi. Erfindung und tradiertes Wissen in den Künsten der italienischen Renaissance (Italienische Forschungen des Kunsthistorischen Instituts in Florenz, Max-Planck-Institut 4,3), München u. a. 2003, S. 217–262.

PELLENS (1973) Pellens, Karl, Herrschaft und Heil. Kirchliche und politische Momente in regnum und sacerdotium nach dem sog. Liber de unitate ecclesiae conservanda, in: Wilhelm Baum (Hg.), Kirche und Staat in Idee und Geschichte des Abendlands: Festschrift zum 70. Geburtstag von Ferdinand Maass, Wien u. a. 1973, S. 97–112.

PÉREZ/GREENE (2016) Pérez, Raúl u. Greene, Viveca S., Debating Rape Jokes vs. Rape Culture. Framing and CounterFraming Misogynistic Comedy, in: Social Semiotics 26, 3 (2016), S. 265–282.

PETERLINI (2021) Peterlini, Giuseppe, Scherzi di donne ignude. Agostino Carraccis ‚Nymphe, kleiner Satyr und Kind' als invektive Bildparodie im künstlerischen Wettstreit mit den michelangiolisti, in: Israel/Kraus/Sasso (2021), S. 107–141.

PETERSE (1995) Peterse, Hans, Jacobus Hoogstraeten gegen Johannes Reuchlin. Ein Beitrag zur Geschichte des Antijudaismus im 16. Jahrhundert (Veröffentlichungen des Instituts für Europäische Geschichte Mainz. Abteilung Abendländische Religionsgeschichte 165), Mainz 1995.

PETTEGREE (2005) Pettegree, Andrew, The Reformation and the Culture of Persuasion, Cambridge 2005.

PETTEGREE (2015) Pettegree, Andrew, Brand Luther. 1517, Printing, and the Making of the Reformation, New York 2015.

PFÄNDTNER (2014) Pfändtner, Karl-Georg, Die Anziehungskraft der Universitäten. Quellen zu Migrationsbewegungen von Schreibern und Buchmalern in der mittelalterlichen Boom-Region Bologna, in: Christine Beier u. Evelyn T. Kubina (Hgg.), Wege zum illuminierten Buch. Herstellungsbedingungen für Buchmalerei in Mittelalter und früher Neuzeit, Wien 2014, S. 45–65.

PIEPER (2009) Piper, Ernst, Savonarola. Prophet der Diktatur Gottes, München 2009.

PLACHTA (2006) Plachta, Bodo, Zensur, Stuttgart 2006.

POHLIG (2018) Pohlig, Matthias, Die Reformation und das Problem des religiösen Entscheidens, in: Archiv für Reformationsgeschichte 100 (2018), S. 316–330.

POPITZ (2006) Popitz, Heinrich, Soziale Normen, Frankfurt a. M. 2006.

Posset (2003) Posset, Franz, Polyglot Humanism in Germany circa 1520 as Luther's Milieu and Matrix. The Evidence of the ‚Rectorate Page' of Crotus Rubeanus, in: Renaissance and Reformation 37 (2003), S. 5–33.

Povolo (2014) Povolo, Claudio, Faida e vendetta tra consuetudini e riti processuali nell'Europa medievale e moderna. Un approccio antropologico-giuridico, in: Gordan Ravancic (Hg.), Our daily crime. Collection of studies, Zagreb 2014, S. 9–57.

Pralle (1952) Pralle, Ludwig, Die Wiederentdeckung des Tacitus: ein Beitrag zur Geistesgeschichte Fuldas und zur Biographie des jungen Cusanus (Veröffentlichungen des Fuldaer Geschichtsvereins 33), Fulda 1952.

Prater (1984) Pater, Calvin A., Karlstadt as the Father of the Baptist Movements. The Emergence of Lay Protestantism, Toronto u. a. 1984.

Prautzsch (2021) Prautzsch, Felix, Die Wittenbergisch Nachtigall gegen den Löwen in Rom: Lutherstilisierung, antirömische Invektiven und Reformation bei Hans Sachs, in: Beiträge zur Geschichte der deutschen Sprache und Literatur 143, 2 (2021), S. 239–271.

Press (1984) Press, Volker, Herzog Ulrich (1498–1550), in: Robert Uhland (Hg.), 900 Jahre Haus Württemberg. Leben und Leistung für Land und Volk, Stuttgart 1984, S. 110–136.

Press (1988a) Press, Volker, Ein Epochenjahr der württembergischen Geschichte. Restitution und Reformation 1534, in: Zeitschrift für Württembergische Landesgeschichte 47 (1988), S. 203–300.

Press (1988b) Press, Volker, Franz von Sickingen. Wortführer des Adels, Vorkämpfer der Reformation und Freund Huttens, in: Peter Laub (Hg.), Ulrich von Hutten. Ritter, Humanist, Publizist 1488 – 1523. Katalog zur Ausstellung des Landes Hessen anläßlich des 500. Geburtstages, Melsungen 1988, S. 293–305.

Press (1995) Press, Volker, Reichsritterschaft, in: Handbuch der baden-württembergischen Geschichte, im Auftrag der Kommission für geschichtliche Landeskunde in Baden-Württemberg, Bd. 2: Die Territorien im alten Reich, hg. v. Meinrad Schaab u. Hansmartin Schwarmaier, Stuttgart 1995, S. 771–813.

Price (1911) Price, David, Johannes Reuchlin and the Campaign to Destroy Jewish Books, Oxford 2011.

Price (2013) Price, David, Johannes Reuchlin und der Judenbücherstreit, in: Sönke Lorenz u. Dieter Mertens (Hgg.), Johannes Reuchlin und der ‚Judenbücherstreit' (Tübinger Bausteine zur Landesgeschichte 22), Ostfildern 2013, S. 55–82.

Primmer (1977) Primmer, Adolf, Historisches und Oratorisches zur ersten Catilinaria. Gymnasium 84 (1977), S. 18–38.

Prosperi (2000) Prosperi, Adriano, Clemente VII, in: Massimo Bray (Hg.), Enciclopedia dei Papi, Rom 2000.

Pyl (1984) Pyl, Theodor, Art. Lotze, Wedego, in: ADB 19 (1984), S. 290–291.

Radbruch (1942) Radbruch, Gustav, Verdeutschter Cicero. Zu Johann von Schwarzenbergs Officien-Übersetzung, in: Archiv für Rechts- und Sozialphilosophie 35 (1942), S. 143–154.

Rädle (1994) Rädle, Fidel, Die ‚Epistolae obscurorum virorum', in: Hartmut Boockmann (Hg.), Kirche und Gesellschaft im Heiligen Römischen Reich des 15. und 16. Jahrhunderts (Abhandlungen der Akademie der Wissenschaften in Göttingen. Philologisch-Historische Klasse. Folge 3, 206), Göttingen 1994, S. 103–115.

Rädle (1998) Rädle, Herbert (Hg.), Der Reichsfürst und sein Kaiser. Eine Lebensbeschreibung des Pfalzgrafen Friedrich II. (1482–1556), Neumarkt i. d. Oberpfalz 1998.

Rädle (2004) Rädle, Fidel, Ulrichs von Hutten lateinischer Kampf gegen Rom, in: Nikolaus Staubach (Hg.), Rom und das Reich vor der Reformation (Tradition – Reform – Innovation 7), Frankfurt a. M. u. a. 2004, S. 289–302.

Rädle (2010) Rädle, Fidel, Reuchlin und Mutianus Rufus, in: Wilhelm Kühlmann (Hg.), Reuchlins Freunde und Gegner. Kommunikative Konstellationen eines frühneuzeitlichen Medienereignisses (Pforzheimer Reuchlinschriften 12), Ostfildern 2010, S. 193–212.

Rädle (2013) Rädle, Fidel, Art. Mutianus Rufus, Conradus (Konrad Muth), in: VLHum 2 (2013), Sp. 377–400.

Rajewsky (2002) Rajewsky, Irina O., Intermedialität (UTB 2261), Tübingen 2002.

Ramsey (2003) Ramsey, John T., Cicero: Philippics I–II. Cambridge Greek and Latin Classics, Cambridge 2003.

Ranacher (2021) Ranacher, Christian, Ein Streiter und sein Schwert. Die Invektiven des Zisterzienserabtes Paul Bachmann in seinem Kampf für den ‚alten' Glauben, in: Israel/Kraus/Sasso (2021), S. 307–322.

Ranft (1996) Ranft, Andreas, Einer von Adel. Zu adligem Selbstverständnis und Krisenbewußtsein im 15. Jahrhundert, in: HZ 263 (1996), S. 317–343.

Rao (1988) Rao, Ennio I., The Humanist Invective as a Literary Genre, in: Gregorio C. Martin (Hg.), Selected Proceedings of the Pennsylvania Foreign Language Conference, Pittsburgh 1988–90, S. 261–267.

Rao (2007) Rao, Ennio I., Curmudgeons in high dudgeon. 101 years of invectives (1352–1453), Messina 2007.

Raulet/Schmidt (2011) Raulet, Gérard u. Schmidt, Burghart (Hgg.), Vom Parergon zum Labyrinth. Untersuchungen zur kritischen Theorie des Ornaments, Wien 2011, S. 101–110.

RAUTENBERG (2013) Rautenberg, Ursula, Verbreitender Buchhandel im deutschen Sprachraum von circa 1480 bis zum Ende des 16. Jahrhunderts, in: Marco Santoro u. Samanta Segatori (Hgg.), Mobilità dei mestieri del libro tra Quattrocento e Seicento. Convegno internazionale, Roma, 14–16 marzo 2012 (Biblioteca di Paratesto 8), Pisa u. a. 2013, S. 77–88.

RECKWITZ (2015) Reckwitz, Andreas, Praktiken und ihre Affekte, in: Mittelweg 36. Zeitschrift des Hamburger Instituts für Sozialforschung 24, Heft 1/2 (2015), S. 27–45.

REHBEIN (2016) Rehbein, Boike, Die Soziologie Pierre Bourdieus, Konstanz u. München ³2016.

REHBERG (2021) Rehberg, Andreas, Zugänge zu Ulrich von Hutten und seinen deutschen Zeitgenossen in römischen Quellen um 1500, in: Daniels/Fuchs/Rehberg (2021), S. 9–39.

REHFELD (1988) Rehfeld, Hans-Jürgen, Verzeichnis der in den Archiven, Bibliotheken der DDR vorhandenen Hutten-Drucke (bis 1600), in: Ralf-Rüdiger Targiel (Hg.), Ulrich von Hutten. Mit Feder und Schwert. Katalog zur Ausstellung anläßlich seines 500. Geburtstages 1988 (Schriftenreihe des Stadtarchivs Frankfurt (Oder), Heft 1), Frankfurt a. d. O. 1988, S. 97–130.

REICHERT (2009) Reichert, Folker (Hg.), Quellen zur Geschichte des Reisens im Spätmittelalter (Ausgewählte Quellen zur deutschen Geschichte des Mittelalters 46), Darmstadt 2009.

REINHARD (2018) Reinhard, Nadja, Paratextuelle Politik und Praxis – Einleitung, in: Martin Gerstenbräun-Krug u. Nadja Reinhard (Hgg.), Paratextuelle Politik und Praxis Interdependenzen von Werk und Autorschaft, Wien 2018, S. 9–26.

REINHARDT (1990) Reinhardt, Volker, Einheit und Vorrang der Kulturen. Reuchlin im Spannungsfeld von deutschem und italienischem Humanismus, in: Gerald Dörner (Hg.), Reuchlin und Italien (Pforzheimer Reuchlinschriften 7), Stuttgart 1990, S. 11–21.

REINLE (2003a) Reinle, Christine, Bauernfehden. Studien zur Fehdeführung Nichtadliger im spätmittelalterlichen römisch-deutschen Reich, besonders in den bayerischen Herzogtümern (Vierteljahrschrift für Sozial- und Wirtschaftsgeschichte. Beihefte 170), Stuttgart 2003.

REINLE (2003b) Reinle, Christine, Fehden und Fehdenbekämpfung am Ende des Mittelalters. Überlegungen zum Auseinandertreten von ‚Frieden' und ‚Recht' in der politischen Praxis zu Beginn des 16. Jahrhunderts am Beispiel der Absberg-Fehde, in: ZHF 30 (2003), S. 355–388.

REINLE (2005) Reinle, Christine, Bauerngewalt und Macht der Herren. Bauernfehden zwischen Gewohnheitsrecht und Verbot, in: Manuel Braun u. Cornelia Herberichs (Hgg.), Gewalt im Mittelalter. Realitäten – Imaginationen, München 2005, S. 105–122.

REINLE (2010) Reinle, Christine, Innovation oder Transformation? Die Veränderung des Fehdewesens im Spätmittelalter, in: Christian Hesse u. Klaus Oschema (Hgg.), Aufbruch im Mittelalter – Innovationen in Gesellschaften der Vormoderne. Studien zu Ehren von Rainer C. Schwinges, Ostfildern 2010, S. 197 – 230.

REINLE (2012a) Reinle, Christine, Legitimation und Delegitimierung von Fehden in juristischen und theologischen Diskursen des Spätmittelalters, in: Gisela Naegle (Hg.), Frieden schaffen und sich verteidigen im Spätmittelalter. Faire la paix et se défendre à la fin du Moyen Âge (Pariser Historische Studien 98), München 2012, S. 83–120.

REINLE (2012b) Reinle, Christine, Scheltworte, Schandbilder, Absagen: Kommunikation vor, während und über Fehden, in: Joachim Schneider (Hg.), Kommunikationsnetze des Ritteradels im Reich um 1500 (Geschichtliche Landeskunde 69), Stuttgart 2012, S. 121–146.

REINLE (2013) Reinle, Christine, Einleitung, in: Dies., Julia Eulenstein u. Michael Rothmann (Hgg.), Fehdeführung im spätmittelalterlichen Reich. Zwischen adliger Handlungslogik und territorialer Verdichtung (Studien und Texte zur Geistes- und Sozialgeschichte des Mittelalters 7), Affalterbach 2013, S. 9–24.

REINLE (2014) Reinle, Christine, Überlegungen zu Eigenmacht und Fehde im spätmittelalterlichen Europa. Einführung in Fragestellung und Ergebnisse des Sammelbandes ‚Fehdehandeln und Fehdegruppen im spätmittelalterlichen und frühneuzeitlichen Europa', in: Matthias Prange (Hg.), Fehdehandeln und Fehdegruppen im spätmittelalterlichen und frühneuzeitlichen Europa, Göttingen 2014, S. 9–38.

REINLE (2019) Reinle, Christine, Fehdepraxis in der ersten Hälfte des 16. Jahrhunderts. Die Sickingen-Fehden im Vergleich mit anderen Fehden, in: Wolfgang Breul und u. Kurt Andermann (Hgg.), Ritterschaft und Reformation (Geschichtliche Landeskunde 75), Stuttgart 2019, S. 51–80.

REINLE (2021) Reinle, Christine, Konfliktlösung durch Fehde, in: David von Mayenburg (Hg.), Konfliktlösung im Mittelalter (Handbuch zur Geschichte der Konfliktlösung in Europa 2), Berlin u. a. 2021, S. 25–40.

REITERER (2004) Reiterer, Albert F., Grenzziehungen. Zwischen nationalen Vorurteilen und sozialen Hierarchien (Minderheiten ind Minderheitenpolitik in Europa 6), Frankfurt a. M. 2004.

RÉMI (2006) Rémi, Cornelia, Die Pluralisierung des Paratextes. Formen, Funktionen und Theorie eines Phänomens frühneuzeitlicher Kommunikation, in: Mitteilungen des Sonderforschungsbereichs 573 ‚Pluralisierung und Autorität in der Frühen Neuzeit' 2 (2006), S. 48–50.

RENDINA (1996) Rendina, Claudio, Pasquino, statua parlante. Quattro secoli di pasquinate, Rom ⁴1996.

Reske (2007) Reske, Christoph, Die Buchdrucker des 16. und 17. Jahrhunderts im deutschen Sprachgebiet (Beiträge zum Buch- und Bibliothekswesen 51), Wiesbaden 2007.

Reuter (2002) Reuter, Julia, Ordnungen des Anderen. Zum Problem des Eigenen in der Soziologie des Fremden, Bielefeld 2002.

Revest (2013) Revest, Clémence, Naissance du cicéronianisme et émergence de l'humanisme comme culture dominante: réflexions pour une histoire de la rhétorique humaniste comme pratique sociale, in: Mélanges de l'École française de Rome 125, 1 (2013), S. 219–257.

Rexroth (2007) Rexroth, Frank, Kodifizieren und Auslegen. Symbolische Grenzziehungen zwischen päpstlich-gesetzgeberischer und gelehrter Praxis im späteren Mittelalter (1209/10–1317), in: Frühmittelalterliche Studien 41 (2007), S. 395–414.

Rexroth (2014) Rexroth, Frank, Praktiken der Grenzziehung in Gelehrtenmilieus der Vormoderne. Einige einleitende Bemerkungen, in: Mulsow/Rexroth (2014), S. 11–37.

Rhein (1993) Rhein, Stefan, Johannes Reuchlin (1455–1522). Ein deutscher „uomo universale", in: Paul G. Schmidt (Hg.), Humanismus im Deutschen Südwesten. Biographische Profile. Im Auftrag der Stiftung ‚Humanismus heute' des Landes Baden-Württemberg. Sigmaringen 1993, S. 59–75.

Ricci (1974) Ricci, Pier G., La Tradizione dell'invettiva tra il Medioevo e l'Umanesimo, in: Lettere italiane 26 (1974), S. 405–414.

Griese (2015) Griese, Sabine, Exklusion und Inklusion. Formen der Überlieferung und des Gebrauchs von Literatur im 15. Jahrhundert, in: Felix Heinzer u. Hans-Peter Schmit (Hgg.), Codex und Geltung (Wolfenbütteler Mittelalter-Studien 30), Wiesbaden 2015, S. 175–190.

Riggins (1997) Riggins, Stephen H., the Rhetoric of Othering, in: Ders. (Hg.), The Language and Politics of Exclusion – Others in Discourse, Thousand Oaks 1997, S. 1–31.

Rippl (2014) Rippl, Gabriele, Intermedialität. Text/Bild-Verhältnisse, in: Claudia Benthien u. Brigitte Weingart (Hgg.), Literatur und Visuelle Kultur, Berlin 2014, S. 139–158.

Robert (2008) Robert, Jörg, Rhetorische und stilistische Praxis des Lateinischen in den deutschsprachigen Ländern in Humanismus, Renaissance, Reformation, in: Ulla Fix, Andreas Gardt u. Joachim Knape (Hgg.), Rhetorik und Stilistik/Rhetoric and Stylistics. Ein internationales Handbuch historischer und systematischer Forschung/An International Handbook of Historical and Systematic Research (Handbücher zur Srach- und Kommunikationswissenschaft 31), 2 Bde., Berlin u. New York 2008–2009, Bd. 1 (2008), S. 370–385.

Robert (2014) Robert, Jörg, Einführung in die Intermedialität, Darmstadt 2014.

ROBERT (2017) Robert, Jörg, Intermedialität in der Frühen Neuzeit – Genealogien und Perspektiven, in: Ders. (Hg.), Intermedialität in der Frühen Neuzeit. Formen, Funktionen, Konzepte. Tagung an der Universität Eichstätt, 28.–31.3.2012 (Frühe Neuzeit 209), Berlin u. Boston 2017, S. 3–17.

RÖCKE/VELTEN (2005) Röcke, Werner u. Velten, Hans R. (Hgg.), Lachgemeinschaften. Kulturelle Inszenierungen und soziale Wirkungen von Gelächter im Mittelalter und in der Frühen Neuzeit (Trends in Medieval Philology 4), Berlin u. New York 2005.

RÖCKER (2007) Röcker, Bernd, Uriel von Gemmingen – Erzbischof von Mainz, Kurfürst und Reichskanzler 1508–1514, in: Kraichgau. Beiträge zur Landschafts- und Heimatforschung 20 (2007), S. 211–222.

ROESER (2011) Roeser, Sabine, Moral emotions and intuitions, New York u. a. 2011.

ROGGE (1978) Rogge, Joachim, Johann Agricola, in: TRE 2 (1978), S. 110–118.

ROLET/ROLET (2013) Rolet, Anne u. Rolet, Stéphane (Hgg.), André Alciat (1492–1550): un humaniste au confluent des savoirs dans l'Europe de la Renaissance. Études Renaissantes, Turnhout 2013.

ROLOFF (1994) Roloff, Hans-Gert, ‚Poeta vapulans' – Ulrich von Hutten und die Lötze, in: Wilhelm Kühlmann u. Horst Langer (Hgg.), Pommern in der frühen Neuzeit. Literatur und Kultur in Stadt und Region (Frühe Neuzeit 19), Tübingen 1994, S. 61–76.

ROLOFF (1999) Roloff, Hans-Gert, Der Arminius des Ulrich von Hutten, in: Rainer Wiegels u. Winfried Woesler (Hgg.), Arminius und die Varusschlacht. Geschichte – Mythos – Literatur, Paderborn ²1999, S. 211–238.

ROLOFF (2003) Roloff, Hans-Gert, Der ‚Arminius' des Ulrich von Hutten, in: Rainer Wiegels u. Winfried Woesler (Hgg.), Arminius und die Varusschlacht: Geschichte, Mythos, Literatur, Paderborn u. a. 2003, S. 211–238.

ROLOFF (2003) Roloff, Hans-Gert, Die Funktion der szenischen Bildlichkeit im deutschen Drama des 16. Jahrhunderts, in: Chloe 35 (2003), S. 99–118.

RÖSENER (1998) Rösener, Werner, Fehdebrief und Fehdewesen. Formen der Kommunikation beim Adel im späten Mittelalter, in: Heinz-Dieter Heimann u. Ivan Hlavácek (Hgg.), Kommunikationspraxis und Korrespondenzwesen im Mittelalter und in der Renaissance, Paderborn 1998, S. 91–101.

ROSENWEIN (2003) Rosenwein, Barbara, Emotional Space, in: Jaeger/Kasten (2003), S. 287–303.

ROSENWEIN (2006) Rosenwein, Barbara, Emotional Communities in the early Middle Ages, New York 2006.

ROSSEAUX (2001) Rosseaux, Ulrich, Die Kipper und Wipper als publizistisches Ereignis (1620–1626). Eine Studie zu den Strukturen öffentlicher Kommunikation im Zeitalter des Dreißigjährigen Krieges, Berlin 2001.

ROTH (1900) Roth, Ferdinand W. E., Otto Brunfels 1489–1534. Ein deutscher Botaniker, in: Botanische Zeitung 58 (1900), S. 191–232.

RUEB (1981) Rueb, Franz, Ulrich von Hutten. Ein radikaler Intellektueller im 16. Jahrhundert, Berlin 1981.

RÜEGG (1978) Rüegg, Walter, Christliche Brüderlichkeit und humanistische Freundschaft, in: Ders. (Hg.), Bedrohte Lebensordnung. Studien zur humanistischen Soziologie, München u. Zürich 1978, S. 107–124.

RÜEGG (1991) Rüegg, Walter, Humanistische Elitenbildung in der Eidgenossenschaft zur Zeit der Renaissance, in: Georg Kauffmann (Hg.), Die Renaissance im Blick der Nationen, Wiesbaden 1991, S. 95–133.

RÜEGG (1993) Rüegg, Walter, Geschichte der Universität in Europa, München 1993.

RÜGER (2008) Rüger, Lucas, Der Augsburger Reichstag von 1518 – ein Höhepunkt politischer Oratorik? In: Jörg Feuchter u. Johannes Helmrath (Hgg.), Politische Redekultur in der Vormoderne: die Oratorik europäischer Parlamente in Spätmittelalter und Früher Neuzeit (Eigene und fremde Welten 9. Studies presented to the International Commission for the History of Representative and Parliamentary Institutions 86), Frankfurt a. M. u. a. 2008, S. 65–84.

RUMMEL (1995) Rummel, Erika, Humanistic-Scholastic Debate in the Renaissance & Reformation, Cambridge u. London 1995.

RUMMEL (2002) Rummel, Erika, The Case against Johannes Reuchlin. Religious and Social Controversy in Sixteenth-Century Germany, Toronto u. a. 2002.

RUPPRECHT (2018) Rupprecht, Klaus, Die Dichterkrönung Ulrich von Huttens. Anmerkungen zu Überlieferungsgeschichte, äußerer Gestaltung und innerem Aufbau des Krönungsdiploms Kaiser Maximilians I., in: Klaus Wolf u. Franz Fromholzer (Hgg.), Adelsliteratur und Dichterkrönung (Schwabenspiegel. Jahrbuch für Literatur, Sprache und Spiel 12), Augsburg 2018, S. 87–98.

SABATTINI (1994) Sabattini, Alberto, Alberto III. politica, diplomazia e guerra del conte di Carpi. Corrispondenza con la corte di Mantova, 1506–1511, Carpi 1994.

SABBADINI (1922) Sabbadini, Remigio, Il Metodo degli Umanisti (Biblioteca del Saggiatore 3), Florenz 1922.

SALMELA (2014) Salmela, Mikko, The Functions of Collective Emotions in Social Groups, in: Anita Konzelmann u. Hans B. Schmid (Hgg.), Institutions, Emotions, and Group Agents. Contributions to Social Ontology, Dordrecht 2014, S. 159–176.

SANDMANN (1989) Sandmann, Mechthild, Art. Fulda, I. Kloster, ‚Schule' und Bibliothek, in: Lexikon des Mittelalters 4 (1989), Sp. 1020–1022.

SANTI (2006) Santi, Flavio, Art. Maino, Giasone, in: DBI 67 (2006), S. 605–607.

SARBIN (1989) Sarbin, Theodore R., Emotion and Act: Roles and Rhetoric, in: Harré (1989), S. 83–97.

Sasso (2021) Sasso, Ludovica, Poggio Bracciolini – Lorenzo Valla – Niccolò Perotti. Ein Beispiel für invektive Dynamiken in der Humanistengemeinschaft Italiens (1452–54), in: Israel/Kraus/Sasso (2021), S. 49–79.

Scharloth (2017) Scharloth, Joachim, Hassrede und Invektivität als Gegenstand der Sprachwissenschaft und Sprachphilosophie. Bausteine zu einer Theorie des Metainvektiven, in: Aptum 2 (2017), S. 116–132.

Schauder (1999) Schauder, Karlheinz, Sickingen, Hutten und Bucer – Konturen einer Begegnung, in: Heimatjahrbuch des Landkreises Kaiserslautern (1999), S. 123–131.

Schäufele (2006) Schäufele, Wolf-Friedrich, Defecit Ecclesia. Studien zur Verfallsidee in der Kirchengeschichtsanschauung des Mittelalters, Mainz 2006.

Schäufele (2012) Schäufele, Wolf-Friedrich, ‚Herberge der Gerechtigkeit' oder ‚Wartburg des Westens'? Die Ebernburg in Luthers Tischreden, in: Ebernburghefte 46 (2012), S. 69–76.

Scheer (2012) Scheer, Monique, Are Emotions a Kind Of Practice (And Is That What Makes Them Have a History)? A Bourdieuian Approach To Understanding Emotion, in: History and Theory 51,2 (2012), S. 193–220.

Scheer (2019) Scheer, Monique, Emotion als kulturelle Praxis, in: Hermann Kappelhof u. a. (Hgg.), Emotionen. Ein interdisziplinäres Handbuch. Stuttgart 2019, S. 352–362.

Scheer (2020) Scheer, Monique, Enthusiasm. Emotional Practices of Conviction in Modern Germany, Oxford 2020.

Schilling (1988) Schilling, Heinz, Hutten und Luther, in: Johannes Schilling u. Ernst Giese (Hgg.), Ulrich von Hutten in seiner Zeit. Schlüchterner Vorträge zu seinem 500. Geburtstag (Monographia Hassiae. Schriftenreihe der Evangelischen Kirche von Kurhessen-Waldeck 12), Kassel 1988, S. 87–118.

Schilling (2014) Schilling, Heinz, Martin Luther. Ein Rebell in einer Zeit des Umbruchs, München ⁴2014.

Schilling (2020) Schilling, Heinz, Karl V. Der Kaiser, dem die Welt zerbrach, München 2020.

Schilling/Giese (1988) Schilling, Johannes u. Giese, Ernst (Hgg.), Ulrich von Hutten in seiner Zeit. Schlüchterner Vorträge zu seinem 500. Geburtstag (Monographia Hassiae. Schriftenreihe der Evangelischen Kirche von Kurhessen-Waldeck 12), Kassel 1988.

Schirmer (2004) Schirmer, Uwe, Die ernestinischen Kurfürsten (1485–1547), in: Frank-Lothar Kroll (Hg.), Die Herrscher Sachsens, München 2004, S. 65–70.

Schirrmeister (2003) Schirrmeister, Albert, Triumph des Dichters. Gekrönte Intellektuelle im 16. Jahrhundert, Köln 2003.

Schirrmeister (2013) Schirrmeister, Albert, Art. Vadian, Joachim, in: VL 2 (2013), Sp. 1177–1237.

SCHIRRMEISTER (2014) Schirrmeister, Albert, Edieren – Über die Reflexivität gelehrter Praxis, in: Sabine Holtz, Albert Schirrmeister u. Stefan Schlelein (Hgg.), Humanisten edieren. Gelehrte Praxis im Südwesten in Renaissance und Gegenwart (Veröffentlichungen der Kommission für Geschichtliche Landeskunde in Baden-Württemberg. Reihe B: Forschungen 196), Stuttgart 2014, S. 1–16.

SCHLÖGL (2014) Schlögl, Rudolf, Anwesende und Abwesende. Grundriss für eine Gesellschaftsgeschichte der Frühen Neuzeit, Konstanz 2014.

SCHLOTHEUBER (2010) Schlotheuber, Eva, Fehden und Festessen – das Leben der Nonnen am Rande der Stadt, in: Anne-Marie Hecker u. Susanne Röhl (Hgg.), Monastisches Leben im urbanen Kontext (MittelalterStudien des Instituts zur Interdisziplinären Erforschung des Mittelalters und seines Nachwirkens, Paderborn 24), München 2010, S. 11–23.

SCHMID (2007) Schmid, Alexander, Vaterlandsliebe und Religionskonflikt. Politische Diskurse im Alten Reich (1555–1648) (Studies in Medieval and Reformation Traditions. History, Culture, Religion, Ideas 126), Leiden u. Boston 2007.

SCHMIDT (1988) Schmidt, Georg, Ulrich von Hutten, der Adel und das Reich um 1500, in: Johannes Schilling u. Ernst Giese (Hgg.), Ulrich von Hutten in seiner Zeit. Schlüchterner Vorträge zu seinem 500. Geburtstag (Monographia Hassiae. Schriftenreihe der Evangelischen Kirche von Kurhessen-Waldeck 12), Kassel 1988, S. 19–34.

SCHMIDT (1985) Schmidt, Günter, Libelli Famosi. Zur Bedeutung der Schmähbriefe, Schandgemälde und Pasquille in der deutschen Rechtsgeschichte, Köln 1985.

SCHMIDT (1969) Schmidt, Heinrich, Heinrich der Jüngere, in: NDB 8 (1969), S. 351–352.

SCHMIDT (1988) Schmidt, Paul G., Elemente der Invektive im lateinischen Mittelalter (Garnier von Rouen, Gunzo von Anselm), in: Helma Brehme (Hg.), Angewandte Sprachwissenschaft. Interdisziplinäre Beiträge zur mündlichen Kommunikation (Zeitschrift für Dialektologie und Linguistik. Beihefte 59), Stuttgart 1988, S. 193–207.

SCHMIDT (1991) Schmidt, Paul G., Das Mittelalterbild hessischer Humanisten, in: August Buck (Hg.), Humanismus und Historiographie, Weinheim 1991, S. 137–143.

SCHMIDT (2000) Schmidt, Siegfried J., Kalte Faszination. Medien, Kultur, Wissenschaft in der Mediengesellschaft, Weilerswist 2000.

SCHNEIDER (1895) Schneider, Eugen, Art. Ulrich, Herzog von Württemberg, in: ADB 39 (1895), S. 237–243.

SCHNEIDER (2012) Schneider, Joachim, Einführung. Kommunikationsnetze des Ritteradels im Reich um 1500, in: Ders. (Hg.), Kommunikationsnetze des Ritteradels im Reich um1500 (Geschichtliche Landeskunde 69), Stuttgart 2012, S. 1–13.

SCHNEIDER (2019) Schneider, Joachim, Gesellschaften – Einungen – Ganerbschaften – Netzwerke, in: Wolfgang Breul u. Kurt Andermann (Hgg.), Ritterschaft und Reformation (Geschichtliche Landeskunde. Veröffentlichungen des Instituts für Geschichtliche Landeskunde an der Universität Mainz 75), Stuttgart 2019, S. 27–50.

SCHOLZEN (1996) Scholzen, Reinhard, Franz von Sickingen. Ein adeliges Leben im Spannungsfeld zwischen Städten und Territorien (Beiträge zur pfälzischen Geschichte 9), Kaiserslautern 1996.

SCHOLZEN (1998) Scholzen, Reinhard, Franz von Sickingen (1481–1523). Der wirtschaftliche und politische Aufstieg und Fall eines Reichsritters in der Zeit der Reformation, in: Blätter für pfälzische Kirchengeschichte und religiöse Volkskunde 65 (1998), S. 271–291.

SCHOLZEN (2001) Scholzen, Reinhard, Franz von Sickingen als Faktor im Machtkampf zwischen Mainz, Hessen, Kurtrier und Kurpfalz, in: Blätter für pfälzische Kirchengeschichte und religiöse Volkskunde 68 (2001), S. 75–93.

SCHOLZEN (2014) Scholzen, Reinhard, Franz von Sickingen (1481–1523): Fehde als Beruf, in: Österreichische Militärische Zeitschrift 5 (2014), S. 523–531.

SCHOLZEN (2018) Scholzen, Reinhard, Franz von Sickingen (1481–1523). Fehde als Geschäftsmodell, in: Michael Matheus (Hg.): Reformation in der Region. Personen und Erinnerungsorte (Mainzer Vorträge 21), Stuttgart 2018, S. 53–73.

SCHOTTENLOHER (1926) Schottenloher, Karl, Kaiserliche Dichterkrönungen im heiligen römischen Reich Deutscher deutscher Nation, in: Albrecht Brackmann (Hg.), Papsttum und Kaisertum im Mittelalter. Paul Kehr zum 65. Geburtstag, München 1926, S. 645–673.

SCHÖN (1893) Schön, Theodor, Art. Speth zu Zwiefalten, Dietrich, in: ADB 35 (1893), S. 146.

SCHREINER/SCHWERHOFF (1995) Schreiner, Klaus u. Schwerhoff, Gerd (Hgg.), Verletzte Ehre. Ehrkonflikte in Gesellschaften des Mittelalters und der Frühen Neuzeit (Norm und Struktur 5), Köln u. a. 1995.

SCHRÖDER (1998) Schröder, Ingo W., Einleitung: Ethnisierung als Strategie sozialer Schließung in sozio-politischen Konflikten, in: Andrea Grugel u. Ingo W. Schröder (Hgg.), Grenzziehungen. Zur Konstruktion ethnischer Identitäten in der Arena sozio-politischer Konflikte (Mosaik der Kulturen 2), Frankfurt a. M. 1998, S. 1–21.

SCHUBEL (1960) Schubel, Friedrich, Universität Greifswald (Mitteldeutsche Hochschulen 4), Frankfurt a. M. 1960.

SCHUBERT (2011) Schubert, Anselm, Das Lachen der Ketzer. Zur Selbstinszenierung der frühen Reformation, in: Zeitschrift für Theologie und Kirche 108 (2011), S. 405–430.

SCHUBERT (1975) Schubert, Ernst, *bauerngeschrey*. Zum Problem der öffentlichen Meinung im spätmittelalterlichen Franken, in: Jahrbuch für fränkische Landesforschung 34/35 (1975), S. 883–907.

SCHUH (2012) Schuh, Maximilian, Praxisorientierte Ausbildung oder elitäres Wissen? Universitäre Didaktik der Rhetorik im 15. Jahrhundert, in: Ursula Kundert (Hg.), Lehre und Schule im Mittelalter – Mittelalter in Schule und Lehre, Berlin 2012, S. 115–125.

SCHUH (2013) Schuh, Maximilian, Aneignungen des Humanismus. Institutionelle und individuelle Praktiken an der Universität Ingolstadt im 15. Jahrhunderts (Education and Society in the Middle Ages and Renaissance 47), Leiden u. Boston 2013.

SCHULTE VON DRACH (2010) Schulte von Drach, Markus C., Was war die größte Fälschung aller Zeiten? In: SZ, 19. Mai 2010 [https://www.sueddeutsche.de/wissen/konstantin-schenkung-papst-vatikan-1.888156; letzter Zugriff: 09.08.2021].

SCHULZ (2006) Schulz, Lorena, Kriminalsoziologische Untersuchungen. Der Labeling-Ansatz und die gegenwärtige Kriminologie der Gewalt, in: Freia Anders u. Ingrid Gilcher-Holtey (Hgg.), Herausforderungen des staatlichen Gewaltmonopols. Recht und politisch motivierte Gewalt am Ende des 20. Jahrhunderts, Frankfurt a. M. 2006, S. 161–197.

SCHULZ-SCHAEFFER (2000) Schulz-Schaeffer, Ingo, Akteur-Netzwerk-Theorie. Zur Koevolution von Gesellschaft, Natur und Technik, in: Johannes Weyer (Hg.), Soziale Netzwerke. Konzepte und Methoden der sozialwissenschaftlichen Netzwerkforschung, München 2000, S. 187–21.

SCHUSTER (2019) Schuster, Susanne, Dialogschriften der frühen Reformationszeit: literarische Fortführung der Disputation und Resonanzräume reformatorischen Denkens (Forschungen zur Kirchen- und Dogmengeschichte 118), Göttingen 2019.

SCHÜTTE (1937) Schütte, Beatrix, Studien zum *Liber de unitate ecclesiae conservanda* (Historische Studien 305), Berlin 1937.

SCHÜTZ (1980) Schütz, Hans J., Verbotene Bücher. Eine Geschichte der Zensur von Homer bis Henry Miller, München 1990.

SCHWAMEIS (2019) Schwameis, Christoph, Cicero, De praetura Siciliensi. (Verr. 2,2). Einleitung und Kommentar, Berlin u. Boston 2019.

SCHWARZ (1885) Schwarz, Eduard, Venatorius, Thomas, in: Realenzyklopädie für protestantische Theologie und Kirche 16 (^{2}1885), S. 344.

SCHWERHOFF (2011) Schwerhoff, Gerd (Hg.), Stadt und Öffentlichkeit in der Frühen Neuzeit (Städteforschung. Veröffentlichungen des Instituts für vergleichende Stadtgeschichte. Reihe A: Darstellungen 83), Köln u. a. 2011.

SCHWERHOFF (2016) Schwerhoff, Gerd, Rez. Rudolf Schlögl, Anwesende und Abwesende. Grundriss einer Gesellschaftsgeschichte der Frühen Neuzeit, Konstanz 2014, in: ZHF 43,3 (2016), S. 573–575.

SCHWERHOFF (2017) Schwerhoff, Gerd, Radicalism and ‚Invectivity'. ‚Hate Speech' in the German Reformation, in: Bridget Heal u. Anorthe Kremers (Hgg.), Radicalism and Dissent in the World of Protestant Reformation, Göttingen 2017, S. 36–52.

SCHWERHOFF (2019) Schwerhoff, Gerd, Invektive Hände. Schmähgesten im Spätmittelalter und in der Frühen Neuzeit, in: Robert Jütte u. Romedio Schmitz-Esser (Hgg.), Handgebrauch. Geschichten von der Hand aus dem Mittelalter und der Frühen Neuzeit, Paderborn 2019, S. 211–234.

SCHWERHOFF (2020) Schwerhoff, Gerd, Invektivität und Geschichtswissenschaft. Konstellationen der Herabsetzung in historischer Perspektive – ein Forschungskonzept, in: HZ 311,1 (2020), S. 1–36.

SCHWERHOFF (2021) Schwerhoff, Gerd, Verfluchte Götter. Die Geschichte der Blasphemie, Frankfurt a. M. 2021.

SCHWINGEL (1995) Schwingel, Markus, Pierre Bourdieu zur Einführung, Hamburg 1995 (ND ³2000).

SCHWINGES (1984) Schwinges, Rainer C., Universitätsbesuch im Reich vom 14. zum 16. Jahrhundert. Wachstum und Konjunkturen, in: Geschichte und Gesellschaft 10 (1984), S. 5–30.

SCHWINGES (1986) Schwinges, Rainer C., Deutsche Universitätsbesucher im 14. und 15. Jahrhundert. Studien zur Sozialgeschichte des Alten Reiches (Veröffentlichungen des Instituts für Europäische Geschichte Mainz 123), Stuttgart 1986, S. 23–37.

SCHWITALLA (2002) Schwitalla, Johannes, Dialogisches im Reuchlin-Pfefferkorn-Streit, in: Daniela Hacke u. Bernd Roeck (Hgg.), Die Welt im Augenspiegel. Johannes Reuchlin und seine Zeit (Pforzheimer Reuchlinschriften 8), Stuttgart 2002, S. 169–186.

SCRIBNER (1981) Scribner, Robert W., Flugblatt und Analphabetentum. Wie kam der gemeine Mann zu reformatorischen Ideen? In: Hans-Joachim Köhler (Hg.), Flugschriften als Massenmedium der Reformationszeit. Beiträge zum Tübinger Symposium 1980 (Spätmittelalter und Frühe Neuzeit. Tübinger Beiträge zur Geschichtsforschung 13), Stuttgart 1981, S. 65–76.

SEEBER/COXON (2010) Seeber, Stefan u. Coxon, Sebastian (Hgg.), Spott und Verlachen im späten Mittelalter zwischen Spiel und Gewalt (Mitteilungen des deutschen Germanistenverbandes 1), Göttingen 2010.

SEELBACH (2013) Seelbach, Sabine, Art. Sibutus, Georg, in: VLHum 2 (2013), Sp. 884–896.

SEEWALD (2012) Seewald, Berthold, Silvester – Kronzeuge einer gigantischen Fälschung, in: Welt, 31.12.2012, in: https://www.welt.de/geschichte/article1 12273295/Silvester-Kronzeuge-einer-gigantischen-Faelschung.html [letzter Zugriff: 09.08.2021].

SEGL (2006) Segl, Peter, Savonarola, in: Lexikon für Theologie und Kirche 9 (2006), S. 92–96.

SEIFERT (1996) Seifert, Arno, Das höhere Schulwesen. Universitäten und Gymnasien, in: Notker Hammerstein (Hg.), Handbuch der deutschen Bildungsgeschichte Bd. 1: 15.-17. Jahrhundert. Von der Renaissance und der Reformation bis zum Ende der Glaubenskämpfe, München 1996, S. 197–346.

SELIG (2009) Selig, Maria, Anwesenheitskommunikation und Anwesenheitsgesellschaft. Einige Anmerkungen zu einem geschichtswissenschaftlichen Konzept aus sprachwissenschaftlicher Perspektive, in: Susanne Ehrich u. Jörg Oberste (Hgg.), Städtische Räume im Mittelalter, Regensburg 2009, S. 17–33.

SETZ (1975) Setz, Wolfram, Lorenzo Vallas Schrift gegen die Konstantinische Schenkung. De falso credita et ementita Constantini donatione. Zur Interpretation und Wirkungsgeschichte (Bibliothek des Deutschen Historischen Instituts in Rom 44), Tübingen 1975.

SEYBOTH (1989) Seyboth, Reinhard, Ulrich von Hutten und sein Verhältnis zur ritterschaftlichen Bewegung, in: Stephan Füssel (Hg.), Ulrich von Hutten 1488–1988. Akten des Internationalen Ulrich-von-Hutten-Symposions 15.-17. Juli 1988 in Schlüchtern (Pirckheimer-Jahrbuch 4), München 1988, S. 129–143.

SICKING (1993) Sicking, Christiaan M. J., Griechische Verslehre (Handbuch der Altertumswissenschaft II,4), München 1993.

SIEGEMUND (2020) Siegemund, Jan, *unrechtliche peinliche schmehung* oder *dem gemeinen nutz nuetzlich?* Eine Fallstudie zur Normenkonkurrenz im Schmähschriftenprozess des 16. Jahrhunderts, in: Roland Scheel u. Silke Schwandt (Hgg.), Imaginationen und Praktiken des Rechts: Literatur- und Geschichtswissenschaftliche Perspektiven (Das Mittelalter. Perspektiven mediävistischer Forschung. Zeitschrift des Mediävistenverbandes 25,1), Berlin 2020, S. 135–149.

SIMANOWSKI (1998) Simanowski, Robert, Einleitung: Zum Problem kultureller Grenzziehung, in: Horst Turk, Brigitte Schulte u. Roberto Simanowski (Hgg.), Kulturelle Grenzziehungen im Spiegel der Literaturen. Nationalismus, Regionalismus, Fundamentalismus (Veröffentlichungen aus dem Sonderforschungsbereich 529 ‚Internationalität nationaler Literaturen'. Serie B: Europätische Literaturen und Internationale Prozesse 1), Göttingen 1998, S. 8–60.

SIMEONI (1949) Simeoni, Luigi, Storia della Università di Bologna, in: L'età moderna (1500–1888), Bologna 1940.

SIMMEL (1992) Simmel, Georg, Die Selbsterhaltung der sozialen Gruppe, in: Ders., Soziologie. Untersuchungen über die Form der Vergesellschaftung, hg. v. Ottheim Rammstedt, Frankfurt a. M. 1992, S. 556–686.

SIMMEL 1–7 Simmel, Georg, Gesamtausgabe in 24 Bänden. Bd. 7: Aufsätze und Abhandlungen 1901–1908. Bd. 1, hg. v. Rüdiger Kramme, Angela Rammstedt u. Otthein Rammstedt, Berlin 1995.

SIMONS (2018) Simons, Roswitha, Der Streit zwischen Jakob Wimpfeling und Thomas Murner. Intertextualität im Dienste humanistischer Invektivendichtung. In: Karl Enenkel u. Christian Peters (Hg.): Humanisten über ihre Kollegen. Eulogien, Klatsch und Rufmord (Scientia universalis. Abteilung I: Studien zur Wissenschaftsgeschichte der Vormoderne 3), Münster 2018, S. 31–56.

SKIRL (2009) Skirl, Helge, Emergenz als Phänomen der Semantik am Beispiel des Metaphernverstehens. Emergente konzeptuelle Merkmale an der Schnittstelle von Semantik und Pragmatik (Tübinger Beiträge zur Linguistik 515), Tübingen 2009.

SKOWRONEK (2000) Skowronek, Susanne, Autorenbilder. Wort und Bild in den Porträtkupferstichen von Dichtern und Schriftstellern des Barock (Würzburger Beiträge zur deutschen Philologie 22), Würzburg 2000.

SLABY/SCHEVE (2019) Slaby, Jan u. Scheve, Christian von (Hgg.), Affective Societies. Key Concepts, London 2019.

SOLDEVILA/CASTELLO/VALVERDE (2019) Soldevila, Rosario M., Castello, Alberto M. u. Valverde, Juan F. (Hgg.), A Prosopography to Martials's Epigrams, Berlin u. Boston 2019.

SOLODOW (1988) Solodow, Joseph B., The World of Ovid's Metamorphoses, Chapel Hill u. London 1988.

SOTTILI (1971) Sottili, Agostino, Studenti tedeschi ed umanesimo italiano nell'università di Padova durante il Quattrocento, Padua 1971.

SOTTILI (1984) Sottili, Agostino, Tunc floruit Alamannorum natio: Doktorate deutscher Studenten in Pavia in der zweiten Hälfte des 15. Jahrhunderts, in: Wolfgang Reinhard (Hg.), Humanismus im Bildungswesen des 15. und 16. Jahrhunderts (Mitteilung der Kommission für Humanismusforschung 12), Weinheim 1984, S. 25–44.

SOTTILI (1993) Sottili, Agostino, Università e cultura. Studi sui rapporti italo-tedeschi nell'età dell'Umanesimo, Goldbach 1993.

SOTTILI (2002) Sottili, Agostino, Die humanistische Ausbildung deutscher Studenten an den italienischen Universitäten im 15. Jahrhundert: Johannes Löffelholz und Rudolf Agricola in Padua, Pavia und Ferrara, in: Daniela Hacke u. Bernd Roeck (Hgg.), Die Welt im Augenspiegel. Johannes Reuchlin und seine Zeit (Pforzheimer Reuchlinschriften 8), Stuttgart 2002, S. 67–132.

Sottili (2006) Sottili, Agostino, Humanismus und Universitätsbesuch. Die Wirkung italienischer Universitäten auf die Studia Humanitatis nördlich der Alpen/ Renaissance humanism and university studies. Italian universities and their influence on the Studia Humanitatis in Northern Europe (Education and Society in the Middle Ages And Renaissance 26), Leiden u. Boston 2006.

Spehr (1880) Spehr, Ferdinand, Heinrich der Jüngere, Herzog von Braunschweig-Wolfenbüttel, in: ADB 11 (1880), S. 495–500.

Spelsberg (1988) Spelsberg, Helmut, Veröffentlichungen Ulrichs von Hutten, in: Peter Laub (Hg.), Ulrich von Hutten: Ritter, Humanist, Publizist 1488–1523; Katalog zur Ausstellung d. Landes Hessen anläßlich des 500. Geburtstages; [Ausstellung in Schlüchtern vom 3. Juli bis zum 11. September 1988], Melsungen 1988, S. 412–441.

Spelsberg (2015) Spelsberg, Helmut, Aber Hutten kehrte nicht um. Betrachtungen zu Leben und Werk Ulrich von Huttens, Tübingen 2015.

Spies (2011/13) Spies, Hans-Bernd, Aschaffenburger und Mitglieder des Aschaffenburger Stiftskapitels als Studenten an der Universität Bologna (1295–1580), in: Mitteilungen aus dem Stadt- und Stiftsarchiv Aschaffenburg 10 (2011/13), S. 15–24.

Springer (1999) Springer, Klaus-Bernward, Die deutschen Dominikaner in Widerstand und Anpassung während der Reformationszeit (Quellen und Forschungen zur Geschichte des Dominikanerordens, N.F. 8), Berlin 1999.

Stahl (2018) Stahl, Janne, Führung in der strategischen Kommunikation, in: Stefan Wehmeier u. Dennis Schoeneborn (Hgg.), Strategische Kommunikation im Spannungsfeld zwischen Intention und Emergenz, Wiesbaden 2018, S. 85–99.

Stambaugh (1973) Stambaugh, Ria, Die ‚Lücke' in Ulrich von Huttens ‚Ausschreiben gegen den Kurfürsten von der Pfalz', in: Daphnis 2 (1973), S. 192–194.

Stanitzek (2010) Stanitzek, Georg, Buch. Medium und Form – in paratexttheoretischer Perspektive, in: Ursula Rautenberg (Hg.), Buchwissenschaft in Deutschland, Berlin u. New York 2010, S. 157–202.

Steck (1904) Steck, Rudolf, Akten des Jetzerprozesses nebst dem Defensorium (Quellen zur Schweizer Geschichte 22), Basel 1904.

Stegbauer (2017) Stegbauer, Christian, Anatomie eines Shitstorms. Strukturen und mikrokulturelle Wirkungen der Diffusion von Xenophobie, in: Geschlossene Gesellschaften. Verhandlungen des 38. Kongresses der Deutschen Gesellschaft für Soziologie in Bamberg 2016, hg. v. Stephan Lessenich, 2017 (http://publikationen.soziologie.de/index.php/kongressband_2016/article/view/628).

STEINICKE (2005) Steinicke, Marion, Dichterkrönung und Fiktion. Petrarcas Ritualerfindung als poetischer Selbstentwurf, in: Dies. u. Stefan Weinfurter (Hgg.), Investitur und Krönungsrituale. Herrschaftseinsetzungen im kulturellen Vergleich, Köln 2005, S. 427–446.

STEINRÜCKE (2015) Steinrücke, Margareta, Habitus und soziale Reproduktion in der Theorie Pierre Bourdieus, in: Mark Hillebrand u. a. (Hgg.), Willkürliche Grenzen. Das Werk Pierre Bourdieus in interdisziplinärer Anwendung, Bielefeld 2015, S. 61–72.

STENZEL (1986) Stenzel, Jürgen, Rhetorischer Manichäismus. Vorschläge zu einer Theorie der Polemik, in: Franz J. Worstbrock, u. Helmut Koopmann (Hgg.), Formen und Formgeschichte des Streitens. Der Literaturstreit, Tübingen 1986, S. 3–11.

STEPHAN (1999) Stephan, Achim, Emergenz: von der Unvorhersagbarkeit zur Selbstorganisation, Dresden 1999 (ND Paderborn 2005).

STEPHAN/BECKERMANN (1994) Stephan, Achim u. Beckermann, Ansgar, Emergenz, in: Information Philosophie 22/3 (1994), S. 46–51.

STÖCKLER (1990) Stöckler, Manfred, Emergenz. Bausteine für eine Begriffsexplikation, in: Conceptus 24 (1990), S. 7–24.

STOJENTIN (1908) Stojentin, Max v., Art. Stojentin, Valentin v., in: ADB 54 (1908), S. 546–548.

STOLLBERG-RILINGER (2004) Stollberg-Rilinger, Barbara, Symbolische Kommunikation in der Vormoderne. Begriffe – Forschungsperspektiven – Thesen, in: ZHF 31 (2004), S. 489–527.

STOLLBERG-RILINGER (2013) Stollberg-Rilinger, Barbara, Rituale. Vom vormodernen Europa bis zur Gegenwart, Frankfurt a. M. 2013.

STOLZ (1813) Stolz, Johann J., Ulrich von Hutten gegen Desiderius Erasmus, und Desiderius Erasmus gegen Ulrich von Hutten. Zwey Streitschriften aus dem sechszehnten Jahrhundert. Aus dem Lateinischen übersetzt, mit den nöthigen historischen Notizen versehen und beurtheilt, Aarau 1813.

STRAUSS 1–3 Strauß, David F., Ulrich von Hutten, 3 Bde., Leipzig 1858–1860.

STREITZ (1969) Steitz, Heinrich, Franz von Sickingen und die reformatorische Bewegung, in: Blätter für pfälzische Kirchengeschichte 36 (1969), S. 146–155.

STROH (2000) Stroh, Wilfried, Ciceros erste Rede gegen Catilina, in: Jürgen Leonhard u. Georg Ott (Hgg.), Apocrypha. Entlegene Schriften, Stuttgart 2000, S. 64–78.

STROHSCHNEIDER (2010) Strohschneider, Peter, Dialogischer Agon, in: Klaus W. Hempfer u. Anita Traninger (Hgg.), Der Dialog im Diskursfeld seiner Zeit (Text und Kontext. Romanische Literaturen und Allgemeine Literaturwissenschaft 26), Stuttgart 2010, S. 95–120.

STRUVE (1991) Struve, Tilman, Art. Liber de unitate ecclesiae conservanda, in: LexM 5 (1991), Sp. 1948–1949.

Studt (2001) Studt, Birgit, Die Badenfahrt. Ein neues Muster der Badepraxis und Badegeselligkeit im deutschen Spätmittelalter, in: Michael Matheus (Hg.), Badeorte und Bäderreisen in Antike, Mittelalter und Neuzeit, Stuttgart 2001, S. 33–52.

Stuhlfauth (1921) Stuhlfauth, Georg, Die beiden Holzschnitte der Flugschrift ‚Triumphus Veritatis. Sick der wahrheyt' von Hans Heinrich Freiermut (1524), in: Zeitschrift für Bücherfreunde NF 13 (1921), S. 49–56.

Šubarić (2012) Šubarić, Lav, Iason Maynus orator. The life and Orations of an Italian Law Professor, in: Astrid Steiner-Weber (Hg.), Acta Conventus Neo-Latini Upsaliensis. Proceedings of the Fourteenth International Congress of Neo-Latin Studies (Uppsala 2009), Bd. 2, Leiden 2012, S. 1061–1066.

Suerbaum (1972) Suerbaum, Werner, Poeta laureatus und triumphans. Die Dichterkrönung Petrarcas und sein Ennius-Bild, in: Poetica 5 (1972), S. 293–328.

Sutter (2010) Sutter, Tilmann, Emergenz sozialer Systeme und die Frage des Neuen, in: Hannelore Bublitz u. a. (Hgg.), Automatismen, München 2010, S. 79–98.

Svalduz (2001) Svalduz, Elena, Da castello a città. Carpi e Alberto Pio, Rom 2001.

Tabacchi (2002) Tabacchi, Stefano, Art. Grassi, Achille, in: DBI 58 (2002), S. 591–595.

Targiel (1988) Targiel, Ralf-Rüdiger, Ulrich von Hutten. Mit Feder und Schwert. Katalog zur Ausstellung anläßlich seines 500. Geburtstags 1988, Frankfurt a. d. O. 1988.

Täubrich (1991) Täubrich, Rainer, Herzog Heinrich der Jüngere von Braunschweig-Wolfenbüttel. Leben und Politik bis zum Primogeniturvertrag von 1535 (Quellen und Forschungen zur braunschweigischen Geschichte 29), Braunschweig 1991.

Tewes (1995) Tewes, Götz-Rüdiger, Die Erfurter Nominalisten und ihre thomistischen Widersacher in Köln, Leipzig und Wittenberg. Ein Beitrag zum deutschen Humanismus am Vorabend der Reformation, in: Andreas Speer (Hg.), Die Bibliotheca Amploniana. Ihre Bedeutung im Spannungsfeld von Aristotelismus, Nominalismus und Humanismus (Miscellanea mediaevalia 23), Berlin u. a. 1995, S. 447–488.

Tewes (2013) Tewes, Götz-Rüdiger, Art. Neuenahr (Nuenarius, de Nova Aquila), Hermann Graf von, d. Ä., in: VLHum 2 (2013), Sp. 408–418.

Thomas (2017) Thomas, Christian, Die Schenkung, in: Frankfurter Rundschau, 06.03.2017 [https://www.fr.de/kultur/timesmager/schenkung-11659997.html, letzter Zugriff: 09.08.2021].

THUM (1980) Thum, Bernd, Öffentlich-Machen, Öffentlichkeit, Recht. Zu den Grundlagen und Verfahren der politischen Publizistik im Spätmittelalter (mit Überlegungen zur sog. „Rechtssprache"), in: Zeitschrift für Literaturwissenschaft und Linguistik 37 (1980), S. 12–69.

THUMFART (2002) Thumfart, Alexander, Ulrich von Hutten (1488–1523) und Crotus Rubianus (ca. 1480–1545). Die Verfasser der Dunkelmännerbriefe, in: Dietmar von der Pfordten (Hg.), Große Denker Erfurts und der Erfurter Universität, Göttingen 2002, S. 184–220.

Thumser (2008) Thumser, Matthias, Zehn Thesen zur Edition deutschsprachiger Geschichtsquellen (14.-16. Jahrhundert), in: Janusz Tandecki u. Matthias Thumser (Hgg.), Editionswissenschaftliche Kolloquien 2005/2007. Methodik – Amtsbücher, digitale Edition – Projekte (Publikationen des Deutsch-Polnischen Gesprächskreises für Quellenedition 4), Toruń 2008, S. 13–19.

TODT (2005) Todt, Sabine, Kleruskritik, Frömmigkeit und Kommunikation in Worms im Mittelalter und in der Reformationszeit (Beiträge zur Wirtschafts- und Sozialgeschichte 103), Stuttgart 2005.

TOELLER (1983) Toeller, Monika, Die Buchmesse in Frankfurt am Main vor 1560. Ihre kommunikative Bedeutung in der Frühdruckzeit, München 1983.

TOEPFER (2012) Toepfer, Regina, Kritische Erasmus-Rezeption. Heinrich von Eppendorfs deutsche Übersetzung der Apophtegmata und das Pariser Reformationsspiel von 1524, in: Christoph Galle u. Tobias Sarx (Hgg.), Erasmus-Rezeption im 16. Jahrhundert (Kulturgeschichtliche Beiträge zu Mittelalter und früher Neuzeit), Frankfurt a. M. 2012, S. 109–132.

TOEPFER/KIPF/ROBERT (2017) Toepfer, Regina, Kipf, Klaus u. Robert, Jörg (Hgg.), Humanistische Antikenübersetzung und frühneuzeitliche Poetik in Deutschland (1450–1620) (Frühe Neuzeit 211), Berlin u. Boston 2017.

TRANINGER (2005) Traninger, Anita, Hahnenkampf. Agon und Aggression in akademischen Disputationen der frühen Neuzeit, in: Klaus W. Hempfer (Hg.), Macht, Wissen, Wahrheit. Freiburg i. Br. u. a., 2005, S. 167–181.

TRANINGER (2010) Traninger, Anita, Fiktion, Fakt und Fälschung. Lorenzo Valla, Ulrich von Hutten und die Ambiguität der *declamatio* in der Renaissance, in: Dies. u. Ulrike Schneider (Hgg.), Fiktionen des Faktischen, Stuttgart 2010, S. 165–189.

TRANINGER (2011) Traninger, Anita, Techniken des Agon. Zu Inszenierung, Funktion und Folgen der Konkurrenz von Rhetorik und Dialektik in der Frühen Neuzeit, in: Herbert Jaumann (Hg.), Diskurse der Gelehrtenkultur in der Frühen Neuzeit. Ein Handbuch, Berlin 2011, S. 629–666.

TRANINGER (2012) Traninger, Anita, Disputation, Deklamation, Dialog: Medien und Gattungen europäischer Wissensverhandlungen zwischen Scholastik und Humanismus (Text und Kontext. Romanische Literaturen und Allgemeine Literaturwissenschaft 33), Stuttgart 2012.

TREML (1989) Treml, Christine, Humanistische Gemeinschaftsbildung. Soziokulturelle Untersuchung zur Entstehung eines neuen Gelehrtenstandes in der frühen Neuzeit (Historische Texte und Studien 12), Hildesheim 1989.

TREU (1989) Treu, Martin, Balthasar Fabritius Phacchus – Wittenberger Humanist und Freund Ulrichs von Hutten, in: Archiv für Reformationsgeschichte 80 (1989), S. 68–87.

TREU (1998) Treu, Martin, Johannes Reuchlin, Ulrich von Hutten und die Frage der politischen Gewalt, in: Stefan Rhein (Hg.), Reuchlin und die politischen Kräfte seiner Zeit (Pforzheimer Reuchlinschriften 5), Sigmaringen 1998, S. 133–145.

TRUSEN (1987) Trusen, Winfried, Johannes Reuchlin und die Fakultäten. Voraussetzungen und Hintergründe des Prozesses gegen den ‚Augenspiegel', in: Gundolf Keil (Hg.), Der Humanismus und die oberen Fakultäten (Mitteilung der Kommission für Humanismusforschung 14), Weinheim 1987, S. 115–157.

TSCHOPP (2017) Tschopp, Silvia S., Flugschriften als Leitmedien reformatorischer Öffentlichkeit, in: Helga Schnabel-Schüle (Hg.), Reformation. Historisch-kulturwissenschaftliches Handbuch, Stuttgart 2017, S. 311–330.

UKENA (1972) Ukena, Peter, Marginalien zur Auseinandersetzung zwischen Ulrich von Hutten und Herzog Ulrich von Württemberg, in: Paul Raabe (Hg.), Wolfenbütteler Beiträge. Aus den Schätzen der Herzog August Bibliothek, Bd. 1, Frankfurt a. M. 1972, S. 45–60.

UKENA (1977) Ukena, Peter, Tagesschrifttum und Öffentlichkeit im 16. und 17. Jahrhundert in Deutschland, in: Elger Blühm u. Hartwig Gebhardt (Hgg.), Presse und Geschichte. Beiträge zur historischen Kommunikationsforschung (Studien zur Publizistik. Bremer Reihe 23), München 1977, S. 35–53.

UKENA (1982) Ukena, Peter, Legitimation der Tat. Ulrich von Huttens ‚Neu Lied', in: Volker Meid (Hg.), Gedichte und Interpretationen, Bd. 1, Stuttgart 1982, S. 44–52.

ULMANN (1872) Ulmann, Heinrich, Franz von Sickingen. Nach meistens ungedruckten Quellen, Leipzig 1872.

UNKELBACH (2007) Unkelbach, Christian, Reversing the Truth Effect. Learning the Interpretation of Processing Fluency in Judgments of Truth, in: Journal of Experimental Psychology. Learning memory and cognition 33,1 (2007), S. 219–230.

VEIT (2017) Veit, Jonas D., Repräsentation und Konsens der württembergischen Landschaft. Normative Aspekte der verfahrensmäßigen Verwirklichung von Landesherrschaft im 16. Jahrhundert, Diss. Tübingen 2017.

VELTEN (2017) Velten, Hans R., Scurrilitas. Das Lachen, die Komik und der Körper in Literatur und Kultur des Spätmittelalters und der Frühen Neuzeit, Tübingen 2017.

VERGER (1993) Verger, Jacques, Grundlagen, in: Walter Rüegg (Hg.), Geschichte der Universität in Europa, Bd. 1: Mittelalter, München 1993, S. 49–80.

VIDALI (2017) Vidali, Andrew, Interrelazioni tra pena del bando, faida e aspetti costituzionali: Venezia e la Terraferma, secoli XV–XVI, in: Acta Histriae 25 (2017), S. 261–284.

VISMARA (1900) Vismara, Felice, L'invettiva, arma preferita degli umanisti nelle lotte private, nelle polemiche letterarie, politiche e religiose, Mailand 1900.

VON AMMON (2006) von Ammon, Frieder, „Bevor wir Dich hören, Heiligster." Die Paratextualisierung der päpstlichen Autorität in Ulrich von Huttens Edition der Bulle *Exsurge Domine*, in: Sonderforschungsbereich 573: Pluralisierung und Autorität in der Frühen Neuzeit (15.-17. Jahrhundert). Mitteilungen 1 (2006), S. 31–38.

VON AMMON (2009) von Ammon, Frieder, Plurale Perspektivierungen des Wissens. Zu Formen und Funktionen von Paratexten in enzyklopädischer Literatur und literarischer Enzyklopädik, in: Martin Schierbaum (Hg.), Enzyklopädistik 1550–1650. Typen und Transformationen von Wissensspeichern und Medialisierungen des Wissens (Pluralisierung & Autorität 18), Münster 2009, S. 457–481.

VON AMMON/VÖGEL (2008) von Ammon, Frieder u. Vögel, Herfried (Hgg.), Die Pluralisierung des Paratextes in der Frühen Neuzeit. Theorie, Formen, Funktionen (Pluralisierung & Autorität), Berlin u. Münster 2008.

VON DER PFORTEN (2002) von der Pforten, Dietmar (Hg.), Große Denker Erfurts und der Erfurter Reformation, Göttingen 2002.

VON OERTZEN BECKER (2017) von Oertzen Becker, Doreen, Kurfürst Johann der Beständige und die Reformation (1513–1532). Kirchenpolitik zwischen Friedrich dem Weisen und Johann Friedrich dem Großmütigen, Köln, Weimar u. Wien 2017.

von Trotha (1997) von Trotha, Trutz, Zur Soziologie der Gewalt, in: Ders. (Hg.), Soziologie der Gewalt, Opladen 1997, S. 9–56.

WAGENER (1999) Wagener, Sybil, Feindbilder. Wie kollektiver Haß entsteht, Berlin 1999.

WALSER (1928) Walser, Fritz, Die politische Entwicklung Ulrich von Huttens während der Entscheidungsjahre der Reformation, München u. Berlin 1928.

WALSER-BÜRGLER/SANZOTTA/WULFRAM 1–2 Walser-Bürgler, Isabella, Sanzotta, Valerio u. Wulfram, Hartmut (Hgg.), La tradizione della dedica nel mondo neolatino. Die Tradition der Widmung in der neulateinischen Welt. The Tradition of Dedication in the Neo-Latin World (Humanistica. An International Journal of Early Renaissance Studies 12 [N.S. 6]), Bde. 1–2, Pisa u. Rom 2017–2018.

WALTER (1888) Walter, Leonhard, Die Universität Bologna im Mittelalter, Leipzig 1888.

WALTHER (2015) Walther, Gerrit, Ulrich von Hutten – seine Zeit und seine Beziehungen zu Fulda, in: Jahresgabe der Freunde und Förderer der Hochschul- und Landesbibliothek Fulda e.V., hg. v. Gerrit Walther u. Freunde und Förderer der Hochschul- und Landesbibliothek Fulda, Fulda 2015, S. 1–31.

WARNKE (1984) Warnke, Martin, Cranachs Luther. Entwürfe für ein Image (Fischer Bücherei. Kunststück 3904), Frankfurt a. M. 1984.

WEBER (2002) Weber, Wolfgang E. J., Geschichte der europäischen Universität (Kohlhammer Taschenbücher), Stuttgart 2002.

WEIDHAAS (2004) Weidhaas, Peter, Zur Geschichte der Frankfurter Buchmesse (stb 3538), Frankfurt a. M. 2004.

WEIJERS (2013) Weijers, Olga, In Search of the Truth. A History of Disputation Techniques from Antiquity to Early Modern Times (Studies on the Faculty of Arts History and Influence 1), Turnhout 2013.

WELLNER (1910) Wellner, Leopold, Über die Beeinflußung einiger Reden Ulrichs von Hutten durch Cicero, in: XXIII. Jahresbericht des k. k. Staats-Gymnasiums in Mähr.-Neustadt. Mähr.-Neustadt (1910), S. 5–23.

WENDEHORST (1987) Wendehorst, Alfred, Das Bistum Würzburg: Teil 3. Die Bischofsreihe von 1455–1617, Berlin u. New York 1978.

WENNINGER (1981) Wenninger, Markus J., Man bedarf keiner Juden mehr. Ursachen und Hintergründe ihrer Vertreibung aus den deutschen Reichsstädten im 15. Jahrhundert (Beihefte zum Archiv für Kulturgeschichte 14), Wien, Köln u. Graz 1981.

WERRON (2010) Werron, Tobias, Direkte Konflikte, indirekte Konkurrenzen. Unterscheidung und Vergleich zweier Formen des Kampfes, in: Zeitschrift für Soziologie 39,4 (2010), S. 302–318.

WIEDEMANN (1987) Wiedemann, Konrad, Marquard von Hattstein, in: Contemporaries of Erasmus. A Biographical Register of Renaissance and Reformation, hg. von Peter G. Bietenholz u. Thomas B. Deutscher, 3 Bde., Toronto u. a. 1985–1987.

WIEGAND (1984) Wiegand, Hermann, Hodoeporica. Studien zur neulateinischen Reisedichtung des deutschen Kulturraums im 16. Jahrhundert (Saecvla Spiritalia 12), Baden-Baden 1984.

WILDNER (2019) Wildner, Siegrun, Von Grenzen und Grenzgängern in der deutschsprachigen Südtiroler Literatur, in: Oxford German Studies 48,1 (2019) S. 54–70.

WINTZER (1910) Wintzer, Eduard, Hartmann Ibach von Marburg, einer der ersten Reformationsprediger Hessens, in: ZHG 44 (= NF 34, 1910), S. 115–187.

WIRTH (2004) Wirth, Uwe, Das Vorwort als performative, paratextuelle und parergonale Rahmung, in: Jürgen Fohrmann (Hg.), Rhetorik. Figuration und Performanz, Stuttgart u. Weimar 2004, S. 603–628.

Wirth (2011) Wirth, Uwe, Was zeigt sich, wenn man Literatur zeigt? In: Anne Bohnenkamp u. Sonja Vandenrath (Hgg.), Worträume. Zeichen-Wechsel. Augenpoesie. Zur Theorie und Praxis von Literaturausstellungen, Göttingen 2011, S. 53–64.

Wirth/Paganini (2013) Wirth, Uwe u. Paganini, Julia (Hgg.), Rahmenbrüche, Rahmenwechsel (Wege der Kulturforschung 4), Berlin 2013.

Witt (2002) Witt, Ronald G., Italian Humanism and Medieval Rhetoric, Ashgate 2002.

Witt (2012) Witt, Ronald G., The Two Latin Cultures and the Foundation of Renaissance Humanism in Medieval Italy, Cambridge 2012.

Wohlfeil (1982) Wohlfeil, Rainer, Einführung in die Geschichte der deutschen Reformation. München 1982.

Wohlfeil (1984) Wohlfeil, Rainer, Reformatorische Öffentlichkeit, in: Ludger Grenzmann u. Karl Stackmann (Hg.), Literatur und Laienbildung im Spätmittelalter und in der Reformationszeit, Göttingen 1984, S. 41–52.

Wohlfeil (1993) Wohlfeil, Rainer, Die Juden in der zeitgenössischen bildlichen Darstellung, in: Arno Herzig u. Julius H. Schoeps (Hgg.), Reuchlin und die Juden (Pforzheimer Reuchlinschriften 3), Sigmaringen 1993, S. 21–35.

Wolkenhauer (2002) Wolkenhauer, Anja, Zu schwer für Apoll. Die Antike in humanistischen Druckerzeichen des 16. Jahrhunderts (Wolfenbütteler Schriften zur Geschichte des Buchwesens 35), Wiesbaden 2002.

Worstbrock (1983) Worstbrock, Franz J. (Hg.), Der Brief im Zeitalter der Renaissance (Mitteilungen der DFG-Kommission für Humanismusforschung 9), Weinheim 1983.

Worstbrock (2001) Worstbrock, Franz J., Rez. zu Johannes Reuchlin, Briefwechsel. Bd. 1: 1477–1505, hg. v. Matthias Dall'Asta u. Gerald Dörner, Stuttgart u. Bad Cannstatt 1999, in: Zeitschrift für deutsches Altertum 130 (2001), S. 236–242.

Worstbrock (2013a) Worstbrock, Franz J., Art. Murner, Thomas, in: VLHum 2 (2013), Sp. 299–368.

Worstbrock (2013b) Worstbrock, Franz J., Art. Vigilantius, Publius, in: VLHum 2 (2013), Sp. 1245–1254.

Worstbrock (2015) Worstbrock, Franz J., Art. Peutinger, Konrad, in: VL 3 (2015), Sp. 1–32.

Wulfert (2009) Wulfert, Heiko, Die Kritik an Papsttum und Kurie bei Ulrich von Hutten (1488–1523) (Rostocker Theologische Studien 21), Berlin 2009.

Zaninetta (2013) Zaninetta, Paolo, Il potere raffigurato. Simbolo, mito e propaganda nell'ascesa della signoria viscontea, Mailand 2013.

Zappert (1859) Zappert, Georg, Über das Badewesen in mittelalterlicher und späterer Zeit, in: Archiv für Kunde österreichischer Geschichtsquellen 21 (1859), S. 3–167.

ZICK (2017) Zick, Andreas, Sozialpsychologische Diskriminierungsforschung, in: Albert Scherr, Aladin El-Mafaalani u. Gökçen Yüksel (Hgg.), Handbuch Diskriminierung, Wiesbaden 2017, S. 61.

ZIEGLER (1983) Ziegler, Peter, Ulrich von Hutten (1488–1523), in: Ders. u. Ulrich Gut (Hgg.), Ufnau die Klosterinsel im Zürichsee, Stäfa a. Zürichsee ^{4}1983, S. 137–144.

ZIELINSKI (1967) Zielinski, Thaddäus, Cicero im Wandel der Jahrhunderte, Darmstadt ^{5}1967.

ZILLIEN (2009) Zillien, Nicole, Die (Wieder-)Entdeckung der Medien. Das Affordanzkonzept in der Mediensoziologie, in: Sociologia Internationalis. Internationale Zeitschrift für Soziologie, Kommunikations- und Kulturforschung 2 (2009), S. 161–181.

ZILLIEN (2019) Zillien, Nicole, Affordanz, in: Kevin Liggieri u. Oliver Müller (Hgg.), Mensch-Maschine-Interaktion. Handbuch zu Geschichte – Kultur – Ethik, Berlin 2019, S. 226–228.

ZIMMERMANN (1992) Zimmermann, Erich, Ulrichs von Hutten literarische Fehde gegen Herzog Ulrich von Württemberg, Diss. Greifswald 1922.

ZMORA (2011a) Zmora, Hillay, Nemici intimi: autorità principesche, faide nobiliari e condizioni della pace nella Germania del tardo medioevo, in: Paolo Briggio u. Maria P. Paoli (Hgg.), Stringere la pace: teorie e pratiche della conciliazione nell'Europa moderna (secoli XV–XVIII) (Studi e ricerche. Università degli Studi Roma Tre, Dipartimento di Studi Storici, Geografici, Antropologici 24), Rom 2011, S. 309–332.

ZMORA (2011b) Zmora, Hillay, The Feud in Early Modern Germany, Cambridge 2011.

ZMORA (2012) Zmora, Hillay, Ruf, Vertrauen, Kommunikation: Fehde und adlige Identität in Franken im Spätmittelalter, in: Joachim Schneider (Hg.), Kommunikationsnetze des Ritteradels im Reich um 1500 (Geschichtliche Landeskunde 69), Stuttgart 2012, S. 147–160.

ZMORA (2013) Zmora, Hillay, *Nam und Stamm*: Adel, Fortpflanzungserfolg und Zunahme der Fehden am Ende des 15. Jahrhunderts, in: Christine Reinle, Julia Eulenstein u. Michael Rothmann (Hgg.), Fehdeführung im spätmittelalterlichen Reich. Zwischen adliger Handlungslogik und territorialer Verdichtung (Studien und Texte zur Geistes- und Sozialgeschichte des Mittelalters 7), Affalterbach 2013, S. 284–301.

ZOTZ (1999) Zotz, Thomas, Von Hof zu Hof. Grenzerfahrungen mittelalterlicher Gesandtschaften, in: Monika Fludernik u. Hans-Joachim Gehrke (Hgg.), Grenzgänger zwischen Kulturen (Identitäten und Alteritäten 1), Würzburg 1999, S. 251–263.

ZUNKEL (2004) Zunkel, Friedrich, Art. Ehre, Reputation, in: Geschichtliche Grundbegriffe 2 (2004) S. 1–63.

ZWAHR (1999) Zwahr, Hartmut (Hg.), Leipzigs Messen 1497–1997: Gestaltwandel – Umbrüche – Neubeginn, 2 Bde., Köln, Weimar u. Wien 1999.

2.2 Lexika, Übersetzungen und Hilfsmittel

BINDER (1964)	Binder, Wilhelm (Hg.), Briefe der Dunkelmänner. Vollständige Ausgabe. Übersetzt von Wilhelm Binder [1904]. Revidiert, mit Anmerkungen und Nachwort versehen von Peter Amelung, München 1964.
DALL'ASTA (2011)	Dall'Asta, Matthias (Hg.), Johannes Reuchlin. Briefwechsel 4: 1518–1522. Leseausgabe in deutscher Übersetzung von Georg Burkard, Stuttgart u. Bad Cannstatt 2011
GEMOLL (1991)	Gemoll, Wilhelm, Griechisch-deutsches Schul- und Handwörterbuch. Durchges. und erw. von Karl Vretska. Mit einer Einführung in die Sprachgeschichte von Heinz Kronasser, München 1991
GEORGES 1–2	Karl E. Georges, Ausführliches lateinisch-deutsches Handwörterbuch, Hannover ^{8}1918 (ND Darmstadt 1998).
KORENJAK (2019)	Korenjak, Martin (Hg.), Neulatein. Eine Textsammlung (Reclams Universal-Bibliothek 19610), Ditzingen 2019.
KRAPINGER (1999)	Aristoteles, Rhetorik. Übersetzt und herausgegeben von Gernot Krapinger (Reclams Universal-Bibliothek 18006), Stuttgart 1999.
KRISTELLER 1–6	Kristeller, Paul O., Iter Italicum. A Finding List of Uncatalogued or Incompletely Catalogued Humanistic Manuscripts of the Renaissance in Italian and other Libraries, 6 Bde., London 1963-1993.
KÜHLMANN (1997)	Kühlmann, Wilhelm u. a. (Hgg.), Humanistische Lyrik des 16. Jahrhunderts. Lateinisch–deutsch. Ausgewählt, übersetzt, erläutert und herausgegeben (Bibliothek deutscher Klassiker 146. Bibliothek der Frühen Neuzeit 1/5), Frankfurt a. M. 1997.
MOHNIKE (1816)	Mohnike, Georg F., In Wedegum Loetz et filium eius Henningum querelarum libri duo. Ulrich Hutten's Klagen gegen Wedeg Loetz und dessen Sohn Henning zwei Bücher, Greifswald 1816.
MÜNCH 1–6	Münch, Ernst H., Des teutschen Ritters Ulrich von Hutten sämmtliche Werke, 6 Bde., Berlin u. Leipzig 1821–1827.
OLDFATHER 4	Diodorus Siculus, Diodorus of Sicily in Twelve Volumes with an English Translation by Charles H. Oldfather, Bd. 4, Cambridge u. London 1989.
RIHA (1991)	Riha, Karl (Hg.), Dunkelmännerbriefe an Magister Ortuin Gratius aus Deventer = Epistolae obscurorum virorum, Frankfurt a. M. 1991.
RUBENBAUER/ HOFMANN (1995)	Rubenbauer, Hans u. Hofmann, Johann B., Lateinische Grammatik, neubearbeitet von Rolf Heine, Bamberg u. München ^{12}1995.
SCHNUR (1981)	Johannes Reuchlin, Henno. Komödie, lat.-dt., hg. v. Harry C. Schnur, Stuttgart 1981.
VL 1–14	Stammler, Wolfgang u. a. (Hgg.), Die deutsche Literatur des Mittelalters. Verfasserlexikon, 14 Bde., Berlin 1978-2008.

VLHum 1–3	Worstbrock, Franz J. (Hg.), Deutscher Humanismus 1480–1520. Verfasserlexikon, 3 Bde., Berlin u. a. 2008–2015.
Wander (1870)	Wander, Karl F. W. (Hg.), Deutsches Sprichwörter-Lexikon, Bd. 2, Leipzig 1870.

Orts-, Personen- u. Werkregister

(bearbeitet von Marius KRAUS)

Aufgenommen sind geographische Orts- sowie Personennamen und Namen von Personengruppen; Werktitel werden unter dem Autor angeführt, anonyme Werke unter ihrem Namen. Fürsten, Grafen, Künstler mit Herkunftsbenennung wurden unter ihrem Vornamen verzeichnet. Bischöfe, Päpste und Könige sind mit der entsprechenden Ordnungszahl sowie mit Sterbejahr eingefügt. Das Register nennt dagegen keine Namen moderner Personen oder Sachen. Die Seitenangaben zu Ulrich von Hutten selbst bzw. zu Hutten als Familienname wurden nicht gesondert verzeichnet. Huttens Werke werden der Übersichtlichkeit wegen dennoch unter seinem Namen angeführt. Begriffsapplikationen und Sachlemmata sind ebenfalls ausgeklammert bzw. unter dem Hauptbegriff zusammengefasst. Personen einer bestimmten Provenienz werden bspw. unter dem Ländernamen subsumiert (Italiener/Italienisch → Italien). Steht ein Begriff sowohl im Fließtext, als auch in den Fußnoten, so wird nicht gesondert auf die Fußnotennennung hingewiesen.

Abkürzungen: bay. = bayerisch, bibl. = biblisch, Bf. = Bischof, Bt. = Bistum, byz. = byzantinisch, Chr. = Christus, dt. = deutsch, Ebf. = Erzbischof, Ebt. = Erzbistum, Fam. = Familie, fläm. = flämisch, franz. = französisch, frk. = fränkisch, Gem. = Gemahl, Gemahlin, gest. = gestorben, Gf. = Graf, Gft. = Grafschaft, gr. = griechisch, Hl. = Heilig(e)r, Hft. = Herrschaft, Hzg. = Herzog, Hzg.in = Herzogin, Hzgt. = Herzogtum, it. = italienisch, Jh. = Jahrhundert, Kard. = Kardinal, Kf. = Kurfürst, Kg. = König, Kl. = Kloster, Ks. = Kaiser, lat. = lateinisch, Mgf. = Markgraf, Mgft. = Markgrafschaft, Myth. = Mythologie, n. = nach, ndl. = niederländisch, päpstl. = päpstlich, pom. = pommerisch, röm. = römisch, sorb. = sorbisch, Übs. = Übersetzung, u. = und, unb. = unbekannt, v. = von, ven. = venezianisch

A

Aachen 251 (Anm. 351), 305, 370
Accius Nebius, Pseudonym → Huttens, Ulrich v. d. J. 235
Accursio, Mariangelo, it. Humanist (gest. 1546) 245
Achille de' Grassi, Kard. (gest. 1523) 250
,Acta Doctorum Parrhisiensium' (1514) 221
Admetus, Kg. v. Pherai i. → Thessalien (gr. Myth.) 85 (Anm. 45)
Aesticampianus, Rhagius (*Johannes Rak*), sorb. Humanist u. Theologe (gest. 1520) 53, 79–80, 213–214
Agricola, Johannes (*Bauer*), Reformator (gest. 1566) 131–132
Agrippa v. Nettesheim, Gelehrter (gest. 1535) 136 (Anm. 334), 353

Akkon 243 (Anm. 310)
Alber(us), Erasmus, Theologe (gest. 1553) 288
– ,Ivdicium' 288, 292
Alberto Pio de Carpi, it. Humanist (gest. 1531) 369
Albrecht v. Brandenburg, Mgf. v. Brandenburg, Ebf u. Kf. v. Mainz (gest. 1545) 43–44, 58, 106, 108 (Anm. 179), 156, 202, 229 (Anm. 230), 244, 261, 264, 268–272, 279, 302 (Anm. 16), 305, 310, 333, 347, 354, 365, 367
Alciato, Andrea, it. Humanist u. Jurist (gest. 1550) 105–106
Alcibiades, Schüler d. → Sokrates 262

Aleander, Hieronymus, it. Humanist u. Kard. (gest. 1542) 44, 135–136, 155–156, 163–165, 173, 276, 301–311, 353–354, 365–370, 373–379, 381–386, 400 (Anm. 31)
Alexander d. Große, gr. Heerführer u. Kg. v. Makedonien (gest. 323 v. Chr.) 335 (Anm. 168)
Alexander v. d. Osten → Osten, v. d. Alexander
Alexander VI., Papst (gest. 1503) 369
Alexandria 325
Alpen 19, 41–42, 45, 47–49, 53–54, 56–57, 60–65, 79, 210, 333 (Anm. 160), 370 (Anm. 361), 404
Amalteo, Paulo (*Cornelius Paulus Amaltheus*), it. Minorit u. Gelehrter (gest. 1517) 368
Ambrosius v. Mailand, Bf. (gest. 397) 54
Amerbach, Bonifacius, Drucker u. Humanist (gest. 1562) 214 (Anm. 138), 306 (Anm. 41), 344
Amerbach, Johannes, Drucker u. Humanist (gest. 1513) 198, 291
Amerbach, Peter, Drucker u. Humanist 215
Ammianus Marcellinus, röm. Historiker (gest. um 395) 46 (Anm. 185)
Amphrysos, Küstenfluss i. → Thessalien 85 (Anm. 45)
Andreas Karlstadt v. Bodenstein, Theologe (gest. 1543) 139 (Anm. 352), 240, 297
Äneas, Sohn d. Aphrodite u. Gründungsvater Roms (gr. Myth.) 317
Angst, Wolfgang, Drucker u. Korrektor b. → Gran, Heinrich 214 (Anm. 137)
Anshelm, Thomas, Drucker (gest. um 1522) 213–214, 234
Antwerpen 224 (Anm. 199), 266
Aphtonios v. Antiochia, gr. Rhetoriker (4. Jh.) 62 (Anm. 264)
Apoll, Sohn d. Zeus (gr. Myth.) 84–85, 102, 317
Apuleius, Rhetoriker u. Philosoph (gest. nach 170) 62 (Anm. 262)
Apulien 243 (Anm. 310)
Archilochus, gr. Dichter (gest. um 645 v. Chr.) 102–103
Aristophanes, gr. Dichter (gest. um 380 v. Chr.) 59, 321
Aristoteles, gr. Philosoph (gest. 322 v. Chr.) 52 (Anm. 207), 56 (Anm. 227), 62 (Anm. 264), 70 (Anm. 322), 217 (Anm. 159), 220, 401
– ‚Alexander-Rhetorik' 62 (Anm. 264)

– ‚Rhetorik' 62 (Anm. 264), 70 (Anm. 322)
Arminius, Cheruskerfürst (gest. um 21 n. Chr.) 335, 401
Armstorff, Paul v., Diplomat u. kaiserlicher Kämmerer v. → Karl V. (gest. 1521) 163–164, 311 (Anm. 72)
Arnold v. Tongern, Theologe (gest. 1540) 211 (Anm. 113), 215–216, 238, 252, 286
Asclepius, Nikolaus (Barbatus), Jurist u. Philosoph (gest. 1571) 120, 131, 134 (Anm. 321)
Augsburg 44, 60, 62, 80 (Anm. 10), 116–117, 124–126, 129, 183, 194 (Anm. 7), 195 (Anm. 14), 213 (Anm. 134), 224 (Anm. 197 u. 199), 233, 236, 251, 254, 269 (Anm. 443), 290–291, 305, 312, 328 (Anm. 146), 334, 338, 384, 391
Augustin v. Alveldt, Franziskaner u. Theologe (gest. um 1535) 240 (Anm. 296)
Augustiner 158, 227, 273
Augustinus v. Hippo, röm. Bf. u. Kirchenlehrer (gest. 430) 240
Aurispa, Giovanni, it. Humanist (gest. 1459) 335 (Anm. 168)
Aventinus, Johannes, dt. Historiker (gest. 1534) 51 (Anm. 206)

B
Bad Ems 107, 119
Bad Hersfeld, Kl. 335, 347
Bamberg 59, 107, 114 (Anm. 211), 195 (Anm. 14), 201, 263, 372
Barletta, Hafenstadt i. → Apulien 243 (Anm. 310)
Barzizza, Gasparino, it. Humanist (gest. um 1431) 56 (Anm. 227)
Basel 46 (Anm. 185), 48, 52 (Anm. 208), 158, 177, 213–215, 224 (Anm. 197 u. 199), 227, 260–263, 271, 273–276, 279, 282, 295, 306 (Anm. 41), 343
‚Batrachomyomachia' (‚Froschmäusekrieg') 322, 328
Bayern, Hzgt. 108 (Anm. 179), 195 (Anm. 14)
Beckmann, Otto, Theologe (gest. 1540) 291
Benediktiner 79, 136–137, 153, 251 (Anm. 352)
Benigno Salviati, Giorgio, Titular-Ebf. v. → Nazareth (gest. 1520) 243–245, 249 (Anm. 342)
– ‚Defensio praestantissimi viri Ioannis Reuchlin' (1517) 244–245
Berchmann, Johannes, Jurist (gest. 1517) 85, 95

Berlin 224 (Anm. 199), 233
Bern 296
Bernhard v. Adelmann v. Adelmannsfelden, Humanist (gest. 1523) 344
Bernhard v. Hutten, Oberamtmann zu Königshofen (gest. 1539) 353
Beroaldo d. J., Filippo, it. Gelehrter (gest. 1518) 335
Berselius, Paschasius, Benediktiner u. Freund d. Erasmus v. Rotterdam (gest. 1535) 251
Blaubeuren 117
Böblingen 107
Bock, Hans, Bürgermeister v. → Straßburg 145
Böcklin, Klaus, Ritter 149–150
Bogislaw X., pom. Hzg. (gest. 1523) 82 (Anm. 21), 87, 95–96
Böhmen 105
Bologna 46 (Anm. 183), 47, 54–60, 84 (Anm. 33), 106–107, 201, 215, 226, 253, 267 (Anm. 436), 320, 325, 334, 341
Bonn 65 (Anm. 285), 224 (Anm. 197)
Boötien 91 (Anm. 78)
Boppard i. Triergau 350–351
Boßler, Ulrich, Humanist aus Haßfurt 297–298
– ‚Dialogus oder gesprech des apostolicums Angelica und anderer specerei' (1521) 297–298
Brabant 228
Bracciolini, Poggio, it. Humanist (gest. 1459) 19, 291
Brant, Sebastian, Jurist u. Humanist (gest. 1521) 214 (Anm. 435), 232 (Anm. 249), 250–251, 254 (Anm. 369)
Bremen 224 (Anm. 199)
Breslau 224 (Anm. 199)
Breuning, Hans, unb. Autor 141
– ‚Reiterlied' 141–142
Breuning, Konrad, Tübinger Vogt (gest. 1517) 117 (Anm. 238)
Bricot, Thomas, franz. Theologe 207 (Anm. 159)
Brunfels, Otto, Humanist (gest. 1534) 144–145, 282, 286–287, 292, 294
– ‚Responsio' (1524) 282, 286–287, 294
Bruni, Leonardo, it. Humanist u. Politiker (gest. 1444) 56 (Anm. 227)
– ‚Epistolae familiares' 56 (Anm. 227)
Brüssel 228, 270, 305, 350, 352–353
Bucer, Martin, Reformator (gest. 1551) 161, 164 (Anm. 470), 188 (Anm. 595), 303 (Anm. 18), 311 (Anm. 72), 367

Budé, Guillaume (*William Budaeus*), franz. Humanist u. Jurist (gest. 1540) 264
Bullicame, it. Ortschaft b. → Viterbo 58, 320
Burer, Albert, Schüler d. → Beatus Rhenanus 344

C

Caesarius, Johannes, Humanist u. Arzt (gest. 1550) 266–267, 308 (Anm. 54)
Cajetan, Thomas, Kard. u. päpstl. Berater (gest. 1534) 157, 333–334, 370
Camerarius, Joachim, Humanist (gest. 1547) 99 (Anm. 125), 367 (Anm. 341), 395–396
Campeggio, Lorenzo, it. Kard. (gest. 1539) 265, 369–370
Capito, Wolfgang (*Koepfel*), Reformator (gest. 1541) 136, 156 (Anm. 438), 304, 308
Caracciolo, Marino, Kard. u. Diplomat v. → Karl V. (gest. 1538) 135, 305, 308, 310, 365–366, 368–370, 373–375, 378–385
Carafa, Oliviere, Kard. u. Ebf. v. Neapel (gest. 1511) 340
Cäsar, Julius, röm. Politiker (gest. 44 v. Chr.) 127, 379
Casulano, Marcantonio, Notar d. päpstl. Nuntiatur 307
Catilina, Lucius Sergius, röm. Politiker (gest. 62 v. Chr.) 43, 371, 375–379, 384
Cato d. Ä., röm. Politiker (gest. 149 v. Chr.) 285, 272
Catull, röm. Dichter (1. Jh.) 62 (Anm. 262), 91 (Anm. 79)
Celtis, Konrad, Humanist (gest. 1508) 79, 91, 105, 124 (Anm. 274), 213 (Anm. 126 u. 132), 216, 290 (Anm. 573), 305 (Anm. 34), 335
Charon, Fährmann d. Unterwelt (gr. Myth.) 121–123, 334, 370 (Anm. 360), 394
Chieregati, Francesco, pästl. Nuntius (gest. 1539) 157
Christoph II. Bonn v. Wachenheim, Adeliger 136
Cicero, Marcus Tullius, röm. Politiker u. Schriftsteller (gest. 43 v. Chr.) 35, 43, 46 (Anm. 183 u. 185), 48, 56 (Anm. 227), 62, 78, 94, 111, 120, 124–125, 130, 176 (Anm. 538), 289, 365, 367–368, 371–373, 375–384, 400
– ‚Brutus' 62 (Anm. 264)
– ‚De Amicitia' 289 (Anm. 572)

543

- ‚De Inventione' 62 (Anm. 264)
- ‚De Oratore' 62 (Anm. 264)
- ‚Orator' 62 (Anm. 264)

Claudia, Hl. 325
Clemens VII., Papst (gest. 1534) 163, 174 (Anm. 528), 369
Cochlaeus, Johannes (*J. Dobeneck*), Humanist u. Theologe (gest. 1552) 59, 226, 253, 341–342, 353
Coloniensis, Bartholomäus, Humanist (gest. 1516) 246
‚Coryciana' (1524) 58, 312–313
Cottbus 213 (Anm. 131)
Cratander, Andreas (*A. Hartmann*), Drucker (gest. 1540) 343–344
Crocus, Richard (*Croke*), Humanist aus → England (gest. 1558) 201, 213 (Anm. 129), 215, 226–227
Crotus Rubeanus (*Johannes Jäger*), Humanist u. Theologe (gest. um 1545) 53–54, 96–100, 105, 107 (Anm. 168), 162, 201, 206 (Anm. 75), 213 (Anm. 130), 216–217, 219, 232, 242, 261, 290, 318, 353, 395
Cuspinian, Johannes, Humanist (gest. 1529) 231 (Anm. 126), 246, 249 (Anm. 342)

D

‚De Elocutione', Rhetoriklehrwerk 62 (Anm. 264)
Delicianus, Andreas → Probst, Andreas
Demeter, Schwester d. Zeus (gr. Myth.) 102 (Anm. 140)
Demokrit, gr. Philosoph (gest. um 370 v. Chr.) 211 (Anm. 110)
Despauterius, Johannes (*Jan de Spauter*), fläm. Humanist (gest. 1520) 51 (Anm. 206)
Diemerstein, Burg i. d. Pfalz 135–136, 161 (Anm. 462)
Dietrich Speth v. Zwiefalten (gest. 1536) 108–109, 113–114, 117–118
Diodorus Siculus, gr. Historiker (1. Jh. v. Chr.) 133 (Anm. 319)
Dionysios v. Halikarnassos, gr. Rhetoriker u. Historiker (gest. um 8 n. Chr.) 62 (Anm. 264)
Dominikaner 146–149, 151, 153–158, 160, 169, 177, 179, 194, 200–201, 215–217, 220–221, 223–225, 227–228, 232, 238, 240 (Anm. 296), 245, 251–253, 256, 266, 272 (Anm. 466), 296, 299, 365, 367

Donatus, Aelius, röm. Grammatiker u. Rhetoriker (gest. um 380) 51 (Anm. 206), 95 (Anm. 102)
Donauwörth 361
Drach, Johannes (*Draco*), Humanist u. Reformator (gest. 1566) 99 (Anm. 125)
Dresden 17

E

Eberbach, Peter, Humanist u. Jurist (gest. 1531) 54, 57, 99, 105, 213 (Anm. 130)
Eberhard v. Kleve, Dominikanerprovinzial 154, 156, 169, 256
Ebernburg, Burg d. → Franz v. Sickingen 154, 156, 161, 164–166, 177, 224–225, 271–272, 303–304, 308, 310–311, 336 (Anm. 178), 354, 364, 366, 376
Eck, Johannes, Theologe (gest. 1543) 59, 174 (Anm. 528), 293 (Anm. 296), 301 (Anm. 3), 353
Eck, Leonhard v., bay. Politiker (gest. 1550) 174 (Anm. 528)
Eichstätt 134 (Anm. 323), 170
Eitelwolf v. Stein (*Hololycus de Lapide*), Humanist (gest. 1515) 106, 201, 261
Eleutherius Byzenus, Pseudonym → Huttens, Ulrich v. d. J. 235
Elsass 136–138, 149–151, 153, 159, 161, 209, 273
Emser, Hieronymus, Theologe (gest. 1527) 239 (Anm. 296)
Engelbrecht, Philipp, Humanist (gest. 1528) 104, (Anm. 145), 212
England 210, 213 (Anm. 129), 226–227, 260–262, 264, 315
Ephesus 211 (Anm. 110)
‚Epistolae obscurorum virorum' → Ulrich v. Hutten d. J.
Eppendorf, Heinrich, Humanist (gest. n. 1551) 177–178, 273, 275–276, 282, 292–293
Erasmus v. Rotterdam, ndl. Humanist (gest. 1536) 41, 58, 77, 97, 99 (Anm. 125), 106, 141, 158, 167–168, 177–178, 193, 201, 208, 210, 214–215, 227–228, 232–233, 235, 244, 249, 251 (Anm. 352), 256–297, 299–300, 306 (Anm. 42), 315–316, 320, 345, 350, 361, 394 (Anm. 5), 400
- ‚Adagia' (1500) 263
- ‚Catalogus omnium Erasmi Lucubrationem' 260, 275, 288
- ‚Colloquia (1519) 296
- ‚Lob der Torheit' (‚Laus stultitiae')

(1511) 263, 315
- ‚Spongia' (‚Der Schwamm') (1524) 158, 270, 273, 276, 282–288, 292–294
Erfurt 48 (Anm. 197), 53, 62, 90 (Anm. 70), 97, 99, 181, 197–198, 200, 209, 213, 215–216, 224 (Anm. 197 u. 199), 318, 329, 340
Erzgebirge 213
Eschenfelder, Christoph, Humanist u. Zollbeamter aus → Boppard (gest. 1547) 350
Euryale, Gorgone u. Tochter des → Phorkus 203 (Anm. 61)

F

Fabri, Johannes, Dominikaner (gest. 1558) 59, 240 (Anm. 296)
Fabri, Nicolaus, Humanist (gest. um 1534) 214 (Anm. 140)
Facio, Bartolomeo, it. Humanist (gest. 1457) 19
Ferdinand I., Erzhzg. v. Österreich u. späterer Ks. (gest. 1564) 119, 151 (Anm. 416), 157, 270, 347, 349–350, 353
Ferrara 48 (Anm. 194), 55, 59, 263, 342
Filelfo, Francesco, it. Humanist (gest. 1481) 56 (Anm. 227)
- ‚Pulchrum epistolare' 56 (Anm. 227)
Filelfo, Gian Mario, it. Humanist (gest. 1480) 19
Fischer, Friedrich, Humanist u. Jurist (gest. v. 1529) 59, 342
Flandern 370
Franck, Sebastian, Theologe u. Drucker (gest. 1542) 361
Franken 134 (Anm. 322), 213, 233, 261, 273, 282
Frankfurt a. M. 143–146, 152–154, 169, 183, 196–197, 214, 216, 224 (Anm. 197 u. 199), 238, 246, 256 (Anm. 377), 261–262, 305
Frankfurt a. O. 49 (Anm. 197), 53, 79, 81, 86–87, 105 (Anm. 145), 213, 224 (Anm. 197 u. 199), 328
Frankreich 61 (Anm. 260), 74 (Anm. 351), 120, 135, 210, 236, 246, 253, 267, 294 (Anm. 597), 312, 314–315, 317, 319–324, 331–332, 339–340, 369, 403
Franz I., Kg. v. Frankreich (gest. 1547) 331
Franz v. Assisi, Hl. (gest. 1226) 222
Franz v. Sickingen, Reichsritter (gest. 1523) 44, 111–112, 118 (Anm. 248), 135, 137, 145, 149–150, 152–156, 158, 160–162, 164–170, 174 (Anm. 528), 176, 190–191, 224–226, 270–272, 281, 306 (Anm. 41), 308, 310–311, 354, 361, 366
Franziskaner 136 (Anm. 438), 164 (Anm. 470), 214, 222, 227, 240 (Anm. 296), 244 (Anm. 311), 311 (Anm. 72)
Freiberg 213 (Anm. 131)
Freiburg i. Br. 52, (Anm. 208), 138, 214, 224 (Anm. 197)
Freiermut, Hans Heinrich, Pseudonym 239
- ‚Triumphus veritatis' 239–241, 338, 394
Freising, Bt. 173
Friedrich II. v. Sachsen, Kf. (gest. 1525) 165 (Anm. 472), 302 (Anm. 16), 306, 308, 311
Friedrich II., Pfalzgf. u. Kf. (gest. 1556) 114
Friedrich III., Ks. (gest. 1493) 40 (Anm. 150), 99 (Anm. 125), 125 (Anm. 282)
Froben, Johannes, Drucker (gest. 1527) 214–215, 275, 286 (Anm. 547)
Frowin v. Hutten, kurmainzischer Hofmeister u. Rat Ks. Maximilians I. (gest. 1528) 43, 59, 106, 261, 342
Fuchs (v. Wallburg), Jakob, Bamberger Domdekan u. Reisegefährte Huttens (gest. um 1539) 59, 107, 201
Fulda, Kl. 41, 52–53, 57 (Anm. 253), 67, 79, 82 (Anm. 16), 105, 170, 347, 349, 351, 395
Fürstenberg(er), Philipp, Patrizier u. Bürgermeister aus → Frankfurt a. M. (gest. 1540) 143, 152, 353
Füssen 197

G

Gallus (Rubiacensis), Jodocus (*Jost Hahn*), Humanist (gest. 1517) 232 (Anm. 250)
Gebweiler, Hieronymus, Humanist (gest. 1540) 276
Gellius, Aulus, lat. Grammatiker (2. Jh.) 56 (Anm. 227)
Georg v. Speyer, Bf. (gest. 1529) 173 (Anm. 526), 235
Gérard de Plaines, Seigneur de la Roche, Botschafter v. → Margarete v. Österreich bei → Heinrich VIII. (gest. 1524) 292
Gerbel, Nikolaus, Humanist (gest. 1560) 140, 214–215
Gerster, Johann, Stadtschreiber in → Basel 158
Giasone de Mayno (*G. del Maino*), it. Jurist (gest. 1519) 56, 105

Giltzheim, Rembert, Mediziner (gest. 1532) 85
Giovanni Pico della Mirandola, it. Philosoph (gest. 1494) 297
Glapion, Johannes (*Jean*), Beichtvater v. → Karl V. (gest. 1522) 164 (Anm. 470), 252, 276, 311 (Anm. 72)
Glarean, Heinrich, Humanist (gest. 1563) 214 (Anm. 139), 227
Goclenius, Konrad, Humanist (gest. 1539) 292
Goritz, Johannes (*Corycius*), Kurialjurist (gest. 1527) 58, 320
Gotha 99 (Anm. 125), 215
Gran, Heinrich, Drucker (gest. 1527) 209, 214 (Anm. 137)
Gratius, Ortwin (*von Graes*), Humanist u. Theologe (gest. 1543) 86, 91, 200, 206–208, 211, 214, 217–232, 238, 242–243, 246–248, 252, 254, 268, 343, 396
– ‚Lamentationes obscurorum virorum' (1518) 208, 229–232, 246
‚Gravamina' (*Gravamina nationis germanicae*) 333, 336, 346, 366, 401
Gregor VII. (*Hildebrand*), Papst (gest. 1085) 347
Greifswald 43, 49 (Anm. 197), 53–54, 79, 82–85, 87, 93, 213
Griechenland 102 (Anm. 140), 222, 250 (Anm. 346), 317, 326, 350
Grimani, Domenico, Humanist, u. Kard. (gest. 1523) 262
Gröning, Martin, Jurist (gest. 1521) 244
Guarini, Guarino → Guarino da Verona
Guarino da Verona (*G. Veronese*), it. Humanist (gest. 1460) 48 (Anm. 194), 56 (Anm. 227)

H
Habsburg, Dynastie 48 (Anm. 197), 108 (Anm. 179), 119, 270, 348
Hadrian VI., Papst (gest. 1523) 157, 252–253, 276, 313, 370
Hagenau 209, 214, 234, 350 (Anm. 252)
Halberstadt 217
Halle a. d. S. 202–204, 224 (Anm. 199), 246, 333
Hannibal, karthagischer Heerführer (gest. 183 v. Chr.) 334–335
Hans Landschad v. Steinach, Ritter 174 (Anm. 528)
Hans v. d. Planitz, Jurist (gest. 1535) 174 (Anm. 528)
Hans v. Hutten, Stallmeister v. → Hz. Ulrich v. Württemberg (gest. 1515) 107, 109–110, 112–116, 124, 180
Harlem, Egbert, Rektor d. Universität Rostock 85–86, 95–96
Hartlieb, Jakob, Schriftsteller (gest. 1504) 232 (Anm. 250)
Hartmut XII. von Cronberg, Ritter (gest. 1549) 143, 168–169
Hasenberg(ius), Johann, Theologe (gest. 1551) 394
Haßfurt 297
Heidelberg 47 (Anm. 191), 48 (Anm. 197), 175 (Anm. 528), 177, 197–198, 221, 224, 386
Heiliges Land → Palästina
Heinrich II. v. Braunschweig–Wolfenbüttel, Hzg. (gest. 1568) 109
Heinrich IV., Ks. (gest. 1106) 347–349
Heinrich VII., Ks. (gest. 1313) 253
Heinrich VIII., engl. Kg. (gest. 1547) 264, 292
Heraklit v. Ephesos, gr. Philosoph (gest. um 460 v. Chr.) 211
‚Herennius–Rhetorik' (*Rhetorica ad Herennium*) 62 (Anm. 264)
Herkules, Sohn d. Zeus (gr. Myth.) 387
Hermann Gf. v. Neuenahr, Humanist (gest. 1530) 215, 243–247, 249–251, 253, 400
– ‚Epistolae trium illustrium virorum' (1518) 246–247, 249
Hermann v. d. Busche, Humanist (gest. 1534) 95 (Anm. 109), 212 (Anm. 123), 215, 223 (Anm. 193), 240, 247, 256 (Anm. 377), 261, 286, 309
Hermes, Sohn d. Zeus (gr. Myth) 334, 370 (Anm. 360)
Hermogenes v. Tarsos, gr. Rhetoriker (2. Jh.) 62 (Anm. 264)
Hersfeld → Bad Hersfeld
Heß, Johann, Reformator (gest. 1547) 59
Hessus, Eobanus (*Eoban Koch*), Humanist (gest. 1540) 81, 84, 96, 98–99, 135, 162–163, 165, 213 (Anm. 130), 264, 313, 397
Holcot, Robert, engl. Dominikaner u. Theologe (gest. 1349) 217 (Anm. 159)
Homer, gr. Dichter 83, 103 (Anm. 141), 219, 250 (Anm. 346), 350, 397
– ‚Ilias' 219
– ‚Odyssee' 83, 85, 350
Hoogstraeten, Jakob, Inquisitor (gest. 1527) 154, 197–198, 211–212, 216, 225 (Anm. 201), 229 (Anm. 230), 233, 238–240, 244–253, 256, 268, 280, 295–296, 396

- ‚Apologia' (1518) 245, 247–248, 268 (Anm. 439)
- ‚Apologia secunda' (1519) 241
- ‚Destructio Cabale' (1519) 248

Horaz, röm. Dichter (gest. 8 v. Chr.) 56 (Anm. 227)

Hortensius (*Quintus H. Hortalus*), röm. Redner u. Anwalt (gest. 50 v. Chr.) 383

Hruby, Gregor (*Gelenius*), tschechischer Humanist (gest. 1514) 342

Hummelberg(er), Michael, Humanist (gest. 1527) 214 (Anm. 136)

Huttich(*ius*), Johannes, Humanist (gest. 1544) 214 (Anm. 140)

Hydra, vielköpfiges Ungeheuer (gr. Myth.) 250 (Anm. 344), 387, 401

I

Ibach, Hartmann, Theologe (gest. 1533) 144

Ingewinkel, Johann, päpstl. Protonotar (1. Hälfte 16. Jh.) 247

Ingolstadt 52 (Anm. 208), 155, 213, 224 (Anm. 199), 239–240

Innozenz VIII., Papst (gest. 1492) 369

Innsbruck 339

Italien 17–20, 29, 30, 33, 41, 46–50, 54–64, 77, 104–106, 120, 122, 129, 201, 237, 243 (Anm. 310), 245, 253, 257 (Anm. 383), 261, 263, 289–291, 296, 312–315, 318, 320–322, 324, 326–327, 331–332, 339, 341, 343, 352, 390, 399, 402, 404, 413

Iulus, Sohn d. → Äneas (gr. Myth.) 317

J

Jacques Lefèvre d'Étaples (*Jacobus Faber Stapulensis*), franz. Humanist u. Theologe (gest. 1536) 244, 266 (Anm. 428), 276

Johann d. Beständige, Kf. v. Sachsen (gest. 1532) 131

Johann Jakob von Mörsperg, Landvogt i. Unterelsass (gest. 1534) 150–151

Johann v. d. Wyck, Jurist u. Prokurator → Reuchlins (gest. 15234) 244

Johann v. Weißenbach, herzoglicher Beamter 308

Johann v. Weißenberg, Hofmeister d. Fürstbf. v. Bamberg (gest. 1528) 372

Johann v. Wesel, Theologe (gest. 1481) 297

Johannes v. Botzheim, Humanist (gest. 1535) 259–260

Johannes von der Osten → Osten, v. d. Johannes

Jonas, Justus, Humanist u. Reformator (gest. 1555) 99

Jülich 266 (Anm. 428)

Julius II., Papst (gest. 1513) 233, 243 (Anm. 310), 314–320, 332–333, 345, 369

Julius v. Pflug, Meißnerischer Domkanoniker u. späterer Bf. v. → Naumburg (gest. 1564) 236

K

‚Konstantinische Schenkung' 59, 253, 338, 341–344, 346, 404

Kaiserslautern 135

Kalypso, Figur aus der → ‚Odyssee' (gr. Myth.) 85

Karl V., Ks. (gest. 1558) 78, 118, 128, 158 (Anm. 448), 163, 165, 252, 254, 270, 301, 305, 310, 339, 348–349, 363, 366, 370, 373-375

Karlstadt, Andreas → Andreas Karlstadt v. Bodenstein

Kartäuser 85, 138–141, 145, 151, 153, 158

Kierher, Johann, Theologe (gest. 1519) 214 (Anm. 136)

Klarer, Hans (*Schnegg*), Pfarrer auf d. → Ufenau 163

Koblenz 224 (Anm. 199)

Köln 48 (Anm. 197), 51 (Anm. 206), 53, 62, 90 (Anm. 70), 92 (Anm. 82), 143 (Anm. 372), 145, 154–155, 193–198, 200–202, 204–207, 210 (Anm. 108), 213–217, 220–221, 223–224, 229–230, 236–237, 244, 248–251, 265–266, 296, 303–304, 306–307, 343, 353 (Anm. 274), 367, 370

Königstein, Johannes, Humanist (1. Hälfte 16. Jh.) 214 (Anm. 140)

Konrad Thumb v. Neuburg, Württembergischer Erbmarschall (gest. 1525) 108, 113 (Anm. 202), 116

Konstantin, röm. Ks. (gest. 337) 405

Konstanz 46 (Anm. 185), 48

Krafft, Adam, Reformator (gest. 1558) 99 (Anm. 125)

Krantz, Albert, Theologe u. Diplomat (gest. 1517) 85

Küffer, Nikolaus, Drucker i. → Schlettstadt 135

L

Lamparter, Gregor, Württembergischer Kanzler (gest. 1523) 117 (Anm. 238)

Landau, Pfalz 150

Landstuhl, Pfalz 155, 158 (Anm. 448), 166 (Anm. 479)

Lang, Johannes, Humanist u. Reformator (gest. 1548) 99, 132 (Anm. 310), 269

Laomedon, Vater d. Priamus u. Kg. v. →
 Troja (gr. Myth.) 316
Laurinus, Markus, Theologe (gest. 1540)
 273–275, 279
Lee, Eduard, Theologe u. späterer Ebf.
 (gest. 1544) 260
Leib, Kilian, Prior u. Humanist (gest. 1553)
 134 (Anm. 323)
Leipzig 49 (Anm. 197), 51–53, 62, 80–81,
 183, 213, 224, 239 (Anm. 296), 353–354,
 386, 394
Lemp, Jakob, Theologe u. Jurist (gest.
 1532) 240 (Anm. 296)
Leo X., Papst (gest. 1521) 165, 227, 232,
 239 (Anm. 296), 204 (Anm. 296), 243
 (Anm. 310), 245, 253, 276, 301–302,
 304–305, 314, 320, 333, 339, 344–346,
 348–349, 353–356, 358–362, 369–370
– ‚Decet Romanum Pontificem'
 (‚Bannbulle') (1521) 301, 305, 308
– ‚Exsurge Domine' (‚Bannandrohungsbulle') (1520) 301–302, 352 (Anm.
 263), 354–355, 359, 363, 369–370
Leontorius, Conrad (*Konrad Töritz*), Fran-
 ziskaner u. Humanist (gest. 1511) 291
Linz 339
Lipsius, Martin, Augustiner u. Humanist
 (gest. 1555) 227–228
Livius, Titus, röm. Historiker (gest. um 17
 n. Chr.) 56 (Anm. 227), 362
Locher, Jakob (*Philomusus*), Humanist
 (gest. 1528) 213 (Anm. 127)
London 88–89, 228
Lorenz v. Bibra, Bf. v. Würzburg (gest.
 1519) 114–115
Lötz, Greifswalder Patrizierfam. 43, 79, 83–
 87, 92–94, 96–97, 101–103, 160, 223
– Lötz, Henning, Jurist u. Sohn d. →
 Lötz, Wedeg 83
– Lötz, Wedeg, Bürgermeister v. →
 Greifswald 84
Löwen (Leuven) 49 (Anm. 197), 52
 (Anm. 208), 224 (Anm. 199), 251
 (Anm. 352), 260, 262 (Anm. 402), 264,
 266–267, 270–273, 275, 296, 304
 (Anm. 30)
Lübeck 224 (Anm. 199)
Luder, Peter, Humanist (gest. 1472) 47
 (Anm. 191)
Ludwig V. (‚*Der Friedfertige*'), Pfalzgf. u.
 Kf. (gest. 1544) 67, 114, 184, 158
 (Anm. 448), 162, 168–179, 273
Ludwig v. Hutten, Vater d. → Hans v.
 Huttens (gest. 1517) 59, 87, 100, 112–
 117, 119

Ludwig v. Passavant, Adeliger aus →
 Mömpelgard 132
Lukian v. Samosata, gr. Satiriker (gest.
 180) 34–35, 43, 80, 111, 122, 125, 128–
 130, 133 (Anm. 319), 159, 183, 334, 335
 (Anm. 168), 370 (Anm. 360), 389, 400
Lukrez, röm. Dichter u. Philosoph (gest.
 um 55 v. Chr.) 46 (Anm. 185)
Luscinius, Othmar → Nachtigall, Othmar
Luther, Martin, Reformator (gest. 1546)
 97, 131–132, 134–137, 139 (Anm. 352),
 141, 153–158, 163–166, 169–170, 174–
 175, 184 (Anm. 576), 188 (Anm. 595),
 222, 226, 232–233, 239–241, 255, 257,
 269–276, 278, 284–285, 287–288, 292–
 293, 295–299, 301–311, 337–338, 343,
 352–354, 365–367, 370, 374, 385–386,
 394, 404
– ‚An d. christlichen Adel dt. Nation'
 (1520) 309 (Anm. 64)
Lüttich 251 (Anm. 351–352), 262
 (Anm. 403), 304 (Anm. 30), 307, 353
Luxemburg, Dynastie 48 (Anm. 197), 253
Lycambes, gr. Adeliger auf d. Insel Paros
 102–103
Lyon 105 (Anm. 145), 343

M
Magdeburg 202, 224 (Anm. 197), 363
Mähren 105
Mailand, Hzt. 270 (Anm. 453), 323
 (Anm. 122), 331–332
Main 153, 213 (Anm. 133), 233, 262
Mainz 44, 53, 57, 79, 106, 107, 111
 (Anm. 194), 119, 145, 155–156, 195
 (Anm. 14), 197–198, 200–202, 213
 (Anm. 131), 214, 224, 244, 246–247,
 256 (Anm. 377), 261–263, 269–271, 297,
 304–308, 310, 333, 343, 347–348, 350,
 353–354, 365, 367, 370
Mair, Johannes (*Marius*), Humanist aus
 Nördlingen u. Freund Huttens 54, 105
Mamluken, Dynastie 243 (Anm. 310)
Mantua 48 (Anm. 184)
Manutius, Aldus, ven. Buchdrucker (gest.
 1515) 54 (Anm. 221), 60, 206, 368
Marburg 120, 131, 224 (Anm. 199)
Marcus Antonius, röm. Feldherr u. Politi-
 ker (gest. 30 v. Chr.) 43, 379
Margarete v. Österreich, Hzg.in v. Savoyen
 (gest. 1530) 270 (Anm. 453), 292
Marignano (heute: Melegnano) 331
Markus, Evangelist u. Hl. 325, 328, 330

Marliano, Luigi (*Aloisius Marlianus*), Leibarzt v. → Karl V. (gest. 1521) 270 (Anm. 453)
Marquard v. Hattstein, Mainzer Domherr (gest. 1522) 107
Mars, Sohn d. Jupiter (röm. Myth.) 41, 267, 397
Martial, röm. Dichter (gest. 103/104 n. Chr.) 62 (Anm. 262), 84, 322
Maximilian I., Ks. (gest. 1519) 44, 60, 66, 78, 82–83, 92 (Anm. 82), 105 (Anm. 149), 108–109, 114–119, 125–127, 173, 193–194, 196–197, 199, 236, 244, 252, 254, 267 (Anm. 436), 305, 312–315, 319, 324, 331, 338–339, 369
Medici, Giulio de', Vizekanzler d. Hl. Röm. Kirche u. späterer Papst → Clemens VII.
Medusa, Gorgone u. Tochter des → Phorkus 203 (Anm. 61)
Meißen 213, 236
Melanchthon, Philipp, Reformator (gest. 1560) 51 (Anm. 206), 99 (Anm. 125), 132, 136 (Anm. 334), 213 (Anm. 134), 215, 245, 270, 278, 285, 396
Menander Rhetor, gr. Rhetoriker (3. Jh.) 62 (Anm. 264)
Mergentheim 114
Merkur, Sohn d. Jupiter (röm. Myth.) 121–123
Mesue, Philipp → Yuhanna ibn Masawaih
Metellus, Lucius Caecilius, röm. Politiker (gest. 68 v. Chr.) 383
Meyer, Peter, Prediger i. → Frankfurt a. M. 143–146, 153, 169, 238
Miller, Johannes, Drucker (gest. n. 1524) 312
Miltenberg 224 (Anm. 197)
Minos, Richter d. Unterwelt (gr. Myth.) 334–335
Mömpelgard, Gft. 132
Moritzburg, Schloss i. → Halle a. d. S. 202
Morus, Thomas (*More*), engl. Humanist (gest. 1535) 228, 261, 264 (Anm. 420), 293
Motta di Livenza, Ort i. d. Republik → Venedig 368
Mühlhausen i. → Elsass 158, 273–274
München 109, 114, 174 (Anm. 528)
Münster 224 (Anm. 197 u. 199)
Murner, Thomas, Theologe (gest. 1537) 29 (Anm. 82), 80 (Anm. 10), 139, 149 (Anm. 407), 199 (Anm. 37), 214–215, 221–222, 232–233, 239 (Anm. 296), 241, 295–296

N
Nachtigall, Othmar (*O. Luscinius*), Humanist (gest. 1534) 394-398, 402
Nanstein, Burg d. → Franz v. Sickingen 158 (Anm. 448), 169
Naumburg, Bt. 173, 224 (Anm. 199)
Nazareth, Erzbt. 243
Neapel 340, 369
Neobule, Tochter d. → Lycambes 103 (Anm. 142)
Neptun, Bruder d. Jupiter (röm. Myth.) 317
Niccoli, Niccolò, it. Humanist (gest. 1437) 291
Niederlande 41, 86, 136, 210, 262, 269–270, 273, 294 (Anm. 597), 369 (Anm. 358)
Nürnberg 28 (Anm. 72), 41, 62, 157, 165 (Anm. 472), 167, 169, 174, 180 (Anm. 555), 183–185, 194–195 (Anm. 9 u. 14), 213, 224 (Anm. 197), 239, 245, 251, 282, 303–304, 311

O
‚Odyssee' → Homer
Odysseus, Held der → ‚Odyssee' (gr. Myth.) 82–83, 101,105 (Anm. 149), 328, 368
Osten, v. d. Alexander, pom. Adeliger u. Studienfreund Huttens 82, 105 (Anm. 145)
Osten, v. d. Johannes, pom. Adeliger u. Studienfreund Huttens 105 (Anm. 145)
Ostsee 82
Ottheinrich, Pfalzgf. v. Pfalz–Neuburg (gest. 1559) 174 (Anm. 528)
Ottilie v. Eberstein, Huttens Mutter (gest. 1523) 41
Ovid, röm. Dichter (gest. 17 n. Chr.) 54, 80 (Anm. 80), 87, 89, 91–93, 101, 220, 328
– ‚Metamorphosen' 89, 220,
Oxford 350

P
Padua 47, 55, 57, 106, 368
Palästina 59–60, 243 (Anm. 310), 342
Paris 46 (Anm. 183), 48 (Anm. 197), 57 (Anm. 235), 62 (Anm. 264), 105 (Anm. 145), 134 (Anm. 321), 173 (Anm. 524), 200, 213 (Anm. 129 u. 131), 217 (Anm. 159), 221, 224 (Anm. 199), 266 (Anm. 428), 350, 366–367, 369, 382
‚Pariser Reformationsspiel' (1524) 298–299, 394
Parmeno, Figur eines Sklaven im ‚Eunuchus' d. → Terenz 285

Pasquino, Namensgeber des röm. Pasquinaden–Kultes 340–341
Passau 195 (Anm. 14)
Pavia 46 (Anm. 183), 54, 56–57, 105–106
Pedianus, Quintus Asconius, röm. Kommentator u. Grammatiker (gest. um 76 n. Chr.) 371
Perotti, Niccolò, it. Humanist (gest. 1480) 51 (Anm. 206)
Persephone, Gem. d. Hades (gr. Myth.) 102 (Anm. 140)
Perugia 47, 57 (Anm. 235)
Peter v. Aufseß, Domherr i. → Würzburg (gest. 1522) 114, 130–131
Petrarca, Francesco, it. Humanist (gest. 1374) 19, 56 (Anm. 227), 129–130, 289, 339
Petri, Heinrich, Drucker (gest. 1579) 343
Petrus v. Ravenna, it. Jurist (gest. 1508) 251
Petrus, Hl. (gest. um 67 n. Chr.) 315–316, 319, 345
Peutinger, Konrad, Humanist u. Jurist (gest. 1547) 60, 125, 213 (Anm. 134), 249–251, 291
Pfefferkorn, Johannes, Konvertit (gest. 1521) 58, 77, 165 (Anm. 472) 193–202, 203–205, 207, 211, 216, 223, 228–229, 238, 252, 268, 311 (Anm. 74)
– ‚Beschirmung'/‚Defensio' (1516) 199, 229
– ‚Brantspiegel' (1512) 199
– ‚Handspiegel' (1511) 199
– ‚Judenbeichte' (1508) 194–195
– ‚Judenfeind' (1509) 195
– ‚Judenspiegel' (1507) 194
– ‚Osterbüchlein' (1509) 195
– ‚Streitbüchlein' (1516) 199, 229
– ‚Sturmglocke' (1514) 199
Pforzheim 41, 197
Phaccus, Balthasar Fabritius (*Vach*), Humanist (gest. 1541) 90, 92, 104, 212
Phalaris, Tyrann auf → Sizilien (6. Jh. v. Chr.) 121–123, 133, 204
Philipp d. Schöne → Philipp I. v. Kastilien
Philipp I. v. Baden, Mgf. (gest. 1533) 174 (Anm. 528)
Philipp I. v. Kastilien (gest. 1506) 270 (Anm. 453)
Philipp I., Landgf. v. Hessen (gest. 1567) 119, 131–132, 158 (Anm. 448), 169
Philipp v. Ramstein, Bürgermeister v. → Sraßburg 139–140
Phorkus (*Phorkys*) Meeresgott (gr. Myth) 203 (Anm. 61)

Piccolomini, Enea Silvio, Humanist u. Papst (gest. 1464) 84, 349, 384 (Anm. 395)
– ‚Cynthia' 84
Pindar, gr. Dichter (gest. n. 446 v. Chr.) 91 (Anm. 78), 133 (Anm. 319)
Pirckheimer, Willibald, Humanist (gest. 1530) 28 (Anm. 72), 41, 54 (Anm. 220), 59, 213 (Anm. 128), 215, 226, 235, 244–247, 249, 251, 269 (Anm. 443), 282, 286, 290–292, 303–304, 344, 353, 367, 396, 403
– ‚Epistola apologetica' (1517) 245
Pius II. → Piccolomini, Enea Silvio
Plautus, röm. Dichter (gest. um 184 v. Chr.) 371
Pleiße, Fluss i. → Leipzig 354
Plinius d. Ä., röm. Naturforscher u. Onkel v. → Plinius d. J. (gest. 79 n. Chr.) 133 (Anm. 319)
Plinius d. J., röm. Anwalt und Politiker (gest. 113–115 n. Chr.) 56 (Anm. 227)
Plutarch, gr. Autor (gest. nach 120) 56 (Anm. 227)
Pommern 84, 87, 92
Pordenone 368
Potken, Johann(es), päpstl. Protonotar (gest. 1525) 244
Prag 48 (Anm. 197), 350
Priscian (*Priscianus Caesariensis*), byz. Grammatiker (gest. 6. Jh.) 51 (Anm. 206)
Probst, Andreas (*Delitzschensis*) 394
Properz, röm. Dichter (gest. um 15 v. Chr.) 92 (Anm. 80)
Prudenz, lat. Dichter (gest. n. 405) 62 (Anm. 262)
Pseudo-Demetrios, unbekannter Autor d. Rhetorikwerkes → ‚De Elocutione' 62 (Anm. 264)
Pseudo-Longin, unbekannter Autor d. Rhetorikschrift ‚Über das Erhabene' 62 (Anm. 264)
Punier, Einwohner d. antiken Karthago 272

Q

Quentell, Heinrich, Drucker (gest. 1501) 230
Quentell, Peter, Drucker (gest. 1546) 343
Questenberg, Jakob, Humanist u. päpstl. Sekretär (gest. um 1527) 244, 256
Quintilian, röm. Rhetoriker (gest. um 96 n. Chr.) 46 (Anm. 185), 48, 54, 62 (Anm. 264)

- ‚Institutio oratoria' 62 (Anm. 264)

R
Ragaz, Kurort i. d. → Schweiz 163
Ravenna 46 (Anm. 183), 324
Regensburg, Bt. 173, 195 (Anm. 14)
Reisch, Gregor, Philosoph u. Prior d. → Kartäuser i. → Straßburg (gest. 1525) 138–139
Resch, Konrad, Verleger u. Buchhändler i. → Paris 366
Reuchlin, Johannes (*Capnion*), Humanist u. Jurist (gest. 1522) 39–40 (Anm. 150), 41, 43, 58, 77, 99 (Anm. 125), 106–107, 112 (Anm. 200), 143–144, 151, 153–155, 165 (Anm. 472), 183, 193–194, 197–202, 204, 206–207, 209, 211–219, 221–229, 231, 234–237, 240–259, 261–262, 268, 271–272, 276, 291, 293, 295–297, 299–300, 311 (Anm. 74), 313, 340, 367, 398, 400, 410
- ‚Augenspiegel' 143 (Anm. 372), 145, 169, 197 (Anm. 21), 199–200, 221, 225–226, 229 (Anm. 230), 231, 237–238, 244 (Anm. 314), 247, 256, 296 (Anm. 608)
- ‚Clarorum virorum epistolae' 206–207
- ‚De arte cabalista' (1517) 249
- ‚De rudimentis Hebraicis' (‚Rudimenta') (1506) 198
- ‚Defensio'(1513) 199
- ‚Ein klares Verständnis' (1512) 199
- ‚Henno' (1498) 254
- ‚Ratschlag' (1510) 199
- ‚Tütsch missive' (1505) 198
Reuter, Kilian, Humanist (gest. 1516) 88–89–90, 92–93, 402
Reutlingen 111, 118
Rhein 214, 262, 350
Rhenanus, Beatus (*Beat Bild*), Humanist (gest. 1547) 137–138, 214, 214–215, 264, 273, 306 (Anm. 41), 344, 393
Rhomanus, Johannes 205
- ‚Das ist der hoch thuren zu Babel' (1521) 205
Rhön 41
Riario, Raffaele, Kard. (gest. 1521) 262
Richard v. Greiffenklau, Ebf. u. Kf. v. Trier (gest. 1531) 158 (Anm. 448), 167, 169, 195 (Anm. 14), 307
Risinius, Petrus 394
Robert II. v. d. Mark, Hz. v. Boullion (gest. 1536) 135
Rom 44, 54, 57–59, 62 (Anm. 264), 67, 77–78, 89 (Anm. 67), 116, 129–130, 133 (Anm. 319), 136 (Anm. 336), 150–152, 154, 156–158 (Anm. 438, 446 u. 448), 160, 170–171, 173, 175–176, 178, 185, 188, 196, 200–201, 208, 210, 216, 222, 224, 226–227, 229 (Anm. 230), 231–232, 235–236, 238–239, 242, 245, 252–253, 255–256, 262–263, 271, 274, 276, 284–285, 287, 294 (Anm. 597), 296, 300, 301–306, 308, 310–315, 317–320, 326–327, 332–343, 345, 347–352, 354–355, 357, 363–365, 367–371, 375, 377–379, 384, 396, 400–401, 405
- Campo de' Fiori 354
- Petersdom (*San Pietro in Vaticano*) 354
- Piazza Navona 341
- Piazza San Pantaleo 341
Romulus, Gründer Roms (röm. Myth.) 103 (Anm. 143)
Rosinus, Stefan, Humanist (gest. 1548) 244
Rostock 49 (Anm. 197), 53, 83, 85–87, 93–96, 102, 212, 224 (Anm. 199)
Rufus, Mutianus, Humanist (gest. 1526) 90 (Anm. 70), 99 (Anm. 125), 209, 213 (Anm. 130), 215–216, 235
Rust, Petrus, Rektor d. Universität Greifswald 84 (Anm. 33)

S
Sabine v. Bayern, Hzg.in u. Gem. v. → Ulrich v. Württemberg (gest. 1564) 108, 114, 117, 127
Sabinus, Georg (*G. Schuler*), Dichter u. Diplomat (gest. 1560) 397
Sachsen, Hzt. 91 (Anm. 76), 195 (Anm. 14)
Sallust, röm. Historiker (gest. um 35 v. Chr.) 56 (Anm. 227), 372, 375 (Anm. 375), 403
- ‚Bellum Catilinae' 375 (Anm. 375)
Sandizeller, Johannes 136–137
Sapidus, Johannes, Humanist (gest. 1561) 214 (Anm. 136)
Saverne → Zabern
Savonarola, Girolamo, it. Dominikaner (gest. 1498) 253
Scheurl, Christoph, Humanist (gest. 1542) 291
Schleichershöver, Hans, Drucker 343
Schlettstadt 135–138, 153, 214, 262 (Anm. 403), 273
Schleupner, Dominik, Reformator (gest. 1547) 343
Schmerlin, Gregor (*Publius Vigilantius*), Humanist (gest. 1512) 102
Schnepf, Erhard, Reformator (gest. 1558) 132

Schöffer, Johann, Drucker (gest. 1531) 111 (Anm. 194), 124, 343, 348, 350, 354
Schott, Johannes, Drucker u. Humanist (gest. um 1550) 138–139, 153, 188 (Anm. 595), 276, 287–288, 302–303, 334, 354, 367
Schürer, Matthias, Drucker (gest. 1519) 214 (Anm. 135)
Schwebel, Johann, Reformator (gest. 1540) 140
Schweiz 44, 158, 162–163, 168, 176 (Anm. 537), 227, 27, 281, 306 (Anm. 41), 344, 393
Scipio, Publius Cornelius (*Africanus*), röm. Heerführer (gest. 183 v. Chr.) 334–335
Sebellico, Marcantonio, it. Historiker (gest. 1506) 327
Seidensticker, Paul (*Phrygio*), Humanist u. Reformator (gest. 1543) 214 (Anm. 136)
Setzer, Johannes, Drucker u. Korrektor bei → Anshelm, Thomas (1532) 214 (Anm. 137)
Sforza Visconti, Ascanio Maria, Kard. (gest. 1505) 369
Sibutus, Georg, Humanist (gest. n. 1528) 90–92
Siena 47, 84 (Anm. 33)
Sigmund v. Thüngen, (gest. 1522) 113 (Anm. 202)
Silvester I., Hl., Papst (gest. 335) 341 (Anm. 198)
Singiener, Johann, Drucker in → Wien (gest. 1545) 104
Sizilien 121, 328
Sokrates, gr. Philosoph (gest. 399 v. Chr.) 262
Spalatin, Georg, Humanist u. Reformator (gest. 1545) 99 (Anm. 125), 165 (Anm. 472), 213 (Anm. 131), 301, 308, 311, 343, 362–363
Spanien 120, 173 (Anm. 524), 294, 315
Spengler, Lazarus, Humanist aus → Nürnberg (gest. 1534) 165 (Anm. 472), 303, 311
Spessart 41
Speth, Dietrich → Dietrich Speth v. Zwiefalten
Speyer, Bt. 173, 200, 214 (Anm. 135), 256
Spiegel, Jakob, Humanist (gest. um 1547) 214 (Anm. 136), 344
Spirensis, Jacobus Montanus, Humanist u. Reformator (gest. 1534) 291
St. Gallen 213 (Anm. 126)
Stapulensis, Jacobus Faber → Jacques Lefèvre d'Étaples

Steckelburg, Burg und Stammsitz der Steckelberger Hutten 41, 57, 143, 334
Steno, Gorgone u. Tochter des → Phorkus 203 (Anm. 61)
Stojentin, Valentin, pom. Jurist u. Rat (gest. um 1529) 82, 87, 96
Straßburg 29 (Anm. 82) 62, 109, 136, 138–142, 145–154, 157–158, 161 (Anm. 461–462), 167, 175, 179, 199 (Anm. 37), 214, 221, 224, 239 (Anm. 296), 241, 251, 262 (Anm. 403), 276, 278, 287–288, 296 (Anm. 607), 302–303, 334, 342, 354, 362, 367
– Alt-St. Peter (Domkapitel) 149
– Jung-St. Peter (Dominikaner) 146–151, 158
– St. Stefan (Abt.) 149
– St. Thomas (Domkapitel) 149
– Toussaint (Pfründe) 149
Stromer, Heinrich, Arzt u. Gelehrter (gest. 1542) 353
Stuttgart 107, 117, 128, 132, 249, 256, 291
Styx, Totenfluss d. Unterwelt (gr. Myth.) 256
Sueton, röm. Historiker (gest. n. 122) 56 (Anm. 227)
Sybille, Prophetin (gr. Myth.) 85 (Anm. 45)

T

‚Triumphus veritatis' → Freiermut, Hans Heinrich
Tacitus, Publius Cornelius, röm. Historiker u. Politiker (gest. um 120) 35, 46 (Anm. 185), 53, 80, 313, 335–336, 362,
– ‚Germania' 79, 314, 335
Tannstetter, Georg (*Collimitius*), Humanist u. Mathematiker (gest. 1535) 83, 105, 213 (Anm. 125)
Terentius Priscus, Mäzen v. Martial 62 (Anm. 262)
Terenz, röm. Dichter (gest. um 159) 56 (Anm. 227), 213 (Anm. 134), 285
– ‚Eunuchus' 285 (Anm. 544)
Theben 103 (Anm. 142)
Thessalien 85 (Anm. 45)
Thomas de Scotia, Kölner Theologe 217 (Anm. 159)
Thukydides, gr. Historiker u. ‚Stratege' (Militär) (gest. v. 396 v. Chr.) 59, 321
Thüringen 100 (Anm. 125), 213 (Anm. 125)
Tibull, röm. Dichter (gest. 19/18 v. Chr.) 92 (Anm. 80)

Trebelius, Hermann, Humanist u. Buchdrucker (gest. nach 1515) 80–81, 90 (Anm. 70), 102
Treviso 368
Trient 324
Trier 158, 161, 166–169, 174 (Anm. 528), 195 (Anm. 14), 224 (Anm. 197 u. 199), 272, 307, 350, 370
Troja 219, 250, 316–317
Tübingen 224 (Anm. 197)
Türken 157, 231, 236, 249, 317, 333, 348, 370

U

Ulm 117, 224 (Anm. 199)
Ulrich v. Hutten d. Ä., Huttens Vater (gest. 1522) 41
Ulrich v. Hutten d. J., frk. Reichsritter u. Humanist (gest. 1523)
- ‚Ain new Lied' (1521) 135
- ‚Anzöig' (1521) 336–337, 363
- ‚Apologia pro Phalarismo' (1519) 130
- ‚Arminius' (1529, postum) 334, 339, 403–404
- ‚Ars versificatoria' (1511) 104, 403
- ‚Augsburger Sammlung' (1519) 77, 125 (Anm. 281), 236 (Anm. 276), 252, 254, 311–314, 320–321, 324, 331–333, 335, 338–340, 348, 365, 369 (Anm. 359), 387
- ‚Aula' (1518), 83, 403 (Anm. 45)
- ‚Bulla vel Bullicida' Dialog aus d. → ‚Dialogi novi' (1521) 309, 361, 391
- ‚Concilia wie man die halten sol' (1521) 363
- ‚Conquestio'/,Clag vnd vormanung' (1520) 127 (Anm. 288), 303
- ‚Consolatoria ad Ludovichum de Hutten' 119
- ‚De Piscatura Venetorum' (‚Über den Fischfang der Venezianer') 313, 325, 328
- ‚De schismate extinguendo' (1520) 347, 350, 353
- ‚De unitate ecclesiae conservanda' (1520) 347–349
- ‚Demütige ermanung an die Stadt Worms' (1522) 166
- ‚Deploratio in Ioannis de hutten interitum' 119
- ‚Dialogi novi' (1521) 152
- ‚Dialogi/‚Gesprächsbüchlein' (1520) 152–153, 334
- ‚Die Räuber' (‚Praedones'), Dialog aus d. → ‚Dialogi novi' (1521) 152, 391
- ‚Donatione Constantini' (1518/19) 349431–347, 349
- ‚Epistola ad illvstrem virvm Hermannvm comitem Hvtteniana' (1518) 243–244, 246, 253, 400
- ‚Epistola Italia' (1516) 312–313–314, 319, 340
- ‚Epistolae obscurorum virorum' (‚Dunkelmännerbriefe') 44, 65, 77, 86, 91, 103, 205–212, 214, 217–220, 223–224, 226–235, 241–242, 246–247, 251, 265–266, 290
- ‚Exclamatio'/,Beschyrmung' (1514) 201–205, 400
- ‚Exhortatio' (1512) 82, 104–105, 312–313, 320
- ‚Expostulatio cum Erasmo' (1523) 155 (Anm. 432), 274–276, 278–279, 281–282, 285, 288
- ‚Expostulatio' (1523) 155 (Anm. 432), 210, 275–276, 278–279, 281–282, 285, 287–288, 293–294
- ‚Febris I u. II' 80 (Anm. 10), 344, 370 (Anm. 360), 391
- ‚Flores' (‚Floscoli') (1528, postum) 402
- ‚Germania' (‚Germanengedicht') 105 (Anm. 149), 312–313,
- ‚In Tyrannos' (1522/23) 67,76, 162, 165, 167–170, 172, 175–177, 184
- ‚Invectivae' (1521) 305, 365–368 401, 403
- ‚Klage an den Lutherischen Brand zu Mentz' (1521) 156, 304
- ‚Lebensbrief' an Pirckheimer (1518) 41, 54 (Anm. 220), 403
- ‚Lötze–Klagen' (‚Querelae in Lossios') (1510) 79, 81, 84–89, 93–94, 96, 100–101, 158, 180, 183, 212 (Anm. 120), 233, 247, 320, 399
- ‚Marcus' 226, 313, 325–328
- ‚Nemo'45, 82, 254, 262, 265, 328
- ‚Panegyricus auf Ebf. Albrecht v. Mainz' (1515) 106
- ‚Persiflage der Bulle ‚Exsurge Domine' 354–364
- ‚Pro Capnione intercessio' (1519) 252–253, 313
- ‚Responsorium' (1521) 135
- ‚Steckelberger Sammlung' (1519) 43 (Anm. 165), 110–111, 120–121, 123, 128, 130, 133, 311, 384
- ‚Triumphus Capnionis' (1522) 201, 234–243, 253, 256, 262, 300
- ‚Türkenrede' (1518) 333, 338–339, 372 (Anm. 371)

- ‚Über das Guajakholz' (‚De guaci medicina et morbo gallico' (1518) 80 (Anm. 10)
- ‚Vadiscus' Dialog aus d. → ‚Dialogi' (1520) 309, 353, 391
- ‚Vir Bonus' 79, 83, 328–329
- ‚Vormanung an die Freien Reichsstädte' (1522) 166, 181–182

Ulrich v. Württemberg, Hz. (gest. 1550) 43, 58, 76, 104, 107–109, 111–121, 123–125, 127–128, 130–134, 151–152, 154, 169, 173–174, 180, 183, 204, 242, 269–270, 311, 320, 334, 367, 371, 384, 399–400

Urban VI., Papst (gest. 1389) 350

Uriel v. Gemmingen, Ebf. u. Kf. v. Mainz (gest. 1514) 197–198

Ursinus, Caspar Velius, Humanist (gest. 1539) 215

Ursula Thumb v. Neuburg, Gem. d. → Hans v. Hutten (gest. 1551) 108, 113 (Anm. 202), 242

V

Vadian, Joachim (*J. v. Watt*), Humanist u. Mediziner (gest. 1551) 54, 56, 83, 105, 213 (Anm. 126), 215, 412 (Anm. 22)

Valerius Flaccus, Gaius, röm. Politiker (gest. v. 90 n. Chr.) 46 (Anm. 185)

Valla, Lorenzo, it. Humanist (gest. 1457) 48, 51 (Anm. 206), 59, 253, 338, 341–346, 348–349, 351, 404
- ‚Elegantiae' 48, 51 (Anm. 206)
- ‚Fälschungsbeweis d. → ‚Konstantinischen Schenkung' 59, 253, 338, 341–344, 348, 404

Varus, Publius Quinctilius, röm. Feldherr (gest. 9 n. Chr.) 401

Venatorius, Thomas, Reformator (gest. 1551) 396

Venedig 54 (Anm. 221), 56 (Anm. 227), 59–60, 62, 105, 206, 209, 236, 263, 314–315, 320–327, 332, 342, 368

Vergil, röm. Dichter (gest. 19 v. Chr.) 56 (Anm. 227), 123, 130, 328
- ‚Aeneis' 123

Veronese, Guarino, it. Humanist (gest. 1460) 48 (Anm. 194)

Verres, Gaius, röm. Politiker (gest. 43 v. Chr.) 43, 371, 375–376, 380–384

Victor v. Kaben, Konvertit u. Theologe (gest. 1515) 197–198

Victor, Hieronymus, Drucker in → Wien (16. Jh.) 104

Vidoué, Pierre, franz. Drucker (gest. 1534) 366

Visconti, it. Dynastie i. → Mailand 331

Viterbo 58, 74 (Anm. 351), 267, 312, 320

Vittorino da Feltre, it. Humanist (gest. 1446) 48 (Anm. 194)
- ‚Casa Giocondo' 48 (Anm. 194)

W

Weickmann, Fabian, Weihbf. i. → Eichstätt (gest. 1526) 170

Weidmann, Konrad, Jurist u. Humanist (gest. 1556) 214 (Anm. 140)

Wenzel v. Luxemburg, Kg. (gest. 1419) 350

Wien 48 (Anm. 197), 54–57, 62, 83 (Anm. 26), 91, 104–105, 213, 224 (Anm. 199), 243, 312

Wilhelm IV., Hz. v. Bayern (gest. 1550) 114, 116, 174 (Anm. 528)

William Budaeus → Budé, Guillaume

Wimpfeling, Jakob, Humanist (gest. 1528) 29 (Anm. 82), 138–139, 199 (Anm. 37), 214–215, 221, 241
- ‚Defensio' (1502) 241

Windsheim 113

Wittelsbacher, Dynastie 48 (Anm. 197), 169 (Anm. 496), 174 (Anm. 528)

Wittenberg 54, 83 (Anm. 26), 90–91, 104, 212–213, 224 (Anm. 197), 309 (Anm. 64), 312

Wolfenbüttel 133

Wölflin, Werner, Jurist i. →Straßburg 149

Wolsey, Thomas, engl. Ebf. u. Kard. (gest. 1530) 264

Worms 44, 78, 135–137, 156, 165–167, 173–174, 177, 183, 184 (Anm. 576), 195 (Anm. 14), 197, 219, 224 (Anm. 199), 257, 272, 296–297, 300–301, 307–308, 310 (Anm. 66), 311, 336 (Anm. 178), 347, 363, 365–366, 368–370, 373, 385

Württemberg, Hzgt. 108 (Anm. 179), 118, 120, 195 (Anm. 14)

Würzburg 34, Bt. (Anm. 111), 38, 49 (Anm. 197), 59–60, 82 (Anm. 16), 95, 114–115, 130, 195 (Anm. 14), 224 (Anm. 199), 329, 341

Y

Yuhanna ibn Masawaih, arabischer Arzt (gest. 857) 217 (Anm. 159)

Z

Zabern (*Saverne*), Stadt i. Unterelsass 149

Zasius, Ulrich, Humanist u. Jurist (gest. 1535) 196 (Anm. 15), 214 (Anm. 138), 344

Zehender, Bartholomäus, Mainzer Domprediger u. Theologe (1. Hälfte 16. Jh.) 214 (Anm. 140)

Zobel v. Giebelstadt, Dietrich, Generalvikar v. → Albrecht v. Brandenburg (gest. 1531) 244

Zürich 163, 167–168, 239, 276, 281–283, 393

Zürichsee 163, 167, 393

Zutphen, Gerhard, ndl. Theologe (gest. 1398) 231

Zwingli, Huldrych, Reformator (gest. 1531) 163, 227, 276, 282–283, 344, 393